다석 강의

다석 강의

다석 **류영모** 강의 │ **다석학회** 엮음

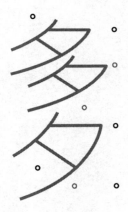

교양인
GYOYANGIN

일러두기

- 이 책은 2006년에 출간된 《다석 강의》(현암사)의 개정판입니다. 개정판은 속기하는 과정에서 잘못 기록된 한자를 바로잡고 속기록 원문과 대조하여 누락된 내용을 추가하고 잘못 표기된 말들도 원문에 맞추어 되살렸습니다.
- 속기록에서 내용을 파악하기 어려운 부분은 생략(……) 처리했습니다.
- 속기록 원본 확인이 필요한 경우 다석학회 사무국(02-823-5867)에 문의하십시오.

"로고스가 만물을 창조했다고 할 때, 로고스는 생각을 가리킵니다.
생각은 말입니다.
말이 로고스라는 것은 이 사람이 늘 말하는 것입니다.
말씀은 진리이고, 진리는 생각하지 않고서는 알 수 없습니다."

"죽음을 무서워하면 죽음의 종이 된다는 말이 있습니다.
정의를 위해 목숨을 버린다는 것은 누구에게 배워서만이 아니라
절로 알 수 있는 것입니다.
몸생명으론 죽고 얼생명(生命)은 살아야 합니다.
육신의 껍데기를 벗어버리면 뚜렷해지는 것은 얼생명입니다."

"배운다는 것은 말을 알기 위한 것입니다.
말은 사람과 사람 사이를 이어주어 사귀게 합니다.
물건과 물건 사이를 설명해주고 밝혀주는 것도 또한 말입니다.
말은 이치상관(理致相關)이라 물건과 물건 사이,
사람과 사람 사이의 이치를 밝혀주는 것입니다."

"진리를 담기 위해 마음을 비워놓는 것입니다.
더러운 것을 담기 위해 비워놓는 것이 아닙니다.
속을 비우는 것은 곧은(貞) 말씀을 담기 위해서입니다."

다석 류영모(多夕 柳永模, 1890~1981)는 우리 시대에 서울 종로구 구기동에서 살다가 가신 은둔 도인이다. 20년 전에는 거의 알려지지 않은 분이라, 사람들이 물으면 함석헌의 스승이었다고 답하곤 했다. 요즘엔 다석을 아는 척하는 이들이 더러 있지만 다석의 진면목이 한겨레와 세계 만방에 드러나자면 적어도 한 세대는 흘러야 할 것이다.

다석은 새벽 3시경에 일어나 세수하고 맨손체조를 한 다음에 무릎을 꿇고 하느님 명상에 들어갔다. 그러다가 깨달음이 오면 시조 또는 한시로 일지에다 적었다(다석일지多夕日誌 1955~1974). 다석은 하느님을 '없이 계시는 분(眞空妙有)'이라 하고, 우리 인간을 '있이 없는 것들'이라고 했다. 다석은 인생사 전부를 하느님 중심으로 생각하고 말하고 살았다. 그분의 사상은 가온찍기영성, 귀일영성(歸一靈性=歸天靈性), 향주영성(向主靈性), 직립영성(直立靈性), 부자유친영성(父子有親靈性=孝神學)이라 하겠다. 다석은 옛 선각자들 가운데서는 예수 그리스도와 석가모니 부처님을 가장 존경했고, 20세기 현자들 가운데서는 톨스토이와 간디를 높이 받들었다.

다석은 종로 YMCA에서 무려 35년 동안(1928~1963) 연경반 강의를 했다. 성경과 동양 고전, 그리고 손수 쓴 다석일지를 풀이했다. 그중 일 년 치(1956년 10월 17일~1957년 9월 13일) 강의가 서울시의회 속기사 최용식의 속기록으로 남아 있다. 다석학회는 씨알재단 김원호 이사장의 너그러운 도움으로 속기록을 정리하여 2006년 현암사에서《다석 강의》를 펴낸 바 있다. 이제 오자·탈자를 바로잡아 교양인 출판사에서 명강의를 재출간하게 되어 반갑고 고맙고 기쁘다. 재출간 교정에 수고하신 학회 김병규 총무님, 박우행 님, 그리고 기꺼이 재출간하시는 교양인 출판사에 사은의 말씀을 드린다.

이 기회에 다석 사상을 이해하는 데 도움이 되는 책 두 권을 추천한다. 다석 선생이 1971년 8월 12일부터 한 주 동안 광주 동광원 수도자들에게 행한 특강을 정리한《다석 마지막 강의》(교양인, 2010)를 일독하기 바란다. 이는《다석 강의》속편인 셈이다. 아울러 다석학회 박영호 고문이 펴낸《다석 전기》(교양인, 2012)는 다석의 생애와 사상을 포괄적으로 이해하는 데 더없이 좋은 길잡이이다.

2016년 여름
다석학회장 정양모

多夕

제1강

삶과 죽음은 배를 갈아타는 것일 뿐이다

실컷 따위 말 조히 한 열줄

네 속 얼마만치 치어노코 네 바람 얼마만티 맞고 잡기
네 실컷을 내여걸고 네 꿈틀거림을 재놋는단 말가
시픔아 네에민 시쁨 시름 손자 보더냐

이날 이때것 조히조히 왓스니 조히조히 고딥습
여긔 이제것 나, 남, 그, 저 조히조히 넘나든 근데
거시키 꺼지기랄델 본 적 업셔 ᄒᆞ노라 (다석일지 1956. 10. 13.)

손 맞어 드림

(1)
ㅣ 나가 이마 이 이마 옹에 내 힘 히마 이마 옹
손수 나린 예수 예수 온갖 수수 이손 잇손
손 맞어 드리올 디림 눈을 맞혀 떨칠가

(2)

고히고히 올나갈웅 고히고히 우러옐나

조히조히 주금너메 조히조히 사리브름

비바람 빌고 바람에 말씀따름 밧게

(3)

손 둘 너 나가 떨치면 주금에 느러질 손

손 하나로 맞어 디리면 사리불 너 브를 손

그믄지 그믐 보름의 조금사리 므르믈 (다석일지 1956. 10. 15.)

이 사람이 이 세상에서 몇십 년 동안 인생에 참여하면서 깨달은 것이 있다면 그것은 하느님의 말씀을 알아야 한다는 것입니다. 이것은 6·25 동란을 겪으면서 거듭 알게 된 중요한 가르침이기도 합니다. 사람이 사람을 알아주어야 하는데, 사람을 알아주려면 그 사람의 말을 알아야 합니다. 그 사람의 말을 알면 그 사람을 알게 되는 것입니다.

맹자는 "선생님께서 남보다 나은 것이 무엇입니까?"라고 묻는 제자의 말에, '말을 알고 하느님 씨를 잘 기른다(我知言 我善養吾浩然之氣,《맹자》공손추 상편)'고 대답했습니다.

공자는 '아침에 (하느님의) 말씀을 들으면 저녁에 죽어도 좋다(朝聞道 夕死可矣,《논어》이인편)'고 했습니다. 칠십 평생을 산 공자가 들을 말, 들을 수 있는 말을 들으면 그날 저녁에 죽어도 좋다고 한 것입니다. 말씀을 알자는 것이 인생이고, 말씀을 듣고 끝내자는 것이 인생입니다.

이 사람은 하느님을 믿습니다. 하느님이 어디 계시는지 알고 믿느냐 하면 이 사람은 모른다고 말합니다. 경우에 따라서는 안다는 사람도 있을 것이고, 모른다는 사람도 있을 것입니다. 다만 사람이 머리를 하늘로 두고 산다는 사실을 알기 때문에 크나큰 하늘에 계신 거룩한 분을 믿고 이분을 하느님이라고 합니다. 이 사람은 이것을 믿습니다. 하느님을 믿고 하느님이 최후에 심판할 것을 믿습니다. 《성경》은 하느님의 심판이 구체적으로 어떻게 이루어지는지에 대해 말하고 있습니다. 목동이 양과 염소를 갈라놓듯이, 예수가 최후 심판의 날에 선인과 악인을 가린다고 합니다(《마태복음》 21:31~46). 이슬람에서는 마호메트와 예수가 마주 앉아서 무슨 줄 같은 것을 붙잡고 좌우편을 갈라놓는 식으로 심판한다는 말이 있습니다. 이 사람은 그런 말을 들었을 뿐, 《코란》을 보지는 못했습니다. 구체적으로 최후 심판의 날이 어떨지는 최후 심판을 믿는 이 사람도 모르겠습니다. 예수께서 이르기를 심판하러 오는 마지막 날에는 "너희들이 말한 말이 너희를 심판하리라(《요한복음》 12:48)"는 말을 우리는 볼 수 있습니다. 마지막 날에 가서는 인생의 총결산을 말씀으로 하게 됩니다. 말씀이란 우리 입에서 늘 쓰는 여느 말입니다. 보통 쓰는 말이 심판 때에 우리를 심판한다고 믿습니다.

이 사람은 모름지기 지금 이 세상을 떠나도 좋다고 생각합니다. 지금 죽어도 좋다는 생각을 하고 지냅니다. 이 사람의 나이는 일흔 살에 가깝습니다. 일흔이란 말은 인생을 잊는다(忘)는 것을 뜻한다고 봅니다. 그래서 이 사람에겐 이 세상에 좀 더 살았으면 하는 생각이 없습니다. 나중에는 어떻게 될지 모르겠으나 더 살고 싶다고 소리소리 지르지는 않을 것입니다. 말을 하고 말씀을 알려 하고 말이 이 사람을 심판한다는 사실을 믿고 있기에 그런 일은 결코 없을 것입니다. 이 사람이 이 시간에 이 자리에 선 것도 말씀을 알려고 하기 때문입니다. 우리가 이 시간까지 살고 있는 것은 그 때문인지 모릅니다. 참으로 말씀을 알고 세상을 떠나면 악을 면케 됩니다. (하느님의) 말씀을 알고 가면 심판받는 데 근본을 다 준비해 가는 것이 됩니다.

시조 〈실컷 따위 말 조히 한 열줄〉을 풀이해보겠습니다.

우리는 '실컷'이라는 말을 꽤나 많이 씁니다. 따져보면 이처럼 무엄한 말은 또 없을 것입니다. 비슷한 말로 '좋으면 좋다', '좋으면 좋지'란 말이 있습니다. 이 말을 자주 쓰는 사람은 아직도 말씀을 모르고 사는 사람입니다. '실컷', '좋으면 좋지'라는 말을 쓰는 사람은 여기(이 세상)를 인생 학교로 칠 때 낙제생입니다. '좋은 게 좋지'란 말에는 허락한다는 뜻이 담겨 있습니다. 아무리 귀여운 자식이라도 '너 좋으면 좋지' 하여 원하는 대로 다 허락하면 그에겐 무서운 게 없게 됩니다. '너 좋으면 좋지' 하여 맛있는 것을 달라는 대로 다 먹이면 결국 배탈이 나고야 맙니다.

그래도 좋은 게 다 좋다는 것인가? 좋은 게 다 좋다는 것은 다 끝났다는 말입니다. '너 좋으면 좋다', 이런 몹쓸 거짓말이 어디 있겠습니까? 이 세상은 '너 좋으면 좋지' 하면서 사는 세상이 아닙니다. 그렇게 되는 세상도 아닙니다. 좋은 것을 만났다가도 이것을 실컷 가지면 금방 싫어지게 됩니다. 좋은 것이라 하여 얼마나 취하겠습니까? 좋은 일이라도 실컷 지니다 보면 싫어지게 됩니다. 좋은 것일수록 싫어지는 도가 빨라집니다. 반면에 취하기 싫은 것도 좋게 되는 일이 많습니다. 좋다, 싫다는 상대적이기 때문입니다. 좋은 것이라고 반드시 좋은 게 아니며, 싫은 것이라고 끝까지 싫은 게 아니라는 것입니다. 싫은 것 가운데 좋아지는 조건이 있고, 좋은 것 가운데 싫어지는 조건이 있습니다. 이러한 것을 생각하면 '너 좋으면 좋다'는 말은 새빨간 거짓말입니다.

그런 것은 세상에 있지 않습니다. '너 좋으면 좋다'는 세상이라면 말씀을 알려고 할 필요가 없습니다. 말씀을 일러줄 것도 없고, 말씀을 배울 것도 없으며, 말씀을 얘기할 것도 없습니다. 좋은 것이 좋게 끝나지 않는다는 사실을 알기 위하여 우리는 가르치고 배우는 것입니다.

어떤 말이 참말씀인지는 쉬 알기 어렵습니다. 하지만 '저 좋으면 좋다'는 말은 악마에게 복종하는 말밖에 아무것도 아닙니다. 이 말은 틀림없이 심판을 받을 것입니다. 자식에게 이런 말을 쓰는 것을 무한한 사랑으로 알면 큰일입니다. 우리가 단죄받을 때는 많은 말이 필요치 않습니다. 우리가 쓰는 말이 우리를 심판하게 됩니다. …… '너 좋으면 좋다'는 말을 절대자(하느님)에게 쓴다면 그건 좋습니다. 이때는 '하느님 뜻대로 하옵소서', 곧 '우리를 죽이든지 살리든지 하느님 뜻대로 하옵소서'라는 절대 신앙을 나타내기 때문입니다. …… 절대자이신 하느님에게나 해야 할 말을 이 세상에서 쓴다면 그것은 하느님을 모독하는 것이며 하느님을 버리는 것이 됩니다.

그러므로 이 사람이 쓴 시조 제목에 '따위'라는 말을 붙여서 '실컷 따위 말'이라고 했습니다. 정말 '실컷'은 그따위 말, 이따위 말에 지나지 않습니다. 그 말 뒤에 '조히 한 열줄'이란 말을 붙였습니다. 이 세상에서 양심적으로 사는 사람은 자기의 삶을 누리는 데 반드시 진·선·미(眞善美)를 찾으려고 합니다. 이때 조히 산다고 합니다. '조히'라는 말은 '좋게 한다', '좋게 보인다'는 뜻이 아닙니다. '조히'는 '꽤' 또는 '만큼'이란 소극적인 뜻을 지닙니다. '시원하다'는 말이 있는데, 이것으로는 '조히'라는 말을 표현할 수 없습니다.

'조히'라는 말은 욕심이 그렇게 많지 않음을 나타냅니다. 조급하게 굴지 않는 것을 말합니다. 아무리 급해도 '조히조히' 하는 것입니다. 그저 그만큼 감사하는 것입니다. 좋게 한다는 말과는 구별이 됩니다. 수선을 떨지 않고, 달갑다든지 싫다든지 하지 않는 것입니다.

이 세상에서 바로 살 줄 알고 말씀을 아는 사람은, 자기가 사는 것이 좋은 것인지 나쁜 것인지 기쁜 것인지 슬픈 것인지 모르고 삽니다. 이를 부지지생(不知之生)이라고 합니다. 죽는 것이 추악한 것인지도 모릅니다. 언제 죽어봤어야지 알 것 아닙니까? 참(原, 元)말과 참삶을 아는 사람은 말씀을 알려고 할 뿐 사는 것이 좋은지 기쁜지 모릅니다. 똥만 싸면서 사는 몸뚱이 삶을 좋은 걸로 알면 '너 좋으면 좋다' 하게 됩니다. 참삶을 사는 사람은 죽이겠다고 해서 흔들릴 것 없고 살려준다고 해서 좋아할 것도 없습니다. 그저 죽어야 할 때 죽고, 살게 되면 사는 것입니다.

우리는 부모가 주는 것에 감사해합니다. 하느님이 주시는 것에도 감사해합니다. 실컷 자기 취할 것 취한 다음에 하느님의 사랑에 감사해합니다. 하느님의 사랑에도 그렇게 대합니다. 지금까지 코로 숨을 쉬게 해주고 살게 해준 데는 감사해하지 않습니다. 오늘 아침에 일어나서, '늘 일어나게 해주셔서 감사합니다' 하지 않습니다. 사람을 만나면 납신하게 인사를 합니다. 그렇게 인사하는 정도로 절대자를 사귀면 안 됩니다. 하느님과는 좀 더 깊이 사귀어야 합니다. 그러면 '숨을 쉬게 하시고 살게 해주셔서 감사합니다' 하게 됩니다. 숨이 다 끊어질 때에 가서야 '아이고, 숨 좀 쉬고 살게 해주십시오' 간구하다가 마침내 숨을 쉬게 되면 비로소 감사 기도를 드리는데, 이런 식으로 감사하다고 말하는 것은 거짓말입니다. 아첨으로밖에 보이지 않습니다.

우리가 살고 있는 이 생명이 확실한 것인지 우리는 모릅니다. 죽는 것역시 모릅니다. 죽는다고 해서 죽어 없어지는 것이 아닙니다. 어머니 배속에서 나와 살고 있는 이것이 사는 것은 아닙니다. 또한 여기(세상)를 떠난다고 죽는 것이 아닙니다. 배를 갈아타는 것일 뿐입니다. 이 사람은 60여 년 전에 어머니의 배를 차고 나와서 지금 지구라는 어머니의 배 속에 있습니다. 머지않아 이 배를 버리고 다른 배를 타게 될 것입니다. ……

'조히 산다'는 말은 유토피아를 만들어 좋게 산다는 말이 아닙니다. 흔히 좋게 산다는 말을 이 공간 세계에 새로운 나라(유토피아)를 세운다는 뜻으로 받아들입니다. 사람들이 땅 위에 나라를 세운 까닭은 이 세상을 잘 만들어 살기 좋게 하려는 데 있다고들 말합니다. 그러나 하느님의 말씀을 아는 사람은 이따위 말을 곧이듣지 않습니다.

이 세상에 이상 국가가 나오고 이상 세계가 나타난다고 해도 얼마만큼 조히 살게 하는 세계가 되고 얼마나 수명이 늘게 될지 알 수 없습니다. ······ 아주 건장한 사람이라야 80년쯤 삽니다. 평균 수명이 아무리 늘어난다 해도 영원히 살아야지 80년쯤 산다고 만족하겠습니까? 지금 부자가 되고 싶은데 얼마나 가져야 만족할까요? 좋다는 것이 끝이 나면 좋지 않은 것이 따라옵니다. 100년 살던 것이 110년, 120년 살게 되어 끝이 나면 무슨 좋은 것이 남겠습니까?

조히 산다는 것은 세상을 쉽게 산다든지, 평생 빚지지 않고 산다든지 하는 것으로 되지 않습니다. 우주 안에서 참혹한 것이나 보기 싫은 것을 보지 않고 사는 것을 조히 산다고 하지 않습니다. ······

기왕에 어머니 배 속에서 열 달을 조히 살았으면 잘 나와야 하고, 또 세상에 나왔으면 조히 살아가야 합니다. 그렇다고 나 혼자만 여기서 조히 살면 안 됩니다. 한 어머니 배 속에 쌍둥이가 있었다면 나 혼자만 조히 나와서는 안 됩니다. 다른 쌍둥이마저 함께 나와서 조히조히 살아가야 하지 않겠습니까? 이 세상에 수십억의 쌍둥이(인류)가 있는데, 이들이 모두 조히조히 살아가는 게 우리의 소원입니다. 이승의 배를 버리고 다른 배를 갈아탈 때에 나 혼자만 탈 것이 아니라 다 같이 타기를 바랍니다. 이렇게 조히 살겠다는 것이 하늘의 큰 뜻입니다. 절대의 큰 정신입니다. 그래서 우리는 절대자를 섬깁니다. '조히 한 월줄' 한 가지로 생각할 수 있습니다.

우리 마음에는 모순도 있고 반대도 있습니다. 우리는 모순과 반대가 있는 지구상에서 살아왔습니다. 모순과 반대를 무릅쓰고 살고 있습니다. 태양계와 우주에도 모순이 있고 하늘에도 적지 않은 모순이 있는 줄 압니다. 그렇지만 모순이 있기에 하늘의 원리를 좇아 조히조히 살고, 절대자의 뜻대로 깨끗하게 살겠다는 정신을 아울러 가집니다.

'한 열 줄'의 '줄'은 경(經)입니다. 《성경》의 '경(經)'도 '줄 경'입니다. 《성경》도 줄입니다. 인도 말(산스크리트어)에 수트라(Sutra)가 있는데, 이것 역시 《성경》이란 뜻으로 줄을 가리킵니다. 우리에겐 정신의 줄인 얼줄이 늘 늘어져 있습니다. 우주에서는 하느님의 말씀 줄을 백 년 천 년이 가더라도 내버릴 수 없습니다. 우리는 또한 '조히 한 열줄'의 말 줄로 살아가야 합니다.

이젠 '실컷', '좋으면 좋지' 따위의 말은 내던지고 살아가면 좋겠습니다. '따위'의 '따'가 땅(地)에 통하는 것을 보십시오. '실컷 따위 말'은 이 땅 위에서나 쓰는 말입니다. 술이나 마시고 사는 사람들처럼 세상을 생리적으로 사는 데서 나온 말인데, 이따위 말은 땅에 내버리고 갈 말입니다. 영원히 가지고 갈 말이 결코 아닙니다. 하늘에서 어울려서 내려온 한 줄의 말씀, 곧 예수의 말씀 그것밖에 더 할 말이 없습니다. 여기서 더 나아가 중언부언 말이 많아지면 악으로 나가게 됩니다.

네 속 얼마만치 치어노코 네 바람 얼마만티 맞고 잡기

바람이란 희망을 말합니다. 희망이란 무엇을 받아들이려는 것을 말하는데, 속은 훨씬 시원해야 합니다. 내 속을 시원하게 치워놓고 희망을 맞아들여야 합니다.*

---

* 우리는 마음속에 지저분한 삼독(三毒, 탐貪·진瞋·치癡)의 찌꺼기를 깨끗이 치우고 희망인 성령의 님을 맞아들여야 합니다. 그 얼님(얼줄)을 놓치지 않고 꼭 잡고 가는 것이 참사는 것입니다.(박영호)

네 실컷을 내여컬고 네 꿈틀거림을 재놋는단 말가

우리는 욕망의 노예입니다. 거저 실컷 해보고 싶어 하고, 실컷 누려보고 싶어 하고 실컷 먹어보려고 합니다. '구수한 고기나 과일을 실컷 먹으면 좋겠다'는 식으로 실컷 하고 싶은 것이 연달아 나옵니다. 도대체 깜냥을 얼마나 넓혀 왔기에 그렇게 실컷 먹겠다는 것인지요? 양(量)이란 정해져 있습니다. '실컷 먹어봤으면'이란 가엾은 소리입니다. '꿈틀거림'의 '꿈'은 꿈을 꾼다는 말입니다. 더 먹을 것 같아서 허욕이 꿈틀거립니다. 사람들이 먹는 내기를 하는 걸 봅니다. 어떤 선교사 한 분이 복숭아를 좋아했는데, 복숭아 맛이 무척 좋았던지 한번 실컷 먹어보았답니다. 그런데 복숭아를 너무 많이 먹는 바람에 탈이 나서 그만 죽고 말았습니다. '재놋는다'는 것은 차곡차곡 쌓아놓는 것을 뜻합니다. '무엇을 쟁이다'라는 말입니다.

시픔아 네에민 시쁨 시름 손자 보더냐

'시픔'은 욕망이란 뜻입니다. '에민'은 어머니요, '시쁨'은 마음이 차지 않는 고픔을 말합니다. '네에민 시쁨', 씨 갖임을 하는 시쁨이 자라면 시름하는 손자가 나옵니다. 시쁨이 시픔만큼 실컷 하고 시름 손자를 봅니다. 제 실컷 하여보니 그렇게 됩니다. 불만족에서 욕망이 일어나고 욕망에서 근심(시름) 걱정이 생깁니다. 이런 것은 땅 위에 내던지는 말입니다. 그따위 말은 높은 데 끌고 갈 말이 못 됩니다. …… 시픔(욕망)이 없어지면 시름(번뇌)도 없어집니다. 시름하기는 싫습니다. 싫은 시름을 안 하려면 에미 되는 시픔을 버려야 하고, 시픔을 버리려면 그 에미 되는 시쁨을 버려야 합니다.

이날 이때껏 조히조히 왔스니 조히조히 고맙슴

먹는 것은 끄니(끊이)로 먹어야 합니다. 한참 끊었다가 먹어야 합니다. 인사할 때 '아이고 오래간만입니다' 하듯이 먹는 것도 오래간만에 먹어야 합니다. 음식을 대접할 때 인사말로 '대접할 게 통 없습니다' 합니다. 그리고 손님이 수저를 놓으려 하면 '어서 더 잡수십시오' 권합니다. 그러면 손님이 '아닙니다. 많이 먹었습니다' 합니다. 이것이 조히조히 사는 길입니다. 인사치레로만 하지 않고 '정말로 잘 먹었습니다. 그만 먹겠습니다' 하는 이것이야말로 조히 사는 것입니다.

'실컷'을 내버리고 사는 사람은 '실컷'을 못쓰는 말로 압니다. 조히 한 얼줄을 늘 붙잡고 조히 사는 사람은 늘 감사하고 만족할 수 있습니다. 일부러 금식도 하고 단식도 합니다. 먹을 것이 모자라 끼니를 끊게 되었을 때에는 오히려 하늘이 주는 은혜로 알고 '고맙습니다' 하며 감사하게 받아들입니다. 예부터 음식은 나쁘듯이 대하라는 말이 있습니다. 말씀을 바로 아는 집안에서는 '나쁘듯 먹어라' 합니다. 이것이 온당한 말입니다.

싶은 맘(욕심)을 일으킨 대로 채우게 해주면 나중에는 그것에 도로 먹히고 말게 됩니다. '이날 이때껏 조히조히 왔스니', 무엇이 어쩌니 해도 이 사람의 마음을 보나 집안을 보나 세상이나 사회에서 도둑질을 한 일은 한 번도 없습니다. 이날 이때까지 조히조히 살아왔습니다. 감사해야 할 일입니다. 여기서 우리가 만나 이야기하는 것도 감사할 일입니다. 이렇게 한가한 품을 내어 모임을 할 수 있게 된 것은 우리를 대신해서 집안 식구와 동포가 수고한 덕분입니다. 이때까지 건강하게 살아온 것은, 우리보다 더한 괴로움을 당하면서 우리를 살리기 위해 애쓴 앞서간 사람들의 은혜가 있기 때문입니다.

이날 이때까지 조히조히 왔으니, 조심스럽게 왔으니 앞으로도 안심입명(安心立命)을 얻고 살게 될 것입니다. 그러니 '조히조히 고맙슴', 고마울 수밖에 없지 않겠습니까? 고맙다는 말에도 뜻이 있습니다. 말을 그만한다는 '그만'이라는 뜻입니다. 하느님께 감사를 드리는데 너무도 능청스럽게 합니다. 너무나 말을 많이 합니다. 그것은 참으로 감사하는 것이 못 됩니다. 한국 사람은 정말 감사할 줄 모릅니다. 주는 것에 대해서 무엇을 말하려고 하지만 할 말을 모르는 것이 사실입니다. '어째서 이것을 나에게 주시나?' 합니다. ……

여긔 이제것 나, 남, 그, 저 조히조히 넘나든 근데

　여기는 세상입니다. '이제'는 사는 때, 곧 지금을 말합니다. '그제', '어제'는 내가 사는 때가 아닙니다. '이제'가 내가 사는 때입니다. 사는 때가 이제입니다. 사는 곳이 여기입니다. 이어 이어 내려와서 여기가 됩니다. 하느님이 (얼줄로) 나를 이어주고, 나는 하느님과 (얼줄로) 이어지고 다시 이어져 여기에 온 것입니다.

　'이제'는 어느 때나, 곧 언제나 '이제'입니다. 이 세상에 나올 때도 이제, 이 세상을 떠날 때도 이제입니다. 다 이제(영원한 현재)가 됩니다. 어머니 배 속에서 나올 때도 '이제 나왔습니다' 하고, 운명할 때도 '이제 숨을 거두었습니다' 합니다. 여기와 이제를 혼돈해서 생각해서는 안 됩니다.

　이렇게 '나, 남, 그, 저'는 추상적인 것인데, 여기 이제에 살고 있는 너와 나, 그와 저는 조히조히 넘나드는 가운데 있습니다. 다시 말하면 논에서 일하는 사람도 '이제'라 하고, 감옥에 있는 사람도 '이제'라 하고, 다방에 앉아 있는 사람도 '이제'라 합니다. 모두가 다 '이제'를 넘나드는 가운데 있습니다. 그래서 가운데를 가온찍기(ᄂᆞᆨ)로 표시하였습니다.

거시키 꺼지기랄덴 본 적 업셔 ᄒ노라

'거시키'라는 말은 얼른 말이 떠오르지 아니할 때 쓰는 말로 '머사니', '머시가니', '대체'라고도 합니다. 무엇 무엇 하는 거시키로 실컷이나 시픔이나 시쁨이나 시름이나 다 끝까지 끌고 왔는데 어느 순간에 송두리째 꺼지고 맙니다. 그날은 아무도 본 이가 없습니다. 그러나 여기 이제껏 나, 남, 그, 저가 조히조히 넘나든 가운데 언제 끊어질지는 몰라도 언제인가 끊어지는 그날이 있습니다. 그러면 영원한 생명, 그리스도의 영원한 생명을 깨달아 볼 수 있습니다. 이것이 조히 한 얼줄로 붙잡을 수 있는 말입니다. 이 말이 말씀(logos)입니다.

'네 속 얼마만치 …… 시름 손자 보다냐'의 시조 제목은 〈실컷 따위 말〉입니다. '실컷 따위의 말'은 심판받을 수밖에 없는 말이고, '조히 한 얼줄'은 《성경》 말씀입니다. 영원한 생명줄을 붙잡고 조히 살아가는 것을 말합니다. 새삼스럽게 이상한 말은 찾지 말아야 합니다. 가장 평범하고 일반적인 말을 찾아야 합니다. 이 사람이 여기에 내놓은 말도 결코 어려운 말이 아닙니다. 이제 우리는 자각하여 조히 한 얼줄에 다다라야 합니다. 이것을 몰라서는 안 됩니다. 실컷 못 먹어본 것 먹어야겠다느니, 실컷 못 해본 것 해보겠다는 '실컷' 따위의 말은 땅에 내버려야 합니다. 그리고 깨끗하게 조히 한 얼줄을 잡아야 합니다.

이 사람이 점점 궤변만을 말하기 때문에 실수가 있는지 모르겠습니다. 점점 알 수 없게 되는지도 모르겠습니다. 이 세상에 있는 것은 모두 확실하다고 합니다. 보고 듣고 만지는 것은 확실하다고 합니다. 땅 위에 있는 땅덩어리와 같이 딴딴하게 확실히 있다고 합니다. 그러나 딴딴하다고 해서 확실한 것은 아닙니다. 꿈과 같은 것입니다.

반면 하늘은 못 믿게 생겼다고 합니다. 하늘이라면 어느 하늘이라도 보기에는 좋습니다. 그러나 하늘은 하늘하늘하기 때문에 믿기 어렵습니다. 똑똑(분명)한 곳에서 살아야지 하늘하늘한 하늘에서 어떻게 사느냐고 합니다. 우리말에는 땅은 딴딴하고 하늘은 하늘하늘하다고 되어 있습니다. 딴딴한 것이 훌륭하게 보입니다. '실컷' 따위의 말을 버리고 한 얼줄을 붙잡고 살 것입니까? 아니면 '실컷' 따위의 말이 돌멩이처럼 딴딴하고 확실하다고 해서, 그것을 붙들고 돌멩이처럼 살아야 할 것입니까?

다음은 시조 〈손 맞어 드림〉을 풀이해보겠습니다.

ㅣ 나가 이마 이 이마 옹에 내 힘 히마 이마 옹

몸으로는 분명 짐승인데 손을 자유롭게 쓰는 것은 사람밖에 없습니다. 두 손 모아 하느님께 기도드리는 것도 사람만이 할 수 있습니다. 'ㅣ 나가'에 'ㅣ'가 문제입니다. 'ㅣ'는 사람이 막대처럼 곧장 선 것을 나타냅니다. 세계 어느 민족이나 막대기를 하나 그리면 사람을 뜻합니다. 내가 이 세상에 나선 것입니다. 하늘 아래서 하늘을 향하여 곧추 일어선 것입니다. 사람들은 먼 훗날에 가서도 이렇게 곤두설 것입니다. 이 '나'가 가는데 어디로 갑니까? 우리의 정신은 위로 올라갑니다. 머리를 들고 하늘을 뚫고 나아갑니다. 머리의 이마가 앞잡이 노릇을 하여 위로 올라갑니다.

'내'가 살아서 사람들을 만나 이야기할 때 '나'라고 하는데, 이렇게 할 수 있는 것은 머리입니다. 그런데 사람의 머리를 깔고 앉을 수 있는 것은 절대자뿐입니다. 이마는 하느님을 나의 임으로 모신다는 뜻으로 이마(임아)입니다.

손수 나린 예수 예수 온갖 수수 이손 잇손

말을 겹쳐 쓰면 뜻이 깊어집니다. '손수 나린 예수 예수'의 '예'는 '여기'라는 뜻이고, '수'는 능력이라는 뜻입니다. 하느님이 손수 내리신 여기의 재주와 능력입니다. 매 손가락에 내려온 재주와 능력, 위로부터 한량없이 내리는 수(능력)가 숨이 끊어질 때까지 이어집니다. 하느님이 손수 내리시는 능력은 지금도 자꾸자꾸 내립니다. 이 사람은 이것을 믿습니다. 한없는 능력이 이 손끝에 내리는 것을 압니다. 이때 나(ㅣ)는 하느님의 손에 잡힌 붓에 지나지 않습니다.

이 사람이 궤변가인지 모르겠습니다만 이 시의 '예수'와 예수 그리스도가 마주치는 것을 볼 수 있습니다. 이 궤변쟁이의 몸이 예수의 십자가 보혈로 사함을 받는지는 잘 모르지만, 이 사람이 이 자리에 설 수 있는 것은 어제 저녁에 먹은 밥이 피가 되어주었기 때문입니다. 밥과 야채를 먹었기에 이렇게 서서 기운을 차려 이야기를 할 수 있는 것입니다. 내가 역사적으로 예수가 골고다 산 위에서 흘린 피를 찾는 것인지, 그 내용에 대해 어느 정도 믿는 것인지는 모르겠습니다.

이어 이어 내려온 그 능력이 예수와 나를 이어지게 합니다. 예수 그리스도 역시 절대자에게 이어져서 나타나게 되는데, 그 모양은 같다고 생각합니다. 그런 뜻에서 우리는 역사적으로 예수에게 이어져서 현재에도 산 능력을 내려 받게 된다고 할 수 있습니다. 이 점에서 이 사람은 십자가에 흘린 피로써 온 무리가 죄 사함을 받는 것이라고 믿습니다. 이것이 조히조히 한 얼줄로 나타난 정신이라고 생각합니다. 이것이 《성경》의 본뜻이 아니겠습니까?

요새 이 사람은 말을 자꾸 겹쳐서 하는 일이 많습니다. 말이 어려워지고 흥미가 없어집니다. 그러나 '실컷' 기도하고, 신학에서 제일 확실한 《성경》 이야기를 듣고, 제일 흔들리지 않는 교파를 찾으려는 것은 '실컷'을 내걸고 꿈틀거림을 재놓는 것입니다. 그 결과 시름 손자를 보게 됩니다. 《성경》을 '실컷' 하게 되면 그런 손자를 봅니다. '실컷' 따위는 아예 내버리기로 합시다. '실컷'을 갖고 하늘하늘한 하늘에 올라가려고 하지 마십시오. ……

손 맞어 드리올 디림 눈을 맞혀 떨칠가

그런데 하느님께서 손수 내려주시는 '예수 예수'의 '수(권능)'는 사람의 손안에 있습니다. 손을 깨끗이 하는 이유가 여기에 있습니다. '이손 잇손'이란 '이 손에 수가 있을 손'이라는 뜻입니다. '손 맞어 드리올'은 손을 마주해서(合掌) 위로 들어올리는 것, 곧 '하느님께 기도를 올린다'는 뜻입니다. 이 말은 내가 스스로 묶어서 하느님께 드리는 두 손, 마지막으로 빈손까지 모아드리는 일과 결부됩니다. '눈을 맞혀 떨칠가', 눈이 마주친다는 것은 여간 마음 켕기는 일이 아닙니다. 거기에 거짓의 '나'는 있을 수 없습니다. 하느님과 눈을 맞추어서 빈손마저 드리고 위로 올라간다는 것입니다. 이것이 하늘을 섬기는 마지막 태도입니다.

가톨릭 신부들은 동정(童貞)을 지키며 믿습니다. 좀 참혹한 얘기일지 모르나, 사람은 세상에서 으뜸가는 불행이라 할 수 있는 홀아비가 되어봐야 신앙을 알기 시작합니다. 연애하고 결혼하고 자식 낳고 할 때는 뭔가를 바로 알기 어렵습니다. 눈맞은 사람과 눈을 맞추다가 다시 눈을 떨어뜨립니다. 특히 젊은 사람들이 정신 차려 들어야 할 말인데, 혼인하기 전에 혹은 혼인한 뒤에도 기운껏 한눈을 파는 수가 있습니다. 눈이 다른 데 마주치면 달라집니다. 어지간히 조히조히 자라난 사람이라도 눈이 마주치면 달라집니다. 이러한 '실컷'을 빨리 깨뜨리는 데 온갖 힘을 다해야 할 것입니다. 눈에 끌려 살지 말고, 몸에 홀려 살지 말아야 합니다.

'손 맞어 드리올 디림 눈을 맞혀 떨칠가'에서 '떨친다'라는 말은 떨어뜨린다는 말입니다. 악을 떨친다(振)는 말입니다. 이름을 떨친다고 하여 교육도 받고 연구도 하고 저서도 내고 돈도 벌고 장가도 들고 하는데,

이것들이 실은 떨어뜨리는 경우가 많습니다. 요새 대낮에 한길에서 남녀가 팔짱을 끼고 다니는 것을 볼 수 있습니다. 남녀가 활개 치며 바람을 떨치며 다닙니다. 이렇게 떨치는 것도 떨어뜨리는 것입니다. 사람끼리 눈이 마주친다고 해도 그것이 오랫동안 계속되지는 않습니다. 사람과 맹수가 서로 눈이 마주칠 때 맹수가 먼저 눈을 피하면 사람이 그 맹수를 맘대로 부릴 수 있습니다. 사람이 지면 맹수에게 잡아먹힙니다. 사람끼리도 오랫동안 눈이 마주치면 결투가 일어납니다. 결투는 승부가 나지 않고서는 그치지 않습니다. 결투를 안 하려면 한쪽이 먼저 얼굴을 돌려야 합니다. 그래서 눈은 오래 마주쳐서는 안 되는 것입니다. 눈을 마주치는 데서 싸움도 음란도 일어나는 것입니다.

고히고히 올나갈웅 고히고히 우러옐나

위로 길이길이 올라갑니다. 하늘에 머리를 두고 아름답게 사는 사람은 위로 올라가는데, 아무런 소리 없이 고이고이 올라갑니다. '우러옐나'는 하느님을 우러러보면서 나아간다는 뜻과 울면서 나아간다는 뜻이 겹쳐 있습니다. 사람이 하느님께서 계시는 위로 가지 않고 가로로 가면 담 밖에 없습니다. 위로 올라갈 때는 울면서 올라갑니다. 우렁차게 또는 구슬프게 운다는 것이 아닙니다. 주님의 이름을 부르는 데 그치지 않고, 부르고 부르면서 가는 것입니다.

조히조히 주금너에 조히조히 사리브름

'조히조히 주금너메'라는 것은 줄 것 다 주고 꼭 마감을 하는 것입니다. 줄 것을 다 주고 위로 올라가는 것이 죽음입니다. 사람은 이 세상에 사람들에게 줄 것이 있어서 나왔습니다. 돈 있는 사람은 모은 돈을 나눠 주고, 아는 것이 있는 사람은 지식을 나눠주고, 그래서 줄 것을 다 주면 끝을 꽉 막습니다. 줄 것을 다 주고 마감에 가서 다 결산하고 조히조히 넘어갑니다. '조히조히 사리브름'은 어머니 배 속에서 열 달 동안 있다가 그곳을 버리고 여기 세상에서 70년을 살고 이승을 떠나는데 그때 부르는 소리가 들린다는 것입니다. 죽음 다음에 올 세상에서 마주 부르는 소리가 들린다는 것입니다.

비바람 빌고 바람에 말씀따름 그밧게

부르주아(부유층)들은 좋은 날을 즐기겠지만 우리는 싫은 궂은 날, 비바람 부는 날을 살 수밖에 없습니다. 비바람 부는 날에 기도하기란 참으로 어렵습니다. 늘 희망을 가진다는 것도 어렵습니다. …… 그런데 비와 바람은 꼭 필요합니다. 마찬가지로 빌고 바라는 것은 어렵지만 꼭 필요합니다. 비가 오지 않고 바람이 불지 않으면 사람들은 제단을 쌓고 풍우(風雨)를 빌기도 합니다. '바람 불어 주소서', '비를 내려 주십시오' 합니다. 우리가 빌고 바라는 것이 비바람입니다. 이것은 다름 아닌 말씀입니다. 우리는 하느님의 말씀을 따르지 않을 수 없습니다. '말씀따름 그밧게'는 말씀만을 따른다는 뜻입니다. 하느님의 말씀은 절대라, 말씀만을 따를 뿐입니다. 이는 하느님을 따르는 것입니다. 흔히 누구누구를 따른다고 하는데, 이는 도저히 할 수 없는 어려운 말입니다. 거짓말입니다. '한 열줄'로 하느님을 따른다는 말은 옳지만, 그밖에 누구를 따른다는 말은 쉽게 할 수 없습니다.

손 들 너 나가 떨치면 주금에 느러질 손

왼손 바른손 다 나가 떨치고, 줄 것 다 주고서 마감하고 손을 늘어뜨립니다. 손을 늘어뜨리고 죽는데, 이땐 주먹을 쥐고 늘어뜨리는 것이 좋습니다. 손마저 하나로 모아서 마저 드려야 하기 때문입니다. 그런데 왼손

바른손 할 것 없이 손들고 나가, 세상에 나가 설칩니다. 안 나가고 조히 조히 살려고 하는데, 이놈의 손들이 제멋대로 나가 설칩니다. 그래서 죽어 늘어집니다. 이렇게 늘어지게 하지 말고 둘을 하나로 모아야 합니다.

손 하나로 맞어 디리면 사리불 너 브를 손

손마저 드리면 앞에서 너를 부른다는 말입니다. 마지막 가는 길에 사리불이 너를 부른다는 것입니다.

그믄지 그믐 보름의 조금사리 므르믈

그믐은 캄캄합니다. 죽음은 그믐에 드는 것처럼 캄캄하게 느껴집니다. 삶이 무엇이고 죽음이 무엇인지, 세상에서 알 것은 다 알고 가야 합니다. 무엇인지 모르고 가게 되면 그믐에 들어가듯 캄캄해집니다. 캄캄한 그믐을 당하면 무엇일까 하다가 보름을 맞게 됩니다. 보름은 둥글고 원만합니다. 그러나 둥글고 원만한 달(月)도 지게 됩니다. 사람은 실망을 하다가 희망을 찾습니다.

이 세상에서 '실컷'으로 이상적인 사회를 만들었다 해도, 얼마 가지 않아 달이 기울어지듯이 이 '실컷'도 기웁니다. 달이 차면 기울어지는 것은 천리(天理)입니다. '조금사리'란 물이 갔다가 자꾸 살아 나온다는 뜻임을 최근에 바닷가(피난 간 김해)에 가서야 알았습니다. 책상 위에서만 배우는 것이 아닙니다. 우주에는 태양이 있고 지구가 있고 달이 있습니다. 해와 달을 두 손으로 생각하고, 우리는 달을 따르고 달은 해를 따른다고 생각해봅시다. 그믐의 달은 해를 따라다니기 때문에 해가 지면 달도 집니다. 낮에 달이 있고 밤에 달이 없습니다. 달과 해가 겹쳐 있습니다. 맘에 달이 없으니 캄캄합니다. 이것이 그믐입니다.

이와 반대로 보름에는 해가 지고 달이 뜹니다. 그래서 지샌다는 말을 씁니다. 해가 뜨면 달은 넘어갑니다. 달은 해의 반대쪽에 있습니다. 달은 음력 보름(15일)에 보름달을 이루지만, 초하룻날에는 그믐이어서 보이지 않습니다. 여드렛날(8일)과 스무 사흗날(23일)에는 반쪽만 보입니다. 이것을 상현, 하현이라 부릅니다. 이 달(月)을 따라 물이 자꾸 들어옵니다. 여드레와 스무 사흘에는 조금이 시작됩니다. 사리에는 그믐사리와 조금사리가 있는데, 물은 그믐사리에 제일 많이 들어오고 조금사리에 가장 적습니다. 여드레와 스무 사흘에 물이 적게 드는데, 이를 경계로 물이 자꾸 들어옵니다. 그러다가 그믐과 보름에 큰 사리가 옵니다. 이처럼 차차 바닷물이 느는 것을 '한 무나', '두 무나'라고 합니다. 만조까지는 15일이 걸립니다.

이 점에서 무슨 생각을 얻습니까? 해와 달이 동렬(同列)로 있을 때, 손이 하나로 마주칠 때 굉장한 작용을 일으킨다는 사실입니다. 그믐사리에 물이 가장 많이 드는 것은 해와 달이 맞서서 당기기 때문입니다. 우주에서 해와 달이 합쳐서 잡아당기는 힘은 굉장한 작용을 일으킵니다. 그래서 손 모아 드린다는 것, 손 맞아 드린다는 것이 얼마나 큰 추진력이 있는가를 짐작하게 됩니다. '므르믈'은 물어볼 일이라는 뜻입니다. 그래서 '조금사리 므르믈'이란 조금사리가 문제라는 말입니다. 정신이 결핍된 시대가 문제라는 말입니다. 우리가 말씀을 깨달아야 하기에 말씀이 문제입니다.

이 사람은 물과 불을 퍽 많이 생각해보았습니다. 물을 불리는 것은 불입니다. 불리는 작용에는 물과 불이 작용합니다. 우리 마음에 평화를 일으키려면 푸른 것이 있어야 합니다. 여기에서 우리는 '물 · 불 · 풀'이 깊은 연관이 있음을 알 수 있습니다. 이 사람이 점점 더 왜 이렇게 되는지 모르겠습니다. 한 말씀을 한 말로 한꺼번에 몽땅 표현하려니까 점점 어려워지는 것 같습니다. ……

우리는 무한히 사는 것을 원하고 정신이 살기를 바랍니다. 그렇다면 선지자의 진리 중에서도 아름답고 인격적인 것을 택해야 하고 주님의 이름으로 이를 받들고 나가야 합니다. '나'의 일만 보아주는 하느님이 아닙니다. 하느님은 공정하고 사사로움이 없습니다. 그래서 우리가 '실컷' 육체의 만족을 좇는 것을 꺼리는 동시에 우리에게 배울 것을 요구합니다. 선지자의 진리를 알려고 하고 배우는 것이 우리가 해야 할 일임을 깨달아야겠습니다.

과학은 과학만 배우고 신학은 《성경》만 배우는 것이 아닙니다. 인간인 이상 사람과 사람 사이의 지식도 얻어야 합니다. 콩이나 팥을 되는 되(升)가 따로 있듯이 정신 세계에도 되(升)가 있습니다. 이것을 알고 바람이 불어도 흔들리지 않는 확고한 정신 상태를 만들어야 합니다.

'실컷' 따위는 땅에 버리고 조히 말씀을 따르고, 영원히 사는 조히 한 얼줄을 붙잡고 다같이 이제 조히조히 살아봅시다. 조히 한 얼줄을 붙잡고 살면 조히조히 사는 것이 됩니다. '실컷' 따위의 말은 내버립시다. 만일 이것을 지고 간다면 심판받는 것밖에 아무것도 안 됩니다.

무엇을 실컷 맛봤으면, 먹어봤으면 하는 것은 다 버리고 조히조히 끝을 마칩시다. 이 사람도 여기까지 조히조히 왔으니 조히 고맙습니다. 이 세상의 삶이 얼마 남았는지는 모르겠습니다만, 조히조히 있다가 떠날 때 조히 한 얼줄을 잡고 지나보기로 합시다. (1956. 10. 17.)

날마다 세 가지로 제 몸을 살피다

曾子曰 日三省吾身

日三省　忠　爲人謀而不忠乎

　　　　信　與朋友交而不信乎

　　　　習　傳不習乎

　　　　爲　子曰 不知命無以爲君子也

須三知　立　不知禮 無以立也

　　　　知　不知言無以知人也

　　　　悅　子曰 學而時習之不亦悅乎

亦三果　樂　有朋自遠方來不亦樂乎

　　　　安　人不知而不慍不 亦君子乎 (다석일지 1956. 10. 26.)

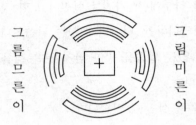

그름므른이　　　그림미른이

나남직흔 이승

몸성히 남주기로 몸븨히 챔말기로
바탈조히 늘사리는 죽기너메 맑기까지
늘사리 한늘사리란 한얼살림 나남직 (다석일지 1956. 10. 24.)

'충신습(忠信習)'이라는 문제를 내걸고 말씀을 드리겠습니다. 오늘은
여러분이 좀 아는 말씀인 일삼성(日三省)이라는 것을 내걸었습니다. '일
삼성'은 동양에서는 오래전부터 널리 알려진 말씀입니다. 증자(曾子)가
말한 것으로 일삼성, 곧 하루 세 가지로 나를 살펴본다는 예부터 유명한
말씀입니다. 또 대단히 중요한 말씀입니다. 일삼성을 통해 반성하는 것
이 많습니다. 그러나 알기는 많이 아는데, 내용을 들어보면 너나 할 것
없이 일삼성을 '날마다 세 번 살핀다'는 뜻으로 압니다. 대강 짐작해서
그렇게들 말합니다. 아침에 살펴보고 점심에 살펴보고 저녁에 살펴보는
것이라고 생각합니다.

우리는 영적 생활을 하는 사람들이요, 기독 생활을 하며 살아가는 사
람이기에 매일 기도를 합니다. 그런데 '항상 기도하라'는 말씀을 따라 아
침에 기도하고 점심에 기도하고 저녁에 기도한다고, 그것이 항상 기도하
는 게 될까요?

하루 세 번씩 살핀다는 것을 언뜻 생각하면 그렇게 생각하기 쉽습니
다. 그러나 그렇지 않습니다. 증자가 하루에 세 가지를 살핀다고 한 것
은 이 사람이 언제나 말씀드리는 바입니다만, 하나밖에 없는 말씀입니
다. 이 사람은 여러분에게 하나밖에 없는 말씀을 얼마 남지 않은 삶을
건너가는 그날까지 말씀드리려고 합니다.

증자의 이 말로 하나밖에 없는 말씀을 살필 수 있습니다.

충(忠)이라는 말이 있습니다. '충'이 무엇인지는 다들 잘 압니다만 우리말로 된 것이 없습니다. '익힌다'는 말이 있습니다. 우리는 이 말을 잘 압니다. 잘 익혀야 합니다. 무슨 기술이든 학문이든 잘 익혀야 합니다. 애쓰고 열심히 하여야 합니다. 화식(火食)의 경우에도 '음식을 잘 익혀야 한다' 합니다. 음식은 설익은 것도 먹고 익힌 것도 먹고 날것도 먹어야 하는데, 덜 익힌 것이나 너무 많이 익힌 음식은 싫어들 합니다. 이것이 세상입니다. 사람은 우선 비위가 좋아야 합니다. 음식을 먹을 때는 비위 좋게 이것도 먹고 저것도 먹어야 합니다. 그런 사람의 몸이 건강합니다. 음식이 뜨거워서 못 먹겠다 차가워서 못 먹겠다 하는 사람의 건강은 틀린 것입니다. 자기가 병든 것은 모르고, 자꾸 음식을 만든 사람을 책망합니다. 이것은 좋지 못합니다. 우리가 익힌다는 말은 이 세상을 온당히 살아간다는 말입니다. 인생의 많은 길에서 무엇인가 하나를 익힌다는 것입니다.

'충'이 무엇인지 아십니까? 믿음이 무엇인지 아십니까? 왜 그러한 것들이 필요할까요? '충'은 왜 우리말에 없을까요? 말이 없어도 좋다, 다른 나라의 말을 쓰면 되지 않느냐고 할지 모르지만 그렇지가 않습니다. 없었던 것이라도 꼭 있어야 하는 것은 만들어야 합니다. 한자로 '충' 은 가운데 마음이라는 뜻입니다. 이것은 상형문자로, '가운데 중(中)' 자와 '염통(心)'을 나타내는 글자 두 개가 합쳐진 것입니다. 그런데 '중심(中心)'이 어떻게 '충'이 되었을까요? 몸에는 열이 있습니다. 머리에도 열이 있습니다. 열이 염통 속에 있다 하더라도 지저분한 것이 섞이면 결코 '충'이 안 됩니다. 지저분한 어떤 것도 없는 가운데의 가운데, 속의 속과 같은 가운데를 '충'이라고 합니다.

속이 비어 있고 곧은 것을 말합니다. 마음속이 곧은 것을 충이라고 합니다. 협잡꾼이 들어 있으면 곧다고 할 수 없습니다. 가운데 마음(忠)이 말씀을 이룬다는 성(誠)과 합쳐지면 충성(忠誠)이 됩니다. 우리들 속의 속, 곧고 곧은 것을 가리켜서 '충'이라고 합니다.

옛날에 동양에는 왕(王)과 연관하여 '충'이라는 개념이 있었습니다. 세상에는 왕이 있어야만 하는 줄 알았습니다. 집안에 아버지가 있듯이 세상에는 이 세상을 다스리는 임금이 있어야 한다고 생각했습니다. 속의 속, 곧고 곧은 '충'을 임금에게 바치는 것을 충성이라고 여겼습니다. '충'이란 우선 임금에게 바치는 것이라고 여겼던 것은 다 유치한 시대의 이야기입니다. 이전 시대의 이야기입니다. 지금은 이전의 역사는 가고 민주적인 시대입니다. 곧고 곧은 '충'을 받을 임금이 따로 있는 것으로 여겼던 것은 다 지난 꿈같은 이야기입니다. 지금도 '충'을 바쳐야 하는 임금이 따로 있다고 생각하는 사람이 있다면, 아직 날이 샌 것을 모르고 이 시대를 밤중으로 알고 있는 사람입니다.

그렇다고 임금 없는 세상에는 '충'이 필요 없다고 생각한다면, 아직 '충'이 무엇인지 생각지 못한 것입니다. '충'은 꼭 있어야 합니다. 아버지에게 충, 형제간에 충, 즉 다 곧고 곧은 마음으로 대하여야 합니다. 충으로 대하여야 합니다. 충할 때는 충하여야 합니다. 아버지와 자식이 서로 충하지 않고 형제간에 충하지 않고 부부간에 충하지 않고 이웃 사이에 충하지 않은데, 일이 되겠습니까?

예(禮)도 하나입니다. 그것밖에는 없는 것입니다. 사람들이 무슨 알록달록한 색동처럼 오색이 갖추어진 것을 좋아하던 때가 있었습니다. 그래서 충(忠), 신(信), 습(習), 인(仁), 예(禮)로 나누었지만 이것은 결국 다 하나입니다. 다른 이름을 하나 더 붙인 것뿐입니다. 원래가 하나입니다. 하나밖에 없는 것입니다.

신(信), 곧 하느님을 믿는다고 할 때의 믿음은 우리가 일상에서 믿는다고 말하는 것과는 다릅니다. 상거래를 할 때의 신용과도 아주 다릅니다. 충(忠)과 신(信)은 '속 곧이 믿븨'입니다. 속이 곧고 곧은 것이 '충'이라면 '믿(信)'은 '밀다(推)'에서 나왔습니다. 믿어 나아간다는 것은 밀어 올린다는 뜻입니다. 추리(推理)라는 말이 있습니다. 생각을 민다는 것입니다. '믿'은 위로 하느님을 모시고 밀어 올린다는 말로, 밀고 밀어서 터지도록 하자는 것이 '믿'이 되었습니다.

모든 것은 진행하지 않고는 못 견딥니다. 특히 생명은 진행하지 않고 되는 것이 없습니다. '충'과 '신'은 상관이 있습니다. 그런데 '충'과 '신'이 있는 것을 알면 어떻게 할 것인가? 익혀야(習) 합니다. 키워야 합니다. '익힌다'는 말을 들을 때마다 생각나는 것이 있습니다. '익힌다'의 내용은 이어 이어져 가는 것입니다. 자꾸 이어 이어져 잇기(結)가 됩니다. 오랫동안 이어 가는 동안에 '이키(익히)'가 됩니다. 아주 익혀야 합니다. 이어 나가는 것이 '이키(익히)'는 것이 됩니다. 이것을 자꾸 다르게 생각하는데, 결코 다른 것이 아닙니다.

'이긴다'는 말이 있습니다. 남을 쳐서 이긴다는 승부의 의미에서 '이긴다'로 알기 쉬우나, '이긴다'는 자기를 이기는 것을 말합니다. 이어 가는 것은 오래오래 이어 가는 것입니다. 결코 끊어지지 않습니다. 오래 이어 가고 계속하려면 잘 익혀야 합니다. '익힘(이킴)'을 잘하는 것이 이기는 것입니다. 바로 '이키(익히)'는 것이 이기는 것입니다. '익히다'의 '습(習)' 자도 결국 하나입니다.

충, 신, 습은 보기에는 서로 다른 세 가지 같으나 결국 하나입니다. '충'이 따로 있고 '신'이 따로 있고 '습'이 따로 있는 것이 아닙니다. 곧고 곧은 속의 속 그 믿음을 '익힌(이킨)'다는데, 무엇이 둘이고 셋이겠습니까? 이것 역시 하나입니다. 그래서 우리가 사는 것도 하나밖에 안 됩니다. 충, 신, 습은 우리가 살아가는 전제입니다. 충, 신, 습은 우리로 하여금 참으로 살게 해줍니다. '충'을 따로 내놓고 '신'으로 산다고 할 수 있습니까? '신'을 내놓고 '충'으로만 산다고 할 수 있습니까? '충'과 '신'만 가지고 '습'은 내놓고 사는 것도 안 됩니다. 다 하나로 되는 것입니다. 이 것이 정말 사는 것입니다. '하나' 위에 무엇이 있겠습니까? 결국 이 사람 이 말하고 싶은 하나밖에 없습니다.

언충신 행독경(言忠信 行篤敬)이란 말이 있습니다. '충'은 말이 충성스 러워야 한다, '충'을 하는 데는 말부터 '충'하여야 한다는 말입니다. 《성 경》도 이것을 말하고 있습니다. 거짓은 안 된다, 거짓말하는 것은 악이 된다고 밝히고 있습니다. 거짓말을 안 하는 것은 믿음과 상관이 있습니 다. 말(言)을 충(忠)하게 하면 행(行)은 독경(篤敬)하여야 합니다. 행한다 는 것에서 혼자 행하는 것은 없습니다. '인간은 사회적 동물이다'라는 말 도 있듯이 인간이 혼자서 행하는 것은 없습니다. 그러니까 남에게 '독경' 하라는 말입니다. '독경'이란 두둑하게 공경한다는 뜻입니다. 두둑한 것 은 보기에 구수합니다. 얄팍한 것은 보기에도 좋지 않습니다. 두둑하게 공경하는 것은 남을 어려워할 줄 알고 조심스럽게 대하는 것입니다. 행 하는 것은 남에게 행하는 데 넉넉하고 후하고 두둑하게 하는 것입니다. 지저분하게 조심성 없이 하지 말고, 두둑하고 말끔하고 조심스럽게 남 을 대하는 자기 행실을 갖춰야 한다는 말입니다. 이것이 '독경'입니다. '독경'이 우리말로 없는 것이 답답합니다.

두둑하다는 뜻의 독(篤)을 왜 이렇게 쓰는지 모르겠습니다. '대 죽 (竹)' 자 밑에 '말 마(馬)' 자를 씁니다. 이 사람이 어렸을 때는 부지깽이 말을 타고 놀았습니다. 지금은 자동차나 자전거를 타고 놉니다만 옛날 에는 운송 수단이 말밖에 없었기에, 어린이들이 무엇인가를 타고 놀려면 부지깽이 말을 탈 수밖에 없었습니다. 그래서 어릴 때 함께 놀던 친구를 이른바 죽마지우(竹馬之友)라고 합니다. 대나무 가지로 만든 말을 타고 함께 놀며 자라난 벗이 진짜 친구가 되는 셈입니다. 요새는 웬일인지 어

릴 때 같이 놀았어도 학교를 각각 다른 데 다니게 되면 언제 보았느냐는
듯한 야박한 세상이 되었습니다. 말을 타고 놀던 벗들이 둘도 없이 두둑
한 사이라고 해서 이런 글자를 쓰게 되었는지도 모를 일입니다. 경(敬)
이란 글자는 어떻게 해서 생겼는지 이 사람도 모르겠습니다. 조심스럽게
두둑하게 하자는 뜻에서 '독경(篤敬)'이란 글자가 나온 것 같습니다. 거
짓말하지 않고 조심스럽게 행실을 잘하라는 의미로 보입니다. 독(篤)이
니 경(敬)이니 하는 것도 역시 하나밖에 없는 말씀입니다.

습(習)은 '날개 우(羽)' 자 밑에 '스스로 자(自)' 자를 씁니다. 새끼 새
가 거의 다 자라면 날개를 이용하여 나는 법을 배웁니다. 어미 새가 나
는 것을 본받아 나는 것을 자꾸 배웁니다. 날마다 배웁니다. 날자면 스
스로 날마다 배워야 합니다. 새끼 새가 세상에 나오자면 이렇게 (류영모
가 새가 나는 모습을 흉내 낸다) 박차면서 나는 것을 배워야 합니다. 병아
리는 아마도 이것을 참지 못하여 날지 못하는 것 같습니다. 닭이란 놈은
못난 놈입니다. 새는 나는 법을 얼마나 많이 익혔는지 앞가슴이 나왔습
니다. 그 정도로 익힌 것입니다. '익힌다'는 것은 참으로 사는 것이 되므
로 우리들도 자꾸 익혀야 합니다. 새끼 새가 나는 법을 익히는 것처럼 익
혀야 합니다.

속의 속, 곧이 곧도 새끼 새가 날게 될 때까지 나는 법을 익히는 것처
럼 자꾸 익혀서 위로 올라가는 것을 배우지 않으면 안 됩니다. 충(忠)과
신(信)을 익히고 이것을 밀어서 밑이 터질 때까지 하면 아무런 탈 없이
들어갈 수 있습니다. 도중에 중단해서는 안 됩니다. 끝까지, 예수가 말
하는 영생을 얻을 때까지 '충'과 '신'을 익혀야 합니다. 철학자는 말을 많
이 합니다. 그러나 우리의 생명이 하나인 것같이 말씀도 하나입니다. 말
씀이 하나인데, 그밖에 다른 무엇이 있겠습니까?

일삼성오신(日三省吾身)

　증자가 말하기를, 날마다 세 가지로 내 몸을 살피라고 하였습니다. 몸을 살핀다 하면 머리나 손이나 발 같은 것을 살핀다는 것이 되겠습니다. 언뜻 생각하면 그렇단 말입니다. 우리가 '집을 살핀다'고 하면 어떻게 됩니까? 그 집을 지을 때 관여한 역사(役事)를 살핀다는 것이겠습니까? 이것을 갖고 집을 살핀다고 하지는 않습니다. 건축물인 집이 아니라, 건축이 다 되어 그 집에 들어갈 사람들이 모여 살림을 하는 것이 그 집을 살피는 것이 됩니다. 건축물을 살핀다는 것보다는 그 건축물 안에 있는 식구를 살핀다는 말입니다. 식구들이 입을 것과 먹을 것을 챙기고 추운가 더운가를 돌보는 것이 살피는 것입니다. 또 이것만 갖고는 집을 살핀다는 것이 안 됩니다. 식구들의 건강과 마음의 평안을 살펴야 하고, 더 나아가서 식구들의 심령(心靈) 상태가 어떠한가 역시 살펴야 합니다. 영원의 세계인 영혼과 연결이 되는지 안 되는지를 살펴야 하는 것입니다. 이러한 내용을 죄다 갖추고서야 집을 살핀다고 할 수 있습니다.

　증자의 일삼성오신(日三省吾身)에서 내 몸을 살핀다는 것은 몸만을 가리키는 것이 아닙니다. 그 몸 속에 있는 정신을 살핀다는 것이 됩니다. 유교에서의 몸은 우리가 가족을 '집'이라고 하는 것과 똑같이 정신(精神)을 가리킵니다. 정신을 살핀다고 해서 몸을 돌보지 않는가 하면 그렇지 않습니다. 제 정신을 담는 몸이니 마음을 살피듯 몸을 살피고 잘 돌보는 것이 옳게 자기를 살피는 게 됩니다.

　아직 혼탁하고 이상한 세상에서는 증자가 말한 삼성오신(三省吾身)을 자기 몸을 세 번씩 돌아본다고 해석하여 손이나 발이 더럽지 않나, 여자라면 어디 분이 밀린 곳은 없나, 눈썹이 잘못 그려지지는 않았나 하고 신경을 씁니다. 이것은 증자의 말을 아직 모르기 때문이라고 할 수 있습니다. 사람은 껍데기만 갖고 사는 게 아닙니다. 금수와 같이 몸만 갖고 살면 편하겠는데, 사람은 그런 식으로는 편하게 되지 못합니다. 껍데기도 더럽지 않고 속의 마음도 어지간히 성해야만 살 수 있는 것이 사람입니다.

자하문 밖에 큰 회나무가 있는데 속은 죄다 썩어 껍질만 튼튼하게 보입니다. 나무는 속이 썩어도 껍질이 살 수 있으나 사람은 속이 성해야 합니다. 껍데기야 찌그러진 양철통같이 생겼어도 속만은 성해야 합니다. 껍질은 죄다 상한 것같이 보여도 속은 성해야 하는 것입니다.

거죽만 성한 척하고 사람을 속이는 일이 있는데, 속이 성해야 사람입니다. 증자가 내 몸(吾身)을 세 번 돌아보라고 한 것은, 언뜻 보면 껍데기인 몸을 살피라는 말 같으나 실은 속을 살펴보라는 말입니다. 부모에게서 받은 몸을 성하게 갖고 있다가 그대로 가지고 가라는 말은 불교에서도 합니다. 몸에 있는 손끝과 발끝까지 부모에게서 받은 그대로 갖고 있다가 돌아가니 만족스럽다고 한 이도 있습니다. 자기 목숨을 끝마칠 때 부모에게서 받은 몸을 그대로 갖고 있다가 가는 것이 부모에 대한 효라고 생각한 것입니다. 몸을 대단히 소중하게 아껴 온 그 사람은 속의 속이 성한 것을 아는 이입니다. 이 사람의 속이 성한 것은, 속에 계시는 하느님이 어진 생각을 일으켜주고 그것을 인정하여주시기 때문입니다.

위인모이불충호(爲人謀而不忠乎)

사람은 생각이라는 것을 전제하고 삽니다. 생각은 변하는 것입니다. 사람은 살면서, 어떻게 하면 편안하게 살 수 있을까 꾀(謀)를 냅니다. 생각이 없는 사람은 꾀도 못 냅니다. 생각하는 사람이 꾀합니다. 생각이나 꾀나 똑같은 것입니다. 무슨 일을 할 때 생각하지 않으면 일이 되지 않습니다. 생각하여서 좋도록 하여야만 되겠다는 말씀입니다.

증자는 남의 일만을 해주는 나, 남을 위한 나를 두고 이렇게 말했습니다. 임금이라는 존재가 있으면 임금에게 충을 다해야겠다고 모사(謀事)한다는 것입니다. 또 부모를 섬길 때 어떻게 하면 부모에게 잘할까? 형제간 의(義)를 어떡하면 잘 지킬까? 이런 것에 대해서도 생각해보고 생각하는 것이 모(謀)입니다.

임금이나 부모나 형제는 다 남입니다. 부모에게 효를 다한다는 것은 남에게 효를 다한다는 것입니다. 임금에게 충을 한다는 것은 남에게 충을 한다는 것이고, 형제를 의(義)와 신(信)으로 대한다는 것은 남에게 의와 신으로 대한다는 것입니다. 사회에서 남의 일을 도모(圖謀)할 때에도 임금이나 부모, 형제에게처럼 곧고 곧은 '속의 속'의 믿음으로 해야 한다는 것입니다. 일삼성(日三省)이라는 것도 이러한 것을 하였는가를 살펴본다는 뜻이 됩니다. 곧, 남의 일을 할 때 곧고 곧은 '속의 속'의 믿음으로 하였는가를 살피는 것입니다.

임금에게는 충, 부모에게는 효, 벗에게는 신으로 대하는 것이 중요합니다. 이러한 것을 인(仁)이라고 합니다. '인'이라는 것은 남에게 어질게 하는 것을 말합니다. 생각을 하려면 반드시 충으로 해야 한다는 것을 알 수 있습니다. 일을 할 때는 반드시 생각하여야 하고, 생각할 때는 반드시 속곧(忠), 미쁨(信), 익힘(習)으로 해야만 합니다. 곧이 곧게 속의 속으로 해야만 할 것입니다. 우리가 이것을 으레 살펴야 하지 않겠습니까? 바로 옳게 세상을 살려면 반드시 이것을 생각하여야만 될 것입니다. 어디 있으나 어디를 가나 이것은 날마다 살펴야 하는 것입니다.

여붕우교이불신호(與朋友交而不信乎)

붕우(朋友)는 친구를 말합니다. 만나고 싶은 친구 말입니다. 이 사람은 친구가 없습니다. 공자는 평생 친구를 한두 번 만난 것으로 알려졌습니다. '교(交)'라는 것은 '亠' 밑에 사람(人)이 둘이 있어 서로 얽히고설킨다는 것을 말합니다. 이 시간에도 여러분과 나는 얽히고설키어 있습니다. 친구를 사귀는 데도 신(信)으로 하여야 합니다. 믿음으로 하여야만 합니다. '믿'이란 밀어서 자꾸 들어올리면 밑이 마침내 터지는 것을 말합니다. 우리는 이 '밑'으로 사귀는 것입니다. 이것을 매일 살펴야 합니다. 사귀는 데 믿음으로 하였는가를 살펴야 하는 것입니다.

전불습호(傳不習乎)

우리는 자꾸 이어 나갑니다. 두었다가 하는 것이 아닙니다. 중간에서부터 시작하는 것도 아닙니다. 지금 시작하는 것도 아니고, 이전부터 전해 내려온 것입니다. 이전 사람이 말하고 전한 말씀을 이어받은 것이 지금의 우리입니다. 학교에서 공부하는 것만을 전하는 것이 아닙니다. 부모가 전(傳)하는 조상부터의 말은 종가에만 전하라는 그 '전(傳)'이 아닙니다. 충(忠)의 자료가 되는 배움의 묶음 전부가 전부터 말씀으로 내려온 것이어서 자꾸 전하여 내려옵니다. 전해서 받은 것을 그대로 이어 나가야 합니다. '전습불호'는 계승한 것을 전습(傳習)하였는가, 곧 익혔는가 묻는 말입니다. 이어받은 것을 이어주는 데 익숙했는가 묻는 것입니다.

이 세 가지 충·신·습을 살피라고 한 것이 일삼성(日三省)입니다. 증자는 날마다 자기 몸을 살폈는데, 하나는 위인모이불충호(爲人謀而不忠乎)로 곧은 마음으로 하였는가를 살피고, 안 하였으면 더 곧은 마음과 속의 속으로 하라고 하였습니다. 또 여붕우교이불신호(與朋友交而不信乎)라 하여, 남을 사귀는 데 '믿(밑)'으로 하였는가를 살피고, 미쁘게 하지 않았으면 더 미쁘게 하라고 하였습니다. 그리고 마지막으로 전불습호(傳不習乎)라 하여, 이전부터 이어 내려온 말씀을 그대로 이어받아 이어 가는 데 익숙하게 하였는가를 살피고, 그러지 않았으면 더 익히라고 하였습니다. 이렇게 세 가지를 살펴야겠다고 말한 것입니다. 이것을 알 았으면 자기가 살펴야 합니다.

기도는 대개 무언중에 하게 되는데 항상 말이 없어야 합니다. 말이 많으면 오히려 악이 됩니다. 여기서도 충·신·습을 갖고 여러 말이 나오는데 실은 한 말씀밖에 없습니다. 중요한 대목은 하나밖에 없는 것입니다. 우리는 살아가면서 이러한 때는 이렇게 하고 저러한 때는 저렇게 해야한다는 말을 많이 듣는데, 결국 그 속에 가면 하나밖에 없습니다. 세 가지를 살펴야 한다는 말도 결국은 하나를 살펴야 한다는 말이 됩니다.

수삼지(須三知)는 《논어》의 제일 끝에 나오는 말입니다. 그리고 역삼과(亦三果)는 《논어》의 첫 번째 장인 학이(學而)편에 나오는 말입니다. 공자는 《논어》의 제일 끝에서 "부지명무이위군자야(不知命無以爲君子也)." 라고 말했습니다. 부지명(不知命)은 목숨을 모르고 명령을 모른다는 뜻입니다. 곧 하느님의 명령을 모른다는 말입니다. 하늘에 있는 공기를 자꾸 받아서 숨 쉴 줄 아는 우리가 수삼지(須三知), 모름지기 이 세 가지는 꼭 알아야 한다고 말한 것입니다. 목구멍으로 숨 쉴 줄 알면 하늘의 명령도 숨 쉰다는 것을 알아야 하는데, 이것을 모르면 '그이'가 될 수 없습니다. '그이'가 될 수 없다는 것은 곧 군자(君子)가 될 수 없다는 말입니다. '군자'는 글자 그대로 새기면 임금의 아들이란 뜻입니다. 《성경》에도 독생자(獨生子)라는 말이 있는데, 하늘(하느님)의 아들이란 뜻입니다. 공자 역시 아들입니다. '군자'를 '그이'라고 해도 좋을 것 같습니다.

우리가 자꾸 찾는 것이 '그이'입니다. 이 사람더러 무엇이 되고 싶으냐고 물으면, '그이'가 되고 싶다고 대답하겠습니다. 아는 사람들이 이 사람을 두고, 기왕에 생명을 타고 나온 이상 어떻게든 바로 살겠다고 하던 '그이'라는 소리를 듣고 싶습니다. 이 세상에는 수많은 '그이'가 있는데 두어 사람이라도 이 사람에게 '그이'라고 한다면 좋다는 말입니다. '그

이는 지금 생각해도 참 좋은 사람이야'라는 말을 들으면 기분이 나쁠 리
없습니다. 몇 사람만이라도 이 사람에게 '그이'라고 해준다면 더 바랄 게
없습니다. 그 말을 받겠습니다.

공자나 증자도 다른 사람이 아니라 '그이'가 되겠다는 사람들입니다.
부자(夫子)라는 명칭도 '제 아비의 아들'이라는 뜻으로 '그이'를 나타냅
니다. 교육받은 집안에서 맥내를 가리켜 부인(夫人)이라고 합니다. 지아
비의 사람이라고 합니다. 남편의 소유가 된다는 말이 아닙니다. '그이'에
게 둘도 없는 사람이라는 뜻입니다. 부자나 공자나 증자나 '자(子)'는 다
'그이'라는 뜻이고, '그이'가 되는 것을 목표로 삼은 사람들입니다. 예수
도 '그이'입니다.

우리가 알긴 무엇을 압니까? 우리는 아는 것이 없습니다. 예수 믿는
사람은 유교를 이단시하고 불교를 우상숭배라고 합니다. 불교에서는 예
수를 비난하고 유교를 나쁘다고 합니다. 유교에서는 불교를 욕지거리하
면서 무엇을 안다고들 하는지 모르겠습니다. 남을 모르면 자기도 모릅
니다. 자기가 '그이'가 되려면 다른 '그이'도 알아야 합니다. 지금은 참
명텅구리 같은 시대입니다. 천명(天命)을 가져야 '그이'가 됩니다. 목숨을
알지 못하고는 '그이'가 될 수 없습니다. 만일 '그이'가 되자면 모름지기
목숨을 알아야 합니다. '모름지기(須)'라는 말은 '반드시'라는 뜻입니다.

부지명무이위군자야(不知命無以爲君子也)

명(命)을 모르고 군자(君子)가 되자는 게 무슨 소용이 있느냐는 말입
니다. '명'을 알아야 한다는 뜻입니다. 하늘의 명령이 무엇인지 모르고
는 '그이'가 되지 못합니다. 이것이야말로 무서운 말이 아니겠습니까?
《논어》 끝에 있는 이 말이 묵시록만큼이나 무섭지 않습니까? 참말을 모
를 것 같으면 '그이'가 되지 못한다는 것이 묵시록만큼이나 무섭지 않습

니까?

부지례무이립야(不知禮無以立也)

예(禮)를 모르고서는 서 있을 수 없다는 말입니다. '예'에 대해서는 이론이 많습니다. 노자도 '예'에 대해 말한 것이 있습니다. 《예기(禮記)》에도 인의예지(仁義禮智)로 여러 덕목이 나옵니다. 우리가 사는 제도를 말하는 것입니다. 이것은 계속해서 죽 내려온 것입니다. 기침이나 재채기를 하면 손이 자연히 입으로 갑니다. 이것은 누가 가르친 것이 아닙니다. 어리석은 사람도 이렇게 하는 것이라고 하면, 그것이 '예'인 줄 알고 기침이나 하품이 날 때는 손을 입에 갖다 댑니다.

버스를 타보았습니다. 버스에 사람이 많아 꿈쩍도 못 하고 서 있는데, 바로 앞사람이 여기다(류영모가 목덜미 근처를 가리킨다) 대고 그냥 기침을 콜록콜록 해댑니다. 때로는 담배도 피웁니다. 이렇게 제도가 없어서야 쓰겠습니까? 버스 안에는 대개 금연이라는 글씨가 붙어 있는데, 운전기사가 담배를 피우는 것을 흔히 봅니다. 금연이라고는 왜 써 붙였는지 모르겠습니다. 그러려면 금연이라는 것을 써 붙일 필요가 없지 않습니까? 상식으로 정해놓은 것이 제도입니다. 전차에서는 담배를 피우지 않는데, 버스에는 금연이라고 써 붙여놓아도 그 앞에서 담배를 피웁니다. 심지어는 경찰까지도 담배를 피우는 것을 꽤 여러 번 보았습니다. 둘 중 하나는 잘못되었거나 미쳤을 것입니다. 금연이라고 써 붙인 쪽이 미쳤거나, 담배를 피워 물고 있는 사람이 미쳤을 것입니다.

예의는 제도입니다. 무엇을 할 때든 프로그램에 차례가 없어서는 안 됩니다. 차례가 없고 순서가 없으면 식을 식대로 진행하지 못합니다. 학교에서 강의를 할 때 강의 일정이 있는 것과 같습니다. 일정 없이 공부를 할 수 있습니까? 일을 바로 하려면 제도 없이는 안 됩니다.

제도(制度)의 제(制)는 '물가 수(洙)' 자가 변한 것입니다. 제(制)를 살펴보면, '나무 목(木)' 자가 흐트러지지 않게 가로질러 묶어놓은 것을 알 수 있습니다. 그 옆에 견제한다는 뜻으로 큰 칼을 두 개 갖다놓은 것입니다. 제(制)에 도(度)가 붙어, 이 한도로 나무가 묶인 것이 흐트러지면 안 된다는 것이 제도입니다. 제도라는 것은 법이고, 법이라는 것은 예가 됩니다. 이 예가 잘못되면 제도에 사람이 쥐여 못살게 됩니다. 제도가 제 구실을 넘어 사람을 누릅니다. 이렇게 되면 못 견딥니다. 그러면 혁명을 하여야 합니다.

우리나라 헌법도 제헌 당시에는 그래도 학자가 만들고 고르게 한다고 하였으나, 처음에는 완벽하게 정하지 못했습니다. 그래서 차츰 자꾸 고치게 되는데, 헌법이 나빠서나 사람이 잘못해서가 아닙니다. 제도가 잘못되어 그렇게 하는 것이지, 사람이 잘못해서 고치는 것은 아닙니다. 법의 정신을 제각기 잘 알고, 헌법이 제도에 따라가는 모양으로 하여야 합니다. 그런데 잘 들어맞지 않아서 제도 탓을 하고 자꾸 고칩니다. 우리나라 의회처럼 헌법을 자주 뜯어고치는 곳은 없을 줄 압니다. 제도가 사람을 따라야지 사람이 제도를 따르는 것이 아닙니다. 학교의 과정표도 그렇습니다. 우선 순서를 만들고 정하지만, 진행하다 보면 고치는 수가 있습니다. 아이들 자체를 고치려고 하면 안 됩니다. 과정표나 프로그램이 사람을 따라야지, 아이들을 과정표에 따르게 할 수는 없습니다. 이것을 알아야 합니다.

요즘 젊은이들은 편지 쓰기를 어렵게 생각합니다. 어른에게 편지하는 것을 어려워합니다. 무슨 제도가 있을 때 이것을 익히지 못하면 기어코 실수를 하게 됩니다. 어디 가서 인사를 할 때도 어른한테 어떻게 할 줄을 모릅니다. 초상집에 가서 어떻게 할 줄을 몰라 인사 한마디 똑똑하게 하지 못하는 이도 많습니다.

요새 악수하는 '예'가 있는데 이것이 예가 되는지는 모르겠습니다. 악수할 때에는 나이 많은 사람이 먼저 손을 내미는 것이 원칙이라고 알고 있는데, 젊은 사람이 먼저 나이 많은 사람에게 손을 쑥 내밀고 '선생님 안녕하십니까?' 인사합니다. 무엇이 안녕하냐는 말입니까? 아무리 세상이 평등과 자유를 부르짖는 때라 하여도 예를 알아야 합니다. 이것을 알지 못하는데 무엇이 평등이고 자유입니까? 이것을 모르니까 소행을 어떻게 할 줄을 모르고 몸담을 곳을 모릅니다.

머리를 어떻게 가누고 손을 어디다 두어야 할지, 발은 어떻게 하여야 할지 모릅니다. 그래서 몸을 펴지 못하고 구부리고 있게 됩니다. 제자리에 있지 못하면 담배 맛을 모르고 담배를 피우는 사람과 같습니다. 제도(禮)를 모르고서는 일어서지 못합니다.

'부지례무이립야'는 예의를 모르고서 어떻게 일어설 수 있겠느냐는 말입니다. 예의를 모르고서는 어떻게 할 줄 모르기 때문에 일어서지 못합니다. 초상집에 가면 조의를 표한 후 상주에게 '안녕히 계십시오' 하고 나옵니다. 우리에게는 '안녕히 계십시오'라는 인사밖에 없습니다. 그래서 안녕히 계시라고 하는데, 이것은 말이 안 됩니다. 정한 것이 없어서 못 하는데, 정하여 주는 것이 없으면 안 됩니다.

전에 이런 일을 보았습니다. 어떤 사람이 어머니가 돌아가셔서 장사를 지냈습니다. 그 어머니는 손자가 많았습니다. 그런데 손자들이 점심 때가 되자 배가 고프다고 하면서 먼저 가버렸습니다. 그러자 그 상주가 "얘들아, 아비를 내버리고 가느냐?" 하며 자식들을 나무랐습니다. 자기는 어미를 산에 내버리고 온 주제에 나를 내버리고 가느냐고 한 것입니다. (일동 웃음) 자기 자신이 예를 모르고 그냥 대로에서 "얘들아, 아비를 버리고 가느냐?" 하며 야단을 친 것입니다. 제가 어미를 버리고 온 생각은 못 하고 아이들에게만 대고 뻐깁니다. (일동 웃음)

그래서 뭔가를 알아야 합니다. 인의예지의 근본이 '인(仁)'인데, 이 '인'에 대해 말을 하려면 한량이 없습니다. 그러니까 목숨(命)을 알고서야 '그이'가 될 수 있고, 예를 꼭 알아야 일어설 수가 있습니다. 그리고 다음의 말을 꼭 알아야만 합니다.

부지언무이지인야(不知言無以知人也)

배운다는 것은 말을 알기 위한 것입니다. 말은 사람과 사람 사이를 이어주어 사귀게 합니다. 물건과 물건 사이를 설명해주고 밝혀주는 것도 또한 말입니다. 말은 '너를 사랑한다'거나 '미워한다' 할 때에만 쓰는 것이 아닙니다. 말은 이치상관(理致相關)이라 물건과 물건 사이, 사람과 사람 사이의 이치를 밝혀주는 것입니다. 거기에 이치를 주는 것은 사람도 물건도 아닙니다.

하느님의 말씀을 알아야 실존을 찾아갈 수 있고 하느님도 찾아갈 수 있습니다. 말씀을 모르고서는 도무지 사람 노릇을 못 합니다. 말을 모르면 사람을 알지 못합니다. 그러면 필요한 모든 일과 사업이나 살림도 알아보지 못합니다. 사업의 성공과 실패만이 아니라 사람 노릇을 잘하는 것을 알아야 합니다. 그래서 공자가 말하기를, 결국 말을 알아야 사람을 안다고 한 것입니다.

하느님을 안다는 것은 예수를 아는 것이 아닙니다. 형이상하(形而上下)의 모든 자연을 알아야 한다는 것입니다. 사람도 자연의 한 부분입니다. 전체 자연을 알아야 한군데 있는 사람의 위치를 정할 수 있습니다. 그래서 사람을 안다는 것은 하늘에서 알 수 있고, 사람을 알려면 말을 알아야 합니다. 이것이 《논어》의 끝에 있는 말입니다.

말을 알지 못하면 무엇을 갖고 사는 것인지를 알 수 없습니다. 말을 모르고 자기 자신도 모르고서는 사람이 못 됩니다. 공부를 하는 사람도 이 말을 꼭 알아야 합니다. 우리는 '그이'가 말한 것을 꼭 알아야 합니다. 말의 이치가 어떻게 되어 있으며 말이 가는 길이 어떻게 되어 있는지를 알아야 합니다. 이것을 모르면 아까 말씀드린 것처럼 제 어미를 버린 사람이 제 자식에게 '나를 버리고 가느냐'고 나무라는 말 따위가 나옵니다.

도(道)라는 것도 말의 길을 안다는 것입니다. 그것도 하나밖에 없는 말씀을 알아야 합니다. 벙어리는 말을 못 하고도 곧잘 삽니다. 우리가 과거의 예수나 부처나 공자의 말씀을 더듬어 올라가면 종단(終端)에는 하느님을 만나보게 됩니다. 말씀을 모르고서는 도저히 산다거나 갈 길을 찾았다고 할 수 없습니다. 이렇게 따지고 보면, 모름지기 우리가 알아야 할 것은 세 가지(須三知)로 되어 있으나 결국은 한 가지입니다.

위립지(爲立知, 《논어》 요왈편)의 세 가지는 '그이'가 되자는 것, 완전하자는 것, 말씀을 알자는 것입니다. 말씀을 알자는 것이나 일어서자는 것이나 종당(從當)엔 목숨을 알고 '그이'가 되는 것(知命君子)입니다. 눈은 어디다 두고 귀는 어디를 향하게 하고 손발은 어떻게 하여야 한다는 점을 알아야만 한다는 것입니다. 이것을 알아야 어디를 가도 떳떳하게 처신할 수 있습니다. 사람 노릇을 하려면 말을 알아야 합니다. 모름지기 '위립지'가 셋이 아니라 하나라는 것 또한 알아야 합니다. 사람 노릇을 하기 위하여 알려는(知) 것이고, 서려는(立) 것이고, 되겠다는(爲) 것 아닙니까? 무엇이 다르겠습니까?

역삼과(亦三果)는 《논어》의 맨 처음에 나오는 말로서(《논어》 학이편), 이것 역시 세 가지 결과라고 하지만 핵심은 하나입니다. 공자의 말씀을 다 이해하려면 상당한 시간이 걸릴 것입니다.

학이시습지불역열호(學而時習之不亦悅乎)

학이편의 첫머리에 '학이시습지불역열호(學而時習之不亦悅乎)'가 나옵니다. '배울 학(學)', 이것은 캄캄한 데서 나와 양손을 들어 가위 모양으로 놀리면서 따라 배운다는 상형문자입니다. 캄캄한 데서 나와 손을 놀려서 배운다는 이 '학(學)'은 기왕에 세상에 나왔으면 무엇이 무엇인지를 모르고 지내는 것보다는 배우는 게 좋다는 뜻입니다. 배우는 사람을 학생이라고 합니다. 죽어서도 학생 아무개라고 합니다.

평생 거짓 학생 노릇을 하다가 죽어서 무덤에 들어갈 때도 버젓이 학생 아무개라고 하니, 무덤에 들어가서도 거짓말을 하는 셈입니다. 일생을 속이기 위해서 난 사람처럼, 지상에서의 삶을 거짓으로 끝내고 무덤에 들어갈 때도 무덤 앞에 학생이라고 버젓이 써 붙입니다.

사람은 이름을 대단히 좋아합니다. 첫째, 이름을 가져야 합니다. 하늘을 알기를 그냥 하늘이 있으니까 하늘인가 보다 합니다. 이름과 말을 알아야 한다는 것은 몇 번 말씀드렸습니다. 말은 어머니의 젖을 빨 때부터 배웁니다. 어머니에게서 죄다 배웁니다. 그냥 선생 없이 자다가 젖을 빨면서 배웁니다. 이렇게 말을 배우다가 더 재미있는 것이 없나 찾게 됩니다. 이 세상이 맛이 있어서 사는지, 전보다 보기 좋거나 맛이 있으면 즐거워합니다. 조금이라도 맛이 있고 재미가 있으면 즐거워하는데 공자가 말하는 즐거움(悅)은 이런 것이 아닙니다. 세상의 맛을 찾아다니면서 '그 연극 구경을 했으면' 하거나 '재미있는 일을 좀 했으면' 하는 식의 즐거움이 아닙니다. 약고 똑똑한 아이는 세 살만 되어도 할 말을 다 합니다. 그때가 정말 말을 배울 때이고 잘 배울 때인데 자꾸 딴 길로 들어갑니다.

그러다가 소학교에 들어가서 선생님에게 배웁니다. 자꾸 익히게 됩니다. 배운 것을 자꾸 익히는 것이 어찌 기쁘지 않겠습니까? 분명히 익히는 맛이 있는데 이 맛이야말로 즐거운 것이 아니겠습니까? 아이들은 과자를 맛있게 먹습니다. 옛날에는 대다수가 과자나 쇠고기나 돼지고기를 많이 먹지 못했습니다. 조밥이나 보리밥을 많이 먹었습니다. 아이들이 자꾸 배워 가는 것이 어른에게는 재미가 납니다. 그러나 이런 재미를 아이에게 붙여주지는 않습니다. 아이가 배워 가는 것을, 자꾸 익히는 것을 재미있게 해주지는 않습니다. 참으로 예쁘면 그냥 놔두어도 좋을 것을 '너 참 곱다' 하여 교만을 북돋우고, 쌀밥이 아니라도 잘 먹는 것을 '이 과자도 먹어봐' 하면서 좋지 않은 버릇을 들이게 합니다. 내버려 두면 잘 배우는 말을 옆에서 어른들이 못 하게 합니다. 그래서 우리나라가 이렇게 되었는지 모릅니다. 벌써부터 익히는 데 힘써야 하고 익히는 재미를 알아야 하는데 그러지 못하게 되었습니다.

종교학자든 신학자든 학자라면 자꾸 배운 것을 익혀야 하는데 버릇없이 감투를 쫓아갑니다. 바람 같은 감투를 얻어 쓰는 맛에 이 세상에 나온 보람을 느끼는 모양입니다. 감투를 쓴 사람에게 옳은 제자도 없을 텐데 그런 사람을 또 은사(恩師)라고 쫓아다닙니다. 이러니저러니 해도 말 많고 유혹 많은 세상에서 학자는 배운 것을 익히는 게 본분이 아니겠습니까? 과거를 더듬고 영원을 찾고 익히는 이런 맛, 이런 재미야말로 즐거운 것이 아니겠습니까? 아무것도 없는 이 익히는 재미는 순수하고 솔직한 것입니다.

유붕자원방래불역락호(有朋自遠方來不亦樂乎)

친한 친구를 만난다는 것은 일생에 한두 번 있으면 많은 것입니다. 공자 같은 분은 그러한 벗을 열 명쯤 만난 것 같습니다. 이것은 '네'가 '나'를 알아준다는 뜻으로, '네'가 '나'를 알아주니 즐거운 일이 아니겠습니까? …… 깊은 정신과 나누는 교유(交遊)는 실로 즐거운 것이 아니겠습니까? 나를 알아주는 사람이 몇백 리 밖에서 찾아오는데 만나면 금방 익숙해집니다. 그저 기쁘고 즐겁고 죽마고우를 만나는 것 같아, 찾아온 이와 하룻밤을 새더라도 참 즐겁습니다. 평생 다시 만날지도 모르고 세상에 알려질지도 모르는 나를 찾아와서, 그리스도교나 불교나 유교가 길은 죄다 다를지 모르나 (진리는) 하나밖에 없다는 것을 이야기하니 이보다 더한 즐거움(樂)이 어디 있겠습니까? 생전에 겨우 한 번 볼까 말까 하는 친구가 수천 리 밖에서 며칠 동안 고생하며 내가 있는 것을 알고 찾아오니 그 기쁨이 오죽하겠습니까? 날마다 달마다 해마다 나라는 사람을 모르고 있다가, 먼 데서 날 알아주는 사람이 찾아오니 기쁘지 않을 수 없습니다.

인부지이불온 불역군자호(人不知而不慍 不亦君子乎)

공자가 말하기를 남이 나를 몰라주는 것을 걱정하지 말고, 내가 남을 몰라주는 것을 걱정하라고 했습니다. 아버지 어머니가 다른 집 아버지 어머니와 같지 않아 나를 몰라준다고 말하는 자식들이 있습니다. 또 일생을 사는데 친구가 한 번도 찾아오지 않을 수도 있습니다. 심히 외로워 남들이 영 나를 몰라주는구나 하고 한탄하는 지경에 이를지도 모릅니다. 그렇게 남이 날 알아주지 않아도 노여워하지 말아야 합니다(人不知而不慍). 왜냐하면 생전에 동지를 하나도 얻지 못하고 세상이 알아주지 않는데도 노여워하지 않으면, 그것 역시 '그이'가 되는 것이기 때문입니다.

이렇게 '그이'가 되는 것이 아니겠습니까? 예수는 '산상수훈'에서 우리를 가르칠 '그이'를 부르는데, "가장 가난한 자, 겸손한 자, 목마른 자가 너희다. 알았다고 할 때는 핍박을 당할지 모르고 몰라줄지 모르나 그러한 일을 당할 때 너희는 기뻐하고 즐거워하라." 했습니다. 세상 맛을 알고 사는 것은 영원에 사는 것이 아닙니다. 위로 올라가고 영혼이 사는 길은 좁은 길이라고 하였습니다. 사람은 원래 무엇을 주고는 대가를 받기를 원합니다. 친구 하나 없고 알아주는 사람 하나 없는데 언제 즐거워하고 무엇에 재미를 붙이라는 말인가 하겠지만, 그렇지 않습니다. 남이 알아주지 않음을 원망하는 세상이지만, 오히려 남이 알아주지 않아도 노하지 않는 이 정신이 '그이'가 되는 길입니다. 예수나 공자가 걸어간 길이 바로 이 좁은 길이었습니다. 남이 알아주지 않아도 노여워하지 않는 사람이 '그이'요 그리스도인입니다. 이것이 그리스도인의 길입니다. 안심(安心)되는 길입니다. 안심입명(安心立命)합니다. 안심하고 이승에서 저승으로 떠납니다. 정말로 안심이 됩니다. 이것을 믿습니다.

역삼과(亦三果, 《논어》학이편)를 이렇게 열(悅), 낙(樂), 안(安)으로 나누어 말했는데, 이것도 하나밖에 없습니다. 하나로 사는 것이 영원으로 통하는 길입니다. 그 길은 바로 이것입니다.

배우는 것을 익히는 재미를 갖추자.
친한 친구가 먼 데서 찾아오니 기뻐하자.
종당에는 세속을 떠난 사탈(邪脫)한 자기가 되도록 하자.

이것을 역삼과라고 하였는데, 이것도 다 하나밖에 없는 말씀입니다. 날마다 세 가지를 살피고 세 가지를 꼭 알아야 합니다. 참기쁨과 참즐거움과 참편안함을 얻는 세 가지 열매를 알아야 합니다.

일삼성(日三省), 수삼지(須三知), 역삼과(亦三果) 이것 모두 이 세상의 참열매(結果)를 거두자는 것입니다. 이 세상의 열매는 무엇입니까? 밤 한 톨에 불과합니다. 결국 물거품입니다. 요새 흔히 나는 사과나 배나 감 모두 물거품이 아니고 무엇이겠습니까? 세상은 물거품입니다. 이렇게 보면 역삼과도 결과적으로 물거품입니다. 그러나 역삼과는 결과는 결과이되 거두는 결과입니다. 이것은 정말 하느님이 거두어주는 결과입니다. 하느님이 거두어주는 것은 하나밖에 없습니다.

앞에서 소개한 1956년 10월 24일자 그림을 보겠습니다.

그림을 보고 가로로 읽으면 '그림 미른이'가 되고, 세로로 읽으면 '그름 므른이'가 됩니다. '그림 미른이'는 그림 이른 이, 밀어 밀어 이른 이, 그림에 이른 이로서, 종단에는 성장해서 '그름'을 묻게 됩니다. 자꾸 올라가서 이르러보면 하느님은 완전치 않더라 하며 '그름'을 묻게 됩니다.

하늘에는 구름이 존재합니다. 우리가 하늘에 머리를 두고 사는 것은 하늘이 그리워서입니다. 하느님이 그리워서 하느님을 그려봅니다. 그리운 하느님을 향해서 자꾸 이어 나갑니다. '그림 미른이', '그이'를 믿어서 밑이 터지도록 올라갑니다. 자꾸 올라가며 '그름'을 찾습니다. 비난을 하고 싶어집니다. 하느님이 완전치 않다고 하게 됩니다. 무엇을 묻게 됩니다. 무엇을 바라게도 됩니다. 아까 임금에게 충(忠)을 바칠 때는 무엇을 바라지 않는다고 하였습니다. '나'는 하느님을 찾는데 무엇을 바라고 찾는 게 아닙니다. 하느님에게 복종하는 '나'입니다. 내가 이쯤하면 하느님이 은혜를 주겠지 하는 것이 아니라 하느님에게 복종하는 것입니다.

《효경》에 요군자무상(要君子無上)이라는 말이 있습니다. 임금은 요구하고 신하는 복종한다는 말입니다. 무엇을 바라고 섬기는 것은 섬기는 게 아닙니다. 하느님에게 무엇을 바라며 믿는 것도 하느님을 섬기는 게 아닙니다. 죽이든 살리든 그것은 하느님의 일이고, 죽이든 살리든 하느님을 따라가는 것이 하늘에 머리를 두고 사는 사람이 하는 일입니다. '그림 미른이'가 되어 무엇을 묻는 것은 안 됩니다. 자기 믿음을 묻는 것은 살길을 망치는 것입니다.

그림 가운데 십자가 같은 것을 그려놓았는데 가로로 그은 것이 끊겼습니다. 주역의 괘 모양으로 끊겼는데, 그것이 세상입니다. 세로로 그은 것은 '하늘(乾)'을 표시한 것입니다. 그림이 내려간 것이 '그름 므른이'가 되고 그림이 올라간 것이 '그름 므른이'가 되었습니다.

이제 시조 〈나남직혼 이승〉을 풀이하겠습니다.

'나남직혼 이승'은 내가 나옴직한 이 세상이라는 뜻입니다. 너도 나도 나옴직한 이승입니다. 너는 없고 나만 나왔다면 불행한 일입니다. 네가 있기에 내가 또한 완전해지는 것입니다. 이 세상은 한번 남직한 곳입니다.

몸성히 남주기로 몸븨히 챔말기로
몸이 성하면 다른 것은 원하지 말아야 합니다. 이 사람은 감투를 줄 터이니 병들라 하면 싫습니다. 아침저녁으로 끙끙 않는 것은 싫습니다. 몸이 성하면 다른 것은 생각하지 마십시오. 몸이 성하면 몸이 성하지 않은 사람을 도와주어야 합니다. 나보다 몸이 성하지 않은 사람을 붙잡아주어야 합니다. '몸성히 남주기로'는 몸이 성하면 남을 좀 도와준다는 말입니다. '몸븨히'는 마음을 비워야 한다는 뜻입니다. 마음을 비워놓아야만 됩니다. 진공(眞空)을 만들어놓으면 한데 쏠려 몰려 들어옵니다. '챔 말기로'는 비워진 마음에 '속', '곧', '밑'이 채워진다는 뜻입니다.

바탈조히 늘사리는 죽기너메 맑기까지
요전에 '조히'에 대해서는 말씀드렸습니다. 늘 조히조히 살아야 합니다. 조히 한 얼줄을 늘 붙잡고 살아야 합니다. '죽기너메'는 '죽음 그 너머서'라는 뜻으로, '죽기'는 '주기'에서 왔습니다. 줄 것을 다 주고 죽는다는 말입니다. '맑기까지', '챔말기'의 '말기'가 '맑기'가 되었습니다. '말기'에 'ㄱ'을 더 붙였습니다. 이승에서가 아니라 이승을 넘어서 저승에서 맑아집니다. '말기'만 채우지 말고 몸 성히 비어 있으면 영원히 맑고 맑아집니다. 이승에서가 아니라 죽음을 넘어 저승에서 그러하다는 말입니다. 가는 길에서는 속을 보이게 될 것입니다.

늘사리 한늘사리란 한열살림 나남직

'한늘'은 하늘에 'ㄴ'이 더 붙은 것입니다. 우리가 늘 살게 되는 생명이 '한열' 성령입니다. 우리는 세상을 살림하는 것이 아니라 '사리'를 하고 있습니다. 하늘하고 연결되어야 '살림'이 됩니다. '사리'에 'ㄹ'을 더 붙이면 '살림'이 됩니다. '나남직', 너나 나나 다 같이 이 세상은 한번 나서 살 만한 세상입니다. 남직한 이승입니다. 이런 세상에 몸이 성하니 좋지 않습니까? 몸이 성한 것이 그대로 좋단 말씀입니다. 밥 한 끼쯤 굶어도 몸이 성하니 좋지 않습니까? 나와 남이 다 그러면 좋지 않습니까? 장관이 되어 호의호식하고 자동차나 타고 다니며 평생 거짓말을 하는 것보다 '몸성히 남주기로 뭄븨히' 있는 것이 얼마나 좋습니까? 바탈조히 늘사리는 죽기너메 맑기까지, 이것이 나요 예수교입니다. 예수교를 전도하는 것입니다. 예수교는 공자도 따라서 전하여 주고 석가도 전하여 줍니다. 하늘에서 살 때는 다 한 정신으로 삽니다. 우리들의 그이는 예수 그리스도입니다. 정말 민주주의 국민이라 할 것 같으면 몸성히 더 바라지 말고 만족하여야 합니다. (1956. 10. 25.)

제3강

실없는 말은 무지(無知)다

동족에 삭여두고 본 글

실없는 말도 생각으로 조차 나오고

실없는 짓도 쇠로 맨드는 것입니다

소리로 내고 손발짓을 ᄒ고 나서는

제몸이 아니엇다 고는 컴컴ᄒ 수작이오니

남이 절 의심 안케 하고 싶은들 됩니까

허믈된 말이 제 몸 아니고 허믈된 짓이 참이 아니라면

소리에 틀렸고 사지가 잘못 든 것을 제 맞당ᄒ다면 스스로 소김이오 남

　　으로 절 좋게 ᄒ려 들면 남을 속임입니다

혹 몸에서 나온 것을 제 브러 힛다는 데로 허물을 돌릴 수 잇다거나

생각에서 틀린 것을 제의 참으로 ᄒ 것이라고 스스로 속일러 들면

그 네게서 나온 것을 일쌜 줄도 모르고 도리혀 네게서 나오지 안는 데

　　다가 허물을 돌리려 드니

오만을 길우고 그른 것을 드디는* 것입니다 무엇이 이에서 더 무지ᄒ

---

* 드디는: 실천하는

일이리까?

東銘*

戱言出於思也 戱動作於謀也

發於聲 見乎四肢 謂非己心 不明也 欲人無己疑不能也

過言非心也 過動非誠也

失於聲 繆迷其四體 謂己當然 自誣也 欲他人己從 誣人也

或者謂 出於心者 歸咎爲己戱 失於思者 自誣爲己誠

不知戒其出汝者 反歸咎其不出汝者

長傲且遂非 不知孰甚焉 (다석일지 1956. 4. 13.)

남우슴과 들어오름

(1)

얼버므리 우슨 말씀 우서가며 말씀 썼쌈

님 게서서 이른 말슴 말미아마 차즘 첫참

춤차저 올나가만이 이 길이라 흥시다

(2)

우슴이키 오름브린 씨알몰킨 나란나라

머리이긴 죽기실코 진이기긴 살일난 듯

이러코 안믈커진걸 어데언제 뉘봣소* (다석일지 1956. 10. 26.)

---

* 동명(東銘): 중국 송나라 성리학자 횡거 장재(橫渠 張載, 1020~1077)의 글이다.(박영호)
* 얼버므리: 잘못을 덮으려고 말을 꾸며대는 것 / 몰킨: 모인 / 진이기다: 마구 짓밟다 / 믈커
진: 물크러진, 썩거나 물러진

爲立知　스기 때믄 아름

爲知立　알기 때믄 슴

立爲知　서서 알게 됨

立知爲　서서 홀 줄 아름

知爲立　홀거 알어 슴

知立爲　알어서 홈(슬줄알어 홈) (다석일지 1956. 10. 26.)

〈동족에 삭여두고 본 글〉은 〈동명(東銘)〉을 우리말로 새겨본 것입니다.

실없는 말도 생각으로 조차 나오고 실없는 짓도 쇠로 맨드는 것입니다

무슨 말이든지 생각 없이 나올 수 없습니다. '실없는 소리'란 생각 없이 나온다는 말입니다.

'실없는 짓'이란 꾀 없이 하는 행동을 말하는데, 꾀 없고 도모함 없이 하는 일이 있겠습니까? 분명히 내가 하였는데도 실없이 해보았다, 자기는 그러한 일을 하지 않으려고 했는데 나중에 보니 그렇게 되었다는 말은 성립이 안 됩니다. 실없는 것도 자기가 꾀하고 도모한 것이 분명합니다.

소리로 내고 손발짓을 흐고 나서는 체믐이 아니엇다 고는 컴컴흔 수작이오니 남이 절 의심 안케 하고 싶은들 됩니싸

제 목소리를 내고 제 손발로 일을 하고 나서 제 마음이 아니었다고 하는 것은 컴컴한 수작입니다. 일을 저질러놓고 제 마음은 그것이 아니었다고, 내 참마음은 그렇지 않다고 하는 것도 컴컴한 수작입니다. 컴컴한 수작은 밤에 하는 일입니다. 밝은 날, 낮에는 할 수 없는 일입니다.

그렇게 해놓고 의심나지 않게 하려고 한다면, 그것이 되겠느냐는 말입니다. 말은 분명히 자기가 하고 행동도 자기 손발로 해놓고 내 마음으로 하지 않았다, 내 참뜻은 그것이 아니었다고 한들, 즉 자기를 의심 않게 하려 한들 그것이 되겠습니까?

허믈된 말이 제 몸 아니고 허믈된 짓이 참이 아니라면 소리에 틀렸고 사지가 잘못 든 것을 제 맛당ᄒ다면 스스로 소김이오 남으로 절 좋게 ᄒ려 들면 남을 속임입니다

제가 해놓고 아니라면 말이 됩니까. 사람 노릇을 하려면 제가 한 것은 분명히 했다고 하여야 합니다.

정신이 말짱한데도 몸짓이 잘못되고 실없는 소리가 나왔다고 하면 자기를 속이는 것이 됩니다. 또 남은 그렇지 않다고 생각하는데, 실없는 소리를 한 사람이 자기가 실없이 하였다는 것을 남에게 믿게 하고 좋게 하려 하면 그것은 남을 속이는 것이 됩니다. 자기를 속이고 남을 속이는 것이 됩니다. 이러한 것을 소위 미친 사람의 짓이라고 할 수 있는데, 미친 척하면서 떡장수에게 떡을 달래본다는 말이 있습니다. 농을 하는 사람은 제 하고 싶은 말을 다 합니다. 미친 척하고 다 합니다. 업신여겨 보기도 하고 참한 사람에게 욕질도 해봅니다. 그러고는 이것을 농으로 하였다고 합니다.

친구를 벗이라고도 합니다. 그런데 요즘은 친구가 벗이라기보다는 오히려 근심 덩어리에 가깝습니다. 친구 간이니까, 가장 친한 사이니까 그런 것 좀 해보았다, 농담 좀 해보았다, 이러한 말들을 합니다. 이것이 친구입니까? 벗이 될 수 있습니까?

충(忠)·신(信)·습(習)을 다루면서 충(忠)으로 하고 신(信)으로 사귀

고 이것을 익혀야 한다고 말한 바 있는데, 이것이 삼강오륜의 정신과 무엇이 다릅니까? 다 한 가지로 하나밖에 없는 말씀입니다. 오색을 좋아하고 색동저고리를 좋아하는 것과 마찬가지로, 한 가지의 말을 충(忠)이니 신(信)이니 인(仁)이니 예(禮)니 하고 여러 가지로 나누어서 말한 것입니다. 이것은 다 갖다 붙인 말에 지나지 않습니다. 삼강오륜의 뜻도 하나입니다. 유교에서는 이것을 통틀어 인(仁)이라고 하여 대단히 중요하게 취급합니다. 그러나 이것도 다 하나로 통하는 길의 한 가지 말씀이라는 것을 알아야 하겠습니다. 다른 게 아님을 알아야 하겠습니다.

여기서 다시 말씀드리면, 이 세상에서 다른 것은 다 없어도 자기를 알아주는 벗이 하나 있으면 하는 것이 인정상 사실일 것입니다. 그러나 오늘날에는 맘 놓고 사귈 벗이 없어요. 친구라면서도 으레 속이려 듭니다. 그저 친구니까 농도 좀 하고 그냥 벗이니까 그런 짓도 해보았다고 한다면, 그런 사람이 벗일 수 있겠습니까? 진정한 친구가 되겠습니까? 우리나라에서 친구라면 매양 거리끼지 않고 실없는 소리를 하고, 남을 즐겁게 하기 위해 벗을 파는 일이 있어도 무관한 것같이 생각을 하나, 이것은 벗이 되는 길이 아닙니다.

그러고는 백 번 천 번 회개합니다. 그때는 이러저러해서 본심이 아니었으니, 참마음이 아니었으니 용서해 달라 하고는 금방 다시 죄를 짓습니다. 목사, 장로는 무엇을 회개하고 무엇을 익혀서(習) 설교를 하고 남보고 회개하라고 하는 것입니까?

혹 뭄에서 나온 것을 제 브러 힛다는 데로 허물을 돌릴 수 있다거나 생각에서 틀린 것을 제의 참으로 흔 것이라고 스스로 속일러 들면

일부러 했다면 다 되는 줄 압니다. 진실로 한 것이 아니라 일부러 했다고 합니다. 삼강오륜을 따질 것도 없습니다. 일부러 했다는데 그것이

무슨 필요가 있단 말입니까?

자기 마음에서 나온 것을 자기가 일부러 하였다고 하면 허물을 돌릴 수 있다고들 생각하는 모양입니다.

진짜 나의 친구니까 그렇게 하였다, 이렇게 말하면 괜찮을 것 같으나 그따위 소리는 마땅한 것이 못 됩니다. 자기 자식이 인격자인지 아닌지도 모르고, 자식을 장난감으로 알고 지내는 어른들이 있습니다. 젖 먹일 때부터 거짓말을 가르쳐줍니다. 어린이에게 할 짓 못할 짓 다 해 가며 버릇을 가르칩니다. 어린아이야말로 참다운 인격자입니다. 노리개가 아닙니다. 어린아이에게는 진리가 깃들고, 그 아이가 이다음에 무엇이 될지 모릅니다. 하느님에게 가장 가까운 거룩한 종이 거기서 나올지 누가 알겠습니까? 그런 어린아이를 어떻게 노리개로 삼습니까? 우리는 회개하지 않으면 망해요, 망합니다. 참으로 속이려 들면 이렇게 됩니다.

그 네게서 나온 것을 일낼 줄도 모르고 도리혀 네게서 나오지 안는데다가 허물을 돌리려 드니 오만을 길우고 그른 것을 드디는 것입니다

네, 이렇게 됩니다. 음, 내가 일부러 하였다, 너 한번 속이려고 이 짓 한번 해보았다. 그렇게 속인 것은 죄가 되지 않는다는 말입니까? 실없는 소리를 정말 그렇게 함부로 할 수 있습니까?

결국에는 오만을 기르게 됩니다. 자기 자신이 잘못하였으면 은근히 자기 잘못을 뉘우쳐야 할 터인데, 우리가 볼 때는 우습건만 늘 이긴 자리에 있겠다고 오만을 자꾸 부립니다.

무엇이 이에서 더 무지흔 일이리쏘

무지한 말, 실없는 소리, 실없이 하는 짓, 이것이 전부 무지한 일입니

다. 알지 못하고 있다고 할 수 있습니다. 더 배워야 하건만 이것도 모르는데 이것보다 더 무지한 일이 어디 있겠느냐는 말입니다.

말이 꽤 까다로우면서도 간단 명료합니다. 〈서명(西銘)〉은 아직 못 봐서 모르시겠습니다만, 이 〈동명(東銘)〉에 기록된 것은 매우 까다로우나 또박또박 간단 명료하게 잘되어 있는 것 같습니다.

'실없다'는 것은 열매, 곧 과실(果實)이 없다는 말입니다. 하느님을 아니 모르느니 자꾸 말하면 실없는 소리가 됩니다. 요새 이 실없는 말과 짓을 깨뜨려주는 종교가 있으면 참종교가 될 것입니다. ……

이번에는 시조 〈남 우슴과 들어오름〉을 풀이하겠습니다.

남에 대해 웃기 좋아하는 못된 버릇이 인간에게 있습니다. 자기 일에 들어가서 자꾸 위로 올라가야만 합니다. 즉, 자기 할 일은 해야 한다는 것입니다.

얼버므리 우슨 말씀 우서가며 말씀 썼쌈

이 세상은 얼버무려 만들어진 것이라고 하고, 친구 간에 실없는 소리를 하며 얼버무려 우스운 말을 쓴다는 말입니다. 실제로 웃어 가면서, 말씀을 써 가면서 싸움을 한다는 말입니다. 웃으며 사람 죽인다는 말이 있습니다.

'썼쌈'은 말씀을 써서 싸움을 하는 것을 말합니다. 싸워서 이긴다는 말이 있는데 이기는 것은 자기를 이겨야지 이겼어야지, 이것이 다시 이겨야 되는 것입니다.

'남우슴'은 남을 웃기고 즐긴다는 것이 아니라, 남 위에 슨(선)다는 말입니다. 남을 깔고 앉는다는 것을 말합니다. 그놈 위에 앉아보겠다는 말입니다. 참 우스운 일입니다. 할퀴고 뜯으며 위에 올라서려고, 이기려고, 지지 않으려고 하는 것입니다. 참 우스운 세상입니다. 지금도 자꾸 '썼 쌈'입니다.

님 계서서 이른 말슴 말미아마 차즘 첫참

님 계서서 나 있음을 말씀하시며 이르신 말씀입니다. 교훈의 말씀입니다. '말미아마'는 '말면 어떠하겠는가', '그 말을 그만하면 어떻겠느냐'는 뜻입니다. 말미아마 앞에 가서는 끝입니다. 말아야지 된다, 이것을 따르는 것이 '말미아마'가 아닌가 싶습니다. 그 구원의 말씀으로 말미암아 차츰차츰 우리가 보고 싶은 것을 찾아보자는 말입니다. '첫참'은 찾기는 찾는데 첫째로 찾자는 것입니다.

츰차저 올나가만이 이 길이라 흐시다

참을 찾는 데는 첨에 가야 합니다. 첨에 가야 참을 만납니다. 참을 찾으러 하늘로 올라가야만 하는 것은 아닙니다. 우스운 일, 그러한 일을 찾아가는 것을 이기는 일, 이기는 것이 그 길이라고 하였습니다. 그러니까 정의가 최후의 승리를 한다는 말이 됩니다.

우슴이키 오름브린 씨알몰킨 나란나라

웃음을 자꾸 익힙니다(習). 남에 대해 웃고 사는 것을 자꾸 익힙니다. 웃음을 웃느라고 위로 올라가는 옳은 일을 버립니다. 웃을 것만 가지고 익힙니다. 그러한 씨알들이 모인 나라, 그런 나라는 불행합니다. 우리나라가 그러한 나라입니다.

머리이긴 죽기실코 진이기긴 살일난 듯

머리를 하늘에 두고 사는 사람은 하늘을 머리에 이고 있습니다. 어깨에는 지고 머리에는 이는 것이 옳습니다. 그런데 머리에 이는 것을 죽기보다 싫어하고 무엇인가를 받들어 나가는 일을 하지 않습니다. 반면에 짓이기는 일은 살판난 듯 잘합니다. 서투른 사람은 일을 잘 저지릅니다. 도둑질할 때 죽이지 않아도 되는 일에도 서투른 도둑은 사람을 죽이는 경우가 있습니다. 죽여도 아주 끔찍하게 죽입니다. 피 안 내고 죽일 수 있는데도 도끼 같은 것으로 머리를 내려치거나 한군데도 아니고 여러 곳을 짓이깁니다. 또 당(黨)을 가지고 있으면 상대 당을 없애기 위해 다투는데, 마찬가지로 짓이깁니다. 만주사변이 일어나기 전에 있었던 만보산 사건(1931년) 당시에 일본 사람들이 중국 사람들을 얼마나 못살게 굴었는지 모릅니다. 조선 땅에 있는 호떡집마다 어떻게 했는지, 중국 사람들이 도망 다니고 숨느라 정신이 없었다고 합니다. 일본 사람들도 이처럼 짓이기는 일을 좋아했습니다.

이러코 안믈커진걸 어데언제 뉘봤소

이렇게 되면 누구나 다 물크러진다는 말입니다. 안 물크러지는 것을 누가 보았느냐는 말입니다. 그래서 각자 다 망하고 만다는 것입니다. 회개하지 않으면 망한다고 하였습니다. 망하여도 좋으니 웃음이나 웃다가 죽겠다는 것은 망하는 짓입니다.

우리가 역사를 따져보면 왕이라는 것이 있어서 세상 사람들을 깔고 앉아 충(忠)을 바랐는데, 지금 생각하면 참으로 우스운 일입니다. 사람이 사람 위에 서 있는 것이 우스운 일 아니겠습니까? 이것이 변화되어 민주주의가 발달한 지금은 밝아진 세상입니다. 사람 위에 사람 없어지고 그런 우스운 일이 없어진 이 세상에, 민주주의가 시행되는 이 땅에,

우스운 사람이 아직 있는 것을 보면 뭐라 말하기 어려운 심정입니다.

지상에서 제일 높은 분은 하느님밖에 안 계십니다. 하느님은 이 우스운 세상 위에 서 계십니다. 이것을 모르고 아직도 우스운 일을 하는 민족이야말로 마지막에 달한 우스운 민족입니다. 우스운 일은 이제 그만두고 모두가 들어온 길로 가야만 하는 게 아니겠습니까!

공자의 말 '모름지기 세 가지를 알아야 한다(須三知,《논어》요왈편)'는 '그이가 되는 것을 알아야 한다', '제도를 알아야 한다', '말씀을 알아야 한다'는 말입니다. 이 세 가지 말씀도 위립지(爲立知), 곧 '그이도 서서 알기 위하였다'라는 말로 할 수 있습니다. '그이도 서서(立) 알기 위해서 그이가 되고 그것에 서(立)야만 되고 그것을 위하여야 되고 예를 알아야만 되었다'라는 것입니다. 이것은 다 같은 말로서 셋이 아니라 하나입니다. 그래서 그것을 이렇게도 바꾸어 쓸 수 있습니다.

위립지(爲立知) 스기 때믄 아름

위립지(爲立知)는 서기 위하여 알아야 한다는 것입니다. 서기 위해서 알자는 것입니다. 그이가 되자면 서기 위해서 알아야만 됩니다.

위지립(爲知立) 알기 때믄 슴

위지립(爲知立)은 알기 때문에 서야 한다는 것입니다. 이것도 하나의 말씀입니다.

입위지(立爲知) 서서 알게 됨

입위지(立爲知)는 서서 알게 되어야 한다는 말입니다.

입지위(立知爲) 서서 흘 줄 아름

입지위(立知爲)는 서서 할 줄 알아야 한다는 것입니다. 밤낮 그대로 지내는 것이 아니라 자꾸 깨주는 것이 있어야 한다는 뜻입니다.

지위립(知爲立) 흘거 알어 슴

지위립(知爲立)은 해보고 곧 무엇인지를 알아야 한다는 말입니다.

지립위(知立爲) 알어서 흠

지립위(知立爲)는 알기 위해서 한다는 것입니다. 알기 위해서 그것을 곧 쓸 줄 알아야 합니다.

이것은 모두 셋으로 보이나 결국은 하나밖에 없는 말씀입니다. 천 가지 만 가지의 말을 만들어보아도 결국은 하나밖에 없게 됩니다. 이 사람도 마지막 시간까지 이것을 말씀드리려고 합니다. 하나밖에 없습니다. 하나밖에 없다는 데는 심판도 아무것도 없습니다. 이 사람은 그래서 10년 전에 이러한 말을 한 일이 있습니다.

수여각(睡餘覺)

8시간을 잘 자다가 깨면 머리가 산뜻합니다. 그런데 그렇게 몇 해를 자는지 몰라요. 우리들이 이 세상에 나서 모르는 동안은 잠자는 것이나 다름없습니다. 모르는 것은 자는 것입니다.

일여다(一餘多)

나머지 하나가 있습니다. 삼라만상 중에 그 끝에 하나 난 것이 있습니다. 바른 것은 하나밖에 없습니다. 그런데 뭔가를 보고 웃으려고 합니다. 남의 지위를 깔고 앉으려고 합니다. 우스운 일, 우스운 노릇을 여기서 하고 있습니다. 정말 웃으려면, 그렇게 웃고 싶으면 절대자 앞에 버젓이 가서 해보십시오. 그러지 않고서는 다 거짓말입니다. 무슨 대우를 받는다고 참으라는지 모르지요. 무엇을 보고 참으라는지 모르지요. 기껏해야 잔칫집에 가서 쉰 음식이나 먹고 가자고 자꾸 참으라고 합니다.

이제는 잠에서 깨어나야 합니다. 우리나라에서는 농하는 것, 실없는 소리 하는 것이 깨져야 합니다. 우스운 사람이 없게 깨끗이 하여야 합니다. 그만큼 웃었으면 그만입니다. 더 웃을 수 있겠습니까? 중국에서도 웃음을 걷으려고 합니다. 헝가리와 폴란드에서도 지금 그렇게 하는지 모르겠습니다. 홀가분하게 웃지 맙시다. 우스운 세상 다 지나갔습니다. (1956. 10. 26.)

못된 짓을 버리고 제 갈 길을 가다

人相圖(參照終始)

往行服膺顯現相　　　聊開幽谷一臍洂
相在爾室縮屋漏　　　從落明界雙乳淚 (다석일지 1956. 10. 20.)

사름꼴 보인 글월

1)

지나간 노릇은 가슴알로 살 박어 입고 얼골 뵘만 웅로 드러보이누나
네 안에 너 드러잇는 걸 보니 그윽히 곧히 졸를 대로 졸라 잇구나.
깜작새 배꼽코물 냅다 두 젓 눈물 쫘르르!

2)

젖먹고 자란 얼골에 두 눈물 못 맑어서
코수건 혀가질만 뱁굽줄 피버쳐 새코마루 이룩이리
두 젖눈 뜨자 지는 물 젖난다고 흐더라. (다석일지 1956. 10. 21.)

終始

封臍通鼻誠終始 無始無終元始初
效嚬疲厭妄始終 有始有終自乃終 (다석일지 1956. 10. 20.)

젖은 눈물

굳고 고디 곧게 따로서 다니든 이 드러누어 녹자고 나니 눈물 獨立顚覆
쌀쌀히 차고 알알히 쌔희든 프른 시설 녹아지니 눈물   萬年雪融
눈마쳐 입더쳐노차 네 젖 진물 네 눈물   神秘藏漏
(다석일지 1956. 10. 23.)

하늘 땅 처로 같히 달리

불고 맨지고 안고 업고 품에 픔어 길럿서라
인제는 진저리친다 대면 다친다 입도 손도 살도
때 따러 하늘 땅 달리 올타외다 되니라 (다석일지 1956. 10. 28.)

〈사름 꼴 보인 글월(人相圖)〉에서 글월은 편지라고 생각하면 됩니다.
사람의 꼴을 보이는 편지라고 하면 좋겠습니다.

**지나간 노릇은 가슴알로 살 박어 입고 얼골 뵘만 울로 드러보이누
나**
    사람이 오랫동안 근본이 되어 있는 것을 가슴속에 아주 등록해놓았다
고 생각해보십시오. 기록을 해놓았다고 말입니다. 지나간 사적(史籍)을

아주 분명히 판에 새겨놓았다고 생각해보십시오. 벌거벗으면 사람의 속에 있는 것까지 늘 볼 수 있습니다. 사람이 옷을 입고 살기 때문에, 가슴 아래로 옷을 입기 때문에 그 뜻을 꿋꿋이 새겨놓았습니다. 공개적으로 말하면 듣기가 무엇해서 봉투에다 집어넣은 양으로 이 글을 새겨서 인간의 관계를 생각해볼까 합니다.

역사를 따져보면 자랑할 것이 못됩니다. 그래서 그것은 덮어 두고 그 뜻을 보여줍니다. 원주인(原主人)은 몸뚱이가 아니라고 보고 싶어요. 영혼이 원주인이라고 생각하고 싶어요. 몸뚱이는 기록을 해놓기 위해 걸친 영혼의 옷으로 생각하고 싶습니다. 그 영혼의 옷(몸)에 또 옷(衣)을 입는 것으로 말입니다.

얼굴만은 내보이고 싶어서 간판 모양으로 늘 내놓습니다. 번듯하게 위에 꼭대기에 보여줍니다. 사람 얼굴은 모두가 이렇게 위에 있게 되어 있습니다.

네 안에 너 드러잇는 걸 보니 그윽이 곧히 졸를 대로 졸라 잇구나

네 속에 너의 주인이 들어 있는 것을 보니 '그윽이 곧히' 깊이 들어 있습니다. 아주 줄대로 줄어 있습니다(略). 구슬을 꿰어놓는데 튼튼하게 곧이 곧게 꿰어놓은 것같이 구석진 곳에 깊이 틀어박혀 있습니다.

사람을 살펴보면 졸라서 당긴 대로 졸려 있습니다. 사실 이렇습니다. 이렇게 보이는 것이 분명합니다. 이렇게 생겼습니다.

깜작새 배꼽코물 냅다 두 젖 눈물 좌르르!

변하지 아니하는 곳이 깜짝할 사이에 변합니다. 배꼽에서 콧물이 납니다. 냅다 한번 변한다는 것이 계속해서 무슨 일이 일어납니다. 두 젖에서 눈물이 납니다. 깜짝할 사이에 그러한 변화가 생깁니다. 몸 옷을 입

은 사람일 때는 이렇게 생겼습니다. 왜 이렇게 생겼나? 사람 꼴을 보여주는 편지를 마주보면서 그 꼴을 한번 해석하자는 것입니다.

지난 일을 가슴 아래로 입고 옷매무새를 아주 단단히 하고 대님이나 허리띠나 옷고름이나 단추를 꼭꼭 끼웁니다. 조를 대로 조릅니다. 옷을 입는 것도 조르는 것입니다. 파탈(擺脫)하고 아무렇게나 너풀거리게 드러내어 지저분하게 옷을 입으면 보기 참 흉합니다. 조를 대로 죄는 것이 옷을 입는 것입니다.

그 편지 사연은 그쯤으로밖에 볼 수 없습니다. 다른 것은 아무것도 없습니다. 밖으로나 안으로나 위로나 아래로나 꼭꼭 할 만큼 하였는데 변화가 일어났습니다. 깜짝할 사이에 배꼽에서 콧물이 나오고 두 젖에서 눈물이 나옵니다. 주르르 흐릅니다. 이 사람이 관상을 보는지 무엇을 하는지 모르겠습니다.

사람 꼴이 이렇게 되어 있구나 하는 것밖에 몰라요. 아무리 우리 꼴을 말로 해놓았다고 해도 그 진리를 몰라요. 알 수 없습니다. 어떻게 좀 더 알아보려고 한문으로 번역을 하였습니다. 번역해보면 무슨 뜻인지 좀 더 알아질까 해서 인상도(人相圖)라고 해보았습니다.

왕행복응현현상(往行服膺顯現相)
지나간 모든 행(行)은 복응(服膺), 가슴에다 입었습니다. 본래 '왕(往)'은 이전 사람이 말한 것, 이전 사람이 해 온 것으로 해석되고, 권권복응(拳拳服膺)은 좋은 것을 가슴속에 넣어 두는 것을 말합니다. 이 사람의 왕행(往行)이란 다른 사람이 이전에 한 것이 아닙니다. 저승에서나 어렸을 때나 부모 때나 조상 때나 사람된 그것이 왕행이고, 그것을 가슴에서 반복하고 들여놓은 것이 복응(服膺)입니다. 이를 번역하면 '지나간 노릇을 가슴에 새겨놓고 현재 번듯이 드러냈다', '네 꼴 네 상(相)을 나타냈다' 이쯤밖에 안 됩니다.

상재이실축옥루(相在爾室縮屋漏)

여기서 '상(相)'은 '서로'의 의미가 아니라 '보다'의 뜻을 나타냅니다. 얼굴을 본다, 내 꼴을 본다는 뜻입니다. 축옥(縮屋), 즉 방구석은 한 집 안에서 제일 깊숙한 방에 자리 잡고 있습니다. '축(縮)'에는 '오그라들다' 라는 뜻과 함께 '곧다'라는 뜻도 있습니다. 언뜻 보면 '오그라들다'와 '곧다'는 반대가 아닌가 생각됩니다. 그러나 '오그라들다'와 '곧다'가 뜻에서 일치하지 않는 것은 아닙니다.

'축'이 났다고 합니다. 수효에 축이 났다면 반대되는 것이 아닌가 합니다. 그러나 수효에서 축난 것은 그리 대단치 않습니다. 사금을 녹여서 금 덩어리로 몇 개 만든 것을 다시 녹이면, 금 덩어리 숫자에서 축이 나더라도 근량은 축이 나지 않습니다. 쪼가리의 수가 줄었다 늘었다 해도 금의 근량이 줄지 않으면 괜찮습니다. 한 덩어리의 금이 찌그러지든 우그러지든 쪼개져서 수효가 늘든 줄든, 근량만 그대로 있으면 아무런 문제가 없습니다.

온도가 올라가고 내려감에 따라 물의 부피가 오르락내리락한다고 해서 축이 난 것은 아닙니다. 근량에는 상관이 없습니다. 이것처럼 부풀거나 줄거나 상관없이 '오그라들 축'과 '곧을 축'은 동일하게 쓸 수 있습니다.

'축'의 발음이 같기 때문에 상관이 없다는 것이 아닙니다. 자세히 생각해보면 다른 나라 말에도 이런 일이 있습니다. '곧을 축'과 '오그라들 축'은 알아보면 동일한 것입니다. 찌그러져도 지지리 못났어도 꼿꼿합니다. 하나도 축난 것이 없습니다. 구석진 방에 있어도 꼿꼿하게 있는 것을 볼 수 있다는 말입니다.

맹자는 내 스스로 두려워하지 않으면, 곧 꼿꼿하기만 하면 천만 명이라도 대적하겠다, 난리가 나서 누가 나를 죽이겠다고 해도 스스로 생각할 때 꿋꿋하기만 하면 아무렇지도 않다고 말씀하였습니다. 거지가 와도 벌벌 떠는 주인이 있습니다. 내가 떳떳하고 꿋꿋하면 거지가 아니라 경찰이 왔다 해도 두려울 것이 없습니다. 저만 꿋꿋하면 나가서 응할 수 있는 것입니다. 맹자도 '오그라들 축' 자를 '곧을 축' 자로 썼어요(自反而縮 雖千萬人 吾往矣,《맹자》공손추 상편).

가장 구석방에 제일 떳떳하고 꿋꿋하게 가두어 둔 것이 있습니다. 무엇인가 하면 가슴 아래로 지내온 기록을, 근본을 죄다 기록하여 남이 볼까 봐 꼭 덮어놓은 것입니다. 그렇게 남이 볼세라 꼭꼭 가두어 둔 것을 끝까지 그렇게 하였으면 좋았을 텐데, 그렇게 하지 못하고 부스럼 앓던 자리에서 고름이 터져 나오듯 더럽게 새어 나옵니다. 남이 볼까 봐 깊이 넣어 두었던 것, 곧 속에 있는 것이 보이더니 죄다 새어 나오고 맙니다. 굳게, 곧이 곧게 생각을 하여 더러운 것을 안 보이게 덮어 두려고 가장 깊은 방구석에 두었는데, 결국 내놓아버리고 말았습니다.

요개유곡일제이(聊開幽谷一臍洟)
애오라지 조금 깊은 골짜기에 콧물을 흘렸습니다.

종락명계쌍유루(從落明界雙乳淚)
밝은 세계의 쌍젖에서 눈물을 떨어뜨렸습니다. 여기 참조(參照)라 하여 〈종시(終始)〉라고 이름 붙인 한시는 나중에 보기로 합시다.

젖먹고 자란 얼골에 두 눈물 못 맑어서
우리는 자랄 때 다 젖을 먹었습니다. 젖을 먹고 자라난 우리 얼굴입니다. 우리 두 눈에 물이 있는 것을 눈물이라고 합니다. 젖을 먹지 않고 자라났으면 눈에 눈물이 없습니다. 그런데 눈에 눈물이 많기 때문에 새어 나옵니다. 툭하면 눈물이 나옵니다. 지저분한 것을 맑게 해서 눈물을 거두어야 합니다. 아직 마음이 맑지 않기 때문에 눈물이 나옵니다. '두 눈물 못 맑어서'의 '못'은 연못의 뜻도 됩니다.

코수건 혀가질만 뱁굽줄 피버쳐 새코마루 이룩이리

사람이 처음 나온 곳은 지저분한 표가 납니다. 무엇이냐 하면 입에서 나오는 침, 코에서 흘리는 콧물, 귀에 쌓이는 귀지가 그것입니다. 어려서 과식하면 누런 코가 나옵니다. 장난할 때도 누런 코를 흘립니다. '이놈아, 더러운 것도 모르니? 좀 닦지 못해!' 이렇게 야단을 치며 더러운 것을 닦게 합니다. 그러다가 조금 철이 나면 더러운 것을 닦겠다고 손수건을 갖고 다닙니다. 어지간히 철이 들면 손수건을 깨끗이 해서 갖고 다닐 줄 알게 됩니다. '혀'라는 말은 깨끗하게 한다는 말입니다. 어떤 유교학자가 이런 말을 했는데, 제법 재미가 있습니다.

'희다'는 쉽게 말해서 '횡긴다', '희게 한다'는 말입니다. 한 번 더 희게 한다는 말이 '횡긴다(헹구다)'입니다. 이러한 말은 대단히 재미있습니다. 여기서는 손수건을 '횡겨' 가지고 다닌다는 말입니다. 늘 깨끗하게 갖고 다닌다는 뜻입니다. 철이 덜 났을 때는 그럴 줄 모르는데, 조금 철이 나면서부터는 손수건을 희게 해서 갖고 다닐 줄 알게 됩니다. 손수건 하나 희게 가질 만한 그때쯤이면 제법 철이 납니다.

그때는 어떻게 잘 닦는지, 코에서는 콧물이 안 나오고 눈에는 눈곱이 안 끼고 입에는 가래침이 없게 됩니다. 아주 미인이 됩니다. 미인이라는 것은 깨끗한 것을 말합니다. 그대로 흘리지 말고 다시는 흘리는 것이 없어야 하는데, 왜 그런지 갑작스레 변화가 일어납니다. 배꼽에 줄이 생깁니다. 어머니 배 속의 태에서 잘라버린 그 줄에 배 속의 배꼽 줄이 다시 생긴다는 말입니다. 여기에 피가 뻗칩니다. 배꼽 줄이 생기고 피가 통하여 다시 새 코(사람)가 나옵니다.

사람을 대표하는 것이 코입니다. 그래서 코빼기도 안 보인다는 말을 합니다. '써 이(以)' 자도 코가 붙어서 된 것입니다. '스스로 자(自)' 자도 코가 변해서 된 것입니다. 지금의 글자 풀이는 어떻게 되는지 모르겠습니다. 옛날에는 '코 비(鼻)' 자를 '자(自)'로, '이(以)'로 풀이했는데, 요즘 학자들은 무엇이라고 말하는지 모르겠습니다.

'코수건 혁가질만 뱁굽줄 피버쳐 새코마루 이룩이리', 새 사람이 나온다는 것입니다. '새코마루 이룩이리'는 '새(新) 사람 이루리라', '새 사람 나온다(生)'는 뜻입니다.

두 젖눈 뜨자 지는 물 젖난다고 흐더라

새 사람이 나올 것 같으면 두 젖이 확 열립니다. 두 젖의 눈을 다 뜨면 여기서 진물이 나옵니다. '지는 물'은 '떨어지는 물'이란 뜻으로 진물이라고 할 수 있습니다. 이것을 사람들이 보고 '젖 난다고 하더라' 합니다. '젖이 잘 나와야지.' 합니다. '누구네 집 누구 엄마는 젖이 참 좋아!', '누구네 집 어미는 젖이 흔치 않아!' 이렇게 걱정을 하는데 젖의 진물이 나와도 걱정, 안 나와도 걱정입니다. 걱정하면서 사는 게 사람인지도 모르겠습니다.

처녀들은 앞가슴을 바짝 조여 맵니다. 겉으로 보아서 가슴이 있는지 없는지 모를 정도로 바짝 조여 맵니다. 아주머니가 때로 젖을 내놓고 다니면, 무슨 여편네가 젖을 내놓고 다닌다며 흉을 봅니다. 나이 든 아주머니도 젖을 내놓고 다니면 흉이 잡히는 판국이니, 처녀들은 가슴을 아주 꼭꼭 졸라매어 놓습니다. 그러던 것이 별안간 젖이 눈을 뜨고 주르르 진물을 흘립니다. 이 젖물 쏟아지는 것을 바라보고 어찌할 수 없어도,

아이가 자꾸 달라고 하면, '새코마루'가 자꾸 달라고 하면 할 수 없이 내놓고 다닙니다. 눈물과 젖은 다 같은 것입니다. 젖을 먹고 살아왔기에 눈물, 콧물, 땀물이 다 나옵니다. 우리가 밥 먹는 것도 식물이나 동물의 죽은 것을 장사 지내주는 것이 됩니다. 먹는 것은 다 사람이 장사 지내주는 것입니다.

사내자식이 툭하면 눈물을 흘려? 사내자식이 얼른 눈물 걷지 못해? 이렇게 야단치면서 눈물을 거두라고 합니다. 침을 뱉으면 못쓴다, 콧물을 주르르 흘리면 못쓴다 하면서 자꾸 닦으라고 합니다. 어렸을 때는 흘리지 말고 닦으라고 일러주어도 닦지 않습니다. 젖을 먹고 자라기 때문에 그렇게 할 수가 없습니다. 다 먹고 나서야 눈물을 흘리지 않게 됩니다.

'젖먹고 자란 얼골에 두 눈물 못 맑어서'에서 '맑어서'는 '맑게 되어서'의 의미입니다. '못 맑어서'의 '못'은 못(池)을 말하는 것으로, 물이 넘쳐 흐를 때가 있습니다. 그러다가 코수건을 희게 갖게 될 만하면 배꼽 줄에 피가 뻗쳐서 새 코를 하나 장만하게 됩니다. 이렇게 되면 두 젖의 눈에서는 지는 물, 떨어지는 물이 있어서 이것을 젖 난다고 합니다. 본시 우리는 지저분하게 되어 있습니다. 아담과 이브 때부터 지저분하게 빚어 내놓은 것입니다. 젖 먹고 자란 얼굴에 눈물이 가시지 않습니다.

('젖먹고 자란 얼골에'에 이하 시문을 가리키며) 이것이 시작인지 저것이 끝인지 모르겠습니다. 이 우주 안에서도 스물네 시간을 하루라 하는데, 0시가 과연 시작인지, 24시가 끝이고 시작인지 알 수 없습니다. 그런데 10월 20일자 한시에 참조라고 하면서 〈종시(終始)〉라고 시제를 써 붙였는데 이 사람이 여러 번 말한 것입니다. 그럼 풀이해보겠습니다.

봉제통비성종시 (封臍通鼻誠終始)

어머니 배 속에서 나올 때 태를 잘라버립니다. 어머니로부터 타고난 배꼽 안에 새로 배꼽 줄이 생기고 피가 뻗쳐서 어린애 하나가 나옵니다. 이 아이를 낳으면 젖이 주르르 나오고, 아이에게 눈물 같은 젖을 먹입니다. 아이는 그렇게 해서 자라게 됩니다. 아이에게 젖을 먹여 가면서 자라게 합니다. 장님보다 더 꼭 감았던 두 젖 눈에서 눈물이, 젖물이 주르르 흐릅니다. 이 쏟아지는 진물을 아이에게 먹여서 기릅니다.

봉제(封臍), 이것은 태를 잘라 헝겊에 꼭꼭 싸서 봉해 두는 것을 말합니다. 코는 숨을 쉬게 터놓아야 합니다. 코마저 싸놓으면 죽어요. 그래서 봉제통비(封臍通鼻)라 해서 으앙 하고 공기를 들이마시고 울며 살기 시작합니다. 배꼽을 봉하고 코가 열리면 독립을 합니다. 살기 시작하는 것입니다. 이것은 아주 잘살기 시작하는 것입니다.

그래서 '봉제통비성종시(封臍通鼻誠終始)'는 배꼽을 매고 코를 통하게 하여 숨을 쉬게 하는 것이 진실로 좋은 시작(始)이라는 말입니다. 태를 가르는 것을 삼을 가른다고 합니다. 삼을 잘 정성껏 갈라서 야무지게 꼭 막아주고 코로 숨을 쉬게 하여 주었기 때문에, 여러분이나 이 사람이 칠십 평생 가까운 세월을 살았다고 할 수 있을 것입니다.

무시무종원시초(無始無終元始初)
이렇게 참으로 진실한 종시(終始)입니다.

효빈피염망시종(效嚬疲厭妄始終)
그런데 일생을 지내는 동안 효빈(效嚬), 즉 모든 것을 남이 하니까 나도 합니다. 남이 얼굴을 찡그리니까 나도 얼굴을 찌푸리고, 남이 눈을 깜박이면 나도 눈을 깜박입니다. 이러한 말이 있습니다. 가게 점원이 주인의 좋은 점이 많건만 하필이면 눈 깜박이는 게 퍽 맘에 들었는지 자기도 깜박거려보았다고 합니다. 한 번 하고 두 번 하다 보니 그 점원도 자연 눈 깜박이가 되었다는 우스운 말이 있는데, 이것을 효빈이라고 합니다.

남이 한다고 자기도 하고 모두가 하니까 나도 한다, 이러한 일이 많지 않나요? 이러다 보면 나중에는 피곤과 염증과 싫증이 납니다. 그러니 좀 알고 해야 합니다. 바람둥이가 하는 일인지 똑똑한 사람이 하는 일인지 자세히 알아보고 하여야 합니다.

그리고 무엇을 시작하면 앙그러지게 해놓고 봐야 합니다. 다시 말해서 시종(始終)을 분명히 하여야 합니다. 시작한 것을 끝을 못 맺고 다시 그것을 내버리고, 또 시작해서 내버리고 자꾸 바꾸어봅니다. 직장도 자꾸 바꾸어봅니다. 남이 하면 나도 하는 것 따위의 시작은 버리고 빨리 고쳐야 합니다. 시종을 똑똑히 하여야 좋지, 시종을 똑똑하게 하지 않으면 안 됩니다.

종시(終始), 시종(始終)을 끝내야 합니다. 사람의 태를 갈라놓고 숨을 쉬도록 앙그러지게 정성을 들여 좋은 시종을 해놓았습니다. 이러한 좋은 시종을 갖다가 맺은 사람이 종시 그 시종을 가져야 하지 않나요? 그 노릇을 하여야만 합니다. 종시, 시종을 바로 해야만 되겠다고 생각합니다.

봉제통비성종시(封臍通鼻誠終始), 효빈피염망시종(效嚬疲厭妄始終), 이것은 섞이지 않는 진리입니다.

유시유종자내종(有始有終自乃終)

눈물 콧물 흘리며 젖물을 먹고 자라다가 배꼽 줄의 피가 뻗칩니다. 그러면 코 하나가 생겨 두 눈에서 진물이 나와 다시 시종(始終)이 됩니다. 그렇게 종시(終始)가 시종(始終)을 돌고 나갑니다. 시종(始終)과 종시(終始), 무엇인가 깨닫는 게 있습니까?

우리 몸을 자세히 살펴보면 얼굴에 눈이 둘이고 눈 가운데 코가 있고 코 밑에 입이 있습니다. 하반신 가슴부터 아래로 젖 눈이 둘이고 배꼽이 있고 코(남자 생식기)가 있고, 여자는 입(여자 생식기)이 있는데 벌렁거리지 않고 꼭 다물고 있습니다. 꽁무니는 왜 꽁무니이며 이 밑에 있겠습니까? 몸에는 내려온 기록이 있습니다. 그러니 편지가 아니고 무엇이겠습니까? 왜 드러내놓으면 흉하다고 합니까? 봉투에 싸인(包) 분명한 편지이기 때문입니다.

이번에는 시조 〈젖은 눈물〉을 풀이해보겠습니다.

굵고 고디 곧게 따로서 다니든 이 드러누어 녹자고 나니 눈물

사람이란 곧이 곧게 반드시 똑똑하게 살아야만 합니다. 곧이 곧게 따로 서서, 못된 짓은 죄다 버리고 자기 갈 길을 걸어가야 되겠습니다. 콧물 눈물 흘리며 젖을 먹고 자라기 때문에 할 수 없는 일이나, 언제 눈물 콧물을 흘렸느냐, 언제 입을 벌리고 있었느냐는 모양으로 지저분한 것을 다 걷어치우고 따로 서서 갈 수 있어야 하겠습니다.

이렇게 곧이 곧게 하다가 에라 모르겠다, 이것인지 저것인지 에라 모르겠다 하며 자빠져버립니다. 이렇게 (류영모가 몸을 옆으로 눕히는 시늉을 한다) 누워버립니다. 그리고 잠을 잡니다. 조금 전까지만 해도 굵고 곧이 곧게 자라난 것을 다 버리고 깜짝할 사이에 그만 눈물이 나옵니다.

요새 세상에는 내외(內外)라는 게 없다시피 합니다. 남녀 칠세 부동석(男女七歲不同席), 이것을 보기 어렵습니다. 신식 사교(社交)나 무엇이라나 해서 없어진 것 같습니다. 눈물 콧물 차례가 있는 것을 똑똑히 알아야 하는데 요즘엔 바랄 수 없는 일이 되었습니다. 아무리 세상이 이렇다 한들 아버지, 어머니, 할아버지가 등록을 똑똑히 하여 내어놓을 때 그 기록해준 것을 너무나 차례가 없이 하기 때문에 가끔 본연의 길에서

탈선하는 것을 볼 수 있습니다.

할 짓 못할 짓 어릴 때부터 아주 음탕한 것만을 보아서인지, 콧물 눈물이 맑기도 전에 그 짓을 하고 다닙니다. 어떤 여성이 그 아버지, 그 어머니의 조상이 그러하였는지 모르겠습니다만 배가 불러서 키니네를 먹었느니 수면제를 먹었느니 하고 죽었다는 기사를 오늘 신문에서 보았습니다. 남은 자식이 그렇게 죽어버리면, 그 아버지 어머니는 애꿎은 눈물을 또 한 번 씻지 않으면 아니 됩니다.

'굳게 곧이 곧게 따로서 다니든 이', 이것은 독립입니다. 내 발로 또박또박 걸어다니는 것을 말합니다. 이것을 못 한다고 나자빠지는 것이 독립전복(獨立顚覆)입니다. 꿋꿋하게 서서 다니다가 마침내는 다 떨어지고 사라지고 땅으로 들어가게 됩니다. 사람이 땅으로 들어가는 게 사실이나, 정신이 붙어 있는 동안은 떳떳하게 하늘에 머리를 두고 하느님 아버지를 부르는 우리라는 것을 알아야 합니다. 그러나 그러한 정신이 에라 따로는 못살겠다, 못 서 있겠다고 자빠지게 되는데, 어디까지나 따로 서야 합니다. 독립 전진하여야 합니다. 결국은 따로 서야 합니다. 독립을 하여야 합니다. 곧이 곧게 따로 다니는 사람도 깜짝할 사이에 전복되고 맙니다. 그러니 여간한 강단이 필요하지 않겠어요?

쌀쌀히 차고 알알히 쌔희든 프른 시설 녹아지니 눈물

냉정한 것은 좋습니다. 이 세상에는 따뜻한 것도 필요하고 냉정한 것도 필요할 때가 있습니다. 마음이 차서 쌀쌀합니다. 그 사람 참 얼음장 같이 냉정하네, 칼날 같은 사람이야, 이렇게 보이는 모습이 좋을 때가 있습니다. '알알히 쌔희든'에서 '쌔희다'의 '희다'는 '하얗다'는 말입니다. '쌔희다'의 '쌔'는 북쪽에서 많이 쓰는 말인데 '하얗다 못해 쌔희다', '아주 희다'라는 말입니다.

푸른 서설(瑞雪), 흰 것이 또 희면, 아주 희면 희다 못해 푸릅니다. 푸른 기가 납니다. 눈에도 영롱한 빛이 완연하면 푸른 기가 돕니다. 지극한 것을 따져보면 불도 붉다 못해 흽니다. 깊은 호수도 푸른 기가 납니다. 얼음도 언 것은 많이 쌓여서(積), 언 것이 지극한 것을 보면 푸르게 보입니다. 차고 찬, 희고 흰 것의 지극한 것은 춘풍에 잎사귀 푸르듯 푸른 기가 나타납니다. 밝고 쌔흰 것은 눈 싸라기같이 보기 좋게 자꾸 쌓입니다. 그러다가 녹아버립니다. 백두산 산봉우리에 여러 해 쌓인 눈도 어떻게 하다 보면 녹아버립니다. 녹아 눈물이 됩니다. 여기의 이 눈물은 참 눈물이고 시조 첫째 줄에 나오는 눈물은 좀 더러운 눈물입니다.

눈마쳐 입더쳐노차 네 젖 진믈 네 눈물

이전에는 연애 결혼이라는 것이 별로 없었습니다. 눈 맞추는 일이 처녀 총각 사이에 별로 없었습니다. 처녀 총각이 눈을 마주치면 한쪽은 입덧이 납니다. 입맛이 덧납니다. 여기에서 '네 젖 진물'은 네(四) 젖에서 떨어지는 눈물입니다. '네 눈물'은 네(四) 눈물입니다.

눈은 아무 데나 함부로 맞추는 것이 아닙니다. 우리는 짐승과는 다릅니다. 또 짐승처럼 살 수는 없습니다. 프로그램이 좀 달라요. 우리들이 사는 프로그램이 좀 다릅니다. 새끼(子孫)를 낳고 안 낳고 간에, 그 세계가 달라요. 짐승은 별로 잘못하는 것이 없습니다. 싫은 것은 싫고 좋은 것은 좋고 택할 것은 택하고 버릴 것은 버리고 꼭 구별할 것은 구별하고 차례를 바꿀 것은 바꿉니다. 우리는 다릅니다. 사람은 본능적으로 살면 안 됩니다. 의지에 따라 행위를 하여야 합니다. 본능적으로 살면 눈물밖에 없는 사회가 되고 말아요. 눈물을 거두고 살 때를 알아야 합니다. 때가 중요한 것입니다.

신비장루(神秘藏淚)는 신비하게 감추어놓은 것이 새어 나왔다는 말입니다. 사람의 눈싸움은 동물의 그것과 달라서 머리를 마구 틀어박을지라도, 모르는 눈과 눈이 마주치면 큰 난리가 납니다. 모름지기 예(禮)를 알아야 합니다. 제도가 없으면 살 수 없습니다. 때가 아니면 들리는 것도 듣지 못하고 보이는 것도 보지 못합니다. 때가 아니면 돌아다니지도 못합니다. 그런데 함부로 그냥 때 없이 지내고 있습니다. '때'라는 것은 사람에게 반드시 있어야 하는 중요한 것입니다. 사람은 때의 주인입니다.

이것이 '사람꼴 보인 글월' 편지가 아니겠습니까? 반드시 늘 갖고 다니다가 가끔씩 자세히 들여다보십시오.

마지막으로 시조 〈하늘 땅 처로 같히 달리〉를 살펴보겠습니다.

그러면 우리보고 어떻게 하란 말씀입니까? 하늘과 땅이 다른 것을 알아야 하겠습니다. 하늘은 대단히 크고, 땅은 하늘 안에 있고 단단하며 한계가 있는 것임을 알아야 합니다. 하늘이란 도대체 어디 있는 것입니까? 하늘이란 무엇을 말하는 것인가요? 땅이라는 것은 하늘 안에서 벗어나지 못하는 걸까요?

하늘과 땅은 한 우주에 있기 때문에 하늘을 알고, 땅이 어떻게 다른가를 알아야 합니다. 사람이 땅속으로 들어가는데, 죽는다는 것을 하늘나라로 간다고 해요. 그러면 땅속으로 들어간다는 것과 하늘로 들어간다는 것이 어떻게 다른가요?

다 같은 것이 아닐까요? 추상이 다를 때 하늘과 땅을 달리 보아 하늘과 땅을 구별하려 하나, 같아질 때는 같아지는 것입니다. 하늘과 땅, 하늘땅이라고 해서 같아집니다. 구별해서 부를 때는 저것은 하늘, 이것은 땅이라고 합니다. 우주 안에서는 이렇게 구별을 할 수 없습니다. 같을 때는 하늘과 땅이 같은 것처럼 같아야 하고, 달리 할 때는 하늘과 땅과 같이 달라야 합니다.

땅에 비하면 하늘은 대단히 다릅니다. 절대 세계와 상대 세계는 어떻게 보면 없는 것 같습니다. 지금 우리가 살고 있는 이 지구는 상대 세계에 있습니다. 그래서 우리는 반드시 상대 세계 안에서 살아 나가야만 합니다. 살아가는 동안 특히 다르게 살아 나가야만 합니다. 그렇게 되면 종당엔 한 하늘로 들어가게 됩니다. 하늘 그대로의 하늘로 들어가게 되는 것입니다.

하늘과 땅이 같으면서 다르게 되어 있는 것을 알아야 합니다. 하늘과 땅이 하나이면서 다르니, 하늘과 땅이 하나인 것도 알아야 하고 모양이 다른 것도 분간할 줄 알아야 합니다. 분명히 차이가 있으면 그 차이 난 것을 알아야 합니다. 사람은 때의 주인이라고 하였는데, 그때가 어떠한 때인가를 알아야 합니다. 같은 때 같이 보고 다를 때 달리 보아야지, 달리 보는 것을 같이 보고 같이 보아야 할 것을 달리 보아서는 안 됩니다. 살아갈 때 살아야 하고 죽을 때 죽어야 합니다.

불고 맨지고 안고 업고 품에 품어 길렀서라

다 이 모양으로 길러 왔습니다. 우리가 자식을 낳으면 이렇게 기릅니다.

인제는 진저리친다 대면 다친다 입도 손도 살도

이제는 자식이 자라나 국민학교 다닐 만큼 되었는데 여덟 살이 되도록 '엄마 젖 줘!' 하면 '얘야, 인제 징그럽다. 다 커서도 젖을 찾니?' 하고 진저리를 칩니다. '인제는 진저리친다', 아무리 제가 난 자식일지라도 진저리가 나게 되는 '때'가 있는 것입니다. 대면 다친다, 대면 다친다, 대지 말라고 악을 씁니다. 그야말로 불고 만지고 아스러지게 품에 품어서 기르다가도 이제는 독립시켜야겠다, 독립할 때가 되면 다치지 말라고 합니다. 서로 다치면 상하고 입덧이 납니다.

예전에 우리나라에서는 서너 자(尺) 되는 베 수건을 집의 기둥에 걸어 놓았습니다. 아이가 세수하고 그 수건으로 얼굴을 닦고, 어른도 손을 씻고 그 수건에 손을 닦았습니다. 온 집안 식구가 한 수건을 썼습니다. 식구 중 한 사람이 눈병이 나거나 부스럼을 앓으면 어른 아이 할 것 없이 온 식구가 한꺼번에 병을 앓았습니다. 이런 위험성도 작용했겠지만, 요새는 위생이니 뭐니 해서 제각기 제 수건을 씁니다. 한 집안에서 각자 다른 수건을 쓰게 된 것입니다.

대문이 하나로 빗장 닫히는 것은 왜 그런지 모르겠습니다. 대문 닫히는 이치를 모르겠습니다. 남녀가 손을 잡고 춤을 춘 후 같이 뒹굴어 자고도 자식만 안 낳으면 괜찮다고 합니다. 요새 약이 좋아서 그런지 자식만 안 나오면 좋다고 하며 그 짓들을 하고 다닙니다. 커다란 이치를 알 것 같으면 그런 일은 있을 수 없습니다. 아버지 어머니가 아무리 그 노릇을 하여 우리가 이 세상에 생겼기로, 그 짓이 무엇인지도 모르고 혼인도 안 하고 입을 맞추고 배꼽 줄을 생기게 하여 아이를 낳습니다. 무슨 예식장에서 빌어먹을 예식을 한다고 합니까? 저희들 목적만 달성하면 좋은 것이 아니에요. 제도고 예의가 왜 필요하겠습니까? 다 아이를 낳고 기를 만한 때, 그때 가서 해도 괜찮기 때문입니다.

아무것도 모르고 이치 상관이 어떻게 되는지도 모르면서, 그저 저희들끼리 좋아서 그 노릇을 하는 것이 어디 철이 났다고 할 수 있습니까? 아직 어린아이로 철없는 것이라고 할 수밖에 없습니다. 아이들이 아직 그럴 때가 아닌데 그 짓을 해요. 그만 두어도 좋은 노릇을 좀 알 만할 때 독립하여 가슴 가운데 도드라진 그것이 무엇을 의미하는지를 알고, 남편 시중이나 음식 장만을 할 만한 뒤에 해도 충분합니다. 무엇이든지 급히 하는 것이 능사가 아닙니다.

'인제는 진저리 친다, 대면 다친다 입도 손도 살도', 이것이 자연 그대로입니다. 이런 이야기가 있습니다. 요즘 여자들은 심하게 말하면 정조니 순결이니 하는 것이 참 어디 있는지 모르겠습니다만, 얼마 전까지만 해도 조그만 버러지 같은 것을 차마 내놓고 보이지 못했습니다. 아프고 괴로워 자기 눈으로는 볼 수 없고 몹시 안타까워합니다. 부득이 참고 견디다가 영 견딜 수 없어서 나중에 어머니보고 보아 달라고 합니다.

"아이고, 여태껏 그냥 놓아 두었니?"

"그러면 누구보고 보아 달라고 해요?"

"어미에게도 그러니? 그것 좀 어미한테 못 보이니?"

어머니는 진작 보이지 않았다고 딸을 나무랍니다. 그러나 비록 어머니일망정 제 살을 드러내기 싫어하고 더러운 곳을 보이기 싫어서 앞을 단단히 가리는 때인데 어찌할 도리가 없는 것입니다. 이것이 자연의 모습 그대로입니다. 꿋꿋하게 지킬 줄 아는 사람의 소행입니다. 다 때가 있습니다. 이것은 알아듣기가 어려울 것 같습니다.

요즘 산에 다니는 남녀를 보면 남자는 양복바지를 입고 아랫도리까지 가리고 다니는데, 내가 눈이 나빠서 그런지 여자는 양말을 신었는지 아니면 살을 내놓고 다니는 건지 잘 모르겠습니다. 남자는 가슴아래를 굳게 가리고 다니는데, 즉 편지의 봉투를 단단히 봉하고 다니는데, 여자는 어떻게 된 셈인지 훨훨 벗기를 좋아합니다. 될 수 있는 대로 벗기를 좋아합니다. 그래 가지고 눈총을 받습니다. 그리고 탈이 나서 키니네를 먹네, 수면제를 마시네 하고 야단을 합니다. 그렇게 죽는 것이 죽는 것입니까? 그런 것도 다 차례가 있습니다.

때 따러 하늘 땅 달리 올타외다 되니라

때에 따라 하늘과 땅이 다른 것처럼 같은 일을 때에 맞춰 하는 것은 옳고 같은 일도 때를 못 맞춰 하는 것은 '외다', 즉 그른 것입니다. 옳은 일과 그른 일은 때가 다른 것입니다.

'불고 맨지고 안고 업고 품에 품어 길렀서라', 아이를 기를 때는 이렇게 합니다. 이렇게 하는 줄 알고 기릅니다. 그러다 일어나게 되면 '인제는 진저리 친다 대면 다친다 입도 손도 살도', 가까이 올까 봐 다칠까 봐 진저리를 칩니다. 분명히 독립성을 말합니다. 지나간 일을 부정하는 것입니다. 그리고 채일까 겁을 냅니다. 꺼립니다. 이것이 남녀의 표준상태입니다. 다른 무엇을 더 쓸 수 없습니다.

우리의 정신은 참 독립을 하자는 것입니다. 이제껏 몰랐던 하느님을 절대의 아버지로 섬기자는 것입니다. 눈물을 흘리지 말아야 합니다. 눈물도 낼 필요 없이 깨끗하게 위로 올라가면 그게 좋습니다. 이렇게 자식들이 먼저 올라가면 이 세상이 비지 않겠는가 하고 야단들입니다. 다 비어도 좋습니다. 그런데 장가 안 가고 시집 안 가서 세상에 인종이 그칠까 걱정을 합니다.

인생은 살기 위해서 나온 것입니다. 아까 바르게 산다고 하는 것에 대해, 젖 진물, 눈물 흘리며 오줌똥 싸고 그 짓을 해 가면서 사는 것을 걷어야 한다고 말씀드렸습니다. 오줌 똥을 흘리고 취한 사람은 자꾸자꾸 그 씨가 터져 나옵니다. 그만 하고 콧물 걷고 눈물 걷고 올라가보자는 것입니다.

때가 오면 그동안 참고 참았던 것을 혼자 깊이 생각하고 진리와 의논해보십시오. 자기가 독립하고 확실한 것을 안 다음에도 부모형제의 잘못된 생각에 구애(拘礙)치 말고 진리와 의논하여 좋을 때, 확실히 사람으로 살 수 있습니다. 지구 위에 사는 사람 꼴 보인 것을 안 다음에, 그러니까 그 뜻을 확실히 안 다음에 몸담을 곳을 찾아야 할 것입니다. 인류의 원칙이 어디 있는가? 이에 대한 대답은 '때 따러 하늘 땅 달리 올타외다 되니라'입니다.

끝으로는 때에 따라서 올라가야 합니다. 누구에게든 물어서 옳다는 것을 따지고 종당에 옳다 하면, 그것은 올라가는 것이 됩니다. 살아 있는 것이 됩니다. 저번에 이야기하였습니다만, 남녀가 사랑을 하고 싶어서 한 짓을 책망하면 시종 안 하였다고 말합니다. 분명히 하지 않았다고 부인을 합니다. 시종(始終), 그렇습니다. 어미는 시종을 다하여, 정말 성(誠)을 다해 기르고 가르쳤는데 시종을 맺지 못합니다.

효빈피염망시종(效嚬疲厭妄始終)입니다. 정성을 다해 길러놓은 자식들이 제멋대로 '새코마루 이룩이리', 그렇게 자식을 기르려고 해요? 못하니까 아직 독립이 되지 못한 게 아닙니까? 어리석은 어린 짓에 불과합니다.

남편을 존중하는 데도 그것을 알아야 하고, 이야기를 한마디 하더라도 알아야 합니다. 먹고 싶은 음식도 제가 할 줄 알아야지, 벌써 나가서 사겠다고 하면 독립이 될 수 없습니다. 아직 젖 먹어 자란 얼굴에 두 눈물이 못 맑은 어린애가 아니겠습니까? 어린 짓을 하는 철부지들의 철없는 짓에 끝이 있겠습니까? 시종 깨끗하지 못합니다. 아이를 배고 기르지 못하는 사람은 아직 어린아이에 지나지 않습니다. 아이들을 가르치는 교사의 심리는 아이들의 심리와 같아야 한다는 말이 있는데, 유치원이나 소학교 선생들이 다 그래야 합니다. 자식을 기를 때 어떻게든 제 아이만 아끼다가는 어리광만 기르게 됩니다. 어리광만 기르게 되는 것은 아이를 기르고 가르치고 젖먹이고 하니까 그렇습니다.

때에 따라 같이 살아야 합니다. 예수의 가르침이 있고 공자의 말씀이 있다고 해도 때에 따라 집어넣어주어야 합니다. 그런데 아무리 애를 써도 이것이 뜻대로 안 됩니다. 때를 거슬러서는 안 돼요. 먼저 할 일과 나중에 할 일을 구별할 줄 알아야 합니다. 길은 다 같은 것이지만 때는 낳을 때 낳아야 하고, 어린 짓 할 때 어려야 하고, 젖 날 때 젖이 나와야 하고, 진저리 칠 때 진저리 쳐야 합니다. 그 구분을 확실히 해서 진저리 칠 줄 알아야만 합니다.

세상에는 못된 자식이 많습니다. 술 취해서 만든 자식이 많습니다. 취생몽사(醉生夢死)라는 말이 있습니다. 술 취해서 자식을 낳으면 천상 못난 자식밖에 안 됩니다. 이렇게 못된 자식만 낳는다면 세상은 눈물의 세상이 되고 진물만 쏟아지는 세상이 되고 말 것입니다. 망하는 세상이 될 수밖에 없습니다. '눈물 맑이', 눈물이 맑아지려면 눈물을 거두어야 하겠습니다. 눈물 걷고 맑은 세상을 이루어보아야 하겠습니다. (1956. 11. 1.)

제5강

생각이 있는 곳에 신(神)이 있다

보아요(念在神在)

한얼계서 생각들히 사람보계 말슴나지
네 목굼에 얼숨김이 긇져봐라 이승즘승
사람도 어린적 노릇(버릇) 즘승갓값 이승버릇 (다석일지 1956. 10. 29.)

또 보오

한늘 글월 읽히기는 이승버릇 잃게 흥임
즘승노릇 놓게스리 한얼생각 이룩힘을
히보아 달(리) 돌림이라 제절로로 제ㄴ데 (다석일지 1956. 10. 29.)

하나 그저

너너너와 않이 되며 나나나가 밖이더냐
한데밖에 않밖달리 않이아닌 너닐난가
하나다 하나란나라 하나둘셈 너희다 (다석일지 1956. 10. 27.)

그저 하나

너들 드러가 좁잔코 나 외로히 와 넓잔타
너들 드러 드름 드름 나외 올라 오름 오름
잇다가 업다란다 업다 잇다 온단다 (다석일지 1956. 10. 27.)

이 사람의 생각은 우리 인생의 본연성 문제에서 객관이나 주관을 도무지 가릴 수 없게 되었다는 데까지 미쳤습니다. 하느님이 계시다 하여도 객관과 주관에 대해서는 누가 안단 말입니까? 이것을 되돌아가서 말하면 '므른', '브른', '프른'이라는 말이 됩니다. 딱딱한 것도 입에 물어서 불리면 풀어지듯, 이 말씀을, 물음을 불려서 풀어내겠습니다.

물건이 깨질 때 물건에 따라 소리가 다르게 들립니다. 또 빛으로 물건을 봅니다. 그러나 사실은 물건이 보이는지 몰라요. 객관적이라는 말은 대단히 해석하기 곤란합니다. 뭔가를 듣고 보고 알고 느낀다고 하여 그 사물을 객관적으로 안다고 할 수 있습니까? 알 수 없습니다. 너무나 확실한 것으로, 하느님이 말씀하시는 것을 보았습니까? 하느님은 말씀을 한마디도 하지 않습니다. 잔소리도 늘어놓지 않습니다. 하느님은 아주 간단한 소리로, 들리지 않는 아주 없는 소리로 말씀을 하십니다.

객관적인 소리가 우리의 청각을 울려주어 듣고, 객관적인 빛이 시각을 자극하여 봄으로써 객관적으로 무엇을 안다고 합니다. 그런데 객관적인 빛이 우리 시각을 비추어주는 것이 아닙니다. 그렇게 생각하지만, 다 헛수고입니다. 가장 가느다란 소리, 들릴까 말까 하는 소리 여기서 말씀을 듣습니다. 여기서 빛이 납니다.

몇 해 전까지도 이 사람은 편견을 가졌습니다. 그 편견이란 《성경》의 줄거리는 유신(唯神)이라고 할 수 있고 유교(儒教)의 줄거리는 유신(唯

神)인지 유물(唯物)인지 참 알기 어렵다는 것이었습니다. 말하기도 곤란한 것이었습니다. 근본적으로 따져보면, 유신(唯神)이라는 말과 유물(唯物)이라는 말 자체의 구분도 어떻게 해야 할지 말하기 어려운 점이 있습니다. 유학(儒學)을 공부하는 사람도 늘 하늘을 찾았지, 귀신(鬼神)을 찾지 않았다는 것만큼은 분명히 하였습니다. 증자 때까지만 해도 천(天)은 하늘을 가리켰습니다.

그런데 하늘에 있는 귀신(鬼神)을 생각하게 되더니 차차 혼돈이 생겨, 하늘에 있는 귀신의 존재를 말하는 게 이치(理致)를 말하는 것이고 천리(天理)를 찾는 것이라고 추리하게 되었습니다. 그것이 곧 진리를 찾는 것이 되었습니다. 이렇게 하여 유교*가 유리론(唯理論)으로 추리하는 이치시대(理致時代)가 되었습니다.

《중용(中庸)》16장에 나오는 제사(祭祀)를 지내는 것에 대해서는 《주역(周易)》에서도 말하고 있습니다. 귀신(鬼神)의 덕은 아주 왕성하다고 합니다. 아주 왕성한 그 덕을 숭덕(崇德)하여 천하(天下)가 재명성복(齊明盛服), 곧 목욕재계하여 옷을 차려입고 정성스레 제사를 올리게 되었다고 합니다. 이것이 성황(盛況)하여 오늘날까지 이어져 내려온 것이 제사입니다. 공자도 이 귀신(鬼神)의 '귀(鬼)'가 한 가지의 기(氣)를 말하는 것이라고 했습니다. 기가 있으면 사람이 살고, 기가 돌아가면 사람이 죽는 것입니다. 기(氣)가 귀(歸)한다고 할 때, 귀(歸)와 귀(鬼)의 음(音)은 같습니다. 원래 귀(鬼)라는 것은 기운(氣運)이 들어 나돌아다니는 것을 말합니다.

그래서 부모에게 제사를 지내는데 부모의 귀신이 있느냐 없느냐, 부모의 영혼이 귀신이 되어 제사를 지내는데 오느냐 안 오느냐, 이런 문제

---

* 여기서 말하는 유교는 송·명 시대의 성리학(性理學)을 말한다.(박영호)

를 가지고 논하기도 했습니다.

증자는 무슨 귀신이 따로 있는 것이 아니라 지극히 섬기는 맘으로 돌아가신 분을 추념(追念)하면 그분이 추념하는 사람의 맘속에 살아 있는 것이라고 했습니다. 그래서 치성(致誠)으로 제사를 지내면 사람을 통해서 돌아가신 분이 다 나와 본다고 설명하는 것입니다. 이것이 객관적 존재로 있는 귀신을 말하느냐 하면, 그렇지 않습니다. 따라 들어간다는 그 혼(魂), 곧 귀신이 있느냐 하면, 《주역》에서는 있다고 강조하고 이것을 설명하느라 무척 애를 쓰고 있습니다. 하지만 그렇게 애를 써보았자 공연한 짓입니다.

유신론(唯神論)을 무신론(無神論)으로 만들어서 유리론(唯理論)으로 풀면 문제는 결론이 날 수 있습니다. '기운'이라는 것은 사물에 뭉쳐 있는 그 기운을 말하는 것입니다. 기운이라는 것이 물건에서 나오면 그 물건이 죽는 것이고, 그 물건에서 나와 떠돌아다니는 기운이 귀신(鬼神)인 것입니다. 귀신이라고 해서 신(神)이 따로 있는 게 아니라고 하였습니다. 원래 유교에서 따지는 귀신은 신을 말합니다. 미신(迷神)의 신이 아닙니다. 이러던 것이 나중에는 귀신이라는 게 따로 있지 않다고 말하게 됩니다.

그러나 《성경》에 나타나는 유신론(唯神論)은 바로 되어 있습니다. 유교에서 해석하는 것같이 하면 유물론(唯物論)이 나옵니다. 또 유리론(唯理論)으로 돌아 이치(理致)뿐이라는 결과가 됩니다. 사람은 결코 이치만으로 존재하는 게 아닙니다. 올라간다는 것과 떨어진다는 것이 달리 있는 것과 같습니다. 감정의 대부분이 생명의 내부에 존재합니다. 유리(唯理)만 가지고는 안 됩니다. 이런 점에서 유교는 생명을 잃습니다. 그런데 요즘 가만히 《성경》을 보면 유신론(唯神論)이라고 하나 역시 하느님이 말씀한 것이라고는 한마디도 없습니다.

모든 것이 '므른', '브른', '프른'으로 되어 있습니다. 유교는 어딘가 모르게 말을 많이 밝혀주지 못합니다. 우리말로 '므른', '브른', '프른', 여기서 무엇이 일어날 것만 같습니다. 무슨 소리가 나니 듣고, 빛이 있으니 보고, 이렇게 이치적으로 《성경》을 해석해서는 안 됩니다. 깊은 감정이 솟아난 그것으로 생각해야만 합니다. 이 사람이 이렇게 말한다고 해서, 신학에서 감정만 가지고 '므른', '브른', '프른'을 하라고 하는 것은 아닙니다.

제여재(祭如在), 공자는 제(祭)를 할 때 아버지의 제라면 아버지가 계신 것같이 하고, 할아버지의 제라면 할아버지가 계신 것같이 하라고 했습니다. 이번에 23주기를 맞이하는 이 사람의 선친(先親)은 기일이 양력으로 12월 2일 오전 10시입니다. 그분의 생전을 생각해서 그날 10시에는 밖으로 나가 어려운 사람을 도와주는 부조(扶助)를 해 왔습니다. 공자의 말씀처럼 제사를 모실 때 돌아가신 분이 계신 것같이 하는 제여재(祭如在)를 할 수 있습니다. 제사는 예물로 돌아가신 분을 모시고 싶어서 하는 게 아닙니다. 옛적부터 부모의 제사는 그 부모님이 계신 것같이 하였습니다.

'계시는 것 같다' 하는 것보다 '계시다' 하는 것이 계시는 것이 됩니다. 그렇지 않나요? '계시다'는 것은 여기 있는 것을 말하는 것이고, '계시는 것 같다' 하면 '같을 여(如)'가 덧붙습니다. 간단히 말하면 뒷간에 갔다는 것을 여측래(如厠來)라고 하는데, '같다'라는 말과 '갔다'라는 말에는 같은 뜻이 있는 줄 압니다.

부모의 제사를 지내는데 부모가 '계신 것 같다' 하면 '계신 곳에 갔다', 곧 돌아가신 곳을 생각하는 것이니까 여기를 떠나서 돌아간 분의 거기를 갔다 하는 것이 됩니다. 부모가 '계신 것 같다' 하는 것은 부모 '계신 곳을 갔다', 이러한 말이 됩니다. 이렇게 제사를 지내는데 돌아간 분이 '계신 것 같다' 하면 유신(唯神)이니 유물(唯物)이니 하는 것은 논할 거리가 못 됩니다. 이것을 유교의 정신이라고 할 수 없습니다.

무당은 만신(萬神)을 부릅니다. 일본 사람은 팔백만신(八百萬神)을 부릅니다. 무당들은 한정 없는 만신을 부릅니다. 본래의 유교는 이렇지 않습니다. 제한이 있습니다. 우리 평민은 어머니와 아버지 제사만 지냅니다. 그 이상, 곧 4대 이상은 제사를 지내지 않습니다. 그 외의 다른 신(神)은 제사를 지내지 못합니다. 3대 조상까지 제사 지내는 것은 큰 부자나 재산이 수천 석에 이르는 집안에서만 합니다. 제후는 3대 이상의 조상을 만민과 더불어 제사를 지냅니다. 천자(天子)가 되어야 5대 이상의 조상을 부릅니다. 제단(祭壇)을 다섯 자리 만들고, 춘하추동(春夏秋冬)의 제까지 하는 것은 주로 왕(王)이 합니다. 모든 백성을 모아놓고 천자가 같이 지내게 되어 있습니다. 《성경》에서 대제사장이 온 백성 앞에서 희생의 제단을 만드는 것을 볼 수 있습니다.

천자가 천하를 대표하여 하느님께 제사를 지냅니다. 천자가 대표로 지내는 제사라 해도, 그것은 백성이 지내는 것입니다. 제후도 4대 이상을 모시는데 사당이 다섯 개나 됩니다. 천자라야 그 이상의 6대조, 7대조까지 제단을 만들어 제사를 지내는데, 온 천하가 하느님을 받드는 것이 됩니다. 당시에는 계급이 있을 때였으니까 제사 지내는 데도 그렇게 계급으로 나누어졌는지 모르겠습니다. 천자가 7대 이상을 모시는 것이 천하를 대표하고 온 백성을 대표하는 것이라, 결국은 전부 남김 없이 하느님에게로 돌아가는 것입니다. 이것은 《성경》을 보아도 알 수 있습니다. 《구약성경》 시대에도 유교와 같이 계급이 있어서 그에 따라 하느님 앞에 나타나는데, 순서와 범례가 있었습니다. 그러나 종단에는 다 하느님 앞에 가는 것입니다.

이같이 유교에서나 그리스도교에서 중요한 것은 성령임을 알아야 합니다. 이렇게 하여야 우상숭배가 다 폐지될 것입니다. 음식을 차려놓는 것은 예루살렘의 성전에 제물을 차려놓는 것과 같으나, 설령 음식을 차리다 해도 신(神)과 음식, 곧 물건과 신은 상관이 없습니다. 음식 차리는 제사, 이것은 없어져야 합니다. 음식 차리는 제사가 있는데 우상숭배하지 말라는 것은 말이 안 됩니다. 이제는 제사라는 것을 성령으로 기도하는 것임을 알아야 합니다. 이것을 모르고 제사 폐지라는 말은 이론에 지나지 않습니다. 폐지가 안 됩니다. 다 멍텅구리들이 말하는 것입니다.

조상의 제사를 지내는 것은 우상숭배와 같은 것이므로 제사를 지내면 안 된다고 합니다. 한 이삼십 년 전에 어떤 목사는 부모가 죽은 날을 잊어버려야 한다고 선전한 적이 있습니다. 제사 날짜만이 아니라, 부모가 죽은 날짜까지 잊어버려야 우상숭배가 안 된다는 그런 말이 세상에 어디 있어요? 또한 예수 믿는 사람은 추도회(追悼會)를 하는데, 재력을 다해서 차릴 것 다 차리고 절만 안 하면 된다, 이렇게 야단을 합니다.

제사를 지낸다는 것은 생전에 계신 것같이 정성으로 정(情)을 표하면 되는 것입니다. 부모 생전에는 약 한 첩, 과일 한 개 대접한 일이 없는 자들이 논밭을 팔아 제사를 모신다며 가산을 탕진합니다. 고기, 떡, 부침개 이런 것을 가져다 놓습니다. 삭망(朔望)한답시고 삼년상을 지내는 동안 논밭이 다 없어지고 맙니다. 그 결과 집안에 아주 말 아닌 일이 일어나는 것을 늘 보아 왔습니다. 이래서 예수를 믿는다는 사람들이 있습니다. 예수를 믿으면 제사를 안 지내니 좋다 하여 예수를 믿는다는 것입니다. 교회가 이 문제 하나만큼은 구해준 셈이 됩니다. 교회의 지시를 따름으로써 민생이 구렁에 빠지는 것 하나만큼은 면하게 되었습니다.

지난번에 초상인지 제사인지 갔다 오는 사람들이 술에 취해 길에서 싸우는 것을 보았는데 결국 살인이 나고 말았습니다. 생 초상이 났습니다. 초상집에 먹으러 가지 않았던들, 초상집에서 대접하지 않았던들, 초상집 다녀온 사람의 생 초상은 나지 않았을 것입니다. 우리는 이것을 교정하여야 합니다.

이것쯤은 상식으로 판단해야 합니다. 체면 생각해서 저 사람 집에서 저만큼 차렸으니 우리도 지지 않게 차리겠다, 남의 집에서 잘 차리면 아무개 집만큼 우리도 차려서 뒤지지 않겠다, 이런 식으로 경쟁합니다. 이 폐단을 누가 고쳐줍니까?

공자도 초상집에 가서는 두부부침밖에 먹지 않았습니다. 이 사람도 초상집에 가서는 식사를 하지 않습니다. 추도의 뜻으로 금식을 합니다. 제사를 모시는 사람이 돌아가신 분을 위해서 추도의 뜻으로 금식하면 따라온 손님도 금식을 해야지, 손님이라고 대접받을 생각을 해서 되겠습니까? 대접받는 것이 추도입니까?

공자는 '제신여신재(祭神如神在)'라고 했습니다. 어떤 신에게 제사를 지낼 때 제관들이 제복(祭服)을 입고 신(神)이 있는 것같이 지내는 것을 말합니다. 산신의 제를 지낼 때는 산신이 있는 것같이 제를 지내는 것입니다. 어떤 공물(貢物)이 필요하거나 소원을 이루기 위해 제사를 지내는 제(祭)는 '여재(如在)'가 아닙니다. '여재'는 '있는 것 같다', '여기에 있다'는 말인데, '예'라는 말이 참 이상합니다. '이어서 산다'는 것을 '예'라 하고, 지금 사는 세상을 '예(여기)'라고 합니다. 공자도 말하기를 무슨 생각을 할 때는 염재자재(念在玆在), 바로 여기 있는 것을 생각한다 하였습니다. 이것은 무슨 객관이나 주관이라고 하는 것과 의논하는 것이 아닙니다. 물건이 있어서가 아닙니다. 소위 정성(精誠)이라고 말합니다. '정성 성(誠)' 하나입니다.

예수가 있느냐 없느냐, 하느님이 있느냐 없느냐, 이것은 다 정성으로 해결할 수 있습니다. 예배를 예루살렘에서 보든, 들에서 보든, 구석진 곳에서 보든, 자기 참을 가진 사람이 정성을 다하여 자기신령(自己神靈)에게 예배를 드리면 옆에서 뭐라고 해도 들리지 않고 빛이 눈을 자극해도 물건이 보이지 않습니다. 아주 성(誠)으로 가면 불러도 모릅니다. 인생이 이 경지에 도달하면 아무것도 없게 됩니다. 벌이 쏘아도 모릅니다. 나와 보니 퉁퉁 부어 있는 것입니다.

사람이 생각하는 것은 신(神)이 있어서 생각하는 것입니다. 신과 연락하는 것, 곧 신이 건네주는 것이 생각이라고 할 수 있습니다. 신이 건네주지 않으면 생각이 없습니다. 생각을 한다면 신과 연락이 되어야 합니다. 마귀하고 연락하고 사귀면 못된 생각이 일어날 수밖에 없습니다.

먼저 시조 〈보아요(念在神在)〉를 살펴보겠습니다.

이 사람의 신관이 염재신재(念在神在)입니다. 생각이 있는 곳에 곧 신이 있습니다. 생각할 줄 아니까 내가 있다고 합니다. 데카르트가 한 말인데, '므른', '브른', '프른' 생각을 하는 원점(原點)이 '나'라는 것을 '므름', '브름', '프름'해서 풀어 갑니다. 이것을 철학이라고 할 때 하느님이 나한테 임하시는지 내가 하느님에게 가는지, 마귀가 내 속에 들어오는지 내가 마귀한테 가는지 분간할 수 없습니다. 그래서 필시 '염재신재', 생각하는 곳에 신이 계십니다. 신 아닌 것을 생각할 때 신과 연결이 끊어지면 마귀가 들어와 못된 생각이 일어나게 됩니다. 그러면 생각이 신인지 마귀인지 모릅니다. 이 사람이 생각나는 대로 말씀드린 이것을 모순이라고 말씀하실지 무신론이라고 말씀하실지 모르겠습니다.

한얼계셔 생각들히 사람보계 말슴나지

'한얼'은 큰 정신이라는 뜻으로, 여기서는 성령을 말합니다. '생각들히'는 생각이 깊이 들었다는 뜻인데, '들히'의 '들'과 '히' 사이에 'ㅎ'을 웬일인지 하나 더 쓰고 싶습니다. 생각들이 들어서 우리가 정신이 '든다'

또는 '난다'라고 하는데, 여기의 '들히'와 통하는 말입니다. 하늘의 하느님께서 깊으신 생각을 내 속에 들게 하여 주시고, 이렇게 되면 아는 사람은 나밖에 없습니다.

'사람보게 말슴나지', 그것은 내가 압니다. 말씀은 누구하고 합니까? 사람을 보고 합니다. 사람과 상관없을 것 같으면 말씀이 필요 없습니다. 사는 까닭에 말씀이 나옵니다. 생각이 말씀으로 나옵니다. 따라서 말을 애쓰고 낼 까닭이 없습니다. 하늘 꼭대기에 있는 말이기 때문입니다.

이 세상에서는 친구 사이에도 '말 내지 말라' 합니다. 그런데 그 말이 언제 새어 나갔는지 알게 됩니다. 그러면 '말 내지 말라고 했는데 왜 냈느냐?' 하며 야단을 합니다. 말을 낸 사람은 그런 일 없다며 잡아뗍니다. 이렇게 다투다 보면 머리가 깨지고 살인이 납니다. 말 내지 말라는 말이 난 결과가 이렇습니다.

신 앞에 차리는 음식도 경쟁적으로 합니다. 주인도 마음이 신에게 있는 것이 아니라 음식에 있습니다. 빚을 내 가며 합니다. 손님도 마음이 신에게 있지 않고 음식에 있습니다. 이렇게 하면 먹는 데만 마음이 있지, 어디 신에 마음이 있습니까? 예수를 찾는다고 예수가 옵니까? 하느님을 찾아도 하느님은 오시지 않습니다. 수정 십자가, 백금 십자가, 금은으로 된 십자가, 이러한 것을 들고 하느님 생각, 예수 생각을 한다니, 무슨 생각이 나는지 모르겠습니다.

사람 보고 말씀이 나옵니다. 거의 들리지 않는 가느다란 소리로 말씀이 나옵니다. 정말 믿으면 말씀이 나옵니다. 말씀이 나오지 않으면 하느님을 알 수가 없습니다. 언젠가는 우리가 말씀으로 하느님을 알 수 있을 때가 올 것입니다. 그른 생각을 하면 이것을 고치려고 자꾸 생각이 납니다. 생각이 나지 않으면 결딴이 납니다. 하느님의 얼이 끊어지면 그렇게 됩니다.

네 목굼에 열숨김이 긇져봐라 이승즘승

네 목을 드나드는 기운 같은 '열숨'이 끊어지면 '이승즘승', 즉 이승의 짐승과 같은 고깃덩어리가 된다는 말입니다. 우리는 짐승과는 다릅니다. 부질없이 고개를 하늘에 두고 다니는 게 아닙니다. 그런데 우리의 정신 세계는 하느님과 연락이 끊어진 지 이미 오래입니다. 그래서 우리는 이승의 짐승입니다. 질척질척 지저분하게 사는 짐승입니다. 우리는 혈육의 짐승입니다. 지난번에 '젖은 눈물'에 대해서 말씀드렸는데, '눈물', '콧물', '젖물'은 짐승의 살림입니다. '열'이라는 말은 '무름', '브름', '프름'에서 얻은 말입니다.

사람도 어린적 노릇(버릇) 즘승갓갗 이승버릇

사람이 어릴 때는 노는 일이 전부 좋은지 나쁜지를 분간하지 못합니다. 이것을 분간하면 어리다고 하지 않습니다. 어릴 때 하던 노릇은 짐승의 버릇이라고 합니다. 어떤 이가 여자와 아이에게는 영혼이 없다고 했습니다. 그러니까 이 말은 사람도 어릴 때의 버릇으로 보면 짐승에 가깝다는 것입니다. 거의 짐승이라는 뜻입니다.

짐승은 먹는 것밖에 모릅니다. 다행히 이전에는, 젖 떨어지고 제법 철이 나게 되는 17, 18세까지 혹은 20세 전까지 도무지 남녀 간을 모르고 지냈습니다. 올바로 자라난 사람은 다 그러하였습니다. 그때까지는 짐승 노릇의 살림이었습니다. 짐승 짓은 식욕과 색욕밖에 없습니다. 그런데 요즘 세상은 옛날보다 더한 것 같습니다. 춘기발동(春期發動)이 나기 전에 이미 음란하고 음탕한 것을 알고 보게 되는 세상이 되었습니다. 짐승 이하로 날뛰는 것을 볼 수 있습니다.

전에도 이야기한 일이 있습니다만 스무 살이 안 된 사람이 신경과민 병을 앓고 있는 것을 보았습니다. 마침내는 실성을 하여서 미친 사람 모양으로 되었습니다. 하루는 조용한 날 그 원인을 가만히 따져보았습니다. 그는 자기 스스로를 더럽히는 자독(自瀆) 행위를 너무 지나치게 하여 신경쇠약 끝에 정신이상까지 되었다고 합니다. 한 6년 동안 아주 다른 사람이 되고 말았습니다. 그러던 중 한번은 그 사람이 정신이 똑똑하게 들었기에 이 사람이 타일렀습니다. 감추었던 말까지 하는 것을 보니 정신이 있을 때는 이 사람의 말을 신뢰하는 것 같았습니다. 그래서 뚝 떨어지게 분명히 이야기하였습니다. 너같이 어린 사람이 그것이 옳은지 그른지 모르고 그런 일을 하였으니 이제는 그 일을 딱 끊어버려라, 그러면 회복될 것이라고 했습니다. 너의 정신이상은 다른 원인이 있으면 모르되 원인을 잡았으니까 반드시 원인을 없애버려야 한다고 하였습니다. 그리고 얼마 있다가 그 사람이 회복한 것을 보았습니다.

어쨌든 미성년 시대는 짐승 시대입니다. 그래서 보통 한 사람의 인격자로 여기지 않습니다. 생존권은 있지만 시민권은 없습니다. 한 사람 몫을 하지 못합니다. 선거권을 가질 만큼 성인이 되었을 때 자기 책임을 수행하고 인격의 공인을 받게 됩니다. 어린 사람은 아직 한 사람으로서 대접을 받지 못합니다. 아직 몸만을 기르는 존재입니다. 키가 자라기만 기다리는 존재입니다. 그만큼 어리다는 말입니다. 짐승도 몸집만 키웁니다. 그래서 어릴 때의 일은 짐승과 같습니다.

성인이 된 뒤에 못된 짓을 하면 짐승 이하의 짐승이라고 하지 않을 수 없습니다. 짐승은 별로 못된 짓이라고는 하지 않습니다. 짐승에게는 영혼이 없습니다. 그래서 '네 목굼에 월숨김이 끊겨봐라 이승즘승'입니다. 월숨김, 이것이 끊어지면 짐승밖에 더 되겠습니까. 미성년이 못된 짓, 못된 생각을 자꾸 하게 되면 어른 몰래 담배 배우는 심리로 아예 아이 적에 곯습니다.

그래서 염재신재(念在神在)입니다. 생각하는 데 하느님이 계시고, 생각

없이 지내는 것은 짐승이라고 하였습니다. 어른(成人)이 된 뒤에도 생각 없이 사는 사람은 몸만 크게 하는 것이니까 짐승과 같습니다.

요즘은 약이 좋아서 그런지 모르겠습니다만, 예전에는 '해소'를 누구 나 하는 것으로 알았습니다. 늙어서까지 해소를 하는 것은, 젊었을 때 제 구실을 못 한 인과응보로 찾아오는 것이라고 봅니다. 주일날 예배를 보다가 누군가를 찾으려고 50살이 넘은 사람에게 물어보게 되었습니다. 그 사람이 막 대답을 하려는데 연방 기침이 나왔습니다. 해소 기침을 어 찌나 심하게 하는지, 어떻게 그 지경까지 되었는지 모르겠습니다. 지나 간 노릇이 기록된 말씀을 알고 하였는지 모르고 하였는지, 젊어서 그 노 릇을 심하게 해서 늙어서 그 지경을 당하는 것입니다. 이분도 믿는 이라 주일날 예배를 드리니 영혼은 새로 깨끗해질 것입니다. 그러나 60세까지 성인이 되지 못해서 짐승 노릇을 하고 하늘 위로 올라갈 생각을 안 하였 기에, 늙어서 해소 기침을 친구로 짊어지게 되었습니다. 다른 원인 때문 에 해소 기침을 앓는 사람도 있습니다만, 열 중 일곱 이상은 젊어서 짐 승보다 더 절도 없이 지냈기 때문에 해소라는 친구를 늘그막에 갖게 된 것입니다. 그러한 것을 보니 가엾습니다.

다음은 시조 〈또 보오〉의 풀이입니다.

또 보오
말이라는 것은 아무리 보아도 이상합니다. 음악에 교향곡이 있는 것 처럼, 말은 음이 서로 얽혀 가지고 우리들이 편지하고 싶은 곳에 편지를 하는데 이상한 것이 많습니다.

한늘 글월 읽히기는 이승버릇 잃게 흥임

하늘의 무한한 공간에 있는 천지자연이 모두 글월입니다. 편지 또는 문장이란 말씀입니다. '읽히기'는 자연의 문장을 읽게 하는데, 이것이 '이 승 버릇 잃게 흥임'입니다. 이승 버릇 잃게 하는 것, 곧 새로운 읽히기를 말합니다.

자연 우주의 문장을 읽히는 것은 어려서 철없이 하던 짐승 버릇을 잃게 하기 위한 것입니다. 매를 때려서 못된 버릇을 버리라 하면 안 됩니다. 하늘의 글월을 읽게 해주면, 그러니까 알게 해주면 이승 버릇은 저절로 잃게 됩니다. 자연의 프로그램에는 다 방정식이 있습니다. 순서가 바뀌어져 모두가 갈피를 잡지 못할 따름입니다.

즘승노릇 놓게스리 한열생각 이룩힘을

짐승 버릇을 내버리겠으니 하늘 생각을 이루도록 해 달라는 말씀입니다. '이룩'은 '이룩한다'라는 말로서 전진(前進)의 뜻을 포함합니다. 예배당을 이룩한다, 역사를 이룩한다, 나라를 이룩한다에 사용합니다. '이룩', 일으킨다는 것은 이룩하는 힘, 곧 하늘 생각을 부어 넣는다는 뜻입니다. 언제 짐승 노릇을 하였느냐는 듯 '옛날 버릇을 다 버렸으니 하늘의 생각을 이룩하여주십시오' 하는 뜻입니다. 이 글을 볼 때 이 사람의 이십 전의 일을 생각하면 참 짐승 노릇을 하였음을 느끼지 않을 수 없습니다.

히 보아 달(리) 돌림이라 제절로로 제그데

지금 우리가 사는 이 땅은 태양계 안에 있습니다. 모든 것은 해를 바라봅니다. '히 보고 달 돌림이라', 자꾸 달라집니다. 산도 나무도 달라집니다. 돌아가게 되어 있습니다. 짐승 노릇을 하다가도 달라져야 합니다.

일 년 열두 달, 정월부터 십이월까지 다른 달이 있습니다. 해는 모든 것의 원동력입니다. 주관과 객관을 바꾸어 말하면 해도 돕니다. 모든 것이 해에서 나옵니다. 우리들은 해 속에서 나온 것입니다. 해 속에서 '달리 돌림'입니다. 해 속에서 돈다고 생각할 수 있습니다. 하늘을 생각하는 것같이 생각 속에서 생각을 할 수 있습니다. 자연히 저절로 제 가운데 영원히 있게 되는 것입니다. 영혼도 같습니다. 그래서 가운데를 'ㅁ'로 표시했습니다. 저절로 제 가운데 돌아온다는 뜻입니다.

우주와 인생을 여러모로 해석할 수 있습니다. 생각하다가 모순된 것, 못된 것을 다 버리고 돌아가면 종단에는 'ㅁ'로 다시 돌아옵니다. '나'라는 것을 생각하기 때문에 '나'라는 것은 부정 못 합니다. '나'를 인정하는 것은 생각을 인정하는 것입니다. 생각을 인정할 때는 반드시 정신이 있다는 것을 알아야 합니다. 가느다란 소리를 듣는 것뿐이라는 것을 알아야 합니다. 아버지, 아버지 부르는 것은 내가 부릅니다. 아버지 얼굴이 이승에는 없지만 부르는 내 맘에, 아무것도 없는 내 속에 있습니다.

(아버지 얼굴이) 내 얼굴과 같습니다. 그래서 '가질레라, 종단에는 너는 가질 것이다' 합니다. 과대망상이 아닙니다. 내가 정말 가질 것이다, 주인이 생각하여 찾아내서 가질 것이다, 믿는 이는 이것을 계속 믿습니다. 믿는 이가 이것을 묻고 불리고 풀어서, '므름', '브름', '프름' 풀이를 하는 것입니다. 저절로 하나밖에 없는 것을 묻고 부르고 풀게 됩니다. 우리가 생각하는 데 우리가 있습니다. 생각하는 데 신이 있습니다. 여기서 아까 말한 객관과 주관을 한번 생각해보십시오. 생각하지 않으면 '나'라는 것이 없습니다.

데카르트는 내가 생각하니까 있다고 하였습니다. '나'는 생각하는 것이 사는 것입니다. 생각은 내가 합니다. 그런데 생각은 적어도 나만 하는 것은 아닙니다. 하늘에 계신 하느님도 생각합니다. 이 사람도 생각을 하기 위해 있습니다. 혼자만 생각하면 좋겠습니다. 맘이 편할 테니 말입니다.

유학(儒學) 하는 사람이 이 소리를 들으면 좋으니 싫으니, 이러쿵저러쿵 말이 있겠습니다. 여러분도 이 사람의 말을 어떻게 생각할지 모르겠습니다. 여러 말 하지 않겠습니다만 이 사람이 알고 있는 것은 늘 하나입니다.

'하나'만을 가지라는 것입니다. '하나'밖에 없습니다. 그 하나가 신입니다. 하늘을 왜 믿습니까? 간단히 '하나'를 믿는 것이 옳지 않나요?

상대되는 이가 없는 절대자에게 너라고 말하면 불경하다고 합니다. 그렇게 차별을 해서야 되겠습니까? 절대자의 심리에는 그런 지경이 없습니다. 우리가 하느님을 부르는 것은 잊지(忘) 않기 위해서 입니다. 순간이라도 하느님을 잊으면 그 틈으로 다른 생각이 들어오기 때문입니다. 잊지 않으려고 하느님을 찾고 기도하는 것입니다.

이번에는 시조 〈하나 그저〉와 〈그저 하나〉를 보겠습니다.

너너너와 않이 되며 나나나가 밖이더냐 한데밖에 않밖달리 않이아닌 너널난가

'한데'는 '밖에'라는 뜻입니다. '한데밖에'를 '한테'라고 할 수 있습니다. 안팎이 달리 없다는 것입니다. 방 안도 안입니다. 안도 아닌데 무슨 '않이(아니)'를 나눌 수 있겠습니까?

'너널난가', 이것은 '나눌 수 있는가'라는 말입니다. 이 말로 간단하게 상대성을 부인할 수 있습니다. 안이라는 것도 하나, 밖이라는 것도 하나, 한데라는 것도 하나입니다.

하나다 하나란나라 하나들셈 너희다

하나(一), 둘(二), 셈(三), 너히(四), 다(五)를 밤낮 세어보아도, 67년 동안 세어보아도 '하나'입니다.

너들 드러가 좁잔코 나 외로히 와 넓잔타

전체인 하늘나라는 너희들이 다 들어가도 좁지 않고, 나 외로이 혼자 왔다고 넓지 않다는 말입니다. 아버지와 나는 하나이기 때문입니다.

너들 드러 드름 드름 나외 올라 오름 오름

자꾸 들을 말씀을 그치지 말고 자꾸 들란 말입니다. '올라', 점진적으로 올라간다는 것, 기다랗게 올라간다는 뜻입니다. 올라가서 들을 것 듣고, 들어올릴 것 들어올리고, 점진적으로 올라와서 자꾸 올라가는 것이 옳다는 뜻입니다.

잇다가 업다란다 업다 잇다 온단다

아이들의 옛말입니다. 있다가 없다, 있다가 보면 다 없는 것입니다. 여기 있다가 가보면 하나도 없습니다. '잇다 온단다', 갑작스럽게 '있다 온단다', 이렇게 됩니다.

이 말은 자꾸 이리 씹어보고 저리 씹어볼 수 있습니다. 외국 사람은 그렇게 할 수 없습니다. 외국 사람이 아무리 우리말에 능통하여도 요점은 이해하지 못합니다. 이런 말은 좀처럼 배우기 어렵습니다. 이 말을 듣고 씹고 삭여보아야 합니다.

'한데' 있는 것은 불가분의 관계가 있습니다. 궤짝 집, 자기 집을 내놓고 '한데'라고 합니다. 궤짝 뚜껑만 덮고 도둑 맞을 것 없다는 식의 말입니다.

'심(甚)'은 '달감(甘)'에, '궤짝방(匚)' 안에 남녀가 좌우로 있는 '배 필(匹)' 자가 붙어서 되었는데, 이보다 더 심한 착각이 어디 있겠는가 하는 뜻입니다. 이렇게 심한 것은 없다는 말입니다

'하나'란 나라, 하나밖에 없는 나라, 셀 것 다 센 이때입니다.

우리들이 늘 찾는 말은 이렇게 생긴 것입니다. 이러한 것을 찾는데 기운을 믿고 있습니다. 기운을 주시는 까닭에 이러한 생각을 계속하고 있습니다. 이렇게 하는데 산다는 것이 맛이 있는지 모르겠습니다. 산다는 의미가 있거니 하고 이렇게 하고 있습니다. (1956. 11. 2.)

제6강

온통 하나가 되는 지혜

七 同諐我
愼正 敬重 大同正義
ㄱ后下止

醻 응로 한웋님께 섬김 禮
別義親正
닳 옳함밝

尊 알로 나라 뒤를 이임 鷹

(다석일지 1956. 11. 2.)

대동정의(大同正義)라는 말은 온종일 들어도 싫지 않습니다. '크게 같아지다'라는 의미의 대동(大同)에, '곧이 곧게 옳게 산다'는 뜻의 정의(正義)가 붙은 이 말은 진정 우리가 바라보고 살아야 할 글귀입니다.

사람들이 '정의가 있다' 할 때의 '정의'는 과연 무엇입니까? 사람들은 내가 정의다 합니다. 모두 자기가 정의라는 것입니다. 자기만 옳고, 자기가 하는 일만 옳고, 자기가 말하는 것만 옳다고 합니다. 자기가 하는 것만 옳고 남이 하는 것은 다 그르다는 식으로 생각합니다. 이것이 무슨 정의입니까? 나라끼리도 마찬가지입니다. '정의가 최후에 승리한다'고 합니다만 국가나 단체가 이런 식으로 생각하면, 곧 자기만이 정의니까 최후의 승리를 한다고 할 때 누가 승리한다는 것인지 알 수 없게 됩니다. 자기가 최후의 승리를 한다는 것이 자기가 죽을 때 승리한다는 말입니까? 자기 나라가 망할 때 승리한다는 말입니까? 내가 정의이고 다른 것은 부정의(不正義)다, 자기가 정의이므로 정의가 이긴다는 것은 바로 자기가 이긴다는 것입니다. 이것이야말로 거짓말 중에 거짓말입니다. 무엇이 정의인지 모르는 소리인지라 참견할 거리도 못 됩니다.

정의가 최후에 승리한다는 말에서 다른 것은 몰라도 똑바른 것이 맨 나중에 이긴다는 것은 사실입니다. 정의가 최후에 승리한다는 것은 신앙입니다. '정의가 최후에 승리한다'에서 의미하는 '정의'를 아직 이 세상 사람들은 모릅니다. 정의를 아는 사람, 정의를 아는 나라, 바로 아는 사람, 바로 아는 국가는 없다고 할 수 있습니다. '정의'라는 말을 알고는 있습니다. 그런데 그 '정의'를 누가 가지고 있느냐 하면 하늘이 가지고 있습니다. 하늘이 바로 정의입니다, 정의는 하느님이 주신 것입니다. 궁극적 최후의 승리는 하늘이 최후의 승리를 하는 것을 말합니다.

그래서 '정의'를 알고 싶으면 하느님을 좀 생각해보란 말입니다. 하늘을 생각하고 하늘에서 인정할 때, 그때는 진정 정의의 편이 됩니다. 다른 것은 다 어떻든 하늘을 따르겠다든지, 하늘을 생각한다든지 하면 그것이 참 정의에 살려고 애쓰는 것입니다. 그냥 세상의 무슨 주의(主義)나 무슨 신앙, 이런 것보다는 분명한 물음을 속의 빈 마음으로 찾아 갖겠다는 사람이 실제 하늘의 편이 되는 것입니다. 하늘의 편이 되어야 정당하고, 그것이 옳단 말입니다.

대동주의(大同主義), 대동정의(大同正義)처럼 대동(大同)이 들어간 말들을 세상에서 많이 씁니다. '대동'은 다른 뜻이 아니라 '하나'라는 말입니다. 응당 하나입니다. 계시는 것은 오직 하나밖에 없습니다. 옳은 것도 오직 하나가 옳은 것입니다. 그 하나가 옳고, 가를 수가 없습니다.

그런데 세상은 내 편이 옳고 내 편이 아니면 그르다고 합니다. 자기편은 옳다 하여 더없이 위해주지만, 자기편이 아니면 그르다 하여 오직 미운 것뿐이니까 없애버리겠다고 합니다. 이따위 생각이 과연 '하나'라는 말씀을 알고 하는 것인지 모르겠습니다. 자기는 다 정의이고 옳으며 남들은 그르니까, 하느님을 받드는 데 남들은 참여할 것도 없고 멸망시켜야 한다는 것입니까? 그러한 소견을 가지고 '대동'을 찾을 수 있겠습니까? '대동'은 온통 하나가 되는 지혜입니다. 누구나 할 것 없이, 더구나 예외라는 것이 없이 하나가 되자는 것입니다.

이것을 잘못 알면 못 찾습니다. 그러한 것은 없다고 할지 모르겠습니다. 그러한 이치가 어디 있겠는가 의심합니다. 그러니까 이 사바세계인 상대적 세계가 대단히 온전하고 안전하다고 얘기합니다. 그러한 멍텅구리는 몇 명만 있어야 하는데, 멍텅구리가 이 세상의 대부분이니 어떻게 할 수가 없습니다.

그러나 종당은 하늘로 되고 하나가 됩니다. 하늘로 들어가야만 합니다. 상대 세계에서 잠깐 지내다가 종단은 이곳을 벗어나 절대자 앞에 나서야 합니다. 그래서 이 사람은 말씀도 하나밖에 없다고 합니다. 삼라만상이 굉장하다고 할지라도 하나에서 나온 것이라고 인정합니다. 결국은 하나로 돌아가는 것을 믿습니다. 하늘에 들어간다는 것이 하늘의 정의이므로, 최후에 승리한다는 것은 하늘에 들어간다는 것과 같습니다. 들어간다는 말은 이길 것을 다 이기고 하나가 된다는 말입니다.

한(漢)나라 때 엮은 《예기(禮記)》에 공자의 말이라고 전해지는 〈대동(大同)〉편이 있습니다. 송(宋)나라 때 처음 유교(성리학)라는 철학 체계가 세워졌는데, 대동정의(大同正義)를 부인하고 이단시하였습니다. 심지어는 불교나 노자의 대동주의를 이단이라고까지 말하였습니다. 진리가 아니라는 것입니다. 시간 관계상 대동정의(大同正義)와 소위 유교의 삼강오륜(三綱五倫)이라는 윤리·도덕의 규정에 대해서는 오늘 여기서 비평하지 않겠습니다. 이 사람의 주장은 본디가 대동(大同)이고, '대동'을 떠나왔으니 '대동'으로 들어가자는 것입니다. 사람이 길을 걷자면 바로 걸어야 하는데, 하느님에게로 가는 그 길을 바로 걷자는 것입니다. 이것은 모든 것이 '대동'에서 나오므로, '대동'이 어떻게 이루어졌는지를 알고 '대동'으로 들어가자는 말씀입니다.

세기가 바뀜에 따라 인류가 차차 '대동'으로 눈뜨는 것이 확연히 보입니다. 온 세상이 뚜렷하게 '대동'으로 움직이려고 합니다. 이것을 우리 인류가 그대로 따라 '대동'의 참뜻을 받들면 이 땅 위에 '대동'의 세계를 한번 보이고 살 수 있을 것입니다. 그러지 않고 이것을 거역하면 멸망만 돌아올 것입니다. 계속 다투면 원자탄, 수소탄이 언제 터질지 모릅니다. 그렇게 되면 다 그만두는 것이 됩니다. 이렇게 되어도 마찬가지이고 저렇게 되어도 마찬가지라고 하면서 상대 세계에서 힘쓰고 애쓸 것 없이 마음 편하게 한때를 지낸다고 하면, 상대적 세계인 지구상에는 멸망이 올 수밖에 없습니다. 지구라는 떡에 곰팡이가 생겼다면, 인간은 그 곰팡이의 한 알갱이가 될까 말까 한 그런 존재입니다. 커다란 떡 덩어리에 붙은 곰팡이의 한 알갱이라고나 할 수 있는 '나'라는 존재의 마음속에는 하나에서 나온 이상한 것이 있습니다. 즉, 바른 것이 하나 있습니다. 근본이 하나 있습니다. 이것을 사람이 인식하고 알려고, 아니 싹트게 하려고 합니다. 이것은 자연 현상과는 다른 것입니다.

싹이 튼 사람은 몇 사람 없습니다. 싹이 튼 사람을 이 사람은 별로 보지 못했습니다. 이 세상의 역사가 몇천 년 흘렀어도 싹튼 사람은 몇 없는 것 같아요. 최후에 승리한다는 것의 진의를 모르고 멸망(할 상대적 존재)만 바라보는 이런 세상에 싹튼 사람이 있을 리 있겠습니까? 싹이 트고 안 트고는 별문제로 합시다. 이 사람도 싹이 텄는지 안 텄는지 모르겠습니다. 왜 그런지 딴(엉뚱한) 말보다는 '된(옳은) 말'만 하고 싶습니다. 말에는 된 말, 안 된 말이 있는데 이 사람은 웬일인지 '된 말'만 하고 싶습니다. 경전에 있는 윤리·도덕·삼강오륜의 말씀은 내일을 기다리지 않고 자꾸 하고 싶습니다. 이 사람은 담배도 술도 모릅니다. 한마디 더 드릴 말씀은 사는 날까지 하느님을 더 알고 더 연구하고 싶고, 덕(德)이라는 것을 더 붙이고 싶다는 것입니다. 내일 죽더라도 '덕'을 붙여보고 싶습니다. 살림이 구차하고 싹이 트는지도 모르는 가운데에도 이렇게 사는 것을 이 사람은 자랑하고 싶습니다. 언제나 마음이 편안합니다. 옆에 있는 사람도 모를 정도로 조금만 싹이 트는 척 하여도 이렇게 편하고 좋은데, 싹이 터서 자라난 사람은 얼마나 좋겠습니까? 이러한 사람만으로 온 세상이 가득 차게 된다면 이 세상은 이렇지 않을 것입니다. '대동'에 주의(主義)라는 말까지 붙여보면 이상하지 않을지 모르겠습니다.

주의(主義)는 그만두고 대동(大同)을 생각하여 봅시다. '대동'이라는 것은 '하나'입니다. 전체인 '하나'에서 둘, 셋, 넷, 다섯, 수백, 수천이라는 개체의 수가 나옵니다. 야단스럽게 수가 나옵니다만 이것은 있는 것이 아닙니다. '하나' 속에서 나온 것입니다. 전체인 '하나'는 개체인 '하나'가 나오기 전에 나온 것입니다. 모든 개체는 '하나'에서 나오고 전체인 '하나'로 돌아갑니다.

'하나'만 있으면 심심할까 봐 아이들이 딱지치기로 많은 시간을 허비하는 것같이 장난으로 수를 세어보는 것입니다. 원래는 전체인 '하나'밖에 없습니다. 심심해서 수를 세게 된 것이 겨우 억(億)까지는 센다고 합니다. 그러나 세는 것은 한정 없이 세는 것이 아닙니다. 실상 한 세기 전만 하더라도 억까지는 세지 않았습니다. 억을 셈할 까닭이 있습니까? 이제 조금 지나면 무수(無數)가 될 것입니다. 무수무한(無數無限), 즉 셀 수 없게 될 것입니다. 그러다가 도로 '하나'로 돌아옵니다. 이제 딱지치기는 그만두고 무엇을 하든 전체인 '하나'를 찾을 때가 왔습니다. 딱지치기 할 때는 지났습니다. 무엇이 무엇인지 모르는 어릴 때는 길에서도 집에서도 딱지치기를 하고 딱지 한 장 얻으면 좋아라 하고 잃으면 무슨 큰실패나 한 것처럼 낭패를 느꼈는데, 지금은 그럴 때가 아닙니다. 이제는 그만두어도 좋을 때입니다.

그런데 요즘 웬 놈의 딱지가 그렇게 많이 나오는지 모르겠습니다. 그만두었으면 하는데 자꾸 터져 나옵니다. 오백 환(圜)짜리, 천 환짜리, 학교 갔다가 와서 책가방은 팽개치고 딱지치기를 하는 어릿한 아이들이점점 더 늘어갑니다.

요전에 '므름', '브름', '프름'에 대해서 얘기하였는데, '하루 세 가지를 살피고 지낸다(日三省)'는 증자의 말을 통해 충(忠)·신(信)·습(習)을 살펴보라는 말을 하였습니다.

〈속 곧이 믿븨〉에서 속 곧이(忠) 믿븨(信)인 것을 익히자(習)는 증자의 말을 보았습니다. 속의 속을 곧이 곧게 믿음으로써 비게 하고, 그렇게 하는 것을 익히는 데 일생을 바치라고 하였습니다. 이것을 충·신·습으로 표현할 수 있습니다. 그런데 '믿븨'는 신(信)을 말하는데, 이 '신'은 요즘 상인들이 쓰는 '신'이 아닙니다. 상인들은 '쓸 용(用)' 자를 붙여서 씁니다. 신용(信用)이 떨어지면 장사를 해 먹지 못하고 도무지 못산다고 하면서 신용, 신용 합니다. 그 때문에 늘 남의 신용을 얻으려 하고 남이 날 신용하기를 바랍니다. 신용 따위의 '신'은 '신(信)'이 아닙니다. '믿븨'가 아닙니다.

충(忠)도 임금한테 하는 충 따위는 '충'이 아닙니다. 속의 속을 곧이 곧게, 언제든지 자기 속을 꼿꼿하고 바로 갖게 하여 아무것도 들어 있지 않은 이것이 '속곧'이 될 것입니다. 그리고 그 속곧인 것을 잊어버리지 않게 아주 익숙하게 하고 믿븨를 영원히 떠나지 않게 하는 이것이 사람이 사는 본연일 것입니다. 이렇게 되면 증자 같은 사람이 됩니다. 증자와 같은 분이 되고자 한다면, 이 충·신·습을 잘 알고 익숙해져야만 합니다.

사람이 다 익힐 수 있는 것은 아닙니다. 하느님이 더 익히라고 하늘에서 내려주는 것입니다. '충'을 하지 않으면 죽인다든지, '신'이 없으면 장사를 할 수가 없다든지 하는 식의 충·신이 아닙니다. '충'하고 '신'해서 장사를 잘한다든지, 차차 지위가 높아져 부자가 된다든지 또는 자기가 잘되어 놀면서 산다든지 하는 것이 아닙니다. 무조건입니다. 하늘에서부터 올 때는 속이 밝게 비어서(비) 곧이 곧게 생겼습니다. 속만큼은 이렇게 차려 두어야 합니다. 뭔가를 담아 둘 곳이 아닙니다. 그렇기 때문에 잘되겠다고 무엇을 도모하고 '충'과 '신'을 하면 안 됩니다.

신(信)도 원래 말씀으로서 그 대상이 사람입니다. 사람하고 만나야 이것이 '신'이 됩니다(人＋言). 그러나 '신'이 몇 사람만 만나겠다는 것은 아닙니다. '쓸 용(用)' 자를 붙여 쓰는 신용(信用)이 되어서도 안 됩니다. '믿븨'입니다. 밀고 나간다는 것입니다. 믿는다는 것이 밀고(推理) 나간다는 것이라고 말했는데, 밀고 올라가서 밑이 터져 '우(하느님)'로 올라가는 것입니다. 곧, 맨 밑에 가서 온통 터지게 될 때까지 끌고 올라가는 것이 믿음이라고 합니다. 그래서 무조건이어야 합니다. '믿븨'라는 것이 '신'의 원뜻이라고 생각합니다. '속 곧이 믿븨', 충신(忠信)은 무조건이라야 합니다. '충'을 안 하면 벌준다고 해서 '충' 하는 그런 것이 아닙니다. 돈으로 따지는 '신' 또한 아닙니다.

신용이 떨어진다, 신용이 있어야 한다, 이런 말이 있습니다. 예전에는 젊은 사람이 사람 노릇을 잘 못하면 장가를 못 간다고 하여, 얌전한 것을 장가드는 조건으로 내세웠습니다. 사람이 세상에 태어나 실없는 부모, 실없는 선생에게서 배워 자기 소견만 믿고 자라는데 무슨 사람의 노룻을 알 까닭이 있겠습니까? 그렇게 해서 사람이 되겠습니까? 제대로 되지 못합니다. 그래서 무조건 충·신이 필요합니다.

대동(大同)의 기운이 약간 있는 이 세상에서 뭔가를 가진 사람이 좀 더 어렵고 구차한 사람에게 무엇을 주겠다면 받는 사람이 무조건 받지는 않습니다. 조건이 있습니다. 받는 사람이 조건이 있는데 '무조건'이라는 조건을 내겁니다. 우리가 보기에도 어려운 사람이 돈 많은 사람에게 도움을 받을 때 무조건이 아니면 안 받겠다고 합니다. 조건을 붙이면 안 받겠다고 합니다. 땅 위에 '대동'을 이루겠다는 데는 모르겠습니다만, 국가 사이에도 '무조건이라는 조건이 아니면 안 받는다' 합니다. 조건이 붙으면 안 받는다고 합니다. 주는 데 앞서 반드시 조건이 붙습니다. 조건이 붙는 것은 여간 무서운 게 아닙니다.

"여보게 돈 좀 꿔주게. 이러이러해서 돈이 필요한데 돈 좀 꿔주게. 이자는 얼마 얼마를 주겠네."

"언제 가지고 오려나?"

"몇 월 몇 일에 꼭 갚겠네."

"다시 한 번 생각해보게나."

"원 사람도, 그날 꼭 갖다 준대도."

이런 식으로 돈을 꿔줍니다. 그런데 약속한 날짜에 갚는 사람은 별로 없습니다. 그저 아쉬운 대로 갖다 쓰고 보자는 것입니다.

"기한은 언제까지 할까?"

"기한은 얼마 안 됩니다. 그저 한 달만 돌려주십시오."

"세상일이 그렇게 말대로 되나? 기한을 좀 더 넉넉하게 잡지 그래."

"염려 마십시오."

기한이 짧고 이자가 높아야 돈을 빨리 빌릴 수 있으니까 이렇게 말합니다. 조건이 너저분하게 붙습니다. 그리고 돈을 꿔줍니다. 이렇게 불리

한 조건으로 돈을 빌려 가는 사람은 떼어먹을 작정이 아니라면 멍텅구리입니다. 뭐가 뭔지 모르고 빌려 갑니다.

뒤보러 갈 때와 보고 나와서 마음이 달라진다고 합니다. 돈을 빌릴 때는 갖은 소리를 하고 급한 대로 빌려 씁니다. 그래서 구구한 조건이 붙습니다. 멍텅구리가 아니면 못난 사람들입니다. 국가와 국가 사이에도 여간한 주의가 필요한 게 아닙니다. 빚진 종이라는 말이 있습니다. 국가 간에도 빚을 잘못 얻으면 나라가 망하고 맙니다. 정말 믿는 사람이 있다면, 정말 '대동'의 뜻으로 믿는 사람이 있다면 무조건으로 줄 수 있습니다.

이 사람은 잘 모릅니다만, 미국에서 더러 해주는 어떤 것은 정말 무조건으로 해주는 것 같아 보입니다. 그러나 이 사람은 여기에 조건을 붙이고 싶습니다. 이 사람이 겪은 것을 예로 드는 것이 실례입니다만, 이 사람은 돈이라고는 없는 사람입니다. 돈이 없는 사람이 돈 거래를 할 리는 없습니다. 그런데도 몇 푼 안 되는 돈을 더 어려운 사람이 와서 꿔 달라는 경우가 있습니다. 이 사람은 그때 조금이라도 있으면 꿔줍니다.

"기한은 언제로 할까?"

"얼마 가지 않습니다. 한 달이면 꼭 갖다 드립니다."

"한 번 다시 생각해보게."

두 달을 작정해서 한 달 안에 가지고 오면 반갑고, 한 달이면 될 듯한 것을 두 달로 잡고 그 기한을 넘지 않으면 그것 또한 반가운 것이니까 잘 생각해보라고 합니다. 만일 기한을 넉넉히 잡았는데도 기한을 넘기게 되면 미리 얘기를 해 달라고 당부합니다.

"이자는 얼마로 할까요?"

"이 사람아, 내가 무슨 고리대금업자인가? 변리는 줄 것 없네. 이번만큼은 마침 돈이 있어서 빌려주는 것이니 이자는 필요 없네."

"그렇게 할 수 있나요?"

"이러고저러고 말할 것 없이 그러면 변리를 받겠네. 돈으로 이자를 달라는 것이 아니니 어려울 것 없네. 자네는 젊은 사람이니까 담배만큼은 끊어버리게. 두 달 기한으로 돈을 꿔 가니 더도 말고 두 달만 담배를 끊게."

이렇게 해서 보냅니다. 이런 일이 몇 번 없었지만, 약속을 지키는 사람은 평생 딱 한 번밖에 못 봤습니다. 그밖에는 기한이 넘어도 말이 없습니다. 왜 먼저 와서 말하지 않았느냐고 물으면 이렇게 대답합니다.

"어떻게 빈손으로 갑니까?"

"아니, 나하고 약속은 돈이 안 되면 미리 알려주기로 한 게 아닌가?"

"어떻게 빈손으로 뵙겠습니까?"

이런 얼뜬 사람이 있습니다. 이런 말을 하는 이유가 있습니다. 아까 말씀처럼 미국이 가난한 나라에게 여러 가지를 빌려주면서 이자를 받는지 안 받는지는 모르겠으나 안 받는다고들 말합니다. 그러나 이자를 정말 안 받는다면, 담배를 끊는 것처럼 다른 변리를 붙여주어야 한다고 생각합니다. 기술도 돈도 물자도 없어서 도와주겠다는 것인데, 이것을 받는 사람은 잘 쓸 줄 알아야 합니다. 주는 사람은 기술, 돈, 물자를 빌려줍니다. 별 재주 없이 기업을 경영하는 사람에게 자본만 융통해주면 될 것같이 생각해서 거저 빌려줍니다. 무조건으로 주는 것은 결과로 보면 참 뻔합니다.

이 사람이 보기에는 반드시 조건을 하나 붙였으면 좋겠습니다. 밥을 얻어먹는 주제에 떡까지 먹여 달라는 거지와 같이 너무 바라는 것인지 모르겠습니다만, 물자라는 것은 그저 너무 내주는 게 아닙니다. 세상에서 상대 조건을 붙이는 것같이 무서운 것은 없습니다. 조건을 붙여서 주려는 사람도 조건을 붙여서 받으려는 사람도 없겠습니다만, 하늘은 조

건을 가지고 있습니다. 이 사람은 '대동'의 조건이라면 받겠습니다. 너저
분한 조건보다는 '대동'의 조건이라면, 이것을 받고 싶습니다. 이치를 돌
려 생각하면, 남을 구원하여 대동으로 나간다는 것이 다 같이 잘 사는
조건임이 분명하니까 기꺼이 받아들일 수 있습니다.

　내주는 사람이나 받아들이는 사람에게 이것이 분명치 않고서는 받아
들이지 않는 것만도 못한 일이 될 것입니다. 싸움(戰爭)을 치른 다음인데
도 국민에게 사상이나 이념을 일일이 묻지 않고 모든 것이 대동으로 가
는 맥박이 돌고 있는 것 같습니다. 그러나 아직도 나쁜 자본주의의 버릇
을 버리지 않고 주는 쪽이나 받는 쪽이나 합당한 조건 없이 소위 돈으로
만 처리하려는 것 따위의 행위는 무책임합니다.

　'대동'으로 돌아가는 데 무책임합니다. 사람이 되어 너무 바라기만 하
면 안 됩니다. 우리가 대동으로 돌아가려는 이 땅에서 그런 무책임한 도
움이라면 차라리 굶더라도 사절하는 것이 오히려 대동정의로 사는 것이
됩니다. 미지근한 물질적인 무조건은 오히려 해가 됩니다. 한때 자기를
즐겁게 해준다고 무책임하게 도움을 바라고 쳐다보면 안 됩니다. 너희
가 살거나 못살거나 우리는 그런 문제에 아랑곳없다는 식의 도움은 달
갑게 받을 필요가 없습니다. 바로 그렇게 하여야 합니다.

　(류영모가 칠판에 쓰인 대동정의大同正義를 가리킨다) 여기 써 있는 것(ㄱ)이
무엇인가 하면 사람 인(人) 자입니다. 이쪽(匕)도 같은 글자입니다. '북
(北)'은 사람이 서로 등지고 있는 형상으로서, '북쪽'이란 뜻입니다. 사람
은 밝은 것을 향하고 사니까, 등을 대면 밝지 않은 북쪽이 됩니다. 사람
이 등을 대고 있는 데다 '살(肉)'을 붙입니다. '달(月)'은 '살'이라는 뜻입
니다. 그러면 '등 배(背)'가 됩니다.

　또 이러한 글자가 있습니다.

　비(比) ─ 사람이 나란히 서 있는 것으로, 네가 크니 내가 크니, 네가 잘

났느니 내가 잘났느니 겨루어보는 형태입니다. '비교한다'는 뜻이 됩니다.

종(從) - '좇을 종' 자로, 앞사람이 쫓기는지 뒷사람이 잡는지 그것은 모르겠습니다만 이러한 형태가 됩니다.

이쪽 사람(左)과 저쪽 사람(右)이 있는데 한마디씩 말(口)을 합니다. 그것이 '후(后)'와 '사(司)'입니다.

후(后) - '이렇게 하자' 하고 이쪽(左)에서 말합니다. '이렇게 하자'고 말하는 것은 옛날에는 황후(皇后)가 하였습니다. 지금은 그렇지 않습니다만 이전에는 그렇게 하자 하는 것은 임금이나 후(后)가 하였습니다. 임금이 그렇게 하자 하면, '그럽시다. 그렇게 하죠' 하는 사람이 있습니다.

사(司) - '맡을 사' 자입니다. 요새 사법관이라고 하는 것이 있는데, 법을 맡아서 하는 사람을 말합니다. 입법부에서 입법(立法)한 국법을 맡는 사람을 사법관이라고 합니다. 곧, 맡은 그대로를 하는 사람을 말합니다.

민주주의의 평등 시대라 해서 그따위 말은 봉건적 인습이요 케케묵은 소리이고 번거롭다고 하나, 오직 한번 '하자' 하면 그 말을 좇아서 해보자고 해야 할 것입니다.

하(下) - 말 한마디가 떨어지면, 곧 '하자' 하는 말이 떨어지면 해봅시다. 하는 데까지.

지(止) - 그치는 말이 되어야 하겠습니다.

ノ后下止, 이렇게 되어서 받아들이는 사람은 서로 찬성해서 譱(착할 선의 옛 글자)으로 봐야 하겠습니다. 세상만사가 잘될 때는 이와 같이 꼭꼭 맞아 들어가야만 하는 게 아니겠습니까?

아까 말씀 모양으로 한마디로 하자면, 조건이 붙은 것을 모두 자기가 받아서 하겠다고들 합니다. 그러나 진정으로 틀림없이 하겠다는 사람은 말이 도무지 없습니다. 말이 있어도 가만히 그저 '예' 하지요. 이 정도로 대답합니다. '이렇게 하자' 하면 '므른', '브른', '프른'으로 생각하고 잘 생각해서 결정을 내린 다음에 '예' 합니다. 말이 많지 않아요. 믿는 사람은, 진정으로 믿는 사람은 말이 없습니다. 양(羊)이 그렇습니다. 양이 말을 합니까? 한 마디, 두 마디 그렇게 말을 많이 하지 않습니다. 죽어도 찍 소리 하지 않습니다.

오늘날에는 그러한 일이 없습니다만, 예전에 처녀는 규중 처녀로 자랐습니다. 어느 날 어디선가 청혼이 들어와 참한 신랑이 있어서 혼인을 이루고자 하면 부모가 처녀를 보고 이렇게 말을 합니다. '이러저러한 데서 혼인하겠다고 왔는데 어떻게 생각하느냐?' 그러면 처녀는 도무지 대답을 하지 않습니다. 이런 소리를 요즘 신여성들이 들으면 픽 웃겠지만, 예전에는 처녀가 말을 못한 것이 사실입니다. 대답을 하지 않습니다. 그저 알아서 해주십시오 합니다. 마침내 부모도 딸에게 혼인할 것을 부탁하고 납폐(納幣)를 할 무렵에 가서 당사자인 딸에게 다시 묻습니다. 처녀도 결국 머뭇머뭇하며 말을 합니다. 그저 들릴까 말까 하는 소리로 '좋게 하세요' 하며 좋게 하는 대로 해 달라고 합니다. 이런 식으로 말을 합니다. 물론 이렇게 하고 시집 간다고 현모양처 노릇을 다 하는가 하면 그렇지는 않습니다. 그 전에는 현모양처가 그런 대로 나온 게 사실입니다. 지금은 어떻게 되는지 모르겠습니다.

미국에서도 청혼을 할 때는 남자가 먼저 한다고 합니다. 아무리 똑똑하고 남자 뺨치게 활발한 여성도 그 대답은 아마 가장 작은 소리로 하는 것 같습니다. 여성이 먼저 청혼을 하는 것이 아니라, 남자가 먼저 청혼을 하면 아주 작은 소리로 대답하는 것입니다. 거기에 무슨 자연의 이치가 있는 것이 아니겠습니까? 정말로 무엇을 하자고 하는데 대답은 그렇게 클 수가 없습니다. 들릴락 말락 한 작은 소리일 것입니다. '예, 좋겠습니다' 그렇게 하자는 말이 한 번 내려지고 멈춥니다. '그렇게 하자'라는 대답만 나올까 말까 하는 작은 소리로 들릴 것입니다. 왜냐하면 그것이 바로 경신중정(敬愼重正)으로 나오기 때문입니다.

사람 노릇을 정말로 하려는 사람은 무슨 일을 하자 할 때 마땅한 것이라면, 곧 마땅한 것으로 들었다면 경신중정으로 합니다. '속 곧이 믿븨(忠信)'로 이기는 데는 경신중정이 있어야 합니다.

'경(敬)'이라는 글자는 궤짝 속에 말(口)이 들어 있는 것을 풀로 덮어 놓은 형상입니다. 궤짝 속에 좋은 것이 들었는지 똥 같은 것이 덮여 있는지 모릅니다. 좌우간 좋은 것도 덮어야 하고 나쁜 것도 덮어야 하는 것입니다.

'복(攵)'은 똑똑히 따져본다는 글자입니다. 무슨 생각이 날 때 따져보는 마음, 정말 조심스러운 그 마음이 '공경 경(敬)' 자입니다. 이것이 참인가 거짓인가 좋은 것인가를 따져보는, 곧 따져볼 만한 마음이 늘 생기는 것이 '공경 경' 자입니다.

'신(愼)'은 '참'을 말합니다. '속곧이 믿븨'란 참 옳은 것입니다. '참(眞)'을 가진 사람은 '속곧이 믿븨'를 줄곧 가진 사람입니다. 무엇을 하는 데 경망하지 않습니다. 경솔하게 하지 않습니다. 묵직하게 합니다. 지구의 중력을 왜 느끼는가 하면, 우리가 바람이 불 때 가벼우니까 날아가지 말라고 그런 것입니다. 낭떠러지에서 떨어져 죽으라고 지구의 중력이 있는 게 아닙니다. 그 뜻을 받들어서 묵직하게 일하여야 합니다.

'중(重)'이라는 글자를 보고 동양 사람은 묵직하게 일합니다. '무거울 중(重)' 자는 '동녘 동(東)' 자에 '흙 토(土)' 자를 더한 것입니다. 동양 사람은 더 정중하게 일을 하여야 합니다. 그렇다고 너무 무거워서 진취성이 없다든지 활발함이 없다든지 해서는 못쓰겠습니다.

'정(正)'은 한 번 디뎠으면(下) 요지부동(止)이라는 뜻입니다. 한 번 정(定)했으면 요지부동으로 나갑니다. 경신중정하게 말을 했으면 요지부동으로 조변석개(朝變夕改)를 하지 않습니다. 말이 끝입니다. 이것이 법이 될 수 있고, 이것을 말하는 사람이 임금이 됩니다.

선비가 말한 것을 길(吉)하다고 합니다. 그래서 '선비 사(士)' 자 밑에 '입 구(口)' 자를 붙입니다. '선비 사(士)' 자도 열 가지면 열 가지를 다 아는데, 주로 한 가지만 말하면 '십일구(十一口)', 곧 '길(吉)'입니다. 선비로서 말을 딱 내어놓고 그쳤으면 반복하지 않습니다. 이러니저러니 하지 않습니다. 그래서 '정(正)'을 바꾸어 쓰면, '하(下)'와 '지(止)'가 합쳐서 된 글자임을 알 수 있습니다.

생각이나 행동이나 다 경신(敬愼)을 함으로써 가장 '경신'이 됩니다. 생각하는 정신(精神)과 마음이 죄다 중정(重正)하여야 합니다. 행동할 때 중정한 몸가짐을 하여야 합니다. 이렇게 이지적으로 들어갈 때 종당은 사람 노릇을 하자는 것인데, 참마음으로 하자고 하면 분명히 선지자가 됩니다..그런 사람은 무조건 한계를 벗어나는 사람이 될 것입니다. 무조건 그렇게 할 때, 경신중정을 갖고 그렇게 하여야 합니다.

六同司下止議我 ＝ 大同正義, '대동정의'가 됩니다.

오늘의 제목 '대동정의'에서 우선 대동(大同)의 내용만 생각하고 연구해보기로 합시다. 이 연구를 하려면 지금까지 말씀드린 내용을 알아야 합니다. 그것을 알아야 '대동정의'를 연구할 수 있습니다. '대동'을 한마디로 하면 '크게 같다', 이렇게 될 것입니다. 오직 사람은 참말을 하는 사람이 되어야 합니다.

유교에서도 말하기를 사람에게는 인심(人心)이 있고 도심(道心)이 있다고 하였습니다. 사람 마음속에 두 마음(二心)이 있다고 합니다. 하나가 무엇을 하자 하면, 다른 하나가 '그렇게 합시다' 하고 맞아 들어가야 합니다. 그래야 '대동'입니다.

'하자, 합시다' 하고 끝까지 그 일을 참 경신중정(敬愼重正)으로 하여 맞추어 들어가면 틀림없이 딱 들어맞습니다. 이렇게 '大同下止薔我'를 맞추어보면 '대동정의'가 됩니다. '정(正)'이 왼쪽에 오고 '의(義)'가 바로 옆에 옵니다. 서두에 배열한 '大同正義'의 형태를 보면 'ㄴ' 모양입니다. 이 'ㄴ' 하나는 꼭 가져야 합니다. 다른 것은 다 몰라도 'ㄴ'은 '대동정의'에 꼭 필요합니다. 그것이 없어서는 안 됩니다. 왜 그런지 이렇게(ㄴ) 하고 싶습니다. 국가나 학교나 가정에서나 사회 단체에서나 대동정의 하자 하면 '그렇게 합시다' 하고 똑바로 되었으면 좋겠습니다. 종당은 모두가 똑바로 되기는 되는데, 왜 그런지 'ㄴ'*으로 하고 싶습니다.

'예(禮)'라면 왜 그런지 도덕군자들이나 말하는 것으로 압니다. 사람들은 '실례합니다' 하고 들어섭니다. 실례하는 줄 알면서도 일을 저질러요. '실례합니다', 이것은 일본말 그대로를 번역한 것입니다. '실례합니다' 하고는 바짝바짝 다가섭니다.

'예(禮)', 이것은 제기(祭器)에 과일이나 음식을 가득 담아놓은 형상을 말합니다. '풍(豊)'은 꼭대기에 무엇을 이고 있는 모습입니다. 사람은 하늘에 머리를 두고 다니는데, 무엇을 하늘을 향해 이는지 모르겠습니다. 무엇을 하늘을 향하여 보이고(示) 기다려보자는 꼴일 것입니다. 이것이 '예'가 됩니다.

이것은 제사를 말하는데, 이것이 결국은 사람과 사람 사이에서 제도가 됩니다. 제도가 하나라면 문제가 없습니다. 제도가 하나가 아니기 때문에 대동적으로 하려고 해도 대동이 안 됩니다. 대동으로 하려면 모두비어 있어야 합니다. 참말을 듣고 참일을 하기 위해 사람이 모여 합의가되면 통틀어 '한 가지 동(同)'이 됩니다. 그러나 이 세상 상대 세계에 나올 때부터 자세히 살펴보면, 하나로 들어가는 그 길에서 우리는 그 한

---

* 땅을 딛고 실천하는 모습을 가리킨다.(박영호)

가지가 둘로 쪼개진 내용을 갖고 있음을 알 수 있습니다.

'동야자이야(同也者異也)', 같다는 것은 다른 것이라는 뜻입니다. '동'은 같다는 것인데, 이것은 '다른 것이다'는 말입니다. 이단(異端)이라고 헤프게 부르지 마십시오. 자기와 다른 것이 이단이면 자기 자체 속에 또 다른 것이 좀 많습니까? 아니, 전부가 이단일 것입니다. 나 아니고는 전부가 이단입니다. 한 가지라고 할 것이 하나도 없습니다. '동야자이야'는 사뭇 다른 것이 같다는 뜻도 됩니다. 사람이 지닌 머리와 발은 아주 다릅니다. 다르다고 해서 다르게 움직이면 이것이 되겠습니까? 다른 것이 또한 없습니다. 이것이 상대 세계의 셈입니다.

그래서 우리 머리와 발은 같은 것인데, 같다는 말 속에 다른 것이 있습니다. 우리는 결국 한 가지 세계로 가는데, 종당엔 일치할 것입니다. 같은 것이라도 따지고 보면 다르고, 다른 것이라도 따지고 보면 같은 것이 됩니다. 알 리가 없습니다. 끝까지 따지고 또 따지고, 여기서 따지고 저기서 따지고 또 따져도 끝이 보이지 않습니다. 마침내 모두가 다르면서 같다고 합니다. '같다'는 말을 따져보면 다른 것이 그 말에서 나옵니다. '한 가지로 같다'는 말은 모든 내용이 포함되어서 한 가지로 같다는 말이 됩니다. 하나인 태극(太極)이 양의(兩儀)로 나뉘었다고 할 것 같으면 하나가 둘로 나누어졌다는 것인데, 이것을 무조건 인정해서는 안 됩니다. 태극이 양의로 나뉘었다는 것은 절대로 믿지 못할 말입니다. 이것은 유교에서 대단히 잘못 안 일의 하나입니다.

태극이라면 '하나'인데, 태극이 음양(陰陽)이라고 해서 음·양이 하나라고 하면 어떻게 합니까? 하나에서 음·양이 나왔다면 모르겠습니다. 그런데 '둘이 또 하나다', 이렇게 하면 말이 달라집니다. 혼돈(우주)은 언제나 하나인 태극인데, 태극이 음·양이므로 둘이다 하고 나온 데서부터 유교가 아주 병에 걸려버렸습니다. 이것을 말로 하면 태극의 머리와 몸뚱이를 잘라버린 것이 됩니다. 머리를 잘라버리고서 어떻게 태극이 살 수 있습니까?

신종추원(愼終追遠), 보본반시(報本反始)라는 말이 있습니다. 말끔히 이렇게 '하나'에서 나와서 하나로 돌아가는 길인데, 그러한 길이 있기 때문에 당연히 이러한 생각이 나올 수 있습니다. '신종추원' 하여야 합니다. 유교는 마지막에 가면 부모를 잘 섬기라는 말밖에 나오지 않습니다. 부모가 돌아갈 때 숨지는 것을 임종(臨終)이라 하여 꼭 보아야만 효자라고 합니다. 부모가 돌아가실 때까지 노력을 다하여 섬기는 것을 효(孝)라고 하였습니다. 부모가 돌아간 뒤에 엄숙히 장사를 지내고, 그 다음에는 제사를 잘 지내야 한다는 것이 유교에 설파되어 있습니다.

'신종추원'을 해야 합니다. 제사 때에는 특히 형제가 모두 모여서 제사상을 차려놓고 돌아가신 이가 생전에 계신 것처럼 추원(追遠)을 합니다. 그래서 3년 동안 대상, 소상을 지내서 신종(愼終)을 합니다. 끝까지 삼가며 모십니다. 이것을 '신종추원'이라고 합니다. 삼가면 늘 삼가야 합니다. 삼년상을 지내다 보면 나중에는 돌아가신 이의 기억이 희미해져 언뜻 생각이 나지 않게 됩니다. 어려서 어머니의 젖을 3년 동안 먹고 자랐듯이 삼년상 제사를 지냅니다. 그래서 신종을 하게 됩니다.

이것을 증자는 "이 몸은 부모에게서 받았는데 제 몸뚱이를 잘 간직하여 삶을 끝마치도록 삼가는 것이 정말 신종이다."라고 했습니다. 이것이 자연이라고 생각합니다. 하느님에게서 받은 몸을 온전히 갖고 있다가 마칠 때까지 삼가는 이것이 정말 신종입니다. 증자는 부모의 몸이 아니라 자기의 몸을 마치는 것을 얘기합니다. 그렇다고 전 인류가 마치는 것을 신종이라고 보는 것은 아닙니다.

오늘날 이 세상을 마치는 데 곱게 삼갔으면 그 다음은 추원(追遠)입니다. 멀리 간 이를 자꾸 쫓아가서 생각합니다. 그래서 제사 지내는 날은 잊지 않고 멀리 간 이를 쫓아가서 생각합니다. 우리는 하느님으로부터 멀리 떠나서 이 세상에 나왔습니다. 우리가 올라가는 것은 하느님을 쫓아가는 것입니다. 우리는 갈 길을 가는지 모릅니다. 우리는 가는 길을 추원합니다. 추원이라는 것을 제사 지내는 것으로 생각합니다만 좀 다릅니다. 추원은 먼 데를 쫓아가는 것입니다. 요즘 추도회라는 것이 있는데, 쫓아가서 자꾸 새로운 생각을 하여보는 것입니다. 그런데 백 년 기념 추도회라는 것이 있습니다. 백 년이 지나도 슬프다는 말입니까? 슬프다는 것이 아니라 자기 설움을 알라는 말입니다. 세상을 떠날 것에 대한 자기 설움임을 알아야 합니다. 이 세상은 영원히 사는 것이 아니라 떠난다는 것을 알아야 합니다. 멀리 가는 것이 쫓아간다는 말입니다. 그러면 정말 추도나 추원을 아는 사람은 자기가 갈 길을 자꾸 쫓아가서 그 길을 밟자는 사람입니다.

무슨 일이 있든 이 '신종추원'은 아침마다 한 번씩 생각할 필요가 있습니다. 학교에서 대수(代數)를 배우면 대수의 끝까지를 배워야 합니다. 신종을 하여야 합니다. 오늘 공민(公民) 시간이나 실업 시간이 있었다면 저녁 시간에 내일의 준비로 오늘 배운 것을 한 번 복습해야 할 것입니다. 한 번 추념(追念)하여야 합니다. 무엇을 하든지 '신종추원'을 하겠다는 정신을 가져야 할 것입니다.

시집가는 색시는 새 날 시집가면 그만이니, 시집가기 전날 저녁까지 친부모를 생각하여 끝까지 잘 대접하여 주는 것이 신종입니다. 또 시집 갔다 하면 추원이 됩니다. 시집은 멀리 가는 것입니다. 친정을 떠나 시집 갑니다. 멀리 새 세계로 가는 것입니다. 자기에게 익숙한 집과 부모를 두고 어디를 간다는 것입니까? 잘 알지 못하는 남의 집으로 멀리 갑니다. 미래의 사회, 막연한 세계를 쫓아가는 것이 추원이라면, 이 세상인 이승을 떠나서 모르는 저승으로 가는 것 역시 혼인하는 것처럼 '신종추원'이 아니겠습니까? 남자가 장가를 든다고 하는 말은, 옛날에는 장인 장모 댁에 가서 산다고 해서 나왔습니다. 남자가 장가를 간다는 말이 원래는 그런 뜻으로 쓰였는데, 지금은 사정이 달라져서 설명하기가 좀 거북합니다.

혼인(婚姻)하는 것을 장가가고 시집간다고 하는 것은 또한 자기 집을 갖지 못하다가 새집을 갖는다는 뜻입니다. 여태껏 아버지 어머니 아래서 붙어먹다가 아들 노릇을 끝내고 자기의 딴 집을 갖는다는 것인데, 여기서 집은 '아내'를 말합니다. 남자가 자기 집을 버리고 새집을 찾아가는 것도 신종(愼終)일 것입니다. 때가 갈리면 때가 갈릴 때마다 잘 생각해서 신종이 있어야만 하겠습니다.

혼인을 해서 애를 낳고 지아비 지어미가 되면 세계가 또 딴 세계가 됩니다. 마치 아들이 나라에 충성하기 위해 군대에 가느라고 멀리 떠나가는 날이 오게 되는 것과 같습니다. 그래서 혼인하는 것은 '신종추원'입니다. 자꾸 생각하면 끝을 잘 삼가야 한다는 것을 알 수 있습니다. 끝을 잘 삼가서 먼 길을 쫓아가야 합니다.

사람의 신종이라는 것은 학교를 졸업하여 나가는 것입니다. 초·중·고등학교를 졸업하고 대학을 졸업하는 것이 '신종추원'이 됩니다. 세상을 마치는 것도 신종을 하여야 하고, 하늘을 향해서 '신종추원' 하여야 그곳에 갈 수 있습니다.

보본반시(報本反始), 근본을 잘해서 시작으로 돌아가야 합니다. 시작한 데로 다시 돌아와야만 합니다. 시작한 데로 반드시 옵니다. 곱게 갔다가 본(本)으로 돌아와야만 합니다. 나뭇잎은 떨어지면 뿌리(根)를 덮어줍니다. 그러고는 나무 뿌리에 거름이 되어 다시 근본(根本)으로 돌아갑니다. 이것을 사람이 긁어다 불을 땝니다. 좌우간 나뭇잎은 떨어져 보본(報本)합니다.

좋으나 나쁘나 '보본반시'의 이치가 있습니다. 한 가지 우리가 생각하는 바는, 자식이 자라서 장가를 가면 이것이 '보본반시'가 아니겠습니까? 그 아들이 아이를 낳으면 또한 '보본반시'가 아니겠습니까? 아이를 낳아 길러서 또 장가와 시집을 보내면 이것 역시 '보본반시'가 아니겠습니까? 모든 것의 원래의 시작은 '보본반시'입니다.

아이들이 다 커서 장가가고 시집간 연후에야 그 밑동(根本)을 볼 것입니다. 그런데 요즘 세상은 문명이 발달하여서 그런지, 장가도 시집도 가기 전에 그것을 다 압니다. 예전에는 그렇지 않았습니다. 비슷한 예가 될지 모르겠습니다만 열한두 살 된 아이가 부모에게 이렇게 묻습니다.

"아버지 어머니, 사람도 저 개, 돼지의 암컷과 수컷이 붙어서 새끼를 낳는 것같이 태어나죠?"

이런 질문을 받으면, '그렇다' 대답하겠습니까?

"너 그게 무슨 소리냐? 그런 것은 이 다음에 알게 될 것이고 지금은 알 때가 아니다."

이렇게 가르쳐주어야 하지 않겠습니까? 이렇게 가르쳐주어야지요. 못쓸 것은 못쓴다고 하고, 신비스러운 것은 덮어 두어야 하지 않겠습니까? 아이가 잘 자라 장가갈 때까지 뚜껑을 덮어 두는 것이 좋지 않겠습니까?

밑동에 보고를 하고 싶어서 장가를 갑니다. 철없을 때 몰랐던 사람이 혼인을 하여 아이를 낳게 됩니다. 이렇게 나온 대로 되돌아가는 것이 분명히 보본이 아니겠습니까? 밑동에 보고를 하는 것입니다. 그 전에 밑동을 캐려고 하면 아직 빠르다며 덮어 두라고 합니다. 시집가고 장가가고서야 아버지 어머니가 자기를 낳은 때로 돌아옵니다. 그리고 그 아이가 다시 지아비 지어미가 되고, 이제는 아버지 어머니가 됩니다. 그리고 또 다시 돕니다.

이 세상은 꼬리와 목이 맞물려 돌아갑니다. 밑동은 시작으로 돌아가고, 시작은 밑동으로 돌아가고, 시종(始終)이 종시(終始)하고 종시가 시종합니다. 시종도 종시도 같습니다. 그러니까 반복해서 '보본반시'입니다. 모든 것이 다 '보본반시'로 이어지니 그 예가 너무나 많습니다.

'신종추원, 보본반시', 자꾸 돌아가는 것이 이 세상이라고 동양에서는 말하였습니다. 그런데 정말 이것은 사실입니다.

반원보천(返元報天), 이것도 똑같은 생각입니다. '원(元)'이라는 것은 시작과 끝의 원인을 집어내려는 것을 말합니다. 시작을 집어내려는 것, 이것이 '원'입니다. 원시(原始)라고도 합니다. 시작을 따져보는데 하느님은 어떻게 있게 되었습니까? 천지가 창조되었던 맨 처음을 보았습니까? 하느님이 '원', 처음입니다. 그런데 사람들은 하느님이 언제 어떻게 생겨났는지를 알고 싶어합니다. '원시'라면 너하고 나, 저것하고 이것이라는 상대적 존재의 시작을 따져보는 것입니다. 그것은 아무것도 아닙니다. 우주의 시작이나 종말, 인류의 시작이나 종말은 생각으로 따질 수 없습니다.

보천(報天), 우리는 '반원보천'으로 알려고 합니다. 전체를 알려고 합니다. 보본(報本)이 궁금하였는데, 즉 아들이 이제 혼인을 하여 자식까지 나와서 본(本)을 알았다 하는 이 '보본반시'는 한정이 있습니다. 그러나 '반원보천'은 한정이 없는 전체입니다. 온 우주의 삼라만상을 좀 따진다는 것이 '보본반시'이고 '반원보천'이라고 하면, 그것이 우리가 살아가는 길인지 모르겠습니다. 그러나 맨 처음인 참하늘(하느님)로 돌아가는 것을 말합니다. 이렇게 되면 문제가 없습니다. 그렇게 하기 전에 '대동정의', '신종추원', '보본반시'를 해야 합니다. 이것들이 대표입니다.

그렇게 해서 하늘을 향하여 맨 처음에 온 길을 가는 것입니다. 곧, 하늘로 돌아가고 하느님에게로 돌아가는 것입니다. 그래서 정말 유교를 공부하는 사람은 '신종추원'과 '보본반시'를 항상 생각합니다. 줄곧 이것만 생각합니다. 이것은 종단에 '반원보천'의 길로 고개를 듭니다. 영원히 이기는 길로 갑니다. 그러나 유교에는 이것이 없습니다. '보본반시'에서 끝입니다. 머리가 잘렸습니다.

'대동정의'와 '반원보천'은 대단히 필요한 것입니다. 세상이 말끔히 같은 것 같으나 그 안에 다른 것이 있습니다. 다른 것이 같은 것입니다. 다른 것은 어떻게 다른지 분별하여야 하고 옳게 알아야 합니다. 올올이 알아야 합니다. 이발소에 가서 머리를 가를 때 머리카락 하나하나를 가르지요. 제대로 갈라야만 합니다. 이같이 올올이 갈라야 합니다. 다른 것은 다르게, 친한 것은 친한 것끼리 다 분별하지 않으면 안 됩니다.

지금 세상은 혼인하는 것을 예(禮)로 생각하는 모양이나 그 진의가 어디 있는지 모르고, '반시보본'의 참뜻을 모르고 그냥 하는 것 같습니다. 유교의 한 제도인데 유교에서는 예의 시작을 관(冠)이라고 하였습니다. 시례관(始禮冠)이라고 하여, 예전에는 성인례(成人禮)가 있었습니다. 유교에서는 시례관이라고 말하였습니다. 이제 '관'이 없어지고, 예식(禮式)이라는 것이 대신합니다. 나이가 만 스무 살이 되어 고등학교를 졸업하면 성인(成人)이 됩니다. 성인은 모든 제도를 알 만한 사람이 되는 것입니다. 졸업이 성인이 되는 시작입니다.

혼(婚) – 혼인의 원 근본은 저녁에 컴컴할 때 하였습니다. 사람이 남자로 태어나면 20세부터 40세까지 일을 하는데, 그 중간에 사람 노릇을 할 때가 30세 때입니다. 또 이때 다음 대(代)를 이을 사람이 필요하게 되어 장가를 가게 됩니다.

장가가서 잠(寢)을 잘 때는 다 저녁때입니다. 컴컴해져서 어둑어둑한 황혼에 맞춰 예식을 치르는데, 아주 어두운 때는 아니었던 것 같습니다. 혼례의 납폐(納幣) 때 색시 집에서 마중 나오는 것은 대낮에도 많이 하는 것 같습니다. 그러나 혼주가 화촉 등불을 밝히기 마련이므로, 병풍을 친 계병신방(契屛新房)이라는 방을 따로 마련하여 대개 밤에 어두울 때 예식을 치렀던 것으로 보입니다. 그래서 혼례(婚禮)라고 한 모양입니다.

정말 밝으면 이 세상을 사는 데 너무나 성가셔서 살 수 없다고 할는지 모르겠습니다. 이것은 문제가 좀 다릅니다만, 바로 터득을 한 사람은 그까짓 혼례 형식 따위는 없어도 살 수 있다고 생각하여 혼인 예식 같은 것을 하지 않고 사는 경우도 혹시 있을지 모릅니다. 이 세상은 자고로 캄캄한 곳입니다. 혼인 예식을 새벽이나 낮에 시작하지 않고 어스름한 저녁때 시작한 것은 사실입니다.

혼인 다음으로 중요한 것은 상제(喪祭)입니다. 이것이 제일 중요합니다. '신종추원'하는 제사를 제일 중요하게 생각하여야 합니다. 시작해서 졸업을 하는 것입니다. 그러나 혼인도 본혼(本婚)이라는 말이 있어서, 혼인을 인생의 근본이라고 생각한 일이 있습니다. 그러나 유교 경전에는 제사에 관한 것밖에 쓰여져 있지 않습니다.

혼인을 인생의 근본으로 생각하기 때문에, 사내와 여인은 갈라져 있어야 합니다. 다른 것은 다른 것대로 갈라져 있어야 합니다. 그래서 부부유별(夫婦有別) 또는 남녀유별(男女有別)이라고도 합니다. 남녀가 유별(有別)하여야 한다고 합니다. 다른 것은 다른 대로 다르게 있어야만 합니다.

다른 것대로 있는 데다가, 부모가 옳게 되어 있지 않으면 안 됩니다. 지아비 지어미가 옳지 않으면 그 속에서 나온 자식이 옳은 장관, 옳은 면서기 노릇을 못합니다. 그래서 마땅히 바로 옳게 되어야 합니다. 제도의 하나인 혼인도 마땅히 옳게 하여야 합니다. 그래야 옳은 지아비 노릇과 지어미 노릇을 하게 됩니다. 시작이 옳아야 합니다. 시작이 옳으려면 다른 것은 다른 것대로 해놓아야 합니다.

세상에 처음 나온 사람을 아기라고 합니다. 아이들은 성(性)을 분간하지 못합니다. 그래서 아이들입니다. 좀 더 자라면 다른 표적이 나오기 시작합니다. 사내아이는 밖에 나가서 성가시게 뛰어노는 '산 아이'입니다. 그래서 '사내'라고 합니다. 계집은 집을 지켜야 할 사람인 까닭에 '계집'입니다. 요새 이렇게 말하면 반대합니다. 남녀 모두가 무엇이든지 같아지려고 합니다. 여자가 마땅히 자기 본분이 있는데도 다 버리고 사내와 같아지려고 합니다.

그렇게 하지 말라고, 그것은 안 된다고 하면, 쭈그러진 완고한 노인네라고 하겠습니다만 이처럼 다 산 사람의 말도 듣고 싶을 때가 있을 터이니 참고 들어주십시오. 전부 같아지려고 해도 이미 다르게 타고난 것이 있습니다. 다르게 타고 난 것은 다른 대로 길러야 합니다. 다르게 기른다는 것이 유별입니다. 이같이 다르게 기른 연후에 생전에 꼭 남자 한 사람과 여자 한 사람만이 다른 것이 같아지는데, 이것을 혼인이라고 합니다. 다른 것을 다르게 길러야 할 이유가 여기에 있습니다.

얼굴만 하여도 제 것과 남의 것에 다른 점이 없으면, 제 얼굴이 저 사람의 것인지 저 사람의 얼굴이 내 것인지 모르게 됩니다. 이 세상에도 다른 것이 있어야 하지 않아요? 다른 것이 있는 것이 고맙지 않아요? 그래서 어디에 있든지 다른 것은 다른 대로 하자는 말입니다.

요새 유행하는 높은 코가 어떻고 해서 보완한답시고 무슨 색채를 가합니다. 또 코를 더 높게 보이기 위해 코를 만들어 붙입니다. 자기 있는 대로 바로 잘 길러야 합니다. 게다가 여자가 바지를 입고 남자같이 활개치고 다닙니다. 물려받지 않아도 좋을 것을 물려받아 가지고 좋아합니다. 다른 대로 길러지지 않으면 자라서 부모, 형제, 자매 앞에서 못살겠다면서 불가불 다른 무엇을 맞이해야겠다고 요구합니다. 똑같은 음식만 먹다가 싫증이 나면 밤낮 먹던 것과는 좀 다른 음식을 찾게 됩니다. 다른 대로 길러야 평생을 함께할 다른 님을 찾게 됩니다. 알고 보니 여기가 나하고 달라서 나를 자꾸 요구하는구나, 저기서 나와 다른 저이가 나를 요구하는구나 해서 마주 맞아 들어가는 것이 부부(夫婦)가 된다는 것입니다.

그래서 서로 살게 되면 옳은 지아비 지어미가 되어 거기서 난 자식들은 정말 나하고 친하게 됩니다. 정말 친하다는 자식을 내놓고 보면 몸짓과 덩치가 어쩌면 지아비와 같고 말하는 음성까지도 저의 부모를 닮았다는 소리를 듣습니다. 그래서 부자일친(父子一親)이 됩니다. 부모하고 아들은 또 친(親)합니다. 차례가 그렇게 되어 있습니다. 부자유친(父子有親)이 중요합니다. 옳은 부모 밑에서 난 자식들은 면서기를 해도 옳은 면서기를 합니다.

이것을 다 그대로 한다면, 아까 말씀대로 이것을 하자 하면 '네, 그렇게 해봅시다', '내가 잘해보죠' 하는 게 대동정의로 나서는 것입니다. 꼭 한 번 옳은 것을 해보자고 하면, '네' 그렇게 하여봅시다.

이렇게 함으로써 임금(后)이 신하(司)와 다르지 않고 유의(有義)하면 군신유의(君臣有義)라고 합니다. 부부유별, 남녀유별 다음으로 군신유의입니다. 유별(有別)하여야 부부가 옳게 됩니다. 부부유별 후에 부자유친입니다. 부자유친 후에 군신유의입니다.

임금과 신하가 바르게 옳게 됩니다. 임금이 이렇게 하자 하면 신하는 임금 뜻대로 그렇게 합니다. 의견이 다르지 않기 때문에 군신유의입니다. 그래서 분리되는 일이 없습니다. '그렇게 하자' 하면 '그렇게 합시다' 하고 나서는데 무슨 걱정이 있습니까? 이게 그대로 하늘이 됩니다. 하나가 되는 것입니다. 동양의 옛 사람들은 바로 산 사람들입니다. 생각을 바로 한 사람들입니다. 그렇지 않았으면 이러한 말이 나올 리가 없습니다.

지금 세상은 혼인이라는 것을 무엇인지 알고 하는지 모르겠습니다.

요즘의 혼인 예식은 이 사람이 보기에 별게 없습니다. 그저 두 남녀가 손 붙잡고 새 옷 차려입고, 들러리를 세웁니다. '들러리'라는 말이 우리 말인지 외국말인지 모르겠습니다. 게다가 자동차를 여러 대 세워놓고 이것을 혼인 예식이라고 하는 것 같습니다. 혼인의 뜻이 어디에 있고 무엇인지 도무지 생각을 하지 않습니다. 다른 것은 다른 대로 길러야 양쪽이 바로 들어맞지 않겠습니까?

남녀평등(男女平等)으로 남녀가 같아 보세요. 아내를 얻을 때 다른 것이 있으니까 갖다 맞출 때 제대로 바로 맞아집니다. 여기서 나온 아이가 정말 친(親)한 아이입니다. 아이가 나오긴 나왔는데 친(親)하지 않다면 이런 변이 어디 있겠습니까? 지금 세상에서는 자식을 낳는데 옳게 못 낳습니다. 부자(父子)가 원수입니다.

《성경》에서 부부는 두 몸뚱이지만 한 몸이라고 합니다. 거짓말입니다. 거기서 자식들이 나와야 한 몸뚱이가 됩니다. 하느님이 주신 자연으로 된 사람의 다른 것은 다른 대로 길러야 합니다. 자식을 기르는 데도 다르게 길러야 합니다. 이렇게 기른 자식은 정말 유친(有親)입니다. 부자간은 쪼개려 해도 쪼갤 수가 없습니다. 요새 이혼들을 하지요? 문서상 이혼은 할 수 있지만 그것은 본래의 이혼이 아닙니다. 정말 이혼을 하려면 자식을 반씩 쪼개 가져갈 수 있어야 합니다.

시집갈 때 기러기를 가지고 갑니다. 기러기는 짝을 잃으면 다시는 짝을 맞이하지 않습니다. 전안(奠雁)이라고 해서 기러기를 보냅니다. 한번 가면 다시 돌아오지 않겠다, 한번 온 이상은 짝을 잃어도 다시 날아가지 않겠다고 해서 전안을 보내는 것입니다.

그렇게 해서 사람이 바로 됩니다. 바로 되어야 자식을 바로 낳을 수 있습니다. 바로 낳아야 장관, 순경, 군인이 되어도, 무엇이 되어도 바른 정의(正義)를 갖춘 사람이 될 수 있고 한번 하자 하면 옳게 합니다. 즉,

자기의 사명을 다하게 됩니다. 그렇게 하여야 할 것이 아닙니까?

그래서 별(別)·의(義)·친(親)·정(正)이 나올 수 있습니다. '별·의·친·정'을 우리말로 풀이하면 '닲(별)·옳(의)·핞(친)·밚(정)'이 됩니다. 이렇게 하여야 우리말로 문화예술의 사상을 그릴 수 있습니다. 너무 어려워도 안 되고 간단히 뜻을 나타내야겠는데, 그러한 표식이 없으면 큰 사상을 표현할 수 없습니다. 한문으로 적어놓으면 설명하여야 하고, 자꾸 설명하다 그만두게 됩니다. '별·의·친·정'을 우리말로 표현한 '닲·옳·핞·밚'에서 '핞' 하나만 손수 만든 것입니다. 말을 새로 만든다는 것이 못쓰는 일인 줄 알면서도 어떻게 다르게 할 도리가 없습니다.

'닲·옳·핞·밚'이라고 고쳐보았는데 이렇게 할 필요가 있습니다. 이렇게 써보자고 이 사람이 제안하는 것입니다. 여러분 생각해보십시오. 말은 함부로 만드는 것이 아닙니다. 그러나 정 필요하면 만들어야 합니다. 이 사람이 손수 만든 것은 별로 없습니다. 가온찍기(ㄱ), 므른, 브른, 프른 등 많지 않습니다.

그리고 '핞' 없이는 그대로 우리의 진·선·미를 나타낼 수가 없습니다. 진·선·미, 이것도 우리말로는 없습니다. '참(眞)·좋(善)·곻(美)'으로 나타내면 어떨까 합니다. 이렇게 해놓아야 후세 사람도 그 뜻을 알고 이어서 다시 큰 사상을 담게 되는 것입니다. 그런데 이런 짓을 너무 많이 하면 자기 고집이 들어가게 되므로 좋지 않습니다. 많이는 하지 말아야 합니다.

그러나 이것은 꼭 하여야만 하는 일의 하나이겠습니다. 오늘 말씀들인 '닲·옳·핞·밚'과 어떤 깊은 관계가 있지 않습니까? 지금까지의 말씀을 한번 추원 겸 따져보십시오. 혼인, 공부, 학교, 농사, 직장, 관청, 사무실, 직장처럼 무엇이든지 어느 곳에서든지 대동정의(大同正義), 경신중정(敬愼重正), 별의친정(別義親正)이 없어서는 안 되겠습니다. 이것은 썩는 말들이 아닙니다. 대동정의, 곧 '닳·옳·핤·밣', 이 네 글자를 잊지 마시고 한번 잘 씹어서 생각하시기 바랍니다. (1956. 11. 8.)

진리의 정신을 알면 끌려다니지 않는다

法華經

妙法蓮華徑 信解品 第四

爾時慧命須菩提 摩訶迦旃延 摩訶迦葉 摩訶目揵連 從佛所聞 未曾有法 世
尊 授舍利弗 阿耨多羅三藐三菩提記 發希有心 歡喜踊躍 卽從座起 整衣服
偏袒右肩 右膝着地 一心合掌 曲躬恭敬 瞻仰尊顏 而白佛言 我等居僧之首
年幷朽邁 自謂已得涅槃 無所堪任 不復進求 阿耨多羅三藐三菩提 世尊往
昔 說法旣久 我時在座 身體疲懈 但念空 無相無作 於菩薩法 遊戲神通 淨
佛國土 成就衆生 心不喜樂 所以者何 世尊令我等 出於三界 得涅槃證 又今
我等 年已朽邁 於佛敎化菩薩 阿耨多羅三藐三菩提 不生一念 好樂之心 我
等今於佛 聞授聲聞 阿耨多羅三藐三菩提 心甚歡喜 得未曾有 不謂於今 忽
然得聞 希有之法 深自慶幸 獲大善利 無量珍寶 不求自得

世尊 我等今者 樂說譬喩 以明斯義 譬若有人 年旣幼稚 捨父逃逝 久住他
國 或十二十 至五十歲 年旣長大 加復窮困 馳騁四方 以求衣食 漸漸遊行
遇向本國 其父先來 求子不得 中止一城 其家大富 財寶無量 金銀琉璃 珊瑚
琥珀 玻瓈珠等 其諸倉庫 悉皆盈溢 多有僮僕 臣佐吏民 象馬車乘 牛羊無數
出入息利 乃遍他國 商估賈客 亦甚衆多 時貧窮子 遊諸聚落 經歷國邑 遂到

其父 所止之城 父毎念子 與子離別 五十餘年 而未曾向人 說如此事 但自思
惟 心懷悔恨 自念老朽 多有財物 金銀珍寶 倉庫盈溢 無有子息 一旦終沒
財物散失 無所委付 是以慇懃 毎憶其子 復作是念 我若得子 委付財物 坦
然快樂 無復憂慮(구마라습,《법화경》)

이런 문제를 한번 내보았습니다. 일명 《법화경》이라고도 합니다. 《묘
법연화경(妙法蓮華經)》을 줄인 말입니다. 《법화경》 하면 다들 압니다. 법
(dharma)은 진리를 말합니다. 묘법(妙法)은 오묘한 진리를 말합니다. 화
(華)는 꽃을 말합니다. 여기서는 진리의 꽃이겠지요. 이 경우 결실(結實)
하려는 꽃으로 '진리 가운데 진리'를 말합니다. 연화(蓮花)는 연꽃을 말
합니다. 연화는 꽃 중의 꽃으로 더러운 데 피어도 더러운 물이 들지 않
습니다. 인도 사람들은 연꽃을 매우 좋아하는 것 같습니다. 생각은 더러
운 몸에서 나오나 깨끗하다는 뜻으로 연꽃의 비유를 많이 쓰는 모양입
니다. 이 오묘한 진리 중의 진리, 연꽃 같은 말씀을 해석해봅시다. 《법화
경》 가운데서도 몇 품(品) 몇 품 하는 것은 편(編)이라는 뜻으로, 〈신해품
(信解品)〉은 《법화경》 해설 제4편을 말합니다. 신해(信解)는 믿고 새겨서
이해한다는 말입니다.

오늘 이 자리는 무엇을 하는 것인가 하면, '연경(研經)'을 하는 자리입
니다. 어제 '대동정의(大同正義)'에 대한 이야기를 하고 오늘은 또 무엇을
하느냐 하기에 '연경'을 한다고 하였습니다. 연경회(研經會)는 《성경》을
연구하는 모임이라는 말입니다. 사경(査經)의 뜻도 됩니다. 사경이라고
말은 하나 《성경》을 갖고 연구하는 것을 말하는데, 오늘은 《성경》을 덮
고 《불경》을 연구하는 연경(研經)을 하도록 하겠습니다.

'경(經)'은 '경영할 경' 자 또는 '지닐 경' 자를 가리키며, 항상 갖고 있
다는 뜻입니다. 또 '곧을 경' 자 또는 '떳떳할 경' 자로도 쓰이며, 항상 줄

곧 떳떳하게 곧은 길을 간다는 뜻입니다. 몇백 년, 몇천 년이 가도 지구 위에서 사는 사람이 생각을 하고 또 하게 되는 그러한 뜻을 '경'이라고 알고 싶습니다. 선각자의 기록, 곧 여러 말씀을 《성경》이라고 합니다. 이 사람에게 《성경》은 어느 의미에서나 몇천 년이 흘러도 자꾸 사람들이 돌아다보는 진리의 말씀입니다.

소위 교회 본위의 교회주의적인 기독교 교인은 이 사람을 대단히 싫어하는 줄로 압니다. 이 사람은 제 생긴 대로 말을 하는 것이지, 억지로 어떻게 만들어서 말하지 않습니다. 《구약성경》과 《신약성경》은 오랜 세월이 흘러도 버릴 수 없는 그 정신과 사고(思考)가 같다고 봅니다. 그리스도교인은 《성경》 하면 신약을 주로 생각하는데, 《신약》의 말씀도 《구약》을 알아야 제대로 이해할 수 있습니다. 마찬가지로 이 사람은 다른 종교의 경전도 다 《구약성경》과 같다고 봅니다. 조금도 틀린 말씀이 아닙니다. 이 사람은 이것을 믿습니다. 《구약성경》만 하더라도 그 안에 낯선 말이 많이 나와 알 수 없고, 역사적인 인물이나 지명도 알지 못하고, 우리의 생각이나 습관과는 다른 점이 너무나 많습니다. 도무지 잘 알기 어려워 《구약성경》을 계속 읽을 수 없을 정도입니다. 이와 마찬가지로 《불경》도 인도에서 만들어진 경전이라 알기 어렵습니다. 그런데 《법화경》을 약간 보아 두면 나중에 불경을 이해하는 데 큰 도움이 될 수 있습니다.

오늘 좀 시간을 많이 들여서라도 《법화경》을 공부하는 것은 좋은 일일 줄 압니다. 《법화경》은 인도의 산스크리트어로 된 경전을 중국어로 번역한 것이라, 의역하고 음역한 것이 뒤섞여 알기가 쉽지 않고 읽기도 귀찮지만 읽어 가기로 하겠습니다.

이시(爾時) – '그때' 또는 '이때'라고 하여도 괜찮습니다.

혜명(慧命) – '지혜로운 목숨' 또는 '진리를 익히고 자아를 이긴 사람'

이라 할 수 있습니다.

수보리(須菩提) - 석가의 제자 중에 수보리(수부티)라는 사람이 있었습니다. 그러니까 아주 지혜로운 제자 수보리라는 사람이 있었다는 뜻이 됩니다.

마하가전연(摩訶迦旃延) - 마하(摩訶)는 '아주 큰'이라는 뜻입니다. 간디를 '마하트마 간디'라고 부릅니다. '큰 영혼의 소유자'라고 보면 됩니다. 석가에겐 가전연(카타야나)이라는 으뜸가는 제자가 있었습니다.

마하가섭(摩訶迦葉) - 가엽이 아니고 가섭(카샤파)으로 읽습니다. 역시 제자의 이름입니다.

마하목건련(摩訶目揵連) - 큰 목건련(목갈라나)이라는 제자입니다. 이 제자는 아주 효자였다고 합니다. 지금도 7월 15일(백중날)에는 일본 사람들이 절에 가서 조상을 모신다고 합니다. 조상이 저승에서 거꾸로 매달려 신음하는 것을 보고 백중날에 절에 가서 지극한 효성을 다해 조상을 건져낸 사람이 목건련이라고 합니다. 그때부터 백중날에는 죽은 조상의 허물을 벗겨준다는 뜻으로 제(祭)를 지내게 되었습니다.

이 대목까지 풀면, '그때에 아주 이름난 중요한 지위에 있는 이러저러한 제자들이 여기 있었는데'라는 의미가 됩니다.

종불소문(從佛所聞) - 부처를 좇아서 말씀을 들었다는 뜻입니다.

미증유법(未曾有法) - 아주 여태껏 듣지 못한 진리(法)의 말씀을 들었다는 말입니다.

세존(世尊) - 아주 높은 사람, 세상에서 제일 높은 사람을 가리키는 말로, 그리스도교의 '주님'과 같습니다.

수사리불(授舍利弗) - 석가가 사리불(샤리푸트라)이라는 제자에게 주시었는데, 무엇을 주시었는가 하면 바로 아뇩다라삼막삼보리(阿耨多羅三藐三菩提)입니다. 아뇩(阿耨)은 '무(無)', 즉 '없다'는 뜻입니다. 다라(多羅)

는 '윗 상(上)'과 같습니다. 그러니까 무상(無上), 곧 더없이 높은 데라는 뜻입니다. '아뇩다라'는 '위 없는 이'란 뜻입니다. 삼막(三藐)은 '바를 정(正)'과 같습니다. 자아를 넘어서 하느님께 나를 바치고 인류에게 두루 자비를 베푼다는 것을 말합니다. 삼(三)은 '두루 편(遍)'이라는 뜻입니다. 온통 두루 보편적으로 된다는 뜻입니다. 보리(菩提)는 '깨닫는다(覺)'라는 뜻입니다.

이것을 전부 다시 쓰면 무상정편각(無上正遍覺)인데, 여기서 '편(遍)'은 소리를 부드럽게 해서 '변'이라고 읽습니다. 그런데 이 '편(遍)'은 때로 '등(等)'으로 바꾸어 많이 씁니다. 보편화하는 것이 평등이고 평등하게 하는 것이 보편화하는 것입니다. 그래서 '무상정편각' 또는 무상정등각(無上正等覺)은 같은 뜻으로 쓰입니다. 이러한 글자는 우리가 보통 쓰는 글자하고는 다릅니다. 도무지 흔히 쓰는 글자가 아닙니다. 《불경》에서는 이러한 것을 많이 씁니다.

'耨', 이 글자는 '욕'이라 읽는데, 쟁기질 밭갈이라는 뜻으로 '누'로 읽는 사람도 있습니다

'藐'은 '묘'라고 읽기도 하지만 여기서는 '막'입니다. 인도의 말을 취음(取音)해서 쓴 글자입니다.

'菩提'의 본래 음은 보제인데 산스크리트어 진리(bodhi)를 음역해 '보디'입니다. 우리말로 '보디'라고 할 때 '디'의 발음을 잘못하면 '지'라는 발음과 같아지기 때문에 '리'라고 발음하게 되었습니다. 그래서 '보리'라고 발음합니다. 부처님도 원래는 '부처'가 아니라 붓다인데 한자로 음역해 불타가 되었습니다. '타'의 발음이 '처'가 된 것입니다. 이 '아뇩다라삼막삼보리'는 《불경》에서 많이 쓰입니다. 이러한 것도 배워 두어야 합니다.

'무상정편각'이어야 합니다. 꼭대기 없이 높기만 하여도 안 되고 꼭대기 없이 바르기만 하여도 안 되며, 넓게 보편적으로 바르게 되어야 합니다. 평정(平正)하여야 합니다. 하느님이신 절대의 자리에 서면 저절로 바르고 고르게 됩니다. 이것을 표시한 것이 '아뇩다라삼막삼보리'입니다. '무상정편각' 또는 '무상정등각'입니다.

부처는 깨닫는다 해서 '불타'라고 하였습니다. 보리라는 것은 불타를 이어서 깨닫자는 것입니다. 개체의 자리에서 절대의 자리에 이르자는 것입니다. 꼭대기 없이 높게만 깨닫는 것이 아니라 보편적인 것을 완전히 깨닫자는 것입니다.

'아뇩다라삼막삼보리'를 모르고서 《불경》을 알려고 하면 정말 시쳇말로 명함도 못 내밉니다. 우리는 불교를 모르고 살 수 없는 세상에 있습니다. 그래서 오늘 '아뇩다라삼막삼보리'를 알았다는 것만으로도 이 시간은 허비하는 것이 아닙니다.

일본 사람이 옛날에는 중국 사람의 책을 읽고 살았습니다. 그리고 중국의 문물을 우리나라를 통해 들여가게 되었습니다. 그래서 우리와 친밀한 관계였습니다. 일본 불교에서도 원효 법사가 서술한 《기신론(起信論)》을 대단히 중요시 여긴다고 합니다. 이 정도로 일본 불교와 우리 불교는 깊은 관계에 있습니다.

'아뇩다라삼막삼보리'는 불교를 처음 공부하는 사람에게 의미도 어렵고 철자도 대단히 어렵습니다. 더구나 일본 사람에게는 아주 어려운 것입니다. 일본 사람은 어렸을 때부터 불교 집안에서 자라면서 어른들로부터 공부하라는 소리를 듣습니다. 이때의 공부는 물론 불교 공부를 말합니다. 처음에는 으레 '아뇩다라삼막삼보리'를 외웁니다. 그런데 철자도 뜻도 대단히 어려워서 잘 외우지를 못합니다. 얼마나 어른한테 매를 맞으면서 외웠는지, 이런 소리가 다 있습니다.

"아노 구다라노산먀쿠(あの百濟の山脈), 저 백제 나라의 산맥을 생각하면 이 '아뇩다라삼막삼보리'가 쉽게 생각이 난다."

이런 말을 가만히 생각하니, 이 세상을 사는 데 노력을 하여야 살 수 있다는 말로 들립니다. 마음에 있고 없고 간에 끊임없이 노력하여야 삽니다. 이상으로 '아뇩다라삼막삼보리'를 알았다 치고 다음으로 넘어갑시다.

수기(授記) - '아뇩다라삼막삼보리'의 수기(手記)를 세존께서 사리불에게 주었다는 말입니다. 졸업하면 졸업장을 주듯이, '수기'한 것을 준 것입니다. '기(記)'는 증거입니다. 손수 손으로 기술한 것을 '수기'라고 하는데 증거를 위한 '기'입니다. 그러니까 사리불이라는 제일 높은 지위에 있는 제자가 이제 깨달을 것을 깨달았으니 '아뇩다라삼막삼보리'를 적은 것을 주었다는 것입니다.

세례(洗禮)를 받을 때 세례 문답을 하고 증거하여 교인이 되는 것과 마찬가지입니다. 기독교 공부를 자기가 아무리 했다 하더라도, 가르친 선생이 제자가 배워서 아는 것에 대한 증거를 주어야 처음으로 공부하였다는 것이 입증됩니다. '기(記)'를 받음으로써 그리스도교를 공부한 게 인정되는 것입니다.

우리가 폐병 같은 병에 걸렸을 때 자기 스스로 병 증세가 나았다는 것을 알게 되어도 의원의 확인을 받아야 속이 시원하지 않습니까? 어디 가서 나았다는 의사의 기록을 받아야 속이 시원한 것입니다. 그러한 시원한 증거를 사리불이 받은 '기(記)'로 말미암아 수보리, 가섭 같은 제자들이 모두 기뻐하게 되었습니다. 전부가 '아뇩다라삼막삼보리'를 보게 되었으니, 이것을 보고 아주 맘이 확 트이는 것 같았을 겁니다.

발희유심(發希有心) - 아주 흔히 볼 수 없는 즐거움이 생겨 맘이 확 트이는 것 같다는 말입니다.

환희용약(歡喜踊躍) - 기쁨을 참지 못해서 깡충깡충 춤을 추고 싶을 지경을 나타냅니다.

즉종좌기(卽從座起) - 앉은자리에서 일어났다는 말입니다.

정의복(整衣服) - 옷깃을 여미고 의복을 정비해서 단정히 옷을 가다듬는 것을 말해줍니다.

편단우견(偏袒右肩) - 윗옷 어깨 한쪽을 벗어 제쳐 오른쪽 어깨를 드러낸 상태입니다. 인도 사람들은 모여서 무엇을 할 때 그 일에 참여할 의사가 있으면 한쪽 어깨를 드러내는 것으로 표시를 합니다. 이것을 '단(袒)'이라고 합니다. 여기서는 오른쪽 어깨를 내놓는다고 합니다만, 중국 사람은 왼쪽 어깨를 이렇게 벗어 제칩니다.

우슬착지(右膝着地) - 오른편 발을 굽혀 땅에 대고 무릎을 꿇고 앉습니다.

일심합장(一心合掌) - 일심으로 합장합니다.

곡궁공경(曲躬恭敬) - 몸을 굽혀 존경을 표합니다. '곡궁배례(曲躬拜禮)'라는 말이 있습니다. 머리를 조아리고 몸을 굽혀 절하는 것을 말합니다. 너무나 좋아서 오른쪽 어깨를 내놓고 무릎을 꿇고 몸을 굽혀 공경을 하는 것입니다.

첨앙존안(瞻仰尊顔) - 높으신 어른인 세존의 얼굴을 쳐다봅니다. 여기서는 석가모니의 얼굴입니다.

이백불언(而白佛言) - 부처님에게 사뢴다는 말입니다.

아등거승지수(我等居僧之首) - '우리 중 노릇을 하는 사람 가운데 머리로 있는 저희들은'이란 뜻입니다.

연병후매(年幷朽邁) - 나이를 먹고 늙어 쇠해 가는데, 응당 늙으면 떠나가게 됩니다.

자위이득열반(自謂已得涅槃) - 벌써 영락(永樂)을 얻었노라고 말할 수 있는데, 여기서 열반(涅槃)이라는 것은 사람의 영생을 말합니다. 원만하게 충령(充靈)되었다는 뜻입니다. 보통 열반이라고 하면, 즉 열반에 들어간다면 죽었다는 뜻과 비슷합니다. 누가 죽으면 열반에 들어간다고 합니다. 죽는 것과 열반, 이것은 일치합니다. 즉 없어지는 것입니다. 자기를 초월하는 것이 정말 열반에 들어가는 것이 됩니다. 자기를 초월하였다는 것은 정말 죽었다는 것과 같지 않습니까?

아직도 사람들은 세상에 났다 죽었다, 죽었다 났다 하면서 끌려다닙니다. 그냥 두어도 모르는데, 그러니까 죄도 없는데 경찰서 유치장에 들어가라, 나와라 하면 그처럼 성가신 일이 어디 있습니까? 아직 이 세상은 '고뇌'의 세상입니다. 상대의 세계에서 죽었다 났다 났다 죽었다 하는 성가심은 딴것이 아닙니다. 자기가 못생겨 끌려다니는 것과 같은 성가심입니다. 이목구비가 분명하고 제 권리 제가 써도 그냥 끌려갔다가 끌려오는 그 모양입니다. 이처럼 우주 앞에서 났다 죽었다, 죽었다 났다 하는 천리(天理)의 수레바퀴 안에서 끌려다니는 것이 우리 주제가 아니겠습니까?

그러나 자기를 이기는 사람, 초월한 사람은 그러한 일이 없습니다. 아직은 사상의 근본이 그렇기에 수레에 끌려다니는 것을 벗어날 수 없습니다. 이것을 '미혹행(迷惑行)'이라고 합니다. 진리의 정신을 알면 끌려다니지 않습니다. 진리의 정신을 내가 갖고 있기 때문입니다. 그래서 '아뇩다라삼막삼보리'입니다. 그러니까 올라가자는 것입니다. 그렇게 되면 끌려갈 까닭이 없습니다. 다 꿈으로 돌리고 이것을 빨리 깨는 길을 택하면, 이러고저러고 끌려다니지 않습니다. 끌려다니지 않으면 열반에 들어갔다고 할 수 있습니다. 그러면 완전히 둥글게 됩니다. 원만한 데 들어가면 끌려다니는 것으로부터 벗어납니다. 그래서 피안(彼岸)이라고 합니다. 저쪽 언덕을 간다고 말합니다. 저쪽 언덕에 가서 닿는다는 말입니다.

이쪽 언덕 저쪽 언덕 하는 상대적 존재에게 가는 것이 아닙니다. 저쪽 언덕을 갔다는 것은 이쪽 언덕을 버리고 죽었다는 것이 됩니다. 상대 세계를 버리고 저쪽 언덕에 갔다는 것이 됩니다. 헤매지 말고 저쪽 언덕을 잡는 것입니다.

마포 같은 강가에서 헤엄을 쳐서 저쪽 강변까지 가보고 싶어 하거나 온종일 강을 오르락내리락 하면서 해가 가는 줄도 모르고 다니는 실없는 아이들이 많이 있습니다. 이들은 소위 중생으로서 어리석기 짝이 없습니다. 올라가면 자꾸 올라가고 내려가면 아주 끝까지 내려가든지 해야 할 텐데, 그렇게 하지 않고 오르락내리락 하기만 합니다. 그 '고녀'를 버리지 못하고 있습니다. 그리고 잠꼬대 같은 소리만 하고 있습니다. 눈 딱 감고 버릴 것을 버린 다음 저편 언덕으로 건너봅시다. 도피안(渡彼岸) 하여 봅시다. 상대 세계에서 벗어나 '우(하느님)'로 올라가는 길을 갑시다. 그래서 그냥 열반이라고 하는 것과 죽는다는 것에는 어떤 차이가 있습니다.

사람에게서 정열을 떼어버리면 멸망한다고 합니다. 특히 유교와 불교에서 이같이 말하는데, 이보다 틀린 말이 또 어디 있겠습니까? 그만큼 걸어 다녔으면 자기네들이 가보고 싶은 데를 가야 하지 않겠습니까? 열반을 얻었다면 내 신앙은 다 이룬 것입니다.

무소감임(無所堪任) - 자기 책임을 경솔히 하게 되었고, 그 책임을 견디기 어렵게 되었다는 말입니다. 늘 높은 자리에 있을 수가 없게 된 것입니다.

불부진구(不復進求) - 더 나아가서 구하지 않고 아주 원로가 되었다는 말입니다. 원로가 되어 더 나가서 구하려고 하지 않고 그냥 무조건 지낸다는 말입니다.

아뇩다라삼막삼보리(阿耨多羅三藐三菩提) 세존왕석(世尊往昔) 설법기

구(說法旣久) - 세존께서 '아뇩다라삼막삼보리'에 대해 말씀을 하시고 가신 지 벌써 오래되었다는 말입니다.

아시재좌(我時在座) - 설법할 때마다 늘 그 자리에 있으면서도 원로연(元老然)하고 더 나아가 구하지를 않았다는 말입니다.

신체피해(身體疲懈) - 몸이 피로하고 괴로워진다는 뜻입니다.

단념공(但念空) - 아무것도 없는 지경에 이르렀다는 말입니다.

무상무작(無相無作) - 아무런 할 일도 없게 되었다, 뭔가를 해야 할 아무런 생각도 없고 만들 수 있는 그 무엇도 가지지 못하게 된 상태를 가리키며, 막연한 생각뿐이라는 뜻입니다.

어보살법(於菩薩法) - '진리에 있어서'라는 말입니다.

유희신통(遊戱神通) - 아이들이 장난하는 것같이 진리 속에서 논다는 말입니다. 신통(神通)은 신(神)에게 통한다는 말입니다. 우리 신앙으로 말하면 열성이 유희가 되고, 신통은 언뜻 알기 쉽게 말하면 '성령'을 받는다는 것이 됩니다.

정불국토(淨佛國土) - 이 세상에 부처나라가 있게 됩니다. 부처나라의 세계는 깨끗하게 됩니다. 유혹의 세계를 깨끗하게 한다는 것입니다. 그리스도교 식으로 말하면 복음의 세계를 이룩하자는 말이 됩니다. 단지 복음으로써 이 세상을 깨끗하게 하려는 것이 아니겠습니까?

성취중생(成就衆生) - 자연히 따라오는 일입니다. 으레 이런 대로 끝나는 것입니다. 그리스도의 나라에서도 아버지께서 우리의 죄를 구원하여 주시고 이를 전파하는 것이 으레 이렇게 되는 것입니다. 말씀을 듣고 그 기쁨을 나누어주는 것입니다.

심불희락(心不喜樂) - 기쁠 때 기뻤고 좋을 때 좋았으나, 이것이 지나면 같은 말씀을 들어도 마음이 기쁘지 않습니다. 으레 그럴 것입니다.

소이자하(所以者何) - 그 이유가 무엇일까요? 전도하는 이유가 무엇이고, 설법하는 이유가 또 무엇입니까? 근본을 따져보게 됩니다. 어떻게 되어서 이렇게 되었는가를 무조건 따져보게 됩니다.

세존영아등 출어삼계(世尊令我等 出於三界) – 부처의 말씀은 우리로 하여금 삼계(三界)에서 벗어나라고 합니다. 이 '삼계'라는 것을 어떻게 알고 계시는지 모르겠습니다만 욕계(慾界), 색계(色界), 무색계(無色界)를 말합니다. 욕심이 있는 세계, 욕심이 없이 몸뚱이만 갖고 사는 색계, 그리고 욕심도 몸뚱이도 없는 무색계의 세계가 있습니다. 이렇게 세계는 세 층으로 되어 있다고 합니다. 시쳇말로 하면 현재, 과거, 미래가 되는데 이것도 삼계가 됩니다. 그러나 이것은 대단히 좁은 의미에서 말하는 삼계입니다. 원래대로 말하면 욕계, 색계, 무색계가 됩니다. 이 삼계에는 스물여덟 층의 세계가 있습니다. 욕계만 해도 여섯 층이나 됩니다. 색계가 열여덟 층, 무색계가 네 층입니다. 여기도 따로따로 세계가 있습니다. 욕심만 갖고 사는데도 여섯 가지로 세계가 다릅니다. 욕심 없고 몸만 갖고 사는 세계에도 열여덟 개 층이나 있고, 일체의 욕심이나 몸뚱이 형태도 없이 지내는 세계도 네 층이나 됩니다. 그래서 이것을 합하면 스물여덟 층이 됩니다.

세존께서는 우리에게 삼계를 떠나라고 하였습니다. 아까 우리의 정신이 욕심과 미혹을 떠나야 한다고 하였습니다만, 몸뚱이나 욕심이 없어도 생각으로 사는 세계에도 끌려다니는 것이 있습니다. 끌려다니는 경우가 많다고 할 수 있습니다.

생각만 갖고 사는데 끌려다니는 정신이 되어서는 안 됩니다. 그래서 삼계를 벗어나야만 합니다. 우리는 이 점을 생각하여야 합니다. 아이들이 장난을 하는데 싸움판의 대장 노릇을 하고 싶어 합니다. 아이가 자라서 초·중·고등학교나 대학을 다닐 때 또는 사회에 나와서도 그 버릇은 어디서나 나옵니다. 대장 노릇을 하려고 합니다. 이것은 정신 세계에서도 마찬가지입니다. 시원히 앞으로 가려고 하고 또 시원히 가보아야 합니다. 육체를 떼어버리는 것이나 저쪽 언덕을 붙잡으려는 것이나, 그것이 덕(德)이 되는 수가 있습니다. 자기가 주인이 되어야 한 층 한 층 올라가도 주인이 됩니다.

'무상전변(無常轉變)'이라는 말이 있습니다. 세상은 무상합니다. 우리는 그 무상한 것을 압니다. 그러므로 무상한 세상을 벗어나야 합니다. 요즘은 퍽 자유로운 세상이 되었습니다만, 그 자유만 가져서는 안 됩니다. 정신이 끌려다니면 안 됩니다. 시원한 것이 없습니다. 변하는 세상을 버리고 벗어나야 정말 시원하게 됩니다. 삼계를 떠나는 것이 됩니다.

득열반증(得涅槃證) – 세존은 열반의 증거를 얻으라고 가르쳤습니다.

우금아등 연이후매(又今我等 年已朽邁) – 점점 나이는 들고 썩어 간다는 뜻입니다.

어불교화보살(於佛教化菩薩) 아뇩다라삼막삼보리(阿耨多羅三藐三菩提) – '아뇩다라삼막삼보리'로 교화하라고 부처께서 말씀하시는데, 보살이라는 말은 '보리살타(보디사트)'라는 말에서 '보'와 '살'을 택한 것입니다. '보리'라는 말은 '보디', 즉 '깨닫는다'는 뜻입니다. '살타'는 몸뚱이까지 가졌다는 말입니다. 그래서 '보리살타'라는 말을 번역하면 각유정(覺有情)이 됩니다. 각(覺)은 보리를 말하고, 유정(有情)은 감정을 가졌다는 말입니다. 그래서 사람의 몸이 됩니다. 중생이라 할 수 있습니다. 불교에서는 도중생(度衆生)이라고 합니다. 보살의 '유정'은 '각유정'인데, 몸뚱이를 가지면서 깨달을 것을 자꾸 깨닫는다는 것을 전제합니다. 중생을 다 깨닫게 하기 위해 인도하는 것을 전제합니다. 이렇게 보면 보리살타는 도(度) 중생인 것입니다. 몸뚱이까지 갖고 살면서 제 깨달을 것 깨닫고 '아뇩다라삼막삼보리'를 생각하는 것이 '각유정'입니다. 보리살타는 간단히 말해서 보살이라고 합니다. 열반을 자기 아내로 알고 사는 것을 말합니다. 그래서 불(佛)을 성인(聖人)이라고 말하면, 보살은 현인(賢人)이 됩니다.

불생일념(不生一念) - 아무런 생각도, 무엇을 하겠다는 생각도 나지 않습니다. 나이가 너무나 많이 들어서 기운이 생기지 않습니다.

호락지심(好樂之心) - 삶을 괴로워할 마음이 생기지 않고 자꾸 좋아하려 딴 마음만 생깁니다. 인생을 즐거워할 마음이 생겼다는 말입니다.

아등금어불전(我等今於佛前) - 그러한 우리들이 지금 부처 앞에 있다는 말입니다.

문수성문(聞授聲聞) 아뇩다라삼막삼보리(阿耨多羅三藐三菩提) - '아뇩다라삼막삼보리'를 주신 것을 듣고 새로 정신이 났다는 말입니다.

깨닫는 것에는 성문(聲聞), 연각(緣覺), 보살(菩薩)이 있습니다. 우리는 성문(聲聞)을 알아야 합니다. 성문이라는 것은 소리 성(聲) 자를 써서 말하는 것을 그대로 듣는다는 것입니다. 《성경》 말씀을 들으러 다녀서 꽤 알게 되면 대개는 《성경》을 다 알게 되는데, 이것을 성문이라고 합니다. 오늘은 이런 일이 있었고 이런 말도 들었고 하는데, 경우에 따라서는 자기 스스로 조금 깨닫기도 합니다. 소리 나는 것으로 깨닫는 것이 아니라, 소리에 포함된 사리(事理)로 인하여 자꾸 깨닫게 되는 것입니다. 이런 공부가 정말 정신을 갖고 공부하는 것이고, 정신을 가진 사람이 하는 것입니다. 성문이라고 하는 것은 그저 배우는 것입니다.

자기가 가르치는 말을 실행할 만한 자각을 갖고 스스로 알려고 하는 것이 연각(緣覺)입니다. 그러면 도(道)가 자라 혼자 깨닫게 됩니다. 그래서 성문 공부가 있고 연각 공부가 있습니다. 공부를 하는데 으레 그렇지 않습니까? 부처의 말씀을 많이 듣는 사람은 이 세상을 무상(無常)이라고 합니다. 그런 사람에게는 무상심(無常心)이 들어갔습니다. 인생은 무상하고 세상은 덧없다고 생각합니다. 이런 사람은 불교의 얘기를 많이 들어서 무상심이 들었는데, 이 정도가 성문입니다. 말을 들어서 불교의 진리를 잘 알고 무상한 것도 알고 제법 아는 것이 있습니다. 이 정도가 성문인데, 여기서 한 걸음 더 나가 자꾸 알려고 하고 열반이 무엇인지를 알고 깨달아야 연각이 됩니다. 보살 정도가 되어야 합니다.

보살은 '각유정'이라고 해서 몸뚱이는 있는데 '아뇩다라삼막삼보리'를 향해 올라가는 것입니다. '각유정'입니다. 다 들어간 '도중생'입니다. 나만 혼자 보고 알면 되는 게 아닙니다. 적어도 자기가 아는 만큼, 배운 만큼, 터득한 만큼 지도를 하여야 합니다. 산 부처가 되는 것입니다. 승(僧)에는 삼승(三僧)이 있습니다. 일승(一僧), 이승(二僧), 삼승(三僧), 생불(生佛)로 되어 있습니다. 연각을 아는 승은 삼승입니다. 삼승이라고 하면 대승(大僧)입니다. 성문은 일승 정도입니다.

성문, 연각, 보살의 구별은 사리불이 받는 '아뇩다라삼막삼보리'를 받들어 이를 깨닫고 나아가느냐 그러지 못하느냐에 달려 있습니다. 이것을 알지 못하고 깨닫지 못하면 다 성문입니다. 여태껏 들은 것을 안다는 것이 성문 정도였습니다. 그런데 '아뇩다라삼막삼보리'를 받아보니 새 정신이 나왔다는 것입니다.

심심환희(心甚歡喜) - 그래서 마음이 대단히 기쁘다는 말입니다.

득미증유(得未曾有) - 아직껏 없었고 보지 못하였던 것을 얻었습니다.

불위어금(不謂於今) 홀연득문(忽然得聞) 희유지법(希有之法) 심자경행(深自慶幸) 획대선리(獲大善利) - 이제 와서 확연히 들어보지 못한 귀한 진리를 홀연히 듣게 되니 깊이 다행스럽다고 할 것이고, 전과 큰 차가 있다면 많은 이득을 얻은 것이라 하겠습니다.

무량진보(無量珍寶) 불구자득(不求自得) 세존(世尊) 아등금자(我等今者) 요설비유(樂說譬喩) 이명사의(以明斯義) - 한량없는 보배가 구하지 않는데도 왔습니다. 자기 스스로 얻는 것이 없다가 갑자기 그것도 다행으로 알게 되니 참으로 기쁩니다. 이렇게 된 것을 보배를 얻었다고 하지 않습니까? 이 기쁨을 한 가지 비유를 들어 뜻을 밝혀보겠습니다.

비약유인(譬若有人) 연기유치(年旣幼稚) 사부도서(捨父逃逝) 구주타국(久住他國) 혹십이십(或十二十) 지오십세(至五十歲) - 사람이 있었습니다. 외아들이 아버지를 버리고 멀리 도망을 갔습니다. 그 아들은 다른 나라에서 오랫동안 살았습니다. 10년, 20년 정도 지낸 것 같습니다.

연기장대(年旣長大) 가부궁곤(加復窮困) 치빙사방(馳騁四方) 이구의식(以求衣食) - 아들은 나이가 이미 많이 먹은 데다 궁하고 곤한 것마저 겹쳐 할 수 없이 이리저리 다니면서 의식(衣食)을 구하게 되었습니다.

점점유행(漸漸遊行) 우향본국(遇向本國) 기부선래(其父先來) 구자부득(求子不得) 중지일성(中止一城) - 그 아들이 이리저리 다니다가 우연히 본국을 찾게 되었습니다. 그의 아버지는 아들을 찾아 집을 떠나 돌아다니다가 옛집으로 돌아오던 중 그만 지쳐서 성(城) 하나를 세웠습니다.

기가대부(其家大富) 재보무량(財寶無量) 금은(金銀) 유리(琉璃) 산호(珊瑚) 호박(琥珀) 파려주등(玻瓈珠等) - 그 아버지의 집은 커다란 궁과 같고 재보(財寶)가 무량합니다. 금, 은은 말할 것도 없고, 비록 지금은 아무것도 아니지만 그 당시는 귀한 것이었던 유리와 산호와 호박, 그리고 파려주 따위가 있었습니다.

기제창고(其諸倉庫) 실개영일(悉皆盈溢) 다유동복(多有僮僕) 신좌리민(臣佐吏民) 상마거승(象馬車乘) 우양무수(牛羊無數) - 그 많은 창고가 가득가득 찼고, 그 외에 심부름하는 동복(僮僕)이 있습니다. 도와주는 신하, 일하는 백성, 코끼리, 말, 수레가 많고 소와 양의 수를 모를 정도였습니다.

출입식리(出入息利) 내편타국(乃遍他國) 상고고객(商估賈客) 역심중다(亦甚衆多) 시빈궁자(時貧窮子) 유제취락(遊諸聚落) 경력국읍(經歷國邑) -

그 많은 물건이 나가고 들어오는데 이식(利息)이 생기고 그래서 응당 부(富)한 나라에만 드나드는 게 아니라 다른 나라까지 드나들게 되어, 그 집에 다니러 오는 장사꾼이 퍽 많아졌습니다. 대단히 많아졌습니다. 이때 가난하고 궁하게 된 그 집 아들은 본국으로 향하기는 하였으나, 본국을 떠난 지 워낙 오래되어 아버지가 누구인지도 잊어버렸습니다. 갖은 고생 끝에 많은 사람이 모여 사는 촌락을 돌아다니면서 음식을 얻어먹다가 드디어 아버지가 사는 마을에 이르렀습니다.

수도기부(遂到其父) 소지지성(所止之城) 부매념자(父每念子) 여자이별(與子離別) 오십여년(五十餘年) 이미증향인(而未曾向人) 설여차사(說如此事) - 그때는 아들과 아버지가 이별한 지 이미 10년이나 되었는데, 아버지는 아들을 잃었다는 말을 남에게 한 번도 하지 않았습니다.

단자사유(但自思惟) 심회회한(心懷悔恨) 자념노후(自念老朽) 다유재물(多有財物) 금은진보(金銀珍寶) 창고영일(倉庫盈溢) 무유자식(無有子息) 일단종몰(一旦終沒) 재물산실(財物散失) 무소위부(無所委付) 시이은근(是以慇懃) 매억기자(每憶其子) 부작시념(復作是念) - 아버지는 다만 마음에 한을 품고 누구를 책망하지 않겠다고 생각했습니다. 혼자만 회한을 품을 따름이었습니다. 재물은 많고 금은보화가 창고에 넘쳐나고 있으나 자식이 없으니 일단 자기가 늙어서 죽으면 재물이 산실(散失)되고 흔적도 없어질 테니 그럴 만도 했습니다. 그 재물을 부칠 데가 없어서 늘 잃은 자식만 생각하고 있었습니다. 만일 아들을 찾게 되면 그 재물을 아들에게 맡기고 자신은 편안히 안락한 나날을 보내겠다는 생각을 자꾸 했습니다.

이때 그 외아들은 품팔이를 하면서 이리저리 다녔습니다. 그러다 마침내 아버지의 집에 이르렀습니다. 그러나 문 앞에 서서 안을 들여다보았지만 자기 아버지인 줄은 몰랐습니다. 그 집 주인이 실상 아버지인데,

그 사실을 모르고 서서 바라보았습니다. 주인은 사자가 새겨진 걸상에 앉아 있었습니다. 여러 바라문 승려와 크샤트리아 기사들이 공경하는 태도로 주인을 모시고 있었습니다. 주인의 몸은 진주와 금으로 화려하게 장식되어 있었습니다. 부리는 사람과 심부름하는 아이들이 주인의 등 뒤에 둘러서서 먼지떨이처럼 가느다란 말총 같은 것을 들고 부채질을 하고 있었습니다. 그 좌우에는 문장, 보배안장의 수레(車), 수많은 깃발, 인마(人馬)가 널려 있었습니다. 이 모든 게 으리으리하고 중후하고 엄숙한 까닭에 멀리서 보아도 어설프게 들어갈 수 없는 세력이 큰 집이라는 것을 알 수 있었습니다. 그 집 주변에 있다가는 무슨 변이 날 것 같은 두려운 생각마저 들었습니다.

아들은 이런 데서 품팔이 하면 안 된다고 생각했습니다. 품팔이는 고사하고 얻어먹거나 얻어 입을 곳도 아니라고 여긴 것입니다. 가난한 동네에 가느니만 못하다고 생각하고, 차라리 그런 곳에 가고 싶어 했습니다. 으리으리한 그 집 앞에 오래 서 있다가는 무슨 봉변을 당할지 모르고, 또 하기 싫은 일을 강제로 시키면 그처럼 괴로운 일도 없을 거라고 생각하고 그만 달아나고 말았습니다.

이때 그 집 주인은 사자 걸상에 앉아서 아들을 똑똑히 보았습니다. 마음이 공연히 기뻤습니다 그리고 이런 생각을 했습니다. '이제 이 재물과 창고를 부칠 데가 있겠구나. 아들만 불러들이면 곧 내줄 수 있어. 아들을 생각하면 밤에 잠을 이루지 못하였는데, 이제는 보고 싶으면 볼 수 있는 곳으로 제 발로 왔구나. 내 소원을 이루게 되었구나. 그런데 내가 너무 늙어서 누구인지를 아직 모르는 것 같다. 그러니까 저 아이가 도망을 가는 거겠지.'

그래서 주인은 하인을 불러 저기 달아나는 거지를 데려오라고 하였습니다. 하인이 급히 쫓아가자 아들은 누가 쫓아오는 것 때문에 놀랐습니다. '이게 무슨 일이야? 나를 잡으러 오는구나.' 아들은 이렇게 생각하고 더 달아났습니다. '아무런 죄가 없는 나를 왜 쫓아오나?' 겁이 나서 기를 쓰고 도망치던 아들은 넘어져 쓰러지고 말았습니다.

이것을 앉아서 보고 있던 아버지는 저러다 아들에게 큰 변이라도 날까 봐 다른 하인에게 아들을 놓아주라고 시켰습니다. 다른 하인은 쫓아가서 주인의 말을 전하고, 쓰러져 기절한 아들에게 냉수를 뿌려 깨어나게 했습니다. 그리고 이런 사정을 아들이 모르게 하였습니다. 그 아버지가 자식의 뒤를 알아보고 싶어 했기 때문입니다. 결국 아들의 의지가 매우 약하다는 사실을 알게 되었습니다. 그 아버지는 자기가 부유하므로 아들이 어려워하리라는 것을 짐작할 수 있었습니다.

아버지는 아들을 찾았으나 그 아들이 용렬하여 도로 잃어버리게 되었으니, 어떻게든 다시 자기 자식으로 만들 방편을 마련해야겠다고 생각하였습니다. 그래서 또 다른 하인을 아들에게 보내면서 시키는 대로 하라고 당부하였습니다. 주인의 부탁을 받은 하인은 붙잡아 두려는 게 아니니 놀라지 말라고 아들을 달랬습니다. 놓아줄 테니 걱정하지 말라고 전해주었습니다. 이 말을 듣고 아들은 정신을 차리고, 자기를 놓아준다는 말에 마음을 놓고 무척 기뻐하며 제 갈 길을 갔습니다. 생각한 대로 가난한 동네를 찾아갔습니다. 그리고 그 동네에서 구걸하며 생활했습니다.

부자 아버지는 아들을 잘 인도해야겠다는 생각으로 두 사람을 보냈습니다. 보잘것없어 보이는 두 사람을 아들에게 자연스럽게 접근시킨 것입니다. 아들에게 가서 선선히 이야기하고, 다른 데보다 삯은 물론이고 음식도 많이 주는 곳이 있으니 같이 가서 일을 하자고 제안하라는 당부도 했습니다. 또한 거지나 다름없는 아들이 만일 그렇게 하겠다고 하면 데리고 와서 일을 시키라고 하였습니다. 변소 치는 일을 한다고 하면서,

신분이 미천하니 함께 지낼 수 있다고 하면서 아들과 친한 친구가 되라고 일렀습니다.

주인은 두 사람에게 이런 당부와 함께 거지가 된 아들을 찾게 하였습니다. 두 사람은 거지를 쫓아갔고, 주인이 시킨 대로 그 아들과 친해졌습니다. 마침내 자기들의 말을 들을 만하게 되었을 때, 두 사람은 주인이 당부한 말을 그대로 전했습니다. 그리고 지금보다 삯을 더 많이 받을 수 있는 일이 있는데 함께 변소 치는 일을 하자고 제안했습니다. 그래서 아들은 그들과 함께 변소 치는 일을 하게 되었습니다.

아버지는 일이 정작 뜻대로 이루어지자 아들이 불쌍한 생각이 들어 민망하기 그지없었습니다. 어느 날에는 아들을 멀리서 바라보았습니다. 여위고 초췌한 아들은 온몸에 흙먼지와 똥물을 뒤집어쓰고 있었습니다. 이에 아버지는 차려입은 깨끗한 옷을 벗고 차고 있던 노리개도 버리고, 따뜻하고 부드러운 속옷도 벗어버렸습니다. 그러고는 마대조각 같은 거칠고 기름때가 묻은 보잘것없는 옷을 입고 손에는 삼태기와 갈퀴를 들고, 아무도 모르게 다른 일꾼들과 뒤섞여 일을 했습니다. 아버지는 아들이 눈치채지 않기를 바라면서 차츰 아들에게 가까이 다가갔습니다. 그는 아들과 조금 친해진 후, 이렇게 일을 잘하니 다시는 다른 데 가지 말고 여기에서만 일을 하라고 말했습니다. 잘만 하면 삯도 더 주겠다고 했습니다. 그뿐만 아니라 이제부터는 여기에 있는 그릇도 마음대로 쓰고, 쌀이나 곡식이나 양념도 마음대로 써도 좋다고 했습니다. 어려워할 것도 염려할 것도 없다고 달래며, 아들이 마음 놓고 살게 하였습니다. 그리고 부리는 하인들로 하여금 아들을 도와주고 마음을 편안하게 해주라는 당부도 잊지 않았습니다.

주인은 거지 일꾼인 아들과 친해지자, 아들에게 자신을 친아버지처럼 생각하라고 말했습니다. 조금도 염려할 것 없다고 위로도 했습니다.

"나야 늙었지만 자네는 지금이 한창이 아닌가? 기운이 좋지 않은가? 그래서 나는 자네를 의지하고 싶네. 자네가 여기서 일을 하는 것을 가만히 보니, 속이는 것도 없고 아무리 어려운 일에도 불평 한마디 없으며 어떤 일에도 언짢아하는 기색도 없었네. 다른 일꾼들과 달라서 이제부터는 내가 낳은 친자식처럼 대할 터이니 그리 알게."

부자 주인은 이렇게 말하고 즉시 일꾼인 아들의 이름까지 고쳐주었습니다. 그런데 주인이 이름까지 손수 고쳐주고 친아들처럼 대우하면 기뻐할 터인데, 아들은 그 전과 조금도 다름없이 자기는 천한 사람이라며 머슴 노릇하기를 20여 년이나 계속하였습니다. 아들은 늘 하인이 하는 일을 하고 지냈습니다. 이제는 서로가 충분히 사귀어 어려워함이 없게 되었는데도, 자기 마음대로 집 안에 들어가서 살려고 하지 않았습니다. 언제나 전처럼 천한 사람으로 지냈습니다.

그런데 부자 주인이 병이 들게 되었습니다. 병이 난 후 스스로 얼마 가지 않아 죽을지도 모른다고 생각하고 거지인 아들에게 이렇게 말했습니다.

"나는 금은보화가 곡간이 넘칠 정도로 많단다. 그런데 그것을 내고 받고 주고 하는 모든 것을 네가 가장 잘 알지 않느냐? 내가 이렇게 병이 들었으니 사정을 다 아는 네가 마땅히 내 뜻을 받아야 할 것이다. 이 집을 이제 네게 줄 것이니, 너와 나는 전혀 다른 사람이 아니라 한 사람이다. 너는 마땅히 마음을 다하여 내 재물을 잘 써야 한다는 점을 잊지 말라."

거지인 아들은 주인의 명령에 따라 모든 재산을 맡아서 관리하였지만, 이것을 제 마음대로 쓴다는 생각은 조금도 없었습니다. 그렇게 할 뿐만 아니라 거처도 역시 그전 그대로였습니다. 자신이 부자가 되었다는 마음은 일어나지 않고, 자신을 낮추는 마음을 여전히 그대로 갖고 있었단 말입니다. 다시 조금 지나자 아버지는 아들의 뜻은 물론이고, 언제나 똑같은 아들의 마음을 알게 되고 아들의 속이 점점 넓어져 가는 것도 알았습니다.

그래서 아버지는 자기의 뜻을 성취하려고 임종하기 전에 다시금 아들에게 명령을 하여 친지들을 모두 모이게 하였습니다. 그러고는 이렇게 말했습니다.

"여러분은 마땅히 아십시오. 저 사람은 본시 내 아들입니다. 저 사람은 어디에서 태어났고, 몇 살 때 날 버리고 도망을 갔습니다. 그러다가 이리저리 헤매기를 50년이나 하였습니다."

부자는 다시 말을 이어 아들이 자신을 찾아오기 전에, 자신도 아들을 찾으려고 퍽 애를 썼으나 만나지 못했다고 말했습니다.

"그런데 이 사람은 실상 내 아들이요. 내가 진짜 아버지란 말입니다. 이제 일체의 재물은 다 이 아들의 소유가 될 것입니다. 출납하는 일 같은 것도 다 이 아들에게 맡기겠다는 뜻을 여러분에게 알려드립니다."

그때 아들은 아버지의 말을 다 듣고 참으로 크게 기뻐했습니다. 전에는 듣지 못한 놀라운 말을 듣고, 전에 누려보지 못한 기쁨을 누리게 되었습니다.

"아버지시여, 저는 이것을 바라고 구하는 마음은 없었으나, 이제 보배로운 것이 자연히 왔습니다. 이 자식놈은 궁하여도 찾아 구할 줄 모르고 지냈습니다. 마음이 본래의 거지였다는 생각밖에 없었습니다. 목부와 같은 정신밖에 없었습니다. 마음을 비워 갖고 있었습니다. 그렇게 궁하여도 아버지를 찾을 줄 모르고 아버지의 아들이라는 높은 뜻을 내지 못하였습니다. 그런데 차차 이렇게 된 것은, 모두가 부처님의 인도로 이 보배가 자연히 나에게 왔기 때문입니다."

이 말씀은 비유였습니다.

"세존이시여, 부자의 장자는 아뢰옵니다. 우리의 지금 처지가 그 부자의 아들과 같은 것인 줄 아옵니다. 우리는 부처의 아들입니다. 우리는 늘 수범(垂範)을 하여야 될 줄 압니다.

우리 부처의 아들들은 삼고(三苦)를 갖고 있습니다. 삼고는 고고(苦苦), 행고(行苦), 괴고(壞苦)를 말합니다. 낙(樂)과 고(苦)는 같은 것입니다. 즐겁다 못해 고가 따르고 고 끝에 낙이 따른다고 합니다. 우리는 날 때부터 이 삼고를 타고 나왔습니다. 이렇게 삼고로 죽었다 났다 합니다. 이 가운데서 번뇌를 벗어야 합니다. 미혹과 미지의 좁은 범위를 벗어나야 합니다. 이 세상에서 뜻처럼 안 되어도 구하지 않은 것을 즐겁게 아는 이 꼭대기의 즐거움을 알아야 합니다.

세존이시여, 우리는 '아뇩다라삼막삼보리'의 증거를 보이는 일 없이 이제 와서 말씀을 듣고 좀 높은 생각을 하였습니다. 그 전의 모든 생각이나 괴롭던 것을 모두 씻어버릴 수가 있습니다. 이전의 일은 다 저 아들이 변소의 거름을 치는 것과 같습니다. 제법 공부를 성취한 것 같고 제법 구수하게 생각을 하는 것 같으나 정말 높은 것을 모른다면 그 정도는 성문에 불과합니다. 변소의 거름을 치는 일과 똑같습니다. 앞서 한 일이 모두 거름을 치는 것과 같습니다. 그런 것은 모두 깨끗이 씻어버리고 이제는 부지런히 정진을 더 하는 것만이 열반에 다가가는 것이 될 것입니다."

이것은 〈누가복음〉(15:11~32)에 나오는 탕자의 이야기와 같습니다. 예수께서 말씀하신 탕자 이야기는 예수의 가슴속에서 처음 나온 것으로 압니다.

《법화경》의 저자는 알 수 없습니다. 이 이야기는 《법화경》을 한역한 구마라습 같은 사람의 가슴속에서 뚫고 나온 것 같습니다. 이전부터 인도 사람들에게는 이러한 불교가 있었습니다. 인도의 불교가 어떻게 아랍에 가고, 아랍에서 어떻게 팔레스타인에 갔는지는 모르겠습니다.

우리는 이 점을 깊이 한번 생각하여야 되겠습니다. 이것을 자세히 보고 〈누가복음〉을 자세히 읽어봅시다. 생각이 있는 사람이나 종교를 알려는 사람 중에는 불교를 연구하는 사람이 많습니다. 또한 《법화경》에 있는 이야기가 어떻게 《성경》에도 비슷하게 나오게 되었는지에 대해 연구하는 사람도 있습니다. (1956. 11. 9.)

제8강

방심(放心)이 안심(安心)이다

빛드러 숨길 막지 말고 숨길로 드러가는 빛을 고디 보오

빛(光)드러(傾照) = 횡입(橫入)=

숨(命隱) 길(道) 마금(阻障)

숨길로 드러 = 入命道 =

         = 入隱道 =

가는 빛 = 細微光

      = 進行光

고디 보오(貞觀) (다석일지 1956. 11. 6.)

글 그리울밖에

ㅣ ㅓㅣ 예수는

숨쉬는 한목숨, 히어늘 — 거륵.

나가마다, 그만 마다나·?

빛드러 숨길 막지 말고,

숨드러 고디 고디 나가는 빛을 따러 타다낳란

븨회 이이히 히이마로다
그리스도록,
나갈 말슴
그를 그리울밖에 (다석일지 1956. 11. 13.)

가 나 다 라

가나	가가카
나가마	나다타
다	
라나가마	
마ㅁ마	마바파
바ㅂ바	
사ㄹ	
아ㄹ	아하하
자라	고아구어
차자아사ㄹ	와ㅣ워ㅣ

글보리옹에타낭 (다석일지 1956. 11. 12.)

우선 〈빛드러 숨길 막지 말고 숨길로 드러가는 빛을 고디 보오〉를 보
겠습니다.

'햇볕이 들었다', 저 햇빛의 끄트머리가 볕이 되어 볕이 들었다고 합니

다. '빛드러간다'에는 '비뚤어 간다'와 '빛 들어간다'라는 두 가지 의미가 있습니다. 내가 들어갈 때 바로 들어가는 것이 아니라 '비뚤어' 갑니다. 그래서 오늘은 이 '비뚤어 간다'와 '빛 들어간다'의 뜻을 생각해보도록 하겠습니다.

빛드러 슘길 막지 말고 슘길로 드러가는 빛을 고디 보오

비뚤어지면 숨길이 막힙니다. 숨길이 막혔다는 것은 마지막을 뜻합니다. 목숨길은 언제든지 비뚤어 가면 안 되는 조건이 있습니다. 목숨을 부지하려면 비뚤게 가지 말고 분간을 하여서, 비뚤어 갈 일을 피해야 합니다. 비뚤어 가는 길은 늘 위험한 길이라 피해야만 합니다. 그 위험을 피하려면 '숨길'을 숨길(蔽) 필요가 있습니다. 숨는 길을 잊어서는 안 됩니다. 숨는 길, 곧 숨길을 잊으면 어떻게 되겠습니까? '빛드러 슘길 막지 말고', 빛 드는 숨길을 막지 말고 숨길(息)로 숨 쉴 수 있는 길, 곧 자기 목숨을 그대로 계속할 수 있는 길로 들어가야 합니다. 그런데 여기 들어가는 데는 빛이 있습니다.

'가는 빛'은 자꾸 바로 진행하는 빛입니다. 대명천지(大明天地)의 아주 밝은 빛이 아닙니다. 아주 가느다란 빛, 희미한 빛이 될 것입니다. 사람이 대단히 밝은 빛에서 사는 것 같으나 실상은 무척이나 희미한 빛이나 볕에서 삽니다.

역설적입니다만 숨길로 들어가는 빛, 곧 가늘고 아주 희미하여 돌아서 다시 비추어주지 않는 먼 길만 가는 빛을 '고디 보오' 합니다. 곧장 바라보라는 말입니다. 고디 곧장 보는 것(貞觀)을 못 보고 죽을 때 목숨길을 잊는 것이 됩니다. 이 사람은 바로 이것을 주장하는 바입니다. 이것은 이 사람이 자주 하는 소리입니다.

맛도 없는 소리를 왜 자주 하나? 언제까지 할 것인가? 이렇게 생각하시겠습니다만, 이런 소리를 하는 것은 우리가 실제로 그런 느낌을 가져야 한다는 것을 알아야 하기 때문입니다. 이러한 느낌을 알아야 하는데, 아는 것을 그대로 가지기만 해서는 안 되고 익숙하게 익혀야 합니다.

우리가 보지 못하는 것이 빛입니다. 알지 못하는 것도 빛입니다. 광선이라는 것을 우리는 모릅니다. 알지 못합니다. 빛을 못 본다고 이 사람이 말하는 것은 광선을 못 본다는 말입니다. 못 보긴, 지금 보고 있지 않은가 합니다만, 그것은 알지 못하는 말씀입니다. 광선은 못 보는 것이라고 이 사람은 생각합니다. 광선을 못 보다니 미친 소리라고 할지 모르지만 광선을 보지 못하고 있는 게 사실입니다. 이 사람이 미쳤거나 아니면 광선을 죄다 보았다고 말하는 사람이 미쳤는지 모르겠지만, 둘 중의 하나는 미친 사람일 것입니다.

생각을 하여서 빛(光)을 바로 보는 사람, 빛을 바로 아는 사람은 광선이 선(線)이 아니라는 것을 알게 됩니다. 선(線)이라는 것은 줄이라는 뜻으로 빨랫줄, 전깃줄, 거리에 사람이 줄줄이 늘어선 줄, 행렬 따위를 말하는데 빛의 줄을 보았다는 것은 멀쩡한 거짓말이 아니겠어요? 빛을 본 사람은 없어요, 없습니다. 이 사람은 없다고 생각합니다. 이렇게 말하면 멀쩡한 미친 사람의 소리가 되나요? 이 사람이 대낮에 미친 소리를 하는 것인가요? 빛이 모든 것을 밝혀주므로 모든 게 다 보이는데, 이런 말도 안 되는 소리가 어디에 있는가? 광선을 부정(不定)하다니 이 무슨 말인가? 이런 반문이 생길 수 있습니다.

그런데 정말 빛(光)을 안다고 할 것 같으면, 빛에 빛깔(色)이 없음을 알 수 있습니다. 빛은 볼 수 없습니다. 더구나 빛이 어떻게 생겼는지는 모르는 게 당연합니다. 왜 그런 소리가 나오느냐 하면 이렇습니다. 여기 소금인지 설탕인지 모르는 것이 있습니다. 가끔 말하는 것이지만 설탕과 소금은 외형상 너무나 비슷해서 흰 것만으로는 이것이 소금이고 저

것이 설탕이라고 말할 수 없습니다. 또 설탕이나 소금의 어느 한쪽을 전혀 모르는 사람이 말할 때는 자기가 아는 지식에만 의존해서 이것이 설탕이고 저것이 소금이라고 말하기 마련인데, 정말 설탕이 뭔지 모르는 사람이 설탕을 소금이라고 할 때 이것을 옳다고 하겠습니까? 양쪽을 다 안다는 사람만이 설탕과 소금을 혀끝에 녹여 본 후 이것이 설탕이고 저것이 소금이라고 말할 수 있습니다.

그 물건과 내가 하나가 된 뒤에 그 물건이 무엇인지를 알게 됩니다. 빛 또한 그렇습니다. 이 사람이 지금 빛을 본다는 것은, 지금 이 사람이 함석헌 선생의 얼굴을 본다는 것을 말합니다. 함 선생의 얼굴은 그만두고라도 머리카락 하나만 보더라도 몇만 점의 빛 점이 부리나케 다니다 이 사람의 눈 속에서 꺼져버렸는지 알 수 없습니다. 몇만 점의 빛이 눈 속에서 꺼질 때, 머리카락은 '퍽 희다', '퍽 검다', '검은 것 가운데 어떤 것은 희다', 이런 판단을 내립니다. 몇만 점의 빛 점이 머리카락에 닿아 부리나케 왔다 갔다 하는 것을 이 사람은 못 봅니다. 오고 가는 도중의 빛을 이 사람은 모릅니다. 그 많은 빛 점이 눈 속을 왔다 갔다 하며 녹은 연후에야, 함 선생의 머리카락이 희다 또는 검다고 말할 수 있습니다. 몇만 점인지 모르는 빛의 점이 다녀와서 이 사람에게 보고를 합니다. 함 선생의 얼굴에 주름살이 있다고 말입니다. 몇억, 몇십만 점인지 모르는 빛의 점이 다녀와서 이렇게 보고를 하는 것입니다. 자세히 함 선생의 얼굴을 외우려고 들여다보면 참으로 알 수 없습니다. 몇억의 빛 점이 다녀가는 것인지 알 수 없습니다.

빛이 1초에 지구를 일곱 번 반이나 돈다고 합니다. 빛은 그렇게 빠른 속도로 움직이고 있습니다. 이따금 함 선생의 얼굴이 어떻다고 판단할 때에도, 그 사이에 몇억만, 몇백억만 점의 빛 점이 함 선생의 얼굴에 닿고 이 사람의 눈에 보고를 하는지, 또 몇 차례나 보고를 하고 사라졌는지 모르는 일입니다. 결국 많은 광점(光點)이 심부름을 하여서 종단엔 그 심부름 한 것이 이 사람에게서 그치고 맙니다. 끝머리에 가서는 심부름 한 것도 잊어버리고 자기 광선도 잊게 하는 모양입니다.

글자를 본다는 것은 몇만 점의 빛이 들어가는 것이 아닙니다. 자꾸 새로운 빛 점이 알려줍니다. 1초에 지구를 일곱 번 반이나 도는 그 속도로 잠깐 동안 몇백억 번이든 알려주고는 사라지는 것이 빛입니다. 이것이 빛입니다. '빛'이라는 단어를 흔히 사용합니다만, 우리는 빛이 우리도 모르는 사이에 우리에게 심부름을 해주고 전보를 부쳐주고는 어디로 가는지 보지 못합니다. 그래서 이 사람은 빛을 알지 못한다고 할 수밖에 없습니다.

해를 쳐다보면 둥글게 보이지 않느냐고 합니다. 그것도 지금 설명한 것처럼 함 선생의 머리카락이 희다 또는 검다고 하는 것과 같습니다. 그 수를 모르는 빛 점이 우리 눈 속에 녹아 보고를 하여 그저 비슷하게 해는 둥근 모양이고 빛(色)은 누렇다고 말하는 것입니다. 그 수를 모르는 빛 점이 오고 가는 것을 우리는 보지 못합니다. 볼 수 없습니다. 광선(光線)이라고 해도 선(線)이 어디 있는지 보지 못합니다. 보이지 않아요. 길게 줄줄이 늘어선 행렬이나 전선줄처럼 보이는 게 아닙니다. 만일 그렇게 보인다면, 즉 빛 줄이 늘어선 게 보인다면 햇빛이 어떻게 생겼는지 보이는 것입니다. 밤이 되어 뜨는 달이 햇빛을 반사하여 달빛을 비춰줌으로써 해에서 달로 건너가는 햇빛을 우리가 보는 게 아닙니까? 그러므로 햇빛의 광선은 선도 줄도 아닙니다. 행렬과 같은 것이 아니란 말입니다.

지금은 물리학 선생이 광선을 어떻게 설명하는지 모르겠습니다. 예전에는 광선이 선이라는 것을 가르치기 위해, 암실에 구멍을 하나 뚫어놓고 구멍으로 들어오는 빛을 보게 하였습니다. 그 빛을 광선이라고 가르쳤는데, 그것은 거짓말입니다. 이게 무슨 광선이란 말이에요? 그것은 광선이 아닙니다. 빛(光)이라는 것은 쭉 지나갑니다. 이 지나가는 것을 보고 광선이라고 말하는데, 원래는 가닥가닥 끊어진 하나 하나의 점입니다. 한 번 우리 눈에 반짝거리고 지나가는 그 빛의 끄트머리 점이 이 눈에 와서 보고를 하는 것입니다.

몇억 개일지 모를 끄트머리가 보고를 하면, 우리의 예민한 눈에 들어온 보고는 금방 가셔지거나 없어지지 않습니다. 얼마 동안은 계속됩니다. 벌써 지나갔는데도 여기 있는 것같이 기억을 한다고 믿고 싶습니다. 그러니까 먼저 들어온 빛은 사라졌지만, 사람 눈의 습성상 어느 한 기억이 아직 남아 있으므로 뒤이어 들어온 빛이 한데 엉켜집니다. 그것이 몇백 개이고 몇만 개일 끄트머리가 한데 엉켜서 새로 나오기 때문에 한 줄로 보이는 것입니다. 시각의 착각에 의해 이것을 보고 광선이라고들 합니다.

성냥불을 밤중에 켜보면 둥근 원으로 한 줄기 빛이 보이는데, 그것도 역시 연속적인 기억과 새로운 빛의 끄트머리가 계속된 것입니다. 이것은 모두 벌써 사라진 것들입니다. 인간이 착각을 하는 까닭에 한 점 한 점 끄트머리가 계속해서 들어오고, 사람의 착각으로 인해 이것이 선으로 보이는 것입니다. 그래서 광선을 보았다고 합니다.

암실을 가만히 들여다보면 죽 뻗친 광선에 먼지가 없다면 도무지 빛이 보이지 않을 것입니다. 먼지 없는 세계나 암실에서는 지나가는 광선이 보일 리 없습니다. 먼지가 있기 때문에 몇만 몇천 빛 점의 보고를 받게 됩니다. 소위 광선이라는 것에는 먼지가 있습니다. 일직선으로 달아나는 빛에 그만 그 먼지들이 서로 부딪쳐 뱅뱅 도는 것이 빛으로 보이는 것입니다.

빠른 속도로 지나가는 빛이 사람을 지나간다는 것은 사람을 더듬고 지나가는 것입니다. 일직선으로 달아나가는 빛에 먼지들이 이리 몰리고 저리 몰립니다. 부딪치는 것은 부딪치는 대로 이리 보내고 저리 보냅니다. 그 결과 빛 점이 광선으로 보입니다. 한편으로 우리는 먼지의 속임에 빠져 있는지도 모릅니다. 어쨌든 빛을 볼 수 없는 것만은 사실입니다.

혹 빛이 점잖게 아주 느리게 지나간다면 우리가 빛을 보았다고 할 수 있을지 모르겠습니다. 그러나 그런 일은 절대 없을 것입니다. 빛은 우리의 눈에 보이지 않으니 말입니다. 따라서 아직도 '광선'을 보는 것처럼 말하는 사람은 빛이 무엇인지 모르는 사람입니다.

광선은 실제로 보이지 않습니다. 먼지가 없으면 낮이라도 저 구석진 곳이 캄캄하리라고 생각합니다. 저 구석의 책상 위에 무엇이 놓여 있는지 먼지가 없으면 캄캄해서 보이지 않는 것입니다. 먼지가 없다면 햇빛이 저렇게 밝게 보이지 않을 것입니다. 죄다 보이지 않습니다. 해 뜨는 것조차 보이지 않을지 모르겠습니다.

이같이 먼지에 의한 햇빛의 난반사(亂反射)에 젖어든 사람은 이 세상에 먼지가 있는 게 좋다고 생각할지 모르겠습니다. 먼지 덕분에 구석구석을 볼 수 있으니 말입니다. 난반사로 대명천지(大明天地)에 사는 사람은 새삼스럽지만 먼지에게 감사할 것입니다. 청하지 않아도 골고루 정말 공평하게 따라다니며 우리에게 대명천지를 밝게 해주는 먼지이니 참으로 고맙다고 아니할 수 없습니다. 우리가 보고 싶은 것을 이만큼 볼 수 있게 해주는데, 이렇게 고마운 게 어디 있습니까?

대명천지의 밝은 이 세상에 사는 것은 먼지의 덕택입니다. 그래서 대낮의 밝은 것을 좋아하는 우리는 대단히 좋긴 한데 그 대가로 잊어버리는 것이 많습니다. 굉장한 것을 잊어버리는 수가 있습니다. 잊어버려도 이만저만 소중한 것을 잊어버리는 게 아닙니다. 영혼(靈魂)과의 생활, 곧 정신계(精神界)와의 대화를 잊어버리고 마는 것입니다. 영원히 산다는 것을 잊어버립니다.

사람은 누구나 낮을 좋아하고 밤에는 쉬는 줄로만 알고 있기 때문에, 밤하늘에 깜박거리는 별들이 영원한 소식을 속삭이는 것을 모릅니다. 밤의 별을 지키는 천문학자는 이것을 압니다. 작은 별빛을 통해 이 영원을 압니다. 어떤 별이 수억 광년(光年)되었다면서 영원의 구체적인 증거라고 얘기하기도 합니다. 우주물리학자들이 이 작은 광점(光點)을 우리에게 풀어주기에 우리도 그것을 더듬어볼 수 있습니다.

대명천지의 낮만 이 세상에 있다면 도저히 이 일은 하지 못할 것입니다. 먼지에 의한 '난반사'의 밝은 낮이 없었다면 모르는 것을 마저 알았을 텐데 하고 오히려 해가 있음을 한탄하는 날도 있습니다. 해가 짧아서 조금 더 놀았으면 하고 계속해서 밤까지 노는 사람들이 있습니다. 그러나 천문학자에게 낮이라는 것은 가치가 없습니다. 밤으로는 모자라서 낮에도 햇빛을 차단한 어두운 극장에서 영화를 멋있게 돌리는 시대이기도 하지만, 우주의 신비를 탐구하는 천문학자에게는 '낮에도 어떻게 하면 저 해를 가릴 수 있을까?' 하는 욕구가 있습니다. 낮도 밤만 같으면 영원한 별의 속삭임을 더 많이 들을 수 있으리라는 견지에서, 영원과 같이 있고 싶어 하고 영원을 알려고 하기 때문입니다. 이렇게 보면 '난반사'가 있음으로써 그 대가로 우리가 영원한 진리의 세계와 한동안 끊어지곤 하는 것입니다.

밝은 낮이 있으므로 영원한 세계와 끊어지곤 합니다. 그런데도 사람들은 대낮은 살림을 위해서 다니고 일하고 배우고 노는 것이고, 밤은 아무것도 아닌 것이라고 생각합니다. 밤엔 쉬고 잠자고 꿈꾸고 그 무슨 짓을 하는 것이라고 생각합니다. 그래서 대낮에만 정신을 차리고 살고 밤에는 잠만 자면 된다고 여기는 사람이 많습니다.

이렇게 생각하는 사람이 거의 대다수입니다. 그래서 천문학자와 우리는 아무런 상관이 없어 보입니다. 천문학자는 별이나 쳐다보다가 죽어

가고 별만 보려니까 밤만 있었으면 좋겠다는 것인데, 그게 우리하고 무슨 상관이 있느냐고 생각하는 것입니다. 이런 잘못된 생각이 어디 있습니까? 이렇게 생각하는 사람들처럼 위험하고 불쌍한 사람도 없습니다. 낮을 좋아하고 밝은 것을 좋아하다가는 헛살게 된다는 것을 알아야 합니다. 어떤 사람이 무슨 까닭으로 왜 그런 생활을 하는지에 대해서도 좀더 깊이 이를 생각해보아야 합니다. 그리하여 무엇 때문인지를 깨닫고 까닭이 있는 것도 알아야 합니다.

우리 인생의 채광(採光), 채열(採熱), 거기서 동력을 얻어보자는 채동력(採動力)은 거의 대부분 태양으로부터 나오는 것입니다. 이것을 갖고 사는 것입니다. 역사를 보면 태양이 생긴 지 50억 년이 된다고 합니다. 요즘은 뭐라 하는지 모르겠습니다만, 원자력이 생겨서 태양이 필요 없다는 말까지 있었습니다. 그러나 오늘날까지도 모든 동력은 태양으로부터 나오고 있습니다. 햇빛은 모든 생물이 사는 데 대단히 고마운 존재입니다. 채광, 채열, 채동력 이 세 가지는 잊지 못할 것들입니다. 그러나 이러한 좋은 면을 갖는 태양의 이면에는 크게 잊게 하는 것이 있습니다. 은연중에 들리는 (얼의) 통신, 이것이 잊혀지는 것입니다. 은근한 그 통신이 밤중에 희미한 빛으로 태양광선을 거치지 않고 뛰어나오는 그 엄숙한 순간에 우리는 잠을 잡니다. 우리들 삶에 가장 중요한 영혼계와의 통신, 곧 영원에 사는 것이 태양의 고마운 일인 채광, 채열, 채동력으로 인해 방해를 받는 것입니다. 이것은 태양의 죄가 아닙니다. 어쩌면 먼지의 탓일지도 모르겠습니다. 그래서 대명천지 밝은 낮에만 사는 것이 사는 것이라고 말하는 건 너무나 정신 없는 소리입니다. 빛을 가려 살 줄 아는 사람이 되어야 합니다.

그런데 엄청난 거짓말들을 합니다. 아주 경건한 태도로 광선이라는 게 있다, 빛을 알았다며 엄청난 거짓말들을 합니다. 《성경》에 나오는 '너희는 세상의 빛이다'(《마태복음》 5:14)라는 구절을 보고 태양광선을 알았다. 빛이 있다고들 말합니다. 그런데 '햇빛이 들었다'는 것, 즉 '빛드러간(비뚤어 간)' 한낮 대명천지 밝은 날이 오히려 우주의 신비와 영원한 영혼을 증명하는 것을 점점 막습니다. 그러니 대낮에 사는 것이 허영(虛榮)임을 알아야 합니다. 대낮에 영혼과 뭐 어떻게 해보겠다는 것은 허영이라고 할 수 있습니다. 사람이 허영 속에서만 취해서 산다는 것을 이 정도 말씀으로 한번 생각해보십시오. 대낮이 좋다고 밖에서 밝게 사는 사람과 밝은 것을 밝게 알지 않고 사는 사람이 얼마나 다른지 알아야 합니다. 우리가 참으로 밝게 살려면 영원과 통신할 수 있어야 합니다. 하느님으로부터 오는 영원한 소식을 가능한 한 남보다 빨리 듣고 빨리 아는 사람이 되어, 대낮의 허영을 피할 줄 알아야 합니다. 이 말이 무슨 뜻인지 이 정도의 말로도 짐작이 갈 줄 압니다.

숨길은 밤중에 들립니다. 밤중처럼 숨길이 잘 들리는 때는 없다고 생각합니다. 피곤하여 잠잘 때는 몰랐던 숨길이 들립니다. 생리적으로 보아도 밝은 낮에는 알 수 없는 것을 밤에 알 때가 있습니다. 대낮에 문명의 허영에 취하여 날뛰는 것은 마치 나비가 꿀을 찾아다니는 것과 같습니다. 대낮으로 모자라서 밤에도 불야성을 이루는 네온사인 불빛에 산다는 것은 점점 더 어두운 데로 들어가는 것입니다. 영원한 세계와의 통신이 아주 끊어져버립니다. 그러면 인생을 몰락시키는 것밖에 안 됩니다.

그래서 '빛드러 숨길 막지 말고' 숨길로 숨는 길로 들어가야 합니다. 밝은 낮보다 밝게 하자면 이 길을 택해야 합니다. 보이는 것이 빛이 아닙니다. 햇빛, 달빛, 제일 큰 샛별, 오리온 성좌, 이런 것들을 본들 뭐가 시원합니까? 우주의 영원한 소식을 받아 들고 숨길로 들어서는 이것이 실상 우리가 위로 올라가는 것입니다.

이 세상 밝은 날에 오래 사는 것이 좋은 줄 알고 있다가, 정말 별의 소식을 알고 보면 밝은 날에 사는 것이 아무것도 아닌 것같이 생각됩니다. 그러나 그 경지에서 별을 따라 영원한 데로 가보았으면 좋겠다는 생각이 들면 —실상 생각이 나는 것이지만— 어떤 교리(教理)를 받들어보겠다는 생각을 하기 쉽습니다. 어떤 교리를 받들어도 좋습니다. 다 숨길(얼길)로 들어가는 빛이 됩니다.

숨길로 들어가 갈 곳으로 가는 것은 멀리 가는 것이 되어야 하겠습니다. 지낼 것 다 지내고 죄다 지내서 가는 것이 '나'라는 것을 알아야 합니다. 인생은 멀리 가는 것임을 알면 가는 빛을 곧게 바라보아야 합니다. 먼지 거울의 '난반사'에서 보는 것과 느끼는 것은 전부 행렬입니다. 먼지 장난꾼들이 어지럽게 치는 장난 때문에 보이는 것으로 알아야 합니다. 얼굴이 작고 못생겼다는 소리를 듣기 싫어하지 말고, 남의 못생긴 것을 끄집어내지 말고, 기왕이면 정신을 차려서 갈 길을 찾아야 할 것입니다.

먼지의 장난꾼과 친하다는 것은 숨길로 들어가는 것이 아닙니다. 몇억만 명이 오더라도 '나'만 곧으면 죽음이라도 사양하지 않겠다는 굳은 결의로 일을 해 나가면 다른 변동이 없을 것입니다. 그저 곧이 곧장 서서 보면 아무런 변동도 없을 것입니다. 이 세상에 사는 여러분도 여러분의 발로 땅을 꽉 딛고 제 발로 서 있지 않습니까? 이 영원한 빛의 소식을 잡는 것도 여러분 자신이 결정하여야 할 줄 압니다. 드높이 산다는 것은, 모든 사물을 바로 알고 바로 잡고 '빚드러 숨길 막지 말고' 숨길로 들어가는 빛을 고이 보는 것입니다.

빛 - 소위 빚드러 가는 빛은 '빚'의 문제이기도 합니다.

빚 - '빚'은 남의 돈을 쓴 것을 말합니다. 그래서 무한히 책망을 듣습니다. 빚을 지면(債) 사람에게서 책망을 듣기 때문에 '사람 인(人)' 자에 '꾸짖을 책(責)' 자를 씁니다. 그런데 돈만으로 빚진 것, 즉 돈 빚만을 빚이라고 하지는 않습니다. 자기가 할 것을 못 하면 그것은 남에게 빚이 됩니다. 게다가 남에게 책망받는 것은 빚이 됩니다. 사람 노릇을 다하지 못하면 분명히 남에게 책망받을 만한 빚이 됩니다.

다른 한편으로 '빚'은 '빚어낸다'라는 뜻으로 쓰일 수도 있습니다. 무엇을 빚어냅니까? 예전에는 술을 빚어내는 것이 대표적인 것이었는지 '술 빚을 양(釀)'을 씁니다. 빚드러(비뚤어) 가서 빚어내는 세상입니다. 영혼 세계의 영원에서 볼 것 같으면 우리는 못된 것을 자꾸 빚어 빚집니다. 그 빚진 것을 갚으려고 자꾸 빚을 집니다. 새것을 빚기 위해, 새것을 내기 위해 자꾸 빚고 빚고 빚은들 빚은 일은 빚이 됩니다.

빗 – 빗으로 머리카락을 빗습니다. 머리에 있는 때, 비듬, 기름, 먼지를 자꾸 가리기 위해서 빗습니다. 머리카락 하나 하나를 그냥 내버려 두지 않습니다. 이 머리카락은 이리로 저 머리카락은 저리로 빗으로 빗습니다. 사람을 빗으려면 말로 빗습니다. 이 가락 저 가락 다 가려야지, 안 가리고는 못 견딥니다. 가리는 대로 서캐 하나 남겨 두지 않습니다. 서캐 있는 머리카락을 죄다 가리어 머리카락을 깨끗이 가려줍니다.

이 빗을 《성경》에 나오는 선지자들로 볼 수 있습니다. 바른 말을 하고, 그 바른 말로 모든 것의 시비(是非)를 가리는 사람들이 선지자들입니다. 《성경》의 선지자들은 바른 말을 하지 않고서는 못 견딥니다.

이 세상 빛의 '난반사' 속에서 사는 사람은, 곧 밝은 빛에 사는 사람은 빚진 것이 많습니다. 이 빚을 가려내야 하는 것은 당연합니다. 빛에 취한 사람, 허영에 사는 사람은 어떤 것이 빚인지, 어떤 것을 빗으로 가려야 할지를 모르고 삽니다. 짊어진 빚을 그대로 지고 갑니다. 빚을 가리지 않습니다. 빚어낼 줄도 모릅니다. 덮고 가려서 몸을 가릴 줄도 모릅니다. 자기가 진 빚은 가릴 줄 알아야 '가는 빛'을 알 수 있습니다. 대낮의 빛을 가려야 영원한 소식을, 성좌의 빛나는 별 끄트머리의 통신을 볼 수 있습니다.

　나 혼자만 깨끗하면 상관없다고 가릴 것을 안 가리면 안 됩니다. 어디
그 더러운 것을 함부로 내놓을 수가 있습니까? 벌거벗으면 다 깨끗한
줄로 알면 안 됩니다. 사람이 왜 옷을 입고, 왜 옷으로 몸을 가리는가를
알아야 합니다. 어디가 깨끗하다고 ─인간은 원래 더러운 것인데─ 옷
을 벗습니까? 발가벗은 알몸을 깨끗하다고 어디다 내놓는단 말입니까?
가릴 것은 가려야 합니다. 발가벗은 것을 솔직한 것으로 생각하나, 더러
운 놈의 인생을 어디다가 내놓을 수 있습니까? 다른 사람이 보기에도 더
러운 것이니 가릴 것은 가려야 합니다.

　빗은 선지자들이 쓰는 말이고, 바른 말을 하지 않고는 못 견딘다는 뜻
의 '빗'입니다. 시옷(ㅅ)은 생명입니다. '시옷'은 말씀의 생명입니다. 선지
자들이 찾는 '가는 빛'의 소식을 우리 '난반사' 속에서 먼지 빛을 받아서
사는 사람들은 밤중이라 보지 못하고 통신도 듣지 못합니다.

　맹자는 진리가 먼 곳이 아니라 가장 가까운 곳에 있다고 했습니다. 그
런데 이 가까운 영원한 세계의 통신을 들으려 하지 않고 발견하려 하지
않습니다. 자기가 대낮에 사는 것이 가장 밝은 것이고 분명한 줄 알지만,
밝은 날에 사는 그 대가로 진리를 잊는 것을 모르고 허영으로 지냅니다.

　참된 빛을 누가 전해주고 누가 가려주어야 하겠습니까? 언제든지 들
려주는 하늘의 통신을 모두가 다 들을 수는 없습니다. 허영에 가로놓인
사람은 이 통신을 듣지 못합니다. 자기 빛을 모르고, 무엇을 빗어 빛을
가려야 할지도 모르며, 무엇이 '가는 빛'을 찾는 것인지도 도무지 모릅
니다.

　'너희는 빛과 소금'(《마태복음》 5:13~16)이라는 《성경》 말씀의 의도를
알아야 합니다. '산 위의 불빛이 보이지 않을 수 있겠습니까? 등불이 보
이는데 어떻게 안 보이게 할 수 있겠습니까?' 자기 광고를 하기 위해, 제

자랑을 하기 위해 빛이 필요하다고 합니다. 무엇을 아는 척하면서 자랑하는 그 사람들이야말로 빚든(비뚠) 빚진 사람들입니다. 더구나 말할 수 없는 사람들입니다. 너희는 빛과 소금이라는 말씀을 도무지 모르는 사람들입니다. 이런 사람들은 자신이 불빛인 줄로만 압니다.

햇빛은 우리 숨길에 힘을 줍니다. 이렇게 힘주는 햇빛도 우리가 숨이 끊어지면 아주 급히 썩게 합니다(腐). 대낮을 빛으로 알고 싶지 않습니다. 밤중에 영원과 속삭일 때 보이는 가느다란 빛을 참빛으로 알고 싶습니다.

햇빛은 죽은 생선을 썩게 합니다. 화장한 얼굴을 곱게 보여주는 한때의 광선, 이것을 빛으로 알고 싶지 않습니다. 그러면 비유를 달리 하여 등불을 내놓기 쉬운데, 등불도 아닙니다. 예수가 '너희는 빛이요 소금'이라고 한 것은 이 빛을 갖고 이야기하는 것이 아닙니다. 유교에서는 일월성신(日月星辰)을 갖고 얘기하는데, 《성경》은 '새 하늘 새 땅'에 해와 달이 없다고 합니다. 참빛이 나타나므로 해와 달이 필요 없게 된다는 것입니다. 이것만 보아도 해와 달은 거짓빛이 아니겠습니까?

하늘나라에 들어가자는 우리이기에 예수도 '너희는 빛'이라고 한 것입니다. 우리가 하느님의 아들로 인정받을 때 '이 세상의 빛이요 소금'이 됩니다. 우리가 가리키는 그 방향이 하느님 나라로 들어가는 방향이 아니겠습니까? 이 일을 하라고 해서 '너희는 빛'이라고 하신 것입니다. 또한 양념으로 쓰거나 죽은 짐승을 삶아 먹는 데 그냥 먹으면 느끼하니까 치라는 소금의 의미에서 '너희는 소금'이라고 한 것이 아닙니다. 심심해서 한 소리가 아닙니다. 썩어 가는 생선을 소금에 푹 절이면 금방 뻣뻣해지고 더 썩지를 않습니다. 이러한 소금이 되라는 것입니다.

너희는 빛과 소금이라는 말을 그대로 해석해야 좋아하는 줄 압니다만, 그 진의를 알아야지 그러지 못하면 유치한 글로밖에 보이지 않습니다. 그래서야 어디 복음이라고 할 수 있나요? 이만한 맛이라도 있어야 복음이라고 할 수 있지 않겠어요?

이 세상에서 다른 맛은 더러 보았습니다만, 이 빛 맛은 못 보았습니다. 빛 맛을 좀 보았으면 좋겠습니다.《성경》의 맛도 소금 맛도 볼 수 있는데 빛 맛을 아직 보지 못하고 있습니다. 한번 보았으면 하는 게 이 사람의 마음입니다.

사람은 생명체입니다. 생명은 항상 위로 올라가려고 합니다. 'ㅅ'에 '하나(一)'를 올리면 'ㅈ', 'ㅈ'에 '하나'를 더 붙이면 'ㅊ'이 됩니다(ㅅ→ㅈ →ㅊ). 우리 인생이 위로 올라간다는 것은 마치 필름을 보는 것과 같습니다. 그 뜻이 너무나 깊어서 시작한 지 오천 년이 되어도 이 필름을 바로 보는 사람이 없어요. 이 필름을 이 궤변쟁이가 설명하려는 것입니다.

빚이 없는 사람은 없습니다. 인생은 영원히 생명의 빚을 지고 있고, 이 것을 갚으려고 또 빚을 집니다. 이 빚을 종단에는 빗어서 가리고 가려내 야겠습니다. 가릴 것을 가려서 '가는 빛'을 찾아 들어가야 합니다.

서양 사람들이 때로 말하기를, '이같이 이야기하게 되어서 영광(榮光) 입니다' 하고 '빛지는 빛'을 씁니다. 영광이라는 말은 대명천지 밝은 낮에나 쓰는 말입니다. '너희는 빛이고 소금'이라는 말의 뜻을 정말 알고 쓰는 사람이 몇이나 되는지 모르겠습니다.

이번에는 〈글 그리울밖에〉를 풀이해보겠습니다.

오늘 대낮에 꿈을 꾸었는지 모르겠습니다. 새벽녘에 꿈을 꾼 것을 대 낮까지 끌고 와서(류영모 혼자 웃음) '글 그리울밖에'라고 썼습니다. 글을 그려보고 글을 배워야만 되겠다는 말입니다. 요새 학교는 무엇을 가르 치는지 모르겠습니다. 이 사람 생각으로는 도무지 학교에 보내지도, 가지도 말라고 하고 싶습니다. 글 '그리울(泣)' 수밖에 없습니다. 생의 대부분은 울어야만 하는 것 같습니다. '그리울'밖에 없습니다. 그(하느님)를 그리워 그리울밖에 없습니다. 울지 않으면 못 견딥니다.

ㅣㅓㅣ 예수는

'나'라는 존재는 한 가닥 끄트머리의 한 점입니다. 끄트머리의 한 점을 지키는 것이 '나'입니다. 여기 앉아 계신 여러분도 다 한 끄트머리입니다. 끝을 지키는 여기를 '예'라고 합니다. '여기'라고도 할 수 있습니다. 우리 영혼이 어디에서 이어 나왔는지 알지 못합니다. 어디서 시작했는지를 모릅니다. 선조 때 누가 있어서 우리가 금방 여기로 나오게 되었다는 것은 아닐 것입니다. 한량없는 영원 속에서 우리가 나온 것입니다. 하느님으로부터 내려온 것입니다.

세계 각 나라의 말에서도 이렇게 내리 긋고(I) '이(아이)'라고 발음합니다. 가장 가까운 사람을 말할 때도 '이'라고 합니다. 영원이 무엇인가 하면 '이'라고 할 수 있습니다. 자꾸 더듬어 올라가보아도 그 턱입니다. 이어온 우리의 시초는 무엇인지 몰라요. '이'가 시초입니다. 토막토막 난 것을 이어서, 아버지, 할아버지, 증조, 고조, 십 대, 백 대, 만 대로 토막토막 난 것을 이어서, 자꾸자꾸 이어서 온 곳이 'ㅣㅓㅣ', 곧 '에ㅣ', '예', '여기'가 되었습니다. 영원히 이어 내려온 것이 '예'입니다. 여기서 시작해서 무한대로 올라가려는 것입니다. 여기서는 영원이 없습니다. 여기서 났다가 죽는다면 그것이 바로 가는 것은 아닙니다. 영원으로 가자는 것이 아닙니다. 영원이 이어 이어 가니까 불가불 이 시간에도 이러한 이야기를 하게 된 것입니다. 결코 우연이 아닙니다.

예수의 '수'에는 '할 수 있다'는 뜻이 있습니다. '뾰족한 수가 없다'라는 말들을 합니다. 《성경》에도 '수'가 있습니다. 이 사람은 요새 이렇습니다. 무슨 도둑질이라도 해서 큰 부자가 되고 싶다는 것이 아니라 마음 편히 사는 마음의 부자가 되고 싶습니다. 더 바라지도 않습니다. 그저 마음 편하고 몸 성하기를 바랍니다. 몸이 성하면 다른 것은 바랄 게 없습니다. 다음으로 이룰 것은 마음을 놓는다는 것인데, 한문으로 번역하면 '방심(放心)'이 됩니다. 글자 그대로 해석하면 '조심을 잊는다'라는 뜻입니다. 그런데 이 사람은 방심을 마음을 놓는 것으로 보고 싶습니다. 소를 부릴 때는 고삐를 맵니다. 말도 그렇습니다. 고삐를 매고 다루어야 비로소 마음이 놓입니다. 고삐를 줄였다 늘였다 하는 것으로는 남에게 해(害)를 끼치지 않습니다. 곧, 마음을 조심스럽게 붙잡고 애쓰는 것을 말합니다.

방심이라고 해서 조심성 없는 것을 말하는 것은 아닙니다. 그렇다고 다른 것은 안 된다며 신경과민이 될 만큼 조심조심 붙잡고만 있으라는 것도 아닙니다. 마음을 놓아야 합니다. 무엇 때문에 마음이 괴로워지거나 마음을 쓰거나 하는 것이 아니라 안심(安心)을 얻는 것을 말합니다. 안심하고 저절로 있어서 마음이 비어 있는 것을 말합니다.

진리를 담기 위해 마음을 비워놓는 것입니다. 더러운 것을 담기 위해 비워놓는 것이 아닙니다. 속을 비우는 것은 곧은(貞) 말씀을 담기 위해서입니다. 마음이 놓이면 더 바라지 않습니다. 몸이 성하고 마음이 놓이면 더 바랄 게 없는데, 하나 더 덧붙인다면 '바탈'이 있습니다. 성(性)이라고도 합니다. 지금은 남성, 여성이라는 말을 할 때 이 말을 쓰지만, 원래는 사람의 바탈을 말합니다. 우리가 하느님으로부터 받은 몸이나 마음이나 모든 게 성(性)입니다. 깊이 들어가면 바탈이 됩니다.

바탈을 불교에서는 견성(見性)이라고 하고, 도교에서는 성성(成性), 유교에서는 양성(養性)이라 합니다. '성성존존(成性存存)'은 아직 미숙한 바탈을 이루도록 존재(存在)를 존(存)한다는 뜻입니다. 유교에 나오는 글자를 전부 꺼내놓으면 지금의 철학과 사상이 죄다 나옵니다. 바탈은 하느님에게서 받은 것이니 정신을 하나로 모아 본 바탈을 이루자는 것입니다. 그러한 바탈이 존존(存存)하고 존재하는 것이 실존입니다. 이것은 까닭 없이 없어지는 게 아닙니다. 언제든지 존존합니다. '성성존존'이란 말을 바로 보아야 합니다. 무슨 새소리가 어떻고 향기가 어떻고 하는 문제가 아니라 종국에 가서 변화를 일으켜 완성을 하는 것입니다. 그래서 '바탈틔히'가 되어야 합니다.

'틔히'의 '틔'는 '태'가 아니고 '트'에 '이'를 더한 것입니다. 바탈을 태워버려야 한다는 뜻입니다. 그러니까 종단에 가서는 물로 씻고 불로 태워 풀어버리게 됩니다. 몸을 그냥 갖고 있어서는 안 됩니다. 물로 씻어야 합니다. 우리는 날 때부터 몸을 태웁니다. 산화작용으로 숨을 쉬어 탄산가스를 내뿜습니다. 우리의 피는 불살라 되는 것입니다. 곧, 피가 불살라져 힘을 얻게 됩니다. 불살라져 얻은 힘이면, 말씀을 사뢸 때 거짓말을 하지 않습니다.

우리는 나올 때 타고 나온 것이 있습니다. 또 나와서 타고 갈 것이 있습니다. '틔히어' 나가야 합니다. 태워 나간다는 말입니다. 그러한 의미의 '틔'입니다. 이 '틔히'의 발음은 오 발음에 걸쳐 '틔히'가 됩니다. '퇴'도 '태'도 아니고 '트'에 'ㅣ'를 더한 발음입니다. 이 사람도 하느님이 오라는 길을 타고 있는지, 또는 불살라 죄다 없어져 다시 새로운 무엇이 이 앞으로 올지 알 까닭이 없습니다. 이것은 다 마찬가지입니다. 나갈 때 태워 나왔으면 타고 가는 것입니다. 그리고 죄다 태울 것 다 살라버리고 높이 가는 끄트머리를 다시 잡아서 위로 올라가야 할 것입니다.

작은 바탈을 타고난 바탈도 자꾸자꾸 태워서, 타고난 것을 태워서 새로운 바탈로 솟나야 합니다. 오늘보다 내일, 아까보다 지금 더 나은 바탈을 낳게 하여야 합니다. 이렇게 하여 영원히 이어 나가는 것입니다. 영원히 이어간 그 끄트머리의 '나'가 이것인데(류영모가 자신을 가리킨다) 영원과 이 사람을 생각할 때 나(我)라는 것은 알 수 없는 존재가 됩니다. 있다가 없는 것이 '나'입니다. 지금의 나, 어제의 나, 나라는 것은 차차 옮겨지고 달라집니다. 먼저 볼 때보다 새로운 '나'가 자꾸 이어 나오는 것입니다. 바탕의 바탈이 자꾸 자라서 뒷 바탈을 자꾸 밀고 새 '나'로 만들어 나옵니다.

우리는 어머니 배 속에서 나와서 그대로 있다가 죽는 게 아닙니다. 다른 아무것도 가진 것은 없지만, 자꾸 바탈이 바탈을 낳고 위로 올라가겠다는 데 의의가 있습니다. 내가 날 낳는 것이나 바탈이 다시 바탈을 낳는 것이나 다 마찬가지입니다. 맨 처음에 시작할 때 하느님이 우리에게 주신 하느님의 아들로서 가까이 되는 그 길로 자꾸자꾸 나를 낳습니다. 그래서 바탈은 '티히'가 됩니다.

'몸성히', '맘놓이', '바탈티히' 이렇게 세 가지를 갖고 줄곧 향상을 위해서 어떤 교리를 잡겠다는 것은 기독교를 믿든 유교를 믿든 불교를 믿든 각자가 할 탓입니다. 신앙의 자유입니다. 정신의 자유이므로, 이 사람이 뭐라고 말씀드리지 않겠습니다. 어디를 가든 몸은 성하여야 하고 마음은 놓이어야 하며 바탈을 태워야 합니다. 이렇게 앞을 내다보면서 살아야 합니다.

예수의 '수'는 다른 '수'가 아닙니다. 또한 장사에서 잇속 나는 '수', 돈벌이의 '수'가 아닙니다. 예수의 '수'는 이제 우리가 알게 된 몸성히 마음놓이는 '수', 바탈티히는 '수'입니다. 이 '수'가 아니면 안 됩니다. 이것을 이어가는 것이 되어야겠습니다. 이것이 어쩌다 보니 예수의 이름과 같은 모양이 되었습니다.

숨쉬는 한목숨, 히어늘─걱룩

숨쉬는데 다른 곳에서 쉬지 않습니다. 여기 한 목에서 쉽니다(류영모가 두 손으로 목을 꽉 쥔다). 한 목에서 목숨의 숨을 쉽니다. 목이 없으면 숨쉬는 것도 없습니다. 숨쉬는 끄트머리에 가서는 므름(물음)을 하게 됩니다. 몸이 성하고 마음이 놓이며 바탈틔히면 므름을 알게 됩니다. 숨쉬는 목을 갖고 사는 것에 대한 므름을 하게 됩니다.

'히어늘', 영원까지 이어늘, 이어놓을 목숨 이어늘, 이어놓을 이어늘, 이것은 영원이라는 말이 됩니다. 궤변쟁이 말이라 하겠지만, 히는 목숨 이어늘의 '이'가 아닙니다. 늘 이어 사는 영원을 말하는 것입니다. 히는 (하느님을) 머리에 인 얼이어늘 '영원'이 아니겠습니까?

'걱룩(거룩)', '걱룩'의 '룩'과 '이어늘'의 '늘'이 무슨 관계가 있는 것 같습니다. 영원(하느님)과 좀 더 사귀어서 '그이'와 대단히 가까워지는 것입니다. 영원과 같이 늘 거룩하지 않으면 안 됩니다. 원래 '나'라는 것도 간다는 것입니다. 나 나왔다, 나왔으니 간다는 것입니다. 있으려고 나온 게 아닙니다.

나가마다, 그만 마다나?

다들 '나가마' 하고 나가는데, 나도 나온 것은 가려고 한 것이니 나도 나가마, 다 이렇게 됩니다. 나가마 나가마 하고 나왔는데, 그만 마다나? 그만 마나? 한몫을 보자고 나왔는데 보지 못하고, 오르자고 나왔는데 오르지도 못하고 '그만 마다나?'가 됩니다. 그만 하겠다나? 학교를 다니다가, 교회를 다니다가 도중에 그만두는 사람이 있습니다. 어떻게 보면 이런 사람을 말하는 것 같습니다.

빛드러 숨길 막지 말고

아까 다루었던 것이 다시 나왔습니다.

숨드러 고디 고디 나가는 빛을 따러 타다낳란

그렇습니다. 그저 한 줄 잡고 허영으로 가는 것을 피하고, 숨을 숨기어 쉬며, 고디게 고디 고디 가느다란 빛을 '따러 타다낳란'이 됩니다. 본바탈을 태워서 나가라는 뜻입니다. '타다낳란'에서는 '나'에 'ㅎ'이 붙습니다. '타다낳란'의 '낳란'은 높이 타올라 간다는 것입니다. 타서 자꾸 나옵니다. 'ㅎ'은 하늘 입니다. '타다낳란', 이렇게 쓰고 싶습니다. 또 가는 빛을 따라 났으면 하느님을 뵈어야 합니다.

븨희 이히히 히이마로다

'븨희 이히히', 올라가는 길에 자꾸 비워 올라가야 합니다. 자꾸 비워서 올라갑니다. '히이마로다', 바탈을 자꾸 태워내고 자꾸 새 바탈에 사는 것을 말하면 이렇게 하고 나가는 것입니다. 이것이 무엇인지 이 사람 혼자 꿈을 꾸고 좋아라 합니다. 여전히 꿈꾸며 말하고 있습니다. 이것을 오해하지 마십시오.

그리스도록

글이 성립되면 예수를 이어서 그리스도의 자리에 서도록(ㅍ) 받들어 나간다는 말입니다.

나갈 말슴

내 나갈 말씀이 그리스도록(ㅍ) 되어야 한다는 것입니다. 《성경》에도 무엇인지 말이 많습니다. 솔직하게 말하면 이 사람도 처음에는 거짓말을 듣고 속았습니다. 하느님 말씀은 참말씀으로 그리 서야만 합니다. 그러면 나갈 말씀이 될 수밖에 없습니다. 우리는 세상에 나와서 올라가고 다시 나오고, 먼 빛을 바라보며 그(하느님)를 그리워하고, 그가 그리워 나왔으니 그리스도록(立) 살아야 합니다. 이것이 그리스도입니다.

오를 그리울밖에

글은 원래 그림입니다. 그리워 그리는 그림입니다. 그리는 것이 그림입니다. 원래 그림도 밭을 나눌 때 밭에다 그린 것에서 시작했습니다. 그래서 밭 전(田) 자에 붓 필(筆) 자를 겹쳐 '획(劃)'이 되었습니다. '칼(刂)'은 원래 없었습니다. '획'이 그대로 그림의 뜻이 됩니다. 글은 잘못하면 '그른'이 됩니다. 그른, 그른 말이 됩니다. 잘못하면 글은 전부 그른 말이 됩니다. 다 거짓말이 됩니다. 우리는 무엇을 숙덕거리면서 이것을 다 글로 표현합니다. 그른 생각으로 그른 글을 쓰기 때문에 모두가 그른 맘을 갖게 됩니다. 문명이 다 글로 되었다면 그른 문명입니다. 그러니까 말을 바로 쓰자는 것입니다. 하느님에게로 나갈 말씀을 쓰자는 것입니다.

그렇다면 글이라는 것은 어떻게 하면 될까? 영원을 그리는 것이라면 글이 됩니다. 글이 그립다고 영문(英文)이나 자꾸 쓰고 되지 않는 소리 자꾸 써서 되겠습니까? 아무렇게나 쓰는 글을 그리워하는 것이 아닙니다. 영원을 이어온 '예'의 '수'를 받은 그 '수'를 영원히 살리는 글을 그리워합니다. 함부로 씨부렁거리면서 쓰는 글을 말하는 게 아닙니다.

글은 절대자인 그이(하느님)에게로 통합니다. 부처도 예수도 다 그(하느님)가 그리울 수밖에 없습니다. 자기의 짐승 바탈을 태워버리고 다른 새하늘 바탈을 잇대놓고 자꾸 나가는 것입니다. 그러지 않고 무엇으로 아버지의 아들이라고 자처할 수 있겠습니까? 자꾸 하느님 아버지를 내세우는 것은 자기가 하느님의 아들로 인정받으려고 노력하는 것입니다.

그러니 그 글이 그리울밖에 없습니다. 이것을 배워야 합니다.

이 사람은 학교에 다니는 것을 반대합니다. 기독교 학교라고 다 학교가 아닙니다. 글은 배워야 하지만, 학교에서 가르치는 글은 글이라고 할 수 없습니다. 하느님에게로 올라갈 수 있는 온전한 글을 가르치지 않습니다.

〈가 나 다 라〉를 보겠습니다. 우리나라 글이 다른 나라 글처럼 무엇이 하나 되었으면 좋겠다고 생각해서, '가나다라마바사아자차카타파하'가 무슨 뜻 있는 말이 되지 않나 살펴보았습니다. '기니디리미비시이지치키티피히', 이런 모양으로 말을 만들어 뜻을 찾아보았습니다. '아야어여오요우유'로 아버지가 아들을 어서 오라고 부르는 말을 만들어 보았습니다. '아야(애야) 어여(어서) 오요(오너라) 우유(위로)' 하면 아이가 나중에는 알았다고 '으이(으아)' 합니다. 이러한 소리를 몇 번 듣고 '가나다라마바사아자차차카타파하'를 보았습니다.

'가나다라마바사'는 이 사람에게 온 편지입니다. 요전 모임 날, 11월 11일인가 이 편지의 뜻을 좀 새겨보았습니다. 상대 세계에서 부르기 좋은 것이 '가나'입니다. 사람은 서로 만났다가 '가나? 가나?' 묻습니다. 그러나 사실은 무엇이 가느냐 하면 내가 하느님에게로 갑니다. 이것은 《성경》에도 있습니다.

"내가 여기 있나이다."

내가 나올 때 나와서 어떤 일이든 하고 내가 가는 것입니다. '가나' 문제가 나오면 '나가마'가 됩니다. 기왕 나왔으니, 열심히 나왔으니 '다', '라나가마', 이렇게 됩니다. 그러면 '마므마', '바브바'가 되고 '사르'이 오릅니다. '아르'이 듭니다. 지식의 알이 듭니다. 이것이 크게 자랍니다. 이 글이 다시 거슬러 올라가서 '차자아사르'이 됩니다. 찾을 것을 찾자는 것입니다. 찾을 것을 찾으면 여기서 일단락됩니다.

'가'로 다시 돌아갑니다. '가가', 가로 가는 것이 아니라 곧게 갑니다.
여기서 'ㄱ'을 겹쳐 'ㅋ'으로 합니다. '가가' 하고 다음의 '카'의 'ㄱ'이 하
나 더 겹쳐서 셋이 겹친 셈이 됩니다. 둘이 겹쳐 또 하나의 '가'를 발음하
려면 자연히 세 번째의 '가'는 그대로 소리가 나지 않습니다. 그래서 '카'
로 소리가 납니다. '간다' 해서 가로 가는 것이 아닙니다. 나갈 말씀을
따라 올라간다는 것입니다. 가고 가니 '카'입니다. 처음보다 더 커져서
큰일에 간다는 것입니다.

다음은 '나다타'입니다. 이 세상에 나왔다가 대접을 받아서, 곧 탈 것
타서 그야말로 갖고 나온 것을 타고 거짓 없이 지내는 것을 말합니다.
갖고 나온 것을 죄다 태워 간다는 뜻도 됩니다. '마바파', '나가마' 하고
장담을 하고 나왔습니다. '나가마' 하고 나와, 나온 자리에 가서 보면
'파'입니다. 이렇게 세상사를 알게 되면 즐거운 웃음으로 '아하하' 아주
만족한 웃음이 나옵니다.

이상 말씀드린 것은 유치원 아이가 장난한 것같이 되었습니다. 이 사
람은 장난꾼인지 모릅니다. 아무것도 아니에요. 따지고 따져보니까 이렇
게 된 것입니다. 꼭 유치원 아이가 맞추어보는 것 같습니다. 여러분께 제
안하는 것입니다. 일단 말씀드린 것을 가만히 생각해보십시오. '가나다
라마바사아자차카타파하'에서 끝내 듣지 못한 그 무엇을 듣는 것 같지
않습니까? 이렇게 잠깐 행렬을 놓고 보니, 몇 해 전에는 이 사람도 몰랐
던 것을 요전 새벽에 알았습니다.

'과귀', 이렇게 놓고 보면 무슨 까닭이 있습니다. '과', '고아', 물을 늘
고이게 합니다. '귀', '구어'는 불에 굽는 것을 말합니다. 세상만사가 이
렇습니다. 물에 씻고 불에 구워놓는 세상입니다. 물도 탑니다. 물과 풀은
같이 된 것입니다. 물 없이 풀(草)이 있을 리 없습니다. 물을 말리면 수분
이 없어집니다. 물이 없어지면 풀은 탑니다. 수분 빠진 풀도 탑니다. 인생

도 한낱 풀입니다. 《성경》도 인생은 풀이라고 하면서 다 타버리는 것으로 가르쳐줍니다. 요새 원자탄이 나왔는데 그까짓 것 없어도 인생은 절로 불타 없어집니다. 수소탄에 맞지 않아도 다 타버리고 말 것입니다.

'와ㅣ워ㅣ', 소를 끌 때 '와와' 하면 멈추고 '워워' 하면 갑니다. '오아 오아 우어우어', 소에게 이렇게 들리는 것 같습니다. 사람의 말을 알아듣는 모양이니 말입니다. '와'는 '오아', '올라와' 올라가는 뜻을 말합니다.

밤중에 통신에 귀를 기울인다면, 낮에 잠만 잔다 하더라도 종국에 건져짐을 받을 수 있습니다. '와'에 '이'가 붙어서 '왜'가 됩니다. '왜 그러니? 왜 그러냐? 왜 그럴까?'는 의문을 나타냅니다. '워'에 '이'가 붙으면 '웨'가 됩니다. 어머니가 자식을 보고, '아니 웨, 웨, 아이구 웨 그러니?' 합니다. 역시 질문하는 말입니다.

너·나와 물건 사이의 '왜', '웨'가 있습니다. 이것도 결국은 위로 올라가자는 말입니다. 자꾸 내가 날 낳는다고 하였습니다. 내가 날 낳아야 하고 낳긴 낳아야 하는데, 기왕에 나왔으면 더 낫게 낳아야 합니다. 전생보다 더 낫게 낳아야 합니다. 'ㅎ'을 붙인 것은 이 뜻을 말하기 위해서입니다. '낳다', 이것은 더 낫게 되자는 뜻일 겁니다. 'ㅎ'은 하늘이고, 하늘을 받드는 뜻으로 잘 나가자는 말입니다.

가끔 우리는 '왜', '웨' 합니다. 인생은 사는 것이기 때문에 그렇습니다. 그러나 한번 갈 때는 '왜, 웨, 내가 왜 그래? 방금 전만 해도 그렇지 않았는데 왜? 웨?' 소리가 나오지 않았으면 합니다. 인생은 모두 지지고 볶고 씻고 구워서 자꾸 자기의 바탈 없이 하고 빚어내는 것으로, 종국에는 가는 길을 찾고 가는 빛을 따라 가야 합니다.

'글보리웋에타낳', 그래서 나도 위로 가고 너도 위로 오고, 터널 길은 더 낫게 터내고 떠납니다. 같은 값이면 밑으로 떨어지지 않게 위를 탑니다. 그러니 괴로울 수밖에 없습니다. 그래서 빚진 것은 빗으로 가려내고 가리자는 것입니다. 하느님께 가서는 도저히 가릴 수가 없습니다. 낮에 밝다고 딴 일만 하지 말고, 숨은 길로 들어가서 고디 곧장 가는 빛에 가야만 합니다.

아무리 궤변 같고 낮에 꿈꾸는 소리 같지만, 더러 《성경》 말씀과 비교해서 들어주시면 은연중에 들어맞는 소리를 배울 수 있을 겁니다. 이 말씀은 오늘의 역사로만 이루어진 게 아닙니다. 다 서로 보여주는 것이 있습니다. 역사의 모든 말씀이 우리에게 그래도 뭔가를 보여주는 것이 없지 않아 있습니다.

'가나다라마바사아자차카타파하'도 우리에게 보여주는 것이 있습니다. '가나', '나가마', '다', '라나가마', '마ㅁ마', '바ㅂ바', '사ㄹ', '아ㄹ', '자라', '차자아사ㄹ', '가가카', '나다타', '마바파', '아하하', '과궈', '와ㅣ워ㅣ', 이것이 다 그 가는 길입니다. 그래서 '글보리옹에타낳'인 것입니다. 글을 보고 위에 탄다는 말입니다. 글공부를 하러 학교에 가는 그런 글을 그리워하는 것이 아닙니다.

정말 그리워할 것은 그(하느님)를 그리워하여야 합니다. 또 그를 그리는 것을 그리워하여야 합니다. 그른 글은 아예 배우지 않는 것이 좋습니다. 글 배우는 사람이 요새 같아서는 멸망밖에 오지 않습니다.

이 사람은 이어 이어 예수 되는 이것을 확실히 믿습니다. '그리스도록' 하는 것을 믿습니다. 심한 궤변인지 모르겠습니다. 예수의 '수'를 믿고 완전히 '그리스도록', 참할 수 있게 서도록 빛을 빗으로 가리어야 한다는 이것이 궤변인지 잘 모르겠습니다. 그러나 이 사람은 빛은 빗으로 가림을 하고 고디 곧게 가는 빛을 따라 들어가서 '그리스도록' 한다는 이 의미를 더없이 믿고 기도를 합니다. 신앙은 자유입니다. 믿음은 제각각 가져야 합니다만, 예수의 '수'와 '그리스도록' 하는 원칙만은 일치하여야 할 것입니다. (1956. 11. 15.)

제9강

인과율과 하늘의 법칙

선을 행하고도 고난을 겪는다

그러므로 여러분이 열심히 선한 일을 하면, 누가 여러분을 해치겠습니까? 그러나 정의를 위하여 고난을 받으면, 여러분은 복이 있습니다. 그들의 위협을 무서워하지 말며, 흔들리지 마십시오. 다만 여러분의 마음속에 그리스도를 주님으로 모시고 거룩하게 대하십시오. 여러분이 가진 희망을 설명하여주기를 바라는 사람에게는, 언제나 답변할 수 있게 준비를 해 두십시오. 그러나 온유함과 두려운 마음으로 답변하십시오. 선한 양심을 가지십시오. 그리하면 그리스도 안에서 행하는 여러분의 선한 행실을 욕하는 사람들이, 여러분을 헐뜯는 그 일로 부끄러움을 당하게 될 것입니다. 하나님께서 바라시는 뜻이라면, 선을 행하다가 고난을 받는 것이 악을 행하다가 고난을 받는 것보다 낫습니다. (《베드로 전서》 3:13~17)

일전에 한번 본 일이 있는 말씀입니다.

하나님께서 바라시는 뜻이라면, 선을 행하다가 고난을 받는 것이

악을 행하다가 고난을 받는 것보다 낫습니다. (〈베드로 전서〉3:17)

지금 우리가 아침저녁으로 집 안에서나 집 밖에서 쓰는 말과는 조금 다르게 쓰이는 말로서, 언뜻 알아듣기 어렵습니다. 이런 어려운 이야기에 대해 사람들은 서로 다르게 여러 가지로 해석을 합니다. 같은 말을 가지고도 쉽게 해석해서 깨달았다고까지 합니다.

여러분도 이 말씀을 알고 있다고 할지 모르겠습니다. 이 말씀은 우리들 믿는 사람 모두가 알고 있습니다. 그리스도인들이 가장 많이 쓰는 말이라 하겠습니다. 우리 사회에서도 걸핏하면 이 말을 합니다. 일제강점기에 많이 쓰는 말이었는데, 지금도 마찬가지입니다.

이것은 보통 쓰는 말과는 좀 다릅니다. 하느님이 바란다면 선을 행하다가 고난을 받는 게 악을 행하다가 고난을 받는 것보다 낫다고 하였습니다. 보통 사람으로서는 할 수 없는 말입니다. 그렇게 말하고 그 말을 따르는 사람이 없습니다. 우리가 사는 이 상대 세계에서는 기껏 정신을 차려보아야 인과관계에만 그칩니다. 인과율에 대해서만 정신을 차립니다. 물리니 과학이니 하는 것이 인과율입니다.

요즘 과학을 한다는 사람 가운데는 새로운 발전과 발견을 두고 그 자체의 즐거움을 위하여 한다거나, 과학을 위해 과학을 한다는 식의 주장을 펼치는 사람들이 있습니다. 진리를 연구하여 그 진리에서 과학을 발달시키고 그것을 이용하면 참 기쁘고 좋은 일입니다. 기쁘고 좋은 일은 자기에게만 그치는 게 아닙니다. 두고두고 여러 사람에게 작용하여 함께 좋아하고 기뻐하게 됩니다.

대부분의 학문은 과학인데 그 결과는 전부 인과율을 발전시키는 것입니다. 소위 학문에서 사물을 따지고 생각하는 이치가 인과율의 굴레 안에 있지 않다면, 즉 인간의 욕심을 채우기 위해 발전시켰건만 이용할 가치가 없고 또 탐지한 결과가 아무것도 아니라면, 그런 연구에 몸바치는 사람은 없을 것입니다. 따라서 문명이라든지 생존의 맛은 모른다 하더라도 인과율의 작용으로 대개가 끝장이 납니다.

이 세계에 인과율이 아닌 것이 어디 있습니까? 공부만 잘하면 나중에 사회에서 돈을 많이 벌 것이다, 그저 젊을 때 공부를 잘해야 나중에 지위가 높은 큰 사람이 된다, 이런 식으로 어렸을 적부터 공부를 잘하여 크게 되라고 합니다. 공부가 무엇이고 크게 되는 것이 무엇을 말합니까? 대통령이 크단 말입니까? 장관이란 지위가 높단 말입니까? 도무지 모르는 소리들만 하고 있습니다. 영웅이 되는 것이 크게 되는 것입니까? 이렇게 따지면 모든 게 인과율의 범주 안에서 움직이는 것이고, 죄다 인과관계를 맺는 것이 됩니다.

때문에 그저 밥이나 먹고 지내는 수준의 정신에서는 선을 행하다가 고난을 받는다는 논리를 이해하지 못합니다. 선한 행위의 맛이 선(善)이므로, 좋은 일을 하고 옳은 행동을 하다가 고난을 받으면 하늘의 뜻으로 알라는 말씀은 보통 논리로는 알 수 없습니다. 이 점에서는 보통 말씀이 아니라고 생각합니다. 우리 사회에서는 도저히 통하지 않는 말입니다. 잘하는데 욕을 본다니, 그런 말이 어디 있습니까? 그런데 이것이 하느님의 뜻이라고 합니다. 하느님은 무슨 까닭으로 이런 말씀을 하는 걸까요? 우리의 상대 세계 어디에 그런 소리가 있나요? 없습니다. 없을 수밖에요. 다른 것이 없으니까요.

그런데 베드로는 이 말을 거침없이 합니다. 그는 보통으로 사는 사람이 아닙니다. 땅에 발 뻗고 잠자고 밥 먹는 사람이라면 그렇게 말할 수가 없습니다. 《성경》이 무엇인지 알고 편지를 쓴 사람임에 틀림없습니다. 아무리 그리스도인이라 해도 이런 말을 하기는 어렵습니다. 인과관계의 상대 세계에서 이렇게 말한다는 것은, 그 무언가 너무도 깊은 것을 터득했음을 말해줍니다. 그것이 하느님의 뜻이라는 말은 이 사람도 모르겠습니다. 《성경》에서만 할 수 있는 말로 생각하면 좋겠습니다.

선을 행하다가 고난을 받는 것이 악을 행하다가 고난을 받는 것보다 낫다고 했는데, 이 '낫다'에 대해 생각해보겠습니다. 우리는 꼭 하느님의 인정을 받고 하느님 말씀대로 살기를 바랍니다. 이것이 신앙이라고 생각합니다. 좀 더 나아지지 않을까? 나중에는 지금보다 좀 낫지 않을까? 오늘보다 내일이 좀 낫지 않을까? 나 자신도 오늘보다 내일 더 나아지지 않을까? 국가, 사회, 인류가 앞으로 더 나아지지 않을까? 이처럼 나아지면 좋겠다는 이상을 갖고 있다는 말입니다.

인과율이 지배하는 세상에서 우리는 결과만 바라보며 삽니다. 속고 사는 이 세상에서 좀 나아지지 않을까 하고 다시 속습니다. 그래서 나아지지 말고 그냥 있든지, 아무것도 하지 않고 그냥 그대로 내버려 두든지 하는 게 어쩌면 훨씬 나을 거라고 할 수 있을지 모르겠습니다. 뒤에 지나고 나서 '낫다'고 생각하는 사람은 없습니다. 속고만 사는 세상에 몇 걸음 안 가서 또다시 속기만 하니까, 이제는 그만 속겠다고 조사를 합니다. 조사를 채 다 못 하고 허무해지는 것이 대다수의 일입니다.

'낫다'를 정말로 믿는 사람이 있습니다. 정말 나아지리라고 믿는 사람이 있다면, 그 사람은 이 땅을 딛고 있으나 반은 이미 이 세상을 떠난 사람입니다. 그저 엎디어 몸뚱이 반을 대표로 내세운 사람입니다. 이런 사람은 하느님에게로 올라갈 수 있습니다. 오늘의 이 현실에서 횡행천하(橫行天下)하는 사람입니다.

좀 더 나아진다고 믿지도 않고 믿지지 않으려고 하는 보통 사람은 장사에서도 밑지려고 하지 않습니다. 그런데 장사를 정말 할 줄 아는 사람은 밑지기도 하고 이익을 남기기도 합니다. 돈을 만들기 위해서 밑지고 팔기도 합니다. 일승일패(一勝一敗)는 병가상사(兵家常事)라는 말이 있습니다. 장사하는 사람은 밑지는 일을 으레 당하는 법입니다.

신앙과 관련해서는 죽더라도 살아난다고 말합니다. 이렇게 살면 나중에는 좀 더 나아진다고 자꾸 주장합니다. 이것이 신앙이고 종교입니다. 철학에서도 생명철학(生命哲學)은 말이 철학이지 종교입니다. 이름은 분명히 철학입니다. 하지만 말씀이 신앙이고 철학이라면, 그 말씀은 신앙의 기원을 이루는 것이니 생명철학도 이 경지로 들어가면 신앙이 됩니다.

어제 자기가 타고난 바탈을 자꾸 태워 나은 바탈을 내세운다고 말했습니다. 그렇게 나온 것이 나은 게 아닙니다. 자기가 타고 나온 죄를 자꾸 태워버리면 내가 날 낳는 것입니다. 거듭나는 것입니다. 이것이 참으로 나은 것이 됩니다. 여기 '나'라는 것도 줄곧 나오지 않았으면 아직 나는 없습니다. 낳으니까 자꾸 나옵니다. 나라는 것도 계속 나오는 것이 없으면 없습니다. 아니, '나'라고 할 수 없습니다. 멀쩡한 '나'라는 것은 없습니다.

신앙을 가진 사람이라고 해서 '나'라는 게 없어지는 것이 아닙니다. 영원에서 사니까, 영원이 분명히 있다고 믿고 사니까 '나'가 자꾸 나옵니다. 잇대어 자꾸 나와 올라갑니다. 나를 낳고 또 낳고 점점 더 잘 낳아야합니다. '가나'가 '나'요, '나'가 점점 잘되어 나가는 것이 '나가마'입니다.

정신계에서 '나'라는 것이 점점 높이 되어 나가고 나아지면 힘도 점점커집니다. 힘이 더 커지는 이치가 나를 점점 완전하게 하기 때문이 아닐까요? 어디 함부로 여러 사람 있는 데서 하느님을 붙잡고 우리 아버지라고 부릅니까? 길을 가는 거지가 우리에게 아버지라고 부르면 무조건 안아주겠습니까? 아버지처럼 말해줄 수 있습니까? 우리 인간과 같은 거지가 또 어디 있습니까? 차라리 새나 짐승들은 부자입니다. 무슨 걱정이 있겠어요?

사람은 마음을 항상 비워 두어야 하고 괴로워해야 하니, 사람처럼 불쌍한 가난뱅이는 없을 겁니다. 그런 우리에게 두려워하지 말고 구하라고, 구하면 주시겠다고 하였습니다. 이처럼 아버지의 살림살이를 맡고 있으니까, 나아질 것이 나아져야 할 게 아니겠습니까? 아버지한테 좀 더 가까워져야 할 것이 아니겠습니까? 나아지는 것은 물론 정신인 '나'입니다. 이렇게 되는 것을 믿는 것이 종교라고 생각합니다.

그러면 베드로의 정신을 어떻게 보아야 하겠습니까? 보탤 것도 없고 뺄 것도 없이 말 그대로 본다면, 듣는 것과 보는 것 모두 각 사람에 따라 선(善)이 다르게 보이겠지만 좀 나아지고 좀 낫게 되는 말씀으로 알면 됩니다. 말씀이란 전체인 하느님의 끄트머리인 말을 뜻합니다.

우리 같은 사람이 말하는 것은 자랄 줄을 모릅니다. 10년 전에 한 말이나 오늘 한 말이나 더 어떻게 자랄 줄을 모릅니다. 그래서 목사가 목회를 할 때 대개 한군데 오래 있지 못합니다. 그 사람을 오래 있게 하지도 못합니다. 이치에 맞는 것을 다 풀어놓으면, 그러니까 3년이나 4년쯤 목회를 하고 나면 더 말할 것이 없게 됩니다. 한 말 또 하고 또 하니까 듣는 사람도 없습니다. 그래서 자리를 옮기게 된다고 합니다. 그냥 딴 곳에 가서도 레코드 노릇을 합니다. 생명 있는 레코드가 아닙니다. 자기 생명은 자꾸 나갈 것입니다. '나가자' 해서 남의 앞에서 힘 자랄 때까지 나가서 말하게 됩니다.

이렇게 말하면 어폐가 있는 것 같습니다만 이 사람의 말은 밤낮 같은 말로 들리겠지만 다른 말입니다. 어제의 내가 오늘의 나는 아니기 때문입니다. 아까 걸어올 때의 내가 지금 이 자리의 나는 아닙니다. 방금 한 말은 10년 전에 한 말과 같지 않습니다.

다음 강의에 말할 제목으로 내걸려고 한 것인데 오늘 이대로 다 말씀이 될지 안 될지는 모르겠습니다만, '신지(神知)'라는 말을 할 생각이었습니다. 신(神)과 귀신(鬼神)의 내용이 다른지는 모르겠습니다. 동양에서는 귀신(鬼神)이 나옵니다. 귀신(鬼神)은 돌아가고(歸) 나오는(伸) 귀신

(歸伸)을 말합니다. 곧, 순환하는 자연이 귀신입니다.

자연은 변합니다. 변화하는 자연을 알자는 것입니다. 세상에는 여러 신(神)이 있습니다. 함부로 부인할 수도 없습니다. 신은 헤아릴 수 없는 불측(不測)의 존재입니다. 잘 알지 못하지만 실재한 것 같아서 찾아갑니다. 절대의 신이라든지 유일의 신이라든지 그 조건이 같다고 하더라도 우리가 넉넉히 끄집어낼 수 있는 존재가 아닙니다. '신은 하나'라는 말이 있는데 어떻게 하나가 되었는지 모르겠습니다. 더구나 신이 하나인데, 유일신이라는 말은 또 어떻게 나왔는지 모르겠습니다.

유교에서는 신을 불가침(不可侵)한 존재라고도 합니다. 지금 상대 세계에 살면서 불가침이니 뭐니 하는 것을 모르면 모르는 대로 배우지 않고 지내면 편안할 터인데, 우리의 인생은 그렇지 못합니다. 그렇게 안 되어 있어서 자꾸 올라가는 것이 좋다고 합니다. 적은 것을 좋다고 하지 않고, 많으면 하는 것이 어리석은 우리 인간의 마음입니다.

이 세상은 적은 것을 싫다고 하고, 많은 것을 좋아합니다. 자꾸 갖다 줘야 좋아합니다. 노자의 《도덕경》에 '소즉득다즉혹(少則得多則惑)'이란 말이 있습니다. 꿩 사냥을 나갔는데 꿩을 못 잡다가, 꿩 여러 마리가 한꺼번에 푸드덕 날아갔습니다. 이때 이것도 잡고 싶고 저것도 잡고 싶어 하다가 한 마리도 못 잡는 일이 있습니다. 또 시장에 가서 물건을 파는데 여기 가서 묻고 저기 가서 묻고 하다가 이문을 남기지 못하는 일이 있습니다. 많이 있으면 어쩔 줄 모르면서 좋아합니다. 많은 꿩 중에서는 제일 못난 것이라도 한 마리 잡겠다고 할 때 잡게 됩니다. 이렇게 해야 하지 다즉혹(多則惑)은 소용이 없습니다. 소즉득(少則得)입니다. 종단에 가서는 하나를 얻는 것입니다. 이 상대 세계에서 그 하나도 어차피 내버려야 합니다.

어리석은 사람이 이 세상이 넓다고 이것저것 만든 것이 많은데, 원형

하나가 제대로 잘되어 나가면 이러한 일이 없습니다. 알지 못한 것은 알려고 하다가 점점 모르게 됩니다. 이것을 지나치게 하다가는 점점 모르게 되니 걱정이 아닐 수 없습니다. 부잣집 자식이 못쓰게 되는 이유가 여기 있습니다. 이것저것 하다가 망합니다. 점점 더 회의를 느끼게 됩니다. 여간 정신을 차려야 하는 것이 아닙니다.

요즘 서점에 《마르크스와 예수》, 뭐 이런 책이 있다고 합니다. 마르크스와 예수 사이에 뭔가 공통되는 것이 있을 것입니다. 그런데 예수 이름을 부르는 사람이 하느님이 일러주신 말씀 그대로 하면 공산주의가 어디 있을 수 있습니까? 나올 수 없습니다. 원형대로 불교 사상이 빈틈없이 발전하였다면 어디 동양에 마르크스와 레닌의 사상이 얼씬했겠습니까? 《성경》이면 《성경》 이치만 살리는 것이 아니라 이론을 세워서 좀 낫게 해야 하는데, 그러지 못해 틈이 생겨 그런 사상이 들어오게 되는 것입니다. 《성경》에도 같이 고루 먹자는 말이 있습니다. 공평히 하자는 말도 있고 가난한 이를 도와주라는 말도 있습니다. 그런데 이치는 알지만 이론으로 만들지는 못했습니다. 자꾸 나아지게 하여야 할 것이 아니겠습니까? 좀 낫게 할 것을 낫게 하지 못하였으니까, 이런 소리 저런 소리가 나오게 되는 것입니다.

베드로 같은 분은 선을 행하다 해를 당하는 것이 악을 행하다 고난을 받는 것보다 낫다고 하였습니다. 타락한 사람들이 특히 잘 보아 둘 구절입니다. 이때까지 선을 행했는데 대접이 겨우 요것뿐인가? 이렇게 할 수 있나? 나에게는 그럴 수가 없는데? 이런 식으로 '왜' 소리를 하지 않는다는 말입니다. 《성경》 공부나 기도할 때만 이런 생각이 따라와서는 안 됩니다. 누구네 아들은 부자가 되고 누구네 아들은 장관이 되었다고 부러워하는데, 이것은 가룟 유다의 정신을 쫓아가는 것입니다. 이 시대에 나아지지 않을까 하고 기대하는 것이 이런 것이 아닌가 합니다. 그런데 베드로는 다른 의미에서 우리에게 선을 행하다 고난을 당하는 것이 악을 행하다 고통을 당하는 것보다 낫다는 내용의 편지를 특별히 썼습니다.

미신(迷信)이라는 말이 있습니다. 동양에서 쓰는 말에 먹어야 산다는 말이 있습니다. '미(迷)'는 쌀 미(米) 자에 갈 주(走) 자를 붙인 것입니다. 미(迷), 곧 먹어야 산다는 도(道)가 미신입니다. 정신자(正信者)가 몇 분이나 되고 정도(正道)가 몇 가지나 되는지는 모릅니다. 모두가 먹어야 산다는 먹자판이 되어, 종교는 미신이 되고 아편이라는 말마저 듣습니다. 힘과 빵을 해결하는 것이 종교라고 해서 미신이라는 말이 나온 줄 압니다.

공산주의 천하가 되면 먹고사는 데 많은 발전이 이루어진다고 합니다. 옛날 제왕 때 입고 먹고 한 것처럼 된다는 말인데, 잘 입고 잘 지낸다는 것이야말로 미신이 아니고 무엇이겠습니까? 사람이 어리석어서 그런 데 빠지는 것입니다. 열대 지방에는 먹을 게 풍부합니다. 더워서 입을 걱정도 하지 않습니다. 그런데 열대 지방 사람들은 자기 나이도 모를 정도로 미련합니다. 모든 것이 풍족하다는 것 역시 좋지 못합니다. 요새 그곳에 백인들이 들어가서 착취를 하는 바람에 부족함을 느끼게 되니까 예전과는 퍽 차이가 있다고 합니다. 빵 문제가 해결되면 이 지경을 당합니다. 우리에게는 빵 이상의 것이 있습니다.

인생에는 반드시 뜻이 있습니다. 진리가 그것이고 하느님이 그것입니다. 우리는 물건과 달라서 '나'라는 존재, 다른 물건과의 관계가 퍽 까다롭습니다. 확실히 덩어리진 것을 물건이라 하여 만져보고는 확실하다고 합니다. 확실한 것을 찾는다면 내가 확실한 것입니까? '나'는 확실한 게 아닙니다. 내가 확실하다면 짐승도 죄다 내가 되지 않겠습니까? 나와 같다면 이렇고 저렇고 걱정이 없습니다. 바랄 게 없습니다. 좋거나 언짢거나 '나'는 그 어디에서도 확실하게 찾아볼 도리가 없습니다. 내 얼굴과 나를 보는 사람의 얼굴이 잘생겼거나 못생겼거나 다르니까 그나마 '나'라는 것을 알지 않습니까? 그러면 '나'는 무엇인가? '나'를 찾으려면 속에 들어가야 합니다. 가까운 이웃, 친구나 친척에게서 찾을 수는 없습니다. 오직 내 안에서 생각해서 개인이라는 나를 찾을 도리밖에 없습니다. '나'라는 게 종단엔 있다고 하는 게 버릇이 되었습니다. 그래서 있다고 하고 싶습니다. 확답은 못 합니다만 오직 한 분밖에 안 계신 하느님 절대자를 향하여 형이상하(形而上下)로 나아지려고 애쓰는 '나'가 있다고 말씀드릴 수 있습니다.

천지창조의 근원을 알 때 참 느긋한 감이 없지 않아 있습니다. 천지라는 것을 다시 한 번 알아도 좋습니다. 우리는 내가 날 낳는다고 합니다. 우리는 태울 것 태워서 나아갑니다. 좀 낫게 나가는 것입니다. 어제도 말씀드렸습니다만 자꾸 낫게 되어 올라가는 것입니다. 이 땅 위에 모든 것이 있다고 하여도, 있다고 하는 것이 버릇이 되어 있어도, 있다고 하지 않습니다. 없다가 있고, 있다가 없어지는 것입니다. 있다가 가보세요. 있는 것이 있나? 다 없어집니다. 있다가 없습니다.

지금 돈을 좋아하는데 대통령의 얼굴 때문에 좋다고들 하는지 모르겠습니다. 한 장이라도 더 벌려고 애를 씁니다. 그야말로 있다 없는 것이고 없다 있는 것인데, 거기에 무슨 뜻이 있는지 모르겠습니다. 로마시대에 황제의 얼굴을 박은 것과 다름이 없습니다. 바리새인들이 하던 짓과 다름없이 똥 싸고 지내는데 밑씻개밖에 더 할 것이 있습니까? 1백 년이나 2백 년 후에는 전부 밑씻개로 없어질 게 뻔합니다. 폐기하는 돈으로 장판지를 만든다는 얘기를 들었습니다. 엉덩이 밑에 깔리는 그것도 밑씻개나 마찬가지입니다. 뭐가 확실하고, 확실히 있다는 것인지 알 수 없습니다. 그러니 하느님을 그리워하며 나갈 수밖에 없습니다.

나(我)는 내 마음대로 되는 '나'가 아닙니다. 그래서 그리스도교에서도 자살은 죄라고 합니다. 그것은 우리의 생명이 하느님의 것이라는 《성경》 말씀대로, 네 것이 아니라 하느님의 것이니 네 맘대로 처리하면 안 된다는 말입니다. 그러나 이 사람은 '나'를 비워버리는 것만큼은 시인합니다. 사람을 죽이지 말라고 하는데, 이 사람도 그 말을 믿습니다. 이 사람도 사람을 죽이는 것은 안 된다고 주장합니다. 일제강점기 때에 일본 사람들은 간단하게 자살하는 것을 자랑으로 알았습니다. 불교 사상이나 희랍 사상이 그렇지 않은 것은 이 사람도 압니다.

그러나 꼭 죽어야 하는 경우인데 자살하지 않은 사람이 있습니다. 반드시 자살해야 하는 경우에도 자살하지 않는다면, 이것을 꼭 옳다고 하겠습니까? 한국 사람이 일본 사람보다 생명을 존중하는지, 또 자기 변명으로 자살은 죄라고 하는지는 모르겠습니다. 이런 말을 마땅하게 생각하지는 않습니다. 기어이 죽어야 할 마당에 또박또박 사는 것만이 능사는 아닙니다. 나의 죽음으로 이 사회가 어제보다 나아질지 모르는 상황에서 못나게 죽음을 피한다는 것은 말이 안 됩니다. 자살하여 죽음으로써 지금보다 이 사회가 나아진다면 마땅히 죽어야 합니다. 이렇게 죽어야 다음 대(代)가 좀 나아집니다.

얼굴은 쭈그러지고 나이는 일흔 살이 넘었는데, 그렇게 늙도록 병 하나 없다고 자랑하는 사람들이 있습니다. 그것은 거짓말입니다. 여든 살 아흔 살이 넘어서도 건강이 있습니까? 죽을 때 죽을 수 있는 사람이 가치 있어 보이지 않습니까? 일제강점기 때 신사 참배 사건으로 감옥에 갔다 나온 사람들은 당시에 죽기로 저항했다고 합니다. 자기가 자기를 결정 지을 수 있는 문제입니다. 내가 날 자꾸 낳아(나아) 가는 것이니까 죽어서 새로 나아진다면 몸뚱이의 자살은 하지 않을지언정, 정신적인 자살은 얼마든지 하여도 좋다고 생각합니다. 낳아(나아) 가는 것이라면 정신의 자살을 하는 경지가 복음도 알고 은혜도 부딪쳐보는 것이 됩니다. 내가 나를 낳아 가는 것입니다. 이것이 지금 걸어오면서 생각해본 것입니다.

바다를 항해하던 중 배가 부서져 가라앉게 되더라도 업무 책임자는 끝까지 기록을 합니다. 죽기 몇 분 전까지도, 죽기 10분 전이나 20분 전까지도 기록을 해놓고 죽습니다. 이런 것을 보면 사람은 두려운 존재입니다. 이렇게 죽는 사람이야말로 아는 사람입니다. 이것을 소위 순직이라고 하지 않습니까? 자기 직분에 순(殉)하는 이것이 그 자체로 종교가 됩니다. 하느님 한 번 부르지 못하고 예배 한 번 하지 않은 사람일지라도, 이 사람은 무엇인지 찾고 들어갈 때 들어갈 수 있는 사람일 것입니다. 건져지는 무엇이 있을 것입니다. 할 수만 있다면 이러한 죽음을 맞이하면 좋겠습니다.

길거리를 걷다가 삶을 그만두라고 명령하는 하느님의 음성을 듣게 되더라도 '아, 이럴 수가 있는가? 왜?'라는 소리는 하지 않아야 합니다. 사는 동안엔 자꾸 따지게 되지만, 내가 나아가는 마당에 '왜' 소리가 나오지 않아야 하겠습니다. 돌아갈 곳은 가온찍기(ㆍ)입니다.

청년회관(YMCA)에서 이야기를 하겠다는 것은 이 사람의 생각이 아닙니다. 이 사람의 정신에서 나온 게 아닙니다. 하느님이 이 사람의 정신 보고 꼭 가라고 해서 이곳에 나온 것인지는 모르겠습니다. 인간은 무슨 목적 때문에 무슨 일을 어떻게 해야 한다는 것이 있습니다. 우리가 여기 있는 것은, 이렇게 모인 것은 결코 우연이 아닙니다. 무슨 학교 공부를 해야 하고 무슨 지위를 바라는 것은 한낱 꿈이 아니겠습니까? 우리는 방금 낳은 나를 자꾸 새로 낳아 하느님에게 나아가야 합니다. 이런 말을 해서 어떨지 모르지만, 아버지 하느님 앞에서는 이런 말을 해도 무관할 것입니다.

이런 생각도 해보았습니다. '직이', '지기', '직히', '하남직', 이것도 제목으로 내걸 수 있습니다. 이것만 갖고 며칠을 말할 수도 있습니다. 이 사람은 한글 공부를 할 기회가 없었기 때문에 어떤 게 한글 맞춤법에 맞는지 모릅니다. 영혼의 공부를 했기에 어떻게 글을 쓰는 게 옳은지도 잘 모릅니다. 우선 이 글부터 규정하기로 하겠습니다.

먼저 '직이'입니다. 대청지기, 문지기 따위의 지키는 사람을 '직이'라고 할 수 있습니다. '직이'라고 이렇게 쓸 필요가 있습니다.

또 '지기'는 '그래지기'를 바란다는 '지기'입니다. 아무리 하고 싶어도 안 되는 일이 있습니다. 내가 그렇게 하겠다고 해서 되는 게 아닙니다. '그래지기'의 '지기'는 자연의 형식입니다. 자연이 그래지기를 바라게 됩니다. 사람의 일은 자연이 일을 하는 대로 그래지지 않을 때가 있습니다. 안 되면 노력을 하여야 합니다.

끝으로 '직히'는 '직'에 '히'가 붙어서 그렇게 하게 하는 작용을 나타냅니다. 하느님의 뜻이 내 마음속에 들어와서 지켜야 할 것을 충실히 지키겠다고 하는 게 '직히'입니다. 10년을 근속하였어도 밤에 잠을 자다 강도의 피해를 입었다면 이것은 '직히'가 아닙니다. 잠을 자지 않았다면 강도가 들어오지 못했을 게 아닙니까? 이렇게 지키게 될 하느님의 뜻이 있습니다. 나보다 더 크고 사람보다 더 크며 그 무엇보다 큰 것을 지키는 게 됩니다. '직히'의 '히'는 대표로서, 임자를 말합니다. 그래서 사람의 '직이' 자연의 '지기', 우주와 겹치는 '직히', 이것이 '직이', '지기', '직히', '하남직'이 아니겠습니까? 하남직한 직들이 아니겠습니까?

하남직한 직에도 가치가 있습니다. '직이', '지기', '직히'가 모두 하늘의 '직이'라는 것을 잊어서는 안 됩니다. 그러니까 이 세 가지가 다 들어가서 결국은 '하남직'입니다. 남을 지켜주는 것입니다. 이 세상은 전부 줄 것, 곧 '남직'으로 되어 있습니다. '남직'은 대상이 있습니다. 다 남을 지켜주는 일입니다. 대통령도 '나라직이'가 아닙니까? 남을 늘 지켜주는 '직이'와 '하남직', 이같이 사람과 자연과 하늘이 서로 '직이'를 해줍니다. 서로가 남을 지켜주는 '남직'입니다.

우리는 나가 남직해서 나왔습니다. 남직한 세상입니다. '나남직'이 없이 그냥 배타주의적 정신으로 거만하게 나올 때, 나는 나대로 어떻게 남을 위하는가를 생각해야 합니다. 모든 개인이 이렇게 생각해야 합니다. 이 세상에 내가 나온 것은 남을 만나기 위해서입니다. 그런데 온전히 나와서 '나남직'하지 않고 세상을 거부하고 남들을 부정하면 이 세상에 되는 일이 있겠습니까? 나라는 자리를 둘 곳이 있겠습니까?

너무나 부패한 어지러운 세상에 왜 하필 내가 나왔는가? 나오지 않았으면 좋았을 것이라고 생각합니다. 남을 사랑하는 것은 내가 합니다. 내가 남직을 합니다. '나남'입니다. 남직한 세상에 자기를 규정하지 않으면 안 됩니다. 가장 남직한 세상입니다. 이 사람은 이것을 절대로 믿습니다. 생명 속의 이 말은 한정이 없습니다. 이것을 가지고 한 10년 동안 지껄이라고 해도 할 수 있습니다. 이 말은 한정 없게 생긴 것입니다. 말이 먼저 생긴 것이지, 여러 문제가 나와서 되는 것이 아닙니다. 문제가 나와서 말하라면 아주 어렵습니다. '직이', '지기', '직히', '하남직'입니다. 이렇게 놓아야 이 사람의 속이 시원합니다. 속이 무척 좋습니다. 사람의 뜻과 하느님의 뜻과 세상의 뜻이 관계를 맺으면 좋겠습니다. 백 년이 가도 이같이 하남직하게 살고 싶습니다.

일전에 아이젠하워 미국 대통령이 말한 것 가운데 하나 지목할 것이 있습니다. 국제 문제로 어떤 인물과 이런 말을 했답니다. 하느님 앞에서 당신의 동생을 지키고 나가라고 말입니다. 그러자 그 사람은 내가 언제 어떻게 동생을 지키겠느냐고 되물었습니다. 아이젠하워 대통령은 이제는 그렇게 할 때가 아니라고 하였답니다. 《성경》을 좀 더 가까이 맛본 사람의 말이 아니겠습니까? 자기를 지키는 길이 곧 남을 지키는 남직입니다. 남을 지켜야 자기가 지켜지는 것을 알아야 합니다. 이것이 원 진리입니다. 이 사람은 그렇게 생각합니다.

지난번에 '와ㅣ워ㅣ'에 대해 말씀드렸는데 '와'는 '오아'입니다. 직이와지기와 직히 모두 다 하남직입니다. 우리가 만나서 인사하면 다 하남직입니다. 그저 '오아(와)', 오라는 뜻입니다. 이것이 무슨 꿈꾸는 소리인지 모르겠습니다. 《성경》에도 이러한 말은 없습니다. 이 사람이 가끔 꿈꾸는 소리입니다.

'하남직이와 하나같이', 이렇게 길게 쓰지 말고, '하남직과 하나같이'처럼 글자 '이'를 떼어봅니다. 'ㅁ직'도 더 떼어버리고 '하나와 하나같이', 이렇게 쓰는 것이 제일 쉽습니다. '하나와 하나', 너하고 나하고 하나같이 지냅시다. 하나와 하나같이, 너와 내가 하나같이 되고자 혼인을 한다는데, 이런 말을 하는 사람이 있으면 그것은 아주 거짓말입니다. 네가 시집오면 나하고 하나가 된다고 합니다. 시집은 너도 가고 나도 갑니다. 자녀를 낳아야 자녀로 인해 하나가 됩니다. 그것이 하나입니다.

정당에서도 하나같이 되자고 합니다. 죄다 감투를 한꺼번에 쓰고 하나가 되자고 하는 것인지 모르겠습니다. 이렇게 되면 '하나와 하나같이'라는 말이 잘 맞지 않습니다. 그렇게 하는 것은 공평하지 않습니다. ……

결국 (하나)같이 되는 것은 (마음) 밑이 터지는 생명 문제입니다. 같이라는 말을 좀 느리게 말하면 공강적으로 가상적인 가—티로 쓸 수 있습니다. 그 가상적인 것이 터집니다. 종단엔 굿의 뜻이 죄다가 가다 터져서 공간적으로 우리는 같이 가다가 (마음) 밑이 터집니다. 이같이 공간과 가상이 터지면 정말 하나와 같이, 나같이 되어야 합니다. 너가 아니라 영원한 생명인 나와 같이 되어야 합니다. 무엇을 부르면 대답하고, 이견이 거기서 나오면 안 됩니다. 하나가 되면 말이 없습니다. 부르지 않고 대답도 하지 않습니다. 하—'나'라는 말입니다.

이렇게 되면 '나'라는 것이 문제가 됩니다. 이 땅의 아버지가 낳은 아들인 그 '나'가 아닙니다. 이 사람의 생각은 이렇습니다. 아버지가 있고 어머니가 있어서 나를 낳았는데 아버지와 어머니를 발견하는 것은 내가 하는 것입니다. 어머니와 아버지를 내가 낳습니다. 나 없으면 아버지 어머니도 없습니다. 아버지는 껍데기인 나를 낳지만, 아버지의 발견은 내가 하는 것입니다. 아비가 자식을 낳고, 다른 것은 다 그만두고라도 '너는 내 자식이다', '내가 네 아비다' 하는데, 이것은 말이 안 됩니다. 무슨 공덕을 쌓았다고 자식을 바랍니까? 자식을 보고 싶어 하는 까닭은 여러 가지인데, 나와 하나가 되고 나를 발견할 자가 자식임을 알기 때문입니다. 그런 의미에서 이렇게 말할 수 있습니다. 아비가 아들을 낳고 뒷바라지를 하는 것은 자기의 재산을 물려주기 위해서가 아닙니다. 아들에게는 원래 줄 것도 없고 받을 것도 없습니다. 잘되라, 크게 되라고 합니다. 얼마나 크게 되라는 것인지 모르겠지만, 하나(절대)와 하나같이 되는 것을 뜻하여야 할 것입니다.

이렇게 보면 '나'라는 것은 절대가 됩니다. '하-ㄴ아'가 '나'입니다. 한데 되는 것입니다. 요전에 '한데밖에'라는 말씀을 드렸는데 태공(太空)을 '한데'라고 합니다. 안방 한구석을 지칭하는 한데는 한데가 아닙니다. 우주를 통틀어서 생각하면 우리 생각이 얼마나 작은지 알 수 있습니다. 한데에서 오는 편지를 새기는데 한데를 같이 보아야 할 것이 아니겠습니까? 인생에서 '나'를 부정하고 '나'는 없다고 합니다. 또 하남직한 세상이라고 하면서 내 몫이라는 것을 가지고 사는 생명을 '나'라고 하는 모순을 지닌 채, 우리가 걸어가면서 몸부림치는 것이 하나가 되는 것입니다. 하나는 '한-아'로 들립니다. '하나' 하면 '예스(yes)'로 들리지 않습니다. '한-아'라고 해야 '예스'로 들립니다.

우리가 지금 보는 《성경》에서 베드로 이 양반은 무척 속이 타서 속의 것을, 속의 말을 내놓고 갔습니다. 그분은 오늘 우리를 만나서 또 얘기합니다. 〈베드로전서〉 3장 13절로 말입니다. 베드로가 맛본 시대와 우리가 지금 맛보는 시대의 맛은 다르지 않습니다. 무엇인지 무언중에 우리로 하여금 생각하게 하는 점이 있습니다.

여러분이 열심히 선한 일을 하면, 누가 여러분을 해치겠습니까?

17절에 선을 행하면 고난을 받는다고 하였는데, 여기서는 누가 해하겠냐고 합니다. 고난을 받는다는 것이 절대로 해(害)가 아닌 것을 말합니다. 열심히 선을 행하면 너를 해할 자 없다는 것을 누가 아니라고 하겠습니까? 여기서는 해로움이 해롭지 않다고 말합니다. 우리 상대 세계에서는 생각하는 각도가 다르면 이해가 안 됩니다. 설령 해를 당한다 해도, 영원한 생명의 자리에서는 해가 아니라고 결정 내리자는 것입니다. '나'를 낳아 가는 일입니다. 그래서 인생에는 영원히 괴로워하는 모순이 있는 것입니다. 그런데 해를 당하면, 열심히 선을 행하지 않아서 해를 당했으니 더 열심히 해야 한다는 말들을 합니다. 남이 나를 낳아 가는 것이 아닙니다. 내가 날 낳아 가는 것입니다. 내가 나가는 길이고, 내 생명의 길을 나가는 것입니다. 해를 입고 안 입고의 문제가 아닙니다.

〈글 그리울밖에〉, 그리운 것은 글이 아닙니다. 그가 그리워 다 성립이 되도록 하자는 것입니다. '그리스도록' 하자는 것입니다. 이렇게 하면 그리스도의 이름을 갖고 장난을 하였다고 할지 모릅니다. 아버지 앞에서는 그 정도 버릇은 없어도 괜찮습니다. '그리스도록' 하면 누가 열심히 선을 행하는데 해치겠습니까?

정의를 위하여 고난을 받으면, 여러분은 복이 있습니다. 그들의 위협을 무서워하지 말며, 흔들리지 마십시오.

게다가 고난을 받을 때 받더라도 흔들리지 말라고 하였습니다. 세상 사람이 두려워하여도 두려워 말라고 합니다. 한번 따져보는 것입니다. 밥 못 먹을까 봐 두려워하지 말고 동요하지 말라는 것입니다. 마음이 '그리스도록' 가서 그(하느님)를 그리워하여 생각을 거룩하게 해야 합니다. 소망이 무엇인데 그리 좋으냐고 이유를 묻는 자에게는 내가 자꾸 나아가는 것이라고 답합니다. 필시 해를 당하더라도 나를 낫게 낳아 가는 것이라고 말입니다.

이것은 엄청난 모순입니다. 동학의 스승 최제우는 한참 국운이 쇠할 때 동학을 일으키면서, 시천주조화정 영세불망만사지(侍天主造化定 永世不忘萬事知)의 본주(本呪)와 지기금지원위대강(至氣今至願爲大降)의 강령주(降靈呪)라는 주문을 내걸었습니다. 이 주문을 외고 나가면 총에 맞지 않는다고 하였습니다. 중세의 십자군을 방불케 합니다. 동학의 주문을 외고 다니면 총탄에 맞지 않는다니 말입니다. 그러고는 누군가가 정말로 총에 맞아 쓰러지면, 열심히 주문을 외지 않아서 총탄에 맞아 죽었다고 말 못 하게 우깁니다. 신앙은 대개 이런 식으로 됩니다. 약은 사람은, 열심히 선을 행하면 누가 해하겠느냐는 베드로의 말을 이것과 비교해보려고 합니다. 열심히 해 왔기에 나는 죽어도 괜찮다고 말입니다.

총알에 맞아서 쓰러져 죽는 것이 아니라 하느님의 뜻으로 자연히 맞은 것입니다. 하느님의 뜻으로 영원히 안 죽습니다. 열심히 하다가 죽어서 영원히 안 맞게 되는 것입니다. 잘해도 일찍 죽고 잘 못해도 오래 사는데, 구원을 받으면 애당초 하나도 죽지 말아야지 죽긴 왜 죽습니까? 거듭난 영혼은 영생하게 마련이고 육체는 죽게 마련입니다. 죄를 지어 타락하게 되어 이제는 영생을 믿고 나가겠다고 밤낮 기도를 하여도 왜

한 번은 죽어야 하나요?

아버지는 내가 발견한 분입니다. 종단에는 내가 나가야 할 님입니다. 이 사실을 발견한 사람들이 히브리 사람들입니다. 유대교와 그리스도교가 여기서 나왔습니다. 그래서 종교라는 것은 상대 세계에서 발전한 과학과 다르게 보입니다. 믿고 안 믿고 간에 고난의 길로 가는 것입니다. 그러니 여러분이 선한 일에 열성을 낸다면 누가 여러분을 해치겠습니까?

총알에 안 맞는다고 말하는 것은 불교나 노자나 동학이나 다 마찬가지입니다. 《성경》도 마찬가지입니다. 마음이 곧으면 독을 먹어도 죽지 않는다는 말이 있습니다. 어디에나 이러한 소리는 있습니다. 두려워하지 말라는 것은, 불교 사상에서 무서울 것 없다고 하는 말과 같습니다. 생명이 꺼지는 순간 사람은 무서울 것이 없다고 거짓말을 하게 됩니다. 네가 나를 죽인다고 해서 겁날 줄 알아? 말은 이렇게 하지만, 아이들 모양으로 마음속으로는 벌벌 떨고 등에서는 식은땀이 비적비적 나옵니다. 이곳을 좀 피했으면, 빨리 여기서 빠져나갔으면 하면서도, 말로는 내가 죽어도 겁낼 것이 없다고 합니다. 두려워하지 않는다고 합니다. 이것은 거짓말입니다. 속을 속이는 말입니다. 하느님께서는 그 본뜻을 잘 알고 있습니다.

말 자체로 보면, 무서울 게 없으니 두려워하지 말라는 뜻이 아닙니다. 그러나 또한 조심조심 두려워하는 것이 영생을 얻는 것이라는 말도 거짓말입니다. 정말 죽어도 좋다, 죽어도 괜찮다고 하는 결심이 죽을 고비에만 나타나는 것은 아닙니다. 여기를 떠나서도 이것밖에 없다, 여기에는 《성경》 말씀밖에 없다는 데서 단연코 흔들리지 않는 참마음이 나옵니다.

부모나 선배가 시킨다고 그른 길을 밟아서는 안 됩니다. 곧은길을 찾왔으면 누가 뭐라 해도 그 길을 따르고, 영원한 하느님의 말씀이 나오면 그 길을 단호한 태도로 곧게 나가는 것이 옳습니다. 상대 세계에서 하는 일이니만치 괴로울 것이고 그른 길로 빠지기 쉬우나, 우리는 그른 글에 홀리자고 이 세상에 나온 게 아닙니다. 네가 두려워하고 세상이 다 두려워해도, 나는 두려워하거나 동요하지 말고 마음에 그리스도를 주님으로 삼는 것이 영원한 생명입니다. 이렇게 하면 10년, 20년, 30년, 또 그 이상 살아가는 동안 그리스도가 주인 노릇을 하고 생명을 지니게 됩니다.

여러분이 가진 희망을 설명하여주기를 바라는 사람에게는, 언제나 답변할 수 있게 준비를 해 두십시오. 그러나 온유함과 두려운 마음으로 답변하십시오. 선한 양심을 가지십시오. 그리하면 그리스도 안에서 행하는 여러분의 선한 행실을 욕하는 사람들이, 여러분을 헐뜯는 그 일로 부끄러움을 당하게 될 것입니다.

《구약성경》에서 모세는 원수가 있으면 원수 갚는 것은 '너'에게 있다고 말했습니다. 세상이 점점 발전되고 밝은 사회가 되어 감에 따라 '원수'에 관한 법이 생겨서 저절로 갚아주게 되어 있습니다. 예전에는 원수를 갚는 것이 하나의 도덕으로 있었습니다만 지금은 사회가 발전하여서 그렇지 않습니다. 이제는 종교적으로 최후의 심판을 하느님이 합니다. 우리 모두는 결국 절대자 하느님 앞에 나서서 최후의 심판을 받게 됩니다. 원수를 갚는 날이 있다고 합니다. 일제강점기 때 들은 이야기인데, 원수 갚는 일을 자기 마음대로 하는 것으로 알고 있었다고 합니다. 선행을 행하고 해를 당하는 게 악을 행하여 고난받는 것보다 낫다는 그 정신은 곧 나를 나아가게 하는 정신인데, 원수를 어떻게 맘대로 갚을 수 있단 말입니까?

이 사람은 늘 '나'와의 관계를 일치시키려고 합니다. 평생을 통해 아는 것은 하느님 아버지가 '나'를 낳아주고, 그 생명인 '나'가 하느님 아버지를 발견한다는 사실입니다. 아버지를 발견한 것이 '나'입니다. 내가 없으면 아버지를 발견하지 못합니다. 하늘에까지 끌고 가면 욕을 많이 합니다. 믿지 않는 사람들이 하느님의 사상이 무엇이고 주(主)가 대체 무엇이냐 하며 하느님 당신을 묻게 됩니다. 이것을 따져서 하느님은 사람이 발견한 것이니, 자기 얼굴과 같은 것을 발견하는 것이라고 말합니다. 말(馬)이 만약 하느님을 보았다면 말 얼굴(馬相)과 같을지 모른다고 하는 사람도 있습니다. 이 사람은 항상 '나'와 일치하려고 합니다. 하느님이 준 영원한 생명은 내가 갖고 있습니다. '나' 외에는 없습니다. 내 눈을 갖고 내가 보는 것입니다. (하느님) 아버지도 내가 낳았다고 합니다. 역설을 말하는지도 모르겠습니다. 역사적으로 생명철학과 종교는 욕을 보고 욕을 먹게 되어 있습니다. 여러 지저분한 얘기가 많으니까 나중에 이것을 그리스도교다 뭐다 하고 처리해 온 것밖에 안 됩니다.

이 사람은 50년 동안 《성경》을 공부했습니다. 20대에는 전도(傳道)도 하였습니다. 지금 생각하면 머쓱한 일입니다. 이 사람을 가르친 사람이 전도를 하라고 해서 듣고 배운 것을 그대로 읊는 레코드 노릇을 하였습니다. 정말 이 사람 생각에는 국민학교 선생도 40세 이상 된 사람이 해야 할 것 같습니다. 서른 살 전에 무슨 인생을 알겠어요? 인생을 알고서 인생을 지도해야 합니다. 단지 지식만 가르치는 것으로 선생 역할을 다 했다고 생각하는 젊은 선생들은 많이 생각해야 할 것입니다.

종단엔 자기가 해놓은 것을 어떻게든 갚는 길로 갑니다. 그런 사람이 되려고 해야 합니다. 그래서 '직이'는 자연으로 '그래지기', '그럼직', '하남직'이 됩니다. '직이'에서 '곧을 직(直)'을 쓰는 것은 뭔가 뜻이 있습니다. '직이(直伊)'라고 쓰는데 한자 '伊'를 동양(한국, 중국, 일본)에서는 '이'라고 읽습니다. 이 '직이(直伊)'가 '지키는 직(直)'이 되는 것도 이상합니다. 한자음을 왜 이렇게 발음하는지는 모릅니다. 세계 언어 가운데 이런 게 또 있습니까? 요새 미국의 한 교수가 우리 한민족이 백색 인종과 같다고 이야기합니다. 그리고 그리스어 가운데 음과 뜻이 우리말과 같은 낱말이 8천 개나 있다는 주장을 그 근거로 내세웁니다. 우리말과 비슷한 점이 있다는 것입니다. 말의 뜻을 가만히 생각해보면 엄청난 것이 있다는 점을 알 수 있습니다.

신이지래(神以知來), 써놓고 그냥 잊어버릴 뻔했습니다. 이 말씀을 써놓고 설명을 하지 않았습니다. '신이지래'는 '신을 갖고 온 것을 안다'는 말입니다. '온 것을 안다'는 것입니다. 내가 본(本)이니까 자신을 '본'으로 생각한다는 뜻입니다. 자기를 '본'으로 생각한다는 것은 점점 나아지려는데 이렇게 하면 어떨까, 저렇게 하면 어떨까, 어떻게 하면 잘하는 것이 될까, 이것을 정한다는 것입니다. 그렇게 하는 것은 '나'입니다. 멍텅구리 아버지는 이것을 못 알아듣습니다. 우리가 역사를 따지는 것도 역사상 어떤 때 어떤 경우에 이러저러한 실패를 하였으니, 이런 때는 이렇게 하여 좀 나아지게 고쳐 가자는 이유 때문입니다. 분명히 여기에는 정신이 들어갑니다. 아들들이 올라올 것을 염려해서 알지 말라고는 하지 못합니다. '신이지래'입니다.

지이장왕(知以藏往)이라는 말이 있습니다. 지(知)라는 것은 과거에 감추어졌습니다. 우리들은 알려고 애를 무척 씁니다. 즉, 지식의 부자가 되고 싶어 합니다. 지식이 풍부해지는 것을 말합니다. 안다는 것은 신(神)과 어떻게 적당히 얼버무려 안다는 것이 아닙니다. 신과 교통(交通)이 되어서 아는 것입니다. 발전이 그렇습니다. 성령과 통하는 점이 있어야 바르게 옳게 발전이 됩니다. 무슨 신앙이 아니더라도 자주 신과 통하여야 일이 됩니다. 《성경》에도 자연에 성령이 충만하다고 말한 대목이 있습니다.

동양에는 기상천외(奇想天外)라는 말이 있습니다. 하늘 밖에서 생각해 낸 재주를 가리키는 말입니다. 참으로 발전시킨다는 것은, 신이 일러준 것을 안다는 말입니다. 지(知)라는 것은 의식 밑에 들어가서 잠을 잡니다. 이것을 얻으려면 노력을 해야 합니다. 지나가서 들어가면 그만입니다. 들어가서 자니까, 곧 과거에 안 것을 누가 감추어주니까 우리가 오늘까지 배워서 써먹지 않습니까? 오늘 배운 것을 갖고 내가 날 낳아서 나가는데 자꾸 새로운 신을 만나게 됩니다. 조금 전까지 알고 있던 것은 새로운 신을 만나서 온데간데없이 없어집니다. 겹쳐서 없어집니다. 다시 새로운 신을 만나고 새로운 지(知)를 얻어서 나를 낳게 또 나갑니다. 이 것은 《주역》에 있는 말입니다. 우리는 알 것을 알려고 합니다. 신을 통해서 알려고 합니다.

'지(知)'는 옛날부터 많이 쓰이는 것으로, '도지사(道知事)'라는 말에도 쓰입니다. '사(事)'라고 해서 자기 소유로 하는 일을 가리키는 게 아닙니다. 여기서는 '간사(幹事)'라는 말이 됩니다. 주관(主管)하는 게 '간사'입니다. '지사(知事)' 하면 '지(知)'의 일을 주관한다는 뜻입니다. 우리의 일을 친히 통(通)해주는 것, 곧 남의 일을 자기 일처럼 보아주는 것을 말합니다.

'지(知)'라는 것은 빛이라는 말도 됩니다. '색차지(色次知)'라고도 합니다. '아름답게 막 피는 꽃'이라는 의미도 있습니다. 그러나 이 '지(知)'에 대해서는 오늘날까지도 정확하게 알지 못하는 게 사실입니다. 이것을 알려고 동서고금에서 무척 애를 썼습니다. '지(知)'라는 것은 지나가면 그만이고 들어가 잠을 잡니다. 이 잠자는 '지'를 알았다 하면 큰일 납니다. 선무당이 사람 잡습니다. '지'가 무엇인지 모르니까 그따위 '지'를 안다고 합니다. 이렇게 하고 갑니다.

선장이 기록할 때 죽는 시간까지 기록하는 모양으로, 이 사람도 생각하기를 그렇게 하면 좋겠습니다. 우리는 다 꿈을 꿉니다. 꿈속에서 삽니다. 마지막 숨을 거둘 때 이 자리에서 마지막까지 기록하고 죽어 가는 사람이 되면 좋겠습니다. 숨을 거둘 때 '왜 죽어?' 소리는 하지 않으면 좋겠습니다. 정신이 있을 때는 모르겠습니다. 그러나 숨 거둘 때 '왜 이래?', '왜?' 소리가 나와서는 안 되겠습니다. 조금 전까지 괜찮았는데 지금 왜 그럴까, 이런 소리가 나오지 않으면 좋겠습니다. 여러분은 숨 거둘 때 '왜'라는 말은 하지 마십시오. 친구니까 부탁합니다. 가족에게도 이런 말은 못합니다. 그래서 친구가 좋다는 것이지요. 이 사람의 수준이 이렇습니다.

너, 나, 하나 죄다 다른 것이 없습니다. '나'밖에 없습니다. 단지 내 바탈을 태워서 자꾸 새 바탈의 나를 낳는 것밖에 없습니다. 종단에는 아주 벗어버리는 것입니다. 새로운 '나'를 하느님 뜻대로 자꾸 낳아 가도록 노력하는 것이 우리 인생입니다. 이렇게 여러분께서도 바탈을 태워주시면 감사하겠습니다.

서양에서 어느 사람은 지푸라기 하나로도 하느님의 존재를 설명할 수 있다고 했습니다. 말씀도 하나 끌어내면 한 10년은 이야기할 수 있습니다. 《성경》 말씀 꺼내 들고는 무슨 준비가 필요 없습니다. 원래 인생관은 이미 세워져 있는 것입니다. 거기서 자꾸 풀려 나오는 것입니다. 말에서 풀리는 것이 아닙니다. (1956. 11. 16.)

제10강

밝은 게 전부 빛은 아니다

나말슴(神以知來)

一
이긋제긋 이제긋이오ㅣㅓㅣ예 예긋이오니
고디고디 가온찌기 꿋꿋내내 디긋디긋
이긋이 첫긋맞긋야 힌제 몰릅거니라

二
이승에서 날 알려신이 몇몇 사룸이라오
나란앳적 이름업서 내오직 나로 나란딕
아븟의 아들일거고 속알실은 수렴직

三
데카르트의 말을 비러 다시 생각해보니
생각의 불이 나타나 내가 나 남 나가 나 남 생각으로
옛잇다 나생각사리 잇다 업다 모름직

四
지난적히 그러흥고 내다보이 그러흥이
물끄럼이 불끄러미 가온찌기 생각나다

나타나 생각나다타 타나가온 물불풀 (다석일지 1956. 11. 12.)

ㅣ굿

나가만 ㅎ금 나갈 말이게 나간 만큼 나갈 말이지
나가는 금 아주 거노코 나가는 말 미리 짜가진 나랄 누낳본고
내로란 븨집힌 굿이 ㄲㄴ 찌기 나가만 (다석일지 1956. 11. 12.)

開物成務

夫易何爲者也
夫易開物成務 冒天下之道 如斯而已者也
是故 聖人 以通天下之志 以定天下之業 以斷天下之疑
是故 蓍之德 圓而神 卦之德方以知 六爻之義 易以貢 聖人 以此洗心
退藏於密 吉凶與民同患 神以知來 知以藏往
其孰能與於此哉 古之聰明叡 智神武而不殺者夫 (《周易》繫辭上傳)

幾何學(眞實無妄體證明)

天天黑洞天	日日光名體
於間有暗物(萬)	形形色色體
假弄文明然	正見知非禮(非正體)
體體接生面	面面對越界(線)
線線交原点	點點相無例

問卜占不得	玄玄黙黙契
有物體物來	不可遺物體
隱見稱鬼神	聖佛從可體
心心每失神	玆供点心禮
日月燈非光	必要寂光體 (다석일지 1956. 11. 6.)

'긋'이라는 소리를 하겠습니다. '긋(끝)'은 모릅니다. 긋(끝)이 있는 것을 모른다는 말입니다. 긋이라는 낱말은 끝막는다는 뜻입니다. 소위 세속적인 말로서, 무슨 끝을 볼까 하는 것은 좋은 일의 끝을 보려고 하는 말입니다. 그러나 정신적으로 처음보다 참으로 크게 되어 그치라는 인생입니다. 한 끝을 찾자는 것이 인생입니다. '끝'이라는 글자에 'ㅌ' 받침이 붙는 것은 긋(끝)에 가서 긋을 찾아 기어이 터뜨려보자는 것입니다. 그러면 이 '끝'과 '긋(싹)'이 일치할 것입니다. 이렇게 생각하면 실상 우리에겐 '한 긋'밖에 없습니다. …… 이 '한 긋'을 줄곧 가지고 끝막으면 그만인 줄 압니다. '긋'이라는 것은 '나말슴'입니다.

'나말슴'에서 '나'라는 것은 이어 이어 온 한 긋입니다. 이전 사람을 내가 제법 잘 안다는 것은 내가 나아가는 것입니다. 내가 나아가야지 나아가지 못하면 안 됩니다. 여기 오랫동안 머무르면 안 됩니다. 이 세상에 뛰어(태어)나왔으면, 송곳(추)을 주머니(대) 속에 감추어도 그 뾰죽한 끝이 나오는 것같이 그 끄트머리가 보여야 합니다. …… 긋이란 싸고 싸두어도 드러나야 합니다. 나가는 것이, 내가 나가는 것이 긋입니다. 나는 늘 나갑니다. 주머니 속에 든 송곳 모양으로 감추려고 해도 끝이 절로 뾰죽이 삐쳐 나갑니다. 보이게 나옵니다. 이 끄트머리가 '나'란 말씀입니다. 나라고 하면 몸뚱이를 말하는데, 몸뚱이의 어느 끝을 말하는 게 아닙니다. 이 긋은 생각의 긋을 말하는 것입니다. 생각이라는 뜻입니다.

이승에 사람으로 태어나서 자꾸 나아가는 것은 생각입니다. 생각 끄트머리가 자꾸 삐죽하게 나가려고 하는 까닭에, 여기 이 '나말슴'은 '긋말슴'이 되고 '생각말슴'의 뜻도 됩니다. '나'라는 것은 밤낮 살고 있습니다. 사는 생각의 끄트머리가 그치어 다 살았다고 하는 말이 왜 있어야 합니까? 또 '나'라는 것이 없는 사람이 어디 있겠습니까? '나'라는 것은 있습니다. 누가 무슨 말을 하여도 '나'라는 것은 있습니다.

이긋제긋 이제긋이오 ㅣㅓㅣ예 예긋이오니

그 긋을, 생각의 긋을 잘해 항상 참된 생각을 해야 하는 존재가 '나'란 말입니다. 이 '나'라는 것은 다른 어떤 것이 아니고 정신입니다. 예수를 믿는 사람이 정신을 가지고 있으면, 그것이 무슨 정신인지 밖에서는 보이지 않습니다. 이같이 정신을 참에 두고, 머리를 하늘에 둔 존재가 'ㅣ'입니다. 그러니까 'ㅣ긋 제긋'이 됩니다. '긋'의 글자 모양을 보면, 하늘(ㄱ)을 사이에 두고 한 줄(ㅡ)을 가로로 그어놓은 것입니다. 여기 이 세상입니다. 'ㅅ'은 세상을 말합니다. 사람(人)을 뜻하기도 합니다. 본래 정신이 본(本)이기 때문에, 하늘에서 온 생명이기 때문에, 끝이 여기서 그치어 하느님을 받드는 긋입니다. 이 긋은 무슨 긋인가 하면 '제긋'입니다. 제긋이 나오는(私) 것입니다. '나'라는 긋입니다. 이 긋은 '제긋'으로 '이제긋'입니다.

'이제긋'의 '이제'는 실제로 여기에 있다는 것을 말합니다. '이제'라는 말은 '그제'라는 말과 같이 쓰일 수 있습니다. '이긋제긋 이제금'의 '이제'는 오늘의 이 세상을 말합니다. 요새 제 생명에 충실치 않고 제긋을 소홀히 하는 사람을 가끔 봅니다. 제긋이라고 마음대로 남에게 불평을 하고 안 되겠다고 내버려야 되겠습니까? 제 것을, 내 것을 어떻게 내버린단 말입니까? '이제'는 현재를 말합니다. 그러니까 오늘의 제긋입니다.

그래서 '이제굿'입니다. 누구의 굿도 아닙니다. 왜 '나'를 몰라요. 이제의 내 굿이지, 그제의 남의 굿이 아닙니다. 그래서 '이굿제굿 이제굿'입니다.

그런데 이 굿은 영원이 이어 내려온 한 굿이 되었습니다. 이어 이어서 여기에 이제 내려온 굿입니다. 곧 '예굿'입니다. 여기에는 다른 누군가가 참여해서는 안 됩니다. 여러분이 다른 곳에 가면 여러분 옆에서 이 굿은 볼 수 없습니다. 예라고 하는 데서만 보입니다. 예굿입니다.

고디고디 가온찌기 꼿꼿내내 디굿디굿

'고디고디 가온찌기'는 고디고디 곧게 가운데 공간에 점을 꼭 찍는 것입니다. 이 '가온찍기(ㄱ)'에 대해 좀 더 알고 싶으면 먼저 들은 사람에게 알아보십시오. 고디고디 곧게 가온찍기(ㄱ)하면서 '꼿꼿내내' 갑니다. 무엇이 내내 하는 것이냐 하면 내가 내내 합니다. '나'라는 것은 없이 있습니다. '디굿디굿'은 우리나라에 없는 말입니다. 딱딱한 땅을 딛고 서는 우리의 굿을 말합니다. 우리는 발을 딛고 디굿 자로 섭니다. 이 디굿 자는 머리를 위에 두고 서는 것을 말합니다. 머리를 위로 두지 않으면 서지 못합니다. 이것은 머리끝을 반듯이 들어 올린다는 뜻입니다. 머리를 바로 들어서 꼿꼿이 딛고 섭니다. 머리를 들어서 하늘을 바라보는 것이 '디굿(ㄷ)'입니다. 옛날에는 '디'를 '다댜(자) 더뎌(져) 도됴(죠) 두듀(쥬) 드디(지)'로 소리 내기도 했는데, '디굿디굿'이 '지긋지긋'으로 통하는 것도 이상합니다. 머리를 위에 두고 살기 때문에 무엇이 지긋지긋한 것이 있는지, '디굿디굿'이 '지긋지긋'이 됩니다.

이굿이 첫굿맞굿야 힌제 몰릅거니라

'이굿이 첫굿'의 '이굿', 곧 이 끄트머리는 과거, 현재, 미래를 알려고 하는 굿입니다. 맨 처음이 어떻게 된 것인가 하고 과거를 알려고 합니다.

어떤 인물이 맨 처음에 있었는가를 생각합니다. 우리나라의 지도자들은 뭔가를 아는 것 같아 보입니다. 고대 역사를 자세히 아는 것같이 보이는데, 우리나라의 장래는 어떻게 될 것입니까? 일국의 지도자니까 그런 것도 잘 알 거라고 합니다. 다 알아야 한다고 합니다. 이것이 '첫긋맞긋'입니다. 시작의 긋과 마지막 긋을 죄다 체험합니다. 억지로 끌어다 붙이는 첫긋맞긋이 이제 긋을 두루 범벅이 되게 하여 무슨 꼭대기를 아는 척합니다. 이것이 지금 우리나라의 형편인데 몇 해가 지나야 바로잡힐지 모르겠습니다. "당신은 뭔가를 아는 사람이야. 의견이 참 그럴 듯하군. 존경할 만한 사람이야. 장래에 희망이 있겠어." 지도자들은 이런 식의 말들을 듣습니다. 그러나 오늘은 뭔가 그럴 듯한 것이 없다고 합니다.

산 사람이 무엇을 알고 있습니까? 하늘에라도 갔다왔습니까? 올라가 보았습니까? 첫긋맞긋을 안다고 하는 도둑놈이 있습니다. 우리는 이 첫긋맞긋을 모릅니다. 그래서 '힌제 몰룹거니라'입니다. 인제 이르러 머리에 이어보는 것을 '인제'라고 쓰면 안 됩니다. '힌제'로 써야 합니다. 이 모양(류영모가 자신을 가리킨다)이 여러 조건을 머리에 인다(ㅎ, 載)는 표시가 됩니다. '인제'라는 것은 한량없는 과거와 오늘을 우리의 머리에 인 이제, 곧 오늘의 제가 됩니다. 맨 처음을 알려면 꼭대기에 가서 알아봐야 합니다. 우리는 아래 것만, 알려고 하는 것만 알지 그 이상은 모릅니다. '제'라는 것이 무엇인지 모릅니다. 자기를 알아야 한다는 '힌제'의 영원한 일을 몰라요. 첫긋맞긋을 우리가 안다는 것은 실로 희미합니다. 뚜렷한 것이 못 됩니다. 그저 '고디고디 가온찌기 끗끗내내 디긋디긋' 그치는데, 이 긋이 그렇게 끝이어야 하는데, 이것 역시 가온찍기밖에 없는 것이 처음입니다.

한 긋으로 제긋을 가지고 이제에 사는 것입니다. 이것을 힘 있게 말하면 '제긋 이제긋'이 됩니다.

이승에서 날 알려신이 몇몇 사름이라오

이 사람은 이름을 서로 알 필요가 없다고 생각합니다. 이름은 남에게 불리기 위해서 써놓은 것입니다. 남이 갖다가 붙이는 것입니다. 버들 류(柳), 길 영(永), 법 모(模) 이것이 무슨 소용이 있습니까. 감옥 안에서 죄수들에게 번호를 매겨놓고 몇 번 몇 번 번호를 부르는 것이나 같은 것입니다. 이 세상은 감옥입니다. '버들 류'에 '영모'라는 이름은 우리 아버지 어머니가 지어준 것인데, 어릴 때부터 이렇게 불린 것입니다.

우리 조상은 언제부터 '버들 류(柳)'라는 성(姓)을 맡았는지 모릅니다. 그런데 이 이름이라는 것이 나하고 무슨 관계가 있습니까? 아무런 관계가 없습니다. 제긋을 찾아서 나아가는 우리에게 그게 다 무슨 소용이 있단 말입니까? 그리고 한자 이름은 집어치워야 합니다. '이승에서 날 알려신이 몇몇 사름이라오', 이것은 좀 달리 해석해보아야 합니다. '나'를 아는 사람이 몇몇이라는 말입니다. 나하고 통성명하여 이름이 무엇이고 무슨 글자로 쓰는지 똑똑히 알려는 사람이 있는데 그게 무슨 소용이 있습니까? 이 사람은 서로 명함을 나누자고 하는 사람의 의도를 모르겠습니다. 명함을 주고받는 게 무슨 뜻이 있습니까? 그 사람의 긋을 알면 그만입니다. 긋만 알면 '나'를 안다는 말이 됩니다. 그래서 '나'를 알려고 하려면 이 긋을 알려고 하여야 합니다.

나란얫적 이름업서 내오직 나로 나란듯

'나'면 나지 나를 소개하는 데 무슨 이름이 필요합니까? 감옥에 들어가서 번호를 부르면 '예' 대답하고 나섭니다. 그와 같이 우리도 이 세상에 나와서 세상이라는 곳에 갇힙니다. 그래서 번호를 부르듯 이름을 부릅니다. 원래의 나라는 것은 그럴 리 없습니다. '얫적'에는 이름이 없습니다. 이름이라는 것은 욕(辱)입니다. 사람이 사는데 자기 긋을 찾지 못하고 진짜 자기 이름도 모르면서, 그저 붙여진 번호를 자기인 줄로만 압니다. 그리고 이 번호를 그리워합니다. 다른 것은 다 그만두더라도 이 번호가 뭐 중요한 것이라고, 죽은 다음에도 그 번호만큼은 똑똑히 해놓아야 한다고 돌에 새겨놓기까지 합니다. 종이 명함이 돌 명함으로 변합니다. 비석은 종이 명함이 바뀐 것입니다. 이런 일이 벌어지고 있습니다.

또한 어렵고 힘들게 사는 것을 이름이 나쁜 탓이라고 여기기도 합니다. 세상에서 먹을 것과 입을 것이 남부럽지 않게 살려면 그 어떤 무엇보다 이름이 좋아야 한다는 것입니다. 작명하는 데를 찾아가 돈을 써 가며 이름이 좋은지 나쁜지를 묻는가 하면, 심지어 이름을 고치는 허깨비 같은 사람들이 있습니다. 이름이 자기하고 무슨 관계에 있는지 모르고 사는 사람이 많습니다. 이름이란 감옥에서 부르는 번호에 지나지 않는다는 것을 알아야 하는데, 이것을 모르고 있단 말입니다. 더구나 족보인가 뭔가를 들고 나와, 나는 전주 이 씨다, 덕수 이 씨다, 내가 양반이다, 조상이 어떠했다 따위의 말을 합니다. 이런 것은 다 소용없습니다.

'앳적'부터 이름이 없는 것을 알아야 합니다. 앳적부터 이름 없어 내 오직 나로 나입니다. 세상의 '나'는 아주 바쁘니까 인사는 나중에 하고 우선 일부터 얘기하여야 하기에, 멍텅구리나 이름 석 자를 알려고 합니다. 할 수만 있다면 이 사람의 이름도 몰라주면 좋겠습니다.

이 사람은 영원히 그만두고 하느님에게 이어진 한 끄트머리의 긋을 보아준다면 다시없이 아주 상쾌할 것입니다. 문화 류 씨는 어떻고 전주 이 씨는 어떻다 하며 자기 성을 두둔하고, 문화 류 씨가 전주 이 씨보다 더 양반이라고 합니다. 양반은 무슨 양반인지 모르겠습니다. 이 양반이야말로 감옥입니다. 아니, 감옥의 자물쇠입니다. 여기에 우리는 갇힌 것입니다.

'내오직 나로 나란듯', '나'의 행세는 이렇습니다. 나라(國家)의 행세도 이렇게 합니다. 우리는 독립 국가입니다. 대한민국은 민주주의 국가입니다. 이름이 '대한나라'입니다. 또한 군자국(君子國), 근역(槿域), 동방예의지국(東方禮義之國)으로 대접받기를 좋아합니다. 내심 어른이라는 것을 좋아해서인지, 우리나라 하면 '큰 나라'라 하여 대한민국이라고 합니다. '한국(韓國)'의 '한(韓)'은 크다는 뜻인데 무엇이 큽니까? 좀 낮춰 소국(小國)이라고 하면 어떻습니까? 이러면 오히려 좀 나을지 모릅니다. '크다'는 뜻의 글자를 취하면 뭐가 커집니까? 자기를 속이기까지 할 필요가 없습니다. '나라' 하면 '국가'려니 생각하면 그만이지, 이름이 무슨 소용 있습니까?

'대국(大國)'이라는 데가 지금의 중국인데, 남들이 대국으로 불러서 대국이지 중국인들이 부르는 이름은 중국입니다. 그냥 중국입니다. 대중국(大中國)이라는 말은 쓰지 않습니다. 중국이라고 말한다 해서 우리가 중국이 대국인 줄 모르겠습니까? 사람 수가 제일 많고 땅도 제일 커서 대국인데, 누가 중국을 첫째가 아닌 둘째로 알겠습니까? 대국은 대국이 아니라고 해도 대국입니다. 대한민국보다는 아무리 보아도 중국이 큰 것 같습니다.

우리나라는 그저 코리아라고 하는 정도가 적당합니다. 조선이라고 해도 좋습니다. 아무런 문제가 될 까닭이 없습니다. 다른 나라들이 저절로 불러주어야 하는 것이지, 제가 아무리 크다고 우겨도 누가 크다고 알아줍니까? 중국 본국에서는 지나(支那)라고 하면 아주 듣기 싫어한답니다. 왜 듣기 싫어하는지 모르겠습니다. 차이나(China), 이것도 좋지 않습니까. 일부러 새로 지으려고 노력할 것도 없습니다. 남이 부르는 그것이 이름이 됩니다.

아버의 아들일거고 속알실은 수렘직

어떤 사람은 자기 아버지가 무엇을 했고, 할아버지가 어느 벼슬까지 올라갔고, 증조할아버지가 무슨 정승인가 했다고 신나서 이야기합니다. 정승한 사람이 있건 없건, 조상이 백정의 자식이건 아니건, 그것이 무엇에 쓸데가 있단 말입니까? 지금 나온 끄트머리로서 송곳 끝같이 나아가야 하는 우리 자식들이, 앞선 조상이 무슨 벼슬을 했다는 것을 알아 무엇에 쓰겠다는 말입니까? 제 아버지만 알면 족합니다.

'속알'이라는 말은 덕(德)을 말합니다. 공자가 말한 대부분이 '덕'에 관한 것입니다. '속알딱지'가 없다, '속알머리'가 없다 따위의 말을 합니다. 우리에게는 지금 밝고 크고 표준이 되는 '속알'이 없습니다. 옛 사람들도 '속알'을 밝힌다고 해서, '명덕수레에 속알 실었다'라고 했습니다. 이 '속알'에 우리 끄트머리를 두고 생각했다면, 예전에 양반이나 상놈은 다 없어졌을 겁니다. 우리는 앳적부터 이름 없는 '속알실은 수렘직'으로, 자기 끄트머리를 밝히고 나아가면 되는 것입니다.

사람들은 이 사람과 인사를 나눌 때, 이름 석 자를 알려 달라, 어디에 추천 좀 해 달라는 말들을 합니다. 이런 말들은 이제 그만둡시다. 우리는 이어 온 끄트머리입니다. 이렇게 제굿을 한 굿만 잘 보아준다면 그 끄트머리가 믿음직스럽지 않겠습니까? 우리는 하느님 아버지의 아들입니다. 그러니까 마음속에 '속알'이 들어 있어야 하는 것입니다. 이 말이 무슨 소리냐고 묻습니다. 그런 말이 어디 있느냐고 합니다. 예전 사람들이 다 이렇게 살아 온 것이 아닙니까?

'유아독존(唯我獨尊)', 석가는 '오직 나뿐'이라고 말하였습니다. 석가는 태어난 즉시 일어나 일곱 걸음을 걸어간 후, 바른손으로는 하늘을 가리키고 왼손으로는 땅을 가리켰다고 합니다. 하늘을 가리킨 것은 동서남북 사방을 말함이고, 땅을 가리킨 것은 무한히 내려가자는 뜻이었습니다. '천상천하유아독존(天上天下唯我獨尊)', 저 위로부터 아래로 동서남북 산지사방으로 온 우주를 횡행천하하자는 뜻입니다. '유아독존'이 오직 자기만 알자는 것이라면 부모도 없고 나라의 임금도 없고 조상도 없단 말인가 하겠습니다만, 다시없는 제긋을 그대로 찾아서 나아가자는 것을 의미합니다. 그렇지 않은 '유아독존'은 두려운 세상을 만들 것입니다.

우리는 감옥에 갇혀 있음을 알고 자기를 부르는 이름이나 번호에 정신 팔지 말고, 오직 나를, '이긋제긋'을 알아야 합니다. 참나를 찾아야 합니다. 그러니깐 '독존(獨尊)'의 '독(獨)'은 내가 어떻게 하겠다는 내가 아닙니다. 못된 뜻의 나가 아닙니다. 보통 정당한 나, 영원히 통할 수 있는 정당한 나인 '이긋'을 잡아야 할 것입니다. 이보다 더 값진 것은 세상에 없습니다. 그래서 '유아독존'입니다. 이 끄트머리는 오직 '나'만 알아듣습니다.

황벽선사의 제자 가운데 한 사람이, 석가모니가 '천상천하유아독존'이라고 말한 것을 전해듣고 이렇게 욕을 했다고 합니다. "그놈의 자식이 그러한 소리를 할 수가 있나? 미친 소리다. 지금 없으니 다행이지, 있었더라면 그놈의 대가리를 부숴 개한테 던져주었을 게다." 그러고는 떠났다가 3년이 지나서 다시 찾아왔다고 합니다. 생각해보니 자꾸 의심이 생겨 그곳에 무슨 답이나 없을까 하고 찾아온 것입니다. 제긋을 힘껏 잡고, 이름 건 것을 다 내동댕이치고 하느님 아버지의 아들이 되면 다른 소리를 할 게 없습니다. 오직 하느님 아버지의 아들로서 하느님 아버지를 안다고 하는 것만이 정당합니다. 이 사람이 항상 생각하고 말하는 것은, 우리 아버지(하느님)를 마음의 귀로 듣고 마음의 눈으로 본 그대로 이해하고 그밖의 것은 모른다고 해야 한다는 점입니다. 내가 아버지의 아들로 살아온 것이 그 예입니다.

이어 이어 온 우리 숨줄을 하늘에서부터 내려온 것으로 보는 이가

'나'입니다. 그래서 제일 중요한 것이 가온찍기(ᄀ)입니다. 형형색색의 이 세상에서 모두들 언제나 자기 번호를 가지고 행세하였습니까? '몇 번'이라고 할 때의 그 번호(이름)는 잊어버리고 제긋을 찾아야 합니다. 제긋을 찾은 연후에야 장관을 하든 순경을 하든 실수가 없습니다. 제긋을 찾지 못하고 '속알'을 내버린 채 변화무상한 세상에서 사는 것을 좋아하고 거짓말만 하고 지낸다면 멸망하지 않겠습니까? 답답한 일이 아닐 수 없습니다.

2월부터 10월까지 학생 범죄자가 1,130명이나 된다는 기사가 신문에 실렸습니다. 강도나 강간 등 강력 범죄가 무려 80건이나 된다고 합니다. 그리고 공갈 및 폭행이 730여 건, 절도가 300여 건에 이른다고 합니다. 이것도 발각된 사건만의 수치이니, 밝혀지지 않은 건수는 또 얼마가 될지 모르겠습니다. 이것을 보고 안 되겠다고 여겼던지 교육당국이 이제야 교육정신에 대해 말하게 되었습니다. 지금껏 무엇 하고 있다가 이제 교육정신 운운하는지 모르겠습니다. 그렇게 아무 생각 없이 앉아만 있었으니 이 지경이 아니냔 말입니다. 기껏 가만히 있다가 교육정신을 이제 찾고 있습니다. 멍텅구리들만 있었나 봅니다. 그렇게 교육정신을 찾는 데는 이유가 있습니다. 학생은 국가의 동량이니 대들보니 하며 치켜세웠는데, 무려 1,130명이나 되는 대들보들이 10개월 동안 파렴치한 강력 범죄를 저질렀으니 교육당국도 그냥 있을 수가 없었을 것입니다. 그래서 각 시도에 다음과 같은 지시를 내렸다고 합니다. 학생은 감수성이 빨라 교사의 영향이 크므로, 실력과 덕망을 갖춘 교사들을 엄선하여 배치하라고 말입니다. 엄선한 교사를 확보해야 바로 되지 그러지 않고서는 안 되겠다고 하는데, 이것이 무슨 말인지 모르겠어요. 그만큼 교육정신에 눈뜬 것만은 확실한데, 교사를 확보하는 데 요구되는 실력은 무슨 실력을 말하는 것입니까? 실력이 부족한 사람이 많이 있는지는 모르겠습니다만, 무슨 실력이 부족하다는 말입니까? 덕망이 있어야 한다는 데, 지금 세상에 무슨 덕망입니까? 요새 말하는 덕망은 크고 높은 의자에 앉아 있는 그러한 덕망입니까? 그러한 사람들이 전부 교사가 되면 되겠습니까? 알지 못하는 말들만 하고 있습니다. 실력과 덕망을 겸비한 교사를 확보하라고 합니다. 확보하면 무슨 소용이 있답니까? 그런 교사를 확보만 하면 학생이 잘되나요? 가르쳐주어야지요. 무슨 말을 알고 하는지 모르겠습니다.

학생을 국가의 동량이라고 하는데, 그따위 말은 집어치워야 합니다. 학생을 민족의 광명이라고도 합니다. 학교 교육을 잘하면 세상이 환해진답니까? 국가의 동량감만 기르다가는 집을 짓는 데 서까래감이 없어서 대들보감을 쪼개야 하지 않겠습니까? 그렇게 하려면 품삯이 많이 들어야 일이 되지 않겠어요? 학생들도 학교를 졸업하면 자신들이 이제 이 나라의 대들보입네, 민족의 광명입네 하고 떡 버티고 국가와 민족의 동량을 자처하게 됩니다. 내가 있어서 나라가 서고 민족이 환하다. 이 무슨 말인지도 무지 분간키 어렵습니다. 갱 담장 노릇을 하면서 나라의 대들보나 민족의 광명이 된다는 것이 뭐냐 말입니다. 도둑질이나 가르치는 그런 교육을 교육이라고 하겠습니까?

애당초 민족 국가라는 말이 틀렸습니다. 국가의 '가(家)'는 집어치워야 합니다. 이 '집 가' 자의 가족 제도 때문에 우리나라가 망한 게 아니겠습니까? 국가라는 말을 쓰지 않고 다른 말로 한다면 '모 방(方)'을 써서 국방(國方)이라고 하면 좋겠습니다. 집이 아니라 죄다를 가리키는 말입니다. 평방(平方)을 말합니다. 사방(四方)을 뜻합니다. 국방에는 대들보가 있을 수 없습니다. 이 말은 일제강점기 때 쓰던 말과는 그 뜻이 달라야 합니다.

동시에 학생은 대들보가 아니라 주춧돌이 되어야 합니다. 국방의 주춧돌, 즉 초석이 되어야 합니다. 옛날에는 집을 짓는 데 땅을 많이 다지고 주춧돌을 세웠습니다. 작은 돌은 작은 돌대로, 큰 돌은 큰 돌대로, 다제각각 초석으로 사용할 수 있었습니다. 이제는 집이 아니라 터가 되어야 하고, 빛(光)이 아니라 초석이 되어야 합니다. 조그만 집을 짓고 살 때는 지났습니다. 나라도 이제는 전 인류가 살 수 있는 나라가 되고 있습니다. 나라라는 것은 터전을 굳게 다져 만든 후 주춧돌을 앉혀야 합니다. 바닥에 견딜 만큼 곧이곧게 굳은 초석을 만들려고 애써야 합니다. 그러한 초석을 만들기 위한 교육은 진지한 지성을 연마하는 교육이 될 것입니다. 또 그렇게 하여야 할 것입니다. 여기에는 자갈돌 같은 협잡꾼이 있어서는 안 됩니다. 콩 심은 데 콩이 나야 하고, 팥 심은 데 팥이 나야 합니다.

국가의 동량이라는 말 따위는 집어치워야 합니다. 국방 초석의 정신으로 가르쳐야 정신이 살아 배울 것 배우고, 삭일 것 삭여서 이 나라 국기(國基)에 원요소가 될 수 있습니다. 그렇게 되도록 학생들을 가르쳐야 합니다. 민족의 광명이라는 것도 잘못된 생각입니다. 광명에 대해서는 지난번에 언급했습니다만, 대명천지의 밝은 것이 전부 빛은 아닙니다. 영원과 연결을 끊는 것이 됩니다. 밝은 날에 취하면 영원한 소식과는 끊어집니다. 광명은 허영입니다.

그리고 전 세계 인류를 생각하면 국가와 민족이라는 것도 말이 안 됩니다. 민족이라는 것을 넣을 데가 없습니다. 민체(民體)라고 하는 것이 좋습니다. 민체는 피가 깨끗하여야 하니까 광명을 집어치우고 혈청(血淸)이라고 합시다. 이어온 피는 더럽히지 말고 깨끗이 유지하여야 합니다. 조금이라도 흐려져서는 안 됩니다. 그래서 국민은 민체혈청(民體血淸)이 되지 않으면 안 됩니다. 우리가 시간과 돈을 들여서 교육하는 것은 이 민체혈청을 하자는 것입니다. 이렇게 가르치는 교사의 말 한마디 행동 한 가지가 일치하고 일일이 조심할 때 학생의 정신에 영향을 줄 수 있습니다.

그런데 교육당국에서는 국가의 동량과 민족의 광명이란 슬로건을 내겁니다. 이것은 안 됩니다. 남을 비평하고 싶지는 않습니다. 학교에 들어가기만 하면 이 다음에 국가의 동량이 되고 민족의 광명이 된다고 으스대는데, 그 불량함을 무엇으로 감추겠습니까? 이런 사람이 나중에 높은 자리에 앉게 되면 그 행패가 어떠하리라는 것은 훤한 일 아니겠습니까? 이렇게 하다가는 한 나라만 망하는 게 아니라 전 인류가 망하게 됩니다. 그래서 이러한 문제는 바로잡아야 합니다

데카르트의 말을 비러 다시 생각해보니

데카르트의 말을 빌려 다시 생각을 해보니, 생각은 불입니다. 생각은 불꽃입니다. '이긋제긋'은 생각의 끄트머리입니다. 이 끄트머리는 불꽃입니다. 나를 생각하니까 내가 나옵니다. 생각에 불이 붙어서 개개인의 나가 나옵니다. '나'가 있음으로써 '나'가 있는 것입니다. 생각하니까 내가 나옵니다. 이 사람이 지난번에도 나와서 이야기를 하였는데, 그때의 이 사람은 지금의 이 사람이 아닙니다. 뿐만 아니라 그때보다 지금의 '나'가 훨씬 더 나아가고 있습니다. 어제의 나보다. 작년의 나보다 나은 나를 낳고 갑니다. 이것은 모두 불이 붙어서, 생각에 불이 붙어서 타오르기 때문입니다.

생각의 불이 나타나 내가 나 남 나가 나 남 생각으로

내가 남을 위해서 나갑니다. 나남직한 세상에 내가 나아가겠다고 여러 가지를 생각하는데, 무슨 생각인가 하면 나남 생각입니다. 즉 내가 여기 있다, 뚜렷하게 여기에 있다고 감각으로 의식하면서 나가는 것입니

다. 이것은 여러분도 짐작이 되실 줄 믿습니다. 그러나 데카르트는 모든 것을 의심합니다. '하나'만 확실하다고 합니다. 하늘에 있다고 하면 곧이 듣지 않습니다. 땅에 있는 것을 이 사람이 있다고 해도 곧이 들어서는 안 됩니다. 말끔히 의심해야 합니다. 이래서 오늘의 과학이 발달하였는지 모르겠습니다. 과학이나 철학은 그렇게 의심을 통해 발달하는지 모르겠습니다. 과학적인 신앙도 될 수 있으면 그렇게 해석하려고 합니다. 즉, 회의적 태도를 말합니다. 과학은 의심을 토대로 발달하였고, 신학은 회의 때문에 향상되었습니다. 무엇 하나가 어디 있다고 내가 인정하는 것보다는 관찰과 실험을 통해 드러난 것을 믿는 것이 확실한 것같이 생각되기 때문에 과학이 발달하게 되었습니다.

데카르트는 '나는 여기 있다'고 확실하고 뚜렷하게 말합니다. 실험과 관찰을 통해서가 아니라, 내가 생각하므로 확실히 '나는 예 있다' 하는 것입니다. 세상이 그대로 있다고 남이 말해서는 모릅니다. 제긋의 생각은 달라지니까요. 실험을 하여 확정적으로 무엇이 있다고 해도 어림없는 소리가 됩니다. 그런데 문제에 대해서 자꾸 왜 생각을 하는가 하면, 생각의 끄트머리가 자꾸자꾸 피어오르기 때문입니다. 꽃이 피는 것같이 생각의 불꽃이 불붙어 야단스럽게 나오는 것입니다. 이렇게 생각하는 것은 데카르트도 의심하지 않습니다. 생각이라는 것이 있다고 본 것입니다. 즉, 생각을 애초부터 인정하고, 그 인정받은 생각이 또 자기를 인정합니다. 그 인정한 끄트머리의 끄트머리는 보이지 않고 다시 보려 해도 보이지 않습니다. 생각하니까 나는 존재한다. 생각의 주인은 나다. 내가 여기 있다는 것은 의심할 수 없다. 이 세상에서 의심하지 않고 있다고 할 수 있는 것은 바로 나다. 이러한 나라는 세계의 긋은 다른 게 아닙니다. 데카르트의 말을 빌려 말하면 다음과 같습니다.

옛잇다 나생각사리 잇다 업다 모름직

이렇게 됩니다. 그런데 우리말로 '예 있다'는 말은 확실한 것이 아닙니다. 물건을 빌려줄 때 '예 있소, 예 있으니 가져가시오' 하는 것은 이럴 때 쓰는 말이 아닙니다. 데카르트가 그 말을 했을 때는 이렇게 쓰라고 한 게 아닐 겁니다. 이 사람은 데카르트를 대단히 존경합니다. 그의 가치를 인정합니다. 내 마음속에서 생각이 자꾸 살려 나오는데 이 '나'라는 것이 그리 쉽게 이해가 되는 것은 아닙니다. 이 생각이 살려 나오는 것이 있다 없다 하는 게 문제가 아닙니다. 유무(有無)를 초월한 데서 생각이 나오는 것 같으니 말입니다. 모르는 것은 모르는 대로, 있는 것은 있는 대로, 없는 것은 없는 대로 임의로 해도 좋습니다.

그 대신 '모름직'한 일은 꼭 하여야 합니다. 있다 없다는 다 몰라도 좋은데 나가는 긋이 여기 있는 것을 알고, 생각이 여기 있는 것을 알아야 합니다. 내 생각을 살려 가는데 오늘 이 자리에 없는 것이 문제가 아닙니다. 전문가들이 다 제각기 밝히고 있습니다. 사람이 정말 모른다고 하는 하느님의 영원성과 이어져 하느님을 사랑하는 생각이 나와야 합니다. 하늘이 무엇인지 모르는 일을 종단(終斷)하여야 합니다. 하느님과 연애를 하여야 하지 않겠습니까? 이 사랑의 정신이 나와야 참불꽃이 살아나오는 것입니다. 정신입니다.

"나는 생각한다. 고로 존재한다."

나를 생각한다는 것은 사랑한다는 말입니다. 오늘 서로 사랑하는 젊은 남녀나 부부라 하더라도, 상대를 더 생각하고 사랑하는 것보다 자기를 더 생각하고 사랑하는 게 사실이지 않습니까? 먼저 자기 긋을 잘 알아야 합니다. 자기 생각의 긋을 알아야 합니다.

지난적히 그러ᄒ고 내다보이 그러ᄒ이

'지난적'이라는 말은 역사라는 뜻입니다. 이 지난 역사를 살펴보니 장차 나가는 길의 긋도 그러합니다. 이 앞으로의 긋도 예전과 다름없는 끄트머리로 발전하여 갈 것입니다. 즉, 시조의 첫 음에 나오는 '이긋제긋이제긋'의 '지난적'을 찾아보아도 어제 것은 이미 불태워버린 긋입니다.

물끄럼이 불끄러미 가온찌기 생각나다

그런데 물구덩이, 불구덩이로 들어갑니다. 나남직 내내 하다가 보면 보이는 것은 '물끄럼이 불끄러미'밖에 없습니다. 이것이 가온찌기(ㄱ)입니다. ㄱ의 끄트머리는 불꽃밖에 없습니다. 생각의 나라에서는 나를 태우는데 하느님이 나에게 생각을 살려줍니다. 생각이 잘 피어 나가도록, 아까보다 잘 피도록 생각을 내게 더 주십니다. 그래서 이 긋의 불꽃이 가장 세고 가장 무섭게 피어날 때가 있습니다. 생각하는 것은 죄다 다른데 여러분 가정에서 쓰는 구공탄 아궁이는 잘되었습니다. 중국 사람들이 무연탄을 쓴 지 벌써 수십 년이 되는데도 하나도 나아간 것이 없습니다. 그러나 우리의 경우, 일제강점기 때의 구공탄을 지금은 십구공탄으로 발전시켜 가정에서 아주 잘 사용합니다. 자꾸 나아가는 것입니다. 생각을 하고 나간다는 말입니다.

나타나 생각나다타 타나가온 물불풀

그래서 자꾸 가온찌기(ㄱ)로 타 나가는 것입니다. 타 나가는 그 가운데입니다. 타는데 '물, 불, 풀', 이것이 다 타 나가는 것입니다. 풀은 물 없이 못 살고, 물기 없는 풀은 탑니다. 풀을 민초 또는 백성의 풀이라고도 합니다. 불타는 인생입니다. 십구공탄이 아궁이에서 타는 것같이 숨으로 산화 작용을 하는 인생입니다. 불꽃의 인생을 자꾸 태워 가는 것입니다. 몸도 수증기가 되어 타올라 갑니다. 다 타는 것입니다. 물도 타고(무름) 불도 타고(부름) 풀도 타는(푸름) 것입니다. 사람으로 비유하는 것은, 풀이라고 하는 게 죄다 타기 때문입니다. 그래서 '지난적'이 그려놓은 역사를 꺼내보아도 내다보입니다.

나가만 ㅎ금 나갈 말이게 나간 만큼 나갈 말이지

이것이 이 사람의 말의 결론입니다. 나는 이 세상에 나왔다고 해서 나라고 하는 것을 자꾸 낳아 가야 한다고 합니다. '나'에 '가'를 합하면 한 글자로 '마'가 됩니다. '나가마'입니다. 오늘 2시에 이 사람은 YMCA 강의실에 서서 이야기를 합니다. 여기에 딱 서 있는 것 같습니다. 그러나 몸에는 지금도 쉴 새 없이 숨이 들어갔다 나옵니다. 나간 그만큼 '나'는 커져 있습니다. 크게 되는데 어느 만큼 크게 되는가 하면 하늘에 닿을 만큼 커집니다. 그래서 '나가만'에 'ㅎ'이 붙습니다. 생각이 많이 나옵니다. 불꽃이 많이 인다는 말입니다. 나간 만큼 나가 사는 것이 이제 '예긋'이 불타 빛이 됩니다. 우주 삼라만상에는 금(線)이 있습니다. 시간을 그어놓은 금도 있습니다. 세로로 그어도 금입니다. 세상은 말끔히 금(線)으로 되어 있습니다. 육각형의 세상이 아닙니까? '나가마' 하고 나갈 말이 앞으로 어떻게 하겠다고 나갑니다. 이것이 '나가만 ㅎ금 나갈 말'이 됩니다. 앞으로 어떻게 하겠다는 것은 모두 생각에서 나옵니다. '나갈 말'은 말의 계속을 말합니다. '나갈말'이 막히면 인생은 그만입니다. '나갈말'을 어떻게 쓸까, 어떻게 할까 하는 것이 나갈 말의 금입니다.

그래서 '나가만 ㅎ금 나갈 말이게 나간 만큼 나갈 말이지'가 됩니다. '나갈 말'이 계시입니다. 여기 있는 것이 '나간만 ㅎ금'의 '금'입니다. '나간 만큼 나갈 말이지', 이것은 나중에 인정해주어도 좋습니다. '나간 만큼 나갈 말이지', 이것이 결론입니다. 딴말이 없습니다. 무엇이든지 그 사람 그 자리 그 시간까지는 '그만 ㅎ금'입니다. '나간만 ㅎ금'입니다. 말이라는 것은 나갈 말입니다. 끊어지면 소용이 없습니다. 앞으로 나가야 할 말이 되어야 합니다. 그러나 10년 후, 20년 후 이렇게 시간을 두고 나가는 것은 아닙니다. 이 말을 듣는 대로 나가는 말입니다. 이 세상은 가지각색으로 바뀌고 있습니다. 변경하여 사는 일이 불꽃이 되는지는 모르겠습니다만, 천 년이 가도 만 년이 가도 변하지 않는 말씀인 《성경》이나 《불경》이나 유교 경전은 '나간 만큼 나갈 말'입니다. 혹 이렇게 말씀드리면 우상 숭배라고 할지 모르겠습니다만, 이 사람에게는 그것이 모두 '나간 만큼 나갈 말'로 들리는 것을 어쩔 수 없습니다. '나간 만큼 나갈 말' 외에 딴것이 아닙니다. 그래서 '나간 만큼 나갈 말이지'입니다.

나가는 금 아주 긔노코 나가는 말 미리 짜가진 나랄 누날본고

나가는 금 아주 그어놓고 개인이든 국가든 전 세계 인류든 여러분이든 이같이 실천한다면 이것이야말로 참입니다. 이것을 이루도록 하는 것이 우리들의 할 일이 아닙니까? 공산주의면 공산주의, 민주주의면 민주주의 딱딱 금을 그어놓고 해 나가야지, 이것도 아니고 저것도 아닌 희미한 일은 하지 않는 것입니다. 나간 만큼은 가온찍기(ㄱ)뿐입니다. 설까 말까 할까 말까 하는 것이 아니고, 무한히 나가는 길을 아주 금으로 그어놓고 나가는 것입니다. 세상에는 이 사상밖에 없다는 신학이 무슨 신학입니까? 오늘날 통일교는 전 인류가 일찍이 발견치 못한 신조를 정하였다고 주장합니다.

이 사람의 어리석은 생각으로는 나갈 만큼 나가는 이것이 무엇인지 동경하게 됩니다. '만 ㅎ금'이 참 좋습니다. 너무 남에게 기대하여도 못 쓰고 너무 안 그런 척하여도 도둑놈이 됩니다. 나가는 금 아주 그어놓고, 나갈 말 다 짜 가지고 있으면 성현의 말이 되겠습니다. 암만 세상을 다 알고 이 세계에서 으뜸이라고 하여도 예수는 '나는 모른다' 하였습니다. 하느님 아버지밖에 아무도 모른다고 하였습니다. 나가는 금을 아주 그어놓고 나가는 말입니다. 천만 번 나가도 죄다 나가는 것입니다만, 천만 번 나가도 '누낭본고', 곧 누가 보았습니까? 내가 사상을 가지고 있는 것입니다. 누가 엿볼 수 없는 것입니다. 말씀으로밖에 알 수 없습니다.

내로란 븨집힌 굿이 ㄲㄴ찌기 나가만

'븨집힌 굿'의 '븨집'은 서울에서 많이 쓰는 말입니다. 도저히 직업 없이는 못 사니까 어떻게 어디 빈자리가 있는가 하고 찾습니다. 실상은 없는데 어떻게 비집어보겠다는 말입니다. 한자리 비워 달라는 말인데, '비집어본다'는 뜻으로 틈을 비워 가지고 내준다는 뜻입니다.

우리는 정말 어렵게 비집고 이 세상에 나왔습니다. 다시 오고 싶은 세상이 아니라고 할지 모르나, 참으로 어려운 고비를 넘어 비집어서 겨우겨우 요나마 세상에 참여하게 된 것입니다. 우리는 비집고 비집어서 여기에 나왔습니다. 요전에도 한번 말한 일이 있습니다만, 바다 속에 사는 눈먼 거북에 관한 비유가 있습니다. 오래 사는 거북은 백 년에 한 번씩 그 눈먼 대가리를 바다 위에 뽑아 바깥바람을 쏘입니다. 이렇게 백 년에 한 번씩 모가지를 바다 밖으로 내놓는데, 언제부터 흘러내려 왔는지 모르는 구멍 뚫린 널빤지 하나가 떠내려옵니다. 여러 쓰레기 중에서도 사람이 주워다 불을 때기도 하고 별의별 용도로 많이 사용하는 구멍 뚫린 널빤지가 백 년에 한 번씩 바다 밖으로 나오는 거북의 대가리에 고만 끼워졌습니다. 그 기회라는 것이 어떻게 됩니까? 이렇게 비집어 나온다는 것은 그만큼 어렵습니다. 사람이 태어나기란 역시 그만큼 어렵습니다. 그래서 '내노란 븨집힌 굿이 가온찌기(ㄲ) 나가만' 볼 수 있습니다. 시간이 많이 갔으니 이것은 이쯤하고 여기 써 있는 《주역》의 대목을 보기로 합시다.

부역개물성무(夫易開物成務) **모천하지도**(冒天下之道) **여사이이자야**(如斯而已者也) **시고**(是故) **성인 이통천하지지**(聖人 以通天下之志) **이정천하지업**(以定天下之業) **이단천하지의**(以斷天下之疑)

주역(周易)은 변화의 역을 말합니다. '부역개물성무(夫易開物成務)', 즉 역이란 '개물성무(開物成務)'입니다. 우리는 계속해서 완전히 되도록 수년간을 두고 연구하여 점점 잘살게 됩니다. 점점 열립니다. 물건이 열려서 우리가 잘살게 되는데, 우리가 힘써서 안 되는 일이 없습니다. 힘써서 물건을 열게 하자는 이 세상임을 생각하라는 것입니다. 곧, '개물성무'입니다. 이것을 가로되 '모천하지도(冒天下之道)'라고 합니다. 물건을 완전히 만들도록 연구하는 것, 곧 변화하는 주역을 생각하는 것인데, 이러한 것도 때로 생각할 필요가 있습니다.

역(易)에 상대되는 '불역(不易)'이라는 말도 있습니다. 변치 않는다는 말입니다. 변치 않는다는 것은 곧 진리를 말합니다. 또한 '불역'에 상대되는 교역(交易)이라는 말이 있는데, 서로 바꾼다는 뜻이 아니라 자꾸 변하는 것을 말합니다.

신학이니 철학이니 하는 것은 '역'이 아닙니다. '불역'입니다. 불역에 상대되는 말이 교역입니다. 여기 무엇이 있는데 이것을 좀 더 알아보자하여 '개물성무'에 힘쓰자는 것입니다. 이 '개물성무'의 규명이 오늘날 물리학의 기초입니다. 천하의 모든 변화하는 현상과 사물의 이치를 규명하는 것이 곧 '개물성무' 하는 것입니다. 그러나 원래 하여야 할 것은 불역을 찾아야 합니다. 그런고로 '성인 이통천하지지(聖人 以通天下之志)'라, 날이 가고 변하는 천하의 일은 하지 않습니다. 그러나 세속에서는 이것을 업(業)이라고 합니다. '이정천하지업(以定天下之業)'입니다.

그러나 '개물성무'가 자꾸 끊어지면 끊어지는 대로 의심이 생깁니다. 의심이 생기면 이것을 풀어보게 됩니다. 이단천하지의(以斷天下之疑), 의심을 풀면 자꾸 또 달라집니다. 달라지는 이 역이 주역입니다. 주역이라는 것은 다른 게 아니라 과학 하자는 것입니다. 요새 말하는 일종의 물리학이 아니겠습니까? 의심이 나는데 '시정시지원(是政蓍之遠)'입니다.

시고(是故) 시지덕 원이신(蓍之德 圓而神) 괘지덕방이지(卦之德方以知) 육효지의(六爻之義) 역이공(易以貢) 성인(聖人) 이차세심(以此洗心) 퇴장어밀(退藏於密) 길흉여민동환(吉凶與民同患) 신이지래(神以知來) 지이장왕(知以藏往) 기숙능여어차재(其孰能與於此哉) 고지총명예(古之聰明叡) 지신무이불살자부(智神武而不殺者夫)

'시(蓍)'라는 것은 산통(算筒)에서 뽑아보는 산가지를 말합니다. 곧, 점칠 때 쓰는 산가지인 가새풀이 '시'입니다. 또한 시귀(蓍龜)라 하여 산가지뿐만 아니라 거북으로도 점을 쳤습니다. 그런데 옛날에는 여간한 의심이 있거나 큰일이 있기 전에는 좀처럼 산가지를 뽑거나 거북점을 치지 않았습니다. 아주 안타까운 의심이 생길 때 어쩌다가 한번 하는 것입니다. 그래서 혹 가다가 알 수 없는 길흉(吉凶)을 알게 되는지 모릅니다.

이같이 '시귀'는 큰 것입니다. 여기에서도 오직 답답할 때에만 산가지를 흔들고 거북 뼈가 구워지는 것을 보고 무엇을 알려는 데 본뜻이 있습니다. 혹 이렇게 하면 알 수 있지 않을까 하고 이 '시귀'를 통해 큰 속으로 들어가보려는 것입니다. 그러한 의미의 '시(蓍)'요 '귀(龜)'입니다. 요새 길가에서 점치려고 보는 산가지나 거북점과는 뜻이 아주 다릅니다. 그렇게 함부로 점을 치면 안 됩니다.

산가지를 통해 무엇을 알려고 하는 덕(德)은 원래 큽니다. 어쩌면 오늘날의 기도와 정신이 같다고 말할 수 있습니다. 점을 치는 원래의 정신이나 장님이 산가지를 흔드는 정신 상태는 무아경으로 모가 나지 않은 둥그런 세상이 됩니다. 신에 통하는 것으로 보입니다. 원이신(圓而神), 곧 신통(神通)이 됩니다. 기도도 이쯤 되어야 하느님 아버지께 무엇을 여쭐 수 있지 않겠습니까? 뭐를 하든 이쯤은 해야 합니다. 이것이 '원이신', 둥글게 모든 것에 통하는 신통입니다.

괘지덕(卦之德), 이것은 '걸 괘(卦)' 자로 그려놓은 것을 말합니다. 학교에 괘도(掛圖)가 걸려 있습니다만 '괘(卦)'의 뜻도 같습니다. 이같이 글을 걸어놓으면 '방이지(方以知)', 곧 '괘지덕'인데 떡 걸어놓으면 방정(方正)한 것을 압니다. 요새 과학에서 무슨 정의니 공식이니 방정식이니 하는 것이 딱딱 들어맞는 경우가 있는데, 그같이 들어맞는 것을 안다는 것입니다. '원이신'과 '방이지'에서 '방이지'는 좀 알기 쉬운 편입니다.

'육효지의(六爻之義)'의 '효(爻)'에는 육효(六爻)가 있습니다. 주역에서는 사원세계(四元世界)가 상하와 동서남북이 합쳐져서 생긴 것이라고 하여 '육효'라고 합니다. 우리 인생만 3차원에서 살고 있습니다. 우리는 입체까지의 존재입니다. 저쪽을 가는 것이 4차원인데 거기에 대해서는 모릅니다. 우리는 4차원을 알지 못하고 확실히 3차원에서 살고 있습니다. 주역에서는 '육효'를 말하며 이승을 따집니다. 실상 가만히 보면 온 세상은 육면체로 되어 있음이 분명합니다. 여섯씩으로 된 것이 이 세상인 것 같습니다. 그래서 여섯 가지가 변하는 것을 보고, 이것을 가리켜 '육효'라고 합니다.

'역이공(易以貢)', 세금을 갖다줍니다. 즉, 공금(貢金)을 하는데 우리가 생각을 자꾸 하면 재물을 갖다줍니다. 성인(聖人)은 이것을 갖고 '이차세심(以此洗心)' 합니다. 자꾸 마음을 씻는다는 말입니다. 우리가 자꾸 생각의 불꽃을 피우고 모든 물건의 의심을 풀려고 '개물성무'를 하면 시대에 공헌하는 게 됩니다. 물건의 변화를 일으켜 시대에 봉사를 하게 됩니다. 이는 곧 '육효' 세상인 육면체의 3차원 세계에서 우리가 자료를 제공받고 이것을 살려서 하는 것입니다. 그러니까 성인은 이처럼 자료를 공급받으면 이것을 갖고 자꾸 마음을 썼습니다. 불꽃을 피우면서 마음을 정화합니다. 정진한다고도 할 수 있습니다. 곧, 가온찍기(ㄷ)를 합니다.

'퇴장어밀(退藏於密)', 자기 마음을 잡아 둡니다. '나간 만큼 나갈 말'이면 그만입니다. 미리 나간다고 짜놓거나, 이제 나갈 것에 죄다 금을 그어놓고 어떤 이름을 갖다 붙이는 게 아닙니다. 깊숙이 들어가 제긋을 덮어 두려는 것입니다. '퇴장(退藏)'합니다. 저장을 해 둡니다. 자기 몫을 감추어 둡니다. 지키는 것을 말합니다. 그렇게 하는데 '어밀(於密)', 곧 깊숙이 잘 하라는 것입니다.

'길흉여민동환(吉凶與民同患)', 이 세상에는 길흉이 있습니다. 성인은 천하의 길흉을 만백성과 더불어 같이 합니다. 생명을 백성과 같이 합니다. 길흉을 백성과 같이 걱정합니다. 그러면 '신이지래(神以知來)', 오늘의 제목이 됩니다. 곧, 신(神)과 관계가 됩니다. 신과 관계가 되면, 몰라도 말하지 않아도 생각하면 알게 됩니다. 예수가 하느님을 생각하고 모든 것을 의탁한 것처럼 절로 알게 됩니다. 이 생각의 불꽃은 실로 나간 만큼 나간, 더 나간 말이 되어 있지 않습니까? 여기에서 더 나가야 하는데, 어떻게 나가야 하는가를 하느님의 아들은 작정할 수 있습니다.

'도지사(道知事)'라는 말을 씁니다. 일을 작정하고 저도 한다는 말입니다. 앞으로 나갈 것을 이렇게 나갔으면 하는 제긋을 신과 의논하고 생각하면, 그동안 깨닫지 못한 것이 어느 정도 은근히 인도되는 점이 있습니다. 나를 인도하여 주는 것이 있습니다. 믿음으로 간다고 할 수 있습니다. 그쯤 하는 것이 신과 통하는 '신이지래'입니다.

우리가 안다고 하는 것은, 실상 오늘 알고 내일 가서는 모르게 되어 언제나 알고 모르고 또 모르고 아는 그런 것이 아닙니다. '나간 만큼 나갈 말'을 비집고 트는 데 있습니다. 오늘이 소설(小雪)입니다. 추위가 닥쳐옵니다. 이것은 누구나 압니다. 또 이 추위가 지나면 내년에 봄이 온다는 것을 압니다. 이렇게 안다는 것은 누구나 아는 것이지만, 더 깊이 들어가서 깊은 것을 알아야 한다고 하면 다 웃습니다. 다 거짓말입니다. '신이지래'는 이쯤 하겠습니다.

'지이장왕(知以藏往)', 순전히 안다고 하는 사람이 어떻게 합니까? 다 알았다고 하면서 이것을 우려먹고 팔아먹고 합니다. 요전에 어디선가 강의를 하니까 한 시간에 3천 원을 줍디다. 그것을 받고 하면 괜찮겠습니다. 그 정도면 이 사람의 생활을 할 수 있을 것 같으니 말입니다. 그러나 우리는 신을 갖고 나아갈 긋을 알아야 합니다. 신과 관계해서 앞으로 올 것을 믿어야 합니다.

'신이지래', 앞으로 올 것을 작정하고 이것을 믿는 것입니다. 그런데 이것을 팔아먹을 수 있습니까? 팔아먹지 못합니다. 더구나 안다는 것은, 지금 안다는 것은 벌써 지나간 것입니다. 국민학교와 중학교를 나오면 조금은 알 만큼 되었다고 합니다. 대학에서 낙제하지 않을 정도로 공부해놓고는 알 것을 알았다고 합니다. 무엇을 알고 무엇을 배웠다는 것입니까? 알면 무엇하고 배우면 무엇합니까? 나간 말을 배우고 알았으면 나가야 합니다. 힘써서 나가보아야 합니다.

그래서 '지이장왕'입니다. 아는 것을 가슴속에 간직하고 벽장 속에 넣어 두는 것만이 다가 아닙니다. 나갈 말은 나가야 합니다. 왕래도 하여야 합니다. 인생 문제에 대해 하느님과 교통하여 알 만큼 알았으면 그것을 자기 장(藏) 속에 넣어 두고 옛날에 알았던 것과 비교하여 이 기회에 내놓습니다. 그리고 이제부터 모르는 것이 있으면 또 배워야 합니다. 앞으로 한 발 내디디고 나가면 내가 날 낳아줍니다. 오늘밤에도 하느님이 허락하면 나는 실상 나를 낳게 됩니다. 그리고 우리가 정신적으로 한 발 내딛고 안다는 것은 이미 과거입니다. 지식의 곳간에 들어간 것입니다.

이것이 능(能)하면 기숙능여어차재(其孰能與於此哉) 고지총명예(古之聰明叡)입니다. 옛날에는 이것을 '총명예(聰明叡)'라 하였습니다. 여기서 '무(武)'라는 글자를 생각하여 볼 필요가 있습니다. 옛날에도 서로 무기를 갖고 싸움을 하였는데, 한자 '무(武)'는 '창(戈)'을 그치게(止) 한다는 말입니다. 곧, 무장을 끝낸다는 뜻입니다.

서로 무장을 하면 싸움을 그칠 수 있다는 말인지 모르겠습니다. 지금 원자탄과 수소탄을 서로 만들고 있으면서 제3차 세계대전이 일어나지 않는다고 말하는 것도 이러한 이치에서 나온 것 같습니다. 그래서 '지(智) · 신(神) · 무(武)', 이 셋을 '불살자(不殺者)'라고 합니다. 죽이지 못한다는 말입니다. '지신무이불살자부(智神武而不殺者夫)'입니다.

고왕금래 왕고래금(古往今來 往古來今)이란 말을 생각해보겠습니다. 어차피 한번은 보아야 할 것이니까 좀 빨리 하겠습니다. 옛날이라는 것은 이미 지나갔습니다. '이제'가 올 것입니다. 가는 이전과 오는 지금(往古來今)을 가만히 생각해보십시오. '이제'라고 할 때 시간적으로 '이'라는 소리는 '제'라고 발음할 때 이미 지나가 사라진 소리입니다. 이제의 '제'도 간 것이고 오지 못합니다. 금래(今來), 오는 것은 이제입니다. 오늘 저녁이 온다. 내년에 봄이 온다. 이렇게 오는 것을 말하는 것이 아닙니다. '올'입니다. 우리는 올해에 살고 있습니다. 단기 4289년(1956년)은 온 해입니까, 올 해입니까? 11월이 다 가도 온 해는 아닙니다. 금년 12월 31일이 되어야 온 해가 됩니다. 그래서 우리는 올 해에 살지 온 해에 살고 있는 게 아닙니다.

현재, 과거, 미래에서 미래에 사는 것입니다. '올' 사람을 기다린다는 것과 지금 들어'올' 분과 '올'해의 '올'은 다릅니다. 정신관계의 올은 '올'

해에 사는 것입니다. 아주 안 올 사람이 오는 것으로 사는 것입니다. 올 사람이 온다는 것은 이미 기정사실로 지나간 일입니다. '금래'가 아닙니다. 올 해는 안 왔습니다. 온 해는 온 것이 벌써 지나갔습니다. 온 것이라는 것은 눈 한 번 감으면 갑니다. 그러나 올 것이라는 것은 그렇지 않습니다. '올'은 찾지 않으면 안 되니까요. 금년(今年)이라는 것은 내년(來年)입니다.

우리말로 온 해와 올 해, 금래(今來)라는 점에서는 두 가지가 아닙니다. 이제가 '올'입니다. 그렇지 않고 다른 것을 기다리는 '올'과 '온'은 다 지나간 것이고, 영원히 다시 못 오는 것입니다. 올 해의 농사가 잘되었다, 온 해의 농사는 어떻게 된다, 이것은 우리말로는 도저히 이해하기 어렵습니다. '올·오는·온'을 생각해봅시다. 올 돈이 안 들어옵니다. 그러한 올 돈이 오지 않으면 올 돈이 됩니다. 그러다가 언제 줄까 합니다. 또는 부치었다고 합니다. 그러면 오는 돈입니다. 언제든지 오는 돈입니다. 그러다가 돈이 정말 왔습니다. 그러면 온 돈입니다. 온 돈을 어떻게 하면 좋을까? 은행에 맡기고 필요할 때 못 찾으면 어쩌나? 집에 두었다가 도둑을 맞으면 어쩌나? 이런 식으로는 올 해라는 시간이 오지 않습니다. 그러한 것은 없습니다. 그리고 지금 살면서도 온 해라는 것도 없습니다. 올 해는 꼭 잘해야겠다, 또는 온 해는 꼭 잘해야겠다, 이런 말이 성립이 되나 잘 생각해보십시오. 단기 4289년도는 12월에 가야 올 해가 온 것입니다. 이것만 보더라도 우리말은 정신과 시간이 무슨 관계가 있는 것을 가리켜주지 못합니다. 그러면 '갈', '가는', '간'은 어떻습니까? '올' '가는' '가는' '올'입니다. 이제 막 지나가는 '올'입니다. '가는 올'이 정신인 게 이상합니다. 가는 데 갈 곳 생각해보았자 소용없습니다. 갈 곳 모른다는 것은 떠날 때 생각하면 됩니다.

지금 생각하면 소용이 없습니다. 갈 곳을 못 찾습니다. 떠날 때 가는 것입니다. 이 사람이 24361일을 살고 있습니다. 예순한 살까지 살았으면 22260일 하고 며칠이 더 됩니다. 그간 이 '나'라는 사람도 꾸벅꾸벅 가고만 있는데 보기에 아주 딱합니다. 답답하게 보입니다. 실제로 사람들은 갈 곳이 문제가 아니라 가는 것이 문제입니다. 돌아가신 아버지는 어디로 가셨을까? 아버지가 간 곳 역시 문제가 되지 않습니다. 지나간 것이 문제가 아닙니다. 앞을 경계하고 혹 잘못이 있으면 어떡하나 하고 마음을 씁니다. 가는 것을 가지 못하면 그같이 또 답답한 일이 없습니다.

인간은 그러니 회개해야 하는 동물이기도 합니다. 가온찍기(ㄴ)로 돌아가는 것이 선결 문제입니다. 그래서 가는 것을 문제 삼아야 합니다. '올·오는·온'에서는 '올'이 문제입니다. 이렇게 보면 '가는' '올'이 우리에게 뭔가를 가르쳐주는 것 같지 않습니까? 이 '가는' '올'을 우리는 알아야 합니다. 가장 가느다랗게 빛나는 빛입니다. 대명천지 밝은 것은 허영입니다. 빛을 감추고 가는 빛, 가느란 빛으로 불꽃을 피우는 것은 오직 우리에게 그 무엇을 알게 하기 위한 것 같습니다. 영원의 소식을 듣는 것 같은 기분이 듭니다. 햇빛과 달빛에는 이러한 것이 없습니다. 올을 자꾸 걸어갑니다. 가는 올을 자꾸 따라갑니다. 그러니까 올 가는 가온찍기라는 긋이 필요하게 됨으로 이러한 소리를 하게 되었습니다.

마지막으로 〈기하학(幾何學)〉을 풀이해보겠습니다.

천천흑동천(天天黑洞天) 어간유암물(만)(於間有暗物(萬))
'천천(天天)'은 하늘이 아니라 나날입니다. 나날이 '흑동천(黑洞天)'이라, 나날이 시커먼 날이라는 것입니다. 대명천지 밝은 것에 취하면 영원과 끊어진다고 요전 금요일에 말한 일이 있습니다. 환하면 볼 것을 못 봅니다. 연결이 없습니다. 멀쩡하기만 합니다. 좀 더 밝은 세상에 살았으면 좋겠다는 생각은 어림없는 생각입니다. 밤뿐만 아니라 대낮에도 도둑질, 강도질을 하려는 생각입니다. 밤에는 도무지 방을 밝힐 필요가 없습니다. 일부러 도둑놈이 들여다볼까 봐 불을 적게 하고 있지 않나요? 그래서 우리는 날마다 '흑동천'을 생각해야 합니다. 태양을 생각하면 영원과 소식이 끊어집니다. 중간(於間)에 '유암물(有暗物)'이 있습니다. 지구를 타고 캄캄한 하늘을 지나가는데 자꾸 마음을 비워 가지고 지나갈 '암물(暗物)'이 있습니다.

일일광명체(日日光名體) 형형색색체(形形色色體)

그런데 '일일광명체 형형색색체(日日光名體 形形色色體)', 제긋대로 생긴 것이 튀어나옵니다. 형형색색(形形色色)입니다. 내 얼굴, 네 얼굴, 내 목소리, 네 목소리가 다 다릅니다. '볕 양(陽)'은 '거짓 빛'의 뜻도 됩니다. 태양이 거짓이라는 것은 '형형색색체(形形色色體)'를 보면 알 수 있습니다.

가롱문명연(假弄文明然) 체체접생면(體體接生面) 정견지비례(正見知非禮) 면면대월계(面面對越界)

자기 얼굴을 아는 사람은 없습니다. 또 잘난 얼굴도 밤에는 그만이 아니겠습니까? '가롱(假弄)'이라는 말은 가짜로 행동하는 것을 의미하는 게 아닙니다. 서울특별시 같은 데서 신사가 도둑질하는 것은 '가롱'이 아닙니다. 바로 보는 사람으로서는 가롱 아닌 것이 없겠습니다만, 예절이라는 것이 있는데 이것은 제 몸뚱이 하나 옳게 보존하려는 것입니다.

쥐라는 놈이 쥐구멍에서 나와서는 무엇인가 안심이 되지 않는지 자꾸 뒤를 돌아다봅니다. 몸을 이렇게 뺑뺑 돌려가면서(류영모가 강단에서 몸을 돌린다) 자꾸 봅니다. 그 목적은 혹 자기를 해치는 게 오지 않나 하고 확인하는 것입니다. 옛날에는 왜 그렇게 몸을 사렸는지 모르겠습니다. 몸과 몸을 접하지 않으면, 즉 나 혼자만 산다면 내 얼굴이 있는지 없는지 모릅니다. 남과 접하니까 비로소 제 얼굴을 압니다. 이 책상 모서리의 금과 금이 접하면 이같이 면(面)이 생깁니다. 남의 앞에 가야 '면'을 압니다. 이 얼굴이라는 것이 면입니다. 면과 면이 접하면 선(線)이 생깁니다. 이 얼굴과 저 얼굴 사이에 선이 생깁니다. 그래서 '가롱문명연 체체접생면 정견지비례 면면대월계(假弄文明然 體體接生面 正見知非禮 面面對越界)'가 됩니다. 면과 면이 접하면 면을 버리게 됩니다. 선이 나옵니다. 선이 생기면 넘나들게 됩니다.

선선교원점(線線交原点) 점점상무례(點點相無例)

'선선교원점 점점상무례(線線交原点 點點相無例)', 따져보면 점(点)이라는 것은 없습니다. 점을 연장하면 선이 된다고 하는데, 점은 차지하는 면적이 없습니다. 없는 것을 자꾸 연장해보았자 무엇이 나옵니까? 점에서 선이 나온다는 것은 말이 안 됩니다. 선이 연결되어 붙어서 면이 된다는 것도 말이 안 됩니다. 면과 면이 접한다고 체(體)가 되는 게 아닙니다. 점은 넓이가 없고 자리뿐이라 느낄 수 없습니다. 무한한 선상에 모든 점이 따로 있다고 할 수 없습니다. 그것은 거짓말입니다. 선이라는 것은 표시이지 존재가 아닙니다. 그런데 이것을 편리상 알 수 있기 위해, 점의 연장은 선이고 선이 접하면 면이 된다고 한 것입니다. 점과 선의 정체는 없습니다. 이것은 아직 비밀스런 존재입니다.

문복접부득(問卜占不得) 현현묵묵계(玄玄黙黙契)

선이 지나가면 사람이 됩니다. 'ㅣ(이)'가 됩니다. 여기다가 점을 찍으면 'ㅏ(아, 我)'가 됩니다. 'ㅏ', '아' 소리나는 것이 '나'가 됩니다. 그런데 거북점에서 'ㅏ' 점의 실마리가 어떻게 되는 징조를 비밀스럽게 입(口)으로 말합니다. 그래서 '점(占)'이라고 합니다. 손금을 보는 것도 '점'입니다. 자꾸 점(占)을 들여다보고 점을 모아서 대답을 해줍니다. 이것을 '점(占)'친다고 합니다. 또 사는 곳을 '점(占)'하는 것을 '복거(卜居)'라고 합니다. 터가 나빠서 좋은 터를 정한다는 말입니다. 이 점(占)을 가온찍기(ᅟᅵᆞ)로 쓰는데, 이 사람의 점(占)은 생각의 불꽃으로 씁니다. 그래서 이 생각 불꽃은 누구에게 물어보아도 모른다는 대답뿐이었습니다. '문복(問卜)'을 하는 것은 어찌 보면 자기 점(占)을 얻자는 것인데, 자기 점은 자기가 가지고 있습니다.

'현현묵묵계(玄玄黙黙契)', 누구에게 대답할 필요 없이 아주 영원한 까마득한 곳에 갈 끝막음에는 저이들이 들어갑니다. '현현(玄玄)'으로 들어갑니다. '현현'은 무한한 하늘을 말합니다. 이 하늘 아래서 우리는 모르는 하느님과 묵묵하게 하나 됩니다(契). 곧, '첫긋맞긋'의 하느님을 안다고 하는 그림입니다.

유물체물래(有物體物來) 불가유물체(不可遺物體) 은현칭귀신(隱見稱鬼神) 성불종가체(聖佛從可體)

'유물체물래(有物體物來)', 물건 하나도 사물이라고 하고 물건 하나하나에는 무엇인지, 곧 '머사니'가 있습니다. 즉, 물건의 가치가 있습니다. 그 사람의 '정신'이라고 하면, 그 몸체에 '머사니'가 들어 있어서 정신이 있다고 하는 것입니다. 즉, '유물체물래'입니다. 이 물건의 '머사니'라는 것은 그 물건을 도저히 떠나지 않습니다. '머사니'가 나가면 물건의 성질이 없어집니다. '머사니'가 몸에 들어가면 활기가 있고 떠나면 아무것도 아닌 것이 됩니다. 그래서 '돌아갈 귀(歸)' 자를 써서 '귀신(歸神)'이라고 하였습니다. 물건의 '머사니'를 옛날에는 '귀신'이라고 하였습니다. '은현칭귀신(隱見稱鬼神)'이 됩니다.

이같이 '머사니'가 드나드는 것을 제굿이라고 합니다. 끝까지 그 몸에서 봉사를 합니다. 이것을 소위 무엇이라고 하느냐 하면, 말씀을 이룬다고 합니다. '언성진실(言誠眞實)'을 말합니다. '무망체(無妄體)'를 말합니다. 이 '무망체'의 설명은 빠지고 없습니다만 실재한 면선점체(面線点體) 이것을 기하학이라고 합니다. 이것을 진실이라고 합니다. 또는 '성(誠)'이라고 하는데, 무엇을 바라는 것이 있으면 안 됩니다. 품삯을 바라고 해서는 안 됩니다. 옛적에는 무엇을 바라고 충성을 하지 않았습니다. 하느님을 섬기는데, 내가 신자로서 이렇게 열심을 다하건만 나를 도대체 생각을 해주지 않으시니 어쩌고 합니다. 이것은 믿는 것이 아닙니다. 무조건이라는 생각으로 무망(無妄)히 무망(無望)하게 믿는 하느님의 사랑을 바라는 게 우리의 사명입니다. 자기 살림살이를 두고서 누구네 집은 돈이 많고 누구네는 자동차를 타고 다닌다고 하며 나도 그렇게 되기를 바라고 하느님에게 비는 것은 하느님을 부정하는 것입니다. 그것은 다 쓸데가 없습니다. 그러한 것을 바라자는 것이 아닙니다. '진실무망', 이렇게 곧게 하자는 말입니다.

심심매실신(心心每失神) 자공점심례(玆供点心禮) 일월등비광(日月燈非光) 필요적광체(必要寂光體)

'심심매실신 신이지래(心心每失神 神以知來)'로, 신(神)을 통해서 얻은 '지(知)'인 가온찍기(ㄱ)에서 점(·)을 잊으면 실신(失神)하였다고 합니다. '심심매실신' 하면 그 사람은 영원과 영원히 연락이 아주 끊어진 것이 됩니다. 마음의 점을 잊고 신을 잊으면 그 사람은 아주 실신하게 됩니다.

'일월등비광(日月燈非光)', '일월(日月)'과 '등(燈)'이 빛이 아님은 아까 말씀드렸습니다. 이 밝은 세상에, 낮에 취하면 허영에 취한 것이 됩니다.

'자공점심례(玆供点心禮)', 점심이라는 것은 마음에 점을 살린다는 것으로 식사 중에서도 제일 적은 것을 말합니다.

'일월등(日月燈)'은 다 빛이 아닙니다. 가장 가느다란 빛(寂光)이, 거지반 보이지 않는 빛이 《성경》에 나오는데 그것이 참빛입니다. 해와 달은 거짓빛입니다. 자동차가 없는 백 년 전에는 어떻게 지냈을까 싶습니다. 오늘날에는 무슨 연락을 할 게 그렇게 많은지 모르겠습니다. 자동차 소리가 듣기 싫어서 큰일났습니다. 국가와 민족을 위해서 그렇게 바쁜 것인지, 밤낮을 가리지 않고 불면불휴(不眠不休)로 일을 하는 것에 경의를 표합니다. 햇빛도 거짓 빛입니다. 우리는 거짓 빛을 쫓지 말고 생각의 빛을 밝혀야 합니다. 이상 말씀드린 결과가 어떨지 모르겠습니다. 제목으로 내걸은 '신이지래(神以知來)'의 뜻을 다했는지 모르겠습니다. 사람에게 어림없는 문제를 내걸어놓았습니다. 우리는 '신이지래'하고 자중하여야 합니다. '신이지래'가 우리를 조종합니다.

'은현칭귀신'이라 귀신이 우리를 조종합니다. 신이 우리를 조종하는 것이 아닙니다. 일부러 그렇게 조종하지 않습니다. 땅의 아버지는 나를 껍데기만 내놓고 내가 날 낳아 갑니다. 내가 날 낳습니다. 아들된 내가 하느님 아버지를 발견하였습니다. 하느님의 존재를 누가 발견합니까? 나 없으면 하느님은 없는 것이 아니겠습니까? '아부의 아들일거고 속알 실은 수렘직'이 우리입니다. 류영모가 온 것이 아닙니다. 남이 낳은 것이 아닙니다. 여기에는 옛적부터 이름이 필요 없습니다. 내가 옳게 사는데 성과 이름이 무슨 상관이 있습니까?

이 사람을 이 사람으로만 알아주면 좋겠습니다. 이 사람의 긋 하나 알아주고 점(点) 하나 발견해주면 더없는 유쾌함을 느낍니다. 조직과 국가를 교육하자는 것입니다. 국가의 굿을 가르쳐야 합니다. 지금의 이 상태로는 어렵습니다. 말씀을 많이 드리지 않겠습니다. 여러분이 가만히 생각해보면 아는 일입니다. 생각 불이 어디서 나옵니까? 이것을 새롭게 빛어야 하는 우리가 아니겠습니까? (1956. 11. 22.)

몽땅 놀아야 자유롭다

복희씨 팔괘

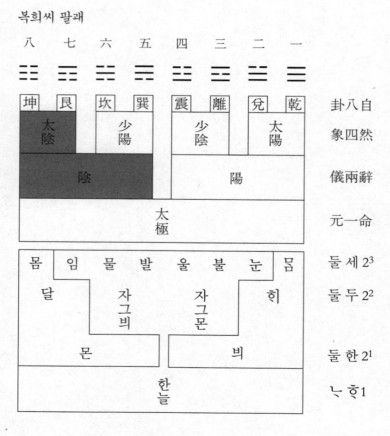

(표 1)

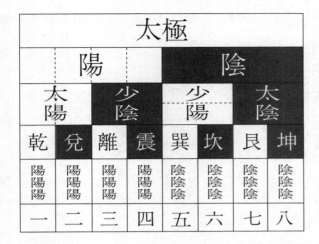

(다석일지 1956. 11. 19.)

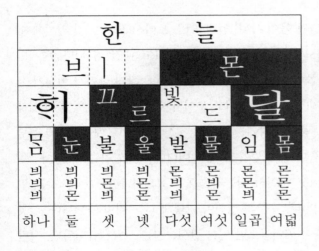

한늘 븨몬 히자그믄 자근 븨탈
몸눈 불울어 발아믈 임안몸이이낳

(다석일지 1956. 11. 19.)

中庸「天地之道 可一言而也 其爲物不貳則其生物不測」(다석일지 1956. 11. 29.)

陰陽不測之謂神.「兩在 故不測」
子曰 知變化之道者 其知神之所爲乎. (다석일지 1956. 11. 29.)

體物不可遺.
「有物體物來」
「不可遺物體」
「밈과 몸이 아니!」
「매임과 모음이 아니!」

오늘 문제는 '밈과 몸이 아니!'인데, 언뜻 보아서 모르실 것 같기에 쉽게 알아볼 수 있도록 '매임과 모음이 아니!'라고 내걸었습니다. 하지만 이 사람은 '밈과 몸이 아니!'라고 쓰고 싶습니다. 짧게 줄여서 이렇게 쓰고 싶습니다. 이 세상의 일이 매이고 모여서 되었다는 말이 퍽 흥미 있게 여겨집니다. 이 사람의 생각에는 사람의 정신을 어디다 매어놓으면 틀림없이 잘될 것 같습니다. 그렇다고 아주 어디다 매어놓자는 것은 아닙니다. 세상일이 매이고 모여서 되는지는 모르겠습니다만 그러한 것을 말하자는 것은 아닙니다. 우주의 정신이 그렇게 되는 것이 아닙니다. 잘못하는 사람을 붙들어 매어놓으면 일이 잘되는지는 모르겠습니다만, 사람의 잘못된 생각을 공연히 우주의 정신 어디다 매어놓는 것이 결코 아닙니다. 실상은 어디다가 묶어놓을 수도 없고 묶을 수 있는 것도 아닙니다. 그러나 사람은 몸을 어디다 매어놓았으면 하고 생각합니다. 사람은 어디 매인 데를 가져야 한다고 합니다.

이러한 생각은 할 수만 있다면 깨뜨려버렸으면 좋겠습니다. 이것이 깨져야 영생(永生)을 합니다. 그리스도교에서도 영생이라고 하면서 그리스도에게 정신을 붙들어 매어놓으려고 하는데, 실상은 어디다 매어놓는 것이 아닙니다. 매임과 모음이 아닙니다. 자꾸 모여도 안 됩니다. 정신은 자꾸 나아가는 것입니다. 정신의 본성을 말할 것 같으면 어디까지나 자유입니다. 어디까지나 공평하고 평등합니다. 나와 남을 차별하지 않습니다. 그러나 지금의 이 사회는 제각기 매어 살기를 좋아합니다. 우상(偶像)이 되는 것을 좋아합니다. 매어놓지 않아도 좋을 것을 매어놓고, 모이는 것이 아닌데도 모으려는 것은 말끔히 우상입니다. 서로 우상이 되어 갖은 못된 일을 다합니다. 서로 우상을 섬기고 우상을 찾곤 합니다.

우상을 그려보면 '몸'이 됩니다. 이것은 '몸'이라는 글자와 모양이 같습니다. 이 사람은 그림을 그릴 줄 모릅니다. 용서해주십시오. 우상은 '몸'같이 생겼습니다. 이것은 맴(매임)한다는 글자입니다. 우상인 몸은 마치 팔을 벌려서 무엇이든지 자꾸 모으려는 형상입니다. 마치 새벽부터 밤늦도록 장사를 하는 모양 같습니다. 이만큼(류영모가 손을 벌린다) 모아보겠다는 모양이란 말입니다. 이것이 '몸'입니다. 몸이 그런 것입니다. 몸 하나 매어놓자고 이 지경이 되었단 말입니다. 어디 매인 데가 있으면 '아이고, 그이를 쉽게 볼 것 아냐. 매인 사람이야!', 이렇게들 말합니다. 매여서 산다면 내리긋게 됩니다.

꼿꼿이 사는 것이 정신이라고 봅니다. 이 사람은 여기서 두 시간을 허락받고 얘기하고 있습니다. 허락된 시간은 자기 마음대로 쓸 수 있습니다. 그렇다고 못된 짓은 안 합니다. 횡행천하(橫行天下)하여 세상이 내 세상 같고 넓은 우주가 내 마음과 같은 경지에 도달하면 매이고 모이고가 어디 있겠습니까? 하느님 나라로 건너가서 하느님에게 매여야지, 여기 이제 예서 모으는 데 매여서야 되겠습니까? 매여 사는 것은 정신적으로는 내려가는 일입니다.

글자 '몸'에서 가로로 그어 있는 것은 세상을 말합니다. 이 세상의 것을 죄다 모아 몸이 잔뜩 붓게 되면 앉아 있으려 해도 편히 앉을 수가 없습니다. 이 모으는 것과 매이는 것을 전제로 공부를 할 바에는, 아예 공부를 하지 말아야 합니다. 모으는 것과 매이는 것을 배워 가지고 나온 학생들이 이 세상에 나와서 무슨 짓을 하겠습니까? 학교를 나와서 매이려고만 하고 모으려고만 하지 않겠습니까? 그러면 영원한 하느님과는 융합이 되지 않습니다. 꿈꾸는 이 세상에서 꿈꾸고 지나가는 것밖에는 안 됩니다. 이처럼 모으는 것과 매이는 것은 없어야 하겠습니다. 이것은 집어치워야 마땅합니다.

매이고 모으는 이 세상의 가로긋기를 글자 '몸'에서 없애야겠습니다. 그러면 믐이 되고 맘이 됩니다. 몸뚱이를 갖고 어떻게 하겠다는 욕심, 몸뚱이가 바라는 욕심은 없애고 믐이 되어야 합니다. 온전한 믐이 되어야 합니다. 또 우상 모양인 이 몸에서 목숨 하나를 빼버립니다. 그러면 몸이 됩니다. 이것도 역시 '맘'이 됩니다. 그런데 이 몸과 맘은 좀 다릅니다. 맘은 무엇인지 아직 상대적 세계의 욕심을 좀 묻혀 갖고 약게(狡) 영생하는 데로 들어가겠다는 것입니다. 지금 당장 다 집어치우고 이것저것을 잊고 자신을 세우고 가겠다는 믐만 못합니다. 몸에서 우상 세계를 딱 떼어버리면 바로 믐이 됩니다. 그래서 '매임과 모임이 아니!', '맘과 몸이 아니!' 이렇게 되는 것입니다. 맘과 몸이 아니면 맘과 믐이 됩니다.

사람들은 이 세상에서 자기 혼자만 약은 것같이 무슨 수단을 부려 재물을 모으고 금품을 사들입니다. 시간이 늘 자기 욕심을 부리라고 있는 줄만 알고 있습니다. 이따위 어리석은 생각은 집어치워버려야 합니다. 이 물욕을 없애고 믐이 되어야 합니다. 본성인 믐으로 돌아가야 생명이 바로 되는 줄 압니다. 이 사람이 우리나라 사람들에게 권하여 알게 하고 싶은 말씀이 '몸'과 '믐', 두 글자입니다. 우선 몸뚱이로 생활하기에 필요한 의식(衣食)을 구하지만, 내일을 염려하지는 말라는 것입니다. 날마다 사는 것은 준비가 되어 있습니다. 자연이 준비하고 하느님이 준비합니다.

질펀하게 제가 모으고 매어보자는 맴과 몸은 그만두어야 합니다. 맘을 비워 두자는 것입니다. 몸이 되어야 한다는 말입니다. 자꾸 맘을 비워보자는 것입니다. 모으는 것도 매여보겠다는 것도 그만두고, 빈 몸만 모아 이 세상을 떠나가자는 것입니다. 비우고 비워서 빈 몸을 모아 가지고 점점 깨치면 종단엔 날아갈 수 있는 하느님 나라에 들어갑니다.

자꾸 맴, 몸만 찾다가는 마귀 생각에 빠지는 것밖에 안 됩니다. 맴, 몸 이것이 있어서 자유가 얻어지는 것으로 생각하면 안 됩니다. 우리가 지금도 목격하는 일이지만, 우상을 숭배하고 사는 것을 자유로 알다가는 큰일 납니다. 직업에 매이고 돈을 모으고 그러면 자유가 있는 줄 알지만, 실상 직장에 매인 사람은 '이렇게 매이기만 해도 괜찮은가? 혼자 무엇이든 독단적으로 해보아야 하는데……' 하는 생각을 하게 됩니다.

이것이 본연의 자태입니다. 영업 또는 경영이라는 것이 자기 몸뚱이만 위한 것이라면 상대의 평등을 좀먹는 것이 됩니다. 경영을 하면 이득을 보고 평생 모으려고 하게 되므로, 자유와 평등이 있을 수 없습니다. 남들이 자유와 평등을 말하니까 공연히 따라서 말합니다. 매여서 사는 몸이 무슨 자유입니까? 우상 숭배의 생활을 하는 것입니다. 매인 생활은 우상 숭배 노예 생활입니다. 그래서 매이지 않아야 합니다. 자유가 본연입니다.

인간이 매이려는 것은 돈을 모아야 하기 때문일 텐데, 실제로 매인 데가 없으면 돈을 쉽게 모으지 못합니다. 그래서 매이려 하고 매일 곳을 찾습니다. 그런데 기왕 매이려면 큼직하고 남직한 곳에 가서 매이는 것은 좋습니다. 이같이 큼직하고 남직한 곳에 매이는 것도 바로 매어지느냐 하면 그렇지 않습니다. 몸뚱이가 성해야 하고 재능과 학벌과 인맥이 있어야 하고, 어디에 내놓아도 무엇 하나 부끄러운 데가 없어야 합니다.

그렇게 하여 소위 부자가 되면 몸뚱이가 뚱뚱해집니다. '선생님 신수가 훤합니다' 하고 인사를 받습니다. 이러한 소리를 듣게 되면 인망(人望)이 서 인기가 있게 됩니다. 이렇게 되면 상당히 매이기 어려운 곳에 매여보고 싶은 마음이 생깁니다. 이러한 까닭에 '무슨 경영을 하여서 돈을 모을 수 없을까?' 그렇게 하려면 매여도 상당한 곳에 매여 돈을 벌어야 한다고 생각합니다. 이러한 사람들을 소위 요샛말로 정상배(政商輩)라고 합니다.

일단 한군데 매이면 그 다음에는 더 큰 곳에 매이고 싶어 합니다. 그러나 사람은 자기의 밑동을 추원(追遠)하고 나의 몸뚱이를 자꾸 걱정해 나가지 않으면 위태위태합니다. 누구도 그렇게 모았는데 나도 한번 모아봐야지, 많이 모아서 걱정 없이 살아봐야지, 혹은 매여 살아서 돈 좀 벌어야지 하고 이럴까 저럴까 갈팡질팡합니다. 부자가 되면 감투를 쓰고 싶어집니다. 그 감투도 보통 감투가 아니라, 높은 자리에 매이기를 바랍니다. 그렇게 되면 으레 자기가 큰 자리에 앉는 것인 줄 아는 요즘 세상입니다. 이런 생각은 다 없애버려야 합니다.

그런 우상숭배 하는 맘은 없애고 정신, 곧 몸은 매이는 데 없이 자유로이 오직 궁신(窮神)하는 경지에 도달하면 참 좋겠다고 생각합니다. 알 듯하면서도 만나지 못하고 알고도 또 모르는 것이 신(神), 곧 하느님입니다. 신을 알려는 궁신을 하고 싶습니다. 신은 딴것이 아니고 우리들이 신입니다. 지금은 신의 능력을 나타내지 못하지만, 이 다음에 신으로 돌아가는 것이 사실입니다. 궁극에는 내가 신이 되겠다는 것이 아니겠습니까? 신의 자리로 간다는 것입니다. 정신이 간다는 말입니다. 곧, 궁신(窮神)하겠다는 것입니다.

자연 자체의 변화를 아는 것을 '지화(知化)'라고 합니다. 조화를 부리고 자꾸 되는 것이 우리 생각에는 벌써 끝이 아닌가 싶은데, 지금 자꾸 앞으로 되어 나가는 것입니다. 그런 '지화'입니다. 정신은 이처럼 궁신하고 지화할 것을 요구합니다. 궁신지화(窮神知化)하여 만물만사(萬物萬事)의 변화와 변천을 알면 마지막에 가서는 자기의 욕심을 알게 됩니다. 죄다 알게 되는 경우 자기를 어디다 매어놓고 무엇을 모아보자고 하지 않습니다. 그런 사람이 가장 공평하고 평등하게 됩니다. 자꾸 만물을 배워 가기에 지화는 평등이 될 수 있지만, 여러 사정으로 매이는 환경에 있다면 궁신할 수 없습니다.

하느님까지 만나겠다는 생각이 정신에 꽉 차 있으면 삼라만상 중에서도 하느님을 만날 수 있습니다. 바른 생각을 주장하면 혹 높은 지위를 지화하는 것으로 생각할지 모르겠습니다. 그러나 이것이 아닙니다. 원래의 자유평등에 입각한 궁신지화라야 합니다. 이러한 자기 본질을 눈앞에 보고 알면서도, 어디 가서 매이고 어디 가서 경영이라도 할까 하고 자꾸 매달리려는 궁리만 합니다. 무슨 사무소, 무슨 영업소 이런 것이 다 무엇에 필요합니까? 그저 밤낮 매달려 나가기를 좋아하고 궁신지화하는 일은 다 일없다는 것이 됩니다. 이것은 매임과 모음입니다. 이것이 아닌 궁신지화의 방향으로 나가야 하겠습니다.

'직(職)'도 '영(營)'도 '맴'도 '몸'도 우리가 바랄 것이 아닙니다. 매이는 데를 요구하여 모음을 하면 자유와 평등을 잃게 됩니다. 지금 이 세상에서 이러한 말이 귀에 들릴지 모르겠습니다. 자유와 평등을 입으로 말하면서 무엇이 자유로워야 하고 평등해야 하는지를 모릅니다. 모를 뿐만 아니라 스스로 자유와 평등을 깨뜨립니다. 아무렇게나 해도 괜찮다는 자유는 자유당의 자유인지 모르겠습니다. 이런 자유는 영원(하느님)이 싫어하는 자유입니다.

지난번에 이런 말을 한번 하였습니다. 물건에 대해서 체물불가유(體物不可遺)라고 옛 성인이 말했습니다. 성(誠)이라는 말은 참입니다. 참은 물건의 시작과 끝입니다. 참이 없으면 다 없습니다. 물건은 거짓 있는 것 같으나 그 물건 속에 참뜻이 있으면 참이 됩니다. 참이라는 것은 도무지 없는 물건에는 없습니다. 3천만 명의 사람이 거짓말을 하면 한 사람도 없는 것입니다.

참이 성(誠)이므로, 없어서는 안 됩니다. 참을 더 나타내면 참뜻의 값진 물건이 나옵니다. 값진 물건에서 참이 돌아가 숨어버리면 값진 것이 안 됩니다. 참(誠)이 들어가고 나오고 할 때 그 물건이 살고 죽는 가치를 나타내는 이것을 신(神)이라고 할 수 있습니다. 그래서 신이 돌아가버리면 해가 넘어가는 모양으로 참이 끊어집니다. 이것은 다 신이 돌아간 것입니다. 참인 신이 돌아간 것을 귀신(歸神)이라고 합니다. 그와 반대로 참이 들어오면 신(神)이라고 합니다. 즉, 어떠한 기운(氣)이 나타나서 우리들 앞에 나오는 것을, 신이 그렇게 보이는 것이라고 하여 신이라고 합니다. 다시 돌아가면 귀신이 됩니다. 안 보이는 것을 귀(歸)라고 합니다. 이러한 일을 참(誠)이라고 합니다. 만물에 들어가 있는 것이 자기를 주장합니다. 이것을 우리말로 주체(主體)라고 합니다. 바로 그 물건 속에서 존재를 드러내며 떠나지 않은 것이 체(體)입니다.

참인격자가 자신이 분명히 영생할 몸뚱이를 갖고 있다면 그만한 것을 주장할 만한 몸뚱이가 되어 있을 것입니다. 신을 주장하지 않고 사는 이는 그 자신이 물건이 되어서 사는 것입니다. 이 세상은 몸뚱이만 갖고 살 수 없습니다. 궁신지화하겠다는 정신의 움직임, 즉 신이 들었다가 귀신이 되는 사람이 되어야 합니다. 이것이 참으로 성(誠)입니다. 참이 물건 속의 주체이기 때문에 물건의 성질이 따로 나타납니다. 이것을 연구하고 말하는 것이 화학이었습니다. 그러나 그 물건에 있다는 주체를 연구하고 손질하는 것은 인간이니, 그 인간이 여러 가지를 대상으로 하고 있습니다. 그래서 그 대상 되는 것이 몰려와야지 무엇을 밝히게 됩니다. 대상물이 있어도 인간의 정신이 거기에 작용하지 않으면 모르게 됩니다.

인간이 주체가 되지 못한다면, 상상을 할 수 없게 됩니다. 인간이 주체가 되면, 체물(體物)이 되고 물건입체(物件立體)가 되어 잊을 수 없는 게 됩니다. 만물은 잊을 수 없는 것이라 하여 자꾸 해부를 해서 유물체물래(有物體物來)가 됩니다. 물체가 있어서 만물을 세웠다고 하더라도 '머사니'가 있고 물체의 주체가 있어서 체물불가유(體物不可遺)가 됩니다. 이것을 따지면 불가유물체(不可遺物體)입니다. 즉, 모든 물건마다 참이 주체이며, 이 참이야말로 참 물체입니다. 무슨 물체라는 것도 참을 따져 나가면 물체가 아닙니다. 새로운 것이 자꾸 나옵니다. 주체로서 나옵니다. 이처럼 새롭게 나오는 것이 참이란 말입니다. 그래서 우리에게는 참밖에 없는 것입니다.

'천지지도가일언이진야(天地之道可一言而盡也)'라는 공자의 말이 있습니다. 천지지도(天地之道), 즉 하늘과 땅이 어떻다는 것을 말하려면 한마디로 다 할 수 있습니다. 한마디는 '하나'입니다. 말씀이 '하나'입니다. 그러면 여기 하늘과 땅은 무엇이냐 하면 '머사니'입니다. '거시기'인 것입니다. 이것이 하늘땅이 하나라는 증거입니다. 우리 앞에 나타난 하늘땅의 현상 그 밑뿌리를 '머사니'라고 합니다. '거시기'라고 합니다. '거시기'가 둘이 다 하여도 둘은 하나에서 나오고, 하나라면 무엇인지 모르니까 '거시기' 또는 '머사니'라는 말을 합니다. 하늘땅이 둘이 아니라 '머사니'가 하나로서 하늘과 땅의 뿌리(根)입니다. 그래서 '머사니'는 둘이 될 수 없습니다. 하늘은 땅과는 다른 것 같습니다. 하늘과 땅을 따로 놓으면 둘이 아닌가 합니다. 그렇습니다. 하늘과 땅은 대단히 다릅니다. 하늘과 땅을 자주 보면서 크다고만 하는데, 그렇게 본다면 하늘이라는 것은 '하나'라고 말하면 그만입니다.

우리나라 말로 '하나'가 둘이 아니라는 것은, 우리의 지식으로서는 '1+1=2', 이것이 진리가 아니라는 것을 알면 알 수 있습니다. '하나'에서 자꾸 나오는 수가 없는 것입니다. '이(貳)'가 그것을 말합니다. 기위물불이즉기생물불측(其爲物不貳則其生物不測), '弍'는 '두 이'입니다. 여기에 '조개 패(貝)' 자를 붙이면 가치의 표준을 다루는 형태가 됩니다. 같은 돈에서 크고 작은 것을 다루는 것이 '이(貳)'입니다. 상대 세계에서 흔히 쓰는 것입니다. 그 표준을 어디다가 두고 좋으니 나쁘니 할 수 있습니까? 그래서 하늘땅도 하나로 보는 것이 참입니다. 둘이 아니란 말입니다. 그다음으로 우리는 이가(李哥)니 주가(朱哥)니 유가니(柳哥) 하는 것보다는 크게 하나로 봅니다. 상대 세계에서 개인이 크면 얼마나 크겠습니까. 똥을 싸는 더러운 존재가 맴(매임)과 몸(모음) 하는 데만 눈이 뒤집히는데, 커진다고 얼마나 커지겠습니까?

그 물거품 같은 것이 계속되는 줄 알고 꿈지럭거리며 한없이 떨어지는 인생에 표준을 주는 무엇이 있어야겠습니다. 20세기 현실에 맞는 인생의 표준이 있어야겠습니다. 그래서 우리 상대 세계에서는 의심을 '이(貳)'와 같이 표시합니다. 그리고 의심을 풀기 위해 무슨 인생관이나 세계관 같은 것으로 답변을 합니다. 이 인생관이나 세계관은 정신을 공통으로 다룹니다.

하늘과 땅이 하나이고, 여기에 '머사니'가 있어서 의심을 품고 가는 것이 상대 세계의 우리가 아니겠습니까? 그래서 '머사니'는 하나이기 때문에 하나를 믿는 것이 됩니다. 그 하나가 뭐냐고 질문하는 사람과는 이야기할 필요가 없습니다. 하늘과 땅을 말하면 하나입니다. 더 없습니다. 하나가 되는 것이 '머사니'입니다. 의심 중에 지나가는 '거시기'가 아니라, 우리가 주물러 터뜨릴 수 없는 '머사니'입니다. 여러분은 그 힘을 믿겠습니까? 믿을 수 있는 것은 어떻게든지 '하나'라는 것을 알기 때문입니다. 이 의심이 가는 세계에서 의심을 풀면 그 답을 얻는 데서 덕을 입으려고 합니다. 의심을 풀려는 얼마간의 노력은 참으로 어떻게든지 신(神)을 조금이라도 가까이 보고 싶은 충동 때문에 이루어지는 것입니다. 작은 일이나 큰일이나 이같이 따지고 고민해보는데, 시간과 정신을 바치는 이 의심의 일은 실상은 하나에 들어가지 못합니다.

'무조건'이라는 말이 있습니다. 둘이라는 것이 없다, 억만(億萬)이라도 하나다, 이렇게 놓고 우주를 보아야 합니다. 하나, 둘, 셋, 넷 하고 세어나가는 것은 다 허수라는 것을 알아야 합니다. 물건이 나온 시초는 하나, 둘, 셋이 없고 오직 하나뿐이라 측량할 수 없습니다. 따질 수가 없습니다. 생물로서는 할 수 없습니다. 이것이 의심입니다. 그래서 생물불측(生物不測)입니다. 그저 하늘땅은 하나입니다. 문명이 오늘날 아무리 발전하여도 이 '하나'라는 것은 불측(不測)입니다. 다 헤아릴 수 없습니다.

공자는 이렇게 말하고 나서 '음양불측지위신(陰陽不測之謂神)'이라 하였습니다. 음(陰)이니 양(陽)이니 하는 것은 동양에서 내려온 소리로서, 오늘날 사람들은 인정하지 않습니다. 서양에서 음양(陰陽)의 음을 '어-ㅁ', 양을 '이앙', 이와 비슷한 발음으로 부르며 관심을 보이는 사람이 있다는 말을 들었습니다. 음과 양은 반대입니다. 그런데 이 음양이 어떤 까닭으로 나왔는지 모르겠습니다. 어째서 이것들이 이 세상에 나왔는지 모릅니다. 생물불측입니다. 생물불측이므로 음양불측(陰陽不測)입니다. 우리 인간의 능력으로는 어떻게 할 수 없습니다.

이것을 신(神)이라고 합니다. 우리가 얼마를 살아보았지만 신(神)의 소리를 들었습니까? 친히 누가 보았다고 합니까? 신이라는 것이 있긴 있으나, 이것은 다 불측(不測)입니다. 알 수 없는 것입니다. '머사니'라고 할 수밖에 없습니다. 이 하나의 '머사니'는 현대부터 영원까지 있는 하나입니다. 이것이 있다는 것은 의심할 바가 못 됩니다. 이 상대 세계 자체가 불측이고 의심입니다. 그런데 이 '머사니'가 내 속에서 맨 처음의 어떤 형태로 나타납니다. '머사니'는 하나인데 이 '하나'가 무엇인가 하는 것부터 따져 들어가 '둘'을 헤아립니다. 원래 둘로 헤아릴 수 없는 것이 신입니다. 그러나 의심하지 않고 보낼 수는 없습니다. 의심을 해도 이 하나를 잊지 말자는 말입니다.

그래서 양재고불측(兩在故不測)이란 말이 나옵니다. 둘이니깐 불측입니다. 어디까지나 '하나'였다면 이것저것이 다 없는데, 둘이고 상대이기 때문에 자꾸 둘, 셋, 넷 생각이 나옵니다. 둘이기 때문에 불측입니다. 이러한 놈의 둘은 '참'이 아닙니다. 암만 밤을 새고 기도를 해도 마귀 생각이 한쪽으로 나오지 않습니까? 자꾸 우상 생각이 납니다. 이러한 것은 물론 깨뜨려버려야 하는 것입니다. 불측은 신앙이 아닙니다. 둘이라는 것도 신앙이 아닙니다. 하나뿐이다 해놓고 이것을 만나보자고 해도 안 됩니다. 하나를 어떻게 해보겠다는 것도 안 됩니다. 단순히 안다 하는 이것이 신(神)이라는 것입니다. 적어도 이 사람의 신은 그냥 신입니다. 신이라는 것에 '하나'라는 것 외에 다른 것을 더하면, 이내 그것은 신이 아닙니다. '하나'를 해놓고 무슨 말을 더하면 신이 안 됩니다. '양재고불측', 곧 상대 세계는 불측입니다. 헤아릴 수 없습니다. 불측의 세상에서 아무리 높은 자리에 올라가보십시오. 또는 매여보십시오. 실컷 모아보십시오. 다 그것은 불측으로 들어가는 것입니다. 매임과 모음은 불측입니다. 전체인 하나가 참입니다. '참하나', '하나 참'입니다. 불측을 죄다 버리고 품은 의심을 밝히려는 것을 어떠한 이익을 위한 것으로, 또는 상대가 있는 것으로 해서는 안 됩니다. 뚜렷한 하나를 쫓아가는 것입니다. 이것을 한번 생각하여 봅시다. 팔괘(八卦)라는 것은 우리가 좀 알아도 좋습니다(표1 참조). 이 자리에 계신 분 중에는 잘 아는 분도 계시겠지만 학생들이 많이 나와 있으니까 이런 것을 한번 생각하기를 권합니다. 건(乾), 태(兌), 이(離), 진(震), 손(巽), 감(坎), 간(艮), 곤(坤) 이것을 팔괘라고 합니다. 빨리 기억하기 위해 연결된 것을 연(連)이라 하고 끊어진 것을 절(絶)이라 합니다. 건(乾)은 선(線)이 다 이어졌으니까 건삼련(乾三連), 태(兌)는 맨 위가 끊어졌으니까 태상절(兌上絶)이라고 합니다. 그러나 이(離)는 가운데 하나만 끊어졌는데 이중절(離中絶)이라 하지 않고 이허중(離虛中)이라고 합니다. 진(震)은 아래만 연결되었으므로 진하련(震下連)입니다. 이런 식으로 손하절(巽下絶), 감중련(坎中連) 간상련(艮上連)이 만들어집니다. 곤(坤)은 다 끊어졌으니까 곤삼절(坤三絶)이 됩니다. 이것을 공부하고 싶으면 이렇게 알고 외우면 좋습니다.

건(乾)은 하늘입니다. 하늘은 어딘지 강한 것 같아서 힘줄을 세 개 그렸습니다(☰). 반대로 곤(坤)은 땅을 나타내는데, 처음이나 끝이 약한 것 같아서 끊었습니다(☷). 이렇게 보면 그 이유가 그럴듯해 보이지 않습니까?

그 다음의 태(兌)는 '못 태' 자인데 바다를 말합니다. 바다와 우리 인생은 무슨 관계가 있는지 모르겠습니다. 하늘밖에 큰 것이 없는데, 그 다음으로 큰 것은 바다입니다. 바다는 가만히 들여다보면 밑이 강하고 중간도 강한 것 같으나 어쩐지 위는 찰랑거리는 것이 약하게 보인단 말입니다. 그래서 밑에 두 줄은 힘차게 긋고 위는 터놓았습니다(☱).

이(離)는 불을 말합니다. 불은 어두움을 밝혀주는데 불이 자꾸 타서 나올 때는 아주 강합니다. 밑동도 강합니다. 그러나 불 가운데는 아주 약합니다. 그래서 '☲'로 표시하였습니다.

진(震)은 우레(雷)를 말합니다. 요샛말로 전기(電氣)입니다. 한번 번쩍할 때는 아주 강한 것 같습니다. 그러나 그같이 싱거운 것이 없습니다. 사람의 머리를 지나갈 때는 아주 강하지만 한번 지나가면 약하기 짝이 없습니다. 그래서 '☲'로 표시하였습니다.

손(巽)은 바람을 말합니다. 바람이 우리를 스쳐갈 때는 아주 부드럽습니다. 그러나 그 세력이 한번 성을 내면 무서움이란 이루 말할 수 없습니다. 그래서 '☴'로 표시하였습니다. 바람이 부드럽다 해서 밑에 '⚊'을 긋고 세력이 성하면 강하다는 표시로 위의 두 줄은 '⚌'로 표시하였습니다. 손(巽)은 '겸손 손'이라는 글자도 됩니다. 바람이 그렇지 않습니까?

감(坎)은 '물 수(水)'입니다. 물의 성질은 한없이 약한 것 같으나 이것이 모이면 또한 무서운 힘을 나타냅니다. 그리고 이것을 표시한 감중련(坎中連)을 세로로 세우면 '川', 이렇게 되는데 이것이 곧 '물 수(水)' 자입니다.

간(艮)이라는 것은 산(山)입니다. 땅은 속이 약한 것입니다. 산도 마찬가지인데, 무엇인지 뾰족한 게 땅 위에 높이 있어서 제법 강하게 보입니다. 그래서 '☶'로 그렸는지 모릅니다.

이상이 팔괘인데, 한자가 만들어질 때 이 여덟 글자가 먼저 생겼습니다. 그럴듯하게 그려놓았습니다. 그 뜻을 우리가 잠깐 보아도 참 재미있습니다. 복희씨라는 분이 이렇게 나열해놓았는데, 우리 동양에서 아주 옛적에 이러한 글을 만들어 갖고 이리저리 맞추어본 것입니다. 아버지 앞에서 유치원 장난감을 갖고 맞추어보는 식으로, 우리도 늙어서 이 유치한 장난감을 갖고 조금 맞추어보고 궁리도 해보는 게 어떨까 합니다. 이것도 역시 차례가 있습니다. '하나'에서 나온 것입니다. 곧, 태극(太極)에서 나온 것인데, 태극이라는 것은 전체인 하나로 크고 더 크다는 뜻입니다.

아주 옛날에도 하나를 인정했습니다. 하나(태극)는 너무나 커서 헤아릴 수 없는 불측입니다. 큰 태극은 하나입니다. 이것을 원일(元一)이라고 합니다. 하나는 밑동입니다. 그래서 주체로서 모든 개체에게 영(令)을 내립니다. 이 령(令)이 우리에게 직접 이렇게 하라 저렇게 하라는 것은 아니지만, 하느님의 뜻으로 우리가 부지중에 움찔하는 것이 있습니다. 우리는 항상 이 하느님의 영을 받고 있는 것입니다. 바로 원일령(元一令)입니다.

이 밑동의 하나인 태극은 어떻게 생겼는지 도저히 알 수가 없습니다. 아무도 모릅니다. 오직 하느님만 알 따름입니다. 나와 남이 만나서 비로소 음양이 시작되었습니다. 언제 왜 시작되었는지는 하느님만이 압니다. 나와 남의 시작도 모릅니다. 언제부터 하나, 둘, 셋, 넷, 이렇게 있게 되었는지 모릅니다. 그 시작을 모릅니다. 절대 '하나'만이 이것을 압니다. 불측입니다. 하나, 둘까지는 따질 수가 없습니다. 셋부터가 우리가 수학에서 쓰는 숫자가 됩니다. 우리는 도저히 그 밑동을 모릅니다. 우리의 처음 시작을 알 수 없습니다.

이 사람은 20대가 좀 넘어서 모든 것을 알고 또 하면서, 우리 아버지 어머니가 육체만을 좋아해서 나를 낳지는 않았겠지 하는 생각을 한 적이 있습니다. 하늘과 같이 믿는 어머니 아버지가 그러한 더러운 일을 통해 나를 낳지는 않았겠지 하면서 그 사실을 부인한 일이 있습니다. 우리들이 반성을 하면 그런 일은 하지 않을 것입니다. 우리 처지는 그러한 일을 그만두어야 합니다. 그런 몹쓸 일이 어디 있습니까? 우리는 정말 회개를 해야 합니다. 몇 해 전에 이렇게 말한 적이 있습니다만, 그렇게 해서 나온 자식을 남의 자식만도 못하다고 나무라면서 나아지라고 합니다. 여기에서 여러 부산물이 나옵니다. 《성경》에 음란한 세상에 났어도 나는 음란하지 않겠다는 말씀이 있습니다. 즉, 자기는 음란하지 않겠다는 말입니다. 아버지 어머니가 얼마나 음란해서 나를 낳았는지 어떻게 압니까?

요새 신문에 나오는 영화 광고를 보면 보기에도 얼마나 민망한지 그것에 자극을 안 받는다고 할 수 없는 지경입니다. 키스 장면이 얼마나 흔하게 나오는지 모릅니다. 이제는 아예 정신이 마비가 되어서 그런지, 그러려니 하고 지내게 되었습니다. 그 부끄럽고 더러운 일을 공공연하게 내놓는다는 것이 하늘에다 머리를 두고 사는 사람들이 할 짓들입니까? 이렇게 키스가 흔하니 사랑하는 아름다운 사람을 부둥켜안고 키스해도 그 맛을 제대로 느낄 수 없을 겁니다. 지금은 무슨 맛으로 키스를 합니까? 영화를 보아도 전부가 그 모양이니 또 새로운 자극을 요구하지 않겠습니까? 아이들이 귀여워서 입 맞추는 것은 자연스런 키스일 것입니다. 이 문제는 요새 어떻게 한마디로 뭐라고 할 수 없습니다. '아내'라는 말이 있는데 '안해'라는 뜻으로, 나하고 밤에 교정(交情)하지 않는다는 것을 말합니다. 안 한다고 '안해'입니다. 이러한 것을 도로 찾고 싶습니다. 어떻든지 '아내'는 '안해'입니다.

본론으로 들어가서 태극은 하나인데 이것이 쪼개졌다고 합니다. '하나'는 쪼개지지 않습니다. 쪼개지는 것이 무슨 '하나'입니까? 옛날 사람들은 태극(太極)을 방박(磅礴, 크고 단단한 모양)한 것이라 하였습니다.(《장자(莊子)》) 태극은 '하나'입니다. '하나'는 엄연합니다. 그리고 영원한 것이고 참인 것입니다. 이것이 벌어져 나뉘었다면 딴것입니다. 하나의 반동분자가 나오게 됩니다. 태극이 벌어져서 음양이 나왔다고 합니다. 음(陰)이라는 글자는 '언덕 부(阜)', 곧 어떤 높은 언덕을 가리킵니다. 이것을 간단히 '부'라고 써서 언덕을 표시한 다음 '달 월(月)' 자나 '물 수(水)' 자를 붙입니다(陰, 冰). '음(陰)'은 언덕에 뜬 달의 그늘을 생각해서 이렇게 씁니다. '볕 양(陽)' 자는 이와 반대로 언덕에 뜬 해(日)를 표시하거나 '불 화(火)'를 붙여 '볕 양'이라 합니다(陽, 炩). 산의 뒷등을 음이라고 합니다.

그래서 동양의 고장들 중에는 산음(山陰)이라는 이름을 쓰는 곳이 많습니다. 일본에는 산음선(山陰線)이라는 철도가 있습니다. 산의 북쪽은 음이라고 합니다. 강 쪽에서 보면 강북 쪽이 양이 됩니다. 그래서 서울을 한강에서 볼 때는 이쪽이 북쪽이 되니까 양이 됩니다. 그래서 한양(漢陽)이라는 이름이 생겼습니다. 산(山)하고는 뒤집어 보면 됩니다.

태극에서 벌어져 나온 것은 크게 음과 양으로 봅니다. 음과 양 한 쌍의 이쪽저쪽을 이같이 상대 세계로 쪼개놓았습니다. 이같이 자연 형태를 쪼갰는데 이것은 참이 아닙니다. 둘이 만나서 작용하는 것은 참이 아닙니다. 두 가지로 되어 있습니다. 상대 세계는 좋은 것 같으나 싫은 것입니다.

우리는 어떻게든 이 상대 세계에서 벗어나 '하나'의 세계로 돌아가야 합니다. 언제부터 이 둘이 나왔는지 모르지만 우리 조상이 아주 옛적에, 인류의 유치원 시대에 이렇게 하였습니다.

둘이라는 것을 음양이라고 하였습니다. 있는 것이 양이고 없는 것이 음인 것 같습니다. 그러나 목적은 정하고 보는 것입니다. 이 지구상에서 원점을 정해서 동쪽으로 가는 것을 플러스(+)라고 합니다. 반대편 서쪽으로 가는 것은 마이너스(-)입니다. 그러나 이것을 거꾸로 해도 누가 뭐라고 할 사람은 없습니다. 있는 것이 음이고 없는 것이 양이라고 해도 같습니다. 양이다 음이다 하는 것은 확실한 것이 아닙니다. 그저 목적을 위해서 혼돈하지 않게 하려고, 여기서부터가 ' + '이고 그 반대 방향이 '－'라고 하는 것뿐입니다. 그래서 이 음양은 참이 아닙니다.

상대 세계에서 말하는 음과 양은 절대의 양이나 음이 아닙니다. 그래서 음양은 불측입니다. 의심할 수밖에 없습니다. 둘이라는 것은 의심하는 것입니다. 이 둘이 행동하는 것을 양의(兩儀)라고 합니다. 둘을 짝 또는 켤레라고 하는 것은 이 음양의 둘을 칭하는 버릇이 있어서 그렇게 부르는 것입니다.

음양을 그대로 인정하는 버릇이 있습니다. 양 가운데도 음이 있고 음 가운데도 양이 있습니다. 또 하나가 둘로 벌어지는 일인데, 우리 인간은 하나에서 둘을 벌려놓고는 그 버릇을 그대로 갖고 있어서 또 벌립니다. 그리하여 넷이 됩니다. 하나가 둘이 되고 둘이 넷이 되는 것은 아닙니다. 어디까지나 하나, 하나인데 사람의 버릇이 그렇게 쪼개놓습니다.

태극에서 음양이 나오고 음양에서 사상(四象), 즉 네 코끼리가 생깁니다. 양에서 태양(太陽)과 소음(少陰)이 나옵니다. 양 중에서 가장 큰 양은 태양인데 그것이 겉으로 볼 때는 양이나, 그 소인(素因)을 만들어주는 것은 음의 성질입니다. 그래서 양에는 음이 있는 것입니다. 자연이 다 그렇습니다. 음도 태음(太陰)이 큰 양을 가까이 해서 양을 조금이라도 취하기 때문에 있는 것입니다. 그러한 자리가 음에도 있습니다.

자유와 평등이라는 것이 우리 인간에게서 이루어지려면 이 형식을 조금 따를 필요가 있습니다. 그래야 평등이 나오고 자유가 있습니다. 저희들끼리만 만나면 자유와 평등이 없습니다. 더 알기 쉽게 얘기하면 해와 달은 똑같이 둥글게 보입니다. 언뜻 보기에는 크기도 같습니다. 그러나 실제로는 해가 훨씬 큽니다. 그러니 해와 달이 같다는 것은 어림없는 소리입니다. 우주역학적으로 보면, 항성(恒星)은 전부 태양을 중심으로 마치 학교에 있는 쾌도처럼 우리 앞에 걸어놓은 모양이 됩니다. 그래서 양의 대표를 태양이라 하고 음의 대표를 달로 하였습니다. 실제 태양을 비유하여 배낭만 하다고 하면, 달은 우리 얼굴에 붙은 사마귀 정도일 것입니다. 달의 직경은 지구의 3분의 1밖에 안 됩니다. 이것을 어디다가 사실대로 그려놓는단 말입니까? 그저 그렇게 태양계를 쾌도에 그려놓고 보고, 알기 쉽게 하기 위해서 걸어놓는 것입니다.

발광체가 아닌 것을 대표하는 것이 달입니다. 이 달도 아주 음이라고

만 생각할 수는 없습니다. 태양의 빛을 받아들여서 밤에 빛나기 때문입니다. 그만큼 받는 기운이 있습니다. 이 부분을 소양(少陽)이라고 합니다. 태양에는 뭔가 발광 물질이 있습니다. 그 물질은 음의 성질을 지녔습니다. 달은 순전한 물질 덩어리입니다. 태양이 활동하는 데에도 물질이 있습니다. 그것이 소음(少陰)입니다. 이런 것을 사상(四象)이라고 합니다.

이렇게 보면 옛적의 장난감도 하나 버릴 것이 없습니다. 이같이 쪼개본 성질이 그냥 있지 못합니다. 이 넷이 여덟 개로 나누어집니다. 태양과 태음을 하늘땅으로 나누어 그 하늘땅에서도 음양을 가립니다. 이 세상에서 가장 큰 것이 하늘이고, 그 다음으로 큰 것은 바다입니다. 바다를 무시할 수는 없습니다. 그래서 태양에서는 '건(乾)'과 '태(兌)'가 갈라져 나옵니다. 흰하고 시원하기는 하늘이나 바다나 마찬가지지만 둘은 성질이 다릅니다. 아무래도 하늘이 크고 양의 성질을 많이 띱니다. 바다는 어림이 없습니다. 바다 또한 우리에게 시원한 감을 주지만, 양기(陽氣)에서는 하늘보다 못합니다.

그리고 소음(少陰)에는 작은 불과 우레가 갈라지는데, 우레는 한번 지나가면 그만이어서 번쩍거리는 성질이 있습니다. 역시 불과 뇌성은 달리하는 점이 있습니다. 태음(太陰)도 땅과 산으로 나뉩니다. 산은 어딘지 높이 솟아 양을 받는 기세가 있습니다. 소양(少陽)은 물과 바람으로 갈라지는데, 여기에서 물은 바다와 다릅니다. 얼어붙을 때는 꽁꽁 얼어붙고, 힘셀 때는 힘센 민물입니다. 바람 역시 부드럽기가 한량없으나 힘셀 때는 물에 못지 않습니다. 그러나 옛적에는 바람이 더 무섭고 힘센 것으로 알았던 모양입니다.

이렇게 따져보니 이 장난감을 만든 당시에 이렇게 이치에 맞게 한 것이 아니라 후대 사람이 이해해서 내놓은 것임을 알 수 있습니다. 그렇다고 이것을 호락호락하게 보아서는 안 됩니다. 지금도 우리가 이 장난감을 내놓고 맞춰보면, 그 옛날 사람들이 더 똑똑했음을 짐작할 수 있습니다.

딴 글자로 사용하여 보면 태극은 '한늘'입니다. 우주는 무한한 공간입니다. 영원한 시간입니다. 무한한 공간, 영원한 시간에서 늘 놀랍니다. 태양은 쳐다보지 말고 오직 하늘(ᄒᆞᄂᆞ)만 보자는 것입니다. 여기에 두 가지가 붙습니다. '븨(空)'와 '몬(物)'입니다. '븨'라는 것은 허공, 곧 비어 있다는 말입니다. 요전에 빛에 대해 말씀드릴 때 빛, 곧 광선(光線)은 비어 있는 곳이라야 통한다고 하였습니다. 그 '븨'입니다. '몬'은 물건이라는 뜻입니다. 물건이 무엇이냐 하면 동, 은, 납 따위의 잘게 쪼개서 부스러기로 만들 수 있는 것을 말합니다. 부스러지기도 잘합니다. 부스러지기 때문에 서로 상치됩니다. 이것이 '몸'입니다. '븨'와 '몬'은 이같이 성질이 다릅니다. 다르다고 아주 갈라놓을 수는 없습니다. 양이 '븨', 음이 '몬'이라면 확실히 갈라진 것 같으나 그렇지 않습니다. 둘이 'ᄒᆞᄂᆞ'입니다. 그렇다면 왜 '븨'와 '몬' 두 가지가 나왔는지, 그것은 모릅니다. 이렇게 하는 것이 좋습니다. 이 두 가지를 '한 둘(2^1)'이라 합니다. 한둘이 '두 둘(2^2)'이 됩니다. '븨'는 '히', '몬'은 달, '븨'는 또 '자그몬', '몬'은 또 '자그븨', 이렇게 '두 둘'이 됩니다. 여기서 '세 둘(2^3)'이 나옵니다. '히'에서 몸이 나옵니다.

우리 몸이 하늘의 성질입니다. 우리 몸이 건(乾)입니다. '눈(眼)'은 당치 않은 소리 같으나 가만히 생각하면 그렇지도 않습니다. 눈으로 바다를 본다 해서 '눈'을 내건 것은 아닙니다. 우리 인간은 느끼고 아는 것의 90퍼센트 이상을 '눈'으로 합니다. 눈같이 생각하고 눈같이 느끼는 것은 없습니다. 바다 역시 무척 깊지만 눈보다 깊지는 못합니다. 삼라만상이 틀림없다는 것은 눈으로 틀림없다는 것입니다. 그렇다고 물건을 자꾸 따라간다는 것은 아닙니다. 맘의 상이 눈입니다. 눈에 들어온 것을 전부 맘에 돌리어 보게 됩니다. 맘에 모아진 사상(四象)의 자료는 눈에서 거의 넣어주는 것입니다. 그 깊이를 바다에 비하겠습니까? 그래서 여기다가 '눈'을 놓았습니다.

그 다음 소음(少陰)에 가서 불은 말할 것 없고, '울'은 우레를 말합니다. 전기는 우레와 같은데, 머리 위에서 번쩍하였다 하면 벌써 보이지 않습니다. 그뿐 아니라 우리는 하늘을 우러러보아야 합니다. 끊임없이 우러러보고 또 울어야 합니다. 운다는 것과 '울'은 같은 뜻입니다. 이상 양(陽) 쪽에다 '몸', '눈', '불', '울'을 붙여보았습니다. 다음 한쪽인 '몬(음)' 쪽에는 우선 몸을 내걸었습니다. 이것은 '몸뚱이'라는 뜻입니다. 곤(坤)이 몸뚱이입니다. 그 다음 '임'이라는 것은 이마를 말합니다. 땅의 산봉우리 같은 것은 몸에서 '이마'입니다. 이 '이마' 하나 내밀고 나왔습니다. 어디 갈 때마다 '이마'가 먼저 나갑니다. 산은 지구의 이마입니다. 우리 머리에 주님이 계시다는 말은 이마에 있다는 말입니다. 또 우리는 이마로 하늘을 받치고 삽니다. 일본 사람이 무엇을 달라고 하거나 받을 때 '죠다이(頂戴)'라고 합니다. 이마에 올린다는 뜻입니다. 또 같은 한자를 '이다다키마스'라고 하면, '밥 먹겠습니다'라는 뜻이 됩니다.

다음은 '물'인데, 요샛말로 기분 나쁘다는 말이 있습니다. 무엇을 하는 데 기분을 곧잘 찾습니다. 공기를 마시고 사니까 기분만 찾는지 모르겠습니다만 수분(水分)은 찾지 않습니다. 우리 가슴에 폐가 있어서 기분(氣分)입니다. '배'는 수분을 채워야 합니다. 배는 수분으로 삽니다. 정신은 '허분(虛分)'으로 삽니다. 그래서 '기분', '수분', '허분', 이것이 다 깨끗해야 합니다. 여기서 물은 수분을 말합니다.

다음 '발'이라는 것은 바라는 것인데 가는 빛을 바란다는 말을 요전에 한 적이 있습니다. 또 희망을 이룩하여 달라는 기도로서 바라는 것이 있습니다. 이 '발'은 그러한 것을 바라는 '발'입니다. 한발 내딛고 갑니다. 발이 있어서 갑니다. 지금보다 나은 곳을 찾아서 어디론가 갑니다. 발은 쓰지 않고 바라는 것은 바라는 것이 안 됩니다. 발과 바람은 이렇게 같습니다.

이같이 옛날 사람들의 장난을 이 사람이 우리말로 한번 고쳐보았습니다. 즉, 장난감을 만들어보았습니다. '몸, 눈, 불, 울, 발, 물, 임, 몸'입니다. 이것을 이어서 말을 만들어보았습니다. "몸 눈에 불을 올려 우러러보면서 위로 발을 내딛는 물음을 임 이마에 이고 나간다." 이것은 이 몸의 머리가 나간다는 말입니다. 이 말이 어지간히 맞는지 안 맞는지는 두고 보아야 알 일이고 또 하느님이 아시는 일입니다. 이 사람이 만든 팔괘의 우리말로 맞추어보고 싶은 짝은 이렇습니다. 이 세상에서 기도를 하는 것은 하느님을 우러러 우는 것입니다. 아버지를 부르며 완전히 되자고 이 몸이 완전히 되자고 웁니다. '발'도 바란다는 것이 무슨 까닭에 바라는 것인지 발의 까닭이 있습니다. 바람(願)으로 이마, 내가 담당하마, 내가 분명하니까 내가 담당하마, 그렇다고 어디 매이는 것은 아닙니다. 자연히 그렇게 되는 것입니다.

그런데 이것은 말의 시작이 됩니다. 이러한 것에서 말의 둘, 셋, 넷이 시작합니다. 사(辭)가 됩니다. '爫'은 이렇게 벌린 손을 말합니다. 손으로 이러고저러고 한다는 것인데 이 안에 어린아이가 들어 있습니다. '裔'이 어린아이 하나를 기르는 것인데, 다름 아니라 정신(精神)을 기르는 것을 말합니다. 무슨 정신이냐 하면 신(辛), 곧 신산(辛酸)하다는 것입니다. 고생스럽게 하느님의 아들을 받아서 기른다는 것이 곧 '말씀 사(辭)'입니다. 신(辛)에 다 하나 더 그어서 신(辛) 하면 무슨 형벌의 이름이 됩니다. 쓰라리고 성가신 것을, 즉 '븨', '몬' 따위의 말을 자꾸 하고 이해하여야 하고, '희 자그믄' 따위의 '하나'의 말을 여러 가지로 말해야 합니다. 이처럼 성가시고 쓰라린 것을 사뢰어야 하니 사(辭)가 아니고 무엇이겠습니까? 좀처럼 된소리를 하는 것은 다 쓰라리고 성가신 것입니다. 갈 사람의 말입니다. 이렇게 하는 것이 발전하는 '하나'의 말씀이 될 수 있습니다. '몬', '븨'가 있습니다. 이것이 둘이 되어서는 안 됩니다. 또 '자그몬'이니 '히'니 해서 넷을 걸었는데, 이것이 다 한 몸뚱이를 말합니다. 몸뚱이의 어느 한 부분을 떼어서 분리할 수 있습니까?

이같이 옛적 장난감은 원래 자세한 말 없이 그저 '하나'로 내려온 것입니다. 이 사람도 하나는 하나인데 여기서는 잇대어 말할 수 없습니다. 하나에서 한 둘($2'$)이 나오고 한 둘에서 두 둘(2^2)이 나옵니다. 한 둘($2'$)이 모입니다. 이것이 이 지상입니다. 음과 양은 '＋'와 '－'입니다. 두 둘(2^2)은 사방(四方)입니다. 田('밭 전' 자가 아닙니다), 사방이 세 둘(2^3)이 됩니다. 🔲, 이같이 입방체가 됩니다. 두 둘(2^2)의 둘입니다. 구체적으로 우리 사회가 나옵니다. 이것이 '팔(八)'입니다. 우리는 3차원 세계에서 삽니다. 여기에 4차원, 5차원의 인식 세계는 없습니다. 아마도 '하나'가 4차원이 아닌가 생각됩니다.

태극에서 하느님이 우리에게 명령한 것이 하나 있습니다. 우리에게 '여덟 팔(八)' 안에 있으라는 것입니다. 이것 하나만은 정신적으로나 시간적으로나 공간적으로나 몸뚱이의 주체적인 것으로서나 분명히 3차원에 있는 것을 알고 있습니다. 이것을 우리는 알고 있습니다. 암만해도 명령하신 것으로밖에 안 들립니다. 4차원까지는 알면 못쓴다고 한계를 두고 '하나'라는 것을 알고 있어라, 이렇게 말씀하시는 것만 같습니다. 4차원으로 뛰어넘는 순간, 서슴지 않는 그 무엇이 있어야 합니다. 3차원에서 4차원은 아주 가까우면서 보통의 우리에게는 어려운 것이나, 이 어려운 고비를 넘자고 이 짓을 하고 있는 것 같기도 합니다. 아무리 모아도, 아무리 매여도 뛰어넘는 순간에 보탬이 되는 것이 뭐가 있겠습니까? 십

(十), 백(百), 천(千), 만(萬) 다 딱지치기밖에 안 됩니다. 이것이 무슨 소용이 있답니까? 어린애 장난할 시기는 지났습니다.

세상이 팔자(八字)와 평방(平方)의 상관인데, 그런 딱지 모으기 할 때는 그만 지나지 않았습니까? '세 둘(2³)'은 '뫔, 눈, 불, 울, 발, 물, 임, 몸'을 말하는데 자기 생명인 원(元) 전체를 가리키는 것입니다. 그래서 '自'로 표시할 수 있습니다. 이 글자는 '스스로 자'입니다. 자기 책임을 다하겠다는 뜻도 됩니다. 이것은 또한 코를 말하기도 합니다. 인간의 대표인 코를 말합니다. '써 이(以)'도 코로 된 글자이지만, '스스로 자(自)'도 코라는 글자입니다. 이 코는 상당한 것입니다. 사상(四象)의 코끼리에게 있는 코 따위와는 다릅니다. 여덟의 코는 특별한 코입니다. 가슴에 생각의 불을 붙여주는 것이 있습니다. 정신을 울리는 것이 있습니다. 우리는 자꾸 이해하고 나아가는 코라는 것을 알아야 합니다.

힘차게 울면서 기도할 때 자기의 능력을 바라고 해서는 안 됩니다. 자기가 '하나'가 되겠다고, 근본의 '하나'가 되고 궁신지화하겠다고 우러러 울어야 합니다. 이것을 바라는 것이 성령을 바라는 것입니다. 바람을 바라는 것입니다. 그런 다음에 이마를 내세워 남아(男兒)가 번뜻하게 '그이'를 바라는 발을 딛기를 바라야 합니다. 그렇게 하자는 이 몸뚱이입니다.

'한늘', '몬', '븨', '믐', '몸', '모음', '맴'을 한번 생각해보십시오. 이 사람도 생각이 하나 떠오르는데 한늘의 '한'을 양(陽) 쪽에 붙이고 '늘'을 음(陰) 쪽에 붙여 읽어보면, 양 쪽은 '한 븨 히 믐'이 되고 음 쪽은 '늘 몬 달 몸'이 됩니다. 이것에 무슨 뜻이 있지 않겠습니까? '하나로 븨히는 히 맘', '늘 물질을 따르는 몸', 이같이 밑에서부터 거슬러 올라가보면 또 말이 되지 않습니까? 이것이 자연사령(自然辭令), 곧 스스로 나온 말씀입니다. 사령(辭令)은 사령장(辭令狀)입니다. 사령은 어디어디를 가서 말을 전하라는 것입니다. 사령장은 관직을 임명하는 증명서를 뜻하기도 합니다만, 꼭 그러한 것도 아닙니다. 스스로 받아들이는 말씀이 명령입니다. 코로 받아들이는 말씀, 그것이 곧 명령입니다. 그 뜻이 스스로 나온 것입니다.

그 옛날 장난감(八卦)이 그때 시작한 것을 지금도 이 사람이 시작하는지 모르겠습니다. 언제 맞추어보아도 좋은 장난감입니다. 이 사람이 말을 20년, 30년을 해도 언제나 하느님을 그리는 한 말씀입니다. 세상이라는 것은 너무나 모르는 것입니다. 우리가 갑자기 영생을 얻겠다고 덤빈다고 해서 얻어지는 게 아닙니다. 우선 사람 노릇하고, 오늘 배운 말을 통해 매임과 모음, 그리고 팔괘 안에서 살고 있음을 알고, 여기서 벗어나 하나가 되는 길을 찾아야 합니다. 이 세상의 것은 다 내버려야 합니다. 훨훨 벗어야 합니다. 아는 것이 모르는 것입니다. 매이는 것이 아니고, 모으는 것이 아닙니다. 이것이 제가 말씀드리고 싶은 것입니다. (1956. 11. 29.)

주역의 가르침 : 팔괘(八卦)

문왕 팔괘

<table>
<tr><td colspan="3" align="center">몸
☷</td><td colspan="2" align="center">呂
☰</td><td rowspan="4" align="center">（文王八卦位次表）</td></tr>
<tr><td>兌
☱
눈</td><td>離
☲
불</td><td>巽
☴
발</td><td>艮
☶
임</td><td>坎
☵
물</td><td>震
☳
울</td></tr>
</table>

〔乾 ☰ 呂〕　　〔몸 ☷ 坤〕
울　물　임　　발　불　눈
☳　☵　☶　　☴　☲　☱
震　坎　艮　　巽　離　兌　　(표1)

（다석일지 1956. 11. 30.）

될 수 있으면 금요일은 《성경》을 생각하자고 연경회(研經會)라 이름 하였습니다. 어떤 분은 목요일 강좌가 《성경》을 말하는 줄 알고 오시고, 《성경》 연구하는 분은 목요일 강좌가 통속적인 것이라 생각해서 안 오시는데, 오늘 같은 연경회를 하는 날 오기 어려운 분도 계신 줄 압니다. 그러나 '나간 만큼 나갈 말'—이 말을 언제 하였습니다만—을 하게 됩니다. 이 사람은 여기서 '나간 만큼 나갈 말'을 드리고자 합니다.

이 사람은 이 세상에 믿을 것이 '말씀'뿐이라고 말합니다. 이 세상은 말씀뿐이라는 말입니다. 삼라만상을 소리 내고 그림 그리고 글로 써서 구체적으로 그려놓은 것이 이 세상입니다. 이 세상을 바로 보려면 글이나 말씀으로 보아야 합니다. 그중에서도 특별한 계시의 세계적인 공통의 글은 한 가지요, 말씀도 한 가지입니다. 이 세계는 단연코 참은 아닙니다. 말씀 중에 사람들이 가장 외우려는 것이 동서고금의 경전입니다. 경전의 원 줄거리는 천 년 만 년이 지나도 없어질 수 없는 것이고 없어지지도 않을 줄거리임이 분명합니다. 현 세상에서도 이것을 몇 사람은 받아 이어 가고 있습니다. 그래서 이것을 소위 '정신줄'이라고 합니다.

경(經)이라는 것은 '줄기 경'을 말합니다. 《성경》도 같은 뜻입니다. 동양에서 가장 오래된 말씀의 줄거리는 《주역(周易)》입니다. 이상하게도 우리나라에는 이 《주역》을 많이 배우고 또 《주역》을 갖고 자기가 무엇을 안다고 표하려는 사람이 많습니다. 너무나 많아서 사람들이 《주역》을 미신으로 만들어버렸습니다. 요새 상투 틀고 갓 쓰고 《주역》을 중얼거리며 '괘사(卦辭)'한다고들 합니다. 이리저리 둘러대기 잘한다 해서 '괘사'라고 하는지 모르겠습니다만 이렇게 보게 되었습니다. 우리나라에 음악이라는 것이 갓 들어와서 우리의 정신을 아름답게 해주었습니다. 학교에 다니는 자식이 집에서 큰 소리로 노래하고 팔다리를 벌리면서 춤을 추면, 지금은 보통이지만 예전에는 큰 벼락이 떨어졌습니다. "광대냐? 이놈의 소리는 무슨 소리인고? 춤은 또 무슨 춤이야? 미친놈이로구나." 이런 식으로 대번에 야단을 치며 못 하게 했습니다.

또 예수 믿는 것이 요새는 무슨 대단한 것처럼 되었지만, 예전에는 이교(異敎)라고 해서 그렇지 않았습니다. 천주학(天主學)이라고 일컬어 '천작'을 한다고 하였습니다. 이것은 못된 것에 연결해서 천주학을 이해한 것입니다. 천주학은 이 땅의 국가 권력으로부터 배척당했고, 이교(천주교)를 믿는 자는 극형에 처해졌습니다. 천작 때문에 이렇게 되었다고 하여, 천작이 못된 짓을 대표하게 되었습니다. '그따위 짓을 하다니! 천작을 하게 되었나?' 이렇게 말하게 되었습니다. 그렇게 된 것은 권력의 압박 때문입니다. 이해분간에 밝은 백성이 하느님을 믿게 되면, 곧 천작을 하다가 해를 볼까 봐 말을 낸 것이 이렇게 되었습니다.

'괘사'를 부린다는 말은 주역의 '괘(卦)'라는 말에서 나왔습니다. 이러한 것은 《성경》에도 있습니다. 본래의 뜻은 경전을 통해 사람이 힘 있게 살 뿐만 아니라 다른 사람에게도 그 고마움을 주어 함께 혜택을 입자는 것이었습니다. 그런데 사람들이 제각기 해석하여 중심에서 벗어난 말을 하기 때문에 이런 말 저런 말이 나오게 되었습니다. 어느 것이나 경전은 복음(福音)입니다. 이런 복음이 권력이나 사람의 장난 때문에 조작되어 괘사한다는 말이 생겼습니다. 《성경》 때문에 동양의 경전이 내버려지고 무가치한 것이 되었습니다. 이렇게 해서 《주역》이라는 동양의 경전은 미신이 되었고, 알기 어렵다는 핑계로 괘사한다는 욕을 듣게 되었습니다. 사람은 마음이 간사해서 자기가 못 하면 애써 욕을 합니다. 이 사람이 보기에는 어려운 인생 문제를 알기 위해 말씀을 알려는 것이 쉬울 까닭이 없습니다.

《성경》 말씀과 같이 《주역》의 말씀 줄거리를 알려면 '참'을 알아야 합니다. 인생 전체의 문제로서 온 인류가 찾는 일이니만큼 적어도 그만한 대비를 하고 동양의 경전도 공부하여야 합니다. 그런데 당장 알아서 여기서 써먹겠다고 하고 덤비니 그 모양이 됩니다. 사물의 발전된 것 이상을 알려고 하고, 평등과 자유의 정신인 궁신지화(窮神知化)를 하며, 종국에는 신(神)까지 연구해야 할 것입니다. 유신론과 무신론이 다 우상입니다. 인류가 없어진 다음에 유신을 하고 무신을 할 수 있습니까? 어디 누구 앞에서 유신론과 무신론에 대해 입을 열 수 있단 말입니까? 안 되는 말입니다.

인류 전체가 궁신지화하는 것입니다. 변화하는 것이 종단에 어떻게 되는지가 우리와 아주 무관한 게 아닙니다. 끄트머리를 묻겠다는 것이 아닙니까? 우리는 한 부분을 주장합니다. 우리는 절대적인 전체의 한 부분만 주장할 자격이 있습니다. 그래서 한때 어떻게 된 것인지를 알려고 합니다. 모르겠습니다! 세상 사람들은 그런 것을 생각해서 소용없다고 합니다. 소용이 없는지 있는지 한번 생각해보십시오.

만물의 이치에는 세 가지 모습이 있습니다. 첫째가 불역(不易)이요, 다음이 변역(變易)입니다. 그 다음은 교역(交易)입니다. 확실히 그렇습니다. 변천하는 것이 사실인데 변하지 않고 영원히 가는 것이 바른 것입니다. 변할 것 같으면 못씁니다. '참'은 변하지 않습니다. 이것을 절대라고 할 수도 있습니다. 우리는 '정(正)'의 참을 보려고 합니다. '정'이 세상에 없는데도 이것을 찾는 이유는, 우리가 '참'을 하려 할 때 그 범위를 바로 잡으려는 것입니다. 아직 바로 되지 않은 것을 바로잡으려는 것은 우리 정신이 힘쓴다는 것을 말합니다. 우리들이 사는 것은 분명한데, 그 사는 것을 바로잡으려는 것입니다. 우리가 잡으려 하는 진리는, 우리가 붙잡고 가는 것이 아닙니다. 우리들 모두의 정신이 이끌려서 진리를 기어코 찾아내고 알아서 바로잡습니다. 그때 가서야 세계가 바로 됩니다. 그때야 우주가 바로잡아집니다. 하늘과 땅이 바로잡히는 이것을 '정(正)'이라고 할 수 있습니다. 이것을 붙잡지 않고는 본디를 알지 못합니다. 그래서 불역(不易)입니다. 항상 갈 길을 바로잡고 나갈 길을 가면, 결국 바로잡히는 것이 있음을 믿는 것이 됩니다. 이러한 조건의 '정' 때문에 최후의 승리는 정의(正義)에 있다는 말이 생깁니다. 세속에서 말하는 최후의 승리가 정의에 있다는 것은, 내가 옳으므로 내가 이긴다는 것을 말합니다. 그것은 거짓말입니다. 심판받는 말입니다. 정의가 최후의 승리를 한다는 것이 우리의 '정신줄'을 붙잡고 있습니다. 정신이 바로 되어야 합니다. 그대로 있는 것이 바로 되어 있는 것인지는 모르지만, 무엇인지 제멋이 있습니다. 무엇인지 제멋이 있어야 한다는 건 제 혼잣말입니다. 인생에는 무엇인지 제멋이 있고, 우주에도 무엇인지 제멋이 있습니다. 무엇인지 제멋이 있다는 것은 나 하나를 느끼는 것입니다. 이런 것은 깨뜨려야 합니다. 깨뜨리는 것이 내적으로 분명히 제멋이 있는지 모르겠습니다.

이 사람의 자식들도 그냥 몹쓸 자식들은 아닙니다. 그러나 어떤 때 보면 마음이 갑갑합니다. 그런 때는 마음이 더욱 아픕니다. 이 사람은 자식들이 아파하는 것을 보면 무슨 잘못이 있어서 그러려니 합니다. 다른 잘못이 아니라 이 사람의 잘못이 있습니다. 남녀의 그 관계가 없었다면 그 자식들이 나오지 않았을 것 아닙니까? 이 사람이 혼인을 한 게 잘못입니다. 이 사람이 이 세상에 와서 그 짓을 하지 않았으면 자식들도 없었을 게 아닙니까? 인류가 없어지면 어떡하나 하고 걱정을 합니다. 큰일 나는 줄 압니다. 짐승이 없으면 어떡하나? 우리가 잡아먹을 고기가 없어져서 걱정입니까? 그렇다면 사람이 없으면 무슨 걱정이 있겠습니까? 사람이 없다고 걱정될 게 무엇입니까? 짐승을 잡아먹는 사람이 없다고 무엇이 걱정이란 말입니까? 이런 말이 괘사란 말입니까?

이 사람이 십여 년 전에 한 말인데, 좋은 말은 아니어서 자주 하지 않습니다. "귀신은 뭘 먹고 사나?" 이런 말이 있습니다. 귀신은 사람을 먹고 삽니다. 이 세상에서 사람이 먹이가 되는 경우는 많지 않은데 이런 말에서는 많이 나옵니다. 사람이 먹히는 경우가 많으면 제 자식을 먹히게 합니다. 약육강식이라고 하여 사람이 잡아먹고 먹히게 된다면 꽤 나아질지 모르겠습니다. 그러나 사람처럼 애육(愛肉)을 하는 것은 없습니다. 그래도 종단엔 사람도 꺼지고 맙니다. 사람이 무엇에 먹히지 않으면 안 된다고 하면 귀신에게 먹힐 것입니다. 이런 상스런 말이 있습니다. "귀신은 저런 자식을 잡아먹지도 않고 뭘 먹고 사나?", "귀신이 벌써 잡아먹은 줄 알았더니 아직 살아 있네." 이런 말은 쌍말 그대로 가르치는 무엇이 있습니다. 하늘이 시키는 말입니다.

만일 귀신이 있다고 할 것 같으면 무엇을 먹고 살긴 살아야 할 것입니다. 인도 사람들은 귀신이 양(羊)을 먹고 산다고 생각했습니다. 그렇다면 우리 인간은 귀신의 밥이 될 까닭이 없습니다. 사람이 무엇을 먹든 그것은 피가 됩니다. 그 피는 뜻이 있어서 위로 올라갑니다. 사람은 향불 모양의 사상, 곧 생각이 피어오르는 것을 먹고 사는 게 사실입니다. 필요가 있어서 지금 인생이 존재합니다. 종국에는 위를 향하여 피어올라갑니다. 이것을 받아먹고 지내는 귀신이라는 존재가 있는지는 모르겠습니다. 이 사람은 가끔 이런 생각을 합니다.

《주역》에도 사람이 강하다는 말이 있는데, 실상 소는 우리보다 기운이 더 셉니다. 그러나 우리에게 잡아먹힙니다. 소나 짐승은 당연히 잡아먹히게 되어 있습니다. 자연히 그렇게 되어 있습니다. 만일 그렇지 않다면 그 짐승들이 우리 배 속에 들어가서 반항할 것입니다. 그러면 위가 비틀어지고 터질 것입니다. 소라는 짐승은 참 웬일인지 모르겠습니다. 고기 중에서 소화가 가장 잘됩니다. 소의 존재는 아무리 보아도 이상합니다. 아무리 천대를 하여도 봉사를 아주 특별히 합니다. 살아 있을 때는 두말없이 묵묵히 일하고, 죽은 뒤에는 가죽과 뼈와 발톱에 골수까지 우리 인간에게 봉사합니다. 하느님이 자연을 이렇게 마련해주셨습니다. 사람 노릇을 잘하려면 어떤 의미에서는 소와 같이 봉사해야 하는지도 모르겠습니다. 산 제사를 드리는데, 왜 양이나 소를 제물로 씁니까? 우리들 대신 희생을 바친다는 뜻이 아니겠습니까?

이것은 깨우치지 못한 시대의 일이어서 지금은 사라졌지만, 옛날에는 동물을 취하여 그 몸뚱이로 산 제사를 지냈습니다. 이것은 좋은 뜻은 아닙니다. 옛적의 일이지만, 이것 때문에 '귀신이 뭘 먹고 사나?' 하는 생각을 하게 합니다.

이 사람은 아침에 해가 뜰 때마다 닭 우는 소리를 듣습니다. 베드로가 들은 것과 똑같은 닭 울음소리가 아닐까 하는 생각이 듭니다. 여기 닭과 저기 닭이 모양은 다르지만, 닭의 정신은 하나입니다. 닭이 무엇을 압니까? 닭이 새벽마다 '꼬끼오' 하고 우는 것은, 하느님을 멀리 하지는 않았느냐고 물어 이 사람을 깨우치기 위한 것 같습니다. 2천 년 전의 닭 소리나 지금의 닭 소리나 이 사람에겐 똑같습니다. 베드로가 닭 소리를 듣고 깨달은 그때와 우리 집과 동네의 닭들이 우는 지금이 무슨 관계가 있습니까? 이것을 똑같이 본다는 것은 시간을 무시하는 것입니다. 그러나 이 사람은 시간을 무시합니다.

우리 동네나 우리 집의 닭은 손님 접대를 위해 언제 먹이 비틀리게 될지 모르는 운명입니다. 모처럼 온 손님을 위해 없는 닭도 구하러 다닐 판에 집에 있는 닭을 못 잡을 리 없습니다. 닭은 자기의 이런 운명을 모르고 아침마다 웁니다. 그것을 알면 어떻게 될까요? 어느 한 집에 오늘 그런 일이 없다 해도, 다른 집이나 다른 동네에서 필시 벌어질 것입니다. 닭이 이런 생각을 한다면 두려움에 몸을 떨 텐데, 아침마다 그렇게 울 수 있을까요? 닭 우는 소리가 그치지 않을까요? 이렇게 보면 한결같이 우는 닭은 사람보다 단념을 잘하는 것 같습니다. 자유와 평등이 이렇게 되면 오히려 나아질 것입니다. 짐승의 머리가 이런 이치는 더 잘 알고 있습니다. 그런 점에서 우리는 짐승보다 못합니다.

그러나 불역(不易)은 늘 바뀌지 않습니다. 이것이 '정(正)'입니다. 하지만 우리는 지금 변역(變易)의 꾀를 도모합니다. 변역의 길을 통과할 때는 우리 앞에 '정'으로 나서도 죄다 변역입니다. 그러면 우리의 목적에는 반(反)하게 됩니다.

우리가 흔히 많이 하는 것은 서로가 싫지 않은 교역(交易)입니다. 남에게서 무엇을 받으면, 그만큼 나도 보내야겠다는 생각을 으레 하기 마련입니다. 이것이 교역입니다. 서로 바꾸고 장사를 합니다. 요즘 장사는 없는 물건 골고루 나누어 쓰게 하겠다는 것이 아니라, 이익을 남겨 먹겠다는 것입니다. 남겨 먹겠다고 교역하면 공평하게 안 됩니다. 진심으로 이것은 남는 것이니까 없는 집 사람 보고 갖다 쓰라고 하거나, 자신에게는 이것이 있으니 저것을 갖다 쓰라고 하면, 궁극적으로 사람에게는 '거저'가 없으므로 부끄럽지 않게 남에게 받은 만큼 보답하게 됩니다. 이것이 교역입니다. 바꾸는 것입니다. 마주 바꾸는 것입니다. 그래서 남겨 먹자는 곳에서는 교역을 원하지 않습니다.

무엇인가가 있는 사람과 없는 사람 사이에 서로 바꿔 쓰자는 것은 좋은 일입니다. 어떤 의미에서는 '정(正)'에 가깝습니다. 먹고 입는 것을 번갈아 주고받음에 있어서 남기는 정신이 없으면 도리어 후하게 됩니다. 인도의 간디가 젊어서부터 간직한 교훈도 이런 것이었습니다. 모세의 율법에 원수에게 눈에는 눈, 코에는 코, 입에는 입으로 갚으라고 한 것도 일종의 교역을 뜻합니다. 장사하는 자는 도리어 주면 주었지 남기지 말라는 말도 있습니다. 물질로 남겨 먹는 것 이상으로 진리로 남겨야 한다는 정신이라면 다 준다는 말입니다. 정말 호의로 지내는 세상은 늘 더 줍니다. 그런데 저희들끼리 선사하는 경우는 사치가 됩니다. 남겨 먹자는 것도 물론 있습니다. 저 집에서 백 원어치 보냈으니 우리는 구십오 원어치 보내고 남겨 먹자는 것입니다. 그렇지 않으면 요전에 천 원어치 받았으니 나는 적어도 천오백 원어치를 보내야겠다고 선물을 합니다. 이 것은 제 자랑과 당신을 더 많이 사랑한다는 것을 표시하기 위해서입니다. 이것도 걱정입니다. 교역은 유무상통(有無相通)입니다. 할 수 있는 대로 실비에 가까운 것이 제일 '정(正)'에 가까운 교역입니다. 이것은 요샛말로 합(合)입니다. 합해서 지낼 수 있습니다.

이 말을 달리 바꾸면 변역이 됩니다. 이것을 반대할 것 같으면 불역 (不易)이 됩니다. 이것이 상치되어 못 나가는 것 같은가 하면 그대로 또 나갑니다. 나가게 되는데 그때그때 바른 대로 가깝게 되어 나가는 것이 소위 변증법입니다. 생각과 말이 정반(正反)으로 나갑니다. 자꾸 변역하는 것은 시대에 바로 나타내 쓰지 못합니다. 바로잡으려 할수록 심하게 변합니다. 그래서 반대로 변하지 않는 것을 바로잡으려고 합니다. 자꾸 사람이 바로잡으려는 것을 일부러 바로잡지 못하게 변역을 내기도 합니다.

정(正) 앞에 반(反)이 있습니다. 반대가 많으면 점점 더 하지 않습니까? 어지간히 걸어 나가다가 나가서는 합(合)합니다. 변증법, 이것은 진리입니다. 좋은 진리입니다. 사실이 그렇습니다. 이렇게 보면 역(易)이라는 것은 번거로운 것입니다. 이 번거로운 역, 교역의 본원이 불역입니다. 이것이 단시일 내에 변역을 이루는 것은 아닙니다. 종단엔 '정'을 붙잡자는 노력이 있어야만 합니다. 그래서 자꾸 변역의 길을 갑니다. 자꾸 반대되는 것을 우리는 만납니다. 만난 것을 바로잡고 자꾸 정반(正反), 정반합니다. 이것은 변할 수 없는 진리입니다. 변증법이라는 것도 이 '역(易)' 하나를 갖고 그대로 할 수 있는 것이 아니겠습니까?

어제 '뭄·눈·불·울·발·물·임·몸', 만물을 이겠다는 몸이라는 복희씨의 팔괘를 차례대로 보았습니다.

1. 건천(乾天)
2. 태택(兌澤)
3. 리화(離火)
4. 진뢰(震雷)
5. 손풍(巽風)
6. 감수(坎水)
7. 간산(艮山)
8. 곤지(坤地)

이렇게 외워도 좋습니다. 거의 이런 식으로 외웁니다. 점쟁이처럼 이 것을 외워야 생각을 할 수 있습니다. 그러나 이 차례는 복희씨의 팔괘 위치를 보여주는 것입니다. 팔괘는 주로 이렇게 되어 있는데, 문왕(文王) 은 팔괘를 다른 식으로 정했습니다(표1 참조). 문왕은 건(乾)을 아버지, 곤(坤)을 어머니로 정하여 부모를 먼저 내놓고, 양(陽)에 셋, 음(陰)에 셋 씩 아들딸을 배치하여 아들 삼 형제 딸 세 자매를 두었습니다. 큰아들이 진(震), 둘째 아들이 감(坎), 막내아들이 간(艮), 큰딸이 손(巽), 둘째 딸이 이(離), 막내딸이 태(兌)입니다. 이것이 문왕의 팔괘 위치표입니다. 그런 데 주역은 대개 아래서부터 위로 올라가며 봅니다. 여기서 세 아들의 맏 이부터 괘를 보면 진하련(震下連), 감중련(坎中連), 간상련(艮上連)입니다. 그리고 딸들을 보면 손하절(巽下絶), 이허중(離虛中), 태상절(兌上絶)입니 다.

이것을 보더라도 '정(正)'으로 사는 사람은 위로 차례로 올라갑니다. '정'에 사는 우리가 영원히 가는 것을 대표하는 게 우레(雨雷)라고 하고

싶습니다. 그래서 이것을 큰아들이라고 합니다. 진하련(震下連)은 '☳'
입니다. 양(陽)과 음(陰) 양의(兩儀)의 맏아들이 우레입니다. 예수는 요한
과 야고보에게 '우레의 아들들'이라는 별명을 지어주었습니다(《마가복음》
3:17). 우레가 가장 힘 있고 세게 보여서 그랬는지 모르겠습니다. 이 사
람은 언제 떠날지 모르는 길에 있습니다. 그 길에서 다만 좋은 것은 예
수가 하느님의 맏아들이라는 점입니다. 이 사람이 무척 그리워하는 분이
예수입니다. 하느님 앞에 우주인으로서 기도를 가장 힘 있게 드린 이가
하느님의 맏아들 예수였는데, 그 뜻이 여기에 있는지도 모르겠습니다.
예수는 맏아들로서 (인류의) 영생과 행복을 위해 아버지에게 통곡을 하
며 부르짖었습니다.

　동양에서도 맏아들이 위험한 큰일에 나선 것은 퍽 흥미 있는 일입니
다. 우레를 나타내는 '진(震)'은 동진(東震)이라고도 해서 예전에는 우리
나라의 이름으로도 쓰였습니다. 진방(震方)이라 하면 동쪽을 말하기도
합니다. 그런데 일본 사람이 들어와서 자기네 쪽을 동쪽이라고 불렀습
니다. 그리고 우리나라를 해 지는 곳이라고 바꾸어 불렀습니다. 어떻든
우레는 맏아들이라는 의미가 있습니다. 맏아들이 아버지를 가장 잊지
않고 새롭게 해줍니다. 이것이 예수와 뚜렷하게 통하는 것 같습니다.

　다음으로 감중련(坎中連)은 '☵'입니다. 감(坎)은 물을 나타냅니다. 종
단은 깊은 곳으로 들어갑니다. 물을 찾아가는 것인지도 모릅니다. 감중
련은 부처가 한 손을 이런 모양(류영모가 엄지와 가운데 손가락을 붙이고
다른 손가락은 펴 들고 있는 형태를 취한다)으로 하는 것을 말해줍니다. 왜
그렇게 하는지는 모릅니다. 김삿갓 시집에서는 감중련에 대해 얼토당토
아니한 설명을 합니다. 우리도 그 까닭은 잘 모릅니다. 이렇게 하면(류영
모가 손가락을 세 개 편다) 건삼련(乾三連)이 됩니다. 그중 가운데 손가락
을 엄지와 이으면 이어진 것은 가운데밖에 없고 나머지 손가락은 펴 있

으므로 감중련(坎中連)한다는 말이 됩니다. 스님에게 그 까닭을 물어도 모른다고 합니다. 그같이 가운데 손가락을 엄지와 이어서 원을 그리면 불교에서는 무슨 특별한 뜻이 됩니다.

어떤 단체(원불교)에서는 이 동그라미 하나만 그려놓았습니다. 오대산에 가면 그러한 단체가 있다고 합니다. 동그라미를 그려놓고 이 사람으로 하여금 그 뜻을 말하라 해도 무궁무진하게 '유아독존 천상천하 좌우(唯我獨尊 天上天下 左右)'를 논할 수 있습니다. 부처가 앉아 있는 것을 감중련하고 앉았다고 묘사합니다. 우리가 감중련을 하는 것도 좋습니다. 주먹을 쥐고 있으면 생리적으로도 좋습니다. 늘 주먹 쥐는 것을 잊을까 봐 호두알을 손에 쥐고 사는 사람도 있지 않습니까? 호두알을 평생 손에 쥐고 산 사람도 있습니다. 앉아 있어도 손은 그냥 내려뜨리는 일이 없습니다. 손을 그냥 내려뜨리기보다는 쥐고 있는 것이 생리적으로 좋습니다. 간상련(艮上連)은 꼭대기에 올라가서 그치는 것입니다.

간(艮)에 'ㅏ'을 붙이면 한(恨)이 됩니다. 문왕 팔괘에서는 막내아들을 간(艮)이라고 하는데, 막내아들이 무엇인지 모르겠습니다. 여기 가서 그치는 것입니다. '간'은 산을 뜻하는데, 산은 세상의 끝에 있는 한 점입니다(☶). 그런데 이것이 막내아들이 되었습니다. 손(巽)은 '겸손 손'이라는 의미이기도 합니다. 참으로 겸손한 것이 맏딸인가 봅니다. 주역에서는 '손'을 불길(不吉)하게 여깁니다. 그 뜻이 손해 본다는 뜻의 '손'과 통하기 때문에 손방(巽方)으로 가면 언짢다고 합니다. 그래서 이사 갈 때 어디 가서 손 없는 날을 물어보기도 합니다. 그래서 손은 맏딸입니다. 이것은 또한 여자를 대표하는 것 같습니다. 리(離)는 불입니다. 반대를 나타내는 글자도 됩니다. '离', 이러한 짐승이 하나 있었는데, '새 조(鳥)'를 더하여 '鸝'가 되면 빛나는 새가 됩니다. 빛깔이 고운 새가 됩니다. '鸝'은 꾀꼬리를 말합니다. 고운 것이 가만히 있으면 곱지 않습니다. 불은 피워야 곱습니다. 사랑하는 이가 가려고 할 때 떠나는 것을 도로 붙들면 더럽지만, 헤어져 가려고 할 때는 몹시 곱습니다. 그러한 이치가 있습니다. 그래서 곱다는 것과 떠나는 것은 반대가 아닙니다. 또 한 가지, 떠날 때는 '걸릴 리(離)'가 됩니다. 〈이소경(離騷經)〉이라는 노래가 있습니다. 〈이소경〉은 시끄럽게 요란을 떨어서 붙잡혀 걸렸습니다. 떠나는 것이 걸렸습니다. 반대일 것 같으나 떠나는 것을 따지면 걸리는 것이 됩니다.

한문에는 이러한 것이 많습니다. 말에도 그러한 것이 많습니다. 떠난다는 것이 실상 무엇인가 하면 지낸다는 말입니다. 역(歷)입니다. 이 세상 땅에서 지낸다는 것입니다. 그런데 지나가면, 급하게 검문소 앞을 지날 때 잘 걸리는 것처럼 걸립니다. 안 지나가면 걸리지 않습니다. 지나가면 걸립니다. '떠날 리(離)'가 자꾸 지나가면 걸리는 것이 자꾸 생깁니다. 지나면 걸립니다. 안 지나면 안 걸립니다. 걸리면 지나는 것입니다. 지나는 것이 걸리는 것입니다. 두 가지, 세 가지가 아닙니다. 그러니까 붙으면 떨어지고 떨어지면 붙고, 이렇게 지내다가 죄다 죽어 가는 게 사실입니다.

'걸릴 리'나 '떠날 리'나 똑같이 고운(麗) 것을 내(離)놓는 것입니다. 고운 것을 혼자 영원히 갖고 있으면 정말 걸립니다. 들러붙다가는 걸립니다. 이 세상에서 절대 고운 것을 만나거나 가졌으면, 이것이 '고울 려(麗)'든 '떠날 리'든 '걸릴 리'든 정말 정신 차릴 수가 없습니다. 이 세상의 말이나 글이 그렇게 복잡해서야 되겠는가, 똑똑한 쪽으로 정리를 해놓아야 할 것이 아닌가, 그렇게 두면 정신을 차릴 수 있겠는가 합니다. 그게 아니라 말이 이렇게 생긴 것입니다. 생긴 대로 이전의 말을 다시 듣는 것입니다. 이것이 가운데 말입니다. 가운데 딸 하나는 똑똑하게 두었습니다(三). 불 같은 열이 있고 적당히 고우며, 저버리고 시집갈 때 자기 집에 가듯 획 떠나고 돌아보지도 않는 가운데 딸이 제일 약습니다.

다음 마지막 딸은 태(兌)인데, 바다를 말합니다. 밑의 밑이 가장 힘세고 위는 부드럽습니다(☱). 이것을 보면 누구든지 여간 속이 시원하지 않습니다. 너무 깊어서 빠질까 봐 걱정을 합니다. 널찍하여 천만 명의 사람이 죄다 볼 수 있는 것이 왜 그런지 좋습니다. 태는 '기별 태'이기도 합니다. 기쁨(悅)을 나타내기도 합니다. 태상절(兌上絶)입니다. 이렇게 막내딸입니다. 막내딸 한번 시원하게 태어났습니다. 이 막내딸은 업둥이입니다. 다른 데(陽)서 바꾸어 왔습니다.

이같이 옛적 사람들은 이 장난감을 맞추어보았습니다. 제각기 맞추어봅니다. 복희씨는 저렇게 맞추어보고, 문왕은 지금 우리가 보는 바와 같이 맞추어보았습니다. 역시 동양에는 가족주의의 가족 철학이 있습니다. 가족 철학이 옳고 그르고의 문제는 다음으로 미루고, 옛날의 장난감을 맞추어봅시다. 어머니 아버지 밑에 아들 삼 형제 딸 세 자매를 두고 그 뜻을 이렇게 보아 왔는지는 모릅니다만, 자유와 평등이니까 우리도 그렇게 맞추어봅시다.

동양에서는 맨 처음에 이 여덟 가지를 하늘 아래 걸어놓았는데, 우리들도 한번 맞추어봅시다. 건진감간(乾震坎艮) 곤손리태(坤巽離兌), 예전에는 이런 식으로 외웠습니다. 어째서 그렇게 되었는지는 모르겠습니다. 건감간진(乾坎艮震) 손리곤태(巽離坤兌), 이 순서는 누가 만들었는지 모릅니다. 여기 무엇이 있는지 모릅니다. 무슨 까닭이 있을 것입니다. 우리들은 이것을 생각하고 뜻을 알아내야 합니다. 무엇을 바라는 것은 아닙니다. 이것이 종단에는 우리가 바르고 올바르게 바른 대로 돌아가자는 것입니다. 이 사람도 옛날에 복희씨가 한 것처럼 장난을 했습니다. 이 사람의 장난입니다. 그 장난을 문왕 팔괘에 맞춰 다시 해보겠습니다. 우선 '몸·울·물·임'을 보겠습니다. 우리는 몸이 울 이유를 비워 두어야 합니다. 줄곧 가는 맘으로 울어야만 합니다. 세상에서 참의 한자리에 도달하기 전에는 참으로 울어대야 합니다. 무슨 종교, 신앙, 철학, 주의를 거치더라도 정(正)에 사는 길은 이 상대 세계에서는 변역(變易)입니다. 무슨 변역을 사모하자는 것도 교역(交易)을 하자는 것도 아닙니다. 정말 자유와 평등을 살려 나가자는 것입니다. 맘에서 울면 우는 몸을 이마에 이어야 합니다. 왜 이마냐 하면, '나'를 대표하는 이 이마를 반드시 드러내야 하기 때문입니다. 몸의 맘 울음을 다 '정(正)'에 둔다는 것은, 곧 맘 울음을 이마에 인다는 것은 가장 잘 살려고 하는 것입니다. 이것은 내가 책임을 등에 지고 머리에 인다는 말입니다. 내가 내 이마와 함께 나서는 것입니다.

다음으로 '몸·발·불·눈'의 몸뚱이는 땅입니다. 이 땅을 딛고 우리는 서 있습니다. 우리가 발로 밟고 있을 때 내 몸뚱이가 나아가는 것은, 내 발로 내가 밟아 나가기 때문입니다. 내가 날 밟을 수 있습니다. 이 발이 내 몸을 밟는 것이 아닙니다. 내 맘을 밟고 맘의 장소를 잡습니다. 몸뚱이의 한 끄트머리가 가장 열을 내서 밟는 것이 아니겠습니까? 우리 맘이 몸과 반대의 길을 밟는 것도 무슨 까닭이 있습니다. 문왕 팔괘에 맞춰 이 사람도 웬일인지 이렇게 장난해보았습니다. '몸·울·물·임', '몸·발·불·눈'이라고 말입니다. 눈은 바다와 같이 시원하고 살필 것을 살핍니다. 감출 것을 감추기도 합니다. 밝힐 것을 밝히기도 합니다. 몸이 발로 밟고 나가는데, 눈이 자세히 보고 '나'라는 발이 밟을 것을 힘껏 밟아서 발과 불이 되는 것입니다.

이것이 패사한다는 말입니다. 패사를 궤변이라고 하여서 내동댕이쳐도 좋습니다. 미친놈의 말에서도 택할 것이 있으면 택할 것입니다. 패사나 궤변 가운데 이치가 맞는 말은 들어도 나중에 손해가 없습니다. 이다음에 가서 들으려 해야 들을 수 없습니다. 아이들의 쌍말도 들어 두는 것이 나중에 도움이 됩니다. 이 세상 살림은 왜 그런지 꿈같은 정신 활동을 버리지 못하고 자세히 하려고 합니다. 여기에서는 몸살림을 열심히 조심해서 합니다. 부질없는 몸살림에서 벗어나, 소리 없고 움직임이 없는 정신적인 일도 잘 챙겨 맘살림을 훌륭히 꾸며야 합니다.

〈누가복음〉16장에 "남에게 충실하지 않으면 너를 누가 믿겠는가" 구절이 있습니다. 남의 일에 충실하면 하느님 아버지도 믿어줍니다. 남의 집 살림도, 내 살림처럼 충실해야 합니다. 남의 살림에 충실하지 않으면 내 살림도 나를 도와주지 않습니다. 유치원 때 장난감을 갖고 함께 놀던 동무들이 정말 서로 알고 서로 배우고 서로 아껴주면, 나중에 장성해서 한 사람 한 사람이 다 인물 노릇을 합니다.

'몸·울·물·임', '몸·발·불·눈'입니다. 모든 것을 밟되, 내 몸을 먼저 발로 밟아서 눈을 밝혀야 합니다. 이것을 '몸·발·불·눈'이라고 합니다. 몸을 밟는 눈입니다. 또 우리의 영원한 사명은 맘으로 우는 것입니다. 불역(不易)의 정(正)을 바로잡아 가자고 울어야 합니다. '몸·울·물·임'을 하여야 합니다. "네 눈이 어두우면 네 몸이 얼마나 어둡겠는가?" 여기에서 눈은 정신을 가리킵니다. 이런 장난을 통해보면, 이상하게 《성경》에서 이 뜻을 더 힘 있게 끌어올릴 수 있습니다. 아이들 장난이라고 그냥 내버려 둘 수 없습니다.

'무사야 무위야(無思也 無爲也)', 생각하는 것이 없고 하는 것이 없다는 뜻입니다. 도저히 생각하는 것이 없습니다. 요새처럼 잔꾀를 낸다는 것이 아닙니다. 더구나 남을 속이는 꾀를 내는 것이 아닙니다. 역(易)의 생각이 '무사야 무위야'입니다. 생각할 것도 하는 것도 없습니다.

'성이수통(成而遂通)', 능률적으로 통하여야 합니다. 장님이 점을 치는 산통을 흔들 때 이런 소리를 합니다.

'지천하지고(知天下之故)', 천하의 까닭을 알아야 합니다. 천하의 까닭이란 천하의 길, 천하의 일을 말합니다. 천하라는 것은 모든 것이 변하는 곳입니다. 거기에는 상당한 이유와 까닭이 있습니다. 변역(變易)의 이치를 알게 됩니다. 이 까닭을 알고 올 것을 알아야 합니다. 이 자리를 알아야 합니다.

최제우가 동학(東學)을 할 때 하느님만 보면 '조화무진 영생불멸(造化無盡 永生不滅)'한다고 말했습니다. '지(知)'는 곧 '만사지(萬事知)'입니다. 세상의 모든 것을 안다는 것입니다. 이 사람이 요전에 물에 대해서 이야기하였는데, 이 물과 하나가 된 것같이 생각해보십시오. 사람의 생명은 자꾸 잘되어 나가려는 것입니다. 생각하는 것이 없다는 말들을 합니다. 더 나아가서 생각이 있다 없다는 말을 합니다. 생각하지 말고 생각하면 생각이 없는 것이다, 곧 '사무사(思無思)'입니다. 따라서 '위무위(爲無爲)'입니다. 생각하는데 생각이 아주 없는 것은 아닙니다. 생각이 있다고 아주 있는 것이 아닙니다. 하지 않는 것은 아주 안 하는 것이 아닙니다. 이렇게 보고서야 꼭 할 것만 하고 안 할 것은 안 하게 됩니다. '무위야(無爲也)'처럼 어떻게 할까 걱정하지 않으며, '무강위(無强爲)'처럼 억지로 않고 자연히 되도록 하며, '무상사(無相思)'처럼 상대적 생각을 하지 않고 깊은 생명줄을 저절로 잡고 궁신(窮神)하는 데 매이고 싶습니다. 단지 체물래(體物來)로 '머사니'를 드러낼 뿐입니다. '무위야(無爲也)'는 '무강위야(無强爲也)'입니다. 억지로 하지 않는 것입니다. 어쨌든 이것은 알아야 합니다. 미리 좀 알아야 합니다. 오늘은 이것을 알았으면 좋겠습니다. 그러나 알아도 엉켜져서는 안 됩니다.

'건 · 태 · 이 · 진 · 손 · 감 · 간 · 곤(乾 · 兌 · 離 · 震 · 巽 · 坎 · 艮 · 坤)'

'몸 · 눈 · 불 · 울 · 발 · 물 · 임 · 몸'

'늘 · 몬 · 달 · 몸'

'한 · 븨 · 히 · 몸'

이것은 항상 공부해도 좋습니다. 어제 복희씨의 팔괘 위치가 사리(事

理)를 전한다고 하였습니다. 문왕의 팔괘도, 이 사람이 장난한 '뭄·울·물·임·몸·받·불·눈'도 마찬가지입니다. 우리 뭄이 울음을 담당하고 서 있습니다. 이마로 받는다는 것입니다. 또 몸 밖을 눈을 갖고 몸 세계를 뚫고 나갑니다. 이러한 생각을 할 때마다 이것을 알아야 합니다. '븬'는 양(陽)이고 '몬(物)'은 음(陰)입니다. 매어 모으려고, 큰 데 끌려서 서로 매이려고, 모으려고, 자꾸 들이댑니다. 븬는 한량없이 큽니다. 전체 몬은 자꾸 쪼개지는 경향이 있습니다.

이러한 생각을 하면 음양도 똑똑하지가 않습니다. 우리말로 '븬'와 '몬'이 좋습니다. 이 사람의 욕심으로는 좋다는 말입니다. '몬'은 있다는 것입니다. '븬'는 없다는 것입니다. 없는 것이 허무가 아니겠습니까? 있는 것은 거짓이 아닙니까? 우리가 기껏 없다고 하는 허공이 이렇게 큰 것입니다. 이제 없다고 하는 것도 마음껏 없다고 하는 것입니다. 우리의 말로만 없다고 합니다. 참 없는 것이 아닙니다. 있는 것은 알 것 없습니다. 거짓이기 때문입니다. 우리가 알았으면 하는 것은 얼마든지 알 수 있습니다. 시각만으로는 알지 못하는 게 많아요. 소리를 아무리 질러도 눈은 소리를 몰라요. 만져서 아는 것을 눈은 몰라요. 눈으로 보아서 알 것만 알아요. 이것을 바꾸어 설명하면 귀가 무엇을 알겠어요? 들을 줄만 알지, 그밖에 무엇을 알겠어요? 빛깔을 귀가 알겠습니까? 모릅니다. 혓바닥을 따져봅시다. 맛이나 알지 그밖에는 아무것도 몰라요. 이 다섯 개의 감각 기관이 각각 들을 것 듣고 맡을 것 맡고 만져볼 것 만져보고 볼 것 본 후, 함께 결의해서 우리가 볼 것 보았다고, 없는 것 없다고, 있는 것 있다고 하는 것입니다. 이렇게 공모해서 있다 없다 하는 것을 믿을 수가 있습니까? 더구나 정신 문제를 어떻게 한다고 하겠습니까? 어림없는 소리입니다. 이제 없다는 말처럼 싱거운 것은 없습니다. 이렇게 돌이켜보면 '븬(허공)'가 확실한 것인지, 없다가 확실한 것인지 알 수 없습니다.

있다는 것도 어림없는 소리입니다. 무엇을 보고 있다는 말입니까? 있다는 것은 만져보고 소리로 듣고 눈으로 보아도 확실하지 않습니다. 그쯤 해놓으면 객관적으로 있다 없다는 것은 모르는 것입니다. 자기 자신 밖에 모르는 것입니다. 지금 있다는 것이 희미하다는 것을 알아야 합니다. 그뿐만 아니라 자유와 평등은 실상 없습니다. 자유와 평등의 세상이 되어 세상 사람이 맛을 보아야 있다 없다가 소용이 됩니다. 소용이라는 것은, 문제 삼는 데 쓰려는 것이 아닙니다. 이러면 정신이 아닙니다. 모아야 되겠다, 매여야 되겠다 하는 것은 정신의 활발한 표시가 아닙니다. 이 사람은 이런 생각을 하였습니다. 아는 것은 있다고 하고, 모르는 것은 없다고 합니다. 안다고 할 때 무엇을 아느냐고 하면, 무엇에 쓰겠다는 것을 안다는 것입니다. 자기가 구해 가지고 여기에 있다 없다 말하는 것을 바로 사는 것이라고 합니다.

'업은 아이 삼 년 찾는다'라는 말이 있습니다. 아이를 등에 업어놓고 삼 년을 찾았다는 말입니다. 곧, 등에 업은 것은 없다고 합니다. 없는 것이 아니라 등에 있어서 안 보이고 모르니까 없다는 것입니다. 등에 있는 것이 앞에 나오면 알게 되므로 있는 것이 됩니다. 그러니까 안다는 것은 자기가 안고 있는 셈입니다. 마이너스(-)가 왜 부(負)이고, 플러스(+)가 왜 정(正)인지 모릅니다. 꼭 아는 것이 소위 정(正)입니다. 언제부터 부(負)를 마이너스(-)로 했는지 모르겠습니다. 왜 그렇게 번역을 하였는지 모르겠습니다. 몸뚱이에 걸머진 것은 마이너스입니다. 아는 것이 '정'입니다. 아는 것은, 없다고 할 수 없습니다.

'자연사령(自然辭令)', 받아 기르거나 다스리는 것이 아주 신산(辛酸)해서 말씀 사린다는 말을 쓰는데, 이 말씀이 '사(辭)'입니다. '사'에는 쓰라림을 받을 운명이 있습니다. 말씀이라는 어린 왕자(王子) 하나를 마음속에 집어넣어서 말씀을 받아 기르고 말씀을 내는 것이 정신입니다. 그리스도의 신앙을 보이는 것은 줄거리입니다. '영(令)'은 명령이라는 뜻입니다. '자연 사령'은 태극의 영(令)입니다. 그 말씀이 '사양의 연사상자팔괘(辭兩儀 然四象自八卦)'입니다. 곧, 스스로 부리는 말씀이 스스로 받드는 말씀을 하게 합니다. '영'을 내리게 합니다. 이것이 목숨입니다.

오히려 '영(令)'을 '명(命)'으로 쓰고 싶습니다. 하게 하는 '영'은 바라야만 합니다. 그러니 '명'을 쓰는 것이 낫습니다. 태극은 종국에 가서 스스로 받드는 말씀을 하게 합니다. 이 말씀끼리 스스로 발을 밟게 합니다. 그래서 밝은 말씀을 하게도 합니다. '스스로 자(自)'는 코를 나타냅니다. 자기의 존재를 알고 있어요. 어제 말씀드린 것처럼 태극은 '하나'이고, 말씀은 '두 둘(2^2)', 곧 2승(二乘)입니다. 사간(四間)을 갖고 살림을 하니까 '두 둘'입니다. 그 다음은 세 둘(2^3)입니다. 적어도 평방에서 '🎲' 이렇게 됩니다. 팔(八)입방체가 됩니다. 이것이 상대 세계입니다. 말씀은 선(線)입니다.

'한늘'은 'ㅎㄴ'입니다. '두둘'은 그림자 노릇을 하는 것입니다. 정말 'ㅎㄴ'에서 나와 입방체에서 사는 것은 정해져 있습니다. 그래서 저이들도 한 선(線)을 잡고 사는 것을 느낍니다. 사차원은 어떻다고 말할 수 없습니다. 하나의 세계가 사차원이 아닌가 봅니다. 올라갈 수 있는 한껏 올라가서 꼭대기를 우리 것으로 만들어야 합니다. 큰 데 들어가려면 이것을 내 것으로 만들어야 합니다. 선은 일차원, 평방은 이차원, 입방은 삼차원입니다. 이것을 표시하기 위해 하나가 아닌 둘을 사용합니다. 둘로 이 세상은 다 표시가 됩니다. 다 'ㅎㄴ'에서 나온 것입니다. 하나는 암만 태워도 ㅎㄴ($1 \times 1 \times 1 \times 1 \times 1 = 1$)가 됩니다. 오히려 보태면 $1+1+1+\cdots$, 한없이 늘어납니다. 이것은 거짓말입니다. 일차원은 암만 태워도 안 됩니다. 그런데 2^2는 아주 다릅니다. 평방의 뜻으로 태워도

4, 보태도 4가 됩니다. 이것은 실없는 짓입니다. 이러한 모양이 이 세상 인 것 같습니다. 적어도 삼차원 세계에서 살려면 팔면은 가져야 합니다. 팔면에 여덟 가지 물질을 가져야 사는 것으로 보입니다. 이 표시를 위해 수가 나왔는데, 1부터 9까지의 수가 그것입니다. 원은 하나, 둘, 셋에 있 는 수만 있으면 되는 세상입니다.

그러나 상대에서 역시 사(四)평방을 가져야 사는 것이니까, 다섯까지 있으면 다 살 수 있습니다. 그런 대로 이 세상은 다 육면체입니다. 일곱 은 여기에 일을 더한 것입니다. 여덟은 열에서 둘이 없는 것을 말합니다. 이것은 땅에서 못 세는 것이므로 내버립니다. 아홉은 열에서 하나가 없 는 것을 말합니다. 셋씩 셋이면 9입니다. 10은 하나로 돌아오는 것입니 다. 우리는 2에서 사는 사람입니다. 이 코가 '두 둘(2^2)'에서 사는 코입 니다. 코는 탄산가스를 내쉽니다. 이렇게 자연은 코와 같이 저절로 불이 붙는 것을 말합니다. '자연사령', 우리가 숨을 쉬는 데 숨을 바로 통하게 할 수 있습니다. 코에 숨이 바로 통하면 이 말씀을 하게 됩니다. 자연사 령은 자연의 말씀입니다. 자연의 말씀이 이렇게 보인다는 말입니다(제11 강 참조).

8은 우리가 갖고 있는 수인데 2^3에서 나온 것입니다. 8을 둘 하면(8^2) 64입니다. 인생은 한 70 정도 됩니다. 여덟 살 먹어 학교 들어가고 만 60 이 되면 마지막 한 상(床)을 받습니다. 큰 상 한 번 받아 환갑이라고 합 니다. 산 제사를 한 번 지내줍니다. 산 사람 앞에서 음식 놓고 절하고 권 하는 것은 환갑밖에 없습니다. 제사 연습입니다. 그렇게 있다가 64가 되 면 꽉 찹니다. 장난으로 8^3을 합니다. 그러면 512가 됩니다. 512는 나라 와 상관이 있습니다. 조선왕조의 수명이 518년이었습니다. 어느 한 나라 가 큰 장난꾼이 되어 어떤 나라를 빼앗아 누리고 산다면 한 5백 년은 지 나갑니다. 그 외에는 숫자 8로 더 구경할 것이 없습니다. 8은 우리가 살

것을 보여주는 것 같습니다. 동양에서는 5백 년이 지나면 세상이 바뀐다고 하였습니다. 한 5백 년이 지나면 인물이 나온다고 했습니다.

불역(不易)을 맘에 갖고 변역(變易)을 몸에 받습니다. 몸에 받는 변동이 너무도 심하니까 호락호락하게 변역을 내버리는 정신의 힘을 우리는 가져야 합니다. 이렇게 해서 나가야 합니다. 이것이 신앙입니다. 이것이 한 치 세상에서 '나간 만큼 나갈 말'입니다. 그만큼 바로 되어 가는 것입니다. 이것으로 《주역》의 팔패(八卦)는 어느 정도 일단락이 되었다고 봅니다. 여기서 바로 들어가야 합니다. 이것은 절대가 아닙니다. 절대를 부르자면 이 상대 세계의 꿈을 깨뜨려야 합니다. 변역이 다시 없고 불역의 참이 다 우리들 것이 되어 참이 아닌 깨질 것은 다 깨져야 하는데, 우리는 그렇게 하지 못합니다. 오늘은 이상으로 유치원생 기분으로 얘기합니다. 그만 일어납시다. (1956. 11. 30.)

제13강

생각의 불꽃이 있어야 사람이다

무거무래역무주(無去無來亦無住)

응무소주이생기심(應無所住而生其心)

주일무적(主一無適)

지기일부지기이(知其一不知其二)

거주(居住)

일거월저(日居月諸)

거저광음(居諸光陰)

사룸

素砂行

約上素秒去來存   以新約辭舊約繫

霧中漢江水天沒   可西文髓東文骨 (다석일지 1956. 12. 4.)

말하고 싶은 것이 있는 사람은 생각을 자꾸 하는 사람입니다. 이 세상
에서 무엇인가를 알면서도 말하지 않기는 어렵기 때문에, 아예 안다고
말하지 않으려고 합니다. 대부분이 변하는 이 세상에서 안다는 것이 무

엇이겠습니까?

인사 정도의 말을 하는 것은 말하는 게 아닙니다. 참말씀을 알고 참말씀을 많이 하고 싶어 하는 사람은 가슴에 불꽃이 피어오르는 사람입니다. 자꾸 일어나는 불꽃이 있습니다. 자꾸 이것이 보입니다. 그래서 정말 참을 아는 사람은 말을 뱉고 싶어 합니다.

이 사람은 언제나 문제가 없다고 말합니다. 문제를 삼을 게 '하나'밖에 없기 때문입니다. 말씀도 '하나'밖에 없습니다. 산다는 것을 대강 따져보면 이 사람의 눈에는 불을 일으키는 것으로 보입니다. 사람은 직접 호흡을 통해 산화 작용을 합니다. 산화하여 탄산가스를 만드는 것이 우리의 목숨입니다. 이렇게 볼 때 몸으로 하는 사람 노릇이란 산화 작용을 하는 생명입니다. 이런 식으로 생명의 불꽃을 이룬다고 할 수 있습니다.

하지만 생각의 불꽃을 이루는 것은 탄산가스를 만드는 일은 아닙니다. 음흉한 생각이나 음란한 생각은 탄산가스 같은 나쁜 독을 만들어 내뿜기 때문에 마귀 같은 생각에 비유되는지 모르겠습니다. 아니면 생리적으로 나쁜 생각이 나오니까 이런 비유를 생각하게 되는 것인지 모르겠습니다. 그러나 좋은 생각이 불붙으면 생명에 해로울 게 나올 리 없습니다. 반드시 좋은 것이 나옵니다. 또한 사람은 바르게 살도록 되어 있어서, 종단에 나아져야 할 것은 나아지고 남겨야 할 것은 남기며 걸어갑니다. 그 뒤를 서로 자꾸 밀어주며 사랑의 길을 살아가는 것이 사람인 줄 압니다. 이렇게 살아가는 말씀에 제목을 붙일 수가 없습니다. 생명이 사는 동안 이 세상을 지나가는데, 참은 결국 끝에 가서 서로 사랑하는 끝마무리를 합니다. 그래서 이 사랑이라는 것이 종종 제목으로 나오는지 모릅니다. 본래 하느님께서 내어주신 분깃이 여물도록 노력하는 생명은 반드시 사랑이라는 말에 이르는 줄 압니다. 그러나 사랑이라는 것이 무엇인지는 모르겠습니다.

사랑을 죄악으로 잘못 아는 사람도 있습니다. 짝사랑 끝에 참혹하게 폭행하고 살해하는 일도 벌어지기 때문입니다. 사람들은 사랑한다고 하며 서로 사랑으로 모입니다. 폭행하여 죽이는 결과를 가져오는 사랑은 확실히 죄악이 됩니다. 이것도 사랑의 근본이 몸뚱이와 인연이 있는 줄 알기 때문에 그렇습니다. 《성경》에서는 사람을 너무나 에누리해서 사랑의 죄악론을 말하는데, 사랑 그 속에 살면서 본원(本元)을 추원하지 않으면 도저히 어떻게 할 수 없습니다.

사도 바울이 제일 중요하다고 말하는 그 사랑(〈고리도전서〉 13장)은 가까운 나, 먼 나, 현재 및 장래의 나에게 결코 해로운 것이 될 수 없습니다. 생명불에 나쁜 탄산가스가 나오는 것 같은 그따위가 될 수 없습니다. 온전히 산소를 들이마시고 바로 내쉬면 산소 이상으로 생명에 이익이 되는 게 나올 것입니다. 결코 탄산가스 따위와 같은 해로운 게 나올 리 없습니다. 제대로 안 되면 탄산가스 이상의 독한 것이 나올지 모르겠습니다. 잘못하여 생각이 그릇되게 들면 필시 못된 생각이 나오기 마련입니다. 제대로 위로 올라가겠다는 생각의 불꽃을 피우면, 생명에 해로운 게 있을 리 만무합니다. 그래서 문제는 하나인데, 곧 참되게 사는 것뿐입니다. 그밖에는 문제가 없습니다. 사랑 문제입니다. 참된 생각의 불이 붙느냐 못 붙느냐, 이것이 문제입니다. 생각을 자꾸 하는 것이 불을 살리는 것입니다. 정신을 높이는 것이 그 불을 살려 갈 것입니다. 그러면 거룩한 사랑이 끓어오르는 생각이 자꾸 떠오르게 됩니다. 그래서 말씀을 자꾸 하게 됩니다.

그러므로 더러운 생각만 하여 탄산가스보다 독한 것을 내뿜는 것은 일체 버려야 합니다. 문제는 단 하나, 참되게 사는 것뿐입니다. 여러분에게 자주 말씀드립니다만, 하느님 앞에 사뢰는 말씀은 생각의 불꽃을 살리는 말씀입니다. 자꾸 생각의 불꽃을 살리니 하느님 앞에 자꾸 사뢰지 않을 수 없습니다. 때로는 하느님과 단 둘이 말하고 싶을 때가 있습니다. 하느님이 우리 인간에게 높은 생각을 하게 하고 그 말을 하게 시키는 까닭이 있습니다. 그래서 우리를 가리켜 '사름(사룀)'이라고 합니다. 말씀을 사뢰는 중심이 우리 '사름'이란 말입니다. 그 '사름'이라는 말에 불꽃이 있다고 생각되면 지금 있다는 모든 것은 죄다 없습니다. 있다가 없습니다. 참으로 오늘 지금 우리는 하나입니다.

무거무래역무주(無去無來赤無住)

'거(居)'는 '살 거' 자이고, '주(住)'는 '머무를 주' 자입니다. 사람은 머물러야 사는 줄 압니다. 요새는 주소가 어디냐고 묻습니다. 곧, 어디 한군데 머무는 곳이 있을 텐데 그곳이 어디냐며, 머무는 곳을 자꾸 묻습니다. 머물러야 사는 것인 줄 압니다. 실상 머물러야 산다는 것이 됩니다. 한자 '거(居)'도 '머무를 거'라는 의미를 지닙니다. 글자 모양도 집(尸) 안에 오래오래 있다(古)는 뜻을 나타냅니다. 주소 대신 거소(居所)라고 해도 좋습니다. 그러나 머문다고 해서 사람이 아주 머물러서는 안 됩니다. 생각의 불꽃을 피우고 나가는 우리가 머물러서야 되겠습니까? 말이 안 됩니다. 머무는 것같이 생각이 되나 머물 수 없는 것이 사람입니다. '사람'이란 낱말의 원뜻을 생각하면 자기 주소가 어디라고 정하는 것은 우스운 일입니다. 제 자리란 없지 않나 싶습니다. 자리가 무엇입니까? 이 자리와 저 자리에 내 것 네 것이 어디 있습니까? 이 강당 안의 텅 빈 곳에 혼자 있으면 내 자리 네 자리가 어디 있습니까? 없습니다. 이곳에 사람이 많아서 제각기 만든 것에서 이것은 내 자리 저것은 네 자리 하는데, 여기에서 자리 문제가 생깁니다. 제 자리가 어디 있으며 머물 곳이 어디란 말입니까? 기차에서 빈자리에 앉았어도 그 자리를 먼저 차지했던 사람이 나타나면 자리를 내주어야 합니다. 소위 선취권이 있어서 먼저 말은 사람이 그 자리의 소유자가 되기 때문입니다.

우주인으로서 관념을 지니면 어디 주소가 있겠습니까? 어디 사느냐고 물으면 우주에 산다고 하면 그만입니다. 어디 산다는 말은 아주 우스운 말입니다. 사는 데가 있다면 그것은 사는 것이 아닙니다. 사는 것이 무엇인지 모르는 겁니다. 답답한 일이 아닙니까? 아닌 게 아니라 귀한 집 자식으로 태어나 고생하지 않아서 안방만 안다면 참으로 가여운 일입니다. 이 세상을 안방인 줄로만 알 테니 말입니다. 그런 사람은 안방을 떠나면 죽을 것만 같습니다. 탈도 잘 납니다. 안방에서 부모 밑에 있으며 얻어먹는 것보다 평안한 것이 없는 줄 압니다. 우주가 이렇게 되는데, 이것은 조물주가 만들어놓은 것은 아닙니다.

"어디서 삽니까?"

"우주에 삽니다."

대답이 이쯤은 되어야 하지 않겠습니까? 그런데 이것을 도무지 염두에 두고 있지 못합니다. 산다고 하면 사는 데가 따로 있는 줄로만 압니다. '거(居)'가 아닙니다. 늙어서도 홀아비로 집 한 칸 없어, 여기서 한 술 저기서 한 술 얻어먹으며 어디 앉을 자리도 없다면, 대개는 자리 없음을 비관합니다. 이런 사람은 자기 집이 아니면 잘 수 없고, 자기 집에서 먹지 않으면 먹는 것이 아니라고 합니다. 이렇게 사는 것은 실상 사는 것이 아닙니다.

우주 공간에 태어날 때 먹을 것과 잘 곳이 마련되어 있었답니까? 제집이 아니면 잠을 자지 못하고 제 밥그릇이 아니면 밥을 먹지 못한다는 게 말이 됩니까? 우주인으로서 잠은 어디서나 자면 되고 음식은 아무것이나 먹으면 되지 않겠습니까? 태극천하 어디다 갖다 놓아도 사는 한 산다는 그쯤은 되어야 하지 않겠습니까? 서울에 있다가 시골에 갔다고 잠자리가 불편하고 음식에 탈이 난다면, 그런 사람은 아무 일에나 탈이 잘 나는 사람입니다.

백 칸 집에 사는 자식이면 백 칸을 다 쓸 데 써야 합니다. 사랑방이 내 것이니까 밥도 사랑으로 내와야 하고 세간도 사랑에 갖다 놓아야 속이 편하다면 그게 백 칸 집 자식이 할 짓입니까? 이렇게 사랑방에서만 살다가 죽으면, 그것이 또한 불쌍하지 않습니까? 그렇게 살면서도 우주를 쥐었다 놓았다 하는 맛이 있다면 모릅니다. 우주의 주인이라면 우주를 삼킬 듯이 돌아다니는 부랑자가 되더라도 돌아다녀야 합니다. 그런데 그저 집 없어 걱정, 병이 나서 걱정, 자리가 없어 걱정, 걱정만 하다가 판을 끝냅니다.

그러나 훨훨 돌아다니는 여행가가 되었다고 꼭 우주의 주인이 되는 것은 아닙니다. 생각이, 곧 생각한 것이 어떻게 나타나느냐는 생각의 불꽃이 문제입니다. 칸트는 40리 밖을 나가보지 못했다고 합니다. 40리 밖을 못 나가보아도 생각의 불꽃이 우주의 주인이 되면 그것은 사는 것입니다. 머물러야 산다는 것은 말이 안 됩니다. 이 사람도 가는 사람입니다. 경부선 기차를 타면 사람의 몸은 기차 안에 머뭅니다. 그것이 머무는 것입니까? 우리는 지구를 타고 머뭅니다만, 사실은 머무는 것이 아닙니다.

우리 몸의 세포나 혈구는 자꾸 돌면서 태울 것을 태우고 죄다 태웁니다. 지구도 빠른 속도로 태양계를 돕니다. 태양계가 빠른 속도로 움직이기 때문에 우리가 사는 지금과 지난 그때의 허공(우주)은 아주 다른 것입니다. 우리는 벌써 그 순간 우주의 자리를 지나가고 말았습니다. 머무는 것이 어디 있습니까? 머무는 것은 없습니다. 가는 것은 영원한 미래요 영원한 과거와 그 사이에 '여기 이제'라는 것이 접촉할 뿐입니다. 그 접촉점을 '이제 여기'라고 합니다. 그 지나가는 곳에 '여기 이제' 사는 내가 있다는 점을 계속 찍습니다. 그 점이 영원한 미래라는 곳을 향해 가는 것입니다. 나라는 존재가 이만큼만 생각해도 생각의 불꽃을 피우는 것이 있습니다. 불꽃을 피우면 내가 영원한 미래와 과거와 접촉하고 있음을 느낄 수 있습니다. 이것은 누가 판단할 수 없습니다. 내가 판단하는 것입니다. 오고 가는 것을, 우리가 타고 있는 지구는 말하지 않습니다. 내가 있기 때문에 있다는 것입니다. 내가 간다는 것을 압니다. 상대세계에서 이 사람이 67세라는 것도 거짓말일지 모릅니다. 67년 동안 이사람은 무엇인가를 하고 살아왔습니다. 10년 전이나 10년 전의 이야기를 할 때, 50년 전이나 60년 전에 살았던 사람이 이제 그냥 어딘가에 살고 있으려니 생각하며 정작 내가 늙는 것을 모릅니다. 시간이 가는 것을 몰라요. 그러니 '이제'라는 이 점이 이 사람에게는 참입니다. 요새 늙은이들이 모이면 '그때 참 잘살았지! 참 좋았어!' 하는데, 그때 좋았던 것이나 잘산 것이 뭐가 그리 좋았단 말입니까? 꿈에 좋았다는 말입니까? 지난밤의 꿈에 놀았던 것이 좋았습니까? 산다는 것은 다 '이제 여기'에서 당(當)하는 것입니다. 다른 것은 다 모르겠습니다만, '나'는 여기 있습니다. 이것은 대단히 좋은 발견입니다. 이것은 참말입니다. 그러니까 암만 넓어도 '여기'입니다. 암만 긴 세상이라도 '이제'입니다.

가온찍기(ㄱ)입니다. 나가는 것입니다. 원점(原點)입니다. '나'라는 것이 원(原)입니다. 그런데 우리는 '이제부터'라는 소리를 하면서 무슨 목적을 말합니다. 그것은 우스운 소리의 하나입니다. 목적이 있다면, 그것은 꿈입니다. '여기 이제'가 '곳'입니다. 그래서 이때까지 말한 무주(無住)라는 것은 머무는 주소가 없다는 말입니다. '주(住)'가 있다면, 다름 아닌 우주가 이 사람의 주소입니다. 집에 못 들어가서 걱정하고 야단하는 것은 아직 머무를 곳을 찾는 것입니다. 머물면 어떻게 됩니까? 썩지요. 요새 날씨가 추우니까 빨리 집에 들어가서 밥 한 끼 따뜻이 먹고 싶어 합니다. 그 맛을 그리워하고, 그러지 않으면 살 수 없을 것같이 생각하면 안 됩니다. 살 수 없는 것이 아닙니다. 머무르는 '주(住)'가 사는 것같이 보이나 '무주(無住)'라야 사는 것입니다. 머물면 끊어져버립니다. 산다는 것은 자꾸 늘려 나가는 것입니다. 자꾸 움직여 나가는 것입니다.

요새처럼 상대 세계가 확실한 때는 없었습니다. 상대적인 것이 아닌 게 어디 있습니까? 그렇지만 우리 동양에서는 음양(陰陽)을 말할 때 동정(動靜)을 이야기합니다. 움직임 속에 정지가 있고 정지 속에 움직임이 있다고 합니다. 이러한 문제는 최근 40년 전, 50년 전부터 역학(力學)이 상대성을 으레 말해 온 것과 같습니다. 운동과 정지는 상대성이라, 따로 정지가 있고 따로 운동이 있다고 하지 않습니다. 기차에 탄 사람에게는 기차 안이 절대 '정(靜)'입니다. 정지한 것같이 움직이지 않습니다. 사람들이 어떤 장난을 하거나 기차 칸을 들락날락하거나 식당 칸에 다녀오거나 다른 사람을 만나러 왔다 갔다 하는 것 따위의 움직임이 있기는 합니다. 또 자리에 앉아서 잠을 자거나 장난을 치거나 우스갯소리를 하는 사람도 있습니다. 하지만 몸뚱이는 어디 있습니까? 기차 안에 정지해 있습니다. 그리고 기차는 온종일 달리며 전진합니다. 운동의 정지가 반드시 상태로 규정되는 것은 아닙니다.

세상의 모든 것이 줄곧 있다는 것은 모두 줄곧 가는 것이지, 결코 정지하지 않은 게 사실입니다. '여기'라는 말을 자주 사용합니다. 그러나 청년회(YMCA) 강당의 '여기'는 지금 시간상으로 자꾸 떠나갑니다. 어떤 일로든 오든지 가든지 합니다. 정지가 어디 있습니까? 세상에 공간적·시간적으로 정지하는 것이 어디 하나 있습니까? 그러니 이 세상은 시간적·공간적으로 지나가는 것입니다. 지나가는 이것이 한 세상 안의 공간과 시간입니다. 이렇게 추운 날씨에 다른 일에 참여하지 않고 지금처럼 청년 강당에서 한 시간을 보낸다면 제법 머물러 정지하였다고 느껴집니다. 지금 20분이 지났습니다만 그대로 앉아 계신 대로 이것을 느낄 것입니다. 그러나 지금 여러분은 지구를 타고 나가고 있습니다. 이 둘레의 벽 때문에 여러분은 멈추고 있는 것같이 느낄 뿐입니다. 여러분이 다니는 거리가 그대로 있고 만나는 사람을 매일 만나며 보는 것도 그대로 보고 있으면 가고 있는지 모를 것입니다. 늙어 가는 것도 모르게 됩니다. '아, 소학교 다닌 때가 엊그제 같은데……' 이런 말을 하게 됩니다. 여기 그 대로 있는 것같이 생각되기 때문입니다. 그렇게 한 세상 60년 또는 70년 을 살아갑니다. 그동안 죽은 사람도 많지만 다 죽은 게 아니라 아직 다 니는 사람도 있으니까, 사람이 저렇게 많이 그대로 매일같이 있는데 그 도 그대로 있겠거니 하고 삽니다. 이같이 보기 때문에 가는 것을 모릅니 다. 머무르는 세상이 어디 있습니까? 자꾸 죽음을 대비하고 죽어 나가는 데, 대비하는 것을 보고도 여기 그냥 살아 있겠거니 합니다. 그래서 생로 병사로 변하는 나를 영원한 것으로 알고 있습니다. 자기가 변하는 것을 모릅니다. 무시합니다. 불교에서는 '밀이(密移)'를 말합니다. 몰래 움직여 간다는 뜻입니다. 그래서 사람들은 오래된 일도 엊그제 일 같다고들 합 니다. 늘 자기는 그대로 있는 줄로만 압니다. 가만히 거울을 통해 쭈그 러진 주름살을 보고 이제는 늙었구나 합니다. 이것이 '밀이'입니다.

　그래서 또한 '무주(無住)'를 인정하지 않을 수 없습니다. 머무는 것은 일체 없습니다. 우주는 움직임(動)입니다. 세상에 정(靜)이 있다면 수레 의 축은 움직이지 않는다고 할 수 있습니다. '나'라는 것이 그러한 한 축 입니다. 늘 나간다는 것에서 '나'는 축입니다. 축이 존재하느냐 하면 그 렇지 않습니다. 참의 끝입니다. '무주'입니다. '여기'라는 것을 정하려면 우주 그대로를 '여기'라고 할 수밖에 없습니다. 여기 앉아 있으면서 이 자리 저 자리, 여기저기 하는 것은 옆에 있는 것과 비교해서 그렇습니다. 우리가 우주를 '여기'라고 하는데, 뭔가 부족하게 들리는 것이 없습니다. 늘 나가는 가운데 '이제'라고 할 때도 말이 떨어지자마자 이제의 '이'는 벌써 지나갔습니다. 시간의 과거·현재·미래가 확실히 있는지 없는지 알 수 없습니다. 있다면 그놈의 '이제'를 꼭 한번 붙잡아 무슨 수를 내겠는데, 도저히 붙잡을 수가 없습니다.

불교에서는 평생 몇 가지 일을 해보겠다고 하면. 해를 등지고 제 그림자를 딛고 가는 일을 하게 합니다. 앞에 있는 자기 그림자를 어떻게든 디뎌 밟아볼까 하는 따위의 생각을 하는 것입니다. 약은 사람은 그것을 보고 그런 어리석은 일이 어디 있느냐고 합니다. 제 그림자를 제가 밟겠다는 어리석은 사람이 어디 있습니까? 그러나 어리석은 것은 오히려 괜찮습니다. 몇십 년 이렇게 의심한 끝에 가서는 무엇이 나옵니다. 무엇인지 깨달아지는 게 있습니다. 약고 상식이 풍부한 사람은 이러한 의심을 안 합니다. 소위 불교의 참선이라는 공념(空念)이 다 그런 일입니다. 어리석은 일에 자꾸 의심을 냅니다. 참선에서는 정신 통일을 합니다. 정말 의심하고 알려면 좀 어리석은 편이 낫습니다. 약고 상식이 있으면 제 그림자를 밟겠다고 하겠습니까? 알아야 진리입니다. 알아본다는 것이 진리입니다. 가는 것도 없고 오는 것도 없는데 머무는 것이 어디 있습니까? '무거무래역무주(無去無來亦無住)'입니다. 간다 온다 하는 말은 그냥 산다는 말이 됩니다. 실제로 사는 것을 이렇게 하여야만 조금 걸어가는 것 같습니다.

걸어오는지 걸어가는지 움직여 오는지 움직여 가는지 그것도 사실은 모릅니다. 간다 온다 있다 하는 것은 표시가 필요하고 말로 쓰자니까 이렇게 됩니다. 이 사람은 궤변쟁이기 때문에 생각하는 것이 다 이렇습니다. '너를 두고 나는 간다'는 말이 있는데, 이 사람은 그 뜻을 모르겠습니다. 도산 안창호 선생이 평양 모란봉에서 부른 노래인데 〈모란봉아 너를 두고 나는 간다〉라는 한 구절입니다. 이 사람이 그 시를 다 외우지는 못합니다만, '너를 두고 나는 간다'라는 말뜻을 모르겠습니다. 모란봉을 두고 간다 하였지만 모란봉이 우주를 그린 그림의 하나인데, '너를 두고 나는 간다'는 것은 약하게 가는 것입니다. 나는 가는데 두고 갈 것이 무엇이 있습니까? 놓아 두는 것이 없습니다. 죄다 '나'입니다! 내가 간다 하면 죄다 가는 것입니다! 두고 갈 것이 뭐가 있습니까? 너무 섭섭하지 않나요? 그렇다면 '간다'에 '온다'를 한번 붙여볼까요? 나는 간다 하면 있는 것이 없어지는 것 같아서 섭섭하게 생각할지 모릅니다. 오는 것은 앞으로 나갈 길이 오는 것입니다. 앞으로 걸어 나갈 길이 옵니다. 가는 것이나, 가는 길이 오는 것이나 같은 말입니다. 가는 것을 싫어하면 무엇합니까. 아무리 길이 있고 그 길이 확 트여 있다고 해도 가는 사람 오는 사람이 없으면 소용없습니다. 길이 없으면 오도 가도 못합니다. 가는 길이 옵니다. 길은 오고 나는 갑니다.

오늘 아침에 생각한 것인데, 요즘은 해가 조금 늦게 뜹니다. 6시가 되어야 마당이 웬만큼 밝아집니다. 이제껏 그런 생각이 없었는데, 요새는 이 사람이 해가 있는 곳에 온 것같이 느껴집니다. 이런 느낌을 스물세 살 때도 받은 적이 있습니다. 일본에 갈 때였는데, 저녁에 부산에서 기선을 타고 밤새 갔습니다. 시모노세키에 도착할 때쯤 날이 밝아왔습니다. 밤새 배를 타고 오니까 해가 떠서 밝아지는 것이 꼭 내가 배를 타고 밝은 데로 온 것 같았습니다. 잠을 자고 아침에 일어났다면 몰랐겠지만, 밤새 밤 풍경을 구경하던 중 날이 밝아 오니 정말 밝아 오는 곳으로 배를 타고 온 것 같았습니다. 정말 그렇게 느껴졌습니다.

이처럼 요새 해가 뜨면 암만해도 밤새 길을 걷다가 해가 있는 곳에 도착한 것같이 느껴집니다. 사실을 말하면 아닌 게 아니라 어디 그런 일이 있겠습니까? 아침이 되어 해가 찾아온다고 하는 것이 옳지, 내가 해가 있는 곳으로 왔다면 말이 될 것 같지 않습니다. 자기 그림자를 밟겠다는 말과 같은 것입니다. 내 생각의 불꽃은 그렇게 타고 나갑니다. 영원히 '나'는 가는 것입니다. 가는 것이나 오는 것이나 뜻은 똑같습니다. 내가 간다 하면 섭섭하게 생각하고 무엇이 온다고 하면 반갑게 생각합니다. 왜 그런지 똑같은 사실을 갖고 이같이 달리 해석을 합니다.

플러스(+)와 마이너스(-)는 원점을 두고 좌우를 말하는데, 반대쪽에서 보면 마이너스가 플러스로 보이지 않습니까? 가는 것이 플러스이고 오는 것이 마이너스인지, 아니면 오는 것이 플러스이고 가는 것이 마이너스인지 분명한 게 있습니까? 정부(正負)가 그렇습니다. 음양(陰陽)이 그러합니다. 가는 것이 무엇이 섭섭하고 오는 것이 무엇이 반갑습니까? 이것이 그 거주 사상(居住思想)에 사로잡혀서 그렇습니다. 사는 것이 그 집에서 사는 것인 줄 아니까 집을 떠나면 가는 것이 됩니다. 아버지가 집을 나갈 때 아이들을 한 번 볼 것 두 번 보고 '잘 있거라, 다녀올게. 이따가 과자 사 올게.' 말하고 갑니다. 그리고 아버지가 집에 돌아오면 식구들이 반가워합니다. '나'를 두고 간다면 섭섭하게 생각합니다. 거주 사상이 있기 때문에 그렇습니다. 온다고 하면 무엇이 오는지도 모르면서 집으로 온다고 생각해서 반가워합니다. 실상 사람은 싫은 것은 안 보고 좋은 것만 보고 살려는 욕심이 있습니다.

온다고 하면 나를 마중하는 길이 오는 것입니다. 이쯤 되면 내가 길이 됩니다. 길이라는 것은 영원이 오고 영원이 가는 것입니다. 그 길을 내가 가고 오고 하므로, 내가 길이 됩니다. 그래서 가는 것과 오는 것이 둘이 아니고 하나입니다. 이것은 말은 다르나 같은 말입니다. 답이 재미있습니다. 나는 자꾸 내 길을 갑니다. 자꾸 나가는 것입니다. 이쯤 되면 내가 길이요, 내가 참입니다. 참으로 내가 사는 것입니다. 특히 예수께서 강조하신 말씀입니다. 나는 길이요 진리요 생명이라고 하였습니다(《요한복음》14:6). 모두가 길을 찾는데 길과 나의 관계는 이렇습니다.

'나'는 가는 것입니다. 내 앞에 길이 열려 있기 때문에 가는 것입니다.

그래서 길이 나와 같습니다. 둘이 될 리 없습니다. 내가 없으면 길이 없습니다. 내가 있으면 길이 없어 못 가지 않습니다. 으레 내가 가는 길이 옳니다. 길과 내가 둘로 될 수 없습니다. 안방 따로 있고 문지방 따로 있고 문이 따로 있고 들창이 따로 있는 그러한 '나'가 아닙니다. 온 '나'는 가기 마련입니다. 똑같이 갑니다. '무거무래역무주'입니다.

예수가 말한 것을 다르게 해석하는 이도 있는지 모르겠습니다. 나는 길이요 진리요 생명이라고 한 것은 '나'와 길, '나'와 참이 둘이 아니라는 말입니다. '나'가 없으면 참도 문제가 안 됩니다. 참이 아니면 내가 아니니까 말이 안 됩니다. 내가 내 집의 주인이고 내 집은 부자이고 내 집 가문은 높다 하는 식의 나는 '나'가 아닙니다. 참 '나'가 아닙니다. 참 '나'가 오직 주인 그대로 되어 나는 간다, 나는 온다고 하여야 합니다. 그렇게 사는 것이 사람으로서 산다고 할 수 있습니다. 그러나 사람으로서 산다고만 하면 또 거짓말입니다. '나'는 정신으로 사는 것입니다. 종당엔 신지(神知), 곧 궁신지화(窮神知化)로 돌아갑니다. 하느님이 이 사람에게 해석을 그따위로 하느냐고 꾸지람을 하실지 모릅니다. 그것은 나중에 가봅시다. 내가 사는 것은 내 멋에 사는 것입니다.

동양 숙어에 '일거월저(日居月諸)'라는 말이 있습니다. 여기의 '거(居)'와 '저(諸)'는 어조사로서 '거저'와 같다고 할 것입니다. 한문에서는 '일월(日月)'을 그냥 일월로 쓰지 않습니다. '일거월저'라고 씁니다. 이렇게 어조사를 붙여야 노랫가락도 제대로 굴러 나옵니다. 이 말이 유명해져서 '거저(居諸)'가 '일월(日月)'이 됩니다. 우리말의 '거저(공것)'와 무슨 관계가 있는 것 같기도 합니다. 어조사로서 아무것도 아닌데 '거저(居諸)' 하면 '일월'을 생각하게 됩니다. '거저' 이 모양으로 등을 의자에 기대어 사는 것이 다 '거저'입니다. 해와 달은 '거저' 우습게 가고 오지 않습니다. 여기에 오늘 가지(오지) 않는다는 것도 '거저'가 있습니다.

재미있는 일로, 기차에서 조금의 양보도 없이 싸우다시피 얻은 자리나 돈 주고 사다시피 얻은 자리라도 내려야 하는 목적지에 도착하면 뒤도 돌아보지 않고 떠납니다. 잠깐 편히 가려고 다투다가도 목적지에만 오면 뒤를 돌아다보지 않습니다. 예수께서도 욕심껏 모아 소유욕을 채우다가도 다투는 것을 그만하면 좋겠다고 하였습니다. 세상이 다툴 때 다투더라도 어느 때 가서는 안 다투면 좋겠습니다. 우스운 예로 기차간에서 다툰 그 자리가 '거저(居諸)'입니다. 기차간의 자리를 버리듯, 버릴 때는 깨끗이 버렸으면 좋겠습니다.

이 '무주(無住)'의 '주(住)'를 '있다' 또는 '머문다'의 단순한 의미로 생각해서는 안 됩니다. 내가 세상을 산다는 것은, 세상을 떠나서는 못산다 할 때의 '머문다'는 뜻이 아닙니다. 우리가 언제부터 머물고 있다는 것이 아닙니다. 언제까지 묵는다는 것도 아닙니다. 이렇게 생각할 수 있어야 합니다. 그런데 날이 저물었으니 묵어가라고 합니다. 하루라도 더 묵어가지 왜 떠나느냐고 말립니다.

묵어가는 것이 편할 것 같습니다. 묵으면 머무는 세계가 됩니다. 무주계*에서 어떻게 머물고 가게 됩니까? 무주계에서 묵어가라고 하는 그 심정이나 또 묵었으면 하는 심정은, 진정으로는 그 사람이 하루라도 이 세상에 더 살다 가거나 이 상대 세계에 더 얽매이기를 바라는 소망일 것입니다. 손님을 대접해서 묵어가라는 것도 진정으로는 무엇인지 불안해서 불행을 더 겪고 가라는 심정인 것 같습니다. 이런 데 묵는다는 것은 실상은 몸뚱이 껍데기만 묵는 것이지, 내가 묵는 것이 아닙니다. 육십 평생을 묵었는데 더 어떻게 묵으란 말입니까? 묵는 것은 몸 껍데기입니다.

몸은 정신이나 태우고 나가는 것이 아닙니까? '나'라는 것은 묵는 일

---

* 무주계(無住界): 시간과 공간을 초월한 절대 세계를 말한다.(박영호)

이 하나도 없습니다. 묵고 있는 땅에 내가 가면 길이 됐다는 식의 묵는 것이 아닙니다. 묵은 것을 오히려 새롭게 해 나가는 것입니다. 생명은 자기의 갈 곳을 가는 것입니다. 묵지를 못합니다. 자기 집에서 40리 밖을 나가보지 못한 사람이 하룻밤을 딴 곳에서 묵었으면, 자기가 간다는 것을 알아야 합니다. 묵는 것도 가는 것입니다. 자는 것도 가는 것입니다. 가는(죽는) 날 내가 간다는 것을 알면, 묵어가는 심정이 퍽 부드럽게 됩니다. 어디를 가나 자기 집에서 편히 있는 것같이 느껴집니다. 갈 때 가고 묵을 때 묵는다면, 잠도 어디서든 편하게 자고 먹는 것도 집에서 먹을 때와 별로 다르지 않습니다. 몸에 대단히 좋습니다. 건강에 좋습니다. 서양을 갔다 오면 버터 살이 찐다고 합니다만, 묵을 수 없는 곳에 가서 묵은 것이 아니라 아주 갱(更)소년이 되어서 오는 것 같습니다. 이것은 문제가 좀 다릅니다.

우리는 묵는 것이 아닙니다. 머무는 것도 물론 아닙니다. 늙는 것도 아닙니다. 지난해를 보냈다 하면 묵은 것이 아닙니다. '주(住)'나 '거(居)'가 아닙니다. 묵는다면, 저 '산다'는 물속 밑바닥에 쭉 가라앉아 묵는 것입니다. '나'라는 것은 새로 나아가며 사는 것입니다. 묵어가는 것은 참나가 아닙니다. 껍데기 생명을 갖고 무한궤도에 올라가는데, 자기는 조금도 가지 않은 것처럼 삽니다. 그 무한궤도에 묵으면, 곧 껍데기인 '주(住)'의 '나'가 묵으면 '무주(無住)'를 중지하고 맙니다. 이 세상의 이치가 다 그렇습니다. '거'든 '주'든 사는 것으로만 알고 있습니다. 그래서 다시 강조해서 말씀드리고 싶은 것은, 아예 묵는 것은 죽는 것으로 알고 가야 한다는 점입니다.

'응무소주이생기심', 이것을 알아야 합니다. 머무를 곳 없는 것이 영원한 생명입니다. 몸뚱이만 갖고 사는 것은 생심(生心)입니다. 잘못 쓰면 견물생심(見物生心)이 됩니다. 몸뚱이의 충족은 죄악을 낳습니다. 맛을 그리워하거나 무엇을 좀 더 했으면 하고 그리워하는 것은 못씁니다. 뭔가를 보아야겠다고 하거나 좋은 소리를 좀 듣겠다고 하는 것은 실제로 마음이 거기서 머뭇거리는 것입니다. 이러한 우상과 같은 생각은 하지 말아야겠습니다. 나라는 것이 없어지고 마는 것이 '무주(無住)'입니다.

응무소주이생기심(應無所住而生其心)

'응무소주이생기심'은 불교의 유명한 말입니다. 머무는 것 없이, 내 마음이 머물지 말고 마음을 자꾸 나가게 하여야 합니다. 내 마음을 내가 낸다는 말씀입니다. 《주역》에서의 '븰(空)'입니다. 태울 것은 태워야만 합니다. 희로애락(喜怒哀樂)의 끝을 태워 나가야만 합니다. 희로애락을 화절(和節)시켜 나가는 가운데 길(中道)을 가야 합니다. 본래 빈(허공) 대로 가야만 그것이 중화(中和)의 길이 됩니다. 이것이 바르게 사는 것입니다.

뒷박(升)은 될 것 되고 비워야 다음에 또 쓸 수 있습니다. 될 것을 자꾸 되어 넘기는 것이 '화(和)'입니다. 중용이라는 것도 될 것 되어서 금방 되넘겨 비워놓는 것을 말합니다. 이러한 것이 《주역》에도 있습니다. 우리가 생각할 것은 그동안 살아 있다는 것을 뒷박으로 알아야 한다는 점입니다. 늘 비워 두어야만 할 것이 있을 때, 될 수 있습니다. 되면 금방 넘겨야 합니다. 이것은 '응무소주이생기심'과 똑같은 말입니다. 애당초 생심을 하지 말아야 하는데 사는 데는 생심하지 않을 수 없습니다. 그러나 뒷박 되듯 금방금방 넘겨야 합니다. 담아 두어서는 안 됩니다. 생심이 되면 '응무소주(應無所住)', 곧 머무는 것이 없어야 한다는 말입니다. 들어앉지 말라는 것입니다. 불교에서는 여섯 가지를 금합니다. 고운 것 먹지 말고 고운 소리 듣지 말고 고운 냄새 맡지 말고 고운 색 취하지 말고 따위의 말이 이에 해당합니다.

주일무적(主一無適)

이와 마찬가지로 유교 경전에서는 '주일무적(主一無適)'이라는 말을 합니다. 하나를 딱 정했으면 다른 데로 가지 말라고 합니다. 하나만 꼭 정해서 갖고 있으란 말입니다. 유교에서 비록 '응무소주이생기심'을 배척하지만, '주일무적'이라는 말을 반대하는 것은 별로 보지 못했습니다. 자기 것이 아니면 모두 배척하고 이단시하는 버릇이 있어서 옛날에 그랬던 것 같습니다. 《주역》의 정신에서는 '응무소주이생기심'을 '주일무적'이라고 합니다. 여기서 '주(主)'와 머문다는 뜻의 '주(住)'는 언뜻 보아 같은 점이 있는 것 같습니다. 내 속으로부터 내가 어떻게 살아야 하겠다, 이렇게 해야겠다는 '주(主)'가 아닙니다. 이 '주(主)'는 머문다는 '주(住)'와 달리, 내가 나가야 하는 데로 '나'는 간다는 '주'입니다. '나는 간다'는, 나는 길이라는 하나의 길을 간다는 것을 말합니다. 하나의 길, 곧 참 '나'의 길, 이 하나의 길을 우리가 찾는 게 아닙니까?

그대로 영원한 '하나'입니다. 영원한 하나에서 오고 그대로 영원한 하나를 향해 갑니다. 영원한 '하나'로 돌아갑니다. 왜 이렇게 느립니까? 우주에는 알 수 없는 '주(主)'가 있어서 우리가 이렇게 느끼는지 모릅니다. 이 세상에는 절대자가 있고 그 밑에 예수 그리스도가 있는 것이 아니라 '주(主)' 되는 '나'가 있어서 그 하나를 찾는 것입니다. '주'가 그대로 우리 속에 있는 것입니다. 그 '주'가 제 주장을 하고 나가는 것입니다. 과거·현재·미래라는 시간 속을 가는 것이 '주', 곧 참나입니다. 예수를 찾고 부처를 찾고 하는 '주'는 나입니다. '주일(主一)'을 하자고 예수를 찾고 부처를 찾아가는 것이 아닙니까? 이것이 '주일'입니다. '주일'을 당장 어떻게 분간하는 것은 안 되지만 내가 결국 들어가는 것이 '주일'이라고 알면 좋겠습니다. 번뇌로 사는 것은 몸뚱이로 사는 것으로, '거주사상(居住思想)'입니다. '주일'하자는 이것이야말로 참으로 사는 것입니다. 내가

'주'를 머리에 이고 받듭니다. '하나'밖에 없다고, 그 '하나'가 '주'라고 하고 가는 것입니다. '무적(無適)'이라, 다른 데로 갈 데가 없습니다.

이 '적(適)'은 '적구준상(適口俊爽)', 곧 입에 맞는 음식을 배불리 먹었다는 뜻입니다. 어디를 가지 않을 때 입에 맞는 것이 없어서 안 간다고 합니다. 안 간다는 것은 묵지 않겠다는 것입니다. 머무는 것이 좋은 것인지 모르겠는데, 자꾸 머물겠다고 합니다. '적구(適口)'하면 머문다고 합니다 '적구'치 않으면 있지 않겠다고 합니다. 요전에 '매임과 모음은 아니!'에 대해 이야기했습니다만 어디 매인 데가 없으면 떠돌이 부랑자(浮良者)가 아니냐고 합니다.

'응무소주(應無所住)' 한다든지 '주일무적(主一無適)' 한다든지 하면 부랑자라고 하는 세상입니다. 이런 답답한 세상이 어디 있습니까? '주일(主一)'이라는 것은 입맛에 맞지 않습니다. 입에 맞지 않기에 죄다 경원(敬遠)합니다. 하나의 '주'를 갖고 나간다면, 상대 세계에서 맛보는 맛이라는 것이 없어집니다. 둘이 아닙니다. 영원에 가서 잘해 나가면, 상대 세계의 것을 배불리 먹고 입맛에 맞는다고 하지 않을 것입니다. 이공학 학자들이라고 해서 안 가는 것이 아닙니다. 가긴 가되 '적구'해야 갑니다. 그러지 않으면 입맛에 맞지 않는다고 가지 않습니다. 크게 매일 데를 바랍니다. 그러나 이 상대 세계의 것은 버리고 자꾸 '무적(無適)'으로 나가야 합니다.

《논어》 이인편에 나오는 무적야무막야(無適也無莫也)에서 '막(莫)'은 '불가'하다는 말입니다. 내 입에 맞는 것은 없다는 말입니다. '무가무불가(無可無不可)', 꼭 이러한 것은 없다는 말입니다. 반드시 옳다고 하는 것이나 그르다는 것도 없다는 말입니다. '의지여비(義之與比)', '의로운 곳에 가서 복을 찾으니 자네는 참 좋겠어' 하는 것이 없다는 말입니다. 아니라는 것도 없다는 것입니다. 어떤 사람, 어떤 곳, 어떠한 때, 무엇이 옳다, 이런 것은 다 그렇지 않습니다. 옳은 것 그른 것이 없습니다. '무가 무불가'입니다. '주(住)'라야 산다는 것은 '무주(無住)'라는 말과 같습니다. '무적(無適)'이라는 말이나 묵지 않겠다는 말이나 '나는 간다'는 말이 다 하나인데, 듣기에는 아주 성가십니다. 아주 혼동하기 쉽습니다. 그러나 성가신 것이 아닙니다. 무엇을 가르치고 파악하게 해주는 것이 있습니다. 묵는 것을 내버리고 가야 하는 것입니다.

집이라고 하는 것이 중심이기 때문에 간다는 것보다 온다는 것을 반가워합니다. 그러나 그따위의 말을 하는 게 아닙니다. 높게 영원한 방향으로 '주일무적(主一無適)'하는 데로 나가는 생각을 정말 하여야 합니다. 그래야만 산다는 것을 조금이나마 짐작할 수 있습니다. 아는 것이 있다면 하나뿐입니다.

지기일부지기이(知其一不知其二)

사람에게는 남의 뒤를 알고 싶어 하는 심리가 있습니다. 그래서 이런 말들을 합니다.

"그이는 참 착실한 사람이었는데, 요전에 이러저러한 일에 글쎄 이러저러했대요."

"아, 그래요? 그런 줄 몰랐는데 다시 보아야겠네요."

이런 식으로 한 사람의 두 가지 면을 알게 됩니다. 그 사람에 대해 한 면만 알다가 다른 면을 알게 되면 조심을 합니다. 이러한 경우 하나만 쫓아가면 큰일 납니다. 알아야 할 것은 눈으로만 알아서는 안 됩니다. 눈, 코, 귀, 입을 통해 모두 알아야만 합니다. 하나만 알고 둘을 몰라서는 안 됩니다. 상대 세계에 사니 상대를 알아야 합니다.

'지기일(知其一)'의 '일(一)'과 '주일무적(主一無適)'의 '일(一)'은 그 뜻이 여간 다르지 않습니다. '기일(其一)'의 '일(一)'은 개체의 머리부터 안다는 것입니다. '주일(主一)'의 '일(一)'은 전체를 말합니다. '주일'의 '하나'는 설명할 수 없습니다. 무엇이냐고 물어도 대답하지 못합니다. 상대세계의 원점(原點)을 찾아 그것을 좇아가겠다는 것이 '주일무적'입니다. 이때의 '한 일(一)'은 제일 큰 '한 일'입니다. '기일'의 '일'은 작은 '한 일'입니다. 이 작은 '한 일'은 상대 세계에서 좀 큰 '한 일'과 가까워지려는 무엇이 있습니다.

젊어서 집 한 칸 없다가 부모 생전에 집 한 칸 마련해서 부모를 편히 모시겠다는 것은 작은 '주일'입니다. 이 '주일'이 없으면 자수성가를 하지 못합니다. 얌전한 사람은 대성을 하지 못합니다. 또한 못된 사람이 이 '주일'을 잘못 알고 나가면 대성을 하지 못합니다. 영원한 생명을 잡고 조용히 가는 사람이라야 대성할 수 있습니다. 얌전한 사람, 곧 작은 '주일'만 아는 사람은 관(官)에 가서 작은 대로 얌전한 사무원은 될 것입니다. 그러나 전체를 위하여 '하나'를 살려서 나라와 겨레를 발전시키고 일을 보아주겠다는 정신으로 마지막 순간까지 나가는 사람은 극히 드뭅니다. '주일'하는 데도 이러한 차이가 있습니다.

큰 뜻의 '주일'을 하자는 목사가 지금은 아주 적습니다. 다른 것은 몰라도 자기 아내와 자식에게는 '주일'하는지 모르겠습니다. 자기 아내와 자식에게는 나라 것을 갖다 먹이는 한이 있더라도, 처자가 좋아하면 좋다고 생각하는 그따위 인간들도 있습니다. 집안 식구 하나 못 꾸려 나가는데 국가가 무슨 국가야, 나 먼저 살고보자는 인생관을 지닌 사람도 있을 것입니다. 동네의 일을 보는데도 먼저 나서서 어디를 어떻게 해야겠다고 괜히 수선을 떱니다. 동네를 위하는 것이 아니라 자기를 위하는 것이 되고 마는 경우가 종종 있습니다.

이 '주일무적'이라는 말은 대단히 알기 어려운 말입니다. '하나'를 자세히 알아야 합니다. 묵어간다는 것도 아주 몇 해 더 살아보겠다고 어디다가 하나(一)를 두는 것인데, 이것은 몹쓸 '주일'입니다. 묵어가겠다는 심정은 '죽으면 어떡하나? 저이는 타고나기를 부족하게 나서 그만 아깝게 갔는데. 다행스럽게도 나는 아직 더 묵어가네' 하는 것과 같기 때문입니다. 나는 아직 더 묵어간다는 그따위 생각은 깨뜨려버려야 하는 '주일'입니다.

우리 민족의 장래를 위해 걱정하고 나라 전체를 위해 '나는 있어야 하겠다'는 것도 역시 묵어가겠다는 정신이므로, 될 수 있는 한 배척해야 합니다. 얌전하기만 해도 못씁니다. 우리나라 청년은 데릴사윗감밖에 안 됩니다. 큰 '주일'을 알아야겠습니다. 사람이라면 하느님만 사모하겠다는 주일(主一)을 해야 합니다. 여기에 이상하게 우리 인생을 그려주는 것이 있습니다.

경인선(현 1호선)에 소사(素秒)라는 이름의 역이 있습니다. 소사에 한번 가게 되었습니다. 소풍을 하러 갔는데 그날 바람이 대단히 심했습니다. 하지만 소풍치고는 큰 소풍을 잘하였습니다. 나흗날에 가게 되었는데 그 전날 저녁에 어떤 친구가 내일 꼭 같이 가야 한다고 했습니다. 무슨 집회냐고 물으니, 그런 데 가는 것이 아니라고 했습니다. 저녁식사를 꼭 모시고 싶다는 것이었습니다. 이 사람이 날마다 저녁만 먹는 것을 알고 하는 말입니다. 이미 정해진 약속이 없으면 꼭 와야 한다고 했습니다. 온다고 말하고 내일 안 와도 좋으니, 말만이라도 내일 오겠다고 해달라는 것이었습니다. 도무지 알아들을 수 없는 말입니다. 저녁식사는 안 하더라도 당일은 묵어가야 한다고 했습니다. 그때의 '묵는다'는 말이 오늘의 말 줄거리가 되었습니다. 거듭 묵는 것이 서러운데 더 묵으라는 말입니다. 그러나 결국 이 사람이 져서 그렇게 해볼까 하게 되었습니다. 그래서 다음 날 버스를 타고 한강철교를 지나가는데 안개가 자욱이 끼어 강물이 보이지 않았습니다. 안개뿐이었습니다. 천지가 죄다 똑같아

보였습니다. 그때 생각이 하나 떠올랐습니다.

〈소사행(素砂行)〉이라는 글입니다.

약상소사거래존(約上素砂去來存)

이 사람의 글은 글만 보아서는 모릅니다. 이 사람은 우선 약상(約上)을 하였습니다. 약속 이상의 약속이라는 말입니다. 가겠다고 한 것은 약속 이상의 약속을 한 것입니다. 약상소사(約上素砂)의 소사(素砂)는 하얀 시새를 말합니다. 보통 모래를 말합니다. 모래의 근본은 더럽지 않습니다. '소사(素砂)'라는 한자 그대로입니다. 약속 이상의 모래 하나가 이 사람 같습니다. 이 사람은 가온찍기(ㄴ)의 끝으로, 한강 모래알 같은 우리 인간들 중 하나입니다. 그 많은 것 중에서 세계에서 살고 있는 것이 이 사람이라는 생각이 들었습니다. 그 많은 모래 가운데서 나아가려고 정말 하나의 길로 나가보겠다, 시새같이 되어보겠다는 생각이 든 것입니다. 아무리 괴로워하고 알려고 해도 영원한 모래의 한 알갱이입니다. '소사'라는 글자를 퍽 흥미 있게 바라보았습니다.

내 생각은 나에게 순종합니다. 나는 따로 있을지 몰라도 실상 정신은 여기 들어가 있습니다. 나의 정신은 들어가고 맙니다. 가다가 고장이 나서 못 가면 마음만이라도 가는 것입니다. 내 정신은 이미 거래가 되고 계약이 되어 매매가 아주 결정 났기에 돈을 치르고 물건을 받는다는 그런 의미가 들어 있습니다. 거래한 존재요 한강의 모래와 같은 존재입니다. 이것이 '나'입니다. 현재 느끼는 '나'는 실상 모래알 하나인데, 장사꾼이 지금 분주하게 거래를 하는 것과 같습니다. 그러한 끄트머리를 그린 것입니다. 이런 생각이 났습니다. 이것을 이 다음에 본다 해도, 내가 실상 사는 것이 이런 것이라고는 알 까닭이 없습니다.

"소사가 뭐야?"

"경인(京仁) 지구의 지명이야."

이 정도의 말이나 오고 갈 것입니다.

무중한강수천몰(霧中漢江水天沒)

안개 속의 한강은 물도 하늘도 모두 없습니다. 천지가 안개 속에 빠져 버렸습니다. 물속에 빠진다지만, 이것은 온통 안개 속에 빠져버린 것입니다. 이 사람의 주관으로 보기에 그러했습니다. 하늘도 안 보이고 한강의 아래위도 안 보이고 사람도 안 보이니 '수천몰(水天沒)'입니다. 이같이 아무것도 안 보이는 앞을 보고 사는 우리입니다. 시새 같은 우리가 아무것도 보이지 않는 데서 무엇인가를 찾고 있습니다. 이 생각이 실상 먼저 난 것입니다.

이신약사구약계 가서문수동문골(以新約辭舊約繫 可西文髓東文骨)

《신약성경》의 말씀을 갖고 《구약성경》의 정신을 붙들어 반대로 말합니다. 문제를 바꾸어 말하는 것을 괘사(卦辭)한다고 합니다. 《구약성경》을 보고 《신약성경》을 아는 것이 옳은 말인데, 이렇게 되면 괘사하는 것이 됩니다. 서양 문명과 문화의 골수를 동쪽의 문명과 문화에다 집어넣을 수 있다는 말입니다. 이것은 이 사람이 평생 말하는 것입니다. 현구동서(現舊東西)가 모두 한 정신인데 무슨 분간을 둘 필요가 없습니다. 은혜 시대이니 율법 시대이니 하지만 이 사람은 이러한 것이 없다고 생각합니다. 모세의 율법전에는 지금 세상에서 쓰이는 모든 복음(福音)이 다 들어 있습니다. 표시할 것을 다 표시하고 있습니다. 예수라는 분은 이 세상에 무엇을 보이려 오신 분이 아닙니다. 자기 완성을 위해서 계속해서 나오신 것입니다. 지금도 완성하려고 그 뜻을 받고 이어 오는 게 아니겠습니까?

불쌍한 사람을 보면 돕는 것은 예전에도 다 있는 일이었습니다. 자기 집의 주인이 우리 아버지인 줄로만 알고 금을 긋는 것은 온전한 세상이 아닙니다. 아들은 할 수 있으면 아버지보다 낫게 나아져야 합니다. 그래야만 생명이 더 향상되고 발전합니다. 생명이 줄어들어서야 될 말입니까? 어떻게 되었든 이 사람은 예수의 말씀을 '누리의 빛'으로 알고, 나라와 민족을 초월하여 우리의 정신이 나아가는 한 얼줄이라고 생각합니다. 하느님의 아들 예수를 통해 우리가 더욱 하늘나라를 밝히고 따져 더 커지도록 힘써야겠습니다. 그러면 다음 세대, 또 그 다음 세대에는 종당 무엇을 보게 될지 모르겠습니다. 이러한 뜻의 영원한 '주일(主一)'을 다하여 그리스도를 완성해 나가야 합니다.

참 '하나'의 말씀을 완성하여야 합니다. 이것은 사도 바울이 자주 말한 것입니다. 그러나 원(元) '하나'는 이렇게 발전하고 성장하지 않습니다. 원 '하나'는 벌써 완성된 것입니다. '둘'이라는 것은 하나를 잃었기에 한 쪽 부분에서 산다는 것에서 떠나지 못하는 줄로 압니다. 한세상 이렇게 살고 가는 것이 꿈인지도 모릅니다. 상대 세계를 암만 이와 반대되는 것으로 설명하여도 모릅니다. 같은 《성경》을 보더라도 율법 시대와 복음 시대가 달리 있었다지만, 무슨 맛이 있어서 그렇게 해놓았는지는 모릅니다. 우리는 보는 대로 남에게 말합니다. 그렇게 해 왔습니다. 그러나 이것이 지금 지나가서는 그렇지 않게 보이는 게 보통입니다.

원 그대로 '주일(主一)'입니다. 하나(절대)가 모두의 '주(主)'가 되고, 더 가서는 없습니다. 전체인 절대보다 더 갈 것이 없습니다. 더 갈 것이 없는 데서 여기 그냥 주춤하고 있으면 이 청년회 회관에서는 이 늙은이 때문에 저녁 걱정을 하게 됩니다. 이부자리도 어떻게 하나 걱정합니다. '나'라는 미친 존재를 버리고 또박또박 가는 자는 정신 차린 사람입니다. 유클리드의 설명에 원둘레(원주)나 지름이 같다고 하면 미친 소리라고 할지 모르겠습니다. 그따위 도깨비에 홀린 소리를 그대로 알고 이것을 바로 보려고 애쓰는 사람이 큰 바보입니다.

서양 문명을 동양 문명의 뼈에 골수로 삼는다고 하면, 그런 소리를 하는 사람이 어디 있느냐고 합니다. 골수와 뼈를 생각해도 어떤 것이 주(主)이고 어떤 것이 종(從)인지 모르겠습니다. 뼈 없이 골수가 있을 수 없고, 골수 없이 뼈가 있을 수 없습니다. 다 하나입니다. 이 사람에게는 새것, 옛것, 서쪽, 동쪽이 없습니다. 다 하나입니다. 우리 인간은 우스운 존재로서 괜히 안심하려고 상하(上下)를 차지하려고 합니다. 서양 문명과 동양 문명에서 어떤 것이 주(主)가 되느냐는 질문에 답하기는 대단히 어렵습니다. 다 하나라는 것을 알아들어야 합니다. 동양 사람이 동양 사정을 잘 안다고 하고 서양 사람이 서양 사정을 잘 안다고 하는 것을 바꾸어보고 싶은 마음입니다. 다 하나로 바로 보아야 합니다.

1953년에 한미조약이 맺어졌습니다. 미한조약이라고 하면 무슨 큰일이나 난 것같이 떠들 것입니다. 미국에서는 어떻게 부르는지 모르겠습니다. 동양에서는 일본이 우리나라를 삼켜서 당시에는 일한합방이라고 하였습니다. 한일합방이라고 하면 큰 변이 났습니다. 남의 나라를 집어삼켰는데, 한일이라고 해서 좀 존대하면 어떻습니까? 국제 관계에서 참으로 형제 관계를 맺는다면 조금 양보하여 대접할 것은 해야 합니다. 손님 대접을 할 때도 아들이 손님의 시중을 먼저 든 다음에 아버지의 시중을 들어야 주인 된 사람의 마음이 시원하고 홀가분합니다. 내 부모가 제일인 줄 알면 남을 대접할 줄 알아야 합니다. 먼저 하는 것이 대접인지, 나중에 하는 것이 대접인지는 잘 생각해보면 알 것입니다. 실상 이것은 크게 문제가 되는 게 아닙니다. 공연히 말하는 것이지 미한조약이라고 해서 못된 미국을 쫓아가는 것은 아닙니다.

옛날에 글 잘하는 여(呂) 씨가 있었습니다. 우리나라에서 1898년에 처음 나온 신문인 〈황성신문〉은 조선왕조가 망하기 전에 있었습니다. 당시는 한문만 쓰던 시대였습니다. 그런데 한번은 신문에 실린 글에 한선문(漢鮮文)이라는 표현이 있었습니다. 일제강점기 때의 일선문(日鮮文)이라는 표현과 같이 생각되어, 아직 독립 국가였던 당시에 '한선문'이라는 표현이 문제가 되었습니다. 여 씨라는 글 잘하는 분이 그런 말을 했다 해서 반박문이 매일 나왔습니다. '한선문'이 무엇이냐고 말입니다. 정신 나간 놈이라고 매일 반박문이 실렸습니다. 민족 정신이 강했던 까닭인지는 모르겠습니다.

당시는 한문을 중시하던 때였고, 선한문(鮮漢文)이라는 말이 얼른 나오기 어려웠는지도 모릅니다. 그런데 여 씨도 지지 않고 크고 작은 선후 문제가 무엇을 기준으로 하는 것이냐고 따지는 글을 썼습니다. 나중 것이 먼저냐? 먼저 것이 나중이냐? 음양(陰陽)에서는 양(陽)이 원래 큰 것을 말하는데, 왜 양음(陽陰)이라고 하지 않고 음양이라고 하는가? 이런 식으로 예만 계속 제시했습니다. 이 싸움은 끝이 나지 않았습니다. 남을 대접한다면 이름쯤은 먼저 내주어도 좋은 것입니다. 이렇게 하여야 정말 '주일(主一)'이요, 자유와 평등의 길로 가는 것입니다.

무주계에서 산다는 것을 알아야 합니다. 묵어간다는 심정이 무엇입니까? 다른 사람의 심정은 알 필요가 없습니다. 내 심정을 알아야 합니다. 이 우주에서 세계와 나의 관계가 어떻게 되는 것인지를 다른 사람의 심정으로는 알 수 없습니다. 내 심정의 세계, 내 세계가 되어야 합니다. 사는 것은 내가 사는 것입니다. 말은 누가 만들었는지 모릅니다. 서양 문명을 동양 문명의 골수로 하겠다는 이 이치를 깨닫고 들어가는 사람은 말의 진리를 아는 사람입니다. 그밖에는 아무것도 없습니다. 말씀 속에는 반드시 무엇인가 끄집어낼 것이 있습니다. 마음이 무거워서 묵어가는 것입니다. 좀 편하려는 것입니다. 몸뚱이는 무겁게 생겼어도 정신은 가뿐히 자꾸 나가야 합니다. 우리나라가 이것을 좀 알게 된다면 좀 더 나아가게 될 것입니다.

요즘 학생들은 소풍이라는 말을 잘 쓰지 않는다고 합니다. 요즘 소풍은 스키나 타러 가는 것이겠지만, 이런 날씨에 소풍하는 맛을 모르는 사람은 오랫동안 묵어만 가는 사람이 되고 맙니다. (1956. 12. 6.)

제14강

하늘의 섭리로 쥐덫이 마련되다

郊社之禮 所以事上帝也 宗廟之禮 所以祀乎其先也

明乎 郊社之禮 禘嘗之義 治國其如示諸掌乎

祭義莫深於禘 蓋於報本之中 又報本追遠之中 惟聖人制之 亦聖人知之 有

能知 禘祭 禘祭之說者 則理無不明誠無不格 推之於治天下也 無難處之事

無難化之人乎 其如示諸掌乎 (《중용》19장,《논어》팔일편 주희집주)

(다석일지 1956. 12. 7.)

제의막심어체(祭義莫深於禘)

제의(祭義)의 제(祭)는 제사(祭祀)를 나타내고, 의(義)는 '옳다'는 뜻입
니다. 막심어체(莫深於禘)에서 '체(禘)'는 제사(祭祀) 중에서 제일 큰 제
(祭)를 말합니다. 체(禘)보다 더 큰 제사는 없습니다. '심(深)'은 '폐단이
많다'는 뜻으로 쓰입니다. '막'은 '없다'는 뜻으로, 좋은 것이 많이 있는
데 '체'보다 좋은 것은 없다는 의미입니다. 우리말로 기도한다는 뜻이 이
'체(禘)'에 담겨 있습니다. 깊고 높은 제사(祭祀)를 나타냅니다.

개어보본지중(蓋於報本之中)

'개(蓋)'는 '대개', '다시 한 번', '대체로', '왜 그러냐 하면' 등의 뜻을 지닙니다. 개어보본지중(蓋於報本之中), 무엇이 이렇고 저렇고 하여도 근본인 내가 간다는 것입니다. '나는 간다'는 것이 근본입니다. '나는 간다'고 해서 무엇을 두고 가는 것이 아닙니다. 사람들은 두고 가느니, 남아 있느니 하는 것을 대단히 좋아합니다. 내가 가면 다 없습니다. 생전에 한 번 만나고 싶은 친구를 만나지 못해서 섭섭할지 모릅니다. 손자가 장가가는 것을 구경하고 가면 좋겠다고 합니다. 손자도 자라면 갑니다. 나서 나아가 결국 다 가는 것입니다. 증손자가 나와도 갑니다. 가는 것은 '나'입니다. '나' 외에 가는 것이 어디 있습니까? '나' 외에는 가는 것도 오는 것도 없습니다.

우리가 가는 것을 우리말로는 돌아간다고 합니다. 돌아가셨다고 합니다. 돌아간다는 우리말은 잘되었습니다. 돌아가는 것은 원(元)으로 돌아가는 것입니다. '나는 간다'는 복원(復元)하는 것입니다. 맨 처음 나온 데로 갑니다. 그렇다고 집으로 도로 가는 것은 아닙니다. 집이라는 것은 가다가 쉬기 위해서 들른 곳입니다. 지나다가 들른 곳이 집입니다. 자신과 가까운 것은 다 버려야 합니다. 이 사람은 집에 대한 것을 버리고 싶습니다. 그러니까 이 지구도 우리에게는 집에 지나지 않습니다. 결국은 이 집을 내버리고 나가야 합니다. 이 지구라는 것도 나가고 있습니다.

우리가 나가는 것은 복원하는 것이지만, 우리는 나온 데를 알지 못합니다. 우리는 어디인지 모르는 본(本)으로 돌아가는 것입니다. 손자가 하나 나옵니다. 없었던 것이 하나 나오는데 어디서 나왔는지 알 수 없습니다. 그렇게 나온 손자도 늙어서 어디로 갑니다. 없었던 것이 생기니까 감사하다고 하고, 지나가는 한순간밖에 안 되는 이 세상을 버리고 간다면 섭섭하다고 합니다. 그런 바보들이 어디 있습니까? 돌아간다는 말 그대로 우리는 본(本)으로 돌아갑니다. 이것이 보본지중(報本之中)입니다.

일왕불복(一往不復), 다시 오는 것이 없다는 뜻입니다. 한번 가면 다시 오지 않습니다. 한번 나면 못 오는 길을 우리는 가는 것입니다. 아침에 아버지가 아이들보고 '잘 있어라, 아버지가 이따가 과자 사 가지고 오마!' 말하면 으레 아버지가 돌아오려니 생각합니다. 집에 대한 이런 관념 때문에 '나는 간다' 하면 싫어합니다. 무주(無住)하는 것을 알아야 합니다. 이러한 것을 추리하여야 합니다.

해가 많이 짧아졌는데 아주 짧아지면 어떻게 될까? 일 년 열두 달이 전부 밤이 되지 않을까? 이런 걱정을 합니다. 해는 앞으로 동지(冬至)까지 2주일에 6분밖에 줄어들지 않습니다. 지난 12월 5일에는 낮의 길이가 4분 줄었습니다. 이 말을 왜 하는가 하면, 설마 이 세상에 나온 내가 갑자기 꺼지지는 않겠지 하고 살기 때문입니다. 차차 천천히 되어 가는 것입니다. 동지 이후 낮의 길이는 처음에는 보름 동안에 6분, 다음 주일은 15분, 그 다음부터는 25분이 한꺼번에 늘어납니다. 속력을 낼 때는 차차 내는 것입니다. 급히 출발하면 결딴이 납니다.

'하나'를 찾는 것도 점차 하나로 돌아가는 것입니다. 모두가 속히 만나지는 못합니다. 시작부터 천천히 합니다. 해가 처음 보름 동안 6분이나 짧아지니까 점점 더하면 아주 줄어드는 게 아닌가 걱정하는데, 그런 걱정은 전혀 하지 않습니다. 얼마만큼 가면 줄어지지 않는다는 것을 알기 때문입니다. 동지가 지나면 낮의 길이가 점점 길어집니다. 가는 것으로 돌아가지 않는 것이 없습니다. 돈도 그렇습니다. 부자가 되어도 몇백 년 그대로 가는 것은 아닙니다. 돈은 줄어들기도 하고 늘어나기도 합니다. 나갔다 들어오고 들어오다가 나가기도 하며 자꾸 들락날락합니다.

무주불복(無住不復), 오는 것 중에서 도로 돌아가지 않는 것은 없습니다. 세상의 이치가 거지반 다 이렇습니다. 나온 '나'가 '나'에게 돌아갑니다. 보본(報本)을 합니다. 여행을 하여도 다시 집이 그리워 돌아오는 모양으로 나온 데가 분명히 있습니다. 나온 데로 다시 가려는 게 우리의 인생살이입니다. 하늘에서 내려온 것 같으면 하늘로 가는 것입니다. 돌아갈 것은 이렇게 돌아가는 것입니다. 만일에 아무것도 없다고 할 것 같으면 정말 가는 것은 섭섭합니다. 우리는 아주 없는 것을 믿어보려고 애를 쓰는 것이 아닙니다. 그리고 일찌감치 믿는다고 하지 않고 모른다고 하고 모르는 대로 그대로, 나왔을 때처럼 떠날 때도 그대로 가나 하고 없는 데로 그냥 갑니다. 언제나 몰라보았다고 합니다. 모르면 모르는 대로 종교를 믿지 않아도 가는 것은 가는 것입니다.

이 사람이 곧 죽는다니까 식구들이 이 사람을 볼 때마다 웁니다. 이 사람은 그것을 외면하고 다닙니다. 자꾸 오래 있으라고 합니다. 그러나 우리는 무주불복보본(無住不復報本)을 믿고, 믿는 참에 돌아가야 밑동으로 들어갈 것입니다. 나무 잎사귀가 떨어져 나무 뿌리로 갑니다. 잎사귀는 거름이 되어 나무를 살리고 나무는 다시 잎을 피웁니다. 이 떨어진 잎을 철없는 사람이 긁어다가 불태웁니다. 그냥 내버려 두면 보본(報本)을 하는데 말입니다. 저번에 보본추원(報本追遠)에 대해 말했습니다. 추원(追遠)은 먼 데를 자꾸 쫓아가는 것입니다. 추도(追悼)라는 것은 실상은 추원(追遠)을 말합니다. 사람들은 이 세상에 인상을 많이 남기고 간 사람이 이십 년, 삼십 년, 백 년 멀어지는데도 그 사람을 자꾸 추원(追遠)합니다. 추도를 합니다.

백 년에 가서 없어지면 백 년 이름, 이백 년에 가서 없어지면 이백 년 이름, 이러한 것도 있다 합니다. 마음에 기록한 것을 생각합니다. 이렇게 하도록 생긴 것이 사람입니다. 보본추원(報本追遠), 멀리 가는 것을 자꾸 따라가서 생각합니다. 이것이 사람입니다. 보본추원(報本追遠)을 잘하려면 이 사람도 얼른 돌아가야만 합니다. 으레 돌아가려니 하여야 합니다.

이 세상에 대한 번뇌를 버려야 합니다. 보본추원(報本追遠)은 우리에게 대단히 긴요합니다. 한번 가서 다시 오지 못한다는 말에 이런 이야기가 있습니다. 일본에서는 심부름을 간 사람이 오지 않으면 총탄 같은 사람이라고 합니다. 한번 가서 오지 않는다는 말입니다. 한번 가서 오지 않아야지 총탄이 되어 돌아오면 어떻게 됩니까? 자기가 맞아 죽지 않겠어요? 탄환보다 속도가 빠른 비행기가 하늘에서 고장이 나서 떨어졌는데, 조사해보니 자기가 쏜 포탄에 맞아서 떨어진 것으로 판명되었습니다. 이렇게 탄환도 아주 안 돌아오는 시대는 아닙니다. 간 것이 돌아오면 자기가 맞아 죽습니다. 고속 비행은 그래서 그런지 자꾸 방향을 바꾸어야 한다고 합니다.

우보본추원지중(又報本追遠之中)

이 말을 한 사람은 퍽 생각을 많이 한 사람입니다. 보본(報本)은 추원(追遠)이 그 근본(根本)입니다. 아주 멀리 쫓아가는 그것이 우추원(又追遠)입니다. 한이 없습니다. 멀리 쫓아가는 가운데 또 멀리 쫓아가는 그것이 근본(根本)입니다.

유성인제지(惟聖人制之)

우주에서 성인(聖人)이 이것을 알았다는 말입니다. 제(制)라는 것은 꼭 붙잡았다는 뜻입니다. 거저 받으니 좋다, 입에 맞는 것이니 좋다 하는 식으로는 붙잡지 못합니다. 붙잡으면 제한(制限)합니다. 그렇다고 못 가게 하는 것은 아닙니다. 알아보았다는 말입니다. 성인이 이것을 확인하였다는 말이 됩니다.

역성인지지(亦聖人知之)

성인(聖人)이 아니면 이것을 말하지 못하고 알지도 못한다는 말입니다.

유능지체제(有能知禘祭)

제(祭)라는 것은 '고기 육(肉)' 자에 '손 수(手)' 자를 써서, 즉 고기를 손으로 받들어(夾) 무엇인가를 보인다(示)는 것입니다. 무엇인지 가르침을 보이는 것이 제(祭)입니다. '유(有)'는 '손 수(手)' 자에다 '고기 육(肉)' 자를 붙인 것으로 '있을 유' 자가 됩니다. 몸뚱이를 든다는 말입니다. 몸뚱이를 드는 것이 '있는 것'입니다. 그래서 우리는 이 몸뚱이를 바쳐서 우(하느님)에서 무엇인가를 보아주기를 기다리는 존재입니다. 꿈에 보였다는 것은 보지 않았다고도 할 수 있으나, 제 몸뚱이로 보이고 몸뚱이가 있다는 것은 보이는 것입니다. 가는 것이 왜 나옵니까? '유(有)'의 생김새는 다른 사유가 없더라도 몸뚱이는 있다는 것을 말해줍니다. 이것이 벌써 보이는 것입니다. 하늘에 보이는 것을 알고 제사를 지냅니다. 제 몸뚱이 하나를 갖고 간다는 것은 곧 제사를 지내는 것입니다. 몸뚱이 하나를 가짐으로써 보이는 것입니다. 아무것도 아는 것이 없습니다. 알 까닭이 없습니다. 모르면서 아는 척하는지는 모르겠습니다. 아는 척하는 것이 이 사회인지 모르겠습니다.

체제지설자(禘祭之說者)

제사라는 것은 능히 알 수 있는 것을 말합니다.

즉이무불명성무불격(則理無不明誠無不格)

제(祭)의 설명을 아는 사람은 밝은 것을 못 밝힐 것이 없습니다. 밝은 것을 다 밝힙니다. 참 또는 정성(精誠)이라는 것은 참 조건에 맞는 '틀'이 되지 않은 게 없습니다. 정성에는 자격이 있습니다. 체(禘)의 뜻을 아는 사람은 밝은 것을 다 밝힙니다. 성명(誠明)이라고도 할 수 있습니다. 또는 재명(齋明)이라고 해서 체(禘)를 드릴 때 목욕재계(沐浴齋戒)하여 몸을 깨끗이 합니다. 칠재삼명(七齋三明), 7일간 씻을 것 씻고 3일간 마음을 밝게 하기 위해서 마음을 조용히 갖는 것입니다. 이렇게 하여 제를 지내는 것은 우리가 기도하는 것과 다른 바가 없습니다. 체(禘)를 아는 사람은 밝은 것 다 밝힌 聖人(성인)으로서, 막히는 게 없습니다. 그래서 사람은 궁극적으로 성명(誠明)하고 재명(齋明)하자는 것입니다.

추지어치천하야 무난처지사(推之於治天下也 無難處之事)

천하를 다스리는데 이 법칙으로는 무난처지사(無難處之事), 즉 난처(難處)할 것이 없다는 말입니다. 정성이 지극하고 체(禘)에 밝은 자는 천하를 다스리는 데 무슨 난사(難事)가 있을 리 없다는 것입니다.

무난화지인호(無難化之人乎)

감화(感化)받지 않는 사람이 없습니다. 그같이 체(禘)에 통(通)하는 사람 앞에서는 감화(感化)받지 않을 수 없습니다.

기여시저장호(其如示諸掌乎)

손바닥을 들여다보는 것 같으나, 손바닥을 들여다보는 일이 촌부자(村夫者)에게는 쉬운 일이 아닙니다. 말뚝을 그냥 들판에 세울 때나 양쪽에 벽이 있는 곳에 세울 때나 둥그런 데에 세울 때, 그 사이가 적고 많음을 모릅니다. 분간할 줄을 모릅니다. 양쪽 벽이 있을 때 말뚝 사이의 수는 말뚝보다 하나 더 많습니다. 들판에 그냥 세울 때는 말뚝 사이 수가 말뚝보다 하나 적습니다. 둥그런 데는 말뚝의 수가 사이 수와 같습니다. 이같이 쉬운 것이나 이것을 분간하지 못하고 지나갑니다.

자기 손바닥을 들여다보는 일처럼 어렵고 쉬운 일은 없습니다. 아는 사람이 손바닥을 들여다보면 그같이 쉬운 것은 없습니다. 체(禘)라는 것을 아는 사람이 천하를 처리하는 것은 손바닥을 들여다보는 것과 같습니다. 이렇게 쉬운 것이 없다는 뜻입니다. 그러나 공자가 말씀하신 당시에 이런 뜻을 알고 이러한 생각을 했는가 하면 그렇지 않습니다. 정말이 유교 신앙을 품고 내려왔다면 정치는 문제가 아니었을 것입니다. 유교가 송(宋)나라 시대에 그 체계를 세웠는데, 이것이 위에서 내려온 순서대로 그대로 이어 왔다면 동양의 역사가 좀 달라졌을 것입니다. 문제의 손바닥 하나 들여다볼 줄 모르고 지내 온 모양이 오늘의 유교를 만들어 버렸습니다.

교사지례 소이사 상제야(郊社之禮 所以事 上帝也)

야외에 나가서 제를 지내는 것이 교(郊)입니다. 이러한 제는 제후가 하지 못하고 천자(天子)만 지냅니다. 대제사장이 전 백성을 대표해서 하느님을 모시는 것같이, 천자만 들에서 온 백성을 대신하여 교제(郊祭)를 드립니다. 사(社)라는 것은 사직(社稷)을 말합니다. 하늘을 생각하니까 그 다음 땅을 생각해야 합니다. 진실로 하늘을 찾는 천자가 중심이 되어야 이 땅은 온전한 백성이 사는 곳이 됩니다. 사회가 바로 잡힙니다. 사회(社會)의 한자인 '사(社)'가 쓰이는 것은 이 까닭입니다. '두루 사(社)'라고도 하는데, 둘레둘레 모여 앉은 것이 '사(社)'입니다. 이것은 좋은 말입니다. 온 집안 식구가 떡을 해놓고 쭉 둘러앉아서 먹는 그 정신은 별로 나쁠 것이 없습니다. 이것 역시 제의 정신 중 하나입니다. 그러면 교제(郊祭)와 사제(社祭)를 갖고(所以) 무엇을 하는가 하면 사(祀)를 하는 것입니다. '사(祀)'는 '사(事)'와 같습니다.

보본추원(報本追遠)으로서 제사를 지내는 것은 그대로 상제(上帝), 곧 하느님에게 사사(仕事)하는 것이나 다름없는 일입니다. 사제(社祭)나 교제(郊祭)는 하느님을 섬기는 일입니다. 하느님을 섬긴다는 것은 '쓸 용(用)' 자처럼 무엇에 소용(所用)된다는 뜻과는 아주 다릅니다. 보통 사람은 어머니 아버지의 제를 지내고 제후라야 5대 조상까지 제사를 지냅니다. 천하를 다스리는 천자라야 교제(郊祭)를 지냅니다. 천자가 온 백성을 대표해서 하느님에게 제를 지냅니다. 이것은 온 천하가 하나로 하늘에 들어가자는 뜻입니다. 유교가 다신론(多神論)처럼 보이나 함부로 제사 지내는 것은 아첨이라고 하였습니다. 꼭 지내야 할 때 제를 지내야 한다고 하였습니다.

이렇게 자세히 살펴보면 유교 역시 신(神) 하나를 가르치는 것입니다. 불교 역시 신(神)과 다른 무엇이 있는지 모릅니다. 석가모니, 아미타불, 관세음보살, 지장보살 등등 이렇게 많이 있는 부처를 전부 섬기는 것이 아닙니다. 종단엔 단 하나 있는 진리에 들어가는 것입니다. 그것을 이렇고 저렇고 해석하는 것은, 인간이 주체가 되어 여러 가지로 말이 나오기 때문입니다.

힌두교에는 신이 없습니다. 너무 많아서 없는 것입니다. 그런데 이번에 미국에서 힌두교파에게 세금을 내라고 하였답니다. 종교 단체에는 세금을 부과하지 않는 것이 미국의 법인데, 금년부터는 힌두교파만큼은 세금을 내야 한다고 하였답니다. 힌두교파에서는 자기네가 종교 단체이므로 세금을 못 내겠다고 주장했답니다. 그러자 힌두교에 신이 있느냐고 반문하였답니다. 따져보면 힌두교에는 신이 없습니다. 신이 없으니까 종교가 아니다, 신 없는 종교는 인정할 수 없다고 하여, 세금을 내니 안 내니 재판까지 열리게 되었습니다. 이 사람은 관심을 두고 그 재판의 결과를 기다렸습니다. 신이 없다고 종교가 아니라는 것은 미국 사회의 시각이며, 신이 없어도 종교라고 믿으면 그것도 종교로 볼 수 있다는 판결이 나왔습니다. 자기네 종교에는 신(神)이 있으니 종교이고, 남의 종교에 신이 없다고 종교가 아니라는 것은 신앙의 자유를 침범하는 것이라는 게 그 이유였습니다. 정말 자유라는 것이 무엇인지를 알 것 같은 느낌을 받았습니다.

그렇다 해도 협잡꾼들의 사이비교만은 좀 제재하면 좋겠습니다. 신이라는 것은 우리가 다 아는 것인데 무슨 이름을 붙이는 것도 좀 이상합니다. 하느님의 이름은 없습니다. 모세가 백성에게 신에 대해 말할 때 어떤 신이라고 말해야 하느냐고 하느님에게 물었습니다. 여기서는 '엘리'니 '야훼'니 하는 말은 없었습니다. '나'는 나다, 이것이 모세의 물음에 대한 답이었습니다. 이름이 없는 것이 신입니다.

일본 사람끼리는 성(姓)을 붙여 부르는데, 일본의 임금만큼은 누가 감히 성을 붙여주는 사람이 없어서 지금도 성이 없습니다. 성이 없으면 아주 천한 대우를 받는데, 임금도 성이 없으니 아주 천한 사람이 된 것입니다. 세상일이 다 그렇습니다. 신이라는 것이 어디 있다면 신이 아닙니다. 언제부터 있었다고 하면 신이 아닙니다. 언제부터 어디서 어떻게 생겨서 무슨 이름으로 불리는 것은 신이 아닙니다. 어디로 들어가야 신이 있습니까? 그래서 우리는 한량없이 그 자리로 가는 것입니다. 궁신(窮神)하며 그냥 나아가는 것입니다. 상대 세계에서 '하나'라면 신을 말하는 것입니다. 절대의 '하나'는 신입니다. 그래서 유신론이라고 떠드는 그 소리가 무엇인지 이 사람은 모르겠습니다. 무엇이 있는지 없는지를 과연 알고 있는지 모르겠습니다.

종묘지례 소이사호기선야(宗廟之禮 所以祀乎其先也)

상제(上帝)에게는 먼저 자기 몸뚱이를 낳아준 아버지 어머니를 모시는 종묘(宗廟)라는 것이 있고, 백성에게는 사당(祀堂)이나 신주(神主)가 있는데 이것이 없으면 흰 종이에 붓으로 지방을 써서 조상을 모십니다. 이런 집을 종가(宗家)라고 합니다. 소이사호기선야(所以祀乎其先也), 종(宗)이라는 것은 집(宀) 안에서 무엇이 보이기(示)를 기다린다는 말입니다. 묘(廟)는 널찍한 집(宀) 안에서 공손하고 엄숙하게 한다는 뜻입니다. 여기에 아침 조(朝) 자가 붙은 것은 아침(朝)에 제(祭)를 시작하기 때문입니다. 아침에 널찍한 터에 모인다는 뜻입니다. 조정(朝廷)이라는 낱말에 아침 조(朝) 자를 쓰는 것도 사(祀)를 아침에 하기 때문입니다. 종묘는 정성을 다하는 곳입니다. 종묘가 모든 것의 중심이 되어 무엇을 보여줍니다. 그래서 조선왕조를 이조(李朝)라고 할 때 '아침 조(朝)'가 들어가고, 여조(麗朝)라고 해도 '아침 조(朝)'가 들어가는 것입니다.

명호 교사지례 체상지의 치국기여시저장호(明乎 郊社之禮 禘嘗之義 治國其如示諸掌乎)

교사(郊社)의 예(禮)와 체(禘)의 의미를 아는 사람은 치국(治國)을 하는 데 마치 손바닥을 보는 것같이 쉬운 일이라는 말입니다. 이러한 말은 기억해 두어도 좋습니다. 교(郊)는 하늘에 제(祭) 지내는 것입니다. 문제는 체(禘)인데, 이것이 확실하게 된 것은 주(周)나라 때부터입니다. 이때 백성은 부모만 제사를 모셨고, 대부(大夫)라야 사당(祠堂)을 두 개 가졌으며, 제후는 다섯 개의 사당을, 천자(天子)는 일곱 개의 사당을 가졌습니다. 그런데 가만히 생각해보면 보본추원(報本追遠)을 한다면, 왜 백 대(百代), 오백 대, 천 대의 조상을 모시지 않고 이렇게만 모셨느냐는 의문이 듭니다.

종가(宗家)집이라는 것은 문자 그대로 제를 지내는 집안인데, 실상 삼조상(三祖上)을 지낸다는 것도 여간 바쁜 일이 아닙니다. 7일간 목욕하고 3일간 마음을 깨끗이 해야 하니 제사가 하루에 끝나는 것이 아닙니다. 삼일제, 소상, 대상, 사십구제 등등 때마다 각각 돌아가신 분들의 제사를 지내기 위해 7일간 목욕재계하고 3일간 마음을 깨끗이 하려면 상당한 일과가 되어 바쁠 것입니다. 뿐만 아니라 경제적으로 들어가는 것도 굉장합니다. 이 제도는 임금을 표준 잡아서 한 것입니다. 그러나 백성은 부모만 모시고, 대부라야 사당을 마련하고, 제후는 5대 조상, 천자는 7대 조상을 모시는데 원래는 7대가 아닙니다. 사당은 6개입니다. 6대까지 모시는데 7대라는 것은 시조(始祖)를 말합니다. 직접 조상이 아닌 시조를 모시는 연유는 따로 있습니다. 하(夏)나라 우왕(禹王) 때 수난(水難)을 겪은 후, 종전에는 목축을 해서 생활하던 백성에게 후직(后稷)이란 사람이 농사짓기를 가르쳐 밭에 농사를 짓게 되었습니다. 이것을 계기로 후직이 주(周)나라의 시조가 되었습니다. 이 후직이 7대에 모시는 조상입니다. 이 전통이 이어져 6대까지는 자기 조상을 모시고, 7대는 시조 후직을 모시게 된 것입니다. 후직이라는 것이 이름인지 아니면 직위인지는 확실치 않습니다.

후직의 조상은 또한 내력이 특이합니다. 어머니가 어디를 갔는데 어느만큼 가니까 큰 신발 자국이 있더랍니다. 이것을 본 어머니는 마음이 섬뜩해서 멈칫하다가 그 신발 자국을 밟았는데, 그날부터 태기가 있었고 그 후 태어난 것이 후직이라고 합니다. 후직의 조상은 알 수 없습니다. 성처녀로 예수를 낳았다는 것이 서양에만 있는 것이 아니라 동양에도 있는 셈입니다. 아담과 이브도 조상이 있을 터인데 그것은 야훼 하느님의 손가락일지 모릅니다. 이같이 우리의 조상은 모르는 것인데 보본추원(報本追遠)으로 무한한 맨 처음을 찾아가는 것입니다. 사람이 어떻게 되어

나간 것을 찾는 것이 보본(報本)인데, 모르는 이를 위해서 가르쳐주는 시(示)를 바라보고 가는 것입니다.

제(帝)에서 'ㅗ'는 '위 상(上)' 자이고 밑에 있는 것(帝)은 여러 가지를 묶는 것(束)을 말합니다. 이것은 나뭇짐 같은 것을 묶는 것이 아니라 하나에 묶어놓는다는 뜻으로, 곧 법(法)이 됩니다. 위에서 내려온 것 안에는 법이 있습니다. 그 법은 지금도 우리 세상을 지배하는 것으로, 우리는 항상 위의 자리가 무엇인지 모르는 시초의 자리를 향하여 추원(追遠)합니다. 세상의 임금(帝)도 그 본뜻을 보면, 현재 아는 것보다 먼저 것을 아는 맨 처음의 하느님(神)을 찾는 일을 하는 존재입니다.

체(禘)는 현대의 기도가 될지 모르겠습니다. 과연 이 뜻을 알고서 모르는 그 자리를 찾는 사람, 곧 맨 처음에 나온 데를 추원하는 사람이 얼마나 됩니까? 원래 백성은 자기 조상만을 제사 지냈고, 천자는 대제사장으로서 온 천하를 대표해서 자기도 알지 못하는 조상 이상에게 제를 올렸습니다. 이것이 곧 절대 하느님에게 들어가는 길입니다. 이 길을 알면, 곧 체(禘)를 알면 천하를 다스리는 데 막힐 것이 없다는 말이 됩니다. 그런데 지금은 개개인이 하느님 앞에 나와서 제를 바쳐야 합니다.

모든 사람이 이 체(禘)를 알고 나간다면 이 세상은 좀 더 바르게 될 것입니다. 바르게 된다는 것은 정신이 나아간다는 말입니다. 다른 게 나아가는 것이 아닙니다. 자기가 나아가 보본(報本)하는 것입니다. 무신론, 유신론도 묵겠다는 정신을 말하는 소리들입니다. 이 사람의 가온찍기(ㄱ·ㄴ)는 이 체제(禘祭)를 말하는 것입니다.

여기 상(嘗)이라는 말이 있는데, 이것도 역시 제사를 지낸다는 뜻입니다. 일본 사람이 신상제(神嘗祭)라고 해서 햇곡을 하늘에 올리고, 우리가 추수감사제라고 해서 햇것을 올리는 것이 여기에 해당합니다. 일 년 동안 하느님의 은덕으로 된 곡식을 이 죄 많은 사람이 먹게 되어 감사하다는 것입니다. 물건에는 전부 '머사니'가 하나씩 있으니 먹을 때 탈나지 않게 해 달라고 미리 하느님께 올리는 것입니다.

산신제(山神祭)를 지내는 것도 실상은 산신(山神)에 대해 뭘 알아서가 아닙니다. 우리가 그 무엇을 추원하겠다는 정신으로 저절로 이 같은 일을 행하는 것입니다. 제물을 바치고 그 보본된 곳을 찾아가는 것입니다. 보본될 곳을 찾는 것은 내가 찾는 것입니다. 내 마음이 찾고 내 몸으로 제를 지내어 하늘을 머리에 두고 가는 것이 옳다고 생각합니다. 제에 제물(祭物)을 올리는 것은 어디까지나 자기 몸 대신으로 바치는 것이 그렇게 되었는데, 그런 것은 하지 않아도 좋습니다. 우리 몸뚱이라는 이 고깃덩이를 제 지내는 것을 제의 본뜻으로 생각하면 됩니다. 종가(宗家)가 우리에게는 필요하지 않습니다.

유교에서도 제사라는 것은 꼭 지낼 때만 지내라고 합니다. 대단히 좋은 말입니다. 제사(祭祀)를 너무 지내면, 즉 마음에 없는 것을 지내면 음사(淫事) 또는 음사(淫祀)라고 하였습니다. 노자(老子) 같은 이도 요복(徼福)이라고 해서 제사를 통해 복을 바라면 음사(淫祀)하게 된다고 하였습니다. 공자도 무엇을 바라는 제는 미(媚)라 하였습니다. 제사를 잘 지내면 복이 많이 오고 집안이 평안해진다는 것은 전부가 아첨(媚)입니다. '미(媚)'입니다. 이것은 유교에서 말한 것인데 그리스도교에서도 같은 말을 합니다. 무당도 완전한 무당이면 모르되, 선무당이 들끓으면 백성이 못삽니다.

이 사람은 제를 기도라고 생각합니다. 이 기도는 참하느님을 추원하는 것입니다. 맨 처음을 찾는 일입니다. 옛날에는 이 일을 천자가 밝혀주어서 만백성이 살았습니다. 그런데 어느 거지가 따뜻한 햇빛을 나라님에게 진상(進上)하면 좋겠다고 하였습니다. 그것은 무엄한 일입니다. 햇빛의 따뜻한 맛을 보이려면 임금이 거지로 내려와야만 하기 때문입니다.

이 모양으로 우리가 맛을 보려고 사는 것은 안 됩니다. 그 맛을 또 바친 다는 것은, 곧 제물을 차려놓고 추원한다는 것은 말이 안 됩니다. 성찬을 먹는 것도 우리가 무엇을 바치자는 것은 아닙니다. 제물로 음식을 차려놓는 것이 아닙니다. 복(福)을 받을까 하고 하는 것도 안 됩니다. 산 짐승을 그냥 먹기에는 끔찍해서 하느님께 먼저 드리고 '속죄하여 주십시오' 하고 희생을 드리는 것입니다. 그런 다음에 사람이 먹습니다. 그 끔찍한 것이 그냥 배 속에 들어가면 무슨 탈이나 날까 하고 하느님께 먼저 드리면, 그 다음에 먹어도 탈이 나지 않습니다. 신이 허락한 것입니다. 내 대신 나에게 먹히는 것을 신에게 먼저 드리는 그 희생이 제물입니다. 동양에서는 공자나 증자가 산 제물로 제사를 지내고 피를 마시는 혈식(血食)을 한 일이 있습니다. 그런데 그것이 와전되어 사람이 죽으면 그 피를 받아먹는 지경에까지 가게 되었습니다. 공자가 피를 받아먹는 혈식을 보고, 공자가 그랬으니까 나도 피를 받아먹어야겠다는 생각을 하는 사람도 생겼습니다. 이것은 틀린 생각입니다.

하느님의 아들 예수가 지내 온 것을 생각해보면, 예수가 하느님의 참 아들 노릇을 하였음을 알 수 있습니다. 하느님의 아들 노릇을 하는데 아주 몸까지 희생하였습니다. 참으로 하느님께 바치는 제물이 되었다는 말입니다. 그 후에 무엇을 먹을까, 무엇을 마실까 하는 생각이 나와야 합니다. 우리가 먹고 마시는 것은 욕심에서 나옵니다. 이러한 욕심 때문에 먹고 마시는 정신은 버려야 합니다. 우리가 먹고 마시고 지내는 것은 희생의 제물이 된 예수의 피요 살입니다. 이만저만한 분이 희생을 한 것이 아닙니다. 하느님의 아들이 희생한 것입니다. 그래서 우리가 날마다 음식을 먹고 마실 때는 이런 생각을 해야겠습니다. 하느님이 무엇을 아시겠습니까? 예수가 십자가에서 피를 흘리고 희생당한 그 제(祭)야말로 우리가 먹고 마시는 살과 피가 되었습니다. 이것을 알고 먹는 것이 곧 성찬입니다.

성만찬이라고 능청스럽게 그 시간만 무엇을 느끼는 것같이 하는 것은 안 됩니다. 전에는 성찬을 애찬(愛餐) 또는 회식(會食)이라고 하였습니다. 제사를 지내고 여럿이 앉아 먹는 것도 회식입니다. 이같이 회식하는 것이 성찬입니다. 먹을 때마다 성찬으로 생각해서 먹고 감사할 줄 알아야 합니다. 이렇게 하던 것이 훗날 먹고 마시던 것에 차이가 생기는 폐단이 생겼습니다. 성찬에 먼저 온 사람은 넉넉하게 먹고 취할 정도로 마신 반면, 나중에 온 사람은 먹을 것이 없어서 배고플 정도까지 되었던 것입니다(〈고린도전서〉 11:17~34). 이런 폐단이 생긴 것은 성찬의 정신을 모르고 행했기 때문입니다. 비록 얼마 되지 않은 음식과 포도주일지라도 골고루 나누어 먹고 마셔야 할 게 아닙니까? 일제강점기 때 예배를 감시하는 입석 경관이 무슨 떡이 이러냐며 성큼 한 주먹에 쥐고 먹은 일이 있었습니다. 이것은 천당에 가기 어려운 사람들이 하는 짓입니다.

체(禘)라는 것은 상체(嘗禘)를 말합니다. 상의(嘗義)의 대표를 말합니다. 이 사람이 세상을 떠나면 이 사람의 얼굴과 몸은 다 잊어도 좋은데, 상의극치일정식(嘗義極致日正食), 이 한마디만큼은 기억해주십시오. '상의극치일정식'은 제사이고 성찬입니다. 애식(愛食)과 회식(會食) 정신으로 먹는 것이 상의극치(嘗義極致)인데, 성찬은 제사의 근본입니다. 그러나 여기에는 아직 가짜가 들어 있습니다. 먹고 마시는 것을 허락하여 주신 하느님께 감사를 드리는데, 예배당에서만 해서는 안 됩니다. 그 정신을 가지고 일상을 사는 것이 '상의극치'가 됩니다. 보본추원의 정신을 매끼 식사마다 표시하여야 극치를 이룰 것입니다. 이것을 기억해주시고, 다음에 이 사람이 죽은 뒤 이 사람이 못 보는 세상에서 이것이 어떻게 되나 한번 보아주십시오. 먹고 마실 때 한 번은 꼭 이 '상의극치'라는 말이 나올 것입니다. 우리가 날마다 성찬처럼 먹고 마시는 것을 결국 예수의 살과 피로 알면, 체증(滯症)을 모르고 속이 거북한 것도 모를 것입니다. 전부 피가 되고 살이 될 것입니다.

오늘 아침에 라디오 방송에서 그냥 넘길 수 없는 말을 들었습니다. 소비가 넉넉해야 발전이 있다는 내용이었습니다. 물자를 많이 소비하면서 살겠다는 생각은 하지 말아주십시오. '나'는 삽니다. 나아간다는 것이 사는 것입니다. 물질을 소비하는 것만으로 사는 것은 아닙니다. 내가 사는 만큼 소비는 저절로 따라오기 마련입니다. 신앙을 거스르는 마음으로는 못 삽니다. 전보다 못살게 된 것은 정신이 후퇴한 것 때문이지, 결코 소비가 적어져서 그런 것이라고는 할 수 없습니다. 다시 말해 소비를 많이 하는 나라가 잘사는 나라라는 말로는 이 세상이 안 됩니다. 소비를 많이 하는 미국에서는 자꾸 생활비가 올라가 곤란한 문제가 일어난다고 합니다.

복음서도 내일을 염려하지 말라, 무엇을 먹을까 무엇을 입을까 걱정하지 말라고 일러주고 있습니다(〈마태복음〉 6:25∼34, 〈누가복음〉 12:22∼32). 오늘보다 내일 잘산다는 것은 물질을 더 많이 쓴다는 것이 아닙니다. 내가 살고 내가 가는 것입니다. 내가 나아가는 것만큼 오늘보다 내일 정신적으로 나아져야 합니다. 이렇게 하여 소비가 나아지면 그에 따라 생산이 늘게 됩니다. 생산이 늘어나면 소비가 늘어납니다. 미국에서는 생활비가 자꾸 늘고 생산이 과잉되어 어떻게 주체할 수 없을 정도라고 합니다. 잉여 농산물을 주체할 수 없어서 우리나라 같은 가난한 곳에 거저 준다고 합니다. 미국은 남는 물자를 해결하니 좋고 우리는 당장 급한 것을 면하니 좋다고 생각할지 모르겠습니다만, 좀 생각해야 할 문제가 여기 있습니다. 매번 이렇게 신세만 진다면 앞날이 어떻게 되겠는가 말입니다. 근본을 모르고 고생 없이 지내는 것만을 덕분으로 생각해서는 점점 더 못살게 됩니다. 우리는 무엇인가를 알아야 합니다.

요새 쌀값이 올라갑니다. 내려야 할 때인데 쌀값이 자꾸 올라갑니다. 그 원인을 찾아보고 무엇을 하여야 할 것이 아닙니까? 돈을 모으는 사람이 많이 있습니다. 정상적으로 모으는 것이 아니라 계(契)를 해서 모으는 사람들 말입니다. 이 계가 고리대금으로 이용되던 것이, 이제는 실물(實物)에까지 뛰어들었습니다. 도처에서 계가 파탄지경을 맞이하자, 제각기 있는 돈으로 쌀을 매점합니다. 이 사람의 일방적인 생각일지 모르나, 이것의 상당한 영향 때문에 쌀값이 오르는 것만은 사실입니다. 시골에서도 그런 일이 있습니다. 가을철에 돈을 갖고 와서 쌀을 사 가는데 아쉬운 대로 형편이 되니까 쌀을 내놓았던 것이, 이제는 아주 뭉칫돈을 갖다 풀어놓아서 서울보다 오히려 쌀이 나는 고장에서 쌀값이 더 비싼 현상을 보입니다. 고리대금도 할 수 없고 계도 할 수 없게 되어 이같이 실물로 덤비니 쌀값이 오를 수밖에 없습니다. 이런 이치가 작용하는 것을 좀 알아야 합니다.

지난 김장 때의 일인데, 큰 트럭 한 대가 배추를 싣고 홍제동 다리목에서 뒤집혔습니다. 김장 배추를 어디서 주인 몰래 뽑아 갖고 온 것인지 누가 쫓아올까 봐 급히 속력을 내어 달린 모양입니다. 홍제동에 있는 다리가 공사 중인 것을 모르고 그냥 달리다가 배추를 실은 트럭이 그만 뒤집히고 말았습니다. 트럭에 탔던 사람 세 명은 고스란히 떨어져 깔려 죽었습니다. 트럭에 실렸던 배추는 그날 밤에 어디로 갔는지 몽땅 없어지고 말았습니다. 때가 김장철인데 값비싼 배추가 길에 그냥 널려 있으니 동네 사람들이 너나 할 것 없이 갖고 간 모양입니다. 밤중에 배추를 들여다 놓았으니, 사고당한 사람들의 살점과 피가 배추에 그냥 묻어 있는 것을 아침에 보게 될 것은 뻔한 일이 아닙니까? 이것이 어떻게 되는 일입니까?

김치를 잘 담그려면 젓갈을 집어넣는다는데, 인육에다 피까지 집어넣었으니 일등 김치를 담그게 되었을 것입니다. 이것이 무엇을 말하는 것이냐 하면, 하늘에서 마련한 '쥐덫'같이 여겨집니다. 쥐가 급히 먹으려고 하면 쥐덫에 걸리는 것같이, 자동차를 그렇게 급하게 몰아 그만 하늘에서 만들어놓은 쥐덫에 걸린 셈입니다. 그 사람들의 제(祭)도 김장처럼 동네 사람이 지내주게 되었습니다. 모든 것에는 하늘의 섭리로 쥐덫이 마련되어 있음을 알아야 합니다. 이것을 알고 '상의극치일정식' 제사가 무엇인지를 알아야 합니다. 우리가 왜 하늘에 머리를 두는가를 알아야 합니다. 다른 것은 잊어도 이것 한 가지, 즉 우리가 사람으로서 머리에 하늘을 이고 있다는 것은 잊어서는 안 됩니다.

이 세상은 자꾸 가는 것입니다. 있어도 자꾸 가고 있습니다. 오늘은 《성경》을 보는 날인데 다음 시간에 《성경》을 볼까 합니다. 이것도 생각해보면 《성경》이나 마찬가지입니다. 우리는 보본추원(報本追遠)을 공부했습니다. 보본추원을 하여야 종교도 밝아집니다. 유교의 경이원지(敬而遠之)는 아버지 어머니만 경이원지하라고 합니다. 이것은 무엇인가를 잊은 것입니다. 원지(遠之)에 담긴 무엇을 잊고 있습니다. 이 점을 한번 잘 생각해보십시오.* (1956. 12. 7.)

---

* 이 원(遠)은 거리를 두고 그리워한다는 뜻이다.(박영호)

얇기로는 시간보다 더한 것이 없다

曾子有疾 召門弟子曰 啓予足 啓予手 詩云 戰戰兢兢

如臨深淵 如履薄氷 而今而後 吾知免夫 小子 (《논어》태백편)

몸 성히 잔 이

曾子 病이 더쳐 불린 弟子들더러 손발을 여러 보란다

깊은 바다 끝에 선 듯, 엷은 어름이나 밟아온 듯, 조마조마 아슬아슬

힛단다.

인제는 내냇서 알지! 성히 감을 얘들아. (다석일지 1956. 12. 12.)

小心翼翼

變易交易不易典　　身分點小忍土生

無常如常平常恒　　澁正直大步武行 (다석일지 1956. 6.)

臨深履薄

生也臨時刻點之　　薄莫薄於存時刻

時也死海岸線之　　深莫深於亡海壑 (다석일지 1956. 12. 8.)

먼저《논어》태백편에 나오는 글을 살펴보겠습니다.

임심리박(臨深履薄)은 깊은 데에 다다르고 얇은 데를 발 딛고 간다는
말로서, 본디 증자의 입에서 나온 말입니다.

증자유질 소문제자왈 계여족 계여수 시운 전전긍긍(曾子有疾 召門第
子曰 啓予足 啓予手 詩云 戰戰兢兢)

전전(戰戰)은 싸운다는 말인데 떨린다는 말로도 씁니다. 손이 떨리는
것을, 늙으니 수전(手顫)이 난다고 합니다. 떨린다고 해서 겁이 나서 떨
린다는 말은 아닙니다. 떨리고 싸움한다는 것은 결국은 싸움을 하는 데
조심한다는 뜻입니다. 긍(兢)은 극(克)이 겹쳐서 된 글자입니다. 극(克)은
'이긴다'는 뜻을 지니고 있습니다. '극(剋)'과 '극(尅)'은 다 같은 글자입
니다. 긍(兢)의 원글자는 兢이고 퍽 조심한다는 뜻입니다. '兢'의 발음은
'긍'으로, '극(克)'보다 연하게 나옵니다. 긍(兢)은 이긴다는 말이 아니라
퍽 조심한다는 뜻으로, 예부터 동양에서는 전전긍긍(戰戰兢兢)한다는 것
이 아주 무척 조심한다는 뜻으로 사용되고 있습니다.

오늘 아침 이 사람이 오늘은 무슨 말을 할까 맘이 조마조마하였다면
그 정도가 '전전긍긍'의 뜻이 될 것입니다. 증자가 시운(詩云)이라고 말
한 것은, 옛 시인이 말한 것에 이러한 것이 있더라는 뜻입니다. 이렇게
퍽 조심하기를 깊은 연못가 끄트머리에 서 있는 것같이, 얇은 얼음을 딛

고 가는 것같이 하고 걱정을 했다는 뜻입니다. 여기에서의 걱정은 다른 것이 아닙니다. 이 세상은 모두가 꾀로 무엇인가를 도모하는데, 좋은 꾀를 쓰지는 않습니다. 그릇된 꾀만 자꾸 쓰려고 합니다. 그릇된 꾀가 실패하면 그 다음에는 실패하지 않기 위해 다시 못된 짓을 꾀하니 걱정이됩니다. 늘 말하는 소리로, 같은 말입니다.

오늘 신문만 보아도 욕심이 들여다보이는 것이 있는데, 그저 들여다보고 지나가기가 어렵습니다. 실로 걱정이 됩니다. 퍽 조심이 필요하고 전전긍긍하지 않을 수 없습니다. 증자는 부모를 섬김에서, 자기 몸뚱이를 평생 다치지 않고 그대로 갖고 있다가 가는 게 가장 중요하다고 여기고 걱정합니다. 증자가 효에 대해 얼마나 조심했는지를 증자가 마지막 날 제자들에게 한 말을 통해 알 수 있습니다.

여림심연 여리박빙 이금이후 오지면부 소자(如臨深淵 如履薄氷 而今而後 吾知免夫 小子)

병이 든 증자가 자신이 부르지 않아도 올 제자들을 불러모았습니다. 병이 도져 이제는 세상을 떠나가나보다 하는데 이렇게 말했다고 합니다.

"내 손발을 열어보아라, 얘들아! 내 손발을 열어보아라. 그동안 깊은 바닷가에 서 있었던 것 같고 얇은 얼음을 밟는 것 같았단다. 아주 아슬아슬하고 조마조마했었다. 그런데 이제는 내가 해방되었구나. 조심조심한 것이 이제는 맘이 놓이는구나. 그렇게 걱정하던 일인데 이제 몸 성히 가게 되었으니 맘이 놓이는구나."

이렇게 말한 다음 증자는 나중에 조용히 '얘들아!' 하고 제자들을 다시 부릅니다. 처음과는 달리 친애하는 목소리로, 즉 자기가 할 것을 다한 목소리로 제자들을 '소자(小子)'라고 불렀습니다. 증자에게서는 사람이 갈 곳을 알고 일생을 끝까지 효로써 마치겠다는 마음이 엿보입니다. 몸뚱이를 부모에게서 받았으면 다치지 말고 가야 합니다. 그런데 몸뚱이를 자기 영혼을 담는 그릇으로 알아야 함에도 불구하고, 오늘날 간혹 개죽음을 하는 사람도 있습니다.

전쟁터에서 나라를 위해 싸우다 죽을 줄도 알아야 하지만, 죽지 못할 곳에 가서 죽는 개죽음은 하지 않는 것이 좋습니다. 영혼의 그릇이 상하면 그 영혼도 온전하지 못합니다. 음식을 담았는데 음식은 엎질러도 그릇만 상하지 않으면 괜찮다는 사람도 있습니다. 담을 것이 있으면 담는 것이 그릇입니다. 그릇 노릇을 하여야 합니다. 그릇도 성하고 담는 물건도 성하여야 그 정신과 행위가 올바르게 됩니다. 증자 같은 이는 일찍이 이것을 안 사람입니다. 우리는 이 정신을 본받아야 할 것입니다.

'내 손발을 열어보아라' 말한 것에는 내 맘 역시 성한가를 열어보라는 뜻이 담겨 있습니다. 이만큼 깊은 연못가에 선 것 같았고 얇은 얼음을 밟는 것 같아 여간 조심조심하지 않았다는 것을 말해줍니다. 성하게 받은 몸뚱이를 성하게 갖고 가야 합니다. 남에게 빌린 그릇이 낡은 것은 그간 사용하여 그렇게 된 것이니 어쩔 수 없는 일이지만, 될 수 있는 대로, 아니 꼭 성히 도로 갖다놓는 것이 옳은 일이라 하겠습니다. 성하게 완성의 길을 가야 합니다. 실제로 적극적으로 성하여야 합니다. 몸 성히 가는 것이 그리스도의 정신이라고 봅니다. 이 우주에 영원의 정신은 하나밖에 없는 줄 압니다.

그렇다고 개개인이 영생을 못한다는 것은 아닙니다. 우리 몸뚱이에는 60조의 세포가 하나하나 따로 생명이 있어서 전체 인격(人格)이라는 것이 나타납니다. 이렇듯 개성(個性)이라는 것도 의의(意義)가 깊습니다. 이와 동시에 전체 영원한 정신을 완성하는 우주에 한 정신이 꼭 있는 줄 압니다. 이것이 없다고 할 것 같으면 개인도 없을 것입니다. 우리나라에서도 간혹 보잘것없어 보이는 사람이 죽은 후 뜻밖에도 그 정신이 크게 드러나는 예가 있습니다.

우리는 유일신을 따라 퍽 밝은 이 세상에 살면서, 우주라는 것을 무생물로 취급하는 경우가 많습니다. 이 우주를 생명이 없는 것으로 알고 물건 취급을 합니다. 퍽 대접을 받지 못하는 것이 우주인데, 우주는 대접을 받거나 안 받거나 간에 뭔가가 있습니다. 우주의 신격(神格)을 모르기 때문에 그저 '하늘', '땅'이라고만 여깁니다. 이런 사고에는 대단히 큰 정신이 빠져 있습니다. 하늘, 땅, 산, 강, 이렇게 하면 무엇이 쥐어지는 것 같으나 그렇지 않습니다. 무엇인지 한마디씩 하여 내던지고 마는 것을 모아서 할 수 있는 일이 많습니다. 유일신을 받드는 사람은 만유신론(萬有神論), 곧 범신론 같은 것을 아주 싫어합니다. 생각하는 것은 오직 한 하느님뿐이라고 여기기 때문입니다.

사물에 신(神)이 내재해 있다고 하면 당장 반신론(反神論)이라고 단정하고 내던집니다. 그러고서는 참되게 살 수 없습니다. 《성경》에도 하늘과 땅이 입회하고 하느님을 받든다고 할 때 돌을 증거로 삼았다는 말이 나옵니다. 〈출애굽기〉를 보면 홍해를 건널 때 모세가 열두 명에게 바다 밑에서 돌을 주워 하나씩 짊어지게 한 후 건너편 땅에 가서 그 돌을 일으켜 세우는 대목이 있습니다. 모세는 마지막으로 백성을 가르치면서 이 돌 앞에서 맹세를 하게 했습니다. "이 돌 앞에서 맹세하라! 이 돌이 증거가 되고 너희는 율법의 계명대로 하느님을 보는 것이다." 이것은 어떻게 된 것입니까?

사도 바울은 하느님의 속성을 그 지으신 만물을 보고 깨닫는다고 하였습니다(〈로마서〉 1:20). 한 하느님을 섬기라고 한 것은 참이 그러한 것이지 다른 것을 무시하라고 한 것은 아닙니다. 되지 못한 정신, 분명치 못한 정신이 코로 제법 숨을 쉬니까 정신을 갖고 있는 것 같아서 그따위 소리를 하고 있습니다. 그런 거만함이 어디 있습니까? 그것도 절대를 그리는 영원한 정신인 그리스도를 완성하겠다고 늘 그러한 소리를 한다면 혹 모르겠습니다. 그러지 못하고 자기 것 외에는 전부 나쁘다고 하는 것은 안 됩니다. 이 사람이 말씀드리고 싶은 것은 오늘 이 시간 맨 나중에 보기로 한 '굿'입니다. '이굿'은 '제굿'이요 '이제 굿'입니다. 이어 이어 온 '예굿'입니다. 이것이 영원에 대한 알파와 오메가입니다. 이굿은 하나이기 때문에 뭐 이러쿵저러쿵 할 게 없습니다. 깊고 크고 적고 하잘것없는 것이 다 이굿으로부터 시작합니다. 제굿으로부터 시작합니다. 예로부터 오늘까지가 굿에서 시작하였습니다.

우리는 처음을 모릅니다. 그 끄트머리를 보았다면 그것이 굿입니다. 이것이 참의 끄트머리입니다. '나'라는 것은 참의 끄트머리입니다. '나'라는 것이 무엇의 첫굿인지를 이 세상 사람은 모릅니다. 세상에 태어나면 부모가 가르치고, 좀 자라서는 사회에서 선생이 가르치면서 아는 사람이 되라고 합니다. 공부를 잘하면 큰 사람이 되라고 합니다. 그러나 큰 것이 무엇인지 모르고 있습니다. 이런 사람들은 생각의 크고 높은 것을 모릅니다. 생각이 얼마만하여야 큰 것인지 또는 높으면 얼마나 높은 것인지를 모릅니다. 정말 크고 높으려면, 한번 하늘나라를 정복하고서 감격하는 정신으로 커보는 게 어떻습니까? 그러지 못하면 하늘에 가장 가깝도록 하느님의 품속에 들어가보아야 합니다. 이것은 거짓말이 아닙니다. 일본 사람이 사람 노릇을 하려면 커야 한다고 하는데, 무엇이 무엇인지 모르고 가르치는 말입니다.

이굿을 모르면 안 됩니다. 제굿을 모르고는 안 됩니다. 문제가 바뀌어 나오면 이 굿에서 나옵니다. 그래서 이 사람은 가온찍기(ㄱ)를 묻습니다. 무한이라는 것과 영원이 오는 곳에 굿이 하나 찍힙니다. 예수를 믿는 이들이 인사나 편지를 할 때 '은혜 중에 안녕하십니까?' 합니다. 무엇이 '은혜 중'입니까? 어디 가서 재미있는 연극을 보면 은혜입니까? 재미있는 얘기를 들어서 은혜입니까? 정말 은혜는 제긋을 아는 것입니다. 그래서 '고디고디 가온찍기(ㄱ) 디긋디긋'입니다. 이 글자는 우리나라에 없는 것으로 새로 만든 것입니다. 이긋은 '첫긋맞긋'입니다. 첫긋맞긋을 아는 사람이 있으면 좋아가야 합니다. 알파와 오메가를 아는 사람이니 좋아가야 합니다.

이것을 알면 우리와 함께 있지 않습니다. 이 첫긋맞긋은 우리가 모릅니다. 예수도 이 세상에서 유대 백성을 가르칠 때, 이것을 하느님밖에는 아무도 알지 못한다고 하였습니다(《마가복음》 13:32). 자기가 난 것을 아버지는 알지만 아들은 모릅니다. 이 세상에서는 무엇을 아는 척하여야 옷과 밥을 갖다줍니다. '긋'은 우리말인데 재미있는 말입니다. '자기 집'이라는 말도 됩니다. 셋방살이의 셋방도 내쫓기기 전까지는 자기 방입니다. 자기 분수 안에 있는 것입니다.

우리는 '하나'에서 헤어져서 나온 아주 날카로운 조그마한 것이기 때문에 그 약한 끄트머리를 늘 보호하여야 합니다. 그 긋을 보호하는 데는 깃이 있어야 합니다. 날개가 있어야 합니다. 이같이 우리가 긋과 깃을 생각하는데, 깃에는 날개가 반드시 있다는 것을 알아 두면 좋습니다. 날개라는 것은 그림으로 그리면 川, 즉 '작을 소(小)' 자가 됩니다.

하나에서 나뉜 아주 작은 것이 긋이고, 하늘과 땅을 분명히 해주는 것이 또한 깃입니다. 이 깃의 크고 깊은 은혜가 느껴집니다. 우리는 굉장한 깃을 갖고 있습니다. 우리 세상이 원래부터 깃에 대해 점을 친 것은 아닙니다. 잊었던 깃을 요새 다시 보게 됩니다. 인권선언의 바람이 전 세계에 솔솔 부는 것입니다. 그 바람이 제법 날개를 칩니다. 이 깃에 대해서는 늘 감사하여야 합니다.

선생들이 아는 척을 많이 하여야 학생들에게 환영을 받습니다. 그러지 않고는 대접도 못 받습니다. 또한 모른다고 하면 부끄러움을 당합니다. 이런 데서 어떻게 참을 찾을 수 있습니까?

하늘 꼭대기의 참을 찾으러 가는 것이 이긋입니다. 참이라는 것을 찾아보려면 이긋에서 조금 찾아볼 수 있습니다. 'ㄱ'은 하늘입니다. 하늘 밑에 'ㅡ'를 그어놓은 것은 세상을 말합니다. 하늘과 땅이 '그'입니다. 이 '그'에 생기가 있는 것이 '시옷(ㅅ)'입니다. 생기를 밑에다가 둔 것이 '긋'입니다. 하늘과 땅에 생기가 통한 것이 긋입니다. 무한을 맘속에 품고 가는 것이 작대기 하나(ㅣ)입니다. 그래서 'ㅣ긋'입니다. 이렇게 세상을 잡으면 긋이 되는데 무한히 하자니까 '깃'이 됩니다. '깃'이라는 말은 '분(分)'을 나타냅니다. 일본 사람이 말하는 자분(自分)이나 기분(己分)과 같습니다.

'기분(己分)'이라는 말은 우리나라를 비롯한 동양에서 쓰입니다. '기분'은 하늘의 끝을 말합니다. 이 긋이 '깃'입니다. 자기 동포를 죄다 잡아먹다시피 해도, 12월 11일이 되면 인권선언을 기념해야 하니 좋은 날입니다.

옛날 중국의 육상산(陸象山)은 이런 긋을 '우주내사 기분내사(宇宙內事 己分內事)'라고 하였습니다. 육상산은 어린 나이에 천자문에서 하늘 천(天), 따 지(地), 집 우(宇), 집 주(宙)를 배울 때 우주가 무엇이냐고 물었습니다. 아버지는 기가 막혀 허허 웃어버리고 말았습니다. 육상산은 우주가 무엇인가에 대해 곰곰이 생각했습니다. 아버지는 이런 아들을 무심히 보고 지나쳤습니다. 그 후 육상산은 다른 사람에게 물어, 우주가 무한한 공간이라는 것을 알게 되었습니다. 그러자 무릎을 치며 '우주내사 기분내사'라고 말하였습니다. 아버지는 네 살 먹은 아들이 물어보았을 때 우주를 알아서 무엇에 쓰느냐며 웃어버렸는데, 그 아들은 '우주가 내 것이고 기분이 내 것이다(宇宙內事 氣分內事)' 하였습니다. 다 자란 아이가 아닙니까? 육상산은 어렸을 때부터 분명히 무엇인지 알려고 한 사람이었습니다. 이긋이 무엇인지를 안 것 같습니다. 이긋을 제긋이라고 하고, 깃을 내깃이라고 합니다.

분수(分數)라는 말을 자세히 보면 '열(十)'이 쪼개질 대로 쪼개진 숫자가 '여덟(八)'임을 알 수 있습니다. 이것을 쪼개는 데 칼(刀)을 사용합니다. 그래서 '분(分)'입니다. 실상은 하나에서 쪼개져 나온 것입니다. 먼저 자기의 분수를 자세히 알아야 합니다. 하나에서 쪼개진 끄트머리로 된 것을 알아야 합니다. 이 '분수(分守)'와 '분수'를 알아야 합니다. 우리는 분수(分數)로서 정수(正數)가 되지 못한 것을 알아야 합니다. 소수(小數)라고 할 수 있습니다. 자기가 제법 무슨 높은 자리에 앉고 돈을 모았다고 해도 분수입니다. 이 '나'가 분수(分數)인데 승용차를 타고 저녁마다 요리집을 가도 괜찮은지 모르겠습니다. 물론 자기 분수대로 살겠지만, 우리나라 형편에 승용차를 타고 다닐 만한 분수인 사람이 얼마나 되겠습니까? 자동차를 만들지도 못하고, 기름 한 방울도 나지 않는 나라에서 자동차를 타고 다닐 분수가 어디 있습니까?

분수를 알아야 합니다. 자기가 무슨 긋(點)인지, 분수인지를 알아야 합니다. 한자 분수(分數)를 우리말로 풀어낸 '자기 깃'은 자기가 다듬어야 합니다. 파리처럼 시간이 있는 대로 제 날개를 다듬는 것도 있습니다. 제 깃을 항상 다듬어야 합니다. 아닌 게 아니라 인권선언을 위해 기도합시다. 노래를 부릅시다. 맘껏 힘껏 불러야 마땅합니다.

깃은 연락의 끄트머리이기도 합니다. 전 세계에서 이 인권의 날개가 힘차게 다듬어지는 날, 우리는 함께 이 몸과 힘을 쓸 수 있습니다. 이 사람의 유치원 장난감 중에 이 깃과 긋처럼 귀여운 것은 없습니다. 이긋 내긋이요, 이깃 내깃입니다.

소심익익(小心翼翼)

전전긍긍(戰戰兢兢)이란 조심하는 것을 말합니다. 소심(小心)한 것을 말합니다. 조마조마 아슬아슬할 때 마음은 점점 가라앉습니다. 작아집니다. 익익(翼翼)이라는 것은 날개를 펄럭거리는 것입니다. 깃이라는 뜻인데, 이것을 다듬는 것을 소심(小心)이라고 합니다. 소심익익(小心翼翼), 좋은 말입니다.

변역교역불역전 무상여상평상항(變易交易不易典 無常如常平常恒)

변역(變易), 교역(交易), 불역전(不易典)에 대해서는 예전에 말씀드린 일이 있습니다. 변역(變易)이라는 것은 이 세상입니다. 자꾸 변역을 하고 교역(交易)을 합니다. 변역과 교역을 하는 이 사회이기 때문에 이것을 바꿀 수 없게 법(法)으로 만들어놓습니다. 이것이 불역전(不易典)입니다. 사람이 자기에게 알맞게 바꾸어놓으려는 것이 불역전입니다. 절대라는 것은 우리 상대 세계에는 없습니다. 그러나 상대 세계에서 깨달은 긋 하나로 사는 것이, 상대 세계에서는 못 보는 절대입니다. 이것은 상대 세계에서 긋 하나로 사는 것을 말합니다. 변역하는 우리 사회에서 우리의 천지만물을 알맞게 교역하자는 것이 불역전입니다.

그와 같은 말이 무상(無常), 여상(如常)입니다. 무상하지만 여상합니다. 왜 이다지 무상할까 하는 것은 사람의 깃입니다. 그러나 사람의 깃은 여상합니다. 나갈 때는 못 나가게 자꾸 말려도 나갑니다. 무상한 줄 알면 그만 그치는 것이지 더 나갈 필요가 없는데, 우리 깃은 자꾸 나가려고 합니다. 무상하나 여상합니다.

나라에서 만인을 위해 정치한다는 것이 잘못하고 있습니다. 어떤 사람이 자기가 나가서 바른 말을 하여야겠다고 정치에 나서는데, 시골에 사는 까닭에 말을 타고 서울로 올라와야 했습니다. 말 등에 안장을 올리고 타려는데 사지(四肢)가 떨립니다. 바른 말을 하러 가기도 전부터 몸이 떨리는 것입니다. 그것을 보고 말몰이꾼이 "선생님 그만 돌아가시죠. 벌써부터 떠시니 가서 무슨 말을 할 수 있겠습니까?"라고 말합니다. 그러자 그 사람은 "이 사람아! 내가 떠는 것은 몸이 약해서 떠는 것이네. 내 마음속의 정신은 바른 말을 하지 않으면 안 되겠다고 하니 떨면서라도 가서 바를 말을 하여야겠네." 했답니다. 그 사람이 전전긍긍한 사실을 알 수 있습니다. 바른 말은 떨면서라도 하여야 합니다. 사람은 이렇게 하도록 생겼습니다. 일부러 떨리는 것을 안 떨리는 척하면 안 됩니다. 더 떨립니다. 떨면서도 바른 말을 하면 그만입니다. 이렇게 사람은 생겨먹었습니다. 떨 때 떨어야 합니다. 말은 기운만 갖고는 안 됩니다. 이 긋은 바른 말을 하는 긋입니다. 작(小)으니까 떨면서도 제긋의 바른 말을 합니다. 무상(無常), 여상(如常), 평상항(平常恒), 우리가 이렇게 사는데 여상하게 떨면서도 여상하게 사는 게 평상항입니다.

신분접소인토생 삽정직대보무행(身分點小忍土生 澁正直大步武行)

신분(身分)이라는 것은 '소(小)'와 같이 깃을 말합니다. 어떤 사람이 '소'라는 글자는 '흙에서 싹이 돋아난 것을 말한다(小)' 하면서 '소' 하고 가르치는 것을 봅니다. 흙을 헤치고 나온 것은 분명히 쪼개서 나온 것을 말합니다. 작은 것을 말합니다. 작으나 크나 우리의 깃과 긋은 그대로 인정하고 멀건 가깝건 내 것과 연락되어야 합니다. 이 제긋이 내긋과, 내긋이 예긋과 연락되어야 합니다. 깃을 하나도 빠트리지 않고 늘 감사하게 생각하고 다듬어야 합니다. 이것을 자꾸 익히는 연습을 하여야 합니다. 새끼 새가 나는 것을 익히는 것같이, 우리도 자꾸 연습을 하고 익혀야 합니다. 익혀서 큰 데로 간다는 것이 아니라 작은 '소(小)'로 가야 합니다. 이 작은 '소'는 대단히 귀여운 것입니다. 끝의 깃입니다. '소'입니다. 소심(小心)은 '필(必)'이라는 글자가 됩니다. 장난꾼이 스케치한 것 같습니다. '신분'은 점(點)을 찍는 것입니다. 아주 작은 '소'입니다. 점(點) 찍어서 나가는 것, 연락하여 주는 것이 신분(身分), 바로 이 깃입니다.

인토생(忍土生)은 불교에서 말한 것입니다. 이 세상은 깨끗하지 못합니다. 더러운 세상입니다. 참고 지내야 하는 이 세상입니다. 변역(變易)의 사회에서는 지긋지긋할 정도로 참아야 합니다. '인토생(忍土生)'의 '인(忍)'에는 '분(分)'의 '칼 도(刀)' 자에 점이 하나 더 있는 '칼날 인(刃)'이 있는데, 긋을 말합니다. 여기에서 '인(忍)'은 '참을 인' 자가 됩니다. 나도 장난꾼이지만 글자도 장난꾼입니다. 사바세계는 '인(忍)'입니다. 가온찍기(ㄱ)로 우리는 가는 것입니다. 가는데, 내가 갑니다.

'삽(澁)'이라는 글자에 들어 있는 '그칠 지(止)' 자는 발목을 그린 것입니다. '足'은 '발 족' 자인데, 입(口)이 사람을 대표해서 '足'으로 그립니다. 이 세상에서 발목은 대단히 중요합니다. 나가는 인생에서 발목이 없으면 나갈 수 없습니다. 한발 내딛는 것이 '그칠 지(止)'입니다. 만일 발목이 거꾸로 몸 위쪽에 붙어 있다면 야단날 것입니다. 아수라장이 될 것입니다. 아주 떫고 난삽(難澁)할 것입니다. 이것은 가온찍기가 아닙니다. 나랏일이 이같이 된다면 큰일 납니다. 일본 사람은 설익은 감을 먹고 떫은 맛을 표현할 때 이 '삽(澁)'이라는 글자를 씁니다. 떫고 난삽한 것을 표현하는데, 발목이 제각기 놓이는 형태입니다. 이 '삽' 한가운데가 '인토생'입니다. 무상, 여상, 평상항으로 가야 합니다. 그러니 '삽(澁)'한 데 '일지(一止)'하면 바를 '정(正)'이 됩니다. '삽(澁)'이 없으면 '정(正)'은 필요하지 않습니다.

세상이 너무 난삽하니까, 자연히 우리가 바로 얻지 않으면 안 됩니다. 직대(直大)입니다. 우리 끄트머리는 작지만 가는 길은 큽니다. 우리 앞에

오는 큰길을 바로 딛고 나가야만 삽정(澁正) 할 수 있습니다. 삽정직대
보(澁正直大步) 하여야 합니다. '지(止)'는 오른발 하나만 내놓는 것을 말
하고, 다시 왼발을 내놓으면, 곧 왼발과 오른발을 번갈아 내놓으면 가는
(步) 게 됩니다. 그래서 '보(步)'라고 씁니다. 한자 '무(武)'에도 '그칠 지
(止)'가 들어 있는데 무장적평화(武裝的平和)는 예부터 있는 말입니다. 싸
우기 위해서 싸움을 하는 것은 아닙니다. 미친 사람이 무기를 들고 나오
니까 그것을 막으려면 무기가 필요합니다. 아이들은 싸울 때 자기가 먼
저 때렸어도 다른 아이가 먼저 때렸다고 우깁니다. 먼저 때린 쪽이 나쁜
놈이 됩니다. 요즘 국제 관계에서도 누가 먼저 침략하였는가를 두고, 장
난꾼 대표인 미국과 소련이 무슨 기회를 찾는 것 같습니다. 그러나 자꾸
맞아도 좀 더 참는 사람이 하느님 편이 됩니다. 여기에 보무당당(步武堂
堂)하다는 말이 있습니다. 일본 사람이 많이 쓰는 말입니다. 군인들이 보
무당당하게 걷는다는 말이 있는데, 우리도 가는 길에서 만큼은 누구 못
지않게 보무당당해야 합니다. '직대보(直大步)'하여야 합니다. 여기에 보
이는 '지(止)'는 전부 여덟 개입니다. 발목이 많습니다.

　이러한 발목 가운데 가온찍기(ㄱ)의 발걸음이 나옵니다. '행(行)'이라
는 것도 우삼지(右三止), 좌삼지(左三止)해서 된 것입니다. 이것이 '다닐
행(行)'입니다. 소심익익(小心翼翼)하자는 의미는 영원한 생명의 길을 향
해서 그 길을 지나가는데 직대보(直大步)로 가자는 것입니다. '이제야 놓
았소'라는 말, 곧 해방(解放)이 되는 것입니다. 증자가 병들어 누워 있을
때 그 얼굴이 환하면 환하였지 불안을 보이지는 않았을 것입니다. 이렇
게까지 생각을 하여야 합니다. 증자의 얼굴을 대하는 것 같지 않습니까?
군자유종(君子有終), 이렇게 하자는 것이 '마칠 종(終)'입니다. 소인(小人)
은 '사(死)'이나 군자는 유종여상(有終如常)한 것이 '종(終)'입니다. 이제
는 죽는구나 하는 것은 소인의 '사(死)'입니다.

그래서 그런지 요새는 졸업(卒業)의 '졸(卒)'이라는 글자를 학교에서도 쓰지 않는 것 같습니다. '마칠 필(畢)'을 써서 필업(畢業)이라고 한다고 합니다. '마칠 졸(卒)'은 '죽는다'라는 뜻이어서 쓰지 않는다는데, 원래는 일생을 마치는 것을 대접해서 '졸(卒)'을 썼습니다. 학교도 마치면 '졸업(卒業)'이지 딴것이 아닙니다. 우리가 말이라는 것을 자세히 들여다보면 알 것이 많이 있습니다. 이같이 마칠 것 못 마치고 죽으면 부득이사(不得已死)라고 합니다. 죽음에 대하여 다른 말씀 한마디 더 하려고 하나 시간 관계상 우선 결론으로 들어가려 합니다.

마지막으로 12월 9일자의 글을 풀이해보겠습니다.

임심리박(臨深履薄)

깊은 연못가에 서 있는 것 같고 얇은 얼음을 딛고 있는 듯한 생각이 듭니다.

생야임시각점지(生也臨時刻點之)

우리가 산다는 것은 어떻게 산다는 것입니까? 내 마음대로 시간과 공간을 골라서 갖고 나오는 게 아닙니다. 사는 이 시간이 임시(臨時)입니다. 우리는 임시로 살고 있습니다. 좋은 시대, 나쁜 시대 이러한 소리를 하는데 다 객쩍은 소리들입니다. 이 사람은 다 같다고 생각합니다. 죽을 때 죽고 살 때 사는 것은 똑같습니다. 자기가 나온 때가 좋은 때입니다. 그제나 이제나 모두가 임시입니다. 가온찍기(ㄱ)의 이긋이나 제긋이나 예긋이나 다 임시입니다. 요순(堯舜)의 좋은 시대도 다 임시입니다.

어느 외국 기자는 영웅의 모습을 어린아이에게서 본다고 하였습니다. 실제로 이름 없는 어린 영혼이 날아간 것은 특히 경의를 표할 만한 일입니다. 전쟁터의 무명 용사에게서도 영웅의 모습을 찾아볼 수 있습니다. 지도자들이 잘못해서 전사한 무명 용사들은 세상에 알려지지 않고 있습니다. 그러나 살아남아 훈장이나 달고 영웅 소리를 듣는 그따위의 영웅은 참 보기 싫습니다. 그들은 마귀의 사주를 받은 자로서 이러한 영웅이 세계에 많으면 인류의 불행이라 아니할 수 없습니다. 이러한 영웅주의(英雄主義)는 듣기 싫습니다. 무명 용사의 죽음과 영웅의 영웅주의는 다르다고 봅니다. 여기 계신 분들 중에는 스무 살 안쪽인 분은 안 보이고 서른 살 안팎으로 나이가 조금 있으신 분이 많이 보입니다. 다 임시로 이제라는 끝에서 지금 살고 있습니다. 이 시간이라는 것은 무상하고 불가사의한 것입니다.

무엇인지 똑딱똑딱 새기고 나갑니다. 점(點)을 찍어서 새기고 나갑니다. 이곳 역시 점을 찍고 나가는 것입니다. 쉴 새가 없습니다. 반짝반짝 닦아 가고 있습니다. 이것을 생각할 때 전전긍긍(戰戰兢兢)한 생각이 아니 나오겠습니까? 아슬아슬 조마조마해집니다. 그래서 증자는 '우리 짐은 무겁고 길은 멀다' 하였습니다. 세상에 처음 나올 때부터 짊어진 짐을 이 세상에서 지고 가는데, 그 짐이 얼마나 무거운지를 알아야 합니다. 그 가는 길은 멀고 죽은 다음에야 벗으니, 사이후이 불역원호(死而後已 不亦遠乎,《논어》태백편)입니다. 이것 역시 아는 말입니다. 이처럼 무거운 짐을 지고 점(點)을 찍고 나가고 있습니다. 그것도 임시로 말입니다. 자꾸 까다로운 점을 찍고 가는 것이 우리 인간의 생각입니다. 때, 때, 임시, 임시로 사는 것이 우리가 각 점지(刻點之) 하는 것입니다.

시야사해안선지(時也死海岸線之)

'때'라는 것은 우리가 죽음의 자리에서 그만 떠나는 때까지를 말합니다. 죽음의 바다라고 할 수 있습니다. 다시 말해 죽음 바다의 해안선 가

장자리를 그려놓은 것과 같습니다. 지금 우리의 가온찍기(ᄂᆞ), 곧 임시가 나갑니다. 임시 임시, 그때그때 점을 찍어서 각점지를 해 나갑니다. 그 끝인 죽음의 때까지를 해안선으로 볼 수 있습니다. 그 해안선에서 우리는 죽음의 바다를 향해 힘차게 떠나는 것입니다. 육리(陸離)라는 말이 있습니다. 휘황찬란한 빛이 뚜렷한 육지(陸地)를 떠난다고 해서 이렇게 표현합니다. 그렇다면 우리가 죽는다는 것이 육지를 떠나는 것과 어떻게 다릅니까? '육리'를 빛이 찬란하다는 뜻으로 쓰는 것은 무슨 장난일까요? 해안선을 죽 그어놓고 어떤 점(點)에 가서는 '육지에 이제 그만 있어라! 죽음의 바닷가에나 나가보아라.' 하며 해외(하느님 나라)에 나가지 못하게 하면 억울하지 않나요? 조심해서 온 길의 끝을 막는데 환하게 '육리'를 하여야 할 게 아니겠습니까?

박막박어존시각(薄莫薄於存時刻)

얇은 것 중에 얇은 것은 시간보다 더한 것이 없습니다. 일생을 두고 꼭 만나보았으면 하는 분이 있습니다. 그분을 생전에 한 번은 만나보겠지 생각합니다. 처음이자 마지막인 인생에서 이번에 못 만났으니 이 다음에는 꼭 만나봐야지 하는 이 시간이 얼마나 얇은 것이겠습니까? 얇은 것 중에 얇은 것은 시간입니다. 이러한 얇은 시간을 밟고 갈 우리 인생은 참으로 조심하지 않을 수 없습니다. 저 건너 언덕을 보려면 정말 전전긍긍하면서 가야 합니다. 영원한 생명의 길은 조심조심 아슬아슬하게 가야 합니다. 임시로 사는 여기를 불행으로만 돌리지 말고 조심조심해서 영원한 생명을 찾아야 하겠습니다. 해안선을 떠나는 것도 환하게 '육리'를 하여야 합니다.

심막심어망해학(深莫深於亡海壑)

'육리'해서 떠나는 그 앞바다처럼 깊은 것이 없다는 뜻입니다. 이제 그만 해안선을 그어놓았는데, 육지에서 알 것 다 알고 바다에서 용감하게 영생의 언덕을 향하여 출항하는 감사의 일념(一念)으로 아주 육리한다는 것을 말합니다. 그보다 더 깊은 뜻을 지닌 것이 어디 있습니까? 세상에 나온 뒤로 우리는 자꾸 이 깊은 죽음의 바다를 향합니다.

이 사람이 늘 이야기합니다만, 우리는 죽으면 다 없어집니다. 내가 있고 비로소 모든 것이 있는 것입니다. 내가 없으면 모두 다 없어집니다. 우리는 세상에 날 때부터 사형선고를 받은 상태입니다. 형무소에서 사형을 집행할 때, 죄인도 모르게 끌고 가서 죄인이 딛고 선 마루청이 떨어집니다. 그러면 죄인은 목이 졸려져 죽습니다. 이와 같이 우리도 태어날 때부터 사형선고를 받고 나왔습니다. 아직 딛고 선 마루청이 떨어지지만 않았지, 언제 떨어질지 모르는 형편에 있습니다. 우리들 앞에 놓인 깊은 죽음의 바다로 누구나 다 가는 것입니다. 죽음의 바다처럼 깊고 깊은 데는 없습니다. 그러니까 변역(變易)하는 세상에서 교역(交易)하자는 우리들은 날 때 났고 갈 때 갑니다. 시작이 벌써 보본추원(報本追遠)입니다. 죽는다 하는 것은 무상(無常)한 것이지만 여상(如常)히 갈 때 가는 것입니다.

무상하지만 여상히 가는 것입니다. 그것을 분간하는 것은 없습니다. 다 가서 마칠 때 죽음의 바다가 깊다고 해서 야단치고 걱정할 것은 하나도 없습니다. 걱정할 것이 있다면 내 짐이 무겁고 길이 멀다는 것뿐입니다. 이 짐을 벗을 때가 되면 홀가분하게 되어 마음껏 뛰어보는 것이 육리입니다. 우리의 생(生)은 임시이고 각점지라는 것을 느껴야 합니다. 때라는 것은 죽음의 바닷가에 금을 그어놓은 것 같습니다. 경부선을 타고 부산에 온 것같이, 경인선을 타고 인천에 온 것같이 종착역에 여상(如常)히

오고 여상히 가는 것입니다. 날 때나 죽을 때나 올 때나 갈 때나 다 여상히 합니다. 얇기로는 시간보다 더 얇은 것이 없습니다.

깊은 것 중에서 죽음의 바다처럼 깊은 것이 없는데, 내가 죽는 내 앞의 바다는 태평양보다 더 깊습니다. 이것을 알면 다 같다는 것을 느낍니다. 깊은 것이나 얕은 것이나 높은 것이나 낮은 것이나 다 같다는 것을 느끼게 됩니다. 다 내깃이 이렇습니다. 내깃이 아닌 것이 없습니다. 아슬아슬하고 조마조마한 이 세상에서 우리는 실상 직경 3만 리나 되는 두터운 지구라는 땅덩어리 위에 발을 딛고 서 있습니다. 이같이 두텁다는 것을 인식시켜주는 것은 안심(安心)하라는 뜻입니다.

이 두터운 지구 위에서 우리는 상대가 무엇인지 모르고 서로 난삽(難澁)을 거듭하여 잘못 딛기를 일삼습니다. 두터운 곳에서도 그러하니, 얇은 곳에서는 어떻게 될지 걱정입니다. 무엇을 알고 옳게 디딜 줄 알아야 합니다. 그러나 보십시오. 번듯한 자동차를 타고 다니는 그 꼴을 보십시오. 그 시각에서 제굿을 찾는 것인가를 한번 돌이켜 볼 필요가 있습니다. 그따위 지구가 정말 점점 녹는 얼음인 줄 모릅니다. 3만 리(약 1만 1천7백 킬로미터)라는 두께가 어디로 다 가버립니다. 우리는 굿을 알아야 합니다. 깃이라는 것도 날개만 있다면 재미가 적습니다. 깃과 굿이 서로 응하는 것이 있어야 합니다. 굿은 세상을 걸어가는 것이고 깃은 위로부터 내리긋는 것이 있어서, 서로 응하는 바가 있습니다. 'ㅡ'는 얇은 얼음, 'ㅣ'가 깊은 바다를 나타냅니다. '이굿' 할 때의 '이'는 깊은 바다를 말합니다.

굿은 얇은 이 세상의 얼음입니다. 제각기 가진 깃과 굿은 점점 얇아지고 결국은 못쓰게 됩니다. 특히 굿도 이루 말할 수 없이 닳고 얇아져서 나중에는 못쓰게 됩니다. 못쓰게 되면 그만입니다. 이것이 생명입니다. 깃굿으로 응하는 바가 있습니다. 여상(如常) 불역(不易)은 아주 깃굿

합니다. 우리는 깊은 데나 얇은 데를 위태롭게 갑니다. 우리가 기대하는 것은 깃과 긋이 꿋꿋하게 가고, 종국에는 '깃긋(기꿋)'하게 갑니다. 우리가 속의 속에서 '깃긋'하게 가면 자꾸 '깃긋'한 동포가 많이 나옵니다. 그러면 우리나라는 '깃긋'한 나라가 되고 '깃긋'한 사회가 됩니다. 그저 크려고 하고 그저 높으려고 하면 안 됩니다. 죄다 무엇인지를 알아야 합니다. 아무리 재산을 많이 모으고 높은 지위에 앉아 있더라도 '깃긋'을 모르면 쓸데가 없습니다. 깃긋을 지켜서 가야 합니다. 제긋을 갖고 가면 절로 깃긋이 되고 영원히 깨끗해집니다. 다른 것은 다 모릅니다. 제긋을 제가 갖고 가면 종당엔 갈 곳으로 갑니다. 깨끗해집니다.

추리(推理)로써 신학(神學)이 생기고, 우리는 그 신학을 하는 사람을 곧잘 좇아갑니다. 자고로 인간은 말을 듣기 좋아하게 생겼습니다. 언제든지 추리를 하여야 합니다. 답답한 것을 추리하는 것이 아니라 진리인 하느님 앞에서 추리를 하여야 합니다. 섣불리 사람 앞에서 이러고저러고 말하지 맙시다. 사람들이 듣는다고 하여, 짐작으로 쓸데없이 말하면 안 됩니다. 긋의 길은 안 보이는 것입니다. (1956. 12. 15.)

신비 아닌 것은 과학이 안 된다

一

忍言仁三二	小子慕方徨
參差由來是	報本追遠微

推抽到直入	不知知疾固
自本自根已	知不知神秘 (다석일지 1956. 12. 14.)

基督者

祈禱陪敦元氣息	嘗義極致日正食
讚美伴奏健脈搏	禘誠克明夜歸託 (다석일지 1956. 12. 8.)

요전 금요일에는 《성경》 공부를 하고 싶었는데 그렇게 하지 못했습니다. 오늘도 오다가 (류영모가 칠판을 가리킨다) 이런 생각을 하였습니다. 그런데 이 사람은 무슨 말을 하려면 도무지 문제의 제목을 내걸 수가 없습니다. 꼭 내걸어야 한다면 부득이 내걸긴 합니다. 그런데 얘기를 하다

보면 시간이 가는 대로 자꾸 미적지근한 생각이 드는 것을 이 사람 자신
도 어떻게 할 수가 없습니다.

요전에도 말씀드렸습니다만, 사는 것은 '이제' 사는 것입니다. 어제보
다 더 낫게 사는 것이 참다운 긋입니다. 이 긋 정신으로 나아가야 한다
는 것은 어쩔 수 없고 내버릴 수 없는 것입니다. 긋이 갑니다. 깃이 날개
란 말을 또한 했습니다. 좋으면 좋은 대로 높이 날개를 치면서 가는 것
이 깃이면, 말이라는 것은 즉흥적으로 나와야 합니다. 이래야 듣는 사람
도 이 사람이 미처 작정하지 못한 제목으로 즉흥적으로 말하더라도 잘
알아듣습니다. 오늘 이러쿵저러쿵 생각하고 걸어오다가 혼자 얻은 것이
있어서 이 말을 하게 된 것입니다. 즉흥적인 생각은 말하기가 아주 수월
합니다. 듣는 사람이 얼마나 즐거울지는 모르겠습니다. 이 사람 혼자 좋
아하는 말일지도 모르겠습니다.

인언인삼이(忍言仁三二)

여기서 말하는 '셋둘(三二)'은 상대 세계(二)에 참여한다는 뜻입니다.
이 세상에서 차마 말 못 할 것은 사랑입니다. 사랑은 말하지 못합니다.
이 사랑이라는 것을 유교에서는 '인(仁)'이라고 합니다. 어제 '짐은 무겁
고 갈 길은 멀다(任重而道遠)'라는 증자의 말을 하였습니다(《논어》 태백
편). 이 거룩한 사랑인 '인'을 짐으로 지고 가자니 무겁지 않겠습니까?
이 짐을 벗을 때가 되어 죽은 후 벗게 되니 그 가는 길 또한 멀지 않겠습
니까? 내 짐은 무겁고 내 길은 멀다는 것은 우리의 정신인 긋이 자주 하
는 말입니다. 영원한 긋이어야 하며 정신이어야 합니다. 그러나 사람들
은 이런 말을 하기는 좋아하나, 실상 알면서도 자기를 어디다가 매어보
려고 합니다. 재산을 좀 불려야 사는 줄 알기에, 말씀만 듣고 살 수 있는
가 하고 매이기를 좋아하고 모으기를 좋아합니다. 그러다가 스스로 망

하는 것을 모릅니다.

그런 대로 '인(仁)'은 목적이고 시작입니다. 공맹(孔孟)이 살았던 주(周)나라 당시에도 '인'을 자주 말한 것 같으나, 오늘날과 같은 시대가 아니었습니다. 알아듣지 못하면 가르쳐주지 않았습니다. 오늘날처럼 사랑에 대한 말이 헤프지 않았습니다. 요새 예수에 대한 이야기가 흔한 것처럼 그렇지는 않았습니다. 요즘은 예수를 좀 알겠다고 합니다. 다 알았다 하고 지금 믿는다고도 합니다. 그러나 죽는 것이 무엇인지, 사는 것이 무엇인지는 모릅니다. 남보다 경제적으로 잘사는 것이 은혜이고 믿는 것인 줄 압니다. 답답하기 짝이 없습니다. 헤프게 예수를 알려고 하고 또 헤프게 가르칩니다. 공자 같은 이도 알지 못하는 사람에게는 말조차 잘 하지 않았습니다. '인'에 대해서는 더구나 말을 잘 하지 않았습니다. 신언(辛言)으로, 여간해서는 사랑(仁)이라는 말을 하지 않습니다. 헤픈 사랑이 어디 사랑입니까? 사랑을 헤프게 말할 수 있습니까? 사랑은 오직 일념(一念) 속에서 이글이글 피어오를 따름입니다.

그런데 차마 말하지 않다가도 말을 합니다. 이것이 둘이고 셋입니다. 셋이니 둘이니 하는 셋은 참여(參與)하였다는 글자입니다. 둘은 상대 세계를 말합니다. '삼(參)'이 '참여'하였다는 것인데, 물질의 음양(陰陽)을 이(二)라는 글자로 쓰고 싶습니다. 우리가 사는 상대 세계에 물질의 성질이 있다는 것은 곧 물심(物心)이 따름을 말합니다. 상대 세계가 벌어져서 짝이 없으면 혼돈(混沌)할 것입니다. 이러한 세상에서 사랑이니 인(仁)이니 하는 것을 연구하는 것은 이 짝을 연구하는 것입니다. 짝이 원만하고 원숙한가를 보는 것입니다. 제 집안 식구는 원 이치대로 잘 있는가? 혹 이치를 벗어나서 무슨 죄악을 짓고 살지는 않는가? 부부는 화(和)하고 형제는 의(義)가 있고 친구에게는 신(信)이 있는가? 나아가서 나와 하느님의 관계는 어떠한가? 이러한 것들을 살펴보는 것입니다.

이렇게 나아가야 할 짝의 세상에서 차마 사랑에 대한 말을 할 수 있겠습니까? 기왕 사는 것인데, 말하지 않고 아주 안 하고 가는 것이 오히려 아무런 일이 없으리라고 봅니다. 그런데 말을 하지 않으려는 것이 그만 참여가 되고 맙니다. 우리가 상대 세계에서 걸핏하면 절대계(絶對界)와 상관관계를 맺으려 하나, 하느님과 어떻게 누가 통성(通姓)을 할 수 있겠습니까? 도저히 할 수 없는 일입니다. 그렇지만 우리는 절대계에 대해 여러 말을 합니다. 절대계에 대해 말하게 되는 것은 상대계에 속한 우리의 긋이 요구하기 때문입니다.

절대계가 상대계에 참여하면 다른 것은 우리가 알 수 없다 하더라도 이 긋이 참여하였다는 것만큼은 알 수 있습니다. 왜 그러한가는 알 수 없는 문제입니다. 긋이 절대자를 부르는 것이 필요하면 아니할 수 없습니다. 아버지가 아들을 낳아 아버지가 되는 것이 아닙니다. 세상에 나온 아들이 아버지를 발견하는 것입니다. 그럼으로써 아버지가 되는 것입니다. 이렇듯이 상대의 요구로 절대자가 인정되는 것입니다. 절대계에서 우리를 끌어올리는 것입니다. 참여할 때 어떻게 참여하느냐 하면, 절대자가 참여할 것을 만들어줍니다. 상대계에 사는 사람은 차마 사랑이라는 것에 대해 말을 하지 못합니다. 누가 말하게 되느냐 하면 바로 절대자가 말하게 됩니다. 그 절대자가 조물주입니다. 창조된 만물이 있는 것은 절대자 덕분입니다.

차마 말 못할 것을 말하는 것은 '안다'는 뜻의 '인(認)'입니다. 말하고 소리를 듣고 무장(武裝)을 하면 식(識)이 됩니다. 말은 인식(認識)의 표시가 되어 소리를 알게 되는데, 이것을 잘못 번역해서는 안 됩니다. 바르게 하여야만 합니다. 이 두 글자가 합쳐져서 인식(認識)이라는 낱말이 됩니다. 이것이 흔히 말하는 인식입니다. 인식할 것은 다름 아닌 긋입니다. 아직은 문물이 변역(變易)하는 것을 보고 있으므로, 안다는 것에 한계가 있음을 우리도 잘 압니다. 이 한계가 없어져야 합니다. 오늘날 말하는 '인식' 같은 것은 알고 싶지 않습니다. 무엇을 알면 인식이 넉넉한 사람이라고 하고, 모른다면 인식 부족(認識不足)이라고 합니다. 인식 부족이라면 무엇을 모르는 것을 말하는 것 같은데, 절대자가 계신 것을 있느니 없느니 하고 떠드는 무식한 이 세상에서 무엇을 인식 부족이라고 하는지는 모르겠습니다.

아버지가 없으면 아비 없는 자식이라고 합니다. 아버지가 있는지 없는지 모르는 집안이 있겠습니까? 아버지가 있다 없다 하는 말이 과연 나오겠습니까? 절대자는 계십니다. 전부 다 없다 해도 절대자의 존재만큼은 인정하고 인식하여야 합니다. 하느님이 있느니 없느니 하는 소리가 자꾸 사람의 입에 오르내리는 것은, 자기 자신이 있는지 없는지 모르겠다는 말보다 더 어리석은 말입니다. 하느님이 없고 있고 하는 것을 누가 아느냐 하면 아무도 모릅니다. 이 세상이 아주 괴롭고 싫어서 어떻게 할 줄 모르는 사람이나, 나와 이 우주의 근원을 알려는 사람에게는 하느님이 걸어서 다가옵니다. 우리는 늘 정직하게 하느님이 있다고 생각하여야 합니다. 하느님이 있느니 없느니 하고 말하는 것은 우리가 하느님을 알고 싶어서 그러는 것이 아닙니다. 우리에게는 그런 말이 싱겁게 된 지 오래입니다.

그렇다면 왜 본래의 제 얼굴을 인정하지 못합니까? 그것은 보이지 않기 때문입니다. 제 얼굴이 곱다거나 얽었다고 말하는 것은 물건처럼 대접하는 것입니다. 그렇게 하면 안 됩니다. 물건이나 보이는 것이지 물건이 아닌 제긋을 어떻게 볼 수 있습니까? 얼굴이 얽은 것이나 고운 것은 간접적인 것으로, 이차적인 문제입니다. 각자가 타고 나온 얼굴이 모두 똑같으면 더 한층 자기 것을 모르게 됩니다. 이것을 먼저 인정합시다. 이것을 인정하면 자기의 본성을 자기가 보게 됩니다.

아버지가 아들을 보는 것은 자기가 자기를 아는 것인지 모르지만, 열반(涅槃)에 들어간다는 의미에서는 아버지와 아들이 같은 자리를 보겠다는 뜻입니다. 절대자를 생각할 때 우리는 이 땅의 아버지를 생각하듯 하려고 합니다. 아니면 이 세상의 왕처럼 생각하려고 합니다. 이것은 다 우리 소견으로는 잘 모르기 때문에 하는 짓들입니다. 절대자가 이 세상에 혼자만 있다면 또 이런 말이 나오지 않습니다. 아버지가 우리로 하여금 알고 싶은 생각을 일으켜주는 까닭에 이런 말이 나오는 것입니다. 아버지 자신이 자기가 아버지라는 것을 아들에게 알리고 싶어서, 아들에게 알고 싶은 생각을 일으키는 것입니다. 말로는 할 수 없는 일입니다.

우리가 무식(無識)하니까, 하느님 아버지도 우리처럼 그저 가만히 앉아서 언제 한번 아버지가 되고 싶어 하는 것으로 알고 있습니다. 하느님을 이런 식으로 아는 것은 하느님에게서 멀어지기 시작하는 것입니다. 우리가 하느님을 느끼고 싶고, 알고 싶고, 보고 싶다 하는 마음이 생기면 이 상대 세계가 멀어지기 시작합니다. 이 정도가 우리의 소견입니다. 사실은 하느님 아버지가 그렇게 해놓았는지 모릅니다. 우리 소견입니다. 아무리 생각해보아도 이 세상은 장난입니다. 그래서 생각 끝은 자꾸 참을 찾아갑니다. 절대자는 우리에게 참을 주겠다고 하나, 우리 소견으로는 잘 들여다보이지 않습니다. 《성경》에서도 사랑이라는 말을 합니다만, 사랑이라는 것은 말이 없습니다.

참은 여러 말이 없습니다. 하느님이 우리에게 억만 번 참을 주겠다 하여도 우리가 그것을 알려면 여간한 정신 갖고는 안 됩니다. 이렇게 말하면 어리석은 사람은 참이라는 것이 없다고 하며 간단히 치워버립니다. 참이 없다는 것은 이 우주가 없다고 하는 것이나 마찬가지 소리입니다. 아버지가 정말 있는지 모른다고 하는데, 이처럼 멍텅구리 같은 소리는 없습니다. 절대자를 잘 인식하여야 이 세상이 바로 잘됩니다. 절대자의 재인식이 필요합니다. '인(認)'이라는 글자에는 '말씀 언(言)' 자에, 맘의 심장으로 칼날이 들어가는 '칼날 인(刃)' 자가 있습니다. 우리 가슴속에 예수 그리스도를 넣게 한 것은, 칼날이 평생 우리의 심장을 노리고 있으며, 우리가 그것을 참고 살아야 한다는 것을 말합니다. 이것을 말로 나타낸 것이 '인(認)'이 아닌가 싶습니다. 즉흥적으로 말하면 이렇습니다.

철학을 가르치는 것도 그렇습니다. 과학도 철학입니다. 모든 학문은 학문 나름대로 나아질지 모르나 그대로는 쓸 수가 없습니다. 모든 학문은 궁신지화(窮神知化)의 뜻으로 되었다고 보입니다. 지화궁신(知化窮神)하는 자세로 하는 것이 좋겠습니다. 우리 눈앞에 변화하여 나가는 원인을 될 수 있는 대로 밝히고 결과를 따져 알자는 것이 지화(知化)입니다. 알 수 있는 것은 알자는 것이 '지화'입니다. 우리는 이렇게 과학적인 발전이 되도록 쫓아가야 합니다. '지화'하자는 학문입니다. 지화해서 편리하게 살 수 있게 된 후 종국에는 알 수 없는 절대자와 우리의 관계, 그리고 알 수 없는 그 하느님을 궁신(窮神)하자는 것입니다. 더 가까이 할 수 없는 경지까지 '궁신'해야 합니다. 끝까지 간다는 것이 '궁신'입니다.

지금은 모르더라도 백 년 후까지 더 많이 '궁신'하게 되면 하느님(神)을 바라보는 경지에 이를지도 모릅니다. 이런 의미에서 보면 '궁신지화'는 무슨 학문적인 신학이라고 할 수 있을지 모르겠습니다. 천주학(天主學), 기독학(基督學), 신학(神學), 신신학(新神學), 통일신학(統一神學) 이것들 전부 뭔가가 부족해서 여러 가지로 나온 것입니다. 이런 식의 '궁신'을 말하는 게 아닙니다. 학문에 결국 신(神)의 요소가 있다면, 긴히 필요한 것은 다름 아닌 '궁신지화'입니다. 어떻게 하면 하느님에 대한 문제에 더 근접할 수 있는지를 찾는 것이 우리가 할 일입니다.

신을 확인하는 것이 아니라 신과 통하는 것, 곧 신통(神通)하는 것을 찾아가는 것이 과학입니다. 우리가 수학에서 더하고 빼고 쪼개고 때우고 하는 것을 자주 하다 보면 신통해집니다. 신통해지니까 자꾸 하는 것이 아니겠습니까? 그러면 모든 것에 신통합니다. 죄다가 신비입니다. 신비 아닌 것이 어디 있습니까? 어떤 과학자는 일단 알면 신비니 뭐니 하는 것은 물론이고 아무것도 없다고 말했습니다. 그러나 알면 알수록 더욱 신비합니다.

신비와 과학에 대해 말한다면, 신비 아닌 것은 과학이 안 됩니다. 신비를 생각하는 것이 과학입니다. 한 껍질만 알면 신비가 아닙니다. 모르니까 신비입니다. 껍질을 벗겨보지 못하면 알 수 없습니다. 그래서 이 세상에 신비가 없다고 말하는 사람은 모자란 사람입니다. 과학적으로 찾아내면 알게 된다는 사람도 덜 된 사람입니다. 어떤 조건이 과학의 경지이고, 어떤 경지가 신비인지 따져보면 하도 껍질이 많은지라 우리 손에 잡히는 게 없습니다.

아무리 알려고 하여도 원인 결과(原因結果)는 신비에 귀결됩니다. 귀결되는 신비를 들치고는 과학을 한다고 합니다. 원인과 결과는 보이지 않습니다. 그래서 또한 신비입니다. 이 사람은 일찍 이러한 신비주의(神秘主義)를 지녔습니다. 이지적(理智的)으로나 윤리적(倫理的)으로나 이렇게 갑니다.

이 사람의 말이 틀렸다 해도 절대자를 알고 싶을 때 그 존재를 좀 인식하고 싶습니다. 여기서 말이 시작됩니다. 말하고 싶게 됩니다. 알고 싶어서 말하게 됩니다. 하느님이 상대 세계를 열고자 첫 아들을 낳으니 그것이 로고스(logos)입니다. 하느님이 창조 만물의 근원인 로고스 아들을 낳습니다. 아들을 낳지 못하면 확실히 '나'를 알아주지 않습니다. 아버지가 아들을 낳아야 아들이 확실히 아버지를 인식합니다. 그와 같이 확실히 당신을 인정하여야 할 아들(로고스)입니다. 그 아들이 아버지를 낳게 합니다. 이것을 고쳐 말하면, 우리가 상대 세계에 있으니만큼 필요하니까 절대자를 모시고 아버지라고 하는 것입니다. 아버지를 모신다는 것이 사실 그렇습니다.

절대와 상대는 하늘과 땅입니다. 사람의 정신은 전체인 절대와 개체인 상대를 연결하여 늘 전체인 절대에 대해, 또는 개체인 상대에 대해 무엇인지를 알게 해줍니다. 연락을 해준다기보다는 아버지와 아들 사이처럼, 아버지의 말을 그대로 받아줍니다. 그 사이에는 알고 모르고가 없습니다. 알고 싶으면 아들인지라 하느님 아버지를 부릅니다. 조급할 것이 하나도 없습니다. 아버지는 아들을 잊으려고 해야 잊을 수가 없습니다. 아버지 속에 아들이 있고 아들 속에 아버지가 있습니다. 그 속에 있는 것입니다. 쪼개려 해야 쪼갤 수가 없습니다. 차별이 있는 것 같으나 떨어지지 않습니다. 이것 하나는 우리가 인정해도 좋습니다.

성령은 운동한다고 합니다. 이런 의미에서의 운동입니다. 우리는 바라만 보고는 살지 않습니다. 하늘에 부탁하고 실제로 관계하고 있지 않습니까? 정신이면 정신, 물질이면 물질, 조금도 뭣도 하나 있지 않아요. 정신이 물질이라면 무엇이 있는지 모를 것입니다. 무극에서 태극까지의 하나, 둘, 셋, 이것은 서로가 목적입니다. 바로 알지 못하니까 이것을 떼어 따로따로 하려고 합니다. 절대자를 생각하면 또한 그렇지 않습니까? 아들이 아버지를 밤낮 그려보아야 제 얼굴을 그리는 것입니다. 너무나 동떨어진 아버지라면 무엇을 알 수가 없습니다. 우리가 아버지를 그릴 필요도 없는 것입니다.

'인언인삼이(忍言仁三二)'는 참고 참는 것입니다. 아버지는 참고 참으며 곧잘 기다리지 않습니까? 하나에서 둘, 셋에 벌써 우리 심장에는 칼이 꽂혀 있습니다. 태극(太極)은 양의(兩儀)가 되었습니다. 븨(空)와 몬(物)이 되었습니다. 참으며 이긋으로 참여합니다. 그러니 차마 말을 할 수 있겠습니까? 우리가 사는 데 참는 것은 좋습니다. 덕(德)이 됩니다. "차마 그가 그런 일을 할 줄이야! 차마 못할 일이지. 참는 것이 덕인데, 참아서 안될 일이 있겠는가? 요것만큼은 참자!" 이런 식으로 참는 것입니다.

상대 세계에서는 심장에 칼이 꽂혀야 합니다. 우리의 심장 어디 한군데에 바늘 끝이라도 꽂히면 못 견디겠다고 해서는 안 됩니다. 칼날이 꽂혀 심장이 쪼개져야 불꽃을 피웁니다. 이것이 상대의 말씀이 됩니다. 둘(세상)에 참여하여 참고 참다가 말을 하여서 사랑이 되었다고 합니다. 말을 안 하는 것이 사랑을 말하는 것입니다. 사랑은 성령입니다. '인(仁)'은 곧 성령입니다. 아버지와 아들의 관계를 원만하고 참되게 하려는 이 상대 세계에서 이루어진 것을 사랑이라고 말합니다. 걸을 때 왼발을 들어 올리면 오른발을 디뎌야 나갈 수 있는 상대 세계에서 살든 죽든 이 가운데에서 일어나는 관계를 '인'이라고 합니다. 이 사람은 신비주의를 주장합니다. 절대자 하느님을 알고 싶을 때 이미 성령(말씀)으로 하느님과 사귄다는 것을 말합니다. 아버지와 아들같이 쪼갤 수 없는 사이로 연락을 하는 것입니다. 이것이 성령으로 됩니다. 이와 같이 하여 삼위일체(三位一體)로 나갑니다.

참차유래시(參差由來是)

'참차(參差)'라는 것은 알쏭달쏭하다는 뜻입니다. '참차'의 '차(差)'는 무슨 차등(差等)이 난다, 이것과 저것은 차(差)가 있다는 뜻으로 둘을 말합니다. 둘이 만나야 차(差)가 납니다. '차'라는 글자는 '이(貳)'입니다. 이렇게 '참차'는 상대 세계를 말합니다. 상대 세계를 떠나 절대 세계로 향하지 못하기 때문에 이같이 들쑥날쑥에 울긋불긋한 '참차'입니다. '참차유래시'는 '참차'의 유래가 이러하다는 말입니다. 그렇습니다. 참고 참으며 바라는 '인(仁)'인 사랑의 짐을 지고 끄떡끄떡 '참차'의 세계를 가는 것입니다. 왜 그렇게 가는지를 알아야 하겠습니다.

소자모방황(小子慕方徨)

깃과 굿이 소자(小子)입니다. 소자가 아버지를 사모하는 것은 아버지가 되려고 하기 때문입니다. 여기서 소자는 괴로워합니다. 아버지가 되려고 사모하지만, 아버지를 닮고자 그리면 그릴수록 자꾸 자기를 그리는 것밖에 안 되는 까닭입니다. 다른 무엇으로 그려볼까 하게 됩니다. 이 장난 세계에서 여러 방법을 생각하게 됩니다. 옳게 바로 생각하는 것이 아니라 방황합니다. 절대계를 사모하는 사람은 절대자가 어떻게 생겼는가를 알려고 이리저리 방황합니다. 방은 '모방'입니다. 하느님을 바로 사모하려고, 곧 모방(模倣)하려고 방황(彷徨)합니다. 동서로 헤맵니다.

절대자가 어떤지 알고 싶은 것을 꾹 참고 참아 차마 말을 못 하다가, '아이! 못 견디겠다. 장가라도 가야지.' 하고 땅의 아버지를 모방(模倣)합니다. 그리하여 절대가 상대로 떨어집니다. 아들은 자꾸 이같이 모방하면서 아버지를 닮겠다고 합니다. '더는 기다릴 수 없다. 내가 여기서 사는데 내가 절대자지 누가 또 있겠는가? 내가 이 세상에서 살고 있으니, 내가 날 바로 알아야지 누가 날 인정해주겠는가?' 이렇게 생각하게 됩니다. '나'를 알지 못하고 인정하지 않고 바라보지 못하니까 자신을 인식할 수 없습니다. 그래서 참고 참다가 자기대로 혁명을 해야겠다, 높아져야겠다고 생각하게 됩니다. 높아지려면 우선 지식을 얻어야 하고, 그러고 난 후 돈을 모을 수 있을 거라고 생각하게 됩니다. 자기 세력을 확장하기 위한 길을 더듬어 나갑니다. 뭔가 좀 더 알아야겠고, 돈을 좀 모으고 힘도 좀 길러야겠다는 것이 다 잘못된 모방(模倣)입니다.

무슨 자격이 있다고 하느님 아버지를 모방합니까? 번뇌로 방황하는 소자가 모방을 합니다. 전부가 입체적으로 생기었기에 '방(方)'이란 글자를 씁니다. 그러나 실상은 평면에서 미끄럼을 타고 바닥으로 미끄러집니다. 즉 '방(方)'에서 미끄러집니다. 입명(立命), 곧 목숨을 세운다는 게 반대로 미끄러져 없애니까 방황한다고 합니다. 이것이 소자모방황(小子慕方徨)입니다.

보본추원미(報本追遠微)

보본추원(報本追遠) 하는 것이 아주 미약(微弱)합니다. 아주 멀어서 작게(微)만 보입니다. 《성경》을 보면 유교보다 하느님의 존재가 밝기는 밝습니다. 언뜻 보면 그 말씀줄을 붙잡고 올라갈 것 같으나 올라가지 못합니다. '미(微)'입니다. 그만 도중에 모방을 하여 올라가지 못합니다.

추추도직입(推抽到直入)

'추(推)'는 '추리(推理)'한다는 뜻을 지녔습니다. 생각은 자꾸 추리해서 지화(知化) 하여야 합니다. 이 사람은 글자를 파자(破字)해서 신비를 추리합니다. 특수한 방정식이 아니더라도 점(占)치기 위해 직감적으로 무엇을 판단하는 것 따위와는 다릅니다. 말씀을 생각하고 그 말씀을 갖다 모아서 익숙하게 해봅니다. 생각나는 것을 우선 원고(原稿)로 삼습니다. 그 원고를 퇴고합니다. 줄 사이의 칸에다(卦紙) 어느 글자를 집어서 놓고, 이것을 갖고 무엇을 판단하는 것이 아닙니다. 앞에 나온 글자들을 생각하면 글에서 생각이 달려 나오는데, 그 생각들을 모아서 추리를 합니다. 여기에서 나오는 기상천외의 영감(靈感)은 참으로 무시할 수 없습니다.

아무리 보아도 수학의 범위는 대단히 좁은 것 같습니다. 좁은 범위 내의 생각 그 자체를 우리의 생각이라고 할 수는 없습니다. 비수학적인 것을 수학이라고 하는 것이 많습니다. 과학에 관해서도 과학자 스스로 비과학적인 말을 꽤 많이 합니다. 때로는 '영감'에 대해 말합니다. 자기의 발명에 대해 생시인지 꿈인지 잘 모르겠다고 말하는 발명가도 많습니다. '추(抽)'는 '뽑을 추'인데, 초월(超越)이라는 글자로 보고 싶습니다.

사리(事理)를 추리할 때는 초월하여야 합니다. 어떤 때는 툭 뛰어넘어야 하는 것이 있어야 합니다. 초과학(超科學), 초자연(超自然)을 빼냅니다. 그리고 직입(直入)을 합니다. 바로 들어갑니다. 직관(直觀)하는 것이 있습니다. 아무리 수학적인 추리의 과학이라도 직관적인 것이 있습니다.

자본자근이(自本自根己)

직관적으로 추리할 것 다 추리하고 초월할 것 다 초월한 후 직입하여 도달하고 보면 자본자근이(自本自根己)입니다. 자기 뿌리의 밑동으로 들어갑니다. '이(己)'를 '자기 기(己)'로 보아도 좋습니다. 아버지가 따로 있지 않습니다. 소자(小子)된 우리는 밑동으로 들어갑니다.

부지지치고(不知知癡固)

이것은 알자는 말입니다. '지(知)'는 무엇인지 알지 못하면서 안다고 하는 것입니다. 혼자 생각에는 절대자가 있는 것 같지만, 상대 세계에 사는 내가 하느님을 안다는 것은 참 아는 것이 아닙니다. 바로 아는 사람은 내가 아는 것보다 알아야 할 게 너무나 많음을 아는 사람입니다. 이것을 알았다고 하는 것이 '지'인지 모르겠습니다. '지'를 모르는 사람이나 알지 못하면서 알게 되겠지 하는 사람에게는, 이 '지'가 어리석게 굳어버립니다. 단단히 굳습니다.

옛날이라는 '옛 고(古)'가 갇히면 완고하다는 뜻의 '고(固)'가 됩니다. 부모들은 완고하다는 소리를 듣습니다. 암만 누가 말해도 자기가 아는 것, 곧 자기 세계관이 굳어져서 더는 알려고 하지 않고 이미 아는 것에만 잠기기 때문입니다. 또는 아는 것이라고는 밥을 굶지 않고 될 수 있으면 더 먹고 사랑을 속삭이는 것뿐이기 때문입니다. 참는 것이 다 무엇입니까! 장가를 가고 재물을 많이 모으면서 그밖의 것을 무시함으로 돌려버립니다. 그렇게 하는 것만 옳고 참이라고 생각하는 것은 치고(痴固)입니다. 어리석고 어리석은 완고(頑固)입니다. 정신이 확 깨어나지 않는 동안은 '치고'입니다. 어리석은 '완고'입니다.

내가 높은 자리에 있는 것은 내가 아는 것이 많음을 세상 사람이 인정한 것이므로 재산을 모아도 관계없다고 생각합니다. 내가 무엇이 되면 어떻게 하겠다고 생각하는 것은 모두 어리석은 짓입니다. 그런 생각이 어리석은 게 아니라면, 이 사람이 어리석은 것일 겁니다. 재력이나 지위가 상당한 사람에게 자녀를 시집이나 장가보내는 것이 세상을 잘살아가는 것이라고 생각하면 어리석은 일입니다. 자식을 많이 낳아 기른 대가로 효(孝)를 받겠다고 하면 어림없는 생각입니다. 세계의 미래를 위해 자식을 잘 기르고 가르쳐서 큰 인물을 만들겠다는 것 따위의 생각도 보잘것없고 어리석은 생각입니다. 남들과 다르게 해보겠다고들 합니다. 죄다 똑똑한 척합니다.

맹자의 시대에도 그러하였습니다. '인(仁)'이라는 것이 시작되고 차마 말하지 않았던 시대에도 그러했는데, 지금은 더 말할 것이 없습니다. 몹시 똑똑한 체를 합니다. 부지지(不知知)입니다. 부지지, 부지지, 무슨 소리 같습니다.

지부지신비(知不知神秘)

자기가 모르는 것을 알려고 해야 합니다. 아직 모르는 것이 많은데 모르는 게 있으면 알려고 해야 합니다. 모르는 것을 아는 것이 참 아는 것입니다. 자기보다 모르는 사람 앞에 가면 안답시고 큰소리칩니다. 이것은 정말 모르는 사람이기에 하는 짓입니다. 알면 얼마나 알고 모르면 얼마나 모르겠습니까? '지부지(知不知)'가 얼마나 압니까? 아는 것을 안다 해도,

이 사람은 그것을 모르고 소감 그대로 말합니다. 아까도 말했지만 즉흥적으로 말을 합니다. 알고 모르는 범위에 분간이 없습니다. 이 사람은 아직도 모릅니다. 이 사람이 알아서 떠드는 것으로 여기지 마십시오. 나는 모릅니다. 이것이 원칙입니다. 알아도 야무지게 알지 못합니다. 이것이 신비입니다. 이런 의미에서 신비주의를 안 지녔다고는 할 수 없습니다.

이상의 문구에 제목을 붙여볼까 합니다. 원래 제목이 없는데 부득이 제목을 붙여본다면 '一', 이렇게 할까 합니다. 아직 정하지 않았습니다. '하나'라고 할 수 있을지 모르겠습니다. '하나'는 도저히 알 수 없습니다. 지금도 이것일까 저것일까 하고 맞춰봅니다. 우리는 결국 신비를 쫓아갑니다. 그 결과 아직도 신비라는 것이 있음을 알게 됩니다. 신비는 있다는 것이 아니라 그냥 그대로 있습니다.

그러나 신비파의 신비주의로 잘못 알아들으면 안 됩니다. 여기에서 자칫 잘못하면 폐단이 따릅니다. 다 신비이므로 추리고 학문이고 과학이고 소용이 없다고 합니다. 이것을 가지고는 신(神)을 만날 수 없고, 신이 내려올 것이라고 합니다. 이렇게 되면 개나 돼지와 같은 처지가 됩니다. 그 지경에 이르면 윤리나 도덕도 없는 것이 됩니다. 희망조차 없게 됩니다. 신과 직접 접촉한다고 합니다. 황홀경에 들어가서 인식 세계를 부인하는 지경에 이릅니다. 이렇게 되면 신비주의는 대단히 불행한 것이 되고 맙니다. 상대 세계가 불행을 겹쳐서 맛보게 됩니다. 이것을 보고 종교에서는 남녀가 음양(陰陽)으로 접촉하는 것이 죄니, 아니니 합니다. 성력파(性力派) 교회에는 이런 것이 다 있습니다. 무당처럼 귀신이 내리는 교파가 많이 있었습니다. 중세 때 한 번 크게 흥했다가 없어졌는데, 요새 우리나라 교회는 더욱 이런 경향으로 흘러갑니다. 소자모방(小子模倣) 하는 교회가 되어 갑니다.

보본추원 경이원지(報本追遠 敬而遠之), 너무 가까우면 안 됩니다. 멀리 조심하여야 합니다. 모르는 신(神)의 신비는 있습니다. 그러기에 사상이 있고 신앙이 있습니다. 궁신지화(窮神知化)가 학문입니다. 어떻게 보면 신비주의로도 볼 수 있다는 것이 아주 모르는 소리는 아닐 것입니다. 이 사람을 보십시오. 신비적으로 따져본다 해도 신은 볼 수 없습니다.

이번에는 '기독자(基督者)'라는 글을 풀이해보겠습니다.

기독자 그리스도인이 동양에도 많은데 이 사람은 그 기독자를 이 글처럼 보고 싶습니다.

기도배돈원기식(祈禱陪敦元氣息)

요전 금요일에 '체(禘)'에 대한 것을 보았는데 '시(示)'는 신비를 보이는 것입니다. 그 찾는 근원을 묶고 합해서 신비가 보이기를 기다리는 것이 '체'로, 제사(祭祀) 지내는 것이라고 하였습니다. 기도(祈禱)라는 것도 종단엔 바로 가자는 '체'의 표시입니다. '임금 제(帝)'는 하늘 아래의 모든 것을 총괄하여 거느리는 것을 말합니다. 그러나 신비적인 근본의 꼭대기를 더듬어 보본추원(報本追遠)하자는 궁극적 목적에서는 '체'나 우리네의 기도나 같다고 하겠습니다. 공자가 이 '체'를 말한 것은 아주 모르는 소리 한 것은 아닐 것입니다.

요새 자신을 그리스도인이라고 간단하게 말하는 것을 자주 봅니다. 그리스도인이 어떤 것이냐고 물으면 이 사람은 이렇게 말합니다. 기도하는 것이 그리스도인이라고 말입니다. 기도는 배돈(陪敦)하게 하는 것입니다. '배돈'의 '배(陪)'는 판결을 조심스럽게 내리기 위해 재판에 입회하여 의견을 말하는 사람들을 가리키는 배심원(陪審員)의 '배'와 같은데, 정중함과 조심스러움의 의미가 담겨 있습니다. '돈(敦)'은 후하다는 뜻입니다.

기도라는 것은 조심조심 후하게 또한 정중히 두텁게 하는 것입니다.

원기식(元氣息), 우리가 기도를 하는데 숨을 쉬면 두텁게 후하게 그리고 정중하게 하는데 그 '원(元)'은 숨입니다. 그래서 기도를 드린다는 말은 안 됩니다. 호흡을 드린다는 말이 옳습니다. 《성경》을 보면 기도가 다 드리는 것으로 되어 있지 않습니다. 우리가 숨쉬는 것, 곧 호흡하는 것을 바로 하느님에게서 받아서 하는 것이 기도입니다. 즉, 기도는 우리의 '원기식'을 두텁게 해서 말하는 것입니다.

찬미반주건맥박(讚美伴奏健脈搏)

이 사람은 찬미할 줄 모릅니다. 그러나 찬미는 표합니다. 찬미하는 것은 참 좋습니다. 아름다움을 찬양한다는 찬미(讚美)입니다. 좋은 것을 좋다고 하는 것입니다. 건맥박(健脈搏)입니다. 맥박은 건강해야 합니다. 맥박이 건강하게 뛰는 뚝딱뚝딱 하는 소리는 참 찬미입니다. 다른 것을 부러워하지 않습니다. '몸성히 맘놓이 바탈틔히'로 나가는 것이 '건맥박'으로 나가는 것입니다. 이것이 찬미가 아니고 무엇이겠습니까? '건맥박'을 찬미하는 것이 그리스도인입니다. 어떤 사람은 이 사람에게 예수를 믿느냐고 묻습니다. "선생님은 기도도 안 하시고 교회에도 안 가시죠? 또 찬송도 안 하시죠?" 그러면 찬송은 몰라서 못하고 기도는 이렇게 찬미는 이렇게 한다고 말해줍니다. 그래도 '지부지 부지지(知不知 不知知)'가 너무 많습니다. 세상은 알 것 같지만 모르는 것이고, 모르니까 아는 척하여야 하는 것 같습니다.

두 손으로 '큰 대(大)'를 받드는 사이에 또 한 손에 뭔가를 받드는 것이 '받들 봉(奉)'입니다. 사이에서 물이 시원하게 나오는 것이 '클 태(泰)'이고, '주(奏)'는 무슨 신을 붙드는데 '큰 대(大)'가 가운데 있고 그 밑에 '십(十)'이 있어서 이것을 정중히 양쪽 손으로 끌어 올리는 꼴입니다. 맥박이 팔딱팔딱 찬미(讚美)하며 반주(伴奏)합니다. 이렇게 뛰는 것이 그리스도인의 피입니다. 기도는 배돈(陪敦)하고 '원기식'을 드리며, 찬미에는 '건맥박'으로 반주하는 것이 그리스도인의 모습이 아닌가 생각합니다.

상의극치일정식(賞義極致日正食)

이것은 수년을 두고 하는 말입니다. 모든 제사와 성찬(聖餐) 때 기도를 합니다. 너무 기도를 오래 하면, 몇 번 침을 삼키고는 앞에 보이는 음식을 마구 퍼먹습니다. 먹고 나서는 앉아서 놀려고 합니다. 너무 먹어서 기동(起動)이 맘대로 되지 않기 때문인 것 같습니다. 감사 기도하고 먹는 정식(正食)이 이 모양이니, 착각도 이만저만한 것이 아닙니다.

체성극명야귀탁(締誠克明夜歸託)

하느님에 대한 추원(追遠)을 옳게 하는 것이 체(締)요, 이에 바로 들어가면 성(誠)입니다. 체성(締誠)은 치성(致誠)입니다. 이 '체'를 늘 밝혀야 '성'을 이룰 수 있습니다. 극(克)은 늘 하자는 것입니다. 철저하게 '체성'을 하자는 것입니다.

이렇게 하여야 하느님을 알게 됩니다. 늘 '체성'을 밝히면 밤, 곧 신탁(神託)에 들어갑니다. 말씀이 늘 참에 들어갈 수 있습니다. 이래야 우리가 세상을 떠날 때 떳떳하게 들어갈 수 있습니다. 영원한 밤에 들어갑니다. 하느님이 창조할 때 신탁이라는 흐릿한 세상을 만들었습니다. 밤과 같은 것입니다. 한밤중에 걸어가다 넘어지면 어쩌나 걱정하지만, 이 '체성'을 밝히고 부처에게 염불하는 것은 누구입니까? 우리 그리스도인입니다. 우리 그리스도인은 걱정이 없습니다. 이같이 하면 걱정이 없습니다. '체성'을 밝히면 캄캄한 것이 문제가 안 됩니다. 떳떳하게 갈 수가 있습니다. '체성'을 밝히면 어둡고 캄캄한 것이 걱정되지 않습니다.(1956. 12. 16.)

제17강

우리에게는 체(體)와 면(面)이 많다*

금보고 굿 못 찍을가(線보고 點 못 占흐리)

녯사람은 거북꺼플 불에 태워 금을 내봤다더니

이제 나는 나이에 태운 얼골에 얼기설기 금이 뚜렷흐다.

이 금새 뚜렷히 보고 모를 줄이 잇스랴. (다석일지 1956. 9. 17.)

倫理原點

幾何學(眞實無妄體證明)

天天黑洞天　　日日光明體

於間有暗物(萬)　形形色色體

假弄文明然　　正見知非禮(非正體)

體體接生面　　面面對越界(線)

---

* 속기사(최용식)가 속기록에 밝힌 바에 의하면, 속기사 자신이 강의 시간에 20분 늦게 참석하여 20분간 진행된 말씀을 듣지 못하여 앞부분이 속기록에서 빠지게 되었다고 한다. 그래서 강의 내용이 한시(〈幾何學〉) 體體接生面부터 시작된다.(박영호)

線線交原点	點點相無例
問卜占不得	玄玄默默契
有物體物來	不可遺物體
隱見稱鬼神	聖佛從可體
心心每失神	玆供點心禮
日月燈非光	必要寂光體 (다석일지 1956. 11. 6.)

自性(終始)

无妄始末點	二元方面地
一元申命線	三元立體賢
一敗塗地物	存心正明誠
百勝遊魂天	無集不自然 (다석일지 1956. 12. 14.)

面子辭

奄當大故失太元	容納不得面相摩
忽墮人間假面裏	面上徘徊幾多時
餘食贅行不淨財	舌摩維面所謂嚼
待接饗應過客止	肛擦滓子以爲屎
自別情交正心外	面從言而和怨餘
未由面折七政施	伏惟參內復命是 (다석일지 1956. 12. 10.)

체체접생면(體體接生面) 면면대월계(面面對越界)

우리들에게는 체(體)와 면(面)이 많습니다. 아마 7, 8할 정도는 될 것입니다. 그런데 체보다는 면이 더 많습니다. 하지만 실상은 면은 없습니다. 체와 체가 만나면 면이 생기고, 또 면과 면이 만나면 계(界)가 생깁니다. 그래서 체체접생면(體體接生面) 면면대월계(面面對越界)입니다.

선선교원접(線線交原点) 접접상무례(點點相無例)

선과 선이 마주칩니다. 이것은 다 기하학(幾何學)입니다. 기하학은 이렇게 생긴 것입니다. 사람은 체(體)입니다. 체와 체가 만나면 면(面)이 되지요. 오늘 얼굴을 씻지 않았는데 면도라도 할걸 걱정을 합니다. 이것이 면입니다. 면은 그런 것입니다. 또 오늘 누구를 만났으면 접선(接線)을 한 것입니다. 거기에 벌써 금이 하나 그어진 것입니다. 그 금이 어디까지 지나가면 그것은 선(線)입니다. '나'라는 개체의 실존인 가온찍기(ㄱ)는 끄트머리 점(點) 하나밖에 아무것도 아닙니다.

그런데 현상(現象)의 상(象)들은 많은 선(線)이 교차하여 이렇게 되었습니다. 억만 선이 만나서 된 것입니다. 현재 우주의 상이란 상은 모두 이렇게 된 것입니다. 이 우주의 억만 선이 모여서 '나'라는 상이 지금 이 자리에 있습니다. 그런 선(線)을 똑똑히 보고 알았다면 모든 것을 잘 알 수 있습니다. 그 점(點) 자체를 보자면 선선교원점(線線交原点) 점점상무례(點點相無例)입니다. 그저 어디에 찍힌 것뿐이지 그밖에 아무것도 아닙니다. 그저 아주 작게 찍힌 자리일 뿐 아무것도 아닌 것입니다.

점(點), 선(線), 면(面)의 삼위일체(三位一體)는 대단히 어려운 것입니다. 이것은 끝은 끝인데 그 끝은 없다는 것이며, 내가 어디에 있느냐 하면 역시 없다는 것입니다. 삼위일체가 어렵다는데 무엇이 어렵습니까? 그보다는 이 끝(點)이 어렵습니다. 우리가 생각하고 말하고 보는 것, 이 것은 상대적 비교를 하는 것입니다. 비교할 수 없는 것이 절대입니다. 이 점과 저 점은 같은 것이 아닙니다. 즉, 상대적인 점은 같고도 다르고, 다르고도 같은 것입니다. 물체(物體)의 점이 그렇습니다. 그저 점(點) 하나면 점 하나지, 점 그것이 무엇을 하는 것은 아닙니다. 점과 점이 만나고 헤어지면서 그저 선을 그어놓으면, 그것이 모두 계획입니다. 또 그 선이 모여서 면(面)이 되고 면이 모여 체(體)가 됩니다. 그래서 모두들 하는 짓들이 그저 체면(體面)입니다.

문복점부득(問卜占不得) 현현묵묵계(玄玄黙黙契)

내 모가지는 죽을 수 있지만 나는 죽을 수 없다는 것은, 절대의 '점'이 하는 게 아닙니다. 도둑 같은 이 몸뚱이가 하는 것입니다. 그러나 절대의 그 점만은 정말일 것입니다. 문명(文明)이 없는 것을 아는 것이 참문명일 것입니다. 곧, 알고도 모르고 모르고도 알 것은 허공(虛空)이 점이요 점이 허공이라는 것입니다. 우리는 허공을 모릅니다. 그러나 점은 대단히 적은 것이고, 허공은 대단히 큰 것임을 압니다. 그것이 이른바 '하나'라는 것입니다. 그런 점 하나를 알았다면 또 문제입니다. 점은 찾아도 없으니 이것이야말로 어떻게 하느냐고 물으러 점집에 가기 때문입니다. 이것이 문복점(問卜占)하는 것입니다. 그러면 곧 어떻다는 것입니다. 알고 싶은 것을 안다고 대답해주는 주둥이가 아닙니다. 끝(點)은 끝이고 점(占)은 점입니다. ……

유물체물래(有物體物來) 불가유물체(不可有物體)

만물이 체(體)입니다. '체물(體物)'이라는 글자를 입으로 읽는데, 그것은 원래 글로 읽는 것이 아닙니다. 줄줄 읽는 중에 그 글이 자기 속에서 피가 되어야 하는 것입니다. 이것을 체득(體得)이라고 합니다. 이때의 '체(體)'는 체면(體面)의 '체'가 아닙니다. 그 속에 그 점(點)입니다. 그래서 '나'라는 점은 글이 되는 것입니다.

'유물체물래'의 '체(體)'는 체득한다는 뜻입니다. 만물을 만든 허공은 체를 지니고 있습니다. 물건 없는 물체 속에서 '체'인 허공은 '불가유물체'입니다. 이것이 동양의 유교에서 말하는 참(眞)입니다. 곧, 없는 끝이 참입니다. 잊어버릴 수 없고 내버릴 수 없고 빠뜨릴 수 없는 것입니다. 그것은 죽이려 해도 죽일 수 없는 끄트머리 점입니다.

은현칭귀신(隱見稱鬼神) 성불종가체(聖佛從可體)

그 하나가 은현칭귀신(隱見稱鬼神)입니다. 그것이 들어가 없어지는 것을 귀신(鬼神)이라고 하고, 드러나 나타나는 것은 신(神)이라고 합니다. 나타나면 신(神=伸)이라고 하고 이것이 숨으면 귀(鬼=歸)라고 합니다. 동양에서는 내가 살아났다 하면, 이것이 곧 신(神)입니다. 그리고 우리가 숨어 들어가는 은퇴를 귀(鬼)라고 합니다. 사람이 죽어서 귀신(鬼神)이 된다는 것이 그것입니다. 참은 어쩔 수 없는 것입니다. 곧, 이 끝이라는 것은 어쩔 수 없는 것입니다. 그리스도교에서 어떻게 생각하는지 모르지만, 예수가 무엇이냐는 말은 이 끝을 잘 보아 두었느냐 하는 말입니다. 곧, 참입니다. 부처님도 다 이 끝입니다. 어쨌든 신(神)이라는 말은 참입니다. 다른 말은 없습니다. 그래서 은현칭귀신(隱見稱鬼神) 성불종가체(聖佛從可體)입니다.

심심매실신(心心每失神) 자공접심례(玆供点心禮)

심심매실신(心心每失神)은 마음마다 신(神)을 잊어버린 결과입니다. 생명이라는 것은 실체의 느낌이 있어야 합니다. 그런데 마음마다 죄다 실신(失神)을 했습니다. 그래서 그 점심(點心)을 대접하는 것입니다. 자공점심례(玆供点心禮)입니다.

일월등비광(日月燈非光) 필요적광체(必要寂光體)

일월등비광(日月燈非光), 저 하늘에 걸린 해와 달은 모두 참빛이 아닙니다. 필요적광체(必要寂光體), 해와 달(日月)의 거짓 빛이 아닌 진리의 빛, 영성의 빛이 필요합니다. 눈을 홀리는 거짓 빛이 아닌 참빛을 불교에서는 적광이라고 합니다. 《성경》에서는 해와 달이 없으며, 해와 달은 참빛이 아닌 덜 된 빛이라고 하였습니다. 소위 인간의 생명이나 금수의 생명이나 모두 참생명이 아닙니다. 이 세상에 참이 있는 것이 아닙니다. 사람은 다만 참을 찾는 존재일 뿐입니다. 그래서 철학이나 종교도 신(神)을 알고 무엇을 보아서 신(神)을 찾는 것이 아닙니다. 오직 참을 찾아가는 것입니다. 우리가 생명을 갖고 사는 게 아닙니다. 영원한 생명을 찾아가는 것일 따름입니다.

이것을 혼동해서는 안 됩니다. 이 세상의 모든 것을 '참'으로 알아서는 안 됩니다. 해와 달을 '빛'으로 알아서는 안 됩니다. 그런데 여기 내 마음속에 무엇이 있는지, 점이 하나 찍혀 있습니다. 이것이 참을 찾고 빛을 찾고 하는 것입니다. 그러니까 '일월등비광'은 빛이 아닙니다. '필요적광체'입니다. 이 끝을 갔다가 보고 알고 비친다는 것은 적광체(寂光體)를 붙잡는 것입니다.

그래서 성(誠)을 진실무망(眞實無妄)이라고 합니다. 기하학이라는 것은 진실무망체(眞實無妄體)를 증명하는 것입니다. 진리를 전하고 말씀을 전하는데, 어떻게 전합니까? 이것은 마음속에 이 끄트머리를 품고서 움직이고 말하는 데서 저절로 적광체가 드러난다는 말입니다.

다음은 〈자성(自性)〉이란 시를 보겠습니다.

자성(自性)은 종시(終始)입니다. 저녁은 종말이고, 그 이튿날은 새로 시작(始作)하는 날입니다. 그래서 시종(始終)이 아니라 '종시'입니다. 《주역》에도 체면(體面)은 '종시'라고 되어 있습니다. 처녀 총각이 처음 만나는 것, 이것이 '종시'입니다. 그러나 사람들은 이것을 모르고 '내가 이것을 처음 창조했다, 애국가를 내가 작곡했다' 하면서 '종시' 깨닫지 못합니다. 모두 이전에 끝마친 것인데 그것을 가지고 떠든단 말입니다. 이 '종시'를 모릅니다. 툭 하면 시말서(始末書)를 쓰라고 하는데 무슨 시말서입니까? 문제는 '종시'입니다.

무망시말점(無妄始末點)

우리 어머니 아버지가 나의 비롯인 '시(始)'입니다. 곧, 그 끄트머리 나온 점이 시작입니다. 이것은 내가 나오기 전에 하느님이 저녁을 마치고 이 현재(現在)를 연 것입니다. 어떤 때는 부모를 원망하기도 하는데, 이렇게 말을 하는 사람도 있습니다. '내가 날 낳아 달라고 해서 낳았나요?' 이렇게 따지는 것은 무망입니다. 무망시말점(無妄始末點)입니다. 어떤 사람은 돈을 많이 쓰고 별별 운동을 하여 감투를 쓰는데, 이것은 아무것도 아닙니다. 바라지 않는데도 자꾸자꾸 감투를 쓰라고 해서 쓰는 감투가 진짜 감투입니다.

일원신명선(一元申命線)

일원(一元)이라는 것은 여기에 점을 하나 찍고 내가 서 있다는 말입니다. 다시 말해 '일원'이라는 것은 일원신명선(一元申命線)입니다. 사람은 이 금을 잡을 수 없습니다. 목숨은 신명(申命)하는 선(線)입니다. 그 법칙을 갖다가 다시 분명하게 말하면 기하학은 아무렇게나 그어도 되지만, 이 신명선(申命線)은 꼿꼿하게만 그을 수 있습니다. 그래서 '일원'을 가지고 목숨이라고 하는데, 신명선은 곧 영원한 생명선(生命線)입니다.

이원방면지(二元方面地)

이원(二元)이면 어떻게 됩니까? 하나라고 하면 원일(元一)인데, 하나라는 이 일원(一元)은 사람에게는 점(點)입니다. 하나라는 것은 $1×1=1$, 이렇게 해봐야 아무것도 아닙니다. 또 1^1, 1^2, 1^3, 이것도 아무것도 아닙니다. 그 하나라는 것은 아무것도 아닙니다. 부끄러움이 없고 노여움을 타지 않는 것입니다. 즉, 하나야말로 1^1이든 1^2이든 어쨌든 하나입니다. 이 금(線) 하나에서 이 하나는 문제가 없습니다. 그래서 둘부터입니다. 그런데 역시 이놈도 별것이 아니에요. 2^1, 곧 이것은 상대입니다. 1은 절대이며 2^1은 상대입니다. 이것도 상대 세계에 시작이 있으니까 어쩔 수 없습니다. 여기에 2^2은 4가 됩니다. 그런데 $2+2=4$, 이것은 2^2과 비슷합니다. 이것은 가짜입니다. 거의 같죠. 즉, 둘에 둘을 더한다고 넷이 되는 것은 아닙니다.

'이원방면지', 그러니까 일원(一元)의 신명선이 이원(二元)에 가서는 방면지(方面地)가 됩니다. 적어도 이평방(二坪方)은 됩니다. 그런데 편안하기는 일원적(一元的)으로 사는 것이 편안합니다. 되지 못한 놈은 이원적(二元的)으로 살지만, 사람은 삼원적(三元的)으로 살게 됩니다. 즉, 입체적(立體的)으로 실체(實體)를 내야겠다는 데는 이거 아주 걱정입니다.

삼원입체현(三元立體賢)

'현(賢)'의 '어질다'는 의미는 알고 똑똑하다는 말입니다. 그러니까 똑똑히 서야 합니다. 실체는 입체입니다. 일어섰다는 것은 사람이 땅에서 일어선 것입니다(立). 적어도 입체(立體)하여 나서라는 말입니다. 그래서 '삼원입체현(三元立體賢)'입니다. 조물주가 찾은 것은 입체한 존재입니다. 어쨌든 일어서기 마련입니다. 요새 신문을 보면 어느 스님의 열반 100주년 기념식을 한다는데, 말을 들어보면 그분이 앉아서 잠을 잤다고 합니다. 그래서 눕기를 좋아하면 안 된다고 합니다. 왜 이런 말이 있는지 아시나요? 특히 젊은 사람이 눕기를 좋아하면 '눕기를 좋아하는 걸 보니 벌써부터 땅 냄새가 고소한 모양이군.' 하고 말합니다. 그래서 우리는 서서 산다는 말입니다. 이것을 '슨슨', '슨선'이라고 하면 좋겠습니다. 바로 서서 살자는 말입니다. 이 사람이 여기 서서 날이 저물도록 말하는 것도 바로 이것입니다. 그저 이런 생각만 바로 해도 좀 일어서는 것입니다. 이 사람이 이런 생각마저 안 했으면 일어서지 못합니다.

일패도지물(一敗塗地物)

이 몸이 일패도지물(一敗塗地物)입니다. 껍데기 이것이 일패도지물입니다. 한번 쓰러지면 땅에 뭉개지고 뒤죽박죽이 되고 맙니다. 이것을 알아야 합니다.

백승유혼천(百勝遊魂天)

물고기가 물에 헤엄치듯이 혼이 논다는 말입니다. 도대체 혼이 있는 것을 누가 보았느냐고 합니다. 이것은 그런 말이 아닙니다. 9억 광년의 직경을 지닌 이 우주를 말하는 것입니다. 그것이 다 우리의 소유란 말입니다. 그러나 우리가 놀 일은 없는데, 그것이 우리의 이 끄트머리가 노는 데입니다. 지금도 노는 데입니다. 춥다고 다방에나 들어앉아 커피만 마시는 것은 노는 것이 아닙니다. 여러분과 얘기하는 지금 이 사람은 노는 것입니다. '일패도지물'이란 무엇입니까? 몸에 기름이 잔뜩 붙은 뚱뚱한 체구로 건강하다고 떡 버티고 건들건들해보았자 쓰러지면 그만입니다. '일패도지(一敗塗地)'하면 그만입니다. 그래서 '삼원입체현'이며 '백승유혼천'입니다. 예수는 '내가 세상을 이겼다'라고 말했습니다. 곧, '백승유혼천'이란 말입니다. 그래서 '나를 따르라' 하였습니다. 이것이 유교에서는 존심(存心)입니다.

존심정명성(存心正明誠)

바름(正)은 참되되, 참됨은 밝(明)아야 한다는 말입니다.

무집부자연(無集不自然)

어떤 물건이든지 불에 타지 않는 것은 없다는 것입니다. 과학도 끝에
는 죄다 불타버린다고 말합니다. 그러나 불로 없어진다는 것은 과학도
말할 수 없고 《성경》도 말할 수 없습니다. '무집부자연'입니다(모든 것은
저절로 산화합니다). 그저 모두가 다 탄다는 말입니다. 앞서는 물로 한 번
멸했지만 이제는 불로 멸한다고 하지 않습니까? 지금 자꾸 불로 멸합니
다. 그저 자꾸 타들어 갑니다. 우리 동양말로 '자연(自然)'은 불탄다는 말
입니다. '燃', '然', 이것은 '불탈 연'입니다. 이 사람이 늘 하는 말이지만
自('自'의 전자), 이것은 마치 사람의 콧속 같지 않습니까? 콧속에서 무
엇이 탑니까? 우리가 숨쉬는 것은 불이 타들어 가는 것입니다. 그래서
콧속이 불탄다는 말입니다. 뭐 지금 새삼스럽게 놀랄 필요는 없습니다.
이 세상에서 사람이 사는데 그저 이기라는 말입니다. 이기라는 것이 무
슨 주먹으로 때려서 이기라는 것이 아닙니다. 진리의 정신을 가지고 이
기라는 것입니다.

끝으로 〈면자사(面子辭)〉를 살펴보겠습니다.

몐쯔(面子, 체면을 뜻하는 중국어)나 체면을 위해 살아서는 헛삽니다.
최근에 시계를 밀수한 어느 국회의원은 체면을 유지하고 싶어서 자꾸
거짓말을 합니다. 이거 아주 답답한 일입니다.

엄당대고실태원(奄當大故失太元)

문제는 이 '원(元)' 하나입니다. 이것을 모르는 것이 우리 상대 세계의 둘(2)입니다. 이것은 아주 갑자기 대지(大地)를 만나서 우리 아버지를 잊어버렸다는 말입니다. 그래서 우리가 아버지를 찾아간다는 말입니다. 다른 것은 아무것도 없습니다.

홀타인간가면리(忽墮人間假面裏)

아버지에게 돌아간다는 말입니다. 우리가 떨어져서 여기 온 것이지, 아버지가 죽은 것은 아닙니다. '홀타인간가면리'입니다. 그저 떨어져서 사는 인간 껍데기인 체면만 세우려면 이렇게 더듬는 수밖에 없습니다.

용납부득면상마(容納不得面相摩)

그저 아버지가 계시는 우로 자꾸 올라가고 싶고 아버지의 품속으로 들어가고만 싶습니다. 그런데 올라가고 싶고 들어가고 싶은데 그렇게 못 합니다. '용납부득(容納不得)'입니다. '용납부득'이므로 면상마(面相摩)입니다. 들어가지 못하니까 하는 수 없이 면(面)을 비비게 됩니다. 별 것 없습니다. '용납부득'이니 '면상마'입니다. 그것만 그런 것이 아닙니다. 그저 모두가 '면상마'입니다. 그저 '면'입니다. 왜 그러냐면 들어갈 수가 없어서 그런 것입니다. 기껏해야 거죽에서만 돌아다녔지, 어디를 가보았겠습니까? 들어갈 수가 없습니다. 그러니까 '면'을 문지를 수밖에 없습니다. 그저 밤낮 문지르는데 가죽만 문지르니 점점 가죽이 두꺼워집니다. 그래서 철면피(鐵面皮)가 됩니다. '용납부득면상마', 이것은 붙잡을 것을 붙잡자는 말입니다.

면상배회기다시(面上徘徊幾多時)

이것은 다녀간 사람에게 묻는 것입니다. 그 '면(面)' 위에서 뱅뱅 도는 것입니다. 얼마나 많은 시간을 허비했습니까? 밤낮을 그쪽에서 배회했습니다. 우스운 이야기를 하나 하면, 젊은 사람들이 연애를 하는데 어떻게 빛나는 눈동자가 그립고 어떻게 생긴 코가 그립다고 합니다. 그래서 가슴을 태웁니다. 급기야는 어떻게든 만나보려고 애인에게 갑니다. 그게 뭡니까? 눈은 그 집의 들창입니다. 코는 굴뚝이고, 입은 대문입니다. 눈이 어떻고 어떻다 하는 것은 그 집 창문이 잘 발라져 있어 밝다는 것입니다. 그러나 그 집에 대문이 제대로 걸렸는지, 굴뚝이 제대로 세워졌는지, 창문이 제대로 발라졌는지 모릅니다. 왜냐하면 들어가보지 못했기 때문입니다. 그저 늦도록 그 집 창가나 굴뚝가에서 배회하다 온 것입니다. 이게 연애하는 것인지 모르겠습니다. 그것뿐 아니라 전 인류가 그렇고 전 역사가 그렇습니다. '면상배회기다시'입니다. 사람은 가면(假面)입니다. 그래서 우리는 아버지 하느님을 찾아야 한다는 말입니다.

여식췌행부정재(餘食贅行不淨財)

이 세상에 산다는 것은 여식(餘食)이라, 먹다 남은 밥찌꺼기요 군혹 같은 짓거리입니다. 여식췌행부정재(餘食贅行不淨財)입니다. 사람은 먹는 것을 위해 살면 안 됩니다. 그런데 이 세상은 그렇지만은 않습니다. 하느님이 주신 것을 감사히 먹으라고 합니다. 물론 그래야 합니다. 그러나 한번은 더러운 때가 있습니다. 이 한 번을 알아야 합니다. 못 집어넣을 것을 집어넣으면 병이 됩니다. '여식췌행부정재', 이것입니다. 남은 밥, 군혹, 부정한 재물이 됩니다. 요즘은 대접을 한다면서 파티나 연회를 열어 꽤나 많이 먹습니다. 그저 권하니까 또 먹습니다. 배가 불러도 나중에 소화제를 먹으면 된다고 생각하고 자꾸 먹습니다.

대접향응과객지(待接饗應過客止)

이렇게 대접향응(待接饗應)을 합니다. 이것은 아무것도 아닙니다. "바쁘실 텐데 이렇게 오시라고 해서 미안합니다." 이것이 서로 향응(饗應)하는 것입니다. '대접향응과객지', 한때 지나가는 손님이 좀 앉았다가 가는 그것입니다. 이것이 다 체면입니다. 그저 한때 지나가는 껍데기인데 연애가 무슨 연애입니까? 기껏해야 굴뚝(코) 근처에서 어정거리고 낯과 낯을 비비는 것이 고작이지 않습니까?

설마유면소위작(舌摩維面所謂嚼)

'작(嚼)'은 거저먹는다는 말이 아닙니다. 혓바닥이 섬유 한 껍데기에 불과한 그것을 먹는다는 것입니다.

항찰재자이위시(肛擦滓子以爲屎)

시장해서 자꾸 입으로 집어넣는 것이 '항찰재자이위시'입니다. 밑구멍에 찌꺼기로 나오는 것을 똥이라고 합니다. 혓바닥과 꽁무니는 서로 잘 연락이 되어야 합니다.

자별정교정심외(自別情交正心外)

여타자별(與他自別)하게 정교(情交)를 합니다. 그러나 웬 속박입니까? 요즘 신문을 보면 장면 부통령을 저격한 김상붕과 그 배후자로 지목된 최훈의 말이 자꾸 다르게 진행됩니다. 모두 거죽과 거죽을 문지르는 것이지 속은 하나도 없습니다. 속은 없고 거죽만 있습니다. 여기 서서 올바른 것을 어떻게 믿겠습니까?

미유면절칠정시(未由面折七情施)

면접(面接)과 면절(面折), 이것이 요즘의 면접(面接)입니다. 임금을 공경한다는 것은 그저 예, 예 하는 것이 아닙니다. 다만 올바른 말을 하는 것이 정말 임금을 공경하는 것입니다. 친구를 공경하는 것도 친구가 술사 달라 한다고 술을 사주는 것이 아닙니다. 어려울 때나 딱한 때 마음으로나마 보태주고 위로해주고 생각해주는 것, 이것이 공경입니다. 친구가 잘못한 것을 알려주는 것은 흔히 체면 때문에 잘 못합니다. 희로애락(喜怒哀樂)은 감정인데, 맹자는 칠정(七情)을 말하였습니다. 칠정을 떠난 원 마음을 전해야 합니다. 그래서 하고 싶어도 '면절'할 수 없어서 일곱 가지 정(情)을 그대로 시행한다는 말입니다.

면종언이화원여(面從言而和怨餘)

이 낯 보는 세상, 곧 면종(面從)하는 세상에 언이화원여(言而和怨餘) 한다는 말입니다. 아무리 문질러도 서로 미끄러집니다. 그래서 '일패도지물(一敗塗地物)'입니다. 여기에 범벅이 되는 것입니다. 사람이 낯으로는 말을 좇으나 서로 틀린 것을 풀려고 하는데 남는 원한이 있습니다. 옛날에 순 임금도 할 말은 자기 앞에서 하라고 하였습니다. 이것을 보면 순임금도 역시 인간이었습니다. 인간이 걱정하는 것은 다 마찬가지입니다. 낯을 봐서 그대로 찬성하는 것은 마찬가지입니다. 할 말은 여기서 하라고 해서 다 한 줄로 아는데, 나가서는 또 뒷말이라는 것이 있단 말입니다. '해할 해(害)'라는 글자를 아시지요? '혀(舌)'가 왕성하다는 표시입니다.

복유참내복명시(伏惟參內復命是)

입이 뒷말이 왕성한 것처럼 복유참내복명시(伏惟參內復命是), 다 엎드려서 그윽하게 생각합니다. 즉, 대궐 안으로 들어가야 한다는 말입니다. 우리는 체면 세상에서 살아갑니다. 가족끼리도 체면, 동지끼리도 체면, 먹는 데도 체면, 입는 데도 체면, 어디 가나 어느 부분이나 모두 체면입니다. 무슨 입신양명(立身揚名)이니 출세(出世)니 하지만 무슨 입신 출세입니까? 일패도지(一敗塗地)하면 그만입니다.

팔괘(八卦)는 2^3인데, 일원(一元)은 신명체(申命體)이고 이원(二元)은 잠깐 앉아서 쉬는 시간입니다. 그러나 팔괘라는 것은 여덟(八)이 아니라 입방체가 되어야 합니다. 즉, 삼원방면지(三元方面地)입니다. 팔면(八面)이나 칠면(七面)이 아닙니다. 그대로 팔입방(八立方)이 팔괘입니다. 걸면 일입방체(一立方体)입니다. 그러면 정방면(正方面)은 일정방면(一正方面)입니다. 신명체는 일원입니다. 착각을 하기 쉬운데 그러면 안 됩니다. 삼원세계(三元世界)를 사원(四元), 오원(五元)으로 알면 걱정입니다. 어쨌든 이 체면을 없애버려야 되겠습니다. (1956. 12. 20.)

제18강

이 세상에서 산다는 것은 주는 재미다

성명자성(聖名自聖)

聖名自聖眞如眞   神人不神面情面

性全命日一天已   月空週缺三日前 (다석일지 1956. 4. 23.)

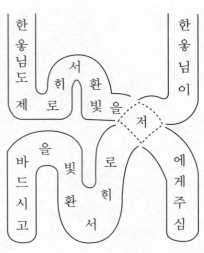

(다석일지 1956. 12. 3.)

유다가 나간 후에 예수께서 말씀하셨다. "이제는 인자가 영광을 받았고, 하나님께서도 인자로 말미암아 영광을 받으셨다. 〔하나님께서 인자로 말미암아 영광을 받으셨으면,〕 하나님께서도 몸소 인자를 영광되게 하실 것이다."(〈요한복음〉 13:31~32)

至上達道自古天	至上徹下身所見
徹下講誦止今地	自古止今心攸知
知見中正皆恩光	自身原無我
去來適時都慧命	是心本神物
順事日存來	來去有內下
安寧夜沒去	去來無外上 (다석일지 1956. 4. 25.)

낮보기 낫에 깩기

몬으로 된 몸 몽기길, 몽킬길만 길고 길데,
몸이 낯을 좇는 낯엔 낯을 낯히 깎는 낫이지,
몸에서 몬을 논 ㄱ낫 모를 Korean이슴나. (다석일지 1956. 12. 16.)

오늘이 12월 21일입니다. 내일이 22일 동짓날입니다. '겨울 동(冬)' 자는 '마칠 종(終)' 자와 같습니다. 옆 물레에서 뽑은 실타래를 묶어놓은 것입니다. 실을 나타내는 한자 '사(糸)'를 보면, 일을 마치거나 끝낸다는 것은 실을 내는 일을 마친다는 말이 됩니다. 겨울이 닥치면 벌써 올해도 다 간 것입니다. 즉, 1956년이 끝난 셈이 됩니다. 올해가 깜박하면 간다고 생각하니 잠을 못 이룹니다. 깜박하면 지나가기 때문에 섣달 그믐날(12월 30일)에 잠을 자면 눈썹이 희어진다며 아이들에게 잠자지 말라고 합니다. 그래서 금년 '올' 해가 눈감은 사이에 '간' 해(去年)가 되어버립니다. 그러니까 자연히 올 해 1956년은 온 해가 되자마자 간 해가 됩니다. 이 사람 역시 1957년의 새해를 맞아 햇 사람이 되는데, 새로운 사람이라는 말도 됩니다. 이제 햇것이 나왔으니 햇것을 먹어야지, 묵은 것은 먹기 싫다는 말입니다. 우리가 사는 시간에는 '올'이라는 것이 있습니다. '온' 것은 벌써 가는 것입니다. 옛 사람으로 산다 하여 묵은 것을 뒤져보니 이 사람에게는 회고할 것이 아무것도 없습니다.

오늘이 크리스마스 3일 전인데, 이 삼(參)이라는 숫자에 사람들이 많은 관심을 보입니다. 하다못해 혼인에도 이 사흘이라는 것이 있습니다. 여기 서울에서는 혼인 잔치를 한 뒤에 장인 집에서 3일 동안 묵습니다. 북한에서는 3일 뒤에 장인 집에 다시 한 번 다녀가는데 이 방법이 올바른 것 같습니다. 이 3일이 문제입니다. 이 사람에게는 '3일 전'이라는 것이 있는데, 이것을 듣는 이는 아주 싱거워합니다. 1956년을 회고하여 어느 하루(25일)를 정하였는데, 그날의 3일 전을 말합니다. 이 사람은 오늘 일기에 '이백삼십팔 일' 뒤라고 썼습니다. 무슨 날을 하나 정해놓고 따진 것인데, 그것이 바로 금년 4월 26일입니다. 그 마지막 날이 25일인데, 그 25일이 되기 3일 전이라는 것입니다. 이런 소리가 대단히 싱겁게 들리겠지만, 이 사람으로서는 3일 전 일을 다시 생각해보아도 그것이 만만치 않습니다. 그래서 그날이 지난 뒤라도 그날의 3일 전을 회고하고 생각하게 됩니다. 10년이 지난 뒤에라도 이야기할 수 있는 추억이 되는 것입니다. 3일 전에 느낀 것인데 이것이 어디에 남을까? 일생을 통해 마지막 3일밖에 안 남는 이 날이 어떻다 하는 것을 내가 움켜잡는 것입니다. 그러니까 지금 생각해도 생각할 가치가 있다고 여겨집니다.

성명자성진여진(聖名自聖眞如眞)

거룩한 이름은 그 자체가 거룩합니다. 성(誠)이 도(道)라는 것은, 곧 성(誠)은 자성(自誠)이요, 도(道)는 자도(自道)라는 말입니다. 누가 하는 것이 아닙니다. 윤리는 이렇게 된 것입니다. '나'밖에 없고 '하나'밖에 없습니다. 둘, 셋, 이것은 다 헛된 것입니다. 우리가 이 못된 것에 걸린 것입니다. 하나, 그것은 말씀입니다. 말씀에 딴것이 있을 수 없습니다. 영원한 '나' 밖의 참이나 도는 다 헛된 것입니다. 영원한 '나'가 참입니다. 사람은 제가 사는 것입니다. '나'는 나의 나(참나)입니다. 다른 것이 있을 리 없습니다. 그래서 성(誠)은 자성(自誠)이요, 도(道)는 자도(自道)입니다. 성(誠)은 말씀(言)을 이룬다(成)는 뜻입니다. 이 얘기는 상대적 살림살이를 하는 것을 말합니다. 올바르게 사람 노릇만 하면, 곧 하나의 나면 그만입니다. 참이면 그만입니다. 말씀이면 그만입니다. 나(我)에서 둘(二), 셋(三), 넷(四)이라는 많은 개체의 '나'는 가짜입니다. 절대 속의 상대로 둘입니다. 둘은 결코 1+1＝2가 아닙니다. 그것은 모르는 소리입니다. 하나는 하나(전체)의 하나입니다. 1^2도 하나요 1^3도 하나입니다. 많은 개체 속에 있어도 하나인 신명선(申命線)입니다. 그저 이 상대 세계에서 하나, 둘, 셋의 많은 개체는 아무것도 아닙니다. 즉 나왔다(一元), 앉았다(二元), 일어섰다(三元), 이것을 알자는 말입니다. 그런데 태극(太極) 속의 상대는 양의(兩儀)와 사상(四象), 그리고 팔괘(八卦), 이렇게 자꾸 갑절로 나갑니다. 하나에서 둘(二), 둘에서 넷(四), 넷에서 여덟(八)로 점점 늘어 갑니다. 이렇게 하여 만물이 퍼지게 됩니다.

어제 일패도지물(一敗塗地物)을 이야기했기에 일원(一元), 이원(二元), 삼원(三元)은 분명히 아는데, 이것이 늘어 가는 것은 아닙니다. 다만 나와 앉아서 일어서라는 것입니다. 앉았다 해서 영 눌어붙어버리는 것이 아닙니다. 일어서서 올라가라는 말입니다. 그러니까 상대 세계에서 하나 나온다, 하나 앉는다, 하나 일어선다는 것입니다. 우리로서는 말씀대로 이루어지도록 하는 그것이 하느님의 뜻입니다. 하느님의 뜻밖에 다른 것은 없습니다.

성명자성(聖名自聖)이란 거룩한 이름을 붙인다면 하느님이나 부처님이나 모두 거룩하기 때문에 내가 저절로 거룩해지는 그런 것이 아닙니다. '성명자성'을 거룩이라 이름한 것은 스스로 거룩하다는 것입니다. 알 수 없는 무엇인가는 거룩 그대로 저절로 거룩하다는 것입니다. 거룩하면 벌써 거룩하다는 의미가 있습니다. 이것이 진여진(眞如眞)입니다. 참이라는 것은 '진여진'입니다. '여(如)'는 '같다'는 뜻입니다. '참 진(眞)'과 별로 차이가 없습니다. '하나'입니다. 맨 처음 말씀이나 참나나 다 같은 소리입니다. 나의 감정엔 다른 것은 아무것도 없습니다. 성명자성, 진여진입니다. 참이듯이 참입니다. 하나는 어디까지 하나입니다. 하나이듯 하나입니다. 다른 것은 모르겠습니다. 성명자성, 진여진, 이 글자에는 다른 무엇이 없을 것입니다. "아버지의 이름을 영광스럽게 드러내십시오."(《요한복음》 12:28)라는 《성경》 구절을 언급한 적이 있습니다. 이번에는 〈요한복음〉 13장 31절과 32절의 요지를 적어보겠습니다.

한웋님이 저로 히서 환빛을 바드시고
한웋님도 제로 히서 환빛을 저에게 주심

이것은 '하나'뿐이라는 것입니다. 이 하나 끄트머리가 나에게 무엇인지는 모르지만, 우리가 작으나 크나 아버지 품속에 그대로 있으면 '하나' 그대로입니다. 우리가 그 품속을 떠났기 때문에 '하나'도 몰라봅니다. 아들이 없으면 아버지는 그냥 못 견딥니다. 그래서 무슨 관계가 있는 것 같습니다. 하나(전체)가 어쩔 수 없어서, 둘(개체)도 어쩔 수 없어서 영통(靈通) 안 할 수 없게 된 이 현상을 우리가 모릅니다. 이것은 전혀 우리가 알 수 없는 말입니다.

예수라는 종교인을 이 사람은 모릅니다. 예수는 마구간에서 태어나 서른 살까지 목수 노릇을 하며 살았습니다. 마지막 3년 동안은 하느님의 말씀을 사람들에게 알리다가 온 세상 사람의 오해를 받아서 나중에는 극형을 당하고 말았습니다. 그렇게 해서 예수는 이 세상 사람들에게 주는 것을 가르쳤습니다. 이 세상 우리 모두는 그렇습니다. '없이 계시는' 하느님 아버지의 끄트머리입니다. 그래서 이 세상은 주라는 세상입니다. 지금이라도 줄 수 있어야 됩니다. 떳떳치 못하게 무엇을 바라고 산다면, 차라리 이 세상에 안 나온 것이 낫습니다. 우주의 아버지는 무엇을 나누어주라고 합니다. 이 세상에서 산다는 것은 주는 재미입니다. 그런 세상이기 때문에 기왕에 주려면 예수처럼 주어야 한다는 것을 알아야 합니다. 사람이 이 세상에 태어났으면 먼저 그것을 알아야 합니다. 내가 주어야겠다는 것을 예수에게서 보고 배워야 합니다. 비록 아무것도 없지만 이제는 주기 위해 살아야 합니다. 세상에 바라서는 안 됩니다.

부처가 되려는 것은 참 어렵습니다. 부처는 이 세상에서 별별 고생을 다했습니다. 부처는 이상적인 나라의 제왕입니다. 지금 미국의 대통령 이상입니다. 이상적인 나라의 정신적인 임금이 되는 것입니다. 정말 나라를 잘 다스리면 복된 세상이 됩니다. 그러나 역사를 보면 힘 있는 자가 나라를 일으킨 뒤에 독재의 제왕 노릇을 합니다. 천하가 다 그 사람, 곧 왕의 사유물 같아 보입니다. 그러나 부처는 그러지 않았습니다. 부처는 모두 내주고 죄다 내버렸습니다. 나라도 임금 자리도 부모와 처자도 궁궐도 모두 다 버렸습니다. 그것뿐만 아니라 눈을 빼 달라면 주고, 팔, 다리, 뼈, 골수도 전부 내주었습니다.

전에 어느 스님에게서 이런 소리를 처음 들었을 때 이 사람은 "옛날에 인도에서는 사람들에게 골수나 그런 것이 다 소용없었나 봅니다." 했습니다. 그러자 스님은 그게 무슨 소리냐고 하면서, 그것은 그저 무조건 내준다는 것을 말하는 것이라고 대답했습니다. 인도 사람들이 준다는 것을 더 세고 힘 있게 표현하느라고 그렇게 말했다는 것입니다. 이 세상에서 그렇게 한번 다 주고서 삶을 마친다는 것입니다. 세상을 그렇게 마치고 간 뒤에 그 사람이 다음 세상에 다시 온다면 그때는 성불(成佛)한다고 합니다. 아무런 사리사욕 없이 죄다 내버리고 그렇게 간 뒤에 다시 이 세상에 온다면, 그때는 위 없는 깨달음을 얻어 부처를 아주 완성하는 그런 기회가 된다는 것입니다. 삶의 궁극적 목적은 부처가 되는 이것 하나뿐이라는 것입니다.

신인불신면정면(神人不神面情面)

신인(神人), 곧 하느님의 사람이라는 것은 바리새인을 말합니다. '신인'은 사람입니다. 하느님의 대리인입니다. 신인불신(神人不神)입니다. 이름만 신인(神人)이지 하느님의 성령과 관계가 없습니다. 신인불신면정면(神人不神面情面)입니다. 면정면(面情面), 낯짝(얼굴)만 쳐다보다가 사람 노릇을 못 합니다. 속마음을 들여다볼 줄 모릅니다. 선견(先見), 선지(先知), 선각(先覺)의 '지(知)'나 '각(覺)'은 경험과 학문을 통해 먼저 봐서 먼저 알고 먼저 깨닫는다는 소리입니다. 그 뒤는 각후각(覺後覺)입니다. 선각자의 깨달음을 보고서야 깨닫는다는 뜻입니다. 먼저 아는 사람이 나와야 뒤에 아는 사람이 나옵니다. 먼저 깨달은 사람이 나와야 뒤에 깨닫는 사람이 나옵니다. 그러므로 먼저 알고 먼저 깨달아야 합니다. 이 사람이 말하는 결론은 이것입니다. 거룩한 것은 그 스스로 거룩한 참이듯 참입니다.

그래서 현실은 상대계가 이런 것이고 낯짝이라는 것은 빈껍데기인데, 헛껍데기 그것을 참이라고 여기면 속는다는 것입니다. 그래서 다음은 면

정면(面情面)이라고 합니다. 면정면, 속마음의 진면목(眞面目)이 드러나는, 곧 몸으로 죽는 3일 전 말씀이 되니까 이런 소리가 됩니다.

성전명일일천이(性全命日一夭己)

3일 후에는 나의 삶이 생각대로 끝날지도 모릅니다. '성전명일일천이'는 천상(天上)입니다. 그때 한 번이면 그만이라고 하나 위에는 더 없습니다.

월공주결삼일전(月空週缺三日前)

달(月)은 비고 주(週)는 빠진 오직 날짜로만 3일 전입니다. 그래서 3일 전입니다. 이것은 별소리가 아닙니다. 일생을 돌보기 위해서 818번을 본다는 것입니다. 이 사람의 818번째 돌이 이 달입니다. 달리 이 사람의 것은 없습니다.* ……

이 사람이 앞으로 정말 죽는 날에 가서도 별게 없을 것 같습니다. 그래서 석가나 예수나 남이나 나나 다 원(元) '하나'입니다. 그저 '하나'입니다. 그런데 어떻게 '하나'가 아니라고 할 수 있습니까? 그래서 셈이라는 것은 참 어렵습니다. 수학은 참 어려운 것입니다. 셈(수)의 시작과 끝은 무한이라, 생각할 수 없고 말할 수 없습니다. 수(數)로 무엇을 하는 것은 없습니다. 세어본다고 무엇이 나옵니까? 그럼 그것이 무엇입니까? '하나'입니다. 본래 하나(전체)입니다. 본래 '하나', 이것이 '성명자성'입니다. 하느님의 존재는 스스로 거룩합니다. '하나'라야 거룩하고, 거룩해야 그리운 것입니다.

---

* 류영모는 수만 헤아린 것이 아니라 산 주와 달의 수도 헤아렸다. '이 사람의 818번째 돌'이란 류영모가 1890년 3월부터 1956년 4월 23일까지 산 달의 수가 818이다. 이것은 보름달을 본 횟수이기도 하다.(박영호)

죽을 날 2일 전은 그이(하느님)의 월(文章)에 그리움이 깊습니다. 이것은 2일 전에 생각하고 그린 그리움입니다. 이것은 우리에게 편안한 것입니다. 이 자연(自然), 곧 정말 벅적벅적하는 저 자연 삼라만상과 역사와 사회의 모든 일이 죄다 그이(하느님)의 글월을 그려 보입니다.

내일, 모레, 글피라는 것은 말로는 이런 것입니다. 그(하느님) 그리워 글월, 이 글월로 하느님을 그립니다. 그림이 아주 깊습니다. 모름(모레)에 낼(내일) 이것이 내일, 모레, 글피에서 글피입니다. 좀 가까운 것이 모레인 모름입니다. 모르는 줄도 모르면 아주 멉니다. 어제, 또 그제, 또 먼 그끄제를 생각하면 세상은 온전합니다. 전체요 영원입니다. 20일 전의 어제가 좀 더 멀리, 그제 또 더 멀리, 그끄제……. 사람은 이것을 그글피, 글피, 모레, 내일, 어제, 그제, 그끄제……라고 합니다. 그래서 무엇인가 하니, 날마다 여기 오늘에서 내일을 기대하고 지내는 것입니다. 그글피도 기대하고 글피도, 모레도, 내일도, 어제도, 그제도, 그끄제도 기대합니다. 영원한 미래, 영원한 내가 내일과 같은 것입니다. 그래서 이제 가온찍기(ㄱ)입니다. 오늘 이제 가온찍기(ㄱ) 하고 오늘 하루에 이상 모든 것을 할 위*에 …… 오늘 하루(홀우)가 정말 사는 것입니다.

다음은 4월 25일자의 글에 대해 말씀드리겠습니다.

지상달도자고천(至上達道自古天) 철하강송지금지(徹下講誦止今地)

우리 본심 밑바닥은 그렇지 않습니다. 죽을 날 영일 전(零日 前), 그 하루를 앉아서 무슨 생각을 합니다. 지상달도자고천(至上達道自古天), 옛사람이 오른 하느님에게 이 사람도 오르고자 합니다. 사람이 올라가고

---

* 하루란 오늘 할 일을 위에 놓고 한다는 뜻이다.(박영호)

또 올라가도 하늘에는 못 올라갑니다. '지상달도자고천', 하늘에 올라가려 해야 올라갈 수 없습니다. 그래서 하루 전이라도 철하강송(徹下講誦)입니다. 강송(講誦)하기를 걷어치웁니다. 그러고는 제자리가 맨 밑바닥인 줄 알아야 합니다. 우리보다 더 떨어질 수는 없습니다. 철저히 올라가는 중에는 철저하게 바닥인 줄 모릅니다. 올라가는 힘이 더욱 생깁니다. 그럴수록 더욱 올라가야 합니다. 뚝 떨어졌다가도 그 다음에 다시 올라갑니다. 그냥 서 있다가도 '지상달도자고천'이면 '철하강송지금지'입니다. '지금지(止今地)'는 이제 와서 말하기를 끝마친다는 뜻입니다. 떠날 때는 떠났지 별수 없습니다.

지상철하신소견(至上徹下身所見)

이 물건도 몸뚱이이기 때문에 오르고 내리지만, 멸망의 생명일 뿐입니다. 원(元) 하나는 그런 것이 아닙니다. 이 몸뚱이의 소견입니다. 이 몸뚱이라는 것을 떠나보내고 밑에 있다가 위로 올라가는 것입니다.

자고지금심유지(自古止今心攸知)

자고지금(自古止今)이라 예부터 이제까지 심유지(心攸知), 맘으로 영원을 아는 이것입니다. 이 끄트머리에 나(我)라는 마음이 무엇인지는 모르지만 하느님의 소유입니다. 그것이 아는 대답입니다. 그래서 자고지금심유지(自古止今心攸知)입니다. 아무것도 없습니다. 맘으로 오직 참을 아는 것입니다.

지견중지개은광(知見中止皆恩光)

하느님을 보고 거기에 멈출 줄 아는 것입니다. 그래서 은혜의 빛입니다.

거래적시도혜명(去來適時都慧命)

이것도 그대로 이제 벗어버려서 이 참은 끄트머리에서 생긴 것입니다.

자신원무아(自身原無我)

이 몸뚱이 자체가 나(我)일 까닭이 없습니다. 그래서 '나'라는 것이 있으면 못 삽니다. '나'라는 것이 없어야 사는 것입니다.

시심본신물(是心本神物)

이 마음이 본래 하느님(神)의 것이라는 말입니다. 몸뚱이로 거기에 우리가 관계할 것이 없습니다. 그런데 마음이라는 것은 내 마음인데, 마음은 그 자체가 신성(神性)입니다. 그래서 '시심본신물'입니다.

순사일존래(順事日存來) 안녕야몰거(安寧夜沒去)

그래서 별수 없습니다. 하느님의 뜻을 좇아(順) 오늘 내가 있습니다. 순사일존래(順事日存來)입니다. 그렇게 해서 내가 살아온 것입니다. 이렇게 되면 죽 알 것입니다. 내일이라도 이것을 그대로 뒤집어쓰는 일이 있으면 그것은 '나' 자신입니다. 그러나 낮에 안녕하다가 오늘 저녁에라도 안녕야몰거(安寧夜沒去) 할 수 있습니다. 밤이 되면 얼이 빠집니다. 즉, 몰거(沒去)입니다. 죽을 것입니다. 그러니까 이 사람이 1957년 4월 26일에 세상을 떠나도 좋다고 생각하지만, 그것은 확실히 아는 게 아닙니다. 살다가 떠날 저녁이 오면 얼이 빠집니다. 아침에 생긴 얼이 저녁에 숨으려고 '몰거'합니다.

내거유내하(來去有內下) 거래무외상(去來無外上)

이 세상을 잘라버리고 새 생명을 얻어 나가는 자리에서 내거유내하(來

去有內下), 이것은 특히 하사하는 것이 있습니다. 임금이 주는 것을 하사라고 하고, 안(內)이라는 것은 대궐을 말합니다. 특히 하느님이 내게 내리는 것이 왔다 가는 것입니다. 거래외상(去來外上)이라, 내거(來去)나 거래(去來)나 그것이 그것입니다. '거래외상'은 갔다가 왔다면 거저 가는 게 아닙니다. 안팎이 다른 데서 올라가는 것이 아닙니다. 거저 주는 것이 아닙니다. 원 거래는 무외상(無外上)입니다. 오늘이라는 것은 어제의 생명을 낳는 것입니다.

이것이 뭇 거래입니다. 과거의 빚은 귀한 것으로 오늘을 낳습니다. 현재는 내일(來日)을 낳습니다. 오늘을 단단히 잘삽니까? 내일을 영 안다고는 못 합니다. 그래서 외상(外上)입니다. 혹시라도 세상을 떠날 줄 모르겠다는 말은 그 전날이 망한 것을 말해줍니다. 그래서 사람은 죽기까지 어떻게든 모으고 매여서 좀 힘 있게 지내보려고 합니다. 좀 생각하고 시간을 보냈다는 것은 외상이 아닙니다. 내일이 동지(冬至)인데, 동짓날은 내 스스로를 마치고 새 생명이 돌아오는 것입니다. 그 느낌을 받기 위해서 1956년을 회고하며 이렇게 뒤져보았습니다.

끝으로 〈낮보기 낮에 객기〉라는 시를 보겠습니다.

몬으로 된 몸 몽기길, 몽킬길만 길고 길데

물건으로 된 몸이 모여 몬(物)이 됩니다. '몬으로 된 몸 몽기길'은 이렇게 된 것입니다. 여러 가지로 볼 수 있습니다. 기가 두 번씩 들어가는 것입니다. 그러나 저저 들어가는 것은 아닙니다. '몬으로 된 몸 몽기길, 몽킬길만', 이것은 자연 이렇게 되어 나가는 것입니다. 이것이 자연이라는 것입니다. 자연히 이 말 속에서 이런 줄거리가 풀려 나갑니다.

몸이 낯을 좇는 낯엔 낯을 낯히 깎는 낫이지

'몸이 낯을', 이것은 그것으로 죄다 낯을 본다는 말입니다. 또 좇는 낯엔 낯이 한 번 벌어집니다. 인간이 밑으로 낯을 좇는 낯에는 낯이 낯히 아래로 낯아집니다.

얼굴 껍질은 두꺼울수록 깎아내려도, 몸이 낯을 좇는 낯엔 낯은 낯히 깎는 낫입니다. 그런 낯 되는 것은 제법 치올라 갑니다. 그런데 마음 놓고 하다가는 안 됩니다. 아주 낮은 낯입니다. 스스로 낮추어, 깎는 낫에 상했다고 마십시오. 몸에 몸이 낯을 좇는 낯엔 낯을 낯히 깎는 낫입니다.

몸에서 몬을 논 ㄱ낫 모를 Korean이슴나

몸에서 몬(物)을 놓은 우리나라 사람치고 낫 놓고 기역(ㄱ)도 모르는 사람은 없을 겁니다. 즉, 몸은 몸인데 여기서 이 기역(ㄱ)을 놓아버려야 몸(몸)이 몬이 되고, 기역(ㄱ)이 남습니다. 몸에서 몬(物)을 놓은, 낫 놓고 기역 자 모르는 코리언을 보세요. 그래서 'Korean이슴나'입니다. '몸에서 몬을 논 ㄱ낫 모를 korean이슴나'는 몸에서 몬을 놓은 기역(ㄱ) 낫 모르는 코리언이즘(Koreanism)이 나라는 말입니다. 코리언주의(Koreanism), 이것은 아는 것입니다. 놓은 나(我)라는 것입니다. 하나밖에 없는 거기에서 온통 나라야 몸이 낯을 좇는 낯엔 낯을 낯히 깎는 낫입니다. 몸에서 몬을 놓은 낫 모르는 코리언이즘(Koreanism)이 나입니다. 예서 동지 팥죽이나 한그릇 얻어먹었으면 됩니다. (1956. 12. 21.)

제19강

하늘의 길을 가려면 곧이 곧장 가야 한다

止健

☰ 乾·元·亨·利·貞

天行·健·君子 以自强不息

☵ 需

☶ 大畜 利貞 不家食吉 利涉大川

象曰, 大畜 剛健篤實 輝光日新其德

剛上而尙賢 能止健大正也

不家食吉 養賢也 利涉大川 應乎天也

象曰, 天在山中 大畜 君子以多識前言往行

以畜其德 上九何天之衢亨

象曰, 何天之衢 道大行也

☶ 剝

☷ 謙

☳ 復 不遠之復 以修身也 (周易)

空色一如

物色不得一色物	誤有侮無後天痴
空虛蔑以加虛空	同空異色本地工

花容虛廓天啓示	服膺體面容納止
花語虛風人妄動	直內方外中空公 (다석일지 1956. 12. 27.)

곧이 곧장

이 사람은 산다는 것을 언제나 '곧이 곧장'으로 생각하려고 하고 또 그렇게 말씀드리려고 합니다. 세상 사람 누구나 '곧장'이라는 것을 좋아합니다. 빙빙 돌아갈 것 없이 기왕에 시작한 바에야, 또는 기왕 시작한 것이라면 '곧장'.하는 것이 좋겠다고들 합니다. 가까운 데로 곧장 가면 좋겠다는 생각은 세상 사람 누구나 하고 있습니다.

'곧이'라는 말은 예수도 많이 한 것 같습니다. 하지만 뭔가를 할 때 곧장 쉽게 되면 좋겠다는 뜻으로 이 '곧이 곧장'이라는 말을 쓰지는 않았습니다. 절대에게 가는 길을 힘을 들여서 '곧이 곧장' 올라가는 모양을 말합니다. 쉬지 않고 곧장 가는 것입니다. 지어지성(至於至誠)으로 쉬지 않습니다. '성(誠)'은 '참'으로, 하늘을 말합니다. 그래서 사람은 참(誠)을 행하려고 합니다.

유교의 《중용》에도 '참은 하늘이고 이 참을 하려는 게 사람의 일'이라고 분명히 나와 있습니다. '참'으로 가는 길은 하늘로 가는 길입니다. 그것을 사는 길을 맹자는 정성(精誠)이라고 하였습니다. '성'을 생각하는 것이 사는 길입니다. '참'을 그리워해야 합니다. '참'은 하늘의 길입니다. '참'을 그리워하는 것이 '참'의 길입니다. 이 하늘의 길을 가려면 '곧이 곧장' 가야 합니다. 그런데 이것을 깨닫지 못하고, 자꾸 중간에 방해가 생깁니다. 누구나 곧장 가면 좋겠다고 합니다. 곧장 갈 수 없으니까 자꾸 곧장 가면 좋겠다는 말을 하는 것입니다.

일본의 이시가와 다쿠보쿠(石川啄木)라는 시인은 27세를 일기로 이 세상을 떠났습니다. 이 사람의 시중에 무척 높은 곳에서 활주하다가 잘못하여 떨어질 때 그 떨어지는 동안이 한참이라는 내용의 작품이 있습니다. 떨어지는 동안의 생각을 그려놓은 시입니다. 곧장 떨어지면 금방 죽는 것 같아 '아이, 죽나 보다.' 하지만, 높은 곳에서 한참 동안 떨어지면 죽는다는 생각을 할 수 없습니다. 떨어지는 시간이 1분 정도면 사실 떨어지는지도 모릅니다. 그런데도 그 1분 동안 생각을 하면 꽤 많이 합니다. 다쿠보쿠는 그 1분간 그런 생각을 그리다가 삶을 끝낸 사람인지 모르겠습니다.

사람의 일생을 영원에 비하면 별똥별 떨어지는 순간에 지나지 않습니다. 우리는 태어나자마자 시간의 폭포에 줄곧 떨어집니다. 그런데 '나는 인제 죽었다'는 생각을 하지 못합니다. 다쿠보쿠가 어떤 경우를 생각해서 시를 썼는지 모르겠습니다만, 떨어지는 사람은 이 지구에서 '곧장'이라고 말을 하는 한편, 어디 한번 잘살아보았으면 좋겠다는 말도 합니다. 이런 사람은 죽는다는 게 뭔지 모르는 사람입니다. 이 사람은 이런 생각을 할 때마다 다쿠보쿠의 시가 생각납니다. 이렇게 '곧장'을 바랍니다. '곧장'이면 좋겠다는 심정을 다쿠보쿠가 잘 그려냈습니다.

사실 사람은 높은 곳에서 '곧장' 떨어지는 것처럼 조금도 머물지 않고 떨어지게 되어 있습니다. 사람들은 세상에서 운이 좋아서 돈을 좀 모으고 잘 지낸 얘기를 두고두고 합니다. 한참 떨어지는 그 순간에 좀 잘살았다고 하면 '그때는 참 좋았어', '제법 살맛이 있었어'라고 얘기합니다. 1956년은 다 가서 마지막이 됩니다. 오늘로써 금년도 5일 남았습니다.

세(歲) 수를 이렇게 정했으니까 그렇지, 해가 이전에 짧아지던 것이 동지 전날에 끝나고 다시 시작하는 것입니다. 말로 하자면 동지 다음 날이 새 해인 것입니다. 뭐 이러고저러고 해도 섣달그믐에 밤을 새지만, 이것은 다 동지 전날을 새는 것입니다. 이것을 세상 사람들이 몰라서 1년을 마 쳤다는 것을 겹쳐서 섣달그믐에 밤을 샙니다. 날씨가 점점 추워지고 해 가 짧아지던 것이 다시 양(陽)이 살아나서 죄다 도로 살아납니다.

지금이야 일력(日曆)이 있어서 누구나 이것을 알지만, 옛날에 일력이 없을 때에는 성인(聖人)들이 이것을 전부 정하였습니다. 그래서 옛날에 는 이것을 발견하려고 애쓰고 세력(歲曆)을 만든 사람을 성인이나 현인 (賢人)으로 받들고 공대하였습니다. 옛 임금들도 세력을 잘 만드는 사람 을 후하게 대접하여, 백성이 농사를 잘 짓도록 지도하게 하고 백성은 또 그런 사람에게 순종하였습니다. 지금은 성능이 좋은 시계를 갖고 있기 때문에 하늘의 시계를 잊은 지 오래입니다.

백 년 전만 해도 이 사람이 사는 자하문 밖에 사는 늙은이들은 하늘 만 쳐다보고도 시장에 가는 시간을 알았습니다. 시계가 없어도 시간을 곧잘 맞추고 살았습니다. 오늘날의 시계는 편리하지만, 그것 때문에 우 주를 잊게 되어 하느님을 멀리하는 일이 생깁니다. 즉, '참'과 점점 멀어 지는 것입니다. '참'은 쉬지 않습니다. 참은 어디든 곧장 가려고 합니다. 어떻게 달리 말할 수가 없습니다. 이렇게 마칠 수밖에 없는 것입니다. 지 금도 얻을 수만 있으면 그 '곧이 곧장'을 가지고 싶습니다. 생각도 곧이 곧장, 말도 곧이 곧장, 맘과 몸도 곧이 곧장, 집안 살림도 곧이 곧장이고 싶습니다. 이렇게 되면 나라가 제대로 됩니다.

지건(止健)
찌그러지고 일그러지고 잡힐 것이 어디 있습니까? '곧이' 하나를 잊기 때문에, 곧이 갈 것을 내버리기 때문에, 우리는 근본을 딛고 있는 지건을 알아야 합니다. 지난 일을 우리가 다 잘해 '곧이 곧장'을 잊지 않고 나왔다면 다른 것을 다시 생각할 필요가 없을 것입니다. 그런데 새해가 되면 으레 오는 해만큼은, 그러니까 새해부터는 잘해보겠다는 생각을 누구나 다 합니다. 올해는 한번 건전하게 살아보겠다고 마음을 먹습니다. 몸도 마음도 건전하게, 한번 분명히 건전하게 해보겠다는 각오로 시작을 합니다.

이것이 곧 《대학》에 나오는 지어지선(止於至善)입니다. 곧이 곧장 착하고도 지극히 착한 '곧이'에 이르자는 것입니다. 이것을 얻고 가기 때문에 지선(至善)에 이르면 멈추는 '지(止)'입니다. 가는 것도 '지어지선'입니다. 지극한 '곧이'를 꼭 붙잡습니다. 다른 데 옮기지도 않습니다. 한번 쥐었다가 내버리면 쓸데없습니다. 그래서 사람은 본능적으로 알지 못하면서도 곧장 가면 좋겠다고 합니다. 일 주일만 이렇게 하자는 것이 아닙니다. '곧이 곧장'이라는 것을 붙잡고 가는 도중에 내버리면 안 됩니다. '지어지선'하려고 할 것 같으면, '지선'한 데 이르면 디디는 '지(止)'로 멈춰 있어야 합니다. 한번 서면 움직이지 않고, 한번 얻으면 놓지 않고, 점점 더 굳건히 지키면 지켰지 잊어서는 안 됩니다. 이렇게 그치는 것입니다. '지어지선'은 대단히 좋은 말입니다. '지어지선'에서 그칠 줄 아는 사람이 정말 아는 사람이 아닌가 싶습니다. 정말 안다는 사람은 이러한 것을 얻은 사람입니다.

소극적으로 안다는 것은, 곧 소극적으로 그칠 줄 안다는 말입니다. 꼬리가 길면 밟힌다는 말이 있습니다. 언짢은 일을 길게 하면 욕보고 망신당한다는 말입니다. 꼬리가 길면 밟힌다는 말로 소극적인 '지어지선'을 말하는데 이 지경은 누구나 압니다. 소극적으로 그칠 줄 모르는 사람은 망합니다. 지저분하게 그칠 줄 모르고 사는 것이 됩니다. 누구든지 그칠 줄 알아야 합니다. 소극적으로는 누구나 다 합니다. 그러나 적극적으로 알아야 합니다. 《대학》의 '지어지선'에서 말하는 '지(止)'는 지지이후유정 (知止而后有定)의 '지'가 아닙니다. '지(止)'를 안 뒤에 정(定)하는 바가 있다는 '지(止)'와는 그 뜻이 아주 다릅니다. 그칠 줄 안 다음에 정함이 있습니다. 정함이 있은 뒤에 능히 고요함이 있고, 고요하여야 능히 평안함을 얻고, 평안하여야 생각을 할 수 있으며, 생각하면 능히 얻는 것이 있다고 말합니다. '지(止)'를 아는 것은 정하는 것이라고 하는데, '정(定)'하는 것은 뜻이 다 정해졌다는 것을 의미합니다.

내가 사람 노릇을 함에 있어서 '곧이 곧장' 하늘로 올라가자는 것이 '지어지선'입니다. 그러나 '지지이후유정'은 이 세상에서 대통령이나 한번 해보겠다는 뜻의 '정(定)'을 말합니다. 뜻을 정할 때는 그칠 줄 알아야 합니다. 젊은 사람이 열심히 공부를 하여 무엇이 되겠다면, 그 사람에게는 이미 뜻이 정해진 것입니다. 대통령이 되겠다든지 장관이 되겠다는 뜻을 품은 것입니다. 이 사람이 말하고자 하는 것은 이러한 뜻의 '뜻'이 아닙니다. 사람은 왜 하늘을 압니까? 하늘을 안다는 것은, 하늘의 뜻을 받아서 그대로 사람 노릇을 한번 해보겠다는 것을 말합니다. 그 뜻을 알려고 《대학》을 공부하는 것입니다. 《대학》과 《소학》이 있는데 어른 노릇은 어떻게 하는 것인지를 알려는 것이 《대학》 공부입니다. 대인지학(大人之學)이 《대학》입니다. 갈 길을 배우는 것입니다. 그러니까 '지(止)'를 바로 알아야 합니다.

뜻을 정할 때, 자기가 지향하는 방향으로 어떤 큰 사람이 되어보겠다는 것은 아직 모르는 말입니다. 대통령이 되려면 흑인 노예를 해방시킨 에이브러햄 링컨 같은 대통령이 되든지, 이주민으로서 압박을 너무 받으니까 살림을 자주 독립하게 한 조지 워싱턴 같은 대통령이 되든지 해야 합니다. 종국엔 그저 껍데기(몸)의 뜻이 아닌 것입니다. 활동하는 사람으로서 사람 노릇을 하려면 마땅히 하늘을 알아야 합니다. 다 비슷한 점이 있습니다. 그 뜻의 뜻, 하느님의 뜻을 알아야 합니다. 그 뜻을 정하려면 그칠(止) 줄을 알아야 합니다. 소극적으로 알고 어려서부터 외곬으로 운동 선수가 되겠다거나 전문 기술에만 능해보겠다는 것은 사람 노릇을 하는 것이 아닙니다.

온전한 사람이라면 사람이 무엇인지를 알아야 합니다. 교육은 그 근본을 사람의 본질이 무엇인지를 가르치는 데 두어야 합니다. 운동이나 전문 기술만 가르치는 것을 교육으로 알면 그것은 도둑놈의 교육입니다. 그칠 줄 안 뒤에 정해진다는 이것을 바로 알면 요긴하게 쓸 수 있습니다. 정한다는 것은 자기가 나아갈 지향을 정하는 것입니다. 자기 뜻을 정하는 것입니다. 고요하면 마음이 흔들리지 않습니다. 마음이 흔들리지 않으면 마음이 평안해집니다. 마음이 평안해지면 목적을 정할 수 있습니다. 마음이 뜻의 자리를 잡습니다. 앉아서라도 무엇을 연구할 수 있습니다. 아무리 어려운 일이 닥쳐도 꼭 알맞게 생각을 하여 문제를 처리할 수 있습니다.

이것이 능려(能慮)입니다. 이렇게 생각하면 반드시 얻는 무엇이 있습니다. 사물의 본연(本然)은 지성(至誠)이라고 하나, 겨우 겨우 '하나'라는 것에만 '지성'이라는 것이 보일 듯합니다. 우리는 보통 작은 뜻의 '지성'을 찾습니다. 작은 물건에 '지성'을 다합니다. 큰 데 가서는, 곧 영혼계에 가서는 '지성'을 빼버리는 수가 있습니다. '지성'은 간단한 것이 아닙니다. 이 사람이 말하는 '지성'은 지극한 이치에까지 도달하는 것입니다. 응당 전체인 영혼계로 시원하게 가야 합니다. 이것이 우리 삶의 알파와 오메가입니다. 그렇게 하면 여섯 단계로 능히 얻는 차례가 됩니다. 삶을 그치는 것은 '참'에 가서 해야 합니다. 소극적으로 하면 아무것도 안 됩니다. 그렇게는 할 수 없습니다. '지어지선'의 '지(止)'와는 달라 적극적으로 지극한 곳에 가서야 '참'을 얻게 됩니다.

얻는 자리는 나중에 알지 얻기 전에 어떻게 알 수 있느냐고 합니다. 그러나 지지이후유정(知止而后有定)은 다릅니다. 분명히 얻기 전에 알아야 합니다. '지', 곧 안다는 것에는 그 이전에 있는 남의 소리를 듣고 아는 것, 실제로 직접 두드려보고 아는 것, 만지고 붙잡아 아는 것이 있습니다. 이것이 참으로 안다는 것에 가까운 '지'입니다. 이같이 '지'에도 여러 가지가 있습니다. 처음에는 '지지이후유정'이라는 확신할 만한 소식을 압니다. 하지만 종국에 가서는 지선(至善)한 것이 있음을 확실히 아는 것이 진정으로 아는 게 됩니다. 이렇게 말하면 그칠 줄 아는 것이 됩니다. 그리스도교를 믿어야 하고 하느님을 믿어야 한다는 것은 진리의 정신이 나온 근본을 믿어야 한다는 것입니다. 즉, 나온 데로 돌아가서 완성한다는 것을 믿어야 한다는 것과 같은 말입니다.

그대로 줄곧 나가는 '지(止)'도 나가는 동안에는 어떤 일이든지 더듬어 나갑니다. 사물에 대하여는 징검다리처럼 하나하나씩 '지성(至誠)'하게 디뎌야 합니다. '곧이 곧장' 완전히 믿고 잘 가야 합니다. 잘못 디디면 허방에 빠집니다. 잘못 딛지만 않고 가면 '지성'에 들게 됩니다. 몇 번 곧이 밟고는 '에이, 이제는 소용없다'는 생각이 들면 못씁니다. 미끄러져 나가면 안 됩니다. 줄곧 밟고 나가면서 미끄러지지 않고 계속 가면 궁극에는 '지선(至善)'의 자리에 딱 들어서게 됩니다. 미끄러지지 않는 것이 중요합니다. '지어지선'으로 갈 데까지 가면 절로 하늘과 같아집니다. 그러나 우리 인간은 '곧이 곧장'이라는 것을 하고 싶어도 잘 안 됩니다. 그냥 안 되는 것이 아니라 안 보입니다. 그래서 추원(追遠)하고 가는 것이 아니겠습니까?

지지이후유정(知止而后有定)에 대해서는 그냥 간단하게 생각할 수 없습니다. '지지이후유정'의 상대로 지수지향정(止遂志向定)을 내세우고 싶습니다. 둘 다 '지(知)'와 '정(定)'이 겹쳐 있습니다. '디딜 지(止)'는 한 걸음 한 걸음 딛는다는 '지'입니다. '그칠 지(止)'는 목적한 궁극에 가서 이제는 되었다고 보는 '지'입니다. 딛는다는 것은 소극적인 뜻에서 씁니다. 드디어 내가 디뎠다, 드디어 한번 디뎌보겠다고 하는 것이 '디딜 지(止)'입니다. '지지이후유정'과 '지수지향정'의 대각(對角)을 지어보고 싶습니다. 디딜 것을 알고 '참'을 행할 줄 알아야 뜻이 정해지고, '참'을 디딜 줄 알아야 지향(志向)도 정해진다는 것이 '정할 정(定)'입니다. 집(宀) 안에 '바를 정(正)'이 있는 것(定)입니다. '정(正)'은 일지(一止)로 하나에 그치는 것입니다. 사람은 이렇게 되는 것입니다. 집 안에서 살림을 바로 하는 모양이 '정(定)'입니다. 이렇게 해야 많은 게 바로 됩니다. 한 해가 다 가고 있는데, 지난 한 해에 대해 느끼는 것이 있어야 하겠습니다. 좀 더 외곬으로 '곧이 곧장'을 해야 하겠습니다.

불가항력이지만 어떻게든 힘 있게 한번 해보겠다는 '곧이 곧장'의 마음이 있어야 합니다. 금년 정초에 참 건전하게 살겠다고 작정하고 오늘까지 지낸 분은 지금 이 사람이 해석하는 말씀을 잘 알 것입니다. 1956년을 건전하게 보내겠다고 몇 번이고 마음을 고쳐먹었을 것입니다. 달이면 달마다 마음을 고쳐먹지만 지어지선(止於至善)은 잘 안 되는 것 같습니다. '지어지선'이면 지건(止健)입니다. 오는 해는 정말 건강하게 살아야 하겠습니다. 해(日)도 건강하게 오는데 우리도 한번 《대학》에서 말한 그대로 지지이후유정(知止而后有定)을 해봅시다. 정심(靜心)하고 안심하고 능히 생각 잘하여 종당엔 능득(能得)하여야 합니다. 건(健)에 가서 디뎌야 합니다. 새해 1년은 할 수만 있으면 줄곧 '지건'을 해봅시다. 세상에서 추수감사제를 지내는 것처럼, 우리도 마음속의 농사에 대해 추수감사제를 지낼 수 있을 만큼 감사하며 1957년을 맞이하라는 말입니다.

건(健), 원형(元亨), 이정(利貞)

'건(乾)'은 '건(健)'과 같습니다. 건괘(乾卦)는 곧게 그립니다. 작대기 6개를 모두 곧이 긋습니다. 한문이 생기기 전에 세상에 나와 글의 시작이 된 것이 괘(卦)입니다. 하나를 죽 건전하여 그어서 건(健)함을 느끼는 모양입니다. 이것을 여섯 번 죽 그어놓고 하늘이라고 합니다. 하늘을 푸르다고 하지만, 옛 사람들은 그런 생각을 하지 않았습니다. 큰 덕을 생각하고 위로 올라가는 것을 생각하고 건전한 것을 생각해서 여섯 번 그어놓고 하늘을 생각한 것 같습니다. 속과 겉이 둘이 아닌 것을 안 수작(手作)입니다. 일월성신(日月星辰)이 돌아가는 이치가, 동지(冬至)까지 낮 길이가 짧아졌다가 다시 늘어나는 것을 살피는 동안 이 사상(四象)을 생각해내고 괘를 생각해냈습니다.

태극(太極)이 쪼개져 음양(陰陽)이 생기고 그 음양이 사상(四象)으로 쪼개지는 것을 살피는 도중에 육괘(六卦)의 생각이 따로 나온 것입니다. 육괘의 '여섯(六)'도 우리와 퍽 관계가 많습니다. 사람의 일생을 대략 60년 정도로 잡습니다. 그리고 1년은 여섯 달 동안 길어지고 여섯 달 동안 짧아집니다. 무슨 일이든지 이 여섯을 생각하게 합니다. 연중에 추위도 여섯 달, 더위도 여섯 달입니다. 1년을 잘 보내고 지건(止健)하여, 일생의 전반부 30년은 건설하고 후반부 30년은 돌아가는 것입니다. 전반부 30년과 후반부 30년의 인생 프로그램을 잘 정하고 해 나가야 합니다. 하늘을 생각하면 이 여섯을 생각합니다. 그리고 또 '생각 념(念)'은 20이라는 글자입니다. 무슨 정신이든 20년 정도 생각하여야 합니다. 스무 살에 또 한 생각을 해서 성인이 되려고 하여야 하고, 마흔 살에는 세상에서 뜻한 바를 이루어야 합니다. 그러고 나서 쉰 살에는 좀 쉬어야 합니다.

그런데 하릴없이 괘를 보는데 전반부 30과 후반부 30을 상3(上三), 하3(下三)으로 봅니다. 곧, 전3(前三), 후3(後三)으로 보는데 상괘, 중괘, 하패가 있습니다. 무엇인가가 흉(凶)하고 길(吉)하다고 합니다. 그러나 건괘(乾卦)는 아무것도 아닙니다. 건전한 것을 나타낼 뿐입니다. 이 사람은 그런 하릴없는 소리는 하지 않습니다. 우리는 몽땅 하느님에게서 받은 생명인데, 그 가운데서 특별히 무엇 하나만을 하느님에게서 받았다고 감사하겠습니까? 이 사람은 줄곧 아주 감사하다고 합니다. 특별히 무엇을 받으면 감사하겠는가 묻는다면, 영생을 얻으면 감사하겠다고 할지 모르겠습니다.

이 사람은 몸이 성하면 감사하다고 말합니다. 몸이 성하면 건강합니다. 건(健)하면 감사합니다. 이 모양이 (류영모가 건괘를 가리킨다) 시원히 건하면 감사합니다. 몸이 성하면 마음이 놓입니다. 마음이 놓이면 또 감사합니다. 마음에 걸리는 것 없이 마음이 놓이면 참 좋습니다. 그렇게 마음에 괴로움이 없으면 심심하지 않을까 하지만, 이렇게 생각하는 사람은 못쓰는 사람들입니다. 아무런 일에 걸리는 것이 없으면 감사해야 합니다.

그 다음은 바탈(性)을 타고 난 것에 감사해야 합니다. 내 바탈은 나를 느낍니다. 내일은 지금보다 더 깊은 바탈을 느껴야 합니다. 계속해서 바탈을 태우고 나가니까 가는 것입니다. 이 사람은 간다는 것을 이렇게 보고 싶습니다. 자동차를 타거나 배를 타는 것에 비유할 수 있습니다. 하느님이 주신 바탈을 자꾸 태워 가는 것을 무상의 즐거움으로 여겨야 합니다. 생각줄을 붙잡고 바탈을 태우려면 몸이 성해야 합니다. 마음이 놓여야 합니다. 몸에 병이 있으면 안 됩니다. 마음이 놓여야 합니다. 바탈을 잊지 않고 태워 나가야 합니다. 바탈을 잊으면 실성(失性)하였다고 합니다. 실성하는 것은 다들 싫어하지 않습니까? 건(乾)은 건(健)이기도 합니다. 건전해야 한다는 말입니다.

하느님을 좇는 길을 '원(元)·형(亨)·이(利)·정(貞)'이라 합니다. '원·

형·이·정'에서 '원(元)'은 하늘 밑에 사람이 앉아 있는 꼴입니다. 사람은 만물의 밑동으로, 하느님을 받드는 '원'입니다. 우리는 생각하기 때문에 있습니다. 하늘과 통해서 쉬지 않고 기(氣)를 마시어 원기(元氣)를 차립니다. 줄곧 원기를 하늘에서 받고 있습니다. 이 하늘의 원기를 받아서 사는 것이 행복입니다. 향락(享樂)이라는 말이 있습니다. 남녀가 만나면 아래위를 통해서 향락한다고 하나, 실상은 향락하는 것도 하늘과 통해야 가능한 줄 압니다.

제향(祭享)은 제사를 지내고 제물을 음복하는 것을 말합니다. 사는 것을 후하게 해 달라는 뜻입니다. 사람은 제향의 끄트머리입니다. 원형(元亨)을 생각해야 합니다. 원자(元子)는 독생자(獨生子)를 말합니다. 사람은 하느님의 원자입니다. 이 시간도 이 사람에게는 제향을 지내는 시간입니다. 제사를 잘 지내면 이롭습니다(利).

'이(利)'라는 것은 벼(禾)를 낫(刂, 刀)으로 자르는 형상입니다. 사람은 이 노릇을 자꾸 합니다. 농사로 말하면 수확이 나오는 것처럼 '이'한 것이 없습니다. 벼 이삭 하나가 1천5백 배나 되니 그 같은 '이'가 어디 있겠습니까? 조(粟)는 1만 5천 배나 된다고 합니다. 벼를 거두는 형상이 '이(利)'라는 것은 잘된 글자입니다. 《주역》에서는 '이'를 서로서로 많이 이익이 되게 해준다는 뜻으로 씁니다. 상대적으로 쓰는 말이 아닙니다. 이해가 상대적이면 남을 해롭게 하여야 자기에게 이로운 것이 됩니다. 남들 모두를 이롭게 해준다는 말이 있습니다. '이'를 잊어서는 안 될 것입니다.

'이'하는데 '곧이(貞)'가 떠나면 안 됩니다. 그래서 '곧이'는 중요하며, 정직하게 하여야 합니다. 우리가 가는 것도 우삼좌삼(右三左三, 彳)해서 '걸어갈 행(行)'이 됩니다. 가는 시작은 '걸음 보(步)'입니다. '보'가 글자 그대로 좌지우지(左止右止)되어 '곧이' 가는 것을 알아야 합니다.

천행 · 건 · 군자 · 이자강불식(天行 · 健 · 君子 · 以自强不息)

천행(天行), 하늘이 간다는 것을 우리가 느낍니다. 하늘이 가는데 어떻게 가느냐 하면 아주 힘차게 갑니다. 건전하게(健) 갑니다. '곧이 곧장' 가는 것이 하늘입니다. 이것을 받아 우리도 '곧이 곧장' 가야 합니다. 군자(君子)는 우리말로 하면 '그이'가 됩니다. 임금 아들(君子)은 하늘 아들과 같은 말입니다. '그이'가 하늘의 힘을 쓰려고 합니다.

소용(所用)이라는 말이 있는데, 이 사람은 그 말을 아주 싫어합니다. 사람들은 날마다 하는 일에 대해서는 묻지 않습니다. 뭔가 다른 것을 하면 뭘 하느냐고 묻습니다. 대답을 해주면, 그게 무슨 소용이 있느냐고 합니다. 의식(意識)이 좁은 가족들은 비교적 이 사람을 아는 편인데도, 이 사람이 뭔가 좀 다른 것을 하려고 하면 그렇게 하는 게 무슨 소용이 있느냐고 하면서 핀잔을 주거나 비평을 합니다. 말을 하지 않으려고 해도 비평이 나오니까 말을 하고 싶어집니다. 자꾸 소용을 찾습니다. '무엇에 쓰느냐?'는 물음을 이 사람은 아주 싫어합니다.

이 사람은 무엇이 처음인지도 모르고 무엇 때문에 있는지도 모르지만 이렇게 있는 것이 좋습니다. 사람이 무슨 소용이 있어서 사는 것은 아닙니다. 그냥 만물의 윗자리에 앉아 있는데, 그렇게 있는 것이 좋지 않나요? 반드시 무엇인가에 소용이 있지 않은 것도 여간 많지 않습니다. 그러한 것이 깊은 의미를 지닙니다. 무엇에 쓰는지 모르는 것을 정말 알아보아야 합니다. 하늘은 무엇에 쓰는 것입니까? 우리 인간은 무엇에 쓰려고 있습니까? 서로 잡아먹겠다고 싸움질하는가 하면 서로 살겠다고 아첨합니다. 그것을 하려고 있는 것입니까? 그 짓을 하는 사람이 하늘과 땅이 무엇에 쓰이는지 아는지 모르겠습니다. 들어가면 구만 리나 되는 땅을 갖고 어떻게 무엇을 하겠다는 겁니까? 천하의 땅을 한꺼번에 집어삼켜보겠다고 한다면, 혹 집어삼키는 데 땅덩어리가 소용이 되는지 모르겠습니다.

그런데 하늘은 하늘나라로 건전하게 들어가는 데 소용이 있습니다. 가는 것도 소용이 있어서 가는 것입니다. 장차 참나를 갖기 위해서 하늘을 갖는 것은 좋습니다. 장래가 좋아집니다. '이(以)'는 '쓸 용(用)'과 같습니다. 하늘을 쓸데가 있어서 가져보고도 하늘나라로 가려고 하지는 않습니다. 하늘을 다 팔아먹는 사람이 있습니다. 베트남에서 어떤 사람이 좁은 마당에서 하늘을 팔아먹으려고 한 일이 있답니다. 땅 위에는 팔아먹을 것이 없어서 대신 하늘을 팔겠다고 한 것입니다. 그것을 산 사람이 공중에다 누각을 지어 하늘을 막았다고 합니다. 이를 어떻게 견디어 내겠습니까? 그제야 하늘이 소용 있는 것인 줄 알았답니다. 지금도 그같이 답답한 사람이 많습니다. 세상에서는 이 하늘이 다 쓸데없다고 합니다. 건(乾)이 무엇에 필요합니까? 그러나 '그이(君子)'는 이것을 갖다가 바로 자강(自彊)하는 데 쓴다고 합니다. 자기가 참되게 살고자 힘쓰는 데 소용된다고 합니다. '곧이 곧장' 한다는 말입니다. '곧이 곧장' 온 사람은 1956년에도 잘살았다고 말할 것입니다.

힘쓰는 해는 코가 쉴 새 없습니다. 자기를 대표하는 게 코입니다. 코가 숨을 쉬지 않으면 힘을 쓸 수 없습니다. 자강하는 것도 코입니다. 자강하는 것은 내가 합니다. 처음부터 곧이 합니다. 다른 방법이 있을 리 없습니다. 몸을 '곧이' 갖는 것뿐입니다. 양기법(養氣法), 양생법(養生法) 따위의 많은 장생법(長生法)이 있는데 한때는 잘 듣는 것 같아도 다 못씁니다. 그저 줄곧 '곧이' 정신을 지니고 입 다물고 숨쉬고 심신을 '곧이'가 지면 숨이 잘 쉬어집니다. 호흡이 잘됩니다. 대부분이 음식이 과하면 식곤(食困)이 생겨 잠이 많아지고 앉아도 곧장 앉지 못합니다. 그러니 바로 숨도 잘 쉬지 못합니다. 식(息)이라는 글자를 보면 코에 염통이 붙어 있습니다. '곧이 곧장' 가려면 '식'이 성해야 합니다. 세상 모르고 잠을 잘 때도 숨은 힘차게 쉽니다. 숨은 힘차게 쉬기 때문에 불식(不息)입니다. '쉬는 식(息)'과 '숨 식(息)'이 같은 게 참으로 이상합니다. 숨(息)은 처음부터 불식입니다. 장난 같습니다만, 식(息)은 불식(不息)입니다. 숨길을 쉬면 안 됩니다. 건(健)하려면 식불식(息不息)하여야 합니다.

수(需) 대축(大畜) 이정 불가식길(利貞 不家食吉) 이섭대천(利涉大川)

대축괘(大畜卦, ䷙)의 간상련(艮上連, ☶)은 산(山)을 말합니다. 건삼련(乾三連, ☰)은 하늘(乾)입니다. 산에는 딴딴한 곳도 있고 무른 데도 있습니다. 산 아래로 내려올수록 무른 곳이 많은 것 같습니다. 산봉우리는 보기에도 바위가 많고 딴딴하게 보이지 않습니까? 강하지 않은 것은 내려갔습니다. 그래서 그만큼 가서 그치(止)어 있는 것이 산이구나, 삼각산 백운대는 올라가는 길은 많은데 어디어디서 끝이구나 하게 됩니다. 산에서 그친 것을 옛날 사람들은 이렇게 생각하였습니다. 그런데 이 괘는 누가 만들었는지 모릅니다. 복희씨나 문왕의 팔괘에도 이런 것은 없습니다. 대축(大畜)은 크게 저축했다는 뜻입니다.

대축괘에서 산(☶)이 위에 있고 하늘(☰)이 아래에 있는 천재산중(天在山中)을 살펴보겠습니다. 하늘이 산속에 있으니 대축(大畜)이라고 하였습니다. 하늘이 산중에 있다는 것은 무슨 말입니까? 산 깊은 곳에 광물이 있으면 혹 이렇게 말할 수 있을지 모르나, 아무런 까닭 없이 그렇게 말할 수는 없습니다. 대축괘를 갖고 당시에 어떻게 하였는지는 모릅니다. 다만 이 사람의 소견으로는, 유치원에서 아이들이 가지고 노는 장난감과 같은데 맞추어보는 사람마다 다릅니다. 공자가 맞춘 것을 우리가 맞추어볼 때는 이것이 안 됩니다. 도저히 그릴 리 없다고 하게 됩니다. 지금도 문왕의 주역, 주공(周公) 씨의 주역, 공자의 주역이 있는데, 이것과는 다릅니다. 이 괘사(卦辭)가 있기 전에는, 자기 스스로 맞추어보는 것이 원래의 주역으로 되어 있었습니다. 그러던 것이 세상에서 가르쳐준 그대로를 외워서 길에서 점을 치고 무슨 소리를 하게 되었습니다. 이것은 아무것도 아닙니다. 내일 무엇이 어떻게 되고, 물건 값이 오를지 내릴지, 또는 장사가 잘될지 안 될지를 한번 말하고 던져버리는 것밖에 아무것도 아닙니다.

수괘(需卦, ䷄)는 하늘 위에 물이 있는 꼴입니다. '물 수(水)'라는 글자는 (☵)를 일으켜 세운 것입니다. 강물은 언뜻 보면 양쪽 가장자리가 무르게 보입니다. 수괘의 하늘 위에 물이 있다는 말은, '나'라는 전체 존재의 꼭대기에 물이 가득 찼는데 이것을 위에서 아래로 부어준다는 것입니다. 곧 하늘의 물탱크 뚜껑이 열려서 물이 쏟아진다는 말입니다. 《성경》에도 노아의 홍수 때에 하늘의 물탱크가 열려서 물난리가 났다는 이야기가 나옵니다. 지금도 목사들은 하느님이 하늘에서 물을 쏟아부었다는 식으로 가르칩니다. 세상이 발달된 지금은 그런 식으로 가르치는 시대는 지나간 줄 압니다. 이런 모습을 보면 주역을 하는 사람이 지금의 그리스도인보다 낫습니다. 하늘 위에 물이 있는 것을 구름이라고 하였습니다. 이것을 이름 지어 수괘(需卦)라 하였던 것입니다. '수(需)'는 일용 필수품을 가리키는 글자입니다만 여기서는 그 뜻이 아닙니다. 모름지기 가져서는 안 되는 것이 없습니다.

이 글자는 꼭 '필요한 수'이기도 하고 '음식 수'이기도 합니다. 비(雨) 오는 날 위(胃)가 건강한 사람은 뭔가 먹을 궁리를 합니다. 별식을 먹을 궁리를 한다는 것입니다. 물론 밖에 나가지 않고 들어앉아서 말입니다. 雨+而는 비가 와서 먹을 궁리를 한다는 말입니다. 유교(儒教)의 '유(儒)'는 '사람 인(亻)'에 '쓰일 수(需)'를 써서 된 글자입니다. 그래서 유교가 지금 맥을 못 추는 것 같기도 합니다. '유(儒)'는 하늘 위에 있는 구름이 비가 되어 내리니 사람들이 집 안에 들어앉아 무엇을 하는 형상입니다. 일

년 내내 비가 고르게 제때 잘 와서 곡식을 넉넉히 수확하여 별식이라도 해먹을 수 있는 것을 의미한다는 생각이 언뜻 듭니다. 비가 온다는 것은 거시키가 쏟아지는 것입니다. 거시키가 쏟아지면 맛볼 것이 많습니다. '수'는 좌우간 먹을 괘입니다. 좋은 괘입니다. 대축괘(大畜卦)는 이 수괘 (需卦)가 변해서 되었습니다. 강한 획(一)이 위로 올라간 것입니다. (☰ → ☶), 이 대축괘를 설명하기 위해서 수괘를 내놓은 것입니다.

이정 불가식길(利貞 不家食吉)의 이정(利貞)은 곧이(貞)라 이롭다(利)는 말입니다. '이정'이라는 말은 《주역》에 많이 나옵니다. 줄곧 '곧이'를 갖고 나가면 이롭다, '곧이'면 이롭다, '곧이'어야 이롭다는 말이 많이 나옵니다. 크게 저축하는 데는 '곧이'어야만 이롭다는 것입니다. 불가식길(不家食吉)은 자기 집에서 밥을 해먹지 않는다는 말입니다. 이것은 곤궁함을 많이 보는 경우를 가리킵니다. 무엇의 소용을 찾는데 집에 들어앉아서 밥 먹는 걱정이나 하고 옷 입는 걱정이나 하면 이런 말을 모릅니다. 하늘의 소용을 생각하지 않게 됩니다. 가식(家食)하면 모릅니다. 좀 곤궁해서 타향살이를 하는 사람, 곧 불가식(不家食)하는 사람이라야 좀 생각하려고 합니다. 이것이 길(吉)하다는 것입니다. 공자 같은 이는 불가식한 사람입니다. 공자가 앉은 자리는 늘 차가웠다고 합니다. 한군데 오래 앉아 있으면 은근히 따뜻해지는데, 잠깐 앉았다 일어서면 앉은 자리가 따뜻해질 겨를이 없습니다. 부지런을 떠는 것보다는 항상 불가식을 한 것을 뜻합니다. 공자가 집에서 지은 밥을 먹고 한 유교라면 지금 우리에게 소용이 없습니다. 불가식(不家食)으로 하였기 때문에 오늘날까지 소용이 됩니다.

이섭대천(利涉大川), 큰 내(大川)를 건너가는 게 이롭다는 말입니다. 대축(大畜)은 하늘(☰) 위에 산(☶)이 있어서 크게 대축했는데 곧게(貞) 가야만 이롭습니다. 불가식하여야 길합니다. 조금 하는 것이 아닙니다. '곧이 곧장' 올라가는 것입니다. 집 안에서 하는 짓이 아닙니다. 집이라는 국한된 장소 안에서 하는 것이 아닙니다. 한량없이 나갈 수 있는 것이 대축입니다.

단왈(象曰) 대축 강건독실 휘광일신기덕(大畜 剛健篤實 輝光日新其德) 강상이상현 능지건대정야(剛上而尙賢 能止健大正也) 불가식길 양현야(不家食吉 養賢也) 이섭대천 응호천야(利涉大川 應乎天也)

대축 강건독실(大畜 剛健篤實), 대축(大畜)은 금강산같이 강하고 정(定)합니다. 독실이라는 것은 산을 보는 듯합니다. 어엿한 것이 '독실'하지 않습니까? 산이 독실하지 않으면 무너져 내릴 것입니다. 산 밑은 해가 늦게 올라오고 일찍 내려가는데, 산봉우리 위는 평지보다 빛을 먼저 받습니다. 그리고 해가 질 때도 제일 늦게까지 빛을 받습니다. 산꼭대기에 올라가면 보이지 않던 곳이 다 보입니다. 그래서 산은 늘 독실하고 휘광(輝光)합니다. 이것을 무엇에 쓰느냐 하면 우리 인간의 마음속에 다 쓰자는 것입니다. 쓰는데 어떻게 쓰느냐, 일신기덕(日新其德)하자는 것입니다. 바탈을 자꾸 태워 나가는 것이 살아가는 것입니다. 얻을 것 얻고 그대로 '일신기덕', 날마다 새롭게 합니다. '수(需)'보다 한길 위에 올라가자는 것입니다. 이렇게 올라간 것이 강상(剛上)입니다(☰ → ☶).

강상이상현 능지건대정야(剛上而尙賢 能止健大正也), 상현(尙賢)이나 양현(養賢)에서 어진 이란 높은 자리에서 국록을 먹어가면서 나랏일을 보는 사람을 말합니다. 하늘의 녹(祿)을 먹고 하늘을 가르쳐준다는 말도 됩니다. 옛날에는 가르치는 사람에게 이 세상에서 먹는 양식을 제공해주었습니다. 세상이 양현(養賢)을 한 것입니다. '수(需)'는 집 안에서 먹고 사는 것인데, 관(官)에 올라갈 것 같으면 나라가 녹을 먹여줍니다. 양현을 하는 것입니다. 그래서 강상이상현(剛上而尙賢) 하면 능지건(能止健)

합니다. 건전하게 지어지선(止於至善)합니다. 선(善)에 가서 그칩니다. 높아 가지고 그칩니다. 선(善)은 하늘 위의 선이요, 땅 위의 선입니다. 이러한 장난감을 맞추어놓은 것이 대축(大畜)입니다.

대축 강건독실 휘광일신기덕(大畜 剛健篤實 輝光日新其德)하여 지건(止健)하면, 곧 지극한 데 가서 그치면 흔들리지 않습니다. 일지(一止)합니다. 흔들리지 않으면 크게 바른 것입니다. 대정(大正)이라고 합니다. 일본에서 명치(明治)가 죽고 그 다음을 대정(大正)이라고 한 것은 이렇게 하자고 정한 것일 겁니다. 지어지선(至於至善)으로 지건(止健)하면 대정(大正)합니다. 이것을 알면 다 됩니다. 이대로 하는 것이 선지(先知)입니다. 우리 인간은 '지건'하지 못합니다. 아이들의 장난 같으나 이대로 하면 됩니다. 분명히 그렇습니다. 이대로 하면 불가식길(不家食吉)입니다. 나가서 얻어먹는 것이 아니라 먹을 것 입을 것이 걱정이 안 됩니다.

일신기덕(日新其德)하는데 왜 먹을 것을 걱정하겠습니까? 지건(止健)만 하면 먹을 것 입을 것이 저절로 따라옵니다. 상대적으로 이(利)를 취하고 '지건'을 하지 않으니까 먹을 것 입을 것을 걱정하는 시대가 되어버렸습니다. 대축(大畜)은 가질 것을 다 가지는 것을 말합니다. 크게 저축하는 것입니다. 그렇다고 하늘만 쳐다보면 안 됩니다. 한번 건너갈 때는 건너가야 합니다. 이리저리 왔다갔다하다가 건너가보는 것이 이롭다고 생각되는 일이 있어서 딱 건너가는데 하늘이 응합니다.

상왈천재산중 대축(象曰天在山中 大畜) 군자이다식전언왕행 이축기덕 (君子以多識前言往行 以畜其德) **상구 하천지구형**(上九何天之衢亨) **상왈하천지구 도대행야**(象曰何天之衢 道大行也)

천재산중 대축(天在山中 大畜), 하늘에 산이 있는 것이 대축입니다. 무슨 소용이 있어서 이런 말을 하는 게 아닙니다. 전언왕행(前言往行)은 옛 성현들의 지나간 말과 지나간 행동을 말합니다. 옛 사람들은 시간으로 영원하고 공간으로 무한한 저 어마어마한 하느님을 그리고 찾고 만났습니다. 경이지래(敬而知來)를 하였습니다. 사람은 그래서 직내(直內)하고 방외(方外)합니다. 속은 곧고 밖으로는 방정(方正)하게 합니다. 이렇게 해야 그 사람은 빔(空)과 같습니다. 안과 밖이 다를 것 없는 '빔'과 같습니다. 이렇게 하려고 우리는 나온 것입니다. 이것을 가로막아서는 안 됩니다.

대축괘(大畜卦)와 같이 나가야 합니다. 유교나 《성경》의 말씀은 다 같습니다. 지어지선(至於止善)하자는 것입니다. 오늘부터라도 좋습니다. 대축을 한번 해봅시다. 지건대축(止健大畜), 지극히 건(健)하여 많이 축(畜)하여보자는 것입니다. 그러면 시원한 것이 있을 것입니다. 젊은 사람은 물색부득일색(物色不得一色), 이것 하나를 외우고 가면 좋겠습니다. 지상에서는 일색(一色)을 물색(物色)할 수 없습니다.

다 뭔가에 소용이 있어서 한 것은 아닙니다. 다 지나간 말과 행동입니다. 하늘만큼 오래 살기 위해 이전에 한 것을 그대로 따르라고 해놓은 것은 아닙니다. 하늘이 창조를 어떻게 하였다는 것은 다 지나간 말이 아닙니까? 지나간 행사가 아니겠습니까?

전언왕행(前言往行) 아닌 것이 없습니다. 이 '전언왕행'을 많이 알고 다시 정(定)함이 있어야 하겠습니다. 과학이 그러하고 역사의 배움이 그러합니다. 다식(多識)이 그래서 필요한지도 모릅니다. 우리는 여러 면을 알아야 합니다. 천재산중(天在山中)이라고 하는데, 하늘에서 내려다본 산과 산봉우리에서 쳐다본 하늘은 그 보는 것이 다릅니다. 이것을 말한 것이 다 '전언왕행'입니다. 경전이나 《성경》도 다 이전 사람들의 '전언왕행'을 적은 기록입니다. 지난 일을 말하고 행한 것을 전하는 것이 경전입니다. 이렇게 보면 '전언왕행'이 하늘입니다. 선(善)이 됩니다. 이 '전언왕행'에 가서 내 정신이 살아납니다. 내가 주인이 됩니다. 그래서 다식(多識)의 '전언왕행'이 필요하게 됩니다. '앎을 얻음(得知)'은 신이지래(神以知來)입니다. 저번에도 말한 바 있지만 신(神)이 가지고 오는 것을 안다고 주장하는 것입니다.

도지사(道知事)는 도(道)의 일을 주장합니다. 새해가 온다는 것을 안다는 것은 오는 해를 주장하는 것입니다. 주장한다면 주장하는 데 알맞은 것을 가지고 건전하게 태울 것은 태워 나가야 합니다. 우리와 함께 이러한 것을 주장하는 분은 당신(하느님)입니다. 신(神)은 항상 우리에게 제공해주는 것이 있습니다. 이것을 주장합니다. 신이 가지고 오는 것을 주장합니다.

지이장왕(知而藏往), 나오니까 과거 속에 감추게 됩니다. 오늘 안 것을 내일 되면 넣어 둡니다. 넣어 둔다고 해서 기록한 것을 되풀이하고 레코드를 트는 것은 아닙니다. 신이지래(神以知來)입니다. 신(神)과 통해서 장래를 주장하는 것입니다. 주장하면서 아래로 깔아 앉은 속의 속은 장왕(藏往)합니다. 곳간에 넣어 둡니다. 자꾸 넣어 두는 것이 축득(畜得)입니다. 일신기덕(日新其德)하고 지이장왕(知而藏往)합니다. 이것이 '축득'입니다.

'상구(上九)'는 더없는 자리를 말합니다. 바로 ☰, 이 자리입니다. 지상(至上)의 자리입니다. 더 세울 수 없는 그 위를 말합니다. 천지구형(天之衢亨)의 '구(衢)'는 하늘의 사거리, 팔거리라고 하는 것이 좋습니다. 사방팔방을 따집니다. 우주를 중심으로 한 팔거리는 가관이라 볼 만합니다. 글자도 눈(目)이 사방에 있습니다. 거리(彳, 行) 사이에 눈(瞿)이 있습니다. 이것을 구(衢)라고 합니다. 우주 네거리, 팔거리에서 본 우리의 지구, 대축괘(大畜卦)에서 말하는 천재산중(天在山中)입니다. 이것이 대축(大畜)이라 이 길, 곧 하늘거리를 보니 '아! 이런 데가 어디 있었던가? 여기를 보니 대행(大行)할 수가 있구나!' 하는 뜻입니다. 이것은 옛 사람이 괘로 맞추어본 생각이고, 이 사람이 맞추어본 생각은 따로 있습니다.

박(剝, ䷖), 땅 위에 산이 있습니다. 박(剝)은 '긁어 모을 박'입니다. 빡빡 긁어 모아 땅 위에 산을 이루었습니다. 긁어 모은다는 생각은 불온사상(不穩思想)과 같습니다. 산지(山地)는 박괘(剝卦)입니다. 이것을 뒤집어놓으면 지산(地山, ䷞)입니다. 지중유산(地中有山)입니다. 땅속에 산이 있습니다. 이것은 겸손하다는 겸괘(謙卦)입니다. 사람이 산 밑에서 에베레스트 산 같은 것을 쳐다보면 '아이고, 그것 참 높다' 하지만, 지구보다 더 큰 존재가 보면 산이라는 것은 없습니다. 귤(柑) 표면에 있는 우툴두툴한(凹凸) 것을 보는 것과 같을 것입니다. 자신이 적으니까 높게 보이는 것입니다. 우주에서 보면 지구는 마치 귤이 공기에 싸여 있듯 우주에 싸여 있습니다. 우주 안의 지구이지, 지구에서 본 우주가 아닙니다. 면면(面面)마다 우주가 싸고 있습니다. 우리 얼굴의 표면도 우주에 싸여 있습니다. 그러나 지구의 입장에서 산을 보면 산봉우리는 지구의 끝입니다. 귤의 우툴두툴한 면(面)이 귤의 끄트머리이듯, 산은 지단(地端)입니다. 발톱의 끝 같은 것입니다.

이것을 알면 자기 존재가 겸손해집니다. 큰 것 앞에는 겸손할 수밖에 없습니다. 자기가 제일 높다, 이 자리는 아직 누가 올라본 일이 없는 아주 높은 자리라고 말하지만, 그것은 다 우주의 무한 앞에서는 아무것도 아닙니다. 높은 에베레스트 산이 지구의 발톱 끄트머리에 불과한 존재라는 것을 알면, 실로 우리 인간이 높다는 것 역시 아무것도 아닌 게 됩니다. 그대로 이것을 인정하면 겸손해집니다.

이렇게 보면 옛날의 이 장난감도 허술하게 볼 수 없는 무시무시한 것임을 알 수 있습니다. 지동설이 나오기 전에 피타고라스는 온통 자연은 둥그런 것이라고 했습니다. 죄다 둥글므로 지구도 둥글다는 결론을 간

단히 내렸습니다. 동양에서는 지중유산(地中有山), 천재산중(天在山中)이
라는 옛날의 장난감(卦)이 이것을 말합니다. 하느님의 계시가 여기 숨어
있습니다. 계시는 분명히 그대로 들어맞습니다. 산이 겸손한 것을 분명
히 안다면, 산이야말로 이 지구를 대표하는 게 됩니다. 산이 지구를 대표
한다면, 산에 올라가는 게 산에만 올라가는 것이 아니라 지구에도 올라
가는 게 됩니다. 지구에 올라가면 지선택하(至善擇下)입니다. 아랫자리를
차지하는 것이 지선(至善)입니다. 곧, 땅이 하늘을 섬깁니다. 지구는 무
한한 하늘에 싸여 있지 않습니까? 하늘은 어디까지나 하늘입니다. 땅 아
래서 조그만 사람이 이것을 쳐다보는데 이같이 쳐다보는 것입니다. 아
버지에게 기도하는 우리가 하늘 위를 생각하면 안 됩니다. 나 밖에 있는
큰 것이 하늘입니다. 위아래를 따지면 안 됩니다. 따지는 것 자체가 우리
가 조그맣기 때문입니다. '지선택하'입니다.

《주역》에서 하늘 위에 땅이 있다거나 땅속에 산이 있다고 말하는 것
은 사람이 하늘과 제일 가깝기 때문입니다. 지천(至天)하는 것입니다. 그
대로 이것이 지선(至善)이요 지천(至天)입니다. 땅의 끄트머리는 산입니
다. 산이 지구를 대표합니다. 그러나 실상 털어놓고 말하면 산은 바로
'나'입니다. 사람이 대표입니다. 이렇게 생각하면서 나는 산 위에 올라가
는 것입니다.

산 위에 올라가면 대표는 '나'가 됩니다. 전언왕행(前言往行)해서 일신
기덕(日新其德)하는 우리의 존재는 지구의 대표가 됩니다. 그래서 우리
라는 존재는 결국 산천대천은 물론 천지와 우주까지 '전언왕행'하고 있
습니다. 다식(多識)하여 다 가지는 것입니다. 모든 문서를 내가 간직하
는 셈입니다. 소용(所用)이 아닙니다. 소용은 그이(하느님)가 하는 것입니
다. 이제 대축괘의 '천재산중'을 조금은 알게 되는 것 같습니다. 이론 중
의 이론입니다. 아버지와 가까운 우리는 아버지 앞에서 장난할 수밖에

없습니다. 이렇게 그려놓고 우리가 가면 좀 구원을 얻는 것 같지 않습니까?

땅 아래가 우레(雷, ☳)입니다. 시월은 양(陽)의 끝입니다. 해가 줄어들기 시작하는 5월부터 6, 7, 8, 9, 10월까지는 양이 빠져나갑니다. 그저 내처 가다가는 캄캄해지지 않을까 하는데, 십일월부터는 양이 다시 살아납니다. 시월은 지극히 음(陰)한 달입니다. 아주 추워져 얼어 죽지나 않나 걱정하는데 다시 따뜻해집니다. 이 달은 기도하는 달입니다. 시월에 치성을 들이는 집이 많은 것은 이 이치 때문에 그렇습니다. 이 달에는 우레가 많습니다. 우레는 밑이 강합니다. ☳, 이 세계 밑으로 가면 우레(雷)가 동(動)합니다. 뜨거운 것이 동합니다. 북반부를 돌던 해가 남반부를 향하여 회귀선(回歸線)으로 돌아감을 말합니다. 무엇이 움직움직하게 장작불 같은 것이 탑니다. 8월 15일 해방을 맞은 것처럼 어찌어찌 해서 돌아 닿습니다. 복(復)입니다. 세상을 사는 데 낙심하지 말라는 이유도 여기에 있습니다. 세상이 다 결딴나도 걱정할 것이 없습니다.

무왕불복(無往不復), 그냥 가서 다시 오지 않은 것이 아닙니다. 해가 5월에 조금씩 줄어들고 첫 주일에는 10분이나 줄어들지만 우리는 걱정을 하지 않습니다. 간 것은 도로 옵니다. '무왕불복'입니다. 가서 돌아오지 않는 것은 없다는 것이 신앙의 요소입니다. 다시 온다는 것은 불원지복(不遠之復)입니다. 들리는 뉴스가 거의 전부 낙망하게 하는 것이지만 그러나 '불원지복'입니다. 낙망할 것이 없습니다. 머지않아 다시 옵니다.

이것을 무엇에 쓰느냐 하면 이수신야(以修身也), 마음과 몸을 닦습니다. 무슨 모양을 내려는 것이 아닙니다. 자기를 길러 나가는 것입니다. 복(復)의 이치를 알면, 이것이 자기 몸과 마음을 기르는 데 소용이 된다는 것을 압니다. 증자(曾子)가 한 말입니다. 그래서 '곧이 곧장' 가고 싶은 우리는 근본이 건(健)하여야 합니다. 건(健)하려면 지(止)를 알아야 합니다. 지건(止健)을 하자는 것이 우리의 목표입니다. 지어지선(至於至善)이 '지건'입니다. 이것은 다 우리가 지나가는 길입니다. 우리는 지금 이것을 옛날의 장난감으로 맞추어보았습니다. 이 장난감에 하늘의 계시가 있습니다.

다음은 〈공색일여(空色一如)〉를 보겠습니다.

옛날의 주역이 20세기 오늘에 소용없다는 것은 지나친 짧은 생각입니다. 공색일여(空色一如)는 허공(虛空)이라는 것과 물질이 하나로 같다는 말은 알아 둘 필요가 있습니다. 색즉시공(色卽是空), 아무것도 없는 물질 그것은 허공(虛空)입니다. 공색일여(空色一如), 허공의 색은 찾아내지 못하나 색별(色別)이라는 것은 허공을 따릅니다. 유교의 대축괘 같은 것은 다 이 지경에 가는 것입니다. 이것을 좀 자세히 하기 위해서 이러한 생각을 해보는 것은 좋습니다.

물색부득일색물(物色不得一色物)

체면(體面)을 돌보지 않고 어울리지 않는 행동거지(行動擧止)를 보면 물색(物色) 없이 그것이 뭐냐고 합니다. 또 물건을 고르는 데 마땅한 게 없으면 마땅한 물건을 하나 물색하여 달라고 합니다. 사람을 선택할 때에도 참한 사람을 얻어 달라는 뜻으로 물색해보라는 말을 합니다. 아무리 찾아보아도 뛰어나게 빛이 번듯한 것이 없으니까 물색을 하는데 물색이 안 됩니다. 일색(一色)을 물색할 수가 없습니다. 우리가 지금 제일이라는 것을 찾는 것은 애당초 틀린 일입니다. 제일 가는 일색은 결국 물색되지 않습니다.

공허멸이가허공(空虛蔑以加虛空)

어떤 사람을 무시(無視)한다는 것은 그 사람을 존중하지 않는다는 말입니다. 그 사람을 존중하지 않는 것은 공허요 허공입니다. 무시한다는 것은 그 사람의 말을 무시하는 것이므로 공허하게 보는 것입니다. 공허하게 없다고 합니다. 공허감을 느끼는 것을 공허멸(空虛蔑)이라고 합니다. 허공(虛空)을 멸시(蔑視)합니다. 허공을 너무 무시하기 때문에 다른 인격(人格)도 허공처럼 대접합니다. 공허(空虛)를 멸시합니다. 아무것도 없는 허공을 멸이가(蔑以加)하는 버릇이 다른 것은 제법 인정합니다. 그런데 허공을 멸시할 수 있습니까?

허공이 어떻게 생겼느냐는 물음을 품게 되면, 허공을 다시 한 번 생각하게 됩니다. 공허멸(空虛蔑)에 들어가서는 허공을 더하는 것입니다. 목적을 이루기 위해 해로운 것을 더 할지 유익한 것을 더 할지 이러쿵저러쿵 하는데, 허공은 아무렇지도 않게 허공 그대로 있습니다. 우리가 사람을 무시하는 것은 허공을 더하는 것입니다. 허공은 늘 보고 있습니다. 더할 것이 없습니다.

'멸(蔑)'이라는 글자는 두 번 쓰입니다. '공허멸'에서 한 번, '멸이가'에서 한 번 쓰입니다. '가허공(加虛空)'이라고 쓰입니다. '허공멸(虛空蔑)'이라는 말은 없습니다. 하지만 허공은 덜하고 더하고가 없습니다. 이것은 장난 중에 좀 복잡한 장난입니다. 이것이 좀 복잡하더라도 생각할 필요가 있습니다. 지나치게 약게 생각해서는 안 됩니다. 이 정도가 알맞습니다. '공허'라는 것은 남을 업신여길 때 드러납니다. 허공은 덜하는 것도 없고 더하는 것도 없습니다.

유유모무후천치(諛有侮無後天痴)

허공을 멸시하는 것, 곧 아주 없는 것을 멸시하는 것은 후천치(後天痴)

입니다. 있는 것에 아첨을 하고, 없는 것을 멸시합니다. 언제부터 이 세상에 나왔다고 '없이 있는' 하늘을 따지려 듭니까? 어리석은 짓입니다. 언제부터 안다고 있다 없다를 따지려 드는지 모르겠습니다. 없는 것도 있다고 아첨하고 다닙니다. 없음(無)을 떠나 있음(有)이 되었다고 이따위 어리석은 소리를 합니다. 없는 것은 덮어놓고 없다고도 합니다. 없는 것을 또 업신여깁니다. 유무를 결부시켜 생각해주십시오.

동공이색본지공(同空異色本地工)

다같이 근본은 공(空)입니다. 종국에 들어가는 것도 '공'입니다. 이 세상은 형형색색(形形色色) 다 다릅니다. 이색(異色)입니다. 노자(老子)는 동근이명(同根異名), 세상에 나올 때 이름은 다 다르나 그 본은 같다고 하였습니다. 즉, 동공이색(同空異色)을 말했습니다. 공자도 하느님의 존재를 정작 어디 있는지 모른다고 하였습니다. 그런데 우리가 하느님을 두고 있다 없다를 함부로 말할 수 있습니까? 우리가 안다는 한계에서 있다 없다라는 말은 할 수 없습니다.

화용허곽천계시(花容虛廓天啓示)

오늘 아침에 외운 구절입니다. 이 사람의 손에 꽃이 한 송이 있다고 합시다. 그 꽃 테두리가 꽃을 구성하는 게 아닙니다. 속에는 꽃이 있고 밖으로 보면 허공이 테두리를 지어줍니다. 만물의 테두리는 허공이 지어준 것입니다. 이것이 곧 천계시(天啓示)입니다. 이것은 대축괘를 보면서 생각한 것과 같습니다.

화어허풍인망동(花語虛風人妄動)

하늘의 계시로서 꽃을 보여줍니다. 허공을 얼굴로 보이는데, 꽃은 이

때 말을 하려고 합니다. 꽃이 말한다는 것은 옛날부터 고운 여자가 입을 벌리고 말하는 것을 형용해서 화어(花語)라고 합니다. 여자는 자고로 얼이 없다 해서 이같이 꽃이나 물건으로 본 것 같습니다. 허공에서 나부끼는 꽃만 곱다고 하는 것이 아니라 꽃이 속삭이는 말도 아주 좋다고들 합니다. 허풍(虛風)에 바람이 나면 그 바람에 사람이 망동(妄動)하게 됩니다.

복응체면용납지(服膺體面容納止)

복응(服膺)이라는 말은 가슴에다 꼭 넣고 있다는 뜻입니다. 체면이라는 것은 요샛말로 껍데기만 내세우는 것을 말합니다. 자기가 간직할 것을 꼭 가슴에 집어넣어 두고 그 정신이 대표가 되어야 하는데, 껍데기 복장이나 잘 차려 입고 그것을 나라고 인정하여 달라는 '체면(體面)'과 '복응'은 너무나 차이가 큰 말입니다. '복응'은 용납(容納)되고 체면은 용지(容止)되어야 합니다. 행동거지에서 그 사람의 팔과 다리를 놀리지 못하게 하는 것을 '용지'한다고 합니다. '용지'할 것은 체면입니다. '용납'은 속에 받아들일 수 있는 것을 말합니다. '복응'은 용납되고 체면은 용지되어야 합니다.

직내방외중공공(直內方外中空公)

사람은 마음과 몸을 가지고 늘 공경을 합니다.* 속의 마음은 곧이, 밖의 몸은 방정하게, 속의 마음에 허공의 님(公)을 받들어야 합니다. 허공 같은 님은 없습니다. 우리는 자나깨나 사나 죽으나 이 허공의 절대님을 받들어야 합니다. (1956. 12. 27.)

---

* 이하는 속기록에 빠져 있어 첨가하였다.(박영호)

제20강

대학의 가르침 :
수신제가치국평천하(修身齊家治國平天下)

《대학(大學)》〈경장(經章)〉

大學之道 在明明德 在親民 在止於至善

知止而后有定 定而后能靜 靜而后能安 安而後能慮 慮而后能得

物有本末 事有終始 知所先後 則近道矣

古之欲明明德於天下者 先治其國 欲治其國者

先齊其家 欲齊其家者 先修其身 欲修其身者

先正其心 欲正其心者 先誠其意 欲誠其意者

先致其知 致知在格物 物格而后知至

知至而后意誠 意誠而后心正 心正而后身修

身修而后家齊 家齋而后國治 國治而后天下平

止於至善

知止而后有定
定而后能靜
能靜而后能安
安而后能慮
慮而后能得

知止而后有定　知邃志向定

定而后能靜　　心靜身安地

安而后能慮　　慮與幾事物

慮而后能得　　能得名親止　（표1）

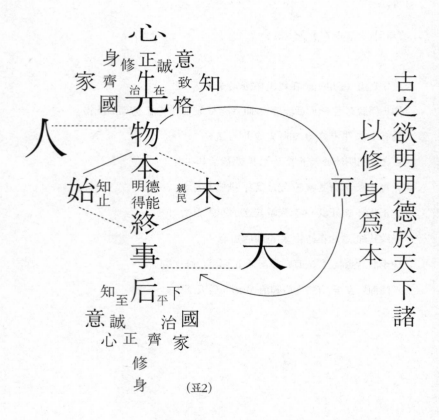

（표2）

（다석일지 1956. 12. 15.）

살면서 무엇을 자꾸 따져보는 것이 이 사람의 버릇이 되었습니다. 금년도 365일을 지냈건만 이 사람으로 말하면 한 일이 아무것도 없습니다. 무엇을 하였느냐 하면 옛 경전이나 들여다본 게 고작입니다. 금년에는 《대학(大學)》을 좀 읽었습니다. 많이 읽지는 못했습니다만 《대학》을 보고 생각을 하며 지냈습니다. 그러나 《대학》이 무엇이냐고 물으면, 이렇다고 꼭 집어낼 만큼 뭔가를 얻은 것 같지는 않습니다. 어려워서 언뜻 보아서는 모르겠습니다. 오늘은 《대학》에 대해서 결사적으로 한번 생각해볼까 생각합니다.

《대학》은 경장(經章)과 전장(傳章)으로 나뉘어 있습니다. 경장을 한마디로 말하기는 어렵습니다. 《시경(詩經)》은 경(經)으로서는 아주 두서가 없는 책입니다. 무슨 정직(正直)을 나타내고자 한 것이라고 말할 수 있을지 모르겠습니다. 《시경》은 옛 중국의 지방마다 그 시대 백성이 진정(眞情)을 노래한 것을 모은 것입니다. 이것을 《논어》 위정편에서는 '생각함에 간사함이 없다(思無邪)' 하였습니다. 한마디로 한다면 이렇게 됩니다. 이것을 다시 한마디로 한다면 이렇게 됩니다. "공경에는 간사함이 없다."

《주역(周易)》은 주역 자체가 그 뜻을 한마디로 내놓은 것인지 모르겠습니다. 주역을 바로 아시는 분은 그같이 생각하시는 줄로 압니다. 역(易)을 말하는 것입니다. 내 생명을 내가 산다는 말입니다. 내 생명을 내가 살자는 것이 《주역》이라고 할 수 있습니다. 이 사람 생각에도 《주역》이 무엇인지는 잡히는 것이 있는 것 같습니다. 하지만 《대학》은 이해는 되지만 지금 생각해보아도 어려운 게 있습니다. 매양 생각을 해보아도 모르는 것이 있습니다. 유학(儒學)을 하려면 《대학》부터 읽으라고 하는데, 어려우니까 먼저 시작하라는 뜻인 것 같습니다.

주역은 높은 수준의 천문학(天文學)인 셈이고, 《대학》은 지리학과 같습니다. 지리를 자세히 배우기는 어렵습니다. 반면에 천문학은 자세히 들여다볼 수 있습니다. 자기 속을 들여다보는 것같이 볼 수 있습니다. 그러나 《대학》의 이백다섯 마디 말씀을 모아놓은 《대학》은 글을 읽고 뜻을 들으면 아주 쉬운 것 같으나, 《대학》이 무엇을 말하는지는 모르겠습니다. 더욱이 사람이 살아가는 데 《대학》이 어떤 점에서 참고가 되는지 한마디로 말하기는 참으로 어렵습니다. 이 사람이 좋아해서 외우는 《대학》의 구절이 하나 있는데, 그것을 여기서 말하려고 합니다.

지지지지(知至至之)

어디 이를 데를 알았으면 이루어내야 한다는 말입니다. 지지(知至)는 거기에 닿도록 힘쓰는 것을 말합니다. 우리말로는 표현이 잘 안 됩니다. 일본말로 '이타루(いたる)'라고 하면 좀 노력하는 것 같습니다. '이른다'라고 하면 그 뜻이 자세히 나타나지 않습니다. 그보다는 '이룩한다'는 말이 '지(至)'의 뜻에 좀 더 가까울지 모르겠습니다. 어떻게 거기에 닿게 한다는 생각은, 몸을 가지고 정신 생활을 하는 우리가 저 위 하느님에게 이르고 다다르게 올라간다는 말입니다. 거룩한 뜻을 이룩해서 삶을 일으켜 세우는 것입니다. 하느님에게 닿는 줄 알면 곧 닿도록 성심으로 노력하고 철저히 공부해야 합니다. 이루어야 할 삶의 지극한 목적을 알았으면 죽도록 이루어야지, 주변의 사람을 쫓아 두리번거리다가 될 대로 되라는 것은 사는 것이 아닙니다.

지종종지(知終終之)

마치는 것을 알면 그것을 마쳐야 한다는 말입니다. 종지(終之)입니다. 몸의 짐승살이를 마치도록 힘을 써야 합니다. 참(誠)에 이르도록 지종종지하고, 하느님의 뜻(계명)을 그대로 인정하고 받아서 사는 게 참 사는 것입니다. 맘·몸·힘을 죄다 하느님에게 바쳐야 합니다. 이것을 어지간히 알면 꼭 이룩하여야 합니다. 또 정성으로 마칠 지경에 다다른 것을 알면 마치는 것을 알아야 합니다. 하느님에게 모든 것을 바친다는 것, 곧 하느님을 섬긴다는 것은 다른 것이 아니라 '지종종지'하는 것입니다. 날마다 이렇게 하라는 것입니다. 네 이웃을 네 몸과 같이 사랑하라는 말이 있습니다. 관계를 이룩하는 것을 알면 완전히 서로 이루도록 해야 합니다. 또 서로 만나서 일을 할 것 같으면 그 일을 끝까지 완전히 마치도록 노력해야 합니다. 이것이 이웃을 내 몸과 같이 사랑하는 것이 됩니다. 마칠 것을 알면 마치도록 하고 이룩할 것을 알면 그 지경에 가야 한다는 것입니다.

가여기야(可與幾也)

어지간히 가깝다는 것은 여기(與幾)하자는 것입니다. 참을 '여기'하자는 것입니다. 길을 알면 할 수 있는 것을 다하여야 합니다. 어지간히 기회가 가까워진 것을 알면, 다 이루고 마칠 수 있도록 최선을 다해야 합니다. '여기'해 나가야 합니다. '기(幾)'는 가깝다는 뜻입니다. 어지간히 가까운 것을 알아야 합니다. 그 기회(機會)가 남의 기회인지 자기 기회인지 알아야 합니다. 그래서 더불어 '여(與)'입니다. 이 사람은 이 글자를 대단히 좋아합니다. 이루어야 할 줄 알면 이루도록(知至至之) 하고 마치어야 할 것을 알면 마치도록(知終終之) 해야 합니다. 지나는 길에 이것을 기회로 알고 살면 가까운 기회를 갖추게 되니, 나(我)가 바르게 사는 기회가 된다는 말입니다.

지종종지 가여존의(知終終 之可與存義)

마칠 줄 알아 마치면 옳다고 하는 일을 얻을 수 있습니다. 이 정신이 나타난 것이 인(仁)입니다. 어진 것은 착합니다. 옳음은 어진 것을 조금도 떠날 수 없습니다. 어진 것에서 떠나면 살 수 없습니다. '올(義)'이라는 것을 잊어서는 안 됩니다. 올바른 것을 똑바로 갖고 가야만 합니다. 정신이 바로 '올'입니다. 늘 '지종종지 가여존의'로 가면 사랑입니다. '인'이 됩니다. 이것을 자기 것으로 삼고 나가야 합니다. 무엇인지 그 의의(意義)를 모르면 안 됩니다. 너무나 좋은 말은 듣기에는 좋지만, 중요한 것은 정말 좋은 뜻을 알아야 한다는 것입니다. 제 정신과도 비교하여야 합니다.

공자가 '나의 길은 하나로 꿰뚫렸다(吾道一以貫之).' 하자, 증자는 '네. 그렇습니까?' 하고 답하였습니다. 다른 사람들이 무슨 소리인지 몰라 증자에게 그 뜻을 물었습니다. 증자는 '선생님의 길은 충서(忠恕)뿐이다.'라고 말했습니다(《논어》 이인편). 충(忠)은 이 사람이 여러 번 말한 것이고, 서(恕)는 곧 '인'입니다. '서'는 줄곧 붙잡고 놓지 않습니다. 가까운 것 — 아무리 애써도 가까워질 수밖에 없는 것이 인간입니다. — 을 크게 용납하는 것을 말합니다. 공자가 '하나'에 대해 말할 때 그것은 충신(忠信)이고 충성(忠誠)입니다.

증자는 공자의 말에서 '충서'를 얻은 사람입니다. 그래서 충신습(忠信習)을 말했습니다. 일삼성(日三省), '충(忠)'하였는가, '신(信)'하였는가, 그리고 '습(習)'을 잘했는가를 매일 반성합니다. 남에게 일을 도모해주는데 '충'으로 하였는가, 친구를 사귀는데 '신'으로 하였는가, 전하여 가르쳐주는 '습'을 충분히 하였는가, 이런 것을 날마다 반성하는 것입니다. 글을 복습하는 것이 아닙니다. 잊어버리지 않도록 참(誠)을 자꾸 살피고, 더 가까워지도록 가까이 잡게 하였는가를 복습하는 것입니다. '충서'도 무엇에 대한 대답이 아닙니다. 공자는 '충신'이 덕을 닦는(修德) 데 쓰인다고 하였습니다. '충신'을 줄곧 갖고 속에서 얻은 것을 자꾸 닦아 나가야 더 진일보(進一步)로 가까워야 할 곳에 가까워집니다. 사람들은 '충성'이라는 글자 자체를 좋아합니다. 말하는 소리도 좋다고 합니다. 그러나 만사 열 일을 제치고 지저분한 것을 버리고 그것을 내 것으로 가져보겠다고 해도 쉽사리 되지 않습니다.

공자나 증자는 이렇게 된 사람임을 알아야 합니다. 그렇기에 아까도 이야기했지만 같은 말을 증자는 알아들어도 다른 사람은 알아듣지 못합니다. 뭐가 뭔지 모릅니다. '충신으로서 덕이 나간다(忠信所以進德)'고 하였습니다. 진덕(進德)이나 수덕(修德)은 같습니다. 충신(忠信)의 '신(信)'이나 존의(存義)의 '의(義)'는 우리가 힘써 생각하여야 합니다.

《대학》의 경장(經章) 이백다섯 자 가운데 '물유본말 사유종시 지소선후 즉근도의(物有本末 事有終始 知所先後 則近道矣)'라는 말이 있습니다. 사물의 어떤 것을 먼저 하고 어떤 것을 나중에 해야 하는지를 알면, 자기가 가야 할 곳에 가까이 온 것을 안다는 말입니다. 이백다섯 자 가운데 들어 있는 이 구절들은 대인지학(大人之學)인 《대학》의 공부 차례가 그렇게 되어 있다고 말합니다. 그 차례가 곧 '물유본말'입니다. 《대학》은 일에는 시작과 마침이 있고(物有本末 事有終始), 먼저 할 일은 먼저 하고 뒤에 할 일은 뒤에 해야 하는 것을 알면(知所先後) 내가 갈 곳에 가까워진다(則近道矣)는 것을 가르쳐줍니다. 이것은 그대로 좋습니다. 그대로 인정할 수 있습니다.

재명명덕(在明明德) 재친민(在親民) 재지어지선(在止於至善)

이것은 삼강령(三綱領)이라고 합니다. 그 뒤에 팔조목(八條目)이 있습니다. 장(章)과 조목(條目)으로 되어 있는데, 모두 마음을 바로 하고 몸을 닦으라는 것입니다. 삼장팔조목(三章八條目)을 배워서 시험치는 데 쓰라는 게 아닙니다. 다 쓸데없는 물건들입니다. 말한 것이 무엇인지 알고 줄곧 가면 많은 것을 외우지 않아도 저절로 다 됩니다. 이같이 알지 않고서는 아무리 외워보아도 남의 집 세간이지 내 집 세간이 되지 않습니다. 그래서 삼강령을 어제도 말하긴 하였습니다만 여러 가지로 내놓았는데, 하나로 깨뜨려버려야 합니다.

지지이후유정(知止而后有定)

그칠 줄 알아서 정(定)함이 있다는 말 역시 뜻을 종잡을 수 없습니다. 뭐가 뭔지 모르고 하려고 했다는 것과 마찬가지입니다. 말과 신념(信念) 중간에 들어 있는 무엇이 나옵니다. 그런데 이 사람 자신이 말을 잘 모르고 아는 게 없어서 그렇게 안 되는지 모릅니다. 정(定)·정(靜)·안(安)으로 나누어보았습니다. 정하다, 고요하다, 평안하다. 이 세 가지로 나누어 썼지만 실은 나누어질 게 하나도 없습니다. 몸이 정(定)하여야 고요해지고, 고요하니 맘이 편할 수밖에 없으며, 맘이 편하니 비로소 무엇이 생각난다는 뜻입니다. 서로 상관 있는 말인데, 나누어 생각할 게 있습니까? 말에는 비롯함과 마침, 앞과 뒤가 있습니다. 선후(先後)를 알아야 일을 할 수 있습니다. 그래서 자꾸 이후이후(而后而后)하고 따지고 열고 나갑니다.

지어(止於)의 '지(止)', 지선(至善)의 '지(至)', 지지(知止)의 '지(知)'가 다 다르게 생각됩니다. '지(止)'는 목적입니다. 궁극에는 그 '지'로 가야 합니다. 그 자리에 가는 것을 알려는 것입니다. 지저분한 것을 내버리지 않으면 안 된다는 정도의 소극적인 것이 아닙니다. 적극적으로 지저분한 번뇌를 정리하면서 원래 뜻에 결론을 두고 목적을 찾아가면 그냥 절로 다 버릴 수 있게 됩니다. 그래서 '지'는 대단히 높게도 좁게도 정할 수 있습니다. 이 지지(知止)가 대단히 어려운 것입니다. 그래서 '디딜 지(止)'로 할 수 있습니다. '지(止)'의 경지에 가면 완전히 디딜 것을 딛고 멈춤(止)니다. 그래서 우리는 '정정안(定靜安)'과 대삼각형(對三角形)을 정하는 오양으로 삽니다. 이것을 표준으로 삼아야 합니다. 지수지향정(知遂志向定)은 안 뒤에 지향(志向)을 정한다는 것입니다. 이렇게 보고서 정한 뒤에야 고요합니다.

정이후능정(定而后能靜)

따로 심정신안지(心靜身安地)로 보자는 것입니다. 정함이 있은 후에야 고요합니다. 지향이 정해지면 마음이 고요합니다. 고요한 뒤에야 능히 평안해집니다.

정이후능안(靜而后能安)

그러면 나온 자리가 평안합니다. 신안지(身安地), 마음에 걸릴 것이 없으면 평안합니다.

안이후능려(安而后能慮)

그렇게 평안한 뒤에야 능히 생각할 수 있습니다.

여이후능득(慮而后能得)

생각할 만한 자격이 되었습니다. 여여기사물(慮與幾事物)이 안이후능려(安而后能慮)하니 사물의 처리에 지종종지(知終終之)할 수 있게 됩니다. 지지지지(知至至之), 그대로 이루도록 하여야 합니다. 생각하는 것은 사물에 여기(與幾)하라, 곧 사물이 내 것이 되게 하라는 것입니다. 정신과 생각이 여기에 사로잡히게 되었다고 하여야 할 것입니다. 그래서 사물에 대한 기회를 갖다가 더불어(與) 주는 것입니다.

생각한 뒤에 얻는다는 것은 지지처(知止處)를 얻는다는 말입니다. 이는 도달할 데 다 도달했다는 것인데, 말이 되돌아갑니다. '지(止)'를 '득

(得)', 즉 '지(知)'하니, 또 지지이후유정(知止而后有定)이요 정이후능정
(定而后能靜)이요 정이후능안(靜而后能安)이요 안이후능려(安而后能慮)요
여이후능득(慮而后能得)으로 되돌아갑니다. 처음에 볼 때 적은 '지(止)'가
여기서는 좀 높게 보입니다. 이 말을 하는 것은 나중에 참고가 되기 때
문입니다. 아는 것을 얻어야 압니다. 아는 것을 얻지 못하면 어떻게 알겠
습니까? 공자의 말을 많은 사람 가운데 증자처럼 아는 사람은 알고 모
르는 사람은 무슨 소리인지 모르게 됩니다. 지지이후(知止而后)는 무엇
을 알고 이후(而后)란 말입니까? 이 정도로는 철저하게 꽤나 선(善)을 아
는 게 되지 않습니다.

앞에 있는 표가 반드시 옳은 것은 아닙니다. 우리가 지나가는 길에 말
하고 지나가는 길에 듣기를 이렇게 하는 것입니다. 이렇게 하는 것을 붙
잡는다면 아주 소용없는 일은 아닐 것입니다. 안정되어야 무엇을 할 수
있고 안정되지 못하면 아무것도 못 한다는 것만 알아도 인생을 바르게
살 수 있습니다. 먼저 할 것과 뒤에 할 것을 안다(知所先后)는 그 이치를
알아야 합니다. 선후(先后)가 아주 멈추고 묶여 있는 것은 아닙니다. 이
렇게 하여 지어지선(止於至善)을 할 수 있습니다. 지선의 해석을 보면 기
가 막힙니다. (류영모가 《대학》에 대한 주자朱子의 주석을 읽고 주자의 《대
학》 주석을 풀이한다.)

무극(無極), 아주 더 갈 필요 없이 극진히 하였다는 뜻입니다. 물건의
극진한 이치에 가서는 더 갈 수 없습니다. 육십 평생을 쓰던 말이라 머
리로는 다 아는 것 같은데, 어느 때에 이르면 하루아침에 다른 것이 되
었음을 알게 됩니다. 그 다른 것 역시 극진한 지경의 것인지는 모릅니다.
아주 극진을 알았다는 경지에서 더 갈 것 없습니다. 이것은 아주 맹랑한
말입니다. 이 말 한마디로는 사실 무엇인지 모릅니다. 그래서 《대학》은
어렵다고 합니다.

지지(知至), 내 맘으로 알 수 있는 것은 되지 않은 것이 없다는 말입니다. 기가 막힌 말입니다. 하느님의 품 안에 들어가려는 것도 거의 이러한 느낌이 아닐까 싶습니다. 그래서 어렵다는 것입니다. 말로는 완전함을 붙잡았다고 하기도 쉽고 듣기도 좋습니다. 그러나 정말 내 것이 되었나 싶어 좀 쥐어 가지고 무엇에 쓰려고 하면 도저히 무엇인지 모릅니다. 제 살림에 좀 쓰려고 하면 잘 맞지 않습니다. 무엇인지 모릅니다. (류영모는 계속 주자의 《대학》 주석을 본다.)

고지욕명명덕어천하자(古之欲明明德於天下者), 천하의 명덕(明德)은 온 세계 인류의 명덕을 죄다 밝히자는 것입니다. 이 말도 《대학》에 있는데, 말로만 있는 천하를 나타내는 게 아닙니다. 천하는 하나의 물건으로, 그 물건을 갖고 어떻게 옳게 이룩하여야 하는 것이 지어지선(止於至善)이 아니겠습니까? 나쁜 사물은 '지어지선'해서 전 인류에게 밝혀주어야 할 것을 밝혀주어야 합니다. 아주 지성(至誠)껏 하여야 합니다. 여기 와서 다 도달하였으니 움직이지 말라고 이사야 모세가 말한 완전한 기사물(幾事物)은 이 지경을 말하는 것이 아니겠습니까?

지지이후유정(知止而后有定), 지수지향정(知遂志向定)
이 말도 듣기는 좋습니다. 그러나 핵심에 가서 정해지는 것은 없습니다.

능득명친지(能得明親止)
능히 얻는 것은 명친지(明親止)입니다. '친(親)'은 '새 신(新)'으로 해석해야 합니다. 자꾸 새로워지고 자꾸 '친'하여야 한다는 말입니다. 새롭게 사는 것은 하늘과 '친'하는 것입니다. 죽을 때도 하느님과 친하면 좋습니다. 새롭지 않은 것을 버리지 않으면 친할 수 없습니다. 친하다는 것이

나 새롭다는 말이나 다 이것을 밝힌다는 뜻입니다. 명친(明親)의 '친(親)'을 '신(新)'으로 읽는다는 게 중요한 것은 아닙니다. 본뜻만 잘 알면 됩니다.

'능득명친지', 능히 얻은 뒤에 천하의 덕(德)을 밝히고 천하를 명명(明明)하게 친(親)하는 데 이르러야 합니다. 거기에서 그칠 줄을 알게 합니다. 그러므로 '지어지선'하고 명명덕(明明德)하고 친민(親民) 하는데 무슨 선후가 있는 것은 아닙니다. 즉, 《대학》의 삼강령에서 그 선후를 따지는 것은 안 될 말입니다. 지지(知至)이며 지지(至之)요 지종(知終)이며 종지(終之)입니다. 명덕(明德), 친민(親民), 지선(至善)이 따져서 따로따로 있는 것이 아닙니다.

선후는 일(事)에 있습니다. 치국평천하(治國平天下)는 세상에서 직업을 얻는 데 쓰자는 것이 아니고, 지지지지(知至至之)요 지종종지(知終終之)로 나가자는 것입니다. '치국평천하'라는 것을 직업으로 안다면 요새 대학과 비슷한 것이 됩니다. 이에 대하여 증자가 군자(君子)란 이런 것이라고 말한 것이 있습니다.

"부모 없는 어린 임금을 맡겨 보좌케 하여도 안심이 될 이, 사방 백 리나 되는 큰 나라를 맡겨도 걱정이 안 되는 이, 국가 안위가 달린 중대 사건에 임해 뜻을 꺾지 않는 이, 이런 군자야말로 사람이다(君子人也)."(《논어》 태백편) ……

마칠 줄 알아서 마친다면 '길흉내귀'는 문제되지 않고 같이 갈 수 있습니다. 사자(使者)가 와서 인도해주는데 언짢을 것 없습니다. 데리러 오니 가는 것입니다. 세상에서는 배웅받는 것을 좋아합니다. 대접받고 비행기에 올라타는 것을 좋아합니다. 반면에 형사가 데리러 오면 싫어합니다. 가는 것은 마찬가지인데 형사가 데리러 오는 것은 싫어합니다. 마찬가지로 인도해주는 것인데 말입니다. 형사가 아니고는 그 길을 인도해줄 사람이 어디 있습니까?

흉하다 또는 길하다고 하는 것도 지종종지(知終終之)하면 없습니다. 신(神)과 귀(鬼)는 같은 것입니다. 《소학》이니 《중용》이니 《대학》이니 하지만 마칠 것을 마치는 게 대인(大人) 아닙니까? 이것을 하자는 것이 《대학》입니다. 궁극적 목적은 능득명친지(能得明親止)입니다. 온 천하를 밝혀 한 덩어리가 되도록 새롭게 자꾸 친(親)하는 세계를 이룩하자는 것이 그 목적이 아니겠습니까?

이것을 하는데 사람이 합니다. 그것으로 가는 길에 표1이 필요하고 표2가 소용되나, 다 없어도 좋습니다. 중국의 《서경(書經)》이나 《사기(史記)》가 다 그런 것인데, 이런 것은 궁극적 목적을 알면 없어도 좋습니다. 지어지선(止於至善)에서 밝힌 우주관은 이렇습니다. '더는 갈 수 없는 처지까지 알게 되었다. 알 것 다 알았다. 변동이 다시는 없다.' 이런 우주관에서 음미(吟味)의 극치를 갈 만큼 백성도 밝히고 천하를 밝히면, 이것이 《대학》 공부가 됩니다. 이제 그만 지어지선(止於至善)하겠다며 그치는 것 따위가 아닙니다. 한마디로 하면 무본(務本)입니다. 밑동에 힘쓰는 것입니다.

유교의 정신은 온통 '무본'입니다. 위부터 아래까지, 대통령부터 백성까지 이 밑동에 힘써 나가고 서로 권하면, 곧 '무본'에서 차례를 따져 나가면 갈 곳에 거의 가깝게 들어서는 것이 됩니다. 그것을 말한 것이 소위 《대학》입니다. 유교에서는 명덕(明德)하는 것을 선왕지법(先王之法) 또는 전언왕행(前言往行)이라고 합니다. 지나간 사람들의 대표는 왕입니다. 그이는 존중할 수 있었던 분입니다. 그분의 말은 좇아야만 할 판입니다. 그래서 '선왕지법'이라고 하고 고지(古之)라고 합니다.

고지욕명명덕어천하자(古之欲明明德於天下者)

옛날에 명덕(明德)을 천하에 온통 밝힌 분이 누구인가에 대해 공자는 요(堯), 순(舜), 우(禹), 탕(湯), 문왕(文王), 주공(周公)을 표준으로 삼은 것 같습니다. 그분들을 본받아 자기 속에 명덕을 밝힙니다. 그런 다음 제삼자에게 그 밝은 마음이 미치게 합니다. 천하 백성을 제 몸같이 알아야 합니다. 이것이 소위 친민(親民)입니다. 이 명덕과 친민이 지선(至善)에 가서 멈추어야(止) 합니다. 이것이 목적입니다. 옛날 사람들은 이렇게 하려고 노력했습니다. 우리는 옛날부터 사람들이 명덕을 천하에 밝히려고 노력했음을 알아야 합니다.

선치기국 욕치기국자(先治其國 欲治其國者) **선제기가 욕제기가자**(先齊其家 欲齊其家者) **선수기신 욕수기신자**(先修其身 欲修其身者) **선정기심 욕정기심자**(先正其心 欲正其心者) **선성기의 욕성기의자**(先誠其意 欲誠其意者) **선치기지 치지재격물**(先致其知 致知在格物)

밝히려는 사람은 천하보다 우선 선치기국(先治其國)입니다. 곧, 자기 나라를 다스릴 줄 알아야 합니다. 제가(齊家)할 줄 알아야 제 나라도 다스릴 줄 압니다. 그에 앞서 '제가'하기 전에 선수기신(先修其身)입니다. 선지자(先知者)가 먼저 제 몸을 닦습니다. 몸을 닦아야 '제가'가 됩니다. 수신(修身)에 앞서는 것은 정심(正心)입니다(先正其心). '수신'을 하려면 마음이 바로 되어야 합니다. 참생각이 늘 나와야 합니다. 그러려면 의(意)를 성(誠)하여야 합니다(先誠其意). 뜻을 바로 하여야 하는 것입니다. 그리고 그 전에 무엇을 알아야 합니다. 또한 알면 이루도록 하여야 합니다. 순서를 알아야 합니다. 무엇이 어떻게 된 것이고, 참뜻인지 못된 뜻인지 알아야 합니다. 그렇게 하자니 재격물(在格物) 또한 알아야 합니다(致知在格物). 만물의 격(格)을, 성질을 잘 알아야 치지(致知)할 수 있습니다. 사물의 성질을 모르고서는 '치지'할 수 없습니다. 즉, 과학을 하여야 합니다. 과학의 진리로 들어가 이 이치를 다 알아야 합니다.

'고지욕명명덕어천하자'해서 이것을 보려는 것보다는 수신제가(修身齊家)라도 해보면 좀 더 구체적으로 알 수 있습니다. 우리들 믿는 사람 가운데도 이 말이 무슨 소용이 있느냐고 '용(用)'을 묻는 사람이 있습니다. 무엇에 쓰느냐 하는 데 정신이 팔리면 안 됩니다. 이런 데 정신이 팔리기 쉬우니 수신제가해서 다시 한 번 보십시오. 세상 사람들은 무엇에 쓰느냐를 바라고 또 무엇을 하나라도 얻어보려고 합니다. 원래 천하를 밝히고 나라를 다스린다는 것 때문에 고지(古之)를 요순(堯舜)에 갖다 댄 것은 아닙니다. 요순시대에 천하가 있었는지, 나라가 있었는지 모르는 사람을 위해서 이렇게 말한 것이 아닙니다. 다들 제가 본 만큼 말한 것밖에는 안 됩니다. 그래서 소견껏 보는 것입니다. 원래의 뜻으로 고지욕명명덕(古之欲明明德)한 이는 바로 절대자입니다.

지선(至善)은 절대의 나라입니다. 상대의 우리는 그 나라에 가까워지려고 지지(知止)하고자 합니다. 지종종지(知終終之)하는 것입니다. 아주 이상적인 명덕(明德)은, 하느님으로부터 덕(德)을 받아 세상에 그 덕을 밝히는 일을 하는 것입니다. 이것을 사람마다 반드시 이룩하여야 합니다. 그것을 이루는 그이(君子)가 되고자 해야 합니다. '고지욕명명덕'은 참으로 로고스의 말씀이라 하겠습니다.

물격이후지지(物格而后知至) 지지이후의성(知至而后意誠) 의성이후심정(意誠而后心正) 심정이후신수(心正而后身修) 신수이후가제(身修而后家齊) 가제이후국치(家齊而后國致) 국치이후천하평(國致而后天下平)

격물인 과학을 하여야 치지(致知)하며, '치지'로 성의(誠意) - 정심(正心) - 수신(修身) - 제가(齊家) - 치국(致國) - 평천하(平天下)가 됩니다. 이렇게 이 사람 멋대로 듣습니다만《성경》의 정신과 조금도 다른 게 없습니다. 물격(物格)-(而)(而)-后, 곧 만물의 성질을 안 다음에 타당한가 타당치 않은가를 아는 데 이를 수 있습니다. 지지(知止)가 됩니다. 물리학을 하지 않으면 그 세상은 80살이 지나도 캄캄합니다. 아무런 지각을 얻지 못합니다. '물격'을 하여야 합니다.

이 말을 다 해놓고 보면 다른 것이 아닙니다. 물유본말 사유종시(本有本末 事有終始)입니다. 종시본말(終始本末)에 대해 좀 안다는 사람은 명덕(明德)을 먼저 하고 친민(親民)을 합니다. '명덕'이 본(本)이고 '친민'이 말(末)입니다. '명덕'하지 않고 '친민'하면 안 됩니다. 지지(知止)가 시작이고 능득(能得)이 종(終)입니다.

지지이후유정 지수지향정(知止而后有定 知遂志向定)

지지(知止)가 목적하는 바를 지향합니다. 지향하는 바가 있지 않으면 안 됩니다. 지향이 시작이고 능득(能得)이 종(終)입니다. 그래서 사(事)에는 종시(終始), 물(物)에는 본말(本末)입니다. 본시(本始)라는 말은 물의 본(本)과 사(事)의 시(始)를 묶어놓은 것입니다. 본시는 그래서 선(先)이고 종말(終末)은 후(后)입니다. 모든 일의 '본시'는 먼저 하고 '종말'은 뒤에 하여야 합니다.

이쯤 선후(先后)를 따지는데 자리가 그럴 듯합니다. 그럴 듯하지만 본말종시(本末終始)입니다. 본말(本末)이 종시(終始)입니다. 시종(始終)이라고 하지 않고 자꾸 종시라고 하는데, 머리와 꼬리가 마구 엇갈려 들어갑니다. 잎사귀가 본말(本末)입니다. 하늘의 일도 시종이 아니라 종시라는 것입니다. 본말이 시종, 시종이 종말(終末)이라고 하지 않고, 사유종시(事有終始)라고 합니다. 시종이라고 하는 것이 언뜻 알아듣기 쉬운 것 같은데, 종(終)하고 그칠 수가 없습니다. 마치면 더 위로 나아가야 합니다.

여기서 다시 물본말(物本末)을 생각하면 물(物)은 '인'입니다. '인'이 있고 '물'이 있습니다. 그래서 인본말(人本末)입니다. 흔히들 껍데기를 보고 물건의 본말을 정하는데, 배추는 밑둥이 대가리입니다. 땅에서 나올 때는 밑둥부터 나옵니다. '인본말', 모든 것은 사람의 밑둥에서 시작합니다. 땅에서 돋는 본말이 전부 하늘의 정신입니다. 능득지지(能得知止), 우리가 지혜를 갖고 명덕(明德)을 하면 하늘이 그만큼 완전한 가치를 맞추어줍니다. 가치를 '나'에게 줍니다.

이 세상에 태어난 나는 아버지와 어머니의 끝(긋)입니다. 딸이 시집을 갑니다. 그것은 종시(終始)입니다. 섭섭해하며 가지만 또 시작입니다. 세상 사람이 이 세상에 나온 것은 종시입니다. 모든 것을 시종과 본말로 보고 싶으나 종시입니다. 그러면 능득(能得)을 합니다. 앞으로 볼 것을 능숙하게 보고 마칠 것을 마치어, 완전히 하나로 마친다는 뜻에서 '능득'입니다. 이 앞에 지지(知止)는 완전히 지어지선(止於至善)에 갔을 때, 우리의 지(知)가 가서 그칠 때를 말합니다. 이것이 또한 시작입니다. 말을 아무 데나 함부로 쓰지 못한다는 것을 알 수 있습니다. 국민학교를 마치면 중학교에 들어갑니다. 국민학교에서는 끝이지만 중학교에 들어가기 때문에 또 시작입니다. 그런 대로 종시로 볼 수 있습니다. 머리가 먼저 가 있는 것입니다.

알파(α)와 오메가(Ω)처럼 그믐이 초하루이고 24시가 0시이며 0시가 24시입니다. 앞의 그림을 보면 '물유본말 사유종시(物有本末 事有終始)'를 볼 수 있습니다. 또 지소선후(知所先后)도 나오는데, 이것 역시 절대가 아닙니다. 상대에서 따지는 것입니다. 절대에서 보면 선후상치(先后相馳)일 것입니다.

인사본말선인본(人事本末先人本)

'인사본말'을 따지는 것은 사람입니다. 이것을 선인본(先人本)이라고 합니다. 인본주의가 됩니다. 사람이 따져 나가는 것입니다.

천도종시후천종(天道終始后天終)

천도에 대해서는 하늘이 맞추어줍니다. 여기에 기대서 우리는 비로소 우리를 마치게 됩니다. 그러니까 하늘의 도(道)에 들어가면 마치는 것입니다. 그래서 유종유시(有終有始)입니다. 우리가 마칠 때 완전히 마친다는 것이 지종종지(知終終之)입니다. 하늘과 내가 같이 마친다는 것입니다. 이것을 알고 종지(終之)해야 할 것입니다. 이것은 딱 들어맞는 것입니다.

비유를 하나 더 들겠습니다. 염상윤하견소국(炎上潤下見小局) 수승화강관대공(水昇火降觀大空). 지구 안에서 보면 불길은 올라가고 물은 내려오는 것 같으나, 대공(大空) 또는 우주에서 보면 물은 올라가고 불은 내려앉습니다. 이것을 지소선후(知所先后)와 같다고 하였습니다. 유교를 공부할 때 공자의 중요한 말씀은 꼭 볼 필요가 있습니다.

$$
\begin{array}{ccc}
 & \overset{\text{爲}}{政} & \overset{\text{知}}{天} \\
\overset{\text{在}}{人} & \overset{\text{仁}}{身}\overset{\text{修}}{道} & \overset{\text{知}}{人} \\
\overset{\text{取}}{人} & & \overset{\text{事}}{親}
\end{array}
$$

정사(政事)를 하는 것은 사람에게 달렸습니다. 자격이 있는 자를 얻어야 그 정사를 이루고, 자격이 있는 자를 얻지 못하면 그 정사는 썩어버립니다. 위정(爲政)은 재인(在人)이라, 정사는 사람에게 달렸다고 하였습니다. 사람에게 달렸다는 것은 사람을 취하는 데 달렸다는 말입니다. 예수도 베드로에게 '이제 고기 낚는 것은 그만두고 사람을 낚으러 가라' 하였습니다. 대통령 자리가 무엇인지 압니까? 좋은 사람을 데려다 쓰는 자리입니다. 좋은 사람을 찾아서 쓸 줄 아는 사람이라야 그 자리에 있을 수 있습니다.

사람을 취하려면 부모를 잘 섬기는 자를 취하여야 합니다. 자기들 표준으로 삼아 저 사람은 좋은 사람이라고 하면, 정말 좋은 사람도 망하는 것이 됩니다. 그러니 우선 자기를 닦아서 옳은 사람이 되어야 합니다. 수신(修身)을 하여야 합니다. 자기 몸을 먼저 닦으려면 어떻게 하여야 합니까? 불가불 자기 부모를 먼저 섬길 줄 알아야 합니다. 부모를 섬기지 못하면 바로 살 수 없습니다. 부모에게 잘 순종하여야 합니다. 아버지를 섬기려면 불가불 사람이 무엇인지를 알아야 합니다. 사람의 존재가 어떤 자리에 있는지를 알아야 자기 부모를 대접할 줄 압니다. 내가 무엇인지 알아야 하는 것입니다. 이쯤 알게 되면 그 다음에 부모 노릇을 하게 됩니다.

사람이라는 것을 알려면 하늘을 알아야 합니다. 하늘이 높고 푸른 것만이 아니라 자연이 하늘이라는 것도 알아야 합니다. 그 자연 속에서 사람의 존재가 무엇인가를 알아야 합니다. 하늘을 따르려면 자연에 들어가지 않을 수 없습니다. 진리를 갖고 다른 데 갈 곳이 없습니다. 이렇게 결국은 만유과학(萬有科學)을 하여야 합니다. 그리고 또 하나 봅시다.

明善

治　　　　誠
得　　　　身

上　　　　順
獲　　　　親
友信

이 세상의 사물을 보는데 자기 윗사람의 뜻을 얻지 못하면 사물을 진행시킬 수 없습니다. 윗사람을 얻어서 사는 것에 그 뜻을 얻으면 이것이 치득(治得)으로 능히 다스릴 수 있습니다. 위를 만나지(上獲) 못하면 다스릴 수 없습니다. 그런데 위의 뜻을 얻는 데 방도가 있습니다. 길이 있습니다. 예컨대 친구를 사귀는 데 신(信)이 없으면 안 됩니다. 증자가 말한 일삼성(日三省)에 충신습(忠信習)이 있습니다. '충신습'을 날마다 돌이켜보는 것입니다. 친구에게 신(信)이 있는 사람은 그 친구 역시 신(信)이 있으면, 그 친구로 인하여 윗사람의 뜻을 얻을 수 있지 않겠습니까? 친구에게 신(信)을 하려면 부모에게 순종할 줄 알아야 합니다. 자기 부모에게 순종하지 못하는 사람이 타인인 친구를 신(信)할 수 있습니까? 부모를 잘 섬기려면 우선 자기 몸에 성실할 줄 알아야 합니다. 자기 몸뚱이에 성(誠)하면, 자기 부모가 고마운 줄 알고 자연히 부모에게 순종할 줄 알게 됩니다. 여기에 또한 참을 알려면 맨 먼저 명명덕 지어지선(明明德 止於至善)의 길에 불가불 돌아가야 합니다.

근본을 이렇게 캐어야 공부가 됩니다. 《주역》이니 《대학》이니 공부하는 것은 다른 게 아닙니다. 기본에 가서 부득요령(不得要領)하면 무엇이 무엇인지 알아듣지 못합니다. 이러한 것을 알면 많은 것을 다 기억하지 않아도 좋습니다. 본(本)을 알면 자연히 스스로 따져서 알게 됩니다. 이쯤으로 《대학》에 대한 말씀을 그칠까 합니다. 금년에 《대학》에서 무엇을 조금 보았다고 하면 수업장(修業狀)이나 주지 않을까 싶습니다. (1956. 12. 28.)

간디의 가르침 : 진리파지(眞理把持)

Mahatma Gandhi   九週忌日

1869년 10월 2일 生   28608日

1948년 1월 30일 卒   4087週

　　　　　　　　　　969月

　　　　　　　　　78歲 · 4/12

畏 眞 善 義 論 ＝ 眞理把持

二 一 三 四 五

一外無他

世界集滅方　　盲愛幺麼色

天道誠明時　　役軀客氣昏

瞻慕絶大空　　絶大子下降

體身自已旦　　號天父上達 (다석일지 1957. 1. 30.)

이 사람은 오늘 무슨 열성이 있어서 이 자리에 나온 게 아닙니다. 다만 나가보아야 한다는 생각 때문에 나왔는데, 일곱 분이나 나오셨습니다. 게다가 어린 학생도 다섯 분이나 됩니다. 한 분도 안 나오셨으면 이 사람이 열성이 없었던 것에 대해 미안한 마음의 메움을 할 수 있었을 텐데, 이같이 일곱 분이나 나오시고 어린 학생들도 나온 것을 보니, 열성이 부족했던 이 사람을 딱하게 생각하지 않을 수가 없습니다.

구정(舊正) 정초(正初)라 아이들은 울긋불긋 설빔을 차려입고 어른들도 호탕하게 길거리를 다니는 것을 볼 수 있습니다. 반면에 섣달그믐에 목숨을 스스로 끊은 이가 있었다는 보도가 신문에 실렸습니다. 게다가 도둑질까지 해서 설빔을 차려입었을 수도 있으려니 하는 생각이 드는 것은 참으로 딱한 일이라 아니할 수 없습니다. 떡과 고기와 갖은 음식을 지나치게 먹어서 소화제를 먹고 의원까지 부르며 야단하는 사람도 많은 반면, 최소한의 물질적 욕구를 채우지 못해 자살할 수밖에 없는 인생이 있는 이 사회입니다.

이 세상이 유기체로서 기능을 이미 오래전에 잊어버린 게 아닌가 하는 생각이 듭니다. 요즘 사람들은 사회가 유기체라는 말을 옛날보다 확실히 더 많이 합니다. 그런데 이처럼 슬픈 현상이 유기체 안에서 일어난다는 것은, 그 유기체가 어디 고장이 났거나 잘못된 점이 있기 때문일 것입니다. 답답해서 말을 할 수가 없습니다. 알아야 할 일이 알려지지 않고 알 수도 없으니 참 답답합니다.

원래의 나를 모르고 어떻게 하느님을 알 수 있겠습니까? '나'를 모르는데 부자(父子) 사이를 제대로 이어 나가는 행동을 할 수 있겠습니까? '나'를 모르고 형제간의 화(和)가 유지됩니까? '나'를 모르는데 부부 사이가 제대로 가까워질 수 있고 유별(有別)할 수 있겠습니까? 부부는 서로 알아야 하는 것인데 이것을 모르니 그 사이에서 나온 자식과의 관계,

곧 부자(父子)가 하여야 할 일이 제대로 되겠습니까? 그러니 자식들은 자식대로 형제간에 의(義)가 있을 수 없고 화합(和合)이 안 됩니다. 그런 사회의 각 개인과 개인, 친구 사이에 신(信)이 있을 리 없습니다. 이러한 사회에 사랑이 깃들 수 있겠는가 말입니다. 사랑이 있어야 사회는 유기체로 돌아가는데, 근본인 '나'를 모르는 사회는 유기체가 될 수 없습니다. 어디가 아프고 가렵고 쓰라린지 알아주고 사랑해야 합니다. 이것이 없는데 사회가 유기체로서 돌 수가 있겠는가 말입니다.

그래서 이 사람은 1월에 좀 쉬면서, '나'라는 것을 모르지는 않나 조용히 생각을 하고 기운을 내어볼까 하였습니다. 지방에 내려가 내 마음과 몸을 알고 말 한 번 더 할 수 있도록 하려고 그렁저렁 지냈습니다. 오랜만에 돌아와 여러 친구를 만나보고, 며칠 지방에 머무는 동안 만나지 못한 분을 찾아뵙고 밀린 일도 하려고 했는데, 지난 일요일(1월 27일)에 뭔가 특별한 감상(感想)을 얻었습니다. 이 감상을 계속해서 생각해야겠다는 마음에 그날 밤을 그냥 새기로 하였습니다. 알아야 할 일을 얻은 감상을 어떻게 풀어볼까 고심한 끝에 단식을 하기로 결심했습니다. 요전에 단식한 후 다시는 하지 않겠다고 작정했고 또 여간해서 단식할 마음이 생기지 않았는데, 결국 다시 단식을 하게 되었습니다. 지난 주일날 저녁부터 단식을 했으니 오늘까지는 만 5일째입니다. 지난번에는 11일간 단식하였습니다만 이번에는 언제까지 계속할지 모르겠습니다. 오늘만 해도 아직은 집에서 이곳까지 걸어 나올 기운이 있었습니다. 이번 단식은 내 자신에 대해서 깊이 따져보지 않고 하는 일입니다.

내가 산다는 것을 모르니까 자기의 마음을 알 까닭이 없습니다. 내가 날 모르는데 무슨 말을 할 용기가 있겠습니까? 이런데 뭘 말한들 무엇합니까? 들은 말이나 옮겨서 무엇합니까? 이 사람의 성격이 어떤지를 모르시는 분이 많으실 겁니다. 이달 10일에 간디 옹을 기념한다는 말을 들었습니다. 구태여 기념까지 해서 무엇합니까? 장소가 정해지고 당국(當局)의 허가도 받았다고 합니다만, 간디를 기념하는 행사를 한들 무엇합니까? 어떻게 하는 것이 기념인지, 무엇을 기념한다는 것인지 모르겠습니다.

오늘 이 사람은 단식 중이라는 것을 말씀드리려고 일부러 나왔습니다. 며칠을 더 할지는 모릅니다. 기력이 떨어져 앞으로 언제 이 자리에 나올 수 있을지 몰라 단식 중이라는 사실을 미리 알려 두기 위해 나온 것입니다. 나오기로 한 날 안 나오면 죄 많은 이 사람에게 죄가 더해질까 싶어서이기도 합니다. 또한 한 달 동안 여러분을 못 만났으니 시원하게 만나보자는 마음도 있었습니다. 기력도 못 차린 이 꼴을 보고 좋지 않게 생각할지도 모르겠습니다. 우리는 윤택한 몸 거죽이나 겉에 걸친 좋은 옷을 만나보자는 게 아닙니다. 아까 간디에 대해 알 필요가 뭐 있겠느냐고 하였는데, 그렇다고 간디를 배척하자는 것은 아닙니다. 단지 이 어지러운 세상에서 그를 알아서 무엇하느냐 하는 것입니다. 간디면 간디, 함 선생이면 함 선생, 이승만이면 이승만, 나타났다가 사라지면 그만이지 기념이 무슨 기념입니까?

류영모가 예수 이야기를 하는 것은 예수 얘기를 하자는 것이 아닙니다. 공자를 얘기한다고 해서 공자를 이야기하자는 것은 아닙니다. 우리의 정신이 사는 것은 하느님의 말씀을 먹고 사는 것입니다. 간디나 톨스토이처럼 하느님 말씀의 국물을 먹고 사는 것이 좋다고 해서 그들과 비슷하게 하려는 것이 공자, 석가, 예수, 간디, 톨스토이를 추앙하는 것입니다. 간디가 누구인지, 예수의 살을 먹고 피를 마신다는 게 무슨 소리인지 알고 지내야 합니다. 현대 사람은 간디의 살을 먹고 피를 마셔야 합니다. 예수나 부처를 말할 때도 그러해야 합니다.

부모에게서 받은 몸을 고생시키는 단식은 내 피를 마시고 내 살을 먹

어보겠다는 생각에서 몸뚱이를 고생시키는 것이 아니겠습니까? 제 살과
피를 직접 먹고 마실 수 없으니까, 제 몸뚱이를 고생시켜서 그 피를 얻어
마시고 살을 먹어볼 수 있지 않을까 하는 것입니다. 인도 사람들은 이
점을 일찍 인식했습니다. 인도만이 아니라 전 인류가 그 점을 인식해야
하기에, 간디의 살을 먹고 피를 마셔야 한다는 것이 됩니다. 다른 이치가
있는 게 아닙니다.

이 사람은 간디의 추모에 대한 말이 나오기 전에 단식을 시작했습니
다. 그 사흘째인 1월 30일은 간디가 세상을 떠난 날입니다. 1869년 10월
2일에 출생해서 1948년 1월 30일에 일생을 마쳤으니, 돌아간 지 아홉 해
가 되었습니다. 단식 사흘째에 이 사람은 간디 서거 9주년을 맞이하였습
니다. 이런 것을 말하자니 아니한 것만 못한 심정이 됩니다. 지저분한 것
이 남게 됩니다. 간디의 일생이 어떠했건, 그의 그림자는 28608일을 지
나갔습니다. 우리네가 따지기 좋아하는 주일(週日)로 따지면 4087주이
고, 음력 달수로는 969개월이며, 나이로 말하면 78세 4개월 12일이 됩니
다. 간디 하면 보통 간디주의를 생각하는데, 그 핵심은 진리파지(眞理把
持)입니다.

외(畏) · 진(眞) · 선(善) · 의(義) · 논(論) = 진리파지(眞理把持)

마하트마 간디에서 '마하트마(Mahatma)'는 '큰 혼(魂)'이라는 뜻입니
다. 라빈드라나트 타고르가 간디에게 보이지 않는 관을 씌워준 '마하트
마'라는 말은 간디의 정신을 단적으로 잘 표현해주고 있습니다. 진리,
곧 참(眞)은 꼭 붙들어야 합니다. 참을 꼭 붙들어야 얘기가 됩니다. 참을
꼭 붙들고 살아야 합니다. 참에서 나오는 사랑으로 일을 하여야 이 세상
의 일이 바로 됩니다. 이 진리파지(眞理把持)를 다시 다섯 가지로 표현했
으니, 곧 외(畏) · 진(眞) · 선(善) · 의(義) · 논(論)입니다. 첫째로 외(畏), 무

서운 것이 없어야 합니다. 이 세상에 두려울 것, 무서운 것이 없다는 사람은 참을 꽉 잡아 쥔 사람입니다. 다음은 '하나'만이 있음을 알아야 합니다. 또 무서운 것이 있다면 하느님만을 무서워해야 합니다. 요새는 하느님이라는 말을 많이 하지 않습니다. 불교에서는 하느님이라는 말을 전혀 하지 않습니다. 불교에서는 세상에서 제일 무서운 것이 붓다입니다. 붓다라는 것은 참입니다. 간디는 세상에서 무서운 것은 참이라고 하였습니다. '하느님은 진리다'라는 말보다는 '진리는 하느님이다' 하는 것이 참에 더 가깝다고 하였습니다. 무서운 것은 참 하나밖에 없습니다. 첫 꼭대기에 외(畏)를 놓고 무서운 것이 없어야 한다고 했는데 이것은 둘째입니다. '참 하나가 무섭다', '진리가 무섭다', '하느님이 무섭다', 바로 아는 것이 무섭다' 하는 것이 첫 꼭대기가 되는 것입니다. 참을 바로 안다는 것은 하나를 깨닫는 것이므로, 이것을 깨달은 연후에 '무서운 것은 참이다'라는 말도 나옵니다. 세상에서 두려워하는 마음이 없어야 한다는 말도 참을 깨닫고 꽉 쥔 연후에야 알게 됩니다.

그래서 외(畏)는 둘째(二)이고, 진(眞)이 첫째(一)입니다. 첫째, 둘째 하는 것도 늘 이렇게 어렵습니다. 정말 무서워야 할 것은 무서워해야 합니다. 그런데 무서워하지 말아야 할 것을 무서워하기 때문에 될 일도 안되는 것이 아닙니까? 하나를 알면 무서울 것이 없는데, 이것을 모르니바로 될 것도 무서워해서 바로 안 되는 것이 오늘날의 이 세상이 아닙니까? 이것을 모르니까 불가불 소극적인 의미에서 무서운 것이 없어야 한다는 것을 첫머리에 내세운 것입니다. 즉, 아무것도 무서워하지 말라는 것입니다. 몸뚱이를 잡아 죽인들 내 영혼이야 어떻게 할 수 있겠습니까? 그러니 무서워하지 말라는 것입니다. 예수도 하느님 아버지만 두려워하라고 하였습니다(《누가복음》 12:5, 〈마태복음〉 10:28). 이 사람은 한때 이렇게 생각하였습니다. '그까짓 것 무서울 게 없다. 해를 당한다 한들 내 모가지밖에 더 날아갈 게 없는데 무서울 게 무엇인가? 무서운 것은 하나, 곧 하느님이다.' 이러면 적극적인 뜻이 됩니다. 적극적인 '하나'를 무서워함으로써 소극적인 세상을 무서워하지 말라는 것입니다. 그 순서는 이렇습니다. 이 세상을 무서워하지 말라. 그리고 진리를 무서워하라. 말의 차례가 이렇게 됩니다. '하나'만 딱 가지면 무서운 것은 절로 없어집니다.

그 다음은 선(善)으로, 절대 미워하지 말라는 것입니다. 이 세상의 그무엇도 미워해서는 안 됩니다. 맹수나 독사 같은 것도 미워하지 말라는 것입니다. 남에게 노여워하지 말라는 것입니다. 예컨대 창조주가 독사나 맹수를 둔 것도 필요가 있기 때문입니다. 이들까지 생각이 미쳐야 합니다. 불한당도 있는 뜻이 있습니다. 강문봉과 허태영 두 사람이 김창룡을 미워한 나머지 법을 어기고 저격하다가 저런 지경을 당하고 있지 않습니까?(1956. 1. 30. 허태영 살인사건) 악한 것을 미움이라는 악으로 대하면 안됩니다. 공자는 도둑질한 사람을 너무 미워하면 난이 난다고 말했습니다. 또한 예수는 원수를 사랑하라고 말했습니다(〈마태복음〉 5:43~48, 〈누가복음〉 6:27~36). 악(惡)을 악으로 갚지 말라고 하였습니다. 불교에서 산 것을 죽이지 말라(不殺生)고 하는 것도 이 세상의 것을 미워하지 말라는 뜻입니다. 이 세상을 미워해서는 안 됩니다. 선(善)은 무조건 선입니다. 무조건 선이 아니면 악이 됩니다. 악은 치워버려야 합니다. 아무리 손해를 보고 실패를 당하고 죽임마저 당하더라도 미워하지 않는 것이 선이요 불살생(不殺生)입니다. 이것이 사랑의 극치입니다. 이것을 간단하게 '선(善)'이라는 글자로 표현한 것입니다.

그 다음, 의(義)라는 것은 불사(不詐)로 속이지 않는 것입니다. 간디에게는 거짓이 없었습니다. 무조건 미워하지 말라고 하면 언뜻 알아듣기에 아첨하고 비위를 맞추는 것 같습니다. 그러나 하늘과 땅이 있는 것

같이 아첨과 선은 서로가 같지 않고 섞여서는 안 됩니다. 미움과 사랑이 섞일 수 없고 그리스도와 악마가 또한 섞이지 못합니다. 그래서 '의'입니다. 소위 동양의 철학은 소극적으로 보이나 실제 들어가서 보면 적극적인 것입니다.

간디는 특별히 이 다섯 가지 조목을 내걸고 불의(不義)에 저항했습니다. 불의를 쳐부수려고 나섰습니다. 무저항(無抵抗)으로 저항했습니다. 이 세상에서 저항한다는 것은 싸우는 것을 말합니다. 권투나 역도 따위의 투쟁, 권력 투쟁, 연장을 갖고 하는 경기 투쟁(競技鬪爭), 무기 투쟁(武器鬪爭) 따위가 그렇습니다. 맨주먹으로도 저항을 합니다. 그러면 상대는 무서운 권력이나 연장을 동원하여 잡아들이고 때리고 죽이고 합니다. 이렇게 되면 삐걱대기 시작하고 무기를 들고 대항하겠다며 나서게 됩니다. 즉, 세상이 무서워 선을 내세우지 못하고 악을 악으로 갚게 됩니다. 그러나 결국은 실패로 돌아가고 맙니다. 죄다 실패로 돌아갑니다. 이 실패가 세계 도처에 서 있다 보니 세계가 바로 되지 않습니다. 간디는 특별히 이러한 실패를 거듭해서는 안 된다고 하였습니다. 간디는 이렇게 말했습니다.

"병력 투쟁(兵力鬪爭)은 안 된다. 만물이 미워서 싸우는 것이 아니다. 선을 이루기 위해서 하는 투쟁이니 악이 아무것도 아닌 것을 알리면 된다. 선밖에 없는 것을 알리기 위한 투쟁이다."

간디가 말하는 투쟁은 실상 의론 투쟁(義論 鬪爭)입니다. 저항은 의론 투쟁을 말하는 것입니다. 꼭 의론 투쟁(議論 鬪爭)처럼 들리지만, 거짓말이라도 해서 이기면 되는 의론 투쟁(議論 鬪爭)과는 근본적으로 다릅니다. 참정의(正義)는 어디까지나 참정의로 나가야만 합니다. 하느님의 말씀도 참말씀이라야 합니다. 그러니 오직 하나를 알아야 합니다.

이번에는 이 사람이 지은 시 〈일외무타(一外無他)〉를 풀이해보겠습니다.

세계집멸방(世界集滅方)

이것은 불교에서 하는 말입니다. 이 세계는 합집(合集)하였다가 결국에 가서는 헤어지고 없어지는 것입니다. 이것을 말하여 세계는 집멸(集滅)하는 방(方)이라고 합니다. 4천 년의 우리 역사라 함은 이 집멸방(集滅方)의 역사입니다. 헤어지는 것이 만나게 되는 인(因)이고 만나는 것이 헤어지는 '인'이기도 합니다.

천도성명시(天道誠明時)

천도(天道)라 함은 진리인 '하나'를 말합니다. 진리인 '하나'가 밝아야만 될 때란 한 번 생기면 꺼지고 마는 집멸방에서 말씀 하나가 밝아지려는 그때를 말합니다.

맹애요마색(盲愛幺麽色)

색(色), 곧 빛깔이라는 것은 물체를 말하고 자연은 빛으로 되어 있습니다. 물질 세계라는 것은 요망한 것입니다. 우주의 물질은 생멸하는 하잘것없는 것입니다. 이것을 우리는 무서워할 것 없습니다. 악을 악으로 갚으려 하고 악의 색에 미혹되니, 그것이 더한 악이 되어 무서운 게 됩니다. 두려운 존재가 되는 것입니다. 눈이 멀어서 물체의 빛깔이 곱게 보이고 요망한 것들이 좋게 보일 때 미혹으로 색물을 사랑하게 됩니다. 좋은 것은 많은 값을 치르고라도 사려고 합니다. 요망한 색을 맹애(盲愛)합니다.

역궁객기혼(役躬客氣昏)

몸뚱이를 징역살이시키고 객기(客氣)조차 혼(昏) 하여 희미하게 됩니다. '객기'가 실로 어두워집니다. '혼'이라는 것은 해가 다 기울어진 것을 말합니다. 혼인(婚姻)의 혼(婚) 역시 이 뜻을 가리킵니다. 불가불 나왔으니 사랑을 하고 혼인을 할 터인데, 그 근본인 나를 모르고 혼인이 무엇인지 똑바로 모르고는 혼인을 할 필요가 없습니다. 대부분 '객기'가 어두워서 이 세상에 나오니 서로 맞지 않은 점이 많아지고 좋지 못한 일이 일어납니다. 그래서 비돌격안창(鼻突擊眼窓) 명모양암이(明眸釀暗洟) 기대진선미(企待眞善美) 부산탐진치(副産貪瞋痴), 이것을 말하고 싶습니다.

코는 눈이 없습니다. 눈 먼 코가 뾰족한 끝으로 남의 눈을 향해 돌격을 합니다. 코를 굴뚝에 비유합니다. 남의 집 고운 들창(눈)을 부술 때 제 위치에서 잘못하다가 쓰러져 남의 집 들창을 들이받게 됩니다. 남녀 관계가 이렇다고 말할 수 있습니다. 명모(明眸)는 눈자위가 흰 아름다운 눈동자의 소유자가 밝은 것을 밝은 채로 가지지 못한 채 밤에 어두운 데서 콧물을 그것도 시꺼먼 콧물을 흘리는 것을 말합니다. 그것이 객기혼미(客氣昏迷)입니다. 더 참하고 더 착하고 더 아름다운 것, 곧 진·선·미·(眞善美)를 지니기를 기대하지만, 그 기대의 부산(副産)으로 자꾸 딴것이 돌아 나옵니다.

탐·진·치(貪瞋痴), 어리석고 어리석은 것밖에 나오지 않습니다. 맹애요마색(盲愛幺麽色)이나 역궁객기혼(役躬客氣昏)과 같은 뜻입니다. 객기(客氣)가 희미해지고 저물어 들어가니 이 세상이 캄캄해집니다. 원래는 저물어 들어가는 것을 좋아하지는 않았습니다. 어떻게든 새벽이 오기를 원하고, 조금 더 생각을 하고 알려고 한 게 사실이 아니겠습니까?

첨모절대공(瞻慕絶大空)

그 맘이 첨모절대공(瞻慕絶大空)입니다. 절대공(絶大空)이란 비교할 데 없는 큰 공(空)입니다. 아주 빈 것을 사모합니다. 죽으면 어떻게 됩니까? 아무것도 없습니다. 아무것도 없는 허공이어야 참이 될 수 있습니다. 무서운 것은 허공입니다. 이것이 참입니다. 이것이 하느님입니다. 허공은 참이고 하느님입니다. 허공 없이 실존이고 진실이 어디 있습니까? 우주가 허공 없이 어떻게 존재합니까? 허공 없이 존재하는 것은 아무것도 없습니다. 물건과 물건 사이, 세포와 세포 사이, 분자와 분자 사이, 원자와 원자 사이, 전자와 전자 사이, 이 모든 것의 간격은 허공의 일부입니다. 허공이 있기 때문에 존재합니다. 이 허공 사이에 잠깐 빛을 내고 가는 요망한 색이 물질입니다. 정신(精神)에는 물신(物神)이 보입니다. 불교에서는 항상 이 허공의 공간을 말합니다.

체신자기단(體身自己旦)

우리의 몸뚱이는 요망한 것이므로 스스로 체신을 갖추어야 자기단(自己旦), 곧 자기의 아침이 옵니다. 자기 몸을 희생하고 체신(體身)함으로써 자기가 잡은 것을 잡고 가면 어둠(昏)이 가시고 아침이 옵니다. 우리는 아침이 오기를 바랍니다. 내일의 아침이 오기를 바랍니다. 이것이 궁극의 믿음으로 가는 길입니다.

절대자하강(絶大子下降)

우주 사이에서 하나의 절대자(絶大子)가 '나'입니다. 허공밖에 없는 이 우주에서 내가 허공의 아들입니다. 곧, 절대자입니다. 절대자가 하강(下降)하였는데 '나'라는 것이 절대자라는 것을 인식하고 아는가? 안다면 어느 만큼 알며, 요망한 것에 눈이 멀어 사랑하는 것이 가셔지는가? 이것이 문제입니다.

호천부상달(號天父上達)

그래서 다시 한웅님 아버지를 부르면서 올라갑니다. 달(達)하는 것은 이 몸뚱이가 아니라 맘이 상달(上達)하는 것입니다. 호천부(號天父)하는 소리인 '말'이 상달되는 것입니다. 그때가 되면 하나인 허공이 '나'를 차지할 것이고, 허공을 차지한 '나'가 될 것입니다. 그러면 '나'의 아침은 분명히 옵니다.

가능한 한 말하지 않고 얼마 동안 더 '나'라는 것을 찾고 '나'를 알려고 해야 하는데, 이 사람 자신이 느낀 바 있고 오늘 나오기로 약속한 바 있어서 나오긴 했습니다. 또한 2월 한 달을 더 쉬겠다는 말씀을 드리려고 나온 것입니다. 오늘 이 시간 이만큼 하였다는 것에 대해 하느님께 무한한 감사를 드립니다. (1957. 2. 1.)

허공과 마음은 둘이 아니라 하나다

믿음

하나ㅣ 계셔 내게 사름으로 내샤 아들 삼으시다.

그 일르시믄 때를 히스미오.

그 흐이시믄 한듸를 느리미네.

아브 뜻 몸에 소리니 난 뜻 참 보이오.

속알이 말슴으로 품기우니, 참 말슴 스매, 됀길이 번듯ㅎ여이다.

(漢譯) 信

一存在予人生子　　　父旨心音誠意示

唯命是時天行空　　　懷德成言至道公 (다석일지 1957. 2. 20.)

빈탕(空) 한듸(與) 맞혀(配) 노리(享)(흠 끝은 모름)

나르 수 없는, 붙닫힌 몸둥이, 맸달린 나, 얼이 묻언, 꿈틀더니.

맑혀 맑 몸 만큼, 맞난 내, 날라 나, 비롯, 빈탕 계에, 한듸 졔를 보알다.

빈탕 몸 한듸 나 뵈웁 웋로 올나 내 깃븐. (다석일지 1957. 2. 26.)

몬(物)에 몸(心)

밖앗 몬이 속으로 드러가서 몸에 빛외어 보이믄 속알 밝으미오.
속몸이 밖으로 나가서 몬에 살어나믄 속이 어두미다.
두릴손 속이 어둘가 살어날가
몬에 몸. (다석일지 1957. 2. 26.)

應無所住而生其心(金剛經)

네 속에 잇는 빛이 어두어질가 삼가라. (《누가복음》 11:35)
(다석일지 1957. 2. 26.)

此身亨終臥, 將予享遙遊

身　　世, 予　　享.
이몸 누리, 올나 노리. (다석일지 1957. 2. 26.)

'다음과 가튼 생각을 가지고 二十八 글시를 씹으면' 하고 씀

않밖이나 죽고 살고가 므름이 아니고,
드리 거서 드러누미 싫은 것이오,
드려 올려 웋로 올나가미 좋은 것이다.
집으로 드러가서, 지친 몸을 눕히는 것도 새목숨을 욀으려고 쉬는 것이

오,

밖으로 나가서 먹을 것을 거더 드리는 것도 불살러 「칼로리」를 얻자는
것뿐.

그런 것들은 사는 일만도 죽는 일만도 아니다.

가로 들락날락은 바로 나드리는 못된다.

우리가 나기 앞서 어딕로부터 누린 뒤 어딕까지가 우리의 한 나드리뿐.

않으로 드러서도 속알을 밝히미 옳로 「계에」 드림과 알로서 「제로」 올
「나」가미다.

밖으로 나가도 몸에 몸이 살어나는 것은 누리 속으로 빠져 드러가는 것
뿐이 된다. (다석일지 1957. 2. 28.)

말슴 듣는 우에 (이몸 누리, 옳나 노리)

들웨 속알 밝힐네   죽어 노리 살 누리

나와 속이 어둘가   몬에 몸 살어날가 (다석일지 1957. 2. 28.)

'말미암을 유(由)'는 '말미암다'라는 뜻으로 곧잘 말하지만, 그 참뜻을
잘 아는 사람이 별로 없습니다. 글에서도 말미암아 한다는 의미로 곧잘
쓰입니다. 어디에서 왔다(由來)는 뜻인데, 이 세상의 모든 것은 예부터
내려온 것입니다. 또 어디서부터 어디로 해서 오는 것이지, 결코 없다가
갑자기 튀어나오는 것은 없습니다. 모든 물건이 있다는 것이 그렇고 일
이라는 것이 그러합니다. 모든 것에는 말미암은 것이 있습니다. 그래서
우리 인간이 쓰는 말도 말미암은 것을 기초로 해서 쓰는 것입니다. 어디
서 말미암았건 우리는 그 말을 받아서 씁니다. 요새 새로 되어 온 것이
없습니다. 전부 다 쓰던 말입니다.

말미를 받는다는 것을 한문으로는 '수유(受由)'라고 합니다. '유(由)를 수(受)하다'라는 말입니다. 이것은 옛날에 흔히 쓰던 말입니다. 지금도 나이 많은 사람들은 말미를 얻었다, 말미를 받았다고 말합니다. 이 세상에 한정된 존재든 시간이든 은총이든 다 절대자에게서 말미암을 받은 것이고 있는 것이고 하는 것입니다.

오랫동안 해 온 일을 좀 쉬고 다른 일을 할 때 그 다른 일로 말미암아 차차 좀 더 나아져보겠다고 합니다. 그때 말미를 받았다고 합니다. 예컨대 잠시 휴가 중에 뭔가 다른 일로 말미암아 다른 길로 들어섰다가 다시 원래의 자리로 돌아오는 경우가 있는데, 어찌 되었건 이것 역시 서로 관계가 있는 것입니다. '말미'는 이런 관계에 놓이게 된 이유를 가리키는 것이라 하겠습니다. 이유(理由)라는 것도 이치에 말미암을 말합니다. 어디로 말미암아 어디로 해서 어떠하다는 이 '유(由)'는 참 좋은 뜻을 갖고 있습니다.

우리는 금요일마다 여기서 으레 공부가 있는 것으로 믿고 있습니다. 이 사람이 지난 1월에는 말미를 얻어서 이 자리에 나오지 않았고, 2월에는 말미를 못 얻어서 초하룻날 나와 좀 더 말미를 얻겠다고 말을 한 후 나오지 않았습니다. 3월에는 말미를 못 얻었기에 오늘 불가불 와야만 되겠다는 생각에서 나온 것입니다. 그래서 앞으로는 어떻게 될지 모르겠습니다. 말미를 얻어서 3월도 쉴까, 그러지 않으면 차차 보아서 할까, 아직 정하지 못했습니다.

오늘은 여기 내건 공여배향(空與配享)이라는 말씀을 드리려고 합니다. 이 말씀은 어떠한 의미에서는 세상에 대한 이 사람의 결론, 즉 이 사람이 인간으로 나서 본 인간에 대한 결론이라고 할 수 있습니다.

퍽 오래전에 허공과 마음에 대해서 한번 스케치를 해보았다는 말씀이 있습니다. 이 사람은 허공과 마음이 둘이 아니라 하나라는 생각을 자주

한 것 같습니다. 이것은 전부 이 사람의 참 이지(理智)로 생각해낸 것입니다. 이 사람이 하는 것은 별로 없는 것으로 생각됩니다. 이 사람 생각에는 절대자 하느님이나 허공이나 마음은 왔다 갔다 하는 것이 아닙니다. 안의 것이나 밖의 것이 완전히 일치하는 것을 이 사람은 항상 느낍니다. 꽃을 볼 때는 보통 꽃 테두리 안의 꽃만 바라보지 꽃 테두리 겉인 빈탕(허공)의 얼굴은 보지 않습니다. 꽃을 둘러싼 허공도 보아주어야 합니다. 무색의 허공은 퍽 오래전부터 다정했지만, 요새 와서는 더욱 다정하게 느껴집니다. 허공을 모르고 하는 것은 모두가 거짓입니다. 허공만이 참입니다.

이 사람은 《성경》이 인연이 되어 믿음을 이루었습니다. 믿음이라고 말하면 이 사람의 신앙이라는 게 어떤 것인가 하고 퍽 궁금해하는 분이 계실지 모르나, 본디가 이것이 신앙이라면 신앙이고 아니면 아닌 대로 이 사람은 그렇게 갑니다. 누가 몰라준다 해도 그것이 내 믿음이라고 하고 가는 것입니다.

먼저 〈믿음〉이란 시(詩)를 보겠습니다.

하나   계셔 내게 사름으로 내샤 아들 삼으시다
'하나'밖에 없다는 것을 이 사람은 꽤나 주장하는 편입니다. 그 '하나'가 존재하는 것을 가장 존경하여서 '계셔'라고 하였습니다. 이 사람은 하나의 존재를 바로 계신 자리에서 느낍니다. 이 사람은 무엇이 있다면 어디 있는가 묻는 버릇이 있는데, 보통 하는 말로 하니까 그렇습니다. 아직 그 버릇이 있기에 '하나'가 계시다면 어디 계시냐고 묻습니다. 그래서 모르는 사람이 답답해하지 않도록 '내게'라고 말합니다. 바로 '나'에게 있다는 말입니다. 내게 있다고 해서, 내 가슴속에 있다고 자신 있게 말할 수 있는 것은 아닙니다. 내게 계시다고 하면 안방이나 사랑방이나 어느 골방에다 모셔놓은 것같이 생각하는데, 혹 보여 달라고 하면 그렇게 하지 못합니다. 여기서의 '내게'라는 말은 믿지 않는 분이 물으니까 할 수 없이 '내게'라고 대답한 것입니다. 물론 '하나'를 느끼는 것은 온전히 내가 느껴야지 다른 것이 느낄 수는 없습니다. 그러니 내게 있다는 말은 아무런 생각 없이 믿음 그대로 사실대로, 생각대로 고백하는 것을 말합니다. 그런 의미에서 '하나'가 어디 있느냐고 하면 '내게 있다'고 직각(直覺)할 수 있습니다.

이 세상에는 증인이 많습니다. 여호와의 증인, 그리스도의 증인 등등 많은데, 이 사람은 '하나'라는 것을 증거해야겠다는 말을 하는 것입니다. 다른 것은 다 모르니까 '하나'라는 것을 증거해야겠다는 것입니다. 이 사람은 '하나'라는 존재를 증거하는 사람입니다. 이 사람뿐만 아니라 여러분도 '하나'를 모르면 몰라도 자세히 알게 되면 증인이 될 것입니다.

그러니까 절대자인 그 '하나'가 내게 계시니까 나는 어떻게 되는가 하면 '사룸으로 내샤', 즉 사람으로 내서 나에게 계시는 것입니다. 나에게 사람의 사명을 주신 이가 곧 '하나'가 됩니다. 이것이 어떻게 되느냐 하면, 예수께서 이르신 것같이 '아들 삼으시다', 이렇게 됩니다.

본래 '하나'와의 관계가 어떻게 되는지는 모르겠습니다만, 이 몸뚱이를 타고 이승에 온 이상 우리 아버지가 전에 온 모양으로 나에게 '하나'가 계심을 느낍니다. 사람 노릇을 하려니까 '그이'를 느낍니다. 그 다음에 나는 '하나'와 어떤 관계인가 할 때, '하나'가 나를 아들 삼은 것을 느낍니다. '하나'가 날 내주고 길러줍니다. 이렇게 생각하면 내가 '하나'의 아들 노릇을 하는 것 같습니다. 예수도 이것을 느낀 것 같습니다. 그래서 독생자, 곧 '하나'의 아들이라는 것을 느낀 것 같습니다. 이것은 형제가 없어서 독생자라고 하는 게 아닙니다. 오직 '하나'의 아들임을 깨닫는 관계를 말한 것 같습니다.

그 일르시믄 때를 히스미오

'하나'가 이르는 이 소리는 귀에 안 들립니다. 이 세상에 내려오는 말씀은 '하나'가 하는 것입니다. 때문에 '하나'가 이르는 말씀을 귀로 들은 이가 없습니다. 들을 수 있다면 소리 없는 소리를 마음에서 듣습니다. 귀 없는 마음이 그 소리를 듣습니다.

'때를 히스미오', 정말 이르신 말씀은 무엇인가 하면 '때'입니다. '때'라는 것을 줄곧 하느님이 말씀하는 것 같습니다. 요샛말로 하면 '시간'이 될 것입니다. 이르신 때(순간)를 이어서 이 시간이 되었습니다. 1957년 3월 1일 금요일 오후 2시, 하느님이 이것을 일렀(命)기에 우리가 시간을 갖게 되었습니다. 시간이 있다는 것에는 조금도 다른 이유가 없습니다. 무엇에 말미암아 시간은 우리에게 무엇을 시킵니다(時者命也). 정신이 우리에게 사람 노릇을 하라고 시키는 것(使命)에 말미를 주는 것을 이 사람은 느낍니다.

이달 한 달 쉬겠다는 것은 그믐날까지 말미를 얻는 것입니다. 마찬가지로 하느님은 우리에게 숨 끊어질 때까지 말미를 주었습니다. 인류가 생기기 전부터 다 없어질 때까지 말미를 준 것입니다. 우주가 있는 동안, 하느님은 있는 동안의 시간이라는 말미를 준 것임을 느끼게 됩니다.

'히스미오' 할 때 ㅿ 받침은 '이응' 음(音)도 나오고 '스' 음도 나옵니다. '이음이오'라고도 읽을 수 있고, '이슴이오'라고도 읽을 수 있습니다. '이슴'은 남쪽에서 흔히 쓰는 말입니다. '이어 간다'는 뜻입니다. 그래서 '히스미오'라고 썼습니다.

그 흥이시믄 한틔를 느리미네

'그 흥이시믄', 그 시키고 하시는 것, 곧 하느님의 활동은 땅 위에는 없습니다. 하느님은 대공(大空)에서 있는 그대로 활동을 합니다. 하느님의 활동, 곧 '하나'의 활동이 그치면 이 공간도 없어집니다. 머리카락 하나 들어갈 공간도 없게 될 것입니다. 허공이 퍼져 있는 것과 시간으로 인해서 하느님의 뜻이 있음을 이 사람은 느낍니다.

아ㅂ 뜻 몸에 소리니 난 뜻 참 보이오

'아ㅂ 뜻 몸에 소리니', 하느님 아버지의 뜻을 들었습니다. 소리가 없는데 어디서 들었는가 하면 마음 어디서 느낀 것입니다. 그것은 '하나'를 알 수 없는 마음에서는 느낄 수 없습니다. '하나'라는 것을 찾아 끄집어낼 수 없는 것같이 마음도 붙잡아 꺼낼 수 없는 것이나, 아버지인 '하나'의 뜻이 내게 있다고 하였기에 내 속의 주인인 마음에서 소리가 납니다. 마음에서 들리는 소리는 아들 노릇 하는 소리, 그리고 아버지의 소리, 아버지와 아들 사이의 뜻이 활동하는 소리입니다.

내 마음에서 자꾸 '하나'의 뜻이 일어납니다. 그것을 느끼는 것이 내 뜻입니다. 마음의 뜻은 '하나'의 뜻입니다. '하나'는 가장 큰 나입니다. 내 마음속의 '나'라는 것은 아버지 하느님의 한뜻을 말합니다. 방탕한 자식은 아버지와 뜻이 다르지만, 아버지를 느끼는 자식은 완전히 되어 갑니다. 아버지의 뜻인 그 소리가 마음에 일어나면 아버지의 뜻이 있다는 것을 증거하는 게 됩니다.

'난 뜻 참 보이오', 난 뜻이 맘에서 나오니까 하느님의 뜻이 있어 '나'라는 존재가 나옵니다. 이것이 난 뜻입니다. 무슨 형이상하에서 참뜻이 있다면 하느님의 뜻이 '참'입니다. 참이 아니면 거룩한 뜻이 아닙니다. 하느님의 거룩한 뜻만이 참이 될 수 있습니다. '난 뜻 참 보이오', 말이 보인다는 것이 아니라 마음으로 본다는 것을 말합니다. 사람이 마음속에서 무엇을 깨달아 얻었다면, 그 얻는 것을 덕(德)이라고 합니다. 이 사람은 이것을 늘 '속알'이라고 합니다.

속알이 말슴으로 품기우니, 참 말슴 스매, 됀길이 번듯ᄒ여이다

속알이 말씀이라는 것은, 하느님을 만물을 창조하신 전지전능하신 분, 주재(主宰)하시는 분, 태초부터 계신 분, 진리, 로고스, 아트만(ātman) 등 각 민족마다 제각기 온갖 다른 이름으로 불러도 성령의 말씀 없이는 통할 수 없다는 말입니다. 말씀에 '하나'의 속알이 들어 있지 않고서는 말씀이 안 됩니다. 속알이 들어 있을 때만 말씀이라고 할 수 있습니다. 그 말씀 '품기우니', 즉 가슴속에 품었다는 말입니다.

'참 말슴 스매', 참말씀이 진리로, 적어도 가슴속에 진리로 성립하였다는 말입니다.

'됀길이 번듯ᄒ여이다', '됀길'은 '되다'란 뜻으로 흔히 쓰이는 말 같아서 이 글자를 쓰지 않으려 했으나, 대신 적당한 낱말이 없어서 그냥 썼습니다. '되어 간다'는 '돼'의 뜻으로 이 글자를 썼습니다. 아버지와 아들이 넘나드는 것이 '됀길'입니다. 그 길이 번듯하다는 것은 조금도 구김이나 굽힘이 없다는 뜻입니다. 이러한 것이 믿음으로 벌써부터 내 속에 있습니다. 이것을 한자로 번역한 게 '신(信)'입니다.

일존재여인생자(一存在予人生子)

없이 계시는 존재로서 '하나'와 내가 이쯤 가까운 것을 말합니다.

유명시시천행공(唯命是時天行空)

오직 명령하는 것은 시간이요, 천연(天然)하게 행하는 것은 공간입니다.

부지십음성의시(父旨心音誠意示)

말씀을 이룬 것이 성(誠)이고, 말씀(言)에 하나(一), 곧 진리가 더 들어간 것은 우습게 말해서 음악적입니다. 그래서 '말씀 언(言)'에 하나(一)를 더 집어넣은 것이 '소리 음(音)'입니다. 言을 辛+口로 보면 위를 범(犯)하는 것이 말(言)입니다. 그래서 어떤 때는 말이 하느님을 비판하기도 하고 원망하기도 합니다. 그따위 말은 잡소리입니다. 음악적으로 될 때는 하나가 더 갖추어집니다. 이것은 '소리 음'을 나타내는 글자입니다. 맘의 소리는 音+心='뜻 의(意)'가 됩니다. 하느님의 소리가 뜻이 되는 것이 아니겠습니까? 마음의 진리를 포함한 그 소리가 곧 뜻인 것입니다.

공맹(孔孟)은 천하를 평정하려면 나라를 잘 다스려야 하고, 그러려면 집안을 잘 하여야 하고, 또 그렇게 하려면 마음을 잘 가져야 하고, 그러기 위해서는 몸을 닦아야 하고, 몸을 닦으려면 마음에서 의견이 나와야 하며, 의사(意思)가 나올 때는 참으로 나와야 한다고 했습니다. 그것을 성(誠)이라고 하여 참말씀을 이루어 얻어야 한다고 하였습니다. 성(誠)은 언성(言+成)으로 마음의 소리라는 뜻입니다. 공맹도 늘 그렇게 하는 데서 참이 보인다고 하였습니다.

회덕성언지도공(懷德成言至道公)

속알(德)이 말씀으로 품기우니(懷) 참말씀(成言) 스며 됀길(至道) 번듯(公) 하여이다. 사사로움이 없다는 것이 '번듯하다'의 뜻입니다.

이번에는 〈븬탕 한딕 맞혀 노리(空輿配享)〉를 풀이해보겠습니다.

정신에는 물신(物神)이라는 것이 보입니다. 공자의 제(祭)를 지낼 때 열 제자를 같이 모시는 것을 배향(配享)이라고 합니다. 또한 어른이 아랫사람하고 겸상으로 음식을 먹을 때 배향받는다고 합니다. 합해서 제사를 받는 것을 배향이라고 합니다. 한 세상 우리가 사는 이 현실도 어느 모로 보아서는 배향을 하는 것으로 생각됩니다. 서로 짝이 맞아서 누리고 사는 것을 배향이라고 생각할 수 있습니다.

'빈탕 한데', 속이 빈 것을 '빈탕'이라고 하고 밖(外)을 '한데'라고 하는데, 빈탕은 무엇에서 어떻게 나타낼 수 없는 것을 말합니다. 밤(栗) 동산에서 밤송이를 주어서 쪼개보니 속이 비어 있거나('아뿔싸! 빈탕이야! 아무것도 없네.'), 누구를 찾아갔는데 문을 열고 보니 아무도 없을 때 '빈탕'이라는 말을 씁니다. 이처럼 가서 맞이할 것을 못 하거나, 텅 빈 밤송이처럼 잠깐의 쾌락을 맛보지 못할 때 대개 '빈탕'이라고 합니다. 물론 밤송이가 빈탕이라도 한 삼태기 긁어모아 불을 때면 한겨울을 추운 줄 모르고 지낼 수 있을 것입니다. 이것은 확실한 일입니다. 그러나 이 세상 사람들은 거저 난 진물 같은 것이 혀(舌) 끝에 닿아야 그것을 실(實)이라고 하고, 그렇지 않으면 아무리 확실한 것을 만났다 하더라도 빈탕이라고 합니다. 그리고 빈탕이라고 무시합니다.

허공도 빈탕이라고 할 수밖에 없습니다. 잣(松果) 하나 까서 속에 아무것도 없으면 빈탕이라고 하는 그따위 소견으로 허공을 알려고 하다가는 크게 어려움을 당합니다. 이 세상에서 빈탕같이 확실한 것은 없습니다. 공공허허대대실(空空虛虛大大實)입니다. 공(空)하고 또 공한 것이 크고 또 큰 실상이라 하였습니다. '하나'의 활동보다 더 확실한 것이 더 어디 있습니까? 시간이야말로 '하나'의 활동입니다. 시간처럼 확실한 게 어디 있습니까? 그렇더라도 혀끝에 닿는 진물이 없는 빈탕에 비할 수 있겠습니까?

'한듸'는 또한 저 밖을 말합니다. 어머니 품에 안기고 이불 속에 싸여 방안에 담겨 지내면 평안하다고 합니다. 이렇게 사랑을 받아 가면서 평생을 지내니 이것을 떠나면 허전하다고 합니다. '한데'는 쓸쓸한 곳이라고 하고 쓸쓸한 곳은 '한데'라고 합니다. '좀 큰 나(大我)'라는 것을 알고 '한데(허공)'를 알아야겠습니다. 지구의 세계라는 좁은 집 안에서도 들이나 산을 다니면 확실히 시원합니다. 한 걸음 더 나아가 지구 밖의 우주로 나가면 더할 나위 없이 시원할 것입니다. 사람이 시원한 것을 찾는 것을 보면 결국 인간은 '한데'를 대단히 필요로 하는 존재인 것 같습니다. 이렇게 '한데'가 시원하면 자꾸 찾아 나가야 합니다. 그런데 웬일인지 도무지 '한데'를 싫어합니다. 감기 든다고 '한데'를 싫어합니다. 아이가 추운 날 밖으로 나가면 밖에 무엇이 있기에 그렇게 자꾸 나가느냐고 꾸지람을 합니다.

이렇게 내 것이 되어야 할 빈탕을 빈탕이라고 싫어합니다. 빈탕을 모르고는 다른 것을 알기 어렵습니다. 빈탕을 좀 알아야 합니다. 우리에게 말미를 주는 것이 이 빈탕입니다. 그 빈탕의 말미(여유)를 모르면서 무슨 말미(이유)를 알 수 있겠습니까? '한데(허공)'처럼 시원한 것이 없다면 '한데'를 자꾸 있는 대로 차지하여야 합니다. '한데'를 있는 대로 제 것으로 차지하여야 합니다. '한데'를 허공이라고 하는 것은, 참으로 '하나'의 아들로서 허공을 계속 자리 잡게 하는 것을 말합니다.

그래서 '여공배향'을 우리말로 하면 곧 '빈탕 한듸 맞혀 노리'라고 할 수 있습니다. '한데'는 밖이라는 말이긴 하나, 정말 '한데'라는 밖을 죄다 점령하면 안(內)과 밖(外)이 없어집니다. '한데'에는 안도 다 들어갑니다. 그 '한데'에는 세계도 우리나라도 우리집도 우리 몸뚱이도 들어 있습니다. '한데'에 하나(절대)를 득실(得失)하면 우리는 그 '한데'를 얻을 수도 있고 잃을 수도 있습니다. '한데'의 근본을 모르고서 '한데'를 춥다고

만 하면, 지금 말한 '한데'를 이해하기 어렵습니다. 번듯하게 '한데'를 찾아 나가야 합니다. 이렇게 보면 빈탕은 공(空), 안팎 한데인 '한데'는 '여(與)'가 될 수 있습니다.

'맞혀'는 맞추어 간다는 뜻입니다. 이 사람이 늘 하는 소리이지만, '맛·맟·맞·맡'과 '낫·낮·낮·낱'이 서로 만나 자기의 사명을 마쳐야 완전하지 않겠습니까? 전깃줄의 전파도 마칠 것 마치고 종단엔 밑으로 들어가거나 다시 맞이하게 됩니다. 다 같이 배(配)를 맞추어놓고 만난다는 소리로도 쓰자는 말입니다.

'노리'는 제사라는 의미로 쓰고 싶습니다. 이 세상의 일을 잘 들여다보면, 잠을 자고 일어나고 깨어 활동하는 것을 죄다 놀이로 볼 수 있습니다. 유희로 볼 수 있습니다. 세상에 나올 때부터 하느님 앞에서 어린아이처럼 이 세상을 지나가면 말끔히 놀이가 될 수 있습니다. 죄다 유희가 될 수 있습니다. 이 사람이 늘 말하는 유희삼매(遊戲三昧)는 아이들이 놀이에 심취하는 것처럼, 한 세상 취해서 가야 한다는 것입니다. 즉, 제사 지내는 것을 놀이로 볼 수 있는 것처럼 맞추어 놀이를 하자는 말입니다.

'여공배향'은 곧 빈탕 한데에 맞추어서 놀이를 하자는 것입니다. 지금은 유치원 때의 일은 전부 잊어서 가깝게 느끼지 못합니다만, 유치원 때를 돌이켜보며 '여공배향'을 생각하면 '빈탕 한데 맞혀 놀이'가 어지간히 살이 붙고 피가 도는 것 같지 않습니까? 실감이 나지 않습니까? '빈탕 한데 맞혀 놀이'를 인생의 결론이라고 한 것은, 그 말에 맞추어 그대로 유희삼매에 들어갈 수 있기 때문입니다. '여공배향'이 인생이라는 게 느껴집니다. 하느님을 모시고 늘 제사를 드리기 때문입니다.

나(我)ㄹ(飛) 수 없는, 붙(着)닫힌(閉塞) 몸동이(束縛), 맴달린 나, 얼이 묻언(染埋), 꿈틀더니

'나(我)ㄹ(飛) 수 없는'의 '나'는 '아(我)'입니다. '나는 어떻다' 할 때의 '나'는 참으로 용감하고 대담해 보입니다. 무엇에 관하여 '나는' 하고 나설 때는 무섭습니다. '나는 좋다' 또는 '나는 싫다' 할 때 무섭습니다. 이때는 그만큼 책임을 질 만한 확고한 신념을 갖고 있느냐가 문제입니다.

'나는 싫다' 할 때 정말 싫어서 그러는 것입니까? '나는 좋다' 할 때 과연 그 말에 책임을 질 수 있습니까? 책임을 지고 나오는 '나'는 참 무서운 것입니다. 책임을 지지 않고서는 '나'를 내세울 수 없습니다. 국가가 그러하고 민족이 그러합니다. 책임을 져야 '나'는 대한민국 국민의 한 사람이라고 내세울 수 있는데, 과연 지금 그렇게 하고 있습니까?

이렇게 한 후에 '나'는 날 수 있습니다. 자유와 평등이 정말로 오고 모든 것은 날(飛) 수 있게 됩니다. 그런데 '나'라는 것은 여간한 힘이 아니고는 날 수가 없습니다. 이따위 '나'로는 날 수가 없습니다. 비행기를 타거나 꿈속에서라면 한번 날아볼 수 있을 것입니다. '나'를 책임지지 못하면 날다가도 미끄러집니다. 위로는 날 수 없습니다. 본래 날 수 없지만 '나'는 날 수 있게 행동하고 싶어 합니다. 즉, '나'가 내 노릇을 하고 싶어 합니다. 그런데 내 노릇을 할 수 없으니 그 뜻 그대로 '나(我)ㄹ(飛)' 수 없습니다. 영혼은 때로는 비약하고 싶어 합니다. 그러나 그렇게 하지 못합니다.

'붙(着)닫힌(閉塞) 몸동이' 때문입니다. 몸뚱이가 날지 못하게 합니다. 몸뚱이는 한자의 '묶을 속(束)'과 같습니다. 날 수 없게 생기지 않았습니까! 붙고(着) 폐색(閉塞)된 몸뚱이, 이러한 몸뚱이가 달린 '나(맴 달린 나)'입니다.

'얼이 묻언(染埋), 꿈틀더니', 얼이 무던하다는 말입니다. 얼이 무던한

우리 정신입니다. 얼은 여기서 옳은 정신을 말합니다. 그 얼이 우리 몸에 갇히고 '붙달힌' 데다 더러운 맘에 묻어서(染) 물이 조금 들었습니다. 완전히 나타나지 않은 것을 보면 어디 묻혀 있었던(埋) 것 같기도 합니다. 얼이 묻혀서는 날 수 없습니다. 그래서 전부 얼이 무던합니다. 얼이 빠져 아주 없으면 좋겠는데, 조금 묻혀서 꿈틀거립니다. 별의별 꿈을 다 꿉니다. 꿈꾸는 틀로도 볼 수 있습니다.

여러 말을 시조로 묶어보았는데, 누가 보면 시조가 아니라고 할지 모르나 이 사람은 이 사람대로 시조라고 합니다. 이 사람의 몸을 운(韻)으로 삼고 느낌을 조금 통하게 하여 이런 시가 되었습니다.

맑혀 맔 믐 만큼, 맞난 내, 날라 나, 비롯, 븬탕 졔에, 한딕 졔를 보알다

'맑혀 맔(止) 믐 만큼', 맑혀 말라(禁止), 말자는 말입니다. 맑혀서 말라는 것입니다. 날마다 조금씩이라도 맑혀 마는 믐입니다. '만큼'이라는 말을 이 사람 혼자 장난을 하면 이렇습니다. 우리가 나가는데 더는 넘지 말라는 금이 그어져 있습니다. 나가만 '금'에 '그'를 하나 더해서 '큼(금+그 = 큼)'이 됩니다. 즉, '나가만 그금'이 '나간 만큼'이 됩니다. 맑혀서 마는 맘이 나간 만큼 이렇게 됩니다.

'맞난 내, 날라 나', 맞난 내 하면 맛난 냄새로도 들립니다. 실상 음식을 하면 음식은 날아가지 않더라도 맛난 냄새는 이웃으로 다 날아가버립니다. 이같이 몸뚱이는 날 수 없지만 맑혀 마는 마음만큼은 무한히 날아갈 수 있습니다. 맛난 냄새라고 한 것은 우스갯소리이고, 실상은 마주 만난 것을 말합니다. 둘이 만나면 종단은 마치자고 해서 '맞난 내(我)'입니다. 절대의 하느님을 만나고 통해야 합니다. '맞날' 것을 만나고 통할 것을 통하면 '맞혀 놀이'에서 말한 것같이, 맞혀서 '맞난 내'가 날 수 있게 됩니다. 여태껏 갇혔던 것이 자유롭게 날아갈 수가 있습니다. '맞난 내'에서 해방이 되었습니다.

'비롯, 빈탕 계에(尊前)'에서 '비롯'은 '비로소', '빈탕'은 '하나에 계신 빈탕', '계에'는 존전(尊前)이라는 뜻으로 높으신 님의 앞을 가리킵니다. 이러한 빈탕을 준비하지 않고서는 허공의 하느님 아버지를 불러보아야 소용이 없습니다.

'한틴 제(卑自)를 보알다'에서 '한틴 제'는 저 밖에의 '제'가 '나'를 얻은 것을 말합니다. 하늘을 몹시 그리면서 사바세상을 죽 이어 나가는 '제'가 아주 높게 된 '한틴 제'가 됩니다. 높은 존전은 '계'라 하고 자기는 낮춰 '제'라고 해서, 같이 점을 두 개 찍어 아버지와 아들의 존재를 가리킵니다. 아들인 제가 아버지인 계 앞에 '여기 있습니다' 하며 나타내는 것입니다. '보알다'는 그것을 보아서 알았다는 뜻입니다. 이렇게 두 가지를 알아야 합니다. '계' 앞을 알아야 하고, '제'를 알아야 합니다. 여기서는 '한데'가 춥게 느껴지지 않습니다. 빈탕이라 해서 실패감을 느끼지 않습니다. 이 시(詩)의 초장은 갇힌 것을 말하고, 중장은 해방을 말합니다. 그래서 이것을 결론지으면 이렇습니다.

빈탕 몸 한틴 나 뵈읍 올로 올나 내 깃븐(自己 分己 自己喜之之)

'빈탕 몸 한틴 나 뵈읍', 마음의 빈탕은 반드시 밖에만 내던지는 것이 아니라 내 마음에도 감싸야 합니다. 빈탕의 마음은 마음의 빈탕입니다. 본디의 '나', 가슴속의 '나'가 곧 '한데(허공)'의 '나'입니다. 아버지 하느님을 받드는 '나'입니다. '뵈읍'은 그렇게 본다는 말입니다. 볼 것 다 봅니다.

'올로 올(將來)나(予)(上昇)', 왜 갑갑한 가슴을 부둥켜안고 좌우로 돌아다닙니까? 하느님 아버지를 보십시오. 시원한 것을 그리는 것이 인생이지 않습니까? 그러나 상대(相對)로서는 할 수 없습니다. '나'를 보면 아버지를 보는 것이나 '나' 이대로는 시원한 것을 볼 수 없습니다. 이것이 새삼스럽게 '나'를 보여 달라는 말이냐 하면 그렇지 않습니다. '하나'를 보고 '하나'를 알아야 함을 말합니다. '빈탕 뭄 한디 나'입니다. 빈탕한데의 동작이요 때라는 것이 '하나'의 말씀이기에 이렇게 말하는 것은 아닙니다. 그 아들인 나는 '빈탕 뭄 한디 나'이도록 주신 빈탕이요 한데라고 생각합니다. 이같이 하지 않을 바에는 무엇으로 한데를 느끼고 빈탕을 느끼겠습니까?

옹로 올라간다는 말은 이 사람이 두고두고 하는 소리입니다. '올나'는 올라간다는 뜻입니다. 올라가는 남의 뒤꽁무니를 아래서 쳐다보는 그런 식의 올라감을 말하는 게 아닙니다. 올라가고 올라가는 것은 '나'입니다. 지방에 가서 하룻밤을 쉰 후 그 집을 떠날 때 집주인은 '오늘 떠나십니까?' 하며 인사합니다. 떠날 때는 집으로 가는데 중간에 생각하면 집으로 '온다'가 됩니다. 간다고 해야 옳은 말인데도 집으로 오는 것이 됩니다. '올 래(來)'의 올라가는 것은 이처럼 자꾸 오는 것입니다. 정말 우리가 가는 길이 하느님 나라에 오는 것으로 생각되면 참 좋겠습니다. 간다면 좀 섭섭하고 온다면 반갑게 생각합니다. 또 올 것이 못 오거나 안 오면 섭섭하게 여깁니다. 그것은 다 아무것도 아닙니다. 오는 것이나 가는 것이나 같은 것입니다. 이러한 것은 생각지 말고 향(享), 곧 놀이를 하자는 말입니다. 자꾸 올라가는 것은 '나'인데 이것을 하지 않고 턱 앉아서 무엇이 오기를 바라서는 안 됩니다. 무엇이 오고 무슨 수가 생기고 반가운 손님이 오기를 그저 기다려서 온다면 얼마나 시원하겠습니까? '올나'를 찾아야 합니다. 올라갈 수 있도록 자꾸 '올 나'를 찾고, 하느님 나라에 들어갈 수 있도록 '가는 나'가 좋지 않겠습니까?

'내 깃븐(自己 分己 自己喜之之)'은 그것이 '내 분수'라는 뜻입니다. 자기 분수가 곧 깃입니다. 자기 깃을 찾으면 또한 기쁘지 않겠습니까! 여기 '지지(之之)'라고, '갈 지(之)'를 두 개 쓴 것은 기쁨이 거듭되는 것을 말합니다. 인생을 사는데 이렇게 걸어보지 못하고 인생이라 할 수 있겠습니까? 이런 의미에서 이 사람이 말한 인생의 결론이라고 할 수 있습니다.

다음은 사람이 살 것 같으면 생각하여야 하는 말 〈몬(物)에 맘(心)〉입니다.

밖앗 몬이 속으로 드러가서 몸에 빛외어 보이믄 속알 밝으미오

이것은 밖의 자연과 물건이 내 속에 들어가서 비쳐 보일 때 하는 말입니다. 이것이 과학에서 말하는 표상입니다. 만물이 우리 마음에 표상된다는 말입니다. 조금도 구차하지 않게 누가 간섭해서 조작 없이 천연 그대로 마음에 제대로 보이면, 곧 자연의 현상이 비쳐서 보이면 우리의 속알은 밝아집니다. 이것이 빈탕 마음을 유지하는 것인데 잘되지 않습니다. 이것이 빈탕의 마음을 만드는 것입니다.

속몸이 밖으로 나가서 몬에 살어나믄 속이 어두미다

이것은 앞 절보다 생각을 더 단단히 하여야 느껴집니다. 속마음이 잔잔하지 못하고 밖으로 나가서 물건에 살아나면 속이 어두워진다는 말입니다. 외출했을 때 집에 도둑이 들어 온갖 물건을 갖고 나오는 경우가 있습니다. 그와 마찬가지로 도둑을 맞지 않을 만한 마음의 준비를 자꾸 내어서 잘 생각하지 않으면 안 됩니다. 혹은 마음을 갖고 나가서 모든 것을 관찰도 하고 수양도 해야지 안에만 마음을 써서 되나 생각할지 모르겠습니다만 그렇지 않습니다.

'응무소주이생기심(應無所住而生其心)'입니다. 어디가 좋다고 마음이 살아나면 그 사람은 결딴이 납니다. 소주(所住)와 생심(生心) 관계를 보면 이렇습니다.

물건(몬)이 보기 좋다고 마음이 살아나면 결딴이 나니, 몬에 마음이 살아나지 말라는 말입니다. '견물생심(見物生心)'이라는 말이 있는데, 물건을 보면 마음이 동합니다. 그러니 보면 못쓴다, 모르는 것이 좋다는 뜻도 됩니다. 견물생심, 직접 보면 어쩔 수 없이 마음이 동하는 게 인간입니다. 그러나 응무소주(應無所住)로써 색심(色心)이나 소리(聲)나 향기나 맛이나 보들보들한 촉감은 물론이고 심지어는 법(法)에도 마음이 살아나면 안 됩니다. 법에 생심(生心)하면 안 된다는 것은 진리에도 생심하면 안 된다는 말입니다. 참 괴상한 말입니다.

요새 신문에는 별의별 일이 다 보도되는데, 집주인이 자기 집 2층에 세든 부인을 겁탈하려다 부인의 아이가 울어대자 아이를 쳐죽였습니다. 그러고도 부인의 저항으로 뜻을 이루지 못하자 그 부인도 쳐죽인 후 시체에다 음행을 하였답니다. 그러고는 무슨 생각인지 제 발로 경찰서에 자수했다고 합니다. 이것을 보고 가만히 생각하니 그 젊은 사람은 법에 마음이 살아난 사람인 것을 알 수 있습니다. 그 청년이 한 행동이 전부 법을 아는 행동이란 말입니다. 처음엔 미친 사람이 아닌가 하였는데 미친 사람이 아니라는 말입니다. 심리학자 같은 사람이 이런 사람을 자세히 연구하여 그 심리를 밝혀주면 좋겠습니다.

그 사람은 생김새나 겉모습이 멀쩡한데 어떻게 그런 무시무시한 일을 저질렀는지 모를 일입니다. 금년에 대학을 졸업했다고 하는데, 이 젊은 사람의 심리를 어떻게 이해해야 하겠습니까? 법이 다 그렇게 시킨 게 아니겠습니까? 그 청년은 아이가 울면 안 되는 법을 알기에 쳐죽이고, 반항하면 안 된다는 것을 알고 부인도 죽였습니다. 또 자기가 생심한 것을 취(取)할 줄 알고, 법이 무서우니까 죽을까 자수할까 한참 망설이다가 자수한 것이라고 합니다.

그러니까 몸(물건)에 마음이 살아나면 못쓴다는 것입니다. 법에 살아서도 못쓰는데, 더구나 다른 몬에 가서는 말할 나위가 없습니다. '빈탕한데'에 주인을 정하여야 합니다. 임금이 궁을 떠나 어디 시골에 가서 산다면 임금으로 살 수 없습니다. 하물며 마음이 어디 가서 삽니까? 그 청년도 퍽 오랫동안 그 여인을 사랑한 것 같은데 하필이면 그 이유 때문에 마음이 살아나서 일을 저지르고 말았습니다.

두릴손 속이 어둘가 살어날가 몬에 몸

'두릴손'은 '무서운 것'이라는 뜻입니다. 곧, 속이 어두워서 마음이 밖으로 나가서 물건에 살아날까 봐 무섭다는 말입니다. 이것을 모르고 어두워지면 그것은 이 사바세상의 물건에 파묻히는 것이 되고, 몸은 '붙달힌' 것이 되어 묶인 몸이 됩니다. 그렇게 되면 영원히 날아오를 수 없습니다. 같은 말로 《성경》에 '네 속에 있는 빛이 어두워질까 삼가라'(〈누가복음〉 11:35)는 구절이 있습니다. 다 '하나'의 말씀입니다.

이몸 누리, 올나 노리

'이몸 누리', 이 세상은 몸이라고 할 수 있습니다. 이 세상도 혈육으로 된 몸뚱이입니다. 그러니 그 끄트머리에 가서는 그만 드러눕게 됩니다.

'올나 노리', 올라가는 '나'는 올라가 놀이를 합니다. 영혼은 '빈탕 한데'입니다. 장차 우리가 올라갈 자리입니다. 그 '빈탕 한데'에 다 같이 배향하자는 것입니다. 우리가 '하나'를 모시는데, 누구와 배향할까 하고 찾아봅니다. 여기에 참여하는 이는 아무도 없습니다. 내가 '하나'를 배향하자는 말입니다. 아침저녁으로 하느님을 모시고 배향을 한다는 것입니다. 이상의 말씀을 한문으로 번역하면 '차신형종와 장여향요유(此身亨終臥 將予享遙遊)'가 됩니다.

나를 끄집어내어 '하나' 앞에 맞혀 '맑혀 맑 몸 만큼' 놀이하자는 말입니다. 기왕에 가는 것이 '나'라면 '올나'를 알고서 배향을 향유하자는 것입니다. 상당히 분명해지지 않습니까? 이것을 다시 줄이면 '신세여향(身世予享)'의 네 글자가 됩니다. '나'는 누리, 곧 드러눕는 몸이고, 놀이를 하는 곳이며, 올라가는 것입니다. 이같이 생각하니 이 사람이 지금 얘기하는 동안에도 참놀이를 하는 것 같습니다. '속몸이 밖으로 나가서 몬에 살어나믄 속이 어두미다', 아, 바로 생각한 점입니다. 속이 어두울까? 속이 어두울까? 누구를 속이려고 자꾸 몬에 몸을 두겠지요.

이번에는 2월 28일자 글 〈'다음과 가튼 생각을 가지고 二十八 글시를 씹으면' ᄒ고 씀〉을 살펴보겠습니다.

않밖이나 죽고 살고가 므름이 아니고 드리 껴서 드러누미 싫은 것이오

마음이 안으로 보이고 한데가 밖으로 보인다는 것은 문제가 아닙니다. 또 마음이 살아난다든지 죽은 뒤 산다든지 하는 것도 문제가 아닙니다. 무엇을 자꾸 들여와서는 문을 탁탁 잠그고 그만 땅 위에 드러눕습니다. 모든 것이 들어가면 결국 이 몸뚱이도 드러눕게 됩니다. 몸뚱이가 드러눕는 것은 퍽 재미있을지 모르나, 사람들은 드러눕게 되는 것을 싫어합니다.

드러 올려 옹로 올나가미 좋은 것이다

들고 위로 올라가면서 하느님에게 제사를 지내고, 그대로 맞혀 놀이하고 올라가면 좋은 것입니다. 이 사람의 문제는 간혹 잘못하다가는 든는 이가 미끄러져 떨어지기 쉽다는 것입니다. 떨어지면 피차가 섭섭합니다. 우리는 조금이라도 하느님에게 올라가고 싶어 합니다. 실상은 들어가고 드러내고 하는 것이 없습니다. 들어 올리어 들어가야 합니다. 드러내는 것은 버리고, 드러눕기 싫다면 들어 올려 올라가자는 것입니다. 이것은 좋은 일이고 하고 싶은 일입니다.

집으로 드러가서, 지친 몸을 눕히는 것도 새목숨을 얼으려고 쉬는 것이오

종일토록 지친 몸을 저녁에 집에 가서 눕히는 것도 새 정력을 얻어서 다음 기회에 쓰자는 것입니다. 여기서 눕힌다는 것은 죽는다는 뜻이 아닙니다. 새 정신을 얻기 위해서 쉬는 것을 말합니다.

밖으로 나가서 먹을 것을 거더 드리는 것도 불살러 「칼로리」를 얻자는 것뿐

먹을 것을 얻어 들이는 것은 그것을 불살라 몸에 칼로리를 얻자는 것 때문입니다. 어떤 집에서는 다른 것을 먹습니다. 하지만 여기서 보면 들어가고 나가고가 문제가 아닙니다. 들어가도 좋고 나가도 시원하니, 들어가나 나가나 마찬가지입니다.

그런 것들은 사는 일만도 죽는 일만도 아니다

몸뚱이는 가다가 마침내 드러눕고 말았다 해도, 뭐 사는 것이나 죽는 것이나 마찬가지입니다. 몸으로 죽는 것이 얼로 사는 일입니다. 몸으로 사는 일은 죽으러 가는 일이니, 몸이 죽는다 산다는 문제가 아닙니다.

가로 들락날락은 바로 나드리는 못된다

가로로 왔다 갔다 들랑날랑 하는 것은 바로 된 출입이 아닙니다. 완전히 안팎을 뛰어나가는 것이 곧 정말 출입이 될 것입니다.

우리가 나기 앞서 어듸로부터 누린 뒤 어듸까지가 우리의 한 나드리뿐

원래 우리는 언제 나왔는지 어디가 끝인지 모릅니다. 한량없는 길을 '하나'를 향해 가는 것만이 나들이라고 할 수 있습니다.

않으로 드러서도 속알을 밝히미 올로 「계에」 드림과 알로서 「제로」 올 「나」가미다

이같이 가는 길에 자기 방에서건 가슴속에서건 안으로는 속알을 밝히고, 위에 계신 존전(尊前)인 '계'에 제(祭)를 드리고 아래(下)로는 '제'하며 올라가야 합니다.

밖으로 나가도 몸에 몸이 살어나는 것은 누리 속으로 빠져 드러가는 것뿐이 된다

그러나 섣불리 나가서 마음이 물건에 살아나면 그것은 종국엔 땅속에 드러눕게 되는 결과밖에 되지 않습니다.

이상과 같은 생각으로 다음 글 〈말슴 듣는 우에(이몸 누리, 올나 노리)〉를 써봅니다.

듣웨 속알 밝힐네

말슴을 듣고, 그밖의 말씀을 듣고, 위의 말씀을 들어 이 말씀을 외우고, 이로써 속알을 밝히는 것입니다. 나는 무엇인가? 말씀을 듣고 속알을 밝히는 것이 '나'입니다.

나와 속이 어둘가

공연히 밖에 나와서 내 속이 어두워질까 염려가 되니 쉽게 나오지 말라는 말입니다. 좋다면 안에 들어가서 말씀을 듣는 위에서 자꾸 말씀을 밝히란 말입니다.

죽어 노리 살 누리

어두운 것을 벗어버리면서 점점 올라가면 원 진리에 들어갑니다. 죽어서 껍데기를 산 채로 벗어버리면 살(肉體)은 실상 드러눕게 됩니다. 살을 갖고 이 세상을 살고 나갑니다만, 결국 이것을 벗어버리면 살은 누운 채로 놀이를 할 수 있습니다. 이러한 생각을 하면서 이 글을 보면 무슨 그림을 그리는 것 같아, 죽는 것이 사는 것이 되고 사는 것이 죽는 것이 됩니다.

몬에 몸 살아날가

그러다가도 몬에 몸이 살아날까 하는 걱정이 됩니다. 몬에 마음이 살아나면 영영 아주 틀려버립니다. 응무소주이생기심(應無所住而生其心)으로 하면 아까 설명한 것처럼 구체적인 것이 됩니다. '몬에 몸 살아날까'

하는 생각은 항상 갖고 있으면 좋겠습니다. 이것을 생각하고 하자는 뜻으로, 이상 28자에 '말슴 듣는 우에'라는 제목을 붙였습니다.

원래 정신은 원족(遠足)도 하고 등산도 하고 하이킹도 하고 우주여행도 하여야 합니다. 빈탕과 맘은 떼어놓으려야 떼어놓을 수 없습니다. 한데(허공)에 나서야지, 갇힌 내가 되어서는 안 됩니다. 그렇다고 한데의 물건에 사로잡혀 마음이 살아나면 큰일 납니다. 그냥 그대로 한데를 나가보아야 합니다. 집에 가는 것도 그 주인을 만나자는 것입니다. 마음에 들어서 마음에서 만나 서로 얘기를 주고받는 것입니다. 밖에 나가서 마음에 드는 물건을 사보겠다든지 하는 것은 몬에 사는 것이요, 몬과 동무해서 살아나는 것밖에 안 됩니다.

정말 안으로 주인을 찾아갔으면 아주 빈탕 주인(하느님)을 만나야 합니다. 한데에 나가서도 시원한 것을 바라고 나가면 안 됩니다. 더구나 물건에 마음이 살아나면 한데가 한데가 되지 않습니다. 자기가 물건에 갇히는 것이 됩니다. 모두 이렇게 생각하면 속이 속이 아니고 한데가 한데가 아닙니다. 들어가는 것이 들어가는 것이 아니고, 나가는 것이 나가는 것이 아닙니다. 죽는 것도 아니고 사는 것도 아닙니다. 그러니까 상대와 절대에서 우리는 절대를 향해 '나'라는 절대를 갖고 나들이를 하는 것으로 보아야 합니다.

다음 금요일에는 나오십시오. 그 후에 어떻게 할지 얘기합시다. 마음으로는 자꾸 들어앉고만 싶습니다. 오늘 말씀 이것으로 줄이겠습니다.

(다음은 학생의 질문에 류영모가 답한 것이다.)

여공배향기삼(與空配享其三)

합동단속박(合同團束縛)　　반심무변재(伴心無邊在)

참여조직리(參與組織裡)　배신무량리(陪神無量理)　(다석일지 1957. 2. 20)

이 말씀을 말하기 전에 이것을 우선 생각해봅시다.

동포일체 무차별 교역만유불간섭(同包一切 無差別 交易萬有不干涉)이라는 말입니다. 허공은 일체를 쌉니다(包). 허공은 일체를 싸는 데 차별이 없습니다. 허공 아닌 것이 쌀 때는 크고 작은 것을 차별합니다. 대공(大空)은 일체를 싸는 데 도무지 무차별입니다. 이불 속에서 아이들이 장난을 치는 것같이 허공에 싸인 것은 제멋대로 해도, 제멋대로 유희를 하여도 도무지 간섭을 받지 않습니다. 이것이 허공의 덕입니다.

박(襆)은 거죽이라는 뜻으로 거죽은 단속하여야 하므로 '옷 의(衣)' 변을 사용합니다. 우주 일체는 허공이 안고, 단속(團束)에도 반드시 허공이 합동(合同)으로 합니다.

조직리(組織裡)에 들어가서는 허공이 참여하지 않은 곳이 없습니다. 우리나라에도 허공이 많습니다. 지방에도 빈탕이 있습니다. 몸뚱이 안에도 있습니다. 분자, 전자 사이에도 허공이 작용합니다. 조직 속 속속들이 참여하는 허공이야말로 정다운 것이 아니겠습니까? 허공은 내 맘에 동무를 해서 가없는 존재(하느님)에 들어갑니다. 그러면 '나'는 하느님을 정중하게 모시고 무량한 진리에 '나'를 던집니다. (1957. 3. 1.)

제23강

'빈탕 한데'의 주인은 하느님의 말씀이다

攸好德

天生人生代代體　有余與汝在爾好
時代世代生生得　無我唯吾存予德 (다석일지 1957. 3. 6.)

似而非光中生心何獨眞

浩大黑闇光體微　日下幻惑人智迷
單一虛空色界難　白晝爲明錯覺澁 (다석일지 1957. 3. 5.)

우리는 노리ㄱ

빈몸 홀가븐은 빈탕 한틴 열히긴 때믄,
몬(物) 빛외인 월(章)에 얼덜 다간, 얼빠진 나,
점돠진 몸(짐 모아진 몸 짚마진 몸)
노리ㄱ 묵은 묵업은 덜어 한틴 실리고. (다석일지 1957. 2. 27.)

옷득(陽)이와 움쑥(陰)이

옷둑옷둑 내민 것이 실살쿠고, 움쑥 드러간 건 빈탕이릭.
빈탕 한틔란 쓸게 쓸데 없지 안소. 꼭꼭 쟁여도 모자랄 판에
이보소 열빠진 소릭 그만둬도 좋잔소. (다석일지 1957. 2. 27.)

點心責任

點心所見盡物性	責任所在審事情
物諸吾無非點心	事諸吾何不責任
佞柔好朋敎惡來	如之何將如之何
方直畏友責善臨	由天始終吾卽心 (다석일지 1957. 3. 5.)

點景

點燈點心點頭處	殘燼欲滅蠱盡光
卽周卽照卽世時	浮生將休螢致知 (다석일지 1957. 3. 5.)

卽周

卽當六一周	塊爆來卽炤
初發螢終燼	心滅去卽眞 (다석일지 1957. 3. 2.)

요즘 사람들은 기분이라는 것을 가지고 사는 모양입니다. 그런데 그
기분이라는 것이 무엇인지 모르겠습니다. 대기 중에 우리가 사는데, 그

대기의 공기가 우리 몸에 와서 닿는 것이 어떤 때는 좋게 느껴지고 어떤 때는 언짢게 느껴지는 것 같습니다. 기분이라는 것이 사람마다 때에 따라 다르지만, 오늘 같은 날씨(밖에 진눈깨비가 내리고 있음)는 도시인들이 기분 나쁘게 느끼는 편입니다. 날씨가 궂은 날이면 나쁜 기운이 더 많이 느껴지는 모양입니다. 그것은 속이 어두워서 그렇습니다. 속이 밝을 것 같으면 그런 일이 없습니다. 날씨가 좋은 날 모임이 있으면 한 명이라도 더 올 것을 기대하고, 날씨가 궂은 날에는 대개 한 분이라도 덜 오기 쉽다고 염려합니다. 그런 것은 염려할 것 없습니다. 이 세상에서는 어떤 기회에 만날 것을 못 만나면 섭섭하게 생각하고 만나면 좋다고 하지만 다 쓸데없습니다. 기분에 사는 사람은 모르지만, 제대로 사는 사람에겐 그런 것이 없습니다. 제대로 살 것 같으면 날씨가 궂다고 기분 나쁘고, 날씨가 맑다고 기분이 좋고 하는 일이 어디 있겠습니까? 일전에 '나'라는 것을 생각할 때 이런 얘기를 한 일이 있을 것입니다.

먼저 〈유호덕(攸好德)〉을 풀이해보겠습니다.

천생인생대대체(天生人生代代體) 시대세대생생득(時代世代生生得)

모든 것은 하늘에서 나왔다고 보기에 먼저 천생(天生)이라고 하였습니다. 하늘도 사람이 있기에 생각하게 됩니다. 사람이 세상에 나오지 않았으면 하늘이라는 것도 없습니다. 그래서 천생이 인생입니다. 하늘이 인생을 내었다고 할 수 있습니다. 하늘은 낳고 사람은 산다고 합니다. 어쨌든 대대(代代)라는 말은 '갈린다', '대신한다'라는 뜻을 지닌 한자 숙어인데, 우리가 일상에서 쓰는 숙어로 본다면 '대대로 내려간다', '줄을 이어 간다'는 좋은 의미로 쓰입니다.

실상 갈려 간다고 하면 조금은 섭섭합니다. 자꾸 갈려서 대대(代代)로 내려가는 중에 지나가는 '나'라는 것을 달관(達觀)하여서 이렇고 저렇고 말을 하는가 하면, 그것도 아니면서 대대(代代)라고 하면 아주 계속해서 가는 것같이 착각합니다. 계속해서 가면 '대대'라는 것이 필요 없습니다. 이렇게 몇 글자를 써놓고 보면 한자를 모른다 해도 '천생인생대대체(天生人生代代體)'를 조금은 아는 사람이 많을 줄 압니다. 그러나 이 글자는 좀 더 자세히 생각할 필요가 있다고 봅니다. 우리는 산다는 것을 이 몸뚱이를 유지하는 것으로 생각합니다. 즉, 다른 것은 없어져도 내가 살아 있어서 떳떳하게 몸뚱이를 유지하는 것을 사는 것이라고 합니다. 그러나 그렇지 않습니다. 자꾸 몸뚱이를 갈아서 나아가려는 목적이 인생입니다. 하늘이 낸 것을 천생(天生)이라고 합니다. 그래서 '천생인생대대체'라 '시대세대생생득(時代世代生生得)'입니다.

시대(時代)라는 말을 쓰고 세대(世代)라는 말도 씁니다. 우리는 지금 이 세대에 삽니다. 한 세대는 30년, 한 세기는 백 년입니다. 그 후가 되면 갈립니다. 자꾸 갈리는 것이 세대요 시대입니다. 세대가 어떻게 생겼습니까? 영원한 시간이라는 것은 어떻게 생겼습니까? 주야(晝夜)로 이어지는 시간을 느끼는 것이 영원하다면, 영원히 느끼는 것이 시간이라면, 역사가 시대입니다. 자꾸 갈려서 생기는 것이 시간입니다. 자꾸 갈리는 시간을 모아서 시대라고 하고 세대라고 합니다. 그리고 또 우리는 무엇에 삽니까? 사는 것을 생(生)이라고 하는데, 우리가 산다고 하면 제법 무엇을 얻어서 사는 것 같습니다. 그러나 자세히 보면 우리가 자꾸 살아서 가는 것을 볼 수 있습니다.

유여여여재이호(有余與汝在爾好) 무아유오존여덕(無我唯吾存予德)
이렇게 '나(余, 我, 吾, 予)'라는 글자를 몇 번 써보았습니다. 이렇게 써놓고 보니 '여(余)'라는 글자가 재미있습니다. 보통 우리 집의 지붕 마구

리를 죄다 그려놓은 것 같습니다. 여기다 창(口)을 그려주면 '집 사(舍)'
자가 됩니다. 집이라는 곳은 행세나 하는 데가 아닙니다. 집에서 행세
하면 갇혀 있는 것을 뜻합니다. 행세를 하려면 집을 나와야 합니다. '사
(舍)'를 차버리고 '내다' 하고 나와야 행세하는 것이 됩니다. 이렇게 하고
나가면(予) 길이 여덟 팔(八) 자로 벌어집니다(余). 길이 이렇게 벌어지는
것이 '나 여(余)'입니다. 뭔가 넉넉해서 나온 것 같아 보입니다. 모자라면
안 됩니다. 집에 뭔가 넉넉하니까 나오는 것입니다. 모자라서 혹 벌이를
하러 나오는 수도 있지만 뭔가 좀 넉넉하기에 나오므로, '남을 여(餘)'의
근본도 이 '여(余)'가 됩니다.

유여여여재이호(有余與汝在爾好), 글자를 그대로 읽으면 '남음이 있어
서 네가 좋아하는 데 있다'는 뜻이 됩니다. 넉넉해서 너희들이 좋아하는
데 있겠다는 말입니다. 그러나 '나' 없이는 안 됩니다. 내가 있으니 너와
너희가 좋아하는 이 세상에 산다는 뜻입니다(手-손, 戈-창). 손에 창을 쥔
것이 '나 아(我)'입니다. '나(我)'는 반드시 상대가 있는 앞에서 쓰는 말입
니다. 아방(我方)은 '나'가 있는데 이만한 준비가 되었으니 덤비려면 덤
벼보라는 뜻입니다. 남의 나라(敵手)가 없으면 '아방'이라고 하지 않습니
다. 오방(吾邦)이라고 합니다. 우리나라를 한문으로 표현하려면 '제 오
(吾)'를 써야 합니다. '아(我)'라고 할 때는 적수가 있는 것을 말하는데,
이 '아'가 없으면 무아(無我)가 됩니다. '무아'하여야 합니다. 배타적인 것
이 없어야 합니다. 그래서 불교나 도교나 그리스도교에서는 '나'라는 것
이 있으면 안 된다고 합니다. 공자도 '나'가 있어서는 안 된다고 하였습
니다. '나'가 있으면 배타(排他)가 있게 됩니다. 내가 없는 게 오직 '나'입
니다. '나 오(吾)'는 독립과 자유와 평등의 '나'입니다.

무아유오존여덕(無我唯吾存予德), '나 여(予)'는 서로 줄 것 줄 수 있
는 '나'인데 준다는 '여(與)'이기도 합니다. '나 여'는 하느님으로부터 주

고받고 할 수 있는 '나'입니다. 공자는 하늘의 덕을 내려주심을 받는다는 뜻으로 '나 여(予)'라는 글자를 썼습니다. 이 글자를 다시 보면 얼굴 둘을 가리고 있는 형태가 됩니다. 줄 수 있는 것이라면 다 줍니다. 줄 것이 없으면 거꾸러집니다. 이것이 거꾸러지면 '환(幻)'이라는 글자가 됩니다. 하늘에서 받을 수 있는 것을 나눠줄 때까지 살 것을 살고 다 주고 나면 그 끝은 '환'입니다. 환멸(幻滅)한다는 뜻의 '나'라는 글자입니다. 하늘에서 주는 속알을 받는 '나'라는 말입니다. 존재라는 것에 '나'가 있다는 것에 책임을 갖는 '나'입니다. '나'는 하늘에서 받은 덕에 복종해야 합니다. 그와 반대로 하느님이 내리는 덕(속알)을 남에게서 덜어 가는 그런 '나'는 없다는 말입니다. 배타적인 '나'가 없으며 오직 '나'를 위하여 속알을 밝히고 속알에 복종하는 '나'를 이 사람은 주장합니다. 본디 '나'의 덕에 복종하는 데에는 배타하는 '나'가 있을 수 없습니다. 이쯤 생각하면 요새 이 사람이 말하는 빈탕 한데에 그대로 그 안에 드는 것이 됩니다. 이같이 한데에 들어가면 날이 맑고 궂은 것이 없습니다. 맑은 날 기분이 좋고 궂은 날 기분이 언짢다는 것도 없습니다. 애써서 기분으로 사니 오늘 같은 날 소화불량이 걸리는 도시 사람이 많을 것입니다.

다음은 〈사이비광중생심하독진(似而非光中生心何獨眞)〉을 보겠습니다.

호대흑암광체미(浩大黑闇光體微)

'호대'는 아주 넓고 크다는 뜻입니다. 무엇이 아주 크고 넓으냐 하면 빛 없는 캄캄한 곳(우주)이 넓고 크다는 것입니다. 우리는 암만해도 넓고 큰 빈탕(허공)에 들어서서도 밝은 한데만을 보니까 정말 무엇이 넓고 좁은지를 모릅니다. 태양(太陽)이 크다고 '클 태(太)'를 씁니다만 '큰 대(大)'에 점을 하나 찍고 한 번 더 크다는 뜻으로 이렇게 씁니다. 엄청나게 크다고 태양이라고 하는데, 무엇이 그렇게 엄청나게 크다는 말입니까? 《성경》에서는 그리스도가 사람의 빛이요 광명이라고 말합니다. 또 빛을 지극히 사랑하고 빛에 사는 것이니 빛은 하느님이고 참이라고 합니다. 이 소리를 한층 더 강조하기 위해, '보아라! 아무리 캄캄한 암흑이라도 성냥불 하나만 그어대면 그 암흑은 없어진다' 합니다.

이 사람이 나이를 먹으며 자세히 따져보니, 우리가 언제 빛이라는 것이 있어서 완전한 빛을 보았습니까? 기껏 태양 하나, 큰 불덩어리(빛이 아닙니다)를 가리켜 빛이라고 하는 것입니까? 그렇다면 저 산에 해가 지면 왜 캄캄해집니까? 무슨 빛이 얄팍한 구름 한 점에 가려져도 금세 캄캄해집니까? 광명이 흑암(黑闇)을 쫓는 것을 보았습니까? 우주를 생각해보십시오. 우주는 호대한 암흑입니다. 태양이 엄청 크다고 하고 그밖의 발광체(發光體)도 많지만, 우주의 어두운 것을 쫓아냈습니까?

갇힌 몸으로 생각하니까 그 정도밖에 생각이 안 됩니다. 정말 진리인 하느님이 베푼 말씀으로 보면 우리는 광명을 결코 본 일이 없습니다. 대부분 흑암 속에서 아물아물합니다. 흑암이야말로 큰 것입니다. 태양은 큰 게 못 됩니다. 그러한 망발이 어디 있습니까? 그래서 호대한 것은 흑암이요 광체(光體)는 미미한 것이라 하였습니다. 한데를 보지 않고 보아도 들어앉아서 보니, 그런 생각이 안 들지 응당 빈탕 한데에서 그대로 본다면 호대흑암광체미(浩大黑闇光體微)의 뜻을 알 수 있습니다. 흑암을 송두리째 내쫓아버리는 광명을 우리는 일찍 구경한 일이 없습니다. 늘 크다고 보는 태양도 대단히 미약한 것입니다. 특히 태양광선을 받고 나타나는 현상이란 더욱 미약한 존재일 수밖에 없습니다.

단일허공색계잡(單一虛空色界雜)

다음은 단일허공(單一虛空)입니다. 단 하나밖에 없는 것, 온통 '하나'

는 허공(虛空)입니다. 여기서 말하는 색계(色界)는 유교에서 말하는 남녀 관계가 아니라 물질(物質)을 말합니다. 불교에서는 환상계(幻像界)의 물질을 죄다 색계라고 합니다. 물질이라는 말입니다. 물질계에 지저분한 게 섞인 것이 보입니다. 이 사람은 단일허공을 확실히 느끼는데, 하느님의 맘이 있다면 이 허공이 하느님의 맘인 것 같습니다. 하느님의 아들이 될 만한 이가 '나'요 하늘에 제(祭)를 지내는 이가 '나'인데, 이 몸뚱이가 '나'는 아닙니다.

장자(莊子)는 천지여아병생(天地與我竝生)이라 하였습니다. 우주가 내 몸뚱이가 되었지만, 우주와 합친 것만으로 '나'는 흡족하지 않다는 말입니다. 우리 아버지가 가진 허공에 아버지의 아들로서 들어가야만 이 '나'는 만족할 것입니다. 허공이 그대로 이 '나'의 몸뚱이가 될 수 있습니다. 단일허공에 색계가 텃검불과 함께 섞여 있습니다. 허공을 생각해보십시오. 사람들이 단일허공처럼 업신여기는 것이 또 없습니다. 허공을 지구보다 적은 것으로 느끼는 사람이 많습니다. 그런 소견을 가지고서는 얘기를 하지 못합니다.

과학의 결과로써 기껏 추상을 통해 절대를 알려고 하나, 그 절대를 이 지상에서는 물론 보지 못하고 또 볼 수 없으니까 없다고들 합니다. 우리가 있다 또는 없다고 한정 짓는 것이 어떤 것인지 이것으로 미루어 알 수 있습니다. 허공을 쉽게 있는 존재로 알아서는 안 됩니다. 허공은 우리의 오관(五官)으로 감지하여 알 수 있는 그런 것이 아닙니다. 과학과 수학으로 아는 그런 것도 아닙니다. 허공은 한량없이 큽니다. 이런 여러 조건을 붙여 단일허공을 구경하여야 합니다.

잣 알 하나를 깨뜨려보고 '빈탕이다' 하는 따위의 빈탕을 빈탕으로 알아서는 안 됩니다. 단일허공색계잡(單一虛空色界雜)입니다. 이 색계는 확실히 굉장한 것 같으나 단일허공에 붙은 텃검불에 불과합니다. 아무것도 아닌 것입니다. 그렇다면 우리와 무슨 상관이 있느냐고 물을 것입니다. 오늘 같은 궂은 날에는 소화가 안 되고 볕이 좀 나면 식욕이 증진되어 무엇을 더 먹겠다고 하는 그따위 존재(自我)로는 단일허공을 느끼어본들 거기에 매인 몸이 되어버립니다.

일하환혹인지미(日下幻惑人智迷)

해 아래 환(幻)하고 혹(惑)한 것에 대해서는 이미 말씀드렸습니다. 어떤 과학이 우리의 시각(視覺)을 벗어나서 될 수 있습니까? 시각에 의해 과학을 한다고 하지만, 과학이 그 얼마나 훌륭한 것이 될 수 있는가는 가히 짐작이 갑니다. 희미하게 보고 온 것 중 막연한 것이 과학이라고 할 수 있습니다. 등잔불 밑이 어두운 것은 알지만 해 아래가 어두운 것은 잘 모릅니다. 태양은 방 안의 등잔불보다는 아주 큰 등잔불이라고 할 수 있습니다. 해 아래가 어두운 것을 모르거나 해조차 어두운 것을 모르는 인지(人智)는 헤맬(迷) 수밖에 없습니다. 사람이 미(迷)하니 쌀만 먹고 사는지 모릅니다. 미신(迷信)이 쌀만 먹고 사는 것을 믿는 것이라고 말한 적이 있지만, 일하환혹(日下幻惑)이니 인지(人智)가 말할 수 없이 헤매는(迷) 게 사실입니다. 암만 애써보아야 입에 풀칠하지 않으면 죽는다는 미신에서 다른 좋은 소견이 나올 리 없습니다.

백주위명착각삽(白晝爲明錯覺澁)

백주(白晝)를 밝다고 하는 것은 착각(錯覺)한 것인데, 오히려 참이라고 주장하려 듭니다. 착각도 너무나 난삽(難澁)한 착각인데 말입니다. 한때는 그 착각을 과학 실험을 통해 규명하려 했지만, 기껏해야 80년 정도를 사는 인류는 이 착각을 그대로 갖고 죽습니다. 광명은 태양이고, 빛은 오직 광명이라고 말입니다. 내 광명은 밝기가 일월(日月) 같다고 합니다.

'명(明)'이라는 글자도 일월(日月)이 합쳐진 것인데 이런 착각이 어디 있습니까? 백주위명(白晝爲明)하니 착각이 난삽하게 될 수밖에 없습니다. 그래서 이 세상은 미(迷)한 것이라 아니할 수 없습니다.

백주에 어떻게 그럴 수 있어? 백주에 그럴 수 있단 말인가? 이런 말들은 밝은 날 그런 것을 하지 않는 것을 원칙으로 생각한다는 말입니다. 백주에 그런 것을 하는 것이 이 세상이고 보니 백주도 제대로 밝은 게 못 되나 봅니다. 백주가 벌써 어긋나서 백주에 못된 일이 많이 일어납니다. 영혼을 가졌다는 사람들이 보통 이런 말을 쓰는 것을 보면, 그리스도교에서 아무리 우상을 만들면 안 된다고 해도 죄다 태양숭배자(太陽崇拜者)입니다. 백주에 해서는 못쓴다는 것, 일월(日月)을 합쳐 '밝을 명(明)'으로 쓰는 것, 광명(光明)을 빛이라고 하는 것, 빛을 하늘이라고 하는 것은 전부 태양숭배 사상에 지나지 않습니다. 이같이 우상을 만들어 놓고도 유일신(唯一神)을 찾으니 착각도 참 난삽합니다.

백주를 도덕의 표준으로 삼을 수 있습니까? '환한 대낮에'라는 말을 하는데 정말 환한 대낮을 보지 못해서 하는 소리입니다. 이 세상을 대낮이라고 하는 소리가 어떻게 나올 수 있습니까? 부모와 선생 밑에서 사는 우리가 일월광명(日月光明)을 제대로 알고 그 유래(由來)에 복종하면 대낮을 바로 알 것도 같습니다. 예전에는 대낮에 길거리에서 담배를 피워 물고 다니지 않았습니다. 윗사람한테 보일까 봐 숨어서 피우곤 했습니다. 그런데 지금은 어른 앞이건 길거리에서건 피워 물고 활개를 치는데, 정말 대낮에는 그렇게 할 수 없습니다. 정말 대낮은, 이상(理想)의 대낮은 일월이 없이 밝은 세상을 가리킵니다. 우리나라에서 쓰는 이 '대낮'이라는 말은 뭔가를 예언하는 것 같습니다. 이 다음에는 정말 일월 없이 밝은 대낮(하늘나라)을 볼 수 있을 것 같습니다.

'빈탕 한뒤 맞혀 노리'에 대해서는 요전 시간에 공부했습니다. 우리가 펵 한데에 사는 것처럼 말했습니다. 지금 다시 보면 그렇게 살아온 것 같지 않습니다. '빈탕 한데'의 말이 나오면 빈탕과 하나가 되고 거기에 꼭 맞추어야 '빈탕 한데'를 제대로 느낄 수 있을 것 같습니다. 빈탕 한데 맞혀 놀이를 하는 게 이 사람의 소원입니다. 이 사람은 해나 달에 맞추어 놀려고 하지 않습니다. 이런 마음으로 몸과 몬을 생각하였습니다. 속이 어두워질까 봐 몬(物)에 맘이 살아나는 것이 제일 두렵습니다. 속이 어두워지면 아무것도 보이지 않게 됩니다. 생각해주는 존재가 없어지고 맙니다. 그러니 속이 어두워지는 게 두렵고, 몬에 맘이 살아나는 게 걱정됩니다. 몬에 몸이 살면 맘의 자격을 잃고 맙니다.

그래서 제목을 하나 붙여 '사이비광중생심하독진(似而非光中生心何獨眞)'이라 하였습니다. 이 광명 세계는 사이비 광명입니다. 그런 가운데 물질(몬)에 마음이 살아나면 안 됩니다. 이 광명 속에 마음이 살아나면 안 됩니다. 사이비 광중(似而非 光中)에 생심(生心)하면 유독(唯獨)인데, 그것이 참(眞)이 될 수 있겠습니까? 그것은 참이 안 됩니다. 빈탕 한데를 우리가 알기에 흑암(黑闇)을 말할 수 있습니다.

우리는 빛이 영원하다고 생각합니다. 영원을 생각하는 게 무엇인가 하면 소위 영혼이라고 일컬어지는 것입니다. 이 영혼이 주체가 된 정신을 가지고 영원을 생각합니다. 참선은 뭔가를 깨닫고 성불하자고 하는 게 아닙니다. 흔히 무엇을 찾고 무슨 능력을 얻으려고 애를 씁니다. 이 세상에 뭔가를 나타내보고 싶기 때문입니다. 이것을 허영(虛榮)이라고 합니다. 허영을 알면 어디 가서 그 허영을 드러내려고 합니다. 음덕(陰德)은 남에게 알리지 않고 베푸는 덕을 말하는데, 빈탕 한데에 맞추어 논다는 뜻이 됩니다.

그래서 여기에 〈우리는 노리ㄱ〉라는 시를 적어보았습니다.

빈몸 홀가분은 빈탕 한디 열히인 때믄

'빈몸 홀가분은', 빈 몸이 홀가분하다는 것은 우리가 다 알고 있습니다. 물건을 많이 지니고 다니면 몸이 무겁지만 빈 몸으로 다니면 홀가분합니다. 이 세상의 욕심쟁이는 어떻게 다닙니까? 그저 많이 달라고만 하고 짐을 잔뜩 지는 것을 좋아합니다. 전에 이 세상의 큰 사람은 많은 사람을 번거롭게 한다는 말을 한 적이 있습니다. 대자번인다(大者煩人多), 大와 者를 합치고 人과 多를 합치면 사치(奢侈)라는 말이 되는데, 대자(大者)가 따로 있는 게 아닙니다. 물건을 많이 가지고 사는 사람인데 몸뚱이를 홀가분하게 하고 살 줄 알면 이런 일이 없습니다. 정말 큰 사람인 '대자'는 순금이나 비단을 무겁게 걸치지 않습니다.

'빈몸 홀가분은 빈탕 한디 열히인 때믄', 정말 홀가분한 것을 알려면 빈탕 한데에 연락되어야 합니다. 그래야 영혼을 담은 몸뚱이가 홀가분하게 살 수 있습니다. 옛날에는 등잔에 기름이 없으면 반딧불에 비추거나 눈 내린 밤에 눈 빛에 비추어 책을 보았다고 하는데, 그따위 소리가 왜 필요한지 모르겠습니다. 정말로 사는 사람은 낮에 배우고 밤에는 낮에 배운 것을 외웁니다. 정말로 얻는다(得)고 하는 것은 자기 속에서 얻는 것을 말합니다. 낮에 보고 안 것만 해도 주체하지 못할 터인데 등잔불이 무슨 소용입니까? 지금 세상은 촛불만으로는 어둡고 캄캄하다고 합니다. 대낮과 같이 밝아야만 공부가 된다는 것입니다. 그러니 홀가분할 수 없습니다. 마음은 점점 더 무거워집니다. 이 세상에서 대접받는 이들이 과연 홀가분한지 모르겠습니다. 빈탕 한데에 연락이 되어 정신이 이어져야만 틀림없이 홀가분하게 살 수 있습니다.

몬(物) 빛외인 월(䒩)에 얼덜 다간, 얼빠진 나

이 세상 모든 물건에는 번쩍거리는 빛이 있습니다. 월(䒩)은 글월, 곧 문장을 말합니다. 소위 문명이라는 것은 만물이 번쩍 빛을 갖다 들이대어 보이는 것입니다. 여기에서 얼(영혼)을 덜어내면 '얼빠진 나'가 됩니다. '얼떨떨하다'라는 우리말을 이런 의미로 보아도 좋습니다.

짐돠진 몸(짐 모아진 몸 짚어진 몸)

이것을 두 가지 의미로 쓰고 싶습니다. 우선 짐이란 짐을 모두 짊어졌다는 의미입니다. 죄악이라는 짐을 죄다 짊어졌습니다. 무슨 운송점을 차려 남의 짐을 진 것이 아닙니다. 또 다른 뜻은 짐에 납작 눌리고 짓밟혀서 짓이겨진 모습을 말합니다. 《성경》에도 이 돌멩이에 걸린 자는 거꾸러지고 미끄러지며, 그 돌멩이에 치이는 자는 짐을 모아 질 수밖에 없다고 분명히 나와 있습니다. 얼빠진 '나'로서는 끝에 가서 이렇게 될 수밖에 없습니다.

노리ㄱ 묵은 묵업은 덜어 한듸 실리고

묵고 묵힌 것을 다 덜어서 저 한데(허공)에 싣는다는 뜻입니다. 가난한 서민들은 약한 몸에 자기 짐도 지고 가기 가쁜데, 잘난 이들은 제 짐을 가난한 사람들에게 얹어서 가게 하는 죄도 짓습니다. 빈탕 한데가 왜 그렇게 큰지 아십니까? 무거운 짐을 죄다 내어 실으라고 그렇게 큰 것입니다. 무거운 짐을 죄다 빈탕 한데에 싣고 놀이를 가야 합니다.

그래서 제목이 '우리는 노리ㄱ'입니다. 이 세상의 것에서 덜어낼 것을 다 덜어놓고 홀가분한 몸이 되어야 하고, 더 나아가 몸을 아주 벗어버리지 않으면 안 된다는 것을 생각한 시입니다. 죄다 벗어버리는 것이 한꺼번에 되지는 않습니다. 조금씩 덜어 가면서 벗어버려야 합니다. 갑자기는 안 됩니다. 덜기 싫다고 손을 그저 조금 내미는 짓은 그만두어야 합니다. 그래야 홀가분한 몸이 되어 훨훨 빈탕 한데에 가지 않겠습니까?

다음은 음양(陰陽)을 생각해보겠습니다. 태극(太極)과 무극(無極)이 갈라져서 음양이 되었다고 하면 태극과 무극은 언제부터 있었다는 것입니까? 태극과 무극을 다 내버리고 음양만 가지고 이야기들을 합니다. 음양오행(陰陽五行)이 대체 어떻다는 말입니까? 우리 동양 민족은 음양을 찾다가 망할지도 모릅니다. 음양을 찾는 것도 또한 태극과 무극을 갖자는 것입니다.

이번에는 〈웃둑(陽)이와 움쑥(陰)이〉를 풀이해보겠습니다.

웃둑웃둑 내밀 것이 실살쿠고, 움쑥 드러간 건 빈탕이르

웃둑웃둑 뚜렷뚜렷하게 내민 것이 실상 큰 것이고 움쑥 들어간 건 빈탕이라고 합니다. 어쨌든 이 세상에서는 드러날 때 드러나야지 톡톡히 자기 구실을 하고 한몫을 봅니다. 그렇게 실살 쿠니 아예 빈탕 한데는 좇아가지 말라는 말입니다.

빈탕 한데란 쓸게 쓸데 없지 안소. 꼭꼭 쟁여도 모자랄 판에

'빈탕 한데'에 대한 말을 노자나 석가모니가 했는데, 이것이 이단시(異端視)되고 '빈탕 한데'가 옳게 이해되지 않아 노자나 석가모니가 말한 그대로의 세상이 되지 않았습니다. 쓸 게 쓸데가 없는 것은 아닙니다. '빈탕 한데'는 무엇에 쓸데가 있는 것입니다. 쓸 게 없고 쓸데없다는 것은, 가르친 모든 것이 '빈탕 한데' 하나라는 말입니다. 만물도 '빈탕 한데'를 드러내자는 것임을 알아야 합니다. 이런 생각을 이어 가지고 천국까지 좇아가야 합니다. '빈탕 한데(허공)'는 천국까지 가서 쓸데가 있는지 없는지를 알아보아야 합니다. 바로 말하자면 '빈탕 한데'가 무엇에 쓸데가 있겠습니까? 더구나 오늘날처럼 요긴한 것만 골라서 꼭꼭 쟁여도 모자랄 판에 그런 '빈탕 한데'를 찾게 되겠습니까?

이보소 얼빠진 소린 고만둬도 좋잔소

'빈탕 한데'가 우주의 임자인 하느님이십니다. 음양(陰陽)에서는 기(氣)를 굴신왕래(屈伸往來)라고 하여 굽히고 펴고 가고 오고 하는 것이라 하였습니다. 기운은 하나인데 부닥치면 신(神)이 되고 양(陽)이 되며, 다시 거꾸로 들어가버리면 귀(鬼)가 되고 음(陰)이 됩니다. 그래서 '기'는 하나도 되고 둘도 될 수 있습니다. 《성경》으로 말하면 하늘과 지옥, 신과 마귀로 볼 수 있습니다. 옷둑(우뚝) 솟은 것은 기운이 돋고 산 것을 말하고, 움쑥 들어간 것은 기운이 쇠하여 죽어 가는 것을 말합니다. 이같이 음양에서는 '굴신왕래'로 보아 태극도 숭배받게 생기었습니다.

'빈탕 한데'로 이것을 따져보면 움쑥 들어간 것이 한량없이 본과(本果)가 있습니다. 하느님이 있다면 그 호대(浩大)한 흑암(黑闇)을 음미하는 가운데 있습니다. 광명 속에서는 하느님을 찾아볼 수 없습니다. 광명은 허영이요, 이 허영 속에서는 하느님을 찾을 수 없습니다. 흑암을 음미하는 가운데 하느님을 찾을 수 있습니다. 그래서 이 사람은 광명에서 신을 찾는다고 하는 것을 뒤집어서 흑암에서 신을 봅니다. 여기 옷둑옷둑 내민 것은 모두가 내민 작은 것(개체)입니다. 움쑥 들어간 것(허공)은 한량없이 호대하여 여기에 신이 계십니다. 근본이 그렇게 되어 있습니다. 우리가 나오기 전에 광명(光明)을 가졌는지는 모르겠습니다. 죽은 뒤에 광명이 오는지도 모릅니다. 이같이 광명은 나와 함께 오고 갑니다. 하늘에 있는 광명은 실상 참 광명이 아닙니다. 이것을 벗어버리고 참빛을 찾아야 합니다. 참빛은 암흑과 가까운 것입니다. 우리가 쉽게 말하는 광명은 광명이 아닙니다.

뾰족 뾰족 웃둑 나온 것(개체)은 말끔히 사람을 속입니다. 여간하여도 이 착각은 벗어나지 못합니다. 벗어나지 못하니 여전히 허영에 안 산다고 말할 수 없습니다. 무엇인지 모르면서 좋다고만 하고 갑니다. 그러니 소심출세(小心出世)라는 말이 나오게 됩니다. 조심해서 출세하란 뜻입니다. 좋은 교훈입니다. 마음이라는 것은 크게 먹으면 안 됩니다. 작게, 아주 작게 하면 빈 마음이 됩니다. 출세한다는 것은 행세(行勢)한다는 뜻입니다. 넓은 세상에 나가보는 것을 출세하였다고 합니다. 요새는 꺼떡 꺼떡거리며(류영모가 거만한 걸음걸이를 흉내 낸다) 세상을 다니는 것을 출세나 행세하는 줄로 압니다. 원래의 출세는 그렇게 나가는 게 아닙니다. 세상에 좀 나와서 공익의 일 좀 해 달라, 정말 사람들을 복되게 해 달라고 할 때는 소심자(小心者)라야 적격입니다.

마음이 크다가는 죄다 삼켜보고 싶은 마음이 생깁니다. 농촌 구제를 한답시고 예산을 전부 딴 데로 새게 했다든지, 중소기업체의 육성 예산을 누가 어떻게 하였다든지 하는 것은 다 마음이 커서 그렇게 된 것입니다. 행세 중에 못된 행세를 하니 그렇게밖에 안 됩니다. 바로 하려면 소심출세하여야 합니다. 조심조심 출세하여 마침내는 부처와 같이 이 세상에서 올라갈 곳까지 올라가보아야 합니다. 얻을 것 얻어 가면서 가야 합니다. 석가모니는 이 세상에서 간디와 같은 존재입니다. 먼 곳에 있으니까 출세한 것같이 보입니다. 간디도 백 년 후면 출세한 인물로 아울러 알아줄 것입니다. 소심출세는 여러 가지를 생각할 수 있게 합니다. 점심(點心)은 속이 궁금하니까 조금 집어넣는 것을 말합니다. 음식을 조금 먹는 것이 점심입니다. 그저 조금 집어먹는 것은 다 점심입니다. 꼭 낮에 먹어야만 점심은 아닙니다. 점심즉세(點心卽世), 점심하면 즉세(卽世)합니다. 자꾸 나가는 것도 되고 들러붙는 것도 됩니다. 이 세상은 나갑니다. 이 세상은 들러붙기도 합니다.

맘에 자꾸 점을 찍어줍니다. 조금 쓰린 듯할 때 조금 집어넣어줍니다. 이러다가는 결국 전부 먹어보는 습성이 붙습니다. 마음에 몬이 살아나기에 이 세상에 나와 장관 자리의 맛을 못 보면 견딜 수 없게 됩니다. 나와서는 다방에 들러서 차를 한 잔이라도 마셔야 세상의 거리에 나온 것같이 여겨집니다. 쓸쓸하게 다니면 즉세(卽世)한 것이 못됩니다. 그런데 이 말을 써놓고 사전을 펴보니, '즉세'는 죽었다는 뜻으로 나와 있습니다.

참으로 말이라는 것은 쓰기가 어렵습니다. 들러붙다가 떨어지면 죽습니다. 같은 뜻으로 치사(致仕)라는 말이 있습니다. 그냥 보면 벼슬을 하는 사람을 말하지만, 또한 벼슬을 내놓고 그만둔다는 뜻도 있습니다. '치(致)'는 '거기까지 이루다'라는 뜻인데, 벼슬을 하게 되면 이미 벼슬을 그만두는 게 됩니다. 치명(致命)이라는 말도 하늘에 명(命)이 닿는다 해서 '치명'입니다. 그런데 상처를 입고 치명상(致命傷)이어서 살지 못한다고 할 때도 이 '치명'이라는 말을 씁니다. 즉위(卽位)한다고도 합니다. '치사'하는 것과 같은 뜻으로 다 해먹는 것을 '즉위'라고 합니다. 이같이 먹는 자리로 말하면 다 해먹는 자리를 말합니다.

요새 졸업생에게 주는 졸업장(卒業狀)도 상당히 그 일을 마쳤으니 자격(自格)을 주는 것입니다. 원래는 졸업장이 필요 없습니다. 학교에 나오면서부터 이미 업(業)을 하게 되는 것입니다. 곧, 사람 노릇을 하게 되는 것인데, 졸업장이 무슨 사람 노릇을 합니까? 자기의 사람 노릇은 자기가 하는 것이 아닙니까? 졸업장을 들고 다니면서 그것을 팔아먹으려고 졸업장을 타는 것입니다. '치사'하면 무엇합니까? '즉위'하면 무엇합니까? 다 해먹는 것입니다.

공심(空心)은 허심(虛心)입니다. 공심관세(空心觀世), 빈 속으로 빈 맘으로 이 세상을 본다는 것입니다. 우리는 생각하는 존재입니다. 세상에 태어난 것을 학교 공부하러 온 것처럼 하고 견학하러 온 것같이 합니다. 세상을 그대로 자세히 보고 가야 합니다. 세상을 모르고 가면 수박껍질 핥기라고 합니다. 이것은 수박껍질을 핥고 수박 맛을 안다는 말입니다. 항상 관심을 갖고 세상을 보아야 합니다. 보는 데는 '빈탕 한데'의 마음으로 보아야 합니다. 눈으로 꿰뚫어보는 것처럼 다 알아준다는 것을 말합니다. 그 사정을 풀어주는 영험이 있다고 해서 관세음보살(觀世音菩薩)이란 명칭이 붙은 줄 압니다. 사람마다 '공심관세'하여 이 세상을 보면, 곧 마음을 비워서 세상을 보면 복음(福音)의 소리를 들을 수 있습니다. 세상을 바로 보는 사람에게는 복된 소리가 들립니다. 어느 의미에서는 남의 선생 노릇을 하는 지도자는 정말로 선지자의 성격을 꼭 가져야 한다고 하겠습니다.

선지자는 자기를 위해 살지 않습니다. 그저 하늘이 맡겨준 세상을 바로 보는 것입니다. 세상을 바로 보면 생각이 일어나지 않을 수 없습니다. 그리고 생각이 나면 말하지 않을 수 없습니다. 이것이 그대로 관세음입니다. 정말로 남을 도와줄 수 있는 사람이 됩니다. 때문에 제 마음을 다스리지 못하는 사람은 남을 도와줄 수가 없습니다. 소심출세(小心出世), 점심즉세(點心卽世), 공심관음(空心觀音), 그중에서도 특히 '공심관음'을 하고 가야 합니다.

여기에 또 하나 〈점심책임(點心責任)〉이라는 것을 더 생각하여야 합니다. 이것은 점심을 먹었으면 책임을 져야 한다는 말입니다. 점심을 안 먹어야 좋다는 것은 아닙니다. 점심을 먹었으면 밥값을 내면 그만입니다.

점심소견진물성(點心所見盡物性)

'점심소견(點心所見)', 점심 값으로는 소견이 있어야 합니다. 즉, 보는 것이 있어야 한다는 말입니다. 점심만 하고 보는 것이 없으면 무전취식(無錢取食)하는 게 됩니다. 반드시 보는 것이 있어야 합니다. 그러면 얼마큼 보자는 것이냐 하면 좀 욕심이 많지만 '진물성(盡物性)'하여야 합니다. 기왕 먹을 바에는 고루고루 씹어서 맛을 알아야지, 모르고 잡아먹어서는 안 됩니다. 본디 유교에서도 진성(盡性)을 말합니다. 자기성(自己性)을 진성(盡性)하여야 부모를 섬길 줄 알고, 남의 성미(性味)를 '진성'하여야 서로 돕고 도움을 받을 수 있습니다. 물질문명 세계가 물건(物件)에 바탈(性)을 갖다가 다한 것은 아닙니다. '진물성'에서 학문이 나온 것은 누구나 다 아는 사실입니다. 점심이라고 하여 꼭 조금 무엇을 집어먹는 것만을 말하는 것은 아닙니다. 입이 좀 궁금하고 섭섭해서 집어먹는 식으로는 점심이 되지 않습니다. 사물과 나와의 관계가 있게끔 '점심소견'이 따라야 합니다. 소견을 생각하고 집어먹으면 물건의 소견을 다할 수 있습니다. 닭고기를 먹는데도 닭만큼 일찍 일어나고 부지런히 일할 줄 알아야 닭고기를 먹은 본의(本意)가 있습니다. 닭에 대한 소견을 하고 잡아먹어야 하는 것입니다. '점심소견'하지 않고서는 정말 고기맛을 모르는 것입니다.

물저오무비점심(物諸吾無非點心)

물지어오(物之於吾)는 물건과 나의 관계를 나타내는 말입니다. 이 말에서 '지어(之於)'가 줄어 저(諸)가 되었습니다. 물저오무비점심(物諸吾無非點心)이라, 물건마다 보는 것마다 우리의 궁금증을 털어주는 것마다 내 맘에 점을 찍습니다. 그래서 점심(點心) 아닌 것이 없습니다. 지금 새삼스럽게 따져서 이렇다는 것이 아닙니다. 본디부터 그렇습니다. 우리가 물건을 알게 되는 것도 자꾸 점을 꼭꼭 찍어주기 때문입니다. 내 마음에 점을 찍어주지 않는 것이 없습니다. 무비점심(無非點心)입니다. 다방에 가서 차 한잔 마시지 많아도 족히 점심할 수 있으며, 낮에 점심을 먹지 않아도 족히 만족을 느낍니다. 점심을 먹었는데 또 먹으면 어떻게 됩니까? 결국 망신스러울 수밖에 없을 것입니다.

책임소재심사정(責任所在審事情)

책임소재(責任所在), 이 세상에는 책임이 없는 것이 없습니다. 짊어진 것이 없는 게 없습니다. '책(責)'은 出(출)＋貝(돈)로, 곧 돈을 내놓으라는 말입니다. 빚진 것을 내놓으라는 뜻입니다. 남의 빚을 지고 갚지 않으면 안 됩니다. 이것이 대표가 되어 책망을 대신하는 것입니다. '책임소재'를 어떻게 하느냐 하면, 책임소재심사정(責任所在審事情)입니다. '책임소재'는 일의 사정을 자세히 살펴줍니다. 자기 딴에는 잘한다는 일도 책임이 없으면 잘하지 못하고, 책임이 있으면 그 사물을 자세히 살피게 됩니다. 일과 나와는 어떠합니까?

사저오하불책임(事諸吾何不責任)

일과 '나'는 어떤 책임이든 무관할 수 없습니다. 다 책임이 있습니다. 아니, 일(事)은 다 책임입니다. 지금 밖에 나가는 길에 언짢은 일이 생기면 '나'에게 책임이 있습니다. 책임은 죄다 '나'에게 있습니다. 위정(爲政)에 잘못한 것은 마땅히 위정자(爲政者)가 책임을 져야 합니다.

오늘만하고 내일 그만두면 없어질 것인데, 책임은 무슨 책임이냐고 하지만 그렇지 않습니다. 이전에 지나간 일에 대해 책임을 져야 하며, 오늘 이 시간이라는 것도 지난 책임의 연결이라는 것을 알아야 합니다. 우리 앞에 나타난 세상에는 연결성을 지닌 책임이 예전부터 있다는 것을 알아야 합니다. 이처럼 책임은 제각기 있습니다. 이 세상이 없어지면 모르겠습니다만, 세상이 있는 이상은 '나'에게 책임은 엄연히 있습니다.

실상 물건이 '나'에게 와서 점심(點心)이 되는 것은, 물건이 내 마음에 와서 점을 찍어주기 때문입니다. 점심을 먹지 않으면 안 되는 사람은 먹지 않을 수 없습니다. 먹는 데 있어서 매사를 잘 살피고 '진물성'하여 물건을 알아주는 것이 우리의 점심입니다. 일을 당하게 되면 '나'에게 다 책임이 있는 것입니다. 일의 실정을 경험하지 않은 이상은 모르는 것이니, 고루고루 경험을 하여 더 자세히 당당하게 몬(物)에 대해 심판(審判)하러 가야 합니다. 우리는 몬에 대한 심판관입니다.

이번에는 〈점경(點景)〉을 보겠습니다.

점등점심점두처(點燈點心點頭處)

불을 하나 켜서 '점등(點燈)'입니다. 그렇다고 전등(電燈)은 아닙니다. 태양이 전등입니다. 전등을 켜서 무엇을 보는 것같이 태양이 걸린 데서 뭔가를 합니다. 조금 전에 말한 점심(點心)을 하게 됩니다. 그러면 불을 켜고 점심을 하게 되는데 제 머리는 가려야 합니다. 우리의 처지는 점두(點頭)하는 데 있습니다. 즉, 점등점심점두(點燈點心點頭)할 처지인 것입니다.

즉주즉조즉세시(卽周卽照卽世時)

즉주(卽周)는 둥그런 것 주위에 닿았다 또는 죽었다는 뜻입니다. 죽는 것은 나가는 것과 같습니다. 그러나 숙어로서 뜻은 등(燈)의 심지 불덩어리가 앉는 곳을 말합니다. 우리의 존재가 밝혀놓았으니, 우리의 존재는 중심 심지의 불덩이입니다. 그리고 또 불을 켜고 나갑니다. 즉조(卽照)는 반딧불을 말합니다. 태양, 그것도 하나의 반딧불에 지나지 않습니다. 즉세(卽世)는 아까 말했기에 설명을 그만두겠습니다.

이 글의 뜻은 때가 바야흐로 '즉주즉조즉세(卽周卽照卽世時)'할 때란 말입니다. 둥그런 빈탕 한데가 '즉주'가 아니겠습니까? 둥그런 '한데'를 떠날 수 없습니다. 태양은 반딧불입니다. 영원에서 보면 아무것도 아닌 반딧불입니다. 그 불빛에 비추인 것에 마음을 일으키고 돌아보아서는 안 됩니다. '즉세'는 벗어버릴 것을 벗어버리라는 것입니다. 세상일을 다 보면 '즉세'하였다고 합니다. 지금쯤 우리도 크게 벗어버리고 '즉세'하여야 하겠습니다.

잔신욕멸고진광(殘燼慾滅蟲盡光)

잔신(殘燼)은 기름이 떨어져 불이 차차 쇠잔해지다가, 심지의 불이 꺼질 무렵에는 약해진 불기운보다 거의 배나 불이 환해졌다가 아주 꺼지는 것을 말합니다. 에너지가 있는 대로 죄다 나와버립니다. 있는 힘을 다 내놓습니다. 성냥불에서도 그런 현상을 볼 수 있습니다. 사람도 죽기 직전에 다 나았나 싶을 정도로 기운을 내고는 그 이튿날 아주 죽어버립니다. 이러한 현상은 끝을 남기지 않는다는 것을 말해줍니다. 즉, 있는 힘까지 다 내놓는다는 것으로 '잔신'이라고 합니다.

'고'는 기생충을 말하는데, 왜 그런지 아버지가 있는 곳을 '고'라 하였습니다.《주역》의 '고괘(蟲卦)'는, 아버지의 어려운 일을 맡아서 처리할 뿐만 아니라 아버지 뜻을 이어받아 잘 처리하는 훌륭한 아들을 말합니다. 무슨 일이 있을 때는 아주 아버지의 일을 보기에, 회충이 있는 아이처럼 배가 아프고 등이 꺼지고 잔말을 한다는 것입니다. 이것이 참 효자(孝子)입니다.

부생장휴형치지(浮生將休螢致知)

인생이 장차 꺼지려고 할 때 반딧불 하나가 우리가 죽을 곳을 환히 가르쳐줍니다. 반딧불은 밝힐 것을 다 밝힙니다. 즉조(卽照)하여줍니다. 반딧불은 어떤 의미에서는 선지자입니다. 태양도 반딧불 가운데 하나라는 것은 말할 것도 없습니다. 우주 만물을 죄다 비춰줍니다.

과학의 결론이 원자탄(原子彈), 수소탄(水素彈)이라는 것과 같습니다. 《성경》도 오늘의 과학을 예언하였습니다. 이 우주가 망할 때 그것은 반딧불 하나 꺼지는 것에 불과하다고 하였습니다. 내가 이렇게 있다가도 '아이고' 하는 비명소리가 날 때쯤에는 죽어 없어집니다. 반딧불 하나 꺼지는 것밖에 아무것도 아닙니다. 해마다 보는 반딧불을 선지자라고 볼 수밖에 없는 이유도 그러합니다. 인생의 선지자일 뿐만 아니라 태양의 선지자도 됩니다. 우주의 선지자도 되는 것입니다. 그러니 반딧불 하나 구경하면 환한 것이 아니겠습니까!

그러므로 '진물성'하고 책임을 다 해야 합니다. 그냥 보고 좋다면서 거기에 묶이려 하면 안 됩니다. 시원하게 벗고 반딧불의 바탈(性)을 규명하고 반딧불의 점심책임(點心責任)을 하고 반딧불에 순종하여야 합니다. 그 일을 다하고 책임을 밝혀야 합니다. 하지만 우리 몸이 그렇게 주어진 것이 아니라는 점을 생각할 필요가 있습니다. 그래서 하늘이 사람에게 얼을 주었습니다.

'점(點)'이라는 글자를 많이 썼기 때문에 '점경(點景)'이라고 제목을 붙여보았습니다. '점경'이 그림의 한 점을 말하는 것 같습니다만, 조그마한 경치 하나 적어놓은 것을 말합니다. 인생과 세계의 '점경'입니다. 지금 우리에게도 '점경'하러 나온 반딧불이 나타나고 있습니다. 오늘 우리는 서로 반딧불이 됩니다. 이 사람은 여러분의 반딧불이고, 여러분은 이 사람의 반딧불입니다.

마지막으로 〈즉주(卽周)〉를 살펴보겠습니다.

즉당육일주(卽當六一周)

즉당(卽當)이란 말은 중국에서 '지금'이라는 뜻으로 쓰입니다. 즉(卽)은 닿았다는 뜻입니다. '당(當)'한 것에 닿았다는 말입니다. 지금의 세상은 말끔히 육합(六合) 여섯으로 되었습니다. 그중의 하나, 곧 '나'를 육일(六一)이라고 할 수 있습니다. 이런 변두리가 즉주(卽周)입니다. 반딧불을 처음 받을 때, 즉 나올 때는 이것을 몰랐다고 할 수 없습니다.

초발형종신(初發螢終燼)

목숨이 반딧불처럼 꺼지는 것을 알았다는 말입니다. 처음부터 인생이 아무것이 아니라는 것을 알았다는 말입니다. 인생은 날 때 나고 죽을 때 죽고, 반딧불 모양으로 꺼진다는 것을 알아야 합니다. 인생은 웬일인지 중간쯤 되어야 이것을 깨닫습니다.

괴폭래즉조(塊爆來卽炤)

우주가 폭발하면 어떻게 하나, 천지가 무너지면 어쩌나, 3차 대전이 일어나 수소탄이 터지면 어떡하나 하고 새삼 놀랄 필요가 없습니다. 우주 만물이 반딧불이고 즉조(卽炤)하여 죽으니 무슨 걱정이 있겠습니까? 전문가가 아닌 사람이 3차 대전이 일어난다고 걱정하는 것은 다 소용이 없습니다. 나중에는 없어지고 마는 것들인데 걱정할 게 없습니다.

심멸거즉진(心滅去卽眞)

심멸거(心滅去), 마음이 멸하여 갑니다. 마음은 어떤 의미에서는 영원성 있는 영혼을 대표할 수 있습니다. 그러나 마음이라는 것은 그대로는 안 됩니다. 벗어버릴 것이 여간 많지 않습니다. 벗어버릴 것을 버리고 가야 합니다. 심(心)도 멸거(滅去)하여야 합니다. 그러한 후 종국엔 즉진(卽眞)하여야 합니다. 참에 도달하여야 한다는 것입니다. 여러 말을 해도 그것이 참에 도달하지 않으면 아무 짝에도 못씁니다.

그러면 자기가 잘하면 되지 않으냐 하지만 잘해도 안 될 때가 있습니다. 잘해도 안 되었으니까 지금 사회가 이 모양입니다. 역사를 보면 예전 사람이 잘하려고 한 게 틀림없는데 아직 이 모양입니다. 잘만 하면 된다고 하면 벌써 석가모니 시대에 그 말이 이루어져야 했고, 예수가 온 지 얼마가 지났는데 진작 잘되어야 했을 것입니다.

그렇다고 이 세상은 아무것도 잘되는 게 없다고 해도 안 됩니다. 정 안 될 것 같으면 벌써 안 되었을 것입니다. 이미 떨어진 씨는 싹이 트고 자라 커 가고 있습니다. 콩알 떨어진 데 콩 나고 팥 심은 데 팥이 나올 것입니다. 안 될 것은 아주 안 되는 것이 아닙니다. 잘하면 된다는 그것도 아닙니다. 상대적인 이 세상은 그렇습니다. 절대가 아니라는 것을 참고하여야 합니다. 절반만 절반만 하여도 안 됩니다. 그 절반을 어떻게 잡습니까?

빈탕 한데로 다 같이 가야 하는데 다 같이 가기가 힘듭니다. 무엇을 알고 하는지 괜한 소리만 떠듭니다. 무슨 학설과 종교가 다 무엇인지 모르겠습니다. 유교가 나온 지 2,500년이 되었지만 잘되어야 할 것이 아직 안 되고 있지 않습니까? 그리스도교에서는 예수의 재림을 말합니다. 불교에서는 미륵불이 나타난다고 합니다. 미륵불이 간디가 될지 모르겠습니다만 간디도 몰라보는 멍텅구리 이 세상에 또 누가 나타나면 알아주겠습니까?

참이라는 것은 이 세상에서 볼 수 없습니다. 빈탕에 가야만, 거기에 들어가야만 참을 볼 수 있지 그러지 않고서는 참을 생각할 수 없습니다.

그래서 이 세상의 것은 전부 거짓이고 속이는 것으로밖에 볼 수 없고, 잠깐 우리가 빌려 쓰는 것밖에 되지 않습니다. 영원히 가질 만한 내 세간이 되지 않고 참의 세간이 될 수 없습니다.

즉진(卽眞)하여야 합니다. 참에 가서 부딪쳐야 합니다. 거짓 인생 속에서 자기를 참으로 알라는 말입니다. '나'를 참된 사람이라고 알면, 인격을 빈탕 한데에 맞춰보려고 하게 됩니다. 사람은 서로의 인격을 인정하고 경의를 표해야 합니다. '저 양반의 인격은 어떨까?' 하는 것은, 아버지와 교통할 수 있는 아들의 자격을 갖추었는지를 묻는 것입니다. 우리는 이 시간에 아버지와 교통이 되는지 알 수 없습니다. 그러기 위한 시간이었습니다만, 모르겠습니다. 그것 외에 우리가 개나 돼지와 다른 게 무엇이겠습니까? 피와 살을 가진 우리가 그렇게 하겠다는 것을 빼놓고는 짐승과 다를 바가 없습니다. 그래서 참이라는 것을 구하고, 벗어버릴 것은 벗어버려야 합니다. 자꾸 참에 닿아보겠다고 해야 합니다. 태양까지도 참이 아닌데, 우리의 생활이나 인식이라는 게 무엇이겠습니까?

사이비광중(似而非光中)에 생심(生心)하고서 이것이 참이 될 리 있겠습니까? 생심하면 안 됩니다. 몬에 마음이 살아나면 안 됩니다. 물색(物色)에 틀어박히면 죽습니다. 우리는 물색을 심판하러 왔지 물질을 물색해서 집어 쓰겠다고 온 게 아닙니다. 물질을 중히 여기고 물질로 활동하려 온 것도 아닙니다. 온 세계의 물질이 점심(點心)으로서 우리 앞에 있는 것이 아닙니다. 우리는 물질을 심판하러 왔습니다. 하느님의 심판은 모른다 해도, 사물의 임자가 누구이고 그 성질이 어떤지 알아 책임을 가져야 합니다. 이것은 마치 유치원에서 장난하는 것 같습니다. 그러나 이것을 익히지 않으면 우리는 영원히 익혀 먹지를 못합니다. 때문에 훈련을 하고 우리의 생활을 마치지 않으면 안 됩니다. 그래야 참이 됩니다. 인생의 목적은 몬(物)에 있지 않습니다. 실상 여기 이 자리에서 빈탕 한데를 찾아

본다 해도 볼 수 없습니다. 모두 제각기 불리어서 유치원 장난을 마치듯 자꾸 이런 결론을 내게 됩니다.

참 하나를 찾아야 합니다. 그런데 우리는 참 하나를 얻지 못합니다. 요새 '배운다'는 말의 뜻을 생각해보았습니다. 보아(머리에)힘이 줄어서 배운다는 말이 된 것으로 압니다. 배운다는 것은 배워서 알리라는 의미로 보입니다. 배울 것 배워서 주위 사람에게 말뜻대로 알리라는 말로 생각됩니다.

과학(科學)의 과(科)에 '됫박 두(斗)' 자가 붙어 있는 것은 두량(斗量)한다는 뜻이 있기 때문으로 압니다. 관찰과 실험으로 될 것을 되어서 셈하는 것이 과학입니다. 철학은 깨쳐서 배우는 것입니다. '깨어 밴다'라는 게 철학의 뜻이 될 것입니다. 몬과 일을 되배우면 과학이고, 깨쳐 배우면 철학이 됩니다. 그러나 되배우는 것도 말씀을 가지고 서로 알게 됩니다. 말씀이 없으면 관찰도 실험을 할 수 있다 해도 배우고 즉조(卽照)될 수 없습니다. 말씀이 있어야 문제를 세우고, 모두 알게 되고 서로 통하게 됩니다. 이것이 논리요 증언이요 바른 말씀이 됩니다.

우리의 말씀도 그러합니다. 말씀 중의 말씀, 정말 바른 말씀은 모든 일이 즉조될 수 있는 것이라야 합니다. 과학적으로 아는 것이 참말씀입니다. 되는 말 안 되는 말이 모두가 윤리요 증언은 아닙니다. 그런 생각이 나서 자꾸 해보면 말씀이 사람을 깨쳐서 사람 노릇을 하게 합니다. 말씀이 사람을 깨쳐 여러 사람이 서로 넘나들게 해줍니다. 이러면 또한 사람이 깨쳐집니다. 이것은 다 말씀이 시키는 일입니다.

말씀의 시킴을 아는 사람, 소위 똑똑한 사람은 과학적인 확증이 있어야 한다고 말합니다. 몬(사물)을 되(斗量)배워 과학적으로 모든 것을 설명하는데, 그 되밴 말씀을 쓰려고 합니다. 말을 우리의 심부름꾼으로 압니다. 이렇게 아는 정도는 좋습니다. 괜찮다고 하겠지만 엎어지고 자빠지기 쉽습니다. 곧, 할아버지의 등에 업힐 것을 생각하게 되고 품에 안기기를 원합니다. 워낙 수학이나 과학을 연구하는 근본은 말씀입니다. 말씀이 심부름꾼이 아니고 주인인데, 깨우쳐 배우게 하는 학문이 철학입니다.

철학은 과학과 특별히 다른 게 아닙니다. 철학이라는 말을 쓰지 않아도 좋습니다. 말씀을 종합해서 사람 노릇을 하게 깨우쳐주는 것이 철학입니다. 그렇다고 철학을 과학화한 듯한 철학은 아닙니다. 레코드나 노트를 되살리는 것 같은 철학이 아닙니다. 그것은 과학의 모독입니다. 말씀이 그대로 사람 노릇 하는 데 순종하여 받는 것이 철학입니다. '깨뵈힘'이 철학입니다. 말씀도 아주 간단한 것이 많습니다.

다른 면의 말씀은 잘 받지 않습니다. 오직 인생 문제를 받습니다. 빈탕 한데에 있는 말씀입니다. 빈탕 한데의 주인은 하느님의 말씀입니다. '넘 또냄'이라는 말이 있습니다. 온 진리의 주인인 빈탕 한데에 그저 내고 또 넣는 것을 말합니다. 이것은 생멸하는 현 상태를 말하는 것입니다. 주인 한 분인 우리 아버지를 빈탕 한데에 넣어 두고는 그냥 '빈탕 한데'라고 생각합니다. 허공이 하느님이고 하느님이 허공이라는 말입니다. 웬일인지 들어간 것을 말하는데, 이같이 자기 맘대로 놀 수 있는 것이 말씀이라고 할 수 있습니다.

철학은 깨쳐 배우는 것을 말하고 과학은 조목조목 되배우는 것을 말하는데, 철학은 되넘기는 것이 있으면 안 됩니다. 과학은 간혹 조목조목에서 되넘기는 데서 남는 일이 있을지 모르나, 철학은 그래서는 안 됩니다. 어떤 분은 무턱대고 많이 배울 것을 주장할지 모르나, 사람 노릇을 바로 깨우쳐주는 것이라야 합니다. 이 일을 해주는 것은 말씀입니다. 사람이 하는 일이 아닙니다. 빈탕 한데도 아닙니다. 인생에서는 보이지 않습니다. 세계 어디에 있을 것이라고 생각합니까? 오직 말씀 그것도 '하나'의 말씀에 있습니다. 제각기 철학을 한다고들 말합니다. 직업적으로 철학을 한다는 사람도 있습니다. 별게 다 많습니다. 철학사 같은 것이나 외우고 레코드나 틀고 그러다가는 잘못하여 과학도 모르는 철학자가 많이 생길지도 모릅니다. (1957. 3. 8.)

제24강

인생관이 다르면 시비(是非)도 다르다

〈시편〉 73장 하느님은 선하시다(아삽의 노래)

하나님은 마음이 정직한 사람과 마음이 정결한 사람에게 선을 베푸시
는 분이건만, 나는 그 확신을 잃고 넘어질 뻔했구나. 그 믿음을 버리고
미끄러질 뻔했구나. 그것은, 내가 거만한 자를 시샘하고, 악인들이 누리
는 평안을 부러워했기 때문이다.

그들은 죽을 때에도 고통이 없으며, 몸은 멀쩡하고 윤기까지 흐른다.
사람들이 흔히들 당하는 그런 고통이 그들에게는 없으며, 사람들이 으
레 당하는 재앙도 그들에게는 아예 가까이 가지 않는다. 오만은 그들의
목걸이요, 폭력은 그들의 나들이옷이다. 그들은 피둥피둥 살이 쪄서, 거
만하게 눈을 치켜뜨고 다니며, 마음에는 헛된 상상이 가득하며, 언제나
남을 비웃으며, 악의에 찬 말을 쏘아붙이고, 거만한 모습으로 폭언하기
를 즐긴다. 입으로는 하늘을 비방하고, 혀로는 땅을 휩쓸고 다닌다.

하나님의 백성마저도 그들에게 홀려서, 물을 들이키듯, 그들이 하는
말을 그대로 받아들여, 덩달아 말한다. "하나님인들 어떻게 알 수 있으
랴?" 하고 말한다. 그런데 놀랍게도, 그들은 모두 악인인데도 신세가 언
제나 편하고, 재산은 늘어만 가는구나.

이렇다면 내가 깨끗한 마음으로 살아온 것과 내 손으로 죄를 짓지 않고 깨끗하게 살아온 것이 허사라는 말인가?

하나님, 주님께서는 온종일 나를 괴롭히셨으며, 아침마다 나를 벌하셨습니다. "나도 그들처럼 살아야지." 하고 말했다면, 나는 주님의 자녀들을 배신하는 일을 하였을 것입니다. 내가 이 얽힌 문제를 풀어보려고 깊이 생각해보았으나, 그것은 풀기에는 너무나 어려운 문제였습니다.

그러나 마침내 하나님의 성소에 들어가서야, 악한 자들의 종말이 어떻게 되리라는 것을 깨닫게 되었습니다. 주님께서 그들을 미끄러운 곳에 세우시며, 거기에서 넘어져서 멸망에 이르게 하십니다. 그들이 갑자기 놀라운 일을 당하고, 공포에 떨면서 자취를 감추며, 마침내 끝장을 맞이합니다. 아침이 되어서 일어나면 악몽이 다 사라져 없어지듯이, 주님, 주님께서 깨어나실 때에, 그들은 한낱 꿈처럼, 자취도 없이 사라집니다.

나의 가슴이 쓰리고 심장이 찔린 듯이 아파도, 나는 우둔하여 아무것도 몰랐습니다. 나는 다만, 주인 앞에 있는 한 마리 짐승이었습니다. 그러나 나는 늘 주님과 함께 있으므로, 주님께서 내 오른손을 붙잡아주십니다. 주님의 교훈으로 나를 인도해주시고, 마침내 나를 주님의 영광에 참여시켜주실 줄 믿습니다. 내가 주님과 함께 하니, 하늘로 가더라도 내게 주님밖에 누가 더 있겠습니까? 땅에서라도, 내가 무엇을 더 바라겠습니까? 내 몸과 마음이 다 시들어 가도, 하느님은 언제나 내 마음에 든든한 반석이시오, 내가 받을 몫의 전부이십니다. 주님을 멀리하는 사람은 망할 것입니다. 주님 앞에서 정절을 버리는 사람은, 주님께서 멸하실 것입니다. 하나님께 가까이 있는 것이 나에게 복이니, 내가 주 하나님을 나의 피난처로 삼고, 주님께서 이루신 모든 일들을 전파하렵니다.

夢·必覺(讀匈牙利反共動亂記事)

一面鼙蹇未治蝎　　公平自由何處在
他方警戒復當虎　　合從連衡佞口號
人間隣交國際相　　中原三毒四夷惡
古往今來世代懊　　上元無邊不一吾 (다석일지 1957. 3. 13.)

〈시편〉 73장을 자세히 살펴보면 〈시편〉 37장과 그 뜻에서만큼은 같다고 생각합니다. 〈욥기〉에서 나타나는 심각한 인생 문제가 〈시편〉 37장과 73장에서 비슷하게 나타납니다. 〈욥기〉 전체의 의미를 간단히 보려면 〈시편〉 73장이 가장 적합할 것입니다. 〈시편〉 73장은 '아삽의 노래'라고 하는데, 〈시편〉 대부분은 다윗이 지은 것입니다. '고라 후손의 노래', '아삽의 노래', '솔로몬의 노래', '에스라인 에단의 시' 등에 나오는 하느님의 종들은 음악에 상당히 조예가 있었던 것으로 보입니다.

'하나님은 마음이 정직한 사람과 마음이 정결한 사람에게 선을 베푸시는 분'으로 생각했다 하더라도 우리가 이것을 말 그대로 느끼려면, 히브리 사람들보다 더 많이 생각해야 합니다. 하느님이라고 할 때는 이미 전지전능하고 우주 만물을 절대적으로 지배하는 주재자(主宰者)라는 뜻을 갖고 있습니다. 이스라엘 백성이 하느님의 종이라고 할 때는 이미, 결국 하느님과 일치하여 하나되는 인생으로서 이길 것을 다 이긴다는 생각이 깃들어 있는 것입니다. 그러나 하느님을 받드는 백성 가운데 아무리 가난하고 정결한 자가 많다 해도 마음이 더러운 사람이 있으면 이기는 이스라엘 백성이 되지 못합니다. 이것은 마음이 정결한 자가 하느님과의 관계 속에서 바로 살면 더러워지지 않는다는 말입니다.

선(善)을 행한다는 것은 바로 산다는 것을 말합니다. 하느님은 선을 행하는 사람에게 복을 주거나 참 이스라엘 백성의 자격을 줄 뿐 아니라, 종국에는 이스라엘의 목표인 '완전히 이루어지이다'를 보여줄 것입니다. 이것은 원칙으로 여겨집니다. 하느님이 마음이 정결한 자에게 선을 행한다는 것은 참으로 좋은 말입니다. 여기서 선은 복(福)을 나타내고, 목적도 같습니다. 선을 행하고 바르게 사는 것 자체가, 하느님이 정결한 자에게 선을 행하고 복을 준다는 것을 말합니다. 선을 행하고 바르게 사는 사람은 자기가 그대로 복을 받는다는 말입니다.

　그런 사람은 마땅히 선과 복을 갖는다는 것이 히브리인들이 지닌 신앙의 원칙입니다. 이방인들은 복이 있으면 복을 받겠거니 하고, 좋다고 하면 좋은 것을 얻겠거니 생각하지만, 그렇게 여기지 않은 백성이 바로 이스라엘 사람들입니다. 그들의 깊은 생각에 눈이 번쩍 뜨입니다. 이 사람은 오늘을 사는 사람이 전부 좋아져야 이 다음에 사는 사람도 좋아지는 것이라 생각합니다만, 오늘 이 〈시편〉은 이쯤 생각해서 그저 좋은 것이 있으면 좋은 것을 얻겠거니 하고 사는 것을 원칙으로 알아봅시다.

나는 그 확신을 잃고 넘어질 뻔했구나. 그 믿음을 버리고 미끄러질 뻔했구나.

　이것은 그 원칙을 의심하는 말입니다. 그것이 그렇지 않은 게 아닐까? 이런 의심이 들면 생각은 거기서 실족할 뻔하고 미끄러질 뻔합니다. 잘 생각하면서 보십시오. 어쨌든 인생은 종단엔 무슨 뜻이 있느냐 없느냐 하는 게 문제입니다. 하지만 결국 뜻이 있더라도 우리는 지금 그 뜻을 모릅니다. 알게 되면 이 다음에나 알게 될까, 지금은 모릅니다. 뜻은 무슨 뜻? 뜻을 먹고 사나? 쌀을 먹고 살지! 흔히 이런 말들을 합니다. 뜻은 좋아하지 않고 맛으로 살려고 합니다. 세상 사는 맛이 있어야지 합니다. 지금은 내가 맛을 못 보아도 결국은 좋은 맛을 보겠지 하고 삽니다.

좋은 맛을 찾고 언젠가는 맛보려고 삽니다. 이 다음에 때가 되면 맛볼 날이 있을 거라고 생각합니다. 그런데도 좋은 맛을 완전히 보았다는 사람은 없습니다.

인생에 대해서도 좀 더 좋은 뜻이 있겠지만, 좀 더 좋은 맛이 있겠거니 하고 갑니다. 나중에 더 좋은 맛과 뜻이 있겠지 하고 가는 인생에 아무 맛도 아무 뜻도 없다고 하면 소위 비관(悲觀)이라는 것이 생깁니다. 불행한 것만 생각하면 살 수가 없습니다. 살지도 않을 것입니다. 아주 막다른 골목에 부닥칠 때 이 고비를 넘으면 맛을 보겠지, 혹은 무슨 뜻을 얻겠지 하는 게 없으면 살아가지 못합니다. 지금 사람들은 대개 맛을 얘기하면서 살아가는데, 나면서부터 먹는 데 맛을 붙입니다. 어릴 때는 보호자에 의지해 살기 마련인데, 처음부터 제멋대로 먹는 것을 그대로 내버려 두면 제대로 자라지 못합니다. 마치 고삐가 끊어진 소가 콩밭에서 마른 콩을 실컷 먹고 배가 터져 죽는 꼴처럼 될지 모릅니다.

사람은 나면서부터 맛이라는 것에 이처럼 맹목적으로 맛을 붙입니다. 갓난아기는 무엇이든 빨려고 합니다. 손을 감싸놓아도 입에 자꾸 넣습니다. 이렇게 맛을 붙인 결과 죽는 날까지 먹어야만 사는 줄 알게 됩니다. 그 까닭에 그 맛을 떨치지 못합니다. 혹 죽을병이 들어서 입맛이 떨어지면 몰라도, 건강한 사람은 죽을 때까지 그 맛을 놓지 못하고 삽니다. 그래서 그런지 이 세상에는 위장병이 제일 많습니다. 왜 사느냐 할 것 같으면 어쩌면 세상에 맛이 있으니 산다고 할 수 있습니다. 맛은 무슨 맛이냐 하면 '다른 것은 없어도 먹는 맛이 있지 않은가?' 하며 대부분의 사람은 먹는 맛에 삽니다.

요새 신문을 보니, 학비가 없어서 배움을 그만두게 되어 자살하는 사람이 있는 모양인데 그 인생은 제법 고상한 것 같지 않습니까? 맛을 붙였는데 그 맛을 못 보게 되어 그만 삶을 끊는다는 게 대단히 고상한 것

같이 보일 수 있습니다. 그러나 이 사람의 속단일지 모르나, 모르면 몰라도 배움에 대한 맛 때문에 죽는 게 아니라고 생각합니다. 이 세상을 맛보기 위해 살기에, 더욱이 오늘보다는 내일 더 좋은 맛을 보겠다는 욕망 때문에 상급학교를 나와야 하는데 그것을 못 하니 차라리 지금 그만두는 것이 좋겠다 해서 제 목숨을 끊는 사람이 있을 것으로 보입니다. 그럴 수도 있습니다. 맛으로 사는 인생에 그 맛을 보려면 배워야 하고 학교를 나와야 하는데 그러지 못하니 삶을 그만두는 것을 택할 수도 있을 것입니다. 이것이 먹고 싶은 욕망보다 훨씬 높은 데 목표를 둔 것처럼 보일지 모릅니다.

오늘날 교육자들도 대개 공부를 잘해야 잘 먹고 잘산다고 할 것입니다. 지식을 얻어놓아야 잘 먹고 잘산다고 합니다. 옛날에도 그따위 소리가 아주 없었던 것은 아닙니다. 글을 잘 읽어야지 좋은 음식 먹고 좋은 옷을 입고 좋은 집에 살게 된다며 배움을 권했습니다. 그러니 대개 이 세상을 맛보고 사는 것으로 아는 것입니다. 지금 직업(職業)이라고 할 때의 직(職)은 원래의 '맡을 직(職)'의 의미가 아닙니다. 실직(失職)하면 모가지가 잘렸다고 합니다. 우리말로 옮기자면 '밥줄'이 끊어졌다고 해야 할 것입니다. 이때의 직업은 우리말로 하면 '밥줄'이 됩니다. 우선 맛이 있는 것을 먹자는 직업이고, 맛보는 인생을 더 살겠다는 것이 직업이니, 먹는 줄이 닿아야 할 것입니다. 그러지 못하고 끊어지면 그 맛을 볼 수 없지 않겠습니까?

지금 사업이라는 것도 근본적으로는 어떻게든 돈을 벌자는 것이 아니겠습니까? 학업도 사업의 하나입니다. 돈과 밥줄이 떨어지지 않도록 꼭 잡게 하는 업(業)이 학업이고 사업입니다. 그러니 학업을 통해 배우는 맛보다는 잘 먹고 더 재미있는 맛을 보자는 데 관심이 많은 게 당연합니다. 인생에 관한 일반적인 견해가 이런 식인데, 누가 가르쳐서 그렇게 된 것이 아닙니다. 물욕수이지(物慾受而持), 부모와 교사와 선배와 환경이 다 그렇게 되어 있습니다. 생이지지(生而知之)로 가르치는 사람이 없습니다.

그러나 인생은 맛으로만 사는 게 아닙니다. 맛으로만 사는 것이라고 간단히 처리해서는 안 됩니다. 대부분 그렇게 생각하더라도 우리의 인생을 높여놓아야 합니다. 즉, 인생관을 위로 올려놓아야지 그러지 않으면 이 사회는 볼일 다 볼 것입니다. 최고 학부를 나온 자도 자기를 위해 일을 합니다. 장관 자리에 앉아도 대통령 자리에 앉아도 우선은 자기의 맛을 위주로 합니다. 그런 사람이 배운 것을 다하면 더러는 잘되는 수가 있습니다. 그런 사람은 정의를 압니다. 이상적 국가, 이상적 사회를 어떻게 하면 이룰 수 있는지도 압니다. 어떻게 하는 것이 백성의 행복이고 문명의 발전인지 알고는 있으나, 우선 급한 것은 자기 인생관의 실현입니다.

그 인생관이 세상의 맛을 보자는 게 문제입니다. 맛이 있는 것을 먹고, 여인네와 사랑을 잘하자는 것입니다. 이제 학업도 이루었고 돈이 나오는 밥줄도 붙들었고 권력이라는 것도 가져서 밥줄이 더 든든해졌으니, 온 세상 사람이 실직하여도 자기는 실직할 리 없다고 생각합니다. 상당한 권세와 체면을 일시에 얻지는 못하더라도 조금씩 자기 욕심을 채울 수 있고 이쯤 되면 자기는 되었다고 합니다. 이렇게 하고 자기의 목표를 향해 갑니다. 이 세상은 자기가 아니더라도 저절로 어떻게 되겠지 하고, 직책에 따른 원래의 목적에는 열성과 능률을 내지 않습니다.

저절로 되는 것이 어디 있습니까? 예수가 저절로 되었습니까? 자기의 밥줄로 아는 일에도 밤잠을 못 자고 능력을 몽땅 쏟아야 합니다. 돌아볼 것 돌아보지 않고 결과를 내놓아야만 합니다. 그래야만 이 세상에서는 찾아볼 수 없는 작품이 나왔다고 인정도 받습니다. 자기 밥줄도 그런데, 하물며 이 세상의 일에 '하면 하고, 말면 말고, 저절로 되겠지' 하는 식으로 되는 일이 어디 있습니까? 그러니 사람이 살아가는데 맛을 쫓는 인생관이 일반적이라 하더라도 인생관의 수준을 좀 높여야 합니다. 그러기 전에는 그 사회는 볼일 다 본 것입니다.

〈시편〉에 나오는 거의 실족할 뻔하고 미끄러질 뻔하였다는 관념은 이런 식의 인생관보다는 훨씬 높은 것입니다. 하느님이 마음이 청결한 자에게 선을 행한다는 원칙은 세상에서 맛에 사는 것을 경계합니다. 마침내는 하느님이 우리를 이기는 민족으로, 이길 수 있는 민족으로 이끄는 그런 말로 압니다. 모르면 몰라도 이스라엘이라는 이름이 무엇인지 그런 것을 암시해주는 것 같습니다. 이 세상에서 사람의 성품이라는 것은 다 같습니다. 이긴다는 것은 저 앞에 있지, 지금 있는 것이 아닙니다. 사람은 죄다 이성(理性)이 있지 않습니까? 이성이 짐승의 욕망과 싸움을 합니다. 이 싸움이 인생의 시작입니다. 이길 것을 목표로 이제는 이긴다고 합니다. 앞(미래)의 것을 말합니다. 이러한 길을 가는데 거의 실족할 뻔했다고 합니다.

요새 죽겠다는 사람 가운데는 별 사람이 다 많습니다. 자의로 죽을 뻔하다가 누군가를 만나 삶을 계속하는 경우가 있습니다. 공부하는 경우에도 그런 일이 있을 것입니다. 학교를 어떻게든 계속 다녔으면 하는데 그러지 못할 때 누군가 나타나서 공부할 수 있게 도와주는 경우가 있습니다. 며칠만 더 기다리면 참으로 도와줄 사람이 나타나는데, 그런 날이 오기 전에 그만 죽는다면 아주 실족한 사람이 됩니다. 죽는다는 그 순간 도와주는 사람이 나타났다면 여기 〈시편〉에 있는 말처럼 거의 죽을 뻔했다고, 거의 미끄러질 뻔했다고 할 것입니다.

그것은, 내가 거만한 자를 시샘하고, 악인들이 누리는 평안을 부러워했기 때문이다.

악인이 잘살고 오만한 것을 생각한 나머지 미끄러질 뻔했다는 것입니다. 못된 사람치고 형통하지 않은 자가 없습니다. 우리도 눈앞에서 당장 보고 있지 않습니까? 악인들은 형통합니다. 별일이 다 있겠지만 어제 슬쩍 들으니 같은 학교 출신 학생 몇 명이 대학 입학시험을 치렀는데 그중 우수한 학생은 떨어지고 실력이 부족한 학생이 붙었다고 합니다. 이런 가운데 마음으로는 별의별 꿈틀거림이 많을 것입니다. 붙은 사람은 좋고 신나는 마음의 꿈틀거림이 있었을 것입니다. 또 떨어진 사람은 무엇인지 불공평하다는 느낌을 받았을 것입니다.

악인이 형통합니다. 성질이 좋고 나쁘고를 떠나 잘하면 잘되는 것이 아니라 못된 자가 잘됩니다. 잘되는 것이 무엇인지는 모르지만, 이 세상에서 잘 먹고 잘살고 자동차나 타고 다니는 것을 잘된 것으로 본다면 못된 사람들이 그렇게 잘삽니다. 이것을 보고 거만한 자를 시샘하였다고 하였습니다. 못된 사람이 잘되면 그대로 오만을 부립니다. 교만함을 부리지 않고는 못 견딥니다. 그래서 언제나 그렇듯 질시를 받습니다. 밉게 보지 않을 수가 없습니다. 이런 것을 질시하다가 실족할 뻔하여 아찔했다는 말입니다.

공자도 호용질빈난야(好勇疾貧亂也, 《논어》 태백편)라고 하였습니다. 기운도 있고 용맹도 있는데 너무 가난하면 나라를 어지럽게 한다는 말입니다. 이 가난을 좀 참아야 합니다. 안연(顔淵)이라는 사람은 끼니를 굶으면서도 가난을 잘 참았다고 합니다. 안연이 용기가 없어서 참았는지도 모릅니다. 가난한 사람은 '부자가 많은가? 가난한 사람이 많지!' 하고 가난의 어려움을 좀 참아야 하는데, 가난을 원수로 돌리고 사회를 어지럽히면 결국 망합니다. 공자의 이 말은 인성(人性)의 본질을 알기 쉽게 말한 것입니다.

오늘날 우리 사회를 좀먹는 현상이 왕왕 일어납니다. 이는 다 자기 분수를 모르고 용기를 낸다는 것이, 맛보고 먹는 데에 용기를 내어서 그렇게 되는 줄 압니다. 우리나라는 발복질빈(發福疾貧)입니다. 가난을 싫어하고 도둑질을 합니다. 이러니 난(亂)이 될 수밖에 없습니다. '불인(不仁)'은 보통 어질지 않은 사람을 일컫는 말인데 우리말로는 못난이라고 합니다. 어진 사람을 보고는 '어진 이'라고 합니다.

공자는 늘 어질어야 하며 어짊을 좋아하고 어질지 못한 것을 미워하라(好仁惡不仁,《논어》이인편) 했습니다. 미워한다는 것은 어떤 사람이 사는 것이 싫다는 그런 것이 아닙니다. 죄를 미워하라는 말이 있듯이 사람을 미워해서는 안 됩니다. 미워하는 도가 지나치면 불인질지이심난야(不仁疾之已甚亂也)가 됩니다. 미움받는 사람은 강박감에 어쩔 수 없이 난을 일으킵니다. 우리가 당장 보는 것으로, 김창룡이 어떤 사람인지는 몰라도 불법적으로라도 쳐 없애버려야겠다. 밉고 미운데 어떻게 할 수 없으니 비합법적으로라도 처벌해야겠다고 한 것(허태영 사건)이 저렇게 되지 않았습니까? 자연히 법대로 하여서 자연 그대로 갈 만큼 가면 좋을 것을 '불인질지이심난야'하여 그렇게 불법으로 하다가 난이 났습니다.

공자가 세상을 바로 보기는 한 것입니다. 여기에 덧붙여 정말 우리가 또 하나 생각할 것은, 간디가 말한 '진리파지(眞理把持)'를 위해 싸워야 한다는 것입니다. 싸워야 한다는 말은 악을 미워해야 한다는 말입니다. 악을 미워하고 악이 없어지도록 해야 한다는 것입니다. 그러니 싸움하자는 것입니다. 그렇다고 비진리(非眞理)로 싸울 수는 없습니다. 악을 악으로 대적할 수 없습니다. 악을 대적하려면 싸움을 하여야 합니다. 그런데 악을 적대시하지 않기란 참으로 어렵습니다. 나쁜 자라면 모조리 나가서 치고 싶은 마음이 있습니다. 악을 쳐서 물리칠 책임을 지고 이 세상에 나왔으나 악을 치려면 형벌(刑罰)을 써야 합니다. 형벌은 법(法)의 끄트머리입니다. 그런데 선과 악의 대적을 법으로 처리할 수 있느냐 하면 그렇지 않습니다.

어쩌다 권력을 잡은 자가 자기는 선하고 힘이 부족한 사람은 악하다고 합니다. 그러고는 법을 거꾸로 뒤집어 행사합니다. 인류 역사가 거의 다 그렇습니다. 이긴 자는 선(善)이고 의(義)이지만, 지는 사람은 악이 됩니다. 이같이 뒤집혀 내려온 것이 역사입니다. 그러면 어떻게 그렇게 하지 못하게 할 수 있겠습니까? 간디가 말한 무상해(無傷害)가 있습니다. 악을 악으로 대적하지 말라는 것입니다. 사람을 해치는 것은 없애자 하기 쉬운데 인도의 불살생(不殺生) 사상은 그렇지 않습니다. 인도뿐만 아니라 우리나라에서도 그렇습니다. 불살생 사상은 동양인뿐만 아니라 20세기 사람이면 누구나 다 갖고 있습니다.

악(惡)은 많은 것도 큰 것도 아닙니다. 크고 많은 것은 아직은 선(善)입니다. 악이 크고 많아 보이는 것은 우리가 악을 대단히 싫어하기 때문입니다. 그렇기 때문에 많이 성가시면 극형인 사형을 쓰고, 좀 여유가 생기면 사형을 폐지하는 게 옳지 않느냐는 의견이 나옵니다. 늘 악이 이기고 선이 지는 것은 아니니까 사형까지 할 필요가 없다고 합니다. 불살생 사상이 그러한데, 이 사상을 가진 사람도 일이 자기에게 닥치면 그렇지 않습니다. 자기 집에 도둑이 들었다면 그 악한 것을 보고 그냥 금방 없애버리고 싶은 마음이 일어납니다. 정말 죽이려고 달려드는 사람도 있습니다. 강도도 아닌데 죽이려고까지 했느냐고 하면, '아니! 이런 놈을 살려 둔단 말인가?' 하는 사람이 많습니다.

악이라면 그냥 극형으로 처리하겠다는 사람은 악을 아주 없애버리려 애쓰는 사람 같습니다. 아주 선한 사람 같아 보이나 그 사람도 실상은 악에서 멀지 않은 사람입니다. 정말 사랑을 알고 선을 알고 악을 없애겠다는 사람은 남에게 상해를 입히지 않습니다. 독사나 맹수조차 죽이지 못합니다. 독사나 맹수일지라도 행여 밟아서 놀라게 할까 봐 조심을 합니다. 독사나 맹수가 있는 것을 하느님의 뜻으로 압니다. 하느님이 필요해서 둔 것으로 알고 살생을 하지 않습니다. 당장에 악을 보면 때려죽일 것 같은 사람이 가장 악을 싫어하는 사람인 듯싶지만, 실상은 경솔히 법을 범하고 도둑질도 할 사람입니다.

유명한 얘기로 프란체스코 성인이 없을 때 제자 한 사람이 홀로 수도원을 지키고 있었는데 무엇을 훔치러 온 사람이 있어서 이를 붙잡아 프란체스코 성인에게 고했더니, 성인은 오히려 그 도둑질한 사람을 불러 음식을 대접하고 보태주기까지 했다고 합니다. 이 세상 사람은 이것을 보면 양적(養賊)하는 일이라고 할 것입니다. 도둑을 맞고 도난 신고를 하지 않으면 경찰에서는 양적했다고 합니다. 인생관이 다르기 때문에 시비(是非)도 이렇게 다릅니다. 그래서 사람은 냉정하여야 합니다. 냉정하면 만사에 침착하고 무아(無我)의 경지를 볼 수 있습니다. 원칙은 불살생입니다.

자신이 오히려 괴로움을 당하더라도, 괴로움에 처한 이에게 괴로움을 더하지 않도록 자기를 없이 하는 마음은 선을 위한 것입니다. 악을 악으로 대한다면 자기도 악당이 되고 맙니다. 악이라는 존재도 우리 아버지의 뜻이 있으면 언제든지 없어질 것이고, 그렇지 않고 아직은 악이 있어야 한다면 악이 있게 될 것입니다. 하느님의 뜻만 있으면 악을 찾으려고 해도 찾아볼 수 없을 때가 올 것입니다.

이러한 생각이 구체적으로 나타난 게 간디의 정신입니다. 간디의 정신이 이렇게 나왔기 때문에 우리가 쉽게 생각합니다만, 간디 이전에는 이렇게 구체적으로 생각하기 어려웠습니다. 이 정도로 생각하면 오히려 좋은 말 같고 쉬울 것 같으나, 제일 어려운 것은 대적하지 말라는 데 있습니다. 대적하지 않는 동시에 싸움을 하지 않는 것입니다. 소극적으로 피하는 것인데, 그러면 현실과는 모순이 됩니다. 여기 뱀이나 범이 있다고 합시다. 몸을 피하면 불살생을 범하지 않고, 자기는 안전하고 그만인 것 같이 생각됩니다. 그러나 뱀이나 범을 죽이면 여러 사람을 구할 수 있지 않을까 하는 점입니다. 자기의 안전만 생각하고 말면 역시 바로 되었다고는 할 수 없습니다. 싸움이라는 의미는 그냥 생각하니까 어려운 것입니다.

간디의 '진리파지' 중 하나는 싸움입니다. 비타협(非妥協)입니다. 비타협은 적극적인 전법입니다. 이것을 안다면 아무것도 아닙니다. 진리(眞理)이고 파지(把持)이고, 그밖에는 아무것도 아닙니다. 간디주의는 상식으로 배우기는 다른 것보다 쉽습니다. 무상해와 비타협이 같은 것으로 볼 수 있는 듯하나 거기에는 상당한 거리가 있습니다. 대적하지 않습니다. 대적하는 것이 아니라 대적하지 못합니다. 대적하지 못하는 민족, 그런 민족은 본디부터 무상해의 자격을 가집니다. 비타협은 참 어려운 것입니다. 의(義)를 위해서는 능히 머뭇거리지 않고 싸움을 하여야 합니다. 의인(義人)은 배가 불러서는 안 됩니다. 의인은 의전(義戰)을 합니다. 이스라엘 백성의 무서운 점이 무엇인가 하면 믿음입니다. 그 믿음은 의를 위해서는 곧 싸움을 합니다. 의를 위해서는 종단엔 이기는 것입니다. 이스라엘 민족은 몇천 년 동안 나라를 잃은 민족으로 설움을 겪었지만 신앙으로는 전 세계를 이깁니다. 나라 없는 민족이었지만 신앙으로는 불의를 보면 싸움을 한 것입니다.

이쯤하고 〈시편〉을 읽어보면 사람과 시대가 다르지만 변함이 없는 것이 있음을 알 수 있습니다. 악인이 형통하고 오만한 것을 보고 미워하게 되면 원칙을 따지게 됩니다. 속된 사람은 자꾸 무엇을 원망합니다. 그러다가 비타협을 하라니까 도를 넘어 아첨을 하게 됩니다. 집 안에 들어온 강도에게 달라는 것을 다 주고도 목숨만 살려 달라고 아첨합니다. 비타협은 아첨을 하지 않습니다. 예수가 십자가를 지고 당한 일이 무엇이고,

우리가 그리스도를 좇아가는 것은 무엇입니까? 의전(義戰)입니다. 인류는 '의전'에 참여하는 것입니다. 히브리 민족은 몇천 년 동안 이렇게 하였습니다. 유대교나 이슬람교나 그리스도교가 완전히 일치하는 것을 갖고 나온 것은 다 의전에 참여하는 것입니다. 그리스도교의 십자군이 그러했습니다. 그러나 그 싸움이 참으로 의전이냐는 깊이 생각해보아야 할 것입니다. 이것은 최근에 이 사람이 말한 것과 같이 '한디빈탕 안퐈한디 빈탕한디'가 됩니다. 오만한 자가 밉게 보이면 여기서부터 기도가 시작됩니다.

그들은 죽을 때에도 고통이 없으며, 몸은 멀쩡하고 윤기까지 흐른다. 사람들이 흔히들 당하는 그런 고통이 그들에게는 없으며, 사람들이 으레 당하는 재앙도 그들에게는 아예 가까이 가지 않는다.

마음이 한데 있는 사람은 고난이 많은데 못된 사람들은 피둥피둥합니다. 늘 부족한 사람은 재앙도 많은데 못된 자들은 고난도 없고 재앙도 없습니다. 이것은 그대로 시인하려고 쓴 것이 아닙니다. 그렇게 본 것입니다. 요새 사람도 그렇습니다만 자기가 가난한 것만 생각하고 부잣집은 걱정이 없다고 합니다. 돈이 많으니까 걱정이 없을 거라는 생각입니다. 그러나 그런 생각은 헛된 것입니다.

옛날부터 양심이라는 것은 있어서, 아이들이 놀다가 싸웠어도 때린 아이는 다리를 구부리고 자도 맞은 아이는 다리를 펴고 잔다는 말이 있습니다. 부자 중에도 잠을 못 자는 자가 많을 것입니다. 일전에 이러한 얘기를 한 일이 있습니다. 옛날에 큰 농장을 가진 어떤 내외가 농사를 잘 지어 아주 잘살았다고 합니다. 게다가 마음씨 좋은 늙은 내외가 일을 도와주었답니다. 몇십 년을 살았지만 주인 내외는 낮에는 그렇게 좋으나 밤이면 근심 때문에 잠이 오지 않았습니다. 잠을 못 이루고 고생하다가 밤을 새우곤 했습니다. 그러나 늙은 내외는 낮에는 피곤하고 고되었지만 밤에는 잠자리에 눕기만 하면 세상 모르고 달게 잠을 잤습니다.

어느 쪽이 나은 것입니까? 좋고 나쁨이 낮과 밤 반반씩이니까 그 결과는 같습니다. 없는 사람은 밤에 편하고 있는 사람은 낮에 좋으니, 양쪽은 결과적으로 같다고 하겠습니다. 이 이야기는 어떤 책에서 본 것인데 거기에는 이러한 이야기가 많이 적혀 있었습니다. 이러나저러나 같은 것이라는 따위의 말이 있습니다. 기는 놈 위에 나는 놈이 있다든지 하는 구절을 모아놓은 책으로 기억됩니다.

오만은 그들의 목걸이요, 폭력은 그들의 나들이옷이다. 그들은 피둥피둥 살이 쪄서, 거만하게 눈을 치켜뜨고 다니며, 마음에는 헛된 상상이 가득하며, 언제나 남을 비웃으며, 악의에 찬 말을 쏘아붙이고, 거만한 모습으로 폭언하기를 즐긴다. 입으로는 하늘을 비방하고, 혀로는 땅을 휩쓸고 다닌다.

그리기도 잘 그렸습니다. 자기 시대에는 영화를 누리고 잘살게 되기를 바랍니다. 그 결과 그렇게 됩니다. 하늘 밑에 자기밖에 없다는 오만한 정신은 자기 마음대로 떠돌아다닙니다. 이것은 무의흑천동지(無義黑天凍地)와 같은 지경입니다. 방향이 없을 뿐만 아니라 거리도 없고 눈에 보이는 것도 없는 양 마구 지껄입니다. 입은 하늘에 두고 혀는 땅을 두루 다닌다는 것은 누구를 시켜먹는 것이고, 혀를 두꺼비 혓바닥 모양으로 날름거리는 형상일 것입니다. 흑천동지의 저 세상을 맛보는 것 같습니다.

하나님의 백성마저도 그들에게 홀려서, 물을 들이키듯, 그들이 하는 말을 그대로 받아들여, 덩달아 말한다. "하나님인들 어떻게 알 수 있으랴?"하고 말한다.

정말 기막히는 일입니다. 백성이 악으로 돌아온다는 것입니다. 그렇다고 백성이 죄다 돌아와서 무엇을 얻어먹는 것은 아닙니다. 그야 모르겠습니다. 모처럼 돌아온 길에 차 한잔이나 막걸리 한잔은 얻어먹을지 모르겠습니다. 이 〈시편〉에서는 막걸리를 얻어먹었다는 얘기는 아닙니다. 자주 얘기하는 것입니다만 백성이 악에 돌아와 부동(附同)하여 말하기를, "하느님이 어찌 알랴!" 합니다. 어떤 중이 대웅전 법당에서 파렴치한 짓을 하자 어떤 사람이 "이놈아, 중놈이 어떻게 그따위 짓을 할 수 있느냐?" 하니까, 중이 말하기를 "이 사람아, 부처님이 무엇이냐, 아무것도 모르는 것이 부처야, 살펴서 알면 부처라 할 수 있겠는가?" 하더랍니다. 이와 마찬가지로 악이 성하고 오만한데도 벌주지 않고 용서까지 해주는 하느님이 그것을 어찌 알겠는가, 그런 것을 살펴볼 지식이 있겠는가 하는 말입니다. 가장 점잖은 늙은이는 보고도 못 본 척하는 것이라고 합니다만, 그런 것도 이런 의식에서 나온 말인지 모르겠습니다. 혹 염려하는 분이 있을지 모르나, 하느님은 다 알고 계십니다. 장관이나 대통령은 몰라도 하느님은 알고 있으니 염려할 것 없습니다.

그런데 놀랍게도, 그들은 모두 악인인데도 신세가 언제나 편하고, 재산은 늘어만 가는구나.

악인들은 더 세력을 얻고 더 재물을 얻고 마음은 점점 더 편안하게 된다는 말입니다. 이것은 본래 그렇다는 것이 아니라 예로 든 것인데, 이것이야말로 미끄러지는 것임을 알아야 합니다. 교육을 바로 하자면 가만히 생각해볼 필요가 있습니다.

이렇다면 내가 깨끗한 마음으로 살아온 것과 내 손으로 죄를 짓지 않고 깨끗하게 살아온 것이 허사라는 말인가?

이것은 한마디로 행위방정(行爲方正), 수신제가(修身齊家)하겠다는 말입니다. 손을 씻어 자신이 무죄라고 선언하는 것은 특히 유대인의 관습입니다. 악인이 아니라는 뜻으로 손을 씻습니다. 《성경》에는 예수가 십자가에 못 박히게 되자 빌라도가 예수가 흘릴 피에 대해 책임이 없다는 뜻으로 손을 씻는 장면이 있습니다. 자신은 그 일과 무관하다는 뜻입니다. 손이 우리를 대표하는 것입니다. 손이 더럽다 하면 악인을 말하고, 손이 더럽지 않다고 하면 악인의 일에 상관하지 않았다는 것을 말합니다.

〈시편〉의 이 구절을 보면, 자기는 품행방정(品行方正)하고 수신제가했는데 그 결과가 헛되지 않습니까? 고생만 하고 얻은 것은 없다는 말입니다. 요새 너무 정직하면 남처럼 살지 못한다는 말이 있습니다. 맘을 청정히 하고 손발을 자주 씻으면, 있는 복을 톡톡 턴다고 합니다. 이것은 아까도 말했지만 세상을 좀 맛을 보고 살자, 밤낮 먹고 지내는 게 인생인데 마음은 깨끗하게 해서 무엇하며 손을 깨끗하게 하면 무엇하나, 다 쓸데없다고 하는 생각에서 나온 것입니다.

그러나 다 하느님의 뜻이 있다는 것을 반드시 생각해야 합니다. 이 역사에는 인생은 결코 악인이 승리한 일이 없을 뿐더러, 그러한 악인들은 사는 것이 아닙니다. 사람은 욕심만 있다고 하여 사는 것이 아닙니다. 예수는 농사꾼이 추수한 것을 모아놓고 혼자 먹겠다고 해서는 안 된다고 했습니다. 심는 사람과 거두는 사람이 함께 참여해야 한다는 것입니다. 내가 심었다고 내 것이라고 할 수 없고, 내가 거두었다고 내 것이라고 할 수 없다는 말입니다. 다른 사람이 심고 거두었다고 해서, 내가 함께 하지 않았다고 해서 먹지도 않겠다는 사람은 없을 것입니다. 그래서 서로 참여하기 마련입니다. 예수는 이것을 분명히 말했습니다.

거저먹고 지내겠다는 것은 인생을 크게 오해한 것입니다. 편안히 먹겠다는 것도 더없는 죄악으로 안 될 말입니다. 이런 사람들은 꼭 소용이 있어야만 일을 하고 자기 하나 먹고살기 위해 일을 합니다. 먹지 못하게 하면 안 합니다. 이것은 아주 틀린 소견입니다. 가만히 생각하여보십시오. 자기가 직접 만들어 먹고 입는 것이 어디 있습니까? 무한한 시간과 무한한 공간에서 조상의 은공을 입고, 인류는 물론이고 동식물도 죄다 함께 공급하여 주는 것을 받아서 먹고 입고 삽니다. 그리고 '지금 여기'에 참여하여 자기가 조금 하는 것이 있습니다. 계속하여 미래를 위해 하는 것입니다. 오늘 떡을 하더라도 한 조각도 못 먹을지 모릅니다. 밥도 못 먹는 수가 있습니다. 자기만 먹으려는 게 아닙니다. 자기만을 위한 게 아니라는 생각을 하면 좀처럼 미끄러지는 일이 없습니다.

예수가 비유를 들어 말한 게 있습니다. 부모를 모시고 건실하게 일을 하며 살아가는 형과 객지로 떠돌아 소식조차 모르는 동생이 있었습니다. 하루는 형이 집으로 돌아오는 길에 평소에 듣지 못한 음악 소리가 들렸습니다. 웬일인가 알아보니, 난봉꾼 동생이 몇 해 만에 돌아와 아버지가 환영하느라 야단이었습니다. 형은 이상하게 여기면서도 며칠을 그냥 지냈습니다. 아버지는 죽은 줄 알았던 아들이 살아 돌아왔다고 양을 잡아 동네 잔치를 벌였습니다. 형은 오랫동안 혼자 부모를 모시느라 고생했어도 한 번도 양을 잡아준 일이 없었는데 말입니다. "아버지, 왜 이러십니까?" 따졌습니다. 자기 것을 다 팔아먹고 떠돌다가 돌아온 동생을 저렇듯 따뜻하게 대해주니, 공연히 고생만 하고 마음을 깨끗이 하느라 나만 청춘을 헛되게 보냈다는 생각마저 들었습니다(〈누가복음〉 15장).

우리가 여기서 하나 알아야 할 것은 '빈탕 한데'입니다. 백 칸 자리 집이라도 고루고루 쓸 줄 알아야 합니다. 우주 혹은 우주 이상의 것을 다 내 것으로 하여야 하며, 우리 아버지의 품에서 살아야 합니다. 마음이

슬플 때와 괴로운 때가 많으나 늘 자신의 모자람을 느끼고 좋은 일에 정력(精力)을 다하며 아침마다 자기 반성을 해 나가면 악해질 리 없습니다. 악한 것이 길지 못하다는 것을 느낄 수 있습니다.

하나님, 주님께서는 온종일 나를 괴롭히셨으며, 아침마다 나를 벌하셨습니다.

아침에 자신을 징책(懲責)할 때마다 자기의 부족함만 느꼈을 뿐입니다.

"나도 그들처럼 살아야지." 하고 말했다면, 나는 주님의 자녀들을 배신하는 일을 하였을 것입니다.

악에 대해서 그 장단에 맞추어서 자기 스스로 불평하고 비판을 하는 경우를 말합니다. 오늘날 입 달린 사람 대부분이 그렇게 하고 있지 않습니까? '사람이 너무 얌전해도 못쓴다', '정직한 사람은 못 사는 세상이다' 하고 지내지 않습니까? 그렇게 말하는 것은 주님의 자녀들을 배신하는 것이라 하였습니다. 거의 말세적인 세상이지만 그 가운데 주님의 자녀들이 삽니다. 겉으로 보이지는 않지만 바알(Baal) 신 앞에 무릎을 꿇지 않은 주님의 자녀들이 나타납니다. 이들이 없다면 이 세상은 얼마 가지를 못합니다. 건강을 회복하려면 때가 있습니다. 겉으로 드러나지 않습니다. 주님의 자녀들 시대라는 것은 참 좋은 말입니다. 이 시대가 그대로 주님의 시대라고 합니다. 악의 세상인 이 시대에 무슨 주님의 자녀들이 있겠는가 하겠지만, 그것은 잘못된 생각입니다. 무엇을 감추려는 궤변입니다. 미끄러질 가망이 큽니다.

내가 이 얽힌 문제를 풀어보려고 깊이 생각해보았으나, 그것은 풀기에는 너무나 어려운 문제였습니다.

　어쩌면 좋을까 답답하게 생각할 때, 어떻게 하면 이를 알 수 있을까 고민을 합니다. 특히 인생 문제에 회의가 들 때는 밤낮으로 생각해보아도 마음이 환히 밝아지지 않습니다. 아주 괴롭고 어렵습니다. 오늘 우리 시대에는 여러모로 고민하느라 잠을 못 이루는 젊은이가 많습니다. 어떻게 하면 내가 좀 훌륭하게 될 수 있을까 고민하다가 참지 못해 죽는 사람도 있지 않습니까? 아주 죽겠다고 합니다.

　그러나 마침내 하나님의 성소에 들어가서야, 악한 자들의 종말이 어떻게 되리라는 것을 깨닫게 되었습니다.

　하느님의 성소에 들어가서야 못된 자들의 종말을 깨닫게 되었다는 것입니다. 전에는 그들을 볼 때 배가 아팠는데 지금은 배를 앓을 필요가 없게 된 것을 깨달았다는 말입니다. 하느님의 성소에 들어갔다는 것은 보통 예루살렘 사람들이 성전에서 예배를 본다는 뜻이지만, 몸뚱이가 한 번 성소에 들어갔다고 해서 깨닫는 것은 아닙니다. 이것은 자기 마음속에 갖추어진 성소에 전부터 늘 들어가 있었는데, 바로 그날에야 원칙에 들어간 것을 말합니다. 원칙의 주인인 하느님 앞에 갔다는 말입니다. 예수가 산상(山上) 기도를 올릴 때 환히 내다보았다는 것과 같이, 그동안 자기가 마귀에 사로잡혔다가 원칙으로 돌아섬으로써 악인들의 종말을 환히 깨달았다는 뜻이 됩니다. 종단은 우리가 위(하느님)로 가는데 그것을 여기서 깨달았다는 것입니다. 땅에는 아무것도 남길 것이 없습니다. 잘살았다, 잘 먹었다, 가는 곳마다 인사 잘 받았다, 기술이 뛰어나다고 칭찬을 받았다 등은 영원히 사는 영역에 들지 못합니다. 그런 것을 다 벗어버리고 떠나가는 것이 아니겠습니까? 원칙으로밖에 다른 곳은 갈 곳이 없습니다.

주님께서 그들을 미끄러운 곳에 세우시며, 거기에서 넘어져서 멸망에 이르게 하십니다.

이런 말을 조금 전까지 몰랐던 사람은 미끄러질 뻔하지 않겠습니까? 이렇게 생각을 다른 데, 즉 먹을 것과 입을 것에 쓰다가 설령 그것이 생겼다 해도 만족할 수 있는 것은 아닙니다. 맛에 사는 것은 영원히 그 정신을 보장해주지 않습니다. 안심시키는 것도 아닙니다. 다 미끄러져 가는 것입니다. 번연히 재물에 마음을 쓰면 망하는 줄 알면서도 거기서 마음이 떠나지 않습니다. 여러 차례 미끄러질 뻔합니다. 자칫하면 아주 미끄러지고 맙니다.

그들이 갑자기 놀라운 일을 당하고, 공포에 떨면서 자취를 감추며, 마침내 끝장을 맞이합니다.

이것은 죄 많은 인간들의 끄트머리를 보았다는 얘기입니다. 높은 데서 본 악의 끄트머리란 다 이렇습니다. 그렇게 행패를 부리던 일본군을 보십시오. 그 끝이 또한 졸지에 황폐하게 되지 않았습니까? 그들이 놀라며 패배하지 않았습니까!

아침이 되어서 일어나면 악몽이 다 사라져 없어지듯이, 주님, 주님께서 깨어나실 때에, 그들은 한낱 꿈처럼, 자취도 없이 사라집니다.

꿈에서 깨어난 시인이 이렇게 말합니다. 하느님은 말씀하시는 일이 없습니다. 말씀을 들을 사람도 없습니다. 그러나 만물이 하느님으로부터 생기고 그대로 없어지니, 이것도 하느님과 교통하는 것이 아니겠습니까? 주님의 사람이 잠에서 깨어난 후 꿈을 무시하는 것처럼, 주님도 악인들의 형상을 무시하지 않겠는가 합니다. 언제 하느님이 무시합니까? 언제 하느님이 깨우쳐주셨습니까? 자신이 깨닫고 자신이 구원에 눈뜨는 것입니다.

　나의 가슴이 쓰리고 심장이 찔린 듯이 아파도, 나는 우둔하여 아무
것도 몰랐습니다.
　이것은 다시 한 번 자기를 돌이켜 보는 것입니다. 까딱 잘못하다가는
미혹에 빠질 뻔한 자기입니다.

　나는 다만, 주인 앞에 있는 한 마리 짐승이었습니다.
　자기가 우매(愚昧)하고 무지(無知)하였다는 것을 다시 뉘우쳐봅니다.
확실히 고백하는 것입니다. 참으로 악한 자를 보고 배 아파한 것은 우매
하고 무지한 탓입니다. 그러니 주님 앞에서는 짐승입니다.

　그러나 나는 늘 주님과 함께 있으므로, 주님께서 내 오른손을 붙잡
아주십니다.
　자신이 새삼 따져보아도 짐승에 지나지 않건만, 주님이 오른손을 붙
잡아주니 그만큼 높은 경지에 있게 되었음을 말하는 것입니다. 우리 마
음 하나가 짐승보다 못하게 내려갈 수 있습니다. 마음은 참 이상한 것입
니다. 그러니 인생을 바로 보아야 합니다. 짐승으로, 짐승이 들어갈 곳으
로 들어가는 사람도 있을지 모르겠습니다. 내가 항상 주님과 함께 하니
주님이 내 오른손을 붙잡습니다.

　주님의 교훈으로 나를 인도해주시고, 마침내 나를 주님의 영광에
참여시켜주실 줄 믿습니다.
　이런 생각을 하고 말하게 되는 것은 주님이 교훈을 하시기 때문이고
후에 나를 다시 영광으로 영접하기 위해서라는 말인데, 짐승된 것을 전

부 벗어버리지 않으면 그때가 없습니다. 뜻이 큰 것입니다. 맛만 쫓아가서는 영광의 영험을 받지 못합니다. 짐승처럼 사는 것에 맛을 들인 사람은 악인의 영화가 부럽고 배가 아프지만, 이것을 다 벗어버린 사람은 하늘의 영광에 참여하는 영접을 받을 수 있으며 하느님이 함께 하게 됩니다. 이 사람이 누차 말한 바 있는 '빈탕 한데 맞춰 놀이'를 하고 어리광을 부려야 그곳에 갈 수 있습니다.

내가 주님과 함께 하니, 하늘로 가더라도 내게 주님밖에 누가 더 있겠습니까? 땅에서라도, 내가 무엇을 더 바라겠습니까?
분명히 하늘에는 주님밖에 없고, 땅 위에는 주님을 발견하고 존경할 이가 나밖에 없을 것입니다.

내 몸과 마음이 다 시들어 가도, 하느님은 언제나 내 마음에 든든한 반석이시오, 내가 받을 몫의 전부이십니다.
나의 육체는 쇠잔하나 깨달은 나의 마음은 쇠잔하지 않습니다. 하느님은 마음이 든든하기로 반석 같고 영원히 깨지지 않을 분깃 같습니다. 옛적부터 반석은 가장 튼튼한 것이라고 여겼습니다. 다시 말하면 허공을 정말 가진 사람에게는 하느님이 마음의 허공으로 있습니다. 허공이 단단한 것임을 모르니까, 단단하다면 기껏해야 반석을 떠올리는 것입니다.

주님을 멀리하는 사람은 망할 것입니다. 주님 앞에서 정절을 버리는 사람은, 주님께서 멸하실 것입니다.
주님을 떠나 헤매는 자는 종단에는 망합니다. 주님을 떠난 자라 함은 자기 남편을 떠나 다른 남자에게 가는 음녀(淫女)처럼, 하느님을 떠나 우상(偶像)에게 가는 자를 말합니다. 깨치지 못하고 악의 영화를 쫓아가지 못해 안달하면서 실패했다고 말하는 이는 맛만 쫓아가는 것이요, 곧 우상을 쫓아가는 것입니다. 마침내는 뜻을 발견해야 합니다. 그 뜻을 우리가 구현합니다. 왜 머리를 위로 두고 다니는지 알아야 합니다. 하느님에게 '나'라는 존재를 더 가까이 보이기 위해서입니다. 맛을 쫓아가다가는 종단에는 망합니다. 뜻을 찾아가야 합니다. 하느님에게 가까이 가려고 노력하면 그만큼 뜻이 가까워집니다.

하나님께 가까이 있는 것이 나에게 복이니, 내가 주 하나님을 나의 피난처로 삼고, 주님께서 이루신 모든 일들을 전파하렵니다.

주 하느님을 피난처로 삼으면 그같이 큰 반석은 없습니다. 여기서 전파하겠다는 것은, 인생의 원칙이 이렇다고 분명히 깨달은 것을 그대로 증거하겠다는 것입니다. 이 사람이 늘 하는 말이지만, 신약시대나 구약시대가 따로 있는 게 아닙니다. 동양과 서양이 달리 있는 것도 아닙니다. 인생에서 찾고 찾는 뜻을 집어넣은 것뿐입니다. 힌두교, 유대교, 이슬람교, 그리스 사상 또는 별의별 인생 철학의 골자도 이것입니다.

〈욥기〉 한 편을 줄여 말한다면 〈시편〉 73장이나 37장이 될 것입니다. 인생에서 이것 이상을 깨달아야 할 게 없습니다. 이 한 편에 대해 이렇고 저렇고 소리가 많습니다. 다른 것들을 보지 말라는 말은 아닙니다. 너무나 속성(速成)으로 하는 것은 안 됩니다. 다른 것들도 많이 참고해야 합니다. 그러나 〈시편〉 73장에서 벗어나는 게 있는지 살펴보십시오. 하나도 없을 겁니다.

그런데 깨달았다고 하면 이 땅에서 뭔가 되는 것인 양 생각하기 쉬우나 그렇지 않습니다. 무엇이 되는 것으로 알아서는 맛을 쫓아다니는 사람이 됩니다. 이 땅에 뜻이 실현되는 것이 아닙니다. 그렇게 생긴 것은 뜻이 아닙니다. 짐승같이 뒤집어쓴 것은 뜻이 아닙니다. 뜻을 알려면 맛을 떠나야 합니다. 맛난 것만 생각하는 것은, 입 하나를 위해 두꺼비 혓바닥이 있는 대로 집어먹고 주는 대로 넙죽넙죽 받아먹는 것과 비슷합니다. 그 때문에 다른 것은 죄다 이루어지지 않습니다.

맛만 쫓는 자는 뇌를 쓰지 않습니다. 하늘을 찾으라는 뇌인데 남을 없애버리는 데 더 머리를 씁니다. 그럴 때만 머리를 번쩍 들고 그밖에는 머리를 땅에 틀어박고 자꾸 파고 들어가는 시늉을 합니다. 세상의 맛을 찾으려고 그렇게 하는 것인데, 죄다 덥석 집어먹어도 만족할 줄 모릅니다. 뱀이나 돼지같이 되고 맙니다. 이렇게 되면 영원히 짐승이 됩니다. 짐승 그대로 있을 수밖에 없습니다. 짐승만도 못하게 될지도 모릅니다. 인도에서는 축생(畜生), 아귀(餓鬼), 지옥(地獄)의 세 층이 있다고 생각합니다. 맨 밑층을 지옥, 그 위층을 아귀, 맨 위층을 축생으로 보았습니다. 깨치지 못하고 맛을 쫓고 살면 축생에 속하게 됩니다. 아버지의 오른손을 붙잡고 깨쳐야 합니다. 그 손을 놓치면 축생이나 아귀가 됩니다. 아귀는 죄다 해먹겠다는 악귀(惡鬼)입니다.

요즘 보면 모두 대학교에 가겠다고 야단인데, 이는 아귀가 되겠다는 것밖에 아무것도 아닙니다. 아귀를 기르는 세상입니다. 아귀 하나 더 나오게 하면 어떡합니까? 잡아먹으면 누구를 잡아먹겠습니까! 저희끼리 잡아먹히는 꼴이 됩니다. 너무나 난장판입니다. 아귀가 되지 못해 죽겠다는 것입니다. 자꾸 먹고 더 먹겠다는 아귀가 되려고 학교를 가니, 백성을 잡아먹는 것은 고사하고 제 자식을 제가 잡아먹는 지경이 되고 있습니다.

이제 〈몽필각(夢必覺)〉을 풀이해보겠습니다.

'몽필각'은 꿈에서 반드시 깨어야 한다는 말입니다. 후에 꿈을 깨칠 때가 옵니다. 깨어보면 지금 이 세상은 잊게 됩니다. 아귀의 세상에서 아귀 노릇을 하지 않고 가게 됩니다. 지금은 꿈입니다. 헝가리 반공운동에 대한 서양의 신문기사를 보고, 반드시 꿈을 깨야겠다는 생각을 이렇게 적었습니다.

일면빈축미치갈(一面顰蹙未治蝎)

한편으로 빈대가 근질거려 견딜 수 없어서 상을 찡그린다는 것으로, 공산당을 죄다 다스려 없애야겠다고 한 것을 말합니다.

타방경계부당호(他方警戒復當虎)

다른 한편으로 다시 호랑이를 만날까 경계했다는 것으로, 자본주의를 두고 말한 것입니다.

사정이 이러하니 걱정입니다. 이런 의미에서 보면 인류의 역사는 밤낮 서로 싸움질하고 내려온 것에 지나지 않습니다. 이놈을 물리치면 저놈이 들어옵니다. 소론(少論)이 승하면 노론(老論)은 기회만 보는 형국입니다. 악(惡)의 본(本)으로 서로 다투니 그 중간에서 백성만 부대끼고 못살게 됩니다. 소위 혁명이 일어나면 좋은 세상이 온다고 떠들어댑니다만, 혁명이 오면 무엇합니까?

희생자는 오쟁이가 되고 맙니다. 그중에는 개죽음을 당하는 수도 있습니다. 거짓된 지도자 밑에서 희생하는 것은 개죽음입니다. 앞문의 호랑이를 쫓으니 뒷문에서 이리가 들어온다는 말이 있습니다. 우리가 당장 보는 현실입니다. 봉건제도가 없어지고 민주주의가 되면 잘살게 될 것이라고 하였습니다. 지금 잘살고 있습니까? 품앗이입니다. '그놈이 그놈'이라는 말이 있습니다. 세상의 흘러가는 그 짓이 전부 서로 하는 품앗이입니다. 누가 하느님을 보았고 누가 마귀를 보았습니까? 오늘 이 시편을 보고 깨달으면 그대로 하면 됩니다.

공평자유하처재(公平自由何處在)

우리의 근본이 공평하고 자유로운데 공평자유(公平自由)가 어디 있습니까? 공평과 자유의 근본 원칙은 우리들 자신에게 있는데, 그것이 어디 보이냐는 말입니다.

합종연횡영구호(合從連衡佞口號)

합종(合從)은 지금의 공수동맹(攻守同盟)을 말합니다. 워낙 나라가 작고 힘이 약하니까 약소국들이 동맹을 맺어 소련을 막아보려는 것을 뜻합니다. 종(從)으로 일어서겠다는 것입니다. 중국의 춘추전국시대(春秋戰國時代)에 진(秦) · 위(魏) · 초(楚) · 한(韓) · 조(趙) · 연(燕) · 제(薺)의 일곱 나라가 있었는데 그중 진(秦)이 가장 강했습니다. 다른 나라들이 동맹을 맺어 진을 막기로 하였다는 것이 합종의 시원이라고 합니다. 이같이 서로 동맹을 맺으면 죄다 산다는 것입니다. 지금의 현상과도 같습니다. 아무리 적어도 독립국가로 제각기 서고 있습니다. 독립된 자주국가로서 블록(block)을 형성해 대항하면 어려운 일이 없습니다. 유엔(UN) 같은 것은 합종입니다.

이 합종은 소진(蘇秦)이라는 사람이 주장한 것입니다. 그런데 장의(張儀)라는 사람은 진(秦) 같은 큰 나라를 작은 나라들이 어떻게 당할 수 있겠느냐며 순종하는 것이 좋다고 하였습니다. 그러면 다들 괴롭힘도 당하지 않고 멸망하지도 않을 것이라고 하였습니다. 즉, 가로로 서서 쫓을 대로 쫓아가면 좋지 않겠느냐는 말입니다. 이것을 연횡(連衡)이라고 합니다. 장의는 이처럼 진에 충성을 다한 사람입니다. 소진장의(蘇秦張儀)라는 말이 여기서 나왔는데, 잠깐 재주를 부리는 사람들을 일컫게 되었습니다. 맛에 붙어 사는 사람들 중 얕은 수작을 잘 부리는 사람을 '소진 장의'라고 하는 것입니다.

합종연횡(合從連衡)은 영구호(佞口號), 말하자면 속이는 구호에 지나지 않는다는 말입니다. 전국시대(戰國時代) 때에 '합종연횡'을 했으면 잘살 았어야 할 텐데, 위·초·한·조·연·제는 왜 망했습니까? 그 후 진까지 망하고, 한(漢) 나라 고조(高祖)가 통일을 하여 몇 대를 지냈습니다. 그때 뿐만 아니라 모든 역사가 다 이런 식으로 진행되었습니다. 지금 이 세상 도 마찬가지입니다. 앞으로 올 세상은 모르겠습니다만, 이상적인 것이 좋다면 왜 히브리의 역사는 그렇게 되지 못했습니까?

이 세상은 밤낮 맛으로만 살려고 하지, 참되게 살려고 하지 않습니 다. 그런데 우리의 근본인 마음속에서는 공평과 자유를 좋다고 합니다. 이것이 어디 있는가 하면 뜻에 있습니다. 그러나 맛에만 정신이 가서 공 평·자유의 뜻에는 도통 관심이 없습니다. 그저 소진장의 노릇을 하려고 만 합니다.

이 사람은 이런 데 흥미가 없어서 거기에 대한 대답도 하지 않았습니 다만 잔재주를 부리면 오래가지 못합니다. 잠깐이다 싶고 작은 일 같으 나, 전체로 보면 사소하게 보이지 않습니다. 불행한 일의 하나입니다. 이 런 것도 재주 없는 사람은 하지 못합니다. 그래서 요새는 학생들도 소진 장의 같은 재주를 무슨 기술이나 되는 양 배우겠다고 야단입니다. 그러 나 《성경》에서 보듯이 재주가 우리 인간을 구원하지는 않습니다.

인간인교국제상(人間隣交國際相)

세상을 잘 보면 이 지구가 우리 인류를 얼마 동안 더 실어줄지 모르겠 습니다. 인류 자체가 분열한다면 얼마 가지 못할 것입니다. 무한이라고 하면 무한일 것이고 유한이라고 하면 얼마 안 갈 것입니다. 그동안에 꿈을 꾸는 것입니다. 인간(人間)이라는 글자는 사람과 사람 사이를 가리킵니다. 이 사람이 보기에는 나라와 나라 사이에도 사람같이 인교(隣交)하여야 합니다. 서로가 배를 앓고 치기(稚氣)를 부릴 필요가 없습니다. 국제(國際)의 제(際)는 사이를 말합니다. 요새는 '국제'라는 이름의 식당도 있고 그런 말이 하도 많긴 하지만, 어쨌든 국제는 '인교'하여야 합니다.

고왕금래세대오(古往今來世代懊)

옛날이나 지금이나 모든 세대가 오뇌(懊惱)에 차 있습니다. 즉, 여차하면 배가 아프고 해를 입히거나 받고, 밤낮 그 노릇을 하느라 정작 공평과 자유는 찾아볼 수 없게 되었습니다. 사람과 사람 사이처럼 공평·자유가 나라 사이에도 있어야 하는데, 어디나 소진장의(蘇秦張儀)가 잠깐 지나갑니다. 그런 뒤에도 또 그 턱이라 번거롭고 시끄럽기는 고금이 같다는 말입니다.

운동경기라는 것도 그렇습니다. 마라톤에서 세계 제일이다, 탁구 경기가 어떠했다 하는 따위의 말들을 하는데, 세계 제일이면 어떻다는 말입니까? 운동경기를 그렇게 해야 이 세상의 체육은 향상될지 모르나 전쟁은 줄곧 이어졌습니다. 전쟁 자체는 옛날과 마찬가지입니다. 밤낮 그 짓, 그 타령입니다. 무슨 강조주간, 교통주간, 청소주간이 있지만 습관이 되도록 하면 몰라도 끽해야 한 달, 일 주일로 무슨 효과가 있을지 모르겠습니다.

맛에 정성을 바치다가 조금 속임수를 부리는 것입니다. 일등을 하면 무엇하고 우승을 하면 무엇합니까? 다 잠깐 속이는 것입니다. 지금 대학에 가는 사람들은 못된 짓을 하려고 들어가는 몹쓸 사람들입니다. 시골에서 부모가 대학교를 가라고 권해도, '무슨 말씀이세요? 형편이 이런데 어떻게 땅을 팔고 대학에 갈 수 있습니까?' 말할 수 있어야 합니다. 땅을 파고 농사지으며 부모를 모시고 살면 그만이라고 생각하는 사람이야말로 나라의 주인될 자격이 있습니다. 지금 대학에 들어간 사람들은 볼일 다 본 사람들입니다.

요새 전체적으로 돈이 없긴 하지만, 돈이 있는 사람은 주체를 못할 정도로 많이 가지고 있다고 합니다. 이것이 정말 돈이라면 그렇게 할 수 없습니다. 돈이라는 것은 권력가나 정상배(政商輩)들만 배경이 좋아 버는 것이 아닙니다. 요새는 그렇지 않은 사람도 큰 돈을 벌 수 있습니다. 그러나 이전에는 어림없는 사람들이 큰 돈을 만진다는 일은 있을 수 없었습니다. 그 많은 대학이 정말 대학이라면 이렇게 죄다 들어가서 공부하고 나올 수가 없습니다. 대학이 소소학(小小學)도 되지 못하니, 도장만 찍고 돈만 내면 졸업장을 받을 수 있는 것입니다. 대용품 시대니까 '대학(代學)'이라고 함이 마땅합니다.

중원삼독사이악(中原三毒四夷惡)

중원(中原)은 중국 땅같이 생각되나 여기서는 가운데 복판을 말합니다. 가운데 복판에 삼독(三毒)이 있습니다. 노여움, 탐냄, 어리석음, 이렇게 세 가지입니다. '제가 내게 어쩔 텐가?' 말하는 경우가 있습니다. 일개 말단 직원이 책임자인 자신에게 감히 어떻게 맞서겠는가 하는 오만함에서 '해볼 테면 해보라지' 합니다. 이것은 안하무인(眼下無人)을 말합니다. '내가'라고 말할 때는 책임질 '내가'여야 합니다. 언제든지 자신이 어떤지를 물어야 합니다. 다들 그렇더라도 난 아니다, 온 세상이 하느님을 배반하여도 나는 배반하지 않겠다는 마음을 지녀야 합니다. 이렇게 옳은 생각들은 옳은 대로 자기 마음에 있어야 합니다.

죄다 예수를 버리더라도 베드로는 예수를 떠나지 않겠다고 다짐하였습니다. 그 베드로도 예수를 세 번이나 모른다고 부인했습니다. 새벽에

닭이 '꼬끼오' 울 때, 베드로는 닭 울음소리와 함께 깨달은 것이 있었습니다. 예수가 '나는'이라고 할 때의 '나'는 로고스의 '나'입니다. '나'는 어쨌든 제정신을 차립니다. '내가 누구인데' 하는 오만한 '나'는 큰 독(毒)입니다. 이러한 독의 '나'는 벗어버려야 합니다. 조그만 일에도 노여워서 '네가 감히 나한테' 하고 소리칩니다. 이것은 독입니다.

역시 음란한 소견을 갖는 것도 독입니다. 얌전하고 착실한 사람도 독인 치정(癡情)이 동해서 장가가고 시집가고 싶어 합니다. 원래 치정이 무엇인지 모르는 어리석은 '쑥(숙맥)'이 나옵니다. '진생(瞋生)'이라고 할까, 이 진(瞋)이 없었으면 내가 이 세상에 나오지 않았을 것입니다. 우리 아버지의 정자와 어머니의 난자가 무슨 인격을 가진 것은 아닙니다. 역시 서로 활동하고 경쟁을 하여 '나'라는 존재가 나온 까닭에, '진'이 동해서 나온 나도 '진'입니다. 그래서 '진'이 내 마음에도 생길 수밖에 없습니다. 그렇게 시작도 경쟁이니, 일생 동안 여간해서는 이 '진'이 떠날 리 없습니다. 그러니 예수나 간디를 잡아먹어야지 안 잡아먹을 수 있겠습니까?

우리의 유전인자 속에 벌써 죄악이라는 것이 있습니다. 그렇게 자라는 가운데 여러 함정이 있습니다. 시험을 거쳐 자라게 됩니다. 탐욕(貪慾)이 있어서 병원 신세를 많이 지면서 자랍니다. 탐욕도 몸뚱이 이상으로 크게 자랍니다. 대(代)를 이어야 한다고 다시 그 짓을 또 합니다. 대가 끊어지면 큰일 난다고 하나 하느님의 뜻이 거기에 있는지 모르겠습니다.

어쨌든 따져보면 '나'라는 것은 탐욕이 복판에 있게 마련입니다. 적어도 '나'라는 것은 아버지의 '치(痴)'입니다. 《성경》을 보면 원죄가 있다고 하나, 이 사람은 삼독을 벗어버려야 한다고 주장하고 싶습니다. 이 삼독보다 더 구체적인 원죄가 어디 있습니까? 그런 의미에서의 원죄는 인정합니다.

사이악(四夷惡)이란 내 변두리가 악이라는 말입니다. 사람으로 말하면 사지(四肢)입니다. 삼독을 받아 가지고 나온 인간의 사지는 악한 짓만 하려고 합니다. 그래서 아무리 애써도 이 세상은 밤낮 이 모양인가 봅니다. 사람이 욕구하는 공평·자유를 언제 만나본단 말입니까? 마음으로는 공평·자유를 찾는데, 삼독에 물든 중원부터 변두리까지 죄다 악을 행하려고 합니다. 악을 보면 끔찍한데도 자꾸 악이 세상에 나오는 것은 우리 속에 삼독이 있기 때문입니다. 그러니 자꾸 맛난 것만 찾고 싶습니다.

마음의 공평과 자유는 평안을 구합니다. 아힘사(無傷害)를 구하고 도둑질과 음란한 짓을 하지 않으려 애를 씁니다. 그러면 제법 온전하게 영광스럽게 지내는 것 같습니다. 그러나 실상은 어쨌든 맛을 보겠다는 삼독의 꿈틀거림이 아주 없다고 볼 수 없습니다. 맛을 쫓지 않고 삼독을 깨쳐 가면서 작년보다 올해, 올해보다는 내년 하며 해마다 좋은 것만 따져 나간다 해도 공평과 자유는 구하지 못합니다. 그러한 것이 없습니다. 이렇게 되면 이 사람의 인생관이 허무주의(虛無主義)가 되는지 모르겠습니다만, '빈탕 한데 맞춰 놀이'뿐입니다. 그런데 이 세상 여기에 맛을 붙여보자는 것은 꿈입니다. 헛된 것입니다. 그 중간에서 왔다갔다하는 짓거리를 하지 말아야 하는데 그것이 쉽지가 않습니다.

상원무변불일오(上元無邊不一吾)

하느님과 '나'는 어떤 관계가 있습니다. 영원(永遠)과 나도 관계가 있습니다. 그래서 상원(上元)입니다. '상원'하면 변두리가 없습니다. 이 사람이 말하는 것은 가장자리 없는 빈탕(허공)입니다. 빈탕을 말하는 이 사람도 빈탕 한데, 상원무변(上元無邊)을 10년 전, 20년 전부터 한결같이 하였어야 하는데 그렇게 하지 못했습니다. 그랬더라면 좀 더 뜻 있는 사람은 알아들었을 것입니다. 상원무변, 하느님은 우리에게 이 문제를 주었습니다. 다른 것은 가르칠 게 없습니다. 어떻게 하면 하늘에 들어가나 이것밖에는 없습니다.

그 아래가 없고 그 이상이 없습니다. '하나 없는(不一)' 것을 보는 것이 아니라 '하나' 아닌 것이 없다는 것(無不一)을 보아야 합니다. 그대로 '하나'입니다. 하늘과 나는 그냥 하나입니다. 지난 시대에도 하나였고 오는 시대에도 하나입니다. 아무리 적어도 하나, 커도 하나입니다. 있어도 하나 없어도 하나입니다. 이것이 정말 더없는 '나'입니다. 대적할 것 없는 '나'입니다. 배타적이 아닌 '나'입니다. '나'를 보는 것은 이렇게 본다는 것을 말하고 싶습니다. '상원무변불일오', 그대로 한정 없는 '하나', 죄다 '하나'가 아닙니까? '하나' 아닌 것이 없습니다. 좀 어려워질지 모르나 불일지지(不一至知), '하나' 아니면 지지(至知)는 없습니다.

세상 사람이 '하나'를 모르니까, 빈탕 한데의 '하나'를 모르니까 나(我)를 내세웁니다. '내가 제일이다. 내가 하나다' 하며 노여움만 가집니다. 마른 콩을 먹고 죽은 소와 같이 탐욕만 내는 아귀 같은 나입니다. 온 세상을 잡아먹습니다. 그래도 배부르다고 결코 말하지 않습니다. 죄다 잡아먹고 그만두는 일이 없습니다. 이것을 통일이라고 허울 좋게 말합니다. 아버지가 준 것도 주체 못 하는데 통일을, 그것도 인간의 손으로 통일하면 바로 될 줄 압니까? 있는 욕심껏 자기 하나에다 자꾸 집어넣습니다. 맡은 것도 부족하다고 하여 더 많이 달라고 합니다. 배가 부르면 어떻게 될지 모르고 그 짓을 합니다.

그러나 허공(虛空)만은 온 우주를 삼켜도 아직 남아 있고 다른 것을 덜 받아도 만족을 느낍니다. 통일의 노력도 하지 않습니다. 허공은 통일하지 않더라도 족합니다. 만물이 자유자재(自由自在)입니다. 만물이 자유자재이니 무불일지지이며, 무불일(無不一)의 주인은 하느님뿐입니다. 암만 생각해도 허공은 하느님과 비슷한 것 같습니다. 하느님의 아들이 무불일지지하면 하늘 아닌 우주를 죄다 잡아먹지 않아도 얼마든지 족합니다. 알기 쉽게 말하면 이 세상 사람들은 '내 것'이라는 것을 만들려고 하지만, 족한 '나'는 그럴 일이 없습니다.

만인(萬人)은 만인의 것입니다. 천하(天下)는 천하의 것입니다. 만물(萬物)도 만물의 것입니다. '무불일(無不一)'을 내 것으로만 만들려고 하면 안 됩니다. 무불일지지는 전부 '그이'가 다스립니다. 그대로 당신이 주관합니다. 허공만 해도 허공만 있기 때문에 우주 만방이 허공 속에서 자유자재합니다. 허공 자체가 모든 것과 상관하므로, 허공만이 불일지지의 자격을 가집니다. 하느님을 무불일지지할 때는 허공과 비슷하지 않은가? 이 사람은 그렇게 생각합니다.

학문이니 역사니 학자니 하는 소리가 죄다 무슨 소리인지 알 수가 없습니다. 이 사람의 말에 대해 학자들이 무슨 소리를 할지 모르겠습니다. 이 사람은 이 사람대로 뜻이 있습니다. 이 사람은 무시당하면 무시당하는 대로 이것을 보고 갑니다. 그렇기 때문에 오늘까지 본 것이라고는 빈탕 한데밖에 없습니다. 홀가분합니다. 공평·자유가 어디 있습니까? 밤낮 합종연횡이 이루어지고 그 틈에 소진장의 같은 사람들이 돌아다니며 날뛰는데 공평·자유가 어디 있습니까? 소진장의가 상당히 많습니다.

지금도 한창 정치와 경제 분야에서 소진장의 노릇을 합니다. 한쪽에서 애덤 스미스의 국부론(國富論)이 나오면 그쪽에 쏠려, 국부론이야말로 세상을 맛보는 옳은 이치라고 합니다. 그것이 좀 나쁜 듯 보이면 다른 쪽에서는 유물사관(唯物史觀)이니 잉여가치론(剩餘價値論)이니 하는 새로운 주의(主義)를 내세웁니다. 그러면 '와!' 하고 그쪽에 쏠리고 한참 부딪쳐봅니다. 다 소진장의 놀음입니다. 다른 것이 무엇 있습니까? 다들 그렇습니다. 가까운 곳에서는 사람과 사람이 싸움을 합니다. 학자끼리도 그렇습니다. 집안끼리도 그렇습니다. 나라와 나라 사이도 그렇습니다. 대대로 내려오면서 그렇습니다. 밤낮 이러쿵저러쿵 원인을 따져보지만, 근본은 중원에 삼독이 있어서 그런 것입니다. 사이악(四夷惡)이 됩니다. 요새는 한창 그렇습니다. 세대오(世代懊)라는 세상은 항상 오뇌에 싸여 있습니다.

우리 아버지가 우리들 위에 있으며 무불일지지하니까 그를 따르는 것은 '나'요, 이 세상은 꿈입니다. 꿈은 깨쳐야 합니다. (1957. 3. 15.)

제25강

상대 세계가 있는 한 대속(代贖)은 계속된다

「可棄四億二億殘」彭德懷之勝算 云云 報 有感

　　　　　　天下惡乎定

王厲幽圖人山葬　　可棄億兆文末斷

民虐暴令人海謀　　不嗜殺生武本由* (다석일지 1957. 3. 21.)

〈이사야서〉 52:13~53:12

"나의 종이 매사에 형통할 것이니, 그가 받들어 높임을 받고, 크게 존경을 받게 될 것이다.

전에는 그의 얼굴이 남들보다 더 안되어 보였고, 그 모습이 다른 사람들보다 더욱 상해서, 그를 보는 사람마다 모두 놀랐다.

이제는 그가 많은 이방 나라를 놀라게 할 것이며, 왕들은 그 앞에서 입을 다물 것이다. 왕들은 이제까지 듣지도 못한 일들을 볼 것이며, 아무도 말하여주지 않은 일들을 볼 것이다."

우리가 들은 것을 누가 믿었느냐? 주님의 능력이 누구에게 나타났느

---

* 류영모가 1957년 당시 중국의 국방상 펑더화이(팽덕회, 彭德懷)가 중국의 인구 4억 명이 죽는다 해도 2억 명이 남으니 전쟁에 승산이 있다고 한 데 대한 느낌을 밝힌 것이다.(박영호)

냐? 그는 주님 앞에서 마치 연한 순과 같이, 마른 땅에서 나온 싹과 같이 자라서, 그에게는 고운 모양도 없고, 훌륭한 풍채도 없으니, 우리가 보기에 흠모할 만한 아름다운 모습이 없다.

그는 사람들에게 멸시를 받고, 버림을 받고, 고통을 많이 겪었다. 그는 언제나 병을 앓고 있었다.

사람들이 그에게서 얼굴을 돌렸고, 그가 멸시를 받으니, 우리도 덩달아 그를 귀하게 여기지 않았다.

그는 실로 우리가 받아야 할 고통을 대신 받고, 우리가 겪어야 할 슬픔을 대신 겪었다. 그러나 우리는 그가 징벌을 받아서 하나님에게 맞으며, 고난을 받는다고 생각하였다.

그러나 그가 찔린 것은 우리의 허물 때문이고, 그가 상처를 받은 것은 우리의 악함 때문이다. 그가 징벌을 받음으로써 우리가 평화를 누리고, 그가 매를 맞음으로써 우리의 병이 나았다.

우리는 모두 양처럼 길을 잃고, 각기 제 갈 길로 흩어졌으나, 주님께서 우리 모두의 죄악을 그에게 지우셨다.

그는 굴욕을 당하고 고문을 당하였으나, 아무 말도 하지 않았다. 마치 도살장으로 끌려가는 어린 양처럼, 마치 털 깎는 사람 앞에서 잠잠한 암양처럼, 끌려가기만 할 뿐, 아무 말도 하지 않았다. 그가 체포되어 유죄판결을 받았지만 그 세대 사람들 가운데서 어느 누가, 그가 사람 사는 땅에서 격리된 것을 보고서, 그것이 바로 형벌을 받아야 할 내 백성의 허물 때문이라고 생각하였느냐?

그는 폭력을 휘두르지도 않았고, 거짓말도 하지 않았지만, 사람들은 그에게 악한 사람과 함께 묻힐 무덤을 주었고, 죽어서 부자와 함께 들어가게 하였다.

주님께서 그를 상하게 하고자 하셨다. 주님께서 그를 병들게 하셨다.

그가 그의 영혼을 속건제물로 여기면, 그는 자손을 볼 것이며, 오래 오래 살 것이다.

주님께서 세우신 뜻을 그가 이루어 드릴 것이다.

"고난을 당하고 난 뒤에, 그는 생명의 빛을 보고 만족할 것이다. 나의 의로운 종이 자기의 지식으로 많은 사람을 의롭게 할 것이다. 그는 다른 사람들이 받아야 할 형벌을 자기가 짊어질 것이다.

그러므로 나는 그가 존귀한 자들과 함께 자기 몫을 차지하게 하며, 강한 자들과 함께 전리품을 나누게 하겠다. 그는 죽는 데까지 자기의 영혼을 서슴없이 내맡기고, 남들이 죄인처럼 여기는 것도 마다하지 않았다. 그는 많은 사람의 죄를 대신 짊어졌고, 죄지은 사람들을 살리려고 중재에 나선 것이다."

이전에 지켜온 것을 지키고 이어 내려왔으면 괜찮겠는데 시대가 내려올수록 말세가 되어 언짢다는 목소리들이 있습니다. 형이상(形而上)의 것은 오관으로는 지각할 수 없다 하더라도, 추리(推理)와 연구를 통해 알 수 있습니다. 근본에서는 다 좋은데, 다른 말로 하면 하늘에서는 바로 된 것인데, 이 현 세계에 나타남으로써 잘못된 것으로 압니다. 맨 처음은 온전한 것같이 보이나, 맨 처음인 옛날엔 좋았고 내려오면서 언짢아졌다고는 믿어지지 않습니다.

이 땅 위에 이상적인 살림이 있었던 것 같지는 않습니다. 앞으로 천국(天國)이 온다 하여도, 거기서는 정신적인 키가 좀 커진다고 하나 커지면 얼마나 커지고 얼마나 많은 것을 보겠습니까? 역시 피가 돌고 호흡이 되고 맥박이 있어야 살 것입니다. 그렇게 본다면 사람이 크더라도 얼마나 커질 것이고, 무엇이 밝아질 것이며, 무엇이 이상적으로 되겠습니까? 이 몸뚱이를 갖고 있는 이상은 그대로 바로 되리라고는 믿어지지 않습니다. 무슨 변화가 일어나든, 무슨 큰 변혁이 일어나든, 요 모양으로는 이 상대성 속에서 원만한 이상적인 무엇이 일어날 것이라고 이 사람은 믿지 않습니다. 그렇지만 지금은 사람의 수효가 옛날보다 확실히 많습니다. 이것은 사실입니다.

수효가 많아서 그런지 아니면 어떻게 되어서 그런지 모르겠습니다만, 수효가 적은 때에도 이렇게 지나가다가 누구에게 말할 듯하면서도 말할 수 없는 세상입니다. 백주 대낮에 어려운 처지에 빠진 사람을 보면 도와 주어야 할 것 같은데, 그렇게 하지 못하는 경향이 있습니다. 아주 가까운 혈육까지도 서로 외면하는 모습은 세상에 수효가 많아서 그런지 오늘날 더 심합니다. 계산이 점점 빨라짐에 따라 우리 운명도 점점 더 이렇게 되어 가는 실정입니다.

그러나 사람의 사이를 따지는 것은 아주 캄캄합니다. 물건을 따지고 기계를 돌리는 데는 세밀하고 자세한데, 사람 노릇 하는 뜻을 따지는 데는 아주 눈이 멀었습니다. 돈을 가지기 위해 사람까지 죽이려 합니다. 도둑질 하다가 사람을 죽이면 자신도 죽는다는 것을 압니다. 도둑도 애당초에는 뭔가를 따집니다. 웬만하면 사람을 상하지 않게 하여 나중에 잡혀서 벌을 받더라도 적게 받도록 머리를 쓰는 것입니다. 이렇게 따지는 것은 사람을 해치면 더 큰 벌을 받기 때문입니다. 처음에야 도둑질을 감쪽같이 하여 잡히지 않을 꾀를 세우지만, 혹시 잡힐지도 모르니까 이를 대비하여 제2선, 제3선을 다 따집니다. 될 수 있는 한 사람을 상하지 않도록 애쓰기 마련입니다.

그런데 지금은 그런 것도 없어졌습니다. 도무지 따지지를 못합니다. 어제 신문에 조그맣게 난 지방 소식란에서 보았습니다. 소를 판 돈을 빼앗기는 일은 옛날에도 있었습니다. 지금도 소 판 돈을 빼앗으려는 사람이 아주 없는 것은 아니지만, 어떻게 그럴 수가 있습니까? 그런데 이제는 소를 파는 사람들도 그런 일이 있을 수 있다는 생각을 합니다. 장에서 소를 팔고 대여섯 사람이 함께 어느 재를 넘어가는데, 양복차림에 카빈총을 든 사람 하나가 나타나 세 사람을 죽이고 돈을 빼앗았다는 기사가 났습니다. 10만 원 정도의 돈을 뺏기 위해 세 사람씩이나 죽였다고 합니다. 기계를 너무 좋아해서 카빈총으로 그렇게 쉽게 사람을 죽였는지는 모르겠습니다. 혹 무딘 연장이었다면 세 사람까지는 죽이지 못했을 겁니다. 이것을 보면 도무지 따질 줄을 모릅니다. 무엇이 무엇인지 모릅니다.

우선 중국의 인해전술에 대해 살펴보겠습니다.

「가기사억이억잔」 팽덕회지승산 운운 보 유감(「可棄四億二億殘」 彭德懷 之勝算 云云 報 有感)

동양의 인구 밀도가 높고 빈곤하다 하여 동양 사람들을 천하디 천한 인종이라 말할 수 없습니다. 그런데 팽덕회라는 중국 국방장관은 중국이 한국전쟁에서 인해전술(人海戰術)을 쓰겠다고 말하면서 수소폭탄이나 원자폭탄을 써서 전쟁을 하더라도 자기네는 승산이 있다고 했답니다. 중국인 4억 명이 전쟁에 희생되어도 2억 명이 남기 때문이라고 합니다. 그래서 미국하고 싸워도 자기네가 승산이 있다는 것입니다. 4억 명이 없어져도 2억 명이나 남으니 이긴 싸움이라는 말입니다. 이기는 것을 아무리 좋아하는 인간이기로서니, 사람을 바둑판의 알이나 장기판의 말로 아는 모양입니다. 바둑은 이 수효와 저 수효에 남는 것이 있으면 그것이 이겼다고 합니다만, 그러한 극악무도한 말이 어디 있습니까?

옛날에는 이기려고 하지 않고 자꾸 지려고만 하던 시대가 있었습니다. 진다고 하는 것은 자기 책임을 진다는 말입니다. 요즘 사람도 책임을 지긴 하는데, 어떻게 지느냐 하면 선수로 나가서 이겨야만 책임을 집니다. 이기려고 하니 지지 않으려고 할 수밖에 없습니다. 오늘날은 어떤 의미에서는 스피드 시대이자 경쟁 시대요 우수하여야 하는 시대여서, 이기려고만 하지 지려는 사람은 없는 것 같습니다. 책임을 지지 않으려는 세상입니다. 영웅주의 영웅주의 하지만, 지금 같은 영웅주의가 또 어디 있습니까? 한 번 이기면 그 사람 앞에는 모든 것이 다 옳습니다. 다른 나라는 모르겠습니다만 우리나라 학교에서는 선수권(選手權)만 따면 으레 졸업장을 받지 않습니까? 그러니 힘들일 게 뭐 있습니까? 선수권 하나만 따러 들어가지, 힘들게 여러 가지를 배워서 시험을 치르고 또 출석한다고 애쓸 필요가 있겠습니까? 한 가지만 쫓아가면 되는데 말입니다. 이렇게 보면 이 세상 사람들이 이기려는 책임만 지려고 하지, 옛날같이 짐을 지려는 책임감을 갖는 경우는 보기 어렵습니다. 지금 세상은 어떤 의미에서는 책임을 벗고 밀어붙이려고 합니다.

옛날에 나라의 책임을 맡은 사람은 뭐니뭐니 해도 백성이 한 명이라도 바로 살게, 잘되게 하는 책임을 졌습니다. 그런데 어느 때부터인가 나라를 맡으면 같은 집안끼리도 이기려고 싸웁니다. 싸움이 나면 이기려고 합니다. 국민 대부분이 죽더라도 이겼다는 소리를 들으면 그만입니다. 이것만큼은 옛날과 지금이 다릅니다. 사람이 있다는 것은 생명이 있다는 말입니다. 생명이 있어야 일하는 게 가능한데, 수효만 세어서 남았으면 이겼다고들 합니다. 거의 다 죽었어도 이겼다고 합니다. 우리 편도 많이 죽었지만 저쪽 편은 다 죽었으니, 우리가 이겼다고 좋아합니다. 그것에만 정신을 차립니다. 그것뿐입니다.

소련의 공산당(共産黨)이 그런 정신을 갖게 된 모양입니다. 즉, 유물사상(唯物思想)을 가진 사람들의 생각이 이런 것 같습니다. 이 사람 생각에는, 공산당 사람들이 요직을 차지하려고 자기들끼리 싸워 서로 죽이긴

하지만, 인해전술은 공산당이 처음 말한 게 아닌 것 같습니다. 소련이 중국에게 그렇게 말하도록 시켰는지, 아니면 중국 스스로 인해전술을 맡겠다고 나섰는지는 모릅니다. 중국이 자기네가 가진 게 별로 없지만 그나마 인적 자원이 많으니 인해전술을 쓰겠다고 나선 것인지는 모르겠습니다. 어쨌든 중국은 자기네의 인적 자원을 동원하여 한국을 침략했습니다. 소위 인해 전술이 나온 것입니다. 4억 명이 죽어 없어져도 괜찮다는 말입니다.

이기려고 하면 그렇게 될지 모르겠습니다. 전에는 혹 그렇게 되었을지 모르지만, 지금은 아닙니다. 이제는 그것이 잘못되었다는 것을 깨닫고 있습니다. 4억 명이 죽어 없어져도 밀어붙이겠다는 것은 말이야 쉽지, 실제로는 그따위 꿈꾸는 듯한 소리를 듣고 가만히 있을 사람이 없습니다. 4억 명이 자신들의 머리 위에 수소폭탄이나 원자폭탄을 떨어뜨리라고 말해도, 폭탄이 아무리 흔하다고 해도 헤프게 쓰이지는 않을 것입니다. 히로시마와 나가사키에 원자폭탄이 투하되었지만, 4억 명이나 없애겠다는 작정이었으면 세계는 벌써 하나로 통일되었을 것입니다. 그런 것이 아닙니다. 세상이 그대로 유지만 된다면 인해전술도 마다하지 않겠다는 식의 인간을 경시하는 견해로는 이 세상이 그대로 이어지지 못합니다. 그렇게 가는 세상도 아닙니다. 몇만 명만 죽어도 회개하려는 세상입니다. 일본 천황이 다 회개하지는 않았습니다만 자신은 결코 신(神)이 아니며, 천황의 자리도 신성불가침의 자리가 아니라고 제 입으로 고(告)하지 않았습니까? 4억 명을 죽여 없애도 이길 수 있다는 중국 국방상의 말은 두말할 필요가 없는 폭언이요, 이만저만한 망발이 아닐 수 없습니다. 스스로 잘못 말했고 망발이었다고 사과하는 시간이 머지않아 올 것입니다. 그런데 팽덕회 한 사람의 문제가 아니라고 말하는 사람들이 있습니다. 그런 장관 자리에 있으면 자신도 그렇게 할 것이라고 말하는 사람들이 있어서, 정말 그렇게 하지나 않을까 염려됩니다.

우리가 잘 아는 독립선언문에 '최후의 일각까지, 최후의 일인까지'라는 문구가 있습니다. 그런데 그 의미를 잘 알고 싸움터에 들어가야지, 무작정 그런 소리만 하고 들어가면 안 됩니다. 이 문구를 쓴 사람(한용운)은 그냥 썼을 것이나, 그런 말이 어디 있습니까? '최후의 일각까지, 최후의 일인까지' 싸워 죽어야만 충성(忠誠)이라면, 그런 충성이 하늘 아래 어디 있겠습니까? 살겠다는 것이 충성입니다. 혁명을 하여도 무혈혁명(無血革命)을 하여야 합니다. '최후의 일각까지, 최후의 일인까지' 피를 흘리며 싸워야 혁명이 된다면, 그렇게 흔한 피가 어디 있습니까? 사람의 피가 그렇게 흔하고 허망할 수 있습니까? 이런 생각을 하는 사람은 껍데기만 사람이지, 정신은 짐승의 혼을 뒤집어썼을 것입니다.

천하오호정 (天下惡乎定)

천하(天下)라는 것은 어떻게 정(定)해지는가? 오(惡)는 여기서 '어찌 오'를 말합니다. '어떻게 되느냐'라는 뜻입니다. 즉, 천하를 어떻게 가라앉힐 것이냐는 말입니다. 이것을 제목으로 삼아 이런 생각을 해보았습니다.

왕려유도인산장(王厲幽圖人山葬)

여(厲)는 '사나울 려'이고, 유(幽)는 유령(幽靈)이라는 말처럼 좋지 못한 뜻입니다. 옛날에는 임금이 임금 노릇을 잘하면 좋은 칭호를 지어주고, 잘 못하면 칭호에 여(厲)나 유(幽)가 붙었습니다. 주(周)나라 말기의 여왕(厲王)이나 유왕(幽王) 같은 이는 아주 못된 짓만 한 임금이었습니다. 임금 노릇을 제대로 못한 사람에게 이런 시호를 부여하였습니다. 우리나라에서는 왕의 좋고 나쁨을 떠나 왕에게 전부 좋은 시호를 붙여주었습니다. 고종(高宗)이나 순종(純宗)은 좋은 호입니다. '도깨비 유(幽)'는 '사나울 려(厲)'와 함께 사람 노릇을 못한 임금에게 붙이는 호였습니다. 이 호가 한 번 붙으면 자손이 아무리 잘나고 효도를 다해도 지워지지 않습니다. 영원히 좋지 않은 본보기로 남게 됩니다. 그런 불명예스런 호를 일단 받게 되면 후손이 아무리 잘해도 그것을 바꾸지 못합니다. 백성을 대표하는 임금은 한 번 잘못하면 후대까지 악명을 끊을 수도 고칠 수도 없습니다.

'왕려유도인산장'은 왕이 사나우면 도깨비처럼 몰래 인산(人山)에 장사 지내기를 꾀한다는 말입니다. '인산'은 사람이 많이 모이는 데를 말합니다. 옛날의 순장법(殉葬法)에 따라 임금의 묘에 함께 묻히는 것을 말하는 게 아닙니다. 예는 많지만 그 대표적인 것이 이집트의 피라미드일 것입니다. 유명한 스핑크스가 태산 골짜기의 짐승처럼 작게 보일 정도이니, 피라미드의 크기가 어느 정도이겠습니까? 피라미드는 이집트의 옛 임금들이 사후에 육신이 부활하기를 바라며 자신의 육신을 보관하는 묘지로 쓰려고 조성한 것입니다. 수많은 백성을 동원하여 거대한 피라미드를 쌓는 대역사를 벌였는데, 지금처럼 장비나 제대로 있었겠습니까? 전부 사람의 힘으로 쌓아 올렸으니, 사람의 산(山)이 아니고 무엇이겠습니까? 그 속에 들어가 송장이 묻히겠다는 것인데 이런 못된 임금이 어디 있습니까? 옛날에 임금이 어두운 짓을 하면 이를 깨우쳐주기 위한 사간원 같은 직책이 있어서 임금을 좋은 길로 가도록 충성을 다했습니다.

이집트에서 이런 일이 있었다는 것은 이집트 사람들이 부활(復活)을 믿었음을 말해줍니다. 이 다음에 다시 살아날 때 속히 살아나려고 그렇게 한 것입니다. 자기 몸뚱이를 잘 보존하려고 미라도 만들고, 미라를 잘 보관하기 위해 태산 같은 피라미드도 쌓게 했습니다. 부활할 때 편하게 하려고 그런 것입니다. 이것이 어두운 짓이 아니고 무엇입니까? 자기 뼈 하나 묻는 데 그렇게 많은 사람을 혹사시켰으니, 사납고 도깨비 같은 왕이 아니면 어떻게 그런 짓을 하겠습니까? 우리나라에서는 국상(國喪)을 왜 인산(因山)이라고 했는지 모르겠습니다. 인산(人山)이라고 하는 게 옳을 텐데 말입니다. 어쨌든 그렇게 해서 임금 무덤 때문에 인산인해(人山人海)가 되어버렸습니다. 모진 임금은 죽어서까지 사람들을 괴롭힙니다.

민학폭령인해모(民虐暴令人海謀)

피라미드는 옛날 이야기이고 지금은 문화와 민주를 부르짖는 시대입니다. 얼마 전만 해도 제국주의(帝國主義)나 전제주의(專制主義)를 규탄하였건만, 지금은 민주주의라고 말하면서 민의(民意)를 이용하여 백성을 학대하고 민주주의라는 말로써 오히려 남을 침해합니다. 즉, 백성의 이름으로 학대하니 민학(民虐)입니다. 그러니 폭령(暴令)이 나올 수밖에 없습니다. 차마 말로 못할 소리를 저들이 합니다. 인해모(人海謀)는 인해(人海)의 자원으로 싸우며 전쟁을 모사(謀事)하는 것을 말합니다. 나랏일을 맡는 참모를 민학(民虐)하기 위해 두기 때문에 백성이 사나워지기만 하니 사나운 말밖에 나올 게 없습니다. 이만저만 사나운 말이 아닙니다. 4억 명을 희생시키더라도 이기겠다는 폭언이 나오는 것입니다.

성경은 형제를 욕하면 벌써 살인범이라고 하였습니다(〈마태복음〉 5:21~26). 사람의 인격을 무시하니 이는 꼭 지옥으로나 갈 이의 말이 아닐 수 없습니다. 4억 명이 죽더라도 이기고 말겠다는 말이 사람의 자식에게서 나왔다면, 사람의 껍데기를 쓴 살인마에 지나지 않다고 하겠습니다. '민학폭령인해모'는 피라미드를 세운 이집트의 왕들이 한 짓과 비슷한 게 됩니다.

가기억조문말단(可棄億兆文末斷)

억조(億兆)라도 모두 내버릴 수 있다는 말입니다. 예수는 헛된 소리를 하지 말라고 하였습니다. 자신이 옳으면 그냥 옳다고 하고, 아니면 아니라고 말하라는 것입니다. 어떻게든 이기겠다고 맹세하는 자들은 악한 놈들과 같습니다. 그들의 짓거리는 이기겠다는 책임을 지는 것입니다. 이기려면 자기를 이겨야지, 남을 이기려고 하면 하느님이 허락하지 않습니다. 자기를 이기면 남을 도와주어야 합니다. 자기를 남에게 짐 지우고 남을 이기려는 것은 하늘을 생각하는 이로서는 도저히 할 수 없는 일입니다. 억조(億兆)는 40년 전만 해도 쓰지 않았던 말입니다. 중국의 인구가 지금은 6억 명이라고 하지만, 옛날에는 4만만(萬萬)이라고 하였습니다. '만만'이라면 꽤 무던하게 들렸는데, 지금은 억(億)이라고 해야 꽤나 많은 것같이 들리는 모양입니다. 문자의 개념이 이렇게 달라집니다.

동양에서는 고대부터 억조(億兆)라고 하면 백성을 뜻했습니다. 백성은 백 가지 성(姓)을 말합니다. 만성(萬姓)이라고 해서 국민을 일컫기도 하지만, 일을 해도 만(萬) 가지 성(姓)이나 백 가지 성(姓)을 위해 일하지, 한 가지 성(姓)을 위해서는 안 한다는 말입니다. 억조(億兆)라는 말이 훗날 지구의 인구가 억조(億兆)로 늘어날 것을 예언해서 쓴 것인지는 모르겠습니다. 그렇다면 어지간히 선지자(先知者)의 말처럼 들릴 것입니다. 억조(億兆)를 버릴 수 있다니, 그런 망발이 어디 있습니까?

문왕(文王)과 무왕(武王) 때 오랑캐가 자주 쳐들어와 해를 끼치니 도둑 때문에 살 수가 없다고 이사를 했습니다. 그러니까 백성도 왕을 따라 자꾸 옮겨갔습니다. 백성 모두가 왕을 따라 이사를 간 것입니다. 이쯤은 덕이 있어야 합니다. 도둑을 맞고도 그대로 살아야 한다면 백성을 죽이게 됩니다. 우리는 나라가 좁아서 피난 갈 곳이 없어서 이렇게 되었는지 모르겠습니다만, 본심(本心)이 이렇지 않고서는 안 됩니다. 공자도 왕이 백성을 가르치지 않고 전쟁을 하면 범죄행위로 여겼습니다. 윤리가 무엇이고 도덕이 무엇인지 바로 가르쳐주어야 합니다. 또 이것을 알지 못하면 전쟁을 해도 소용이 없습니다. 윤리와 도덕을 모르면 차라리 그냥 있다가 손해를 보는 게 낫습니다. 백성이 참고 참다가 싸움을 하지 않으면 안 되겠다, 더는 참을 수 없다며 궐기함으로써 전쟁이 되어야 잘되는 것입니다. 소위 독전대(督戰隊)가 뒤에서 병사들을 몰아 나가는 것은 백성을 내버리는 것이 됩니다.

이렇게 되면 싸우는 게 아니라 내버리는 것이 됩니다. 인해전술이 바로 그런 것 아니겠습니까? 백성을 전쟁에 몰아넣고, 독전대가 뒤에서 기관총을 대고 독전(督戰)을 하게 되면 사람을 전부 내버리는 것입니다. 4억 명을 내버리면서 원자폭탄과 수소폭탄에 대항하겠다는 자는 100억 명을 가져보았자 소용이 없습니다. 그따위로 이기는 정신이라면 하나도 무서워할 것이 없습니다. 정의를 가르쳐서 독전을 한다면 혹 모르겠습니다. 백성을 버리겠다는 사람이 무엇 때문에 백성을 받드는 자리에 있는지 도통 그 목적을 모를 일입니다. 그렇게 하는 게 백성을 위하는 것이라고 합니다. 인민주의(人民主義)라고 합니다. 이렇게 문물(文物)을 못 따집니다. 다 내버리는 것만 알고 셈을 따지지 못합니다.

불기살생무본유(不嗜殺生武本由)

불기살생(不嗜殺生)이란 산 목숨 죽이기를 싫어한다는 말입니다. 원래 인간이 날 때부터 무엇을 죽이면 안 된다는 불살생(不殺生) 사상이 있는 것은 사실입니다. 민주주의가 그런 것입니다. 유교에서도 고기를 먹더라도 짐승이 끔찍하게 죽는 꼴을 보고는 먹기를 꺼린다 하여, 점잖은 사람은 푸줏간을 될 수 있으면 멀리 하라고 충고합니다. 짐승이 죽는 것을 보고 그 고기를 먹기는 어렵습니다. 더구나 사람을 죽여서 무엇을 한다는 것은 도대체 말이 되지 않습니다. 그래서 공맹(孔孟) 사상은 불살생을 원칙으로 합니다. 정말 바른 대로 살겠다는 사람이라면 천하를 경외할 수 있는 사람이라고 하였습니다. 천하를 진실로 통일하고 경영할 사람은 단 한 사람도 애매하게 죽이지 않고 불기살생(不嗜殺生)할 수 있다고 보았습니다.

세상이 하나가 되어야 하는데, 요즘 그 하나를 해치는 것은 미국 아니면 소련입니다. 전에 일본이 전쟁을 하며 동양의 질서를 바로잡아야 세계가 바로 된다고 말했을 때, 이 사람은 불기살생(不嗜殺生)하는 자, 즉 사람 죽이는 것을 즐기지 않은 사람이 천하를 바로잡는다고 생각하였습니다. 중국의 역사를 보더라도 진시황은 비록 천하를 통일하였지만 불과 집권 15년 만에 망하였습니다. 남북조시대를 지나는 동안 많은 사람이 죽었는데 한(漢) 고조 유방이 비교적 사람 죽이기를 즐겨 하지 않아 천하를 장악할 수 있었습니다. 이것은 이미 선지자가 예언한 것입니다. 그런데 일본은 이전부터 사람 죽이기를 좋아했으니, 일본이 천하를 장악해서는 안 된다고 생각하였습니다. 지금도 그렇습니다. 사람 죽이기를 좋아하면 먼저 미끄러질 것입니다. 이런 이치를 진작에 공맹(孔孟)이 말했으니, 선지자다운 예언으로 보지 않을 수 없습니다.

다음 세대에 예언자로 거론될 사람은 간디일 것입니다. 간디는 인도 국민 3억 명의 가슴속에 살고 있습니다. 거짓말을 한마디도 하지 않고 하느님을 기다린 사람입니다. 그 이치는 《성경》과 같습니다. 마귀는 거짓말을 잘하는 자요 사람 죽이기를 좋아하는 자입니다. 거짓말 잘하는 사람은 사람 죽이는 것도 잘할 것입니다. 억만 명의 사람이 다 같이 일하고 다 같이 공평하게 먹고살자는 공산주의 이념이야 훌륭하지 않습니까? 그런데 숙청을 하면 퍽 많은 사람을 죽여야 합니다. 공산주의자들은 이것을 자기들의 법(法)이라고 했습니다. 그러고는 그것이 나쁘다 하여 스탈린주의를 너무 급히 부수더니 다시 이것을 붙잡아놓으려 하지 않습니까? 다시 스탈린주의가 있어야 한다고 하니, 거짓말을 꽤나 하게 되었습니다. 거짓말을 하면 애매한 사람들이 죽습니다. 공산주의를 아는 이는 그들이 다 그렇게 하지 않을 수 없을 거라고 하였습니다. 결국 인해전술이라는 것이 거기서 나오지 않았습니까? 거짓말을 하면 못씁니다. 온통 거짓말하고 살생을 좋아하는 세상이 되었습니다. 이 대기 중에 더러운 게 섞여 있는데 깨끗한 공기만 골라서 호흡하겠다고 하는 것은 불가능합니다. 소도둑의 경우도 이와 마찬가지입니다. 사람을 죽이지 않고서는 몇 푼 되지 않은 돈을 쉽게 빼앗을 수 있을 것 같지 않았기에, 한 사람이 아니라 세 명까지 죽이고 만 것입니다.

세계의 분위기가 이 모양이니 김일성(金日成) 같은 자가 더 나옵니다. 배고파서 죽을 지경의 어려운 사람들을 그렇게 몰아 죽이니 김일성을 하나 더 만드는 것밖에 안 됩니다. 신문기사를 보고 그런 사람들을 사형시키지 않나 하지만, 신문을 보는 것으로는 안 됩니다. 배울 것은 배워야 합니다. 장작림(장쮀린, 張作霖) 같은 이가 죽으면 김일성 같은 이가 나오고, 스탈린이 죽은 다음에는 누가 압니까? 앞으로 스탈린 같은 자가 나올지 말입니다. 밤과 낮의 이치가 있듯이, 악이 있으면 선이 있습니다. 악이 수그러질 때가 있고, 선이 찌그러질 때가 있습니다. 자꾸 돕니다. 이러한 세상이니 자꾸 살생을 좋아하지 않겠습니까? 이 짓이 없어지느냐 하면 그렇지도 않습니다. 악이 그처럼 줄기찬 반면, 선 또한 곧장 힘 있게 뻗어 나가고 있습 니다. 이렇게 되는 데는 하느님의 뜻이 있습니다.

무본유(武本由)는 무장적 평화(武裝的平和)라는 말처럼 무장(武裝)은 평화를 위해 합니다. 무장은 싸우기 위해서가 아니라 싸움을 말리기 위해서 한다는 것입니다. 무(武)는 '창 과(戈)'와 '그칠 지(止)'가 합쳐져 이루어진 글자입니다. '창 과'는 싸움을 나타내고, '그칠 지'는 싸움을 막는 것을 말합니다. 싸움을 그치게 한다는 뜻으로 무(武)가 되었습니다. 하느님이 백성을 내버릴 수 있다는 것은 문명의 종말을 판단하려고 함이요, 살생을 즐기지 않는다는 것은 무장 본래의 이유를 말해줍니다.

절대평화론자(絶對平和論者)는 비전쟁론자(非戰爭論者)로서 전쟁을 하지 않는다고 합니다. 그러나 모름지기 비전쟁론자들도 자기의 주의(主義)를 내세우기 위해 언젠가는 싸움을 할 날이 올지 모릅니다. 살생을 하지 말자는 이것만은 간디가 일생 동안 몸소 자세히 보여주고 갔습니다. 이 세상에서 어떤 때는 싸움에 참여합니다. 싸움이 아주 없다는 '주의'는 없습니다. 요새는 비록 싸움을 위한 싸움을 하지만, 어디까지나 셈을 바로 할 줄 알아야 합니다. 아무래도 우리는 그냥 뭔가를 잊고 멍하게 가고 있는 것만 같습니다. 그러니 팽덕회 같은 자가 나타나 죄다 죽이더라도 이기고 말겠다는 엄청난 말을 하는 것입니다.

우리 각자는 아무것도 아니지만 훌륭한 소우주를 간직한 개인입니다. 우리 각자가 우주의 체통(體統)으로 되어 있음을 알아야 합니다. 우리는 인간이라는 우주의 체통을 하나 가지고 있습니다. 우리가 이렇게 만나 생각하는 이 한 시간만 하더라도 어떤 식으로든 분열과 결합을 가져오는 세계입니다. 이 세계를 우리가 잘 처리하고 못 처리하고가 이 다음 우주 전체와 무슨 관계가 있을 것입니다. 멍하게 지나가는 것과 확고하고 힘 있는 정신을 갖고 사는 것의 차이는 알 수 없지만, 이 다음에 영향을 준다는 것만은 사실일 것입니다. 이전과는 상관이 없는 것처럼 보이나, 실제로는 다 영향을 끼쳤기에 오늘 이 시간도 있는 것입니다. 팽덕회가 그런 소리를 한 것도 무엇인가에서 영향을 받아서 한 것이고, 그의 말도 어떤 식으로든 영향을 끼칠 것입니다. 우선 '나'라는 이 사람의 뇌세포를 가만히 있지 못하게 하는 것도 영향이 있음을 말해줍니다. 잠깐

휙 지나가는 이 시간도 어딘가에 어떤 식으로든 영향을 끼칠 것입니다.

신보 팽덕회언 가기사억 이이억잔 승산운운(新報 彭德懷言 可棄四億 而二億殘 勝算云云)에서 '잔(殘)'은 뼈를 칼날로 잘라 조그만하게 남았다는 글자입니다. 다시 한 번 천천히 생각해보십시오. 살면 죄다 살고 죽으면 죄다 죽어야지, 4억 명은 죽이고 2억 명을 남기면 그 이후에 어떻게 하겠다는 것입니까? 남은 2억 명도 거꾸러질 것입니다.

너무 엄청난 얘기만 한 것 같으니, 좀 작더라도 우리다운 이야기를 해보겠습니다. 조그만 일에도 여왕(厲王), 유왕(幽王) 노릇을 하겠다는 모습이 눈에 많이 뜨입니다. 학교나 단체에서 자기는 할 일이 없는데도 일부러 급사를 시켜서 바쁜 심부름꾼을 이리 쫓고 저리 쫓는 일을 봅니다. 신문이나 작은 물건이야 자기가 손수 들고 다니면 어떻습니까? 드물게 손수 하는 것을 볼 수 있긴 합니다만, 대개는 한담이나 나누면서 하는 일이 없는데도 급사에게 자잘한 일들을 시킵니다. 이렇게 하는 태도야말로 옛 이집트의 왕들이 피라미드를 쌓아놓고 인산(人山)에 묻히겠다고 하는 것과 같다고 할 수 있습니다. 작은 것이 차차 큰 것이 되는 법입니다. 그런 사람이 꼭대기에 올라가면 무슨 짓을 할지 기약하기 어렵습니다. 된 시집살이를 한 사람이 며느리를 더 사납게 부려먹는다는 말이 있습니다. 내가 이제 앉아서 먹을 만한 자리에 있으니 나를 받들라는 태도입니다. 간단히 말하면 자신이 그 자리를 교대하겠다는 것입니다. 이것은 죄악입니다.

손수 하는 것을 으레 당연하게 여기는 사람도 있긴 합니다. 이전에 이런 일이 있었습니다. 어느 미국 대통령이 구두를 손수 닦는 것을 보고 비서가 왜 그러느냐고 물으며 만류했다고 합니다. 그러자 대통령은 "내 구두를 내가 닦고 신는데 왜라니 무슨 말인가?" 하고 오히려 반문했다고 합니다. 지금은 미국 병사가 서 있기만 해도 구두를 닦아주는 세상이 되었습니다만, 공산당이 따로 있고 이집트 왕이나 여왕(厲王), 유왕(幽王)이 따로 있는 게 아닙니다. 인자(人子)로서 알 것은 알아서 해야지, 모르면 다 같이 악이 됩니다. 하늘을 깨닫고 사람을 사랑할 줄 알아야 합니다.

어떤 사람은 그리스도교를 가리켜 상놈의 종교라고 합니다. 남에게 봉사(奉仕)만 하라니, 봉사만 하는 게 상놈이 아니겠습니까? 유교는 웬만큼 일을 치르고는 턱 하니 앉아서 많은 사람의 숭배를 받아야 한다니, 양반의 종교입니다. 그리스도교는 상놈의 종교라고 하였는데 이제는 다 소용없는 말입니다. 자본이나 유물사상을 갖고서는 앉아서 죄다 빨아먹고 나중에는 그것도 시원치 않아 잡아먹게 됩니다. 자기 일을 손수 하지 않고 남에게 시키겠다는 게 어디 말이 됩니까? 유명한 칸트는 손을 닦을 손수건도 일부러 다른 책상에 두고 다녔다고 합니다. 몸을 움직일 일이 없기에 그렇게라도 해야 운동이 된다는 것입니다. 일부러 일감을 만들고 다니는 사람도 있습니다. 자기 일을 손수 하지 않고 시켜먹겠다는 것은 다 김일성처럼 되겠다는 자들의 짓거리입니다. 힘을 가지면 무서운 자가 될 것입니다. 세상이 이러고 보니 예수가 안 나올 수 없게 됩니다.

쟁지이전 살인영야(爭地以戰 殺人盈野)는 《맹자》 이루상편에 있는 말입니다. 땅을 뺏기 위해서 서로 싸우면 사람을 죽이게 되어 송장이 땅에 가득할 것이라는 말입니다. 쟁성이전 살인영성(爭城以戰 殺人盈城), 성을 차지하려고 싸우면 죽은 사람이 성 안에 가득할 것이라는 뜻입니다. 차소위솔토지 이식인육(此所謂率土地 而食人肉), 이런 것을 일컬어 땅을 거느리고 사람의 고기를 먹게 하는 일이 된다고 합니다. 죄불용어사(罪不容於死), 그 죄는 용서되지 않아 죽어야 한다는 말입니다. 《성경》에도 피 흘린 죄는 용서하지 못할 것이며 지워지지 않는다고 하였습니다. 카인이 아벨을 죽인 것이나 스데반의 죽음은 그 피 흘린 것을 하느님이 찾을 때도로 뱉어놓는다고 하였습니다. 심판받을 때는 피를 토(吐)해놓는다고 하였습니다. 이놈의 세상은 땅을 다투기 위해 사람의 피를 땅에 억지로 먹입니다. 그 죄는 불용어사(不容於死)라 죽음에서 벗어날 수 없습니다. 이것은 하늘의 심판보다 세상이 올바로 되면 이 세상에서 다 벌 받을 만한 일입니다.

이것이 소위 맹자의 정신입니다. 이 정도만 보아도 공맹(孔孟)은 선지자에 속할 것입니다. 불인(不仁)하면 그만큼 죄를 벗어날 수 없습니다. 맹자는 이어서 선전자복상형(善戰者服上刑)이라 하였습니다. 이 세상에서 싸움을 잘하는 놈은 상형(上刑)에 처해 죽여야 한다는 말입니다. 시쳇말로 전쟁 범죄자들을 의미합니다. 일본의 제국주의자들이 여기에 속하지 않겠습니까? 그들이 비록 지금 이 세상에서 상형을 받지 않더라도, 이 다음에는 그 벌을 받게 될 것입니다.

연제후자차지(連諸侯者次之), 작은 군왕(君王)이란 요샛말로 위성국가의 통치자들을 말합니다. 이들도 그대로 형(刑)을 받아야 하는 자들입니다. 공산주의자들을 심판하는 날이 오면 소련의 작은 위성국가들 역시 범전민족(犯戰民族)으로 형을 받을 것입니다. 폴란드와 헝가리는 요즘 좀 회개해서 이 다음 심판 때에 그 죄를 면하게 될지 모르겠습니다.

벽초래 임토지자차지(辟草萊 任土地者次之), 그 다음으로 죄 받을 자는 개간한 자들, 곧 황무지를 갈아서 풀을 모두 뽑아 자기 민족 먹이고 살리겠다고 하는 자들입니다 즉, 집단농장을 만들어 소위 5개년 계획이니 해서 생사람을 기계처럼 혹사시키는 소임을 맡은 자들은 형벌을 받아야 합니다. 자기 민족 먹이겠다는 게 무슨 죄냐고 하겠지만, 천리마운동이니 하면서 실적을 120, 130퍼센트 올리라며 백성을 못살게 부려먹습니다. 쉬는 시간도 주지 않으며 오직 일만 시켜 학대하니 심판받아 마땅합니다. 빈터에 농사짓는 것만으로도 요·순·우 3대는 비교적 공평하게 잘살았는데, 세상이 점차 시끄러워졌습니다.

애덤 스미스의 국부론(國富論) 같은 것은 한 치 땅이라도 더 개간하고 쌀 한 톨이라도 더 생산하여 잘 먹고 잘살겠다는 생각으로, 좋은 것 같아 보이나 결국은 좋지 못한 결과를 초래합니다. 이것 역시 벌을 받아야 합니다.

이처럼 유교에서 말하는 것은 다 선지자의 명(命)이 있습니다. 이상의 경우들은 형(刑) 중에서도 상지상형(上之上刑)에 처해도 무방하고, 지하에 지옥이 있다면 그곳으로 떨어져도 마땅합니다. 무엇을 좀 한답시고 민의(民意)를 핑계 삼아 백성을 학대하고 혹사하면 그 죄를 다 받게 되어 있습니다. 기술을 가르쳐 생산을 올려야 한다고 합니다. 미국에서 좋은 기술과 재료를 들여와 생산하는데, 왜 날마다 자살하는 사람이 생기고 자식을 버리는 부모가 생깁니까? 어떻게 하는 것이 정말 생산(生産)입니까?

대학을 나와야 한다고 하나 대학을 가는 것은 틀려먹은 수작입니다. 주리가 틀렸는데 대학을 가보았자 주리 틀린 놈밖에 되지 않습니다. 형틀에서 주리가 틀리면 어쩔 수 없이 몸뚱이가 뒤틀리게 됩니다. 나라 살림이나 우리네 살림이나 모두 주리 틀린 데가 고장났는데, 그대로 돌리면 참혹하게 부서집니다. 부서질 때 우직우직 소리가 나고 아무짝에도 쓸모없게 됩니다. 그 소리를 내고 나오는 것이 강도, 살인, 협잡이라는 사회악(社會惡)입니다. 이런 게 눈에 띄지 않습니까? 다리 사이에 주릿대가 끼워져 주리가 틀렸으니 아이들도 내버릴 수밖에 없습니다. 지금은 자식을 학교에 보내야만 하는데, 이것 역시 부모의 책임입니다. 15살 된 딸을 등록금이 없어 학교에 보내지 못한 어떤 아버지가 아버지의 의무를 다하지 못했다며 술에 취해 양잿물을 마시고 죽은 일이 있습니다. 양잿물을 마시고 죽기는 참 어려운데 많이 마신 것 같습니다. 이렇게 책임을 지니까 어렵게, 참혹하게 죽게 됩니다. 정말 어느 개인이 아니라 사회가 통째로 주리 틀린 것만은 분명합니다.

신성불가침하다는 교육의 결과가 이러니 참 어려운 세상입니다. 책임을 지는 아버지가 양잿물을 먹었다는데, 옛날에는 줄로 목을 맸습니다. 지금은 수면제도 많은 세상입니다. 딸 때문에 아버지가 양잿물을 마시고 죽었다는 것은 아버지와 딸 중 누가 주리가 틀렸는지 모르겠지만, 아버지나 딸만 주리가 틀린 것은 아니라고 봅니다. 어쨌든 아버지가 죽었으니 그 딸이 학교에 가는 일도 다 틀어졌을 것입니다. 웬만하면 참아야합니다. 이 사람은 광복 이후에 학교 문을 닫아야 한다고 주장했지만, 교육을 살리는 정신을 정해놓고 해야지 그것도 없이 어떻게 학교를 운영한단 말입니까? 잘못된 살림 기구(제도)는 자꾸 부서집니다. 부서지기만 하지 올바르게 된 것이 없습니다.

오늘 길에서 어떤 사람을 만났습니다. 언제 만났는지 알 수 없는 사람이었는데, 말을 걸어와서 한참을 이야기하다 보니 전에 본 일이 있는 사람이었습니다. 형편이 아주 어려운데 철학을 공부하겠다고 하기에 웬만하면 그만두라고 말해서 보낸 사람입니다. 철학을 하면 무엇을 하겠느냐고 물으니, 그 사람은 아직은 모든 면이 부족하니 좀 더 배우겠다며 어떻게든 공부를 하겠다고 했습니다. 그동안 소식을 모르다가 오늘 만났기에, 철학을 공부하겠다는 것은 어떻게 되었느냐고 물었습니다. 어떤 사람을 만나 오대산에 가서 동양철학을 공부했는데, 서양철학을 한자신으로서는 보는 관점이 달라서 조금 있다가 나왔다고 합니다. 그래서 앞으로 어떻게 하겠냐고 물었습니다. 아무래도 먹고살아야 하니, 선생님이 취직 자리 하나 알아보아주면 좋겠다고 부탁합디다. (일동 웃음) 아니, 이 사람도 간신히 먹고사는 주제에 어떻게 남을 취직시켜주겠습니까? 철학을 공부하면서 사회학도 함께 했으면 어떻게든 먹고사는 것쯤은 해결할 수 있을 터인데 그렇지도 않다니, 그동안 무슨 공부를 한 것인지 모르겠습니다.

이 얘기 저 얘기 끝에 그 사람은 아무래도 자살이라도 할까 싶다는 말을 했습니다. 아닌 게 아니라 오대산까지 갔는데 뭔가 시원한 게 없으니 자살할 마음이 생겼을 겁니다. 정말 철학이 나올 만한 때가 되었나봅니다. 철학을 배워놓고도 자기 몸 하나 건사하지 못하니, 철학 공부를 하지 않은 이 사람보다 나은 게 무엇이겠습니까? 철학자가 나와야 할 시대라고 했지만 취직이 안 되면 못된 생각만 하는 철학이나 로마의 네로황제 시대에 자살로 일생을 마친 세네카의 철학이나 골똘히 해봄 직할 것입니다. 세네카의 철학이라도 철저히 하면 이 백성을 살릴지 누가 알겠습니까? 그렇게 되면 세네카의 철학이 수요가 많다 해서 오히려 세네카만 파는 사람이 있을지 모르겠습니다. 어떻게 보면 이 세상은 냉소적으로 생겨먹은 것 같습니다. 그러니 대학을 졸업해보았자 대학에 들어가고 나온 것뿐이지, 별게 있겠습니까?

나의 종이 매사에 형통할 것이니, 그가 받들어 높임을 받고, 크게 존경을 받게 될 것이다.

〈이사야서〉 52장 13절부터 53장까지는 하느님의 종들이 하느님에게 바치는 충성의 노래입니다. 신약에서는 사도들이 예수의 종을 자처했습니다. 구약 시대에도 이처럼 하느님의 종을 자처한 사람이 있습니다. 하느님의 종은 이렇게 하는 사람들을 말합니다. 그런 뜻에서 보면 천명(天命)만을 좇으려고 한 동양의 공자도 하느님의 종이라 하겠습니다. 이와 반대되는 것은 마귀의 종일 것입니다. 종은 주인에게 절대 복종합니다. 절대로 주인을 따른다는 말입니다. 지금은 옛날과 같은 식의 종은 없지만, 하느님의 종만큼은 영원히 있을 것입니다. 하느님의 종이 되다 말다

하면 진정한 종이 되지 못합니다. 이 13절을 보는 사람 가운데, 더욱이 예수를 숭상하는 사람은 예수가 하느님의 오른편에 앉은 것을 말하는 거라고 할 것입니다. 그것도 좋습니다. 그보다 이 사람은 하느님을 좇아서 자꾸자꾸 '우'로 올라가고 올라가는 종, 인간의 정신을 다해서 올라갈 데까지 올라간 종을 예수로 봅니다.

이 노래는 제3이사야의 소리로서, 그의 생명관은 하느님의 정신입니다. 제3이사야가 자기 선생인 제2이사야가 본 것을 이렇게 느꼈을 거라고 회고하고, 제2이사야의 존재가 하느님의 진리를 이렇게 좇았다고 보는 것입니다. 이렇게만 좇아가면 틀림없이 지극히 높은 데까지 올라가서 존경받게 될 것입니다. 올라가는 인생, 곧 물질을 거스르고 올라가는 것이 참삶인 줄 압니다. 하늘에 머리를 두고 정신을 가진 인간이라면, 이것은 자꾸자꾸 하늘에 가깝게 높이 올라가겠다는 표현이라 할 수 있습니다.

전에는 그의 얼굴이 남들보다 더 안되어 보였고, 그 모습이 다른 사람들보다 더욱 상해서, 그를 보는 사람마다 모두 놀랐다.

이 세상에서는 예수 그리스도 같은 이를 이렇게 봅니다. 보통 사람으로 알지 않고 돌려놓고 흉보고, 아주 못되어 볼 게 없다고 합니다.

이제는 그가 많은 이방 나라를 놀라게 할 것이며, 왕들은 그 앞에서 입을 다물 것이다. 왕들은 이제까지 듣지도 못한 일들을 볼 것이며, 아무도 말하여주지 않은 일들을 볼 것이다.

정말 사는 것이 어떤 것인가를 보게 된다고 합니다. 이것을 이상주의자들의 이상주의로 보면 그렇습니다. 인류의 마지막 생명의 결과가 그렇습니다. 제3이사야가 자기 스승인 제2이사야를 그냥 겉으로 살펴볼 때는 선생님이 참으로 보잘것없다 할 것이고, 실패의 발디딤을 할 것입니다. 이상(理想)에 비추어보는 게 아니라는 말입니다. 그것을 53장에 가서 꼭 맞춰 그려놓았습니다. 예수가 나타나리라는 것을 그려놓은 것입니다. 예수를 그냥 그려놓은 것이라 해도 무방합니다. 제2이사야나 제3이사야가 살았던 때도 인자(人子)가 산 시대입니다. 여기에 무슨 관계가 있다고 예수만을 위해 몇백 년 전부터 이것을 보여주었다고 하면 너무 한쪽에 치우치는 감이 있습니다.

예나 지금이나 다 같이 공평하게 하느님 앞에 있는 인생입니다. 우리는 하느님의 종 노릇을 하거나 종 노릇을 하여야 산다고 믿는 사람이라고 볼 수밖에 없습니다. 이렇게 다 공평하게 보는 것이 옳을 것입니다. 하느님이 예수에게만 베풀 것이라면 오히려 인간으로 나온 예수를 무슨 특혜 속에 사는 좁은 인간으로 만드는 것밖에 안 됩니다. 공평하게 보아야 합니다. 큰 종이나 작은 종이나 예나 지금이나 예수 비슷한 사람이 그리스도이고, 그리스도와 같이 갈 수 있습니다.

우리가 들은 것을 누가 믿었느냐? 주님의 능력이 누구에게 나타났느냐?
하느님이 이르고 싶을 때, 하느님 좋은 대로 능력이 생겨납니다.

그는 주님 앞에서 마치 연한 순과 같이, 마른 땅에서 나온 싹과 같이 자라서, 그에게는 고운 모양도 없고, 훌륭한 풍채도 없으니, 우리가 보기에 흠모할 만한 아름다운 모습이 없다.
세상의 눈이 무디고 어두워지면 주님도 이같이 보일 수밖에 없습니다. 볼 것 없다는 말이 나옵니다.

그는 사람들에게 멸시를 받고, 버림을 받고, 고통을 많이 겪었다. 그는 언제나 병을 앓고 있었다. 사람들이 그에게서 얼굴을 돌렸고, 그가 멸시를 받으니, 우리도 덩달아 그를 귀하게 여기지 않았다.

어디서나 주님을 도무지 곱게 알아주지 않았습니다. 인식을 하지 않았습니다.

그는 실로 우리가 받아야 할 고통을 대신 받고, 우리가 겪어야 할 슬픔을 대신 겪었다. 그러나 우리는 그가 징벌을 받아서 하나님에게 맞으며, 고난을 받는다고 생각하였다.

이것은 우리가 그냥 듣거나 읽을 내용이 아닙니다. 이름 없고 무식한 동포, 가난한 동포, 밥 못 먹고 고생하는 동포, 그 가운데 하느님의 종이 많은 것입니다. 행세 못 하고 이름 없고 모두에게 무시당하고 촌놈이라고 놀림당하고 서울 구경도 한 번 못한 이들, 대접받지 못한 이들 중에 하느님의 종은 많습니다. 가난하고 남에게 무시당하지만 끝에 가서는 다른 사람의 질고(疾苦)와 괴로움을 대신해줍니다. 그들은 제대로 먹지도 못할 만큼 가난하여 부지런하지 않으면 안 됩니다. 그 대표적인 것이 우리나라 어머니들일 것입니다. 요새 어머니들은 덜할지 모르지만, 40년 전만 해도 우리 어머니들을 모두가 무시했습니다. 글자도 모르고 바깥 구경도 한 번 못한 어머니가 많습니다. 못나서가 아닙니다. 우리의 어려움과 가난함과 괴로움을 대신 짊어진 것입니다. 뿐만 아니라 어머니를 모두가 업신여겼습니다. 가장(家長)인 남편은 무식한 여자가 무엇을 아느냐고 나무랍니다. 그러면 자식들도 덩달아 아버지 말이 옳으니 어머니는 가만히 있으라고 합니다.

혹 이 구절을 예수에게만 국한시켜 예수가 당한 고난이나 핍박으로 해석하는 사람이 있을지 모르겠습니다. 예수도 다 앞에서부터 의를 위하여 핍박을 받는 전통이 내려오고 내려온 것 때문에 고생한 것이지 예수 혼자만의 고생은 아니라고 봅니다. 우리의 어머니와 할머니, 그리고 그 위의 할머니들이 내려오면서 무시당했습니다. 남성보다는 여성이 대신 짊어진 고초가 많습니다. 다른 양반집 아버지보다 우리네 아버지, 할아버지는 짊어진 질고가 많았습니다.

그러나 그가 찔린 것은 우리의 허물 때문이고, 그가 상처를 받은 것은 우리의 악함 때문이다. 그가 징계를 받음으로써 우리가 평화를 누리고, 그가 매를 맞음으로써 우리의 병이 나았다.

지금 우리가 당하는 것을 보아도 압니다. 그들이 모두 주리고 아픔을 당하는 것은 우리를 대신해서 당하는 것입니다.

우리는 모두 양처럼 길을 잃고, 각기 제 갈 길로 흩어졌으나, 주님께서 우리 모두의 죄악을 그에게 지우셨다.

자기 마음대로 생각했다는 뜻입니다. 책임을 다 우리에게 짊어지게 하였습니다. 그래서 힘없는 사람이 우리를 대신하여 짐을 잔뜩 집니다. 우리는 이 사실을 잘 알아야 합니다. 가정부를 두고 살면서 학교 늦는다고 새벽부터 법석을 떠는 사람이 자기가 먹은 밥상 하나 내놓지 않습니다. 밥만 먹고 숭늉 안 떠온다고 호령하면서 자기의 책임은 피합니다. 남의 집안일을 돌보는 사람은 왜 남과 같이 학교를 다니지 못합니까? 왜 남이 학교 다니는 뒷바라지만 하고, 왜 그렇게 호령이나 들으면서 살아야 합니까? 다 내 대신 해주는 것이 아니겠습니까? 이같이 대신해주는 것을 알면, 오늘날 이렇게 억울한 세상은 되지 않았을 겁니다. 다들 모르고 있습니다. 대신 당하는 어머니의 뜻을 모릅니다. 자식이 잘나면 아버지도 어려워집니다.

딸이 어려운 집안 사정을 생각해서 진학하기를 그만두면 좋았을 텐데 말입니다. 몇만 원의 등록금이 없어서 아버지가 양잿물을 마시고 죽었으니 어떡합니까? 뒤집혀서 무엇이 무엇인지 모릅니다. 학교에도 보내지 못할 것을 낳긴 왜 낳았느냐고 딸이 따지고 듭니다. 아버지는 무슨 짓을 저질러서라도 돈을 구해야 하는데, 그러지 못하면 양잿물을 마실 수밖에 없습니다.

그는 굴욕을 당하고 고문을 당하였으나, 아무 말도 하지 않았다. 마치 도살장으로 끌려가는 어린 양처럼, 마치 털 깎는 사람 앞에서 잠잠한 암양처럼, 끌려가기만 할 뿐, 아무 말도 하지 않았다.
아무런 말도 하지 않았다는 말입니다. 묵묵히 참고, 아무도 위로의 말 한마디 하지 않습니다.

그가 체포되어 유죄판결을 받았지만 그 세대 사람들 가운데서 어느 누가, 그가 사람 사는 땅에서 격리된 것을 보고서, 그것이 바로 형벌을 받아야 할 내 백성의 허물 때문이라고 생각하였느냐?
대신 해준 그 이치를 누가 알겠습니까?

그는 폭력을 휘두르지도 않았고, 거짓말도 하지 않았지만, 사람들은 그에게 악한 사람과 함께 묻힐 무덤을 주었고, 죽어서 부자와 함께 들어가게 하였다.
악인이나 부자나 끝에 가서는 다 같은 처지가 됩니다. 죽어서 가는 길은 다 같습니다. 이것을 으레 예수에게 갖다 붙여 말하기를, 예수가 죄수와 강도와 함께 십자가에 못 박혔다고 합니다. 또는 요셉이 새로 떠놓은 물에 먼저 들어가기 전에 고약한 사람이 그 물에 들어간 것에 갖다 붙이려 하는데 그것도 좋습니다. 그러나 자리를 말하여야 합니다. 도둑과 부자와 가난한 사람, 지위가 높은 사람과 낮은 사람 누구나 태어나고 죽는 것은 다 같습니다. 우주의 높은 뜻, 곧 예수 개인이 높여준 그 뜻을 다시 살펴야 합니다.

주님께서 그를 상하게 하고자 하셨다. 주님께서 그를 병들게 하셨다. 그가 그의 영혼을 속건제물로 여기면, 그는 자손을 볼 것이며, 오래오래 살 것이다. 주님께서 세우신 뜻을 그가 이루어 드릴 것이다.

영혼은 정신이므로, 그 정신이 속죄하는 제사의 제물(祭物)이 될 것입니다. 언뜻 보면 그리스도가 십자가에 못 박혀 흘린 피로써 죄 씻음을 입었다고 해석하고 싶겠지만, 속(贖)의 전후 상관관계를 볼 줄 알아야 합니다. 속(俗)된 우리네는 밥을 먹지 않으면 정신을 못 차립니다. 엊저녁을 굶었다고 이렇게 말할 기운도 없습니다. 한 일 주일만이라도 단식을 하고 나와서 말하라고 하면 말할 수 있습니다만, 먹어야겠거니 하는 생각에 사로잡혀 있으면서 먹지 않으면 기운이 생기지 않습니다. 먹어야 기운이 나옵니다. 먹는 것과 힘은 서로 희생하여 살리는 대속(代贖) 관계입니다. 대속하지 않은 '나'는 정신을 차릴 수가 없습니다. 물질은 서로 대속을 합니다.

'속(贖)'은 내가 대신 값을 치르고 사는 것을 말합니다. 내가 먹는 낟알과 채소가 나의 생명을 위해 '나'를 대신하여 희생되어, 힘을 내게 대속합니다. 대속 아닌 것이 없습니다.

예수는 하느님에게 복종하는 것을 직접 우리에게 보여주고 갔습니다. 그 이치를 철저히 알아야 합니다. '나'를 하느님의 뜻을 좇아 이웃을 위해 바치고 솟나야 합니다. 예수가 이렇게 대속해줌으로써 모든 물질이 대속해준다는 것을 깨달아야 합니다. 지나간 시대와 지금 시대에서 고생한 사람, 악한 사람, 장관 노릇 하는 사람, 이것이 다 우리끼리의 대속입니다.

교대입니다. 상대 세계가 있는 한 이 대속은 계속됩니다. 그래서 요순 시대를 비유해서 이상적인 시대를 그려보지만, 그런 때는 오지 않습니다. 진리 하나로 갈 수는 없습니다. 언제나 선과 악이 교대로 홍하고 망합니다. 그러니 그 정신은 속건제물(贖愆祭物)이 됩니다. 참사람이 속(贖)하게 되면 그의 자손은 길게 이어집니다. 예수는 자손이 없으니 어쩌나 하지만 예수에게는 믿음이 있습니다. 신(信)이야말로 자손 이상으로 길지 않습니까? 인류가 멸망할 때까지 예수의 믿음(信)은 이어질 것입니다. 예수뿐만 아니라 진리인 '하나'의 일은 다 길게 이어집니다.

고난을 당하고 난 뒤에, 그는 생명의 빛을 보고 만족할 것이다. 나의 의로운 종이 자기의 지식으로 많은 사람을 의롭게 할 것이다. 그는 다른 사람들이 받아야 할 형벌을 자기가 짊어질 것이다.

당할 것 당한 후에 잘 보면 '아, 이제 보니 당하기 어렵던 일을 당하고 지내봤네' 하는 소리가 나옵니다. 옛날에는 그런 일이 많았습니다. 아주 심한 고생을 당했건만, 두고두고 생각할수록 고생이 아니라 즐거움으로 여겨질 수도 있습니다. 어떤 때는 배가 고팠고, 죽을 뻔한 때도 있었습니다. 그런데 훗날에는 그 고생이 퍽 즐거웠던 경험으로 아주 달갑게 느껴집니다. 고생하며 자식을 낳아 기르는 어머니는 자식이 장성하는 것을 보면, 아주 즐겁고 그 자식을 거저 얻은 것 같은 생각마저 듭니다.

그러므로 나는 그가 존귀한 자들과 함께 자기 몫을 차지하게 하며, 강한 자들과 함께 전리품을 나누게 하겠다. 그는 죽는 데까지 자기의 영혼을 서슴없이 내맡기고, 남들이 죄인처럼 여기는 것도 마다하지 않았다. 그는 많은 사람의 죄를 대신 짊어졌고, 죄지은 사람들을 살리려고 중계에 나선 것이다.

이렇게 한 사람의 수효가 많습니다. 나사렛 예수가 그렇게 많다는 것이 아닙니다. 강한 자의 대속(代贖)을 나타내게, 전쟁에서 노획한 것을 나누어 먹는 것은 좋게 생각됩니다. 일본인이 살던 집을 어떤 사람이 해방 후에 얻는 것을 보고 퍽 부러워한 게 대부분입니다. 억울한 일을 당한 후에 적산(敵産)을 얻었으니 퍽 기뻐한 것 같습니다.

시대가 이래서 그렇지 실은 억울함의 대속으로서 나누어 먹는 즐거움보다, 마음이 간사해서 거저 생기니까 좋아하고 그렇게 느끼는 것입니다. 이런 일이 많습니다. 정의일관(正義一貫)의 인생은 좋으나 그럴 수만은 없다는 것입니다. 사람의 마음은 반반입니다. 선과 악이 있습니다. 선(善)이 세면 선한 사람이고 악(惡)이 세면 악한 사람입니다. 자각을 갖춘 사람은 훨씬 좋습니다. 하느님의 종이라고 자각하는 사람의 수가 많으면 세상에는 '억울한 일이 훨씬 적어질 것입니다. 어떤 의미에서는 남들은 대속을 받기만 하고 자기만 남을 위해 대속한다는 억울한 심정이 되기도 합니다. 어떤 때는 강한 자의 편에 있어서 그의 대속자가 되고, 어떤 때는 가난으로 인한 범죄 때문에 남을 희생시키는 죄인이 될 수 있습니다.

우리 인간은 복잡하게 생겼습니다. 때문에 인간의 판단은 공평하기가 참 어렵습니다. 장면 부통령을 저격한 김상붕의 고백을 보면 인간의 복잡함을 확실히 알 수 있습니다. 이 사람이 정말 참말만 하는 사람인가, 아니면 거짓말만 하는 사람인가를 알기는 참 어렵습니다. 부통령을 살리려고 한 게 참인지, 아니면 죽이려고 한 게 사실인지 확인하기 어렵습니다. 살리려고 한 일이라면 살려주어야 하고 그러지 않으면 중벌에 처해야 하는데, 그 진위 여부는 하느님만 아는 사실이기에 우리 인간으로서는 판단하기가 어렵습니다. 김상붕이 제대하고 나온 후 배는 고프고 무엇인가를 해서 먹고살아야 하는데 그만 주리가 틀려서 총을 우연히 한번 쏘게 되었다고 하는데, 그것에 대한 해석은 민주당과 자유당이 다를 것입니다. 죽일 놈인지 살릴 놈인지 하느님 외에는 알지 못합니다. 복잡한 인생이라, 한 인생에 두 가지의 흐름이 있는 것입니다. 지금도 어느 쪽이 큰지 모르지만, 큰 것은 큰 대로 작은 것은 작은 대로 그 세력을 뻗치면서 인생은 흘러갑니다. 오늘날까지 인류 역사가 수천 년이 흘렀지만 세상이 제대로 되지 않는 것은 바로 이 때문입니다.

예수께서 아직 말씀하고 계실 때에, 열두 제자 가운데 하나인 유다가 왔다. 대제사장들과 백성의 장로들이 보낸 무리가 칼과 몽둥이를 들고 그와 함께하였다. 그런데 예수를 넘겨줄 자가 그들에게 암호를 정하여 주기를 '내가 입을 맞추는 사람이 바로 그 사람이니, 그를 잡으시오' 하고 말해놓았다. (〈마태복음〉 26:46~48)

예수를 판다는 것의 표시가 다른 게 아니라 예수에게 손을 대고 인사하는 것입니다. 바로 그 인사가 주고받는 것이 되기에 예수를 파는 것이 됩니다. 여기서 입 맞추는 자가 바로 '그이'라는 소리는 안다는 것과 신임을 팔아먹는 수작입니다. 경력과 이력이니 하는 것을 팔아먹는 것입니다. 예수에게 입을 맞추면서까지 팔아먹다니 아주 간사합니다. 인간이 그런 것인지 모르겠습니다. 기왕 팔아먹으려면 끝까지 마음 편하게 '선생님 안녕하십니까? 선생님 좀 팔아야 하겠습니다.' 하는 게 오히려 떳떳할 것입니다. 결국 죄를 저지르고 말 것이면서, 입을 맞추고 신임을 보여 믿게 하고는 팔아먹었으니 앙큼하기 짝이 없습니다. 유다가 대단히 간악한 인간처럼 보이지만, 실상은 웬만한 사람이 다 이런 짓을 합니다.

유다가 곧바로 예수께 다가가서 '안녕하십니까? 선생님!' 하고 말하고, 그에게 입을 맞추었다. 예수께서 그에게 '친구여, 무엇 하러 여기에 왔느냐? 하고 말씀하시니, 그들이 다가와서, 예수께 손을 대어 붙잡았다. 그때에 예수와 함께 있던 사람들 가운데 한 사람이 손을 뻗쳐 자기 칼을 빼어, 대제사장의 종을 내리쳐서, 그 귀를 잘랐다. 그때에 예수께서 그에게 말씀하셨다. "네 칼을 칼집에 도로 꽂아라. 칼을 쓰는 사람은 모두 칼로 망한다."(〈마태복음〉 26:49~52)

일본이 이 때문에 망했습니다. 힘을 자랑하는 자는 반드시 망합니다. 여기서 칼은 힘을 말하고 싸움을 말합니다. 그 구체적인 면모에 대해서는 이미 쟁지이전 살인영야(爭地以戰 殺人盈野)의 설명에서 말한 바 있습니다. 우리 눈으로 보는 현실에서도 나타납니다.

너희는 내가 나의 아버지께, 당장에 열두 군단 이상의 천사들을 내 곁에 세워주시기를 청할 수 있다고 생각하지 않느냐?(〈마태복음〉 26:53)

이것이 문제입니다. 예수는 비평이나 불평을 하지 않습니다. 변변치 못한 사람처럼 그냥 그대로 생각하고 갑니다. 하늘의 열두 군단의 천사를 불러 악을 무찌르지 못할 줄 아느냐는 이 말은 하느님이 전지전능한 인격자임을 인정하는 말입니다. 하느님은 순식간에 우리를 갈아엎을 수 있지만, 예수를 보낸 것은 유치원에서 유치원 장난을 시키기 위해서입니다. 유치원의 잘못을 아버지와 어머니가 대속할 수 있는 것 같아 아버지의 전능을 찾지만, 내가 담당할 것은 스스로 해야 합니다.

예수를 모르면 모르는 대로 알면 아는 대로 꼭 붙잡고 그대로 가야 합니다. 우리는 유치원의 어린아이지 결코 전능한 아버지가 아닙니다. 그래서 어려워하지 말아야 합니다. 마치 아이들이 천진하게 아무것도 모르고 노는 것같이 사는 게 정말 사는 것이 아니겠습니까? 죽는 것도 정말 죽는 게 아닙니다. 무변(無邊), 무한에서 보면 우리가 사는 것은 아무것도 아닙니다. 이 세상이 유한(有限)이라면 엄청난 공간에서 볼 때는 아무것도 아닙니다. 괜히 어렵게 아버지를 닮듯이 하는 것은 다 소용없는 일이고, 유치원 어린이가 장난하는 것밖에 아무것도 아닙니다. 산다는 것도, 죽는다는 것도 아무것도 아닙니다. 이 정도쯤 되어야 그리스도인이라 할 수 있습니다. 칼을 쓰는 자는 칼로 망한다고 하였지만 지금은 돈이 칼입니다. 돈이 있는 곳에 칼이 번쩍거립니다. 칼을 번쩍거리지 않고서는 돈을 얻을 수 없습니다. 돈을 쓰는 자 돈으로 망할 것입니다. 칼을 쓰는 자가 칼로 망하는 것과 같습니다.

그러나 그렇게 되면, 이런 일이 반드시 일어나야 한다고 한 성경 말씀이 어떻게 이루어지겠느냐?(〈마태복음〉26:54)

하늘의 천사를 불러 악한 대제사장들을 물리칠 수 있으나 그렇게 하지 않는 것은, 유치원에 있는 뜻을 감당하고 그런 일을 이루라는 뜻입니다. 그것을 어떻게 이룰 수 있습니까? 어디서 이런 일이 생기는 것입니까? 예수와 똑같이 사람 속에서 생기는 일이 아니겠습니까? 모세의 율법이나 다윗이나 이사야에게만 있는 게 아닙니다. 제2, 3이사야는 곧 내 속에 생기는 것입니다. 한 번 생기면 없어지지 않습니다. 그러나 우리는 이 길을 무심히 들어갑니다. 그러니까 자꾸 벽에 부딪칩니다. 아는 도끼에 발등 찍히고, 기른 개에 물리고, 뻔히 알면서도 그 지경입니다. 다 유치원 장난입니다. 이 장난이 유치원의 일이지만 예수는 이쯤 말하고 수난을 당하지 않으면 안 됩니다. 그러지 않고서는 눈뜬 우리 장님들을 인도하지 못합니다. 그저 우리는 좇아가기만 하면 되고 유치원 아이답기만 하면 됩니다. 예수도 하늘의 이적(異蹟)을 그러한 뜻에서 바라지 않왔던 것입니다. 박 장로인지 나 장로인지 모르지만, 그가 《성경》 66권을 조각조각 내고 가닥가닥 떼어내 요모조모 뜯어보고 이것은 이렇고 저것은 저렇다고 해보았자 하등 소용이 없습니다. 인생을 모르고 하는 짓입니다. 인생을 가만히 보면 '하나'입니다. '하나'를 이룩한 것이 《성경》입니다. 예수는 이적(異蹟)을 바라고 악을 없애면 《성경》의 이루심, 곧 '하나'를 어떻게 이룰 수 있겠느냐고 했습니다. 이것이 참이요 정말입니다. 그냥 그대로 가야합니다. 그래서 예수는 하늘의 일을 보고 듣고 한 것에 대해 한마디도 하지 않았습니다. 다만 몸이 아픈 자에게 하느님을 진심으로 믿느냐고 묻고는 병을 고쳤을 뿐입니다.

사도 바울도 하늘의 얘기를 조금 하다가 자신이 거만해지는 게 아닌가 싶어서 그만두지 않았습니까? 박 장로가 세수한 물을 마시고 바르면 병이 낫는다고 합니다. 그래서 큰 통에다 세수를 하고 그 물을 병자들에게 먹인다고 합니다. 그런 식으로 병이 낫는다면, 예수가 왜 지중해 같은 데서 세수를 하지 않았겠습니까? 예수가 지중해에서 세수를 했다면 오늘날까지 만백성의 병을 고치는 데 효험이 있을 게 아니겠습니까? 예수는 도무지 하늘을 말하지 않고 불평을 하지 않습니다.

신비주의자들은 자꾸 하늘을 보며 하늘의 음성을 듣고 말하려고 애를 씁니다. 예수를 대신하려고까지 합니다. 진짜로 믿는 신자인 종은 하늘의 입내도 내지 않습니다. 하늘의 입내를 내는 교파도 있지만, 그냥 하늘에 하느님이 있어서 '그 뜻이 여기 있다' 하면 그만입니다.

그때에 예수께서 무리에게 말씀하셨다. "너희는 강도에게 하듯이, 칼과 몽둥이를 들고 나를 잡으러 왔느냐? 내가 날마다 성전에 앉아서 가르치고 있었건만, 너희는 내게 손을 대지 않았다. 그러나 이 모든 일을 이렇게 되게 하신 것은, 예언자들의 글을 이루려고 하신 것

이다." 그때에 제자들은 모두, 예수를 버리고 달아났다. (《마태복음》 26:55~56)

이때 제자들은 전부 예수를 버리고 도망갔습니다. 예수가 한 일과 선지자들이 한 일, 그리고 말씀이 다 이루어지리라는 것을 믿습니다. 《성경》에 없는 것도 선지자의 말이면 하나도 헛되이 땅에 떨어지지 않을 것입니다. 이전부터 내려온 말씀은 다 믿습니다. 이것을 다 믿어야 진리의 진리를 믿게 되는 것입니다. 진리에 살라는 예수가 아니겠습니까? 진리의 인생은 사는 것입니다.

너희가 나 때문에 모욕을 당하고, 박해를 받고, 터무니없는 말로 온갖 비난을 받으면, 복이 있다. (《마태복음》 5:11)

이것은 세상이 알아주지 않고 대속의 소임만 하고 간 사람은 복이 있다는 말입니다. 옛날 선지자들은 다 이렇게 하고 갔습니다. 억울한 일을 당하고 억울한 누명을 쓰고 갔습니다. 예수도 억울하게 세상을 떠났습니다. 오늘날에도 그렇습니다. 협잡에 걸려 억울하게 가는 사람이 많습니다. 어쨌든 두 줄거리의 흐름을 갖고 있는 이 복잡한 세상에는 아주 일정한 올바름이 없습니다. 오히려 뒤집어씌우는 일이 많습니다. 예수를 믿으면 장사가 잘되고 병이 낫고 복도 받는 줄로 안다면, 예수 믿기를 애초에 그만두어야 합니다. 예수를 잘 믿었다고 말로 할 필요 없이 그대로 바로 좇아가면 됩니다. 다음의 구절처럼 앞뒤 순서를 염두에 둘 필요가 없습니다.

의를 위하여 박해를 받은 사람은 복이 있다. (《마태복음》 5:10)

너희는 기뻐하고 즐거워하여라. 하늘에서 받을 너희의 상이 크기 때문이다. 너희보다 먼저 온 예언자들도 이와 같이 박해를 받았다. (《마태

복음〉5:12)

상을 여기서 받는 것이 아닙니다. 영원 무한에 가서 받는 상이 있습니다. 세상은 그렇습니다. 옛날이나 지금이나 하느님의 종은 핍박을 받았습니다. 그런 의미에서도 《신약성경》과 《구약성경》이 다르지 않습니다. 그대로 하느님의 종 노릇을 한 것뿐입니다. 예수는 특별하고도 뛰어나게 하느님의 종으로 간 것뿐입니다. 오늘날 그리스도인들도 이렇게 분명한 것을 보면 예수를 알 수 있습니다. 예수는 하느님의 종이기 때문에 이렇게 간 것입니다. 일치하지 않습니까? (1957. 3. 22.)

제26강

혈육의 근본은 흙이고
정신의 근본은 하늘이다

맞일걸 맞는 일과 맞히지 않으려는 일

주인집 장없은제 나그네 장국 싫드.

설렁탕 진히 끌엇슬 때 소금 파 갖횟드.

하늘로 나리는 비는 온통 쓸데 맞진 못. (다석일지 1957. 3. 26.)

和雩南八二誕辰韻

「何事猶聞封建音 卽當盍秦民主樂」

先代王朝後民人 古國蒼生夢未安

百世李門應報身 檀祖軫念繼無親 (다석일지 1957. 3. 27.)

幻知不知劫

「惡乎音 옂지 ᄒ소리」

心隔千山一面對 心隔性絶萬千劫

性絶萬古同人間 人間面對同一幻

生乎性乎自且他 一言不中千語穴

面耶皮耶隙也間 正音未央全章叛 (다석일지 1957. 3. 29.)

'맞', '맡', '맟'을 늘 생각하는 버릇이 있어서 오늘도 역시 '맞일걸 맞는 일과 맞히지 않으려는 일'이라고 주제를 걸어보았습니다. 세상에는 맞추어야 할 일과 맞추어서는 안 될 일이 있습니다. 이 세상은 무슨 일에든지 맞추어보려고 노력합니다. 하지만 잘 들어맞게 하려고 애쓴 결과 거의 들어맞게 된 것처럼 보이나 결국은 그렇게 맞추어서는 안 될 일도 있습니다.

주인집 장없은제 나 2 네 장국 싫ᄃ

일은 이쯤 맞추어야 합니다. 이런 일이 우리 인생에는 분명히 있습니다. 제격에 맞는 일을 말합니다. 장국을 만드는 장이 떨어졌는데 마침 찾아온 손님이 알맞게도 장국을 싫다고 하면, 이것 또한 들어맞는 일입니다. 세상의 일이 이렇게 될 때 참으로 맞는 일이라고 합니다. 이것은 소극적으로 요행히 들어맞는 일입니다. 모처럼 온 손님에게 장국이라도 따뜻하게 대접하고 싶건만 장이 없어 장국을 만들지 못하게 되었는데 마침 손님도 장국이 싫다는 것입니다. 세상사는 흔히 어그러지는 게 보통입니다. 또 우리는 그것을 걱정하기 십상입니다. 그런데 이처럼 딱 들어맞는 일도 있습니다. 이것이 적극적으로 들어맞으면 좋은데, 요행히 소극적으로 들어맞습니다. 이렇고 저렇고 간에 이것 또한 사실이니까 한번 생각해서 느껴보았으면 합니다.

설렁탕 진히 끌엇슬 때 소곰 파 갓홧ᄃ

국이 진하다고 하면 재료를 충분히 넣어 잘 끓인 것을 말합니다. 이렇게 진하게 끓인 것을 진국이라고 합니다. 게다가 소금과 파를 갖추었다는 것은 소금과 파가 곁들여 있다는 말입니다. 예전에 우리나라 사람들은 소금이나 파에 관한 한 부족함을 느끼지 못하고 지냈습니다. 인도에서는 소금을 오래전부터 전매(專賣)했습니다. 일제 때는 우리나라에서도 소금을 전매했습니다. 중국은 주나라 시대부터 나라에서 소금을 관리하였기에 소금을 대단히 귀하게 여겼습니다. 전매를 하여도 크게 하지 않았습니다. 중국 사람은 경제를 알아 검약이 몸에 배었기에 전매도 그다지 헤프게 하지 않았습니다. 우리나라에서는 같은 전매라 하더라도 술과 담배처럼 소금이 아주 흔했습니다.

소금을 덜 먹어야 좋다는 학설이 있긴 하지만, 소금은 몇천 년 동안 우리 인간의 삶에 필수품이 된 게 사실입니다. 파도 우리나라에서는 대단히 요긴한 것입니다. 우리는 원래 보리밥에 파국을 먹고 살았습니다. 그런데 근래에 와서 파가 얼마나 귀해졌는지 모릅니다. 파국을 한 번 먹으려면 고기값만큼의 비용이 따로 듭니다. 파가 나오는 철에도 구하기가 쉽지 않습니다. 설렁탕에는 소금이 제일 중요합니다. 지금은 서울 설렁탕이라고 해보았자 별다른 게 없습니다. 전에는 서울의 명물이 설렁탕이었습니다. 그중 어디가 잘한다는 말이 있었습니다. 왜 그런지 몰라도, 설렁탕에는 소금과 파가 들어가야만 합니다. 고명 파를 꼭 넣어야 합니다. 파가 없으면 아무리 설렁탕을 좋아하는 사람이라도 불만스러워할 것입니다. 설렁탕이 진하게 끓여지고 소금과 파도 갖추어졌다는 것은 한 가지 음식에 들어맞는 것으로, 가장 쉬운 일인 것 같습니다.

그러나 이것을 민생 문제나 다른 문제에 대입하면 잘 들어맞지 않습니다. 노력을 하여 그렇게 잘 들어맞는다면 참으로 좋은 일입니다. 정말 좋은 일입니다. 세상사에 맞출 것은 이렇게 맞춰야 하는데, 간혹 요행히 들어맞은 것을 두고 남에게 부끄럽지 않게 잘되었다고 하고 잘 맞추었다고 말합니다.

'네가 꼭 있어야 일이 잘된다', '네가 빠지면 약에 감초가 빠진 것이다'는 말은 그만큼 쓸 만한 사람을 가리키는데, 이런 사람을 두고 설렁탕의 소금이나 파라고 합니다. 굳이 설렁탕이 아니라도 동양에서는 옛날부터 국에 간을 하지 않았습니다. 국의 크기가 허공과 같아서 간사스럽게 지저분하고 잡다한 것을 섞지 않고 제각기 간을 맞추기 마련입니다. 으뜸 원 자의 원 바탕이 그렇습니다. 태극(太極)은 원(元)이어서 아무것도 없습니다. 고대의 '태갱'은 우리의 설렁탕 모양으로 아무런 양념도 넣지 않은 고기국입니다. 제각기 입에 맞게 소금과 파, 심지어는 후춧가루와 고춧가루를 쳐서 먹습니다. 맞출 곳에 가면 맞추기 마련입니다.

이 얘기는 여러 번 하였습니다만, 상고(上古) 때 지금의 장관쯤 되는 사람이 일을 잘 수행하는 것을 두고 국에 소금과 매실이 들어간 것 같다는 의미로 태갱에 염매(鹽梅)와 같다고 했습니다. 즉, 우리말로 하면 설렁탕에 소금과 파가 들어가야 제맛이 나는 것처럼, 장관직의 수행이 나라에 아주 요긴하고 필요한 일이라는 뜻입니다. 요새 우리나라 장관은 맞추어야 할 두 가지 일을 맞추려 하지 않습니다. 그러니까 적극적으로 하지 않고 다행히 소극적으로 맞추면 좋다는 식이 많습니다. 한편 우리는 맞추어서는 안 될 일을 꼭 살펴보아야 합니다.

하늘로 나리는 비는 온통 쓸데 맞진 못

온통 쓸데 있는 것으로는 비가 있습니다. 비는 쓰이지 못할 데가 없습니다. 어떤 때는 비가 지나치게 와서 객수(客水)라고까지 말하지만, 자기 소견에서 볼 때나 쓸데없지 다 쓸데가 있습니다. 몇 달 지나보십시오. 도시 사람들은 일 년 내내 비가 안 오면 좋겠다고 합니다. 하루 벌어서 먹고사는 사람들도 비가 왜 이렇게 오느냐며 원망합니다. 자신에게 요긴

하지 않으면 객수라고 합니다. 그러나 두 달만 객수가 오지 않으면 식수 (食水)도 난리가 날 것입니다. 노아의 홍수처럼 퍼부어서는 안 되겠지만 객수란 있을 수 없습니다. 노아의 홍수도 한번 시원하게 씻어버릴 것을 씻어버리니 쓸데없는 비가 어디 있습니까? 아닌 게 아니라 지금의 개천 에도 장마가 한번 와야 사람의 손으로 치우지 못한 쓰레기를 없애주지 않겠습니까? 하늘에서 준 것 치고 쓸데없는 게 없습니다.

자연 그대로 놓아 두자는 말들을 자주 합니다. 사람들이 자꾸 서로 귀찮게 제한하고 구속하는데, 그렇게 하지 말고 자연 그대로 죄다 맞을 때 맞추는 게 좋지 않느냐는 말입니다. 비는 응당히 맞아야 합니다. 맞 지 않으면 안 됩니다. 그러나 우리나라 사람들은 비 맞는 것을 좋아하지 않습니다. 맞을 때 맞으려고 하지 않습니다. 그와는 달리 풍년이었건만 곡식을 비에 맞혀(맞히면 안 되는 일이건만) 썩히는 일도 많습니다. 이것 이야말로 인간의 죄악이 아니겠습니까?

이처럼 아무리 맞는 세상이라도 맞춰서는 안 되는 일이 있습니다. 남 자와 여자는 마주쳐야 삽니다. 그러나 차례대로 되지 않으면 못 삽니다. 옛말에 '서방 맞았다'라는 말이 있습니다. 서방 맞은 것이 차례로 나쁘 게, 잘 안 되었다는 것을 말합니다. 정당하게 혼인하는 것도 사내를 맞 았다고 할 수 있으나, '서방 맞았다' 하면 맞추어서 안 되는 일을 맞춘 것을 말합니다. 이렇게 뒤범벅되는 것이나 일을 전부 사리에 맞게 생각 해야 합니다. 평등 시대라 해서 서방 맞았다는 뜻으로 '계집 맞았다'는 말도 씁니다. 옛날에는 못된 '계집에 빠졌다'는 말을 썼는데 말입니다.

요새 길을 가면 '설렁탕'이라는 간판이 많이 눈에 띕니다. 설렁탕은 옛 날에 왕이 권농(勸農)을 위해 몸소 밭을 갈 때 나온 음식이라는 말을 들 은 적이 있습니다. 왕과 만조백관(滿朝百官)이 하루 동안 농사의 모범을 보였다고 합니다. 그리고 소 한 마리를 잡아 통째로 끓여서 임금을 수행한 관리와 구경 나온 백성이 다 함께 식사를 했는데, 이 음식을 선농탕 (先農湯)이라고 했습니다. 평소에 임금이 먹는 국은 끓일 때는 애당초 물을 더 붓거나 덜거나 해야지, 나중에 장을 더 치게 되면 국 맛이 아주 없게 된다고 하였습니다. 미각이 예민한 사람은 국에 넣을 것을 애당초 넣어서 알맞게 끓여낸다고 합니다. 너무 끓여도 안 되고 덜 끓여도 안 되는 것입니다.

좀 부유한 사람은 아침에 나온 국을 점심이나 저녁에 다시 끓여주면 싫다고 합니다. 무슨 냄새가 난다고 합니다. 어떤 때는 국을 끓일 때 우리네처럼 하지 않습니다. 마치 전을 부치는 것처럼 하기도 합니다. 고기를 썰어 한 번 삶은 후 꺼내 전을 부치고 다시 국에 집어넣어 끓인다고 합니다. 평소에야 임금이 먹는 국을 이렇게 끓일 수 있겠지만, 권농 (勸農)의 날에 만조백관이 농사의 모범을 보이는 곳에서야 어떻게 일일이 구미(口味)를 맞출 수 있겠습니까? 그럴 수 없으니 소 한 마리를 잡아 통째로 끓인 후 밭을 가는 임금을 비롯하여 구경 나온 백성까지 이 국을 먹었다고 합니다.

이 평민적인 행사 때 나온 선농탕을 이 사람은 설농탕으로 생각했습니다. 그런데 그것이 그렇지 않다고 합니다. 원(元)나라가 한창 흥했을 때 고려와 원나라 사이에는 혼인을 비롯하여 여러 교류가 이루어졌습니다. 원나라에 가서 산 사람도 많아서 원나라의 풍습이 그대로 고려에 들어온 경우도 많습니다. 예컨대 혼례 때 입는 원삼은 원나라 옷을 말하고, 족두리는 원나라에서 출입 시 쓰던 것입니다. 임금의 식사를 가리키는 '수라'도 원나라의 말입니다. '상추'라는 말도 한자로 '와거(萵苣)'라고 하는데 서울에서는 그렇게 쓰지 않고 씨를 받는 '상추대'만 '와거대'라고 합니다. 순전히 우리말의 '상추'가 있는지는 모르겠습니다. '상추'는 '생취', 곧 생(生)으로 먹는다는 뜻에서 나온 걸로 보입니다. 무생치

나물, 무슨 생치 나물 등 생채를 무쳐 먹는 것을 말하는데, 그중에서 상추가 생으로 먹는 것의 대표가 되어 '생치'라고 하는지 모르겠습니다. 좌우간 생채 이름도 원나라에서 쓰던 말로 여겨집니다.

국을 몽골에서는 '새루'라고 한답니다. 이 말이 변한 '설랭이'가 만주에서 '휴류'로 바뀌었고, 다시 우리나라에 와서 '설렁'이 되었다는 설이 있습니다. 이렇게 본다면 국이 설렁설렁 끓으니까 설렁탕이라는 말이 붙었는지, 아니면 '휴류'가 설렁탕이 되었는지 모를 일입니다. 정말 설렁설렁 끓기 때문에 설렁탕이 되었는지, 아니면 뒤집어서 말하기 좋아하는 이들의 주장처럼 '설렁설렁'이라는 말이 그 전에는 없었는데 설렁탕이 나오는 바람에 부사가 생겼는지 모르겠습니다.

이번에 조선일보에 이승만 대통령이 82주년 생일을 맞이하여 지은 시(詩)가 실렸습니다.

십생구사구생인(十生九死苟生人) 고국청산도유몽(故國青山徒有夢)
육대이문독자신(六代李門獨子身) 선영백골호무친(先塋白骨護無親)
그런데 무슨 제목이 있는 것도 아니고 그냥 이렇게 지었다고 합니다.
십생구사구생인(十生九死苟生人)은 열 번이나 사는데 그중 아홉 번이나 죽을 뻔했다는 말입니다. 일생을 어렵게 겨우겨우 구차하게 살아온 자신의 일생을 말하는 것으로 보입니다.

육대이문독자신(六代李門獨子身)은 육대(六代)나 내려오는데 이 씨 가문에서는 독자로 내려왔다는 말입니다. 이런 말은 처음 듣습니다.

고국청산도유몽(故國青山徒有夢)은 내 고향 내 나라의 푸른 산과 들에 한갓 꿈만 있다는 말입니다. 모든 것을 버리고 해외에서 고생하다 고국에 돌아와 건국(建國)의 토대를 맡아보는 게 꿈만 같다는 소리 같습니다. 남북통일이 아직 안 되었음을 한탄해서 꿈만 같다고 한 것인지, 아니면 어떤 생각으로 한 말인지 알 수 없습니다.

선영백골호부친(先塋白骨護無親), 먼저 간 조상이 묻힌 무덤을 선영(先塋)이라고 합니다. 그 무덤에는 백골(白骨)이 있을 것입니다. 이것을 다 수호하여야 하는데, 즉 벌초도 하고 보호해야 하는데 자손이 없다는 말입니다. 자손이 없어서 선영수호(先塋守護)할 사람이 없다는 것은, 전에는 안 그렇게 생각했는데 지금은 현저히 생각이 난다는 말입니다. 대통령이 어머니에 대해 자주 말하는데, 동양에서는 아버지를 존중하고 서양에서는 어머니를 존중한다고 합니다. 신문에 난 것을 보면, 최근 일본의 역사학자 고토(後藤)가 강의에서 가족주의, 곧 가장주의(家長主義)의 연장이라 할 수 있는 천황이 1945년 8월로 마지막을 고(告)했고, 일본 역시 가장주의에서 어머니 중심의 살림이 일어난다고 말하였답니다. 사랑의 어머니 중심은 서양이 아주 심한데, 대통령이 연초에 찾아온 생일에 어머니와 아울러 조상 생각을 한 것은 자연의 이치라 하겠습니다. 그래서 그런지 전에는 생각지도 않았던 아들을 얻고자 그날로 양자를 삼았다고 발표했습니다.

생일에 개인의 느낌을 이렇게 말한 것은 좋으나, 그래도 나랏일을 맡은 사람으로서 무엇을 하겠다는 말이 없었다는 것은 좀 무엇합니다. 양자에 대한 생각은 차차 해도 되는 게 아닐까 싶습니다. 그런 감정을 국민에게 보여준 것은 물론 연로하기 때문에 나오는 생각이라 뭐라 할 수 없지만 그래도 일국의 대통령이 아닙니까? 감상 하나라도 표현이 되면 그 영향이 어떤지, 국민이 그것을 어떻게 여길지 늘 생각해야 하는 게 아닌가 싶었습니다. 그래서 그 운(韻)을 따서 이런 느낌을 적었습니다.

〈화우남팔이탄신운(和雩南八二誕辰韻)〉을 보겠습니다. '운(韻)을 따서 시를 만들어 화(和)한 것이다'라는 제목입니다.

선대왕조후민인(先代王朝後民人)

선대(先代)에는 왕이 나라를 다스렸고 그 사직(社稷)을 이어받아 오늘날 다시 민국(民國)의 사람으로서 이 나라를 다스린다, 즉 후대에 대통령이 되었다는 말입니다.

백세이문응보신(百世李門應報身)

이렇게 길게 내려온 이문(李門)에 응보신(應報身)이라, 불가(佛家)에서의 삼신(三身)은 법신(法身), 보신(報身), 응신(應身)을 말합니다. 법신은 진리의 나, 들어갔다 나왔다 해도 영원한 그리스도의 정신, 그리스도의 인격이라 말할 수 있습니다. 보신은 잘하면 잘하는 대로 못하면 못한 대로 잘하고 못한 것을 받는 몸뚱이를 갖고 나온다는 말입니다. 그리고 응신은 세상이 어지러울 때 마땅히 그 일을 담당해야 할 필요가 있어서 나오게 된 몸뚱이를 말합니다. 그래서 응보(應報)는 받을 것 받고 응할 것 응하는 인연(因緣)과 같은 몸입니다. 이렇게 보면 대통령이 독자(獨子)인 것은 물론이고 오늘날 민국(民國)의 일을 맡게 된 것도 인연(因緣)입니다.

고국창생몽미안(古國蒼生夢未安)

'고(故)'가 아니라 '옛 고(古)'를 썼습니다. 우리나라의 역사가 5천 년까지는 모르나 2, 3천 년은 더 되는 게 사실입니다. 나라로 치더라도 옛 나라입니다. 갓 생긴 풋내기 나라가 아닙니다. 고국에서 시퍼렇게 살고 있는 백성의 꿈이 아직도 편치 못하다는 말입니다. 인생은 꿈이고 좋은 꿈을 보자고 사는 게 이 나라 백성인데, 그 꿈이 아직 편치 못하다는 뜻입니다. 단일 민족의 꿈을 어떻게 하면 편안하게 이루어줄지를 생각하니 아직 평안치 못합니다.

단조진념계무친(檀祖軫念繼無親)

단조(檀祖)는 단군(檀君) 할아버지입니다. 진(軫)은 수레가 둥그렇게 돌아가는 모양을 말합니다. 생각을 자꾸 골똘히 깊게 하는 것을 진념(軫念)이라고 합니다. 특히 지위가 높은 이들이 생각하는 것을 말합니다. 두루 살펴서 높은 데서 보아주는 임금의 생각이기도 합니다. 그런데 단군의 진념을 계승할 사람이 없습니다. 단군의 진념을 몇 사람이 더 계승하여 그대로 하였다면, 해방 후 우리나라의 건국이 이런 식으로 되지는 않았을 겁니다. 이것을 이을 자식이 없습니다. 대통령이 혼자 느낀 것같이 이 사람은 이 사람대로 이렇게 느꼈습니다. 단군의 자손으로서 이같이 느꼈을 뿐입니다.

'백세이문응보신', 이승만 대통령이 그렇습니다. '고국창생몽미안'이라 아직 그렇습니다. '단조진념계무친', 단군의 일을 이을 자식이 없다는 것은 사람을 원망하는 것이지 하늘을 탓하는 게 아닙니다. 단군의 진념을 잊지 않았다면 이제부터라도 해야만 합니다. 단군의 뜻을 내 뜻으로 알고 홍익인간(弘益人間)하여야 합니다. 애초에 단군은 이 세상을 돌아보며 어디로 가는 게 좋을까 궁리하다가 산 위에서 내려다본 이 나라에서 홍익인간을 해보고자 온 것입니다. 단군은 하느님으로부터 이 백성에게 그렇게 하라고 명을 받은 존재입니다. 선조(先祖)를 받들라고 말하고, 이제까지 받들어 왔습니다. 우리가 그것을 본받아 어떻게든 자손을 이어 효도를 하고 산수(山水)라도 잘 수호하는 것이 좋은 일이고 미풍(美風)인지 모르겠습니다. 그러나 또 생각할 문제가 있습니다. 이 나라의 장래가 어떻게 된다는 것을 알아야 합니다.

가장주의(家長主義)는 깨져야 합니다. 가족주의(家族主義)는 깨져야 합니다. 족보를 따지자는 시대가 아닙니다. 가첩(家帖) 정도로 집에 누가 왔다 갔는지 적어놓는 정도면 족합니다. 이런 것을 자꾸 하면 쭈그러듭니다. 앞으로 나가는 일이 아닙니다. 화장(火葬)하기 싫어하고 땅에 묻히기를 바라는 생각도 깨져야 합니다. 모두 땅에 묻고 제사를 잘 지내라고 하면 150만 명(1957년)이 사는 서울은 다 어떻게 되겠습니까? 죄다 땅에 묻히길 바라고 제사 받기를 원하면 이 일을 다 어디서 하겠습니까? 예전만 해도 장안가호(長安家戶)가 5만 호라고 했습니다. 한 가호를 5명씩 잡으면 25만 명이 됩니다. 우리 어릴 때를 생각하면 서소문, 송월동, 수문방, 동대문 일대에 온통 무덤뿐이었습니다.

그런데 인구가 150만 명이나 되는 지금은 어떻게 되겠습니까? 조상을 모시는 데 남에게 뒤지지 않기 위해 빚까지 지면서 산문(山門)을 세우고 제청(祭廳)까지 만드는 게 효(孝)라고 하면 이것을 다 어떻게 하겠습니까? 동고동락(同苦同樂)의 이치가 어떤 것입니까? 내가 계집을 좋아하면 홀아비가 없도록 다 같이 살게 해주어야 하지 않습니까? 본디 고향을 떠나서는 못 산다는 말이 있습니다. 조상을 떠나고 부모를 떠나서 사는 것은 분명히 모든 것을 버리고 가는 셈이므로, 고향을 떠나서는 못 산다고 하였고 떠나지 못하기도 했습니다. 이승만 대통령이 민족사상과 배일사상을 갖고 해외로 망명할 때 정 고향을 못 잊고 선영(先塋)을 생각했다면 진작에 첩이라도 얻어서 자손을 보지 않았겠습니까? 그런데 지금에 와서 자손을 못 본 게 서운하고 선영을 받들어야 한다고 말하는 것은 개인적으로는 좋게 생각되지만, 그 영향이 어떨지 생각하지 않으면 안 됩니다. 이렇게 가장주의를 조장하여 우리 국민이 조상을 모시고 제사를 잘 지내고 대가 끊어지지 않게 하는 데 남보다 잘하고 더 많이 하는 게 잘하는 살림이라고 생각하게 되면 참으로 큰일입니다.

족보를 3천만 명의 국민이 다 따지면 큰일 납니다. 어떻게든 대를 이어야 한다는 유교사상 때문에 얼마나 부패했고 갈등과 싸움이 많았는지는 조선조의 역사가 잘 말해줍니다. 유교사상에서 자손을 이어 가는 것을 효(孝)라고 한 것은 옛날에는 자손이 귀하고 사람 수가 적었기 때문입니다.

그런 학설이 아니고는 번식이 안 되니까 그런 말을 한 것입니다. 무슨 딴 뜻이 있어서가 아닙니다. 원줄기가 있는 게 아닙니다. 프랑스 같은 나라는 지금 인구가 자꾸 줄기 때문에 여러 방법을 통해 인구 증식(增殖)을 장려한다는 말을 들었습니다. 홀아비와 과부, 그리고 미혼자에게는 세금을 받겠다는 식의 일을 학설로 만든 것밖에 아무것도 아닙니다. 후손이 대(代)를 이어야지 그러지 않으면 불효 중 상불효라고 합니다. 그런 억설(臆說)이 어디 있습니까?

이 사람은 진작부터 이런 말을 했습니다. 자손이 끊어지는 것을 걱정 말고 정신이 끊어지는 것을 걱정하라고 말입니다. 인간의 대를 잇는 것은 소나 돼지 같은 짐승의 새끼가 아니고 사람의 자식입니다. 사람을 대표하는 것은 곧 정신입니다. 이 정신을 이어 나가는 게 중요하지, 자손이 끊어지는 것을 걱정할 필요가 없습니다. 실상 보십시오. 자손이 끊어진 사람이 몇이나 됩니까? 극히 적습니다. 그러나 정신이 끊어진 사람은 아주 많습니다. 단군의 얼을 이은 사람은 삼국시대에도 별반 찾아볼 수 없습니다. 그런데 오늘날 누가 단군의 정신이 끊어지는 것을 걱정하겠습니까? 더구나 이런 세상에서 자식만 많이 낳는 게 효라는데, 대체 그런 효가 어디 있습니까? 그런 말이나 할 줄 알았지, 정신이 끊어지는 것을 염려하는 사람이 있다는 말은 들어보지 못했습니다.

축생(畜生)의 사회가 아닌 인간 사회라면 정말 철학을 좀 하여야겠습니다. 생각을 하여야 한다는 말입니다. 사람을 알아야 합니다. 나라는 것을 알아야 합니다. 나를 낳아준 부모는 한 어버이지만, 나를 낳지 않은 부모가 훨씬 많다는 사실을 알아야 합니다. 나를 낳지 않은 부모가 더 고맙습니다. 드문드문 심어서 좀 덜 낳을 줄도 알아야 합니다. 이런 생각을 할 줄 알면 전부 화장(火葬)을 해야 합니다. 이런 점에서 보면, 인도 사람들은 3천 년 전에 이미 화장을 했다 하니 인류의 선배라 하겠습니다. 불교에서는 여자들까지 머리를 박박 깎습니다. 이것도 역시 인류의 선배로서 하는 일입니다. 하여튼 인구 때문에 이 역사가 주리 틀리지 않으려면, 3천 년 전부터 여자까지 머리를 빡빡 깎고 시신을 화장한 인도의 선각지인(先覺知人)들을 본받아야겠습니다.

가족제도와 관련하여 특히 몇십 년 전에 우리나라에서 성(姓)을 없애자는 사람이 있었습니다. 무슨 성(姓) 하면 당파나 파벌을 조장하여 심하게 다투게 되니 아예 성(姓)을 없애고 단씨(檀氏) 성 하나만 갖자는 주장도 나왔습니다. 속세를 떠나 스님이 되면 성(姓)도 없앱니다. 이름이 '방하남'이라고 하는데, 원래는 부처의 성을 따라 '석하남'이라고 했습니다. 스님에게 성(姓)을 물으면 '석하남'이라고 답합니다. '석'이라는 성을 씁니다. 장난삼아 속성(俗姓)을 물으면 마지못해 '방' 씨라고 말합니다. 어떤 의미에서는 모든 국민이 성을 버리고 단씨(檀氏) 성 하나만 쓸 때 나라가 좀 나아지고 바로 될지 모릅니다. 대통령도 자신의 생일 때 양자를 들이니, 세상 사람들은 이기붕이 후계자가 될 거라고 벌써 수군거립니다. 이런 영향을 어떻게 하겠습니까?

서재필(徐載弼) 박사는 귀국하여 한국이 10년 전 그대로이니 이를 어떡하느냐고 걱정하였습니다. 국민이 10년 전의 정신을 그대로 갖고 있다며 '아, 어떡하나?' 하고 마지막 말을 남기고 떠났는데, 한국은 사실 50년 전 그대로입니다. 그대로 모두가 해먹고 있습니다. 정신을 차려야 합니다. 화장(火葬)은 경제 사정이 어려워 공동묘지에 묻힐 수 없는 사람들이 합니다. 지금까지도 이것을 당연한 것으로 압니다. 오늘까지 국민의 마음에 어떤 변화가 있었는지 참 짐작하기 어렵습니다. 두려움마저 앞섭니다.

개성(開城) 사람들은 사업을 잘한다고 합니다. 그러나 부자가 되고 나면 노름을 하고 산소를 치장하고 첩을 들입니다. 좀 넓게 보고 목표를 세웠다면 5백 년 역사 동안 동양에서 제일가는 부자가 몇 명은 나왔을 터인데, 사업의 목표가 그렇게 좁으니 큰 부자가 제대로 나오지 못했습니다. 산소를 치장하고 노름하며 첩을 두면 남부럽지 않은 신세였던 것입니다. 그 정도로 목표를 이루었다고 여겼기 때문에 큰 부자가 나올 리 만무합니다.

고려가 망할 때 개성 사람들은 벼슬길이 막히자 이래선 안 되겠다며 사업 쪽으로 방향을 돌렸습니다. 애초에 방향 전환은 잘하여 장사는 잘하였으나 5백 년의 세월이 가면서 보는 눈이 좁고 낮아져 그만 저 모양이 되고 말았습니다. 지금은 개성 사람 중에 장사를 잘하는 사람을 찾아보기 힘듭니다. 우리는 나라가 망하기도 했고 다시 찾기도 했습니다. 그런데 아직껏 정신 차리지 못하고 좁고 얕은 생각만 한다면 이 험한 세상에서 장차 어떤 일이 우리에게 닥칠지 모르겠습니다. 이 일을 장차 어떻게 하겠습니까?

조상의 뼈나 내 뼈나 흙에서 나와 흙으로 돌아가는 것은 똑같습니다. 족보조차도 만들 필요가 없습니다. 가첩에 조상의 이름이나 적어놓고 알면 그만입니다. 조상을 알고 싶으면 그 근원인 아주 큰 것을 한번 캐어볼 것이지, 그렇지 않은 조상을 알아 무슨 소용이 있단 말입니까? 이번 대학 시험을 보는데 아버지 함자를 모르는 사람이 있었다고 합니다. 이 일을 무식한 정도를 나타내는 표준으로 삼는 것 같은데, 아버지 성함을 아주 모르는 것도 썩 안된 일이지만, 많이 안다고 그 위 꼭대기까지 알아지겠느냐는 말입니다.

정 그렇게 하고 싶으면 피라미드를 만든 이집트의 왕들처럼 만백성을 괴롭혀보는 것이 어떻겠습니까? 그러나 그 짓도 사나운 왕이나 하는 것이지 만백성이 다 할 수는 없는 노릇이 아니겠습니까? 혈육(血肉)의 근본은 흙이고, 정신은 하늘에 근본을 두는 게 아니겠습니까? 정신은 올라가고 흙은 빨리 흙으로 돌아가게, 죽으면 재를 만들어버리면 그만입니다. 옛날에는 '산송(山訟)'이라고 하여, 산수를 보는 이가 좋은 자리를 알려주면 그 자리를 두고 권세 있는 사람과 힘이 없는 사람이 몹시 싸움을 했습니다. 심지어는 먼저 묻은 송장을 치워버리고 자기 조상의 송장을 그 자리에 묻기까지 했습니다. 힘이 부족한 사람은 당장 어떻게 할 수 없으니까 눈을 속입니다. 권세 있는 가문의 송장을 파버리고 그 자리에 자기 조상을 몰래 묻었던 것입니다. 남의 산소를 파헤치는 게 위법임을 뻔히 알면서도 일을 저지르는 것입니다. 당할 때 당하더라도 무조건 한다는 식입니다.

어디 다른 일에도 법을 무서워하지 않아서였겠습니까? 그러나 '산송'에서만큼은 아주 용감합니다. 그만큼 백성이 어리석다고 할 수 있을지 모르겠습니다. 유물사상에 철저하다는 공산국가에서도 레닌의 송장은 곱게 단장시켜 썩지 않게 유리관에 넣어 두었습니다. 사람은 다 마찬가지여서 무엇을 좀 오래 두고 싶어서 송장이라도 보존하겠다는 생각을 한 모양입니다. 국민들이 레닌이야 그만한 지위에 그만한 인격이었으니 그런 대접이 당연하다고 생각하는지 모르겠지만, 여하튼 어리석은 국민이라 아니할 수 없습니다. 우리나라 사람 중에도 레닌처럼 시신을 유리관에 곱게 보관하기를 바라거나 그것을 당연하게 여기는 사람이 아주 없다고는 할 수 없을 것입니다. 그런 생각을 한다면 공산국가에서 하는 짓과 무엇이 다르겠습니까? 공산국가에서는 유리관 속에 들어가고 싶어서 못된 짓을 그렇게 많이 하는지 모르겠습니다. 정신이 사람인데 사람이 그 모양으로 허황한 꿈만 꾸고 있으니, 잘될 것이 없습니다.

자손을 잇지 않으면 큰 불효라는 생각이나 뼈 하나 보전하려고 자식을 바라는 생각은 다 없어져야 합니다. 자식이 없으면 없는 대로 살지 양자 삼지 말라는 말이 있습니다. 양자가 들어와서 모두 망쳐놓는다고 합니다. 망쳐놓을 때는 속을 태우며 망쳐놓는다고 합니다. 그래서 자식 없는 사람은 자식이 없는 대로 지내야 한다는 말입니다. 그러나 이승만 대통령의 생일을 기해 양자 삼는 사람이 많이 늘어날 것입니다. 이런 일이 잘못되면 찌그러지지, 피어서 앞으로 나가는 게 아닙니다. 이렇게 해서는 안 됩니다. 단군의 뜻을 이어 나가야 합니다. 단군의 생일에 우리는 무엇을 합니까? 개천절(開天節)은 하늘이 열린 날인데, '그이'의 뜻은 곧 하느님의 뜻입니다. 하늘을 열어놓고 살림을 하자는 그 일 말고 무슨 다른 일이 있겠습니까? 죄다 하느님의 명에 순명(順命)하여야 할 것입니다. 순명의 뜻도 알아야 합니다. 효를 잘못 알고 저지르는 일이 한두 가지가 아닙니다.

유교 경전에 이런 말이 있습니다. 천자(天子)에게도 높은 이가 있답니다. 즉, 천자(天子)에게도 아버지가 있다고 합니다. 천자에게도 높은 이가 있다는 이 유교사상은 잘못되었다고 생각합니다. 효는 자식이 부모에게, 부모가 조상에게, 조상이 하늘, 곧 하느님에게 하는 것입니다. 그런데 하느님을 오래전에 잊어버리고, 하느님에게 효(孝) 할 것을 부모에게 하는 것, 곧 부모를 하늘같이 아는 것을 효라고 하였습니다. 천자에게도 아버지가 있다는 것은 틀린 말입니다. 천자의 아버지는 하느님입니다. 하느님 아버지가 먼저입니다. 천자가 어떻게 나옵니까? 천명(天命)에 매달린 유교는 망천(忘天)을 하여도 이만저만이 아닙니다. 그래서 유교가 맥을 쓰지 못합니다.

효쇠어처자(孝衰於妻子), 효도를 곧 잘하다가도 장가가고 자식이 생기면 그 효도가 쇠한다고 하였습니다. 부도쇠어처자(夫道衰於妻子), 모든 도(道)는 처자(妻子) 때문에 쇠한다고 합니다. 효뿐만 아니라 모든 '도'가 망하는 것은 처자 때문입니다. 왜 그렇게 되느냐 하면 망각본추원 이전 향 욕추세 고야(忘却本追遠 而轉向 慾追勢 故也)입니다. 근본(根本)인 영혼을 추원하고 사모하여야 하는데, 전향(轉向)하여 기껏 제 처자나 생각하고 거두어 먹일 욕심을 좇는 까닭에 그렇습니다. 자식을 교육시키고, 조상을 길이길이 모시고 싶은 그 마음이 천도(天道)를 망하게 하였습니다.

신종추원민덕후(愼終追遠民德厚) 신종여시사전성(愼終如始事全成), 일을 하려면 끄트머리까지 참여하여야 한다는 것으로, 조심조심하여야 한다는 말입니다. 발 디딜 데 없을 만큼 먼 데를 끝까지 쫓아가는 생각을 추원(追遠)이라고 합니다. 부모의 임종 시 부모가 숨을 거둘 때까지 보는 것을 신종(愼終)이라고 합니다. 부모가 돌아가면 장사 지내고 3년 동안은 살아 있는 것같이 추원(追遠)합니다. 즉, 살아 계실 때는 늦으면 밥도 먼저 먹었지만, 제사 때에는 먼저 상식(上食)하고 돌아간 이를 멀리 쫓아갑니다. 기제(忌祭)라 해서 돌아간 날을 기억해 두었다가 제(祭)를 지내고 해마다 추원합니다. 우리는 제(祭)를 일대(一代)만 지냅니다. 제후는 4대를 지내고 임금은 6대 조상을 모시는데, 그것도 하늘을 모시는 제(祭)는 국민을 대표해서 합니다. 백성 중에는 사당이 없는 집도 있고, 있어 보았자 하나 정도입니다. 임금은 백성을 대표하여, 백성이 지내지 못하는 하늘의 제(祭)를 지냅니다. 이것은 결국 백성과 더불어 하늘로 돌아가는 것입니다. 자손이 조상을 섬기는 뜻도 이것이 아니고는 안 됩니다.

신종추원(愼終追遠)을 이렇게 알아야 합니다. 4대, 5대 제사를 호화롭게 남에게 뒤지지 않게 지낸다는 것은 추원이 아닙니다. 정 하고 싶다면 4대가 아니라 6대나 100대까지, 나중에는 하늘까지 올라가봐야 하지 않겠습니까?

'신종추원민덕후'는 백성을 다스림에 덕(德)이 있어야 하는데 신종추원(愼終追遠)하면 덕이 후해진다는 말입니다. 국민을 위해서 신종추원하면 덕이 후해지지나 않을까 해서 억지로 갖다가 붙인 것이지, 신종추원하면 우리네가 잘된다는 뜻은 아닙니다. 신종추원이 꼭 돌아간 이에게만 하는 것은 아닙니다. 자기 몸뚱이까지도 완전히 임종에 가야 합니다. 이렇게 하는 것이 진정 신종하는 것입니다. 자기 혼자만 해도 안 됩니다. 전 인류가 존속할 때까지는 온전히 마쳐야 할 것이 아니겠습니까? 그러러면 신종을 계승해야 합니다. 영원한 자리까지 추원할 것을 후대에 연결해주어야 합니다. 이렇게 하여야 신종추원이 백성의 덕을 후하게 해주는 것이 됩니다.

'신종여시사전성'은 처음 시작할 때 잘하는 것같이 끝까지 잘하라는 말입니다. 신종여시(愼終如始) 못 하는 효(孝)는 효가 아닙니다. 충(忠)도 충이 아닙니다. 처자가 있기 전에 효를 행했으면, 처자가 생긴 후에도 효를 행하여야 합니다. 병가어소유(病加於小愈)라는 말이 있습니다. 병이 조금 나아질 만할 때 마음이 느슨해져 병이 더 심해진다는 말입니다. 아프고 신음할 때는 병을 고치려고 애를 쓰지만, 좀 나아지는 듯하면 그만 마음을 놓습니다. 그러다가 병이 더 심해지곤 합니다. '신종추원여시'를 하지 않기 때문입니다. 관태어환성(官怠於宦成), 벼슬자리에서도 처음에는 어떻게든지 윗사람에게 잘 보여서 더 좋은 벼슬을 얻어볼까 하여 일을 아주 열심히 합니다. 그러다가 과장 자리라도 하나 얻게 되면 그만 게을러집니다. 환성(宦成)하면 관태(官怠)합니다. 이것도 신종(愼終)이 여시(如始)하지 않기 때문입니다. 집의 기둥이나 서까래, 그리고 대들보는 크고 작고 다르겠지만 받는 힘, 곧 맡은 임무는 크고 작고가 없을 것입니다. 다 같은 것이 아니겠습니까?

화생어해태(禍生於懈怠), 이것은 이 사람이 읽은 《소학(小學)》에서 가장 인상 깊게 남은 글입니다. 모든 화근(禍根)은 게으른 데서 나온다고 합니다. 부지런한 데 복(福)이 있습니다. 이것을 보더라도 신종여시하면 좋은 일이나 나쁜 일이나 참이 이루어집니다. 모든 것이 다 됩니다. 사전성(事全成)입니다. 어디 미끄러지고 미혹하는 데가 있으면 안 되지만, 신종여시하면 안 되는 일이 없습니다. 그러니 사람은 가져야 할 생각을 가져야 합니다.

추원즉선 추세편악(追遠卽善 追勢便惡), 철학이 어렵다고 합니다. 철학이 무엇이 그렇게 어려우냐 하면, 선악(善惡)의 규정이 어렵다고 합니다. 그것이 무엇이 어렵습니까? 늘 올라가는 일은 선(善)이고, 떨어지는 것은 다치기 쉽고 머리가 깨지는 법이니 악(惡)이 아니고 무엇이겠습니까? 영원과 연결해서 자꾸 나가는 것이 선입니다. 추세(追勢)만 하면 그것은 악의 편에 서는 것입니다. 추원하여 하느님에게 연결되면 하느님의 아들입니다. 추세편(追勢便)에 들면 마귀의 아들입니다. 바울의 신학에 이런 것이 있습니다. 처자 없이 하느님을 믿으면 우리 주님을 어떻게 기쁘게 해줄 수 있을까만 생각하는데, 처자가 있으면 아무리 신앙이 깊다 해도 어떻게 아내를 기쁘게 해줄까, 어떻게 자식을 기쁘게 해줄까 하는 생각이 마음 한구석에 자리잡게 됩니다. 이런 말이 바울의 신학에 있는 것입니다.

끝으로 〈환지부지겁(幻知不知劫)〉을 풀이해보겠습니다.

우리의 지각(知覺)은 환상(幻像)입니다. 그러니 만물은 환상인 것입니다. 그래서 부지겁(不知劫)입니다. 겁(劫)은 영원한 시간을 말합니다. 우리 지각(知覺)으로는 환상만 보기 때문에 영원을 잊어버리고 맙니다.

심격천산일면대(心隔千山一面對)

마음이 천 리(千里)나 떨어져 있어 서로 다를지언정 마주 대하면 다 같다는 말입니다. 무척 좋은 말입니다. 아주 친한 것처럼 행동해도 마음은 제각기 다릅니다. 하늘과 땅은 떨어진 차이가 납니다. 이렇게 생각하면 우리 인간이란 참으로 흉(凶)합니다. 따로 떨어져 있지만, 아무개와 만날 때는 참으로 반갑게 인사를 하고 화(和)한 얼굴로 대합니다. 근본(根本)인 성선(性善)에 돌아갑니다. 그러나 마음속에서는 싸움을 많이 합니다. 마귀와 싸우고 축성(畜性)과 싸웁니다.

성절만고동인간(性絶萬古同人間)

성(性)은 절(絶)하고 만고(萬古)부터 그 짓입니다. 인간의 본성(本性)은 이렇게 같습니다. 다 같은 인간입니다. 인간에게 본성(本性)이 있음은 누구나 다 압니다. 그러나 실상 어느 것인지 분간을 할 수 없습니다. 소위 열 길 물 속은 알아도 한 길 사람 속은 모릅니다. 세상사가 다 그렇습니다. 그래서 누가 안 와도 궁금해하지 않고 알려고도 하지 않습니다. 그렇다고 전혀 알고 싶어 하지 않는다는 것은 아닙니다. 보고 이해하려고 하지만 그럴 수록 더 알 수 없고 모르게 되는 게 인생입니다. 참 흉한 노릇입니다.

심격성절만천겁(心隔性絶萬千劫)

우리의 마음은 떨어져 있고 성미는 끊어져 알 수 없게 되어 있는데, 그것이 천만겁(千萬劫)입니다. 이것을 생각하면 참으로 기가 막힙니다. 처음 만나볼 때는 좋았는데, 일단 떠나면 어떻게 되겠습니까? 그때 가서 다시 진리를 찾으려고 합니다. 이게 아닌데, 내가 살아온 게 마지막은 이게 아닌데, 아이고 나 죽는다, 다 죽긴 죽지만 나는 그게 아닌데 하고 뻔히 아는 일을 다시 의심합니다. 세상은 참 복잡합니다. 누구를 만나보고 싶지만 잘되지 않습니다. 명함 한 장 있으면 곧 쉽게 만날 수 있을 것 같으나 그렇지 않습니다. 안다고 하면서 '그와 내가 동창이야', '죽마고우(竹馬故友)야' 하지만, 그 사람의 근본에 가서 아는 게 무엇입니까? 내외간, 부자간에도 아는 것은 하나도 없습니다. 그러니 흉하고 이상하지 않을 수 없습니다.

인간면대동일환(人間面對同一幻)

사람과 사람이 서로 대하면 동일한 허깨비(幻)입니다. 말도 이런 차례로 따져보면 분명한 한계가 지어지지 않습니다. 서로가 다시 같은 환(幻)이니 이것이 꿈인지 환상인지 도무지 알 수 없습니다. 그러나 우리는 때때로 이런 생각을 해볼 필요가 있습니다. 만나면 같이 이러한 얘기를 하는 것이 좋습니다. 살림도 이 정도의 얘기를 할 수 있는 살림을 하여야 합니다. 혼자 앉아 있어도 이런 생각을 해야 합니다.

생호성호자차타(生乎性乎自且他)

이것이 생(生)인지 성(性)인지, 아니면 스스로인지 남인지, 무엇이라고 할 수 없습니다. 쉽게 떼어서 갖다 붙일 수가 없습니다.

면야피야극야간(面耶皮耶隙也間)

우리 사이를 막는 게 낯가죽입니까? 몸 껍데기입니까? 무엇이 이렇게 막는 것이냐는 말입니다. 백지장 하나의 피부가 걸려서 그러느냐, 그게 아니면 무엇이 우리 사이를 막고 있는 것이냐를 따져봅니다. 그러지 않으면 사이가 벌어져서 이쪽만 알고 저쪽은 몰라서 그런 것인지 참 알 수 없습니다. 따지면 따질수록 알 수가 없습니다.

일언부중천어혈(一言不中千語穴)

한마디가 딱 들어맞지 않으면 안 됩니다. 즉, 한마디가 참말이어야지 천 가지 말로 참을 나타내려고 하면 다 소용이 없습니다. 쓸데없습니다. 혈(穴)은 관(冠) 밑에 쭈그리고 앉은 사람을 표현하였는데, 앉아 있는 것은 쓸데없습니다. 쓸데없이 긴 것을 혈장(穴長)이라고 합니다. 집 안에 그대로 쭈그리고 앉은 사람은 소용없습니다. 한마디로 말해야 참이지 그렇지 않으면 혈언(穴言)입니다. 그 한마디를 모르니까 자꾸 따지고 길어집니다. 한마디 참말씀, 이 사람은 칠십 평생을 살아도 그 하나를 알지 못합니다.

집에 들어앉은 사람은 소용없습니다. 나라와 민족을 위해 물불을 가리지 않고 날뛰는 영웅 같은 것, 자식도 부모도 돌보지 않고 날뛰는 영웅 같은 것이 한마디로 있을 터인데, 이것을 알 수 없습니다. 실상 가만히 앉아서 부모를 모시고 아들이나 많이 낳고 부모 돌아가면 잘 묻고 제사나 잘 지내고 아들을 못 낳으면 양자를 삼고 등등 생각을 할 것입니다. 여기 가까이 앉으신 분에게 묻겠습니다. 그래도 화장(火葬)보다는 땅에 묻혀서 자식이 좀 봐주었으면 하는 생각이 아주 없는 것은 아니지요? 이것저것 다 그만두고 팔십 평생 말 한마디 바로 맞추어보지 못하고 말면, 인간 노릇한 것이 무엇인지 모르겠습니다.

정음미앙전장반(正音未央全章叛)

정(正)은 하나(一)로 그친(止) 것을 말하고, 음(音)은 말씀(言)에 하나(一) 더 들어간 것입니다. 하나가 들어갔다는 것은 진리가 들어갔다는 말입니다. 이것은 소리가 납니다. 말로 들리지 않고 음악적으로 들립니다. 그래서 진리의 말은 말소리보다는 음악적으로 직감으로 알게 된다고 생각합니다. 우리말로 '노래'라고 합니다. 시(詩)는 소리입니다. 참뜻이 담긴 그 소리가 뭔지 모르게 참 좋아서 소리를 내면 분명히 노래하는 것이 됩니다. 그냥 좋아서 노래를 하지만 무슨 소리를 하였는지 모릅니다. 그냥 좋아서 노래를 하고 가더라, 누가 물어도 이런 대답밖에 할 수 없는 경우가 있습니다.

하느님의 소리도 시(詩)입니다. 무슨 시이고, 무슨 소리인지는 몰라도 음악으로 좋게 들립니다. 우리는 이런 일을 겪곤 합니다. '아무개를 만났다는데, 무슨 소리 없습디까?' '응, 무슨 소리를 하는 것 같은데 무슨 소리인지 몰라. 그냥 좋은 소리하고 가더라.' 이런 일이 많습니다. 하느님이 있는지 없는지 모르지만, 하느님에 대해 그냥 뭔지 좋은 소리를 하고 가는 일이 있습니다. 이런 보고(報告)는 서슴지 않고 하고 싶습니다. 지금도 여러분에게 보고합니다. 부처가 어떤 것인지 모르나 좋은 소리하고 가더라고 말입니다. 그게 무슨 소리냐고 묻지는 않습니다.

소리는 본디 말이 아닙니다. 노래입니다. 시이기도 합니다. 모든 것은 시에서 일어납니다. 이 세상이 음악적으로 된 것입니다. 음(音)은 말(言)에 하나(一)를 더 집어넣는 것입니다. 우리가 쓰는 말이 아닙니다. 근본의 말입니다. 일본에서는 본음(本音)이라고 합니다. 이 소리가 정말 본심(本心)에서 나오는 것이라고 할 때 본음이라고 씁니다. 모든 것의 본음(本音)을 알아야 합니다.

장(章)은 열 가지 소리를 말합니다. 열 가지 소리가 모여서 조화를 이룬 것을 장(章)이라고 합니다. 한 가지 그친 소리가 본뜻에 어긋나면 전장(全章)은 흐트러지고 맙니다. 음악의 악장(樂章)이 그렇습니다. 여러 가지 중 하나라도 맞지 않으면 전체는 조화를 잃고 맙니다.

하느님의 말씀도 그렇습니다. 정음(正音)이 미앙(未央)이면 전장(全章)은 반(叛)합니다. 한마디로 그치는 정음은 로고스의 정의(定義)입니다. 정음을 알아야 합니다. 그리고 복음(福音)을 알아야 합니다. 정음을 모르고 복음을 알려는 것은 전장(全章)을 반(叛)하는 일이 됩니다. 중화(中和)가 잘 안 됩니다.

이상의 말에 '오호음(惡乎音)'이라는 제목을 붙였습니다. 소리를 어떻게 하나, 소리가 문제인데 이것을 어떻게 하나 하는 말입니다. 한문에서 '어찌 오(惡)'가 악(惡)과 통하는 것은 이상한 일입니다. 소리를 맞추어야 하는데 안 맞추면 죄악이다 하는 것 같습니다. 소리가 딱 들어맞아야 합니다.

'어떻게 하나'라는 제목에서는 '소리를 어떻게 하나?', 이것이 중요합니다. 이것은 어제 밤중에 떠오른 생각입니다.

우리말로는 제목을 '옳지 흔소리'라고 붙여보았습니다. 소리를 들을 필요가 있습니다. 어떻게 듣나? 들으려면 어떻게 해야 하겠습니까? 그 한 소리를 꼭 들어야 하는데 그것을 어떻게 하겠습니까? 하느님이 하는 것이나 우리가 하는 것이나 같습니다. 하느님은 우리에게 시킬 일을 보내주었습니다. 우리가 하고 싶은 일을 하느님이 시킵니다. 다른 것이 없습니다. 소리를 어떻게 하나, 이것입니다. 인생의 모든 철학은 이 '옳지 흔소리'에 다 들어간다고 할 수 있습니다.

성경을 본다고 하면서 이 사람의 소리만 한 것 같은데, 이 사람의 소리는 여기에 하나도 없습니다. 이 사람의 소리를 한다면 이런 소리를 할 수 없습니다. 밥 달라는 소리가 되기 일쑤이기 때문입니다. 요다음 날 또 오겠다는 소리를 이전에는 하지 않았습니다. 안 했는데도 이 사람도 나오고 여러분도 이같이 나왔습니다. 요다음에 만나면 만나는 것이고, 못 나오면 못 나오는 것입니다. 으레 그러려니 하고 생각은 하지 마십시오. 맞을 일은 그렇게 맞추어지지 않습니다. 전에는 그렇게 하지 않으면 대단히 미안하게 생각되고 죄 많은 사람에게 죄를 하나 더한 것 같았는데, 이제는 그렇지 않습니다. 내가 날 믿을 수가 없습니다. 내가 나를 맞히기가 아주 힘듭니다. 꼭 맞히려고 하면 이 사람도 양자라도 삼는 소리라도 해야 하겠습니다. 다 또 떠납시다. 어디로 가는지 떠나봅시다. (1957. 3. 29.)

제27강

삶의 참목적은 하늘에 있다

體·情·志·操

노　　갓　　사
　　　뜻 몸 몸
　셋　태 뇌 성　한
　　　우 어 히
롯　　이　　름 (다석일지 1957. 4. 3.)

在天·不在地

人於不可能欲能　　願正未正歷史生

是邪見而將見正　　欲速不達天遠征 (다석일지 1957. 4. 2.)

破邪銘(照大學中庸)

頭直向上精　　大元出于天

心臟正中誠　　無極操乎情

足知自止定　　常尊膽下率

豈忘能得性　　一絲十亂成 (다석일지 1957. 4. 2.)

无一唯一

不生不死 亦不在之心.

見物不可生 · 當事不可死 · 臨境不可在

先天觀物 · 死今視務 在元照境.

當務省事 · 不可生事.

生事生心 · 觀照則滅.

無去無來亦無住之身.

去垢 · 來食 · 住骸骨.

老如 · 及吾無身有何患

陶然 · 樂夫天命復奚疑 (다석일지 1957. 4. 4.)

먼저 〈사롬 노릇 셋 한갖이〉를 보겠습니다.

마하트마 간디가 다녀간 뒤로는 진리파지(眞理把持), 곧 '참'을 꼭 붙잡아야 한다는 소리가 그 전보다 확실하게 되었습니다. 죽었으면 죽었지 '참'을 놓지 않겠다는 사람이 얼마나 많은지는 통계를 내지 않아 모르겠습니다. 돈이나 재물을 꼭 쥐고 죽을 사람은 너무도 많을 것입니다. 그에 비해 죽어도 진리를 꼭 쥐고 있겠다는 사람이 얼마나 될지 모르겠습니다.

인간이 손(手)을 쓴다는 점이 어떤 의미에서 인간을 특징짓습니다. 손을 쓸 줄 알기 때문에 전쟁을 합니다. 손을 쓸 줄 알기 때문에 문화를 갖게 되고 서로 돕고 지내게 된 것입니다. 손을 쓸 줄 몰랐다면 우리 인간은 아무것도 아닐 것입니다. 그래서 손을 쓰는 일을 잘 파악하여야 합니다. 붙잡는 것을 잘해야 합니다. 꼭 붙잡고 놓치지 않는 일을 할 줄 알아야 합니다.

그런데 우리 인류가 이 진리파지는 잘하지 못한 것 같습니다. 히브리 사람들이 종교적으로 생각한 것을 사람들이 잘 파악하였다면 이 땅에 뭔가 좋은 무엇이 나타났을는지 모릅니다. 그리스 지식인들이 참을 찾은 것을 사람들이 단단히 잡았다면 우리 인류가 꿈꾸는 세상이 실현되었을지 모릅니다. 부실하게 잡았기 때문에 세상이 이때까지 이 모양입니다. 어린아이는 손에 뭔가를 잡으면 단단히 쥡니다. 건강한 아기는 참으로 단단히 잡습니다. 그래서 어른이 된 다음에도 건강한 사람의 악력(握力)을 말할 때 악고(握固)하다고 합니다. 악고해야 합니다. 악력(握力)을 측정하면 그 사람의 건강 정도를 알 수 있다고 합니다.

손은 생리적으로도 우리 몸에서 인간을 대표합니다. 그래서 손은 쥘 것 꼭 쥐고 놓치지 말아야 합니다. 이렇게 잡을 것을 잡는 '잡을 조(操)'는 '잡을 집(執)'과 다릅니다. '집(執)'은 '고집(固執)을 부리면 못쓴다'는 말을 통해 알 수 있듯이 은연중에 나쁜 뜻이 담긴 것처럼 보입니다. '조(操)'는 손으로 단단히 잡지 않으면 안 되는 고집의 뜻이 담긴 글자가 아닙니다. 지조(志操)는 자기의 몸가짐을 잘하고자 뜻을 잡는 데 단단히 잡는 것을 말합니다. 정조(貞操)는 고디를 단단히 잡는 것을 말합니다. 잡긴 잡는데 느슨하게 잡는 것은 정조라고 하지 않습니다. 체조(體操)는 몸을 반듯하게 갖는 것을 말합니다. 이같이 지조(志操), 정조(貞操), 체조(體操)는 우리 인간에게 대단히 긴요한 것입니다. 이것(體·貞·志) 중에서 어떤 것 하나든 갖추지 못하거나 치우치면 균형을 이루었다고 할 수 없습니다. 체조를 하려면 지조하지 않고서는 안 되고, 지조하려면 정조하지 않으면 안 됩니다. 정조하려면 지조하여야 하고 체조하여야 합니다. '조(操)'를 지키려면 세 가지가 다 들어가야 합니다.

의지(意志)는 사명적 · 도덕적인 것을, 정(情)은 감정적 · 예술적인 것을 말하는데, 과학(物, 体)에는 지(志)와 정(情)이 다 들어가야 합니다. 늘 정조(情操)를 가진 사람과 지조(志操)하는 사람은 종단에는 진 · 선 · 미(眞善美)를 다 알려는 사람입니다. 제법 지조 · 정조하여도 한쪽에 치우치면 정조하는 사람이 아닙니다. 몸짓을 잘 가져야 맘놓임을 얻을 수 있습니다. 또 맘놓임을 얻어야 뜻을 얻을 수 있고, 할 바(志向)를 단단히 가질 수 있습니다. 건강해야 진 · 선 · 미를 알려고 하고 캐려고 할 수 있습니다. 뜻만 갖고서는 안 됩니다. 증자는 지어지선이후입지(止於至善而后立志)라고 하였습니다. 이는 '뭣뭣'한 뒤에 뜻을 세운다는 말입니다. '뭣뭣'은 다 지금 말한 체조 · 정조 · 지조를 말합니다. 예수교 신앙은 영생(永生)을 하겠다는 입지입니다. 불교에서 성불(成佛)하겠다는 것은 어떤 의미에서는 이후(而后)의 정(定)을 말하는 것입니다.

지조(志操)는 누구에게 붙어서는 안 됩니다. 이상(理想)과 신앙이 없는 사람이라면 모르되, 그것을 갖고 있는 사람이라면 몸을 바로 하고 정조 · 지조하여야 합니다. 그러한 신앙이 되어야 합니다. 그러니까 영생한다든지 성불한다든지 하는 말은 별다른 소리가 아닙니다. 만일 영생에 이르는 이치가 있다면, 내가 잘못하여 참여를 못해서는 안 됩니다. 영생에 이르는 길이 있으면 이것을 좋아서 꼭 붙잡고 가야 합니다. 내가 가는 것입니다.

불교에서 깨닫는다, 성불한다는 말을 하지만 우리가 지금 깨닫는 맛을 알려면 진리파지를 확연히 해야 합니다. 정말 온전히 깨닫고, 깨닫는 이치가 무엇인지를 온전히 알아야 합니다. 만일 그런 이치가 있다면 기어코 이것은 터득하고야 말겠다고 생각(念)하는 것이, 염불(念佛)이고 깨닫는 길이고 부처가 되는 길이라고 생각합니다. 염불한다고 해서 부처의 이름만 부르는 것은 아닙니다. 염불만 외우면 자기가 끝나는 날에 가서 성불(成佛)할 수 있다는 것이 아닙니다. 만일 깨닫는 이치가 있으면 꼭 붙잡고(操) 그 이치의 필경(畢竟)까지 가는 것이 염불이고 신앙입니다. 신앙이 영생하는 노릇이고 그 노릇하는 길이 있으면, 그것을 꼭 붙잡고 끝까지 가보아야 합니다. 적어도 영생하겠다는 그 길을 생각(念)하는 것만이라도 잊어서는 안 됩니다. 이렇게 하는 것을 다들 업신여겨도 꼭 해야 합니다. 내가 하는 것이지 다른 사람이 대신 해주는 것은 아닙니다.

'쉬지 말고 기도하라' 이것은 다른 게 아닙니다. 쉬지 말고 영생에 이르도록 그 생각만 하는 것을 말합니다. 한 번 붙잡았으면 죽으면 죽었지 그것을 놓지 않겠다는 것이 예수를 믿는 것입니다. 그래서 체조·정조·지조 외에 다른 것은 찾을 게 없습니다. 이것을 우리말로 하면 '몸성히', '맘 놓어', '뜻태우'가 됩니다. 이 말은 이 사람의 말이고, 이렇게 하자는 것입니다. '몸 성하자'라는 것은 자기 마음을 붙잡고 몸이 살 수 있을 때까지 가자는 것입니다. 이것을 이 사람 식으로 궤변을 부려 말하자면, '몸성히 가지게 가지자'입니다. 이 몸을 벗어버릴 때까지 가져가야 하니까 '몸성히 가지게 가지자'고 하면서 이 몸을 가지는 것입니다.

다음은 맘 놓이는 것입니다. 지조를 '심술(心術)', '심사(心思)'라고 하는데, 이렇게 하면 무슨 못된 데 쓰이는 것 같습니다. 심술이나 심사처럼 들려 잔말같이 보이나 그런 말이 아닙니다. 심술이나 심사를 온전히 가질 수 있습니다. 지조의 뜻이라면 심술은 얼마든지 부려도 좋습니다. 그런 심사는 퍽 좋은 것입니다. 마음을 가질 수 있는 대로 늘 평상심 그대로 있으면 맘 놓이는 것입니다. 마음이 놓이지 않으면 마음을 잘못 가진 것입니다. 하느님으로부터 받은 뜻을 이 몸이 죽은 저 너머(永生)까지 가지자는 것입니다. 뜻이라는 바탈로 영생할 수 있으면 할 수 있는 데까지

가지고 가는 것입니다. 불교식으로 말하면 아주 온전히 깨닫기까지 가
지자는 것입니다. '몸성히', '맘뇌어', '뜻태우'는 바탈을 태우고 나온 생
각을 말합니다.

바탈을 죽기까지 끌고 가자는 뜻입니다. 바탈을 타고 간다는 뜻도 됩
니다. 내 바탈을 잘 인정해서 가는 것이 내 바탈을 잘 태우는 것입니다.
바탈을 태운다는 말은 이같이 내 속의 생각을 태우는 바탈을 온전히 인
정하여 가는 것을 말합니다. 또한 불 살린다는 뜻도 됩니다. 마지막 가
기까지 계속 불 살릴 것을 살려 깨끗하고 거룩하게 하고 깨쳐 가면 찾는
참뜻에 도달할 것입니다.

一. 한갖이 사람 노릇 셋 $\begin{cases} 뜻\ 믐\ 몸 \\ 태\ 뇌\ 성 \\ 우\ 어\ 히 \end{cases}$

一. 한 갖이 셋 $\begin{cases} 뜻\ 믐\ 몸 \\ 태\ 뇌\ 성 \\ 우\ 어\ 히 \end{cases}$ 이 사람 노릇

一. 사람은 한 갖이 셋 $\begin{cases} 뜻\ 믐\ 몸 \\ 태\ 뇌\ 성 \\ 우\ 어\ 히 \end{cases}$ 노릇

一. 노릇은 셋 $\begin{cases} 뜻\ 믐\ 몸 \\ 태\ 뇌\ 성 \\ 우\ 어\ 히 \end{cases}$ 갖이 사람

이 사람은 셈을 하나부터 셋까지만 인정하고 다른 것들은 다 있으나 마나 한 것으로 봅니다. 하나가 생겨서 나온 숫자라고 생각하기 때문입니다. 이런 소리를 듣는 이는 통 무슨 말인지 맛이 없다고 합니다만, 이 사람은 무척 맛이 있습니다. 그래서 여기를 들어가봅니다. 사람 노릇은 이 세 가지, 이것뿐이라는 생각으로 이 셋만 갖추면 사람의 뜻이 된다고 이렇게 혼자 좋아라 합니다. 구구한 이론이 있겠지만 인간이 무엇인가에 대해 간단하게 요점을 잡으면 이 셋, 곧 '몸성히', '맘뇌어', '뜻태우'라고 할 수 있습니다. 이것과 함께, 이것을 바로 알고 가면 누구나 대패는 없습니다. 이것을 놓치고 가면 누구나 실패할 것입니다. 이것을 꼭 붙잡고 가면 무적(無敵)입니다.

연경회(硏經會)라 《성경》을 연구해야 하는데, 여러분은 《성경》만큼은 어떻게든 다른 데서도 자꾸 보고 혼자도 보고 할 것입니다. 이 사람이 금요일에 이런 말을 하는 것은 이 사람이 본 《성경》으로 먹고살기 때문입니다. 다른 사람이 이 사람보다 더 잘 먹고 더 건강한지 아니면 잘못 먹고 덜 건강한지 알 길이 없습니다만, 이 사람은 이 사람대로 먹어 가지고 이만큼 '내 마음 가지고 나는 간다'는 것을 말하려는 것입니다.

이 사람이 《성경》만 먹고사느냐 하면 그렇지 않습니다. 유교의 경전도 먹고 불교의 경(經)들도 먹습니다. 살림이 구차하니 정식으로 먹지 못하고, 구걸하다시피 여기서도 얻어먹고 저기서도 빌어먹어 왔습니다. 그래서 그리스의 것이나 인도의 것이나 다 먹고 다니는데, 이 사람의 깜냥(消化力)으로 삭여 왔습니다. 그렇게 했다고 하여 내 건강이 별로 상한 일은 없습니다. 이것이 여러분에게 참고가 될지 안 될지는 여러분들의 건강에 달렸겠지만, 《성경》을 보나 유교 경전을 보나 불교의 경을 보나 그리스의 지(智)를 보나 종국은 이 '몸성히', '맘뇌어', '뜻태우'에서 벗어나지 않습니다. 이것에 대한 옳고 그름의 판단은 하느님이 하겠습니다만, 이 자리에서 이런 말을 하고 가는 것이 여러분에게나 이 사람에게나 결코 헛된 일은 아니라고 말씀드릴 수 있겠습니다.

이번에는 재천(在天) · 부재지(不在地)를 보겠습니다.

하늘에 있지 땅에 있지 않다는 말입니다. 목적이 삶이라면 참삶은 하늘에 있지 이 땅에 있지 않습니다. 삶의 참뜻은 하늘에 있지, 여기 있는 것이 아닙니다. 참뜻은 영원한 허공인 보이지 않는 데 있지, 여기 이 환상계(幻像界)에 있지 않습니다. 땅은 물질계를 말합니다. 하늘에 있지 땅에 있지 않습니다.

세상 사람 대부분은 이 땅 위의 세상을 잘 하여야 한다거나 나라를 잘 다스려야 한다고 말합니다. 하늘로 가는 길을 잘 가야지, 이 땅 위의 나라를 잘 다스려야 한다는 것은 끝내 헛일밖에 안 됩니다. 하늘에다 먼저 할 것을 이 환상계에 먼저 합니다. 살아가는 목적을 하늘에 두지 않고 이 세상에 두기 때문입니다. 이 세상에는 우리가 가질 어떤 목적도 없습니다. 땅 위에서 참이라고 하는 것은 비교의 참이지 온전한 참이 아닙니다. 그래서 우리는 머리를 하늘에 두고 몸뚱이를 곧이 하여 하늘에 가까이 가려고 애를 쓰는 것입니다.

인어불가능욕능(人於不可能欲能)
사람이 할 수 없는 일은 여간 많지 않습니다. 사람이 할 수 있는 일은 한 가지뿐입니다. 머리를 하늘에 두고 다니는 것밖에 없습니다. 이것만이 사람이 겨우 할 수 있는 일입니다. 이것은 사람의 사상을 높이어 하느님을 사모하자는 뜻에서 그렇습니다. 가능(可能)을 말한다고 해서 그렇게 되는 게 아닙니다. 가능하다면 구할 것이 하나도 없습니다. 불가능하니까 구(求)하고 욕(欲)을 합니다. 할 수 있다 하여 욕능(欲能)을 합니다. 아무것도 할 수 없는 것이 인간입니다. 어떤 영웅주의자는 '내 사전에 불가능이란 없다'고 합니다. 할 수 없는 소리를 합니다. 불가능하니까 이것을 초월하겠다고 그런 말을 하는 것입니다. 거짓말 중에서 그런 거짓말이 또 어디에 있겠습니까? 영웅주의자들이 할 수 있다는 것은 고작 불가능에서 몸부림치는 일일 따름입니다. 할 수 없는 것을 할 수 있다고 하면서 잠시나마 자유를 느끼려는 철없는 심리적인 발작일 것입니다. 그런 심리작용이 불가능은 없다고 지껄이게 하였는지 몰라도 그따위 자유가 얼마나 가는 자유 입니까?

정말 정신이 있어서 말하는 자유는 그리스의 스토아사상에서 말하듯이 내 의지의 자유일 것입니다. 나의 의지 외에 자기의 자유라는 범주는 바늘 끄트머리만큼도 없습니다. 그러니까 애초부터 자기 자유를 자기 밖에서 구하려고 한다면 그것은 정신없는 수작이라고 아니할 수 없습니다. 이것은 몸뚱이까지도 그렇습니다.

운동선수는 경기에 임할 때마다 승리할 자신(自信)이 있다고 말합니다. 그러나 스토아 철학자라면, 내 자신(自身)이 그렇게 자신 있는 게 아니라 조건을 붙여 하느님이 허락하면, 또는 하느님을 모르는 사람이라면 운명이 그 시간까지 건강을 허락하면 그만한 자신이 있을 거라고 말할 것입니다. 자신(自信)은 자기가 믿는 자기 뜻이 그렇다는 것입니다. 가령 마라톤에 출전했는데 자기의 다리나 심장이 말을 듣지 않으면 자신(自信)이라고 할 수 없습니다. 무조건의 자신(自信)이라는 것은 염두에 둘 게 아닙니다. 이같이 외물(外物)은 자기 밖의 것이므로 자유로할 수 없습니다. 영웅이나 성인이라 할지라도 외물에 대해서는 자유가 없습니다.

이와 같이 자신 있게 출전한 대표선수가 아무런 까닭 없이 실패하면 미움을 받습니다. 그러나 불가항력으로 실패하면 가엾다고 합니다. 몸뚱이나 외물이 불가항력이니만큼 하느님이 허락하지 않으면, 비록 자기 몸이지만 의지만으로는 어떻게 할 수 없으므로 그 사람에게는 책임이 없습니다. 책임이 없으면 권리도 없습니다. 책임에는 의무가 따르니, 권리가 없다는 말입니다. 이렇게까지 말하고 보면, 하느님이 허락하지 않으면 말도 못합니다. 말을 해도 반 토막의 말밖에 할 수 없을지 모릅니다. 동양에서는 장자(莊子)가 그리스의 스토아사상과도 같은 외물불가필(外物不可必)을 말했습니다. 외물은 손댈 수 없고 의지만이 자유라고 한 것입니다.

우리의 자유는 좁다면 대단히 좁은 게 됩니다. 단지 내 의지의 자유뿐입니다. 지상에서의 자기 사업, 국가, 세계는 다 자유롭게 처리하지 못하는 외물입니다. 자신의 의지만이 온전히 자유인 줄 알면, 파악해야 할 것을 파악할 수 있습니다. 외물에 걸려 다닐 것도 없고 외물에 종 노릇할 것도 없습니다.

예수를 믿는다는 게 무엇입니까? 영혼을 믿는다는 것인데 내 영혼만이 나를 자유롭게 해줍니다. 이따위 몸뚱이쯤 잘린다고 해서 무엇을 겁냅니까? 영혼이 나를 살피는 바에야 이까짓 목쯤 잘려도 아무렇지 않습니다. 예수의 말은 이쯤 가야 한다는 게 아니겠습니까?

내 목숨을 죽이려는 자를 무서워 말라고 하였습니다. 죽은 뒤에 영혼을 나쁜 곳에 보내고 안 보내고는 하느님의 소관인즉 하느님을 무서워하면 하였지, 그밖에는 무서워할 것이 없습니다. 이것은 사람이 할 수 있는 하나의 일입니다. 그것도 자기에게나 하면 하였지 그밖의 다른 물건에는 할 수 없습니다. 기계나 돈이 있으면 만사를 마음대로 다 할 수 있지 않을까 생각합니다. 권력과 돈을 갖고 무엇을 한다고 하지만 그것은 다 외물입니다. 할 수 있는 것같이 보이나 다 틀어지고 맙니다. 이것을 요새 우리가 보고 있지 않습니까?

이처럼 아무것도 할 수 없는 사람이 욕능(欲能)하려고 합니다. 불가능한 외물을 어떻게 할 수 있는 길을 찾으려고 합니다. 공부하는 것도 장사하는 것도 수양하는 것도 예수를 믿는 것도 무엇에 대해서 연구를 하고 생각하는 것도 할 수 있어 보이려는 것입니다. 능(能)히 하고 싶어 합니다. 인간이 할 수 없는 이 외물에다 뭔가를 할 수 있지 않겠는가 합니다. 할 수 없다는 것을 잘 믿지 않습니다. 능히 할 수 있을 것만 같습니다. 우리 인간이 너무 욕능하고자 하니까 하느님이 우리 인간으로 하여금 두 다리로 땅을 딛고 머리를 하늘에 두고 다니게 하였는지 모르겠습니다. 그리고 능히 할 수 있지 않을까 하는 사고만 다른 것과 달리 가능하게 허락했는지 모르겠습니다. 그래서 이런 생각만 가능할 뿐이지, 다른 것은 할 수 없는지 모릅니다.

우리 인간은 욕능을 부려 하늘을 날고 싶어 합니다. 그래서 비행기를 만들어내지 않았습니까? 꿈에도 날아다닙니다. 자꾸 이렇게 하고 싶어 합니다. 부처가 되는 것도, 영생에 들어가는 것도 이와 같은 소원이라 하겠습니다. 하늘에 올라가지 못하면서 올라가려고 합니다. 이것이 인간입니다. 언제 어떻게 되기는 되겠지 하는 게 인생입니다. 할 수 있다면 할 수 있기를 바랍니다. 우리 인간은 이렇게 욕능하면서 살아갑니다. 이처럼 무한정 참여하려고 합니다. 이것은 그런 대로 좋으나, 이렇게 할 수 있는 창조를 별의별 곳에 다 하려고 합니다. 물고기가 사는 것을 보고 물속에 들어가고 싶어 합니다. 그래서 수영하는 잠수부가 나오고 잠수함을 만들었습니다. 구태여 그렇게 해서 무엇합니까? 땅속으로 들어가고 싶어 하는 사람도 있습니다. 별의별 사람이 다 있습니다. 신문에 보도된 치안국 경리 횡령 사건(1957년)도 돈 좀 가져보자는 심사 때문에 돈을 어떻게 벌 수 없을까 궁리하다가 그런 짓을 벌였습니다. 하지 못하는 일을 뻔히 알면서 그 짓을 하고는 욕을 먹습니다. 이것 역시 불가능 (不可能)에서 가능(可能)을 하자는 것입니다.

불가능을 가능으로 해봐야 무슨 소용이 있습니까? 먹고 자란 음식보다 더 맛있는 요리가 어디 있습니까? 다른 여인이 무엇이 다르다고 아내를 두고 나쁜 짓을 합니까? 이 점을 잘 생각해야 합니다. 우리는 이렇게 생겨먹었습니다. 바로 내가 그렇습니다. 우리가 그렇습니다. 별 이상한 소리를 하는 사람이 있습니다. 사기그릇을 파는 옹기 가게를 보면 그 안에 들어가서 한번 마음대로 휘두르고 싶다고 말입니다. (일동 웃음) 그 사람에게는 본래 신경과민증의 기미가 있는 것 같습니다. 들어가서 휘둘러보았자 뭐 좋겠습니까? 이러한 생각은 사견(邪見)입니다.

시사견이장견정(是邪見而將見正)

그런 생각은 분명히 사견(邪見)입니다. 이런 일이 있었습니다. 이 사람이 열다섯 살가량 되었을 때 한 3년 정도 한문 선생한테 글을 배웠습니다. 한 십여 명이 같이 배웠습니다. 시간만 나면 선생님이 낮잠을 주무셨는데 바로 이 사람이 앉은자리에 머리가 닿았습니다. 그러면 선생님의 상투가 요만한 (류영모가 새끼손가락을 가리킨다) 게 이 사람 눈앞에서 어른거렸습니다. 보통 때는 아무렇지 않았는데, 이럴 때면 그 상투를 만져보고 싶어집니다. 만져보았자 아무것도 아니겠지만, 그때는 이상하게도 만져보고 싶어졌습니다. (일동 웃음) 그렇게 하는 게 무슨 소용이 있는지 모르겠습니다.

남녀관계가 그런 때가 많습니다. 누가 그렇게 하라고 시켜도 할 수 없는 일을 남녀관계에서는 욕능이 생겨 해보려고 합니다. 어떤 학식이 높은 도학자(道學者)가 하루는 어느 집에서 묵게 되었는데, 마침 계집종 아이의 옆방에서 자게 되었답니다. 밤에 어쩌다가 일어나서 심심하게 앉아 있으려니, 자꾸 계집종 아이가 자는 방 쪽으로 가까이 가보고 싶은 마음이 나더랍니다. 가까이 가서 무엇을 하려는 것입니까? 그냥 가까이 가고 싶어졌다고 합니다. 그래서 도학자는 자기 이름을 불렀답니다. 아무개야, 아무개야 하고 세 번 불러서 자기를 깨우쳤다고 합니다. 물론 도학자로서, 무슨 간음을 하겠다는 생각은 아니었을 겁니다.

톨스토이가 이런 말을 한 적이 있습니다. 남녀가 어울려서 연회를 해야 하는 까닭이 무엇인가? 제각기 따로 있으면 좋지 않은가? 이렇게 말하며 동양의 풍속을 퍽 동경하였다고 합니다. 그런데 지금은 동양에서 더 남녀가 가까워지려고 하고 서양 것을 좋다고 하는 시속(時俗)이 되었습니다. 왜 그렇게 하고 싶은 걸까요? 불가능한 것이라 그저 남녀가 자연 그대로 아무렇게나 그 짓만 하면 좋겠다는 생각이 들어가는 것인지 모르겠습니다. 이렇게 불가능을 가능으로 만들려고 합니다. 불가능이면 그만두어야지 으레 '웬만큼 할 수 있지 않을까?'라는 소리가 나옵니다. 그러니 사견일 수밖에 없습니다. 이것이 인간의 실상이라 참 귀찮을 수밖에 없습니다. 우리 인간에게는 마귀의 소질이 충분히 있습니다. 왜 이렇게 인간에게 마귀의 유혹이 있게 되었는지 하느님이 원망스럽습니다. 인간은 왜 그렇게 생겨먹었을까요?

이장견정(而將見正)이라, 이런 것을 가지고 바른 것을 본다는 말입니다. 이 고동(鼓動)이 우리를 하늘로 올려 보냅니다. 이 고동이 영생을 얻게 합니다. 이 고동이 우리를 부처로 만듭니다. 이 고동을 잘못 쓰면 나쁘지만, 이 고동 덕분에 우리는 사람 노릇을 하게 됩니다. 이 고동이 없으면 우리는 사람 노릇을 하지 못합니다. 이것으로써 바름(正)을 바라보는 것입니다. 이 지상에서는 곧은 게 불가능한 일이지만 욕능하려고 합니다. 우리 인간들의 고동입니다. 그것이 최후의 승리를 합니다. 예수의 실패는 정의 쪽의 실패입니다. 마침내 바름(正)으로 참나를 깨닫고 이 세상을 이긴다는 말입니다.

　이 사람이 정의 편의 실패자인 그리스도인이 되려는 것은 드디어 정의를 볼 것을 믿기 때문입니다. 이것이 불가능한 세상에 정의가 있게 욕능하는 것입니다. 끝까지 정의를 행할 수 있다고 보고 갑니다. 우리는 영원히 가지 못하지만 영원에 가고 싶습니다. 우리는 하늘에 가고 싶습니다. 이렇게 되면 어떻게 되겠습니까? 여기에서 생각나는 게 있습니다. 이런 말을 안 뒤라 더욱 그렇습니다. 온전히 제대로 되는 그 편에 서고 싶습니다. 왜 그런지 영원에 드는 그때가 기다려지는 것 같습니다. 실상은 근본에 무엇을 하고 싶은 것입니다. 본과(本科)로 들어가야 합니다. 이렇게 드디(실천)면서 참되게(誠) 적당히 하는 것이 좋습니다.

　그런데 대학의 전문부(專門部)를 나오고 본과(本科)를 마쳐도 잘 안 됩니다. 그래도 안 되니까 연구를 한다고 대학원에 갑니다. 이래도 안 되면 자꾸 그 끝을 찾아갑니다. 자기 목적을 위해서 아직 부족함을 느끼면 더 연구를 하여야 합니다. 이렇게 참아 가면서 가는 사람이 바른 것을 찾아가는 사람입니다.

　참을 수 없는 사람은 그냥 급합니다. 급하면 제대로 안 됩니다. 좀 참으면서 정당하게 돈을 벌면 아주 못 버는 것도 아닐 텐데, 언제 돈을 벌어 한번 마음먹은 공부를 하나 싶어 조급한 마음에 은행을 터는 사람이 있습니다. 불가능한 것을 급하게 가능케 하자니까 결국 피만 흘리고 되는 일이 없습니다. 물론 불가능한 세상을 가능하게 해보겠다고 할 때는 정말 바로 되도록 하여야 합니다. 죄다 바로 안 된 것을 바로 되게 해보겠다는 것이 바른 길이고 사람의 길이고 하늘의 길입니다. 바른 데로 가도록 실현을 하여야 합니다. 급하면 급할수록 더디더라도 겸손하게 하나하나 차근차근 하여야 합니다.

　예수가 이것을 가르치고 간 지 2천 년이 되었지만 아직 실현되지 못했습니다. 그러나 불가능한 것이지만 욕능하려고 아직도 낙심하지 않고 그 길을 가는 것이 우리의 일입니다. 이것이 소위 신앙이 아니겠습니까? 그렇기 때문에 신앙인은 급하게 생활하지 않습니다. 불가능한 것을 급하게 가능케 하려면 도둑밖에 안 됩니다. 사견에 빠지고 맙니다.

우리나라 장관들은 불가능한 것을 번연히 알면서도, 자기는 할 수 있다면서 그 자리에 앉고자 합니다. 막상 그 자리에 들어가보니까 제대로 안 되기에 도로 나옵니다. 이것은 불가능한 것을 가능케 하려는 고동이 그렇게 합니다. 동양에서는 오래전부터 정신수양을 하여야 치국평천하(治國平天下)한다고 했습니다. 서울에 와서 공부를 잘하면 대성한다고 합니다. 대통령도 된다고 합니다. 아마도 바로 보면 좀 아는 모양입니다. 경우에 따라서는 세상을 바로 해보자고 하는데, 어딘지 한 부분에서는 내가 먼저 한 개라도 더 먹어야겠다는 사견이 나라를 바로 되게 하려는 흐름을 흐리게 합니다.

좀 물어서라도 갈 수 있는 데로 바로 가야 하는데 그냥 안 된다고 하며 자리를 물러납니다. 그러고는 또 누가 그 자리에 들어갑니다. 그러나 그도 역시 몇 달 있다가는 도로 나옵니다. 그렇게 할 것 뭐하러 들어갔느냐는 기사가 신문에 실렸습니다만 죄다 그 모양입니다. 요전에 한 것보다 나으면 성사(成事)되었다고 합니다. 그리고 훈장이나 감사장을 줍니다. 그러나 나라가 줄곧 그 모양으로 내려오면서 잘된 데는 지구상에 없습니다. 한때, 그저 한때 있었을 뿐입니다. 동양에서는 진(晉)나라 때, 서양에서는 다윗왕 때, 우리나라에서는 삼국시대에 잠깐 있었을 뿐 오래가는 법이 없습니다. 잠깐 좋다가는 정세(情勢)가 다시 흐려집니다. 언제 세계가 바로 되겠습니까? 어느 날에 될지 알 수 없습니다.

원정미정역사생(願正未正歷史生)

소원(所願)은 바로 되어야 합니다. 곧, 원정(願正)이고 미정(未正)입니다. 아직 바로 되지 않았습니다. 이것이 사람의 역사입니다. 사람의 역사가 원정미정(願正未正)입니다. 바로 하려고 노력하였지만 바로 안 되었습니다. 실패의 역사입니다. 실패의 역사에서 무엇을 보려나 하지만, 요행으로라도 어떻게 할 수 없나, 해보아야겠다는 게 우리가 가는 인도(人道)입니다. 하늘에서 무능한 인간을 내준 까닭은 이 '인도'를 하라는 것입니다. 이제까지 바로 못 잡은 것을 네가 이제 바로잡아보라고 내주었기에, 우리는 그렇게 하고 가는 것입니다. 역사를 볼 때 자세히 보고 가야 합니다. 역사를 볼 때 잘못 보면 몹쓸 사람이 됩니다. 영웅주의 심리가 작용하여 역사에 죄를 저지른 아무개같이 하고 싶다는 생각이 들면 밤낮 이 모양밖에 안 됩니다.

역사는 바로 하자는 하나의 길입니다. 이제까지 바로 되지 않은 것을 내가 바로 되게 하겠다는 것이 우리의 역사입니다. 앞으로도 이같이 역사적으로 살아가야지 별수 없습니다. 바로잡으려는 욕능의 짓이 우리의 것입니다. 다른 것이 없습니다.

욕속부달천원정(欲速不達天遠征)

욕속부달(欲速不達)은 급한데 도달하지 못했다는 말입니다. 자기가 아직 있을 때 그 사업을 마쳤다는 소리를 들어야 좋다고 합니다. 임기 동안에 했다고 해야 좋다고 합니다. 그러니 급할 수밖에 없습니다. 죄다 일을 바로 하려고 하나 욕속부달입니다. 밤낮 다스린다는 정치란 불치(不治)입니다. 급해서 그렇습니다. 잘했다는 소리를 얼른 듣고 싶어 합니다. 빨리 훈장이나 특상(特賞)을 받아 집안 식구들에게 '우리 영감 장하셔' 소리를 듣고 싶어 모두가 부달(不達)입니다. 속(速)히 하려는 것은 이루어지지 않습니다.

그러면 실상은 무엇입니까? 영원한 빈탕 한데(허공)인 천도(天道)가 우리의 길이고, 여기에 매인 우리이기에 하느님에게까지 가야 하는 천원정(天遠征)이 우리의 실상입니다. 하늘로 원정을 가는 것입니다. 하늘로 영원히 가는 것입니다. 예수는 천국을 들이치는 자가 천국에 들어간다고 말했습니다. 천국을 침략할 듯이 해야 들어간다는 말입니다. 침략자가 가는 것처럼 자신 있는 것은 없습니다. 하늘나라는 넓습니다. 좀 침략해도 좋으니 어디 들이쳐보라고 문을 활짝 열어놓습니다. 우리는 솔선해서 천국을 쳐들어가야 하는데, 자꾸 안으로 비뚤게 쳐들어갑니다. 자기 도둑맞을 것만 생각합니다.

사람은 불가능한 것을 가능하게 하고자 하는 것이라, 이는 장차 바른 것을 보려는 것입니다. 바른 것을 원하나 바로 하지 못하는 데서 역사가 생깁니다. 일을 바로 속(速)히 하려고 하나 때가 되지 못하여 미급(未及)하니, 하늘까지 가는 원정이요 영원으로 가는 원정입니다. 그래서 제목도 '하늘에 있지 땅에 있지 않다(在天·不在地)' 하였습니다.

이번에는 〈파사명(破邪銘)〉을 살펴보겠습니다.

이 사람이 칠십 평생을 살아본 결과 이것만은 참 그렇다고 증명합니다. '파사명'이라는 제목을 달았습니다. 사람은 불가능을 가능케 하려는 것이니까 여기에는 아주 많은 주의가 필요합니다. 좌우명으로 삼아 항상 명심해서 보라는 것입니다.

두직향상정(頭直向上精)
머리를 곧게 들고 다니지 못하는 사람은 성한 사람은 아닙니다. 세 가지, 곧 몸·맘·뜻이 없는 사람은 곧지 못한 사람입니다. 이 세 가지를 곧게 가진 사람은 머리를 똑바로 하늘로 둔 고디(貞)입니다. 정(精)은 아주 '알짬'입니다. 정(精)은 물질의 '알짬', 생리적으로 말하면 호르몬입니다. 호르몬이 성하여야 우리 정신이 성합니다. 우리가 생각하는 정신에 호르몬이 공급되어야 합니다.

심장정중성(心臟正中誠)

심장(心臟)은 마음에 있는 염통이고, 정중(正中)은 바로 맞힌다(的中)는 뜻입니다. 심장을 바로 맞히는 성(誠), 정성(精誠)이 그래야 한다는 것입니다. 사람의 정성은 밥 먹고 살아나는 힘(불)을 내놓아야 합니다. 실상 호르몬으로 말하면 불 같은 데서 묽어진 것인데, 동만(東滿)의 말로는 '숙(燩)'이라고 합니다. 염통은 불입니다. 불은 화기(火氣)라고 합니다. 태양은 물을 수증기로 만들어 끌어올립니다. 염통이 없으면 호르몬이 위로 올라가지 못합니다. 정성의 '성'은 참말씀에 이르는 것인데, 말씀이야말로 불과 같습니다. 이치고 불이고 간에 말씀대로 이루는 것은 참(誠)뿐입니다. 정성이라는 말 자체도 다시 보면 하늘 말씀입니다. 호르몬이 공급되어 그 말씀 그대로 이루어지는 것이 '성'의 이치입니다. 우리의 몸이 그대로 그 뜻을 구체적으로 나타냅니다. 염통이 그 작용을 지금도 합니다.

대원출우천(大元出于天)

큰 으뜸인 대원(大元)은 하늘에 있다고 하였습니다. 원(元)은 내 근원(根源)을 말합니다. 하늘 밑에 사람이 있는 글자가 원(元)입니다. 이것은 우리와 하늘을 연결시켜주는 글자입니다. 큰 으뜸(大元), 이것은 진리의 정신(精神)입니다. 대원(大元)은 하늘에 나타나 있습니다. 무한한 영원과 크게 접속할 때가 왔다는 말입니다. 수돗물이든 우물물이든 한 모금의 물을 마셔도 그물이 우주적으로 그대로 대원에 연결되어 있다는 것을 볼 줄 알아야 합니다.

무극조호정(無極操乎情)

한없이 정(情)을 잡아야 합니다. 우리가 할 수 있는 것이란 마음 가지는 것밖에 없습니다. 마음 가지는 데 끝없이(無極) 가져야 합니다. 영원하자니까 무극(無極)입니다. 대원(大元)이 하늘에서 나왔으니 무극입니다. 그러니 정조(情操)하는 것도 무극에 한없이 '정'을 잡아야 합니다. 내가 이제 부처라, 내가 영생을 확실히 실감하여 우리 아버지 하느님의 살림 안에 들어왔다는 게 무극이 아니겠습니까? 여기서는 뜻과 마음뿐만 아닙니다. 선지자 엘리야의 몸뚱이 모양으로 가지고 갈 때까지 가야 합니다.

족지자지정(足知自止定)

발(足)이 스스로 멈추고 고요한 것을 안다는 말입니다. 공자가 《대학》에서 명명덕(明明德), 친민(親民), 지어지선(止於至善)을 말하는데, 그 뜻은 다른 경전과 같습니다. 밝힐 대로 밝히는 것은 오직 하늘을 알라는 것입니다. 백성과 친(親)하라는 것은 이웃을 사랑하는데 제 몸과 같이 하라는 뜻입니다. 무엇을 주어야 한다는 뜻은 아닙니다. 나를 밝혀서 이웃까지 밝힐 것이 있으면 밝히라는 말입니다. '지어지선'은 바로잡을 것은 바로잡으라는 말입니다. 이밖에는 더 없습니다. 이것이 다 사람의 분수(分數)와 차례를 말하는 것입니다.

지지이후유정(知止而后有定), 딛고 올라가 높일 것은 지향점(指向點)입니다. 우리가 뜻을 가진다지만 그 지향(志向)이 옳은 쪽이라면 천국(天

國)입니다. 지(止)는 우리가 먹은 뜻이 어디를 목표로 하여 가는지를 알아야 한다는 것입니다. 이것을 알아야 바로 됩니다. 이것을 알아야 이후 능정(而后能定)입니다. 고요해집니다. 그 다음에 이후능안(而后能安)이라, 평안(平安)합니다. 그런 이후 능려(能慮), 곧 사물을 바로 보고 연구할 줄 알게 됩니다. 이후능득(而后能得), 그런 연후에야 능히 득(得)할 것을 득(得)한다는 말입니다. 즉, 지어지선할 수 있습니다. 지어지선하니 명명덕할 줄 알게 되므로, 그 다음에야 백성과 한 몸같이 될 것입니다(親民). 그래서 발(足)이 목적을 온전히 이루는데 불가결의 존재요 실행입니다.

'족지자지정'은 발을 디딜 데를 알아야 한다는 말입니다. 지향점을 얻어서 스스로 딛고 자리를 정(定)할 줄 알아야 합니다. 무슨 꿈이든 이루려면 다 행세(行勢)하여야 합니다. 다리로 걸어다녀야 합니다. 손은 우리 인간을 대표하지만, 세상을 이루기 위해서는 세상을 다니어 실행하는 발을 가져야 합니다. 구족(具足)도 여기서 나온 것입니다. '족지자지정'을 알면 능히 명덕(明德), 친민(親民)할 수 있고 완전히 바르고 바를 수 있는 지어지선이 될 수 있습니다.

기망능득성(旡忘能得性)

이렇게 보면 능히 본바탕을 얻습니다. 유교는 결국 타고난 본성(本性)을 찾는 데 뜻을 둡니다. 복성(復性)입니다. 타고 나온 자기 바탈을 태워나가 온전하게 이루는 것을 복성이라고 합니다. 부처가 된다는 것은 이 본성을 그대로 만나는 것을 말합니다. 견성(見性)한다고 합니다. 자기본성(自己本性)을 알아볼 수 있는 데까지 온전히 알아보아야 합니다. '아버지가 온전한 것과 같이 너희도 온전하라'는 말이 있는데 무슨 뜻일까요? 아무것도 하지 못하는 이 버러지 같은 우리에게 내리는 이런 처분(處分)은 무엇이겠습니까? 능히 바탈을 얻을 때 그 바탈을 잊을 수 있겠습니까?

상존첨하솔(常尊瞻下率)

항상 높이 쳐다보면서 살아야 한다는 말입니다. 첨망(瞻望)은 우러러 쳐다본다는 것이고, 첨모(瞻慕)는 우러러 사모(思慕)한다는 뜻입니다. 사람은 능히 하느님을 우러러보기 때문에 사람 노릇을 합니다. 늘(常) 하느님(尊)을 바라보는 것이 사람입니다. 늘(常) 영원(永遠)을 첨망하는 것이 우리의 일입니다. 그러면서 이 몸뚱이를 거느리고 가는 것이, 생각을 거느리고 가는 것이, 세계를 거느리고 가는 것이 하솔(下率)입니다. 이것이 사람의 본연(本然)입니다.

유교에서 '위(上)'를 받든다는 것은 부모나 조상을 받드는 것을 말합니다. 위로는 조상을 받들고 아래로는 권속(眷屬)들을 하솔하는 것을 인간의 본연으로 보는데, 이것은 태극(太極)에서 음양(陰陽)만 말하는 것처럼 그 윗자리인 무극(無極)을 잊은 탓입니다. 원래 첨망하는 것은 존(尊)의 자리인 하느님의 자리입니다. 위를 우러러보면서 자기 몸뚱이부터 백성을, 백성으로부터 온 세상을 거느려야 온전한 세계가 되고 온전한 세계관이 이루어지지 않겠습니까? 반듯해집시다. 유교가 활발히 발전하지 못한 것은 이 근원을 잊었기 때문입니다. 천상(天上)을 생각하지 않은 것입니다.

'상존첨하솔', 가만히 이 글을 보면 무한한 진리를 얻는 것 같습니다. 이것을 고르게 온전히 한다면 마침내 성불(成佛)하고 영생(永生)을 얻을 것입니다. 그치지 않고 '위'를 바라보고 하솔하여 죄다 거느리고 가면 더 할 게 없습니다.

일사십란성(一絲十亂成)

일사불란(一絲不亂)은 한 가닥의 실도 흐트러지지 않았다는 뜻입니다. 이발을 하고 빗질을 잘한 것같이, 한 가닥도 흐트러진 것이 없는 것이 일사불란입니다. 군대의 사열이 잘되면 일사불란하게 되었다고 합니다. 그런데 바꾸어서 일사십란(一絲+亂)이라고 하면, 한 가닥 줄이 여러 번 헝클어졌다는 말입니다. '위'로부터 내려온 한 줄기 줄이 여러 겹으로 흐트러지고 어질러졌다는 것입니다. 죄다 모순(矛盾)으로 되어 있습니다. 모순이기에 까닥 잘못하다가는 남의 것을 훔치고, 남을 욕하고 죽이게 됩니다. 이것은 불가능한 게 아니겠습니까? 그 불가능을 욕능하고, 근본이 할 수 없는 것을 하려고 합니다. 이것을 보더라도 한 실오라기는 열 번이나 어질러져 있습니다. 악(惡)이 번성합니다.

우리를 시험에 들지 말게 하고 다만 악에서 구해 달라고 간청하는데, 실상 우리는 시험에 들지 않는 날이 없습니다. 세상사나 남녀관계에서나 시험에 들지 않으면 좋겠는데 우리는 항시 시험에 듭니다. 좀 살아보겠다느니, 자식을 길러서 출세시켜보겠다느니, 혼인을 잘하여야 한다느니 하는 것은 죄다 시험에 드는 것입니다. 악에 빠지지 않게 하고 구해 달라는 소리가 절로 나옵니다. '일사십란성'입니다. 우리는 일사(一絲)를 꼭 붙잡고 다 함께 올라갈 때까지 올라가야 합니다. 이 '어지러운 란 (亂)'은 '다스리는 란'이라고도 합니다. 괴상한 일치입니다.

무왕(武王)의 신하 중에 십란신(十亂臣)이 있었다고 합니다. 충신(忠臣)을 말하는 것인데 난신(亂臣)이라고 하였습니다. 무왕이 나라를 다스리는 데 십란신으로 하였다는 말이 있습니다. 이것은 어지러운 세상을 이 사람들로 하여금 다스리게 하였다는 뜻입니다. 다스린다는 것은 결코 온전한 것이 아닙니다. 어지러우니까 다스리게 됩니다. 어지러운 것이 없어야 다스리는 것이 없어집니다.

우리가 사는 세상은 천 년이 가도 이 모양으로 지속될 것입니다. 치(治)가 안 됩니다. 난(亂)은 됩니다. 적어도 역사는 전부 다스리고 정의를 세운다고 하는 것이었지만 지금 어떻게 되고 있습니까? 치자(治者)가 없는 것인지, 때가 치자를 못 만난 것인지, 유구한 몇천 년을 두고도 다스리지 못한 난(亂, 다스림)입니다.

마지막으로 〈무일유일(无一唯一)〉을 풀이하겠습니다.

'무일유일'은 하나도 없는 단 하나입니다. 우리가 영원히 구하려는 의지의 움직임은 이러한 의미에서 '하나도 없는 나의 하나'입니다. 이것이 자유세계(自由世界)입니다. 이것이 여러 갈래로 갈라져 나갑니다. 외물(外物)에 갈립니다. 이 속(가슴)에 들어가는 것은 아무것도 없습니다. 무일(無一)입니다. 하나도 없습니다. 그래서 유일(唯一)입니다. 이러한 영원(永遠)을 찾는 '나'가 로고스입니다.

불생불사 역부재지심(不生不死 亦不在之心)

살지도 않고 죽지도 않고 또한 있지도 않은 마음입니다. 우리 마음이 이렇습니다. 이 세상에 이 사람이 나왔다는 것은 70년 전에 이 몸뚱이가 났다는 것입니다. 그때 이 마음이 난 것은 아닙니다. 죽는 것은 더구나 모릅니다. 이따가 죽을지 며칠 있다가 죽을지 모릅니다. 그것도 이 몸뚱이가 그런 것이지 이 사람이, 내 마음이 죽는 것은 아닙니다. 내 몸뚱이가 여기 있지, 내 맘이 여기 있는 것은 아닙니다. 이 마음은 여기 있지 않습니다. 여기에만 있는 것은 아닙니다.

견물불가생(見物不可生)

몬(物質)을 보고 마음이 살아나서는 안 됩니다. 견물생심(見物生心)해서는 못씁니다. 아편쟁이는 아편을 보면 한 대 피웠으면 합니다. 이같이 물건에 마음이 살아나서는 안 됩니다. 《금강경(金剛經)》에도 이런 말이

있습니다. 응무소주이생기심(應無所住而生其心), 맘이 색향(色香)에 살아
나면 안 된다는 말입니다. '견물불가생'하여야 합니다.

당사불가사(當事不可死)

일을 당하면 내 편한 대로 죽으면 좋겠는데, 인도(人道)에서는 그렇지
않습니다. 일을 당하면 그 일을 보아야지 죽지 못합니다. 물건을 보고
마음이 살아서는 안 되지만, 일을 당해서 마음이 죽어서도 안 됩니다.

임경불가재(臨境不可在)

어떤 환경에 몸을 들여놓고 거기가 좋다고 마음을 그냥 머물게 하면
안 됩니다. 해가 아직 높이 있으니 더 놀다 가게 따위는 안 됩니다. 마음
이 거기서 머물면 안 됩니다. 아주 벗어버리고 자재(自在)하여야 합니다.
존재가 거기 머물러서는 안 됩니다.

선천관물(先天觀物)

무엇이든지 참 좋다고 하고는 그 마음은 내버려야 합니다. 그렇다고
세상사나 물건을 아주 멀리해야 하느냐 하면 그렇지 않습니다. 아주 좋
은 물질, 깊이 하고 싶은 것만 마음속에 있어서는 안 됩니다. 무한한 것
을 그대로 가지고 있어야 합니다.

우리의 살림과 생각이 상대(相對)에 벌어져 나가도 마음은 무극(無極)
으로 나가야 합니다. 곧, 아버지의 자리인 진리를 떠나서는 안 됩니다.
아버지가 계신 데 그냥 있어야 합니다. 하느님을 마음에 모신 그대로 이
세상을 사는 것이 선천(先天)입니다.

어떻게 보면 마음이 몸이나 만물을 담아 가지고 이끄는 것입니다. 자
하문 밖 집에 없다고 이 사람이 없는 것이겠습니까? 내 마음이 있다는

것은 우리 집만큼은 모르겠습니다만, 내 집에서 내가 있는 방 어디가 어떻고 어디에 먼지가 잘 안 쓸리는지는 다 압니다. 무엇이 어떻게 되어 있다는 것을 잘 압니다. 획 지나가면 이런 것을 모르는데, 이 사람이 여기 (YMCA)에 있다고 해도 집에 없다는 것은 아닙니다.

이와 같이 환상 세계(幻像世界)가 정신적인 면에서나 형이상학적인 면에서 그대로 죄다 하느님의 옷이나 그림자로 선천적(先天的)으로 있다고 할 수 있지 않겠습니까? '선천관물'입니다. 좀 어려울지 모르나, 하느님을 모신 그대로 살면 이 만물이 보이는 것이 아무리 너울거리고 날뛰어도 제대로 그대로 보입니다. 인생관과 세계관이 그대로 좋게 자기에게 알맞게 됩니다. 관(觀)이 그렇게 되면 조그만 것이나 큰 것이나 그대로 보입니다.

군대를 사열하는 관병식(觀兵式)이라는 것은 참 맛없는 것입니다. 그대로 지나며 쓱 한 번 보고 맙니다. 이처럼 당신이 있는 것같이 선천적 그대로 보고 갑니다. 당신 앞에서 꼬치꼬치 따지려고 하지 않습니다. 우리가 세상에 나와 한 번 지나가는 것이 관병식처럼 맛없이 지나가는 것이 될지 모르나, 한 번 지나가더라도 만물을 있는 그대로 선천적으로 보고 갑니다. 공평하게 보고 갑니다. 치우쳐서 어느 것만 유독 바라보지 않습니다. 공평히 그냥 봅니다. 관병식 때 군대는 내가 호령만 하면 전부 움직일 거라고 생각한다든지, 하늘 밑의 만물이 광명이라고 하는 마음은 '몸'에 살아난 견물생심의 맘입니다. 진달래나 벚꽃을 보고 그것 참 곱다 하고 그냥 가야지, 그것을 꺾으면 생심(生心)하는 게 됩니다. 아이들이 군것질을 자꾸 하고 싶어 하는 것은 견물생심 때문입니다.

견물관(見物觀)에는 이같이 견물생심하는 것과 선천관물하는 것 두 가지가 있습니다. 하나는 지옥으로 떨어지는 것이고 하나는 천국으로 가는 것입니다. 이 사람이 잘 모르는 일의 하나로 미인(美人)의 그림이나 조각을 보면 그대로 아름답기에 그냥 바라봅니다. 반면에 기생의 그림을 보면 음란한 생각이 듭니다. 이 사람이 선천관물의 수양이 적어서 그런지 몰라도, 기생의 그림은 미인의 그림이나 조각보다 깨끗하고 아름답게 보이지 않습니다. 실상 우리가 아버지의 아들로 나왔으면 고우면 곱다고 그냥 느끼고 아버지에게 보고할 따름입니다. 선천관들과 견물생심은 구별할 줄 알아야 합니다.

사금시무(死今視務)

우리의 마음은 매순간 죽어 갑니다. '이제'라는 것이 죽어 갑니다.

재원조경(在元照境)

앞에서 대원출우천(大元出于天)이라는 말을 하였습니다. 재원(在元)은 선천(先天) 그대로, 원(元) 그대로 아버지에게 보고하고 영원히 그대로 있습니다. 있기는 '원'에 그대로 있습니다. '원' 하느님을 모신 자리에서 떠나지 않습니다. '재원조경'입니다. '재원'하여 그 지경을 비춥니다. 이 사람이 집에 있으면 집의 일을 보고, 그밖에 조경(照境)할 것이 있으면 비춰줍니다. 이 사람이 좀 달관한 것이 있으면 (이 사람 환경에서) 그대로 '재원'하여 비춰줍니다. 비춰주되 조건을 붙이지 않습니다. 영원과 떠나지 않고 다만 이것은 이런 것이다, 좋으면 좋다, 그런 것은 그런 것이다 하고 지나갑니다.

당무생사(當務省事) 불가생사(不可生事) 생사생심(生事生心) 관조즉멸(觀照卽滅)

일을 당하면 마음을 열심히 쓰지만 불가생사(不可生事)라 결코 일을 만들어서는 안 됩니다. 일은 간소화하고 줄여야지 자꾸 만들면 안 되니다. 사무를 보는 것을 무슨 필요로 보면 안 됩니다. 쥐를 잡으면 상을 준다고 하면 쥐를 기르는 사람이 생깁니다. 도둑을 잡으면 상을 준다고 하면 도둑을 만들어 잡습니다. 여러 달 불이 나지 않으니까 소방대가 불을 일부러 내고 끈 일이 있습니다. 직업적 사무라는 것은 자꾸 줄여야 합니다. 자꾸 만들려고 해서는 안 됩니다. 맡은 사무는 생사(省事)하고 불가생사(不可生事)하여야 합니다.

정치의 근본은 간이(簡易)하게 하는 데 있습니다. 그래서 일을 만들려는 사람이나 물건에 생심하는 사람에게 빛을 비춰주면,* 해는 꺼져버리고 캄캄한 세상이 되고 맙니다. 세상은 비춰주는 사람이 있는데, 바로 보고 옳게 하여야 합니다. 생사생심(生事生心)에 눈을 밝히고 그런 길을 밝게 해주면 즉멸(卽滅)입니다. 생사생심 관조즉멸(生事生心 觀照卽滅), 참 대단히 요긴한 말입니다. 세상을 가만히 보십시오. 별놈의 일이 다 생기고 별놈의 마음이 다 생깁니다.

무거무래 역무주지신(無去無來 亦無住之身)

가는 몸뚱이도 아니고 오는 몸뚱이도 아닙니다. 게다가 또 사는 몸뚱이도 아닙니다. 세상에 알 수 없는 것은 몸뚱이의 존재입니다. 이대로 있다고도 할 수 없고 간다고도 할 수 없습니다. 여기 있는 것도 아니고 가는 것도 아닙니다. 그렇다고 아주 가는 것이 없느냐 하면 그렇지도 않습니다.

거구(去垢) 내식(來食) 주해골(住骸骨)

거구(去垢), 나의 때와 똥은 갑니다. 또 오는 것이 있는데 그것은 때에

---

* 생심하는 사람에게 빛을 비춰주면: 생심하는 사람을 지지하면.(박영호)

맞춰 끼니, 밥이 옵니다. 내식(來食)입니다. 그밖에 우리에게는 가는 것도 없고 오는 것도 없습니다. 주(住)에는 그러면 아무것도 없느냐 하면 있지, 왜 없겠습니까? 주해골(住骸骨)입니다. 다 늙은 놈은 해골만 남았다고 하나, 우리는 지금 서로 해골(骸骨)만 쳐다보는 것입니다. 내 몸이 내 몸이 아닙니다.

노여(老如) 급오무신 유하환(及吾無身 有何患)

이 사람이 늙어서 늙은 얘기만 하는 것 같습니다만 늙어 가면(老如) 어떻게 되나 하면 도착하는 데가 있습니다. 어디에 도착하는가 하면 몸은 있으되 없는 것에 이릅니다. 그러니 근심은 무슨 근심이 있겠습니까? 죽은 몸이나 다름없는 지경이 늙은 몸입니다. 이런 몸은 있으나 마나 합니다. 이 사람은 이런 공상을 종종 합니다. 없던 몸이 생겨, 차차 커지고 장성합니다. 다 자란 뒤에 서른 살이 가까워서는 정신적인 면이 육체보다 훨씬 더 자랍니다. 그 뒤로는 몸이 점점 쇠진해 가며, 분명히 겉으로는 살아 있는데 속은 다 죽게 됩니다. 이같이 해골만 남게 됩니다. 그래서 이 해골이 덜컥 넘어지면 '아이고, 사람 죽었다' 야단을 합니다. 이 사람이 공상하는 것은, 서른 살까지 자란 뒤에는 그 전에 자라던 것처럼 반대로 차차 줄어들어 다시 어린애가 되고 마침내 아주 꺼져버린다면 사람도 제대로 되지 않을까 하는 것입니다. 이렇게 되어 없어지는 것을 아무도 의심하지 않게 되면 그렇게 깜짝 놀라지는 않을 것입니다. 그러면 인간 세상도 좀 간단해질 것입니다. 늙으면 이같이 속은 없고 거죽만 버젓이 있기에 말썽이 많은 것입니다. 볼 것 다 본 늙은 몸입니다.

도연(陶然) 낙부천명복해의(樂夫天命復奚疑)

훈훈한 기분으로 노경(老境)에서 마지막을 바라보고 갑니다. 훈훈한 기분으로 하늘의 명(命)을 즐거워합니다. 이것은 이대로 좋지 않습니까? 마음이 성치않아 그 짓인데, 몸성히 이만큼 있었고 이만큼 맘 놓이고 뜻 태워 가니 온화하고 훈훈한 기분이 되지 않겠습니까? 그 천명(天命)을 즐거워합니다. 다시 무엇을 의심할 게 없습니다. 항상 높이 우러러볼 수 있습니다. 이것은 시인 도연명(陶淵明)의 말인데, 노자가 노여운운(老如 云云)한 글과 나란히 놓고 보니 참 좋습니다. 무한(無限)히 가는 것 같습니다. 이런 것이 무일유일(无一唯一)입니다. 하나도 없는 단 하나입니다. 이것은 이 사람의 말입니다만 도연명과 노자가 서로 결혼한 것같이 글이 한 쌍처럼 좋게 보입니다. 도연(陶然)히 낙천천(樂天天)이라! (1957. 4. 5.)

제28강

말이 바르면 마음이 편하다

言正心安

綱宇宙人生　　領論理物理
批判如是觀　　中正倫理安 (다석일지 1957. 4. 11.)

古人吟

未歸三尺土　　已歸三尺土
難保百年身　　難保百年墳
今人詠　　　　先塋白骨護無親
(評)難保百年人・何求乎外物 (다석일지 1957. 4. 12.)

自性(反求諸己)

土建五尺身　　心涵萬古義
氣養百年人　　命立永劫神 (다석일지 1957. 4. 12.)

思事上

人生事變來	好奇肉味思
事莫大乎思	惑世誣民事
聖別事天思	臨深履薄危
唯一復性祀	生前予直司 (다석일지 1957. 4. 10.)

思事親

乎天乎地各報本	惡墮爲惡好昇善
或上或下思事親	身土心神中正人 (다석일지 1956. 4. 10.)

向上一路

昇高爲照明	最優進級義
非欲下視位	終始上天揮 (다석일지 1957. 4. 9.)

獨生子

相思商賈處	片戀竟傷性
聖別救贖來	獨生畢仁愛 (다석일지 1957. 4. 10.)

我可歟

水滌我塵火燠凍　　父母諸我水火逝

功成不居不伐來　　子孫欲養親不待
垢去食來中土本　　地水火風共寂恩
吸入呼出自風大　　天父人子獨生愛 (다석일지 1957. 4. 10.)

눈 바로 보려는 사람

저 보잘 게 없이 알곤 있는 것을 없이 넉이는 잘못 말고.
그 보일 데 계심 알곤 없으심을 있이 넉이는 오름 옳다.
(다석일지 1957. 4. 12.)

이 사람이 한문을 많이 적어서 알기 어렵다고 생각할지 모르겠습니다
만 한문이라고 무조건 어렵게 생각하지는 마십시오. 생각한 것을 담아
놓기 좋아서 이렇게 한문으로 써놓았습니다.

먼저 〈언정심안(言正心安)〉을 보겠습니다.

사람은 통이 평안한 것을 구(求)합니다. 철없이 평안한 것을 구할 때
는 아무 의식이 없는 무생물로 있고 싶어 합니다. 그냥 돌멩이나 흙덩어
리처럼 아무런 의식(意識)이 없는 것이 제일 좋게 생각됩니다. 꿈쩍하기
를 싫어합니다. 생각하기조차 싫다면 평안을 구하는 일도 없어야 하고
구할 까닭이 없지 않습니까? 편하니 편치 않으니 하는 것이 없을 게 아
닙니까? 그런데 평안한 것을 구하는 것은 편치 않으니까 구하려 합니다.
언제나 평안한 것을 구하는 것을 보면 사람이라는 것은 평안하지 않
은 것입니다. 사람만이 평안치 않은 게 아닙니다. 이 사람이 늘 즐겨 하
는 말입니다만, 이 우주도 어떻게 불평(不平)한지 불평이 있어서 나왔습

니다. 불평하면 대거리하는 것같이 소리가 납니다. 소리는 평평(平平)치 않아서 납니다. 평평치 않아서 내는 것이 무엇이냐 하면, 평(平)하게 해 달라는 소리입니다. 이것이 기도입니다. 우주도 역시 불평하여서 평화(平和)를 구하노라고 기도합니다.

우리가 구하는 것은 오로지 평안(平安)입니다. 철없을 때는 몸뚱이 하나 평안한 것을 구했습니다. 좀 자라서는 몸뚱이가 괴로운 것보다 마음이 평안하기를 구합니다. 자기(自己)의 뜻이 평안하기를 구합니다. 이것은 어쩔 수 없이 사람의 의무(義務)라고 하면 의무요, 책무(責務)라고 하면 책무입니다. 사람 노릇은 어찌되었든 인생과 우주가 불안한 것을 먼저 알아야 합니다.

그 다음, 불안한 것을 한탄만 하고 신음만 하라는 것이 아닙니다. 소리가 나오는 것이 있어야 합니다. 소리를 지르는 것이 있어야 합니다. 평안하게 해 달라는 부르짖음이 있어야 합니다. 종교와 사상과 문화는 다 무엇입니까? 다 우는 소리입니다. 불평한 데서 울어 가지고 평안히 해 달라는 것입니다. 철학의 신조(信條)라는 것은 이렇게 구하면, 즉 이렇게 울면 평안이 오리라고 믿는 소견입니다. 불평을 받는 사람이나 듣는 사람이 그 소리가 그럴 듯하면 여기에 찬동하거나 그 기도에 참여하고 싶어 합니다. 그렇게 해서 평안하다면 찬동합니다. 사람들이 찬동하기 어려운 것이라면 말로는 안 되기에 그것을 글로써 쓰겠다고 합니다. 이렇게 따지면 사람이란 마음이 평안하기를 구하는 그 자체인 것입니다. 다른 것은 아무것도 없습니다.

마음이 평안한 데 이른 사람은 말을 바로 합니다. 바른 말을 할 수 없으면 아직 마음이 편치 않은 것입니다. 외견상 아무리 금방 죽을 것처럼 보여도 바른 말을 할 수 있는 사람이라면 비교적 마음이 평안한 사람입니다. 마음이 평안하면 자꾸 참말을 하고 싶어 합니다. 즉, 거짓말하는 것을 전혀 모른다는 경지에 가면 참에 들어가는 것입니다.

마음이 비뚤어진 것처럼 불안한 것은 없습니다. 일언(一言)이 정중(正中)하지 않으면 천언(千言)이 다 쓸데없다는 이 구절은 《명심보감(明心寶鑑)》에 있는 말입니다. 《명심보감》은 여러 내용을 모아놓은 일종의 잡지인데, 서울에서는 즐겨보는 것 같지 않습니다만 지방에서는 많이들 봅니다. 《명심보감》을 많이 보는 것은 어떤 의미에서는 좋은 일입니다. 그렇게 하고 싶게 만들려고 해도 할 수 없는 일인데 말입니다. 소설 《삼국지(三國志)》, 《수호지(水滸誌)》를 모두가 보는 것만큼 《명심보감》도 퍽 보는 편에 속합니다. 《명심보감》을 보면 소극적인 말이 많이 나옵니다. 자잘한 잡동사니로 가득합니다. 그나마 많이 본다는 것은 좋은 현상이라 아니할 수 없습니다. 시골에서 글을 아주 모르는 사람도 《명심보감》에 있는 말을 인용하는 경우가 많습니다. 학교에 다니지 못한 이가 그렇습니다. 일언(一言)이 정중(正中)하지 않으면 천언(千言)이 소용(所用)이 없다는 말은 곧 하느님 말입니다. 이것이 누구의 말이라는 것은 없습니다. 언정심안(言正心安), 말이 바르면 내 마음이 편안합니다. 우리 동포들이 말을 바로 하면 우리나라가 평안합니다.

강(綱), 우주(宇宙), 인생(人生), 비판여시관(批判如是觀), 영(領), 논리(論理), 물리(物理), 중정윤리안(中正倫理安), 이런 말들을 여기에 묶어보았습니다. 인도나 그리스나 동양의 학문 모두 물리(物理)하지 않고는 있을 수 없습니다. 이때 물리는 화학적 물리가 아니라 만물의 이치를 말합니다. 물리를 하려면 논리(論理)를 하여야 합니다. 먼저 논리를 밝히고 물리를 합니다. 그것도 혼자 해서는 안 됩니다. 발표를 하여 모두 같이 나누어 가져야 합니다. 그래야 많은 사람이 더 좋은 것을 물리하고 밝힙니다. 그러자니 논리를 밝히고 설명을 해야 합니다. 논리가 대단히 중요합니다.

소극적으로 생각하면 얼얼한 말이 좋다고 합니다. 더듬어서 하는 말이 좋다는 말입니다. 이것을 그저 알아서는 안 됩니다. 공자(孔子)는 부지언 무이지인야(不知言 無以知人也)라, 말을 모르면 사람을 알지 못한다고 하였습니다. 말을 할 줄 알고 말을 알아들을 줄 알아야 사람을 안다고 하였습니다. 상대 세계의 유클리드 기하학을 큰 것으로 아는 사람은 말을 모르는 사람입니다. 진리에 밝아서 물리를 밝힌 만물의 물리를 논리로 서로 통할 수 있게 하는 것이 사람의 소리입니다. 이렇게 해야, 사람들이 서로 잘살 수 있게 지켜야 하고 사양하는 것이 정해집니다. 물건을 주고받는 이치처럼 물리를 서로 밝혀주어야 일이 바로 될 수 있습니다. 할 수 있는 대로 그 시대에 밝힌 물리를 알고, 그 이치에 따라서 생활하고 체험해서 온전히 알아야지 그러지 않고는 안 됩니다. 사람 사이의 논리를 이치에 맞도록 정하는 것이 소위 윤리로서, 도덕이라는 제도가 정해집니다. 그래서 학문은 이것밖에 없다고 늘 이 사람이 말하는 것입니다. 이것은 고금(古今)을 통해 같습니다. 이제나 저 때나 다름이 없습니다. 어느 민족, 어느 나라에 따로 있는 것이 아닙니다. 우리 인류는 영원한 시간을 통해서 논리로 물리를 밝히고 윤리를 정해서 살아가는 것입니다. 그래서 오늘도 이런 말을 하는 것입니다.

강우주인생(綱宇宙人生)

강(綱)은 그물의 벼리입니다. 발의 뜻도 됩니다. 발은 치마 허리끈 같은 것입니다. 조금 알아듣기 쉽게 말하면 팬티 마디의 고무줄이 발입니다. 늘이려면 늘일 수 있고 잡으려면 잡을 수 있는 그런 요긴한 것이 발입니다. 발이라고 말하면 요새 사람들은 잘 모릅니다. 그러나 강령(綱領)이라고 하면 잘 압니다. 사물의 영(領)이라고 하면 옷의 깃과 같은 것으로 바로 하면 바로 될 수 있습니다. 이 깃을 잡고 낚아채면 온몸이 낚아

채지는 곳이라, 여기를 붙잡으면 꼼짝 못합니다. 옷깃은 매우 중요합니다. 여기를 잡는 것을 멱살을 쥔다고 합니다. 지금까지 이 사람은 다른 사람에게 화를 내거나 싸움을 해본 일이 없습니다만, 그 말만큼은 싸운 적이 없어도 능히 짐작이 갑니다.

논리로 물리를 밝히면 우주와 인생의 허리끈 같은 것을 붙잡은 것이 됩니다. 정신 빠진 사람이 팬티 마디끈이 끊어진 지 오래되어 가랑이에 걸려서 걸음을 못 걷는 모양으로, 이 세상이 어떠니, 인생이 어떠니 하는 꼴은 보기에도 구차합니다. 우주와 인생을 알라는 말은 팬티 마디끈을 잘 붙잡으란 말입니다. 잘 붙잡고 가자는 것이 학문이고 사상(思想)입니다.

비판여시관(批判如是觀)

이같이 따져 나가면 자기 것을 갖게 됩니다. 쪼갤 것을 쪼개서 옳은 것을 옳다고 하는 관(觀)이 섭니다. 그러면 사람과 물건이 어떻게 된다는 것을 알 수 있습니다. 이 치마허리를 붙잡고 불평할 게 있으면, 그것에 대해서 나는 이렇게 본다는 게 정해집니다. 누구라도 그 일에 대해서 어떻게 하고, 또 어떻게 살아갈 것인가가 정해집니다.

영논리물리(領論理物理)

논리(論理)와 물리(物理)를 유도할 때처럼 도복의 옷깃을 꼭 붙잡자는 말입니다.

중정윤리안(中正倫理安)

우주의 진리를 잡으면 중정윤리안(中正倫理安)이 됩니다. 그 가운데의 나(我)는 평안해집니다. 윤리를 위해서 그러는 것이 아니라 바로 중간에 있는 나를 위해서 하는 것입니다. 그러면 윤리가 평안합니다. 즉 도덕(道德)이 바로 서고 시쳇말로 도의교육(道義敎育)이 바로 되니 평안하단 말입니다. 늘 이 사람이 말합니다만 이래야 우리 사회의 프로그램이 틀림없이 진행됩니다. 이같이 말 한마디로 정중(正中)하여야, 곧 언정(言正)하여야 심안(心安)입니다. 다음은 《명심보감》에 있는 소리로 이 사람은 이제야 보는 글이지만 시골 사람들은 이 말을 많이 합니다.

이번에는 〈고인음(古人吟)〉을 보겠습니다.

미귀삼척토(未歸三尺土)

죽은 다음에 석 자(三尺) 깊이의 땅에 아직 못 들어간다는 말입니다. 사실 석 자 흙도 못 파고 들어가는 사람이 많습니다. 아홉 자(九尺) 파는 사람, 여덟 자(八尺) 파는 사람이 있는데, 대체로 석 자 정도 파는 사람이 많을 것입니다. 석 자 땅을 파고 들어가지 못했다는 것은, 아직 살아 있다는 말입니다.

난보백년신(難保百年身)

백 년은 살 수 있는 몸인데 그렇게 하기가 어렵다는 말입니다. 그까짓 것 석 자(삼 척) 흙 속으로 가면 그만인데, 아직 그러지 못하고 백 년을 살겠다지만 그것이 어렵다는 말입니다. 그렇게 하기가 어려우니까 자식이나 어렵지 않게 해주기 위해 생명보험을 듭니다. 백 년을 살 거라고 욕심낼 것도 없습니다. 보통 오십 년 살면 아이는 면했다고 면영(免嬰)이라고 하는데, 그 정도 사는 게 좋습니다. 그 오십 년도 실상은 보존하기가 어렵습니다. 저마다 오십 년을 살 수 있다면 생명보험에 들지 않을 것입니다. 그러면 생명보험 회사가 망하고 아예 생기지도 않을 것입니다. 한

때는 간이보험이라고 해서 아이들까지도 생명보험을 들었습니다.

이귀삼척토(已歸三尺土)

석 자(삼 척) 흙에 들어가서 '벌써' 할 때를 이귀(已歸)라고 합니다. '이미 기(旣)'도 있지만 같이 써도 무방합니다.

난보백년분(難保百年墳)

땅속에 들어가면 묻어놓은 몸뚱이도 백 년을 보존하기 어렵습니다. 이 말은 우리 한국인의 속마음을 아주 적절히 표현한 말입니다. 한국 사람은 흔히 생활난(生活難)을 겪듯이, 이 말이 과연 그렇다고 말합니다. 자식을 바라는 것은 다른 게 아닙니다. 혹 사태가 나서 자기 무덤이 없어지지 않을까? 누가 그 위에다 묏자리를 또 쓰지 않을까? 이런 것을 걱정하여 자기 무덤을 잘 지켜 달라는 의미에서 자식을 바라는 것입니다. 이런 바람이 이루어지는지는 담보하기 어렵습니다. 누가 그것을 지켜본답니까?

인생이 보잘것없고 가련하다는 것은 통속적 소극(消極)에서 느끼는 것입니다. 다른 큰 무엇에 비해서 인생이 하잘것없고 가련하다고 느끼는 것은 아닙니다. 이런 생각이 한국인에게는 아주 뿌리 깊게 박혀 있습니다. 《명심보감》에 나오는 말은 대개 유교 경전에 나오는 것들인데, 이 말만은 우리나라 사람이 한 것 같습니다. 우리나라처럼 무덤을 숭상하는 나라는 없으니까요.

중국에서는 일찍부터 수장(水葬)을 했습니다. 간혹 땅에 묻게 되더라도 들판에 내놓고 흙을 가볍게 덮은 후 그 주변에 벽돌을 놓으면 그뿐입니다. 흙도 얇게 덮습니다. 이렇게 하여 시체가 흙으로 돌아갑니다. 그렇지 않으면 아주 튼튼하게 짠 관에 돌아가신 이를 넣어 절에 보관합니다.

무슨 가구 모양으로 싸놓습니다. 몇백 년이 가도 냄새가 나지 않을 정도입니다. 스님이 그 위에서 밥도 먹고 일상적인 일을 처리하기도 합니다. 우리처럼 무슨 미신이니 하면서 이렇고 저렇고 따지지 않습니다. 풍수(風水)도 중국에서 건너온 것인데, 우리처럼 풍수를 따지고 풍수쟁이가 온갖 해괴한 짓을 하는 데는 없을 겁니다.

《명심보감》의 이 말을 정말로 명심해야 하는 것은, '난보백년분'이라는 사상이 자꾸 퍼지면 그야말로 할 수 없는 백성이 되고 말기 때문입니다. 옛사람은 이렇게 읊조리고 길게 이어지는 상여소리와 함께 갔습니다.

금인영(今人詠) 선영백골호무친(先塋白骨護無親)

그런데 지금은 선영백골호무친(先塋白骨護無親)이라고 합니다. 선조의 뼈가 묻힌 무덤을 수호할 이가 없다고 한탄하는 게 한 사람만이 아닙니다. 이 나라 백성 모두가 그렇게 합니다. 젊어서 나라와 민족을 위하여 싸운 사람이건, 별짓 다 하며 산 사람이건 결국에는 저런 정신밖에 나오는 게 없습니다. 그래서 이제 사람의 읊음(今人詠)이라고 하였습니다. 백성이 지금 무덤 자리 일 때문에 신음한다는 말입니다. 이것이 한국인의 관념입니다. 이런 것을 전부 평하면 이런 말이 됩니다.

평(評) 난보백년인 하구호외물(難保百年人 何求乎外物)

백 년을 보관하기 어려운 인생을 하필이면 왜 외물(外物)에다 구(求)하느냐는 말입니다. 석 자(삼 척) 흙 속에 들어가기 전에 사람 노릇 좀 해야겠다는 게 있어야 하는데, 하필 외물에다 구하느냐는 말입니다.

남강 이승훈(李昇薰) 선생은 정주(定州) 오산학교(五山學敎) 설립자입니다. 처음에는 장사밖에 모르는 사람이었는데, 나라가 망한 뒤 백성이 무식해서 나라가 망하였으니 이제부터는 공부를 가르쳐야겠다는 생각에 교육자가 되었습니다. 그 전에는 장사만 했지만, 나머지 생애는 교육에 바친 사람입니다. 그 양반이 젊었을 때 길을 가다가 무덤을 보고는, 누구나 다 죽어 묻히는데 저렇게 되기 전에 할 일을 해야겠다고 다짐했답니다.

양반 노릇을 하려면 재산이 있어야 하니 돈을 모아야겠다고 생각하고 장사를 시작한 사람입니다. 처음에는 자신이 선망하는 아무개처럼 되고 그 집 모양으로 행세하고 싶어서 돈을 모았습니다. 나중에는 깨달은 바가 있어서 부자 행세하는 따위의 짓은 하지 않았습니다. 자식을 혼인시킬 때는 정주에서 아주 낮은 신분의 어려운 집안 처녀를 며느리로 택하기도 했습니다. 사람들은 남만 못해서는 안 된다고 하며 남에게 뒤떨어지지 않기 위해 기를 쓰고 올라갑니다. 무덤을 보고 저렇게 되기 전에 할 것을 다해야 한다는 정신이 있어야, 살아 있는 동안 사람 노릇을 해보겠다는 정신이 늙어서라도 생겨날 게 아닙니까?

고인영(古人詠), 옛 사람들도 읊은 바 있지만 가난한 사람은 돈을 벌수 없고, 지위가 낮은 사람은 높은 자리에 올라갈 수 없습니다. 백 년 보존하겠다고 생각해보았자 죽은 다음에 누가 무덤을 지켜주겠습니까? 요행히 아들이 있어 제사를 받아먹겠다는 생각은 일그러진 것이고, 이미 지난 옛날 얘기나 마찬가지입니다. 이것은 언제나 사람으로 살아보겠다는 생각이 아닙니다. 사람 노릇하기에는 틀렸습니다.

우리나라에 남은 게 무엇입니까? 외국인 관광객에게 볼 만한 것이라고 보여줄 정도로 치장을 잘해놓은 산소가 많습니다. 하지만 그것도 우리 민족 3천만 명 전체로 보면 얼마 안 될 것입니다. 얼마 안 되는 그것이 우리나라에 보편적으로 남은 유산인 셈입니다. 흙덩이로 바뀐 뒤에도 이 흙덩어리는 우리 것이라고 합니다. 임금이나 지위가 높은 사람은 태

(胎) 묻은 곳을 잊지 않습니다. 아무개의 태가 묻힌 곳이라고 합니다. 우리 겨레가 여유만 있으면 다 이 짓을 하고 싶어 할 것입니다. 내 태가 묻힌 곳이니 이 다음 사람보고 알아 달라고 합니다. 또는 이곳은 내 손톱을 묻은 곳이고 발가락 때가 떨어진 곳이라고 하면서 기념하고 싶어 합니다. 이것은 바로 되는 정신이 아닙니다. 이러한 의미에서 평안하자는 것은 무생물로 평안하자는 말입니다. 이 몸뚱이가 외물인데 왜 외물에 구하느냐는 말입니다.

무덤에 묻힌 후 그 무덤의 보전을 바라는 것입니다. 감옥에 들어가서 백 년을 있어보세요. 있고 싶겠는가 말입니다. 그런데 피라미드처럼 민학(民虐)을 해서 자기 뼈를 오래 보존하기를 바라면 어떻겠습니까? 흙에서 나온 몸인데 정신이 있으니까 사람이라고 합니다. 그 정신이 나가면 도로 흙이나 마찬가지인데, 그 흙이 오래가기를 왜 바라느냐는 말입니다. 이런 생각이 들면 제가 싼 똥은 어떻게 되겠습니까? 방금 전까지 배 속에 있던 똥을 내놓고 어떻게 돌아가겠는가 이 말입니다. 자기 몸에서 나온 것이니 자기는 못 하더라도 남을 시켜서라도 보전하려고 해볼 일이 아니겠습니까? 똥을 누고는 왜 그리 빨리 돌아서 갑니까? '나'로부터 떨어져 나가는 것은 다 외물인데 무슨 뜻에서 나 아닌 무덤을 숭상하느냐는 말입니다.

내 몸이 내가 아닙니다. 내 집이 내가 아닙니다. 집이 없으면 못 살 것 같지만 한국전쟁 시 1·4후퇴 때에 언제 집을 돌아보았습니까? 그 모양으로 외물을 돌아보아서는 안 됩니다. 몸뚱이도 외물입니다. 정신이 잠깐 머무는 여관입니다. 이 여관이 무너지는데, 그 여관을 갖다가 아무개가 묵은 여관이라고 하며 쓰러진 집을 보고 기념한다고 합니다. 자손을 두는 것도 치장하려는 것입니다. 각주구검(刻舟求劍)이라는 말이 있습니다. 어떤 무사(武士)가 배를 타고 가다가 칼을 물에 빠뜨렸는데, 그 칼을 찾으려고 칼을 떨어뜨린 뱃전에 표시를 해 둔다는 말입니다. 제 무덤을 치장하겠다는 것은 이런 것과 같습니다. 무덤을 아무 데나 쓰면 후손에게 좋지 않다고 합니다. 남들이 그렇게 하니 나도 명당자리를 찾아서 조상을 모시겠다고 합니다.

중국에 수주대토(守株待兎)라는 말이 있습니다. 농부가 밭에서 일하는데 하루는 뛰어가던 토끼가 나무 등거리에 부딪쳐 죽고 말았습니다. 그것을 가져다 먹으니까 맛이 참 좋더란 말입니다. 그래서 농사를 그만두고 그 나무 등거리에 토끼가 부딪쳐 죽기를 기다린다는 것입니다. 무덤을 명당 자리에 쓰면 후손이 잘되고 부자가 된다는 것은, 혹시나 토끼가 나무 등거리에 부딪쳐서 죽지나 않나 하고 농부가 수주대토하는 것과 같습니다. 이 나라의 백성이 모두 이렇습니다. 지나가는 외물에 기대하고 구합니다. 이 정신상태로는 신세계(新世界)에 뒤떨어져 어떻게 될지 모릅니다. 인도는 어떤 의미로는 뒤떨어졌다고 하나 이런 점에서는 앞서 있습니다. 죽으면 주검을 깨끗이 불살라버립니다. 이제는 우리도 따져보자는 말입니다. 내 몸뚱이가 흙과 대체 어떤 관계가 있는지를 말입니다.

다음은 〈자성(自性)〉이라는 시입니다.

토건오척신(土建五尺身)

우리는 오 척(五尺) 정도 됩니다. 이 사람의 몸이 그렇습니다. 여러분은 세 치쯤 더 클 것입니다. 흙이 우리 오 척 몸뚱이를 일으켜 세웠습니다.

기양백년인(氣養百年人)

대기(大氣)의 산소가 사람 노릇 하라고 자꾸 호흡을 시켜줍니다.

심함만고의(心涵萬古義)

'젖을 함(涵)', 물에 흠뻑 젖어 부풀어오르는 것을 말하는 '함'을 써서 마음이 만고의 뜻에 불어난다는 것을 말해줍니다. '뜻(意)'보다 '옳을 의(義)'가 더 좋습니다. '뜻 의(意)'는 외물까지 쫓아간다는 뜻입니다. 모든 것은 옳아야 하니 그 뜻을 밝히는 데는 '옳을 의(義)'를 쓰는 것이 훨씬 좋습니다. 그래서 '옳을 의(義)'가 정말 '뜻'의 뜻이 됩니다.

마음이라는 것은 한없이 불어나서 올라갑니다. 만고의 의(義)에 불어나서 올라갑니다. 아무리 모든 것이 허무(虛無)라 해도 이 뜻 하나 있으니 좋지 않습니까? 우리가 이렇게 만나서 이런 얘기를 하는 것이 참으로 좋지 않습니까? 우리가 이렇게 모여서 얘기하는 것은 결코 우연이 아닙니다. 영원과 이 시간은 뭔가 관계가 있습니다. 판(版)이 벌어진다는 점에서 같습니다. 장기판이나 바둑판이나 전쟁판의 판은 같습니다. 이것도 한판, 저것도 한판입니다. 우리가 보는 것 중에 이런 판은 괜찮습니다. '심함만고의(心涵萬古義)'처럼 마음이 만고(萬古)의 뜻에 흠뻑 불어서 자라나면 무척 커집니다. 오 척이 아니라 몇천 척도 될 수 있습니다. 한량없이 자라날 수 있습니다.

명립영겁신(命立永劫神)

목숨을 일으켜서 영겁(永劫)의 신(神)이 된다는 것이 무엇이냐고 하겠지만, 여기는 그런 자리가 아닙니다. 목숨이라는 것을 따져본다면 무엇이겠습니까? 들어간 산소입니까? 나오는 탄산가스입니까? 우리는 목숨을 잘 모릅니다. 영혼(靈魂)이 잠깐 동안 이 흙덩어리(몸)에 들어와서 피게 하여주는 것이 목숨입니다. 그냥 목숨이라고 해야지 따지면 다시 제걸음입니다. 목숨을 이룬다면 무슨 영원히 가는 신을 만나보는 것인 줄 알지만 아닙니다. 우리 마음이 가만히 있을 수 없어서 신이라는 것이 나옵니다.

우리가 나온 이상은 신이 계십니다. 전지전능하신 분이 계시고 없던 것을 만든 창조주가 계십니다. 이것은 다 이 마음에서 나오는 것입니다. 신이 있어서 이러한 마음이 생기는 것인지, 아니면 신은 없는데 우리 마음이 그렇지 않고서는 못 견디니까 그런 것인지는 확언하기 어렵습니다. 그러나 그대로 있는 것은 사실입니다. 부처라는 것도 그렇습니다. 신이 나오는 것을 부처다 그리스도다 할 따름입니다. 마음에서 느끼는 것이지 딴 데서 하는 것이 아닙니다. 마음에서 한다고 하나, 우리가 신의 존재를 발견하였는가 하면 그렇지 않습니다. 우리의 생각이 하느님으로부터 나왔다는 것은 아직 볼 수 없으니까 어떻게 말할 수 없습니다. 신이 죄다 하는 것 같고 우리가 어쩔 수 없으니까 그런 그림을 그리는 것입니다. 신을 누가 판단하겠습니까? 판단할 수 없습니다. 그래서 그대로가 사실입니다.

이 정도로 말하면 됩니다. 더 설명을 하려면 서로 통하지 않게 됩니다. 대단히 어렵습니다. 다른 것은 있다가 없을 수 있으나, '하느님이 있다가 없다' 말한다면 이것은 망발 중에서도 망발입니다. 우리가 지금 제대로 깨달았다고 할 수 있겠습니까? 영원한 위치에서 크게 깨달은 존재가 우리를 보면 아무것도 아닐 것입니다. 설사 지금 깨달았다 해도 무슨 생각이 납니까? 이 의문은 누가 풀겠습니까? 불평(不平)을 느껴 평(平)한 것을 얻으려는데 언제 얻을 수 있을지는 모릅니다. 밤낮 애써도 이 모양으로 평화를 모르므로 이제 그만두겠다고, 잊겠다고 생각하게 됩니다. 그러니까 신을 모시고 부처를 염(念)합니다. 그대로 '명립영접신'입니다.

신이 목숨을 일으키는 것인지, 목숨이 신을 일으키는 것인지, 누가 판단할 수 있겠습니까? 하나입니다. 둘로 생각해서는 안 됩니다. 하나밖에 없다는 것은 이 사람의 생각입니다. 하나밖에 없다는 것은 이 사람이 내 속에 물어서 나온 것입니다. 이 까닭에 머리를 하늘로 두었습니다. 이 사람은 사람이 왜 머리를 위에 두고 다니느냐는 질문이나 그에 대한 대답을 듣지 못했습니다. 머리를 하늘에 두고 다니는 것은 다른 이유가 없습니다. 세운다는 것은 사람의 머리를 위에 두는 것입니다. 돌이켜 다시 자기를 구(求)하는 것입니다. 반구저기(反求諸己)입니다.

무엇을 잘못하면 자기에게 돌아가야 합니다. 평계를 대려면 한이 없습니다. 책임은 전부 자기에게 있습니다. 그러니 사람 노릇 하는 것이 어떻게 되겠습니까? 외물에 구하여야 하겠습니까? 자기가 죽어서 백 년 가기를 바라고, 자식이 자기 뼈를 지켜주기를 바라는 것을 더 있는 것으로 알면 이것이 무엇입니까? 흙이 도깨비 노릇 하는 것밖에는 아무것도 아닙니다. 원래 흙은 평합니다. 이렇고 저렇고가 없습니다. 3천만 우리 겨레의 머리를 뒤집어놓아야 합니다. 일대전향(一大轉向)을 해야지 그렇지 않고서는 새 시대에 살 수 없습니다. 자본주의에서도 무덤에 대한 생각만큼은 옛날의 봉건시대 그대로 변하지 않는 것이 참 이상합니다. 오늘날 제일 많이 인쇄하는 것이 족보라고 합니다. 이렇게 해서라도 남들에게 뒤떨어지지 않으려고 한다는 게 참으로 딱합니다. 하구호외물(何求乎外物)입니다. 자기에게 돌아와야 합니다.

그래서 자성(自性)입니다. 자기의 바탈입니다. 자기의 바탈(본질)을 알면 흙이라는 것이 오 척의 몸을 일으키고 성령인 대기(大氣)가 들어와서 자기를 인식케 합니다. 그러한 가운데 우리의 마음이 만고(萬古)의 옳은 뜻에 가서 흠뻑 불어납니다. 이 특별한 일을 하면 하늘목숨이라는 것이 영원한 신(神)에게서 일어납니다. 내가 신을 일어서게 하는지 신이 나를 일어서게 하는지 이 사람은 모르겠습니다. 아버지의 아들이지만, 아들이 아버지를 발견합니다. 그래서 아버지가 따로 있고 아들이 따로 있는 게 아닙니다. 아버지와 아들은 하나입니다. 둘이 아닙니다.

그러니 논리(論理)하고 물리(物理)하고 불평할 줄 알아야 합니다. 무엇이 무엇인지 알아야 합니다. 남이 한다고 나도 따라서 하면 안 됩니다. 유력한 사람이 족보를 하니까 우리 집도 해야 한다고 생각합니다. 할 수 없는데 남을 따라서 하면 안 됩니다. 화장(火葬)을 하는 것보다 무덤을 잘 쓰는 것이 좋다고 하여, 형편도 안 되는데 좋은 묏자리를 고르려고 합니다. 그런 짓을 하는 데서만 남에게 뒤지지 않으려 한다면 참 큰일입니다.

이번에는 〈사사상(思事上)〉을 보겠습니다.

우리는 예리하게 비판할 줄 알아야 합니다. 그러자면 무엇이 무엇인지를 알아야 하고 말씀을 알아야 합니다. 한마디 말씀으로 정중(正中)시켜 언정(言正)하여야 심안(心安)을 얻습니다. 언정(言正)을 줄여 한 글자를 만들면 증(証)이 됩니다. 누가 증인(証人)이 됩니까? 제가 됩니다. 다른 증거가 없습니다. 말을 하자면 생각을 하여야 합니다. 무슨 생각을 해야 하느냐 하면 사사(思事), 곧 일을 생각하여야 합니다. 무슨 일을 생각해야 하느냐 하면 위(上)의 일을 생각해야 합니다. 사사상(思事上)입니다.

'위'를 생각한다는 것은 곧 '위'를 섬기는 것이 됩니다. 임금 없는 시대에 윗분이 누구냐 하겠지만, 우리는 머리를 위에 두고 있으니 바로 그 '위(하느님)'를 섬기면 됩니다. 위로 올라가는 일을 생각하는 것입니다. 기도도 잔소리도 하지 말고 오직 위로 올라가는 생각을 하여야 합니다. 한 십 분 정도 위로 올라가는 생각을 하고, 그 다음 아래로 들어가는 생각을 해보십시오. 어느 쪽 생각의 맛이 좋은지 스스로 모를 리 없습니다. 그 설명은 어떻게 말로는 안 됩니다. 확연히 판이하게 다릅니다. 이것을 보더라도 우리는 위로 올라가게 생겼지, 아래로 미끄러지게 생기지 않았습니다. 사람이 위로 올라가는 생각을 많이 하면 구원을 받기 싫다해도 구원을 받을 것입니다.

인생사변래(人生事變來)

사람은 사변(事變)으로 나서 왔습니다. 맨 처음에 말한 것같이 사변이 나서 인생이 났습니다. 자기가 제 몸뚱이를 타고난 것이 사변입니다. 이 사변이 없으면 근본 사변이 없고 우주가 없을 것입니다. 우주에 시간과 공간이 벌어질 까닭이 없습니다. 시간과 공간이 벌어질지는 몰라도 인생의 우주는 없을 것입니다. 그래서 인생이 되어 나가는 것이 어떠하냐 하면 우주적 인생이 되어 갑니다. 이것이 인생 노릇이고 보니 사변 중 가장 큰 변(變)이 인생이 난 것입니다. 평안하게 부모의 품안에서 자라 따뜻한 이부자리에서 평생 지내고 누구에게나 환영을 받고 언제나 즐거운 것이 인생이라고 알면 틀린 것입니다. 사변 통에 정신이 빠진 사람일 것입니다. 이 사변이 없었더라면 아프고 괴롭고 배고프다는 것이 없었을 것입니다. 자식이 무슨 자식이고 부모가 어디 있겠습니까?

사막대호사(事莫大乎思)

일 중의 일은 생각인데 생각처럼 큰 일은 없습니다. 사람이 생각만 하지 않는다면 아무런 일이 없습니다. 사람에게 있는 본바탕의 양심은 생각하기 때문에 여러 갈래로 갈라져 나갑니다. 괴롭고 어려운 가운데서 자꾸 평안만 구(求)하니, 생각이 양심을 비틀어지게 합니다.

호기육미사(好奇肉味思)

생각에 호기심이 생깁니다. 아, 참 이상하구나 하는 생각이 듭니다. 세상 인심이 출세를 중시하게 되었습니다. 얼마 전까지만 해도 일본 유학을 갈망했는가 하면, 그 전에는 한문만 중시했습니다. 일본 제국대학을 나와야 무엇을 할 수 있었는데, 요즘은 미국 학위를 받아 와야 한다고 합니다. 세력 있는 이가 왜 이강석(이기붕의 아들이자 이승만의 양자)을 바로 미국으로 보내지 않고 서울대학교에 보내려고 하다가 문제를 일으키는지 모르겠습니다. 직수입(直輸入)도 잘하고 직수출(直輸出)도 잘하는 요즘 그것은 왜 하지 못하였는지 모르겠단 말입니다. 이런 것은 모두 호기심에서 나옵니다.

기(奇)는 '대(大)'와 '가(可)'가 합쳐진 글자입니다. 크게 옳다는 말로, 큰 것이 좋다는 뜻입니다. 대가(大可)하면서 기(奇)한 것을 따라갑니다. 맛으로 이야기하면 고기 맛입니다. 호기육미(好奇肉味)하는 것은 따져보면 잘 먹고 잘살자는 것입니다. 여자를 갖고 어쩌는 것도 살맛(肉味) 때문입니다. 그런데 호기심도 형이상(形而上)으로 구(求)하면 옳은 것이 될 수 있는데, 형이하(形而下)에서 가로(橫)로 구하려고 합니다. 같은 재료로 요리해도 솜씨에 따라 맛이 다르다고 합니다. 그러고는 맛이 있는 쪽으로 우르르 쫓아갑니다. 아무런 일이 없는 사람이 아편을 핍니다. 이것은 여기의 맛을 더 맛있게 맛보자는 것입니다.

사변(事變)이 난 뒤에 가장 큰 사변은 생각하는 일인데, 이렇게 형이하로 쓸 것 같으면 이 지경이 됩니다. 아편을 하느님이 시킨 것같이 쫓아갑니다. 그 외에도 양심에 걸리는 일을 한사코 쫓아가는 것은 이런 호기심의 발동 때문입니다. 한량없는 자기 호기심을 만족시키려고 하는 것입니다.

혹세무민사(或世誣民事)

세상을 미혹하게 하고 백성을 속이는 일이 됩니다. 혹세(或世)하는 것이 혹시나 하는 소리같이 들리는 것도 재미있습니다. 호기(好奇)는 확실히 혹시나 하는 마음에서 우러나는 것입니다. 음식에 별것이 어디 있습니까? 그래도 어디가 유명하다 하면 혹시나 하고 갑니다. 옛날에 술 담그는 법이 비상했던 선술집이 있었는데, 여주인이 그것으로 음란한 짓을 벌였습니다. 그 맛이 어떻게나 좋았는지 손님이 여간 많지 않았답니다. 그 소문이 크게 돌아 나라의 임금과 신하가 번갈아 이 술집을 드나들었는데, 서로 뭔가를 얻어 왔다고 자랑하고 좋아했답니다. 신하가 여주인에게서 손수건을 받았다고 하면, 임금은 노리개를 얻었다고 자랑했다고 합니다. 군신 간(君臣間)에 하는 짓이 이랬던 모양입니다. 이처럼 호기심은 혹세무민(惑世誣民)합니다.

무(誣)는 속인다는 뜻입니다. 무고죄(誣告罪)라는 것이 있습니다. 사실이 아닌데 사실이라고 일러바치다가 거짓이 발각 나면 무고죄에 걸립니다. 무(誣)는 또 무당이 하는 소리를 말합니다. 무당은 뭔가 능력이 생기면 다른 것도 마음대로 할 수 있는 것처럼 행세합니다. 무민(誣民)하는 것이 무당입니다. 그래서 만신을 부릅니다. 어떠한 귀신(鬼神)이건 다 부릅니다. 요즘은 집에 예수를 모시는 무당도 있다고 합니다. 무슨 신(神)이건 상관이 없습니다. 무당의 푸념에는 허튼 소리가 많습니다.

교회에는 방언(方言)하는 사람이 많습니다. 예나 지금이나 부흥회를 하는데 요새는 부흥회에서 방언이나 예언을 한다고 합니다. 옛날에도 빛이 났다거나 이상한 광채가 번쩍였다는 일이 있었지만, 오늘날처럼 많다는 말은 듣지 못했습니다. 〈고린도서〉를 보면 바울은 방언을 시원치 않게 생각한 것 같습니다. 방언하지 말고 오히려 예언하기를 구(求)하라고 하였으니 말입니다. 방언은 남에게 이익을 주지 못합니다. 무당의 푸념은 혹세무민하는 것입니다. 여호와 하느님을 내 앞에 불러온다든지, 하늘에 계신 아버지의 소리가 두 귀에 들린다든지 하는 것은 점점 땅속으로 들어가는 소리입니다. 예수를 보십시오. 호기심을 일으키게 하는 게 단 한 가지라도 있습니까? 호기심을 일으키게 가르친 것이 하나도 없습니다. 돈이 들어오고 금반지가 들어오고 한다는 것은 다 호기심에서 생기는 일입니다.

성별사천사(聖別事天思)

호기심과 혹세무민하는 자와는 성별(聖別)하란 말입니다. 깨끗하게 거룩하게 불평하란 말입니다. 소독을 할 때는 소독할 것과 하지 않을 것을 분리해야 합니다. 그러지 않고 한데 있으면 소독은 헛일입니다. 그래서 성별을 하고 불평을 하면서 하늘을 섬기는 것입니다. 하늘은 더없이 큰 것, 비길 데 없는 것입니다. 하늘을 섬기는 일이야말로 위대한 일이고, 맛으로 말하면 여기에 비할 맛이 없습니다. 성별할 것을 깨끗이 성별하면 그 맛은 잠깐 있는 게 아니라 영원합니다. 그것도 속성으로는 안 됩니다. 긴 시간을 두고 하느님을 섬기면, 그 구함이야말로 다른 데 붙일 수 없는 맛이 있습니다. 온전한 길은 따로 해놓아야 합니다.

유일복성사(唯一復性祀)

죄다 오직 본바탕을 회복하는 제사입니다. 불안을 느끼기 때문에 절대 평안을 구하는데, 절대 평안한 것이 우리의 본 바탈입니다. 복성(復性)입니다. 인생은 평생 복성(復性)입니다. 우리 마음이 잊었던 성(性)을 회복하여, 곧 유일복성하여 우리 아버지와 같은 자리, 즉 영원의 자리를 일생을 두고 광복(光復)하자는 것입니다. 그리스도교 신자에게는 이것이 교(敎)를 믿는다는 것이고 기도일 것입니다. 강조주간이나 부흥회처럼 그 주일만 하는 것이 아니라 내쳐서 자꾸 올라가는 것입니다. 이것이 영원한 부흥(復興)입니다. 다시 한다는 부(復)가 또한 회복한다는 뜻의 복(復)입니다. 온전히 회복하는 것을 보자는 뜻입니다. 그 글자(復)가 부흥회(復興會)에 들어 있습니다. 다시 부흥회를 하라는 뜻으로 부흥회라고 하였는지 몰라도, 요새 부흥회는 술자리에서 일 배(一杯), 또 일 배 하자는 것처럼 들립니다. 성별할 것은 성별하여야 합니다.

임심리박위(臨深履薄危)

깊은 연못에서 헤엄치고 얇은 얼음판을 밟는 것같이 위태로웠다는 말입니다.

생전여직사(生前予直司)

호기심이 일어서 아래로 가다가 가는 길을 잘못 밟아서 떨어질 뻔했는데, 이것을 아슬아슬하게 분간해서 나가는 것입니다. 옳고 그름을 잘 분간해서 위로 올라가는 길을 간다는 것입니다. 특히 누구나 생전(生前)에 그렇게 해야 한다는 뜻으로 이렇게 했습니다. 사(司)는 하여야 한다는 뜻으로 여기에 붙여보았습니다. 이상이 위를 섬기는 생각입니다. 이것은 세례문답 때의 문답으로 이용해도 좋습니다.

다음은 유교에서 친부모를 어떻게 섬기는지 말해봅시다. 〈사사친(思事親)〉, 친(親)한 것을 섬기는 생각입니다.

호천호지각보본(乎天乎地各報本) 혹상혹하사사친(或上或下思事親)

하늘로 갈 때나 땅으로 갈 때 생각이 일어나는데 다 밑동에 보고됩니다. 이것이 '본호천자친상 본호지자친하(本乎天者親上 本乎地者親下)'라는 공자의 말입니다. 하늘을 밑동으로 하는 자는 하늘을 우러러보고, 땅에서 나서 땅을 밑동으로 하는 이는 아래와 친(親)하려고 한다는 말입니다. 본디 사람은 사변(事變)이 난 뒤 나온 것이기에 호기심에서 육미(肉味)를 찾아다닙니다. 우리 몸뚱이는 짐승입니다. 혈육(血肉)을 가진 사지(四肢)의 동물입니다. 몸뚱이는 근본을 좇아 악(惡)과 친하려고 합니다. 그러나 사람에게 짐승의 몸뚱이만 있는가 하면 그렇지 않습니다. 하느님의 아들이 될 성미, 부처의 성미가 있습니다. 이것은 하늘로 올라가려는 본성입니다. '본호천자친상'의 의미입니다. 예수는 무엇이냐 하면 본호천자(本乎天者)로 친상(親上)한 분입니다. 자신이 하늘에서 나온 것을 너무나 잘 알기 때문에 하늘과만 친하려고 하였습니다. 우리도 하늘과 친하려는 본성이 있습니다.

이 본성을 하늘에 갚으려는 것이 아버지를 섬기는 것입니다. 하늘로 가느냐 땅으로 가느냐 하는 것은 나 자신의 선택에 달렸습니다. 그런데 많은 사람이 하늘의 본성을 버리고 몸뚱이로 갚으려고 합니다. 도둑질이라도 해서 맛있는 음식을 먹고 육미(肉味)에 재미를 붙여 살고 싶은 마음이 자꾸 생기는 것은 우리가 본디 짐승이기 때문입니다. 아주 금수(禽獸)라면 편한데 그렇지도 못합니다. 위로 올라가서 하늘과 친하려는 본성이 있기 때문입니다. 아랫길에서나 윗길에서나 우리 아버지를 섬겨야겠다는 마음이 있습니다.

예수가 바리새인들에게 그들의 아비가 악마라고 말하자, 바리새인들은 격분하여 자신들이 진실한 아브라함의 자손인지라 음란한 데서 나지 않았다고 답했습니다. 그러자 예수가 이렇게 말했습니다.

"너희가 아브라함의 자녀라면, 아브라함이 한 일을 하였을 것이다. 그러나 지금 너희는, 너희에게 하나님에게서 들은 진리를 말해준 사람인 나를 죽이려고 한다. 아브라함은 이런 일을 하지 않았다."(《요한복음》)

8:39~40)

〈요한복음〉8장에는 누가 정말 큰 아버지(하느님)의 자손이냐고 묻는 장면이 나오는데, 바리새인들은 처음부터 사람들에게 거짓말하고 예수를 죽이려고 마음먹고서 자기네의 아버지가 하느님이라고 주장합니다.

호천호지각보본(乎天乎地各報本)하는데, 보본추원(報本追遠)을 합니다. 근본(根本)을 갖고 영원한 근본을 좇아간다는 뜻입니다. 말은 좋습니다. 산소 치장이나 하고 제사를 잘 지내는 것을 보본추원이라고 합니다. 어떤 인물의 동상을 세우는 것도 보본추원이라고 합니다. 선지자(先知者)들이 핍박을 받아 죽음에 이른 옛일을 보고, 자기는 결코 그렇게 하지 않겠다고 하며 가장 핍박받고 희생된 선지자의 동상을 세웁니다. 그 중에는 옳은 일도 있지만, 대개는 핑계 삼아 자기의 이름을 팔아먹으려는 짓입니다. 정말 좋은 세상이 오면 그런 일이 없습니다. 다 우상들입니다. 동상을 세우기 전에 그런 분의 뜻을 받들어야 합니다.

이순신 장군이나 안중근 의사의 뜻이 있으면 그 뜻을 받들어야 합니다. 해방된 지 10여 년, 건국한 지도 10여 년이 되었습니다. 대통령이 자기 생일을 자축하면서 노인들을 대접하였다고 합니다. 조금 전에 신문을 보니 75세 된 할아버지와 73세 된 할머니가 슬하에 자손이 없고 생활이 막연해서 복어 알과 수면제 여섯 알을 나누어 먹었다는 기사가 실렸습니다. 수면제에 대한 지식이 없어서 자세히는 몰라도 그것을 먹고 과연 죽을까 싶습니다. 도로 살아나 병원에서 치료를 받고 있답니다. 먹고 죽으려고 비상을 사려 해도 비상을 살 돈도 없다는 말이 있습니다. 이 노부부도 돈이 없어서 겨우 수면제 여섯 알을 나누어 먹었는지 모를 일이지만, 뭔가 까닭이 있을 것입니다. 신문을 보니, 사정이 딱한 사람들에게 돈을 보태주는데 수면제나 복어 알은 더 사서 보내주지 않았는지 궁금합니다. 옛날에 정치가 제일 먼저 구할 사람을 맹자는 네 부류로 보았

습니다. 과부, 홀아비, 고아, 장애인을 먼저 구한 다음 성한 사람을 구해
야 한다고 여긴 것입니다. 옛날에는 정치인이 혹 일을 못하여 삶에 지친
이를 우연히 만나면 자기의 책임인 것만 같아, 장판 방에서 회초리를 맞
는 것 같은 부끄러움을 느꼈다고 합니다.

악타위악호승선(惡墮爲惡好昇善) 신토심신중정인(身土心神中正人)

악타위악호승선(惡墮爲惡好昇善), 떨어지는 것은 악(惡)이고 올라가는
것은 선이라고 합니다. 선악(善惡)의 분간을 하기 어렵다고 하는데 이 사
람은 답(答)을 얻었습니다. 힘들여 위로 올라가고만 싶은 것은 선이고
떨어지는 생각은 악이라고 말입니다. 그저 호기육미(好奇肉味)에 생심(生
心)하는 것은 악입니다. 신토심신중정인(身土心神中正人), 몸은 흙으로
된 것이고 마음은 신(神, 靈)으로 된 것입니다. 흙과 신이 떨어지면 정신
이 든 몸은 없습니다. 그래서 이 가운데서 바로만 하면, 그 사람이 친한
이를 섬기는 것을 생각함(思事親)에 있어서 위로 갈 것인지 아래로 갈 것
인지가 훤해집니다. 우리가 가는 길은 훤합니다. 우리는 자꾸 올라가야
합니다. 언뜻 보면 미끄러져 가는 것이 쉬운 것 같으나, 유치원 아이들이
미끄럼틀을 타는 것만큼 위태롭습니다. 몹시 미끄러져 거꾸러진 극악한
죄악은 어찌할 수 없습니다.

우리는 몸인 흙과 정신인 신(神)으로 이루어진 존재입니다. 몸은 다
시 흙으로 돌아가지만 하느님의 자리인 하늘을 바라보고 머리를 그 쪽
에 두고 있으니, 인간은 위로 올라갈 것을 찾지 않으면 견딜 수 없는 동
물입니다. 그런데 그저 호기심에서 무엇인지 자기가 맛보던 것보다 더
좋은 것을 맛보았으면 하는 게 대부분 사람들의 인생관이나 세계관입
니다. 게다가 더 없이 좋은 맛이 오래 지속되면 좋겠다는 어리석은 꿈을
꿉니다. 이런 환상은 못씁니다. 하늘에서 나온 우리 인간의 본성은 그렇

지 않습니다. 대통령이 되는 것도 이 사람은 싫습니다. 미국의 대통령이 된다 해도 싫습니다. 오늘은 《성경》을 보려고 했는데 그만 이렇게 되고 말았습니다.

이번에는 〈향상일로(向上一路)〉를 풀이하겠습니다.

승고위조명(昇高爲照明) 비욕하시위(非慾下視位)

항상 위로 올라가는 한 길이 향상일로(向上一路)입니다. 우리 정신이 위로 올라가는 길입니다. 높은 데로 올라가는 것은 조명(照明)하기 위함입니다. 전쟁 중에는 캄캄한 밤중에 조명탄을 높이 터뜨려 밑을 밝히며 목적을 달성합니다. 자유와 평등의 시대에 높이 올라가 있는 분은 아래의 위태로운 지리를 밝혀주어야 합니다. 지도자의 지위가 그렇습니다. 밝혀줄 능력이 없으면 올라가 있을 필요가 없습니다. 그리고 그 자리는 남을 얕보는 하시위(下視位)할 자리가 아닙니다.

사람이라는 게 이 모양입니다. 학교에 입학해서 3, 4학년이 되면 상급생입니다. 그러면 하급생을 부려먹고 먼저 경례를 받습니다. 이렇게 하는 것 때문에 상급생이 좋은지는 모르겠습니다. 2학년만 되어도 내가 고참(古參)이다 하고 1학년을 부려먹습니다. 학교에서는 지도자라는 이가 상급생들에게 아래 아이들을 보아 달라고 권합니다. 그러니 은근히 얌전한 학생도 팬히 하시위를 하려고 합니다. 중학생은 국민학생을, 고등학생은 중학생을, 대학생은 고등학생을, 대학원생은 대학생을, 박사는 학위 없는 사람을 하시(下視)합니다.

이러니 하느님의 아들이 못 됩니다. 이런 사람이 하느님의 아들이 되는 날이면 큰일입니다. 세상사람 모두를 다 하시하게 될 것입니다. 그러니 안 됩니다. 이렇게 암만 올라가보세요. 소용없습니다. 사람을 하시하는 감투는 없어져야 합니다. 옛날에 없어진 줄 알았던 감투가 이 밝은 세상에 있으니 이 나라가 언제 밝아지겠습니까?

불환무위 환소이립(不患無位 患所以立), 지위(地位)가 없는 것을 걱정하지 말고 일어선 소이(所以)를 걱정하라는 공자의 말입니다. 어떻게 하면 일어설까, 무엇을 갖고 일어설까를 걱정하라는 뜻입니다. 《논어》 이인편에 나오는 말입니다. 장(長) 자리에 오르기를 원하거나 그 자리가 없는 것을 걱정하지 말고, 이 자리에 서 있는 소이(所以)를 걱정하자는 것입니다. 그러면 높이 올라가서도 조명을 할 수 있습니다. 한자 '위(位)'가 '사람(人)이 선다(立)'는 뜻이 된다는 것도 이상한 일치입니다. 일어서는 그 자리를 보지 않고 의자만 봅니다. 그러니 탈입니다. 감투싸움을 하게 되니 말입니다.

최우진급의(最優進級義) 종시상천휘(終始上天揮)

진급(進級)은 우수한 성적으로 진급한다는 말이 아닙니다. 높은 데 올라가서 조명을 하여 그 조명의 광피(光被)에 따라 성적이 나타납니다. 최우(最優)로 진급한다는 뜻은 나의 시작과 마침이 되는 하느님을 향하여 나아가는 지휘(指揮)를 하고 마친다는 말입니다. 영원한 하느님과 지휘를 하는 것입니다. 우리 속을 지배하는 것은 실상 하느님입니다. 세상을 지휘하는 것도 하느님입니다. 위에 계신 하느님의 지휘에 시종(始終)하라는 말입니다. 유치원에서는 유치원대로, 소학교에서는 소학교대로, 대학교에서는 대학교대로 시종을 하여야 합니다. 시작하면 끝을 내야 합니다. 한량없이 끝에 가야 합니다. 장관만 되면 다 된 줄 알면 안 됩니다. 대통령이 우리가 오를 맨 끝이라는 생각은 잘못된 것입니다. 아직 멀었습니다.

상천휘(上天揮)하여야 합니다. 하늘로 올라가는 데 힘쓰면, 팔을 휘젓는 것같이 보이기도 하고 하늘이 지휘하는 것 같기도 합니다. 높은 지위에 올라가는 이는 이것을 알아야 합니다. 올라간 이들은 많은데 이것을 모르니 사회가 캄캄할 수밖에 없습니다. 오직 향상일로입니다. 아무 딴 소리하지 말고 올라가자는 그 말밖에 할 게 없습니다. 이 사람 보고 교장이 되어 수신과정(修身課程)에 학점을 주라고 하면 '최우진급의, 종시상천휘'라는 점수를 매기겠습니다. 이것을 받아야지 그러지 않으면 모두 낙제입니다. 바로 얘기하면 사람들은 사회에 나가서 잘 해먹고 잘살겠다는 뜻밖에 없다고 보입니다. 나라, 민족, 문화, 배경은 전부 잘 먹고 여자나 끼고 춤이나 추자고 하는 짓입니다. 요새 불교와 기독교를 많이 말하지만, 이런 식이라면 다 그만두는 것이 좋습니다. 예수도 애매한 부처도 그만두는 것이 좋습니다.

다음의 시에는 〈독생자(獨生子)〉라는 제목을 붙였습니다. 독생자는 예수만 말하는 게 아닙니다. 우리의 독생자도 어떤가 한번 보자는 것입니다.

상사상고처(相思商賈處)
아까도 말했지만 생각이 중요합니다. 생각이 미끄러져 밑으로 가느냐 위로 향상(向上)하느냐에, 사람 노릇을 하느냐 못하느냐가 달려 있다고 하였습니다. 상사(相思)는 지금은 그렇게 말하지 않지만, 나이 많은 사람에게는 연애를 말합니다. 이 사람도 그렇지만 연애라고 하면 암만해도 어감(語感)이 잘 들어오지 않습니다. 지금은 반대로 연애라고 해야 알아듣기 좋은 것 같습니다. 서로 생각하는 게 상사라고 하겠습니다. 어떤 면에서 보면 연애도 장사입니다. 별 타산(打算)이 다 꿈틀거립니다. 세상에 당신밖에 없다, 당신의 종이 되어도 좋다, 당신이 아니면 나는 죽는다, 이런 말들은 다 흥정을 하는 것입니다. 연애만 그런 것은 아닙니다.

음란한 세상에서는 웬만한 게 다 그렇습니다. 혼인이나 감투 같은 것에서 흥정은 숨길 수 없는 사실입니다.

젊은 사람이 친구를 사귀는데, 얼굴이 반반하고 희멀거면 사귀기가 쉽습니다. 그와 반대로 인상이 험하면 얼른 사귀기가 쉽지 않습니다. 이것은 사람이 간사해서 그렇습니다. 그러다가 한번 신의(信義)를 저버리면 다시는 안 속겠다고 합니다. 이것까지는 좋은데 자칫 잘못하다 일생을 망치는 경우도 있습니다. 처음에는 인상 때문에 금세 사귀기가 어려우나, 차차 두고 오래 지내다보면 공부도 잘하고 인격도 훌륭하고 신의도 잘 지켜서 평생을 함께 할 수 있는 친구가 되는 수가 종종 있습니다. 사귀기 쉽다고 반드시 좋은 친구가 되는 것은 아닙니다. 쉽게 사귀는 것은 일종의 장사와 다름없습니다. 이러쿵저러쿵 서로 계산하는 사이에서는 한 쪽이 배를 툭 내밀고 비싸게 굽니다. 상고사(商賈事)입니다. 앉아서 하는 장사란 말입니다.

성별구속래(聖別救贖來)

옳고 그른 것은 분간해야 합니다. 그런 가운데 용서함(贖)을 얻을 것입니다. 남녀유별(男女有別)하라느니 남녀교제를 황망히 하지 말라는 것은 다 성별(聖別)을 말하는 것입니다. 이래야 마침내 구속(救贖)이 옵니다. 외물(外物)에서 구하는 것부터 구별하는 것이 '위'로 올라가는 옳은 정신입니다. 이것이 속(贖)함을 받지 않고 어떡하겠습니까? 그러면 당길 힘이 있게 시간적으로 성별을 합니다. 급하게 사귀는 것 같은 경솔한 것은 결코 하지 않습니다. 시간적으로 띄어 두고 공간적으로도 좀 멀리 합니다. 곱게 보인다고 곧바로 가까이 하지 않습니다. 곱고 좋다고 함부로 가까이 하면 위태합니다. 성별하여야 하며 그래야 구속이 옵니다.

편련경상성(片戀竟傷性)

짝사랑은 경상성(竟傷性)입니다. 상대는 배를 탁 튀기고 내처 비싸게 굽니다. 그러니 이쪽은 바침내 바탈에 아픔을 받습니다. 이렇게 보면 독생자가 아주 편합니다. 죄(罪)에 들어갈 염려가 없습니다.

독생필인애(獨生畢仁愛)

자기 혼자 독립하여 능히 사니 인애(仁愛)로 마침내 마치고 끝납니다. 구함이 없고 맛보는 것도 없습니다. 호기심이 나지도 않습니다. 인애라 하든 성명(性命)이라 하든 자기 바탈을 상(傷)하게 해서는 안 됩니다. 인애도 독생(獨生)을 하여야 합니다. 성별(聖別)을 자꾸 하면 인애가 절로 독생합니다. 당치 않은 지나친 값으로 소용된 물건을 무리해서 살 필요가 없습니다. 안 사는 것이지 못 사는 게 아닙니다. 스스로 그만두는 것입니다. 호기심에 끌려서 재미가 있을 것 같아 보여도, 저런 것도 세상에 있나 하고 그냥 지나갑니다. 미인(美人)의 코에서 콧물이 안 나오고 눈에 눈곱이 안 낍니까? 그 창자에 똥이 없겠습니까?

석가는 절세미인도 똥자루에 지나지 않는다고 하였습니다. 그 살에서 떨어지는 껍질은 때가 아니고 무엇이겠습니까? 그렇다고 섣불리 행동하지는 말아야 합니다. 자기만 콧속에 코가 없고 창자에 똥이 없는 것같이 독선적으로 되어도 안 됩니다. 그런 태도는 또한 사회에 대한 모독입니다. 진·선·미(眞善美)가 이 세상에 있겠습니까? 없습니다. 이 땅 위에는 없습니다. 오직 인애에 독생*하기를 바라야 합니다. 자기 꿈을 독생으로 하고 성별해서 구속래(救贖來)하여야 합니다. 나라는 사람을 한번 생각해봅시다.

---

* 류영모는 혼인하지 않고 혼자 사는 것을 독생(獨生)이라 하였다.(박영호)

이번에는 〈아가페(我可皈)〉를 보겠습니다.

수척아진화욱동(水滌我塵火燠凍) 공성불거불벌래(功成不居不伐來)

사람이라는 것은 네 가지 성분인 물, 불, 흙, 바람이 모여서 되었다고 합니다. 지(地), 수(水), 화(火), 풍(風)을 사대(四大)라고 합니다. 지, 수, 화, 풍을 쪼개보면 아무것도 아니라고 합니다. 외물(外物)로 되어 있습니다. 물은 우리를 시원하게 씻어줍니다. 곧, 물은 목마를 때 시원하게 목을 축여주고, 몸을 시원하게 씻어주며, 빨래를 깨끗하게 해줍니다. 불은 추위 때문에 어는 것을 막아줍니다. 물은 먼지를 씻어주고 불은 추위에 몸이 얼지 않게 해줍니다. 그런데 물은 언제 어떻게 어디로 지나가는지를 모릅니다. 요새만 해도 냇물에 손을 씻는데, 열 번 씻는 동안 먼저 번, 그러니까 첫 번째와 두 번째로 씻었던 물이 어디로 갔는지 모릅니다. 인사도 하지 않고, 이 사람이 고맙다고 인사를 하려 해도 그냥 지나가고 맙니다. 불도 마찬가지 입니다. 혼자 수고하여 요긴하게 공(功)을 세우고는 신임이나 치사도 받지 않고 그냥 가버립니다. 그만큼 일했는데 품삯을 한 푼도 받지 않고 간다고 자랑하지 않습니다. 어떤 의미에서 보면 물과 불은 천사입니다. 천사가 아니고서 그렇게 있을 수가 없습니다. 불벌래(不伐來)는 공치사를 하지 않는다는 뜻입니다.

부모저아수화서(父母諸我水火逝) 자손욕양친부대(子孫欲養親不待)

부모도 여기에(諸=之於) 물과 불처럼 지나갑니다. 나를 맡아 길러주고는 공치사 한 번 없이 그냥 가버립니다. 자식이 철이 들어 부모를 공경하고 싶은데 기다려주지 않고 그냥 가고 없습니다. 나무는 가만히 서 있으려는데 바람이 쉬지 않고 부니 가만히 있지 못하고, 부모를 공경하려 하나 이미 돌아가셨다는 시를 읊은 이가 있습니다. 이같이 부모는 자식에게 물과 불처럼 하고 지나갑니다.

구거식래중토본(垢去食來中土本) 흡입호출자풍대(吸入呼出自風大)

때(垢)가 가고 밥이 오는데, 우리 몸뚱이는 있는 것도 아니고 가는 것도 아니고 오는 것도 아닙니다. 있는 그대로 흙으로 있습니다. 해골이 있다는 말입니다. '나'는 가는 것이 아닙니다. '나'라는 말처럼 자꾸 지나가며 나아지는 '나'입니다. 어제의 나는 다 지나갔습니다. 가운데 흙이 밑동이 되어 있습니다. 언뜻 해골이라 하였으나 때(垢)는 흙으로 돌아가고 밥은 흙에서 나옵니다. 해골은 흙 밑동 가운데의 것입니다.

제일 요긴한 것은 목숨입니다. 숨을 들이마시고 내뿜어야 합니다. 산소가 들어가고 탄산가스가 나오는 것인데, 다 바람이 드나드는 것입니다. 대기 자체입니다. 내가 하는 것이 아닙니다. 바람이 그렇게 하는 것입니다. 본디 흙이요, 바람 자체입니다. 흙, 물, 불, 숨을 따져 나가는데 네 가지를 음미하고 따져보면 그렇습니다. 지수화풍(地水火風)은 한 가지로 쥐 죽은 듯 고요한 은혜입니다. 너무나 고귀해서 그 은혜를 갚지 못합니다. 흙과 나는 이런 관계에 있습니다. 밖에 바람이 몹시 불면 바람이 몹시 분다고 하고, 비가 많이 오면 객수(客水)가 온다고 합니다.

그래도 한 가지로, 얌전하고 아무 소리가 없는 은혜입니다. 조상의 은혜가 그렇습니다. 틀린 아버지, 틀린 할아버지도 없지 않아 있습니다. 자식에게 효(孝)를 못 받는다고 또는 반찬을 안 해준다고 야단하는 노인도 없지 않지만 지수화풍과 한 가지로 고요한 은혜입니다. 이것을 판정하면 천부(天父)의 인자(人子)인 예수처럼 영원한 아버지를 대신할 만한 아들이 됩니다. 이는 참 홀로 사는 사람입니다. 조금도 부족함이 없는 사랑을 나타냅니다. 이렇게 판단하며 《성경》을 보아야 합니다. 예수를 가만히 따져보십시오.

지수화풍공적은(地水火風共寂恩) 천부인자독생애(天父人子獨生愛)

예수는 지수화풍공적은(地水火風共寂恩) 그대로가 아니겠습니까? 아무런 말없이 십자가를 지지 않았습니까? 평소에도 그냥 있으면 있는 대로 그저 그런건가 보다 하고 지냈습니다.

독생(獨生)의 사랑은 온전(완전)한 사람 노릇을 합니다. 공자의 인(仁)도 그리스도의 정신과 같습니다. 인은 성인(成仁), 독신성인(獨身成仁)이라고 하였는데, 같은 의미입니다. 이것을 아가페(我可敝)라고 하였습니다. 나(自我)라는 것은 폐(敝)하여 버려야 합니다. 아가페는 사랑을 뜻하는 그리스어입니다.

끝으로 〈눈 바로 보려는 사람〉을 보겠습니다.

저 보잘 게 없이 알곤 있는 것을 없이 녀이는 잘못 말고

우리늘 거죽만 핥기 때문에 속히 판단해서 도리어 틀림없는 것을 보잘것없다고 하게 됩니다. 그래서 보잘것없는 것을 알면 있는 것을 업신여깁니다. 많은 수효가 있는 것을 업신여깁니다. 그러는 것은 잘못이니 그러지 말아야 한다는 소리입니다. 돈과 배경이 있다고 해서 백성을 무시하고 보잘것없다고 업신여기는 것은 반성하여야 합니다. 눈을 가지고 있건만 이렇게 판단합니다.

업신여기는 그것이 아니라는 것을 보이시는 이가 있습니다. 하느님이 계시니 보잘것없는 데 있는 것을 '있이' 아는 게 옳다고 알아야 한다는 것입니다. 이 세상이 망하는 것은 백성을 '없이' 여기는 것 때문입니다. 이 세상은 업신여기지 않고 '있이' 여겨야 살아 나갈 수 있습니다. 이런 의미에서 사람이라는 것은 도저히 없는데 '있이' 여기는 것입니다. 우리는 아무것도 없는데 스스로 있는 것같이 느끼고 있는 것이 하느님의 사랑입니다.

허공은 보려고 해도 볼 수 없는데 우리는 '있이' 여깁니다. 무한도 없는데 역시 있는 것같이 하고 갑니다. 무한을 '없이' 여기는 것은 못씁니다. 우리가 무한한 가운데 있는 것을 모르면 다 망합니다. '없이' 여기는 사실이 있다면 '있이' 여기는 사실도 있습니다. 그래서 하느님도 계신 것같이 '있이' 여깁니다. '없이' 여긴다면 말이 되고, '있이' 여긴다면 어감이 잘 드러나지 않고 또 실제 쓰지 않은 말이나 이 사람은 이 말을 꼭 씁니다. '없이' 여기는 것은 버리고 '있이' 여기는 경지로 나아가자는 말입니다. 이러면 정말 올라가는 길이 됩니다. 거기에 가면 보일 때가 있습니다. 여기서는 안 보입니다. 허공을 무시하고 영원을 보잘것없이 여기면서 자기는 곧잘 뭔가 있는 것같이 행세합니다. 자기만 있는 것같이 여깁니다. 자기만 있는 것이라면 시집도 장가도 가지 말아야지 그것은 왜 합니까? 그렇게 하는 게 있는 것같이 보이는 모양입니다.

지수화풍은 그렇지 않습니다. 지수화풍은 인류에 봉사하는데 공평무사(公平無私)하여 조금도 '없이' 여기는 게 없습니다. 건질 것은 다 건져 줍니다. 이러한 은혜인데 '없이' 여길 수 있습니까? 하느님을 있는 것같이 없이 여길 수 있습니까? 안 됩니다. 절대 안 됩니다. 그런데 윗자리에 앉은 사람이 눈이 또렷또렷한 우리 3천만 겨레가 분명히 살아 있는데도 '없이' 여기지 않습니까? '없이' 여기기에 73세의 노인이 수면제와 복어알을 먹고 죽겠다는데도 곡절도 알아보지 않고 그냥 놓아 두지 않습니까? 무엇을 보고 무엇을 믿고 앉아들 있는지 모르겠습니다.

그 보일 데 계심 알곤 없으심을 있이 녁이는 오름 옳다

'그 보일 데 계심 알곤', 보통 눈으로는 보이지 않은 그 자리가 보일 때가 있을지 모르겠습니다. 그 보일 때가 있는 것을 알고 이것이 없는 것을 '있이' 여기는 자리가 참으로 있는 자리입니다. 그러니 오르는 것은 옳습니다. '위'로 올라가는 일이니 옳은 것이 아니겠습니까? 올라가는 것과 나아진다는 것이 있습니다. 우리는 하늘에 머리를 두고 영원한 하느님을 명상하며 그 위만 바라고 하늘로 올라갑니다. 그래서 부처가 있고 하느님이 있다는 것입니다. 하느님이 계시면 내 아버지라고 하고 나섭니다. 이렇게 우리말로 써보면, 한문으로 써놓은 것이나 별반 다른 게 없습니다. 그런데 이렇게 쓰지 않고서는 그 뜻을 다 나타내지 못합니다. 이 사람과 생각이 같은 사람이라면, 누구든지 이렇게 쓸 수밖에 없습니다. 무슨 사물이건 이같이 비판하지 않으면 안 됩니다. 이렇게 조목조목 따져 결론을 내지 않고서는 견디지 못합니다. 꼭 집어내야만 합니다. 그러지 않고서 흑백의 시비를 만 년(萬年) 해도 소용없습니다. (1957. 4. 12.)

제29강

성령과 악령

얼靈　　덜魔

얼결 靈濤 덜결　　魔浪
얼히임으로거록　　載靈而聖
덜업음으로 더럽　　負妖而瀆
옳로 옳으므로만 얼히어 길히 거룩 되리
알로 떠러지므로만 덜업어 아조 덜리 오리 (다석일지 1957. 4. 17.)

人生之於生命

聖臨受能復興金　　私言故國徒有夢
神癒色養巫風景　　公報禁山綠化靑
天地否塞牧相攘　　人生見今生活難
地天泰通弟友兄　　生命終古天命享 (다석일지 1957. 4. 19.)

尊瞻視而見得善

人生尊瞻獸橫行	因天塞氳地否氳
物欲橫行斷念天	幾多歲月不見善 (다석일지 1957. 4. 17.)

奈惡夢何

知驅納諸阱	意欲偏逾惑
莫知避人陷	獸也不忍敢
胡賊肴人肉	水滸不犯律
敗軍戮屍奸	大學誠意關 (다석일지 1957. 4. 18.)

自心指示「言自語如是示」
所來機動身 攸往正義神

天下地上動	天上地下正
醉生夢死機	圓頭方足義 (다석일지 1957. 4. 16.)

貴且重

衆別辨義民主重	虛名民主俗末魔
領分明權在位貴	自滿尸位世降鬼 (다석일지 1957. 4. 18.)

高度敎育熱

不出英才	成人未成長
惡乎敎育	長位無長處
徒長當身	處世微幸處
其祖其孫	處理都不得
擇德不讓	無理徒食蟲
無師無弟	眞理何所用
非其才而	驕育賊養
敎育之則	寧廢之何 (다석일지 1957. 4. 15.)

오늘은 신령(神靈)하다는 것을 생각하려고 합니다. 지금은 영(靈)이라고 하면, 《성경》을 보는 사람은 벌써 성령(聖靈)을 생각하고, 《성경》을 모르는 사람은 알 수 없는 앞일을 아는 '영'한 사람을 떠올립니다. 알 수 있는 길이 있다면, 아직 생기지 않은 일이나 보통은 알 수 없는 일을 알고 싶어 하는 것은 사람으로서 가질 수 있는 생각입니다. 이 사람의 집 근처에 무당이 사는데, 족집게 무당이라고 합니다. 찾아오는 사람의 문제에 연관된 것을 하나도 남기지 않고 집어내듯 아주 잘 알아내기에 '영'하다 하여 족집게 무당이라고 합니다.

이것은 그런 사람이 옳다고 해서 말하는 게 아닙니다. 우리 동포 대다수가 이것을 했으면 하는 생각을 갖고 있습니다. 마음이 답답하면 혹 이것을 아는 사람이 있겠거니 생각합니다. '영'한 사람이 있다면 돈이라도 주고 물어보았으면 합니다. 소위 점을 친다는 것입니다. 우리들 죄다 마음속에 그런 생각을 갖고 있습니다. 보통 수로는 모르는 일을, 바로 내일의 일이라도 이 다음의 일을 알아보면 좋겠다고 생각합니다. 그래서 조금이라도 '영'한 사람이 있다는 말을 들으면 그냥 그 사람을 찾습니다. 실상 '영'하다는 사람의 집을 가보면, 그렇게 아는 일이 많으면 집안이 그럴 리가 없을 텐데 아주 지저분하고 형편이 말이 아닌 경우가 많다고 합니다.

그런데도 그 '영'하다는 사람을 찾아갑니다. 왜 그런가 하면 여느 사람으로는 할 수 없는 일을 하기 때문입니다. 이런 것들을 일러 대개 무엇이 지폈다고 합니다. 귀(鬼)가 와서 그 사람을 꼭 잡았다는 말입니다. 이것을 성령이라고 하면 안 됩니다. 그 영은 마귀(魔鬼)이고 마귀가 그 사람을 잡은 것입니다. 귀신이 지폈다고 하지 않습니까? 강신(降神)하였다, 영이 강림(降臨)하였다고도 합니다. 어쨌든 보통 수로는 알 수 없는 일을 귀(鬼)가 내렸든 지폈든 '영'한 사람에게 알아보려고 무척 애를 씁니다. 거의가 다 그렇습니다. 과학에 능한 사람도, 특별한 신앙이 있고 특별한 신조가 있는 사람도 절망에 빠지면, 곧 시험을 받을 때는 그 짓을 해보고 싶은 마음이 생깁니다. 그럴 때 마귀가 유혹하면 그 꾀임에 빠지게 됩니다. 된다고 하니, 한번 해볼까? 이런 마음이 들게 됩니다.

다른 나라는 몰라도 우리 동포의 마음속에는 마귀들이 제5열로 들어앉아 있습니다. 지금도 백백교(白白敎)를 해먹을 수 있습니다. 백백교처럼 속이려 들면 사람들이 속아 넘어갑니다. 알 수 없는 일을 알려는 마음이 있기 때문에 곧잘 속아 넘어가는 것입니다. 겉으로는 꽤나 똑똑하고 지식도 상당하고 주의니 신념이니 하며 철저한 신앙을 가진 사람조차 그 모양입니다. 우리는 이같이 미물(微物)에 지나지 않습니다. 어찌되었든 영이 내렸다 지폈다 하는 정신을 '얼'로 생각하면 좋겠습니다. 사람의 얼이 그렇게 되는 것입니다.

얼霊 덜魔

얼떨떨하다는 말이 있습니다. '얼'이 떨어져 갈피를 못 잡는다는 말입니다. 그러면 신령하다는 말은 신통(神通)하다는 말과 같습니다. 신(神)이 통해서 당초 생각할 수 없는 일을 생각해내면 그것 참 이상하고 신통할 수밖에 없습니다. 영통(靈通)하다고 해도 좋을 것입니다. 영이 여기와서 통했다는 뜻에서 영통하다는 말로도 표현할 수 있습니다.

그러나 신통하다느니 영통하다느니 하는 것은 딴것이 아니라 바로 우리들입니다. 겉으로는 우리가 저 자연에서 호흡하는 큰 나무만도 못합니다. 바윗돌만도 못합니다. 그런 인간을 만물의 영장이라고 일컫는 것은 정신 작용이 있기 때문이고, 흙 같은 이 몸이 신통하기 때문입니다. 곧, 영통하기 때문입니다. 신통하기로는 인간이 어떤 물건보다 훨씬 위입니다. 만물은 그냥 있거나 기어다니는데 우리는 머리를 하늘에 두고 두 발로 꼿꼿이 서서 다니지 않습니까? 이것만해도 참 신통한 일이 아니고 무엇이겠습니까?

우리의 정신이 곧 '영'입니다. 우리의 '얼'이 '영'입니다. 그러니 다른 것은 다 결딴이 나도 우리의 얼이 결딴나서는 안 됩니다. 우리가 산다는 것도 얼 하나 가지고 사는 것입니다. 사는 것이 좋다는 것도 얼을 가지고 있기 때문입니다. 그래서 '얼'이라고 하면 영(靈)을 생각하자는 뜻으로 '얼덜'이라고 써보았습니다. 이 사람의 억지인지 몰라도 '덜'은 덜어버리는 것을 말합니다. 무엇을 찾아서 더하자는 게 아니라 덜어버리자는 것입니다. 이것은 마(魔)입니다. '마'는 다른 것이 아닙니다. 호사다마(好事多魔)라는 말이 있습니다만, 좋은 일이 계속되는 것을 가로막는 일이 많습니다. 이런 것을 느끼는 것입니다. 장해(障害)가 많습니다.

《성경》에서는 마귀(魔鬼)라고 하고, 불교에서는 마군(魔軍)이라고 합니다. 취직이 잘 안 되거나 꼭 될 것 같은 일이 이루어지지 않을 때 마장

(魔障)이 끼었다고 합니다. 꼭 될 것 같은 일이 안 될 때는 우리의 신통이 제재를 받는 것입니다. 신통하게 잘해 나가다가도 막힙니다. 이것을 '마'라고 합니다. 이것에 대한 우리말이 없기 때문에 그냥 '덜'이라고 써본 것입니다. 자꾸 일이 벌어지니까 할 수 없어서 '덜'어버리려고 합니다.

얼결 靈濤 덜결 魔浪

'얼결 靈濤 덜결 魔浪'이라는 것은 바람결, 물결 같은 것을 말합니다. 잘되는 일에 마가 끼어서 잘 안 될 때 '얼결 덜결'해진다고 합니다. 아마 예사로 쓰이나 잘 생각하고 쓰지 않으면 안 됩니다. 일이 잘되어 가는 얼결은 영도(靈濤)라고 쓰고, 일을 안 되게 하는 덜결은 가는 것을 방해하는 것이니 마랑(魔浪)이라고 쓰자는 것입니다. 정신과 사상을 그리는 데는 이렇게 하지 않고서는 안 됩니다.

얼이임으로 거룩 載靈而聖

정신인 얼을 머리에 이는 것으로 거룩하다는 말입니다. 머리에 얼을 이고 있다는 의미입니다. 우리는 무엇인지 거룩함을 요구합니다. 깨끗함을 요구합니다. 더러운 것을 덜어버리고 지극히 깨끗이 되어보겠다는 것은, 물질현상에서만이 아니라 정신과 생각까지 깨끗이 거룩하게 되자는 것입니다. 깨끗이 거룩하게 되자는 것을 '히'로 표시합니다. '거룩'이라는 것이 무엇인지 몰라도, 우리가 머리를 하늘에 두고 영장(靈長)의 일을 다하려는 것은 이 거룩함을 바라기 때문입니다.

덜업음으로 더럽 負妖而瀆

성령을 머리에 이는 것과는 반대로 마귀를 등에 짊어지면, 곧 '덜'을 업으면 더러운 놈이 되고 맙니다. 만물의 영장이 얼을 덜어버리면 그야말로 형이하(形而下)의 것이 되고 맙니다. '덜업음'은 '덜(魔) 업음'입니다. '덜업'의 '덜'도 마(魔) 또는 요(妖)로 부요(負妖)입니다. 요사스러운 것을 업었다는 뜻입니다. 독(瀆)은 '더러울 독'입니다. 정신적으로 더러워진다는 뜻입니다.

옳로 옳으므로만 월히어 길히 괴록 되리

그래서 '우'를 쳐다보면서 올라가는 것만이 거룩하게 되는 길입니다. 이것은 이 사람이 항상 하는 소리입니다.

알로 떠러지므로만 덜업어 아조 덜리 오리

아래로 미끄러져 떨어지고 '덜'을 업을 생각이면 영원과는 아주 멀리 떨어지게 됩니다. 이 사람이 늘 하는 말로, 새로운 소리가 아닙니다.

여기서 이렇게 말하지만 후에 우리나라 철학이 있게 되면 이 말 역시 죄다 쓰일 것입니다. 이 말 그대로 쓰인다는 것은 아닙니다. 이 말보다 더 좋은 말이 나오면 그 말을 쓰고, 그러지 못하면 이 말을 그대로 쓸 수밖에 없을 겁니다. 우리 민족에게 철학이 필요하면, 누가 되었건 우리말로 철학용어를 정하지 않으면 안 될 것입니다. 우리 조상이 있어서 우리 몸이 있는 것같이, 우리가 쓰는 말도 꼭 필요한 자식처럼 필요한 말이 마침내 나와야 할 것입니다. 쓰는 말을 억지로 만들어서는 안 되겠지만 무리가 되더라도 만들어야 할 때는 만들어야 합니다.

이 사람이 영(靈)에 대해 바로 하고 싶은 말은 "성령이 너희에게 내리시면, 너희는 능력을 받고"(《사도행전》 1:8)라는 구절과 관계가 있습니다. 이 구절은 부처를 믿는 이들이 '나무아미타불'을 바위에 새겨놓은 것같이 한군데만이 아니라 여러 곳에 많이 써 있습니다. 어떤 곳에서는 모든 사람이 볼 수 있을 만한 높은 바위에 정으로 팠는지 아니면 페인트로 썼는지 알 수 없지만 아주 큰 글씨로 새겨져 있습니다. 삼각산 골바위에도 크게 새겨져 있습니다. 〈사도행전〉을 보면 예수는 부활한 후 제자들과 함께 묻고 대답하는 시간을 가졌습니다.

사도들이 한자리에 모였을 때에 예수께 여쭈었다. "주님, 주님께서 이스라엘에게 나라를 되찾아주실 때가 바로 지금입니까?"(〈사도행전〉 1:6)

히브리 사람들은 예수가 살아 있을 때만이 아니라 죽고 부활한 후에도 이렇게 똑같이 물었습니다. 이 물음을 예사로 들어서는 안 됩니다. 몇천 년을 두고 히브리 사람들이 하는 물음입니다. 이스라엘 민족은 마침내 이길 것 이겨보겠다는 뜻으로, 이름을 이스라엘로 지었습니다. 이스라엘이란 요샛말로 정의가 최후에 승리한다는 뜻입니다. 온전히 이룰 것을 이룬다는 뜻이 그들의 이념이고 신앙일 것입니다. 아브라함이 그런 신앙을 가졌고, 그를 이어 이삭도 야곱도 신앙에서는 한결같았습니다. 야곱은 열두 명의 아들을 낳았고, 그 열두 명의 아들을 이어 이스라엘 민족이 나왔습니다. 그러나 오늘에 이르기까지 그 뜻하는 바가 이루어졌는가 하면 그렇지 않습니다. 여전히 이 모양입니다. 언제 참으로 승리를 하고 이룰 것을 이루겠습니까? 이스라엘 민족이 묻는 것은 비단 이스라엘 민족뿐 아니라 전 인류가 묻는 것입니다.

우리 민족도 개천(開天)해서 홍익인간(弘益人間)을 하겠다고 이곳을 찾아온 지 반만년(半萬年)이 흘렀지만 홍익인간의 이념을 온전히 이룩하지 못하고 있습니다. 언제 이 세상에 홍익인간의 이념이 구현되겠습니까? 이것은 우리의 수천 년 묵은 염원(念願)입니다. 이런 인간의 염원이 잘 구현되지 않으니까 언제 되겠나 하며 그때를 몹시 알고 싶어 합니다. 내일은 어떻게 될 것인지 궁금해합니다. 앞일이 차차 어떻게 되고 우리 민족은 어떻게 될지 알고 싶어 합니다. 물건을 사는데 이 물건을 사면 이익이 남는지 아닌지를 바로 알고 싶어서 물어봅니다. 좋다고 하면 한번은 사봅니다. 혼인도 그러합니다. 평생 잘살 수 있는지를 묻습니다. 좋다고 하면 혼인을 하고, 나쁘다면 하지 않습니다. 벼슬하는 데도 묻그리(問卜)는 빠지지 않습니다. 그러다가 좀 여유가 생기면 민족이 어떻게 되고 세계가 어떻게 될 것인지를 알고 싶어 해야 하는데, 이것을 알고자 하는 사람이 없습니다.

소극적이든 적극적이든 일이 잘되기를 바라고, 언제 어떻게 될 것인지를 알고 싶은 인정은 예나 지금이나 같습니다. 그래서 예수가 대표로 말한 게 이《성경》구절입니다. 우리는 이 구절을 정신 차려서 보아야 합니다. 제자들이 부활한 예수에게 이스라엘의 나라 회복이 이때이냐고 묻자 예수는 "때나 시기는 아버지께서 아버지의 권한으로 정하신 것이니, 너희가 알 바가 아니다."(《사도행전》 1:7)라고 대답하였습니다. 이 사람도 예수를 믿는데 바로 이런 점 때문입니다. 예수를 믿는다는 사람들도 이런 대답을 잘 모릅니다. 예수의 이 말씀에 만족하지 않습니다. 무슨 이적(異蹟)을 바랍니다. 예수보다 뛰어나 보여야 좋다고 합니다.

요새는 누구의 세숫물을 받아놓고 보약 먹듯이 먹으면 낫고 액도 없어진다고 하며 제각기 다투어 그 세숫물을 담아 간다고 합니다. 더욱이 예수의 이름으로 그 짓을 한다고 합니다. 그렇다면 예수는 왜 요르단 강에서 세수를 하고 그 물로써 사람들을 전부 구원해줄 생각을 안 했을까요? 요 몇십 년 전에 당다랑집이라는 무당 집이 있었습니다. 그 집을 찾아가면 모든 병이 낫는다고 해서 수백 명이 그 집 밖에서 차례를 기다리곤 하였습니다. 그런데 그 집에서 무엇을 해주느냐 하면 가래침을 탁 뱉고 그것을 싸주면서 먹으라고 한다는 것입니다. 지금도 이따위 짓을 하는 이들이 있는데, 이것은 우리 동포가 그것을 요구하기 때문입니다.

이 나라가 언제 회복할지에 대해서는 하느님의 아들도 가르쳐주지 않습니다. 이것은 영원(永遠)과 관계 있는 일입니다. 따라서 상대적 세상에서 잠깐 지내다 가는 우리의 유한한 인생이 알 문제가 아닙니다. 처음부터 우리에게는 그것이 문제가 되지 않습니다. 우리 인간이 욕심을 끊어버려야 하는데, 그렇게 하지 못하고 언제 어느 때 될 것인지만 알려고 합니다. 하지만 알아지지도 않고 애초부터 우리가 참여할 문제가 아닌 것입니다.

석가나 예수는 저절로 되기를 바란다는 점에서 같다고 할 수 있습니다. 결코 억지로 되기를 바라지 않고 저절로 되는 것을 가르친다는 특징이 있습니다. 억지를 써서 잠깐 되는 것은 지금 빵 조각 하나 얻어먹는 것과 같습니다. 인생이나 우주가 언제 완성되는가 하는 것을 알려는 것은 아주 틀린 일입니다. 무엇을 알려는 것을 바로 벗어버리고 석가나 예수와 가까워지자는 것이 인생입니다. 아버지의 절대 권한을 믿은 이가 예수입니다.

유교에서 부모에게 효(孝)를 못 하면 인(仁)에 참여하지 못하듯, 하느님을 모시는 것이 아버지의 아들 노릇입니다. 하느님 아버지가 어떤 경지라고 그것을 알려고 합니까? 예수가 언제 아버지의 자리를 바랐습니까? 그냥 절대를 믿는 것이 믿음이 아니겠습니까? 이 믿는 존재의 아버지는 있다가 없어지는 그런 존재가 아닙니다. 한 번 뵈면 영원히 사라지지 않는 것이 우리 아버지입니다. 언제나 아버지가 소원을 시원히 이루어줄 날이 오나 하지 않습니다. 그것을 기다리는 것은 마치 언제 새 양복이나 자동차를 사주나 기다리는 것과 같습니다. 이따위 생각을 하고 하느님을 찾아서는 적어도 예수의 아버지 되는 하느님과는 멀어지게 됩니다.

성령이 내리면 능력을 받는다고 하는데, 그 능력을 받으면 어떻게 해야 합니까?

예루살렘과 온 유대와 사마리아에서, 그리고 마침내 땅 끝에까지 이르러 내 증인이 될 것이다. (《사도행전》 1:8)

권능을 얻어 가지고 다른 짓을 하라는 게 아닙니다. 예수의 증인으로서 전도(傳道)를 위해 땅 끝까지라도 가야 한다는 것입니다. 이것이 옳은 것입니다. 세상이 잘되어야 하는데 왜 잘 안 되느냐고 물으면, 아버지 우편에 있는 예수가 재림하여 심판하는 날 잘된다는 이들이 있습니다. 예수가 재림해도 우리는 이 정도의 말씀밖에 듣지 못합니다. 우리 인간이 몇천 년을 두고 만들었다는 세상이 기껏 이 모양입니다. 그래서 불가능한 인간이 하느님을 찾는 것입니다. 무력한 인간이기에 권능을 얻어보려고 성령을 달라고 합니다. 이래서 증인이 되겠다는데 그것이 아닙니다.

오순절(五旬節) 때 다락방에 성령이 나타난 것을 알고 그렇게 임(臨)해 달라고 하지만, 하느님 아버지와 아들 사이는 그런 식의 잠깐 사이가 아닙니다. 영원한 자리에서 보면 성령은 이 천지 우주 간 어디에나 온통 깃들어 있습니다. 이것을 발견하는 것이 우리 인간입니다. 살고 있는 우리의 얼(精神)에서 성령이 떠날 수 있겠습니까? 세상에서 흔히 쓰는 말로, 어린아이들을 지켜주는 삼신(三神)이 있다고 합니다. 히브리 사람들에게는 사람마다 지켜주는 천사(天使)가 있다고 합니다. 이 세상 사람들은 이렇게 생각하지 않으나, 가톨릭에서는 그렇게 생각합니다. 나를 지켜주는 성령의 사자(使者)가 있어서 내가 산다는 것은 좋은 생각입니다. 성령의 사자가 없으면 이 사람은 이렇게 서서 말할 수 없습니다. 성령의 말씀으로 그만두라 하면 그의 사지는 나로부터 떠나갑니다. 우리가 '위'로 올라가는 생각만으로 인생을 산다면, 참으로 성령의 충만함을 얻을 수 있는 경지에 가지 않겠습니까?

사람은 발분(發奮)할 때가 있습니다. 의(義)를 존중한 나머지 침식(寢食)을 잊습니다. 이때 성령이 깃든 것입니다. 이렇게 보면 성령도 여러 층이 있음을 알 수 있습니다. 《구약성경》에 나오는 삼손에게 내린 성령은 한때 나라를 구한 성령입니다. 제 책임을 제대로 다하지 못하다가도 갑자기 깨닫고 무서운 힘을 얻는 것은 성령이 임하기 때문입니다. 그래서 삼손은 자기의 마지막 소원대로 마귀들을 시원하게 없앴습니다. 어떤 의미로 무당이 정신을 집중하여 암시를 주어 병을 낫게 하였다면 예수는 아니지만 역시 그러한 점이 있다고 하겠습니다.

성령은 편협하게 꼭 그리스도교인에게만 임하는 것은 아닙니다. 우주 삼라만상에 성령을 구하는 자에게는 언제든지 그 형태를 달리 해서 두루 나타납니다. 우리는 얼(靈)의 존재입니다. 하늘과 땅 사이에 있는 만물의 영장입니다. 우리는 공평(公平)하여야 합니다. 아버지도 우리를 참 공평하게 봅니다. 우리는 우리가 얼의 존재임을 알아야 합니다. 예수 이후 우리 존재가 이루어야 할 경지에 참여하지 못한 것은 급한 마음 때문입니다. 내 생전에 무엇을 이루겠다는 생각 탓입니다.

만물의 영장으로서 곧이(貞)가 우리 마음에 있으면 성령을 얻는 것입니다. 반대로 마음을 닫고 알려고 하지 않으면 성령과는 상관이 없어집니다. 성령은 바로 우리의 정신적인 숨과 같은 것입니다. 그래서 예수의 말대로 성령을 거역한 자는 용서를 받지 못합니다. 이같이 성령은 곧 우리 마음의 얼입니다. 무슨 권능을 얻으면 독을 마셔도 몸에 해롭지 않고 앓는 사람에게 손을 대면 병이 낫는다는 등, 마치 하느님의 권능을 행하는 것같이 생각하나 성령이 입혀준 권능은 그런 게 아닙니다.

〈마가복음〉 16장 12절부터 20절을 보고 복음서 끄트머리에 적혔으니 중요한 것같이 생각되어, 그리스도인들 가운데는 기적을 바라는 마음에 독을 마시려는 사람이 있습니다. 그런데 〈마가복음〉 끝장은 나중에 첨가 된 것으로, 원래 9절에서 20절은 없었다는 설(說)도 있습니다.

우리가 어떻게 하느님의 자리에 참여할 수 있습니까? 결국 선(善)한 쪽을 회복하자는 인생입니다. 악한 것과 선한 것이 바탕을 이루는데, 그중 선으로 악을 이겨내자는 것뿐입니다. 안 되면 그만두는 것이 옳으나, 그렇지 못한 인생이기에 하느님을 찾고 신앙을 찾는 게 아니겠습니까? 아버지가 하는 일은 늦을 것 같고 자기가 하면 될 것도 같으니까 급하게 하려고 합니다. 그러나 모든 것은 하느님의 뜻에 있고 하느님이 이루고자 하는 목적이 있으니 그냥 되기를 기다리는 것이 옳습니다. 우리가 할 일은 기다리는 그것뿐이고, 나머지는 하느님의 일입니다. 우리가 깨닫고 이겨 나가는 일에 힘차면 힘찰수록, 비록 몸은 혈육으로 태어났으나 '얼'은 성령의 힘을 입는 것이 됩니다. 그것이 꼭 예수의 이름으로만 나타나는 것은 아닙니다.

그리고 증인이 된다는 것은 이스라엘 나라가 회복된다는 것을 증거하라는 것이 아닙니다. 모든 것은 아버지의 권한에 속합니다. 믿음으로 아버지가 우리의 얼이 통하여야 아들의 권리를 얻을 수 있고, 이러면 간단히 안심입명(安心立命)할 수 있습니다. 영원한 목숨까지 통해서 들어가는 것이 입명(入命)입니다. 이래서 예수와 같이 영원한 정신을 이어 가는 것을 증거해야 합니다.

복음(福音)이 무엇입니까? 〈누가복음〉 15장에 탕자(蕩子)가 회개(悔改)하는 대목이 있는데, 여기서 복음을 분명히 알 수 있습니다. 이것은 비단 〈누가복음〉에만 있는 것이 아닙니다. 불교의 《법화경(法華經)》에도 나오는 내용입니다. 아버지는 온전한 아버지를 가리킵니다. 우리는 하느님을 배반하고 제멋대로 돌아다닙니다. 갖은 고생을 겪고 거지 행세를 하다가도 회개하면, 아버지는 넉넉하신 분이므로 곧 아들을 회복시켜줍니다. 이보다 더한 우리의 권리는 없습니다. 만물의 영장으로서 하루아침에 깨닫고 나면 그때는 성령을 얻는 것입니다. 그러면 이것을 하늘 끝까지 증거하여야 합니다.

다음은 〈인생지어생명(人生之於生命)〉입니다.

'나'는 인생인데, 인생은 생명, 영원한 생명에서 나옵니다. 그리스도는 영원한 생명입니다. 그런데 인생 노릇을 할 때는 무슨 종교, 정치, 경제 혹은 윤리 따위의 너저분한 것과의 관계를 생각해보지 않을 수 없습니다.

성림수능부흥금(聖臨受能復興金) 신유색양무풍경(神癒色養巫風景)

오늘의 종교는 이 열네 글자로 표현할 수 있습니다. 성령이 임해서 권능을 얻으면, 그 다음에는 이상한 소리로 부흥회를 합니다. 그러면 금(돈)이 쏟아집니다. 아주 구체적인 돈과 밥과 옷의 부흥이 됩니다. 이것이 삼천만 온 겨레를 통일할 수 있다면 오죽 좋겠습니까만, 그렇지 못한 부흥입니다. 어쩌다 몇 번의 우연이 들어맞는 것을 보고, 우리 동포는 무슨 권능을 본 것처럼 얘기하고 돈과 옷과 가락지를 마구 갖다 줍니다. 갖다놓은 돈으로 무엇을 하느냐 하면 그냥 차에 실어 간답니다. 그래서 백성의 돈을 빼앗아먹는 도둑이라는 비난도 듣는다고 합니다.

이 시간에 몇 번 오신 분 중에 이 사람보다 여덟 살이나 많이 자신 분이 요전에 일부러 이 사람의 집을 찾아온 일이 있습니다. 해남(海南) 임(林) 씨인 그분은 해남에 사시다가 거기 살아서는 안 되겠다 싶어 목포로 옮겼는데, 그곳도 마음에 맞지 않았는지 여기저기를 돌아다니면서 갖은 고생을 하고 별일을 다 겪었다고 합니다. 목포에서는 한 15년을 사셨답니다. 그때 누가 권하지는 않았지만 한 10년 정도 교회를 다녔는데 웬일인지 세례는 받지 않았다고 합니다. 마음이 내키지 않았기 때문이랍니다. 나이가 많은 분은 대개 말을 잘하지 않는데 이분은 아주 말을 잘합니다. 거기서 살림을 없애고 서울로 올라왔는데 살림이 하도 궁해서 살 길이 없었답니다. 10년 정도 교회를 다녔으니 교회의 일이라도 보아주고 궁벽함을 면할 심사로 새문안교회를 찾아갔다고 합니다. 그런데 목사에게서 교회는 하룻밤 과객이 묵어 가는 곳이 아니니 시골로 가라는 소리를 들었답니다. 그래서 주린 배를 쥐고 염천교 다리를 지나갔다 합니다.

거기는 지금도 그렇지만 음식도 팔고 너저분한 고물도 팔고 하는 곳인데, 사주관상을 보는 이들이 죽 늘어앉아 영업을 하고 있었답니다. 그 사람은 갈 길이 막연해서 그 앞을 왔다 갔다 했다고 합니다. 그러자 사주쟁이들이 자꾸 영감 신수나 보시구려 권했는데, 자기 신수야 뻔한 것이 오늘 저녁이 막연한데 무슨 신수를 더 보겠습니까? 자기 신수는 스스로 기가 막힐 정도로 잘 아는데 자꾸 신수를 보라는 말에 신세타령을 하며 당장 이런 지경이라고 말하자, 한 관상쟁이가 그러면 이 책을 갖고 저쪽에 앉았다가 손님이 오면 이렇게 하라며 노란 책을 한 권 주더랍니다. 신수는 토정비결로 보는데 그 책이 마침 한 권밖에 없으니 필요하면 서로 빌리기로 하고서 그 책을 받아들고 건너편에 앉아 사주쟁이를 하게 되었답니다.

수십 년 다니던 교회에서는 어림없이 거절당했는데, 생판 모르는 사주쟁이한테 책 한 권을 얻어 가지고 직업을 갖게 된 것입니다. 이러니 이 사람에게 그보다 더한 복음이 어디 있겠습니까? 그래서 신문지 조각을 깔고 앉아 사주쟁이 노릇을 하게 되었답니다. 그날 그 사람은 50전(錢)을 벌었다고 합니다. 그때 50전이면 사흘은 지낼 수 있었다고 합니다.

그런데 이분이 그 후에 나운몽(羅雲夢) 장로가 무엇을 한다기에 가보았답니다. 물론 그 전에 얘기가 많았는데, 그 부흥회에 가보니 틀렸더랍니다. 왜 틀렸는고 하니, 부흥회를 통해 생긴 것을 몽땅 싣고 가더랍니다. 그분이 그렇게 거짓없이 말하는데 이 사람도 거짓으로 말대꾸를 할수 없어서, 말을 잘못 알아들은 것인지 모르겠지만 당신은 왜 그때 무슨책을 펴놓고 50전을 벌어서 그 돈으로 사흘을 살았느냐고 물었습니다. 그랬더니 굶을 수가 없어서 그랬다고 합니다. 당신은 50전으로 해결되었지만, 나운몽도 어느 한계가 있어서 그 한계를 채우려고 그렇게 생긴돈을 싣고 간 것이 아니겠소? 당신은 50전으로 형편이 피었지만 나운몽이야 어디 그렇게 되겠소? 들으니 집도 크고 부리는 사람도 많다는데 어느 만큼 가져야 할 것이 아니겠소? 그 사람도 어느 한계를 정해놓고 그짓을 하는 게 아니겠소? 이렇게 물으니까 그 사람은 그것도 그럴 듯하다고 대답했습니다.

그런데 여간한 이가 아닙니다. 사실을 말하면 본시 무식한 사람이었지만 여러 곳을 돌아다니는 통에 아주 유식하게 되었는데, 사주 방면에는 특히 아주 능합니다. 어떤 때는 사주를 써주다가 글이 잘못되어 손님에게 무슨 글이 그러냐고 편잔을 들은 일도 있답니다. 지금은 《성경》에도 능하고 그런 짓을 하는 데도 능하다고 합니다. 이분이 와서 이 사람에게 두 가지를 물었습니다. 자기의 막내아들이 술을 아주 좋아해서 안되겠다 싶어 예배당에 다니라고 권했답니다. 그래서 아들은 세례도 받고술도 끊게 되었답니다. 그러자 이번에는 반대로 아들이 아버지도 세례를받으라고 권하더랍니다. 역시 믿음이 생기지 않아서 어떻게 세례를 받을수 있냐고 물으니, 아들이 말하기를 어디 세상 사람이 다 믿음을 가지고 세상에 나왔냐고 되물었답니다. 《성경》에 써 있는 대로 예전부터 일러 내려온 것을 그대로 받아들이고 이것을 믿자는 것이지, 따로 무슨 믿음이 있느냐고 하더랍니다. 누차 권하는 바람에 믿음이라는 게 있는지,

있다면 어떤 것인지를 듣고 싶다고 했습니다. 다른 하나의 물음은《주역(周易)》에 역(易)이라는 게 있는가 하는 것이었습니다. 이 두 가지를 알고 싶어서 이 사람을 찾아왔답니다.

그래서 아드님의 말씀은 대단히 옳다고 말해주었습니다. 죄다 알고서 하는 일이 어디 있습니까? 당신도 아들이 술만 먹고 위태하니까 권하지 않았습니까? 아들이 거기서 온전함을 얻어서 이제 반대로 아버지에게 권하니, 그런 효가 또 어디에 있습니까? 믿음이라는 것은 믿어서 무슨 효험을 바라거나 병이 낫거나 하는 그런 것이 아니오, 당신이 온전하지 않으니까 온전한 데다가 자기를 부탁하는 것이 곧 온전한 길을 찾아가는 것입니다. 그러니 그대로 아드님 말씀을 좇아가는 것이 좋지 않겠습니까? 이런 식의 이야기를 해주었습니다.

사람은 속세에서 안 되는 일을 해보고자 하느님의 힘을 빌리려고 합니다. 그래서 권능, 권능 하고, 성령, 성령 합니다. 무엇이든지 마음대로 하고 싶어 합니다. 이 응어리를 완전히 빼버려야 합니다. 신유(神癒)는 안수 기도로 병이 낫는다는 뜻입니다. 신이 낫게 한다는 것입니다. 그러면 색양(色養)입니다. 좀 곤란한 말이긴 하지만, 불교나 그리스도교나 교역자(敎役者)가 인기가 있으면 그 교역자를 위해서 시중을 드는 사람이 따라다닙니다. 그중 음식이나 의복은 여자가 좇아다니며 치다꺼리합니다. 아무래도 음식이나 의복 손질에는 여자가 적당하다고 합니다. 한라산에 숨어 지냈던 마지막 공비(共匪)들이 내려왔는데, 여자를 붙잡아다 의복과 음식 일을 맡겼다는 말도 했습니다. 아무래도 여자가 자세하고 세밀한 탓일 것입니다. 절에 하는 시주도 남자보다 여자가 더 많이 한답니다. 남에게 도움을 주겠다는 마음이 여자가 남자보다 더 큰 모양입니다. 신앙에는 여자가 남자보다 더 깊이 빠집니다. 그리고 교역자 주위에도 여자들이 늘 따르게 됩니다. 색양을 하게 됩니다. 공자는 음식을 잘

공대하는 것이 효이고, 음식을 드릴 때 부모의 얼굴빛 하나 상하지 않게 부모의 안색도 살펴야 한다고 말했는데, 이것을 색양이라고 했습니다. 색양은 이같이 좋은 뜻으로도 언짢은 뜻으로도 쓸 수 있습니다.

남녀는 서로 예쁘면 한 번 볼 것을 두 번 봅니다. 거죽을 좋아합니다. 얼굴빛이 검으면 싫고 희면 좋아서 사귀고 싶다고 합니다. 이로부터 사고가 생깁니다. 색양이 돋아나옵니다. 그런데 이번에 마지막으로 내려온 남녀 공비들의 말에 의하면 한사코 그런 관계가 없었다고 합니다. 여자를 한참 쳐다보다가도 남자가 어디론가 없어지고 만답니다. 《수호지(水滸誌)》에서는 여자를 도무지 범하지 않습니다. 도둑이라도 이런 법을 만들어 쓰는 것은 어떤 뜻으로는 좋습니다. 한국전쟁 시 참전한 중공군들도 그 짓을 도무지 하지 않았다고 합니다. 여자를 범하면 극형에 처한다고 합니다. 이런 법이 정해지면 어느 때에 가서는 그 법이 세상을 비춰줍니다.

그런데 우리 종교계는 무엇입니까? 음란하다는 소문이 나서 삼각산 아래 있는 큰 예배당에 신자들이 오지 않는다고 합니다. 그 교회를 다니는 여자 신자를 그곳에 있는 자가 어떻게 했다고 합니다. 그 일로 집에서 내쫓긴 몸이 된 여인도 있답니다. 이 사람은 요새 부끄러워서 예수를 믿는다고 말할 수 없습니다. 늘 이단(異端)이라고 해서 안 믿는다는 것이 좋지만, 이제는 그나마도 믿는다는 것이 부끄러워졌습니다. 믿는다면 무슨 외래(外來) 무당같이 보입니다.

사언고국도유몽(私言故國徒有夢) 공보금산녹화청(公報禁山綠化青)

정치와 경제가 지금 이렇습니다. 사사로이 말하는데 우리 고국은 한껏 꿈만 있습니다. 우리나라 대통령이 사석에서 이렇게 말합니다. 다 그렇습니다. 공식으로 보고할 때는 곳곳마다 입산금지 녹화청(入山禁止 綠

化靑)입니다. 이것이 정치와 경제의 내용입니다.

천지비색목상양(天地否塞牧相攘) **지천태통제우형**(地天泰通弟友兄)

하늘은 하늘대로 땅은 땅대로, 윗사람은 윗사람대로 아랫사람은 아랫사람대로 모두가 막혔습니다. 그러니 서로가 할큅니다. 양(攘)이라는 글자는 적극적으로 도둑질하는 것을 말하는 게 아닙니다. 자기 집에 들어온 닭이나 돼지를 주인 몰래 잡아먹는 것입니다. 서로 할퀴는 양(攘)을 합니다. 땅과 하늘이 통하면 형과 아우가 손을 마주 잡게 되고 일이 바로 됩니다. 그러나 지금은 천지비색목상양(天地否塞牧相攘)입니다. 일국삼공(一國三公)이라는 말이 있습니다. 지금은 12장관(長官)이라고 하는데, 한 나라에 정승이 세 사람 있어서 제각기 말을 하면 누구의 말을 들어야 옳을지 모른다는 뜻입니다.

구양십목수가득흉(九羊十牧誰可得匈), 양(羊) 아홉 마리에 목자(牧者)가 열 명 있습니다. 열 명이 다투어 양을 건사하지만, 어디서 양 우는 소리가 나면 누가 가서 그 양을 업어오겠습니까? 괴생자유기다방(壞生者由其多方) 약방문(藥方文)이 많기 때문에 생사람 잡는다는 말입니다. 양자고어기로(羊者苦於岐路), 양을 찾으러 가는데 그만 길이 두 갈래로 갈라지고 갈라진 길을 가니 또 길이 여러 갈래로 갈라진다는 말입니다. 사람도 외길로 가는 것이라면 좋겠는데 그렇지 못합니다. 갈팡질팡하는 것이 보통입니다. 줄곧 '하나'만 생각해야 할 것을 잊고 있습니다. 세상은 예나 지금이나 마찬가지입니다. 아예 그날과 그때를 생각하지 마십시오. 언제 이런 것이 없어지나 생각하지 마십시오.

인생견금생활난(人生見今生活難) **생명종고천명향**(生命終古天命享)

인생은 자고(自古)로부터 오늘날까지 생활난입니다. 설령 요순(堯舜)

시대라 해도 병이 있었고 장애인이 있었고 고아가 있었으며 그 외 어려운 경우가 많이 있었습니다. 다윗 시대에도 어려운 사람은 무척 어려웠습니다. 우리는 살림이 어려운 나라라고 치고, 저 부유한 아메리카에 사는 어떤 사람이 얼마 전에 한국인과 공모하여 군수차(軍需車)를 털고 그 차에 실린 담배상자를 내다 팔아 배를 채우려 했다고 하니 참으로 별수 없는 인생입니다. 사람의 자식이 전부 그 모양입니다. 인생은 견금생활난(見今生活難)입니다. 인생으로 안 나오면 모르겠습니다. 인생으로 나온 이상 생활난입니다.

생명(生命)은 영원한 것을 하늘의 명령(命令)으로 누리는 것입니다. 옛날부터 이어 온 생명을 무한(無限) 중에서 잠깐 누리는 것입니다. 잠깐 꿈을 꾸는 것입니다. 내일 꿈이 깨면 다 그만입니다. 꿈 깨면 다 시원합니다. 부천(富賤)의 차(差)가 없이 난(難)은 다 같습니다. 부잣집 자식이나 대통령의 양자(養子)나 난(難)은 다 있습니다. 이것을 알아 영원한 생명에 참여해야 하고, 알았으면 멸망의 생명에서 영원한 생명으로 옮아가야 합니다. 그리스도 정신으로 옮아가야 합니다. 향(享)은 소통한다는 말입니다. 으레 '견금생활난'을 알고 영원한 생명으로 천명을 받들어 느낄 줄 알면, 곧 이 수속을 바로 할 줄 알면, 성령이 임하여 권능을 얻게 됩니다. 그러면 증거해야 합니다.

이번에는 〈존첨시이견득선(尊瞻視而見得善)〉을 보겠습니다.

한번은 바리새파 서기관이 예수를 보고 참 선(善)한 분이라고 하였습니다. 그러자 예수는 자신에게 선한 자라고 하나 선한 분은 하늘에 계신 아버지 한 분이라고 하였습니다. 어떻게 하면 선한 것을 볼 수 있는가를 보기 바랍니다.

인생존첨수횡행(人生尊瞻獸橫行) **물욕횡행단념천**(物欲橫行斷念天)

인생은 하늘을 쳐다봅니다. 보통 상식으로도 별자리(星座)쯤은 기억할 만큼 쳐다보아야 인생입니다. 그저 쳐다보고는 '위'로 올라가는 것이 어렵다고 할 것 같으면 안 됩니다. 하늘을 자꾸 쳐다보고, 그 다음에는 눈으로 볼 수 없는 그 위까지 쳐다보아야 합니다. 짐승은 이와 달리 머리를 숙이고 횡행(橫行)합니다. 무엇을 얻으려고 횡행천하(橫行天下)하고 싶다는 영웅들은 죄다 짐승들입니다. 물욕이 횡행하면 단념천(斷念天)입니다. 마르크스와 엥겔스도 처음에는 공평하게 먹어야겠다는 이상을 지녀 좋았지만, 먹는 것에 횡행하면 고만 짐승 노릇밖에 할 수 없습니다. 물욕에 정신이 팔리면 자기 모가지를 자기가 잘라버리는 셈이 됩니다.

인천색인지비온(因天塞氤地否氳) **기다세월불견선**(幾多歲月不見善)

인(氤)은 하늘에서 내려오는 기(氣)를 말하고 온(氳)은 땅에서 하늘로 올라가는 기(氣)입니다. 하늘 생각을 끊어버리면 곧 이렇게 됩니다. 하늘에서 내려보내는 기운(氣運)을 버리고 땅에서 위로 올라가려는 기운을 막아서, 위아래가 막혀 서로 보지 못하게 됩니다. 이러면 세월이 아무리 흘러도 선(善)한 것은 볼 수 없습니다. 위만을 쳐다보아야 선을 볼 수 있습니다. 선을 보고 싶거든 위를 쳐다보십시오. 예수가 선한 것은 자기가 아니고 하늘에 계신 아버지라고 한 것은 쳐다보라는 뜻입니다.

다음의 〈내오몽하(奈惡夢何)〉는 '내 꿈을 어떻게 할 것인가?'라는 뜻입니다.

지구납저정(知驅納諸阱) **막지피인함**(莫知避人陷)

함정을 파서 동물을 잡을 줄은 알지만, 짐승 아닌 사람이 여기에 걸려 죽는 것을 막을 길은 모릅니다. 이 말은 사람이 아무리 애써서 연구하고 만들었다 해도 그것이 사람에게 해(害)가 되는 경우, 그것을 막을 길이 없다는 뜻입니다. 이 말을 지키고 믿어야만 되겠다 하면서도 한 달을 지키지 못하는 것이 우리들입니다. 짐승의 덫을 놓고는 오히려 동네 사람이 그 덫에 걸리는 것을 막을 길이 없습니다. 좋으면 좋은 것인 줄 알면서도 짐짓 하지 않습니다.

의욕편수혹(意欲偏遂惑) 수야불인감(獸也不忍敢)

이런 의욕을 가진 사람은 실수를 하고 맙니다. 편벽(偏僻)하게 치우쳐서 기어이 미혹(迷惑)되고 맙니다. 마음에 일어나는 일을 기어이 이루어 보겠다는 것이 미혹입니다. 그래서 짐승도 설마 하랴 하는 일을 사람이 하고 맙니다. 하늘과 땅과 사람 앞에 용서를 비는데, 만일 사람의 혓바닥과 생식기를 돼지나 개에게 바꾸어 붙여준다면 개나 돼지는 사람들처럼 일을 저지르지는 않을 것입니다. 사람은 제정신으로 하겠다 하면 기어이 하고 맙니다. 이것을 보면 인생이란 참 불행한 것입니다. 짐승조차 차마 할 수 없는 일을 잔인하게 할 수 있는 것이 인생입니다.

호적효인육(胡賊肴人肉) 패군육시간(敗軍戮屍奸)

마적(馬賊)들은 담을 기르기 위해 사람의 간(肝)을 내서 이것을 술안주 삼아 먹었다고 합니다. 만주사변 전에 일본 군인들도 간을 키우고 담 대해지려고 마적 떼에 들어가 사람의 간을 내서 먹었답니다. 일본군의 장교도 그렇게 했답니다. 개도 개고기는 안 먹는 법입니다.

대식불망양(對食不忘讓) 유양면식인(由讓免食人), 으레 먹을 밥상이지만 사양할 줄 알아야 한다는 말입니다. '먹은 지 얼마 안 됩니다', '생각이 없습니다' 하면서 사양하라는 것입니다. 혼자 밥을 먹을 때도 이것은 귀한 것이니 두었다 이따가 먹어야지 하고 사양하는 것이 좋습니다. 이렇게 하면 종단에는 사람이 사람을 먹는 일을 면하게 됩니다. 사양할 줄 모르면 사람이 사람을 먹습니다.

중국 춘추시대 제(齊)나라 환공이 말하기를 세상에 고기란 고기는 다 먹어보았는데 인육(人肉)만큼은 못 먹어보았다고 하자, 역아(易牙)라는 못난 놈이 제 자식을 잡아서 국을 끓여 먹였다고 합니다. 그 국을 먹고 나서 환공이 "거참 맛있군. 여태 먹어보지 못한 고기 맛이다. 무슨 고기냐?" 물었더니, 역아가 "임금님, 아실 필요가 없습니다." 하고 대답을 제대로 하지 못했습니다. 그러나 계속 재촉하여 마침내 인육이라는 답변을 들었답니다. 보통 사람이면 울컥 토할 것인데, "허, 그것 참 맛이 좋군!" 하며 오히려 입맛을 다시더랍니다.

왕의 측근 되는 사람이 왕에게 역아가 세 살 먹은 자기 자식을 죽여 임금님께 대접했으니 그런 잔인한 놈이 어디 있겠느냐며 멀리하는 게 좋겠다고 조언을 했습니다. 그런데 환공은 그게 무슨 소리냐고 하면서 그런 충신은 없다고 말하며 역아를 가까이하다가, 마지막에 기어이 역아에게 비참한 죽음을 당하였다고 합니다. 이러니 인생이 맛에 미치면 사람을 잡아먹고 맙니다.

패잔병들은 전쟁을 핑계 삼아 여자를 겁간하는 일이 많습니다. 요전 어떤 신문기사를 보니, 퇴역 군인이 어떤 여인을 짝사랑하다가 기어이 그 여자를 죽이고 시간(屍奸)을 했다고 합니다. 이것이 장교로서 할 짓입니까? 이것이 무슨 짓입니까? 맛도 아니고 아무것도 아닙니다. 의욕편수혹(意欲偏邃惑)입니다.

수호불범률(水滸不犯律) 대학성의관(大學誠意關)
수호지에서는 이것을 불문율로 세워서 여자를 범하지 못하게 막아놓

왔다고 합니다. 이 영향이 있어서 그런지 몰라도, 중공군들이 한국전쟁 때 우리나라에 와서 실제로 그런 짓을 하지 않았다고 합니다. 다행스런 일입니다.

유교에서는 성(誠) 하나 다하면 큰사람 되는 공부를 다한다고 하였습니다. 성의관(誠意關), 참뜻 하나 바르면 바로 될 것입니다. 여자를 범하는 것은 나쁘다는 뜻이 도둑놈 집단에도 들어가면 그만큼 바로 되는 것이 있습니다.

우색필사정(遇色必思貞) 정조불해인(貞操不害仁), 곱게 생긴 것을 보면 정조(貞操)를 지킬 생각부터 해야 합니다(遇色必思貞). 한 번 볼 것을 두 번 본다든지, 세 번 보아 마음이 살아나면 안 됩니다. 그리고 곧이를 꼭 붙잡으면 인(仁)을 해하지 않습니다(貞操不害仁). 하늘의 마음을 그대로 가지고 있으면 식색(食色)에 의욕이 살아나지 않습니다.

이번에는 자기의 마음을 가리켜 배운다는 뜻의 〈자심지시(自心指示) 「言自語 如是示」〉를 보겠습니다.

성령이 오순절에 다락방에 불빛으로 나타났다고 하나, 자기 마음을 이렇게 가리키는 것이 없이는 성령이 나타나도 보이지 않습니다.

소래기동신(所來機動身)
우리 몸은 언제부터 여기 있는 게 아닙니다. 그 근원은 모르더라도 움직이는 틀이 몸뚱이입니다. 자동차처럼 자기가 운전하지 않으면 안 되는 이 육신(肉身)은 틀인 셈입니다. 그런 몸뚱이입니다.

유왕정의신(攸往正義神)

그 바탕은 정의(正義)의 신(神)을 찾아가는 정신, 곧 인격(人格)이 있어야 합니다. 이것은 누구의 지시를 받고 하는 것이 아니라 자기 자신이 하는 것입니다.

천하지상동(天下地上動) 천상지하정(天上地下正)

움직이는 틀로 보면 하늘은 아래로 땅은 위로 움직입니다.

취생몽사기(醉生夢死機)

하늘과 땅 사이에서 움직이는 우리는 하룻밤 자러 온 셈입니다. 조금 꿈틀거리다가 획 없어집니다. 우리는 그러한 꿈의 틀입니다. 사람은 그냥 있는 주위만 보는 것이 아니라, 하늘 위의 보이지 않는 곳과 땅 밑의 알수 없는 곳까지 생각하려고 합니다. 하늘 위를 천당, 땅 밑을 지옥이라고 생각합니다. 천당(天堂)과 지옥(地獄)은 이처럼 저절로 나온 것입니다. 지하(地下)와 천상(天上)을 생각하는 뜻(義)은 바로 사는 것에 있습니다.

원두방족의(圓頭方足義)

우리의 머리는 둥글고 발은 편편하게 생겼습니다. 머리는 그대로 둥근 하늘을, 발은 편편한 땅을 나타냅니다. 원두방족(圓頭方足)입니다. 옛날부터 하늘은 둥글고 땅은 네모난 것으로 알았습니다. 우리 몸뚱이도 그냥 볼 수 있습니다. 사람이 이렇게 생긴 것도 다 하늘 꼭대기까지, 땅밑까지 그 뜻을 찾으라는 것 때문입니다. 그래서 우리는 천상(天上)만 생각해도 안 됩니다. 천상(天上)의 상(上)을 생각해야 합니다. 우리 정신은 천상(天上)과 지하(地下)를 깨뜨려 나가야 합니다. ……

옛것 중에서 세 가지 좋은 것이 있다고 합니다. 오랜 친구는 얘기하기 좋고, 묵은 나무는 불 때기 좋고, 오랜 글은 읽기 좋다고 합니다. 이 사람에게도 오랜 그 맛이 있습니다. 옛날에 입던 낡은 옷을 입고 나왔습니다. 입은 사람이 또한 낡은 사람이니 서로 잘 맞지 않습니까? 이 사람은 좋은데 집에서는 왜 그 낡은 양복을 입고 나가느냐고 합니다. 이 사람이 좋은 것을 어떻게 합니까? 그러나 정신만은 새 정신이어야 하고, 말만은 새 말이어야 합니다. 이 사람의 말 역시 새 말입니다.

다음은 〈귀차중(貴且重)〉을 풀이해보겠습니다.

우리는 민주시대(民主時代)에 살고 있습니다. 민주주의(民主主義)는 참 귀(貴)한 것입니다. 민주주의의 중(重)하고 귀한 것을 알자는 글입니다.

중별변의민주중(衆別辨義民主重)
대중이 옳은 의(義)를 분별하는 데 민주의 무게가 있습니다. 그렇게 되면 참으로 무게 있는 민주 국가가 될 것입니다. 옳은 자리에 옳지 않은 사람이 앉아 있는 것을 분별해내고, 옳은 사람이 오르지(上昇) 않은 것을 구별해내야 민주주의가 무게 있게 됩니다.

영분명권재위귀(領分明權在位貴)
귀한 것은 영분(領分)을 분명히 하고 그 권리를 밝혀줍니다. 권리 있는 자, 곧 책임을 진 사람이 자(尺)를 재어주는데, 이렇게 해야 그 사람은 귀한 사람이 됩니다. 이번에 동장(洞長) 선거가 있는데 이 자(尺)를 잘 재는 사람이 앉게 되면 그 동네의 복이고, 그렇지 못하면 그 동네의 큰 불행입니다.

허명민주속말마(虛名民主俗末魔)

원칙이 틀어지면 허명민주(虛名民主)가 됩니다. 이름만 민주주의가 됩니다. 그러면 마귀(魔鬼)가 참여하여 세상을 더럽힙니다.

자만시위세강귀(自滿尸位世降鬼)

이렇게 되면 높은 자리에 있는 사람은 자만(自慢)이 심해집니다. 자기 생각을 누구에게 물어볼 필요가 없고, 남의 것은 보잘것없으며, 이 정도면 되었지 부끄러울 게 뭔가 하게 됩니다. 내 위에 누가 있으랴 하게 됩니다. 자만하고 시위(尸位)합니다. 혼자 잔뜩 부풀어 가지고 그 자리에 앉아 있습니다. 그야말로 세기말(世紀末)의 마귀들입니다. 이것을 가로되 세기말 현상, 곧 말세(末世)라고 합니다. 억울하지 않습니까? 좋은 세상에 그따위 마귀 때문에 귀하고 중한 것을 놓치다니 말입니다. 그냥 장난(作亂)으로 망(亡)하다니 말이 됩니까?

끝으로 〈고도교육열(高度教育熱)〉을 보겠습니다. 한국 사람의 교육열은 어디 비길 데가 없습니다.

불출영재(不出英才) 오호교육(惡乎教育) 도장당신(徒長當身) 기조기손(其祖其孫) 택덕불양(擇德不讓) 무사무제(無師無弟)

교육열은 대단한데 좋은 재목이 나오지 않을 뿐더러 교육이라는 것이 그냥 몸뚱이를 키우는 일만 합니다. 그러니 아무리 세월이 가도 그 할아버지에 그 손자이지 별수 없습니다. 덕을 택하여 스승을 얻으려 하나 그런 스승도 없습니다. 무사무제(無師無弟)입니다. 제자는 스승이 하지 못하는 일을 자신이 어떻게 하냐며 꽁무니를 빼서는 안 됩니다. 스승이 못하더라도 가르침대로 솔선해서 할 만한 제자가 있어야 하는데 그러한 제자가 없습니다. 이런 제자야말로 재목인데 요새는 없습니다. 덕(德)을 따라 선생을 택하는데 선생도 역시 덕이 없습니다. 여기서 배우니 무엇이 되겠습니까? 몸뚱이 하나 키워서 나오는 것뿐입니다.

성인미성장(成人未成長) 장위무장처(長位無長處) 처세요행처(處世徼幸處) 처리도부득(處理都不得) 무리도식충(無理徒食蟲) 진리하소용(眞理何所用)

과일 나무에 도장지(徒長枝)가 있습니다. 이것을 소용없는 것이라 하여 잘라버립니다. 자르지 않으면 못된 열매만 맺습니다. 그러니 도장당신(徒長當身)이요, 성인(成人)이 되어도 미성장(未成長)입니다. 죽을 때에도 학생(學生)이나 유학(幼學)으로 죽는 것인지 모르겠습니다. 그러니 장위무장처(長位無長處), 장위(長位)에 앉을 장처(長處)가 없습니다. 이런 사람은 처세요행처(處世徼幸處), 요행으로 처세합니다. 낙제만 간신히 면하면 참 다행이라고 합니다. 직장이나 얻으면 요행입니다. 밥을 먹을만큼 되면, 조금 여유가 생기면 요행이라고 합니다. 이러니 세상은 무엇이 되겠습니까? 이렇게 하는 것이 민주국가입니까? 처리도부득(處理都不得), 처리한다고 말만 하고는 도무지 하나도 처리하지 못합니다. 무리도식충(無理徒食蟲) 진리하소용(眞理何所用), 아무런 일 없이 밥만 먹어치우는 버러지밖에 안 됩니다. 그러니 진리가 무엇이며 무슨 소용입니까? 교육이라는 것은 진리를 찾는 것인데, 이리니 진리가 무슨 소용이 있습니까?

비기재이(非其才而) 교육지즉(敎育之則) 교육적양(驕育賊養) 영폐지하(寧廢之何)

재목이 아닌 것을 가르치니 그것은 제대로 된 교육(敎育)이 아니라 교육(驕育)입니다. 교육(驕育)을 하니 도둑을 기르는 것밖에 안 됩니다. 백성에게 도둑질하는 것을 가르칩니다. 이러니 차라리 폐(廢)하는 것이 어떻겠냐는 교육폐지론(教育廢止論)이 나옵니다. 마음에 있는 소리를 하지만 자꾸 손가락질하는 것만 같습니다. 그러나 말하지 않을 수 없습니다. 말하는 것이라도 좀 지켜주었으면 하는데 그렇게 못합니다. 그렇다고 다 말할 수 없는 노릇이나 이 사람이 늘 하는 소리입니다. 누구라도 이런 얘기를 하게 되면 같은 결론에 도달합니다. 사물을 비판할 때는 꼭 결론은 내놓아야 합니다. 그렇지 않고서는 몇천 년이 흘러도 흑백의 시비를 가려낼 도리가 없습니다. (1957. 4. 19.)

탐내고 미워하고 음란한 것, 그것이 원죄다

旅獒 (書傳周書)

德盛은 不狎侮ᄒ니 狎侮君子ᄒ면 罔以盡人心ᄒ고 狎侮小人ᄒ면 罔以盡
其力ᄒ리이다. 不役耳目ᄒ샤 百度惟貞ᄒ쇼셔. 玩人ᄒ면 喪德ᄒ고 玩物
ᄒ면 喪志ᄒ리이다. 志以道寧ᄒ시며 言以道接ᄒ쇼셔. 不作無益ᄒ야 害有
益ᄒ면 功乃成ᄒ며 不貴異物ᄒ고 賤用物ᄒ면 民乃足ᄒ며 犬馬를 非其土
性이어든 不畜ᄒ시며 珍禽奇獸를 不育于國하쇼셔. 不寶遠物ᄒ면 則遠人
이 格ᄒ고 所寶ㅣ 惟賢이면 則邇人이 安ᄒ리이다. (다석일지 1957. 4. 26.)

人事處理

味物色事應無住　　格物致知心理性
好奇無妨參毒意　　順序處理人道義
閑居愼勿說無妨　　纔說無妨便有妨 (邵康節)

'해롭지 않지', 말은 시름 없이라도 무.
'해롭지 않지', ᄒ고 말을 ᄒ자 해롭ᄉ. (다석일지 1957. 4. 23.)

一餘是多

固有表象惑生來　物自感覺有無分
虛無新見迷死幻　心受制限生死間 (다석일지 1957. 4. 23.)

信一

固有虛無一合神　仁義有無兩參伍
忍仁宜義大同人　神人合同也一眞 (다석일지 1957. 4. 23.)

唯神

非有非無非生死　古今自他上且下
是物是心是思言　內外善惡仰又偃
是是非非 自作妄　是非之端止上智
不是不非止足信　知不知上唯一神 (다석일지 1957. 4. 23.)

먼저 〈여오(旅獒)〉를 풀이해보겠습니다.

덕성불압모(德盛不狎侮)

덕성이란 덕이 아주 왕성하다는 말입니다. 으레 그렇겠거니 생각하거나 잘 안다고 생각하기에 덕성이라는 말의 깊은 뜻을 오히려 생각하지 않는 것 같습니다. 덕은 우리말로 '속알'이라고 합니다. 뭐니뭐니 해도 속알이 없으면 아무것도 아닙니다. 아무리 제일이라 뽐내도 속알이 빠지면 사람이 아닙니다. 사람 노릇을 하는데 잠시라도 속알을 놓치면 다른 것도 다 안 됩니다. 그래서 덕성은 속알을 왕성히 한다는 뜻이 되고, 사람 노릇을 온전히 하게 한다는 말입니다.

덕성을 하게 되면 불압모(不狎侮), 이 석 자가 됩니다. 압(狎)은 친(親)하다는 뜻입니다. 아버지하고 아들 사이는 친합니다. 아버지는 아들이 어려서는 쓰다듬어주고 안아주지만, 웬만큼 크면 그렇게 하지 못합니다. 아버지 자리와 아들의 자리는 상당한 거리가 생깁니다. 옛날에는 아버지와 아들이 공적으로든 사적으로든 한자리에 앉는 일이 없었습니다. 자리가 떨어져 있다고 하여 친(親)이 없는 것은 아닙니다. 상당한 거리를 무시하고 친하려는 것은 친압(親狎)입니다. 친압은 간사합니다. 친압해서는 일의 순서가 잘 맞지 않아 어려움이 상당히 따릅니다. 왜 그럴 수밖에 없는가 하면 속알이 있기 때문입니다. 이 속알에는 절대의 가치가 있습니다. 만일 속알 없이 친하려 하면 친한 데 들러붙으려고만 합니다.

그러나 속알이 온전하면 친압하려는 것이 없어집니다. 친압하지 않기 때문에 업신여기는 게 없어집니다. 모인(侮人)한다는 것은 업신여긴다는 뜻인데, 모(侮)는 인(人)과 매(每)가 합쳐진 글자입니다. '매 사람 매 사람'이란 뜻으로, 보통 사람으로 인정하지 인격으로 인정하지는 않는다는 말입니다. 인격을 존중하면 제 자식에게도 허술히 하지 못합니다. 그가 예수가 될지 부처가 될지 모르니, 제 자식이라도 업신여기지 못합니다.

업신여기는 것은 압(狎)하는 데서 나옵니다. 무엄(無嚴)하다는 말이 있습니다. 무엄은 엄(嚴)한 것이 없다는 말로, 곧 압(狎)입니다. 친구지간에도 친하니까 그렇게 한다고 합니다. 분명히 '압'하는 것이고 더 나아가 모(侮)하는 것입니다. 예부터 왕(王)을 업신여기면 무엄한 백성이라 합니다. 신하의 경우에는 무엄한 신하, 불충의 신하가 됩니다. 있는 것을 업신여긴다니, 말이 안 됩니다. 다 '압'하기 때문에 그렇고, 속알이 온전치 못해서 그렇습니다.

압모군자(狎侮君子)

"만일에 임금이 군자(君子)를 압하고 업신여기면 어떻게 되는가?" 이 것은 주(周)나라 무왕(武王) 때의 태사(太師) 소공석이 한 말입니다. 대개 임금 될 사람을 가르치는 이를 태사라 하는데, 주나라 무왕 때 주공과 소공석 두 사람이 늘 좌우에서 무왕이 온전히 임금 노릇 할 것을 가르쳤습니다. 바로 그 소공석이 한 말입니다. 그의 말 가운데 여오(旅獒)라는 것이 있습니다. 이 말은 꼭 임금에게만 해당하는 것이 아닙니다. 교육공동론(敎育共同論)이 우세한 지금은 교육의 이상(理想)을, 모든 사람을 옛임금처럼 교육하는 데 두고 애쓰지 않으면 안 됩니다. 특별히 누가 임금이 될 자격이 있어서 가르치는 것은 아닙니다. 특히 지금은 전 인류가 이러한 교육을 공유할 자격이 있습니다. 지금의 대통령 자리는 옛날의 임금 자리입니다. 누구든 그 자리에 올라가려면 죄다 글을 배우고 익혀야합니다. 더구나 《성경》을 보는 사람들은 하느님의 아들인 까닭에 임금자리에 갈 수 있습니다. 우리가 비록 아직은 그만한 속알이 못 된다 할지라도 대통령이나 왕의 씨가 따로 있는 것은 아닙니다.

망이진인심(罔以盡人心)

군자는 임금에 가까운 존재입니다. 정말 장(長) 노릇을 할 만한 사람은 성인(聖人)이나 군자입니다. 이런 사람을 업신여기면 망이진인심(罔以盡人心)이라, 그 사람이 마음을 다하지 못하게 됩니다. 망(罔)은 없다는 뜻입니다. 임금에게도 선생이 있습니다. 임금의 선생은 하느님이 보내신 선지자(先知者)들입니다. 비록 임금이 지존의 자리에 앉아 있을지라도 크게 볼 것 같으면 임금도 선지자에게 배워야 합니다. 임금은 군자를 대단히 두려워하고 어렵게 공경하여야 합니다. 감히 친압(親狎)할 수 없습니다. 더군다나 업신여길 수 없습니다.

임금이라는 자가 군자를 제 아무리 성현(聖賢)이라 하더라도 내 신하이지 별수 있나? 생각하면 안 됩니다. 성현이 자기 마음을 다해서 도우려고 해도 압모(狎侮) 받으면 그 마음을 다하지 못합니다. 그 성인의 인격을 인정해주어야 성인도 성심진력(誠心盡力)할 수 있습니다. 인정한다면 친압은 저절로 하지 못합니다. 업신여기는 이 세상은 어떻게 되겠습니까? 망합니다. 이 모양으로 가다가는 아무리 교육을 하여도 우리나라는 망합니다. 선생이라는 사람들이 전부 자기 제자를 업신여깁니다. 업신여기지 않는 이가 별로 없습니다.

요새는 '자식(子息)'이라는 소리보다 '새끼'라는 말을 많이 듣습니다. '새끼'는 주로 어린아이들이 하는 말입니다. 자식은 한문이고 새끼는 우리말이니 좋은 현상이라 하면 그만이겠지만, 이 사람에게는 '자식'은 사람의 자식을 말하고 '새끼'는 돼지나 개 등 짐승의 새끼를 말하는 것 같아서 좋지 않게 들립니다. '내 새끼'가 대학을 졸업해서 좋다고들 합니다. 새 새끼만도 못한 것이 억지로 대학을 나왔으니 좋기도 하겠습니다.

군자를 등용하는 데 얼굴이 예쁘고 재주가 좋은 것을 기준으로 하면 안 됩니다. 그러면 더 예쁜 사람, 더 재주 많은 사람이 나서면 언제 보았느냐 하고 그 전의 사람은 내쫓고 새로운 사람을 쓰게 됩니다. 그러니 친압하게 되고 군자는 군자대로 자기의 속알을 다할 수 없습니다.

압모소인(狎侮小人)

성인에 대해서 이럴진대, 보통 심부름꾼이나 일꾼 같은 소인(小人)들에 대해 압모(狎侮)하면 어떻겠습니까?

망이진기력(罔以盡其力)

힘을 다해서 일을 보아줄 수 있는데, 면종복배(面從腹背)하며 힘을 다해 일하지 않습니다. '내가 이만한 사랑을 받고 있으니, 남들이 다 일해도 나는 안 해도 괜찮겠지' 하고 압모를 거꾸로 이용하는 약은 사람도 나옵니다. 임금 자리에 앉았을지라도 어떤 사람이든 압모해서는 안 됩니다. 압모하다가는 큰일 납니다. 이상은 사무정리상(事務整理上) 알기 쉽게 말한 것인데, 압모나 친압한다는 것이 어찌 사무에만 적용되겠습니까?

불역이목(不役耳目)

자기 마음이 임금이라면 귀와 눈을 신하로 부리는 군자일 터인데, 반면에 오히려 이목(耳目)에 부림을 당하는 마음은 소인입니다. 불역이목(不役耳目)이라, 이목을 팔면 역시 안 됩니다. 역(役)은 판다는 뜻입니다. 눈을 팔고 귀를 팔면 마음이 온전치 못합니다. 이목에 너무 압(狎)이 되면 안 됩니다. 한눈판다는 말이 있는데, 한눈팔아서 일이 속알 뜻대로 잘되겠습니까?

백도유정(百度惟貞)

백 번이라도 성정(性情)이 오직 곧아야 한다는 뜻입니다. 백도(百度)는 척도(尺度)와 같은 눈을 말하는 것으로, 요모조모의 법도(法度)를 말합니다. 온갖 법도는 반드시 곧아야 합니다. 정(貞)하면 여자나 지키는 정조(貞操)를 말하는 것으로 알지만, 만사에 법(法)대로 이치(理致)대로 나아가야 합니다. 그것은 곧 곧이를 지켜야 한다는 뜻입니다. 이것을 떠나서 되는 일이라고는 없습니다. 임금이 조정(操貞)하여야 하고 대장부가 정조(貞操)를 지켜야 한다는 것은, 법도를 지키는 데 곧이 하여야 한다는 것입니다. 그러려면 '불역이목', 한눈을 팔지 말아야 하고 귀가 딴 곳에 쏠리지 말아야 합니다. 나의 일을 보아주는 군자나 소인에 대해서까지 '불역이목'시키려면 압모하는 일이 없어야 합니다. 그것이 덕성(德性)입니다.

이 글은 주나라가 천하를 통일한 후 연방(聯邦)에 병합된 서여(酉旅)라는 나라에서 오(獒)라는 큰 개 한 마리를 진상한 일과 관계가 있습니다. 길이가 사 척(四尺)이나 되는 '오'는 요샛말로 하면 셰퍼드처럼 큰 개입니다. 서여에서는 특히 종자가 좋은 개가 잘 나오기에 개를 공물(供物)로 바쳤던 것입니다. 이때 소공석이 그것을 받지 말라고 간하였는데, 개를 공물로 받는 것의 부당성을 언급한 것이 그 다음의 내용입니다.《서경(書經)》에서 이 이야기의 제목을 '여오(旅獒)'로 기록하였습니다.

완인상덕(玩人喪德)

사람을 가지고 노는 노리개로 알면 잘생긴 미인뿐만 아니라 군자나 소인들을 어린애 장난감처럼 놀리고 다루게 되어 무엄(無嚴)이 됩니다. 이처럼 사람의 인격을 무시하게 되면 덕(德)을 잃습니다. 친구 사이가 좋다고 '이 자식, 저 자식' 농지거리하는 것은 서로 완(玩)하기 때문입니다. 서로 장난감같이 생각하여 하루라도 그런 짓을 하지 않으면 웬일인지 섭섭합니다. 이런 일은 있을 수 없습니다. 그런 일이 있다는 것은 상덕(喪德)하는 일입니다. 이는 속알(德)을 잃는 일입니다.

완물상지(玩物喪志)

신기한 물건을 구경하고 싶어 하고 장난거리로 삼으면 여간 어렵게 먹었던 마음도 잃어버립니다. 20년 전쯤에 신생활운동(新生活運動)에 나선 일본 사람이 있었습니다. 그 사람은 이 운동에 자기의 전 재산을 쏟기 전에 결정해야 할 일이 하나 있었다고 합니다. 본래 골동품(骨董品)을 좋아하여 수집하는 버릇이 있었는데, 신생활운동을 하려면 먼저 이 버릇을 청산해야 정신을 신생활운동에만 쓸 수 있을 거라고 생각한 것입니다. 그러지 않으면 마음이 갈라져 모처럼의 새로운 삶이 잘 안 될 것이었기 때문입니다. 해서 모아놓은 골동품들을 다 팔고 그 후로는 골동품 수집에 일절 신경을 쓰지 않았다고 합니다.

그 사람은 솔직한 사람으로 내외(內外)간 얘기도 곧잘 하였습니다. 공휴일에는 의논 없이 그 짓 하고 나머지 날들에는 서로 언제쯤 하자고 의논하고 했는데. 공휴일만은 왜 의논 없이 하느냐 하면 의논하고 무엇 하는 사이에 부부간의 조합이 잘 안 되더라 하여 공휴일만이라도 꼭 예고 없이 하였다는 말까지 하던 사람이었습니다. 이런 사람이 골동품을 그만두고 식생활운동에 투신하는데 문화계나 예술계에서는 아까워했을지도 모릅니다. 그러나 신생활운동이 긴급한 만큼 마음이 헷갈려서는 안 된다 해서 서화나 골동품을 다 없애버렸다는 말을 들었습니다.

물건을 구경하다 보면 보다 높은 뜻을 이루려는 뜻을 잃습니다. 상지(喪志)하고 맙니다. 실업가가 기생 따위를 쫓는 것은 그 자체로 정당한 일이 아닐 뿐더러, 자기가 다짐한 결심이 풀어지고 종단에는 사업도 망하게 하는 짓입니다. 시종(始終)을 여일(如一)하게 해야 하는데 완물(玩物)하는 바람에 일을 그르치고 맙니다. 이 말을 꼭 명심해서 인생을 살아야 합니다. 이런 뜻을 늘 갖고 있어야 합니다.

지이도녕(志以道寧)

그래야 마음이 평안해집니다. 한때만 그래서는 안 됩니다. 그 뜻을 줄곧 지녀야 평안합니다. 천하평정(天下平定)하는 것이 임금이라면 이것을 꼭 끝까지 가져야 합니다.

언이도접(言以道接)

그런 생각을 마음만 먹으면 안 됩니다. 마음이 있음으로써 서로 접하고 오고 가는데, 어떻게 오는 말을 접할 것인가 하면 역시 도(道), 곧 진리로 접하여야 합니다. 그러면 뜻도 진리가 되어 평안하게 됩니다. 또한 그 무엇에 대해서도 압모하지 않게 됩니다. 이목(耳目)이든 백 가지 법도든 인물이든 어느 것 하나도 압모하지 않고 늘 꿋꿋이 진리(道)를 파악하여야 언제 어디서나 평안합니다.

부작무익해유익(不作無益害有益)

안 할 것을 하다 보면 꼭 필요한 데 가서 해(害)를 받는다는 뜻입니다. 꼭 할 것만 한다는 말입니다. 이런 일은 많습니다. 불필요한 물건을 자꾸 사들이다 보면 정작 필수품을 사야 할 때 돈이 모자라거나 없어서 제대로 사지 못합니다. 이런 말은 중요한 명언이나 격언에 다 있습니다. 무익(無益)한 데 지나치면 유익(有益)한 데 해(害)가 됩니다.

공내성(功乃成)

이룰 것을 이루자는 말입니다. 불필요한 것인데도 이것저것 마음내키는 대로 사다가 정말 필요한 것을 사지 못하는 일이 많습니다. 그러니 비록 개(犬)일지라도 특별한 것이라 하여 주는 것을 받지 말라는 말이 나온 것입니다.

불귀이물천용물(不貴異物賤用物)

이상한 물건(異物)을 귀(貴)히 여기지 마십시오. 이상한 물건을 귀하게 여기면 필수품을 천(賤)하게 여기게 됩니다. 기쁘다, 귀엽다 하는 것을 귀히 여기면 필요한 물건을 천하게 여기게 되는 것입니다. 소용되는 물건을 천히 여기지 마십시오.

민내족(民乃足)

백성은 소용되는 물건들에 만족합니다. 자동차 같은 것이 없이는 건국이 안 되는지 모르겠습니다만, 웬일인지 자동차가 많습니다. 필수품인지는 몰라도 이런 것이 많으면 정작 소용되는 물건을 살 때 해가 많습니다. 무슨 멍텅구리 같은 짓인지, 1957년인 지금 56년형은 최신형이 못됩니다. 57년형이라야 좋다고 합니다. 기이하고 새로운 것을 좋아하면 장차 필수품이 모자라게 됩니다. 비료가 모자라는 일이나 먹을 쌀이 모자라는 이치가 다를 것이 아닙니다.

이물(異物)을 귀히 여기면 아주 급한 물건이나 필요한 물건을 못 삽니다. 백성에게 필요한 물건을 천하게 알다가는 백성이 족할 수 없습니다. 이런 것은 자꾸 밝혀주어야 합니다. 경제학은 딴 게 아닙니다.

견마비기토성(犬馬非其土性) 불흙(不畜)

개나 말일지라도 그 나라의 토성(土性)이나 토산(土産)이 아니면 불흙(不畜), 곧 기르지 말라는 말입니다. 짐승인 경우는 축(畜)이라고 읽고, 이 경우에는 흙(畜)으로 읽습니다. 그러니까 자동차도 국산품이 아니면 타지 마십시오.

진금기수 불육우국(珍禽奇獸 不育于國)

보배로운 새나 귀한 짐승은 나라에서 기르지 말라는 말입니다. 옛날에 학을 길러서 망한 일이 있습니다. 교육용 표본이나 박물관 진열을 위한 것이야 괜찮겠지만, 그런 용도가 아니라면 이상한 새나 짐승을 기를 필요가 없습니다. 백성의 평균 수입이 높고 그만한 여유가 있으면 모르되 그렇지 않고는 하지 마십시오.

공내성 민내족(功乃成 民乃足), 이것이 경제요 정치인데 이것을 모르고 어떻게 나라가 잘된다고 할 수 있습니까? 아무것도 모르는 사람이 이 같은 세상을 잘산다고 한다면 정말 하늘도 땅도 모르는 사람입니다.

불보원물즉원인격(不寶遠物則遠人格)

다른 나라의 것을 귀히 여기면 기어코 딴 나라 사람들이 옵니다. 지금 우리나라에 외국 사람들이 온 것을 얘기하는 것입니다. 예전에는 임금이 먼 곳의 물건을 요구하면 먼 데 있는 백성이 착취를 당했습니다. 당시에는 더욱 교통이 불편했기에 요구하는 귀한 물건을 갖고 오느라 갖은 고통을 겪었을 것입니다. 그러니 인심은 모두 떨어집니다. 세력 있는 사람이니까 모두 경원(敬遠)합니다. 그러나 마음으로는 아주 원수같이 여길 것입니다. 무엇이 없으면 갖고 오라고 합니다만 백성은 가진 것이 없습니다. 그래서 없다고 하면 있다는 말을 이미 들었는데 무슨 말이냐고 하며, '그놈을 당장 죽여라', '어떻게든 가져오게 하라' 명령합니다. 이렇게 되면 먼 곳의 백성은 못 삽니다. 일본 사람들이 우리나라에서 정말 형제와 같이 하고 갔다면 왜 지금 원수같이 생각하겠습니까? 일본 사람들이 우리나라의 쌀을 귀히 여겨 자꾸 가져가는 바람에 이 땅의 백성이 결국 못살게 되었습니다. 그 원(怨)이 지금도 가시지 않고 있습니다.

먼 데 있는 것을 귀히 알면 못씁니다. 서여(西旅)의 개 따위는 가져다 주어도 그런 것은 필요 없다며 거절해야 옳습니다. 그 개가 좋다고 받아들이면 서여의 개를 한없이 갖다 바쳐야 하지 않겠습니까? 그러면 서여는 어떻게 되겠습니까? 개 때문에 견뎌내지 못합니다. 안 받아주면 주는 사람은 잠시 서운하겠지만 이런 이치를 알아야 합니다. 이렇게 먼 데 것을 귀히 여기지 않으면 먼 데 사람은 그 뜻에 감격하게 됩니다.

소보유현즉이인안(所寶惟賢則邇人安)

사람이 바로 되어 참 귀한 것을 알면 가까운 사람이 편안합니다. 집의 아들이 바로 되어야 집안이 편안합니다. 면장이나 통장이 바로 되어야 그 동네가 편안합니다. 이같이 바로 하는 사람을 보배로 알아야 합니다. 우리 동네는 미국에서 쓰는 것 같은 좋은 물건은 없지만 아무개가 있지 않은가! 아무개가 우리 동네의 자랑이야! 이렇게 되면 가까운 사람들이 편안합니다.

요새 안경태가 부러져서 새로 하려고 돌아다녀보았는데, 이전처럼 쇠 뿔을 깎아서 한 것이 없습니다. 쇠뿔로 한 것은 여간 튼튼하여 일부러 밟기 전에는 부러질 염려가 없는데, 이것을 구하려고 해도 없습니다. 혹 구두주걱이나 물부리 같은 것을 깎는 사람에게 가서 물어 보면 '원 영감님도, 지금이 어느 때라고 그런 것을 찾습니까? 뿔로 만든 주걱도 안 사는데⋯⋯⋯' 하고 오히려 핀잔이나 듣습니다. 우리나라의 옛 물건 가운데 좋은 것이 많은데, 모두 발전을 못 하고 도중에 사라졌습니다. 그중에서도 특히 죽묵(竹墨)은 유명했습니다. 이것이 유명하니까 나라에서는 자꾸 바치라고 하였습니다. 안 갖다 줄 수는 없고 갖다 주자니 손해만 나니까 죽묵 만드는 일을 하나둘씩 그만두게 되었습니다. 그러니 산업 발전이 되겠습니까?

이런 이야기도 있습니다. 광주 남한산성의 술국이 맛 좋기로 소문이 났다고 합니다. 술국은 소뼈를 끓인 것으로 아침에 해장으로 먹으면 제 격입니다. 설렁탕 대신 먹는 사람도 있습니다. 이 술국이 맛있다는 소문을 듣고는 서울의 어느 양반이 광주의 술국을 가져오게 시켰습니다. 서울에서 40리(약 15킬로미터)나 떨어진 곳에서 술국을 아침 식전에 갖다바치기란 여간 어려운 일이 아닙니다. 그래도 갖고 오라니 할 수 없이 저녁에 끓여서 밤새 가지고 갔답니다. 식은 술국을 데워서 바쳤는데 어찌 제맛이 났겠습니까? 그래도 먹어보고는 다른 데 것보다는 나은 것 같다고 했답니다. 그렇게 되면 한두 사람이 고생하는 게 아닙니다. 온 동네가 술국을 끓여서 갖다 바치느라 바쁘게 됩니다. 그러면 그 동네는 망하게 되는 것입니다.

언제 우리가 외국의 것을 써보았다고 외국제 아니면 쓰지 않는다고 합니까? 그런 것이 없더라도 우리가 못 사는 게 아닙니다. 불역이목(不役耳目)합시다! 사람이 좋은 구경에 빠지면 속알이 상합니다. 예수나 석가는 외물(外物)에서 판단할 게 없다고 했습니다. 그런데 우리가 솔로몬의 영화를 부러워하고 그 궁전이 아름답다고 탐내는 것은 어쩔 수 없는 일입니다. 때문에 예수는 이렇게 말합니다.

"어찌하여 너희는 옷 걱정을 하느냐? 들의 백합화가 어떻게 자라는가 살펴보아라. 수고도 하지 않고, 길쌈도 하지 않는다. 그러나 내가 너희에게 말한다. 온갖 영화로 차려입은 솔로몬도 이 꽃 하나와 같이 잘 입지는 못하였다. 오늘 있다가 내일 아궁이에 들어갈 들풀도 하나님께서 이와 같이 입히시거든, 하물며 너희들을 입히시지 않겠느냐? 믿음이 적은 사람들아! 그러므로 무엇을 먹을까, 무엇을 마실까, 무엇을 입을까, 하고 걱정하지 말아라."(〈마태복음〉 6:28~31)

자연 그대로를 보아라! 날짐승이 먹는 걱정을 하겠는가? 그러니 우리 인간들도 자연 그대로 먹고살아라! 예수가 이렇게 말하지 않습니까? 우리는 이것을 단단히 연구하지 않으면 안 됩니다.

이번에는 〈인사처리(人事處理)〉를 보겠습니다.

모든 것은 인사처리(人事處理)입니다. 행정관서나 회사에서도 인사 처리는 주요한 일입니다. 요새 내무부(內務部)에서 인사(人事)를 처리 한 일이 있습니다. 인사처리는 아주 중요합니다. 어쩌면 제일 중요하다 고 할 수 있습니다. 대통령 자리는 딴것이 아니고 인사처리하는 자리입 니다. 장·차관 자리에 어떤 사람을 놓겠다는 것이 인사처리는 아닙니 다. 국무총리가 지금은 없는데, 이 자리는 있어야 합니다. 옳은 사람에 게 국무총리를 시키고 내각(內閣)을 조직케 해야 합니다. 옛날로 말하 면 정승(政丞) 자리라고 할 수 있습니다. 임금도 정승감을 고르는 데 힘 을 다해야 했습니다. 만일 국무총리가 하는 일이 잘 안 되면, 시각을 지 체하지 말고 다시 내각을 조직케 해야 합니다. 이 일을 하는 것이 대통 령직입니다.

사람을 고르며 압(狎)해서는 안 됩니다. 그러려면 나라의 수장이 덕성 하여야 합니다. 우리네 인사처리도 대통령의 인사 처리와 같이 하루 동 안의 일을 내가 다 잘했는지 살펴야 합니다. 나는 내가 책임을 집니다. 내가 한 일은 내가 전부 책임져야 합니다. 자기가 책임지는 일을 매일매 일 반성하고, 모자라면 속알이라는 총리를 매일 바꾸어야 합니다. 이것 이 사람 노릇을 해 나가는 것입니다.

미물색사응무주(味物色事應無住)

우리가 왜 좋은 것에 마음이 쏠리는가 하면 맛이 있기 때문입니다. 세 퍼드를 한 마리 갖고 있으면 사냥 갈 때 좋고, 심부름을 시키거나 도둑 을 지키는 데 좋습니다. 그 부리는 맛이 참 좋습니다. 재미가 있다는 것 이 맛입니다. 물건에 맛이 있어서 형이하지물(形而下之物)에 미련을 갖습 니다. 색사(色事)라는 것은 우리가 아름다운 빛깔을 좋아하고 새로운 빛 깔을 좋아한다는 말입니다. 빛을 좋아하는 것은 마침내 대광명(大光明)

을 찾아가는 길입니다. 영원한 생명은 사람의 빛입니다. 사람이 산다는 것은 빛을 향해서 가는 것입니다. 그런데 빛에는 빛깔이라는 것이 있어서 이것이 먼저 우리에게 친압(親狎)하려고 합니다. 이 빛깔을 색깔이라고도 합니다.

늘 하는 소리지만, 태양광선이나 달빛은 온전한 빛이 아닙니다. 그것들은 거짓 양(陽)의 양광(陽光)으로 거짓 빛입니다. 광명이상(光明以上)의 형이상적(形而上的)인 빛이 영원한 빛입니다. 이 빛으로 참되게 살아야 합니다. 우리가 눈을 파는 빛깔, 색깔이라는 것은 있으나 마나 한 거짓 빛과 색입니다. 하물며 물건의 색깔에 혹해서 산다는 것은 우리가 참답게 깨달을 때에는 있을 수 없는 일입니다. 그러니 미물색사(味物色事)에 마음이 머물러 있어서는 안 됩니다. 얼굴이 못났다 잘났다, 낯 빛깔이 곱다, 좋다 하는 데 마음이 있으면 인사 처리를 온전히 하지 못합니다. 자기 일신의 인사 처리도 하지 못합니다. 미물색사에 들러붙어서 살면 안 됩니다. 눈 팔고 귀 파는 사람에게 인사 처리를 맡겨서는 안 됩니다. 인사 처리에 적격자가 되려면 이런 점을 먼저 알아야 합니다. 그런데 철이 나고도 오십 평생을 이 미물색사에 머무는 이가 대부분입니다. 이렇게 각자의 인사 처리도 못 하고 있으니, 다른 인사 처리야 보나 마나 한 일입니다.

예전에 형제주점이 있었는데 추어탕을 잘한다는 소리를 들었습니다. 그때도 그 집의 추어탕을 맛보려 도처에서 사람들이 몰려들었습니다. 그 집 앞에는 항상 사람들이 타고 온 차들이 즐비하였답니다. 요새도 신문광고를 내는 것을 보니까 추어탕을 잘하기는 하는가 봅니다. 지금은 그 맛을 보려고 찾아오는 사람이 전보다 많아서 자동차들로 더욱 붐빌 것입니다.

해장국을 잘하는 집이 있으면 죄다 그쪽으로 몰립니다. 미물색사에 머물러 살기 때문에 혹시나 같은 것이라도 더 맛 좋고 요리 솜씨가 다르지 않나 하고 찾아다닙니다. 이렇듯이 마음은 언제나 딴 데 있고 그것을 채우려고 하니 갖은 죄를 다 짓게 됩니다. 실상 미물색사응무주(味物色事應無住)하려고 해도 젊어서는 안 됩니다. 늙어서야 되는데, 그것도 젊었을 때부터 미물색사에 몸을 담지 않겠다는 각오를 하고 피나는 수행(修行)과 고행(苦行)이 따라야 합니다. 몇십 년 동안 벼르고 벼러서야 비로소 그나마 목표에 가깝게 되지 젊어서는 안 됩니다. 우선 장가를 갈 것인가 안 갈 것인가 하는 미로(迷路)에서 길을 잃습니다. 결국 혼인을 하는데, 그러면 한동안은 어떻게 하면 아내를 데리고 재미있게 사나, 이런 문제에 골몰하게 됩니다. 그러다 자식이 생기고 자식에게 마음이 쏠려 이러지도 저러지도 못 하게 되고 그러는 사이 늙어버리는 것입니다. 우리는 죄다 예사로 하는 일이라도 연구를 하여야 합니다.

호기무방삼독의(好奇無妨參毒意)

이상한 것을 좋아하는 것과 무방(無妨)하다고 하는 것, 이 두 가지는 인생에 있어서 긴(緊)한 고동(鼓動)입니다. 호기무방(好奇無妨)한 것은 늘 조심하여야 합니다. 무방하다는 것은 소극적인 것이고, 호기(好奇)한 것은 적극적인 것입니다. 미물색사에 살지 말자고 하면서도 이 호기와 무방한 것에는 곧잘 걸려듭니다. 이것을 잘 생각하지 않으면 안 됩니다.

삼독의(參毒意)는 우리의 의지(意志)에서 나오는 독(毒)이 셋이라는 말입니다. 불교에 있는 말입니다. 불교에서는 신업(身業), 구업(口業), 의업(意業)이라고 해서 업보(業報)로 태어난 것이 인생이라고 봅니다. 전생에서 한 것의 업보로서 이승에 나온 것이 우리입니다. 지금 이승에서 잘살고 못살고는 전생의 업보 때문이라고 합니다. 신업(身業)에는 삼악(三惡)

이 있고, 의업(意業)에는 삼독(三毒)이 있습니다. 악(惡)이라는 것은 살인, 음란, 도둑질 등 몸뚱이로부터 나오는 것을 말하나, 근본은 의업인 삼독에서 나오는 것입니다. 삼독이라면 탐내는 것, 미워하는 것, 음란한 것, 이 세 가지를 말합니다.

삼독이 배 속 밑에 있어서 이것이 꿈틀거리는 대로 삼악도를 저지르는 것입니다. 구업(口業)에는 네 가지가 있습니다. 거짓말, 못된 말, 실없는 말, 그리고 《성경》의 표현을 빌리자면 하느님의 이름으로 거짓 증거하는 말을 가리킵니다. 구업의 사악(四惡), 신업의 삼악, 의업의 삼독을 합하면 십악(十惡)이 됩니다. 그중 삼독이 밑바탕인데 호기무방하면 이 삼독에 참여하게 됩니다.

한거신물설무방(閑居慎勿說無妨) 재설무방편유방(纏說無妨便有妨)

소공석이 한 말인데 일 없이 한가로울 때에도 삼가고 무방하다는 말을 하지 말라는 것입니다. 예나 지금이나 보통 하는 소리가 있습니다. 심심한데 구경 좀 가보는 거 어때요? 이렇게 물으면 그리도 좋은지 '한번 가볼까요', '거 무방하지' 소리가 제법 나옵니다. 평소 한가할 때도 삼가서 무방하다는 소리를 하지 말라는 말입니다. 이것은 어렵습니다. 무방하다고 한마디 하면 방해가 옵니다. 무방하다는 소리에 방해하는 소리가 들립니다. 무방하다고 하는 소리는 미물색사에 머물고 싶은 마음이 근질근질해서 나오는 소리입니다. 이러면 방해가 따릅니다.

호기무방하면 삼독에 참여하게 된다는 이치가 그렇습니다. 젊어서는 세계에서 제일가는 미인이 있겠지 생각합니다. 그리고 그런 미인이 있다면 만나보고 싶어 합니다. 누구라는 것까지 알면 그냥 있을 수 없게 됩니다. 제일인자(第一人者)가 있는 것 같기도 합니다. 신인(神人), 성인(聖人)이 있는 것같이 생각됩니다. 이것은 호기심입니다. 하느님에 대해서는

"누가 알겠어요? 신(神)이 있는지? 이 정도는 무방하죠. 하느님이 알긴 뭘 알겠어요? 안다면 될 것은 벌써 다 되어 있어야 할 게 아니겠어요?", 이렇게 말할 정도로 무방하게 됩니다. 호기와 무방은 이런 관계를 갖고 있습니다.

격물치지심리성(格物致知心理性)

물건이 우리에게 닿게 되면 그 물건에 대해 알기를 온전히 알아야 합니다. 그 물건의 성질을 아는 데까지는 알도록 하자는 것입니다. 물건이 오면 우선 먹어보고 만져보고 깨물어 삼켜보자고 하지 말고, 물건에 대해 알고 이루도록 하라는 말입니다. 《대학》의 격물치지(格物致知)에 대해 별소리가 많습니다. 물건이 와 닿으면 온전하게 알아서 이룩하는 데 노력하라는 말입니다. 물건과 나의 관계는 이렇습니다. 금방 삼켜버리거나 호기심에 마음이 움직이면 안 됩니다. 물건을 가지고 진리(眞理)를 이루도록 하지 않으면 안 됩니다.

우선 그 물건을 잘 보고 알 것을 다 안 다음에 그 맛을 보는 게 순서인데, 우선 맛부터 보아도 무방하다고 하면 안 됩니다. 이렇게 되는 것은 본디 마음이 생긴 이치가 그러하기 때문입니다. 심리성(心理性)은 심리(心理)와 이성(理性)이 겹쳐서 된 숙어입니다. 마음의 본 바탈은 이성이 있고 없고에 따라 드러납니다. 우리는 물건과의 관계를 알기에 이같이 하여야 합니다. 이것을 알아야 속알(德)을 완성시킬 수 있고, 나아가서 친압(親狎)하는 일이 없어질 것입니다.

순서처리인도의(順序處理人道義)

의(義)를 구함에 따라 모든 게 차례로 되기 마련입니다. 차례를 따져서 차례대로 처리를 하여야 합니다. 순서대로 진리에 처하는 것이 사람의 갈 길이고, 그래야 사람의 갈 길이 올바르게 됩니다. 사람은 이치대로 가는 것입니다. 다른 것이 없습니다. 오랫동안 가는 것 같은 이 인생도 차례차례 가는 것입니다. 이래야 사람 사는 것이 옳게 됩니다. 인도의(人道義)는 인도(人道)와 도의(道義)를 합쳐서 표현해본 것입니다. 순서에 따라서 처리를 하면 그것이 곧 인도가 되고 도의가 됩니다.

요새 보듯이 광주 사람을 서울에, 서울 사람을 저 멀리 광주에 갖다 놓는 식으로 자리를 바꾸어놓고는 인사 이동 처리를 하였다(내무부 치안국 인사를 말함)는 것은 암만 처리하였다고 해도 한 것이 아닙니다. 그 사람이 그 지방에 가서 마땅히 처리할 것을 역량껏 할 수 있는가를 알아보고, 그것도 순서에 의하여 두루 불만 없는 인사가 되면 일 처리가 인도에 어긋나지 않고 도의를 벗어나지 않습니다. 그래야 인사 처리가 제대로 되었다고 볼 수 있습니다.

일 년에 몇 번씩 자리만 바꾸는 식으로 인사 이동이 있어서는 안 됩니다. 이름만 바꾸는 처리로는 일이 되지 않습니다. 모든 처리를 순서에 의해 이치를 타고 하지 않으면 안 됩니다. 이치를 타면 저 하늘 위나 바다 밑을 가도 떨어지는 법이 없고 바닷물에 숨 막히는 일이 없습니다. 비행기가 그러하고 잠수함이 그러합니다. 이치를 타고 가는 것이 그러한 틀로 나타난 것뿐입니다. 이치를 알고 이치를 타고 가면 하늘에 올라가서 하느님의 아들 노릇을 합니다.

요새 도의교육(道義敎育) 강조 기간이라고 해서 우리 집 옆의 소학교 교문에 커다랗게 이런 표어가 붙어 있습니다. "이 강산이 아름다우니 우리가 도의에 힘써 학교를 더욱 빛내자!" 도의(道義)라는 것을 소학교 어린이들이 무엇으로 알고 있겠습니까? 경치가 좋은 것처럼 우리 학교도 도의에 더 힘써서 학교를 빛내자고 하였는데, 이때 말하는 도의는 무엇입니까? 요전에 어디 가는 길에 보니 도상 학교 정문에 '도의 강조 주간'

이라는 글씨가 붙어 있었고, 학생들은 가슴에 같은 내용이 적힌 리본을 달고 있었습니다. 그런데 자하문 다락에 남학생들이 올라앉아서 자하문을 지나가는 사람을 놀렸습니다. 여학생인지 부인인지 모르겠습니다만, 여자 둘이 지나가는 것을 보고는 왼쪽 여자가 더 예쁘다고 소리를 지르며 놀려대는 것이었습니다.

이것이 소위 정문에 '도의 강조 주간'이라고 써 붙인 학교의 학생이 할 짓입니까? 소학교 학생까지도 도의로써 더 아름답게 하자는 때에 더 큰 학생들이 할 짓입니까? 서양 여자를 보면 예쁘다고 하는 게 인사라고 합니다. 요새 직수입과 직수출을 잘하다보니 그런 서양식 인사가 빨리 수입되었는지는 알 수 없는 노릇입니다. 도의(道義)란 게 뭐 말라죽은 것입니까? (류영모가 칠판에 붙인 한시 〈인사처리〉를 가리킨다.)

이쯤은 생각해야 도의의 윤곽이라도 안다고 할 수 있습니다. 도의란 그저 알 수 있는 것이 아닌데, 안 되는 말들만 순서 없이 곧잘 합니다. 좀 연구를 해야지, 맨날 강조 주간이라고 말만 한다고 도의가 세워지는 것인지 모르겠습니다. 사람은 이치를 찾아야 합니다. 혼자 앉아 있다고 해도 이치를 찾아야 합니다. 이치를 찾고 일한다면 언제 어디서든 인사처리를 바로 할 수 있습니다. 그런데 생전 없던 '도의 강조 주간'을 만들어 순서 없이 일을 하려고 하니 일이 될 게 무엇입니까? 대학교 교수들을 모아서 이에 대한 연구를 시키고 그런 다음에 무엇이 나오면 거기에 맞게 일을 해야 제대로 좀 될지 모르는 일인데 말입니다. 하물며 어린 애가 무엇을 안다고 소학교까지 도의 교육을 한단 말입니까? 이 사람이 소학교 교장이라면 단연 거절하고 맙니다.

요전에 〈인간 가족 사진전〉을 보고 왔습니다. 팸플릿 첫머리에 이렇게 씌어 있었습니다. '처음에는 하늘도 땅도 허공도 없었다. 아무것도 없었다. 여기에 나라는 미생물이 나와서 비로소 나라는 인식과 더불어 하늘과 땅이 나누어지고 또 허공도 생기고 한 것이 아니라, 이 나라는 것이 그렇게 하고 싶어진 것이다.' 팸플릿의 내용을 다 읽지는 못했습니다만, 쇼펜하우어는 불교 사상의 영향을 많이 받아서인지 그 비슷한 말을 잘 하였습니다. 모든 수작은 의욕(意慾)으로부터 나왔다고 합니다. 존재하는 것은 아무것도 아닌데 '나'라는 것이 나와서 하고 싶어진 그 짓이 이렇게 된 것이라고 합니다. 다른 말로 하면, 태극(太極)에서 양의(兩儀)가 벌어져 나온 것을 말하는 것입니다. 석가도 모든 것은 나에게 책임이 있다고 했습니다.

어쨌든 독한 뜻이 있어서 신업삼악(身業三惡)을 만들어내니, 그 책임은 제각기 져야지 누구보고 져 달라고 할 수 있는 게 아닙니다. 우리는 그러니 만큼 더 깨쳐서 알 것을 알아야 합니다. 일생을 두고 알아도 다 알지 못하니, 숫제 《성경》에 기대거나 부처를 부르는 수밖에 없습니다. 전지전능한 아버지는 우리를 아주 대범하게 공평히 알아주는 존재입니다. 누구만을 택해서 양자(養子)하는 법이 있습니다. 우리가 요구하면, 곧 깨달으면 아버지는 언제나 우리를 보살펴줍니다. 그렇다고 무슨 권능을 바라거나 해서는 안 됩니다. 암만 우리가 죽게 되어 물어도, 소생한 것 같은 기쁨으로 물어도 예수의 말은 언제나 같습니다. 이스라엘이 회복할 날이 지금입니까? 언제 회복합니까? 이렇게 묻는 것은 한이 없어도, 답은 매한가지입니다.

다음은 〈일여시다(一餘是多)〉를 보겠습니다.

고유표상혹생래(固有表象惑生來)
고유하다고 하면 확실하다고 생각합니다. 딱딱한 무엇이 참으로 있다고 생각되는 것을 말합니다. 그러나 이것은 우리 마음의 표상(表象)으로 느끼는 것뿐입니다. 형이하(形而下)의 물질을 우리는 거의 확실하다고 하는데, 그것도 우리 마음의 표상일 뿐입니다. 편리한 세상이 되어서 표상이라는 과학적인 말이 나왔습니다. 오관(五官)으로 느낀 것을 존재라고 하고, 허공(虛空)과 시간(時間)을 절대 진리(絶對眞理)라고 생각한 것이요 몇 년 전의 일입니다.

우리가 가만히 생각할 필요가 있는 것은 이제 이 표상을 느낀다는 것입니다. 우리가 무엇을 느끼는 것인지 생각해봅시다. 내가 느끼는 것 가운데 '살아 있다'는 것만큼은 확실히 느낄 것입니다. 이것을 느끼니까 죽을 때까지 표상을 느낍니다. 내가 죽어 없어지면 무슨 표상이든 관계든 다 없어집니다. 그러니까 아주 고유하다는 것은 내가 살아 있는 것을 말하고, 그것 때문에 내가 느끼는 것입니다.

그러나 그것은 혹(惑)한 것입니다. '혹'해서 이 세상에 나온 이 몸입니다. 출발부터 '혹'이고 죽을 때까지도 '혹'입니다. 이 '혹'은 마지막까지 갖고 갑니다. 어쩌다가 죽게 되면 '내가 왜 이러지?' 하며 누구를 좀 불러 달라고 합니다. 왜 그렇겠습니까? 누구나 죽을 때까지도 고유하다면 무엇이 걱정입니까? 사람이 죽는다고 합니다. 죽으면 어떻습니까? 이 세상에 사람이 많은데 저 하나 죽는다고 누가 뭐라 합니까? 이 세상은 혹세(惑世)입니다. 이 세상은 거기서 혹생래(惑生來)한 것입니다. 그런데 무엇을 가지고 고유하다는 겁니까? 고유한 것은 하나도 없습니다. '혹'으로 나온 생(生)이기에 산다는 것이 무엇인지도 모르고 호기심과 무방을 찾습니다. 그러니 이 '생'도 혹생(惑生)입니다.

허무소견미사환(虛無新見迷死幻)

인생이 허무하다고 합니다. 허무하다는 소견은 무엇이냐 하면, 죽을 때 허무하다고 느끼는 것입니다. 이제 죽는다며 사람 살리라는 소리가 나옵니다. 그러나 다 죽는데 누구보고 누구를 살리란 말입니까? 죽어 갈 무렵에야 허무를 느끼는데, 온당한 허무가 아니라 미사환(迷死幻)에 느끼는 허무입니다. 그러니 있다가 없고 없다가 있다는 소리를 늘 하게 됩니다. 막막하다는 실이 허(虛)이고 허허하다는 허(虛)가 실(實)이라는 것은 이를 두고 말한 것입니다.

물자감각유무분(物自感覺有無分)

물건이라는 것도 실은 마음입니다. 신(神)이 요청하면 물건이 존재합니다. 무엇이 백주(白晝)에 있다고 하면, 거짓 양(陽)에 비친 것뿐입니다. 누가 속이려고 해놓은 것은 아닙니다. 내가 나를 속입니다. 이러하니 물건이 무엇인지 모르게 됩니다. 우리는 물건이라는 것을 스스로 감각(自感)하게. 되어 있습니다. 있다가 없고, 없다가 있고 하는 분간이 감각으로 생기게 됩니다. 있다 없다하는 것은 '나'입니다. 우리가 50년을 두고 인식한 것을 존재한다고 하나, 우리의 감각이 없으면 물건이라는 것은 없습니다. 물건이 입을 벌리고 말을 하면 모르되, 아직 물건이 무엇이라는 것을 규명해내지 못했습니다.

물건이라는 것이 무엇인지 모른다는 것만이 우리가 아는 전부입니다. 물건은 '몬지(먼지)'입니다. '몬지'가 스스로 감각을 합니다. '나만 본 게 아냐, 누구누구도 같이 보았어' 하지만 그것이 다 감각으로 온 것이니만큼 아무것도 아닙니다. 마음이 느끼는 것입니다.

심수제한생사간(心受制限生死間)

마음은 제한(制限)을 받습니다. 마음을 크게 제한하는 것은 생사(生死)입니다. 산 사람의 마음이 죽은 뒤에도 있다는 괴상한 말이 나오는데, 마음은 생(生)과 사(死)라는 커다란 원칙 앞에서 제한을 받습니다.

이러니 우리가 물건을 자감(自感)하면 똑똑하게 이를 과학적으로 격물(格物)하여야 합니다. '격물'한다 함은 이치를 따져서 잘 사는 방도를 강구하는 것을 말합니다. 도의함양(道義涵養)이 그러하여야 하지 않겠습니까? 이상의 말에 제목을 붙인다면 '일여시다(一餘是多)'입니다. 하나밖에 없다는 말입니다. 하나밖에 없는데 생각은 많습니다. 감각하는 것이 많습니다. 만족하지 못하는 동물이 욕능(欲能)하려고 애를 무진 쓰니 '일여시다'가 나옵니다. 하나로 만족하면 이러니 저러니 하는 소리가 나오지 않습니다. 고유(固有)하다고 생각한 것은 고유한 것이 아니라 표상입니다. 우리가 더러운 혹(惑)에서 나왔기에 따져서 여러 말이 안 나올 수 없습니다.

　　그러나 존재는 하나입니다. 확실한 것은 하나입니다. 그밖의 것은 다 여(餘)입니다. 찌꺼기 먼지입니다. 먼지는 '몬지'로, '몬'은 물건이고 '지'는 똥 하나 떨어진 것을 말합니다. 삼라만상과 더불어 지구 자체가 태양　계의 똥이라고 보면 알맞겠습니다. 허공도 모르는 것입니다. 우리는 본시(本始)를 따질 수 없습니다. 그래서 크게도 하나요 적게도 하나입니다. 하나를 인식하는 소우주인 '나'는 전부 책임을 집니다. 그래서 의식(意識) 하나 올라가겠다고 움직이는 것은 참 좋습니다. 올라가는 것입니다.

　　그러나 복잡한 '나'는 올라가다 떨어질 때도 있습니다. 우리는 분명히 노여움(怒)을 타고났기에 삼독(三毒)이 있습니다. 이 삼독을 이겨 나가는 일은 올라가는 일이지만, 여기서 지면 떨어지는 일입니다. 분명히 노여움을 타고난 것은 우리 어머니 아버지가 그 짓을 하여 '나'라는 것이 이 세상에 나왔기 때문입니다. 그렇지 않았다면 '나'는 세상에 나오지도 않고 이런 일을 당하지도 않을 것입니다. 죽은 뒤와 같이 허공(虛空)에 같이 있을 우리가 아닙니까? 나왔다는 것은 떨어져 나온 것입니다. 노여움을 타고 무(無)에서 나온 것입니다. 그러니 삼독이 잔뜩 배 속 밑에 있을 수밖에 없습니다. 나와서는 어머니도 못살게 탐욕을 부립니다. 탐욕을 부리며 커서는 어리석기 짝이 없게 치(癡)를 저지릅니다. 그 짓을 해서 어리석은 껍데기 자식 하나를 낳습니다. 이런 짓을 되풀이하면서 인류가 삽니다.

이 삼독의 요소가 싫으면 정신수양(精神修養)을 해야 합니다. 도의(道義)를 앙양하여야 한다는 것입니다. 이런 생각을 하는 것은 우리의 마음 한 구석에 줄기차게 올라가려는 신격(神格)이 있기 때문입니다. 음란하고 도둑질하는 것을 보면 싫어하고 미워합니다. 우리는 모름지기 깨어야 합니다. 자칫 잘못하면 누구나 도둑질하고 싶은 마음이 생기고 음란하려고 합니다. 삼독을 몰아내고 구원을 얻어야 합니다. 힘껏 솟아나야 합니다. 이것을 보십시오. 암만해도 우리의 이런 뜻과 생각은 땅에서 나온 것이 아닌 것 같습니다. 학교에서 배워서 나온 것도 아닙니다. 짐승 같은 내게서 나온 것도 아닙니다. 이것이 문제입니다. 이 마음이 제멋대로 달리면, 차마 짐승도 하지 못하는 짓을 곧잘 합니다. 그렇기는 하지만 올라갈라치면 한없이 올라갑니다. 앞에 쓰러지려는 사람이 있으면 일어설 수 있게 해서 같이 가기를 원합니다.

여기서 문제가 생깁니다. 그래서 불교에서나 그리스도교에는 십악과 십계명이 있습니다. 삼독을 쫓아버리고 솟아나게 하는 계율(戒律)입니다. 계율이 없으면 사람은 미워하거나 적극적으로 사랑합니다. 도둑질하거나 적극적으로 도와주려 합니다. 사람을 가만히 보십시오. 다 이렇습니다. 이같이 미워하거나 사랑하는 두 마음이 꼭 같이 있습니다. 옳은 길에 가서는 자기를 죽여서까지 남을 살리겠다는 마음이 생깁니다. 이것이 예수의 정신이며 간디의 정신입니다. 학교를 가고 공부를 하는 것은 바로 이 정신을 배우고자 함이 아니겠습니까? 이런 일은 짐승들이 할 수 없는 것입니다.

그런데 이 정신이 곤두박질하면 그만 짐승만도 못하게 사람의 고기를 먹는 짓을 합니다. 이 정신이 올라가면 남을 구해줄 수도 있고, 자기가 넉넉하면 없는 사람에게 나눠줄 수 있는 마음도 생깁니다. 그렇다고 먹고 싶다 하여 남의 밭의 애호박을 따먹어도 좋다는 것은 아닙니다. 먹고 싶으면 자기도 공들여 먹을 만큼 심어 먹으면 됩니다. 인간은 마음이 한번 뒤집어지면 짐승도 하지 않는 강간도 서슴치 않습니다. 그래서 도의(道義)라는 것을 생각하지 않을 수 없습니다. 《성경》에서 말하는 원죄라는 것을 벗어버리기 전에는 우리는 큰소리치지 못합니다.

이번에는 〈신일(信一)〉을 살펴보겠습니다. 신일(信一)은 믿음은 하나, 믿는 것은 하나라는 말입니다.

고유허무일합신(固有虛無一合神)

형이하(形而下)의 고유(固有)한 것같이 확실하다고 느껴지는 것과 허무(虛無, 하늘)하다고 느껴지는 허공(虛空)을 하나로 합치면 신(神)입니다. 하늘과 땅을 합친 것이 신입니다. 그대로 신통(神通)합니다. 우리가 고유하다거나 허무하다고 느끼는 그 자체가 신통합니다. 그런데 왜 지상(地上)은 상대(相對)로, 절대(絶對)는 하나로 느껴지느냐 하면, 신이라는 것이 합쳐져서 된 것이지 둘이 아닌 까닭입니다. 하나가 무엇이냐 하면 신입니다. 허무는 무극(無極), 고유는 태극(太極)입니다. 태극, 무극이 하나니까 하나는 신입니다. 태극을 생각하면 허무의 무극을 생각하지 않을 수 없습니다. 그래서 하나입니다.

인인의의대동인(忍仁宜義大同人)

세상에서 상대적으로 한동안 지내는 것을 이렇게 하여야 한다는 것입니다. 참을 것은 참으면서 어질게 사물을 처리하는데, 마땅히 옳게 하여야 합니다. 참는 것이 어진 것이 됩니다. 마땅히 어질게 옳게 하는 길, 이것이 대동인(大同人)입니다. 먹을 것이 있고 남는데도 자꾸 더 모으겠다고 하는 마음이 바로 서야 나눠줄 수 있습니다. 그러니 나쁘게 가려는 마음을 참고 참아서 어질게 옳게 해 나가야 그나마 아버지와 가까운 자리에 갈 수 있습니다. 옳게 '위'로 올라가야 합니다. 모든 사람이 다 한가지입니다. 도의를 이렇고 저렇고 따질 필요가 없습니다. 이렇게만 보아도 간단히 도의가 나오지 않습니까?

인의유무양참오(仁義有無兩參伍)

인의(仁義)라는 것은 사람의 가슴속에 있다면 있고, 없다면 없는 것입니다. 인의가 무엇인지는 모릅니다. 하지만 모른다고 그냥 버릴 수는 없습니다. 모르니까 더욱 내버릴 수가 없습니다. 인(仁)과 의(義), 이 둘은 있으면서 없는 유무(有無)로 이 세상에 참여합니다. 참오(參伍)라는 것은 서로 나란히 서서 누가 잘났는가를 따져 음미하고 참고하고 결정짓는 것을 말합니다. 우리는 모르니까 줄곧 참오를 합니다. 양(兩)과 참(參)이 합쳐져서 오(伍, 俉)가 되었는데 이것은 우연이 아닙니다. 숫자가 1, 2, 3 셋밖에 없다는 것을 말해줍니다.

참천이지(參天貳地), 우리는 하늘에 참여할 존재입니다. 상대 세계인 땅은 갈려 있습니다. 정신을 가진 사람은 참천(參天)을 합니다. 여기서 이(貳)라는 것은 상대적으로 말하는 하늘과 땅이 아닙니다. 두 발을 딛고 서 있는 '나'라는 이 소우주는 보기에 따른 상대입니다. 땅에 대한 하늘, 절대 속에 상대입니다. 오직 두 다리를 가진 소우주가 하늘에 참여하기 위해 참오하는 데서 갖은 말이 다 나옵니다. 참(參)과 이(貳)가 합쳐져서 오(俉)가 됩니다. 같은 '사람 인(人)' 변에 '열 십(十)'을 붙이면 집(什)이 됩니다. 가장집물(家藏什物)에 쓰이는 '집(什)'이 됩니다. 우리네가 쓰는 세간이 됩니다. 이렇게 많은 숫자를 쓰면 기(氣)의 몬(物質)이 됩니다. 물건의 맛을 보고 이에 색깔이 갖춰지면 우리의 지식은 인의유무(仁義有無)의 상대 세계에 참여하게 됩니다. 따져보면 거의 모두 이쯤밖에 보지 못합니다. 하늘에 참여할 것을 잊고 있습니다.

신인합동야일진(神人合同也一眞)

크게 하면 신(神)이고 작게 하면 인(人)입니다. 신인(神人)이 합동(合同)하면 또한 진(眞)입니다. 참입니다. 참을 찾으면 결국 무엇이냐 하면, 하나입니다. 찾을 것은 하나밖에 없습니다. 그 외는 여시다(餘是多)입니다. 거짓이 됩니다. 그러면 유신(唯神)의 생각이 나옵니다.

마지막으로 〈유신(唯神)〉을 보겠습니다.

비유비무비생사(非有非無非生死)

오직 하나라고 할 것 같으면 있다 없다 하는 이런 게 아닙니다. 내가 죽고 살았다는 것도 아닙니다. 태극(太極)인 고유(固有)와 무극(無極)인 허무(虛無)를 어디다 대고 따진단 말입니까?

시물시심시사언(是物是心是思言)

우리의 생각과 말은 이같이 벌어집니다. 물건을 생각하든 생각이 나든 이렇게 하는 것이 시물시심(是物是心)입니다. 이 물심(物心)이 생각하게 하고 말하게 합니다. 아무것도 없다고 하면 다 없는 것 같고, 있다고 하면 다 있는 것 같습니다. 그러나 이것도 다 하나밖에 없다는 말입니다.

고금자타상차하(古今自他上且下)

예나 지금이나 옆이다 위다 아래다 하는데 이것은 다 무엇입니까? 이것은 다 그렇게 말하는 수밖에 없습니다.

내외선악앙우언(內外善惡仰又偃)

안이 아니고 밖이고 선이 아니면 악입니다. 위를 쳐다보지 않으면 아래를 봅니다. 서 있지 않으면 앉아 있습니다. 누가 만들지 않아도 밤낮 이 짓을 되풀이합니다.

시시비비자작망(是是非非自作妄)

밤낮 사람들이 시야비야(是也非也)하는 것은 나는 옳고 너는 그르다는 것입니다. 마주서서 이쪽이 옳고 저쪽이 그르다는 식으로 언제나 자기 쪽이 옳다고 말하는 것입니다. 그러니 여간한 시시비비(是是非非)가 아니고는 전부 자작(自作)한 망언(妄言)입니다.

불시불비지족신(不是不非止足信)

신(信)이 부족하면 시시비비(是是非非)가 나옵니다. 자기가 믿고 머물 곳이 있으면 시비(是非)는 나지 않습니다. 자기편이 옳다고 제각기 주장하면 이 세상의 싸움은 끝이 나지 않습니다. 자기가 옳다고 믿는 곳이 있으면 턱 믿고 머무를 줄 알아야 합니다.

시비지단지상지(是非之端止上智)

시비(是非)의 끄트머리는 아주 지상지(止上智)하여야 합니다. 결국 시비는 하느님 우편의 심판대에 서야 끝이 납니다. 시비의 끄트머리는 인지(人智) 이상의 상지(上智)에 가야 끝납니다. 시비는 끌고 올라가 하느님 심판대에 나가서 끝을 맡겨야 합니다.

지부지상유일신(知不知上唯一神)

알고 모르고는 사실상 유일신(唯一神)뿐입니다. 지(知)든 부지(不知)든 땅 위에 있을 때는 아무리 지위가 높고 많이 아는 사람일지라도 땅에서 상상할 따름입니다. 상대(相對)의 진리를 가지고 논의하니 그것은 아무 것도 아닙니다. 우선 자기가 아무것도 모른다는 것을 알아야 합니다. 적지 않게 많이 알고 있다 해도 절대(絕對) 지(智)와는 거리가 아주 멉니다. 그래서 상(上)입니다. 상지(上智)입니다. 지부지(知不知)는 유일신에 가야 합니다.

그래서 이 사람은 늘 이런 생각을 하고 '하나'밖에 없다는 말을 합니다. '하나'로 들어가야 합니다. 하늘이라는 말, 하느님이라는 말, '하나'에 인격을 붙여서 하느님이라고 부르는 일, 우리가 머리를 하늘에 둔 일, 이 모두가 하느님에게 들어가라는 뜻입니다.

이 사람이 말하고 싶은 것이 이것입니다. 이것은 늘 얘기하는 것입니다. 이후 이 사람을 만나지 않더라도 이 생각만 잊지 않으면 만난 것이나 다름없습니다. 하나를 알자, 하나를 이(ㅎ)는 것을 알면 늘 만나지 않더라도 좋습니다. 이 사람은 이런 얘기를 계속합니다. 다른 얘기가 아닙니다. 오늘도 그 말을 한 것뿐입니다.

작년 4월 26일에 세상을 떠나도 좋다고 생각했는데, 그날을 지낸 뒤로 하루 뒤 이틀 뒤 이렇게 날짜를 세었습니다. 오늘이 365일 되었습니다. 죽겠다던 날로부터 다시 1년이 지났습니다. 오늘이 이 사람의 소상(小祥) 날이 되는 것 같습니다. 그러고 보니 자식들이 소상이나 지내주지 않을까 하지만, (스스로 웃으시며) 내 제사를 내가 지내고 스스로 이 세상을 봅니다. 앞으로는 모르겠습니다. 내년에 대상(大祥)을 볼 수 있을지 모르겠습니다. (1957. 4. 26.)

제31강

늘 보아 좋은 상(像)

去年 十一月 八日에 白耳義人 天文家의 발견한 AREND-ROLAND 彗星이란 것을 昨夕에 西北天으로 기우러 가는 PERSEUS 星座 α와 γ連結線 上 中間을 가까이 直角으로 向ᄒᆞ야 머리를 뻐친 光芒을 보다. (다석일지 1957. 4. 29.)

AREND-ROLAND 彗星 PERSEUS 座를 떠나 麒麟座에 보인다 彗星 頭核이 페르세우스 α와 麒麟 α를 連結線 中間쯤에 尾部는 麒麟 α方向으로 또는 가까이 뻐친 듯. (다석일지 1957. 5. 2.)

像

宇宙群像
萬有列像
像속에 生命 律動을 보려는 이에게 드리는 말슴.
잠드러 자라는 애기 像
〔宇宙란 것이 또한 잠드러 자라는 무슨 애기인지 뉘 알릿가.〕
서서 돌보는 聖母像(觀音像)

〔一切 참몸으로 (있을 것이면) 섬기는 이는 聖母시지오〕

앉어 백이는 佛陀像

〔一切 참몸으로 (있을 것이면) 앉인 일로 汨沒ᄒᆞ는 이는 깨시는 이지오〕

낡에 매달린 그리스도像

〔一切 참몸으로 (있을 것이면) 天職에 매달리는 이는 그리스도시지오〕

늘 보아 좋은 像

〔한참 안 보면 안 보는 사람의 相이 못 되는 像〕 (다석일지 1957. 5. 3.)

먼저 살별(彗星)에 관한 글 두 편을 보겠습니다.

去年 十一月 八日에 白耳義人 天文家의 발견한 AREND－ROLAND 彗星이란 것을 昨夕에 西北天으로 기우러 가는 PERSEUS 星座 α와 γ連結線上 中間을 가까이 直角으로 向ᄒᆞ야 머리를 뻐친 光芒을 보다.

AREND-ROLAND 彗星 PERSEUS 座를 떠나 麒麟座에 보인다 彗星頭核이 페르세우스 α와 麒麟 α를 連結線 中間쯤에 尾部는 麒麟 α方向으로 또는 가까이 뻐친 듯.

하늘을 쳐다보지 않고 살면 이 세상에서는 온전할 수가 없습니다. 하늘에 머리를 두고 사는 우리들입니다만, 언뜻 보아서는 상관없는 것 같은 하늘입니다. 그러나 어쩐지 영원한 것, 무한한 것을 느끼고 이것을 우러러보는 우리 인생의 심리는 참 이상합니다. 그래서 원뜻을 살피면 우리 인생의 뜻은 한정된 곳에 있는 것이 아니라 한정 없는 곳에 있다는 것을 느낍니다. 그런 정신이 있습니다. 이 몸뚱이 밖의 것인 한량없는 것에 의의를 느끼는 사람은, 특별히 바로 된 정신을 가진 사람입니다. 소위 철학이니 신앙이니 하는 것을 가진 사람은 바로 된 정신을 가진 사람으로서 옳은 생각을 해보려고 합니다.

오늘 이 시간도 《성경》을 보자고 해서 연경회(研經會)라 이름 지어 모이긴 모였는데, 이 사람은 《성경》 얘기를 많이 하지 않습니다. 그렇지만 영원(永遠)이라는 것을 생각해보는 데는 같은 뜻이 있습니다. 우리 생명이 땅 위에 한정된 것만이 아니라는 것을 늘 생각합니다. 보이지 않는 하늘인 영원을 쳐다보자는 이 생각은 어느 경전이나 다 같습니다. 이 영원에 관한 얘기는 어느 얘기나 다 같은 하나의 의의를 가지고 있음을 알 수 있습니다.

요새 꽃과 잎이 피고 빛깔이 좋다고 하며 땅 위의 것에 인생이 있는 양 돌아다니는데, 실은 거기에도 뜻이 있습니다. 꽃는 우리에게 절실한 무엇을 가르칩니다. 꽃은 단적으로 우리에게 미(美)를 가르쳐줍니다. 우리 인생에는 아름다움(美)이라는 것이 여러 가지로 있지만, 그 대표가 꽃이라고 하겠습니다. 교육에서 미의 개념을 가르칠 때 그 예로 꽃을 먼저 듭니다. 꽃은 이 땅 위에서 느끼는 아름다움이 순간에 불과하다는 것을 우리에게 일러줍니다. 이것을 매년 우리에게 보여줍니다. 꽃은 어느 날 아침에 활짝 피고는 어느 날 저녁에 시들고 없어집니다. 이를 통해 이 세상의 모든 미가 꽃처럼 잠깐이라는 것을 알기 쉽게 가르쳐줍니다.

이것을 번문(飜文)해서 말하면 '이 세상에 참된 미(美)라는 것은 없다', 이렇게 될 것입니다. '참미'는 이 상대 세계에 있을 수 없다는 것을 꽃이 미의 대표로서 가르쳐주는 것입니다. 이것을 모르기 때문에 이 상대 세계에서 더 위의 이상한 미를 찾게 되는데, 잘못하면 호기심에 마음이 일어나 나쁜 길로 빠지게 됩니다. 그러나 이 세상에 '참미'라는 것이 없다면, 저 위 하늘에는 있을까 하고 하늘을 쳐다보고 느껴보려고도 합니다. 그리하여 영원을 생각하게 됩니다.

지상에 있는 미는 없는 것이나 다름없다고 느낄 때 자주 하늘을 우러러보게 됩니다. 하늘을 쳐다보는 인간의 정신은 의식적이건 무의식적이건 땅으로 기어들어 가는 정신보다 더 강합니다. 또 우리가 머리를 하늘에 두고 있다는 것은 우리 인생이 하늘과 불가분의 관계에 있음을 말해줍니다. 우리의 정신이 비록 작지만 밤에 성좌(星座)를 구경하면 더 한층 큰 우주(宇宙)를 낮보다 확실히 더 뚜렷하게 느낄 수 있습니다.

오늘날에는 천문학의 발달에 힘입어, 대단히 큰 우주의 생명인 참을 느낄 수가 있습니다. 더구나 새로운 별이 나타날 때는 하늘이 무슨 새로운 소식이라도 전해주는 느낌을 받습니다. 이 사람만 그런지 몰라도 그 별을 유심히 보게 됩니다. 영원으로부터 무슨 소식이 오는 것 같습니다. 천문학에서는 꼬리별인 살별(彗星)이 일정 기한을 두고 주기적으로 나타난다고 합니다. 우주의 모든 별은 주기적이지 않은 것이 없습니다. 그러나 새 별 중에서도 망원경 없이 육안으로 볼 수 있는 별, 특히 미성(尾星), 곧 꼬리별은 우리에게 하늘의 소식을 전해주는 것 같습니다.

일본 사람이 꼬리가 긴 것이 빗자루 같다고 해서 비별이라고 이름 붙인 별, 우리말로 하면 싸리비별도 그런 생각을 갖게 합니다. 이런 별들은 참으로 보기 어려운 것이어서 일생에 두서너 번 볼 수 있다면 참 은혜로운 일이라 아니할 수 없습니다. 50년 전인 1910년에 나타났던 핼리 혜성이 참으로 장관이었던 것을 기억합니다. 그러던 것이 이번에 뜻밖에 혜성을 볼 수 있었는데, 널리 발표가 되지 않아 이 사람도 하마터면 보지 못할 뻔했습니다. 지난번 신문에 3월과 5월의 성좌에 대한 기사가 실렸습니다만, 혜성(彗星)에 대해서는 아무런 소리가 없었습니다. 오늘까지도 아무런 소리가 없습니다. 다만 조선일보의 만물상(萬物相)이라는 기사란에 잠깐 외국의 소식이라 해놓고 우리나라에서도 아침해가 뜨기 전에 혜성을 볼 수 있었다고 하였습니다. 또 18일자 기사에는 해 넘어가는 때에 혜성을 볼 수 있을 거라고 하였습니다. 그러나 신문에 기사가 실린

날에 이 사람도 유심히 보았습니다만 그런 별을 보지는 못했습니다. 천만 뜻밖에도 지난 일요일에 혜성을 보았습니다.

첫날에는 페르세우스좌(perseus座)의 제일 큰 별 위에서 혜성이 광채를 냈고, 어제만 해도 기린좌(麒麟座)의 보잘것없는 별 α와 β 사이에 혜성이 나타난 것을 역력히 볼 수 있었습니다. 핼리 혜성은 굉장한 빛이어서 주 빛인 별빛은 보기에도 참으로 어마어마했습니다. 혹자는 혜성의 꼬리가 기체(氣體)라고 주장했습니다. 핼리 혜성이 나타나면 지구와 맞부딪쳐 지구의 멸망이 온다고 야단들이었습니다. 미국에서는 세상의 끝이 왔다고 하며 재산을 팔고 종말을 기다리는 사람들도 있었다고 합니다. 그러나 막상 아무 일도 일어나지 않았고, 뿌연 안개만 자욱히 끼었을 뿐이었습니다. 결국 하루저녁에 재산을 탕진한 희비극만 일어난 셈입니다.

이번에 나타난 혜성은 그 당시의 것보다는 작은데, 벨기에의 천문학자들이 지난해 11월 8일에 처음 발견해서 아렌트–롤랑(Arend-Roland)이라는 이름이 붙었습니다. 그 천문학자들의 공로로 그 별을 모두가 보게되었습니다. 이 별이 주기적으로 나타나는가 아닌가 하는 것은 차차 천문학자들이 연구할 문제입니다. 우리나라에서는 천문학에 대해 책 한 권 제대로 나온 게 없습니다. 때로 기상대에서 인사 정도로 성좌에 대한 설명이 있긴 하나 일제 때만 해도 그렇지 않았습니다.

이번에는 '상(像)'이라는 글자 하나를 생각해봅시다. 이 '상'은 '사람의 인식은 표상(表象)으로부터' 할 때의 '상'이 아니라, 초상(肖像)의 '상', 화상(畵像)의 '상'을 말합니다. 우주, 우주 하지만 무엇을 우주로 느끼는 것입니까? 우리가 생각할 수 없는 무한량의 시간과 공간의 세계를 우주라고 합니다. 한량없는 시공의 세계에서 우리는 무엇을 합니까? 단지 말뿐입니까? 무한한 공간과 시간에 대해 우리는 생각이 없습니다. 우주라고 하면 우리 생각으로는 태양계(太陽系)에 별이 얼마큼 있고, 달이 어떻고 하는 것밖에 모릅니다. 그래서 화상(畵像)이라 하는 것입니다. 그런데 무한한 데서 느끼는 것이 상(像)입니다. 전 우주를 하나의 '상'으로 볼 수 있습니다.

우주군상(宇宙群像) 만유열상(萬有列像)

우주적 군상은 우리 앞에서 그냥 군상(群像)일 수밖에 없습니다. 만 가지 상(像)이 있다고 합시다. 있다면 그것 역시 우리 앞에서는 화상입니다.

像속에 生命 律動을 보려는 이에게 드리는 말슴

'상' 속에서 생명 율동(生命律動)을 보려는 이에게 드리는 말씀입니다. 우선 이 정도 하고 말씀드리고 싶은 것은 상(像) 속에 무엇이 있는가 하는 것입니다. 그 속에는 생명(生命)의 율동(律動)이 있습니다. 하늘과 땅은 전부 '상'입니다. 우주는 모두 '상'입니다. 이 '상' 속에 생명의 율동이 있다는 말입니다. 풍금과 피아노 같은 악기에서 리듬이 나오는 모양으로, 이 삼라만상(森羅萬象) 속에서 생명의 율동이 나오는 것을 느낄 수 있습니다. 이런 생명의 고동(鼓動)을 듣고 싶은 분에게 몇 마디 말씀을 드리고자 합니다. 생명의 율동을 듣고 싶어 하지 않은 사람에게는 이 말씀이 필요 없습니다.

그런데 우리를 가만히 보면 이상하지 않습니까? 우리가 본다는 것은 우선 빛깔을 본다는 것입니다. 빛깔이 없으면 본다고 하는 것이 없습니다. 지금 빛이 우리 앞에 보인다는 것은 물체의 껍데기, 곧 표면을 보고 말하는 것입니다. 보는 시작이 그러합니다. 껍데기가 무엇인가 하는 것을 따져보면 금(線)이 모여서 된 것입니다. 선(線)은 끄트머리가 좀 길어진 것입니다. 그러니 우리가 본다는 것은 끄트머리의 연장인 선을 보는 것입니다. 또 이 선을 넓혀서 아주 확실하게 있다고들 합니다.

그래서 어떤 표면이든 얼굴이든 있다고 보는 것을 따져보면, 빛깔의 끝, 그 끝의 연장인 선의 넓혀진 면일 따름입니다. 그래서 지금 목격하는 상을 실상 따져보면 그런 상으로는 만족을 하지 못합니다. 무엇인지 몰라도 그 상이 나타나게 되는 원인이 무엇인지를 알려고 합니다. 무엇이 그 속에 들어 있지 않나, 무엇으로 되었나, 이것을 알려고 합니다. 핵심에 들어가서 그 집주인을 만나보아야겠다는 것입니다. 그렇다고 해부학적으로 속에 들어가보자는 것이 아닙니다. 쫓아 들어가서 우주 근본의 신격(神格)인 하느님의 정신을 알려는 것은 우리 인간의 속을 알려는 것과 같습니다.

우리는 생겨먹기를 껍질로만 만족할 수 없습니다. 그런데 우리는 그 속에 들어갈 수 없지 않습니까? 내가 낳은 자식 속에 내가 들어갈 수 없습니다. 나를 낳아준 어머니는 내 속에 있을 수 없습니다. 이같이 서로 들어갈 수 없는데 좀 비교해서 비슷하게 들어갈 수 있는 것이 있습니다. 자기(自己)라는 것입니다. 자기의 얼굴은 거울을 보아야 알겠지만, 다른 사람의 속보다는 자기 속을 자기가 더 잘 느끼고 알 수 있습니다. 남이 자기를 보아주는 것에 비해 월등합니다.

그래서 대표적으로 사람의 마음속에 들어가 보았다 하면 자기의 속을 보았다 하는 것입니다. 이나마 자기 속에 들어갔다 왔으면 자기가 어떻게 하겠다는 것이 있을 것입니다. 그것(우주의 임자)을 땅에서 찾느냐 하늘에서 찾느냐에 따라 그가 가는 선악(善惡)의 길이 달라집니다. 자기를 만족시킬 수 있는 것은, 자기 속 밖의 영원에 있다는 것을 알아야 합니다. 그러나 우리네 보통 사람은 영원이 없다고 생각합니다. 믿을 것도 없다고 합니다. 따로 영혼(靈魂)이 없어도 신앙을 가질 수 있다는 것이 안식교(安息敎)입니다. 반면에 장로교(長老敎)나 감리교(監理敎)는 영혼이 없으면 믿는 것이 없다고 합니다.

남의 속을 마음대로 들여다본다 해도 별수 없습니다. 주인을 만나러 갔는데 주인을 대신하는 이로부터 대접을 잘 받아 맛있는 것을 얻어먹고 물을 얻어 마시면 진짜 주인을 만난 것 같다고 착각합니다. 오히려 원주인을 만났는데 대접을 잘 못 받으면 진짜 주인인지 의심하게 됩니다. 우리 스스로 주인인 나를 이렇게 알고 있지 않습니까? 우리가 이렇게 알고 있으니 나라는 게 있는지 없는지, 몸뚱이가 주인인지 부속품인지, 정신이 따로 있는지 없는지, 제대로 알기가 어렵습니다. 특히 유물사상(唯物史觀)을 가진 사람은 몸뚱이와 마음을 따로따로 봅니다.

이렇게 보면 참 괴상하지 않습니까? 자연(自然)이 우리를 상(像)으로 대해주는데 우리는 '상'에 만족하지 않습니다. 원래의 '상' 속에 들어가서 그 속을 속속들이 알지 않으면 못 견딘다고 합니다. 그러니 큰 야단입니다. 유신론(唯神論)도 여기서 나옵니다. 유신(唯神)이나 유물(唯物)이 따로 있는 게 아닙니다. 그러나 정신은 이런 것이 아닙니다. 영원한 '하나'에서 이렇고 저렇고 한 인생이 나오는 것을 느끼는 사람이 있습니다. 반면에 지나치게 약아서 '하나'와 인생을 따로따로 생각하는 사람도 있습니다. 어떤 의미에서는 명중(命中)된 인생이라는 것을 우리는 보지 못합니다.

그래서 명중된, 곧 바로 맞힌 인생을 찾으려고 애를 씁니다. 어떤 인생은 꼭 들어맞는 것을 찾고 목적에 도달하여 밥맛이 있고 무슨 일이든 재미있으며 재생(再生)한 것 같다고 합니다. 그러다가도 숨이 끊어지려는 순간에는 '아이고, 내가 왜 이래? 나 죽는다, 나 죽겠다' 소리가 나옵니다. 이것이 무슨 소리입니까? 죽기는 모두가 한 번은 죽는데, 누가 누구를 살립니까? 삶이 그렇게 재미있고 맛있으면 죽는 것도 재미있고 맛있어야지, 왜 '나 죽겠다' 소리가 나옵니까? 이런 것을 보면 세상 것을 온전히 다 알았다며 깨쳐야 할 것 다 깨친 것같이 해도 어림없는 소리입니다. 와서 누구하고 무엇을 어떻게 많이 하였고, 무엇을 많이 보았습니까?

이런 뜻을 전부 합쳐서 '상(像)'이란 글자를 생각하자는 말입니다. 자기 몸뚱이를 화상(畵像)하는 것은 마귀의 상(像)입니다. 만유열상(萬有列像)에서 생명의 율동을 느껴보았자 안타까울 따름입니다. 하느님의 말씀을 더 공부하고 더 알아야만 합니다. 그리하여 영원한 생명의 율동을 느껴보자는 것입니다.

잠드러 자라는 애기 像[宇宙란 것이 또한 잠드러 자라는 무슨 애기인지 뉘 알릿가.]

좀 더 확실히 느껴보려면 잠들어 자면서 자라는 아기의 상(像)을 첫 번째로 생각해야 합니다. 아이를 네다섯 길러보고도 모릅니다. 외손주 하나를 이번에 갖다 길러보는데 젖 먹고 자는 그 얼굴은 세상의 무엇에도 비할 수 없습니다. 참으로 평화상(平和像)이 있다면 이 아기의 잠자는 얼굴일 것입니다. 세상 모르고 자는 그 얼굴을 보면 참으로 생명의 율동이 느껴집니다. 풍만한 생명의 율동입니다. '잠자라'라는 말은 '자라라 자라라' 하는 것입니다. 잠을 자라, 잠을 자면 자란다는 뜻으로 '잠자라, 잠자라' 합니다. 잠을 자는데 생명이 자라납니다. 야단스럽게 운동하는 것보다는 잠자며 자라는 것이 더 온전히 자랄 것입니다. 식물이 그러하고 동물이 그렇습니다. 잠자는 아기는 영원과 관계가 있습니다. 잠자며 자라는 생명의 율동이야말로 귀엽게 느껴지지 않습니까?

'우주란 것이 또한 잠드러 자라는 무슨 애기인지 뉘 알릿가', 이 사람은 우주를 이렇게 생각하고 싶습니다. 우주가 잠들고 자라는 그 무엇인지 누가 알겠습니까? 우리 집 아이가 잠자고 자라는 것같이 우리가 느끼는 우주도 잠들어 자라는 어떤 아이일지 누가 압니까? '뉘 알릿가?',

이것은 그럴 법하다는 말입니다. 불가불 우리가 생명의 율동을 찾는다면 우리 앞의 이 '하나'라는 우주에서 이렇게 느껴보지 않을 수 없습니다. 우리 몸뚱이의 세포 하나하나가 따로 생명이 있는 것이라고 합니다. 그 세포들이 생명을 느끼는 것이 있다면, 이 같은 인격을 지닌 우리를 느끼고 갈 것이 아니겠습니까? 우리가 지금 우주라는 것의 세포라면, 이같이 느낄 수밖에 없습니다. 이렇게 생각하면 우주의 생명 율동이 느껴지는 것 같지 않습니까?

서서 돌보는 聖母像(觀音像) [一切 참몸으로 (있을 것이면) 섬기는 이는 聖母시지오]

명동성당에 가보면 뜰에 마리아상이 크게 세워져 있습니다. 이 사람은 프랑스 같은 외국에서 조각해 온 게 아닌가 짐작했습니다. 그런데 그게 아니었습니다. 지금도 가톨릭과 관계되는 조각을 그만큼 훌륭하게 할 수 있는 분이 한 분 계시다고 합니다. 큰 상(像)이든 작은 상이든 말끔히 우리나라에서 조각한다고 합니다.

그런데 이 성모상(聖母像)은 꼭 서 있지, 앉아 있는 법이 없습니다. 이것은 뒤집어 생각하면 어머니가 아기에게 '잠자고 자라라' 하는 것과 같은 생각입니다. 다른 조각가들도 마찬가지지만, 성모상의 조각가는 자기의 예술품이 우상화(偶像化)되는 것을 아주 싫어한다고 합니다. 그러니 성모상은 애당초 우상으로 만들어진 것이 아니라 예술품으로 만들어졌을 것입니다. 이것을 일부 무식한 사람이 예술과 종교를 분간하지 못해서 우상(偶像)에게 하듯 성모상에도 절을 하며 받듭니다. 실은 성모는 서서 돌아봄이 여간 많지 않습니다. 한시도 앉아 있을 수가 없는 분이 성모입니다.

지금은 사정이 다르지만 우리나라의 어머니들, 특히 옛날의 어머니는 거의 다 성모입니다. 서서 돌아봄이 어찌나 많은지 앉아서 따뜻한 밥 한 그릇 못 얻어먹었습니다. 더울 때 더위를 혼자 이고 추울 때 추위를 혼자 이고 앉지도 못하고 서성거리다가 간 것이 우리나라 어머니들입니다.

같은 것으로 관세음보살(觀世音菩薩)이 있습니다. 세상 소리를 듣고 처리해준다는 영리한 부처님입니다. 천수(千手) 관세음보살이 있습니다. 손이 천 개요, 귀가 천 개입니다. 그만큼 바쁩니다. 세상 소리를 죄다 듣고 손으로 죄다 처리해주기 때문입니다. 불교에서도 이 부처가 가장 자비(慈悲)하다고 합니다.

그런데 예수에게 기도하기보다 성모 마리아에게 기도를 드리는 것은, 우리도 직접 느끼는 것같이 아버지가 좀 어려운 까닭입니다. 자식이 학교에 드는 돈을 타는 것도 웬일인지 어머니한데 얘기해서 타 쓰는 게 편합니다. '아버지 돈 좀 주십시오' 하면 꽥 소리를 지릅니다. 그러면 어머니가 중간에서 자식 편을 거들어서 돈을 타게 합니다. 이같이 아버지에게 직접 말하기가 어려우니까 어머니에게 얘기한다는 것이 가톨릭의 신앙입니다. 성모한데 기도를 하되, 기도의 속사정을 성모가 대신 아버지에게 전달해 달라는 것입니다.

'一切 참몸으로 (있을 것이면) 섬기는 이는 聖母시지요', 일체 참마음이라는 것이 있다면 그것을 가지고 섬기는 이가 성모라는 말입니다. 섬긴다는 것은 봉사(奉仕)한다는 뜻입니다. 참마음으로 섬기는 이가 성모입니다. 그리스도를 참마음으로 섬긴다면 주님의 말씀대로 '나는 섬김을 받으러 온 것이 아니라 섬김을 하러 왔습니다' 할 것입니다. 옛날 우리나라 어머니가 그랬습니다. 정말 참마음으로 섬기는 이는 성모입니다. 우리나라의 옛날 어머니들이기도 합니다. 이 사람은 성모상에 기도하는 것을 아직 인정하지 않고 있습니다. 그러나 이런 의미로 기도하는 것, 즉 참마음으로 섬기는 이가 성모라는 것을 느끼며 기도하는 것은 인정합니다. 비단 성모에 대해서만이 아닙니다. 자기가 진심으로, 지성으로 섬김을 하는 이는 죄다 성모로 인정할 수 있습니다.

그런 뜻으로 우리나라 농부는 당신이 의식하거나 못하거나 상관없이 우리의 어머니입니다. 우리가 밥을 지어먹는데 어머니가 지어주는 것같이, 그에 앞서 농부가 우리에게 농사를 지어주었습니다. 지금은 서로가 할퀴고 물어뜯는 세상이지만 정말 농사를 천하지대본(天下之大本)으로 알고 자기의 천직(天職)으로 여기고 끝까지 마음을 다해 농사짓는 이야말로 우리의 어머니이니, 그만한 대우를 해야 하겠습니다. 땀 흘리며 김매는 농부의 상(像)도 성모의 상과 같습니다. 이 같은 사랑의 마음을 서로가 갖게 될 날이 앞으로 올지 안 올지는 이 사람도 모르겠습니다. 지금은 농사짓는 이나 이들을 돌보아주는 이나 그것을 말할 수 없습니다.

앉어 백이는 佛陀像 [一切 참몸으로 (있을 것이면) 앉인 일로 泪沒ᄒ는 이는 깨시는 이지오]

이 상(像)도 참에 가까운 '상'입니다. 이미 인도에서는 앉은 부처의 모습처럼 앉는 것을 귀히 여깁니다. 참선(參禪)이 그것입니다. 앉어서 아주 완전(完全)에 들어가려는 자세가 참선입니다. 석가도 부다가야에서 마지막으로 깨달음 없이 그냥 일어나지는 않겠다고 작정하고, 한 번 앉은 채로 갖은 마귀와 싸워 이겼습니다. 그 결과 아주 굳은 깨달음을 얻었다고 해서 《금강경(金剛經)》이 나왔습니다.

인도에는 이 사상이 아직 남아서 죽을 때 앉어서 죽는 일을 숭상합니다. 죽은 사람을 그냥 앉혀서 장사 지내는 풍습도 있습니다. 그래서 앉는 일에 골몰하는 이는 깬 사람입니다. 항상 자기 자세를 고쳐 앉아 위로 올라가려는 마음에 어디서나 골몰하는 사람은 장차 성불(成佛)할 사람입니다. 자꾸 깨어 나아가겠다고 하는 일이 부처의 일입니다. 이 일은 다 같습니다. 《성경》에서도 깨어 있어야 한다고 말합니다. 인도의 말로 붓다(Buddha)는 '깬다'는 뜻입니다. 우리는 항상 깨어 있어야 하는데, 그렇다고 잠도 자지 말라는 것은 아닙니다. 마음에 마귀가 들어앉을 자리를 만들지 말라는 말입니다.

자칫 잘못하면 어느 사이에 마음을 도둑맞는 일이 있습니다. 그렇다고 우리네 양반들이 하듯이 편히만 앉아 있어서는 안 됩니다. 늘 서서 돌보는 어머니만큼은 아니더라도 아버지는 앉아서 하는 일이 많습니다. '우'로 가는 길을 앉아서 비춰줍니다. 밝게 해주는 생각과 모범됨에 항상 온정신을 씁니다. 이같이 앉아서 보여주는 일을 하는 모양이 부처입니다. 앉아서 그 자리에 그냥 오랫동안 배기는(忍耐) 이가 또한 부처입니다. 이같이 보여주는 부처는 우리에게도 필요합니다. 앉아서 배기는 일을 우리는 잘하지 못합니다. 학교에서 불과 몇 년 동안 앉아 있는 일을 배우다가 그만 세상에 나와서는 서성거리고, 초조하고 급하게 하려고 합니다. 요새는 학교에서도 앉아 있는 것이 힘들어서 앉아 있지 못하고 요행으로만 되기를 바랍니다.

남에 매달린 그리스도像 [一切 참몸으로 (있을 것이면) 天職에 매달리는 이는 그리스도시지오]

사람에게는 천직이 있습니다. 타고난 매인 곳이 있습니다. 타고난 매인 데가 있는 사람은 천직을 하는 것입니다. 이 세상이 제대로 안 되는 것은 자기가 타고난 천직을 업신여기는 까닭입니다. 좀 쉽게 돈을 벌 수 있고 많이 모을 수 있는 잔재주를 배워서 서투르게 일을 하니까 이 세상이 이 모양입니다. 남이 기술을 배워서 돈을 번다니까 나도 그 재주를 배워서 그 사람처럼 돈을 벌어보겠다고 자기의 천직을 버리고 딴 길로 갑니다.

그래서 대개 직장인들은 자기가 하기 싫은 일이지만 이것 아니면 굶 겠으니 어쩔 수 없이 한다고 말합니다. 자기가 자기를 묶는 일을 하고 도 형이상(形而上)의 일에 대해서는 아주 태연합니다. 부모의 의견도 필 요하겠지만, 자기가 무슨 일을 위해 태어났는가를 알아, 곧 천직을 밝혀 그 일에 대한 교육을 받아야 합니다. 천직을 알고 가면 좀처럼 다른 데 로 이동을 하지 않습니다. 마음대로 하지 못합니다. 그런 뜻에서 십자가 에 못 박힌 예수 그리스도는 천직에 매달린 분입니다. 천직에 매달린 모 범을 통해, 우리를 위한 대속(代贖)을 보여주었습니다. 죽기로 천직을 다 한 것을 우리에게 보여주었습니다. 어떻게 보면 이 세상에서 어떤 사람 이건 어딘가에 매달려 가야만 하는 것 같습니다. 자기의 천직에 임무를 다하는 것이, 십자가에 매달린 예수와 같은 독생자(獨生子)가 되는 길임 을 알 수 있습니다. 참마음으로 천직을 다하는 이가 그리스도입니다.

예수는 하나밖에 없는데 그렇게 될 리가 없다고 할지 모르겠습니다. 그러나 이 사람이 늘 말하듯이 그리스도교에서의 예수는 우리를 대표합 니다. 천직에 순직(殉職)한 자는 장소 여하를 불문하고 교리(敎理)가 있 건 없건 독생자로서 십자가를 진 사람입니다. 결코 편협한 예수 그리 스도가 아닙니다. 그리스도가 태어나기 몇천 년 전부터 온전함을 바랐 던 인류는 비교적 좋았다는 이사야 때에도 다윗왕 때에도 온전한 인격 을 얻지 못했습니다. 그런데 줄곧 바라던 온전함이 유대 민족에게 나타 났던 것입니다. 그 온전함이 곧 예수가 아닙니까? 못된 권력자들에게 핍 박당한 민족이 어찌 유대인뿐이겠습니까? 그런데 그리스도가 유대 민족 에게만 하강(下降)하겠습니까? 우리가 예수를 보는 각도도 좀 달라져야 합니다. 결국은 '하나'라는 이 점을 볼 필요가 있습니다.

늘 보아 좋은 像 [한참 안 보면 안 보는 사람의 相이 못 되는 像]

아기상(像)이나 성모상이나 부처상이나 그리스도상이나 다 늘 보아
좋은 상(像)입니다. 이 상을 한참 안 보면 안 보는 우리의 꼴이 못되어
갑니다. 이 상과 우리의 관계가 그러합니다. 이 상 속에서 생명의 율동을
못 느끼면 헛일입니다. 못되게 빛깔에 마음이 움직여 그것을 못 본다고
소위 상사병에 걸리는 것보다는, 이런 좋은 상을 못 보면 꼴이 못되게끔
되어야 합니다. 항상 보고 싶은 상, 보지 않으면 못 견디는 상, 이것을
우리는 찾고 생명의 율동을 느껴보아야 합니다.

오늘은 《성경》을 좀 보겠습니다. 무엇인가 하면 〈요한계시록〉을 좀
보겠습니다. 〈요한계시록〉 12장입니다. 〈요한계시록〉은 유대 사람이 무
엇을 상징으로 하여 말한 것입니다. 해석하는 이들은 제각각 세계관을
집어넣어 각기 다른 해석을 합니다. 더구나 세상이 끝나는 것을 알리는
종교에서는 이 계시록을 여간 해석하지 않습니다.

하늘에 큰 표징이 나타났는데, 한 여자가 해를 둘러 걸치고, 달을
그 발 밑에 밟고, 열두 별이 박힌 면류관을 머리에 쓰고 있었습니다.
이 여자는 아이를 배고 있었는데, 해산의 진통과 괴로움으로 울고 있
었습니다. 또 다른 표징이 하늘에서 나타났습니다. 머리 일곱 개와
뿔 열 개가 달린 커다란 붉은 용 한 마리가 있는데, 그 머리에는 왕관
을 일곱 개 쓰고 있었습니다. 그 용은 그 꼬리로 하늘의 별 삼분의 일
을 휩쓸어서, 땅으로 내던졌습니다. 그 용은 막 해산하려고 하는 그
여자 앞에 서서, 그 여자가 아기를 낳기만 하면 삼켜버리려고 노리고
있었습니다. (〈요한계시록〉 12:1~4)

이 구절을 봅시다. 해를 둘러 입은 여자는 교회를 비유한 것입니다.
반쪽은 평지에 속하는 사람이니까 교회를 말합니다. 이 세상에서 아이를

낳고 사는 우리는 해(太陽)를 둘러 입고 있습니다. 그 발 아래에 달이 있다는 것은 땅을 딛고 있다고 보아도 좋습니다. 머리에 열두 별의 면류관이 있다는 것은 인류가 하늘의 수를 열(10)로, 땅의 수를 열둘(12)로 생각함을 뜻합니다. 인도나 히브리 사람들도 그렇게 생각했습니다. 일 년을 열두 달로 나누고, 서양에서는 아직도 십이진법(十二進法)으로 셈을 합니다.

이 세상은 다 아이를 낳고 삽니다. 한쪽에서는 머리가 일곱이나 달린 용이 나타납니다. 용은 '뱀이나 마귀로 알면 됩니다. 뿔이 열 개이고 그 여러 머리에 일곱 면류관을 쓰는데, 이때 일곱(7)이나 열(10)은 다 셋(3)을 넘는 상대(相對)의 양의(兩儀)를 말하는 것입니다. 열은 우리 손가락에 비해도 좋습니다. 무엇인가 확실히 있는 것을 숫자로 나타낸 것으로 생각할 수 있겠으나, 숫자는 우리가 만든 것입니다. '그 꼬리'는 용의 꼬리를 말합니다.

'하늘의 별 삼분의 일을 휩쓸어서, 땅으로 내던졌습니다', 이적만 바라는 사람이 이것을 보면 야단났다고 하겠습니다만 인류가 생겨 오늘날까지 이러한 현상은 변하지 않습니다. 아이를 낳고 싶어 해도 나오지 않는가 하면 싫다는데 아기가 태어나서 잘 기르지 못하고 급기야는 악인(惡人)을 만들고 맙니다. 아이를 낳아도 옳게 기르지 못합니다. 다 세상의 일들을 말하는 것입니다. '여자가 아들을 낳으니', 여기에서의 아들은 보통 아들이 아니라 우리가 기다리는 아들 중의 아들을 말합니다. 이같이 참아들을 하나 낳으면 용은 삼켜 먹겠다고 야단입니다. 열두 달의 세계가 이렇습니다. 그러니 자연히 하늘로 올려보내야 하지 않겠습니까?

로마에 거역하는 자는 모조리 죽여버리지 않았습니까? 그래서 여기서 말하는 아들은 우리가 기다리는 아들 그리스도이니만큼 땅에서 기를 수 없습니다. 하늘에서 길러서 내보낼 수밖에 없는 노릇입니다. 예수는 이

같이 하늘에 드린 아들입니다. 그래서 예수를 기다리는 마음이 간절합니다. 그러나 예수가 재강림을 해도, 하지 않아도 그만입니다. 아버지의 뜻은, 곧 하늘의 뜻은 하늘에 있어 예수도 어쩌지 못합니다.

그 여자는 광야로 도망을 쳤습니다. 거기에는 천이백육십 일 동안 사람들이 그 여자를 먹여 살리도록 하나님께서 마련해주신 곳이 있었습니다. (《요한계시록》12:6)

하늘이 무너져도 솟아날 구멍이 있다는 식으로 피할 사람은 피할 데가 있다는 말입니다. 죄다 한꺼번에 죽는 법은 없습니다. 죽을 사람은 죽고 피할 사람은 피할 수 있다는 말입니다. 광야는 이스라엘 백성이 이집트에서 나와 40년 동안 헤맸다는 곳인데, 조금 여유가 있으면 피할 수 있는 사람은 피했습니다. 1260일이라는 것은 한때를 말합니다. 한때는 보통 3년을 말합니다. 1260일이라는 날자는 3년 반 정도를 말하는데, 바로 그 한때에 해당됩니다. 이 숫자에 대해 말하려면 말이 많아집니다만 그런 것이 아닙니다.

〈요한계시록〉 12장 14절에도 '한 때와 두 때'라는 말이 나오지만 이 뜻이나 마찬가지입니다. 아모스에도 '한 가지 일 두 가지 일'이라는 말이 나오는데 《성경》에는 이같이 셈하는 것이 많습니다. 어찌되었든 이 세상의 모든 셈은 셋입니다. 셋밖에 없습니다. 셋에서 시작하고 셋에서 끝마칩니다. 그런데 하늘에는 일곱 천사(天使)가 있고, 그중 하나가 미카엘입니다. 미카엘이 나쁜 용과 싸움을 하는데, 그러면 하늘의 전쟁이 됩니다. 이 전쟁에서 용은 패하여 갈 곳이 없어 우리 인간 세상으로 쫓겨 내려옵니다. 우리가 생각하기에는 그런 놈을 하늘에서 아주 죽여버리지 왜 그냥 살려서 우리를 못살게 하는가 싶기도 하지만, 까닭 없이 하늘에서 내쫓은 게 아닐 것입니다. 그냥 생겨난 그대로 가야지 별수 없습니다. 상대 세계가 벌어지는 원인이 된 것 자체라 별수 없습니다. 아무리 근원을 캐어서 물어도 할 수 없습니다. 어떻게 판단을 할 도리가 없습니다.

그래서 그 큰 용, 곧 그 옛 뱀은 땅으로 내쫓겼습니다. (《요한계시록》 12:9)

여기에서 보듯이 절대자가 아니고서는 이를 어찌할 도리가 없습니다.

우리의 동료들을 헐뜯는 자, 우리 하나님 앞에서 밤낮으로 그들을 헐뜯는 자가 내쫓겼다. 우리의 동료들은 어린 양이 흘린 피와 자기들이 증언한 말씀을 힘입어서 그 악마를 이겨냈다. (《요한계시록》 12:10~11)

우리는 기어이 올라가려고 하지만 조금만 한눈팔면 미끄러지고 그만 마귀가 되어 지옥으로 떨어집니다. 우리는 생각하는 까닭에, 생각은 자꾸 '우'로 올라가기 마련입니다. 올라가지는 못할지언정 생각을 내버리지는 못합니다.

그 용은 자기가 땅으로 내쫓겼음을 알고, 남자 아이를 낳은 그 여자를 쫓아갔습니다. (《요한계시록》12:13)

그러니 우리가 벙어리가 되기 전에는 자꾸 말이 나옵니다. 뱀이 불을 토하여 여자를 떠나보내려 하였으나 땅이 도와서 이 불을 삼켰다는 말은, 세상의 끝이라는 게 있음을 말해줍니다. 악의 세상으로 만들려고 하나 그렇게 되지 못한다는 것을 글로 나타냈습니다. 이 글을 보고 잘못하면 기적의 증거라고 이적을 좋아하는 사람이 말할지 모르겠습니다만, 이것은 오직 인류가 끝없이 있으되 악에 정복당하지 않는다는 뜻입니다. 예수의 재림으로 심판한다고 운운하는 것도 구태여 여러 군데에 결부시켜볼 필요가 없습니다. 그것을 생각하느니 차라리 우리가 대속을 옳게 하는 것이 뜻을 바르게 하는 것입니다. 좀처럼 끝없고 한없는 이 세상에서 예수의 재림으로 모든 문제가 죄다 해결된다면, 예수가 십자가에 못 박혀 피 흘릴 필요가 있습니다. 우리의 죄를 대속하기 위해 몸소 보여준 피 흘림이 아니겠습니까?

예수는 악을 그냥 놔두고 갔습니다. 악이라 해도 사탄이나 뱀들이 있는 뜻이 있습니다. 온전히 요구한다면 대속이 순서대로 되는 일에 우리는 주의하여야 합니다. 제사 때 돼지나 소를 잡아 제(祭)를 지내는 것도 대속입니다. 또는 보리나 쌀이 대속해줌으로써 우리가 삽니다. 또한 젊은 사람이 일선에서 피 흘려 대속함으로써 우리가 여기 있지 않습니까? 온전한 대속이 있었다면 이스라엘 백성에게 비춰주는 일이 벌써 있어야 할 것이었습니다. 그러지 못한 것은 대속 대신 어떤 의미에서 아첨을 했기 때문입니다. 제사를 대속의 뜻으로 하는 것이 아니라 아첨을 하기 위해서 하고, 밥 먹기를 욕심을 채우기 위해서 하니, 원래 속함을 받게 될 일도 될 리가 있겠습니까? 이제 우리는 물건으로 대속하기보다는 피로서, 맘의 고디(貞)로서 대속하는 정신을 가져야 합니다. 제 몸뚱이로 제사 지내는 것을 깨닫고 알아야 합니다.

이 사람은 〈요한계시록〉을 보지 않으려고 했습니다. 그런데 말세가 왔다고 떠들면서, 죽으면 예수 믿는 자만이 부활해서 하느님을 만나고 예수를 만날 수 있다고 합니다. 그것이 무슨 말입니까? 예수가 삼십 대에 죽은 것과 아흔 살까지 살겠다고 버둥거리는 차이는 무엇을 말합니까? 남을 위해서 살고 죽은 사람, 억울하게 죽은 사람, 마땅히 받아야 할 대우를 못 받고 핍박을 받아 죽은 사람, 이들은 전부 예수가 흘린 피에 못지않은 대속을 하고 죽어 간 사람들입니다. 우리는 언제 이들을 구원해줄 수 있습니까? 자기가 세수한 물을 신자들에게 먹이고, 예수 이름으로 혹세무민(惑世誣民)하니, 이 무슨 짓입니까?

이같이 절대자와 마귀가 맞상대가 되어서 인간을 괴롭힌다는 사상은 저절로 나옵니다. 일원적(一元的)으로 하고 싶지만 이원(二元)이 되고 맙니다. 전지전능하신 하느님이 마귀 같은 것을 죄다 몰아내주셨으면 좋겠는데, 하늘나라부터 그러지 못합니다. 더욱이 하늘에서 내쫓긴 마귀는 항상 우리 인간을 괴롭히게 되어 있습니다. 그러니 우리는 마귀와 대결해서 이겨 나가는 마음의 준비를 단단히 하여야 합니다. 그러자면 하늘 생각을 잊지 말고 '우'로 올라가는 길을 찾아야 합니다.

그래서 오늘은 우리가 눈으로 보는 상(像)을 생각해보았습니다. 우리의 요구는 속의 속을 만나보자는 것입니다. 자기 속도 만나보지 못하니 답답하긴 하지만, 생각은 자꾸 이 일을 생각하게 합니다. 동서의 철학과 종교가 전부 이 일을 몰라서 안타까워 내놓은 생각과 말씀에 지나지 않습니다. 알고자 하는 꿈틀거림입니다. 우리는 우주의 한 세포로, 하느님이 길러주는 세포 하나에 지나지 않을지 모르겠습니다. 원래 '하나'에 가면 개체의 크고 작은 것은 다르지 않습니다. 세포로 보이는 것이 작은 것도 아니고, '나'라는 몸뚱이가 큰 것도 아닙니다. 우주가 큰 것도 아니고, '나'라는 것이 작은 것도 아닙니다. 안도 밖도 없습니다. 따지면 아무것도 아닌 '하나'가 됩니다. 이 정신으로 무엇을 한다는 사람은 반드시 '하나'의 말씀을 알아야 합니다. (1957. 5. 3.)

제32강
'하나'를 알기 전에는 전부가 까막눈이다

元一物不二	迷惑夢幻狂
智仁勇自誠	共由非理性
唯一烏有物	絶對眞理物
不二卽無理	念玆難物理 (다석일지 1957. 5. 8)

까막눈

맨 하나면 어딕 있다 ᄒ며,

둘이 아니면 뭘 뒀다 ᄒ리오.

눈이 밝고도 글을 못 깨치면 까막눈이라 ᄒ나, 글을 잘 보면서 事物(몬
일)을 못깨치는 데는 무어라 ᄒᆯ가오. 또 몬일은 뻔히 알면서 그대로 살
지를 못 ᄒᆫ는 데는 무어라 ᄒᆯ가요.

가마귀 눈이니 갈메기 눈이니 ᄒ는 것은 다 거죽 껍데기로만 쉽게 히
내던지는 말이지오. (다석일지 1957. 5. 8.)

맨 하나 거면 둘이 업지오

[하나인 줄 믿으면 가질 걸 다 갖인 셈이지오]
어더케 훌지 모르거나 어째야 좋을지 모른다거나 꿈만 꾼다거나 幻象
(얼임)을 본다거나 미친다는 것은 다 한가지요. 참을 찾아 가게 된 바탈
로 된 것은 아닌 듯!
[하나를] 사랑흐는 이는 근심이 없다. 알려는 이는 이릴가 저릴가가 없
이 더더 배운다. 날샌 이는 무서워 안는다고 孔子ㅣ 말슴 흐셨다 흐는데
맨「참」이란 것이 그런 줄 믿음. (다석일지 1957. 5. 8.)

作俑者其無後

萬象自然中　　存心肖子孝
俑人非偶成　　冶容偶像情 (다석일지 1957. 5. 8.)

오늘은 '까막눈'에 대해서 좀 생각해보려고 합니다. 까맣다 해서 '까
막눈'이라고 썼습니다. 까마귀 눈이라고 할 것 같으면 '까막눈'이라고 쓰
지 않을 것입니다. 어쨌든 이 사람은 한글의 철자법을 모르니까 이 사람
의 생각을 그냥 나타내기 위해서 '까막눈'이라고 써봅니다.

'까막눈'을 오늘날 세계적으로 각색 인종이 만나는 자리에서 까만 눈,
노란 눈 푸른 눈 등 백인종과 유색인종을 가릴 때에 쓰는 말로 알아서는
안 됩니다. '까막눈'이라는 말은 흔히 무식하다고 할 때 씁니다. 눈으로
보긴 보는데 글을 모르는 사람을 까막눈이라고 합니다. 그리고 글을 잘
하는데 사물을 판단치 못하는 사람 역시 까막눈입니다.

사물을 멀쩡하게 판단할 줄 아는 사람이 있습니다. 선(先)은 이렇고

후(後)는 이렇다고 말은 멀쩡하게 잘하는데, 실상 자기의 일이라고는 자기가 아는 것만큼 도무지 하지 못하는 이가 있습니다. 이런 사람은 멀쩡하면서 하지 못하니까, 별도로 부를 이름이 없으니 까막눈이라고 할 수밖에 없습니다. 이렇게 생각하면 까막눈에는 세 층이 있음을 알 수 있습니다. 눈뜨고 글을 못 보는 이, 글은 알면서 사물을 판단치 못하는 이, 판단하고 알긴 아는데 그렇게 살지 못하는 이, 이런 사람들 모두 까막눈입니다.

까막눈을 한자로 쓰면 '오목(烏目)'이 됩니다. 한자를 배울 때 '새 조(鳥)'와 '까마귀 오(烏)'는 구분이 어렵습니다. 한자는 그림에서 온 문자입니다. '까마귀 오(烏)'는 까만 눈이 있으나 있는 것 같지 않아서 '새 조(鳥)'에서 눈 하나와 날개 하나를 없앤 글자라고 알고 있습니다. 까마귀 눈이 애매하듯, 까막눈도 애매한 것을 말합니다. 눈이 있는데 행세를 다하지 못하기 때문입니다.

이렇게 해놓고 '유일(唯一)'이라는 것을 생각해봅시다. 그냥 하나뿐이다, 시작이 하나(一)라고 써도 전체인 원래의 '하나' 뜻은 되지 않습니다. '유(唯)'라는 글자가 붙을 수가 없습니다. 그냥 '하나'라야 합니다. 그런데 '유일(唯一)'이라고 써놓아야 '하나' 같습니다. 이 '하나'를 다시 생각해봅시다. 그러면 '유일'이라는 것은 무엇입니까? '하나'라는 것을 생각하지 못하면 도저히 '유일'이라고 말하지 못합니다.

그러나 어떻게 할 수 없는 것이 '하나'입니다. 어쩔 수 없이 드는 생각은, 종단은 절대인 '하나'에서 비롯하여 '하나'로 돌아가야 한다는 긴박한 요구가 우리에게 있다는 점입니다. 무슨 신경쇠약에 걸려서 강박감이 드는 것이 아니라, 건전한 사람일수록 이 강박감을 먼저 갖게 됩니다. 모든 것은 절대인 '하나'에서 나와서, 마침내 '하나'를 찾아 하나로 돌아갑니다. 대사상가나 대종교가가 믿는다는 것이나 말한다는 것은 다 '하나'를 구한다는 말이요, 믿는다는 것입니다. 신선(神仙), 부처, 도의(道義)를 얻는다는 것은 다 '하나'를 구한다는 뜻입니다.

이렇게 하게끔 생겨먹은 것이 우리 인류입니다. 그래서 이 같은 생각을 풀어주기 위한 '하나'를 불가불 억지로라도 형용해서 말해야 합니다. 그런데 그걸 하려면 어떻게 되는가 하면 '까마득하다', 이것입니다. 까마득한 일이 아니겠습니까? 까마득한 일인데, 잊을 수가 없습니다. 구하지 않을 수도 찾지 않을 수도 없습니다. 만물을 다 아는 천하에 둘도 없는 사람이라도 이 '하나'에 대해서는 까막눈입니다.

까막눈이면 어떻게 살아야 하는가? 장님도 사는 것같이 살기는 살지만, 우리는 까막눈을 자인하고 자꾸 눈을 밝혀야 합니다. 장님까지도 글을 배우겠다고 하지 않습니까? 눈을 떴으니까 눈먼 장님보다 사물을 많이 알 것 같지만, 실상 그렇지 않습니다. 눈 뜬 사람이 눈먼 장님(점쟁이)에게 무엇을 알아 달라고 묻그리(問卜)하는 것은 어떻게 된 것입니까? 눈 뜨고 글을 모르면 까막눈이요, 장님이라도 글을 배우고 알면 까막눈이 아닙니다.

"너희가 눈이 먼 사람들이라면, 도리어 죄가 없을 것이다. 그러나, 너희가 지금 본다고 말하니, 너희의 죄가 그대로 남아 있다."(《요한복음》9:41) 예수의 말입니다. 까막눈인 줄 알면 글을 배워야 합니다. 그런데 까막눈이 아니고 눈이 밝게 떠 있다 해서 배우지를 않습니다. '하나'라는 것을 알기 전에는 전부가 까막눈입니다. '하나'에 대해서 까막눈이라는 것을 알면 '하나'를 찾아야 합니다. 그러나 '하나'가 너무 쉬운 것 같아서, 하나보다 둘, 셋, 넷, 다섯 등 더 많고 큰 것을 찾습니다. '하나'를 너무 아는 것 같아서 '하나'를 무시합니다. '하나'는 우리의 까막눈으로서는 까마득합니다. '하나'가 어디 있는지 모르겠다는 게 맞는 답이 될 것입니다.

그래서 유일오유(唯一烏有)입니다. 까마귀 눈이 있긴 한데, 그림으로 그리면 어떻습니까? '하나'가 보입니까? 안 보입니다. 분명히 있다면서 없는 것이 '오유(烏有)'입니다. 화재가 나서 다 없어진 것을 '오유'라고도 합니다. '오유'는 돌아간다는 뜻이 됩니다. 우리 인생이 무엇입니까? 지금 살았거니 하지만 결국 '오유'로 돌아가는 것이 아니겠습니까? 우리가 분명히 있다고 하지만 '오유'로 돌아갑니다. 그래서 돌아가는 것 때문에 놀랄 필요가 없습니다. 아주 대기하고 있어야 합니다. 왜 대기하느냐 하면, '오유'로 가는 길이 '하나'로 돌아가는 것이기 때문입니다. '하나'로 가는 것이니까 대기하고 있어야 합니다. 이러한 생각을 모두 담아놓은 것이 '유일오유'입니다. 우리는 까막눈이라는 것을 알아야 합니다. 그래야 눈이 밝아집니다. 못 보면서 본다고 하면 영원히 까막눈이 되고 맙니다.

'불이(不二)'라는 말을 많이 씁니다. 둘이 아니면 무엇입니까? '둘이 아니면 하나'라는 말이 있습니다. 그런 말은 말이 안 됩니다. 둘이 아니면 셋도 있고 넷도 있지, 어째서 '하나'란 말입니까? 이 사람이 하고 싶은 말은 '불이'이면 '즉무(卽無)'라는 것입니다. 둘이 아니면, 하나도 아니고 둘도 아니고 셋도, 넷도 아닙니다. 곧, 없는 것입니다. 상대가 없으면 절대이고, 절대는 '무(無)'입니다. '둘이 아니면 없는 것이다' 하면 말이 안 될지 모르겠습니다. 말은 어디까지나 말이라 '하나'라는 말 자체도 이 사람은 불만스러운데, 더구나 '둘이 아니면 하나다'라는 틀린 말을 할 수가 없습니다.

'하나'에다 '하나'를 더하면 둘이 됩니까? 안 됩니다. '하나'나 '둘'은 전부 신비입니다. 무엇인지 모르는 것이, 말할 수 없는 것이 절대의 무요, 상대인 것입니다. 애초에 있다는 말이 무엇인지, 또 없다는 말이 무엇인지 알 수 없습니다. 상대에서 개체의 생멸(生滅)을 두고 있다 또는 없다고 하는 것입니다. 절대의 자리에서 보면 있다 없다가 어디 있습니까? 절대에서 있다 없다는 것이 무엇인지 우리는 생각할 수 없습니다. 우리는 절대적 유무(有無)를 모릅니다. 단지 상대적 유무는 과학이라는 수단으로 좀 아는 것같이 생각하는데, 그것도 느끼는 것뿐입니다.

상대적 유(有)도 아니고 상대적 무(無)도 아닌 것이 '불이'입니다. '불이'는 '무이(無二)'라고 해도 좋습니다. '불이'하면 '무이'입니다. 우리가 확실하게 아는 것을 소유하였다고 말하는데, 소유하였다는 것은 두어 두었다는 말입니다. 이것은 내 것이다, 곧 내가 둔 것이니까 내 것이라고 합니다. 두어 둔 것을 말합니다. 우리가 알 수 있는 상대적 유, 곧 있다는 것은 내가 두어 두었다는 '유(有)'입니다. 둘이 아니면 두어둔 것이 아닙니다. 둘이 아니니까 두어 두지 않았다는 말입니다. 갖지 않았다는 뜻도 됩니다. 둘이 아니라고 할 때는 내가 가진 것이 아무것도 없다, 두어 둔 것이 없다는 것입니다. 이쯤은 알아 두어야 합니다. 우리가 절실하게 '불이즉무(不二卽無)'하면 상대계에서 종 노릇을 벗어날 수 있습니다. 여기까지 생각을 정리하면 다음과 같습니다.

유일오유물(唯一烏有物) 불이즉무리(不二卽無理)

상대계의 자식이니까 이렇습니다. 절대계의 아들이면 이럴 리 없습니다. 상대계의 아들 노릇을 하니까 물건이 모자라서 쓸 물건이 없다고 합니다. 걸핏하면 유물사관(唯物史觀)이라는 것을 들고 나옵니다. 만족할 만한 물질과 좋은 환경이 있어야 한다고 합니다. 물건에 만족을 느끼면 하느님이 보이지 않습니다. 보이지 않으니 하느님이나 부처님을 찾을 까닭이 없습니다. 이 지경에 이르면 물건이라야 있는 것으로 압니다.

그러나 우리는 물건에 만족한 적이 없습니다. 보이는 것을 가져본 결과 보이는 것만으로 만족을 느끼지 못하였습니다. 보이는 것은 있다가 잃어버리는 것이니 만족할 수가 없습니다. 불가불 그 외의 영원한 것을 찾아야만 합니다. 영원한 생명인 '참 그런 것'이 있다면 그것을 가져보았으면 하게 됩니다. '참 그런 것'이 무엇입니까? 참은 '하나'일 것입니다. 이 '하나'는 둘이 아닐 것입니다. 절대가 그러합니다. 절대의 경지는 있다 없다는 말이 성립하지 않습니다. 있고 없고를 초월했기에 문제가 아닙니다. 있는 듯하고 없는 듯합니다. 우리는 절대를 느끼고 찾고 싶습니다.

이쯤 되어야 '유일불이'입니다. 그저 그런 것, 그럴 것일 거라는 것도 물건인데, 물건이 채 되지 못한 것입니다. 그러니까 있는 것이 아닙니다. 있는 것이 아니니까 물건도 아닙니다. '하나'뿐이고 어디 있는지 알 수 없는 것입니다(唯一烏有物). 물건이 아닙니다. 있는 것도 아닙니다. '하나'가 어디 있는지 모르는 것을, 우리 정신의 배포에서부터 찾게 되는 것입니다. '하나가 어디 있어요?' 하면 모른다고 할 수밖에 없습니다. '어디 있느냐고 묻는 그것이 물건이냐?' 하면 '아닙니다'라고 대답하는 수밖에 없습니다. 말로 하자니 이렇게밖에 표현할 길이 없습니다. '하나'가 있다면, 아무리 물욕이 없어도 누구에게 내주지 않고 자신이 먼저 갖고 싶어 하기 마련입니다. 줄곧 빼앗기지 않고 섬기고 싶어 하는 것입니다.

'불이즉무리', 이것은 둘이 아니면 가질 수 없다는 이치입니다. 이러한 이치를 깨달아야 합니다. 이 경지는 상대계에서 예수를 시험한 자가 높은 데서 아래를 내려다보면서 저 보이는 영광을 죄다 줄 테니 나에게 굴복하라고 한 것과 같습니다. 상대 세계를 인정하고 가야지, 그러지 않으면 너는 죽는다, 남에게 뒤떨어진다고 합니다. 무리(無理)입니다. 도둑이 판치는 세상에 너 혼자 도둑질 안 하면 너만 못 산다 하는 것과 같습니다. 두 가지를 해야지. 두 가지를 하지 않으면 곧 무리를 당한다고 합니다. 이 말은 자기가 가장 높은 자리에 앉아야만 되겠다고 자만하는 것입니다. 남에게 아첨할 때는 '당신 같은 이가 세상에 또 어디 있겠습니까?', '당신 같은 이는 없습니다' 합니다. '유일오유'입니다. '유일오유'한 인물입니다. 건국 초의 '위대한 영도자'는 다 이러했습니다. 다 헛소리입니다.

절대진리물(絶對眞理物) 염자난물리(念玆難物理)

이렇게 생각을 하고 본즉, '절대진리물(絶對眞理物)'이라는 생각이 나옵니다. 우리는 절대 참된 이치를 가진 그것을 찾고 싶어 합니다. 그런데 '염자난물리(念玆難物理)'입니다. '물리'는 참 어렵습니다. 우리는 '유일불이'를 생각합니다. 절대 진리를 찾는 길은 있습니다. 그런데 사람에 따라서는 절대에서 찾을 것이 없다고 하고, 또 상대에서 당장 어떻게 살아야겠다는 무리한 생각 때문에 여간해서 그 물리를 터득하기가 어렵습니다.

원일물불이(元一物不二)

'원일물(元一物)', 이 사람이 죽을 때까지 이야기하고 싶은 것은 '원(元)'입니다. 본디의 '하나'는 '원일물'입니다. 이제 와서 새삼스레 '절대진리물'을 찾는 것은 아닙니다. 본디 내가 갖고 있는 것입니다. 내가 가진 것이 원 하나, 곧 원일물입니다. 그래서 '원일물불이(元一物不二)'입니다. '원일물'은 '유일불이'이기도 합니다. '원일물'이라는 것은 있는 것이 아닙니다. '불이즉무'한 것입니다. 소유한 것이 도무지 없고, 있었던 소유도 잊어야 하는 '원일(元一)'입니다.

'원래(元來)'나 '본래(本來)'나 같은 말이지만, 육체적, 초목적(草木的) 사고로 말할 때는 '본래'이고, 정신적, 진리 차원적으로 생각할 때는 '원래'입니다. '원래(元來)'는 '무일물(無一物)'이 아니겠습니까? 본래 아무것도 없지 않았습니까? 불교에서도 '원래무일물(元來無一物)'을 말합니다.

'원일물불이'와 '원래무일물'은 같은 말처럼 생각되나 그렇지 않습니다. '원일물불이'는 적극적인 요소가 포함된 반면, '원래무일물'은 소극적인 뜻입니다. '원일물불이', 이것이 부처요 여호와 하느님입니다. 나는 '원일물불이'를 믿습니다.

지인용자성(智仁勇自誠)

그저 알려고 하고, 지지 않고 이기려는 것이 자성(自誠)입니다. 자성은 자기 말을 이루는 것입니다. 제 마음속에서 솟아나는 말을 이루자는 것입니다. 본래가 인생은 이렇게 하자고 생겼는데 그렇게 하지 못하는 것은, '원일물불이'에 까막눈이 되어서 무엇이 무엇인지 분간을 할 줄 모르는 사람이 되고 말았기 때문입니다.

'지자불혹(智者不惑)', '인자불우(仁者不憂)', '용자불구(勇者不懼)'를 말한 공자는 선지자입니다. 지·인·용(智仁勇)하면 흔들리지 않고 걱정이 없고 무서운 것이 없다고 하였습니다. 간디의 진리파지(眞理把持)에도 무서워하지 말라는 말이 있습니다. 《성경》의 말도 종단은 마찬가지입니다. '무서워 말라', 이것 하나 가르치는 것이 아닙니까? 하느님의 아들된 우리가 무엇이 무섭겠습니까!

'나를 무서워하지 않는 자는 나의 아들이다.' 〈시편〉에 있는 이 말이 예수의 등장을 예언하였다고 합니다. 예수 이전에도 이 이야기가 끊임없이 나온 것은, 인류가 나오면서부터 마음속에 우러나는 것이 있어서 그런 것이라고 보입니다. 예수 이후 지금도 우리는 끊임없이 마음으로 주님을 찾습니다. 그리고 무서워함이 없기를 바랍니다. 저녁거리가 없어도 천명(天命)이면 산다는 신념을 얻기 위해서입니다. 모든 사람이 다 도둑질해도 주님의 가르침대로 도독질하지 않겠다는 용기를 얻고자 우리는 주님을 구합니다. 이렇게 보아도 공자는 선지자였습니다. '지자불혹',

'인자불우', '용자불구', 이 말이 다 같은 말입니다.

환퇴(桓魋)가 공자를 해하려고 한 적이 있습니다. '하늘이 내게 덕을 주었는데 한퇴가 날 어찌하겠는가?'(《논어》 술이편), 이 말은 주님이 내게 있는데, 날 어떻게 하겠는가 하는 말과 뜻이 같습니다. 지성이면 감천이라는 말이 있습니다. '자성'하면 하늘이 감동합니다.

미혹몽환광(迷惑夢幻狂)

'지인용자성'을 잘못 알아 잘 먹어야 살겠지 하는 것만 생각하면 큰일 납니다. '지·인·용'을 알면 남보다 더 잘 먹겠다는 마음이 생기지 않습니다. 장관 노릇하여 행세하고, 오래 더 잘 먹자고 하는 일 따위를 하지 않습니다. 미혹하니까 그따위 어리석은 생각이 들고, 자기 하나 더 잘 먹자는 바람에 수백 명, 수천 명이 한 끼 아니면 두 끼를 굶게 됩니다. 내가 굶게 생겼는데 나라를 위한다는 말이 나오겠습니까? 이따위 생각은 다 꿈입니다. 잘못된 환상을 하게 되면 미치게 됩니다. 뻐기느라 몇만 원짜리 모자를 쓰면, 자동차를 타고 다니면서 그것을 빼앗아 가는 사람이 있다고 합니다. 자꾸 빼앗겨도 그런 모자를 못 쓰면 행세하지 못하는 사람이나 자동차를 꼭 타야 행세하는 사람들은, 모두 미혹해서 몽환광(夢幻狂)에 빠진 사람들입니다. 곧, 거기에 미친 사람들입니다.

공유비리성(共由非理性)

이런 것에 언도를 내리자면 '공유비리성(共由非理性)'이라 하겠습니다. 한 가지 진리가 아님으로 말미암아 오는 짓들입니다. 멀쩡하게 대낮에 미혹되어 꿈을 꾸고 환상을 보다가 미쳐버리는 일은 다 진리가 아닌 데서 오는 것이기 때문입니다.

사랑하는 일과 관련하여 〈맨 하나 거면 둘이 업지오〉를 읽어보겠습니다.

[하나를] 사랑ㅎ는 이는 근심이 없다

예수가 주의 아들임을 알고, 예수를 믿고 사랑할 줄 알면 근심이 없습니다. 알려는 일에 이렇게 할까 저렇게 할까 우왕좌왕하지 않고 더욱 배워야 합니다. 정신에는 다른 것이 없다는 것을 알라는 것입니다. 우리는 그냥 이렇게 하고 가는 것이지, 이렇고 저렇고가 없습니다. 더 알려고 할 따름입니다. 양심이 허락하지 않은 일이니까 이렇게 할까 저렇게 할까 고민하게 됩니다. 우리는 모르는 까막눈으로서 눈을 밝게 하고 그냥 곧장 알려고만 할 뿐이지, 이렇고 저렇고가 없습니다.

날샌 이는 무서워 안는다

우리는 배워야 하고 사랑을 깨달아야 하고, 또한 날쎄야 합니다. 그렇게 해야 구원을 얻을 수가 있습니다. 날쎄게(智仁勇) 일을 하면 무서움이 없습니다. 무서워할 필요가 없습니다. 육체야 어쩌는 수가 있겠지만, 내 영혼이야 어찌하겠습니까?

끝으로 〈작용자기무후(作俑者其無後)〉를 보겠습니다.

옛날에 순장을 할 때, 그러니까 높은 분이 죽어서 장사 지낼 때 섭섭하다고 해서 그가 데리고 있던 시녀나 종을 산 채로 함께 묻는 일이 있었습니다. 그것을 후에 아주 나쁜 일이라고 하여 흙으로 사람 모양을 만들어서 사람 대신 묻었는데, 이것을 용(俑)이라고 합니다. 토용(土俑)이라고도 하고 용인(俑人)이라고도 합니다. 이것을 공자가 보고 아무리 흙

으로 만들었다 해도 사람 형태를 만들어 묻을 수 있느냐고 개탄하면서
말한 것이 '작용자기무후'입니다.

'용'을 만드는 일을 제일 처음에 시작한 자는 그 후손이 없을 것이라고
하였습니다. 당시에는 세상이 넓고 사람이 적으므로 사람이 많이 있어야
한다고 생각했습니다. 후손이 없다는 것, 곧 자식을 못 낳는다는 것이 아
주 큰 죄로 여겨지던 때였습니다. 이 사상을 어떻게 받아들였는지 우리
나라에서는 아내가 자식을 낳지 못하면, 손을 보기 위해서 불가불 첩을
얻어야 한다고 합니다. 그 짓도 성현의 이름으로 하고 있습니다.

만상자연중(萬象自然中)

우리가 현실에서 느낀다는 것은 전부 표상입니다. 만 가지 우상을 우
리의 마음에 그리는 것입니다. 모든 것은 전부 우리에게 우상으로 비칩
니다. 예수, 석가도 표상이라는 견지에서 보면 다 우상이 될 수 있습니
다. 자연이라는 것은 '스스로 불탄다'는 뜻입니다. 우리는 그같이 두 갈
래 길에서 스스로 표상을 보고 불태우는 것입니다.

용인비우성(俑人非偶成)

'용인'을 만든 것도 결코 우연은 아닙니다. 뜻이 있어서 그렇게 된 것
입니다.

존심초자효(存心肖子孝)

'존심(存心)'은 유교의 말로 완전히 붙잡자는 말이고, '초(肖)'는 같다
는 뜻입니다. 하느님의 아들 노릇은 하느님 아버지를 본받아 하자는 것
입니다. 이 세상의 아버지 중에는 아버지 노릇을 못하는 사람도 있기는
합니다. 아버지의 잘못을 아들이 온전하게 만들 수도 있습니다. 그러자

면 하느님의 아들 노릇을 착실히 하여야 합니다. 하느님의 아들 노릇을 못하면 불초(不肖)가 됩니다. 아버지와 같지 않은 사람이 됩니다. '부처'라는 말도 같지 않은 것을 같게 한다는 뜻입니다. 우리는 자꾸 같아지자는 존재인 것입니다.

그리스도교에서도 아버지를 부르면서, 아버지가 온전한 것같이 온전하겠다고 말합니다. 그러나 그렇게 하면 버릇없는 자식이라고 생각합니다. 그 자리가 어디라고 기어올라 가려느냐고 하지만, 그 자리란 아버지의 뜻을 말하는 것입니다. 이런 일이 있는지 없는지 이 사람은 모릅니다만, 오직 믿기만 하면 죽은 예수가 그 피로 내 죄를 사해주어 온전한 사람으로 만들어준다고 합니다. 요새 장관들이 열심히 부흥회 같은 데를 찾아가는 것은 아마도 마음에 죄를 느끼기 때문일 것입니다. 속죄 받고는 다시 해먹겠다는 수작인 게 분명합니다.

야용우상정(冶容偶像情)

'야(冶)'는 대장간에서 쇠를 치고 때려서 무엇을 만든다는 뜻입니다. '야용(冶容)'은 요샛말로 화장(化粧)을 뜻합니다. 얼굴을 가만히 놓아 두지 않습니다. 무슨 성형외과니 해서 쌍꺼풀을 만들다가 도리어 나빠져서 비관 끝에 자살한 사람이 있다고 합니다. 어쨌든 '야용'하면 음란해지는 것이 사실이고, 얼굴에 분을 바르는 것 자체가 음란을 부추깁니다. 즉, 자기 얼굴을 한 번만이 아니라 두 번, 세 번 뚫어지게 보아 달라는 것입니다. 자꾸 보아 달라고 합니다. 그러니 우상을 따를 마음이 생기지 않을 수가 없습니다. 얼굴뿐만 아니라 말끔히 보아 달라는 것이니 무서운 우상이 될 수밖에 없습니다.

그런데 이순신 장군이면 장군이지 동상(銅像)은 왜 세웁니까? 그것을 빌려 자기를 보아 달라고 합니다. 너희의 조상은 선지자를 핍박하고 그 후손은 선조를 욕하며 선지자를 팔아먹으리라고 하지 않았습니까? 자기들은 선지자를 대우하고 결코 핍박하지 않는다고 합니다. 그래서 동상도 세우고 여러 일을 합니다. 지금도 시골에 가보면 동네 들머리에 비석을 세워놓은 것이 있습니다. 아무개 관찰사, 무슨 공덕비라는 것들이 있는데, 모르면 모르되 과연 얼마나 참마음으로 동네 사람들이 세워주었는지 모르겠습니다. 안중근 의사, 이순신 장군의 정신을 받들어야지, '야용'해서 잘 차려놓으면 무엇합니까? 결국 자기의 '야용'에 더 잘 해보겠다는 것뿐입니다. 이 백성이 이러니, 좀 높은 자리에 있으면 자기도 동상 하나 세워주었으면 하는 생각이 드는 모양입니다. 여유만 있으면 그런 것을 하려고 하니 말입니다.

하느님이나 예수나 관세음보살이나 부처나 자기의 '야용'을 하기 위한 것이라면 그 역시 우상이 되는 수가 있습니다. 여간한 주의가 필요한 게 아닙니다. 이것을 깨달아야 합니다. 우리의 믿음에서는 아무것도 바라는 것이 없어야 합니다. 무엇을 바라게 된다면 그야말로 우상이 되고 맙니다. 하느님을 보지 못하니 우리가 만족할 수 없으나, 하느님의 자리는 눈으로 보자는 자리가 아닙니다. 보이는 것을 보이도록 바라고 가는 것이 우리 인생이지만, 영원한 한가운데의 그분(하느님)을 만나자는 것이 우리의 믿음입니다. 애초부터 보이지 않는 분을 보는 자리는 아니지만 우리는 볼 것을 바라고 갑니다. 그래서 믿기로 결심을 여러 번 하게 되는데, 믿기로 결심하면 끝까지 믿어 나가야 합니다. 그런데 믿음에는 자꾸 시험이 따릅니다. 이것을 '지·인·용'으로 이겨 나가야 합니다. (1957. 5. 10.)

제33강

산다는 것은 새롭게 되는 것이다

〈시편〉 8:1~9

주 우리 하나님, 주님의 이름이 온 땅에서 어찌 그리 위엄이 넘치는지
요? 저 하늘 높이까지 주님의 위엄 가득합니다. 어린이와 젖먹이들까지
도 그 입술로 주님의 위엄을 찬양합니다. 주님께서는 원수와 복수하는
무리를 꺾으시고, 주님께 맞서는 자들을 막아낼 든든한 요새를 세우셨
습니다. 주님께서 손수 만드신 저 큰 하늘과 주님께서 친히 달아놓으신
저 달과 별들을 내가 봅니다. 사람이 무엇이기에 주님께서 이렇게까지
생각하여주시며, 사람의 아들이 무엇이기에 주님께서 이렇게까지 돌보
아주십니까? 주님께서는 그를 하나님보다 조금 못하게 하시고, 그에게
존귀하고 영화로운 왕관을 채워주셨습니다. 주님께서 손수 지으신 만
물을 다스리게 하시고, 모든 것을 그의 발아래에 두셨습니다. 크고 작
은 온갖 집짐승과 들짐승까지도, 하늘을 나는 새들과 바다에서 놀고 있
는 물고기와 물길 따라 움직이는 모든 것을, 사람이 다스리게 하셨습니
다. 주 우리의 하나님, 주님의 이름이 온 땅에서 어찌 그리 위엄이 넘치
는지요?

首上上目下下

頭天形而上非上　　元元上上古一上

足地心而下非下　　沈沈下下今萬下 (다석일지 1957. 5. 15.)

누구를 만나면 가만히 있을 수가 없습니다. 무슨 인사말이라도 해야
지 그러지 않으면 시비(是非)가 생깁니다. 그렇다고 말이 많으면 또한 시
비가 생깁니다. 으레 만나면 인사를 해야 합니다. 서울특별시라는 이 도
시 안에서는 인사말을 하지 않으면 시비가 생깁니다. 말 많은 게 도시인
것 같습니다. 무슨 강연회, 학술 강좌 따위에서 인사가 너무나 많습니
다. 이 사람은 원래 인사를 하기 싫어합니다. 다른 것은 다 원만하려고
하지만, 인사말 하나가 성미에 도무지 맞지 않습니다. 이런 성미가 어느
장소에서나 도드라져 보이는 모양입니다. 이렇게 말하고 보니 촌(村)에
서 만나서 인사하는 것보다는 길어지고 많아진 것 같으나 어쨌든 인사
는 하기 싫습니다. 인사를 자꾸 하게 만드는 게 아주 싫은 것입니다. 이
사람에게는 손실로밖에 보이지 않습니다.

　그런데 여러분은 이 사람의 말을 듣고 무슨 새로운 힘을 얻기를 바랍
니다. 이 사람이 이 세상에 나와 더러 다른 사람이 사는 모양을 입내 내
는데, 무슨 입내를 제일 많이 내는가 하면 생각하는 입내를 냅니다. 이
사람 스스로도 뭔가를 생각하고 싶습니다. 이 사람의 말을 듣고 여러분
이 마음에 힘을 얻기를 바라는데, 이 사람이 말하는 동안 이 사람도 생
각하지만 여러분도 여러분 나름대로 생각하며 이 시간을 보내시기 바랍
니다. 이 삶이야 죽거나 살거나 말이야 들리거나 말거나 관계없이 한 가
지라도 깊이 생각되는 점이 있다면, 하느님에게 감사를 올릴 일입니다.
이 사람도 말씀드릴 때는 속으로 생각이 여물기를 바라면서 얘기를 합

니다.

공자는 배우고 생각하지 않으면 배우지 않은 것만 못하다(學而不思則罔) 했습니다. 생각을 하면서 배우지 않으면 위태롭다(思而不學則殆)는 말도 있습니다. 알아듣기 전에 생각만 한다는 것은 위태롭다는 말입니다.

생각만 한다면 그것은 도깨비와 같습니다. 우리 인간은 생각하는 존재지만 도깨비는 아닙니다. 여러분과 이렇게 만나고 있지만, 이 사람은 여태 여러분과 같이 기도하려 하지 않았습니다. 찬양 역시 해본 적이 없습니다. 찬미는 반드시 생각한 것이 꽉 차서 절로 나오는 것이어야 합니다. 하느님의 생각과 일치하여 절로 나오는 감동이 찬미가 되어야 하고 그 말이 기도가 되어야 할 것입니다.

더구나 말씀과 관련해서는 참생각이 좀 더 여물어 '하나'와 일치되는 생각을 하게끔 되어야 찬미 기도가 필요하지, 그밖에는 필요 없는 거짓입니다. 요새는 기도나 찬미를 우리가 인사치레하는 것같이 합니다. 그런 식의 기도나 찬미는 다 본래의 의미를 상실한 무의미한 것이라고 볼 수밖에 없습니다.

《구약성경》의 전도서는 인생이 바람을 잡고 그림자를 쫓는 것과 같이 허무하다는 생각을 보여줍니다. 우리는 공연히 바람을 잡으러 갑니다. 상당히 생각한다는 사람은 적어도《구약성경》과《신약성경》 60권 속에 들어가보지 않으면 안 됩니다. 이 세상을 어지간히 보고 생각을 하면 전도서의 그 말이 옳다고 하게 됩니다. 전도서에서 "하늘도 땅도 바람이 돌고 번개가 들이치는 것같이 정신 차릴 수 없다." 한 것은 동양의 풍치 전격(風馳電擊)과 같다고 보입니다. 변화가 너무나 빨라 정신을 차릴 수 없습니다. 온 천지간(天地間)에 그렇지 않은 것이 없습니다.

언지여취영(言之如吹影) 사지여루진(思之如鏤塵), 말하는 것은 그림자를 부는 것 같고, 생각하는 것은 먼지에다 조각을 하는 것 같다는 말입니다. 여기 저 구석에 있는 먼지에 조각을 하는데, 조각가가 정말 조각을 할 수 있는지 모르겠습니다. 이 사람이 마음에 감동을 느껴 시(詩)를 쓰는데 후에 다시 그것을 보면 당시의 감동과는 매우 달라지는 게 보통입니다. 처음 느낄 때와 다르게 됩니다.

새로운 생각과 느낌이 또 나옵니다. 이와 같이 우리는 자꾸 새롭게 사는 것이 아닙니까? 그러한 의미에서 예술품은 다 같습니다. 예술가는 곱게 쌓인 먼지에 뭔가를 조각하고 싶어 합니다. 이렇게 작품을 한번 내면 그대로 이것을 받아들이게 되는 게 사실입니다. 생각이라는 것은 먼지에 무엇을 조각하는 것과 같고, 우리가 하는 말이라는 것은 그림자를 후후 부는 것과 같습니다. 바람 때문에 먼지가 일 때, 이 사람은 모르는 존재가 큰 데서 뭔가를 말하는 것은 아닐까 하는 생각이 들 때가 많습니다.

《성경》에서는 바람을 하느님의 입김이라고 합니다. 우리는 인생을 초목이니 모래알이니 하면서 이렇고 저렇고 말이 많습니다. 생각이 든 뒤에 하게 되는 말이라는 것은, 그림자를 들여다보고 지나가면서 먼지를 조금이라도 남겨볼까 하고 부는 바람과 같을지도 모릅니다.

우리 인생이라는 움직임은 마음이 움직여 그림자도 움직이게 되는 것인지 살펴볼 필요가 있습니다. 어름어름 지나가는 사람, 몬(物質)에 사는 사람은 다 움직움직하는 그림자를 통해서 짓도 하고 말도 합니다. 이 세상에 진리라는 것이 있을 것 같으면, 그것을 알고 디뎌서(실천해서) 말이라는 것을 내놓아 그 말에 따라야 하는 것이 온전한 일인 줄 압니다. 이 말은 김성탄(金聖嘆)이라는 사람이 중국 고소설 《서상기(西廂記)》 서문에서 얘기한 것입니다. 인생이란 바람을 잡고 그림자를 쫓는 것이라는 전도서의 생각과 같습니다.

이런 소리를 하면 어쩐지 이 세상이 허무하고 하잘것없게 생각됩니다. 순수철학은 인생이 궁극에 가서는 도무지 생각할 필요도 없고 말할 필요도 없다고 주장합니다. 철학에서는 잘못하면 귀결이 참 이상하게 됩니다. 자꾸 자꾸 죽으니 사일(死日)이고 자꾸 자꾸 나오니 생일(生日)입니다. 생일이 없다고 할 수 있습니까? 있다고 하겠습니까? 생각 자체가 사는 것인데 무엇을 하기 위한 생일입니까?

우리는 이것을 찾아가보아야 합니다. 생각하기 위해서 사는데 생각은 왜 하는가, 이렇게 되면 참 우습습니다. 참으로 보자는 것은 새것을 보자는 것입니다. 아직 밝혀지지 않은 것을 밝히자는 이 충동이 발명과 발전의 역사가 아니겠습니까? 자꾸 새로운 것을 밝히자는 뜻으로 우리는 생각을 합니다. 풍치전격 따위의 생각은 집어치웁시다. 실상은 집어치울 수 없는 것이나 이런 어리석은 생각을 할 필요가 없습니다.

우리는 산다면 좋고 죽는다면 싫다고 합니다. 이 세상에 새로운 것은 도무지 찾아볼 수 없다고 결론을 내린다면, 새것이 있는 것같이 느껴지는 까닭은 무엇이겠습니까? 이 사람이 늘 말하는 '하나'로 들어가는 일입니다. 곧, 묵는 것은 죽는다는 뜻이요, 산다는 것은 새롭다는 뜻이 됩니다. 산다는 자체가 새롭게 되는 것이고 새것을 간직하는 것입니다. 세상이 싫다면 이 몸뚱이가 싫다는 것이지 자연이 싫다는 것은 아닙니다.

죽는 것은 새롭지 않습니다. 묵은 것은 죽습니다. 묵은 것을 버리고 새것을 자꾸 찾습니다. 인생이 그렇고 우주가 그렇습니다. 다른 것으로는 새것을 찾을 수가 없습니다. 사는 것이 새롭다는 것만큼은 단언할 수 있습니다. 영원하다고도 할 수 있습니다. 산다는 것이 자꾸 새로운 생각을 영원히 낳게 합니다. 오늘은 〈시편〉 8장을 보기로 합시다.

주 우리 하나님, 주님의 이름이 온 땅에서 어찌 그리 위엄이 넘치는지요? 저 하늘 높이까지 주님의 위엄 가득합니다.

온 땅의 모든 사람과 만물이 '주(主)'라는 생각에 의지하려고 합니다.

그런 자리가 있다면 곧 '주'의 자리입니다. '주'라는 것은 우리 동양에서 임자라는 말과 같습니다. 세계의 인류에게는 다 이러한 생각이 있습니다. 즉, 우리 머리 위에 추대할 만한 사람이 있습니다. 그런데 이 세상에는 그런 것을 부인(否認)하는 사람들도 있습니다. 그런 사람들은 성현(聖賢)이 있긴 어디 있고, 부처가 어디 있느냐고 의심하며, 성령(性靈)이라는 게 있을 리 없다고 주장합니다. 또한 그런 게 있으면 이런 세상이 되겠느냐고 반문하는 사람들도 있습니다. 그런 사람들은 유교에서 말하는 비성인(非聖人)을 들이대며, '성인이 무슨 소리냐? 무상(無上)이다. 우리 머리 위에는 아무도 없다.' 합니다.

그러나 사람은 그저 머리를 하늘에 두는 것이 아닙니다. 머리를 숙이고 다녀도 자꾸 끄집어당기는 것이 하늘에 있습니다. 성인(聖人)이 무엇이냐 하면 몬(物質)에 빠지고 미끄러지려는 자기에게서 더러운 것을 자꾸 차버리고 깨끗해져보자는 사람이 아니겠습니까? 거룩해보자는 이가 성인이 아니겠습니까? '위'에서 내려오는 얼을 자꾸 생각하여 이어 가고, 윗자리와 같이 거룩해보자는 것이 성인의 태도가 아니겠습니까?

무상(無上)이라고 말하는 사람들이나 내 위에 누가 있으랴 하는 사람들은 지각(知覺) 없기가 마치 철없는 아이 같습니다. 자기 머리가 가장 위인줄 말고 일을 저지르니, 하는 일마다 못된 짓이 될 수밖에 없습니다. 그런 점에서 보면 우리 백성 대부분이 머리가 없는 것 같습니다. 머리가 없으니까 중구난방(衆口難防)의 일밖에 볼 수 없고, 그 정도밖에 일을 하지 못합니다.

'주 우리 하나님' 하고 부르짖음은 급박한 느낌일 것입니다. '주님의 이름이 온 땅에서 어찌 그리 위엄이 넘치는지요? 저 하늘 높이까지 주님의 위엄 가득합니다', 영광이 내 머리 위에 있다는 느낌을 이렇게 그려본 것입니다. 시인(詩人)이 이렇게 한번 느낀 것입니다. 사슴이 죽을 때는 뿔이 다칠까 봐 머리를 들고 죽는다고 합니다. 이처럼 짐승도 자기가 소중히 생각하는 것을 다치지 않게 하려고 노력을 기울이는데, 우리 인간이 좀 더 부모를 생각하는 사람이라면 죽을 때 사슴처럼 머리를 부모 있는 쪽으로 향하거나 들고 죽는 것이 옳을 것입니다.

머리 위에 무엇이 있다면 생각은 반드시 윗자리인 하늘을 생각하지 않고서는 못 견딜 것입니다. 그런 사람은 영원한 빛을 간직할 수 있으며 온전한 빛을 비춰줄 수도 있습니다. 그 빛은 그의 발아래 있는 모든 것을 비추어주는 빛이 될 것입니다. 밝힐 것을 온통 밝혀주는 '그이'가 될 수 있습니다. 온전한 빛을 가진 분이 바로 주님입니다. 그 이름은 '하나'입니다. '하나'로 온전할 수 있는 것은 주님일 수밖에 없습니다.

그러니 온 땅에 던져진 아름다움을 땅 위에서 보는 이는 아름답지 않겠습니까? 영원한 진리 속에 들어가니 아름다울밖에요. 진리의 아름다움이란 있다가 없고 없다가 있는 그런 게 아닙니다. 영원의 아름다움은 영원히 있을 것입니다. 이런 아름다움에는 절로 찬미하고 찬송하지 않을 수 없습니다. 이런 생각으로 사는 새 맛이란 무엇에 비길 데가 없습니다.

어린이와 젖먹이들까지도 그 입술로 주님의 위엄을 찬양합니다. 주님께서는 원수와 복수하는 무리를 꺾으시고, 주님께 맞서는 자들을 막아 낼 튼튼한 요새를 세우셨습니다.

주에게는 대적하고 복수하는 무리가 있습니다. 하늘에는 천사도 있지만 마귀도 있습니다. 하늘 아래에도 인자(人子)가 있지만 악마들 또한 있습니다. 이것은 우리 자신을 생각해보아도 알 수 있습니다. 유신론(有神論)은 이런 것이 다 있다고 합니다. 우리가 만들고 안 만들고를 다 본다고 합니다. 그런데 하늘에서 무슨 싸움이 있다면 우리와 상관이 없는 것으로 압니다. 인생의 선(善)을 거스르는 일은 우리의 일만이 아니라 하늘의 일이기도 합니다.

하늘에 대적하는 것은 우리에게도 맞서는 것입니다. 그래서 하늘에 대적하고 복수하는 것은 우리에게 대적하고 복수하는 것입니다. 하늘에 맞서는 무리를 생각하기보다는, 우리가 '위'로 올라가겠다는 선한 마음을 거스르는 일을 모두 하늘에 대적하는 무리로 보아야 할 것입니다. 우리가 무슨 원한이 있어서 이것을 갚으려고 하는 경우도 있습니다. 불평(不平)을 말하고 불만을 채우려고 합니다. 우리 인생의 일면이 이러합니다. 하늘과 우리 인생을 별개로 따로 볼 필요가 없습니다. 하늘의 싸움이 상관없다고 하지만, 우리는 먼저 우리 자신이 하늘과 통하는 하나라는 것을 느껴야 합니다.

어린이와 젖먹이로 하여금 주님의 위엄을 찬양하게 하고 원수와 복수하는 무리를 꺾는다는 대목은 〈마태복음〉의 장면과 연결됩니다. "주님께서는 어린아이들과 젖먹이들의 입에서 찬양이 나오게 하셨다."(〈마태복음〉 21:16) 성전 뜰에서 예수를 향해 호산나를 외치는 아이들을 보고 화를 내는 사람들에게 예수가 대답한 말입니다. 아이들의 입에서 나오는 말은 온전하다는 것을 밝힌 구절이라 하겠습니다. '주님의 위엄을 찬양합니다'의 히브리어 번역은 '찬미를 온전히 하다'는 뜻으로 되어 있다고 합니다.

아이들 입에서 절로 나오는 말은 성령의 말, 하느님의 말씀입니다. 그대로 찬미입니다. 예나 지금이나 마찬가지입니다. 어린이의 입에서 나오는 동요 같은 것은 특히 찬송이라 할 수 있습니다. 아무것도 모르는 우리나라 백성은 아이들입니다. 아주 악한 사람이 몇 사람이나 되겠습니까? 이 몇 사람 안 되는 악한 사람이 어린아이 같은 우리 동포를 못살게 합니다. 우리 동포가 비공식으로 하는 한숨 섞인 말이나 우연히 나오는 말도 다 성령이 시킨 말이고 하느님의 말입니다. 이런 소리가 몇 사람 안 되는 악인을 잠잠하게 만들 때가 필연코 오리라고 봅니다.

지방에서는 학교나 다니고 뭘 좀 안다는 자가 어쩌다가 무슨 권력을 잡으면 좋아라 하면서 백성을 못살게 구는 일이 있는데, 언필칭 대통령이 시켜서 하는 일이라고 합니다. 서울에서는 내 집에 내가 심은 나무를 베는데도, 대통령이 나무를 베지 말라고 했는데 왜 나무를 베느냐고 합니다. 그러니 지방은 어떻겠습니까? 지방 사람들이 사람 대하기를 아주 싫어하고, 무슨 벼슬에 있는 사람이라면 경이원지(敬而遠之)하는 게 당연합니다. 대통령이라는 소리가 나오면 무슨 큰 힘에라도 눌리는 것 같아서 잘 만나보려고 하지도 않습니다.

사정이 이러하니 우리 동포의 입에서 한숨 섞인 소리가 저절로 나올 것입니다. 그 소리는 애원이기도 합니다. 아이들 같은 소리이지만 찬미의 소리가 되기도 합니다. 악을 악으로 대적해서는 안 됩니다. 저절로 되기를 바라야 합니다. 무저항 투쟁이 최후의 승리를 얻는다는 말은 대단히 긴요한 말입니다. 이쯤 우리는 진리의 생명줄을 잡고 자꾸 새롭게 살아 나가야 합니다.

주님께서 손수 만드신 저 큰 하늘과 주님께서 친히 달아놓으신 저 달과 별들을 내가 봅니다.

우리는 자연 그대로 보지만, 히브리 사람들은 모든 것을 손으로 만들어진 것으로만 알았습니다. 〈창세기〉를 보면 '이 자연을 만든 무엇이 있지 않을까' 하는 생각을 알 수 있습니다. 그 무엇을 인간에 비유해서 손가락으로 만든 것으로 생각합니다. 이처럼 조물주(造物主)를 생각하는 것입니다. 이런 점에서는 우리 동양과 차이가 있습니다. 서양 사람은 그런 정신이 있어서 하늘과 땅이 그렇게 될 이치(理致)가 없건만 이렇게 말하는 것입니다.

사람이 무엇이기에 주님께서 이렇게까지 생각하여주시며, 사람의
아들이 무엇이기에 주님께서 이렇게까지 돌보아주십니까?
그같이 전능하신 하느님께서 아무짝에도 쓸모없는 사람을 특별히 생
각해주시니 어째서 그러냐 이 말입니다. 특별히 주께서 사람을 보아주
시는 것 같습니다.

주님께서는 그를 하나님보다 조금 못하게 하시고, 그에게 존귀하
고 영화로운 왕관을 채워주셨습니다.
사람은 하늘에 있는 천사보다 조금 미개합니다. 이 말은 우리가 선
(善)으로 있을 때에는 신(神)보다 조금 못하다는 말입니다. 사람이라
는 것은 하늘이 준 천성을 다하면 남의 천성을 다할 수 있고, 남의 천성
을 다하게 되면 능히 만물의 천성을 다할 수 있습니다. 내 성의를 다하
면 모든 사람의 성의를 다하게 되는데, 이쯤 되면 3천만 겨레를 다스리
는 일도 능히 할 수 있습니다. 개인으로는 집안 살림을 다할 수 있습니
다. 남의 천성까지도 다하게 되면 모든 만물의 천성도 다합니다. 통하지
않는 게 없게 될 수 있는 것이 인간이기도 합니다. 이와 같이 신(神)보다
조금 모자라는 것이 사람입니다.
우리 인간은 하늘과 땅 사이에 있으면서 모든 것을 훤히 알아 조화(造
化)와 창조(創造)를 하시는 하느님에게 도움을 드리는 존재입니다. 이것
은 어디까지나 우리가 머리를 하늘에 꼿꼿이 두고 다닐 때에만 가능합
니다. 우리의 마음이 악(惡)으로 떨어져서는 도저히 '위(上)'의 하시는 일
에 참여하지 못할 뿐더러 형이하(形而下) 동물과 같은 존재가 되고 맙니
다. 우리가 머리를 하늘에 두고 다닌다는 사실은, 우리가 하느님과 무척

가깝고 같은 존재이기도 하다는 것을 말해주는 뚜렷한 표시입니다.

사람에게는 이룩하고 다다라야 할 영광이 있습니다. 사람은 자꾸 구(求)해서 올라가려고 합니다. 하늘 위로 올라가려는 자성질(自性質)이 우리에게 있는 것입니다. 그것은 곧 하늘 위의 본질을 찾아서 이를 차지하는 영광을 지니려는 것입니다. 햇빛보다 더 온전하고 밝은 것을 찾아서 올라갑니다. 우리 정신의 근거가 여기에 있습니다. 기어코 보아야 할 이 영광을 보지 못하면 우리 인생은 만족하지 못합니다. 대통령도 인자(人子)로서 이 사실을 알아야 하느님의 아들로서 온전히 일을 할 수 있습니다. 하늘 위의 영광을 알아야만 장관도 장관으로서의 할 일을 온전히 할 수 있습니다. 자기밖에 없다고 하는 무상(無上), 곧 머리 없는 행동을 하면 이는 하늘의 원수이자 우리 철없는 아이들의 원수가 되는 것입니다.

주님께서 손수 지으신 만물을 다스리게 하시고, 모든 것을 그의 발 아래에 두셨습니다.

하느님은 사람으로 하여금 만물을 다스리게 합니다. 만물을 우리 발 아래 복종하게 합니다.

크고 작은 온갖 집짐승과 들짐승까지도, 하늘을 나는 새들과 바다에서 놀고 있는 물고기와 물길 따라 움직이는 모든 것을, 사람이 다스리게 하셨습니다.

바다 속 물고기와 들짐승을 갈라놓고 이것들이 해로하게 합니다. 모든 삼라만상(森羅萬象)을 다스리게 한다는 뜻으로 우리가 하느님보다 조금 못하다는 말씀을 재차 하는 것입니다. 이러니 우리 인생도 하느님과 더불어 찬미하지 않을 수 없습니다. 이를 자세히 알아야만 원한을 사지 않고 원수를 만드는 일이 없어질 것입니다. 정말 이 이치를 바로 알면 우리 가슴은 시원하게 됩니다.

　주 우리의 하나님, 주님의 이름이 온 땅에서 어찌 그리 위엄이 넘치는지요?
　〈시편〉 8장의 첫 절과 끝 절은 같습니다. 첫 절은 절대로서의 하느님에 대한 찬미이고, 마지막 절은 상대 세계도 하느님의 모습이 드러난 것임을 깨달았다는 찬미입니다. 우리는 생각하는 동물입니다. 하느님을 생각하는 것이 생각의 꼭지인 것을 이 사람은 인정합니다. 절대인 꼭지는 상대의 시작이요 종말입니다. 우리의 시작과 종말을 생각할 때 꼭지에서 떠나서 다른 것을 생각할 수 없습니다. 꼭지를 생각하면 우리는 올라갈 수밖에 없건만, 우리의 마음속에는 적이 있고 '복수하는 자'가 들어앉아 있습니다.

　이번에는 〈수상상목하하(首上上目下下)〉를 보겠습니다.

　머리 위의 위, 눈 아래의 아래, 이것은 근본이라는 뜻입니다. 목하(目下)는 당장 눈앞에서 어쩐다는 경우를 말하는 숙어가 될 수 있습니다. 그냥 머리 위만 생각하고 위로 올라간다는 것은 올라가는 것이 아닙니다.

　두천형이상비상(頭天形而上非上) 족지심이하비하(足地心而下非下)
　올라간다는 말은 나를 둘러싼 한없이 큰 무한 공간을 향해 올라간다기보다 '하나'와 동화하는 것을 뜻합니다. 그냥 하늘 위가 있는 듯이 생각되는 그런 '위'가 아닙니다. 이렇게 생각하면 발아래 땅 중심도 아래가 아닙니다. 학술상으로는 지구의 중심이 땅의 맨 밑바닥이 될 것인데, 그것이 바닥이 될 수는 없습니다.

원원상상고일상(元元上上古一上) 침침하하금만하(沈沈下下今萬下)

이 사람이 항상 말하는 원(元)은 '위'와 연결되는 '원'입니다. 이 '원'은 옛적의 원(元)이나 지금의 원(元)이나 변동이 없습니다. 원자(元子)라고 하면 임금의 아들을 말합니다. '원'은 '원' 그대로 하나를 말합니다. 고일원(古一元)하면 아주 옛날의 처음 하나인데, 이것을 뚝 따려고 쫓아가는 것은 아닙니다. 그렇다고 우주 밖이라고 칭하고, 거기에 동떨어져 나가는 것도 아닙니다.

상대 세계에 사는 우리는 거의 다 인생이 자꾸 가라앉고 한없이 빠져들어 가는 것을 느낍니다. 우리는 자꾸 원일(元一)을 생각하고 나가야만 합니다. '침침하하금만하'하면 못 삽니다. 방금 사는 것이 인생이라고 생각하면 만 가지로 빠져들어 갑니다. 그리고 종국에 가서는 도저히 건져낼 수 없는 함정에 빠져 참혹한 상황에 이르고 맙니다. 차마 동물도 저지르지 않은 일을 아무렇지 않게 저지르는 사람이 되고 마는 것입니다.

신문지상에 난 일인데, 대학을 들어가지 않고서 들어갔다고 속인 아들이 급기야 아버지가 상경하게 되자 여관방에서 아버지를 칼로 찔러 죽인 참혹한 일이 벌어졌다고 합니다. 우리는 죽어도 한 줄기 줄을 붙잡고 계속해서 올라가야만 합니다. 한번 떨어졌다가도 다시 기어올라가면 되지 않겠는가 합니다만, 이따위 생각은 안 됩니다. 단 한 번이라도 마음의 적을 편들면 안 됩니다. 우리는 항상 깨닫고 줄기차게 올라가야 합니다.

서울시의회에서 시의원이 월급만 갖고 살 수 있느냐, 점심값을 두둑이 내야 할 것 아니냐고 하였답니다. 월급만 갖고 살지 못하게 하는 처사(處事)도 나쁘지만, 이를 빌미로 다른 무엇을 바라는 짓을 하니 역시 알 수 없는 일입니다. 월급으로 못 먹고 살면 사례금이라도 달란 말입니까? 학교에 월사금(月謝金)을 냈습니다만, 일하는 품값에 또 무엇을 붙이고 하면 자칫 잘못해서 나쁜 짓을 하게 만드는 요인이 됩니다. 이것은 누구를 나무라야 좋을지 모르겠습니다.

〈시편〉 8장을 다시 한 번 깊이 생각할 필요가 있습니다. 전에도 말한 바 있지만 불교에서는 이 세상을 모일 것이 모여서 되었다는 집합으로 생각합니다. 이것을 여실하게 본다고 합니다. 이것은 이 세상이 허무하다는 소견을 말하는 게 아닙니다. 노자는 하늘과 땅의 생김새가 마치 풍구(風具)와 같다고 하였습니다. 겉으로 바람은 이는데 뜯어보면 텅 빈 빈탕이란 말입니다. 그 빈탕에서 바람이 이니, 당시에는 바람이 이는 이치를 몰라서 비유를 이렇게 든 줄 압니다. 종이와 뼈대만 있는 가운데서 바람이 나서 딱딱한 쇠를 녹이는 작용을 하니, 참 이상하게 생각한 것입니다. 그것을 뜯어보면 아무것도 없으니, 곧 인생이 그러하다고 하였습니다.

하늘과 땅이 그와 같다고 한 것에는 허무가 있습니다. 그러나 요전에도 얘기했지만 아이들의 상(像)을 보면 분명히 생명의 율동을 느낄 수 있습니다. 허무하다는 것은 도저히 느낄 수 없습니다. 하지만 이 세상(世上)의 끄트머리를 보면 노자가 말한 것같이 빈탕의 풍구(風具)를 연상케 되어 역시 허무한 감을 느끼지 않을 수 없습니다.

'주님의 이름이 온 땅에서 어찌 그리 위엄이 넘치는지요?' 〈시편〉의 이 구절은 아이들의 상(像)을 보는 것 같습니다. 그래서 세상이 모여서 된 것 같은 여실한 감(感)을 우리에게 주는데, 여기서는 성령을 찾아볼 수 있습니다. 그러나 적이 있고 '복수하려는 자'가 있어서 우리를 무한히 괴롭힙니다. 이것을 생각하면 답답하기만 합니다. 이 세상에서 사는 맛에 대해 별별 생각이 다 듭니다. 그러나 우리는 이것을 이기고 그 이기는 기쁨으로 하늘의 영광을 얻는 데서 무한한 기쁨을 느껴야 합니다. 이런 점에서 우리의 존재는 하느님의 존재와 같습니다. 〈시편〉은 이것을 강조합니다.

허무(虛無)와 실(實)은 우리의 소견으로는 판단하기 어렵습니다. 모름지기 또한 플러스(+) 정(正)을 하라는 말입니다. 그렇다고 마이너스(-)인 부(負)의 뜻을 잊어서는 안 됩니다. 가운데 가온찍기(ㄱ)를 하는데 두 가지를 합해서 이것을 구(求)해 나가야 합니다. 어떤 의미로는 절대에 합하는 상(像)이 있어 이것을 깨달았다고 하면 구원을 얻었다고 할 수 있습니다. 신앙은 영원히 삽니다. 올라가자는 이 뜻을 잘 생각하여야 합니다.

찬미와 관련하여 〈마태복음〉을 살펴보겠습니다.

예수와 그 제자들이 예루살렘에 가까이 이르러, 올리브산에 있는 벳바게 마을에 들어섰다. 그때에 예수께서 두 제자를 보내시며 그들에게 말씀하셨다. "맞은편 마을로 가거라. 가서 보면, 나귀 한 마리가 매여 있고, 그 곁에 새끼가 있을 것이다. 풀어서, 나에게로 끌고 오너라. 누가 너희에게 무슨 말을 하거든, '주님께서 쓰려고 하십니다' 하고 말하여라. 그리하면 곧 내어줄 것이다." 이것은, 예언자를 시켜서 하신 말씀을 이루시려는 것이었다. "시온의 딸에게 말하여라. 보아라, 네 임금이 네게로 오신다. 그는 온유하시어, 나귀를 타셨으니, 어린 나귀, 곧 멍에 메는 짐승의 새끼다." 제자들이 가서, 예수께서 지시하신 대로, 어미 나귀와 새끼 나귀를 끌어다가, 그 위에 겉옷을 얹으니, 예수께서 올라타셨다. 큰 무리가 자기들의 겉옷을 길에다가 폈으며, 다른 사람들은 나뭇가지를 꺾어다가 길에 깔았다. (〈마태복음〉21:1~8)

이같이 제자들이 옷을 벗어 나귀등에 안장을 만들어 예수를 타게 하고, 예수를 따르는 사람들도 옷을 벗어 길에 펴서 예수가 가는 길을 환영하였습니다. 옛날에는 임금이 가는 길에 황토를 뿌렸습니다. 황토는 흙 중에서 가장 새로운 것이라 해서 임금을 환영하는 뜻으로 그렇게 하였다고 합니다.

그리고 앞에 서서 가는 무리와 뒤따르는 무리가 외쳤다. "호산나, 다윗의 자손께! 복되시다. 주님의 이름으로 오시는 분! 더없이 높은 곳에서 호산나!"(〈마태복음〉21:9)
'호산나!'라는 외침은 전 민족이 기뻐서 마음속에서 절로 우러나오는 소리입니다. 어른 아이 할 것 없이 기쁨에 넘쳐 이 소리를 합니다.

예수께서 예루살렘에 들어가셨을 때에, 온 도시가 들떠서 물었다. "이 사람이 누구냐?" 사람들은 그가 갈릴리 나사렛에서 나신 예언자 예수라고 말하였다. (〈마태복음〉21:11)
이것은 모든 인류가 기다리는 모습입니다. 선지자가 오기를 이같이 기다리는 것입니다. 《정감록(鄭鑑錄)》의 진인(眞人)을 기다리는 마음입니다. 그것이 미신적인 《정감록》이어도 상관없습니다. 선지자를 기다리는 마음의 표현은 다를지라도 본뜻은 다 마찬가지입니다. 미신이라고 하나 백성의 속마음에서 우러나오는 소리는 별수 없습니다. '못살겠다 갈아 보자!' 구호를 보고, 갈아볼 만한 재목이 있나 싶었습니다.
진인(眞人)이 나와야만 합니다. 참사람이 아니면 안 됩니다. 뜻은 다 같습니다. 정치하는 사람은 특별한 재주가 필요 없습니다. 정(政)은 '바를 정(正)'입니다. 재주가 없어도 몸뚱이 하나 바로 가질 줄 알고 격물(格物)에 소견을 다할 수 있다면 정치를 할 수 있습니다. 제 몸 바르게 하고 집안을 바로 잡게 되면 국가도 바르게 다스릴 수 있습니다. 자기 처신을 바르게 갖느냐에 정치가 달린 것입니다. 자기 몸을 참으로 바로 가질 수 있는 사람은 선지자가 아니고는 어렵습니다. 참사람이 나와야 합니다.

예수께서 성전에 들어가셔서, 성전 뜰에서 팔고 사고 하는 사람들을 다 내쫓으시고 돈을 바꾸어주는 사람들의 상과 비둘기를 파는 사람들의 의자를 둘러엎으시고, 그들에게 말씀하셨다. "성경에 기록한 바, '내 집은 기도하는 집이라고 불릴 것이다' 하였다. 그런데 너희는 그것을 '강도들의 소굴'로 만들어버렸다."(〈마태복음〉21:12~13)

이같이 예수가 큰소리로 야단치는 것은 성서에서 이 장면뿐입니다.

성전 뜰에서 눈 먼 사람들과 다리를 저는 사람들이 예수께 다가왔다. 예수께서는 그들을 고쳐주셨다. 그러나 대제사장들과 율법학자들은, 예수께서 하신 여러 가지 놀라운 일과, 또 성전 뜰에서 "다윗의 자손에게 호산나!" 하고 외치는 아이들을 보고, 화가 나서 예수께 말하였다. "당신은 아이들이 무어라 하는지 듣고 있소?" 예수께서 그들에게 말씀하셨다. "그렇다. '주님께서는 어린아이들과 젖먹이들의 입에서 찬양이 나오게 하셨다' 하신 말씀을, 너희는 읽어보지 못하였느냐?" 예수께서 그들을 남겨 두고, 성 밖으로 나가, 베다니로 가셔서, 거기에서 밤을 지내셨다. (〈마태복음〉21:14~17)

〈시편〉을 읽을때 잠깐 얘기했습니다만, '온전하다'와 '찬미하다'는 말의 뜻이 거의 비슷한데, 히브리어 원본에서는 '찬미하다'에 가까운 뜻으로 쓰였습니다. 예수가 한국에 오는 게 아닙니다. 예수의 의미는 말씀에 있습니다. 교회는 무슨 장사나 흥정하는 장소가 아닙니다. 기도하는 장소입니다. 사람들이 나귀를 탄 예수가 가는 길에 부르는 호산나 노래는, 다음에 예수가 재림할 때 이렇게 되리라는 것을 구체적으로 나타낸 것입니다. 어린이들의 동요 중에는 어린이가 잘되어야 나라의 미래가 밝다는 내용이 많습니다. 이 사람은 우리나라 아이들의 입에서 '새끼'라는 소리가 없어져야 한다고 누차 말했습니다. 우리나라 아이들의 입에서 '새끼'

라는 단어가 쉽게 나오는 것은 어찌된 일인지 모르겠습니다.

'이적지 유군장 불여제하지 참란망야(夷狄之 有君長 不如諸夏之 僭亂亡也)'(《논어》팔일편). 이 글은 알기 어려운데, 몇 글자를 덧붙여서 보면 그나마 알 만합니다. 이적(夷狄)은 변두리 나라를 말합니다. 하(夏)는 한(漢) 민족을 가리킵니다. 제일 큰 나라로서 다른 나라를 이적시(夷狄視)하고 지내던 하의 정세가 참란(僭亂)함을 말합니다. 협잡하고 어지럽게 처리하는 방식은 이적에 비해 나을 것 없고, 군자가 있다면 오히려 협잡 없고 어지럽지 않은 이적에 있을 거라는 말입니다. 우리나라 4천 년 역사도 지금 상태로 보아서는 뭔가를 말합니다. 동방예의지국(東方禮義之國)이니 하지만 지금의 현상은 답답하기만 합니다.

신문에 연재되는 것 중에 '필리핀 기행'이 있습니다. 필리핀이 우리나라보다 못하려니 생각했는데, 생활 수준이 기막힐 정도로 높았습니다. 이것을 볼 때 우리는 참으로 깨달아야 합니다. 동양에서 제일 못난 것이 우리나라라는 것을 알아야 합니다. 우리만도 못하다고 여겼던 나라에 군자가 있고 우리보다 잘하고 있으니 말입니다.

그저께 신문에 실린 '만물상'의 기사와 같은 생각을 이 사람도 일찍이 했습니다. 기사에 실린 글은, 몇 년 전에 신탁통치(信託統治)를 반대하였는데 지금까지 끼니조차 끊이지 못하는 형편이니, 우리에게 밥을 먹여주겠다고 하면 어떻게 하겠느냐고 물었습니다. 국제적인 분위기가 신탁통치와 비슷하다면 현 상태에서 어떻게 하겠는가를 골자로 하는 기사였습니다. 제 살림도 하나 건사 못 하는데, 외국의 큰 나라에서 대신 살림을 해주겠다고 하면 어떻게 하겠느냐는 내용이었습니다.

나라 살림의 바탕인 도의정치(道義政治)가 이 모양으로 되어서는 안 됩니다. 제대로 안 된 세상을 바야흐로 좋은 세상으로 옮겨 가려는 기운이 있는데, 유독 우리나라만 50년 전처럼 정당 싸움만 되풀이하다 신세기, 새 시대의 호흡에 뒤떨어지면 어찌할 것입니까? 지나가는 길이기는 하지만 옳은 길을 밟아 위로 올라가는 것을 항상 생각해서, 어서 빨리 이 민족이 온전한 데까지 가야 할 것 아니겠습니까? 우리는 좀 더 생각하고 좀 더 알아야 합니다. 그래서 각자 참되게 살겠다는 뜻이 온 겨레에 미쳐, 우리의 어려운 동포가 벗어버릴 것을 하루 속히 벗을 수 있어야 할 것입니다. (1957. 5. 17.)

물건에 걸리지 않으면
마음은 언제나 제대로 있다

흥고 되게

몸을 몸대로 흥고 몸은 몸대로 되게.
사람이 사람 노릇 흥고 몬들은 몬 절로 되게.
아직히 절로 제절롤 못 닿본 듯. (다석일지 1957. 5. 22.)

仁道

當仁不讓擇德師	生平言論幾世紀
師弟溫故知新道	歷史文思未定稿 (다석일지 1957. 5. 23.)

聞毛歎

社會主義政權下	五官四肢尙矛盾
家給人足猶病諸	一身萬康道心底 (다석일지 1957. 5. 23.)

反省

堯舜帝典民本位	耕稼陶漁正精一
共産黨治豪強患	人文功名邪折半 (다석일지 1957. 5. 23.)

道心低

實實在在試驗行	道心行理理得利
正反合來反正去	汗面作業業卜居 (다석일지 1957. 5. 24.)

操攝理

道心指導汗面樂	明官育成民主權
汗面忌避道心微	暗氓疑惑貪官吏 (다석일지 1957. 5. 24.)

먼저 〈호고 되게〉부터 보겠습니다.

개나 짐승은 문제가 없는데, 사람은 복잡하게도 행실이라는 것을 여러 가지로 따져 갖춰야 합니다. 행실이나 행위는 나다니거나 걸어다니는 따위의 행태를 말합니다. 동물도 걸어다니면서 뭔가를 행합니다. 때로는 좋은 것, 나쁜 것을 사람보다 더 심하게 가리는 경우도 있습니다. 하지 말라고 하면, 동물도 사람처럼 하지 못하는 것과 할 것을 구별합니다. 또 자기의 보금자리를 마련하고 식솔을 제법 잘 거느리는 동물도 있습니다.

그런데 사람에게 행실이나 행위라는 문제는 동물과는 달리 독특한 뭔가(倫理)가 붙게 마련입니다. 사람이 말하는 것, 생각하는 것은 전부 윤리를 좇는 행실로 볼 수 있습니다. 윤리를 좇는 행실로 보는 것이 없으면 생각하는 것이 없습니다. 설사 생각하는 것이 있다 해도 마귀의 생각인 자기 본위(本位)의 것밖에 안 됩니다. 동물에겐 거의 자기 본위의 생각만 있습니다. 동물도 좋거나 언짢으면 표를 내는데, 그것이 동물에게 말이라면 말이고 생각이라면 생각입니다. 동물의 행동이 사람의 행실과 똑같지 않은 것은 애당초 문제도 되지 않으려니와, 동물은 거의 자기 본위의 행동을 많이 합니다.

사람은 할 수 없으면 우겨서라도 잘하겠다고 합니다. 원래 불가능을 가능케 하겠다는 윤리에 기초한 행실이니만큼, 동물의 행동과는 달리 문제가 많이 됩니다. 그렇지 않다면 문제될 것이 없습니다. 사람은 이렇게 윤리를 좇으려고 합니다. 이것이 말하자면 삶(生)을 누리는 전제가 됩니다. '어떻게 할 수 없나?' 하는 생각이 연달아 듭니다. 어떻게든지 잘하여야겠다는 사고(思考)가 문제입니다. 장래를 위해 잘되려고 하는 소극적이고 간접적인 문제가 아니라, 적극적으로 직접 나서서 잘하려는 것이 사람입니다.

잘하려고 하는 것이 사람입니다. 잘된다, 잘되지 못한다는 소리는 어디서 나오느냐 하면 자연(自然)에서 나옵니다. 잘된다는 것은 자연이 잘되어 가는 것입니다. '되어 간다'는 말은 변화하는 것을 말합니다. 하늘과 땅, 자연, 우주라는 무한한 시간과 공간은 변화 많은 프로펠러와 같은 것입니다. 시간은 지나갑니다. 어떤 자리든 어떤 곳이든 다 변화를 합니다. 우리말로 '된다'는 것은 무슨 일에 성적이 올랐다는 말로 들리기 쉬우나, '되게' 가만두라는 것을 말합니다. 자연이라는 말처럼, 아주 큰 대자연이 자연히 자꾸 되기를 위주(爲主)하는 상태를 가리킵니다. 이 자연에 대해 생각을 붙여서 되어(升) 나가는, 곧 두량(斗量)해보는 것이 사람입니다.

그래서 사람의 마음은 마음대로 하고 몸은 몸대로 되게 한다는 말이 나옵니다. 서양에서는 자연을 정복해야 잘살 수 있다는 생각을 하는데, 동양에서는 그따위 소리를 하지 않습니다. 인생을 자연의 한 부분으로 생각합니다. 자연이 자연대로 불타(變化)게 하는 것입니다. 이 자연을 사람이 되게 할 수는 없습니다. 이것을 생각하자는 것입니다.

몸을 몸대로 흑고 몸은 몸대로 되게

'되게'는 장래를 바라고 그렇게 되기를 원한다는 뜻이 아닙니다. 직접적으로 하느님의 뜻을 실천하겠다는 말입니다. '몸을 몸대로 흑고'는 하고 싶은 것을 구애됨이 없이 마음대로 하라는 것같이 생각되나, 그것이 아닙니다. 가만히 따져보면 우리는 재능(才能)을 얻지 못하고 있습니다. 우리는 얻지 못한 재능을 얻겠다고 하지 않습니까? 사는 데 자유가 좀 있어야 되겠다고도 합니다. 할 수만 있으면, 마음의 자유로써 몸의 자유까지 구(求)하지 않습니까? 그러니 정말 자유라면 '몸대로'인데, 실상 자유가 있다면 '몸대로' 하기를 요구합니다. 몸대로 할 것 같으면 몹쓸 것 같이 생각되나, 이것은 우리가 잠시 착각한 것입니다.

흔히 '몸대로' 하자는 것은, 여기 상대 세계에서 얻지 못할 것 때문에 맘대로 못 산다는 생각에서 욕능(慾能)하려는 맘이 우러나오는 것을 말합니다. 이 맘이 남에게까지 미쳐서는 안 됩니다. 자연을 정복해보겠다는 '맘대로'는 안 됩니다. 아무리 공리(公利)를 위한다 해도, '몸을 몸대로 흑고 몸은 몸대로 되게' 그냥 놔두어야 합니다. 이것이 원칙입니다. 부족한 것이 있어도 부족하려니 하고, 몸은 몸대로 하고 부족한 몸은 몸대로 되게 놔둡니다. 없으면 없는 대로 놔두고, 몸은 몸대로 있으면 됩니다. 이것이 원칙입니다. 이런 의미로 '몸대로' 하란 말입니다. 이것이 참 '몸대로'입니다.

물건에 걸리지 않으면 마음은 언제든지 제대로 있습니다. 마음이라고 하니까 스토아 학파의 정신을 말하는 것 같으나 그것이 아닙니다. 내 뜻은 내 자유로 사는 것입니다. 배우고 깨달아 얻은 뜻을 잊고는 누가 빼앗아 간 것처럼 말하나 빼앗아 간 것이 아닙니다. 의지(意志)만은 어쨌든 나의 의지(意志)입니다. 몸부터도 내 마음대로 하지 못합니다. 하물며 심지어 자연 현상에 대해서 맘대로 할 수 있다는 것은 망발입니다. 몸이 걷겠다면 걷고 쉬겠다면 쉬는 것입니다. 누울 때가 되면 눕는 것이 몸입니다. 그대로 놔둡니다. 몸에 대해 부자연스럽게 간섭하지 마십시오. 조급한 마음에 몸에 간섭을 하면 마귀 생각밖에 나오지 않고 행실이 좋지 못하게 나타납니다. 조급하여 억지를 쓰다가 온갖 불행을 야기하지 않습니까? 몸대로 되지 않는 것은 자연을 자연대로 놔두지 않기 때문입니다.

사람이 사람 노릇 ᄒ고 몬들은 몬 절로 되게

몬은 물건입니다. 여러 물건은 저절로 되게 놔두고 보아야 합니다. 스피드 시대에 빠른 속성(速成)을 좋다고 하나 이 '속성' 때문에 불행한 이 세상이 되고 말았습니다. 물건은 물건대로 그냥 절로 되게 놔두어야 합니다. 가령 소금은 중요한 물건입니다. 그런데 소금을 섭취하지 않으면 인체에 해롭다고 말하는 사람이 있는가 하면, 무염주의자(無鹽主義者)는 소금이 우리에게 필요 없다고 합니다. 이처럼 물건 하나를 두고도 이렇고 저렇고 말이 많습니다. 소금이 꼭 필요한 사람인데 무염주의자가 되었다면 이것 역시 비극이 아닐 수 없습니다.

몬은 몬대로 절로 되게 놔두어야 합니다. 육미(肉味)의 작용이 그렇습니다. 너무 치우치면 독(毒)이 되고, 중도(中道)를 걸으면 약이 됩니다.

몬의 작용 이치(理致)가 전부 이렇습니다. 무작정(武裝的) 평화라는 이론도 이런 이치에서 나왔습니다. 그러니까 이 이치를 다하려면 '사람이 사람 노릇 ᄒ고 몬들은 몬 절로 되게' 하여야 합니다. 이것이 진리입니다. 이것에 만족을 느끼고 저절로 되는 것을 보고만 있으면, 절로 만족할 만한 세상이 옵니다.

아직히 절로 제절롤 못 닿본 듯

그러나 지금의 세상이 이 모양이니, 아직도 저절로 되는 이치와 '절로'의 길에 못 닿아본 듯합니다. '아직히 절로 제절롤 못 닿본 듯', 못닿아본 것이기에 이렇지 않은가 싶습니다. 이것을 다 못 본다면 참 억울합니다. 몸은 몸대로 하고 몸은 몸대로 되게 이렇게 놔두면 건강상 좋습니다.

이번에는 〈인도(仁道)〉를 살펴보겠습니다.*

생평언론기세기(生平言論幾世紀)

몇십 년을 사는 사람이 평생(平生)이라는 말을 쓰는데, 여기서는 생평(生平)입니다. '생평'은 인생의 평안(平安)을 말합니다. 편한 세상을 보자고 평생 떠듭니다. 이 사람만 떠드는 게 아니라 모두가 이 말을 합니다. 생평(生平)과 평화(平和)를 수세기 동안 말해 왔습니다. 전 인류가 두고 두고 말하며 내려온 것입니다. 예수의 재림을 꼭 믿고 지내는 사람이 예수가 오늘 아침에 오지 않으면 혹 오늘 저녁에라도 오지 않을까 골똘히 기다리는 것처럼, 우리 인간은 이 생평을 수세기 동안 말하며 기다려 왔습니다. 옛날에 보지 못한 것이나 어제까지 얻지 못한 것을 혹 있으면

---

* 설명 순서가 바뀌었음.

얻어보지 않을까? 무슨 권력이나 돈을 얻어서 생평하겠다는 것이 아닙니다. 조금 전까지만 해도 깨닫지 못한 것을 누가 와서 또는 무슨 징조가 있어서 크게 깨달아 생평(生平)하게 되지 않을까? 이런 것을 수세기 동안 기다려 온 것입니다.

이렇게 생각하면 참 불행한 인생 같은데, 이 불행을 전 인류가 오늘날까지 지니고 왔습니다. 그야말로 불행한 인생임을 알아야 합니다. 더구나 권력과 금력(金力)을 이용하여 더 한층 불행의 인(因)을 만든다면, 그 사람은 모름지기 불행의 맨 밑바닥인 지옥을 맛보고 가는 게 됩니다. 몇천 년 동안 무슨 권력, 무슨 능력을 얻겠다는 것이 다 생평의 근원이 되는 힘을 얻겠다는 것입니다. 전보다 더 깨닫겠다는 그 소리가 오늘날까지 내려오고, 그것을 구(求)하겠다고 연결한 것이 역사입니다. 경험을 빼놓고는 역사가 말이 안 된다, 역대 지도자의 경력이 역사다, 이러쿵저러쿵 말이 많습니다.

진실한 역사는 이 생평을 구하겠다는 인류가 하늘 위로 올라간 발자국과 아래로 떨어진 발자국의 차(差)를 비교해 엮은 것이고, 생평의 옳은 이치와 그른 이치를 연결해서 보여주는 것이라고 할 수 있습니다. 이같이 연결해주는 기록이 언론(言論)으로 된 것이 문학(文學)입니다. 문학(文學), 문명(文明), 문화(文化) 등 여러 말이 있는데, '문안(文安)'은 얻을 것을 얻고자 하여 얻는 경지에 간 것을 말합니다. 안식(安息)에 들어가자는 것입니다. 여기에는 '안(安)'이라는 글자보다 '사(思)'라는 글자를 쓰는 것이 더 좋겠습니다.

역사문사미정고(歷史文思未定稿)

생평언론기세기(生平言論幾世紀)를 몇백 년, 몇천 년 동안 해 왔는데, 이것이 역사입니다. 이것은 동시에 문명을 하자는 사상입니다. 오늘날까지의 종교, 문학, 무슨 신조(信條) 따위가 완결을 보았다는데, 아직 완결을 보지 못했다는 게 옳습니다. 무슨 신조나 사상을 좇아가면 살고 구원을 얻을 수 있다고 합니다. 이것이 기정론(旣定論)입니다.

그러나 이 사람은 미정론(未定論)을 주장합니다. 인생은 끝날 때까지 미정(未定)일 것입니다. 과학조차도 설명할 수 없는 일이 허다합니다. 더구나 구름을 잡는 일 같은 형이상(形而上)의 일에 완결(完結)을 보았다는 것은 당치 않은 소리입니다. 무슨 논(論)이든 철학(哲學)이든, 어떤 사람이 형이상의 일을 항상 염두에 두고 무엇을 얻고자 애쓰다 그만 붓을 놓고 죽으면, 세상 사람들은 그 사람의 신조(信條)나 이론(理論)이 완결된 것으로 보고 떠들다 죽습니다. 끝을 맺는 게 아닙니다. 완전한 결론(結論)이라는 것은 없습니다.

톨스토이 사상도 도중(途中)에 있는 미정(未定)된 것이지 완결된 것이 아닙니다. 이같이 모든 게 미정인데, 단 하나 뚜렷한 것이 있습니다. 그것은 마음을 마음대로 하는 것입니다. 마음을 마음대로 하면, 마음에 따라서 미정고(未定稿)를 이어받아 완결을 짓도록 노력을 하게 됩니다. 마음은 악(惡)을 곧잘 꾀하는가 하면 선(善)도 곧잘 꾀합니다. 마음이 신(神)에 있으면 유신(唯神)이요, 몬에 있으면 유물(唯物)이 됩니다. 무엇을 객관적으로 결정할 수 있는 것이 마음이 아닙니다.

내 마음과 내 몸을 다른 것으로 보아야 합니다. 그런 점에서 유신적(唯神的)으로 보아야 합니다. 그래서 만날 것을 만나려면 자기 마음 그대로 하여야 합니다. 사람이 사람 노릇하고 몬은 몬대로 절로 되게 하여야 합니다. 이렇게 하고 점잖게 지나가는 것입니다. 그런데 이것을 이왕 잘하려면 사랑이 있어야 합니다. 그 사랑이 인(仁)입니다.

인(仁)에 대해서는 옛날부터 많은 말이 전해오고 있지만, '인'은 아직 미정고(未定稿)입니다. 공자도 죽기까지 할 바를 다하려고 한 것이지 완결을 보고 이렇다 하고 내놓은 게 없습니다. 후대 사람도 역시 마찬가지로 그 대(代)에서만 그 대에 알맞게 죽을 때까지 이러쿵저러쿵 하면서 간 것입니다. 역시 완결을 못 보고 미완고(未完稿)로 내려보낸 것입니다. 근본(根本) 자리는 이렇게 보면 예전의 그 자리가 됩니다. 예전의 그 자리를 어떻게 하는 것이냐 하면 그냥 '하는 것뿐'입니다. 그렇게 하고 그렇게 되게 가자는 것뿐입니다.

공자가 요순(堯舜), 요순 하는 요순은 맨 처음의 요순을 말합니다.《성경》에서는 '아브라함, 아브라함' 합니다. 동양에서 자주 언급되는 요(堯)·순(舜)의 전기(傳記)를 보면 인생 대본(大本)이 거기에 다 있습니다. 언론(言論)이 있고 문사(文思)가 있습니다. 이것을 그대로 되게 하면 다 온전하게 이룰 것을 이루는데, 그러지 못해서 유왕(幽王) 같은 폭군이 나왔습니다.

당인불양택덕사(當仁不讓擇德師)

마음을 마음대로 하지 못하고 몸을 인위적(人爲的)으로 되게 하는 과정에서 오늘의 불행이 온 것입니다. 문안(文安) 원칙은 옛날 그대로 있습니다. 그런데 그렇지 못한 것은 자기 몸을 너무 간섭한 결과입니다. 증자(曾子)는 인(仁)에 대해 말하기를, 책임은 무겁고 갈 길은 멀다 하였습니다. 자기 책임이 '인'입니다. 이 글자는 하늘을 본받는다는 뜻입니다. 공자는 엎어져도 넘어져도 '인'을 잊어서는 안 된다고 말하였습니다.

사랑이 제일이라고《성경》은 말합니다. 사랑이라는 것은 '하나'의 뜻입니다. 오늘은 〈고린도전서〉 13장을 보려고 하였습니다만, 여기를 보면 사랑은 하나라고 분명히 쓰여 있습니다. 오늘 시간이 있으면 읽어보겠습니다만, 사랑이라는 것이 제일이라고 하였습니다. 사랑을 길이 길게 갖는다는 뜻은, 이긴다는 것이 아니라 자기가 맡아서 짊어지고 간다는 것입니다. 그러한 인(仁)을 당하면 사양해서는 안 됩니다.

아버지나 선생이 하지 못하는 일인데 내가 어떻게 할 수 있나?, 이런 식의 태도도 안 됩니다. 선생이 하지 못하는 일이라도 '인'이라고 보이면 사양할 것 없이 곧 하여야 한다는 말입니다. 요새는 별난 아버지가 다 있지만 아버지 다음 가는 존재가 선생입니다. 그러나 지금 선생은 입에 밥이 들어오나 안 오나를 걱정합니다. 택덕사(擇德師)라 해서 스승의 덕을 택하는 것도 요새는 좀처럼 어려운 일이 되었습니다.

옛날에 임금은 만백성을 먹여 살리는 임무와 책임이 있었습니다. 그래서 임금, 아버지, 선생을 군사부일체(君師父一體)라 하여 하늘같이 대접했습니다. 모세 율법에도 선지자의 말은 그대로 길이 되므로, 그것을 믿고 가야 한다고 되어 있습니다. 그래서 동서를 막론하고 선생의 덕(德)에 따라 제자가 모였던 것입니다. 요새 우리나라에서 선지자인 척하는 장로들(박태선, 나운몽 등)은 모두 시간이 지나가는 대로 심판받을 사람들입니다.

아들은 군소리 없이 아버지의 뒤를 따라가야 합니다. 스승의 뒤도 따라가야 합니다. 지도자의 뒤도 따라가야 합니다. 그런 중에 인(仁)을 당해 선생이 사정상 이를 처리하지 못하는 경우, 제자는 사양할 필요가 없이 성인(成仁)하여야 합니다. 어진 일을 당하면 누구에게 떠맡기려 하지 말고, 인자(人子)라면 주저 없이 이를 맞아 실천해야 합니다. 지금 세상에 스승으로 택할 사람이 있겠는가 하지만, 영원이라는 스승(하느님)을 알고 덕(德)을 따라 영원의 길로 나가야 합니다.

이 사람에게는 의중지인물(意中之人物)이 있습니다. 의중지인(意中之人)이라고 하면 연인으로 알기 쉽습니다. 그러나 의중지인은 내 뜻 가운데의 사람이며, 내가 잘못하면 왜 그렇게 하느냐며 잘하라고 책망하는 벗을 말합니다. 이 사람을 보고는 책선(責善)할 일이 없다고들 하지만,

이 사람에게는 예수 그리스도가 선행을 하도록 타이르는 책선이요 의중 지인입니다. 최후까지 진실로 영원히 잊을 수 없는 이가 예수 그리스도 입니다. 택덕사(擇德師)하는 데도 마찬가지입니다. 예수가 이 사람의 스 승입니다. 예수를 선생으로 아는 것과 믿는 것은 다릅니다. 이 사람은 선생이라고는 예수 한 분밖에 모시지 않습니다. 선지자를 내가 알아 모 셔야 합니다.

사제온고지신도(師弟溫故知新道)

사제 관계(師弟關係)가 이러해야 합니다. 부자 관계와도 같지 않습니 다. 온고지신(溫故知新), 묵은 것을 항상 생각하고 자꾸 새로운 것을 연 구하자는 것이 사제지간입니다. 묵은 것에 익숙해져야 새로운 힘이 나 옵니다. 녹음해 둔 것을 듣기만 한다는 것이 아닙니다. 듣고 배우고 새 롭게 나가는 새로운 길을 자꾸 찾아 나가야 사제의 관계가 되고 인도(仁 道)가 새로 서게 됩니다. 마음이라는 것이 무엇입니까? 여기서는 '나'라 는 것을 말합니다. 산다는 말도 자꾸 새롭게 가는 것이라고 말하지 않았 습니까?

생평언론기세기(生平言論幾世紀), 역사문사미정고(歷史文思未定稿), 말 많고 잘하겠다고 몇 세기 동안 떠들어본 것이 전부 생(生)을 평안(平安) 하게 하겠다고 한 것입니다. 그것이 역사인 동시에 완결을 짓지 못한 미 정고(未定稿)입니다. 21일자 〈조선일보〉에서 이런 기사를 보았습니다. 줄 거리를 대략 말하면, 중국의 모택동(마오쩌둥, 毛澤東)이 요즘 새롭게 내 건 슬로건이 있다고 합니다. 무엇인가 하면 '꽃은 꽃마다 피게 하고, 교 의(敎義)는 교의대로 논쟁케 하라(百花齊放 百家爭鳴)'는 것이었습니다. 무슨 거짓말을 또 하나 하고 이 한문구(漢文句)를 들여다보았는데, 거짓 말로 웃어버리기에 너무나 심각한 점이 있었습니다. 이상한 말도 하였습니다. 자세한 내용은 나오지 않았으나 공산주의나 비공산주의나 그 이론을 전부 들어야 한다는 소리였습니다.

꽃은 모두 피게 하고 교의(敎義)는 전부 논쟁케 하라는 것은, 그대로만 들으면 하느님의 소리가 아니겠습니까? 정말 밝아진다는 것이 무엇입니까? 이어서 모택동은 사회주의 체제 하에서도 사회적·경제적 모순이 계속 존재하고, 특히 지도층과 인민(人民) 사이에 모순이 있다고 말했답니다. 소련에서 계급 투쟁을 논하고 모순을 없앴다는 공산주의가 중국에서는 모순이 있다는 말입니다. 이것이 무슨 소리인지 분간하기 어렵습니다. 공산주의에서는 모두 평등하다고 해놓고, 이제 와서 모순이 있다고 하니 말입니다.

다음은 모택동의 탄식을 다룬 글인 〈문모탄(聞毛歎)〉을 보겠습니다.

사회주의정권하(社會主義政權下) **가급인족유병저**(家給人足猶病諸)

사회주의 정권 하의 중국에서는 이 글을 입춘(立春) 날 대문에 붙이는 집이 많다고 합니다. 가급인족(家給人足), 이것은 말끔히 정치적 이상입니다. 집집마다 넉넉하게 하고 사람마다 만족을 느끼게 하는 것을 말합니다. 요순의 정치도 인정(人情)을 베풀어 대중(大衆)을 건지자는 일을 그냥 한 것에 지나지 않습니다. 단 한 사람도 괴롭고 곤란한 사람이 없게 하자는 것입니다. 그러나 요순시대에도 병 때문에 신음한 사람이 있었고, 장애 때문에 눈물을 흘린 백성이 있었습니다.

어떤 정치제도 하에서도 고루고루 다하기란 어려운 노릇입니다. 더구나 인위적이고 강압적인 제도 하에서는 모택동처럼 평등에 대한 탄식이 기어코 나오지 않을 수 없을 것입니다. 모택동도 사람이 되려는지 개선(改善)의 노력을 하려는 것 같습니다. 모택동의 탄식 이후 세계의 인민은 가만히 듣고만 있고 어떤 반감(反感)도 아직은 없다고 합니다.

오관사지상모순(五官四肢尙矛盾) 일신만강도심저(一身萬康道心底)

제도나 인생살이에 모순이 있다는 데 놀랄 것은 없습니다. 거의 완전하다는 우리 몸뚱이의 오관사지(五官四肢)에도 모순이 있는 것을 어찌합니까? 모순이 지금 생겨서 그런 것이라며 합리화하고 그냥 있어야지, 모순에 대해 너무 알려고 하고 또 실제로 알면 인생을 그만두어야 하는 경우가 많이 생길 것입니다. 그러니 사람과 사람 사이, 더구나 위와 아래, 곧 지도자와 인민 학생 사이에 모순이 없을 수 없습니다.

그런 중에도 기특하게도 사람 밑바탕에는 도심(道心)이 있습니다. 진리를 향하여 올라가려는 마음이 있습니다. 이것이 성가신 것이긴 하지만, 이것이 아니면 사람은 살기를 그만두는 것이 오히려 낫습니다. 도심(道心) 때문에 우리 일신(一身)은 모순인 줄 알고도 안심(安心)할 수 있고 건강할 수 있습니다. 아니 만강(萬康)할 수 있습니다.

이번에는 이 사람 나름대로 반성한다면 어떻다는 것을 그린 〈반성(反省)〉을 보겠습니다.

요순제전민본위(堯舜帝典民本位)

역사의 맨 꼭대기에 요순시대가 있습니다. 요순시대의 정치 제전이라는 것은 임금이 하던 제도라는 뜻으로, 민본(民本)이었습니다.

공산당치호강환(共産黨治豪强患)

공산당은 정치에서 영웅주의로 호강(豪强)을 합니다. 호(豪)는 산돼지가 무모하게 뛸 때 온 산이 뒤흔들리고 돌들이 와르르 무너지는 것을 표현한 것입니다. 권력이나 금력으로 억누른다는 뜻입니다. 호강(豪强)이라고 하면 여자들이 호강하고 싶어서 남편을 졸라대는 그 호강과 어감이 같습니다. 이 호강 때문에 우리나라도 망했던 일이 있습니다.

인간은 예나 지금이나 같은 인간인데, 삼황 이후의 요순시대는 그나마 이상적인 시대였습니다. 춘추전국 시대에 접어들어서는 다른 모든 임금이 제각기 영웅주의로 호강을 했습니다. 그에 비해 기나긴 역사에서 몇 년밖에 안 되는 요순시대는 민본(民本)으로서 좋은 태평세대(泰平世代)를 이루었습니다. 호강은 비단 정치에서만의 이야기가 아닙니다. 교회에서도 예수의 이름을 팔아서 호강하겠다는 자가 거의 교회사(敎會史)의 대부분을 장식한다면 어떻게 되겠습니까? 죄다 민본(民本)으로서 남을 위하여 사랑을 하겠다고 해야 요순의 정치가 이루어집니다.

경가도어정정일(耕稼陶漁正精一)

밭을 갈아 곡식을 거두고 질그릇을 만드는 데 온 정성을 기울인다는 뜻입니다. 순임금 시대의 얘기입니다. '정정일(正精一)'하여야 질그릇을 하나 만들어도 반듯한 그릇이 나옵니다. 반듯하지 못한 사람이 질그릇을 만들면 만들어진 그릇도 반듯하지가 못합니다. 그러니 나라의 정치도 반듯한 사람이 하여야 모든 것이 반듯해지는 법입니다. 그러지 못하고 수신제가(修身齊家)의 기본 도의를 하지 못하는 경우, 나라의 정치가 반듯하게 될 리 없습니다.

'정정일'은 바꾸어서 말하면 도심(道心)입니다. 사람의 마음은 치우치기 쉽고 넘어지기 쉽습니다. '정정일'인 영원한 진리의 마음을 꼭 붙들고 가야 합니다. 마음이 반듯하지 못하고 '정정일'하지 못하면, 그 사람은 영원과 인연이 끊어지고 혹미(惑迷)하게 됩니다. 사람은 반듯하게 유정유일(唯正唯一)하여야 합니다. 순임금은 본디가 왕이 되겠다고 한 사람이 아니었습니다. 타고난 '정정일'의 정신이 그로 하여금 절로 왕 노릇을 하게 한 것입니다.

인문공명사절반(人文功名邪折半)

인문공명(人文功名)을 바꾸어 말하면, 무슨 사업·공업·기업을 하겠는데 인문(人文)을 위해 성공을 이루겠다는 마음이라고 합니다. 여기에는 사(邪)가 절반(折半)을 차지하고 있습니다. 좋은 일을 해서 저절로 이름나는 것은 다르다고 할 것이나, 처음부터 기본이 아니라 이름을 내고 공(功)을 세우려는 것 자체에 사(邪)가 끼지 않을 수 없습니다. 두 사람이 반갑게 만났는데 서로 집안의 안부를 물으며, 누구는 상급학교에 가지 않았느냐고 물었고 중학교를 다닌다고 대답하였답니다. 그런데 어느 학교에 다니느냐고 물으니 어물어물 말을 못 하고, 그저 '시시한 학교'라는 말을 들었다고 합니다. 떳떳이 말하지 못할 학교 이름이라면 집어넣지도 말아야 할 것이 아니겠습니까? 이것이 다 공명(功名)에 사(邪)가 끼어 절반(折半)의 마음이 꿈틀거리는 것입니다.

다음은 〈도심저(道心底)〉를 풀이해보겠습니다.

도심(道心)이라는 것은 진리대로 하려는 마음입니다. 옛날부터 오늘날까지 완전한 도(道), 곧 완전한 진리가 있는가 하면 있긴 있겠지만, 우리는 아직 완성되지 않은 미정고(未定稿)를 논(論)하는 기준으로 삼습니다. 그래서 어떤 의미에서는 각 시대마다 제각기 본 대로 결과를 자꾸 시험해 가는 것뿐이라는 생각이 듭니다.

실실재재시험행(實實在在試驗行)

실재(實在)라는 것이 어디 있습니까? 생각이 들면 실재고, 생각이 없으면 실재가 아닙니까? 죽은 다음에도 실재를 찾겠습니까? 실재라는 것은 '위'로부터 오는 생각입니다. 그러니까 고금(古今)부터 자꾸 하나를 향해 시험의 길을 떠나는 것입니다.

정반합래반정거(正反合來反正去)

이것이 인생의 역사입니다. 변증법적으로 간단히 말한 것입니다. 정(正)이 있으면 반(反)이 일어나고, 정과 반이 어떤 경우에는 합(合)해서 반이 성하면 반정(反正)이라는 초신 사상이 일어납니다. 인조반정(仁祖反正)이 그것입니다. 정이면 정대로, 프로그램을 짰으면 짠 대로 가면 좋은데 그러지 못하고 자꾸 뒤범벅이 됩니다. 반정(反正)하면 정반(正反)하고 갑니다. 다 옳다고 하는 것들인데 무엇인지 모르기 때문에 그렇습니다. 이것을 깨달아서 그런지 지금은 반정도 없고 정반도 없이 그냥 잠자코 있습니다. 아마 이치(理致)를 전부 알기 때문에, 국민은 가만히 있고 떠드는 사람이 누구인지 그냥 놔두는 모양입니다.

도심행리리득리(道心行理理得利)

이같이 도심(道心), 도심 하는데, 이치대로 간다는 뜻입니다. 그러면 곧 이(利)를 득(得)하는 일입니다. 잠깐 알기 쉬우라고 이득(利得)이라는 말을 쓴 것입니다. 그리고 생활은 이마에 땀을 흘리고 살아야 합니다. 일이 내가 살도록 도와줍니다.

한면작업업복거(汗面作業業卜居)

복거(卜居)는 자기가 들어앉을 자리를 찾지 못하고 헤매다가 하나를 정하게 되는 것을 말합니다. '정반합래반정거'의 이치를 알 뿐만 아니라 도심(道心)이 이롭다는 것까지 알고 이마에 땀 흘려(汗面) 하는 일이 곧 생활을 규정해주어 복거(卜居)하게 되면, 이 이상 즐거운 호강이 어디 있겠습니까? 남을 눌러서 권력과 금력(金力)으로 호강하겠다는 것은 자기가 흘릴 땀을 남에게 대신 흘리게 해서 호강하자는 것입니다. 그 죄악은 여간 크지 않을 것입니다.

마지막으로 〈조섭리(操攝理)〉를 보겠습니다.

도심지도한면락(道心指導汗面樂)

여관에서 하룻밤 묵고 가는 길이라도 뭔가 의견이 있지 않을 수 없습니다. 한방에 자다가도 시비가 붙을 수 있는데, 그 시비는 옳은 쪽이 시(是)가 되도록 해야 합니다. 그렇다고 지나온 길을 되돌아 가보라는 것은 아닙니다. 우리 생활은 영원한 꼭대기, 한량없는 곳으로 갈 생각을 하여야 합니다. 그러니 스스로 몸뚱이를 바로 잘 쓰겠다는 정신이 안 나올 수 없습니다. 바로 살 수 있다면 동포를 위해서도 바로 할 수 있습니다.

병이 있는 사람에게는 딴 도리가 없습니다. 이치(理致)대로 조섭(操攝)을 하여야 합니다. 그것이 무엇이냐 하면 도심(道心)입니다. 곧 진리(眞理)의 마음으로 백성을 지도하면 백성이 이마에 땀 흘리는 것을 즐거워합니다. 즉, 백성이 즐거이 땀을 흘리도록 지도하는데, 그렇게 하려면 도심이 필요하다는 말입니다. 지도하는 사람이 함께 땀 흘릴 생각을 하지 않으면 안 됩니다. 제정(帝政) 러시아 시대에 톨스토이를 감동시킨 두호보르 교파가 있었습니다. 이 교파는 하느님이 십계명 이전에 아담과 하와에게 하신 다음의 말씀을 믿었습니다. "너는 흙에서 나왔으니 흙으로 돌아갈 것이다. 그때까지, 너는 얼굴에 땀을 흘려야 낟알을 먹을 수 있을 것이다."(〈창세기〉 3:19) 그래서 두호보르 교파는 땀 흘려 일하지 않으려는 것은 하느님의 계명을 거역하는 행위라고 생각했습니다. 석학(碩學)이었던 툴스토이는 이 말을 듣고 참으로 그렇다고 대답하였답니다.

동양에서 농사천하지대본(農事天下之大本)이라고 한 것은 땀을 흘려야 한다는 가르침입니다. 또한 맹자의 말씀에 땀을 흘려서 그 결과 얻은 것으로 부모를 봉양하면 큰 효(孝)라고 하였습니다. 이 세상의 일은 가만히 보면 말끔히 땀을 흘리게 되어 있습니다. 그런데 우리나라의 현 실정은 어떻게든지 땀 흘리지 않고 가만히 앉아서 한자리 해보겠다는 것입니다. 우선 좋은 학교, 좋은 학교 하는 것이 그렇습니다. 믿는 사람이나 안 믿는 사람이나, 십계명보다 먼저 생긴 철칙인 땀을 흘려야 한다는 하느님의 가르침을 모두가 거역하고 있습니다. 그러니 도심(道心)이건 도의(道義)건 이 나라에서 지금 찾아볼 수가 없습니다. 땀은 자꾸 흘려야 합니다. 땀을 흘리면 언뜻 더운 것 같아 보이나 속은 시원합니다.

한면기피도심미(汗面忌避道心微)

한면기피(汗面忌避)하면 도심이든 도의든 미미하게 됩니다. 민주권리(民主權利)를 확보하려면 밝은 관(官)을 육성하여야 합니다. 요새 필리핀에 관한 신문기사를 보니, 동양에서 제일 뒤떨어진 나라로만 알고 있었고 그렇지 않으면 그저 그러려니 했는데, 그 나라가 지금은 놀랄 만한 발전을 이룩하고 있습니다. 필리핀의 경찰은 전부 변호사 자격을 갖고 있다고 합니다. 이상적인 경찰이 필리핀에서 실현되는 모양입니다. 동양에서 제일 뒤떨어진 나라는 우리가 아닌가 생각됩니다.

명관육성민주권(明官育成民主權)

이것은 우리가 깊이 생각할 문제라고 보입니다. 관(官)이라고 해서 그것을 밥줄로만 알고 매달려 가면 안 됩니다. 그러려면 기본적으로 사람의 속마음이 문제되는데, 이것을 더 한층 유의해서 명관(名官)을 양성하는 데 힘쓰지 않으면 안 됩니다. 먹고사는 것은 부차적(副次的) 문제로, 절로 따르는 문제입니다. 정정일(正精一)하는 이 길을 가면 명관(名官)이 됩니다. 명관이 다스려야 우리나라의 민권(民權)은 올바르게 발전을 합니다.

암맹의혹탐관리(暗眠疑惑貪官吏)

맹(眠)은 어둡고 어리석은 백성이 자꾸 의혹을 갖는 것을 말합니다. 한편으로는 탐관(貪官)을 의심하고 다른 한편으로는 관직을 탐냅니다. 어두운 백성이니까 탐관(貪官)을 의심하기만 하고, 관직(官職)를 탐(貪)냅니다. 탐관오리의 행실을 본받고 스스로 그렇게 되기를 원하고 '감투, 감투' 하고 쫓아다니며 관(官)을 탐냅니다. 관(官)이 어디 탐낼 존재입니까? 제각기 관(官)이 되기를 싫어하고 오히려 백성으로 있는 것을 더 좋은 것으로 알아야 하는데, 그러지 않고 관(官)을 탐내고 탐관오리가 되기를 원합니다. 죄다 사절반(邪折半)이기 때문에 그렇습니다.

《성경》(〈마태복음〉 23장)을 보면, 예수는 사정없이 고발하였습니다. 실실재재(實實在在) 아고소소(我告訴訴), 바른말을 하는 것을 고소(告訴)한다고 합니다. 억울한 일 있다고 고소하고, 좋은 일 있다고 고소합니다. 이것은 진실로 진실대로 '나'에게 고소하는 것입니다. 이상, 오늘 드릴 말씀이었습니다. 우리 백성은 참 우매합니다. 백성이 말할 때는 고소하는 것입니다. 이 고소를 누가 받아줘야 하겠습니까? 우리는 사절반(邪折半)하지 않고 정정일(正精一)하지 않으면 안 됩니다. 정말 그리스도인이 되려면 이와 같은 고소를 하여야 할 것입니다 (1957. 5. 24.)

제35강

영원한 사상을 가지려면
강한 신념이 있어야 한다

人間思想

熟親商議多異見	故鄕國中難得意
生面接語或同志	新地天上企正義 (다석일지 1957. 5. 30.)

不信念時代(區域?)

黨自內而使外由	名許民主實妨生
自由獨占利要害	三權分立靡恃介 (다석일지 1957. 5. 27.)

誠之吟

當日課業若何工	終日乾乾夕惕若
絶世宿命如斯夫	夙興夜寐大丈夫 (다석일지 1957. 5. 28.)

有定能得(蓮花出水)

瞋生貪長赤子養　　遠瞋去貪免痴人
痴情繼世靑年定　　樂天知命精神靜 (다석일지 1957. 5. 30.)

맨듦과 지음 「로 17/4」

몬을 누가 맨드럿다? 없이 계셔서 없는 데서 있이 내시는 이가 맨드렀
지. 그릇은 뉘 지은가? 떠려져서 난 사롬이 몬지에 찌를 덧붙쳐 지은 것
이지. 맨으로 드러냄만이 맨듦이라 홀게다. (다석일지 1957. 5. 28.)

먼저 〈인간사상(人間思想)〉을 보겠습니다.

숙친상의다이견(熟親商議多異見)

사람은 짐승과 다른 점이 별로 없습니다. 다만 사람이 사상(思想) 곧
늘 생각한다는 점에서 짐승과 다르다는 것은 누구나 아는 사실입니다.
유물론(唯物論)을 말하는 사람에게도 종당은 '인간사상'이라는 이데올로
기가 문제입니다. 유물론이 말하는 '인간사상'도 숙친상의다이견(熟親商
議多異見)입니다.

한집안 식구이거나 평생토록 숙친(熟親)한 사이에 무엇을 상의한다는
말에 '서로 상(相)'을 쓰기도 하나 '장사 상(商)'을 쓰기도 합니다. 헤아린
다는 뜻의 '상(商)'을 쓰는 상의(商議)는 온갖 일을 의논한다는 본 목적
을 나타내는 것 같아서 좋습니다. 지금보다 깊이 서로 의논한다는 것은
전부가 장사하는 것이 아니겠습니까? '장사 상(商)'만으로 이 글을 쓴다
는 게 이 사람으로서는 이상하게 생각됩니다. 장사하기 이전에 이 글자

가 나왔다면 그것은 '헤아릴 상(商)'입니다. 나중에 상업이 발달하면서 서로 만나서 하는 일이 죄다 헤아리는 일이고 따지는 일이 됨으로써 이 글자가 '장사 상(商)'으로 쓰게 된 것입니다.

지금은 무어라고 하는지 모르겠습니다만 제법(除法)에서 15를 5로 제(除)하면 3이 됩니다. 이 경우 15를 실(實), 5를 법(法), 그리고 3을 상(商)이라고 합니다. 왜 그런 이름이 붙었는가 하는 것을 생각한 이도 없고, 왜 그러느냐고 질문하는 사람도 없습니다. 교육자나 피교육자나 그냥 그런 것이라고 하면서 지나가버리는 모양입니다. 우선 떡을 예로 들어봅시다. 떡이 실제로 15개(實)가 있을 때 5개씩 먹으면(法) 몇 사람이 먹을 수 있는가(商)를 헤아려 보자는 뜻이 됩니다. 또 옷감이 15자 있는데 5자로 나누면 몇 자나 되겠는가 하는 뜻에서 실(實), 법(法), 상(商)이라는 명칭이 나온 것입니다. 그것은 그렇고 숙친(熟親)한 사이에도 이견(異見)이 많습니다.

생면접어혹동지(生面接語或同志)

처음 만나는 생면부지(生面不知)의 사람이지만, 말을 주고받으며 경험에 공통점이 있음을 알면 아주 친한 동지가 될 수도 있습니다. 이런 일은 흔하지 않습니다. 그러나 혹 있긴 있습니다. 정말 죽을 때까지 사귈 수 있고 사귀고 싶은 친구는 이런 친구를 말하는 것이겠지요. 이같이 상극(相剋)되는 이치가 사람과 사람 사이에 있습니다. 물건은 친(親)하면 얼마든지 알 수가 있고 이론(異論)이 나올 수 없는데, 사람은 처음엔 모릅니다. 좀 있다가 소위 숙친(熟親)하게 되면 많은 이견(異見)이 나옵니다. 처음 만나는 사람이 물건이라면 길이 잘 안 들어 있을 것이고 말을 잘 안 들을 것인데, 사람은 그와는 달리 생면부지인데도 흔하지는 않으나 간혹 서로 금방 동지(同志)가 될 수 있습니다. 이같이 사상(思想)이라는 것은 결국 하나입니다. 따라서 사상에 무슨 시대사상이니 서양이니 동양이니 하는 따위의 수식어를 달 필요가 없습니다. 다 '하나'이고, 영원한 것입니다.

사상이라는 것이 나온 것은 영원한 '하나', 이것을 찾자고 하는 일입니다. 요전에 한번 말씀드렸지만 미정고(未定稿)입니다. 영원(永遠)한 '하나'에 도달하기 전에 인류가 여기까지 왔다는 기록을 남긴 것이 무슨 사상입니다. 온전히 완결(完結)을 보지 못한 것입니다. 어떤 뜻에서는 영원한 미정고(未定稿)라고 결론지을 수 있는 것이 사상입니다. 철학의 대표라는 것이 어디 있습니까? 단지 정신생활을 이만큼 해보았다는 소견을 발표한 것에 지나지 않습니다. 그것을 괜히 무슨 철학이니 무슨 관념이니 무슨 신조니 해서 이것을 따르면 살고 따르지 않으면 죽는다며 아주 완전고(完全稿)같이 떠드나 실은 그렇지 않습니다. 이렇게 떠들고 내려온 것이 우리 역사입니다.

고향국중난득의(故鄕國中難得意)

고향은 조상 때부터 사는 곳입니다. 이 땅에서 3천 년, 4천 년을 살았다고 우리나라라고 하지만, 그렇다고 득의(得意)할 수 있겠습니까? 난득의(難得意)입니다. 득의(得意)는 무슨 일에 성공하였다든지 돈을 많이 벌어서 잘살게 되었다든지 하는 그런 것이 아닙니다. 품었던 이상(理想)을 실현하는 일입니다. 정의(正義)에 입각한 이상을 이룰 때 '득의'하였다고 하는 것입니다. 그것을 고국(故國)에서는 할 수 없습니다. 그러니까 신천지(新天地)라는 소리가 나옵니다. 그러나 여기서는 신지천(新地天)으로 되어 있습니다.

신지천상기정의(新地天上企正義)

새 하늘 위에 새 땅이 신지천상(新地天上)입니다. 이스라엘 민족이 몇 천 년 동안 시온을 중심으로 온 천하를 지배한다고 하였습니다. 메시아가 지배한다고 하였습니다. 이스라엘 민족을 해방시키는 사상인지 모르겠습니다. 2천 년 전에 예수는 신천지가 예루살렘에 있지 않고 하늘 위에 있다고 하였습니다. '기정의(企正義)'는 정의(正義)를 바란다는 말입니다. '기(企)'는 기도(企圖)한다는 뜻입니다. 기업(企業)의 '기(企)'처럼, 생기도록 바라고 얻자는 것입니다. 이 세상에 대하여 더 이상 애쓸 필요가 없습니다. 자기 생명을 중심으로 하는 짓에 연장을 해 가며 힘들일 필요가 없습니다. 나라는 것의 대부분은 하늘에 있으니, 신천지상(新天地上)에 정의(正義)를 이룩하도록 노력하자는 것입니다.

땅 위의 우리 인간은 아무것도 아닙니다. 인간이라는 벌레가, 이 우주 안에 없다고 누가 어쩌겠습니까? 지구가 달처럼 아무런 생물이 없이 평평하게 있다고 해서 무슨 서운한 것이 있겠는가 말입니다. 우주조차 종단에는 다 타버릴 것이라는 사상이 있습니다. 옷에 묻은 먼지를 하나 털어버린다고 해서 아무도 눈 하나 깜짝하지 않는 것처럼, 지구에서 인류를 털어버린다고 해서 무엇이 서운하겠습니까? 똥벌레 같은 인류가 생각(念)으로 사상을 지어내는 점이 동물과 다르다고 합니다. 그나마 고마워해야겠지만 그 사상이 문제입니다. 이것이 아직 결론을 얻지 못한 것입니다.

숙친상의다이견(熟親商議多異見) 생면접어혹동지(生面接語或同志)입니다. 서로 좋은 것도 많고 싫은 것도 많습니다. 그래서 사람은 좀 친해져야 할 것만 같고 많이 모여서 하면 일이 잘되는 것 같기도 합니다. 그것이 소위 역량(力量)이라고 할 수 있을 것 같으나, 실상은 기대하는 것뿐입니다. 속의 속은 사상(思想)입니다. 사상은 사람이 같다 하더라도 숙친

(熟親)하면 이내 점점 달라집니다. 달라지니까 자꾸 이견(異見)이 나옵니다. 이러한 세상에서 득의(得意)할 줄로 알지만, 그렇지 않습니다.

자유당이 건국 이후 단결이 필요하다고 요새 특히 바득바득 애를 쓰는데, 실상은 명년 선거에 자유당 국회의원이 많이 당선되게 하기 위해서입니다. 지금 국회는 장기 유회(長期流會)되고 있습니다. 자유당 의원들도 당 공천과 결부시켜 추천해주면 출석하고 그러지 않으면 안 하겠다는 짓들을 합니다. 모두를 추천해줄 수 있는 도리(道理)가 있으면 아주 쉽지 않겠습니까? 감투만 쥐어주면 된다니 말입니다. 감투를 한 3천만 개 만들어서 사람마다 감투를 씌워주면 좋을 게 아니겠습니까? 감투가 이 나라이고 민족입니까? 참 답답한 사람들입니다. 어찌되었든 사람들이 이 세상에서 득의할 줄 알지만, 이같이 구구(區區)한 사상으로는 득의할 수 없습니다. 예수를 믿고 예수의 심판을 믿고 가까운 시일에 꼭 예수의 재림이 있을 거라고 믿는 사람이 득의할 것 같지만 그렇지 않습니다. 고향이나 고국에서는 득의하지 못한다는 것이 진리인 것 같습니다. 그러면 어디로 가야 합니까?

하늘 위 신천지(新天地)에서 정의를 기(企)하여야 합니다. 정말 정의를 갖고 저(류영모가 하늘을 가리킨다) 위로 올라가야만 합니다. 누가 자기를 알아주나 하고 기웃거려보아야 소용이 없습니다. 나를 낳아준 어머니와도 의견이 다르고, 한집에 사는 부부 사이에도 견해가 다릅니다. 《성경》에서 말하기를, 너의 집안에 원수가 있다고 하였습니다. 우리의 사상은 누가 어쩔 수 없는 것이고 영원한 것입니다. 이것을 좀 알았으면, 예수를 제대로 믿는 사람이 많았을 것이고, 지금 같은 세상이 되지 않았을 것입니다. 이 와중에도 요다음에 또 국회의원이 나오고 장관이 나올 것입니다. 그때에도 이 정신을 잊지 말고, 우리가 사상을 가진 동물이라는 것을 알고 사상이 무엇인지를 알아서 유감이 없도록 잘 처리하여야 할 것입니다.

이번에는 〈불신념시대(不信念時代)〉를 보겠습니다.

지금은 신념을 갖지 못하는 시대입니다. 인간이 죄다 아주 병신이 되어 인생을 그만둔다면 모르겠습니다만, 사람에겐 반드시 관념(観念)이 있어야 합니다. 몸은 비록 30대까지만 자라지만, 마음은 80, 90세까지 계속 자랍니다. 영원한 사상을 갖는다는 것은 관념보다 강한 신념(信念)이 있어야 한다는 것을 말합니다. 우리 삶의 목적에는 정의나 진리의 신념이 있어야 합니다. 그런데 지금은 불신념 시대입니다. 예수가 나온 지 2천 년이나 되었고 성인이나 철인도 많이 나왔습니다. 톨스토이와 간디 같은 분도 나왔는데 신념이 아주 없는 시대라고 하면 너무 심한 말이 아니겠는가 하겠기에, 그러면 구역(區域)이라고 할까 싶습니다. 이 반도 남쪽의 한 끄트머리는 불신념 구역입니다. 그래서 제목도 '불신념시대(구역?)'가 되었습니다.

당자내이사외유(黨自内而使外由)

여기 쓴 시는 알아듣기 위한 것이지, 결코 자유당을 비판하려는 게 아닙니다. 당(黨)이 자기 안에서 한 것으로 말미암아 밖의 국민이 하게 됩니다. 자유당이라는 정치 단체는 우리나라뿐만 아니라 일본과 구미(歐美)에도 있는데, 그 원뜻은 국민의 자유를 가급적 보장하겠다는 것입니다. 그런 뜻에서 이름도 자유당이라고 표방하였을 것입니다. 자유당이 당리를 위해 속으로 마음먹은 것을, 그것을 바라지 않는 국민으로 말미암게 하는 것은 결코 국민의 자유가 아닙니다. 공자의 말씀에 백성을 알게 하지 않는다는 말이 있습니다. 백성으로 말미암게 하지 않는다는 뜻입니다. 백성들에게 책임을 전가하지 않는다는 것입니다. 그래서 중국은 공산혁명 당시에 공자의 사상을 전제주의 사상으로 여기고 곧잘 내걸곤 하였습니다.

민주주의는 국민이 보통·의무 교육으로 깨칠 것을 깨우친 후, 보통 선거를 하여 국민의 의견에 따라 일을 하게 하는 것이 원칙입니다. 그런데 언제 전부 알릴 시간이 있느냐 말입니다. 그냥 길을 닦아놓을 터이니 그 길을 따라서 밟아 내려오면 된다는 게 공자의 가르침인데, 이를 비판한다면 언제 그 많은 백성을 전부 가르친단 말입니까? 가르친다는 것이 길을 만드는 것인지, 길만 보여주고 가게 하는 것이 전제(專制)인지는 보는 눈에 따라 다를 것입니다.

필리핀은 교육의 발달로 변호사 자격자가 너무 많아 오히려 할 일이 없는 지경이 되었다고 합니다. 그래서 경찰관이라도 되겠다고 하여 경찰관 거의 전부가 변호사 자격을 갖게 되었는지 모르겠습니다만, 그 지경에 가는 것이 백성을 전부 깨우치는 일이 되겠습니까? 언제 국민 전부를 가르쳐서 스스로 할 수 있게 되겠습니까? 또 가르친다는 것의 기준을 어디다 두고 무엇을 가르친다는 말입니까? 틀에 박힌 되지 못한 교육을 합리화하는 말입니다. 가르치는 것이 가르치지 않느니만 못한 경우가 더 많을 수 있습니다. 그렇다면 성인(聖人) 같은 사람이 길을 만들어 그 길을 그냥 따라가라, 그냥 믿어라 하는 소리도 나쁜 것이 아닙니다. 그렇다면 전제(專制)를 무조건 결코 안 된다고 할 이유가 없습니다.

민(民)은 가사유지(可使由知) 불가사지지(不可使知之)입니다. 민주주의 시대는 국민이 주권자이니만큼 대의원(代議員)으로 뽑히게 되면 가사지지(可使知之)입니다. 알 것을 알아야 합니다. 어느 국회의원이 아주 무식하여 글을 몰라 어찌할 줄 모르고 창피를 당했다는 얘기를 들었습니다. 그 국회의원을 위해 많은 일을 보아준 적이 있는 검사가 오랜만에 그 국회의원을 만나서 명함을 주었는데, 명함을 보고 반가워하여야 할 국회의원이 도무지 반가워하지 않았다고 합니다. 그래서 검사가 후에 알아보니, 그 국회 의원이 글을 모르는 까막눈이어서 사람을 못 알아본 것이라고 합니다. 이쯤 되면 국민은 가사유지(可使由知)하여야 할 것입니다.

그런데 국민을 가사유지(可使由知)해서 무슨 목적에 말미암게 하겠다는 짓은 불가사지지(不可使知之)해도 좋습니다. 혹 말이 잘못 전달될까 우려됩니다만, 가사지지(可使知之)로 모든 것을 전 국민이 알게 된다면 무슨 정부가 필요하겠습니까? 모든 것을 아는 국민이니 자치적(自治的)으로 돕는 일은 스스로가 해야 할 것입니다. 못 하는 일과 할 일을 구별지어서 할 터인데, 정말 전 국민이 모든 것을 알 때면 정부가 없어지는 시대가 오는 것입니다. '나는 앉아서 먹을 터이니 그런 자리 하나 마련해 줘!' 하면 누가 그를 인정하겠습니까? 가르친다는 것은 무엇을 가르치고, 지도(指導)한다는 것은 무엇을 지도하는 것입니까? 몰라도 좋을 것은 가르치지 않아도 좋습니다. 그러나 정말 알아야 할 것은 꼭 가르쳐야 하는데, 그렇지 못한 것이 이 세상입니다.

자유독점이요해(自由獨占利要害)

자유(自由)를 독점(獨占)하면 이요해(利要害)입니다. '이요해'는 이(利)를 자기가 보려고 하면 다른 데가 해를 입는다는 말입니다. 요해지(要害地)는 사람이 능히 적군 수백 명을 당해낸다는 군사상 중요한 지점을 말합니다. 이(利)를 보는데, 상대방 인명(人命)에는 상당한 해를 끼치는 지점이라는 뜻입니다. 이와 마찬가지로 자유독점은 여럿을 못살게 합니다. 여럿에게 해를 끼치게 합니다.

명허민주실방생(名許民主實妨生)

명허(名許) 민주(民主)요, 실(實)은 방생(妨生)입니다. 민주주의라는 것은 모두가 그렇게 하니까 체면상 하는 것이고, 이름만 구호만 민주(民主)이지, 실속은 삶(生)을 방해하는 짓입니다.

삼권분립미시개(三權分立靡恃介)

삼권분립(三權分立)은 미시개(靡恃介)입니다. 미시개, 곧 휴지나 일개 장식처럼 있으나 마나한 존재입니다. 미시개의 음(音)은 '밑씻개'로도 들립니다. 이 꼴이 누구에 의한 것인지 한번 보십시오. 불신념 시대(不信念時代)라고 해야 할까요, 아니면 불신념 구역(不信念區域)이라고 해야 할까요?

다음은 〈성지음(誠之吟)〉을 풀이해보겠습니다.

정성(精誠)이나 정의(正義)나 신념(信念)이나 진리(眞理)나 우리 인간의 사상이라는 것은 종단에는 참 '하나'를 좇아가는 것입니다. 성(誠)은 참입니다. 동양에서의 진리는 참을 말합니다. 《성경》에 나오는 '아멘'과 같습니다. '아멘'은 우리말 그대로 '아무렴 그렇지', '암만'입니다. 이것이 성(誠)입니다.

당일과업약하공(當日課業若何工)

사람 노릇을 할 때 정신 차릴 것은 다른 게 아닙니다. 오늘의 과업(課業), 곧 오늘의 할 일은 오늘 해야 합니다. 옛날에 날마다 습자(習字) 50자씩을 일과(日課)로 정하고 아무리 바빠도 꼭 실행하는 사람이 있었답니다. 하루라도 쉬면 그 과업은 망하게 됩니다. 과(課)라는 것은 말씀(言)의 열매(果), 곧 말의 결과(結果)를 말합니다. 공과금(公課金)은 공

(公)으로 말해서 꼭 결과에 이르게 하는 금액(金額)입니다. 어쩔 수 없는 돈으로 내놓게 되어 있는 것이 공과금입니다. 그러니까 말을 열매 맺게 하고 종단에는 이루게 하는 것이 지성(至誠)의 길입니다.

우리가 사람 노릇을 하는데 그 과업(課業)을 어떻게 할 것인가를 공(工)하여야 합니다. 힘써야 합니다. 하루도 빼지 않고 힘써야 합니다. 이 사람이 오늘까지 24550일을 사는데, 그동안 매일 사람 노릇을 잘했으면 성인(聖人)이 되었을지 모릅니다. 그간 어렵고 힘들어서 일과(日課)를 하지 않은 날이 많아 이 모양이 되었습니다. 성(誠)은 하늘의 참이라, 하루라도 공(工)하지 않으면 안 되는 일입니다. 이같이 지성(至誠)을 쫓아가야만 합니다.

절세숙명여사부(絶世宿命如斯夫)

기왕이면 나와서 사는 것이니 제일가는 사람이 되어야 하겠는데, 그러려면 이 일과를 다하여야 합니다. 그렇다고 대통령이나 장관이 되라는 것은 아닙니다. 하다못해 자동차 운전기사면 운전기사로서 제일가는 운전기사가 되겠다는 것을 말합니다. 이같이 제일간다는 뜻이 절세(絶世)라는 말입니다. 요새 미인대회(美人大會)가 있는데, 여기서 뽑힌 미인은 절세미인(絶世美人)일 것입니다. 절세미인의 '절세(絶世)'를 풀어보면 세상과 인연을 끊었다는 말이 됩니다. 그것 참 이상합니다. 이 세상에서 제일이라는 뜻으로 쓰는 말이 하필 '절세'라니 말입니다. 이 세상에서 제일, 제일 하는 일이 하필이면 죄다 이 세상과 인연을 끊고 뚝 떨어져서 올라가는 일을 말하는 것인지 모르겠습니다. 이것은 제일인자로서 잘못하면 세상에서 있으나 마나 하는 존재가 되어 목숨을 끊는다는 뜻으로도 쓰일 것입니다.

우리는 어쨌든 형이상(形而上)의 세상을 떠난 일도 생각하고 형이하

(形而下)의 짓도 생각하는데, 절세(絕世)라는 숙명(宿命)을 지닙니다. 이 숙명이 어떻게 시작되었는지는 모릅니다. 곤충 중에는 매미처럼 오랫동안 유충 시대(幼蟲時代)로만 살다가 성충(成蟲)이 된 지 얼마 안 되어 없어지는 경우가 있습니다. 우리 인간도 어떤 뜻에서는 숙명이라는 게 아주 없다고는 볼 수 없습니다. 우리가 인간이 되기 전에, 그러니까 나(我)라는 존재가 나오기 전에 곤충의 유충 시대와 같은 한없는 시대가 있었다면, 그 유충이 성충이 되어 나가는 사명(使命)이 있을 것입니다. 인간의 숙명으로 뭔가가 있을 것입니다. 한량없는 태초의 명령(命令)이 우리에게 있을 것입니다.

잠깐 있는 이 세상의 한때가 영원과 아주 무관하다고는 생각되지 않습니다. 절세숙명(絕世宿命)이란 참 이상하지 않습니까? 그러니 우리가 이 세상에서 저 세상으로 올라가자는 것입니다. 남에게 뒤떨어지지 말고 올라가자는 것입니다. 옆에 있는 사람에게 떨어지지 말라는 것이 아닙니다. 영원에서 뛰떨어지지 말고 버림을 받지 말자는 뜻입니다. 이 뜻을 알면 옆 사람이 모르는 것을 구(救)하여야 할 임무가 또한 우리에게 있습니다. 그리스도인의 사명은 본디 전도(傳道)입니다. 즉, 모르고 가는 사람이 확 눈이 밝아지고 살아나도록 해주어야 하는 것입니다. 그런데 지금은 예수 전도가 신시대(新時代)의 무당 노릇을 하고 있으니 탈입니다. 예수 그리스도를 이용하여 무당만큼 연봇돈을 걷지 못해서 그런 것인지 모르겠지만, 예수를 믿는다고 하기엔 너무도 부끄러울 지경입니다.

"이 일은 하나님께서 예언자 요엘을 시켜서 말씀하신 대로 된 것입니다. '하나님께서 말씀하신다. 마지막 날에 나는 내 영을 모든 사람들에게 부어주겠다. 너희의 아들들과 너희의 딸들은 예언을 하고, 너희의 젊은 이들은 환상을 보고, 너희의 늙은이들은 꿈을 꿀 것이다. 그날에 나는 내 영을 내 남종들과 내 여종들에게도 부어주겠으니 그들도 예언을 할 것이다. 또 나는 위로 하늘에 놀라운 일을 나타내고, 아래로 땅에 징조를 나타낼 것이니, 곧 피와 불과 자욱한 연기이다. 주님의 크고 영화로운 날이 오기 전에, 해는 변해서 어두움이 되고, 달은 변해서 피가 될 것이다. 그러나 주님의 이름을 부르는 사람은 구원을 얻을 것이다.'"(《사도행전》 2:16∼21)

하느님과 인생이라는 것이 그렇습니다. 어느 민족 어느 시대이고 젊은이는 환상을 보고, 늙은이는 꿈을 꿉니다. 그래서 꿈 해명만 하려고 합니다. '그날에⋯⋯'는 모든 사람에게 이같이 하여준다는 것입니다. '피와 불과 자욱한 연기'라는 표현은 전쟁의 모습을 그대로 그린 듯합니다.

지금부터 2천 년 전에도 믿는다는 것을 이같이 하였습니다. 지금도 그러합니다. 삼각산 기도원에는 '성령이 임하면 권능을 얻고'라고 커다랗게 페인트로 써서 붙여놓았습니다. 오늘의 그리스도교 정신을 단적으로 말하는 것으로 보입니다. 지금은 말끔히 권능을 얻으려고 합니다. 외래의 선무당 노릇을 하기에 바쁩니다. 우리가 젊을 때 무당을 싫어했듯, 조금 있으면 예수를 믿는다는 것이 무당짓처럼 부끄럽게 느껴질 때가 있으리라고 봅니다. 참으로 섭섭한 일이라 아니할 수 없습니다.

종일건건석척약(終日乾乾夕惕若)

척(惕)은 '근심할 척'입니다. '사나울 려(厲)'와 함께 써서 척려(惕厲)라고 하면 조심한다는 말이 됩니다. 《주역》의 건괘(乾卦) 괘사에 종일건건(終日乾乾)이라는 표현이 나옵니다. 건(乾)은 하늘의 성질을 말합니다. 하늘을 따지면 건전하다는 건(乾)의 뜻입니다. 건전한 지성(至誠)을 말합니다. 종일 지성을 다한다는 뜻입니다. 쉬는 법도 없고 조는 법도 없습니다. 하늘처럼 건전하게 하다가 저녁이 됩니다. 아주 조심조심 저녁때까지 건전하게 간다는 뜻입니다. 약(若)은 태연자약(泰然自若)의 '약'입니다. 자연(自然)히 있는 그대로 간다는 뜻입니다.

이 괘사(卦辭)를 풀이하는 이들은 종일건건석척약(終日乾乾夕惕若)한 다니까 조심조심하여야 할 괘(卦), 곧 좋지 못한 괘(卦)라고 하였습니다. 그것이 원뜻이 아니라 편의상 그렇게 읽는 것입니다. 특히 괘사하는 이들이 일과를 어떻게 하느냐 하는 것의 대구(對句)로서 이 구절이 있는 것입니다. 그러니까 여기서는 저녁까지 조심조심한다는 것입니다. 일찍 자고 일찍 일어나야 한다는 뜻도 될 수 있습니다. 밤에 잠을 잘 자지 못하는 사람은 아침잠을 잡니다. 이것은 못씁니다. 이 사람이 24550번의 아침을 만나고 저녁을 맞이하였으나, 정작 인생의 아침이란 이 사람이 어머니 배 속에서 나온 날이고, 저녁은 이 사람이 저 멀리 가는 죽는 날입니다.

숙흥야매대장부(夙興夜寐大丈夫)

조심조심 이 저녁을 맞으러 가는데 여사부(如斯夫), 여전하게 대장부(大丈夫)답게 초연히 간다는 것입니다. '내가 왜 이렇게 돼?', '내가 왜 죽어야 돼?' 따위의 소리는 나오지 않습니다. 우리는 밤낮 없이 쉬지 않고 그 저녁을 맞으러 갑니다. 그날 저녁을 만나도 그저 매일 밤 잠자듯이, 전날 저녁 이부자리에 들어갔듯이 누워버리면 그만입니다. 더 생각할 필요가 없습니다.

'꽃은 해마다 피는데 사람은 옛사람이 아니다'는 말이 있습니다. 삶의 덧없음을 한탄하는 말입니다. 꽃이 말을 할 줄 안다면 크게 항의할 것입니다. 작년에 피던 꽃이 어디 있습니까? 다 새롭게 피는 것이 아니겠습니까? 그리고 '강산은 유구한데 인생은 간 데 없다'고 합니다. 우리 앞의 경치는 우리 할아버지와 할머니가 보고 가신 것입니다. 그 풍경은 그대로 있는데 그것을 보던 할아버지와 할머니는 가고 없다고 합니다. 그런 말이 어디 이치에 닿습니까? 한강은 그대로 있습니까? 한강의 주인이 둑(堤防)입니까? 강물입니까? 강산이 유구하면 강의 물이 유구한 것입니까, 강의 변두리가 유구한 것입니까? 물은 흘러서 가고 없습니다. 오늘 오다가도 물이 하도 좋아서 손을 씻었는데, 물은 내 더러운 것을 묻혀 가지고 고만 인사할 틈도 없이 그냥 달아나버렸습니다. 무상(無常)한 것은 물입니다. 동시(同時)에 우리의 피도 무상(無常)합니다.

공자가 강가에 앉아 물을 보고 그같이 무상함을 한탄한 일이 있습니다. 그 성자가 물만 갖고 무상하다고 했겠습니까? 모두가 가는 인생, 인생의 피가 무상하다는 것을 말한 것입니다. 모두가 가는 세상입니다. 있다가 다 가는 세상입니다. 소위 집이라는 것이 있기 때문에 있는 것 같고 가는 것 같지 않지만, 먼 길을 떠나가다가 하룻밤 묵어 가는 것밖에 안 됩니다. 3대째 눌러 사는 집이라서 영원한 것 같으나 인생이라는 분자(分子)가 무슨 영원한 게 있습니까? 이것을 우리는 알아야 합니다. 알면 여사부(如斯夫)같이 지나가는 것입니다. 밤낮 없이 가는 것을 알면, 저녁 때 잠자리 들어가듯이 한번 웃고 죽는 길에 들어갈 수 있습니다. 이것이야말로 대장부가 아니겠습니까? '일찍 숙(夙)'은 이것을 말해주는 글자입니다. 손으로 무슨 일감을 갖고 있는 꼴입니다.

행(幸)이라는 글자는 요(夭) 밑에 손에 수갑을 찬 형상을 그린 상형문자를 합친 것으로 되어 있습니다. 수갑을 찰 일을 요행히 면했다는 것입니다. 요(夭)는 나약한 사람의 모습을 그린 상형문자입니다. 일찍 죽을 것을 거슬러 그 죽음을 면하게 되면 다행(多幸)이라고 하고, '행(幸)'이란 글자를 씁니다. 다행(多幸)인 데다가 일찍 일을 잡는 것이 '집(執)'이라는 글자이고, 잡는다는 뜻입니다. 여기에 불을 더하면 '열(熱)'이라는 글자가 됩니다. '형(亨)'은 형통(亨通)함을 누리는 것인데, '숙(熟)'은 형통함을 누리는 일을 붙잡는 것을 말합니다. 사람이 불을 지피며 일감을 붙잡고 일어나도록 한다는 뜻입니다. 일감을 붙잡으면 아침 일찍부터 저녁 늦게까지 종일건건석척약(終日乾乾夕惕若)합니다. 그래서 종일토록 일감을 잡는다는 뜻과 일찍이란 뜻의 '숙(夙)'이기도 합니다.

요새 나이 어린 사람이 조숙(早熟)하여 학교에서 몇 학년을 월반하였느니 하지만, 그것이 끝까지 가느냐 하면 그렇지 못합니다. 대기만성(大器晩成)입니다. 조숙해서 일찍 나타났다가 사라지면 그것은 참 불행한 일입니다. 하려면 숙(夙)까지 하여야 합니다. 저녁까지 조심조심 가서 아물 것이 아물어야 합니다. 그런 뜻을 죄다 포함한 게 숙(夙)입니다. 이같이 가는 것이 대장부(大丈夫)의 그림이 아니겠습니까?

이런 의미에서 공자와 석가와 예수는 대장부(大丈夫)로 여사부(如斯夫)로 꾸준히 가신 분들이 아니겠습니까? 이런 점에서 인생을 따지면 유교가 따로 있고 불교나 그리스도교가 따로 있는 것이 아닙니다. 오직 정신을 하나로 고동(鼓動)시키는 것뿐입니다. 이렇게 말하면 이 사람은 신앙이 없는 사람이 되고, 이단으로 보일 것입니다. 요전에 말씀드렸지만 지도 계급과 인민(人民) 사이에는 모순이 있습니다. 이것을 간단하게 말하면, 선생과 제자 사이에도 모순이 있는 것입니다. 선생도 학생도 완전하지 않습니다. 사상의 끄트머리가 어디에서, 언제 완전하겠습니까?

미정고(未定稿)로 가르치는 선생이나 이것을 받아들이는 제자 사이에 모순이 없다는 것은 말이 안 됩니다. 반드시 모순이 있습니다. 이 미정고는 인류가 계속되는 날까지 계승하여야 할 사상(思想)입니다. 일반적으로 선생을 하늘과도 같이 대단하게 생각하는데, 대가(大家)나 대선생(大先生)이라고 해서 모순이 없는 것은 아닙니다. 원고(原稿)를 마치려면 마침내 하느님이 마칠 것입니다. 왜 그런고 하면 시작이 하느님이기 때문입니다.

어떤 의미로 볼 때, 사람은 하느님의 빛의 끄트머리 또는 펜의 끄트머리가 아닌지 모르겠습니다. 우리는 이 시간까지 하느님의 펜촉 역할을 하고 가는 것이라고 생각합니다. 예수는 이 다음에 너희가 나보다 더 큰 일을 할 것이라고 말했습니다(《요한복음》 14:12). 이것은 알 수 없는 말 같으나, 예수가 해놓고 간 것이 미정고(未定稿)이니까, 이것을 계승하는 후대의 사람이 더 큰일을 할 수 있다는 뜻입니다. 당신이 가까이 하신 '하나'의 존재를 후대(後代)가 마침내 더 가깝게 보고 거기에 이르는 견지(見地)까지 갈 것이라는 말입니다.

무슨 무당이 되어서 일한다는 것이 아닙니다. 이렇게 말하는 사람들도 있습니다. '나에게 오라! 나의 신조(信條)만이 여러분을 구원하고, 여러분이 사는 길이다.' 마치 이슬람교에서 한 손에 코란을 들고 다른 손에 칼을 들어 권유하는 것 같습니다. 이런 짓을 하는 것은 다 자기가 미정고(未定稿)라는 것을 모르기 때문입니다. 무엄하게도 하늘의 자리를 빼앗아 앉겠다는 것입니다. 일찍이 공산 세계(共産世界)에서 듣지 못하던 소리가 중공(中共)에서 나왔습니다. 그 이유가 무엇인지는 더 두고 보아야 하겠습니다만, 정반(正反), 반정(反正)으로 나가는 것만은 역사가 설명하는 사실이니 그런 소리가 나올 법한 시기이기도 합니다.

도스토옙스키, 톨스토이, 크로포트킨, 베르자예프 등 여러 학자와 성자가 나온 러시아에서 일찍이 계급 투쟁과 공산주의를 내걸고 자신들의 성현들을 무색하게 만든 소련도 종단에는 무슨 이치가 작용하여 반정(反正)될 것입니다. 또 공자나 노자 등의 제론(諸論)으로 동양사상의 발상지가 된 중국이 삽시간에 공산화(共産化)되어버렸는데, 그곳에서 요즘 언론 자유(言論自由)나 교의(敎議)의 쟁론 자유(爭論自由)라는 말이 나오고 있습니다. 이 사실을 어떻게 보겠습니까? 이 사람이 죽기 전에 무슨 불덩어리를 볼 것만 같습니다. 다른 데서는 이런 소리가 나오지 않습니다. 머리 위만이 아니라 온통 큰 것을 안 것 같은 소리입니다.

이번에는 〈유정능득(有定能得)〉을 보겠습니다.

정(定)함이 있어야 능히 얻는다는 이 말은 《대학(大學)》에 나옵니다.
정(定)은 집 안에 앉아 있는 것을 말하는데, 일찍이 인도 사상에서는 앉
는 것을 바로 가는 것으로 여겼습니다. 참선의 원리가 그러합니다. 참선
에 들어가는 것을 입정(入定)이라 하고 나가는 것을 출정(出定)이라고까
지 하여, 앉아 있는 상(像)을 퍽 존중합니다. 이 사람은 앉아 있는 부처
의 상을 영원한 상이라고 말한 적이 있습니다. 이 정(定)의 정신을 알아
야 합니다. 이 '정'의 자리는 믿는 것을 정하는 것입니다. 성불(成佛)하겠
다고, 그 자리를 찾겠다고 앉아 있는 것이 정(定)입니다.

진생탐장적자양(瞋生貪長赤子養)

진(瞋)은 '노할 진'입니다. 우리는 배타적(排他的)으로 나왔습니다. '나'
라는 근본은 배타적(排他的)이 아니면 삼쌍동(三雙童), 사쌍동(四雙童)으
로 태어났을 것입니다. 정충 시대(精蟲時代)부터 우리는 투쟁적이고 배타
적입니다. 그것은 남녀가, 곧 어머니와 아버지가 노(怒)한 끄트머리에서
나온 탓입니다. 그러니 우리는 진생(瞋生)이 아닐 수 없습니다. '나'라는
것이 나와서 줄기차게 젖을 탐하는 탐욕으로 자랍니다. 사회가 인정한
대로, 인생이 인정한 대로 자라게 됩니다. 만일 우리가 탐욕 없이 자란
다면, 자라지도 못하고 나오지도 않았을 것입니다. 그리스도교에서 말
하는 원죄는 자세히는 몰라도, 진생탐장(瞋生貪長)의 본(本)을 말하는 게
아닌가 생각됩니다. 탐욕으로 자라나는 아이가 자라나는 이유는 아이를
낳기 위해서입니다.

치정계세청년정(癡情繼世青年定)

노골적으로 말해서 남녀관계는 치정(癡情)인데, 치정이 대(代)를 이어 줍니다. 어둡고 어리석은 혼(婚)으로 인해 우리가 오늘 여기에 있는 것입니다. 남녀가 말쑥하기만 하였던들 우리는 나오지 않았습니다. 그러나 우리는 말쑥할 수 없고 어떻게든 삼독(三毒)이 기어이 나타납니다. 우리의 근본은 죄다 독(毒)입니다. 어리석다 못해 유치합니다.

왜 점잖은 사람보고 유치하다고 하느냐 하면, 유치한 것처럼 귀엽게 보이는 것이 없기 때문입니다. 아이를 보면 그냥 지나가기가 어렵습니다. 한번 안아주고 싶고, 서양풍은 아니더라도 입 맞추고 싶은 충동이 일어납니다. 아이들 대접이 그러합니다. 그렇지 않고서는 어머니가 아이들을 기를 도리가 없습니다. 그러나 조금 커서 젖이 떨어지면 벌써 징그럽다고 합니다. 그리고 점잖은 사람이라도 남녀관계에서는 유치한 기운이 쌍방에 들었기에, 잠깐 본바탕을 드러내는 짓을 합니다. 어리석은 길에 들어갑니다.

청년정(青年定), 특히 청년은 정(定)함이 없으면 안 됩니다. 정말 어른이 되려면 누가 뭐라 해도 신부(神父)나 수녀(修女)가 되는 길을 택하든지, 그러지 않으면 상대계에서 남녀가 있는 의미를 깨닫고 알 만할 때 결혼하여 그냥 지내든지 양단간의 결정을 하여야 합니다. 정(定)함이 있은 후에 능득(能得)하니, 능득하는 길이야말로 비로소 대장부의 길이 아니겠습니까? 아이 아버지가 되어도 좋으나, 정신의 아들(제자)을 많이 두는 것이 몸의 아들을 두는 것보다 더 좋지 않겠습니까? 청년들은 이 점을 특히 잘 생각하지 않으면 안 됩니다. 청년 때는 아무래도 혼인에 호기심이 있기 마련입니다. 그래도 그 호기심이 지나면 알 것을 좀 알아야 하는데, 그러지 못하고 중년에도 노년에도 짐승의 성질인 삼독(三毒)을 맹렬히 내뿜습니다. 차마 말을 입에 담을 수가 없을 정도입니다. 미정

(未定)의 청년은 그래서는 안 됩니다.

원진거탐면치인(遠瞋去貪免痴人)

방금 전까지가 중학교 과정이라면, 이것은 대학교 과정입니다. 이처럼 우리는 삼독을 타고나는데 이것을 떼어버려야 합니다. 멀리 하여야 합니다. 신경질적으로 팩팩거리는 노여움을 내버려야 합니다. 탐욕을 거세(去勢)하고 어리석은 짓을 면(免)해야 사람 노릇을 할 수 있습니다. 이 세상에는 치(痴)를 면치 못하는 사람이 많습니다. 늙어서 색광(色狂)으로 망령을 부리는 사람도 있습니다. 나중에는 '아휴, 저 노인네 빨리 돌아가셔야지?' 소리를 듣게 됩니다. 자식들도 남부끄러워서 못살겠다고 합니다. 별별 얘기가 많습니다.

낙천지명정신정(樂天知命精神靜)

염세(厭世)가 아니라 그저 이 세상을 좋아합니다. 우리가 생각하는 낙관주의(樂觀主義)인 좁은 범위로만 생각하지 맙시다. 영원한 하늘이 알아서 으레 하시리라 하고 턱 믿고 갑니다. 낙천주의입니다. 이렇게 하는 것은 지명(知命)입니다. 유교에서는 다른 것은 다 그만두더라도 '지명'을 하여야 한다는 제목 하나는 똑똑히 알 필요가 있습니다. 모든 것이 천명(天命)인 줄 알아야 한다는 것입니다. 모든 것이 하느님의 섭리 속에서 움직인다는 것을 알아야 합니다. 부지명(不知命)하면 안 됩니다. '부지명'이면 군자가 될 수 없다고 하였습니다. 군자란 곧 대장부(大丈夫)를 말합니다. 군자인 대장부가 되려면 '지명'을 하여야 합니다.

어느 장로(長老)가 나이 칠십에 장가를 갔다고 합니다. 그 노인이 장가를 간다고 하기에 '늙어서 무슨 장가입니까? 그만두시죠.' 하니까 아무개 장로는 자기보다 나이도 많은데 장가를 두 번이나 갔다느니 어쩌느니 했답니다. 말하는 가운데 알게 된 이야기로는, 이 장로 때문에 교회에서도 말이 많았다고 합니다. 어쨌든 치(癡)를 면치 못한 수작들입니다. 아직도 유치원생으로 있는 사람들입니다. 유치원생이라는 소리를 들으면 노발대발할지 모르겠습니다.

죽으면 묘비에 그냥 아무개의 무덤이라고 쓰지 않습니다. 벼슬하지 못한 사람은 유학(幼學) 아무개의 묘, 학생 아무개의 묘, 이렇게 써 붙입니다. 거기에 '유학'과 '학생'을 붙이지 않으면 싫어합니다. 딴 사람 얘기할 것 없습니다. 죽을 때 뭐라고 쓰겠냐고 하면, '글쎄 남들처럼 하지 뭐! 나만 유달리 따로 할 필요가 있나?' 합니다. 속으로 이렇게 생각하는 사람이 지금 이 자리에도 있을 것입니다.

요전에 신문광고에서 이상한 것을 보았습니다. 하도 지명이 바뀌니까 어디가 어딘지 분간을 할 수 없습니다. 서울만 하더라도 동명(洞名)이 많이 바뀌어서 어디가 어디인지 모를 때가 있습니다. 충무시라는 곳이 어딘지 모르겠습니다만, 어떤 사람이 신문에 부고(訃告)를 낸 것만 기억합니다. 무슨 친상(親喪)도 아니고 내환(內患)을 당했다는 부고를 어마어마하게 크게 냈습니다. 그 옆에는 같은 사람의 부고인데, 무슨 양조 회사 누구의 내환이라고 크게 적혀 있었습니다. 그 성(姓)이 '묘금도 유(劉)' 씨였습니다. 이것이 무슨 짓들인지, 돈 장난밖에 안 됩니다. 그 옆에는 시의회(市議會)의 무엇이라는 직함도 찍혀 있었습니다.

참 한심한 노릇이 아닐 수 없습니다. 개인이 이같이 점점 행세(行勢)를 하겠다면 옛날로 돌아가는 것밖에 안 됩니다. 정신이 그같이 유치해져서 어떻게 되겠습니까? 〈이사야서〉를 보면 말세(末世)에 가서는 아이들과 여자가 다스린다고 하였습니다. 그 이치가 불행하게도 우리나라에서 이루어지고 있다니, 무슨 수를 쓰더라도 막아내야 할 게 아니겠습니까? 어찌되었든 시비(是非)는 가려야 하겠는데……

끝으로 〈맨듦과 지음〉을 보겠습니다. 만들었다, 지었다는 말이 있습니다. 만들었다는 말이 무엇인지를 보자는 글입니다.

몬을 누가 맨드럿다? 없이 계셔서 없는 데서 있이 내시는 이가 맨드럿지

'몬을 누가 맨드럿다?', 몬은 우리말로 물건이라는 뜻입니다. 이 물건을 누가 만들었느냐는 물음입니다. '없이 계셔서 없는 데서 있이 내시는 이가 맨드럿지', 이렇게 대답을 하였습니다. 없이 계시면서 없는 데서 있게 만드는 분이 있어서, 이분이 만들어놓은 것이라는 말입니다. 창조주(創造主)는 없이 계십니다. 그 분은 이 모든 물건을 낼 필요가 있다면, 우리가 호주머니에 가진 것을 내놓듯이 내놓습니다. 그러니까 있이 만드는 일, 이것이 '맨든다'는 말이 됩니다. 다른 것은 몰라도 만든다는 것은 이 뜻으로 압니다.

그릇은 뉘 지은가? 떠러져서 난 사름 이 몬지에 찌를 덧붙쳐 지은 것이지

'그릇은 뉘 지은가?' 세상에서 보는 그릇과 집, 이런 것들은 누가 지었느냐는 물음입니다. '떠러져서 난 사름이 몬지에 찌를 덧붙쳐 지은 것이지.' 지은 것은 전체가 아닙니다. 떨어져 나온 사람은 '몬지'입니다. 곧 물건에서 떨어지면 먼지 또는 똥이라고 할 수 있습니다. 떨어진 것은 전부 몬지입니다. '찌'는 떨어진 데서 더 떨어진 것입니다. 그릇은 몬지에 찌꺼기를 더 붙여서 떨어져 나온 삼독(三毒)이 있는 사람이 지은 것입니다. 그릇은 이런 것입니다. 그래서 그릇은 그른 것입니다. 옳은 것이 못됩니다. 영원은 아닙니다. 그릇된 것이니 바로잡아야 합니다. 바로잡아 구원의 길을 떠나야 합니다.

맨으로 드러냄만이 맨듦이라 홀게다

'맨'은 맨밥, 맹물, 맨손 등에 쓰입니다. 이렇게 보면 아무것도 없는 것을 말하는 것이나, 맨든 것이 어찌되었다는 것과 상통(相通)하는 뜻을 갖습니다. 그러나 맨 처음 하는 경우의 뜻은 영원과 관계가 있는 것 같지 않습니까? 이것은 맨 처음과 맨 끝을 좀 만나보고 싶은 게 아니겠습니까? '맨' 하면 알파와 오메가가 다 들어 있는 것입니다. '맨' 할 때 영어의 man과 통하는 점도 이상하지 않습니까?

'맨으로 드러냄만이 맨듦이라 홀게다.' 드러낸다는 것은 실현한다는 뜻입니다. 드러남이 '맨듦'입니다. 유한계(有限界)의 일, 곧 우리 상대에서의 일이란 말끔히 짓는 업입니다. 짓는 것입니다. 고어나 방언으로는 '지스'가 됩니다. 집을 짓고 그릇을 장만하고 하는 것은 상대계에서 주(主)를 몬으로 생각하기 때문입니다. 유한계(有限界)의 실존이란 종단에는 전부 지어서 버리는 것이 됩니다. 지어 없어지는 것입니다. 우리가 먹고사는 것도, 똥을 누고 그 똥을 다시 먹고 사는 것에 지나지 않습니다.

우리의 존재가 '맨듦'인데 이상하게 꿈을 꾸고 꿈틀을 트는 것뿐입니다. 그러니까 우리는 인간이기에 영원과 생각을 잇고, 영원과 등을 져서는 안 됩니다. 맨 처음과 맨 끝, 알파와 오메가에 참이 있습니다. 이 '참'을 알려고 하고, 알아야 합니다. '하나'라는 것은 '참, 참, 참' 하는 것입니다. 그 소리가 나오는 것이 진리입니다. 번번이 몬에 속고 그 맛을 쫓는 인간은 무릎을 칩니다. '참'이라는 소리는 언제 어디서건 나옵니다. 이 것은 진리에 대한 각성입니다. 이같이 말하면 무슨 궤변쟁이의 말로만 들릴지 모르나, 궤변쟁이의 말에도 '참' 소리가 있습니다. (1957. 5. 31.)

제36강

우리가 보는 것은 빛깔이지 빛이 아니다

빛(問題는 속알이 問題)

모든 걸 보시는 이가 저를 남에게 보이시지는 아니ᄒ시고 모든 걸 드르
시는 이가 저를 남에게 들리시지는 아니ᄒ시고 모든 델 드러 알아ᄒ시
는 이가 저를 남에게 알리시지는 아니ᄒ시는 이가 계시다면, 모든 삶이
웋에 한님이리다. 그러흔 하나를 우리 사람이 꼭 알고 잇지 안습닛가?
빛! 말슴입니다.

빛이 잇서서 우리는 모든 것을 봅니다. 그러나 우리 눈으로 萬物面相
에 反射되는 빛갈(色)을 보는 것이지 우리 눈으로 빛 그걸 보는 수는 업
습니다. 우리가 太陽面이나 불꽃의 빛갈을 보는 것이지 빛의 正體를 본
것이 아닙니다, 바꿔 말ᄒ면, 몬의 빛갈이 나도록 힘을 주는 原動力이
빛이란 말슴입니다. 이러흔 뜻으로 빛이란 우리에게 보이지 아니ᄒ니
다. 사람의 눈으로 보아 앗다는 範圍는 빛갈에 끈치는 것입니다.

또 몬낯(物質面)에 빛갈이 세(强)면 그 속살을 모르겟고 속살에 가닿
면 그 속알은 멀(遠·盲)고 속알이 멀면 빛갈마저 못 갈이게 됩니다.

사람은 속알이 밝아지는대로 빛갈을 갈이(擇善)고 속살을 살이(앳기
며·삼감)므로만 더욱 속알을 밝혀 나가게 된 것입니다. 個人一生도 人

類一章도 그런 것만 같습니다.

(빛갈을 갈이지 않고 「번쩍ᄒ면」 덤벼들거나 「속살만이면 좋커니」 ᄒ고 어리석게스리 아모 살이는 것이 없이 된다면, 禽獸界에 없는 人蟲類의 狂狀＝暴惡罪禍＝을 드러내는 現實.)

사람은 참(眞理)을 찾어 나슨 길입니다. 참을 찾아 놓기 前에는 사람은 없서지지 않을 것입니다.

사람이 이제 나의 안 것과 있다는 것이 거짓(ᄒ잘것없음)됨을 알므로 한갖 찾어야 ᄒ는 것이 오직 참(眞理)인 것인 줄을 알아야겟고, 또 그 참이 아조 갖가히 잇거나 아조 쉽게 볼 수 잇는 것이 아닌 줄도 잘 알아야 ᄒ니다.

生前 두고 찾을 것이오 代代 두고 찾을 것입니다. 숯人類가 다 드러붙어서 마침내 바로 알어 내놓을 것이 「참 하나」일 것입니다.

勝利는 人類歷史 끝章에 보입니다.

참빛을 맞어서야 마칠 것입니다.

참 알려는 슬기가 「나」요

알도록 찾는 것이 「참」이오

보게 하는 힘이 「빛」!

참은 한웋님, 빛은 聖神, 나는 아들!

셋은 곧 하나.

이에 우리에게 태운 빛의 敎本으로는 單卷冊인 恒星文章(不幸ᄒ다ᄒ릿가) 우리게 對해서는 點字입니다. 그런 中에도 해 달 두 점이 우리 보기에 좀 굴거 보이는데 깜박 홀리어서 무슨 光明世界나 맞나 누릴 것같이 虛榮(影)을 찾아 헤매임으로써 해와 달만 지워 보내므로 敎本은 그대로 나가잡바져 잇고 사람은 고단ᄒ야 잠드러 버리면 그 身體를 덥허 눝 앞에는 學生 ○○○의 묻엄이라 세우니

어둔 宇宙 갓갑흔 世上에도, 더 캄캄흔 이 땅에!

속알들은 엇지 되어가는 것일가? (다석일지 1957. 6. 3.)

〈요한복음〉 1:11~15

태초에 '말씀'이 계셨다. 그 '말씀'은 하나님과 함께 계셨다. 그 '말씀'은
하나님이셨다. 그는 태초에 하나님과 함께 계셨다. 모든 것이 그로 말
미암아 창조되었으니, 그가 없이 창조된 것은 하나도 없다. 창조된 것
은 그에게서 생명을 얻었으니, 그 생명은 사람의 빛이었다. 그 빛이 어
둠 속에서 비치니, 어둠이 그 빛을 이기지 못하였다. 하나님께서 보내신
사람이 있었다. 그 이름은 요한이었다. 그 사람은 그 빛을 증언하러 왔
으니, 자기를 통하여 모든 사람을 믿게 하려는 것이었다. 그 사람은 빛
이 아니었다. 그는 그 빛을 증언하러 왔을 따름이다. 참빛이 있었다. 그
빛이 세상에 와서 모든 사람을 비추고 있다. 그는 세상에 계셨다. 세상
이 그로 말미암아 생겨났는데도, 세상은 그를 알아보지 못하였다.

그가 자기 땅에 오셨으나, 그의 백성은 그를 맞아들이지 않았다. 그
러나 그를 맞아들인 사람들, 곧 그 이름을 믿는 사람들에게는, 하나님
의 자녀가 되는 특권을 주셨다. 이들은 혈통에서나, 육정에서나, 사람
의 뜻에서 나지 아니하고, 하나님에게서 났다. 그 말씀은 육신이 되어
우리 가운데 사셨다. 우리는 그의 영광을 보았다. 그것은 아버지께서
주신, 외아들의 영광이었다. 그는 은혜와 진리가 충만하였다. 요한은
그에 대하여 증언하여 외쳤다. "이분이 내가 말씀드린 바로 그분입니
다. 내 뒤에 오시는 분이 나보다 앞서신 분이라고 말씀드린 것은, 이분
을 두고 말한 것입니다. 그분은 사실 나보다 먼저 계신 분이기 때문입
니다."

오늘은 빛이라는 것을 다시 한 번 생각하기로 하겠습니다. 빛이라는 것을 언뜻 다 보고 있는 것같이 생각하나, 빛은 일체 보이지 않는 것이라고 해야 옳을 것입니다. 모르겠습니다. 다른 이들은 어떻게 생각할지 모르나, 이 사람은 빛이라는 것은 보이지 않는 것이라고 수십 년 동안 말해 왔습니다. 빛이라는 게 도무지 무엇인지 모르겠습니다. 지금 보는 것이 빛이 아니라고 말하지만, 그러면 빛이 무엇이냐고 반문하면 꼭 이것이라고 답변할 만한 무엇이 없습니다. 빛이 무엇인지 모르면 물질이라는 것도 무엇인지 모르는 게 됩니다. 우리가 보는 물건은 빛의 반사로 보이는 것인데, 빛을 모르면서 물질이 무엇인지 어떻게 알 수 있겠습니까? 물질, 그것은 무엇인지 볼 수 없는 것입니다.

요새는 과학이 발달하여서 물질을 분자(分子)와 원자(原子)로 나누고, 전자(電子)까지도 말할 수 있게 되었습니다. 전자는 빛이라고도 할 수 있습니다. 센 빛은 벼락 또는 태양광선이라고도 할 수 있습니다. 도저히 질서를 잡을 수 없는 것이 빛의 성질이라고 하겠습니다. 분자나 우르르 치는 번개나 불은 다 같이 뜨거운 것입니다. 빛의 형용은 어떻게 보아도 모르기는 마찬가지입니다. 벼락이 무엇입니까? 전자는 무엇입니까? 50년 전만 해도 물리학에 죄다 들어 있는 것으로 알았습니다. 그때는 지금처럼 물리학이 역학, 전기학, 자기학 등으로 나뉘지 않았습니다. 단지 에너지의 작용으로 이러저러하게 된다는 것밖에 배운 게 없습니다. 이것이 우리가 배운 물리학이었습니다. 과학을 배울 때는 모양만 다루는 게 아닙니다. 개인의 추상(推想)을 섞어서 빛이 어떻다는 비유를 학술적으로 많이 쓰게 됩니다. 그래서 사실이 아닌 식언을 하는 경우가 대단히 많습니다. 생명은 빛이라고 하였습니다. 생명 자체를 어떻게 표현할 수 없으니까, 설명이 안 되니까, 좀 근사한 형용을 한다는 게 '생명은 빛이다' 하였던 것입니다. 우리는 사실 생명을 모릅니다.

모든 걸 보시는 이가 저를 남에게 보이시지는 아니ᄒᆞ시고 모든 걸 드르시는 이가 저를 남에게 들리시지는 아니ᄒᆞ시고 모든 델 드러 알아ᄒᆞ시는 이가 저를 남에게 알리시지는 아니ᄒᆞ시는 이가 계시다면, 모든 삶이 옿에 한님이리다.

'모든 걸 보시는 이가 저를 남에게 보이시지는 아니ᄒᆞ시고'에서 '저'라고 쓴 것은 자기를 말합니다.

'모든 걸 드르시는 이가 저를 남에게 들리시지는 아니ᄒᆞ시고 모든 델 드러 알아ᄒᆞ시는 이가', 그런 이가 그 속의 일을 알아서 합니다. 요샛말로 하면, 도지사(道知事) 같은 분이 도의 일을 깡그리 알아서 여물게 하는 것을 말합니다.

'저를 남에게 알리시지는 아니ᄒᆞ시는 이가', 이런 존재가 있다면, 절대의 하느님과 성질이 비슷하지 않겠습니까? 하느님은 자연계를 제 몸과 같이 자연히 다스리는데, 보이지 않습니다. 들으시고 알아서 하시는 일에 틈이 나타나지 않고, 하시는 일이 저절로 되게 합니다. 하느님의 자리를 우리가 생각으로 높이는데, 하느님은 그렇게 계시는 분이 아닙니다. 들으실 만한 일이나 알릴 만한 일에 자기 존재를 나타내는 분이 아닙니다. 하느님이 어떤 분인가 하는 것은, 다른 것은 그만두더라도 이 일만큼은 단언할 수 있습니다.

'모든 삶이 옿에 한님이리다', 이것을 알면 모든 사람이 머리 위에 떠받들어 모실 수밖에 없습니다. 여러분이 모시고 싶은 절대이상(絕對理想)이 있으면 그것이 곧 하느님이라고 아니할 수 없습니다.

그러ᄒᆞᆫ 하나를 우리 사람이 꼭 알고 잇지 안슴닛가? 빛! 말슴입니다.

이것이 빛입니다. 빛에 대해 말을 하는 것입니다. 빛이 그런 성질을 가진 것이 아니겠습니까? 우리도 그런 줄 알지 않습니까? 빛은 모든 것을 보는 것 같습니다. 모든 데에 들어가서 모든 것을 알아서 하는 것 같습니다. 빛이 없으면 보는 것도 없으며, 무엇을 알아서 할 일도 없습니다. 그런데 빛은 자기를 누구에게 보이거나 들리게 하여 알리지 않습니다. 통성명해서 자기 낯을 알리려고 하지 않습니다. 빛이 이러한 것이라고 이 사람은 알고 있습니다.

빛이 잇서서 우리는 모든 것을 봅니다. 그러나 우리 눈으로 萬物面相에 反射되는 빛갈(色)을 보는 것이지 우리 눈으로 빛 그걸 보는 수는 업습니다. 우리가 太陽面이나 불꽃의 빛갈을 보는 것이지 빛의 正體를 본 것이 아닙니다. 바꿔 말ㅎ면, 몬의 빛갈이 나도록 힘을 주는 原動力이 빛이란 말슴입니다. 이러ㅎ 뜻으로 빛이란 우리에게 보이지 아니ㅎ습니다. 사람의 눈으로 보아 앗다는 範圍는 빛갈에 끈치는 것입니다.

그런데 빛이라는 것은 지금 현재 보는 것이 아니냐고 묻는 이가 있을 것입니다. 언뜻 보아서 우리는 지금 현재 빛을 보는 것 같습니다. 사실은 만물 면상에 반사되는 빛깔을 눈으로 보고 빛을 보았다고 합니다. 모든 면에서 반사되는 빛깔을 보고 색을 알아내고 모양을 알아냅니다. 어디까지나 이것은 색이지 빛이 아닙니다. 빛을 보는 방법이 아직은 없습니다. 검은 안경을 끼고 태양을 바라보면 둥근 게 빛이 나는 것 같으나, 그 면만 볼 수 있을 뿐입니다. 작용된 속내용인 빛은 무엇인지 알아볼 수 없습니다. 불꽃이 그러하고 등잔불이 그러하고 전등불도 그러합니다.

활활 타오르는 불의 얼굴을 보고 빛이라고 하나, 그것은 빛이 아닙니다. 빛깔의 농간으로 우리는 빛을 본 것 같은 느낌을 갖습니다. 이같이 우리가 빛깔을 보고 빛이라고 하고 색을 보고 광명이라고 하면, 마치 말단 공무원 보고 장관이라고 하는 것과 같은 이치가 됩니다. 이런 망령된 짓이 어디 있습니까? 우리가 태양면의 빛깔을 보고 빛 전체라고 믿으면 안 됩니다. 그런데 몬에서 빛깔이 나도록 힘을 주는 원동력은 빛입니다. 우리 얼굴에서 빛깔이 나도록 빛이 힘을 주지 않으면 서로 얼굴을 분간할 수 없습니다. 빛깔을 내는 원동력이 빛이고, 우리가 느끼는 것은 빛깔입니다.

'사람의 눈으로 보아 앎다는 範圍는 빛갈에 끈치는 것입니다.' 한자로 쓰면 색(色)을 거치는 것이 됩니다. 물체면의 빛깔이 물체면이라고 하면, '몬낯'이 됩니다.

또 몬낯(物體面)에 빛갈이 세(强)면 그 속살을 모르겟고 속살에 가 닿면 그 속알은 멀(遠·盲)고 속알이 멀면 빛갈마저 못 갈이게 됩니다.

'몬낯(物體面)에 빛갈이 세(强)면 그 속살은 모르겟고', 빛깔이 세면 셀수록 속빛깔은 알 수 없다는 뜻입니다. 사람이 속알을 밝혀 가는데, 빛깔을 다 사리어(삼가서) 속알을 더욱 밝혀 나가야 할 것입니다. 인생은 원래부터 짜인 프로그램 순서대로 자꾸 갑니다. 이 일은 우리 민족뿐만 아니라 전 인류에게 다 마찬가지입니다. 개인이나 전체는 같은 처지에 있습니다. 속알을 밝히는 일이 잘되지 않는 것은 역시 색깔에 걸려서 아직 흠잡는 형편이기 때문입니다.

'속살에 가닿면 그 속알은 멀(遠·盲)고', 살결 속에 들어가려 하면 속알은 멀어집니다.

사람은 속알이 밝아지는대로 빛갈을 갈이(擇善)고 속살을 살이(앳기며·삼감)므로만 더욱 속알을 밝혀 나가게 된 것입니다. 個人 一生도 人類 一후도 그런 것만 같습니다.

'빛갈을 갈이(擇善)고', 빛깔을 가린다는 말은 가릴 것을 가린다는 뜻입니다. 은폐시킨다는 말이 아니라 선택한다는 뜻입니다. 가린다고 하면 택선(擇善)을 말하는 것입니다. 사람의 속알은 빛깔을 잘 가려서 살펴야 합니다.

'속살을 살이(앳기며·삼감)므로만', 사린다는 것은 말을 잘 쓴다는 말입니다. 또 사린다는 것은 잘 정비한다는 뜻입니다. 국수 같은 것을 잘 해놓은 것을 '사리'라고 합니다. 우리가 사는 것이 사리는 것이라 사람이 됩니다. 그래서 살을 사리어야 합니다. 살을 조심하여야 합니다. 살을 사림으로 더욱 속알을 밝히고 나가게 됩니다. 사릴 것을 사리는 것은 원론을 밝힌다는 것이 됩니다.

빛갈을 갈이지 않고 「번쩍흐면」 덤벼들거나 「속살만이면 좋커니」 흐고 어리석게스리 아모 살이는 것이 없이 된다면, 禽獸界에 없는 人蟲類의 狂狀＝暴惡罪禍＝을 드러내는 現實.

'빛갈을 갈이지 않고 「번쩍흐면」 덤벼들거나', 빛깔은 보이지 않습니다. 번쩍만 하면 그만입니다. 빛은 자기만 비추는 것이 아닙니다. 자기가 있는 지역까지 밝혀줍니다. 이같이 비쳐주는 사람이 좀 있다면 이 나라도 조금은 나아질 것입니다. 그러나 색광(色狂)을 가리지 않고 번쩍 하는 맛에 홀리면 그만 헤어나올 수 없게 됩니다. 우리는 속살을 사려야 합니다. 사리는 것이 없으면 역시나 밝히지 못하게 됩니다.

요전에 함석헌 선생이 《성경》 말씀을 하였는데, 요새 세상은 옛날과 다르게 옷을 입었으되 안 입은 것과 마찬가지라고 하였습니다. 분명히 그러합니다. 왜 그러냐 하면 속살을 자꾸 만나보고 싶어 해서 그렇습니다. 물론 간이해서 보기 간단한 것이 좋을지 모르나, 사리는 것이 이렇게 없으니 못된 것이 아무 거리낌 없이 백주에 꿈틀거립니다.

지금 대만에서는 큰 사건이 났는데, 미군 한 사람이 중국 사람을 공연히 죽인 일에서 시작되었다고 합니다. 자세히는 모르나 미국 사람이 엉큼하여 그랬다고 합니다. 문명화한 나라의 국민이라고 자처하는 미국인이 부족한 게 없을 터인데, 그런 짓을 하는 것을 보면 별수 없는 인간입니다. 한 가지 일이 전부를 다 보여줍니다. 역사가 다 보여주고 간 일들입니다. 가난한 나라이고 가난한 백성이어서 함부로 그런 짓을 하였다고 합니다. 별수 없습니다. 인간의 근성은 더 어떻게 할 수 없는 것입니다.

그저 빛깔을 가리지 않고 번쩍 하는 데 덤벼들고 속살을 가리는 것이 없으면, 금수계에도 없는 인충류(人蟲類)와 같은 짓을 하게 됩니다. 금수계에서도 암컷과 수컷이 만나서 자식을 낳지만, 그때가 지나면 그런 일이 없습니다. 그러나 우리 인류는 색광에 미치면 그만 유부녀에게도 일을 저지르고 맙니다. 짐승도 그 짓을 할 때 강제나 폭력을 쓰지 않습니다. 그러나 인충류는 동물 이하의 짓을 곧잘 합니다. 이것이 문제가 아니겠습니까? 동물은 자연을 좇습니다. 그러나 사람은 의지가 발동합니다. 사람은 행동도 도저히 동물과 같을 수 없습니다. 의지의 분방은 걷잡을 수 없습니다. 그것은 문명한 민족이거나 미개한 민족이거나 마찬가지입니다.

사람은 맛으로 살아서도 안 됩니다. 말끔히 인생은 시험(試驗)인데, 맛을 쫓아서 살게 되면 금수만도 못한 차마 할 수 없는 짓을 하게 됩니다. 고기에 맛을 들이면 더합니다. 옛날에는 육식은 임금만 하는 것으로 되어 있었는데, 요새는 흔히들 고기 맛에 몸을 달굽니다. 지금은 빵이 아니라 고기 맛이 사회문제가 됩니다. 빵이 아니라 고기를 어떻게 나눠 먹나? 이것이 문제입니다. 살맛이라고 해도 좋을 것입니다. 어떻게 하면 속살을 만져보나 닿아보나 하는 것을 대단히 동경합니다. 고기 맛을 보는 풍습을 어쩌면 그렇게 빨리 직수입하는지 모르겠습니다. 맨 미국의 선진 풍습이라는데, 좋지 않은 것도 들여옵니다.

'人蟲類의 狂狀=暴惡罪禍=을 드러내는 現實.' 드러내는 것이 현실입니다. 이러니 말하지 않을 수 없습니다. 이 세상의 시험은 험악한 시험이 아닐 수 없습니다. 나이 어린 중학생이 길을 가는 여학생을 보고 뭐라고 하고 지나가는 것을 보면 다 한가지입니다. 옛날에는 고기 맛을 못 보고 살아왔다는 사람을 더러 들어본 일이 있습니다. 40, 50년 전에 미국 출신의 어떤 선교사는 자기가 스무 살이 되도록 남녀의 성관계를 몰랐다고 했습니다. 또 검정 치마에 흰 저고리를 입고 전도를 하였습니다. 지금은 어디 전도사라면 뭔가를 무척 아는 체하는 것이 습성처럼 되어 있습니다.

사람은 참(眞理)을 찾어 나슨 길입니다. 참을 찾아 놓기 前에는 사람은 없서지지 않을 것입니다.

'참'이라는 것은 진리입니다. 이것을 찾으러 나선 길입니다. 무슨 일을 하든 참만 찾고 나서면 인류는 없어지지 않습니다. 이 말은 이 사람의 신앙입니다. 어떻게 하면 '참'을 찾을 수 있겠습니까?

사람이 이제 나의 안 것과 있다는 것이 꺼짓(하잘것없음)됨을 알므로 한갖 찾어야 흐는 것이 오직 참(眞理)인 것인 줄을 알아야겟고, 또 그 참이 아조 갖가히 잇거나 아조 쉽게 볼 수 잇는 것이 아닌 줄도 잘 알아야 흡니다.

인과관계에서 사람은 '이제의 나'를 바로 알아야 합니다. 이제의 나라는 것이 거짓됨을 알아야 합니다. 우리의 존재는 거짓된 것입니다. 참이 아닙니다. 우리가 아는 지식이라는 것은 거짓된 것입니다. 하잘것없음을 알아야 합니다. 하잘것없다는 것을 자동적으로 알게 되지 않습니까?

한껏 찾아야 할 것은 오직 참이라는 것을 알아야 합니다. 일생을 두고 찾아야 합니다. 대를 물려 가면서 찾아야 합니다. 아들 대(代)뿐만 아니라 인류가 그칠 때까지 찾아가야 합니다.

'全人類가 다 드러붙어서 마침내 바로 알어 내놓은 것이 「참 하나」일 것입니다.' 진리 하나뿐이고 그밖에는 없습니다. 우리가 구하는 것은 이제나저제나 마찬가지입니다. 그런데 사람들은 예수에게 이스라엘이 회복될 때가 이때냐고 자꾸 묻습니다.

勝利는 人類歷史 끝후에 보입니다.

소련의 후르시초프는 인류가 싸움만 하지 말고 평화로운 산업 발전과 경쟁을 하고 교육을 하여 서로 있고 없는 것을 바꾸어 가지게 되면, 공산주의나 자본주의 중 어느 쪽이 승리하는지는 역사와 인민이 결정한다고 하였습니다. 무슨 소리인지는 모르나 역사의 끄트머리에 가면 하느님이 심판하고 분간합니다.

자기가 가장 정의인 척하여도 역사는 정반(正反)으로 자꾸 뒤집어집니다. 아무리 옳고 바른 것이라 해도 아직껏 '역사문사미정고(歷史文思未定稿)'입니다. 온전히 하려면 온 인류가 끝마쳐야 합니다. 주의(主義)는 진리를 찾자는 것입니다. 주의를 만든 사람, 부르짖는 사람은 그렇게 부르짖다가 도중에 죽은 사람이 아닙니까? 미정고(未定稿)로 끝낸 것을 또 누가 받아 가져도 역시 미정고입니다.

참빛을 맞아서야 마칠 것입니다.

'참'이라는 것은 도저히 얻어볼 수 없습니다. 더구나 요새같이 맛으로 사는 시대에 '참'을 찾아보기는 더욱 힘들고 '참'도 점점 멀어집니다. 절대자의 뜻을 완성하겠다고 나서야 '참'은 가까워집니다.

참 알려는 슬기가 「나」요
알도록 찾는 것이 「참」이오
보게 하는 힘이 「빛」!
참은 한웋님, 빛은 聖神, 나는 아들!
셋은 곧 하나.

'참 알려는 슬기가 「나」요', 참을 알자는 것은 슬기입니다. 지혜라는
것을 슬기라고 하지 않습니까? 알려는 것은 슬기입니다. 그래서 나오는
것이 속알입니다. 속알이 있기에 짐승으로 빠져들어 가는 것을 건져 하
느님의 뜻을 이루고 나가는 것입니다. 그래서 우리에게는 슬기가 있어야
합니다. 알자는 것이 슬기입니다. 참을 알려는 슬기는 '나'입니다.

'알도록 찾는 것이 「참」이오. 보게 하는 힘이 「빛」!', 참을 찾는 원동력
은 우리가 찾을 것을 찾는 슬기에서 나옵니다. 이렇게 하고 가면 '참하
느님'이라는 소리가 나옵니다. 참은 성령입니다. 알게 하는 것도 성령입
니다. 이것을 보려면 내가 하느님의 아들이 되어야 합니다.

이에 우리에게 태운 빛의 敎本으로는 單券冊인 恒星文章(不幸ᄒ다ᄒ
릿가) 우리게 對해서는 點字입니다. 그런 中에도 해 달 두 점이 우리 보
기에 좀 굴거 보이는데 깜박 홀리어서 무슨 光明世界나 맞나 누릴 것
같이 虛榮(影)을 찾아 헤매임으로써 해와 달만 지워 보내므로 敎本은
그대로 나가잡바져 잇고 사람은 고단ᄒ야 잠드러 버리면 그 身體를
덥허 놓 앞에는 學生 ○○○의 물업이라 세우니
어둔 宇宙 갓갑흔 世上에도. 더 캄캄흔 이 땅에!
속알들은 엇지 되어가는 것일가?

'우리에게 태운 빛의 敎本', 믿는다는 것은 교본(敎本)입니다. 정신은
생명의 교본입니다. 단권책(單券冊) 같은 것으로 항성문장(恒星文章)의

우주가 있습니다. 그러나 이것은 우리에게 점자문(點字文)입니다. 우리는 소경입니다. 볼 줄 모릅니다. 우주가 있는 뜻을 모릅니다. 단지 태양 광선만을 빛으로 알고, 그 빛을 쫓는 데 정신이 없습니다. 말끔히 영광을 쫓아 단지 거짓된 허영에 살 따름입니다. 해와 달, 저것이 있는 것입니까? 없습니다. 있는 것은 오직 '나', 그중에도 생각 이것뿐입니다. 항상 없는 것인데 문제는 '속알'입니다. 참을 이야기하는 것은 속알이 이야기하는 것입니다.

다음은 로고스(말씀) 찬가를 풀이하겠습니다.

태초에 '말씀'이 계셨다. 그 '말씀'은 하나님과 함께 계셨다. 그 '말씀'은 하나님이셨다.

태초 하면 로고스를 생각합니다. 말씀이 로고스입니다. 말씀이 이렇게 하라 하면 이렇게 되었고, 저렇게 되라 하면 저렇게 된 것입니다. 그러니 말씀이, 곧 하느님이신 말씀이 만물을 창조한 게 됩니다. 말씀은 참이고 로고스입니다.

그는 태초에 하나님과 함께 계셨다. 모든 것이 그로 말미암아 창조되었으니, 그가 없이 창조된 것은 하나도 없다.

말씀이 창조하신 것 중 체물불가유(體物不可遺)로 하나도 빠진 것이 없습니다.

창조된 것은 그에게서 생명을 얻었으니, 그 생명은 사람의 빛이었다.

말씀은 곧 생명이고 빛입니다. 참이 됩니다. 다른 말을 할 게 없습니다. 다 '하나'를 말하는 것입니다.

그 빛이 어둠 속에서 비치니, 어둠이 그 빛을 이기지 못하였다.

예수 같은 이가 나왔어도 백성은 아무것도 몰랐습니다. 애당초 알리지 않고 나왔기 때문에 누구인지 몰랐습니다. 속알은 하나이기 때문에 알 수 없습니다. 알 수 없는 참을 구하고 또 구하여 헤매게 되는 것입니다. ……

하나님께서 보내신 사람이 있었다. 그 이름은 요한이었다.

'하나님께서 보내신 사람이 있었다'는 말은 사천 년 전이면 사천 년 전의 그 모든 사람을 뜻합니다. 요한이 나온, 또는 아브라함의 민족만을 가리키는 것은 아닙니다. 통틀어 이 우주의 모든 생명체를 말하고 그중 정말 참을 찾아나서면 요한과 같은 사람이라는 것입니다. 저희가 믿음을 가지면 다 하느님이 보낸 한 생명으로, 이름은 이(李) 모라 해도 좋고 김(金) 모라 해도 좋습니다.

그 사람은 그 빛을 증언하러 왔으니, 자기를 통하여 모든 사람을 믿게 하려는 것이었다.

그 빛을 믿게 함이라는 것은 참을 믿게 하기 때문에 할 수 있는 말입니다. 여기서 말하는 빛은 무슨 영광(榮光) 따위의 빛과 다릅니다. 요한이 말한 빛은 보이지 않는 빛입니다. 예수의 빛은 우리가 보는 태양광명을 말하는 게 아닙니다. 빛은 보이지 않고 우리 마음을 밝게 비춰주는 것입니다.

그 사람은 빛이 아니었다. 그는 그 빛을 증언하러 왔을 따름이다.

참 빛이 있었다. 그 빛이 세상에 와서 모든 사람을 비추고 있다.

보이지 않는 빛을 증거하러 왔는데, 특히 그 빛을 비추어 세상을 밝히겠다는 뜻입니다. 즉, 속살과 고기 맛을 이기는 사람은 인류 세계를 비춰주는 것입니다.

그는 세상에 계셨다. 세상이 그로 말미암아 생겨났는데도, 세상은 그를 알아보지 못하였다.

너무 고맙기 때문인지 몰라도 모두가 알아보지를 못합니다. 중요한 것은 말씀을 따르는 사람들인데, 그들도 그것을 몰라주더란 말입니다.

그가 자기 땅에 오셨으나, 그의 백성은 그를 맞아들이지 않았다.

대접을 극히 잘 받지 못합니다. 누가 알아주지를 않습니다.

그러나 그를 맞아들인 사람들, 곧 그 이름을 믿는 사람들에게는, 하나님의 자녀가 되는 특권을 주셨다.

대접하는 자가 있는데, 그 이름은 믿는 자라고 합니다. 그 이름은 마음이 아니고 속알입니다.

이들은 혈통에서나, 육정에서나, 사람의 뜻에서 나지 아니하고, 하나님에게서 났다.

참빛은 슬기입니다. 여기서는 대담하게 '난 자들'이라고 했습니다. 나라는 것을 말하고 있습니다. 알려는 슬기는 '나'입니다. '나'는 아버지의 아들입니다. 권세가 있습니다. 이 13절은 대단히 중요합니다. 아버지의 아들이 이 세상과는 아무런 관계가 없음을 말해줍니다.

그 말씀은 육신이 되어 우리 가운데 사셨다. 우리는 그의 영광을 보았다. 그것은 아버지께서 주신, 외아들의 영광이었다. 그는 은혜와 진리가 충만하였다.

우리는 자칫하면 육신의 종 노릇을 하게 됩니다. 즉, 살맛, 고기 맛에 마음이 끌리면 하느님과의 관계는 끊어지고 맙니다. 믿는다는 것을 밝히면 분명히 로고스, 곧 말씀을 발견할 수 있습니다. 그 가운데 자리에는 은혜와 진리가 가득합니다. 우리는 우리의 영광을 모르고 아버지의 독생자만을 우러러봅니다. 나는 아무것도 아닌 것이지만, 내가 깨달음으로 독생자임을 알 때는 참으로 아들로서 영광스러움을 느낄 수 있습니다. 참이라는 것은 귀한 것입니다.

요한은 그에 대하여 증언하여 외쳤다. "이분이 내가 말씀드린 바로 그분입니다. 내 뒤에 오시는 분이 나보다 앞서신 분이라고 말씀드린 것은, 이분을 두고 말한 것입니다. 그분은 사실 나보다 먼저 계신 분이기 때문입니다."

내 뒤에 오는 자가 나보다 앞선 분이라는 것은 요즘 진리의 발달을 보면 맞는 말인 것 같습니다. 내가 아무리 예수를 믿는 척하더라도, 내 말을 뒤쫓아오는 사람은 언젠가는 나를 앞설 것입니다. 나 역시 미완고를 완결 짓기를 희망하나, 내 손으로는 할 수 없습니다. 내 뒤에 오는 사람이 할 것입니다. 선생이 인(仁)을 실천하지 못한다고 해도, 제자가 할 수 있습니다.

옳고 그른 것은 역사와 인민이 가린다고 하였는데, 그 말처럼 끄트머리에 가봐야 합니다. 옳다는 것이 지금 어디 있고 그르다고 할 만한 것이 어디 있습니까? 두고 봐야 합니다. 영원한 경지에서 보면 다 마땅치 않은 것뿐입니다. 반정반(反正反)으로 계급 투쟁이 가장 잘 해소되었다는 중공(中共)에서도 여전히 지도층과 인민 사이에 모순이 있다고 하지 않습니까? 그래서 백화제방(百花齊放)이니 백가쟁명(百家爭鳴)이니 해서 아주 이상한 말이, 오히려 우리 자유진영이 빌려서 쓸 만한 문구가 나옵니다. 더 두고 보아야 할 일이겠지만, 이런 말이 중공에서 먼저 나오니 우리에게 남보다 더 나은 무엇이 과연 있다고 할 수 있습니까?

이같이 우리가 꿈틀거리고 사는 이 세상에서 지각 있는 사람이라면 서울 같은 도시에서 살지를 않습니다. 이 사람도 거의 70년을 서울에서 사는데, 앞으로 몇 년을 더 살지 모릅니다. 산다고 하되 '류영모'가 무엇입니까? 무엇을 할 수 있단 말입니까? 싱겁기 한량없는 것이 아니겠습니까? 이제는 아주 진저리가 처질 지경입니다. 모름지기 머지않아 학교의 문이란 문은 다 닫을 때가 올 것입니다. 다른 것은 예견하지 못합니다만, 그런 날이 있으리라는 것은 말씀드릴 수 있습니다. 그러나 나날이 흉해지는 이 세상이 어떻다고는 말씀드릴 수 없습니다.* (1957. 6. 7.)

---

* 다석은 강원도 평창으로 귀농한 둘째 아들(류자상)에게 가 있기를 기뻐하였다. (박영호)

제37강

속알을 밝혀야(明德)
사람 노릇을 할 수 있다

하늘 계신 아부계 이름만 거룩 길 말슴님 생각이니이다.

이어이 예수ㅁ쉬는 우리 밝은 속알에 더욱 나라 찾임이어지이다.

(다석일지 1957. 6. 21.)

〈창세기〉 3장 1~14절

뱀은, 주 하나님이 만드신 모든 들짐승 가운데서 가장 간교하였다. 뱀이 여자에게 물었다. "하나님이 정말로 너희에게 동산 안에 있는 모든 나무의 열매를 먹지 말라고 하셨느냐?" 여자가 뱀에게 대답하였다. "우리는 동산 안에 있는 나무의 열매를 먹을 수 있다. 그러나 하나님은, 동산 한가운데 있는 나무의 열매는, 먹지도 말고 만지지도 말라고 하셨다. 어기면 우리가 죽는다고 하셨다." 뱀이 여자에게 말하였다. "너희는 절대로 죽지 않는다. 하나님은, 너희가 그 나무 열매를 먹으면, 너희의 눈이 밝아지고, 하나님처럼 되어서, 선과 악을 알게 된다는 것을 아시고, 그렇게 말씀하신 것이다." 여자가 그 나무의 열매를 보니, 먹음직도 하고, 보암직도 하였다. 그뿐만 아니라, 사람을 슬기롭게 할 만큼 탐스럽기도 한 나무였다. 여자가 그 열매를 따서 먹고, 함께 있는 남편에게도 주니, 그도 그것을 먹었다. 그러자 두 사람의 눈이 밝아져서, 자기들이 벗은 몸인 것을 알고, 무화과나무 잎으로 치마를 엮어서, 몸을 가렸다.

그 남자와 그 아내는, 날이 저물고 바람이 서늘할 때에, 주 하나님이 동산을 거니시는 소리를 들었다. 남자와 그 아내는 주 하나님의 낯을 피하여서, 동산 나무 사이에 숨었다. 주 하나님이 그 남자를 부르시며 물으셨다. "네가 어디에 있느냐?" 그가 대답하였다. "하나님께서 동산을 거니시는 소리를, 제가 들었습니다. 저는 벗은 몸인 것이 두려워서 숨었습니다." 하나님이 물으셨다. "네가 벗은 몸이라고, 누가 일러주더냐? 내가 너더러 먹지 말라고 한 그 나무의 열매를, 네가 먹었느냐?" 그 남자는 핑계를 대었다. "하나님께서 저와 함께 살라고 짝지어주신 여자, 그 여자가 그 나무의 열매를 저에게 주기에, 제가 그것을 먹었습니다." 주 하나님이 그 여자에게 물으셨다. "너는 어쩌다가 이런 일을 저질렀느냐?" 여자도 핑계를 대었다. "뱀이 저를 꾀어서 먹었습니다."

주 하나님이 뱀에게 말씀하셨다. "네가 이런 일을 저질렀으니, 모든 집짐승과 들짐승 가운데서 네가 저주를 받아, 사는 동안 평생토록 배로 기어다니고, 흙을 먹어야 할 것이다."

〈요한복음〉 3장 1~16절

바리새파 사람 가운데 니고데모라는 사람이 있었다. 그는 유대 사람의 한 지도자였다. 이 사람이 밤에 예수께 와서 말하였다. "랍비님, 우리는, 선생님이 하나님께로부터 오신 분임을 압니다. 하나님께서 함께 하지 않으시면, 선생님께서 행하시는 그런 표징들을, 아무도 행할 수 없습니다." 예수께서 그에게 말씀하셨다. "내가 진정으로 진정으로 너에게 말한다. 누구든지 다시 나지 않으면, 하나님 나라를 볼 수 없다." 니고데모가 예수께 말하였다. "사람이 늙었는데, 그가 어떻게 태어날 수 있겠습니까? 어머니 배 속에 다시 들어갔다가 태어날 수야 없지 않습니까?" 예수께서 대답하셨다. "내가 진정으로 진정으로 너에게 말한다. 누구든지 물과 성령으로 나지 아니하면, 하나님 나라에 들어갈 수 없다. 육에서 난 것은 육이요, 영에서 난 것은 영이다. 너희가 다시 태어나야 한다고 내가 말한 것을, 너희는 이상히 여기지 말아라. 바람은 불고 싶은 대로 분다. 너는 그 소리는 듣지만, 어디에서 와서 어디로 가는지는 모른다. 성령으로 태어난 사람은 다 이와 같다." 니고데모가 예수께 물었다. "어떻게 이런 일이 있을 수 있습니까?" 예수께서 대답하셨다. "너는 이스라엘의 선생이면서, 이런 것도 알지 못하느냐? 내가 진정으로 진정으로 너에게 말한다. 우리는, 우리가 아는 것을 말하고, 우리가 본 것을 증언하는데, 너희는 우리의 증언을 받아들이지 않는다. 내가 땅의 일을 말하여도 너희가 믿지 않거든, 하물며 하늘의 일을 말하면 어떻게 믿겠느냐? 하늘에서 내려온 이 곧 인자밖에는 하늘로 올라간 이가 없다. 모세가 광야에서 뱀을 든 것같이, 인자도 들려야 한다. 그것은 그를 믿는 사람마다 영생을 얻게 하려는 것이다. 하나님께서 세상을 이처럼 사랑하셔서 외아들을 주셨으니, 이는 그를 믿는 사람마다 멸망하지 않고 영생을 얻게 하려는 것이다."

하늘 계신 아버께 이름만 거룩 길 말슴님 생각이니이다

'하늘'을 글로 쓸 때 옛날에는 '아래 아(·)'를 찍어서 'ᄒᆞᄂᆞᆯ'로 표기하는 경우가 많았습니다. 나이가 많은 사람들은 아직도 하늘을 'ᄒᆞᄂᆞᆯ'로 표기하는 것 같습니다. 이렇게 '하늘'이라고 써놓고 보면 큰 문제에 걸립니다. 자기 의견을 표시한 말 가운데 이 말처럼 쓰기 좋아하는 것은 없습니다. 그냥 말로만 가지고는 안 되는 일에 '하늘'이라는 단어를 끌어들입니다. 그러니 큰 문제가 되지 않을 수 없습니다.

'계신' 하면 역시 큰 문제입니다. 게다가 더 큰 하늘을 붙여 '하늘 계신'이라고 하였으니, '계신'이 존재를 나타낸다면 무슨 존재를 말하는 것입니까?

'아빗'라는 단어는 세계적 말로서 아버지를 뜻합니다. 히브리어에서는 아버지를 '아바'라 합니다. 세계적으로 이 '아빗'라는 낱말보다 더 문제 되는 단어는 없을 것입니다.

그리고 '계'는 '계시다'에서 '시다'가 빠진 것으로, '여기저기'라는 말과 같습니다. '께서'라는 말은 조금 박하게 말하면 '에서'와 뜻이 같습니다. '하늘 계신 아빗계'에서 '계'는 상대적인 말로 쓰이지만, '에서'에서 나온 말로 보면 '계'가 특별한 것이 됩니다. 반드시 높은 데를 가리키는 말이 됩니다. 보통 쓰이는 말이 아닙니다. '하나'에서 우러나오는 '계'라는 말도 역시 큰 문제가 되지 않을 수 없습니다. 이러한 '아빗계'라면 아버지보다는 그 '계'를 찾아가는 것입니다.

만물이 아무리 있어도 우리가 이름으로 분간하지 못하면, 만물을 만물대로 구별해서 쓸 수가 없습니다. 분간을 무엇으로 하느냐 하면 이름으로 합니다. 그래서 《성경》에서는 하느님이 만물을 창조한 후 아담으로 하여금 이름을 지으라고 하였습니다. 사람이 만물을 만물로서 구별하고 만물의 이름을 불러 명령(命令)하게 된 것은, 역시 이름으로 만물을 구별해서 쓰기 위해서였습니다. 그래서 이름이라는 것 역시 큰 문제로 보지 않을 수 없습니다. 이같이 이름은 말하는 모든 것의 기초입니다. 이름에 어떤 의미도 없다면 이러한 세상이 벌어지지 않았을 거라고 볼 수도 있습니다.

'이름만'에서 '만'은 유일하다는 뜻입니다. 그냥 볼 만한 '또'가 아닙니다. 이 세상에 나온 나는 안 갈 수가 없습니다. 가는데 '나' 하고 나가는 '나간'이 합쳐져서 '만('나'+'간'→'만')'이 되었습니다. 나가는 것이 문제입니다. 나온 것은 하여튼 나왔으니, 나가게 마련인 것은 나가야 할 것 아니겠습니까? '만'이 문제가 됩니다. '만'이라는 글자는 참 중요합니다.

'거룩'의 뜻은 신앙을 가진 사람이나 안 가진 사람이나 결국 다 거룩하자는 것입니다. 좀 깨끗해지자는 것입니다. 귀하게 되자는 것입니다. 그래서 '거룩'입니다. 이 말 역시 쉽지 않습니다.

우리가 움직여 나가는 데는 '길'을 가져야 합니다. 우리가 YMCA의 널찍한 강당에 모일 줄 알았는데 좁은 회의실로 오게 되었습니다. 이곳으로 올 때 통로가 좁아 답답함을 느꼈을 것입니다. 이같이 길이 좁으면 아주 답답하게 됩니다. 교통이 좋으려면 길이 있어야만 합니다. 길이 없으면 도저히 꼼짝할 수가 없습니다. 공간이 있다는 것은 죄다 이 길을 위해서 있는 것입니다. 전자, 원자, 분자 사이의 공간은 이런 뜻을 말합니다. 세포 사이에 상당한 공간이 있는 것은 이 길을 위한 것입니다. 이 길이 없으면 세포는 세포대로 그 구실을 하지 못합니다. 분간(分揀)한다는 말도 공간과 연관이 있습니다.

모든 이치(理致)가 분간할 줄 아는 데 있다면, 이치가 곧 길이 아니겠습니까? 길이 이치인 것입니다. 도(道)라는 것도 길을 말합니다. 도는 이치로, 진리(眞理)를 말합니다. 허공(虛空)이 진리라는 뜻을 이런 맥락에서도 이해할 수 있습니다. 불교에서 말하는 법(法)도 어떻게 하는 이치와 길을 말하는 것입니다. '길 도(道)'와 이치(理致)의 '이(理)'는 같은 것입니다. 참이치가 길입니다. '기른다'는 동사에 뿌리를 둔 '길'은 자란다는 뜻이 됩니다. 몸뚱이는 차차 자라다가 어느 지점에서 한계에 이르고 그 다음부터는 오히려 줄어듭니다. 그러나 마음은 보이지 않게 성장을 무한히 할 수 있습니다. 마음에서 무한히 자라나는 것은 곧 길의 정신(精神)

인 진리입니다.

'말씀', 말씀은 하나입니다. 문제는 '말씀'입니다. 여기에 특별히 '님'이 있는 것은 하늘 문제인 '하나' 그 님, 곧 하느님이 우리에게 말씀으로 가르쳐주심이 있기 때문입니다. 무거운 짐을 지고 가는데 힘으로 가는 것입니다. 머리에 이고 가는 것이 중요하다면 아무리 고개를 무겁게 짓눌러도 참고 받들어 이고 가야 하지 않겠습니까? 이고 가는 것이 '님'입니다. '님'이 문제되는 것은, 즉 하나가 문제되는 것은 생각이 있어서 그렇습니다.

어떻게 생각하느냐, 이것이 문제입니다. 님을 생각하는 것을 상사(想思)라고 합니다. 요즘은 연애라는 말을 쓰는데, 옛날에는 님을 생각할 때 '상사'라는 말을 썼습니다. 님을 이는 데는 반드시 생각이 있는 것입니다. 생각이 없으면 님이 없습니다. 이같이 생각하는 님은 하느님, 아버님, 길님, 말씀님, 생각님입니다. 전부 님을 붙여서 생각할 수 있습니다. 이렇게 써놓으면 여러분은 무엇인지 알 수 없겠습니다만, 이 사람이 생각하는 게 이렇습니다. 명사만 나열하고 조사(토)는 빠뜨렸으나, 이렇게 해야 뜻이 절로 우러나옵니다. 이 사람이 하는 기도라는 것은 이것을 부르는 것입니다. 예전부터 이 사람의 기도는 이러하였지만 요즘 들어 기도할 때 더 한층 이렇게만 하고 싶습니다.

그런데 '님'이 문제입니다. 여자는 어려서 아버지를 좇아가고, 혼인한 다음에는 남편을 좇아가고 존중합니다. 과거의 역사를 잠깐 보면, 그렇게 하는 것이 불공평하다 하여 남녀의 위치를 바꾸어 본 일도 있습니다. 이런 소리를 하면 젊은이들은 머리가 구식이라거나 고집쟁이라고 말할지 모르겠습니다. 그러나 여자가 남편을 좇고 남편이 님이 된다는 것은 시대가 지날수록 더할 것입니다. 님이라고 하면 아주 정중히 섬겨야 합니다.

유교에서는 부모 섬기기를 강조합니다. 원래는 가령 여자가 시집을 가서 남편을 둘도 없이 섬기느라 친정 아버지가 돌아가시는 것도 못 보고 끝까지 섬기지 못했다면, 그처럼 불효한 딸자식은 없다고 하였습니다. 그런데 시집가면 으레 출가외인이라 해서 남이 되는 것으로 알게 되었습니다. 그런 뜻이 더 한층 강조되어, 백 리 밖으로 출가한 여자는 친정에 오지 않아도 좋다는 말이 되었습니다. 실상 부인(婦人)이 바깥출입을 하지 않는 것이 미덕으로 여겨지기도 했습니다. 가까운 데면 몰라도 백 리나 떨어진 곳이라면, 바깥 구경도 제대로 하지 못하는 여자가 친정 부모의 상을 당한다 해도 실상 가보지 못했을 것입니다. 이렇게 보면 여자가 친정을 내버리고 간 것만은 사실이 됩니다.

이것을 보면 이 세상에서 일어나는 일은 절대(絶對)라는 게 없습니다. 상대적이며 무척 변덕을 부리는 것을 알 수 있습니다. 절대 진리(絶對眞理)는 하늘 위에 있기에, 우리는 중간에서 그 '절대'를 좇아 올라가야 합니다. '절대'가 아닌 것은 생각하지 말고, 지상(地上)의 것은 거의 전부 훨훨 벗어버리고 '하나'를 생각하여야 합니다. 하나의 님을 찾아가는 것이 우리들입니다. 절대 진리를 위해서는 내버릴 것은 다 내버려야 합니다. 이런 것은 다 어디서 나오는 것이겠습니까? 다 님을 생각하기 때문에 나오는 것입니다. 생(生)을 가진 자는 영원히 사랑을 추구하여 나갑니다. 애(愛)는 영원한 '사랑 애'입니다. 이 세상이 되고 안 되고는 영원한 님을 찾는 사랑의 힘을 갖느냐 못 갖느냐에 달려 있습니다.

'하늘 계신 아브계 이름만 거룩 길 말슴님 생각이니이다.' 몇 가지 생각이 있는 게 아닙니다. '하늘'이라고 하면, 이상의 여러 뜻을 다 포함합니다. 단 '하나'의 생각, 허공의 생각뿐입니다. 로고스가 만물을 창조했다고 할 때, 로고스는 생각을 가리킵니다. 생각은 말입니다. 말이 로고스라는 것은 이 사람이 늘 말하는 것입니다. 말씀은 진리이고, 진리는 생각하지 않고서는 알 수 없습니다. 이 생각이 《성경》에 들어가서는 사랑, 유교에 가서는 길 또는 도(道), 불교에 가서는 법(法)이 된 것입니다. 로고스, 아트만 모두 다 생각입니다. 유신론(唯神論)이나 유물론(有物論) 자체도 생각하지 않고서는 나오지 않는 것이니, 다 생각의 한 방편일 뿐별다른 게 아닙니다. 미완(未完)된 원고라고 하겠습니다.

하늘에 계신 우리 아버지의 이름을 거룩하게 한다는 말은 이 사람이 말하는 것과 같은 것으로, 그 뜻은 영광을 받으라는 것입니다. 이 세상의 모든 존재가 하늘로 귀일(歸一)하여 하늘을 영광스럽게 기리고 찬양한다는 말입니다. 이것을 이 사람이 줄여서 위와 같이 말한 것입니다. 하늘이 아무리 영광을 받고 그 이름이 존귀하게 있다 하더라도, 그 아들된 내가 하늘과 닿지 않고 거기에 이르지 않으면 상관없는 것이 되고 맙니다.

아담이 이름을 짓지 않았으면 만물이 상관없는 게 되었을 거라는 말처럼, 이를 것에 내가 이르지 않으면 상관없는 것이 됩니다. 하늘은 우리네 상대 세계와는 다르기 때문에 맨 처음인 무엇인가에 내가 다다라야지, 내가 다다르지 않고서는 상관이 없게 됩니다. 이런 뜻으로 이름이라고 할 때는 '히름'이라고 써야 할 것입니다. 추상적인 이름을 아무리 나열해보았자 이르러야 할 그곳에 이르러야지 그러지 않으면 상관이 없습니다.

오늘 여기 회의실에 들어오다가 현액(懸額)된 네 글자를 보았습니다. '덕체지군(德體智群)'이라고 씌어 있는데, 누가 썼는지 알고 싶어서 낙관(落款)을 보니 중화교회(中華敎會)였습니다. 이곳(YMCA)을 빌려 쓰던 중국 사람들이 새집을 짓게 되니까 이렇게 하나 써서 들어오는 입구에다 걸어놓은 것 같습니다. 우리나라 사람들도 흔히 한자(漢字)를 쓰지만 이런 글을 써 붙이기란 쉽지 않을 것입니다. 중국 사람들이 자기들의 글로 쓴 것인 만큼, 이 이상의 훌륭한 글이 나오리라고는 생각하지 않습니다.

그네들의 글이니까 그만큼 쓴 것이라고 생각합니다.

이것을 볼 때 생각은 자기 나라의 말로 써야 한다는 생각이 절실히 들었습니다. 덕(德)을 제일 꼭대기에 놓고, 몸뚱이를 두 번째에, 지(智)를 마지막에 놓은 것도 그 사람들답습니다. 동양에서는 삼육(三育)이라 하여 덕지체(德智體)라고 하는 게 보통입니다. 그런데 덕체지(德體智)라 하고 그 밑에 '무리 군(群)'을 써놓은 것도 그들이 아니면 쓸 수 없는 글이고 말씀입니다. 군(群)을 위해, 곧 사회를 위해 덕(德)을 잘 기르고 체육(體育)을 잘하고 지(智)를 잘 기르라는 이 글귀는 대단히 좋은 글입니다.

YMCA 본래의 사명이 무엇인지 네 글자로 말한다면, 정말 중국 사람이 아니고서는 이렇게 표현할 수 없으리라고 생각합니다. 덕체지군(德體智群), 이것을 철저히 하면 됩니다. 특히 체(體)를 글 가운데 놓은 것은 대단히 조리(條理)가 있어 보입니다. 이 구호가 YMCA 창립 당시부터 널리 회자(膾炙)되었다면, 사회가 좋은 쪽으로 더 많이 변했을 거라는 생각이 듭니다. 덕(德)은 실존(實存)을 일컬은 것 같고, 체(體)는 우리 인생(人生)을 표현한 것 같습니다. 덕의 총체(總體)는 지군(智群)의 뜻도 되고, 덕을 힘써 하라는 뜻으로도 보입니다. 체(體)가 가운데 있음으로써 참좋게 보이지 않습니까?

'아버계'라는 것도 이름인데, 요새같이 이름을 함부로 부르는 시대도 없으리라고 생각합니다. 무슨 부흥회라는 장소에서 실로 놀랍도록 주(主)를 찾고 아버지를 찾습니다. 그러나 결코 하늘의 경지에 자기 몸뚱이를 갖다 놓으려는 것이 아닙니다. 자기는 어디까지나 땅 위에 있으면서 아버지를 부릅니다. 자기가 하기 어려운 일을 심부름 시켜먹자고 그같이 부르는 것입니다. 이름인 '하나'를 그렇게 마음대로 불러야 옳겠습니까? '이름'에는 반드시 '이룸이 있다', '이루었다'라는 뜻이 포함됩니다. 신(神)이 여기에 들어가야 이름이 이름대로 살고 이룰 것을 이루는

데, 무작정 이름만 부르는 것으로는 이름과 인생, 그리고 영원과 아무런 관계가 없게 됩니다.

이어이 예수ㅁ쉬는 우리 밝은 속알에 더욱 나라 찾임이어지이다.

'이어이', 전에는 'ㅣㅓㅣ'라고 흔히 썼는데, 어쨌든 우리의 제일 처음이 무엇인지는 알 수 없습니다. 맨 처음부터 올 하나가 시간이라는 것을 타고 이어 내려왔는데, 그 와중에 역사 속에서 군데군데 토막이 난 일도 있습니다. 올 하나가 처음부터 이어 나오기를 온전히 하였으면 지금쯤은 이상국가가 이루어졌을 터인데, 아무래도 토막 난 시대가 이어 내려온 시대보다 더 많았던 것 같습니다. 부처가 오셨다, 예수가 재림했다, 성현이 나타났다고 한 적도 있었습니다. 시대가 좋아서 그런 사람이 나타났고 백성이 잘살았다는 게 아닙니다. 한 줄기 이어 내려오는 것을 올바르게 이어 온 시대나 그 시대를 올바르게 지도한 이가 부처가 되고 성현(聖賢)이 되고 그리스도가 된 것입니다.

한 줄기 이어 온 여기가 '예'입니다. 이것은 또한 아들이 아버지의 자리에 가는 글자입니다. 무한한 영원(永遠)에서 상대적으로 벌어져서 몸 부림치는 여기를 말합니다. '수'는 능력을 의미합니다. 우리는 이보다 더 나을 수 없을까 하고 '수'를 찾습니다. '수'를 찾는다는 것은 곧 능력을 찾는 것입니다. 여기다 'ㅁ'을 더하면 명사가 됩니다. '예'에서 '수'를 찾는 것에 'ㅁ'을 더하면 '예수ㅁ'이 됩니다. 예에서 수를 찾는 것이 이렇게 됩니다. '숨'이 나옵니다. 숨을 쉬는 것이 나옵니다. 숨을 쉬니 무슨 수가 나올 수 있습니다. 이같이 '예수ㅁ' 하고 강하게 불러보면 우리가 가장 참답게 사는 것 같지 않습니까? '이어이 예수ㅁ' 하고 불러보면 몇천 년 전이나 후를 툭 터서 숨쉬고 살 것 같지 않습니까? 이것이 진실한 기도 소리가 될 것입니다.

인생이 인생 노릇 하기는 쉽다고 생각하는데, 쉬고 사는 것이 쉽지 않습니까? '쉰 살을 살면 쉬는 살이야', '천명을 알 때가 왔다'고 하지 않습니까? 쉰 살이라는 것은 50년 동안 무사히 성하게 지내왔다는 것을 말하는 게 아니겠습니까? 우리가 잠깐 쉬고 떠나가는 것을 알면 다 이러쿵저러쿵 문제가 없어집니다. 개인의 가슴은 성전(聖殿)과도 같습니다. 여기에 성화(聖火)를 피우려면 숨쉬고 밥 먹고 잠자는 인생은 떠나야 한다는 것을 철저히 알아야 합니다.

하늘(一)을 사람(ㅣ)이 이고 있는 것(ㅜ)을 '우(위)'라고 합니다. '위'라는 글자 모양을 그대로 한자로 보면 '하(下)'가 되는데, 우리말로는 '우'라고 합니다. 아래 있으면서 하늘 위를 걱정한다는 뜻입니다. 우리는 '위'를 머리 위에 이고 있습니다. '우ㅎ'입니다. '우리'에는 이런 뜻이 전부 포함됩니다. 하늘을 아주 자기의 무대로 만들어 활동하는 범위에 집어넣습니다. 본래 ㄹ은 L 발음이 나오나, 글자로 적을 때는 S를 모내는 (角) 것같이 씁니다. 이것을 보더라도 영원하다는 뜻에는 동서를 불문하고 널리 공통된 무엇인가가 있는 것 같습니다. '우리'라고 한마디 할 때에도 이러한 내용을 여러 가지로 생각하고 들여다볼 필요가 있습니다.

성령이 충만하다는 말을 요새 흔히 쓰는데, 정신에 성령을 충만하게 해준다는 것을 말합니다. 그런데 어찌 그날 그날을 뜻 없이 지낼 수 있습니까? 말로만 뜻 있게 지내겠다고 해서는 안 됩니다. 역시 '위'를 향하여 마음이 끌리는 것이 있어야 할 것입니다. 그렇게 알고 '인(引)'이라는 글자를 한번 생각해보십시오. 우리말의 '리'처럼 생기지 않았습니까? 내려 잡는다는 뜻이지만 '잡아끄는 인'도 됩니다. 당기는 '인(引)'과 '리'의 꼴이 같은 것이 우연의 일치이거나 궤변이라고 보아도 무관하다고 생각합니다.

'밝은 속알', 이것은 명덕(明德)을 말합니다. 명덕은 속알을 밝힌다는 뜻입니다. 사람이 사람 노릇을 하려면 특히 속알을 밝혀야 합니다. 자꾸 명덕해서 나아가야 합니다. 명덕에 더욱 힘써야 합니다. '더욱' 할 때의 '더'는 '좀 더'라는 뜻으로도 들립니다만 여기서는 '들어올린다'는 뜻입니다. '욱'은 '위'로 올라간다는 '우'를 강조해서 ㄱ 받침을 붙인 것입니다.

'나라 찾임이어지이다', 새삼스럽게 나라를 찾는다는 게 무슨 말입니까? 해방이 되어 나라를 찾았는데, 다시 나라를 찾자는 게 무슨 말입니까? '나라'라는 것은 '나', 이 몸뚱이의 '나'를 찾아서 본디 이어받은 것을 그대로 이어 나아가자는 것입니다. '나라'라는 것은 곧 '나'를 '나라(生)'는 뜻입니다. 그렇다고 나로다 하고 자기를 내세우고 삼독(三毒)에 젖은 일을 해서는 안 됩니다. 미국 같은 데서는 혹 모르겠습니다. 그렇게 해도 넉넉한 나라니까요. 그러나 우리같이 가난한 나라에서는 백성을 위해서 '나'를 못된 데 내세울 수가 없습니다. 자기를 내세우면 그만큼 부족한 사람은 견딜 수 없게 됩니다. 그러한 나는 내놓을 수 없습니다. 여기서의 '나'는 마음의 '나'입니다. 땅 위에서 이루는 나와 나라를 우리는 쫓아갈 필요가 없습니다. 이것을 쫓아간 역사가 오늘날 이런 세상을 만들고 만 것입니다.

정말 '위'에서 온 뜻의 나라, 우리는 이것을 확실히 알고 '나'를 내세워서 나아가야 합니다. 그러지 않고서는 '나라'가 되지 않습니다. 자기의 '나'를 찾은 다음에야 그 '나'에서 떠날 수가 있습니다. 이렇게 되면 영원을 붙잡는 것이 되고 소위 구원을 얻는 것이 됩니다. 그래서 '나라'를 찾으면 자꾸 이어 나아가야 합니다.

이상이 이 사람의 기도문입니다. 이것을 보고 무엇인지 모르겠다는 분이 계실지 모르나, 몰라도 좋습니다. 이것을 참고로 자꾸 신앙의 길을 걸어보십시오. 그러면 느끼는 점이 무엇인가 있을 것입니다. 자기의 속알을 찾고 나라를 찾으면 사랑이 나옵니다. 인(仁)이 나오지 않을 수 없습니다. '나라'를 찾는 것도 근본은 이 사랑 또는 인(仁)을 잘하자는 것입니다. 즉, 하느님의 뜻을 이어 가자는 것입니다.

요전에 듣기로 모택동이 '백화제방(百花齊放) 백가쟁명(百家爭鳴)'이라는 말을 하였다는데, 요즘 〈동아일보〉에 '백가쟁명'이라는 말이 나왔습니다. 혹 활자가 바뀌지 않았나 다시 보았습니다. 그런데 또 하나 '장기 공존 상호감시(長期共存 相互監視)'라는 구절이 눈에 띄었습니다. 무장적(武裝的) 평화라는 말만큼이나 이상하게 들리는 말이었습니다. 소련에서는 아직 인민과 지도자 사이에 모순(矛盾)이 없는 참 이상국가(理想國家)라고 떠드는데, 그렇게 떠드는 자체가 벌써 모순을 범하는 것입니다. 그래서 중국에서는 지도자와 인민 사이에 모순이 있으니 백가(百家)가 제각기 다투어 말하게 하고, 모든 언론(言論)의 꽃봉오리를 피게 하라고 말한 것입니다. 인민과 지도자 사이에 모순이 없다고 하고 거기에 비판이 없다는 것은, 그 나라가 무슨 전제(專制)나 군국주의적(軍國主義的) 정치를 하고 있음을 말해주는 것에 틀림없습니다. 모택동이 말하는 것은 말만은 진리인데, 앞으로의 실천 여부는 어떻게 될지 두고 볼 일입니다. 하지만 자유(自由)를 사랑하는 우리로서는 그러한 구호(口號)를 도둑질해서라도 솔선해서 실천할 수 있는 문제가 아닌가 싶습니다.

《성경》의 〈창세기〉 3장을 보기로 하겠습니다.

읽는 도중 생각 밖의 말씀이 나와도 놀라지 말고 끝까지 본 후 나중에 생각하여보십시오. 인류의 원죄(原罪)와 타락사(墮落史)를 보는 것입니다.

뱀은, 주 하나님이 만드신 모든 들짐승 가운데서 가장 간교하였다.

뱀이 여자에게 물었다. "하나님이 정말로 너희에게 동산 안에 있는 모든 나무의 열매를 먹지 말라고 하셨느냐?"

뱀이 가장 간교한 마귀의 화신이 되어 나타나서는 이렇게 물은 것입니다.

여자가 뱀에게 대답하였다. "우리는 동산 안에 있는 나무의 열매를 먹을 수 있다. 그러나 하나님은, 동산 한가운데 있는 나무의 열매는, 먹지도 말고 만지지도 말라고 하셨다. 어기면 우리가 죽는다고 하셨다."

하느님은 다른 것은 먹어도 좋은데, 동산 가운데 있는 것만은 먹지도 만지지도 말라고 경고하셨습니다.

뱀이 여자에게 말하였다. "너희는 절대로 죽지 않는다. 하나님은, 너희가 그 나무 열매를 먹으면, 너희의 눈이 밝아지고, 하나님처럼 되어서, 선과 악을 알게 된다는 것을 아시고, 그렇게 말씀하신 것이다."

하느님은 그것을 먹으면 왜 죽는지를 가르쳐주지 않았습니다. 그 틈을 타 뱀이 여자를 유혹하는 것입니다.

여자가 그 나무의 열매를 보니, 먹음직도 하고, 보암직도 하였다. 그뿐만 아니라, 사람을 슬기롭게 할 만큼 탐스럽기도 한 나무였다. 여자가 그 열매를 따서 먹고, 함께 있는 남편에게도 주니, 그도 그것을 먹었다. 그러자 두 사람의 눈이 밝아져서, 자기들이 벗은 몸인 것을 알고, 무화과나무 잎으로 치마를 엮어서, 몸을 가렸다.

맨 처음의 의복이 어떠했는지를 말해줍니다. 어느 나라나 처음에는 의

복이 요새의 행주치마처럼 큰 게 아니었습니다. 무화과나뭇잎으로 엮어 앞만 가린 것 같습니다.

그 남자와 그 아내는, 날이 저물고 바람이 서늘할 때에, 주 하나님이 동산을 거니시는 소리를 들었다. 남자와 그 아내는 주 하나님의 낯을 피하여서, 동산 나무 사이에 숨었다. 주 하나님이 그 남자를 부르시며 물으셨다. "네가 어디에 있느냐?"

저녁때가 다 되어서 하느님은 남자와 여자가 어디 있는지 찾습니다.

그가 대답하였다. "하나님께서 동산을 거니시는 소리를, 제가 들었습니다. 저는 벗은 몸인 것이 두려워서 숨었습니다." 하나님이 물으셨다. "네가 벗은 몸이라고, 누가 일러주더냐? 내가 너더러 먹지 말라고 한 그 나무의 열매를, 네가 먹었느냐?" 그 남자는 핑계를 대었다. "하나님께서 저와 함께 살라고 짝지어주신 여자, 그 여자가 그 나무의 열매를 저에게 주기에, 제가 그것을 먹었습니다." 주 하나님이 그 여자에게 물으셨다.

아담은 자기가 직접 따먹지 않았다고 핑계를 댑니다. 그래서 하느님이 여자에게 묻습니다.

"너는 어쩌다가 이런 일을 저질렀느냐?" 여자도 핑계를 대었다. "뱀이 저를 꾀어서 먹었습니다." 주 하나님이 뱀에게 말씀하셨다. "네가 이런 일을 저질렀으니, 모든 집짐승과 들짐승 가운데서 네가 저주를 받아, 사는 동안 평생토록 배로 기어다니고, 흙을 먹어야 할 것이다."

그 벌로 뱀은 배로 흙을 깔고 기어다니며 그 흙을 먹게 되었습니다.

이같이 하느님의 명을 어긴 끝에 여자는 아이를 생산하는 고통을 받고, 남자는 소산을 내는 데 이마에 땀 흘리는 고통을 갖게 하였습니다. 아마도 이때부터 이 세상을 차차 괴롭고 두려운 지옥으로 느끼게 되었을 것입니다. 여기에서 여러 가지로 해석할 수 있지만 '동산 한가운데 있는 나무의 열매'는 분명히 우리의 생식기를 말하는 것이 아니겠습니까? 뱀이라고 말은 하나, 뱀의 형태가 흡사 남자의 생식기와 무엇이 다릅니까? 생식기가 유혹하는 것처럼 유혹하는 것이 어디 있습니까? 소위 시험 중에서도 색욕(色慾)의 유혹이 대단하지 않습니까? 먹는 것은 제법 사양하고 사리는 것이 있습니다. 그러나 색(色)에 대해서는 거의 모든 인류가 시험당하고, 시험을 이기는 데 어려움을 느낍니다. 아담은 하와가 유혹했다고 하고 하와는 뱀이 유혹했다고 하였는데, 아담의 생식기가 하와를 유혹했다고 하는 것이 옳을 것입니다. 아담은 부정하지만 이치가 그렇게 되어야 들어맞는 것은 어쩔 수 없습니다.

모든 삼독(三毒)의 근원은 남자가 책임져야 할 성질의 것입니다. 하와는 남자의 갈빗대에서 나온 것입니다. 아담이 야훼 하느님의 자식이고 보면, 시작은 남자에게 있는 것입니다. 그런데 항시 책임을 하와에게 전가시키려고 합니다. 그러나 따져보면 여자의 존재가 없었으면 좋았을 것이고, 동산 한가운데 열매가 없었으면 괜찮았을 것입니다. 어쨌든 서로가 유혹한 것이기에 그 짓이 생긴 것은 사실입니다. 맛도 있음직하고 만져보고 싶을 만큼 탐스럽기도 하고, 먹어보니 맛이 좋고 해서 아담도 같이 먹었다는 것입니다. 맛에 잡히면 그때도 그랬는데 요새 와서는 더 말할 나위가 없습니다. 다른 맛이 있음직해서 남의 여자도 건드려보고 남의 남자도 꾀어보는 것입니다. 맛에 마음이 나면 사람은 아주 짐승만도 못해집니다. 몇 번 먹어보면 더 먹어볼 것이 없다고 해야 합니다.

자식을 하나 낳아보고는 더 낳을 것 없다며, 남편을 다시 장가보내고 자기는 다시는 자식을 낳지 않겠다고 한 사람도 있습니다. 그런데 별것 없는 그 맛을 자꾸 따라가보았자 별 소득이 없는데도, 늙도록 처녀 첩을 두었느니 소녀 과부를 얻었느니 하는 소리가 들립니다. 이것은 우리 인류가 무엇이 되려고 하는 짓이겠습니까? 부스럼 딱지를 핥는 일인 색욕에 빠지면 인류는 헤어날 줄 모릅니다. 젊어서는 모르겠습니다. 젊어서는 호기심이 강하니까 어찌할 수 없다고 하지만, 늙어서까지 별것 없는 호기심을 부리는 것은 참 망령된 일이라 아니할 수 없습니다. 개나 돼지는 암내가 날 때 색정을 일으키는데, 아무 때나 색욕을 발정하는 사람은 경우에 따라서는 금수만도 못한 짓을 저지르기도 합니다. 어느 범죄학자가 《색정과 범죄》라는 책에서 말하기를, 어떤 사건이든 색정이 개재(介在)되지 않은 게 없다고 하였습니다.

다음은 예수가 바리새인인 니고데모라는 관원과 나눈 대화입니다.

바리새파 사람 가운데 니고데모라는 사람이 있었다. 그는 유대 사람의 한 지도자였다. 이 사람이 밤에 예수께 와서 말하였다. "랍비님, 우리는, 선생님이 하나님께로부터 오신 분임을 압니다. 하나님께서 함께 하지 않으시면, 선생님께서 행하시는 그런 표징들을, 아무도 행할 수 없습니다."

니고데모가 예수에게 어떻게 하면 당신이 하는 일과 같은 일을 할 수 있느냐고 묻자, 예수는 사람이 거듭나지 않으면 하느님 나라와는 아무 관계가 없다고 대답하였습니다. 우리나라 지도자 중에 몇 명이나 거듭났는지 모르겠습니다. 거듭난 사람이 없으면 안 됩니다. 거듭나서 하늘과 연결되지 않으면 뱀의 유혹에서 벗어날 수 없습니다. 욕심들만 너무 엄청나기 때문에 이 나라가 아직껏 흐지부지하고 바로 되는 일이 없습니다.

예수께서 그에게 말씀하셨다. "내가 진정으로 진정으로 너에게 말한다. 누구든지 다시 나지 않으면, 하나님 나라를 볼 수 없다." 니고데모가 예수께 말하였다. "사람이 늙었는데, 그가 어떻게 태어날 수 있겠습니까? 어머니 배 속에 다시 들어갔다가 태어날 수야 없지 않습니까?" 예수께서 대답하셨다. "내가 진정으로 진정으로 너에게 말한다. 누구든지 물과 성령으로 나지 아니하면, 하나님 나라에 들어갈 수 없다."

물과 성령은 세례(洗禮)를 가리킵니다. 세례라고 해서 물 한 방울을 어디다 뿌려주는 것만을 뜻하는 게 아닙니다. 날마다 우리가 하는 낯 씻고 목욕하는 것도 세례입니다. 우리는 몸의 먼지를 떼어버리는 데 열심히 하여야 합니다. 이 세상을 지내는데 자꾸 먼지가 우리에게 부딪쳐 옵니다. 자꾸 씻는 일을 하여야 합니다. 동양에서는 이러한 일의 하나로 푸닥거리가 있습니다. 일본에서는 '미소기(ミソキ)'라고 해서 집을 가셔내는 일이 있습니다. 푸닥거리는 우리나라에도 있습니다. 줄곧 계속해서 이 푸닥거리를 하고 세례를 하여야 합니다. '물'로 거듭나지 않으면 안됩니다. 오늘 물로 씻었다고 거듭나는 것은 아닙니다. 물창이 나도록 흙으로 만들어진 우리 몸을 닦으면 마지막에 부서져 떨어지는 것은 흙이지만, 자꾸 깨끗이 닦음으로써 마음을 깨끗이 해줍니다. 물로 마음을 닦아야 합니다. 낯을 아무리 깨끗이 해도 마음이 흐릿하면 꺼림칙한 기운이 항상 있습니다. 그렇다고 물로 씻지 않고 마음이 깨끗할 수 있느냐 하면 그렇지 않습니다. 먼지는 역시 물로 씻어 깨끗이 해 두어야 할 것입니다. 그리고 문제는 성령(聖靈)입니다. 성령은 공자가 말한 명덕(明德)입니다. 명덕은 밝혀야 합니다. 거울 같은 명덕은 자꾸 씻어 닦아야 합니다.

육에서 난 것은 육이요, 영에서 난 것은 영이다. 너희가 다시 태어나야 한다고 내가 말한 것을, 너희는 이상히 여기지 말아라.

물질은 물질이고, 영(靈)은 영입니다. 거듭난다는 것을 이상하게 여기지 마십시오. 거듭난다니까, 어머니 배 속에 다시 들어갔다가 나오는 것으로 알고서 젊어지지 않을까 하는 따위의 생각은 하지 말라는 뜻입니다. 자기가 흙덩어리인 줄 알고 명덕을 밝히면 거듭난다는 것이 무엇인 줄 알게 됩니다.

바람은 불고 싶은 대로 분다. 너는 그 소리는 듣지만, 어디에서 와서 어디로 가는지는 모른다. 성령으로 태어난 사람은 다 이와 같다.

바람이 어디서 나온다는 따위의 말은 이전에도 하였습니다만, 참바람은 공간을 말합니다. 기상학(氣象學)이니 물리과학(物理科學)이니 해서 바람에 대한 얘기를 많이 합니다만, 예수는 이 바람을 영원한 생명의 운동에 비유합니다.

니고데모가 예수께 물었다. "어떻게 이런 일이 있을 수 있습니까?" 예수께서 대답하셨다. "너는 이스라엘의 선생이면서, 이런 것도 알지 못하느냐?"

아버지 속에서 직접 나와서 아들 노릇을 하고 영(靈)으로 거듭나는 것을 우리가 모른다고는 할 수 없습니다. 우리는 어머니 배 속에서 나와서부터 곧장 외길을 갑니다. 다시 돌아갈 수는 없습니다. 더구나 정신은 오늘보다 내일 나아져야 합니다. 일생을 두고 배움의 길에 있는 것입니다. 성인(成人)이 되었을 때 우리는 무엇을 안다고 하여야 하겠습니까?

내가 진정으로 진정으로 너에게 말한다. 우리는, 우리가 아는 것을 말하고, 우리가 본 것을 증언하는데, 너희는 우리의 증언을 받아들이

지 않는다. 내가 땅의 일을 말하여도 너희가 믿지 않거든, 하물며 하늘의 일을 말하면 어떻게 믿겠느냐? 하늘에서 내려온 이 곧 인자밖에는 하늘로 올라간 이가 없다.

사도 바울은 자기가 하늘 일을 안다고 하지 않았습니다. 말이 나오려고 하다가도 하늘 얘기는 너무 많이 하면 안 된다고 그만두었습니다. 예수도 하늘 얘기는 하지 않았습니다. 땅에서 일어난 얘기를 하였습니다. 요새 무슨 부흥회 같은 데서는 무슨 불을 보았느니 무슨 바람을 맞았느니 하고 야단이라고 합니다. 이런저런 하늘의 기적을 떠들어대면서 하느님의 얘기를 많이 한다는데, 그따위 소리는 다 믿을 수 없는 것입니다. 물론 자기 최면술(催眠術)에 걸려 황홀경에 들어가 신비(神秘)를 체험한다는 것을 부정하는 것은 아닙니다. 간혹 있을 수 있는 일이지만, 그것을 갖다가 우려먹을 성질의 것은 아닙니다. 예수는 하늘 얘기는 물론 제도(制度)에 대한 불평도 하지 않고 그냥 조용히 가신 분입니다.

13절에 나오는 '인자(人子)'*는 '나'라는 말입니다. '나'라고 하고 나서기는 참 어렵습니다. 인자는 맨 처음의 로고스로서 태초부터 하느님과 함께 있어서, 하느님만큼의 위격(位格)이 있습니다. 하느님의 소유인 로고스가 우리 속에 있는 것입니다.

"하나님에게서 난 사람은 누구나 죄를 짓지 않습니다. 하나님의 씨가 그 사람 속에 있기 때문입니다. 그는 죄를 지을 수 없습니다. 그가 하느님에게서 났기 때문입니다."(《요한1서》 3:9) 우리는 흙으로만이 아니라 하느님의 '영'으로서, 하느님의 뜻으로 났음을 알 수 있습니다. 이러한 인자의 대표로 예수를 이 세상에 보낸 것입니다. 우리 그리스도인이 십자가에 못박힌 그리스도를 쳐다보고 믿는다고 해서, 그것으로 진실한

---

* 류영모는 인자(人子)를 성령의 나로 생각하였다.(박영호)

그리스도인이 되는 것은 아닙니다. 예수의 얼굴은 보잘것없는 것입니다. 지나간 것 중 하나인데 무엇이 대단합니까? 단 오늘날까지 예수의 정신이 폭포수처럼 우리 머리 위에서부터 부어지는데, 그것을 느끼기 때문에 예수가 대단한 존재인 것입니다. 그래서 예수가 인자 외에는 하늘에 올라간 자가 없다고 한 것입니다.

모세가 광야에서 뱀을 든 것같이, 인자도 들려야 한다.

모세는 참 종입니다. 이길 것을 이긴다는 뜻을 지닌 이스라엘 백성은 노예 생활에서 해방되고도 무려 40년간이나 광야를 헤맸습니다. 그동안에 뱀 때문에 사람이 무척 상했는데, 모세가 구리 뱀을 만들어 높이 세움으로써 뱀을 무서워하는 사람이 죽지 않고 살아나게 되었다고 합니다. 예수도 그만큼 한다는 뜻이 이 구절에 담겨 있습니다. 이것은 마치 십자가를 걸어놓고 우리가 힘을 얻는 것과 같습니다. 이 일을 하는 것은 믿는 자마다 영생(永生)을 얻게 하기 위해서입니다. 어떤 의미로는 우리 몸뚱이가 뱀이라고 할 수 있습니다.

그런데 유독 예수가 몸소 희생해서 원죄의 사람을 구했습니다. 따라서 우리가 이 세상에 나온 것은, 사람으로서 무슨 특별한 대우를 받으려 나온 게 아닙니다. 오직 아버지의 아들 노릇을 하려 이 세상에 나온 것입니다. 예수가 무슨 대접을 받으려고 하느님으로부터 온 게 아닙니다. 하늘로 올라갈 사람이 십자가를 져야 했겠습니까? 아들로서의 사명을 다 마치고 죽은 것에 지나지 않습니다. 애국자나 영웅들이 죄다 대접받으려고 행동한 것이라면, 그 짓들은 아무것도 아닙니다. 우리는 자꾸 거듭나야 합니다. 거듭나는 길만이 영생을 얻을 수 있게 합니다. 육(肉)으로 난 것은 육이요, 영(靈)으로 난 것은 영입니다.

하나님께서 세상을 이처럼 사랑하셔서 외아들을 주셨으니, 이는 그를 믿는 사람마다 멸망하지 않고 영생을 얻게 하려는 것이다.

이 구절은 외우라고까지 합니다. 이 사람이 스물세 살 때만 해도, 전도할 때 이 구절과 '십자가에 못 박혀 흘린 보혈로써……' 구절은 빠져서는 안 되는 줄 알고 줄곧 외웠는데, 지금은 자꾸 달라집니다. 이 사람도 10년간*이나 이 구절을 인용했는데, 지금은 몹시 달라졌습니다. 그러나 달라진 이후 40년이 되는 오늘까지 이 사람의 해석이 옳다는 신념이 있습니다. '하나님께서 세상을 이처럼 사랑하셔서' 합니다. '이처럼'이라는데, 얼마만큼 사랑하신 것입니까? 괴로운 이 세상에서 사랑하시는 것이 무엇입니까? 그러나 이 사람에겐 그 사랑이 보입니다. 만물이 있습니다. 악(惡)과 선(善)이 버젓이 보입니다. 생각으로 자꾸 바탈을 태웁니다. 그러는 중에 세상의 것이 이 사람에게 편지와 소식을 줍니다. 이 사람으로서는 구원을 한량없이 얻을 수 있으니, 이처럼 사랑하는 세상이 어디 있겠습니까? 이 사람에게는 줄곧 보입니다. 하나님의 사랑을 이 사람은 줄곧 보고 있습니다.

그런데 예수만 '외아들'입니까? 하느님의 씨(《요한1서》 3:9)를 타고나, 로고스 성령이 '나'라는 것을 깨닫고 아는 사람은 다 하느님의 독생자(獨生子)입니다. 독생자는 비할 수 없는 존신(尊信)을 가집니다. 내가 독생자, 로고스, 하느님의 씨라는 것을 알면, 그러니까 이것에 매달려 줄곧 위로 올라가면, 내가 하늘로 가는지 하늘이 나에게 오는지 모르겠습니다만 하늘나라가 가까워집니다. 영생을 얻는 것이 됩니다. 사람마다 이것을 깨달으면 이 세상은 영원히 멸망하지 않습니다. 영원을 영(靈)으로 보면 참사랑이 있는 것을 느낄 수 있습니다.

---

* 류영모가 믿기 시작한 15살부터 동경 물리학교를 다니던 25살까지를 말한다.(박영호)

이 세상의 아버지도 아들을 사랑하면, 아들이 세상의 격랑을 맛보는 것이 좋다고 여겨 세상의 험한 바람에 휩쓸리게 합니다. 아들을 사랑하면 그냥 안방에다 가만히 두고 먹이는 것이 아니라, 자꾸 세상에 나가서 부딪치라고 합니다. 고생하라고 합니다. 멀쩡한 일 같으나 거기에 정말 사랑이 담겨 있습니다. 세상에 나오면 하느님 아버지의 맏아들로서 꼼짝 못하는 것을 알 수 있습니다. 내가 하느님의 독생자이고 맏아들이라는 것을 아니 느낄 수 없습니다. 하느님이 보낸 아들들에게는 애당초 구별이나 차별이 없습니다. 권력의 높고 낮음이 없습니다.

처음 시작할 때부터 하느님의 아들들은 자기가 하느님의 씨가 들어 있는 독생자라는 것을 믿어야 합니다. 물론 하느님은 '나'보다 큰 존재입니다. 그 존재를 인식하고, 하느님의 씨를 싹트게 하고 자라나게 하는 것이 믿음입니다. 그러면 누구도 멸망치 않습니다. 아담과 하와가 선악과를 먹은 이후 우리는 죄악에 휩쓸리게 되었습니다. 동산 한가운데 있는 나무의 열매를 만지지도 먹지도 말라는 계명을 지켰으면 멸망도 없고, 그 외 무슨 죄악도 없었을 것입니다.

서양의 선교사 중에는 예전만 하더라도 결혼을 한 사람이 드물었습니다. 혼인할 때까지 음양(陰陽) 관계를 모르는 사람도 있었다고 합니다. 가까운 얘기로 우리 동네에 바보가 하나 사는데 기운이 아주 셉니다. 그는 그런 관계를 도통 모르고 싱글벙글하며 이 세상을 살아왔는데, 요 근래에 누가 시켰는지 몰라도 장가를 가게 되었습니다. 그런데 색시 방에 들어가라고 하면 마지못해 들어가긴 하는데, 아무것도 모르니까 가만히 윗목에 앉았다가 밤을 새우고 나왔답니다. 거기에 대해서는 아무것도 모르는 것입니다. 이런 사람은 어떤 면으로는 이름 없는 선비라고 할 수 있습니다. 우리가 깨달을 것을 깨달으면 멸망 속에서도 멸망치 않는 힘을 얻을 수 있습니다. 멸망하지 않는 이치를 알아야 합니다. 아까 그 사람을 멍텅구리라고 할지 모르나, 그 사람은 힘들이지 않고 구원을 얻을 것임에 틀림없습니다. 선악과를 따 먹지 않으면 멸망치 않습니다.

영생을 얻으면 괴로움도 없고 병도 없을 것이니 빨리 데려가 달라고 하는 것은 영생을 얻는 것이 아닙니다. 영생은 원죄설(原罪說)과 다릅니다. 이것을 제대로 구별하여야겠습니다. 거듭나는 것이 영생입니다. 신학자 중에는 하느님 아들이 시작도 없고 끝도 없다고 말하는 사람이 있습니다. 그러나 우리 인간에게는 로고스와 함께 한 시작이 뚜렷이 있고, 인간이란 영원으로 가는 것이라고 생각하는 게 옳습니다. 덮어놓고 예수만 믿으면 영생할 수 있다고 합니다. 그것은 영생을 토막 내어 그릇되게 가르치는 것밖에 안 됩니다. 우리는 위로부터 시작을 같이 한 존재와, 같이 줄곧 영원으로 갑니다.

주님이 언제부터 오신 것이고 구세주가 언제부터 계신 것입니까? 영생은 예수 이전부터 이어 내려오는 것입니다. 단지 예수는 정말 우리가 따라갈 수 없을 만큼 크게 깨닫고, 지금도 〈요한복음〉 3장을 통해서 폭포수 같은 흐름을 우리에게 부어주는 분입니다. 이 〈요한복음〉의 말씀은 우리를 영원과 연결시켜주지 않습니까? (1957. 6. 14.)

곧이(貞)여야 이웃에 이롭다

友道

人間交分皮相交 　　尊信友愛倫理由

知己難得友極難 　　寒暄酬酢的何事幹

是靈交也 使天下之人 先致友道而後 能得父父 子子 兄兄 弟弟 夫夫 婦婦

君君 (人人) 臣臣(我我)之叙矣. (다석일지 1957. 6. 11.)

元ᄒᆞ니 縱으로 亨ᄒᆞ고 貞ᄒᆞ자 橫으로 利ᄒᆞ니 (다석일지 1957. 6. 6.)

나스ᄅᆞ

　　　　　　오히려

맛이　　들세라　　　살피며

맡힘　　내리다　　　갖후려

뭄뭄 과 몸몸　　　　살이여

오늘 나이 옴　　　　오히려 (다석일지 1957. 6. 9.)

인류의 역사를 살펴볼 때 정치를 생각하면 어떤 의미에서는 부끄러운 점이 참 많습니다. 평화라는 관점에서 보면 실패한 역사라고도 할 수 있습니다. 정치라는 것은 다른 게 아니라 비뚤어진 것을 바로잡자는 것입니다. 몇천 년을 두고 바로잡겠다고 한 것이 오늘날까지도 제대로 되지 않았다는 것은 부끄러운 일이고, 바로잡겠다고 한 것은 모두 헛소리였습니다. 실제로 정치를 통해 바로잡은 것이 무엇이 있습니까?

이래서는 안 되겠다고 가장 뛰어나게 소리친 동서고금의 성현과 철인, 그리고 선지자적인 지도자들이 모두 임금이 된 게 아닙니다. 그보다는 왕족들이 임금 자리를 세습해 왔습니다. 무슨 장식처럼 그냥 임금 소리를 들으려고 임금 노릇을 해 온 것에 지나지 않습니다. 그래서 이래서는 안 되겠다고 나서서 혁명을 일으키고 그 주동자가 임금이 되었지만, 그 다음도 마찬가지였습니다. 소크라테스와 석가와 예수의 경(經)을 보는 사람, 철학을 한다는 사람이 다 무엇을 보고 무엇을 연구해 왔는지 모르겠습니다. 안 되겠다는 것을 고치지 않고 왜 부끄러움을 당하는지 모를 일입니다.

"너희가 너희 형제자매들에게만 인사를 하면서 지내면, 남보다 나을 것이 무엇이냐? 이방 사람들도 그만큼은 하지 않느냐? 그러므로 하늘에 계신 너희 아버지께서 완전하신 것같이, 너희도 완전하여라."(〈마태복음〉 5:47~48) 이것이야말로 정치의 이상이 아니겠습니까? 또 〈마태복음〉 5장 43절을 보면, 원수를 사랑하라고 하였습니다. 원수를 미워하는 것만이 원수를 다스리는 것은 아닙니다. 노자도 덕(德)으로 원수를 갚는다고 했습니다. 곧은 것으로 갚으라는 뜻입니다. 그렇다고 미워할 것을 미워하지 말라는 말이 아닙니다. 그놈이 원수인데, 그놈 때문에 바로 되는 것이 없는데 어찌 미워하지 않을 수 있겠습니까? 잘못하는 짓을 미워하되 덕으로, 곧은 것으로 미워하라는 말입니다. 이것이 덕으로 갚는 게 됩니다.

미워할 것을 미워하되 원수를 사랑하라는 말은 참 알아듣기 어렵고 시행하기 어렵습니다.

역사는 너무나 미운 이들을 그릇되게, 곧 사랑 아닌 방법으로 미워하였기 때문에 제대로 된 게 없었습니다. 미워할 것을 미워하여야 하지만, 그 방법이 따로 있습니다. 삼독(三毒)이 내치는 방법으로 해서는 안 됩니다. 자기의 삼독을 언제나 채찍질해서 다스려 나가야 합니다. 자기의 삼독을 잘 다스리는 데 성인(成仁)이 있습니다.

노여움이라는 것은 곧 의분(義憤)입니다. 이것이 없어서는 성인(成仁)이 안 됩니다. 우리 사회는 의분이 도무지 없습니다. 자기 발등에 떨어지지 않는 일이면 오불관언(吾不關焉), 가만히 있습니다. 어떤 면에서 보면, 예수나 석가나 공자 같은 이들은 자기 시대에 대단히 의분을 낸 사람들이라고 볼 수 있습니다. 못된 세상을 도무지 참을 수 없고 그냥 둘 수 없으니 세상을 뒤엎어 불의를 불사르자고 한 이야기가 경전으로 되었다고 볼 수 있습니다. 과거의 철학, 종교가 다 무엇이란 말입니까? 의분의 발로, 그것 아니겠습니까? 이것을 받아서 옛 성인들이 하였듯이, 우리도 의분을 느끼라는 것이 그분들의 뜻 아니겠습니까? 그러나 지금은 어떻게 된 것인지 이 의분을 도무지 모릅니다.

학교에서 교육한다는 것이 무엇을 가르치는지 모르겠습니다. 불의를 보고 노여워할 줄 모르면 참이 아닙니다. 일제 때는 덮어놓고 일본 순경에게 머리를 수그리는 게 좋다고 했는데, 오늘날 밝은 세상인 민주사회에서도 옛날 그대로 똑같이 합니다. 어리석지 말라는 것은 비굴하지 말라는 뜻도 됩니다. 그러나 자기가 양보할 것은 양보할 줄 알아야 합니다. 양녕대군이 형 자격을 아우에게 양보하고 임금 자리에 올라가지 않은 것은 어리석어 보이겠지만, 이런 양보는 얼마든지 본받아도 좋은 일입니다.

어쨌든 삼독(三毒)을 쫓아 밑으로 내려가서는 안 됩니다. 삼독을 다스릴 줄 알아야 합니다. 상대 세계에서 밑으로 빠지게 하는 몹쓸 삼독은 뿌리째 뽑아내야 합니다. 삼독은 우리의 원수입니다. 이 삼독이 없으면 이 세상은 없습니다. 어리석은 치정이 없으면 이런 세상은 분명히 계속되지 못합니다. 이런 세상이 계속되는 것은 그 어리석은 치정이 발동하기 때문에 가능합니다. 이런 사회를 버릴 데가 없다고 걱정할 필요가 없습니다. 이러한 세상은 없어져도 조금도 아까울 게 없습니다.

'너희가 너희 형제자매들에게만 인사를 하면서 지내면, 남보다 나을 것이 무엇이냐?'《성경》은 이렇게 말합니다. '남보다 나을 것'은 이(利)를 말합니다. 이익은 남에게 주지 않습니다. 자기의 수지가 맞아야 하고, 남는 것이 있어야 한다고 합니다. 장사하는 이 사회에서는 이익을 남겨야 합니다. 남기는 것이 없으면 걱정이 많습니다. 인류의 몇천 년 역사가 자기 당대에 무엇을 남기자고 한 역사가 아니겠습니까? 오늘까지도 그러합니다. 그러나 예수가 말하는 남긴다는 것은 자꾸 되넘긴다는 뜻입니다. 남기겠다고 한 제사장이나 폭군들은 오히려 밑지는 장사를 한 사람들입니다. 가만히 있으면서 말씀을 남기고 무저항으로 죽은 간디의 정신이 확실히 남긴 일이고 더한 일입니다. 이익을 본 일입니다. 우리도 그같이 남길 것을 남겨야 하지 않겠습니까? 자꾸 남기지 못하고 걸러지기만 하는 이 세상을 희망이 있는 세상이라고 할 수 있겠습니까?

〈우도(友道)〉는 친구의 도리를 말합니다. 우리 인간이 살아가는 데 우정(友情)이라는 것이 있습니다.

인간교분피상교(人間交分皮相交)
사람이 서로 사귀는 데 얼마만큼 깊이 사귀는 것이냐 하면, 아무리 사권다 하여도 피상교(皮相交)에 그칩니다. 겉껍질인 얼굴만 서로 알고 지냅니다. 이것을 가만히 생각하면, 참 서럽고 슬픈 일입니다. 우리가 알고 싶은 것은 그 사람의 속의 속입니다. 그런데 도무지 알 수 없는 것이 그 속의 속입니다. 내가 사귀는 사람의 속에 들어가서 보지 못하면 피상교에 지나지 않습니다. 아버지와 아들 사이도 서로 속은 알 수 없습니다. 부부지간도 역시 피상교입니다. 그밖에 아무것도 없습니다.

서로 좋으면, 서로 보이는 얼굴 껍질이 좋다고 대단히 칭찬을 합니다. 껍질에서 빙빙 맴돕니다. 거기에 매여 떠나지를 못합니다. 미(美)가 있느니 없느니 하는 것은 피상(皮相)을 보고 말하는 것입니다. 털은 다 같은데 미운 털이 있다고까지 말합니다. 우리는 이러쿵저러쿵 피상에서만 더듬고 갑니다. 확실히 만나지도 못하면서 미운 털 박힌 이와 고운 털 박힌 이, 보기 싫은 상(相)과 보기 좋은 상이 있다고 합니다. 사람의 눈은 비춰주는 들창과 같습니다. 제 아무리 사랑하는 사람도 그 속에 들어가 볼 수 없습니다. 서로 만나본 것은 들창 밖에서의 일입니다. 아무리 반갑다 해도 그게 그것입니다. 같은 어머니 배 속에서 나온 아들딸도 어머니를 모르지만, 어머니도 자기 배 속에서 나온 아들딸의 마음속은 모릅니다.

지기난득우극난(知己難得友極難)

자기의 마음속을 아는 것을 '지기(知己)'라고 합니다. 그러나 '지기'라고 해서 나와 동지(同志)는 아닙니다. 나와 관계가 있고 나를 알아준다는 '지기'는 '난득(難得)'이라 만나기 어렵습니다. 택선우(擇善友), 곧 좋은 벗을 고르는 데 대해서는 앞서 말한 적이 있습니다.

저 사람의 얼굴이 곱다 밉다, 인품이 있다 없다, 이런 것으로 '지기'를 삼는다면 어떻게 되겠습니까? 옷 입는 것을 보고 사람의 무게를 매기는 것 역시 피상교(皮相交)에 지나지 않습니다. 그래서 '지기'는 결국 얻기가 참 어렵습니다. 더구나 동지로서의 벗(友)을 얻기란 지극히 어렵습니다. 벗은 지기보다 동지보다 훨씬 가깝습니다. '우(友)'는 손(又)과 손(又)을 마주잡은 상형문자입니다. 손과 손을 마주잡는 것이 벗입니다. 피상으로 어리석음(痴)이 동해서 미(美)를 택하여 벗을 삼는 것은 소용이 없습니다. 미혹에 움직인 것밖에 아무것도 아닙니다. 그 잘못을 알고 《성경》에 적힌 것처럼 옷을 찢고 몸을 찌르며 회개한다 해도, 그것이 형식에 불과하다면 또한 아무것도 아닙니다.

요즘은 친구들끼리 만나면 서로 손을 마주잡고 악수를 합니다. 그러나 원래는 그런 악수가 흔하지 않았습니다. 지금은 모두가 친구인 양 마구 악수를 합니다. 예수는 친구를 위하여 목숨을 버리는 사랑보다 더 큰 사랑이 없다고 하였습니다. 원수를 사랑할 줄 아는 사람은 친구를 위하여 목숨을 버릴 수 있는 사람입니다. 친구라는 것은 하느님의 뜻을 가진 사람을 말합니다. 하느님의 뜻대로 사는 사람은 나의 아버지, 나의 형제가 될 수 있습니다. 그러자면 전부 예수가 되지 않고서는 벗(友)이라는 것이 성립되지 않습니다. 그러니 '지기난득우극난'입니다.

존신·우애윤리유(尊信友愛倫理由)

사람에게 제일 중요한 것은 우애(友愛)입니다. 연애(戀愛) 따위로 이 경지에 들어가지 못합니다. 연애는 어리석은 짓에 빠지는 것입니다. 서로 얽히고설키어 둘이 아니라 하나가 되자는 것이 연애입니다. 연애는 왜 합니까? 그 속의 속을 만나보고 싶은데 서로 속을 만나볼 수 없는 게 연애입니다. 이것을 어떻게 우애라고 할 수 있습니까? 상대 세계에 있는 것으로는 우애만큼 믿을 만한 것이 없습니다. 그밖에 믿을 것은 하나도 없습니다.

우애의 경지에 가야 하느님을 믿었다는 말이 나올 수 있습니다. 이 같은 '존신(尊信)'이 서로 만나서 우애할 수 있는 세상이란 참 만나기 어렵습니다. 살이나 털이 서로 만나서 우애하는(皮相交) 게 아니라, 정신과 말씀이 하나가 되는 것을 말합니다. 〈요한복음〉에서 하느님 말씀이 사람의 마음에 일어나 우리 사이에 있다는 것은, 예수 혼자만 그렇게 알고 되는 것이 아닙니다. 우리도 다 같이 하느님 품안에서 하나가 될 수 있음을 말하는 것입니다. 말씀이 사람의 껍질을 뒤집어쓰고 나온 것이 아닙니까?

이것을 알면 '인언(人言)', 곧 '신(信)'이라는 글자의 연유를 알 것입니다. 존(尊)은 높은 것을 말합니다. 사람은 육체로 보아서는 짐승과 같지만, 그래도 귀한 것이 있습니다. 무엇이 있어서 귀한 것인가 하면, 하느님의 씨가 사람에게 깃들어 있어서 귀합니다. 높은 것이 또한 우리에게 있는데 존이 바로 그 자리입니다. '존'의 자리는 이 세상에서 비할 수 없을 만큼 높습니다.

사람이 다 사람인가 하면 인격이 되어야 사람입니다. 곧, 격(格)이 있어야 합니다. 가격의 '격'인 가치가 있어야만 합니다. 이렇게 보면 인격 있는 '나'를 으뜸이라 아니할 수 없습니다. 상대적인 '나'에서 보면 그런 미친 소리가 어디 있는가 하겠습니다만, 그것은 듣는 이가 잘못 들어서 그렇습니다. 높은 곳이 있습니다. 믿음이 있습니다. 믿음(信), 곧 말씀과 정신은 영원히 떠날 수 없는 것입니다. 여기서 정말 우애가 나옵니다.

그러나 존신이 없는 데서 상호 우애가 있을 수 없습니다. 존신우애(尊信友愛)가 윤리(倫理)의 규범을 세웁니다. 우애는 서로 있어야 합니다. 거기에 윤리의 말미암음이 있습니다. 윤리 도덕은 사람 노릇을 옳게 하는 이치요, 그것이 말미암는 곳은 존신(尊信)입니다. 존(尊)이라고 해서 남을 공경하는 것만을 말해서는 안 됩니다. 사도 바울은 마음속에 그리스도가 살고 있다고 하였습니다. 예수는 자기 마음이 곧 성전(聖殿)이라고 하지 않았습니까? 새나 나무나 개가 무슨 가치가 있습니까? 아무 가치도 없습니다. 오직 사람만은 존신 하나가 있기 때문에, 인격을 가지고 가치가 있는 것입니다.

하느님의 씨가 여기 있습니다(《요한1서》 3:9). 사람들이 받은 하느님의 씨는 사람들이 죽어도 자꾸 나오는 씨앗입니다. 이것을 인정하지 않으면 거짓 예수를 믿는 것이고, 거짓으로 인간 노릇을 하고 지내는 것입니다. 어떤 학습에서든 근본적으로 존신이라는 하느님의 씨가 자기에게서 싹틀 수 있음을 자랑스럽게 여기는 인식이 있어야 합니다. 이것이 곧 입교(入敎)한 것이 됩니다.

한훤수작하사간(寒暄酬酌何事幹)

수작(酬酌)이라는 것은 인사말로 추우니 더우니 좋으니 나쁘니 하면서 말을 거는 것입니다. 더우면 얼마나 덥고 추우면 얼마나 춥겠습니까? 다 수작이란 말입니다. '아, 이 더위에 어떻게 지내십니까?', '이 추위에 어떻게 지내십니까?' 하는 인사말이 있습니다. 걱정을 많이 하는데 이것은 다 수작입니다. 이것이 다 무엇입니까? 아무것도 아닌 수작들입니다. 영국 사람들은 인사말에 날씨 이야기가 세 번 거듭 나오면 가라고 한답니다.

수작(酬酌)은 '갚을 수(酬)', '따를 작(酌)'을 씁니다. 술을 따라주면 받아서 도로 갚을 줄 알아야 합니다. 그런데 갚는 것도 생각하지 않으면 실례가 되는 경우를 여러 면에서 볼 수 있습니다. 수작과 관련된 말이 우리나라처럼 많은 데는 없을 것입니다. '안녕', '태평', '평안' 등 여러 가지가 있습니다. 우리나라에 온 선교사들은 물론 우리말을 배우긴 했습니다. 그러나 우리의 인사말이 너무나 복잡한 까닭에, 한때 '평안하십니까?'로 통일하여 쓴 일이 있습니다. 우리가 보기에는 그들의 인사가 우습고 무식하게만 들렸습니다. 수작하는 헛인사는 다 소용없습니다. 이러한 일에 장사하려고 할 필요가 없습니다. 인사를 잘하고 못하고에 따라 어쩐지 무시당한 것 같기도 하고, 자기보다 눈 아래로 보여서 우월감 같은 것이 생겼다 해서, 그것이 어쨌다는(何事幹) 것입니까?

제법 뭐나 된 것처럼 그따위로 장사하려는 것 때문에 우리나라 역사는 마냥 이 모양으로만 있는 것입니다. 그만큼 받았으니까 나도 그만큼 갚겠다, 원수로 삼았으니 그만큼 당하게 해야겠다는 수작을 언제까지 이렇게 하겠다는 것입니까? 옛날에는 부모가 남의 손에 죽으면 죽인 자를 데려다가 그 간을 꺼내어 씹게 하였다는 이야기도 있었습니다만, 수작은 공평을 기하기 어렵습니다. 형제자매에게만 인사를 하면서 지내면 남보다 나을 게 무엇이냐고 묻습니다. 잘한 것이 무엇이냐고 묻는 것입니다. 우리끼리 수작을 하면 무엇합니까? 이것은 다 우리보다 못한 사람들도 합니다. 골육이라 해서 좀 봐주고, 골육이 아니라 해서 불쌍한 백성을 돌보지 않으면 이 인과관계가 영원히 무슨 결과를 짓겠습니까?

이런 정도의 친구지기(親舊知己)라면 어떤 것인가를 알 수 있습니다. 지기(知己)라면 주고받는 수작이 공평할 것입니다. 하느님의 뜻을 내 뜻으로 하여 하느님을 위해 마음을 바치고 친구를 위해 몸을 버릴 수 있는 사람이라면, 이 세상에서 제일 큰 사람이라고 할 수 있을 것입니다. 마음이 '위'를 향하는 사람은 친구라도 자기보다 생각이 낮은 사람과는 사귈 수 없습니다. 자기보다 생각이 높아 자기의 정신을 높여줄 수 있는 지기를 사귀지 않으면 안 됩니다.

요는 존신우애(尊信友愛)입니다. 존신우애를 갖자는 것입니다. 윤리도덕은 이것이 아니고서는 안 됩니다. 실제 우리나라 윤리의 기반인 유교의 삼강오륜에서도, 제 아버지를 존중할 줄 모르는 사람은 남의 부모도 존중할 줄 모른다고 하였습니다. 제 자식이 귀여우면 남의 자식도 귀여운 것입니다. 이 정신을 모르고 제 형제에게만 문안하려고 합니다. 하기야 형제에게라도 문안하면 좋겠습니다. 형제가 흠잡고 싸우는 이 세상을 무엇이라고 해야 옳겠습니까?

시영교야(是靈交也) 사천하지인(使天下之人) 선치우도이후(先致友道而後) 능득부부(能得父父) 자자(子子) 형형(兄兄) 제제(第第) 부부(夫夫) 부부(婦婦) 군군(君君)(人人) 신신(臣臣)(我我) 지서의(之叙矣)

우도(友道)는 시영교야(是靈交也), 영(靈)끼리 사귀는 것을 말합니다. 인간은 피상교를 하는데, 이것으로는 견딜 수 없습니다. 우도 하자면 영(靈)으로 사귀어야 합니다. 사람 노릇을 하려면 우도를 알아야 합니다.

사천하지인 선치우도이후(使天下之人 先致友道而後), 천하의 사람, 곧 세상 사람이 먼저 우도 또는 우애를 얻고 우애에 다다른 이후에, 능득부부(能得父父) 자자(子子) 형형(兄兄) 제제(弟弟) 부부(夫夫) 부부(婦婦) 군군(君君) 인인(人人)이 됩니다. 어버이는 능히 어버이 노릇을 할 수 있고 자식은 자식 노릇을 할 수 있고 형은 형으로서의 일을 다할 수 있고 아우는 아우로서의 할 일을 다할 수 있으며 남편은 남편으로서 아내는 아내로서 신하는 신하로서 임금은 임금으로서, 곧 사람이 사람 노릇을 다할 수 있습니다.

'아아지서의(我我之叙矣)', '나'라는 소리를 한마디 하는 것은 대단히 어렵습니다. 내가 '나'를 알고 존중할 줄 알아야 남도 존중할 줄 알고, 우애 정신의 바탕인 '존신'을 다할 수 있습니다. 그렇게 하자니 '아아지서의'라야 합니다.

다음은 6월 6일자의 짧은 글을 보겠습니다.

元호니 縱으로 亨호고 貞호자 橫으로 利호니

원(元)에 대해서는 이 사람이 줄곧 말합니다. 사람은 하늘을 떠나 살 수 없습니다. 우리가 머리 위에 줄곧 하늘을 이고 가온찍기(ㄱ)로 'ᆞ'를 이루는 것이 '원'입니다. 우리는 온통 공간 안의 공기를 마시고 삽니다. 숨을 쉽니다. 숨을 잘 쉬어야 원(元)이라는 글자를 이해할 수 있습니다. 숨쉬는 데서 우리는 기(氣)를 통할 수 있습니다. 곧, 신(神)이 통합니다. 신이 통하여야 힘을 얻을 수 있습니다. 더욱이 정신으로 사는 우리는 신이 건강하게 통해 있어야 합니다. 이렇게 되어야 《성경》을 읽어도 가르치는 이치를 알고 진리에 통할 수 있습니다.

'元호니 縱으로 亨호고', 형통(亨通)하다는 의미의 '형(亨)'은 '드릴 향(亨)'과도 통합니다. 형통은 위아래가 통한다는 뜻입니다. 영원한 하늘과 연결되어 통하는 것이 원(元)입니다. 통하되 철저하게 통합니다. 대통령이 하늘과 통하여 '원'과 연결하는 사람이라면, 그에게서도 하늘을 대표하는 의견이 나올 수 있습니다. 참 의견이 나오는 것입니다.

형(亨=亯)은 제물을 높이 쌓고 높은 데 앉아 있는 것을 말합니다. 요샛말로 하면 더할 것 없다는 뜻입니다. 하느님과 연결되어 숨을 쉬고, 하나인 하느님 말씀을 듣고 성령을 통하여 줄곧 산 정신의 재산을 지킬 수 있는 것을 말합니다.

하늘과 통하는 '원(元)'은 원칙이고, 위아래로 형통하여 누리는 것을 곧이 하자는 게 '정(貞)'입니다. 원(元)은 인(仁)이라는 글자를 세로(縱)로 한 것이고, 인이라는 글자를 가로(橫)로 하면 원(元)이 됩니다. 어짊(仁)을 하자는 뜻입니다. 사람이 해야 할 일은 사람과 하느님 사이에 정(貞)을, 사람과 사람 사이에 인(仁)을 하여 존신을 이루는 것입니다. 이웃을 사랑하는 우애의 정신이 여기서 나올 수 있습니다. 곧이(貞)하면 인(仁)하는 데 유리(有利)합니다.

이물이족이화의(利物而足以和義,《주역》문언전), 이러한 것이 있어야 온 집안이 족할 것입니다. 만족할 것입니다. 족(足)해서 옳고 화(和)합니다. 저녁 먹을 죽거리도 없는데 온 집안이 화할 수 있겠습니까? 화의(和義)가 안 될 것입니다. 곧이(貞)여야 옆으로(橫) 이웃에 이(利)하니 하느님이 허락하는 이익을 무조건 차지할 수 있습니다.

끝으로 〈나스록 오히려〉를 보겠습니다. '나스록'는 내가 말씀을 사뢴다는 뜻입니다. '오히려'는 더욱이 사릴 것을 사린다는 뜻입니다.

맛이 들세라 살피며

이 세상은 말끔히 맛으로 사는 세상입니다. 사춘기 때 장가가고 싶어 하던 것과 같은 맛인데도, 오늘은 좀 더 맛있지 않을까 하고 맛보기를 찾습니다. 다시 말해서 삼독(三毒)의 하나인 탐욕을 부립니다. 인생의 낙을 맛과 생식하는 데 두는 사람이 허다합니다. 이런 식으로 내지른 자식들이 온전히 자라서 아버지 때보다 나은 세상을 꾸밀 수 있겠는가 말입니다. 그 턱이 그 턱이지 별로 진전을 보지 못합니다. 보호자 없이 맛있는 것에만 맛을 붙이는 아이들을 그냥 내버려 두면 종단은 고창병이나 간질병에 걸리고 맙니다. 원체 맛을 모른다면 그 아이는 자라지 못하겠지만, 너무 지나치면 아이를 죽이고 말 것입니다. '끼니'는 말 그대로 보면 '끊이'입니다. 끊었다 먹는 것이 '끊이'입니다. 그저 배고프지 않을 정도면 좋습니다. 옷도 그렇습니다. 욕심부리면 한량이 없습니다. 그래서 늘 맛에 붙잡힐세라 살핍니다. 맛에 빠질까 살핍니다. 살핀다는 말을 전에는 잘 쓰지 않았는데, 요새는 '살펴 가십시오'라는 인사말도 있습니다. '살핍시다'는 좋은 말입니다.

맡힘 내리다 갖후려

'맡힘 내리다'는 '맡은 힘을 내리다'라는 뜻입니다. 하늘에서 나를 이 세상에 내보낼 때에 내게 맡긴 일이 있습니다. 자꾸 일하게 힘을 주는 것이 있습니다. '맡힘'입니다. '마침 하느님을 찾으러 내려온 나로다'라는 말도 됩니다. 또는 '끝까지 책임진 것을 다하리다'라는 뜻도 됩니다. '내리다'의 '내'는 '내 것'이라는 뜻이 됩니다. '갖후려'는 나의 책임을 줄곧 가장 힘 있게 갖추자는 것입니다. 전부를 자기가 책임진다는 뜻입니다.

뭄몸과 몸뭄 살이여

'뭄몸과 몸뭄'은 이 사람이 여러 해 동안 말해 온 것입니다. 뭄몸과 몸뭄을 가지면 됩니다. '된다'는 것은 '되질한다', '되어 넘긴다'는 뜻입니다. 몸과 뭄은 '되어 넘겨' 항상 비워 나가야 합니다. 마음이라고 읽는 것보다 '마옴', '뭄'이라고 써야 보기에도 온전한 뜻이 나타납니다. 자꾸 바탈을 태움과 동시에 되질해 넘기고, 항상 새것이 될 준비를 하여야 합니다. '살이여'는 이 세상의 뜻을 포함하여 조심조심 살핀다는 뜻도 되며, 잘 사려서 차곡차곡 개켜 갖고 가야 한다는 것을 말합니다.

오늘 나이 옴 오히려

'오늘 나이 옴', 몇천 년 동안 날마다 '오늘, 오늘' 하고 지냈습니다. '오늘'이란 삶이 몇천 년이 되고 몇만 년이 됩니다. 한없는 '온 날'입니다. 존신(尊信)을 자꾸 내어 온 날이 '오늘'입니다. '옴'은 히브리말로 '아멘', 인도말로 '옴', 우리말로 '암'인데, 절로 나오는 소리입니다. 우리말을 보면, '암, 그렇지' 소리와 동시에 존신의 생각이 납니다. 그러니 또 말씀드리게 됩니다. 오게 하니 오히려 '나스룻', 사뢰고 싶습니다. 나사렛 예수라는 고유명사와도 흡사합니다. '오늘 나이'는 연령을 말합니다.

대단히 놀라운 말씀입니다. 어찌되었든 죽음의 공부는 공부 중에서 마지막 공부인 동시에 참공부입니다.

오늘 나이 생각을 하니 여러 생각이 떠오릅니다. 이상 말한 것은 그냥 글자만 보아서는 무엇인지 모릅니다. 그러나 더 이상 표현할 길이 이 사람으로서는 없습니다. 이러한 공부도 우리는 해 둘 필요가 있습니다. (1957. 6. 21.)

제39강

우리는 '이제'를 타고 가는 목숨이다

〈요한복음〉 17:1~26

예수께서 이 말씀을 마치시고 눈을 들어 하늘을 우러러보시고 말씀하셨다. "아버지, 때가 왔습니다. 아버지의 아들을 영광되게 하셔서, 아들이 아버지께 영광을 돌리게 하여주십시오. 아버지께서는 아들에게 모든 사람을 다스리는 권세를 주셨습니다. 그것은 아들로 하여금 아버지께서 그에게 주신 모든 사람에게 영생을 주게 하려는 것입니다. 영생은 오직 한 분이신 참하나님을 알고, 또 하나님께서 보내신 예수 그리스도를 아는 것입니다. 나는 아버지께서 내게 하라고 맡기신 일을 완성하여, 땅에서 아버지께 영광을 돌렸습니다. 아버지, 창세전에 내가 아버지와 함께 누리던 그 영광으로, 나를 아버지 앞에서 영광되게 하여주십시오.

나는, 아버지께서 세상에서 택하셔서 내게 주신 사람들에게 아버지의 이름을 드러냈습니다. 그들은 본래 아버지의 사람들인데, 아버지께서 그들을 나에게 주셨습니다. 그들은 아버지의 말씀을 지켰습니다. 지금 그들은, 아버지께서 내게 주신 모든 것이, 아버지께로부터 온 것임을 알고 있습니다. 나는 아버지께서 내게 주신 말씀을 그들에게 주었습니다. 그들은 그 말씀을 받아들였으며, 내가 아버지께로부터 온 것을 참으로 알았고, 또 아버지께서 나를 보내신 것을 믿었습니다. 나는 그들을 위하여 빕니다. 나는 세상을 위하여 비는 것이 아니고, 아버지께서 내게 주신 사람들을 위하여 빕니다. 그들은 모두 아버지의 사람들입니다. 나의 것은 모두 아버지의 것이고, 아버지의 것은 모두 나의 것입니다. 나는 그들로 말미암아 영광을 받았습니다. 나는 이제 더 이상 세상에 있지 않으나, 그들은 세상에 있습니다. 나는 아버지께로 갑니다. 거룩하신 아버지, 아버지께서 내게 주신 아버지의 이름으로 그들을 지켜주셔서, 우리가 하나인 것같이, 그들도 하나가 되게 하여주십시오. 내가 그들과 함께 지내는 동안은, 아버지께서 내게 주신 아버지의 이름으로 그들을 지키고 보호하였습니다. 그러므로 그들 가운데서는 한 사람도 잃지 않았습니다. 다만, 멸망의 자식만 잃은 것은 성경 말씀을 이루기 위함이었습니다. 이제 나는 아버지께로 갑니다. 내가 세상에서 이것을 아뢰는 것은, 내 기쁨이 그들 속에 차고 넘치게 하려는 것입니다. 나는 그들에게 아버지의 말씀을 주었는데, 세상은 그들을 미워하였습니다. 그것은 내가 세상에 속하여 있지 않은 것과 같이, 그들도 세상에 속하여 있지 않기 때문입니다. 내가 아버지께 비는 것은, 그들을 세상에서 데려가시는 것이 아니라, 악한 자에게서 그들을 지켜주시는 것입니다. 내가 세상에 속하지 않은 것과 같이, 그들도 세상에 속하지 않았습니다. 진리로 그들을 거룩하게 하여주십시오. 아버지의 말씀은 진리입니다. 아버지께서 나를 세상에 보내신 것과 같이, 나도 그들을 세상으로 보냈습니다. 그리고 내가 그들을 위하여 나를 거룩하게 하는 것은, 그들도 진리로 거룩하게 하려는 것입니다.

　나는 이 사람들을 위해서만 비는 것이 아니고, 이 사람들의 말을 듣고 나를 믿는 사람들을 위해서도 빕니다. 아버지, 아버지께서 내 안에 계시고, 내가 아버지 안에 있는 것과 같이, 그들도 하나가 되어서 우리

안에 있게 하여주십시오. 그래서 아버지께서 나를 보내주셨다는 것을, 세상이 믿게 하여주십시오. 나는 아버지께서 내게 주신 영광을 그들에게 주었습니다. 그것은, 우리가 하나인 것과 같이, 그들도 하나가 되게 하려는 것입니다. 내가 그들 안에 있고, 아버지께서 내 안에 계신 것은, 그들이 완전히 하나가 되게 하려는 것입니다. 그것은 또, 아버지께서 나를 보내셨다는 것과, 아버지께서 나를 사랑하신 것과 같이 그들도 사랑하셨다는 것을, 세상이 알게 하려는 것입니다. 아버지, 아버지께서 내게 주신 사람들도, 내가 있는 곳에 나와 함께 있게 하여주시고, 창세전부터 아버지께서 나를 사랑하셔서 내게 주신 내 영광을, 그들도 보게하여주시기를 빕니다. 의로우신 아버지, 세상은 아버지를 알지 못하였으나, 나는 아버지를 알았으며, 이 사람들도 아버지께서 나를 보내신 것을 알고 있습니다. 나는 이미 그들에게 아버지의 이름을 알렸으며, 앞으로도 알리겠습니다. 그것은, 아버지께서 나를 사랑하신 그 사랑이 그들 안에 있게 하고, 나도 그들 안에 있게 하려는 것입니다."

오늘은 이 청년회가 큰일을 하나 치르는 날입니다. 월남 이상재(李商在) 선생의 비석을 세우는 날인데, 이 사람도 무슨 위원회의 한 사람으로 이름이 올랐습니다. 그분을 위한 성의라면 여간해서 행사에 빠져서는 안될 것으로되, 불참하고 여기에 나왔습니다. 애당초 이 사람에게 무슨 의논이 있었던 것도 아니었습니다. 이 사람 역시 월남 선생의 묘가 한산에 있는 줄 알았는데, 나중에 서울로 이장하였다고 합니다. 묘를 옮기는 게 좋은지는 모르겠습니다. 신문광고를 보고 이 행사에 대해 알았지만, 어떻게 해서 오늘에야 묘비를 세운다는 것인지 모르겠습니다. 물론 오늘 같은 날을 위해 일하는 분이 많이 계실 줄로는 압니다. 무슨 음식 준비도 따르는 것으로 압니다.

어떤 의미로는 음식 잔치만 벌어지면 좋아하는 이 세상입니다. 잔치를 지내자는 곳이 이 세상이라고 볼 수도 있습니다. 제사 때는 평소에 여간하지 않는 사양(辭讓)을 하고 양보심도 많아 보입니다. 그래서 제사(祭祀)를 제대로 지내는 사회라면 상당히 이룰 것을 이룬 사회로 볼 수 있습니다. 그런데 월남 선생의 묘비를 세우는 데 까닭 모르게 이 사람을 위원으로 삼은 것은, 잔치를 위해 준비하지 않을 수 없는 음식과 같은 이유에서일 것입니다. 별 의미 없는 강냉이죽처럼 빈껍데기나 다름없는 존재로 이 사람을 올려놓았을 것입니다. 별난 생각만 하는 이 사람이니까 이따위 생각이나 하는지 모르겠습니다. 이 사람의 말버릇이 그렇고 생각하는 버릇이 그러니 말입니다.

오늘은 특별히 한 시간이면 한 시간 동안, 그동안 영 하지 않았던 기도를 시간 닿는 데까지 줄곧 하고 싶습니다. 원래 이 사람은 열이 없어서 그런지 몰라도, 생각이 불꽃처럼 일다가도 그때가 지나면, 뭔가를 하겠다고 마음먹은 것을 실천하는 경우가 그리 많지 않습니다. 오늘은 기도를 한번 실컷 해보리라 마음먹었는데, 막상 이렇게 대하고 보니 그 열이 없어지고 말았습니다. 열성으로 기도하면 이루어진다는 믿음은 그리스도교 사상에 흐르고 있고, 인도의 종교에도 이러한 사상이 있는 것으로 압니다. 이 사람의 기도라는 것은 요전 시간에도 말했지만(제37강 다석일지 1957년 6월 21일자 기도 풀이 참조) 다섯 마디로 된 기도 '하늘 계신 아닥계 이름만 거룩'입니다. '이름'은 이를 것에 이르렀다는 뜻입니다. 곧, 이루었다는 뜻을 말합니다.

우리가 기도할 때 열성으로 하여야 하지만, 열성으로 하여야만 기도가 되는 것은 아닙니다. 기도가 무엇인지 알고 하여야 합니다. 이를 것에 이르겠다는 정신으로 '아닥'의 이름을 부르고 하늘을 불러야 합니다. 오늘은 우리가 하는 기도와 예수가 하였다는 기도를 비교해보겠습니다.

예수께서 이 말씀을 마치시고 눈을 들어 하늘을 우러러보시고 말씀하셨다. "아버지, 때가 왔습니다. 아버지의 아들을 영광되게 하셔서, 아들이 아버지께 영광을 돌리게 하여주십시오."

말씀과 전도를 끝마친 예수의 기도는 이렇게 시작합니다. 기도할 때 우리는 눈을 감고 고개를 수그리는데, 예수는 하늘을 우러러보며 긴 기도를 바칩니다. 여기에서 말하는 '때'는 보통 말하는 때가 아닙니다. '이제'라는 뜻입니다. 맨 첫날도 이제로부터 시작하고 맨 마지막 날도 이제에서 끝이 납니다. 이제는 곧 순간순간을 말합니다. 예수가 의도하는 그 때만을 가리키는 것은 아닙니다. 우리가 있는 이제, 지금 이 순간을 가리키는 것으로 알아야 합니다.

인도 사상에서 '찰나'라는 것은 아흔 번 나고 죽는 것을 되풀이하는 시간이라고 합니다. 시간의 철학은 흔히 지속성(持續性)을 말합니다. '이제'에는 과거·현재·미래를 포함하는 지속성이 있다고 합니다. '이제'는 참신비입니다. 우리가 알 수 있을 것 같은 신비한 '이제'입니다. 그 '이제'에 목숨을 태우는 우리 인생도 역시 '이제'가 해결되지 않는 한 신비입니다. '이제'에 숨쉬는 이 한 숨(息)이 들어가면 살고 뱉으면 죽습니다. 영원히 숨을 뱉거나 그치면 죽습니다. 이 찰나에 아흔 번의 생사(生死)가 있다는 인도의 사상은 분명히 신비사상(神秘思想)일 것입니다.

'때'가 이른 것은 '때가 왔습니다' 할 때가 아니라, '이제'의 '이' 소리가 나오는 그때입니다. '이'라고 할 때도 실상은 과거가 됩니다만, 누가 물어도 대답할 수 없는 것이 '이제'입니다. 우리는 이 '이제'를 타고 가는 목숨입니다. 이제가 이제, 이제, 이제, 자꾸 계속 되어서 났다 죽었다 하는 이 계속이 영원입니다. 이것이 우리 인생입니다. 그런 뜻으로 보면 우리의 모든 것은 처음이자 마지막인 것입니다. 새로 나오자 곧 마지막이 되는 것입니다.

'아버지의 아들을 영광되게 하셔서, 아들이 아버지께 영광을 돌리게 하여주십시오.' 영화나 영광은 빛을 좇는 일이 되어서는 안 됩니다. 구(求)하는 영광은 안 됩니다. 버젓이 내놓을 것을 뚜렷이 내놓아서 구김이 없어야 하는 일을 영화로 생각하여야 합니다. 아버지가 아들을 뚜렷하게 했습니다. 예수는 아버지 앞에서 뚜렷이 내놓을 것을 내놓았습니다. 먼 옛날에 예수만 아버지의 아들로 뚜렷이 했다는 것은 아닙니다. 지금 이 시간에 이 기도문을 읽는 우리도 이제나저제나 같이 뚜렷하자는 것입니다. 기도는 적어도 예수가 뚜렷한 것같이 나도 따라서 뚜렷하게 하나인 아부의 아들로 나올 수 있게 열성적이어야 합니다. 지금의 이 기도는 이제 와서 우리가 시작하는 것이 아닙니다. 예수가 뚜렷하다는 것은 예수만 뚜렷하다는 것이 아닙니다. 하늘의 아들은 모두 뚜렷한 것이고, 예수는 대표적 인격의 비유에 지나지 않습니다. 아들이 뚜렷해지면 아버지 또한 뚜렷하게 됩니다. 또한 아버지가 뚜렷한 것을 알면 내가 뚜렷해집니다.

아버지께서는 아들에게 모든 사람을 다스리는 권세를 주셨습니다. 그것은 아들로 하여금 아버지께서 그에게 주신 모든 사람에게 영생을 주게 하려는 것입니다.

아버지는 아들된 우리 모두에게 영원한 생명을 주었습니다. 늘 참을 가지고 영생(永生)에 살 수 있게 해주었습니다. 우리가 사는 것은 영생에 사는 것입니다. 우리는 순간순간 토막토막 부분에서 사는 것이 아닙니다. 참이 영생이라, 영생에 사는 것이 참에 사는 것입니다. 우리에게 그렇게 많은 것을 준 것은, 만물을 다스리게 하기 위해서입니다. 하느님이 만물을 만들었는데, 그것을 다스리는 것은 오직 우리 인간뿐입니다. 다스린다는 것은 의지로 이끈다는 뜻도 됩니다. 만물을 이끌고 우주를 이

끌며 소우주인 우리 몸뚱이를 이끄는 힘을 하느님이 우리에게 주었습니다. 바꿔 말해서 늘 참을 가지려는 힘, 늘 있는 속알을 이끄는 힘을 아들에게 주었다고 해도 좋습니다. 이같이 생각하고 '하느님', '한우님'이라고 읽어보십시오. 늘 하느님을 이고 있는 것 같지 않습니까?

영생은 오직 한 분이신 참하나님을 알고, 또 아버지께서 보내신 예수 그리스도를 아는 것입니다.

영생은 늘 유일(唯一)입니다. 오직 하나입니다. 생명도 유일입니다. 아버지도 아들도 둘이 아니고 하나입니다. 여기서 '보내신' 예수라고 하였는데, '보내주신' 예수라고 하는 게 더 나을 것입니다. 예수는 줄곧 우리에게 보내주시는 분입니다. 어떤 뜻으로는 우리의 토대가 그리스도입니다. 이렇게 말하면 망신론(妄信論)이나 범신론(汎神論)처럼 들릴지 모르나, 그리스도라고 하기보다는 성령이라고 하는 게 알아듣기에 좋습니다. 우리는 여러 가지로 성령을 받을 수 있고 성령이 임할 수 있다고 봅니다. 성령이라고 하는 것과 그리스도라고 하는 것 중 어느 것이 더 범신론인가 생각해보십시오. 성령이라는 것도 말하자면 진리입니다. 성령이 있어야 우리의 한 줄기 생명을 유지할 수 있는 게 아니겠습니까? 점점 더 무신론(無神論)이 될지 모르나, 이 사람은 어제 먹은 밥을 예수의 살로, 마신 물을 예수의 피로 압니다. 미사 때나 성찬(聖餐) 때만 그렇게 알고 먹는 게 아니라, 늘 먹는 밥이나 듣는 소식을 전부 예수 그리스도로 알고 먹고 듣고 지냅니다. 예수가 온 백성의 죄 사함을 위해 십자가에 못 박혀 희생당하고 제물이 되었는데, 그 제물인 살점과 피를 내가 먹고 양식으로 알고 지내는 것입니다. 이보다 더한 양식이 어디 있겠습니까? 그리스도가 내 양식이라면 나를 위해 대속(代贖)되는 만물은 죄다 그리스도입니다. 그런데 내게 보내주신 것은 오직 예수 그리스도입니다.

이것을 알아야 합니다. 이것을 알아야 영생으로 들어갈 수 있습니다.

오직 하나이신 하느님과 하느님이 보내주시는 그리스도를 아는 것이 영생임을 늘 알고서 삶을 시작하고 끝을 맺었으면 합니다. 그런데 이 기도문에서 예수가 자신을 '아버지께서 보내신 예수 그리스도'라고 가리킨 것은 말이 되지 않습니다. 이 사람이 고증(考證)하려고 일부러 이런 말을 하는 게 아닙니다만, 이 기도문을 읽는 데 8분 정도나 걸렸습니다. 정말 긴 기도문입니다. 당시에 녹음 기술은커녕 속기 기술도 발달하지 않았을 터이니 이 긴 기도를 다 기록했을 리 만무합니다. 사도 요한이 예수의 기도를 주의 깊게 듣고 나중에 예수가 한 것처럼 기록하다가 그만 주관(主觀)이 들어가서 이렇게 된 것 같습니다.

나는 아버지께서 내게 하라고 맡기신 일을 완성하여, 땅에서 아버지께 영광을 돌렸습니다.

아버지가 예수에게 일하라고 하는 것이 있습니다. 〈요한복음〉을 보면 "하나님께서 보내신 이를 믿는 것이 곧 하나님의 일이다"(6:29)라는 말씀이 있습니다. 참 사는 것이 하느님의 일이라는 말입니다. 오직 하나이신 하느님이 보내주신 예수 그리스도를 알아 그렇게 믿는 것, 이것이 하느님의 일인 것입니다. 이같이 해야 나중에 '아버지께서 하신 일을 이 세상에서 뚜렷하게 하였습니다'라고 떳떳이 말할 수 있을 것입니다. 예수 그리스도를 믿는 일에 힘을 다하는 것이 하늘의 일을 하는 것입니다. 이것보다 하늘의 아버지를 뚜렷하게(영화롭게) 한 일이 인류 역사에는 없을 것입니다.

아버지, 창세전에 내가 아버지와 함께 누리던 그 영광으로, 나를 아버지 앞에서 영광되게 하여주십시오.

지금 여기서 우리는 태초에 물질이라는 것이 생기기 전부터 계신 아버지를 생각하고, 그 아버지와 함께 있었던 것같이 생각을 합니다. 아니 그렇게 느껴봅니다. 맨 처음이 없다는 것은 참이 아닙니다. 맨 처음이 있고 언제까지 있는 것이 참입니다. 정신의 주인은 시초(始初)가 있고 언제까지나 있는 것입니다. 내가 나 자신을 뚜렷하게 여기고 태초에 하느님과 함께 있었다고 생각하면 그런 생각만으로는 이 속세에서 해탈한 느낌을 갖게 됩니다. 그래서 아버지가 창세 전에 뚜렷한 것같이, 아들인 우리도 뚜렷이 되게 해 달라고 합니다. 밤낮 이러쿵저러쿵하고 갈피를 못 잡으면, 사는 게 사는 것이 아닙니다. 사는 것인지 죽은 것인지, 사는 게 좋은지 죽는 게 좋은지 모른 채 그냥 흐릿하게 사는 것은 사는 게 아닙니다. 뚜렷하여야 합니다. 살아도 뚜렷하게 살고 죽어도 뚜렷하게 죽어야 합니다. 이것이 참기도입니다.

나는, 아버지께서 세상에서 택하셔서 내게 주신 사람들에게 아버지의 이름을 드러냈습니다. 그들은 본래 아버지의 사람들인데, 아버지께서 그들을 나에게 주셨습니다. 그들은 아버지의 말씀을 지켰습니다.

아버지의 이름을 드러냈다 함은 아버지의 '이름'을 분명하게 하였다는 뜻으로 다 알아주시었다는 것을 말합니다. 하늘나라가 가깝다는 것은 무슨 뜻입니까? 하늘에 도달했다는 말입니다. 우리가 불러서 하늘에 가는 것이든 하늘이 우리에게 오는 것이든, 우리와 하늘이 서로 만난다는 것을 뜻합니다. '그들이 본래 아버지의 사람들인데, 아버지께서 그들을 나에게 주셨습니다' 한 것은 우리에게 알기 쉽게 하느라고 하신 말씀입니다. 아버지가 우리에게 예수를 대표로 보내준 것입니다. 이 사람은 여러분을 하느님에게서 빌린 것이고, 여러분은 이 사람을 빌린 것입니다. 아버지는 이곳에서 들려주시고 계십니다. '그들은 아버지의 말씀을 지켰습니다' 한 것은 말씀을 지켰다는 뜻을 존중해서 말한 것입니다. 여기에서 말씀은 곧 예수가 모든 것이 아버지에게 있음을 알았다고 기도하는 말씀을 가리킵니다.

지금 그들은, 아버지께서 내게 주신 모든 것이, 아버지께로부터 온 것임을 알고 있습니다. 나는 아버지께서 내게 주신 말씀을 그들에게 주었습니다. 그들은 그 말씀을 받아들였으며, 내가 아버지께로부터 온 것을 참으로 알았고, 또 아버지께서 나를 보내신 것을 믿었습니다.
아버지가 예수에게 준 것은 온 속알입니다. 이기어 올라가는 힘을 준 것입니다. 다른 것이 아닌 말씀을 주었는데, 하느님의 말씀에는 여러 가지가 있습니다. 여러 가지 참말씀을 나누어 주었습니다. 그리고 예수를 아버지가 보낸 줄 알고 이를 꼭 믿는 사람들이 예수를 본받아 나아가기를 힘쓴다는 말입니다.

나는 그들을 위하여 빕니다. 나는 세상을 위하여 비는 것이 아니고, 아버지께서 내게 주신 사람들을 위하여 빕니다. 그들은 모두 아버지의 사람들입니다.
이 상대 세계에는 쓸 것이라고는 하나도 없습니다. 그런데 이 세상에서는 '내게 주신 사람들'이 있습니다. 그들을 위해 하느님의 말씀을 가지고 비는 것입니다. 그러니까 생명을 위해서 비는 것이지, 결코 먼지투성이인 세상을 위해서 비는 것이 아닙니다. 영원한 생명을 위해 비는 것입니다. '내게 주신 사람들'을 위해 비는데, 그들 모두 아버지의 사람들이기 때문입니다. 그러니 특히 우리는 서로를 위하여야 합니다. 우리는 아버지의 것입니다. 처음부터 그렇다는 것을 알아야 합니다. 우리가 근세(近世)에 와서 돌연(突然)히 아버지의 것이 된 것은 아닙니다. 우리는 하느님의 무한대(無限大)에서 나오고 그 무한대의 품으로 돌아갑니다.

'생(生)'이라는 한자는 풀이 돋아난 것을 그린 것인데, 그렇게 본다면 우리 땅바닥이 곧 세상일 것입니다. 생을 위한다면 땅으로 기어들어 갈 일이지 왜 머리를 꼿꼿이 들고 무한(無限)을 찾고 하늘에 머리를 두고 다닙니까? 식물은 땅에 뿌리를 박고, 나는 새는 날개로 날아가고, 기는 짐승은 네 발로 옆으로 기어 다닙니다. 인간만이 생을 받아 머리를 위로 하고 다닙니다. 우리는 땅바닥의 것이 아닙니다. 땅바닥에 붙어서는 안 됩니다. 횡행천하(橫行天下)하는 그따위는 인생의 보람이 아닙니다. 우리 인간은 하늘에 머리를 두고, 하늘을 향해 가는 사모(思慕)에 그치는 것만이 아닙니다. 또한 위로 올라가는 바탈을 타고났습니다. 그러니까 우리는 하느님으로부터 이어 온 한 올을 잡고 꼿꼿이 사는 것이란 말입니다.

나의 것은 모두 아버지의 것이고, 아버지의 것은 모두 나의 것입니다. 나는 그들로 말미암아 영광을 받았습니다.

아버지의 것이라고 하는 이것은 참하늘로 가는 것입니다. 예수는 자기 것은 아버지의 것이고 아버지의 것은 전부 자기 것이라고 합니다. 그런데 '그들'로 말미암아 자기가 뚜렷함(榮光)을 받았다고 합니다. 여기서 뚜렷한 것은 아버지와 아들 사이만을 말하는 것 같은데, 하느님의 일을 하여 올라가는 것은 전부 내가 뚜렷해지는 것임을 알아야 합니다. 우리가 잘 알 수 없습니다만, 아버지가 예수를 보낸 것은 우리의 죄악을 대속하기 위한 것만은 아닙니다. 예수가 이 세상에 와서 맡은 일을 충실히 하고 말씀을 나누어준 사실은 무엇을 말합니까? 그리하여 다시 우리

자신이 뚜렷해지고 속알이 날마다 더욱 새롭게 뚜렷해지는 것은 무엇을 말합니까? 예수는 우리의 대표입니다. 그러나 예수만을 위해 아버지가 계시는 것은 아닙니다. 우리만을 위해 아버지가 뚜렷해지는 것도 아닙니다. 아버지, 당신은 당신을 위한 일이라면 전반에 걸쳐 당신의 생명을 뚜렷이 합니다.

나는 이제 더 이상 세상에 있지 않으나, 그들은 세상에 있습니다. 나는 아버지께로 갑니다. 거룩하신 아버지, 아버지께서 내게 주신 아버지의 이름으로 그들을 지켜주셔서, 우리가 하나인 것같이, 그들도 하나가 되게 하여주십시오.

'그들'은 예수가 떠난 뒤에도 보존되어야 하는 사람들입니다. 그들은 태초부터 아버지의 아들이며 아버지와 하나입니다. 본디 하나입니다. 그들도 종단은 하나 속에서 나온 것을 알고 하나 속으로 들어가는 것을 인식하게 하자는 것입니다. 여기서 '하나'는 잘 생각하여야 합니다. 이 세상에서 수(數)는 기수법(記數法)으로 무한히 있다고 압니다. 그러나 무한히 있을 수 없습니다. 실상은 '하나'인데 여기다 둘, 셋, 백, 천, 만 등 특별나게 이름을 붙인 것뿐입니다. 아무리 승(乘)해보고 제(除)해보아도 하나는 하나대로 그대로 있습니다.

내가 그들과 함께 지내는 동안은, 아버지께서 내게 주신 아버지의 이름으로 그들을 지키고 보호하였습니다. 그러므로 그들 가운데서는 한 사람도 잃지 않았습니다. 다만, 멸망의 자식만 잃은 것은 성경 말씀을 이루기 위함이었습니다.

아버지의 이름으로 할 때의 '이름'은 아버지에게 다다랐다는 뜻입니다. 그러니까 아버지와 함께 아버지가 늘 이루어준 것을 보존하였다는 뜻입니다. 이것을 알고 감사하여야 합니다. 우리는 하나도 멸망하지 않고 온전하게 보존되었습니다. '멸망의 자식만'을 '자식밖에'로 씁시다. 이러면 언뜻 알아듣기가 좋습니다. 예외가 하나 있어서 그 하나쯤은 망하였는데, 그밖에는 하나도 상하지 않았다는 뜻이 됩니다. 이러한 예외는 상대 세계에 흔히 있는 것입니다. 만들려면 온전히 만들지 왜 예외 같은 것을 만들었나 하겠지만, 이것이 상대 세계의 일이요 이 세계의 유감(遺憾)된 일입니다. 과외(課外)의 것이 있다는 것은 참 유감이 아닐 수 없습니다.

그러나 우리가 배울 것은 《성경》입니다. 《성경》에서 하나 배울 것은 원수를 사랑으로 갚으라는 것입니다. 그리스도가 십자가에 못 박혀 대신 제물이 된 것을 배웁시다. 우리는 왜 있는 것입니까? 공연히 있는 것입니까? 뭔가가 있다고 견물생심(見物生心)하지 않고, 그냥 예사롭게 지나갈 수 있는 길을 배워야 합니다. 《성경》을 통해 이런 것들을 배워야 합니다. 우리가 왜 있는지를 알기는 무척 어렵습니다. 완전히 알려면 절대계(絕對界)에 들어가야 합니다. 그러지 않고서는 모릅니다. 예수도 말하기를, 온전하게 된 것은 다 되어 있고 하느님이 실패한 것은 하나도 없다고 하였습니다. 정의(正義)가 지금 이깁니다. 정의는 최후의 승리가 아니라 지금 당장의 승리입니다.

《성경》과 우리가 서로 응(應)함이 있으니 망정이지, 그렇지 않으면 우리는 살 수 없을 것입니다. 공산주의가 없으면 자본주의의 방해를 막지 못합니다. 자본주의가 없으면 공산주의의 맹위(猛威)를 제어할 수 없습니다. 공산주의와 자본주의가 다 하느님의 섭리로 이루어지는 것입니다. 이렇게 되어야만 되게, 되어 있을 것입니다. 과정(課程)은 하나도 멸망치 않고 다가올 것은 다가옵니다. 과거의 걸어온 길이 이러하다는 것을 뚜렷이 가르쳐주는 게 《성경》입니다. 이 점을 우리는 알아야 합니다. 아니,

무한히 감사의 염(念)이 일어나지 않을 수 없습니다. 원래 이 세상은 워낙 무식해서 이같이 기도하지 않고서는 못 배기게 되어 있습니다.

이제 나는 아버지께로 갑니다. 내가 세상에서 이것을 아뢰는 것은, 내 기쁨이 그들 속에 차고 넘치게 하려는 것입니다.

기도는 원래 이래야 합니다. 무슨 감동을 주기 위해 고개를 숙이게 하고, 강연처럼 기도하는 것은 기도가 아닙니다. 판에 박힌 듯한 기도와 예수의 기도를 자세히 비교해보십시오. 아니, 〈요한복음〉 17장을 몇 번 읽어보십시오. 공연히 하는 거짓된 기도나 가식적인 기도는 하지 맙시다. '내 기쁨이 그들 속에 차고 넘치게 하려는 것입니다', 이 말은 생명에 감사하는 마음을 충만하게 해준다는 뜻입니다. 이것은 하느님이 줄곧 그리스도를 우리에게 보내주고 우리를 받아주는 것이 됩니다. 아버지가 우리에게 모든 사명을 보내주는 것을 알아야 합니다. 줄곧 거기에 다다라 이르겠다는 것은, 하느님의 이룸이라는 것을 알고 끝까지 그렇게 하고 확실히 믿고 말씀을 지키고 가는 것입니다. 예수가 우리에게 줄 것이 있다는 것을 알면 참 기쁨이 충만합니다. 이러한 관념은 우리가 항시 가질 수 있는 것입니다. 그러면 우리가 영원과 생명의 관계를 깨닫게 되어 참으로 기쁘지 않을 수 없습니다.

나는 그들에게 아버지의 말씀을 주었는데, 세상은 그들을 미워하였습니다. 그것은, 내가 세상에 속하여 있지 않은 것과 같이, 그들도 세상에 속하여 있지 않기 때문입니다.

'그들'에게 이기는 힘을 준 것 때문에 세상은 예수를 미워합니다. 세상에서, 미움을 받게 되어 있습니다. 머리를 너무 곧이 하늘에 두면 세상이 싫어합니다. 그리스도는 못 박혀 죽었고 간디는 암살당했습니다. 동서

고금을 통틀어 꼿꼿한 사람이 미움을 사지 않고 생을 마친 적이 없습니다. 세상은 여러 층으로 되어 있습니다. 그중에서 올라서는 것을 미워하는 일이 적은 나라나 사회가 위로 올라섭니다. 서로 미워함이 많은 나라일수록 참 보기 흉한 나라입니다.

내가 아버지께 비는 것은, 그들을 세상에서 데려가시는 것이 아니라, 악한 자에게서 그들을 지켜주시는 것입니다.

이 세상이 너무나 괴로우니 하루빨리 데려가 달라는 기도는 하지 마십시오. 오직 악에 빠지지 않게 보전하여 달라고 하여야 할 것입니다. 그리고 자기 사명을 다하여야 합니다.

내가 세상에 속하지 않은 것과 같이, 그들도 세상에 속하지 않았습니다.

이것이 하늘 위로 올라가는 진정한 뚜렷한 말입니다. 우리 존재가 길이길이 하느님의 아들이 된 것을 인정하는 기도입니다. 우리는 생명을 이렇게 존중해야 합니다. 우리의 인격을 무겁게 해주는 것이 있습니다. 그것이 진정 그리스도인의 신앙입니다. 밤낮 싸움하면서도 부흥회에 나가서는 은혜를 많이 받았다고 합니다. 이러니 《성경》에서 인격주의(人格主義)가 나온 것입니다.

진리로 그들을 거룩하게 하여주십시오. 아버지의 말씀은 진리입니다.

아버지의 말씀은 참진리입니다. 참입니다. 아버지의 참을 서로 말하니 서로가 거룩하게 됩니다. 거룩하다는 것과 깨끗하다는 것은 상통합니다. 다 깨끗하고 거룩하라는 말입니다. '거룩' 하면 그 위에 계신 어른을 사모하는 것을 말하는 것같이 들리기도 합니다.

아버지께서 나를 세상에 보내신 것과 같이, 나도 그들을 세상으로 보냈습니다. 그리고 내가 그들을 위하여 나를 거룩하게 하는 것은, 그들도 진리로 거룩하게 하려는 것입니다.

우리는 자꾸 거룩함을 구합니다. '그들'을 위해 '나'도 거룩해야 합니다. 무슨 소학교 학생을 가르치는 선생 모양, 자기의 본을 따르라는 것이 아닙니다. 자기 자신이 거룩함을 얻으니, 자연 '그들'도 거룩해진다는 말입니다. 이 말은 '나는 그들로 말미암아 영광을 받았습니다'(《요한복음》 17:10) 구절과도 일맥상통합니다. 아버지가 자식을 위해서 점잖은 아버지 노릇을 한다는 것은 이 세상의 일입니다. 그것은 공리(公利)와 타산(打算)이 앞서는 상업주의적인 행위인 것입니다. 그러나 '내가 나를 거룩하게 한다'는 것에는 그런 뜻이 없습니다. 상대를 위함이 아닙니다. 단 하나, 아버지와 아들이 하나라는 뜻입니다. 한 이치가 그 안에 있는 것입니다.

나는 이 사람들을 위해서만 비는 것이 아니고, 이 사람들의 말을 듣고 나를 믿는 사람들을 위해서도 빕니다.

그리스도는 영원한 그리스도입니다. 아버지가 줄곧 보내주는 생명입니다. 아버지로부터 자꾸 잇대어 오는 것을 알고, 아버지가 자꾸 계속해서 보내주는 것을 느낍니다. 전할 것을 전하면서 내려오는 그것을 말씀으로 받아서 이것을 믿게 하는 것이 줄곧 계속됩니다. 영원히 물 흐르듯 계속 가는 것입니다. 그러니까 아버지는 예수 그리스도를 보내어, 예수가 살았을 때의 일과 같은 것을 자꾸 계속해서 오늘날까지 보여주는 것입니다. 정말 하늘 계신 '아브'가 보내준 것을 한 번이라도 느끼면 곧 예수가 우리 가슴에 있는 것입니다.

아버지, 아버지께서 내 안에 계시고, 내가 아버지 안에 있는 것과 같이, 그들도 하나가 되어서 우리 안에 있게 하여주십시오. 그래서 아버지께서 나를 보내셨다는 것을, 세상이 믿게 하여주십시오.

예수의 생명은 근본적으로 이러한 것입니다. 예수는 아버지와 처음부터 하나로 있었습니다. '아버지께서 내 안에 계시고, 내가 아버지 안에 있는 것과 같이 그들도 하나가 되어서 우리 안에' 있는 것입니다. 우리는 무한정 계속하여 하나로 있다는 말입니다.

나는 아버지께서 내게 주신 영광을 그들에게 주었습니다. 그것은, 우리가 하나인 것과 같이, 그들도 하나가 되게 하려는 것입니다.

전도하는 사람은 이 점을 한번 잘 생각해보아야 합니다. 전도가 이처럼 간단한 것을 이러니저러니 떠들어 어렵게 합니다. 예수는 여기서 전도의 목적을 밝힙니다. '하나'로부터 나온 우리는 또한 하나로 돌아갑니다. 누구나 다 같습니다. 여기서 빠져나갈 수 있는 인생이란 없습니다.

내가 그들 안에 있고, 아버지께서 내 안에 계신 것은, 그들이 완전히 하나가 되게 하려는 것입니다. 그것은 또, 아버지께서 나를 보내셨다는 것과 아버지께서 나를 사랑하신 것과 같이 그들도 사랑하셨다는 것을 세상이 알게 하려는 것입니다.

예수가 곧 내 안에 있습니다. 예수 속에는 아버지가 반드시 계십니다. 예수 제자들의 속에도 아버지가 있어야 할 것입니다. 그 제자는 뚜렷하게 내미는 것이 있어야 합니다. 내 속에 지금도 아버지가 계시고 내가 예수의 생명을 이어받는 것입니다. '하나가 되게 하려는 것입니다', 이 말은 아버지가 온전한 것같이 너희도 온전하라는 말과 같습니다. '아버지께서 나를 보내셨다는 것과 아버지께서 나를 사랑하신 것과 같이 그들도 사랑하셨다는 것을, 세상이 알게 하려는 것입니다', 이것은 복음을 이룬 것을 말합니다. 아버지가 예수를 보낸 것같이 예수가 제자를 보내고, 제자는 뚜렷함을 나타내어 종단은 온전함을 이루고 하나가 되는 그리스도의 생명, 이것을 연락하는 일을 하면 됩니다. 그러니까 아버지가 '나'를 사랑하신 것과 같이 그들도 사랑했다는데, 종국에는 사랑으로 그칩니다. 하느님이 보내주신 것은 역시 사랑입니다.

아버지, 아버지께서 내게 주신 사람들도, 내가 있는 곳에 나와 함께 있게 하여주시고, 창세전부터 아버지께서 나를 사랑하셔서 내게 주신 내 영광을, 그들도 보게 하여주시기를 빕니다.

우리는 알고 싶어 하는 것을 이때까지 알게 해 달라고 구해 왔으나, 실상 창세 전부터 우리가 아버지와 같이 있었음을 알면 구하는 것이 우리 마음속에 이미 있었음을 알 수 있습니다. 보게 해 달라는 것은 마음의 눈으로 보게 해 달라는 뜻입니다. 깨닫고 마음의 눈을 뜨게 해 달라는 말입니다. 뚜렷함을 보게 한다는 것입니다. 이 세상은 가는 것도 아니고 오는 것도 아닌데, 하느님에게 가는 것 혹은 오는 것은 창세전부터 우리가 하느님과 함께 있었던 까닭에 별 문제 없이 가능합니다. 그러나 우리는 하느님에게 들어갈 수 있는데 들어가지 못하고 주저합니다. 이것을 보고 아버지가 온전히 뚜렷함을 보여주고, 우리가 들어가 아버지와 함께 온전히 뚜렷해질 수 있음을 보여준다는 말입니다. 우리는 무조건 그 경지에 가야 합니다. 부활과 재림에 대해서는 뭐라 말할 수 없으나, 예수가 지금 우리에게 있고, 이 사람이 머리를 하늘 위로 두고 '위'로 아버지 자리를 향해 예수와 같이 갈 수 있다는 것만큼은 단언할 수 있습니다.

의로우신 아버지, 세상은 아버지를 알지 못하였으나, 나는 아버지를 알았으며, 이 사람들도 아버지께서 나를 보내신 것을 알고 있습니다.

이런 어지러운 세상은 아버지가 어디 있느냐고 반문하지만, '나'는 아버지를 압니다. 진짜 아들은 아버지를 압니다. 아버지가 뚜렷한 것같이 이후에는 자기가 더욱 뚜렷하리라고 하는 이 정신을 나는 확실히 압니다. 아버지는 하나입니다. 하느님과 아들은 하나로서 뚜렷합니다. 아버지의 말씀은 자꾸 뚜렷하자는 것이고, 세상에 보낸 모든 아들이 다 뚜렷하자는 것입니다. 우리도 뚜렷함을 받자는 것입니다. 이것이 하나입니다. 바른 것을 배운다는 것은 영원함을 배우는 것입니다. 영원함과 진리는 뚜렷하자는 데서 나오고 뚜렷함을 배우는 것이 그것을 찾는 일입니다. 서로 뚜렷한 데는 뭔가 이치가 있는 것입니다.

나는 이미 그들에게 아버지의 이름을 알렸으며, 앞으로도 알리겠습니다. 그것은, 아버지께서 나를 사랑하신 그 사랑이 그들 안에 있게 하고, 나도 그들 안에 있게 하려는 것입니다.

'나'가 아버지의 이루심을 알게 하였고 앞으로도 알게 하겠다는 '나'는 생명입니다. '나'도 '그들 안'에 있게 한다는 것은, 영원한 진리인 '나'가 사랑하는 '그들 안'에 있고 진리인 나도 그들 안에 있게 한다는 것입니다. '그들 안'이라고 한 것은 알기 쉽게 얘기한 것이고, 원래는 안팎(內外)이 따로 있을 수 없습니다. 들어가는 것도 아니고 나오는 것도 아닙니다. 실상은 아버지가 오시는 것도 아니고 우리가 가는 것도 아닙니다. 전체가 하나인데 그럴 수가 있습니까? 우리가 상대 세계에 살고 관념이 상대적이니까, 그렇게 말해야 알기 쉽기 때문입니다. '나'는 아버지에게 가온찍기(ㄷ)입니다. 이런 말은 원래 없습니다. 부처라고 해서 부처가 원래 있는 것은 아닙니다. 부처가 따로 있는 것도 아닙니다. 유일불이(唯一

不二)를 상대 세계에서 깨달으면 이와 비슷하게 갈 수 있습니다. 이것을 살펴보자면 시간이 부족할 것 같습니다. 여기서는 11절만 다시 살펴보겠습니다.

"나는 이제 더 이상 세상에 있지 않으나, 그들은 세상에 있습니다. 나는 아버지께로 갑니다. 거룩하신 아버지, 아버지께서 내게 주신 아버지의 이름으로 그들을 지켜주셔서, 우리가 하나인 것같이, 그들도 하나가 되게 하여주십시오."

이 구절은 한번 깊이 생각할 필요가 있습니다. 여기서는 '아버지께로 갑니다' 했습니다. 이 세상에 갔다가 아버지에게 오는 것이 실상이더라도, '간다'고 하면 섭섭하지만 아버지에게 '왔다'고 하면 기분이 좀 나아질 것입니다. 그런데 '갑니다' 하면 세상을 아주 버리고, 버릴 것 다 버리고 간다는 뜻이 포함되어 좀 강하게 들립니다. 강한 맛이 있어서 더 좋게 들리지 않습니까? 영어의 'come'은 '간다'와 '온다' 모두에 쓰입니다. '갑니다' 하면 어쩐지 진의(眞義)를 해석한 것 같지 않습니까? 오늘은 이만 그만하고 〈요한복음〉의 다른 구절을 잠깐 보기로 하겠습니다.

그것은 마치, 아버지께서 나를 아시고, 내가 아버지를 아는 것과 같다. 나는 양들을 위하여 내 목숨을 버린다. 나에게는 이 우리에 속하지 않은 다른 양들이 있다. 나는 그 양들도 이끌어 와야 한다. 그들도 내 목소리를 들을 것이며, 한 목자 아래에서 한 무리 양떼가 될 것이다. (〈요한복음〉10:15~16)

'우리'는 오늘날까지 계속 있는 인류라 해도 좋습니다. 양들이 다 '우리'로 들어간 것같이, 우리는 이 상대계의 '우리'를 찾아 들어왔습니다. 음성을 듣는다는 것은 말씀을 듣는다는 말입니다.

아버지께서 나를 사랑하신다. 그것은 내가 목숨을 다시 얻으려고 내 목숨을 기꺼이 버리기 때문이다. (요한복음 10:17)

사랑은 믿음이고, 생명을 내버리는 것은 다시 목숨을 얻기 위한 것이라고 합니다. 그러나 자기 목숨을 아주 버리는 자살처럼 큰 죄는 없습니다. 왜 목숨을 버릴 데가 없습니까?

아무도 내게서 내 목숨을 빼앗아 가지 못한다. 나는 스스로 원해서 내 목숨을 버린다. 나는 목숨을 버릴 권세도 있고, 다시 얻을 권세도 있다. 이것은 내가 아버지께로부터 받은 명령이다. (〈요한복음〉 10:18)

내가 스스로 버린다는 것은 살신성인(殺身成仁)을 한다는 뜻입니다. 인(仁)을 이루기 위해 자기 몸을 내던진다는 뜻입니다. 자살한다는 뜻이 아닙니다. 생명을 자유로이 한다는 것은 이 살신성인을 말하는 것입니다. 죽음을 무서워하면 죽음의 종이 된다는 말이 있습니다. 정의를 위해 목숨을 버린다는 것은 누구에게 배워서만이 아니라 절로 알 수 있는 것입니다. 육신은 죽이고 생명(生命)은 살아야 합니다. 육신의 껍데기를 벗어버리면 뚜렷해지는 것은 영혼인 생명입니다. 오늘은 이만큼 하고, 이 사람이 오늘날까지 먹은 양식의 숫자인 24578에 대해 말하겠습니다.

24151(류영모 스스로 정했던 사망 예정일인 1956년 4월 26일까지 산 날의 수)
+ 427
———————
24578(아버지 류명근이 산 날의 수이자, 1957년 6월 27일까지 류영모가 산 날의 수)

이대로 살아가면 얼마간 또 세상에 참여할 수 있을 거라고 생각하는데, 이 사람에게는 이 세상의 것 전부가 양식(糧食)으로 생각됩니다. 먹는 것만이 아니라, 그리스도가 하신 일,《성경》또는 그리스도가 이 사람의 양식이 될 수 있습니다. 이 양식이 이 사람을 가장 많이 보양(保養)한 양식입니다. 지난해 여름 6월 14일, 당시 열흘간 단식 중이었습니다. 물론 집회에도 참석했는데, 시간이 넘어서인지 무척 덥고 목이 칼칼했습니다. 그때 창으로 들어오는 새로운 바람이 이 사람의 볼을 스쳐 지나갔습니다. 그처럼 달고 시원한 게 없었던 기억이 나는데, 이것을 보더라도 입으로 먹는 것만이 양식은 아닙니다. 피부의 감촉, 눈으로 보는 것, 귀로 듣는 것이 전부 양식이 될 수 있습니다.

이러고저러고 간에 이 사람은 24578날을 살았는데, 이것은 영원에 비기면 아무것도 아닙니다. 작년 4월 26일에 이 사람이 죽었으면 좋겠다는 뜻을 그 전에 밝혔습니다. 그것은 육친의 아버지가 사셨던 날보다 적게 살고 가는 것이 좋겠다는 생각에서였습니다. 그런데 죽겠다던 날로부터 그만 427일이나 더 좇아온 셈입니다. 아버지가 돌아가신 날이 9월 15일인데도, 어제 6월 27일에 몸을 재계(齋戒)하고 보통 때와 달리 가족들을 모아놓고 추도(追悼)를 하였습니다. 그때 새삼스럽게 아버지 생각을 하고 기도를 올리다가〈요한복음〉17장을 줄곧 읽어보았습니다. 아까 얘기한 것같이 한 번 읽는 데 8분이나 걸리고, 한 시간에 7회 정도밖에 못 읽었습니다. 그래서 될 수 있으면 외워버리려고 하였으나 그러지 못하고 오늘 그냥 나왔습니다. 새삼스럽지만 이 사람이 어제부터 새로 사는 것 같아서, 오늘부터 날짜 세기를 하기로 했습니다. 새로 하나, 둘 이렇게 날짜가 가는 것을 세기로 하였습니다. 얼마나 셀지는 아직 모르겠습니다.

이 정도로 하겠습니다. 부디〈요한복음〉17장을 많이 읽고 예수의 기도와 요즘 교회의 기도를 잘 비교하며 여러 번 읽어보십시오. (1957. 6. 28.)

정신이 만족하는 것은 상대 세계에 없다

應無所住而生其心

빛갈을 잘 가리는 이는 빛갈에 달러붙지 않고,

소리, 냄새, 맛을 잘 가리는 이는 소리, 냄새, 맛에 달라붙지 않고,

맨지를 잘 맨지는 이는 맨지는데 들러붙지 않고,

수(方法)를 잘 내는 이는 수에 들러붙질 않습니다.

藝術家가 得意作 속에 居住(自足)ㅎ지 안으며,

詩人이 自成品 속에 骸骨을 누힐 수는 없겠습니다.

宗敎家가 自說法에 涅槃홀 수는 없을 것입니다.

作品, 詩集, 業績, 經傳, 室家, 議事堂, 說敎會, 社會 等等은

色(空 아닌)界의 撮影帖입니다.

魂命을 찾아가는 「생각」의 歸着點은 自我만이 받는 것입니다.

(다석일지 1957. 7. 2.)

聰俊犯行多

愛敬倫理由   珍重怪異趣

親尊所以禮	信用早晚幣
驅罟攫陷阱	達那弗達那
莫之知避例	聰俊爲傀儡 (다석일지 1957. 7. 1.)

孝經

近小下多生	生靈覺不肖
遠大上一命	知命自誠明 (다석일지 1957. 7. 4.)

한 말슴만

나는 남게
그리스도르 결일.
뉘나
홀린데서 벗어나서
뚜렷이 나슬 말슴
예수 ㅣ
뚜렷이
한웋님 보시고
「맨첨브터 내모신
아버지릿」 브르심.
나도 이에 숨쉬므로
「뚜렷이 아들로
스룸나이다.」 ㄴ말슴. (다석일지 1956. 6. 30.)

뉘나 [너나누 Christian]

흘린데라 흘리우고 흘리이니 흘릴터라.
한웋님계 뚜렷홀손 아들로서 솟날뚜렷.
거룩다 그리스도록 이에 숨을 쉬는이. (다석일지 1957. 7. 3.)

먼저 〈응무소주이생기심(應無所住而生其心)〉을 풀이해보겠습니다.

빛갈을 잘 가리는 이는 빛갈에 달러붙지 않고, 소리, 냄새, 맛을 잘 가리는 이는 소리, 냄새, 맛에 달라붙지 않고, 맨지를 잘 맨지는 이는 맨지는데 들러붙지 않고, 수(方法)를 잘 내는 이는 수에 들러붙질 않습니다.

'빛갈을 잘 가리는 이는 빛갈에 달러붙지 않고, 소리, 냄새, 맛을 잘 가리는 이는 소리, 냄새, 맛에 달라붙지 않고', 이 말은 무주색생심(無住色生心)을 말합니다. 견물생심(見物生心)하지 말라는 뜻입니다. 이 세상에서 좋은 것이 있거나 마음에 드는 것이 있으면 그냥 그런 것이 있나 하고 지나갈 것이지, 거기에 마음을 살리거나 달라붙지 말라는 말입니다. 소리에는 무주성생심(無住聲生心)이고, 냄새에는 무주향생심(無住香生心)이며, 맛에는 무주미생심(無住味生心)이어야 합니다.

뜻 있게 온전히 살려는 사람은 아무것도 없는 가운데 천하를 휘두를 수 있다고 하였습니다. 정신을 가진 사람은 항상 마음을 되어(升) 넘깁니다. 마음을 항상 비워 두는 것이 온전하다고 생각하기 때문입니다. 사람이니까 감정(感情)이 있습니다. 혹 생심(生心)하다가도 그러려니 하고 자꾸 되(升) 넘겨야 합니다. 참 보기 좋다 하더라도 한 번 보고 그만두어야지, 두 번 세 번 건너보고 마음에 남겨 두면 못씁니다. 마음이 살면 별

소리가 다 나옵니다. 잠을 이루지 못하고 혼인(婚姻)만 생각합니다. '혼(婚)'이라는 글자에 어리석은 뜻이 들어 있다고 요전에 얘기한 일이 있습니다. 사람은 감정을 남겨 두어서는 안 됩니다.

공자의 말씀 중에 불천노(不遷怒)라는 말이 있습니다. 노여움을 옮기지 말라는 뜻으로 건강한 사람은 다 불천노합니다. 속의 감정을 웬만큼 제한하여 펴서 버릴 것은 내버린다는 뜻의 중절(中節)은 《중용(中庸)》에 있습니다. 아무런 일이 없으면 평화롭습니다(和). 이 일을 천하지달도(天下之達道)라고 합니다. 곧, 천하의 어떤 일에도 막힘이 없음을 말합니다. 중화(中和)를 하지 못하기 때문에 이 세상에는 변(變)이 많습니다. 될 일이 안 됩니다. 중화를 모르면 자기 몸의 건강(健康)부터 유지할 수 없습니다.

요전 시간에 말씀드렸지만, 빛깔이 너무 세면 속살을 모르겠고, 속살에 가 닿으면, 곧 점점 속에 가까이 가서 안(內)을 알면 속알의 눈동자가 멀어버립니다. 일본말의 '耳か遠い'는 '귀가 멀다'는 표현입니다. 우리말에도 '눈이 멀다' 또는 '귀가 멀다'는 표현이 있습니다. '멀다'라는 의미의 글자를 우리말과 일본말에서 같이 쓰는 것은 우연의 일치인 것 같습니다. 속알*이 멀면 빛깔도 가리지 못하니, 소위 색맹(色盲)이 됩니다. 색을 바로 보지 못하는 것입니다. 속알이 멀면 눈이 마음대로 보지를 못합니다. 빛깔이 세도 색맹이 됩니다. 붉은 것을 한참 보다가 흰 것을 보면, 그것이 흰 것인지 붉은 것인지 알지 못합니다. 빛이 세거나 속알이 멀면 물건을 바로 보지 못하게 되는 것입니다. 줄곧 빛에 살아서는 안 됩니다. 심지어는 무주법생심(無住法生心)이라 하여, 법(法)에도 살지 말라는 말이 있습니다. 진리에조차 마음이 살아 머물게 되면, 그것도 역시 탈이라는 말입니다.

---

* 속알은 마음의 눈(心眼)이다. 얼눈(靈眼)이다.(박영호)

'수'는 방법(方法) 또는 권능(能力)을 말합니다. 능(能)히 무엇을 하겠다고 애써서는 안 됩니다. 권능을 얻어서 그 권능을 우려먹거나 무엇에 쓰겠다고 하는 일을 해서는 안 됩니다. 자연의 방법이나 이치가 나의 것이 되어야 합니다. 방법 하나에만 정신을 써도 안 됩니다. 숭상비법(崇尙非法), 법(法)이 아닌데도 법으로 쓸 수 있는 것이 있습니다. 진리 아닌 것이 진리가 되는 경우도 있습니다. 꼭 진리만을 진리로 알아서는 일을 할 수 없을 때가 있습니다. 비진리(非眞理)를 숭상(崇尙)할 때가 있습니다. 인(仁)에 대해 늘 말하지만 두 사람 사이의 이치만을 얘기하는 것이 아닙니다. 하늘과 나의 사이를 늘 생각하는 것 역시 인(仁)임을 알아야 합니다.

藝術家가 得意作 속에 居住(自足)ᄒ지 안으며, 詩人이 自成品 속에 骸骨을 누힐 수는 없겟습니다. 宗敎家가 自說法에 涅槃ᄒ을 수는 없을 것입니다.

'예술가(藝術家)가 득의작(得意作) 속에 거주(居住)(自足)ᄒ지 안으며', 예술가는 자기 뜻을 대표할 만한 작품을 냅니다. 일말의 불안이 있거나 자신감이 부족하면 예술가는 자기완성을 자랑할 수 없을 것입니다. 작품이 아무리 많아도 '이것만큼은' 하고 자신 있게 내세울 수 있는 작품, 곧 자족(自足)할 만한 걸작은 여간해서 나오지 않습니다. 아무리 잘된 작품도 뒤에 가서 혼자 따져보면, 자기의 것이 아닌 것 같고 어딘가 불안하게 느껴지기도 합니다. 거짓된 점이 있는 것 같기도 합니다. 그런고로 하나도 자족할 만한 작품이 없습니다. 기껏 남의 흉내를 내어 그럴듯하게 보일 따름입니다. 그런데 요새 예술가는 특선(特選)에만 들면, 그게 무엇이 장한지 일생을 두고 우려먹고 별짓을 다 합니다. 진정한 예술가라면 그렇게 하지 않습니다.

'시인(詩人)이 자성품(自成品) 속에 해골(骸骨)을 누힐 수는 없겠습니다', 시(詩)가 잘되었다고 해도 그 속에 자기 해골을 들여 눕힐 수는 없습니다. 시를 만든 당시의 소감(所感)과 그 시를 나중에 보고 느끼는 소감에는 여간한 차이가 있는 게 아닙니다.

'종교가(宗敎家)가 자설법(自說法)에 열반(涅槃)홀 수는 없을 것입니다', 자기의 설법(說法)을 만족스러워하며 세상을 떠나느냐 하면 그렇지 않습니다. 자기 자신은 물론이거니와 듣는 이도 아는 데까지는 좇아오겠지만, 영원에 들어가는 데 만족할 만한 말씀은 못할뿐더러 듣지도 못하고 가는 것입니다.

作品, 詩集, 業績, 經傳, 室家, 議事堂, 說敎會, 社會 等等은 色(空 아닌)界의 攝影帖입니다.

작품은 역사가 지나온 발자취를 말하고, 시집이나 업적은 그중 뛰어난 것을 말합니다. 그러나 경전은 부처님의 말씀만을 말하는 게 아닙니다. 부처님 혼자서 그같이 많은 말씀을 다 한 게 아닙니다. 그러니까 경전은 계속 이어 내려오면서 전해진 얘기를 말합니다. 실가(室家)는 살림하는 집이고, 의사당은 나라의 살림을 토론하는 장소를 말합니다. 무슨 무슨 회(會) 등으로 나눠놓습니다. 이 사람은 분류하기 싫지만 알기 쉽게 하기 위해 이렇게 말하였는데, 사람이 하는 일 전부를 말합니다. 이런 것들은 전부 색계(色界), 곧 물질 세계의 사진첩입니다. 사진첩을 만들어 놓은 것입니다. 정신은 그런 것이 아닙니다. 정신은 지나가는 것입니다. 오늘 이 시간에 만나서 말씀을 생각하는 이것이 정신입니다. 속기나 녹음을 해놓았다고 해도 그것은 하나의 사진첩입니다. 결코 정신이 아닙니다.

魂命을 찾아가는 「생각」의 歸着點은 自我만이 받는 것입니다.

'혼명(魂命)'을 찾아가는 「생각」의 귀착점(歸着點)은 자아(自我)만이 받는 것입니다', 혼명을 찾아가는 것이 실상 무엇인지 모르기 때문에 목적(目的)이라고 합니다. 무엇이라고 말할 수 없습니다. 오늘은 몇 분이 같이 모여서 얘기하자는 것이 목적입니다. 얘기하자고 하는 이지(理智)가 생겨난 것이 곧 우리가 정신을 찾은 것이 됩니다. 명(命)이라는 글자를 하나 더 붙인 것은, 인생이라는 큰 목적을 받고 또 그것을 이루고자 우리가 이 세상에서 살아가는 것을 나타내기 위해서입니다. 혼명을 찾아가는 것은 생각입니다.

데카르트는 다른 것을 다 인정하지 않다가, 곧 참으로 있다는 것을 전부 부인하다가 '나'는 참으로 있다고 하였습니다. 생각이 주인이라는 것을 인정한 것입니다. 다른 것은 있는지 없는지 모르나 '나'라는 것은 참으로 있는데, 왜냐하면 생각이 거기에 있기 때문입니다. 그래서 '나'는 참으로 있다고 소리를 지른 것입니다. 생각은 참입니다. '나'라는 간접적인 무엇을 집어넣을 필요 없이 그냥 생각은 참으로 있다는 것이 옳습니다. '나'는 무엇입니까? 정신입니다. 하늘이 무엇입니까? 부처가 무엇입니까? 다 생각입니다. 있다고 할 때는 생각이 주인(主人)이 됩니다.

생각은 어디로 갑니까? 그것을 누가 압니까? 모릅니다. 사람이 아무리 예술품을 내놓고 득의(得意)한 자성품(自成品)인 시(詩)를 써놓았다 해도, 그것은 다 사진첩입니다. 정신은 어디로 가는지 모릅니다. 종단은 찾아가는 곳이 있습니다. 그런데 찾아가는 그곳이 어딘지 몰라서 혼명(魂命)이라고 할 수밖에 없습니다. 혼(魂) 속의 목숨을 찾아가는데, 우리가 찾아가서 늘 생각만 하고 마는지 그것은 모릅니다. 역사는 인류가 생각하는 그런 것이 아닙니다. 평생 찾는 혼명이 무엇인지 이 사람은 모릅니다.

정신이 만족하는 것은 상대 세계에 없습니다. 그러나 어려운 일이겠지만 혼명을 찾아가는 길을 걸으면, 다른 사람은 모르겠습니다만 이 사람만큼은 무엇인가 받는 것이 있습니다. 다른 사진첩과는 관계없이 이 사람은 무엇인가 받는 것을 분명히 느낍니다. 그러니 정신은 암만해도 내 것이고, 내 것을 내가 여물게 하려면 한군데 머무를 수가 없습니다. 한눈을 팔 여유가 있겠습니까? 헤맬 것도 없습니다. 응무소주이생기심(應無所住而生其心)이라, 참 좋은 말입니다. 이 말 한마디를 잘 알면 해탈할 수 있고, 구원을 받을 경지에 갈 수 있습니다.

육조(六朝) 혜능(慧能)은 나무 장사를 하여 어머니를 봉양하다가 도(道)를 닦아볼 생각을 갖게 되었지만, 홀어머니 때문에 늦게 출가할 수밖에 없었습니다. 스승을 찾아 도를 닦겠다는 뜻을 밝혔지만, 스승은 아무 말 없이 밥 짓는 일을 시켰습니다. 그는 절의 불목하니로 몇 해를 부엌에서 밥을 짓다가 홀연히 견성(見性)한 사람입니다. 세상을 말끔히 떨쳐버리면 살 수 있다는 깨달음을 얻어서 대성(大成)한 것입니다. 이 역시 응무소주이생기심을 크게 터득한 사람이 아니겠습니까?

소위 표구사(表具師)는 그림이나 글씨를 쓰는 화선지 같은 것을 만지는 사람입니다. 서투른 사람이 처음 풀질을 하면, 풀이 가야 할 데 가지 않고 쓸데없는 곳에 발라져 종이가 달라붙습니다. 그러면 결국은 화선지를 못 쓰게 됩니다. 그런데 표구사는 어떻게 하는지, 풀질도 얼마 하지 않고 해치워버립니다. 이같이 모든 것에 능란한 사람은 그 재주에 들러붙지 않습니다. 들러붙어서 하려면 아무리 뛰어난 예술가라 하더라도 좋은 작품을 내놓지 못합니다. 자유자재(自由自在)로 다스릴(治) 줄 알아야 합니다. 다스리는 게 절로 되게 할 줄 알아야 합니다.

일생을 잘살았다는 사람은 이 들러붙지 않는 묘리(妙理)를 자기 것으로 삼아서 산 사람일 것입니다. 부즉불리(不卽不離)라는 말과 같이 붙지 않고 떨어지지 않고 가는 이 생각은 절대(絕對)를 향해 가는 생각의 더듬음을 말합니다. 이론적인 생각은 자꾸 상대적으로만 하려는 것이 탈입니다. 그러니까 자꾸 붙으려고만 하면 안 됩니다. 떠나서 벗어버리지 않으면, 곧 불교에서 말하듯 도피안(到彼岸)해서 열반(涅槃)에 들지 않으면 정말 자유(自由)와 평등(平等)이 아닙니다.

이번에는 〈총준범행다(聰俊犯行多)〉를 보겠습니다. 이 글을 보면 이 세상은 확실히 개탄할 만합니다. 귀 밝고 재주 많은 사람의 범죄 행위가 많으니 말입니다.

애경윤리유(愛敬倫理由) 친존소이례(親尊所以禮)

사랑과 공경, 곧 서로가 몹시 아끼는 일은 사람들이 같이 사는 이 세상에서 윤리(倫理)의 말미암음이 됩니다. 서로 아끼고 중(重)히 여겨야지 경(輕)하게 대해서는 안 됩니다. 저번에 우리가 존경하는 이를 '님'이라고 하였습니다. 이상적(理想的)으로 특히 사랑하는 사람을 '님'이라고 합니다. '님'은 머리 '위'에 이었다(載)는 말입니다. 님은 소중하기에, 머리에 이고 사뭇 눌리는 힘을 견디려고 합니다. 가벼운 것이고 어수룩한 것이라면 손에 들고 가지, 이고 가지 않습니다. 사람과 사람이 서로 아끼고 중히 여기는 이치가 있습니다.

애친자불감오어인(愛親者不敢惡於人), 어버이를 아끼는 사람은 감히 남을 모함하지 않습니다. 내가 감히 남에게 악(惡)하게 하면 부모가 걱정을 하기 때문에 그렇게 할 수 없습니다. 남을 미워하는 마음이 도대체 생길 수가 없습니다.

경친자불감만어인(敬親者不敢慢於人), 어버이를 중히 여기는 사람은 감히 남에게 거만할 수 없습니다. 이 말은 부모를 참 아끼고 중히 여기는 것을 다하면, 곧 할 일을 다하면 뒤에 백성이 그 덕(德)을 좇아 받든다는 것입니다. 천자(天子)의 효(孝)를 가리키는 말입니다.

애경진어사친연후(愛敬盡於事親然後), 천자도 위(上)가 있고 부모(親)가 있습니다. 아무리 천자라도 부모 없이는 있을 수 없습니다. 천자도 친(親)을 애경(愛敬)하는 일을 알아야 합니다. 그래서 천자 노릇을 하려면 효(孝)를 해야 한다고 하였습니다. 남을 미워하고 거만하면 천자 노릇을 못합니다. 모두 경친애친(敬親愛親)을 할 줄 알아야 합니다. 애경(愛敬)의 정신은 부모에게 효를 해야만 터득할 수 있습니다. 예(禮)라는 것은 제도(制度)입니다. 친(親)할 것을 친하고 높일(尊) 것을 높이고 사랑할 것을 사랑하는 것이 예(禮)이고 제도(制度)입니다. 그런데 이 세상에서 중히 여길 것, 곧 친애(親愛)하거나 존경(尊敬)할 것은 무엇입니까?

진중괴이취(珍重怪異趣) 신용조만폐(信用早晚幣)

사람들은 그저 진중(珍重)할 줄만 압니다. 이상한 것을 중히 여깁니다. 괴상한 취미(趣味)를 진중합니다. 이것이 탈입니다. 이 세상의 먹는 재미, 즐기는 맛을 취미라고 합니다. 70세 된 노인도 진미(珍味)를 찾습니다. 괴상한 취미입니다. 어지간한 맛이란 다 보았을 터인데도 그 모양입니다. 진미팔미(珍味八味)를 들먹이며 여덟 가지 진미가 있다고 말합니다. 달아나려(走)는 것을 한번 취(取)하겠다는 것이 취(趣)입니다. 무슨 맛이 있나 합니다. '아무 때 먹어본 맛이 참 좋았는데' 하며 그런 맛이 또 없나 하고 찾아다닙니다.

아무것도 모르는 17, 18세의 청소년들도 그게 뭔지 알고 싶은 호기심이 일어서 별의별 짓을 다 저지릅니다. 이렇게 되는 데는 어른의 죄가 많습니다. 청소년들이 28세 되는 유부녀를 윤간하였다는 말이 도대체 어디서 나오겠습니까? 그런 소리를 어떻게 입 밖에 낼 수가 있습니까? 애경(愛敬), 친존(親尊)의 정신을 알지 못하는 까닭에 이 사회가 이 모양으로 타락해버린 것입니다.

'신(信)'이라는 글자는 경신(敬信), 신앙(信仰), 신의(信義) 등에 쓰이는데, 여기서는 그냥 '신용(信用)' 할 때의 '신(信)'으로 쓰입니다. 신용하지 않는다는 것은 돈이 없다는 것입니다. 돈을 내야 할 때 내지 못하면 신용이 없다고 합니다. 어떤 사람이 달러 장사 아주머니 두 사람을 유인해서 하나는 죽이고 하나는 다치게 하였다고 합니다(남산동 사건). 그 일을 저지른 사람은 운전을 잘하는 재주만 있지, 돈은 없었던 모양입니다. 누가 신용을 해주어야지요? 돈만 있으면 신용을 받고 잘살 수 있을 것이라고 생각해서 그런 짓을 저지르고 말았답니다. 돈 하나 있으면 점잖게, 신용 있게 살 수 있다는 것입니다.

승(勝)하면 군왕이요 패(敗)하면 역적(逆賊)이라는데, 사람들은 돈만 붙잡으면 모든 것을 승리로 이끌 수 있을 것으로 알고 살아갑니다. 이러한 신용은 못씁니다. 신앙, 경신, 신의의 '신'이라야 합니다. 결국 신용은 무엇이냐 하면 폐(幣)를 받는 것입니다. 곧, 빠르거나 늦거나 받을 돈을 받는 것을 말합니다. 몇 달 동안 신용 있게 한다는 것은 몇 달 후에 가서 뭔가를 받겠다는 뜻입니다. 매년 마찬가지지만 조만간에 폐물(弊物)을 받는 것이 신용입니다. 결혼 때에도 예(禮)로서 폐백(幣帛)을 교환합니다. 많고 적고 하는 것으로 신용을 서로 다투어봅니다.

여러 가지 폐백이 있습니다. 일찍 받는 것, 늦게 받는 것, 남에게 양보하다가 다음 번에 받는 것 등이 있습니다. 대만 사건 후 미국에서 구구한 말들이 나오는데, 도움을 받는 나라 운운해서 듣기 좋은 말을 하는 모양입니다. 그러나 그런 것은 다 선의(善意)로 해석해도 조만폐(早晩幣)입니다. 이 다음에 무슨 답례(答禮)가 있어야 합니다. 우리나라는 무슨 삯을 보낼지 궁금합니다.

구고획함정(驅罟攫陷阱) **막지지피례**(莫之知避例)

짐승을 잡으려고 덫을 놓는데, 사람이 여기에 걸려드는 일을 피하게 하는 방법을 모르더란 말입니다.

달나불달나(達那弗達那) **총준위괴뢰**(聰俊爲傀儡)

요새는 애매한 젊은 사람, 곧 총준(聰俊)이 범행을 많이 저지릅니다. 이런 일을 피하는 전례가 아직 없습니다. 그래서 총준위괴뢰(聰俊爲傀儡)입니다. 얼굴이 잘생기고 듣기를 잘하고 머리가 좋은 사람이 괴뢰(傀儡)가 되어버립니다. 괴뢰는 꼭두각시입니다.

우리나라에서는 흔히 볼 수 없는 일이지만, 사람 모양의 인형을 뒤에서 사람이 줄을 잡았다 놓았다 하면서 재주 부리게 하는 인형극(人形劇)이 있습니다. 이 재주 부리는 인형을 괴뢰라고 합니다. 소위 지도자들의 괴뢰 노릇을 낙제생들은 하지 못하는 반면 총준들은 제법 합니다. 꼭 한 가지 돈이 없어서입니다. 돈 많고 권세 있는 사람의 괴뢰 노릇을 하는 것입니다. 돈이 없기 때문에 독단(獨斷)으로도 은행장을 죽이지 않습니까? 그 사람은 사형까지 받았지만, 총준함을 잘만 지도하면 자기 사명을 곧장 다할 사람이 아니겠습니까?

돈이 있어야 공부를 하고 공부를 하여야 사람답게 권세를 가지고 지낼 수 있다고 합니다. 그러니 돈이 없어서 자기 목적에 도달하지 못할 바에야 애당초 죽어버리는 게 낫다고 결심을 하게 됩니다. 국가를 위한 결사권(決死權)도 있지만, 총준은 개인의 이상을 위한 결사(決死)도 곧잘 합니다.

달나(達那), 무엇에 도달하지 않으면 안 됩니다. 달나불(達那弗), 도달하긴 하는데 실패 없이 어떻게 합니까? '달러 달나(弗 達那)'는 돈을 달라는 말입니다. 학교, 출세 모두 '달러 달나'입니다. 이것은 이 사람이 만든 말인데, '달라 달라 달라 달라'로 들립니다. 이 세상은 말끔히 그렇습니다. 이 사람이 한 장난입니다.

다음은 《효경(孝經)》을 살펴보겠습니다.

《효경》은 유교 경전 가운데 하나입니다. 여기서는 그 책의 이름을 이야기하는 것이 아닙니다. 효(孝)의 가장 중요한 줄거리라는 뜻으로 '효경'이라는 이름이 붙은 것입니다. 유교에서의 효는 부모에게 하는 것을 말하는데, 종단은 하느님에게 바치는 마음이 정말 효가 됩니다. 하늘의 아버지에게 효를 할 줄 알아야, 인자(仁者)로서의 아버지에게 효를 다할 수 있습니다. 천자(天子)도 어른이 있고 선생이 있고, 그 위에 아버지가 있으며, 그 위에 또 위가 있습니다. 모든 임금의 임금이 계신 것입니다. 그를 '님'이라고 합니다. 언제든지 머리에 일 수 있는 '님', '한웋님', '한울에 있는 님'입니다.

효라는 것도 실상은 하느님에게 하라는 것입니다. 하느님을 바로 아는 사람은 최선의 효를 할 수 있습니다. 어머니, 아버지 말씀을 하늘과 같이 알게 됩니다. 하느님에 대한 정성이 부모에 대한 정성이 됩니다. 이 근본을 모르기 때문에, 아니면 알긴 알지만 잊었기 때문에, 오늘날 진중괴이취(珍重怪異趣) 신용조만폐(信用早晚幣)가 되지 않았습니까? 하늘에 머리 두고 다니는 이치를 전혀 모르는 행동입니다. 한웋님 할 때의 '우'는 위아래를 상대적으로 말한 것이고, 상대(相對)에서 '위'를 높이 들어올린다는 뜻이어서 'ㅎ' 받침을 하지 않을 수 없습니다.

근소하다생(近小下多生)
원대(遠大)는 멀고 큰 것, '위(웋)'입니다. 절대(絶對)가 원대입니다. 상대로 가는 것이 근소(近小)입니다. 가깝게 제일 작은 것이 '나'입니다. '나'가 무엇보다도 가장 가까이 있습니다. 바닥의 가장 아래가 '나'입니다. 지구 중심이 제일 바닥이 아니냐고 할지 몰라도, 무한대(無限大)의 큰 데서 보면 여기가 거기입니다. 우리가 지금 보는 것은 죄다 근소한 것이고 수효가 많습니다. 이 근소가 제각기 산다고 하는 것입니다. 근소하다생(近小下多生)입니다. 우리는 구더기 같은 존재들입니다.

원대상일명(遠大上一命)

우리가 똥 구더기와 좀 다른 것은 단지 자꾸 원대를 찾고 웅로 올라가겠다는 정신이 있기 때문입니다. 그 정신이라는 것은 상일명(上一命), 곧 웅로 올라가라고 무엇인가가 명령하는 것으로 보아도 좋습니다. 우리는 정신 자체가 무엇인지 모릅니다. 영원한 명령(命令), 곧 웅로 올라가겠다는 정신이 없으면 구더기와 다를 바 없습니다. 평안한 것을 보고 복이 많다고 하면, 집돼지 팔자가 가장 상팔자일 것입니다. 산돼지가 편한 것을 취했기 때문에 집돼지가 된 것입니다. 사람이 한량없이 평안한 것을 취하면 무엇이 될지 모릅니다.

우리는 웅로 올라가겠다는 말씀을 받들어 머리 위에 존중한 님을 이고, 무거운 것, 괴로운 삶을 이겨 나가야 합니다. 이 명령이 우리의 목숨입니다. 이렇게 혼명(魂命)을 찾아가는 것이 목적입니다. 이것이 정말 효입니다. 역사를 보면 우리 조상은 이것을 좇아가다가 도중에 그만둔 것 같습니다. 그러니 우리가 다시 이어 끝까지 좇아가야 하지 않겠습니까?

생령각불초(生靈覺不肖)

생령(生靈)은 이상합니다. 두 발로 걸으니 이상하고, 머리를 꼿꼿이 두어야 다닐 수 있으니 이상하고, '나'를 생각하니 이상하고, 생각을 생각하니 이상합니다. 아내와 먹을 것만 생각하면 이상한 것이 하나도 없습니다. 무한(無限)과 영원(永遠)의 관계를 생각하면 이상한 감(感)과 생령(生靈)을 느끼게 마련입니다. 생령을 가만히 깨닫고 보면 자기가 하잘것없음을 알게 됩니다. 여러분이나 예수도 마찬가지입니다만, 아버지와 같지 않아 하늘에서 떨어져 여기에 온 이상 우리는 오직 원대상일명(遠大上一命), 곧 웋로 올라갈 것을 일편단심(一片丹心) 생각하여야 할 것입니다. 왜 우리가 하늘에서 쫓겨났는지는 모르지만, 예수도 문득 생각이 여기에 미칠 때면 분하게 여기었다고 합니다.

근본을 회복하지 않는 한 온전한 자유가 있을 수 없습니다. 그냥 이 세상에서 하느님 아들 노릇을 하겠다고 해도 이 나라 이 백성이 도로 회복될 리 없습니다. 이스라엘 땅이 회복되는 날이 이제냐고 묻는 것이 오늘날까지 계속되어도, 회복은 되지 않았고 회복될 날짜는 언제인지 모릅니다. 회개하지 않으면 통분하고 통분할 것입니다. 예수만큼 나도 하느님을 사모하는데, 나는 예수가 통분한 것같이 통분할 줄 모릅니다. 통분하면 결코 이 세상의 것에 달라붙지 않습니다. 모든 것을 잊을 수 있습니다.

지명자성명(知命自誠明)

지명자성명(知命自誠明), 천명을 알면 스스로 말씀 이룸이 밝아집니다. 우리는 여간하지 않고서는 빛, 소리, 냄새, 맛, 먼지로 이룬 작품에 안 들러 붙을 수가 없습니다. 원래 전작(前作)에 대해서는 담담하고 자꾸 새로 더 좋은 것을 만들려고 합니다. '응무소주이생기심'을 알면 철학 전체를 알 수 있습니다. 유교는 이 길을 가자는 것입니다. 《성경》에도 세상에 달라붙지 말라고 씌어 있습니다. 이 소리가 《효경(孝經)》입니다. 《논어》에 천명(天命)을 모르면 군자(君子)가 될 수 없다는 말이 있습니다. 하늘이 명령하신 게 있습니다. 명령하신 게 있음을 알아야 합니다. 우리가 이 세상에 나온 것은 하느님의 명령 덕분입니다. 명령을 알면 믿게 됩니다. 진실한 그리스도인은 군자인데, 군자가 되는 일이 무엇이겠습니까? 지명(知命)입니다.

이번에는 〈한 말씀만〉을 풀이해보겠습니다.

나는 남게 그리스도르 걸일

'나는 남게'는 '나는 남에게'라는 뜻입니다. 이 글은 이 사람 혼자의 생각을 써놓은 것입니다. 남이 보면 말이 안 된다고 할 것입니다. 이 세상에 나왔다고 나, 남입니다. '나'가 나온 증거로 여러분이 '나'에 대해 남으로 계십니다. 온전히 나왔으면 하는 '나', '나'가 나온 것을 온전히 알아주는 '남', 나와 남은 꼭 대조가 됩니다. '남게'의 '게'는 거기가 내가 온전히 나온 데라는 말입니다.

'그리스도르 걸일', 영원한 정신을 나와 남에게 걸어놓는 일을 말합니다. '걸자(掛)'는 일입니다. '그리스도르', 그러한 관계를 맺고 있다는 뜻입니다. '걸일'의 일, 하느님의 일, 아버지가 나에게 주신 일은 〈요한복음〉 17장에 나오는 사명을 실천하는 것입니다. 이런 뜻을 염두에 두고 다시 보면 '나는 남게 그리스도를 걸일'이 됩니다. 예수를 십자가에 못 박는 일을 다른 이가 아니라 내가 한다는 뜻도 됩니다.

뉘나 홀린데서 벗어나서 뚜렷이 나슬 말슴

우리는 홀린 데서 나왔습니다. 그 홀린 데서 흐름이 있어 오늘의 '나'가 있습니다. 여기서 벗어나야 합니다. 벗어나서 뚜렷하여야 합니다. 〈요한복음〉 3장에 거듭나야 된다는 말씀이 있는 것처럼 거듭 뚜렷이 나야 합니다. 뚜렷이 나서야 한다는 말입니다. 이것이 내가 나무에 그리스도를 걸 일입니다. '뉘나'의 '뉘'는 이 세상이고, '나'는 나왔다는 '나'입니다. 이 세상에 나와보니 나온 '나'입니다. 이것은 다른 말씀이 아니라 '나는 남게 그리스도ㄹ 걸일'입니다. 이 말씀 한마디에 영원으로 가는 역사 전체가 들어 있습니다. 십자가에 예수를 못 박고 걸어놓은 일을 말합니다. 지금도 예수가 나타나면 죽여서 십자가 나무에 걸 것입니다. 나온 '나'가 그리스도를 나무에 걸어놓고 말았습니다. '벗어나서'의 '나서'는 나와서 일어서는 것을 말합니다. '뚜렷이'는 《성경》에 나오는 영광을 나타냅니다.

예수 ㅣ 뚜렷이 한웋님 보시고 「맨첨브터 내모신 아버지ㄹ」 브르심
맨 처음 태초부터 모시고 있는 나의 아버지, 이 한마디 말씀은 분명히 참이요 진리입니다. 그렇기 때문에 '뉘나 홀린데서 벗어나서 뚜렷이 나슬' 하면 이 존재가 확실해지지 않습니까? 이것을 우리는 증거해야 합니다. 사람으로서는 예수와 내가 같습니다. 그런데 예수를 주(主)라고 합니다. 십자가 보혈(寶血)로 우리의 죄를 사해준 그것 때문에만 '주'라고 하는 것은 아닙니다. 실로 태초부터 아버지와 같이 있었다는 말씀 하나를 증거하는 데서 '주'라고 하는 것입니다.

줄곧 계속해서 '뉘나'가 다 같이 한숨을 쉽니다. 이 일만은 전부 동기(同氣)입니다. 동포(同胞)입니다. 숨 쉰다고 해서 콧김을 가지고 숨 쉰다고만 말하는 것은 아닙니다. 하느님과 교통하기 위한 기(氣)를 생각하고 숨을 자꾸 쉬는 것은, 태초부터 동기(同氣)가 함을 알아야 합니다.

나도 이에 숨쉬므로 「뚜렷이 아들로 스룸나이다.」ㄴ 말슴
자꾸 생각하면 절로 거룩해지는 것을 압니다. '뚜렷이 아들로 스룸나이다', 스름 사래울 것을 사래면 사람 노릇을 뚜렷이 할 수 있다는 말입니다. 이렇게 말해놓고 다시 보면, 이것도 자성품(自成品)이라 하면 자성품인데 한낱 사진첩입니다. 그러나 이것은 이 사람이 지금 떠난다 해도 마지막까지 꼭 한마디만 하고 싶은 말씀입니다. 이 글은 이 사람이 쓴 것 같으나, 이 사람보다 먼저 이와 비슷한 글을 쓴 사람이 있습니다. 조지 폭스(George Fox, 퀘이커교 창설자)가 1646년에 설교를 하였는데 그 요지는 이 글과 대단히 비슷합니다.

'내가 이 세상에 나온 것은 예수를 받아들임으로써 어둠에서 빛을 맞아 나아가기 위한 것입니다. 예수의 빛을 가지고 보는 사람에게는 하늘 아들의 힘을 주는데, 그 힘은 하느님으로부터 받아온 것입니다. 예수에게 가서 그 빛을 보면 우리가 아들 된 힘을 받습니다. 나를 그리스도께 바침으로 내가 힘을 얻었습니다.' 이런 뜻으로 설교를 한 것이 퀘이커(Quaker) 교파의 시작이었습니다. 이 교파는 이단(異端)이라고 하여 청교도들에게 많은 핍박을 받았습니다만, 영국에서 아메리카로 건너가서는 많은 성공을 거두었습니다. 그런데 이 교파도 정통신학(正統神學)의 길을 걷게 됩니다. 퀘이커 교파와 간디의 신앙은 거의 같습니다. 그런 간디도 결국 죽음을 당하였는데, 우리가 정말 보아야 할 것을 못 본다는 것은 확실합니다. 퀘이커 교파나 간디를 알아주지 못하는 이 세상에서 아무리 말해보았자 무슨 소용이 있겠습니까? 퀘이커 교파의 신앙도 좋습니다. 연구할 만합니다.

끝으로 〈뉘나[니나누 Christian]〉를 보겠습니다.

흘린데라 홀리우고 홀리이니 흘릴터라

이 땅은 흘린 데라 그 흘린 데 홀리니 또한 흘리더라는 말입니다. 더러운 이 세상입니다. 유루(有漏)해서 된 것이 이 세상입니다. 자꾸 홀리고 흘려서 된 이 세상은 앞으로도 줄곧 누진통(漏盡通)하고 나갈 것입니다. 이같이 세상을 스케치한 글은 없을 것입니다.

한웋님계 뚜렷홀손 아들로서 솟날뚜렷

우리 머리 웋에 큰 님을 이고 생각을 펴내야지 다른 생각을 피울 것 없습니다. 하느님에게 아들로 솟날, 솟아날, 뚜렷이 솟아 나갈 '뚜렷'을 영원히 드립니다. 우리 사람의 값어치가 무엇입니까? 몇천 년이 가도 하늘 같아야 한다는 것이 아니겠습니까? 우리는 하늘에서 떨어진 천인(天人)이란 말을 익혀 두어야 합니다. 하늘이 허락하신 거룩한 일입니다. 이것도 하느님께 뚜렷해야만 나올 수 있는 말입니다. '솟날뚜렷'은 거듭난다는 말과 같습니다.

겨룩다 그리스도록 이에 숨을 쉬는이

말씀이 거룩합니다. 이 글을 읽으면 그 어른에게 가는 것처럼 들리지 않습니까? 더 높아지는 것 같기도 합니다. 아까 분명히 찾아간다는 말을 하였습니다. 그 끄트머리는 다 '겨룩다'일 것입니다. 그리하겠다는 경지에서 스(서)도록, 그리스(서)도록 하고 올라가면 '옳다 잘했다' 하고 부르실 것만 같습니다. 하느님 편으로 그리 서도록 숨을 잘 쉬어야 하므로, 그리스(서)도록 하는 것이 정신의 주인입니다. '숨'은 성령입니다. 이에 여기서 숨을 쉽니다. '그리스도'는 '예수'라는 고유명사와 같습니다.

누가 보면 장난한 것같이 보이나 이렇게 하는 장난쯤은 괜찮을 겁니다. 몇 자 안 되는 글이지만, 여기에 신학(神學)이란 신학은 다 들어 있습니다. 제목 '뉘나'는 '누구나'라는 말입니다. '뉘'에서 'ㅣ'는 세상을 나타냅니다. 세상에 나온 '너 나 누구나(뉘나)'는 다 이렇게 하고 지나갑니다. '니나누'는 우리 민속요(民俗謠)에 있는 장단(長短)입니다. 무슨 뜻인지는 몰라도 '뉘나' 하는 소리로 들립니다. 이것이 진실한 그리스도인일 것입니다. (1957. 7. 5.)

제41강

영(靈)을 알려면 먼저
못난 '나'를 깨달아야 한다

한 말슴만
나는 남계
<u>리스도</u>ㄹ 결일.

뉘나
홀린데서 버서나서
뚜려시 나슬 말슴
○ 이 ㅣ 수 ㅣ
뚜려시
하옹님 보시고
「맨첨브터 내모신
아부디」ㄹ 브르심.

나도「이에 숨쉬므로 뚜려서 아들로
스름 나이다.」——— 말슴.

(다석일지 1957. 7. 9.)

다 늙어서 부생공자망(浮生空自忙) 만사분이정(萬事分已定)이라는 소리를 합니다. 분수가 이미 정해져 있음을 알았다는 뜻의 중국 격언인데,

상말로 하면 사주팔자를 타고났다는 말입니다. 남의 집종, 정승, 원님도 다 타고난 팔자라야 할 수 있다는 생각과 같습니다. 이런 구체적인 사상은 우리뿐 아니라 거의 모든 나라가 일종의 운명론(運命論)을 가지고 있음을 보여줍니다. 이것을 미신(迷信)이라고만 여기지 마십시오. 또 사주팔자로만 돌릴 필요도 없습니다. 분명히 한계의 세상은 없어지지 않습니다. 모든 게 분수라는 것은 이미 정(定)해져 있습니다. 장로교 신학이 아니더라도 큰 테두리 안에서는 분이정(分已定)이라는 것을 인정하지 않을 수 없습니다.

불교에서도 인연이 아닌 것은 어떻게 할 수 없다는 것으로 세 가지를 들었습니다. 불능면정업(不能免定業), 누가 정했는지는 몰라도 정업(定業)에서는 도망갈 수 없다는 것입니다. 정(定)한 것은 어쩔 수 없다는 말입니다. 그래서 예정된 순서대로 하면 되는데, 누가 정(定)했는지를 모르기 때문에 인생 스스로 바쁘게 됩니다. 더 많은 것을 추구하고 부지런을 피웁니다. 이상(以上)이라고 해서 선 위를 바라보는 무리를 합니다. 실상 그러면 안 되는데 말입니다. 세상이 이같이 어긋나는 이유도 여기에 있습니다. 모든 것은 한정(限定)이 있습니다. 그 이상(以上) 올라가려고 하면 얼마나 더 올라가겠습니까? 이 세상에서는 불능도무연중생(不能渡無緣衆生)이라 인연(因緣)이 없는 것은 할 수 없는 일입니다.

또 하나는 불능진중생계(不能盡衆生界)입니다. 어쩔 수 없이 인생은 자기 분수로 정(定)함이 있는 것을 알아야 합니다. 알 때까지 연구를 하고 자꾸 나아가야 합니다. 죄다 안다는 사람은 절대계를 갔다온 듯 말하나, 하느님의 아들인 예수는 세상을 떠나려 할 때 별로 말한 게 없습니다. 예수는 하느님이 자신을 보냈고, 제자들이 종이 아니라고 하였습니다. 종이라면 주인이 하는 일을 모르기 마련입니다. 그런데 제자들은 예수가 이 세상에 오고 가는 것을 다 같이 생각하고 예수에 대해 다 알고 있으므로, 종이 아니라 주인이라는 것입니다. 이렇게만 말하였습니다. 그 때의 상황을 생각해보면, 별로 가시는 말씀 하지 않았습니다.

이제 비유로 하지 않고 직접 말하였는데, 주님이 모르는 일이 없었는 지는 모릅니다. 전지전능하신 하느님의 아들이니 모르는 것이 어디 있겠는가 하겠지만, 이것은 말이 안 됩니다. 예수는 한마디로 하느님 이외에 그 일은 아무도 모른다고 하였습니다. 이 세상이 어떻게 될지 하느님 이외에는 모른다고 하였습니다. 이스라엘이 회복될 때가 이때입니까? 오늘날까지도 우리 인간은 그 대답을 알고 싶어 합니다. 그런데 예수는 절대자 외에는 모른다고 하였습니다. 제자들에게 나를 믿는다고 하나 베드로 같은 사람도 나를 세 번 모른다고 부인할 거라고 하였는데, 우리 인간이 알긴 무엇을 압니까? 세상만사에 대해서도 예수가 전능한 분이라면 여러 가지로 말했을 터인데, 사회제도나 인간이 하는 것들에 대해 불평하지 않고 가만히 지나가신 분입니다.

예수는 '참'에 대해 적극적으로 말하였으나 불평을 하지는 않았습니다. 하늘에 대해서도 하늘이 어떠하다고 얘기하지는 않았습니다. 도무지 신비(神秘)한 얘기를 한 일이 없습니다. 뒤에 사람들이 괜히 예수의 변모(變貌) 이야기에서 모세와 엘리야가 하늘에서 어떻게 하였다는 등 없는 소리를 곧잘 합니다. 산상기도를 하러 갔는데, 열두 제자가 아니라 세 명의 제자만 데리고 가서 강의를 하였습니다. 제자들을 다 데리고 가지 않은 이유도 도무지 모르겠습니다. 그때도 이 세상이 앞으로 어떻게 될 것인가에 대한 말씀은 하나도 하지 않았습니다. 지금은 (박태선 장로가) 몇천 명씩 모아놓고 별의별 짓을 다 하면서 무슨 병이 나았느니 암시를 받았느니 불을 보았느니 바람을 맞았느니 하며 야단입니다. 조그만 경험 하나를 우려먹고 불리는 바람에 더 큰 것같이 보입니다. 그러고는 세숫물까지 마시라고 나누어준다고 합니다.

예수가 지금도 피해를 입습니다. 이왕 얘기가 나왔으니 말이지, 이적 (異蹟)이 아주 없는 것은 아닙니다. 잠깐 상대계(相對界)에 보여주는 일이 있습니다. 이것은 과학으로도 말할 수 없는 일입니다. 자기 최면에 걸리면 바람이 차츰 커져서 큰 바람이 자기를 치러 오는 것 같은 느낌이 들거나, 불이 번쩍 하는 일이 생깁니다. 이것은 다 상대계에 잠깐 비쳐주는 현상이지 진리는 아닙니다. 알고자 하는 인생이 지식을 자꾸 배우면 지금은 모르는 것도 다음에는 밝아지겠지? 하나도 모르는 것이 없게 되겠지? 이런 희망은 겉으로 표가 나지 않더라도 죄다 갖고 있을 것입니다. 그래서 제자들은 예수가 모르는 것이 없는 분이라고 말했는데, 오히려 예수는 모른다고 하니 어떻게 합니까? 모든 것을 알고 모든 것에 능한 선생을 만나, 그러니까 모르는 것이 없는 선생을 만나 한번 시원하게 알았으면 하는 생각을 은근히 죄다 갖는 것입니다.

한 말슴만

이것에 대해서는 요전 시간에 말씀드렸습니다만 약간 변형된 형태를 다시 보겠습니다. 우리가 자꾸 공부를 하고 연구를 하면 좀 나아갈 것입니다. 저 유명한 데카르트는 모든 것을 의심하고는, 전부 믿을 수 없고 참이라는 것은 있을 수 없다고 말했습니다. 그런데 모든 것의 존재를 인정할 수 없다고 해놓고, 기어코 나중에 가서는 미친 척하면서 '나는 있다' 하였습니다.

'세상이 있는지 없는지, 모든 것이 있는지 없는지 모르겠지만, 나는 있는 것 같다', 제법 똑똑한 사람이면 한 번은 다 여기에 도달할 것입니다. 《수호지》와 《삼국지》 등에 대한 주석을 특이하게 단 김성탄이라는 사람이 있는데, 《서상기》 서문에 유명한 글이 실려 있습니다.

"나는 나왔습니다. 나는 남이 있으니까 나를 압니다. 나라는 생각은 이 순간순간을 살고 있습니다. 여기저기 상(像)의 세상, 이것이 나(我)가 아닌 동시에 내가 지나가면 아무것도 아닌 것들입니다."

'나만큼은 참 있다'는 말은 생각을 하기 때문에 그렇습니다. 과학, 과학하지만 내 정신의 살림과 시험(試驗)과 행세(行勢)로써 증거하고 '안다' 또는 '있다'는 말을 합니다. 물질의 모든 변화를 알아낸 것은 생각이 있기에 가능합니다.

주인(主人)은 생각입니다. 생각은 확실히 있습니다. 생각이 있는 이 시간에는 이 사람이 말씀드릴 수 있지만, 이 사람이라는 존재가 있어도 생각이 없으면 이런 시간은 다시 오지 않습니다. 그러나 인류가 사라지기 전까지 생각은 사람에게서 자꾸 나올 것입니다. 인류가 있을 동안은 생각을 자꾸 할 것입니다. 생각은 아무리 해도 이상한 것입니다. '생각'이라는 존재만큼은 확실한데, 어디서 오고 어디로 가는지 모르겠습니다. 생각이 있기에 말을 합니다. 말이 있기 때문에 생각을 합니다. 아이가 말하기 전에는 생각을 하는지 안 하는지 모릅니다. 말을 배워서 그 말로 생각을 합니다. 그렇게 보면 생각과 말은 똑같습니다.

어떤 의미에서 보면, 생각은 로고스이고 로고스(말씀)는 하느님이라고 인정할 수 있습니다. 《성경》에서 천지(天地)의 모든 것을 말씀으로 창조하였다는 뜻은 대단한 참이 아닐 수 없습니다. 이 말씀을 누가 하였는지 몰라도 맨 처음에 아주 큰 결론을 내린 것입니다. 말씀으로 모든 것을 만들었다기보다는, 말씀이 곧 존재입니다. 말씀은 안에 있습니까, 밖에 있습니까? 말씀은 암만해도 정신이 하는 것 같습니다.

바른 정신이 있으면 말씀이 그 속에서 나온다고 합니다. 그것은 거짓말입니다. 이 세상은 거짓말이 범람한 세상입니다. 그래서 이 세상은 마귀의 세상입니다. 마귀처럼 된 사람은 거짓말을 해서 사람을 죽이려고 합니다. 이런 것을 보면 안에서 하는 것 같지가 않습니다. 안·밖은 없는 것이지만, 상대적 세계에서 구분을 지으려면 할 수 없이 이런 말을 씁니다. 하느님을 참으로 모시고 사는 사람은 속에서 삽니다. 속이 살아서 정신의 내용을 살립니다. 그렇지 않고 하느님을 모르고 사는 사람은 건더기에서 삽니다. 건더기는 실(實) 끝입니다. 실유(實有)입니다. 속은 마음 가운데(中)입니다. 가운데 중심(中心)입니다. 우리의 좁다란 속, 이것을 말하는 것은 아닙니다. 우리 아버지의 아들인 예수의 속, 정신의 속을 한번 생각해보십시오.

'속한듸'의 '한듸'는 밖을 말하는데, 몽땅 한데에 들어간다는 뜻도 겸한 것으로 봅니다. 정신 내용이 속에 몽땅 들어간다는 뜻입니다. 예수나 석가는 무한대(無限大)에서 산 분들입니다. 그렇지 않은 우리는 말씀 건더기(物質世界)에서 삽니다. 말씀 건더기 무엇에서 산다고 할 수 있는가 하면 건더기 안에서 삽니다. 우리가 살아가는 세상에는 내부 살림을 하는 가정(家庭)이 있고, 그 가정의 주부를 안해(아내)라고 합니다. 세상을 떠난 뒤에 보면 살림은 죄다 건더기입니다. 우리는 빈껍데기를 가지고 실생활이라 하고, 실제 가정이라고 하는 것입니다. 예수는 자기 것이 형이상(形而上)에 있는 것으로 알고 산 분입니다. '속한듸'에서 산 분입니다. 원말씀은 어디 있는가 하면 '속한듸'에 있다고 하겠습니다. 건더기 안해는 물질입니다. 물질은 변화하고 지나가는 것입니다. 그러나 말씀은 한 말씀뿐입니다. '속한듸'의 말씀을 인정하여야 합니다. 참말씀은 한마디뿐으로, 이것을 적어놓은 것입니다.

나는 남계 │ 리스도 │ 근월일

'나는 남계'에서 '계'는 '여기저기'라는 것입니다. 우리가 참여하지 못하는 데를 말합니다. 지금은 참여하지 못하는 저기를 '계'라 합니다. 이리저리 할 때에도 우리가 참여하지 못하는 빈탕을 말합니다. 우리는 참여한 대로 압니다. 그러나 실상 그 '계'나 '제'를 떠나서는 안 됩니다. 존경하는 우리 님이 계신 곳이 '계'입니다. 저기라고 하는 것은 '속'입니다. 실(實)을 말합니다. '한데 빈탕'의 생각은 '계'나 '제'에 드리는 말씀입니다. '나는'이라고 말하는 누구나 하느님의 자식입니다. 나 외의 남들도 하느님의 자식들입니다. 아버지께 하는 일은, 아버지가 우리를 통해서 하시는 것과 똑같은 일을 하는 것입니다.

나는 하나뿐입니다. 남은 많습니다. 아버지가 참여하여야 내가 나옵니다. 여기서는 '나는 남계'라고 하였습니다. 나는 하느님이 나가라고 하여서 나온 것입니다. 온전히 나온 나입니다. 오늘 나와서 여기서 하나만을 온전히 깨닫겠다고 열심히 생각하면 공연히 왔다가는 게 아닙니다. 이 사람의 마음 밖에 여러분이 계셔서 이 사람이 나왔다는 것을 느낄 수 있는 것입니다. 많은 수의 남은 '나'라는 것을 확실히 증거해줍니다. 내가 나올 때에 남이 없으면 나는 공연히 나온 것입니다. 남은 내가 나온 증거만이 아니라 들어가는 증거도 됩니다. 남이 없으면 떠나는 것도 공연히 떠나는 것이 될 것입니다.

'그리스도ㄹ 결일'은 영원한 존재를 생각하는 것입니다. 영원에 생각을 걸 일입니다. 생각은 영원에 걸려 있습니다. 아무도 없는데 돌연히 여러분이 나왔다면 그것은 아무것도 아닙니다. 나를 증거해주는 남이 있기에 나온 맛도 있습니다. 여러분은 나오기 이전에 이미 살다가, 곧 태초부터 하느님과 함께 있다가 나가라고 해서 비로소 이제 여기에 나온 것입니다. 여기에서 '나'라는 것은 영원과 관계가 있지 않습니까? 그래서 영원에 생각을 겁니다. 그리스도 사상도 대립되는 남의 사상이 있기 때문에, 그 문화의 주체가 우리 인류를 타고 줄곧 성령의 기름을 붙는 것 같이 오늘날까지 흘러내려 오는 것임을 알아야 합니다. 옛날의 그리스도 사상이 그대로 있는 것이 아닙니다.

그리스도는 우리 속에서 영원에 걸리어 자꾸 새로운 그리스도를 마음에 잡습니다. 그래서 새로운 성령을 받아 줄곧 기름 붓는 것같이 영원히 나가는 것입니다. 새롭게 솟아나야 합니다. 새롭게 솟는 것이 없어도 사람의 일이 된다고 한다면 예수가 돌아가신 지 2천 년이 지나도록 이렇게 안 되는 일이 있을 수 없을 겁니다. 문자 그대로 그리스도를 걸었습니다. 나의 그리스도를 말끔히 남에게 겁니다. 그러한 생각을 부지런히 해 가면서 '그리스도ㄹ 걸일'을 한 번 더 읽어보십시오. 거룩한 생각이 떠오를 것입니다. 말씀이란 딴것이 아니라, 바로 이 말씀입니다. 이 말씀 또한 그리스도를 나무에 건다는 뜻도 됩니다.

뉘나 홀린데서 버서나서 뚜려시 나슬 말슴

그 다음에 '뉘나'가 나옵니다. 만사는 형이상하분(形而上下分)에서 도망가지 못합니다. 현실상하(現實上下)에서 분수는 제각기 도망가지 못합니다. 우리가 정신을 가진 존재라는 것도 거기서 벗어나지 못합니다. 형이상하(形而上下)가 분명히 보이고 할 수 있는 분수와 서로 관련되나 어떻게 할 수 없습니다. 그래서 그런 대로 견디고 몸뚱이라는 물질을 다루는데 'ㅣ' 하고 곧이 곧장 서게 됩니다. 어찌할 수 없는 노릇입니다. '누'는 세상인데, 'ㅣ'가 붙어서 '뉘'가 되었습니다. 이렇게 견디면서 올라가기 마련입니다. 하늘에 대고 기도를 하면 '어째서' 소리가 자꾸 나옵니다. 별것 없이 건더기인 신발 하나를 갖고 나선 것밖에는 아무런 뜻이 없습니다. 위아래로 그냥 'ㅣ' 하나뿐입니다. 그래서 신발 짝 'ㄴ'에 'ㅏ'를 더하면 '나'가 됩니다.

느는 느긋하게 건너가서 세상(一)을 말하고 밑에 하늘 점(·) 하나 찍고 신발 짝(ㄴ) 하나를 받들고 위로 가는 모습을 형상화한 글자입니다.

이 신발 짝을 누가 신고 갑니까? 이것은 한번 위아래를 통해 생각해볼 수 있는 '뉘'가 됩니다. 적어도 이것 하나만큼은 우리가 장만해놓아야 할 것입니다. 누구나 다 이렇게 나와서 이렇게 만난 '뉘'입니다. 그런 뜻이 포함된 '뉘'요, '나'입니다. 우리 한글은 참 이상합니다. 우리말에는 하늘의 계시가 있는 것 같습니다. '으(ㅡ)'로 세상을 표시하고 하늘 점(·)을 찍고(ㅜ) 신발 짝(ㄴ)을 올려놓으면 '누'가 되고, 사람(ㅅ)을 올려놓으면 '수'가 되며, 원(ㅇ)이나 무한(無限)을 놓으면 '우'가 됩니다. 곧, '누수우'가 됩니다.

'한웋님'의 '웋'에서 이응(ㅇ)은 목구멍을 그대로 둥글게 하면 소리가 나옵니다. 더 깊은 소리를 내려면 'ㅎ' 소리가 나오지 않을 수 없습니다. '우'를 더 깊이 받드는 뜻에서 '웋'이라는 소리가 안 나올 수 없습니다. 마찬가지로 '한'에서도 첫소리를 'ㅎ'으로 하지 않을 수 없는 것이 '한웋님'입니다. 세종대왕이 한글을 만들 때 이것을 생각했는지 아니면 우연인지는 몰라도, 우리 글에는 무슨 하늘의 계시가 있음이 분명합니다.

'흘린데라 홀리우고 홀리이니 흘릴터라.' 이 세상의 상(像)이 이렇습니다.

'한웋님계 뚜렷홀손 아들로서 솟날뚜렷. 거룩다 그리스도록 이에 숨을 쉬는이.'에서 '계'는 황상(皇上)님, 하느님과 같은 뜻입니다. 하늘('계')은 '께'나 '쎄'로 할 필요가 없습니다. 존경하는 자리를 표(表)하는 데는 '계'가 좋습니다. '계'는 '여기'의 뜻이 아닙니다. 아주 뚜렷하게 솟아날 수 있습니다. 누리를 꿰뚫고 위로 올라가는 경지를 말합니다. '뚜렷홀손'의 '뚜렷'은 전에 〈요한복음〉 17장을 읽었을 때 나온 영원한 뜻의 영광을 말합니다. 우리 민족은 이 뜻을 잘 느낄 줄 모르기에 뚜렷하다는 말을 쓴 것입니다. 그리스어로 '영광'을 나타내는 단어에서는 '빛'이라는 뜻을 찾으려야 찾을 수가 없습니다. '드러난다'는 뜻밖에 없습니다. 건(健)이라는 글자가 뚜렷하다는 뜻의 한문이 될 것입니다. 사람으로 일어서자는 뜻입니다. '편안 강(康)'을 써서 건강(健康)이라고 하는데, 이는 뚜렷하다는 뜻이 아니겠습니까? 건강치 않아보십시오. 뚜렷이 보이는 것이 하나나 있겠습니까? 뚜렷하게 살자는 것입니다. 죽을 때도 뚜렷이 죽자는 것입니다. 거취를, 출입을 뚜렷이 하여야 합니다.

천행건(天行健), 군자가 이 글을 갖다가 씁니다. 군자가 천행건(天行健)하여야 한다는 뜻은, 줄곧 하늘로 가는 건(健)을 갖고 나서야 마음과 몸의 병이 없을 거라는 말입니다. 공자도 하늘에 가기를 건전하게 하면 지성(至誠)으로 갈 수 있다고 했습니다. 성(誠)이라는 것은 만물(萬物)의 시작으로, 말씀이 이룬 것을 뜻합니다. 곧, 말씀이 천지를 창시하였다는 《성경》의 선지자 말씀과 같은 뜻입니다.

원래 영원의 진리는 예수가 오지 않았다 해도 말씀을 들을 줄만 알면, 모세의 율법만으로도 그리스도의 정신을 넉넉하게 좇아갈 수 있습니다. 듣는 이 모두가 잘 듣지 못해서 알아보지 못할 뿐입니다. 이상과 같이 아버지와 우리 관계를 알고 아들이 아버지를 뚜렷하게 해주면, 아들은 하느님과 같이 뚜렷할 수 있는 게 아니겠습니까? 이렇게 하려고 꼿꼿이 건(健)하자는 게 아닙니까? 이것은 모세가 광야에서 유대 민족을 구하기 위해 구리 뱀을 높이 쳐든 것과 같습니다. 흘린 데서 뱀의 고개처럼 빳빳이 견디어 서는 모양이 우리인데, 그 뱀이 위로 올라가자는 것입니다.

'나'라는 것은 어찌되었든 로켓처럼 한 번 나오면 도로 들어갈 수 없습니다. 이왕 나온 바에는 자꾸 나가게 되어 있습니다. 이것을 가르쳐주는 '나'이기도 합니다. '나'의 위치는 태양의 밑바닥 같은 데입니다. 여기를 뚫고 세차게 올라가야 합니다. 여기의 아들이라는 것은 '아이들'이라는 뜻입니다. 사람의 정신은 나이가 아무리 80, 90살이라 해도 하느님에 비하면 아이입니다. 이 사람도 이 시간까지 삽니다만 아직 아이를 면치 못합니다. 내가 육친의 아버지가 산 날의 수보다 벌써 15일째 더 살고 있습니다. 아버지는 이룰 것을 다 이루고 가셨는지 모르겠습니다. 나는 아직 못 다 이루어서 이만큼 더 사는 것 같기도 합니다.

'거룩다 그리스도록', 아버지가 나를 내려다보면서 그리스(서)도록 분리시켜주는 것 같습니다. 한편으로는 서 있으라는 소리 같습니다.

'이에 숨을 쉬는이', 숨을 쉬는 것은 '이에'입니다. 숨을 쉬는 것은 '뉘'나 누구나 그러합니다. 우리의 생각 중에서도 참을 생각하는 것은 거룩합니다. 그러니까 하느님이 거룩하다 또는 잘하였다고 하시도록, 그리고 하느님 우편에 서기를 이루도록 자꾸 계속하는 이 일을 마치 숨쉬는 것같이 하여야 산다는 뜻입니다. 이것은 위의 '뉘'나 홀린 데서 벗어나서 뚜렷이 나설 말씀이 아니겠습니까? 얼마나 예수를 믿을 수 있습니까? 적어도 이 사람이 이 시간까지 드린 말씀은 참말씀으로, 예수 믿는 것은 이러하다고 할 수 있는 말씀입니다. 홀리지 마십시오. 무슨 신비니 신학이니 철학 따위에 홀리지 마십시오. 툭툭 털어서 나서는 것뿐입니다.

○ㅣ ㅣ 수ㅣ 뚜려서 하우ㅇ님 보시고 「맨첨브터 내 모신 아ㅂ 디」ㄹ 브르심.
  나도 「이에 숨쉬므로 뚜려시 아들로 스ㄹㅁ 나이다.」 ── 말슴

'이ㅣ수ㅣ' ……, 예수의 '예'는 ㅣㅓㅣ로, '여기'라는 뜻입니다. '수', 살 수 있는 능력을 말합니다. 예수가 말하는 구원의 힘입니다. 히브리어로 '예수'는 '구원한다'는 뜻입니다. '예수'라는 한글과 뜻이 우연히도 같습니다. 우리말이 웬일인지 하느님의 계시를 필름처럼 나타내 보여주는 것만 같습니다. 진리가 '예'에, 다시 말하면 '지금 여기'에 퍼졌는데, 우리가 사는 '수'가 정신에 있다는 그림이 보이는 것 같습니다. 잘못하다가는 이런 글을 궤변이니 불경(不敬)이니 하겠지만, 이 사람은 그리스도의 정신

을 우리말로 이보다 더 적절하게 나타낸 것은 없을 거라고 생각합니다. 그 어떤 신학도 이 한 말씀에서 벗어날 수 없습니다.

'이ㅣ수ㅣ 뚜려시 하웋님 보시고 「맨첨브터 내 모신 아바디」르 브르심.' 하느님 아버지를 부르는 사상은 태초부터 있었습니다. 아무리 생각해보아도 우리가 원래 태초부터 있었음을 알아야 합니다. 예수처럼 뚜렷하게 이 점을 말한 사람은 없습니다. 인류 역사에서 획기적인 일이 아닐 수 없습니다. 이것을 한마디 하는 것입니다. 첫째도 한 말씀이요, 둘째도 한 말씀입니다. 지금 이것도 한 말씀인데, 다 뚜렷한 말씀입니다. 맨 처음부터 우리는 하느님을 모셨습니다. 이것을 알지 못하면 정작 그리스도인이라고 할 수 없습니다.

'나도 「이에 숨쉬므로 뚜려시 아들로 스름 나이다.」 말슴.' 나도 살아야 합니다. 코로 숨을 쉰다는 사실은, 나도 여기서 숨 쉼으로 뚜렷이 아들로 '스름', 곧 '살았다' 또는 '사람으로 나온다'는 뜻을 나타냅니다. '말씀 사르는* 나'를 포함하는 말이기도 합니다. ' 말슴'은 하늘로 갈 때는 다 벗어버리고 가야 한다는 것입니다. 하늘에서는 '그'만이 소용되는 것입니다. 이 사람이 드린 말씀도 이것이고, 하고 싶은 한 말씀도 이것입니다. 그이, 전체의 그이는 누구입니까? 그이는 '말슴'입니다. 말씀도 이 한 말씀이 정말 말씀입니다.

《효경(孝經)》에 대해서도 요전에 한번 보았습니다.

황제(皇帝)도 웃어른(上)이 있고 천자(天子)도 아버지가 있습니다. 위를 섬길 때는 아끼고 사랑하여야 합니다. 애친자(愛親者)는 남을 미워할 수 없고 경친자(敬親者)는 남에게 오만할 줄 모릅니다. 마찬가지로 천하

---

* '사뢰는'이라는 뜻이다. (박영호)

를 다스리는 자는 애경 진어사친 이덕교가어백성(愛敬盡於事親而德敎加於百姓)이라, 부모에 애(愛)와 경(敬)을 다하여야 그 가르침이 만백성에게 올바르게 이를 수 있다는 뜻입니다. 백성이 그를 좇아 서로 애경(愛敬)을 다할 것입니다. 이것이 천자의 효(孝)라는 말입니다. 형우사해 개천자지효(形于四海蓋天子之孝也)라 할 수 있습니다. 애경 진어사친(愛敬盡於事親)할 줄 아는 천자가 다스리는 법(法)은 온 천하의 백성이 다 좇고 지킬 것입니다.

이러한 지극한 효는 하느님에게 바치는 것입니다. 이 세상의 아버지에게만 효를 행하는 것이 아닙니다. 위의 저 한웋님에게 하는 효라야 만백성도 이에 순종할 수 있습니다. 예수가 한웋님에 대해서는 그 누구보다도 효자(孝子)인 것입니다. 한웋님을 아끼고 사랑하는 것을 예수처럼 한 이가 없습니다. 그의 효가 형우사해(刑于四海)한 것을 지금 우리가 보고 있지 않습니까?

근소하다생(近小下多生) 원대상일명(遠大上一命)

우리는 맨 밑의 분(分)으로 나뉘어지고 가루로 되어 있습니다. 우리 존재 같은 것은 많습니다. 근소하다생(近小下多生)입니다. 가까운 것, 적은 것, 많은 것이 생(生)입니다. 그러나 그 생(生)들은 그대로 있으면 짐승이나 마찬가지인데, 짐승과는 달리 생각을 합니다. 많은 것을 느끼려고 합니다. 왜 그러냐 하면 원대상일명(遠大上一命)이기 때문입니다. 우리는 무엇인가를 알고 싶어 합니다. 더 크고 원대한 것을 찾습니다. 스물네 시간을 조금도 쉬지 않고 저 한데인 원대한 곳을 찾습니다. 우리가 발을 딛는 아래에서 바라보는 하느님은 원대합니다. 그것을 우리 것으로 만들자는 것입니다. 막말로 위아래가 통(通)해 튼튼하자는 것입니다. '원대상일명'입니다. 내 것이 아버지 것이라면 위아래가 하나입니다.

아버지는 내 것, 내 것은 아버지 것입니다. 이것은 명령입니다. 그 명령으로 솟아날 나를 표시할 수 있습니다. 올라가는 일이 가장 큰 문제입니다. 우리는 항상 올라가고만 싶지 떨어지기는 싫습니다. 그러나 올라가는 데는 힘이 드니까 저절로 올라가는 길을 구합니다. 그것은 올라가려는 것이 아닙니다. 정말 깨달은 사람은 땀을 흘리고 성(誠)을 다해서 올라갑니다. 십자가에 가로 걸려서까지 예수는 위로 올라간 분입니다. 우리는 미물에 지나지 않습니다. 그러나 '원대상일명'이 있습니다. 원대한 데로 올라가라는 명령이 있습니다.

생령각불초(生靈覺不肖) 지명자성명(知命自誠明)

생령각불초(生靈覺不肖), '나'는 불초(不肖)라는 것을 깨달아야 합니다. 영(靈)이라는 것을 알려면 먼저 어떻게 할 수 없는 못난 '나'를 깨달아야 합니다. 못난 '나', 이것을 깨닫는 것이 지명자성명(知命自誠明)입니다. 자기가 스스로 가진 성(誠)을 밝혀야 합니다. 이것을 밝히지 못하니까 답답하기만 합니다. 자성(自誠), 말씀이 이르는 것을 스스로 하면 점점 밝아질 수 있습니다. 사물에 대해서 근본인 하늘의 뜻을 제 성(誠)대로 밝혀주면 세상은 밝아집니다. 자성명(自誠明)하면 모든 사물까지 밝아집니다. 사람에게는 성(性), 곧 바탈이 있습니다. 바탈을 가진 사람은 하늘 명령의 바탈을 가진 사람입니다. 부처가 말하는 성불(成佛)도 딴게 아닙니다. 자성명(自誠明)하는 것을 말합니다. 방해하는 것만 없으면 사람은 바탈을 힘껏 밝힐 수 있습니다. 그런데 원죄의 작용으로 오늘날까지 밝지 못한 세상이 되고 말았습니다. 참말씀부터 밝아지게 하는 것을 본 바탈이라고 할 수 있습니다. 자명성(自明誠), 차차 알 것을 알아 가고 연구해 가면서 밝힐 것을 밝혀 가면 참말씀을 발견할 수 있다는 뜻입니다. 그러나 타고난 성(性)이 그 분(分)이 아니면, 곧 인연이 없으면 아무리 해도 소용이 없습니다. 본 바탈을 밝힐 줄 알아야 합니다. 아무리 정성을 들여도 무연(無緣)이면 쓸 곳이 없습니다. 본성(本性)을 홀리게 하는 것이 어디서 나옵니까? 이 세상은 말씀뿐입니다. 존재를 생각하는 말씀뿐입니다. 건더기는 다 헛것입니다. 건더기를 좋다고 하는 것은 다 물거품을 좋아하는 것뿐입니다. 요새 토마토가 흔한데, 물기를 죽 빨아 먹은 건더기를 무엇에 씁니까? 홀린 데서 벗어나서 뚜렷이 살 일에 나서봐야 합니다. (1957. 7. 12.)

(류영모가 〈요한복음〉 17장을 전부 우리 한글로 고쳐 읽는다.)

永訣「結」祈禱

옜 다시 감·보임

요한 十七章

1. 아브지여 때가 히르럿사오니 아들을 뚜렷ᄒ게 ᄒ샤 아들로 아브지를 뚜려시 ᄒ게 ᄒ옵소서. (13:31~32)

2. 아브지계서 아들에게 주신 모든 이에게 늘 삶을 주게 ᄒ시려고 온 씨알을 힛그는 힘을 아들에게 주셧슴이로소이다.

3. 늘 삶은 곧 오직 하나신 한웋님과 그의 보내시는 그리스도를 아는 것이니이다. (12:50)

4. 아브지계서 내게 ᄒ라고 주신 일을 내가 힐우어 아브지를 이 누리에서 뚜렷ᄒ게 ᄒ얏사오니(6:29)

5. 아브지여 맨첨브터 내가 아브지와 한게 가졋던 뚜렷홈으로써 이제도 아브지와 한게 나를 뚜려시 ᄒ옵소서.

6. 누리 가온ᄃᆡ서 내게 주신 사름들에게 내가 아브지의 이름을 나타내

엿나이다. 저희는 아부지 것이엇는데 내게 주셧스며 저희는 아부지 말슴을 지니엇나이다. ……

9. 내가 저희를 위흐야 비옵나니 내가 비옵는 것은 누리를 위흠이 아니오 내게 주신 이들을 위흠이니이다. 저희는 아부지의 것이로소이다.

10. 내 것은 다 아부지의 것이오 아부지 것은 내 것이온데 내가 저희로 말미암아 뚜렷함을 바덧나이다. …… (12:24, 28)

13. 이제 내가 아부지로게 가오니 내가 누리에서 이 말을 흐옵는 것은 저희로 내 깃븜을 저희 안에 그득히 가지게 흐랴 흠이니이다.

14. 내가 아부지 말슴을 저희게 주엇사오매 누리가 저희를 미워흐얏사오니 이는 내가 누리에 붙지 아니흠 가티 저희도 누리에 붙지 아니흠을 탓흠이니이다. (8:23)

15. 내가 비옵는 것은 저희를 누리에서 다려 가시기를 위흠이 아니오 오직 못된 데 빠지지 안케 돌보시기를 위흠이니이다.

16. 내가 누리에 붙지 아니흠 가티 저희도 붙지 아니흐얏삽나이다. 누리에.

17. 저희를 참으로 거룩흐게 흐옵소서. 아부지 말슴은 참이니이다.

18. 아부지게서 나를 누리에 보내신 것 가티 나도 저희를 누리에 보내엿고

19. 또 저희를 위흐야 내가 나를 거룩흐게 흐오니 이는 저희도 참으로 거룩함을 얻게 흐랴 흠이니이다.

20. 내가 비옵는 것은 이 사름들만 위흠이 아니오 또 저희 말로 흐야 나를 믿는 사름들도 위흠이니 (10:16)

21. 아부지게서 내 안에 내가 아부지 안에 잇는 것 가티 저희도 다 하나이 되어 우리 안에 잇게 흐샤 누리로 아부지게서 나를 보내신 것을 믿게 흐옵소서.(14:23)

22. 내게 주신 뚜렷홈을 내가 저희게 주엇사오니 이는 우리가 하나이 된 것 가티 저희도 하나이 되게 흐려 홈이니이다. (다석일지 1957. 7. 12.)

제42강

신앙을 갖는다는 것은
큰 내 속으로 들어가는 것이다

땅과 땀은 밥맛 내기로 바쁨

입맛 잃고 진땀내믄 모르기론 땅패기믄.
무슨 생각 올바르며? 말은 욀지? 일은 무슨?
우리는 땅 파 물먹고 땀맛 밥힘으로 ㅇ (다석일지 1957. 9. 6.)

一
體無用有各定業　　有分失全萬物生
自由而無乃德崇　　無他得一大我中
二
一二神工策　　一道不壞眞
參伍人運數　　二邊無明偶 (다석일지 1957. 9. 5.)

人子

大我無我一唯一　　恒一唯是絶對定
眞神不神恒是恒　　不忕無求自由郞 (다석일지 1957. 8. 23.)

몸이 [씻은이]

물에 닦어 신은 신발은 돌만 딛고 걷고지고.
모래 흙을 묻힐서라 몬지 때(찌)를 밟을서라.
짓궂인 가죽·살·피·몸(국물·먹이·땀)에서 솟나 씻은이.
(다석일지 1957. 8. 24.)

除三毒而後修行

一日一試貪　　　眸子滌除瞋
一代幾度痴　　　人生正語時 (다석일지 1957. 8. 25.)

이 사람은 무슨 말씀을 해야 할지 모르겠습니다. 드릴 말씀을 미리 정
해놓고 말씀드리면 암만해도 맛이 나지 않습니다. 직감적으로 나오는
말씀을 하고 싶습니다. 오늘 아침에 생각난 것을 적었는데, 이것을 한번
보겠습니다.

땅과 땀은 밥맛 내기로 바쁨
땅은 우리가 딛고 서 있는 땅, 땀은 우리 얼굴에 나는 땀을 말합니다.
이 땅과 땀은 우리 밥맛을 내는 데 바쁩니다. 딛고 서 있는 땅과 몸에서
나오는 땀은 이것을 하려고 바쁩니다. 이 땅과 땀이 바삐 돌아가는 것
은, 우리 입맛과 밥맛을 내는 데 서로 내기하기 때문입니다. 즉, 땅과 땀
이 서로 경쟁을 하는 것 같습니다. 땅이 우리 밥맛을 더 내주는지, 땀이
우리 밥맛을 더 내주는지, 아니면 밥맛을 좇기 때문에 땅 파는 데 땀을
많이 흘려야 하는지 모르겠습니다만 어쨌든 서로 내기를 하는 것 같습

니다.

우리나라 말로 '내기'가 무슨 뜻인지 모르겠습니다. '내기한다'는 말은 누가 잘하나, 이기고 지는 것을 가려서 이긴 사람에게 상을 주는 것을 말하는 것 같습니다. 이렇게 쓰이는 '내기'라는 말은 '무엇을 낸다' 또는 '이리 내라'의 뜻으로도 곧잘 쓰입니다.

입맛 잃고 진땀내믄 모르기론 땅패기믄

적당히 내는 땀은 좋습니다. 그러나 경우에 따라서는 못 살 때에 식은 땀이 나는 경우가 있습니다. 이것을 진땀이라고도 합니다. 이러쿵저러쿵 땀 내기를 좋아하지 않습니다. 땀 내기를 너무도 좋아하지 않습니다. 그러나 땀 내기를 너무 싫어하면 안 됩니다. 하지만 땀을 내도 진땀만큼은 내지 않는 것이 좋습니다. 자연히 내야 할 땀을 내기 싫어하면, 진땀이나 식은 땀이 나는 경우를 당합니다. 입맛 잃고 진땀 내는 일은, 인생으로서 차마 당하기 어려운 꼴입니다.

'모르기론', 세상사는 모릅니다. '모르기론 땅패기믄'에서 '모르기론'이란 말은 이 세상 상대 세계를 모른다는 뜻도 됩니다. 이 세상에서 땅 파기처럼 힘든 일도 없을 겁니다. 땅 파는 게 그렇게 싫으면 장사라도 하는 게 좋지 않느냐고 하는데, 그러니까 될 노릇도 안 됩니다. 정말 우물을 파려고 하면 그같이 힘드는 일은 없습니다. 목마른 자가 우물을 판 후 나오는 샘물에는 더 이상 좋을 수 없는 맛이 있습니다. 웬만한 크기의 밭뙈기를 갈려고 하는 땅파기와 비교해서 하는 말이 아닙니다. 서너 길이나 되는 깊은 우물을 파는 일처럼 어려운 일은 없습니다. 한편 아무리 가르쳐도 모르는 사람을 두고 '땅파기'라고 합니다. 이런 사람을 보고 땅만 파라는 소리인지는 모르나, 땅파기는 어려운 것입니다.

'파기' 중에서도 사람의 마음 파기란 더욱 모르는 일입니다. 몇 길을 파야 하며, 몇 길의 우물을 파놓았는지 알 수 없는 일이기 때문입니다. '파기'란 어려운 것입니다. 전혀 모르는 일을 두고 '땅파기'라고 하는데, 이런 경우에 땅파기를 어떻게 합니까? 답답할 수밖에 없습니다. 이렇게 되면 무슨 생각인들 올바르겠습니까? 사람이 참되게 살려고 하여도 그쯤 되면 무슨 생각이 올바르게 나올 까닭이 없습니다.

무슨 생각 올바르며? 말은 뭔지? 일은 무슨?

벙어리가 아닌 다음에야 말은 어떻게든 할 것이 아니겠습니까? 그리고 사람으로서 할 일은 무엇입니까? 입맛 잃고 진땀 내는 사람은 무슨 일을 하든 막혀서 잘 안 될 것입니다.

우리는 땅 파 물먹고 땀맛 밥힘으로 ㅇ

우리는 땅을 파서 물을 마시고 삽니다. 몇십 길 땅을 파서 물이 나온다는 소리를 듣는 것처럼 반가운 일은 없습니다. 그래서 동서양을 막론하고 옛날 사람들은 땅을 파서 물이 나오는 비유를 많이 사용했습니다. 물을 얻기 위하여 땅을 파 들어갑니다. 그러나 우리는 우물을 팔 줄 모릅니다. '땅 파 물먹고 땀맛 밥힘으로 ㅇ', 그저 이것만 아는 것 같습니다. 이 세상은 맛의 세상인데, 땀에서 맛을 얻고 힘을 기릅니다. 밥을 맛있게 먹고 싶으면 땀을 흘리지 않으면 안 됩니다. 이것은 별다른 말이 아닙니다. 이 사람은 종내 거저먹고 삽니다. 죄인이 되어서 그런지 모릅니다. 내 죄를 회개하는 뜻인지도 모릅니다. 늘 이런 생각을 합니다. 밤낮 생각하는 말은 이 말입니다. 오늘 아침에도 이 생각이 났습니다. 그래서 이런 글을 한번 써서 생각하는 것입니다.

이제 말하는 것은 인사의 말씀입니다. 만나면 반갑다고 인사하고, 떠날 때는 언제 만날지 모른다고 섭섭하다는 인사를 합니다. 그런데 인사는 맛으로 하는 것이 아닙니까? 섭섭한 맛이나 반가운 맛도 다 맛입니다. 상대 세계에서 맛 하면 단맛을 으뜸으로 칩니다. 실제로 우리는 단맛을 맛의 대표로 알고 있고 단맛이 맛의 전부인 것같이 생각하나 그렇지 않습니다. 유난히 달지 않은 다른 맛을 좋아하는 사람도 있습니다.

섭섭한 것이 없으면 반가운 것도 없고, 쓴 것이 없으면 단 것도 없습니다. 떠나서 섭섭하지 않으면 만나서 반가운 것도 없습니다. 만나지 않으면 반가운 것도 섭섭한 것도 없습니다. 그래서 섭섭한 것이나 반가운 것이나 어떤 면에서 보면 같은 일이기도 합니다. 사람은 만나야 하지만, 또 떠나야 합니다. 떠나는 것이 없으면 만나는 것도 없습니다. 만나는 것이 없으면 떠나는 것이 없습니다.

섭섭하다는 것과 반갑다는 것은 똑같은 것입니다. 그때그때 상대에서 붙이기 좋아서 그러는 것이지, 본디 외길입니다. 떠나서 섭섭할 것도 없고 만나서 좋아할 것도 없습니다. 그때가 되면 할 수 없는 것입니다. 하지만 세상에서는 이것을 모른다면 아주 야단을 합니다. 인사치레를 잘하는 사람은 몇 곱절이나 섭섭하다, 반갑다고 해야 인사하는 거라고 합니다.

이 사람은 일 주일에 한 번 만나는 것이나 한 달에 한 번 만나는 것이나 몇 년에 한 번 만나는 것이나, 만난다는 때에 만나는 것뿐입니다. 일주일마다 해마다 몇 년마다 만나도 별로 다른 것을 보지 못합니다. 집안 식구나 친구를 대함에 있어서, 조금 전에 헤어졌다가 다시 만나는 거나 한 달 만에 만나는 거나 다 같은 것으로 봅니다. 자주 보는 사람이나 오랜만에 만나는 퍽 보고 싶었던 사람이나, 만났을 때 감정에 별다른 차이를 느끼지 못합니다. 이 사람의 기억이 쇠해서 그런지는 몰라도, 이런 감정은 점점 더해지는 것 같습니다. 허락하여주시는 시간에 허락된 일을 할 뿐입니다.

이 시간만 해도 우리가 만나는 인연(因緣)을 생각하면 무슨 생각이 있을 터인데, 이 사람은 도무지 그렇지 않습니다. 단지 이 시간을 불가불 다른 세계나 다른 사람과는 상관없이 지낼 수 있다는 것, 심지어 집안 식구까지도 상관이 없다는 것, 이것 하나 인정하는 기쁨이 있을 따름입니다.

이번에는 9월 5일자의 시를 보겠습니다.

날도 아직 더운데 이같이 딱딱한 얘기를 생각한다는 것은 대단히 어려운 일이나, 생각이 자꾸 나서 자꾸 말씀을 드리게 됩니다.

체무용유각정업(體無用有各定業)

본디 없는 것입니다(體無). 우주라든지 천지라든지 이러한 것들이 본디 없는 것인지 아니면 있는 것인지, 무슨 진리라는 게 본디 있었던 것인지 아니면 아주 없었던 것인지 우리로서는 알 까닭이 없습니다. 나 자신을 생각해보면, 본디 '나'라는 것은 없었던 게 사실인 것 같습니다. 이 사람도 68년 전에는 없었습니다. 그러나 지금은 없다고 말할 수 없습니다. 그리고 지금 '나'는 살아서 이 모든 것을 눈으로 보고 손으로 만져보면서 있는 것을 안다고 합니다. 반면에 내가 못 본 것, 못 만져본 것에 대해서는 암만 생각을 한다고 해도 있다고 하기는 어려울 것입니다. 그래서 아직 내가 모르는 것을 있다고 하지 못합니다. 본디 없는데 이것을 있다고 씁니다. 이것은 생각이지만 본디 없다는 것을 있다고 쓰는 것입니다. 이것은 누가 앞서서 말한 것을 들어서 그러려니 하는 게 아닙니다. 그러면 본디 없는 걸 있는 것으로 쓰니, 이것을 어떻게 할 것입니까?

어제 어떤 감리교 목사 한 분을 만나서 얘기를 하는데, 어떤 학생이 자꾸 안식교(安息敎) 책을 사 보라고 권하는 일이 있었답니다. 그 목사는 말하기를, 감리교에서는 영혼이 없다고 하면 되는 일이 하나도 없는데,

안식교에서는 영혼이 아주 없다고 한다는 것이었습니다. 하느님이 영혼을 내고 일생 동안 잘하는 사람은 좋은 하늘나라로 데려가고 잘못하는 사람은 지옥에 보내어 죽이지도 않고 불구덩이에 넣어서 고통을 맛보게 한다고 생각하면, 사람들이 질색하고 도망갈 거라는 이야기였습니다. 안식교에서 이런 소리를 하는 것에 대해 노목사(老牧師)는 영혼이 없다는 게 무슨 망발이냐면서도, 조금 생각할 문제가 아닌가 하는 생각이 든다고 하였습니다.

사람이 생각하는 것이 무엇입니까? 생각은 셈을 할 줄 아는 것입니다. 셈을 할 줄 아는 사람이 생각을 할 수 있습니다. 곧, 하나, 둘, 셋, 넷, 수를 셀 줄 아는 것과 있다, 없다를 분간하는 것은 같은 것입니다. 실상 있다, 없다를 모르는 것은 백치(白痴)입니다. 있는 것이 무엇이고 없는 것이 무엇인지 모르는데, 죽인다고 하면 그것이 무엇인지 알겠습니까, 살린다는 소리가 무엇인지 알겠습니까? 있다, 없다를 아는 것이 무엇을 분간하는 시작입니다. 그 있다, 없다는 것을 어디서부터 알아내는 것입니까?

생전(生前)에 두고 보는 것을 있다고 하고 그렇게 쓰는데, 참으로 기막힌 일입니다. 달관(達觀)한 사람의 눈으로는 다 당치 않은 우스운 소리로밖에 들리지 않을 것입니다. 어떤 면에서 보면, 똑똑하게 셈을 할 줄 아는 사람이 천치(天痴) 백치(白痴)입니다. 무엇이 있는 것을 알고서 있다고 하는지, 무엇이 없는 것이어서 없다고 하는지, 이런 것을 알지 못하면서 있다, 없다 하는 게 사람입니다. 생전에 참여한 하나 둘 셋을 보고, 사람이 간 뒤에도 있다는 것에 참여할 성싶습니까? 있다, 없다 하는 데 참여하는 것은, 본디 없다는 데서 내가 나와서 참여하고 '있다'는 것을 인정하지 않을 수 없습니다. 이렇게 없다고 말하면서도 있다고 느끼려니까 있다고 하고, 있다면 있는 것끼리 만나고, 만나면 반갑다고 합니다. 있는 쪽에 있다가 못 보면 섭섭하다고 하는 이 수작을 모두가 합니다. 본디 없는 것을 가지고 있는 것으로 씁니다.

이렇게 있다는 것을 생각하면 철학이 나옵니다. 철학 중에서도 유무관(有無觀)을 말하려면 한이 없습니다. 그 까닭을 알 수 없는 것을 어떻게 할 수 없습니다. 우리가 나온 것을 도로 물릴 수 없고 외길로 보내기만 해야 하니, 어쩔 수 없이 이것을 정업(定業)이라고 합니다. 정(定)한 노릇입니다. 누가 정했는지는 모릅니다. 누가 마름질한 것인지는 몰라도 마련해놓은 것입니다. 무슨 대리자가 있어서 한 것은 아닙니다. 보통 인연(因緣)이라고도 합니다. 이 일은 누구 하나 빼놓을 수 없이 당해야 할 일이고, 여기서 도망가지 못합니다. 하느님의 아들이라 해도 아들이 다 아버지 같을 수는 없습니다.

예수가 이 세상에 와서 아들 노릇을 하느라 33년 동안 땀 흘리고, 마지막에는 십자가에 못 박혀 죽고 부활하였습니다. 이로 인하여 이 세상 사람들이 오늘날까지도 그가 다시 오기를 기다리게 되었습니다. 예수가 그 파동이 오늘에까지 이를 만큼 한 것은 어떻게 할 수 없는 정업인 것입니다. 견성(見性)한다는 말이 있습니다. 자기 바탈을 얻는다는 뜻인데, 불교에서는 성불(成佛)을 말합니다. 그러나 성(性)이나 성(誠) 또는 성불을 어떻게 가지고 온 것이냐는 문제를 따지는 것은 그만두어야 합니다. 결코 알 수 없는 일입니다. 다른 말을 자꾸 하려고 하면 끝이 없습니다. 바탈을 생각하고 한량없는 꼭대기를 생각해서 거기를 믿으면 거기로 가겠다고 말로는 할 수 있으나, 어디서부터 시작하여 여기로 나왔는지 문답을 하자면 끝이 없습니다. 오직 대답해줄 수 있는 것은 부지조상(不知祖上)이라는 한마디뿐입니다.

'체무용유각정업', 이것도 그런 대답이나 같은 것입니다. 어떤 의미에서는 이것은 좋은 대답입니다. 우리말에 '팔자'라는 말이 있습니다. 본디 내가 이렇게 된 것도 팔자소관이야 하고 그만두어버리는 것도 퍽 좋은 것입니다.

있기는 생각이 있는 것입니다. 그것도 용유(用有)하려고 그런 것이므로 있는 우리부터 없어져야 합니다. 없어진다면 아주 실패하고 마는 것 같이 생각되나, 본디 없는 데로 가는 것을 말합니다. 본디로 가자는 것입니다. 그리(體無)로 가야만 합니다.

자유이무내덕숭(自由而無乃德崇)

이같이 하는 것이 곧 덕(德)을 높이는 게 됩니다. 덕이라는 것은 우리 속에서 얻고자 하는 것이므로, 이것을 높여주어야 합니다. 요는 거죽(現象)으로 있는 것부터 해탈해야 합니다. 거죽으로 있는 것이 보이지만, 가는 데는 거죽으로 갈 게 없습니다. 거죽으로 얻는 것은 내버리고 가야 합니다. 없는 근본(根本)에 가야 합니다.

공자는 속에 있는 것을 대단히 높여주는 것을 숭덕(崇德)이라고 하였습니다. 어떤 것이 높은 덕이냐는 제자의 물음에 공자는 주충신사의(主忠信徙義)라고 답하였습니다. 충성(忠誠)이나 믿음을 하느님이 있는 자리까지 자꾸 올려야 한다고 하였습니다. 자꾸 올리려고 움직이면 올라갑니다. 자꾸 '위'를 바라보면서 '위'로 가면(숭덕하면) 저절로 큰 덕을 얻을 수 있다고 하였습니다. 자꾸 옳은 데로 옮겨 가야만 자꾸 새롭게 되고, 이것이 주체(主體)가 되어 다시 주체를 새롭게 해줍니다.

유분실전만물생(有分失全萬物生)

나눔이 있습니다. 이것은 동서양에서 다 말합니다. 《성경》은 하느님이 흙으로 아담을 만들고 다시 아담의 갈빗대를 뽑아서 하와를 만들었다고 명확히 말합니다. 이때부터 쪼개져서 이 세상이 되었다고 합니다. 흙으로 빚었는지는 우리가 알 까닭이 없지만, 쪼개짐으로써 온전함은 잃게 되었습니다. 태극(太極)이 쪼개져서 양의(兩儀)가 나왔다고 합니다. 태극은 하나입니다. 태극은 어디에 있는 것을 말합니까?

유교에서는 태극이 음양(陰陽)으로 쪼개진 것을 말하는데, 태극이 쪼개졌다는 것은 다 무슨 소리입니까? 태극은 하나라는 말입니다. 온통 하나(全)인데 왜 두 조각으로 쪼개집니까? 쪼개졌다는 말이 도무지 성립되지 않습니다. 온통 하나가 쪼개져서 태양이 생기고 딛고 있는 땅이 생겼다는 것입니다. 실재(實在)는 하나뿐인데 어떻게 해서 그렇게 되는 것입니까? 말이 안 됩니다. 숫자도 하나에서 둘, 셋 등으로 나가는데, 하나에서 둘이 생긴 것을 도저히 알 수가 없습니다. 나눔이 있으면 온통 하나는 모르고 맙니다.

얌전하여 남을 범하지 않는다고 합니다. 소위 분수를 지킨다고 하는데, 어째서 분수가 있는지 모릅니다. 자기 분수만을 알면 온통 진짜는 잊고 맙니다. 유분(有分)하면 실전(失全)합니다. 만물(萬物)이 생긴 것이 다 이 모양입니다. 만물을 만들고 살리기 위해서 절대계(絶對界)에 하느님이 계시다는 것이 무슨 말인지 이 사람은 모릅니다. 전일(全一)이 쪼개진 것이 아닙니다. 절대자가 마련하신 것을 알아야 합니다. 만물을 신통(神通)하게 만든 온통(全一)을 잊어버리고, 만물이 생긴 것은 야훼가 순서대로 한 것이라고 말하는데, 그런 말이 어디 있습니까?

무타득일대아중(無他得一大我中)

우리는 정신을 바짝 차려서 지나간 무타(無他)를 바로 보고, 잊어버린 전체(全體)를 찾아야 합니다. '하나', 이것을 찾아야 합니다. 하나는 온전합니다. 모두 득일(得一)하자는 것입니다. 어떻게 하면 득일하는가? 큰 내 속에 이것이 있습니다(大我中). 그러니 종단은 하느님 아버지에게 매달릴 수밖에 없습니다. 신앙(信仰)을 갖는다는 것이 곧 대아중(大我中)입니다. 큰 내 속으로 들어가는 것입니다. 우리 아버지 그리고 나, 이런 생각을 자주 해볼 필요가 있습니다. 이상의 생각을 다시 한 번 해보십시오. 근본 생각은 암만해도 이 이상 더 나올 수 없습니다. 상대계(相對界)에서 이 이상 더 체본(體本)을 찾는다면, 그것은 거짓말입니다.

일이신공책(一二神工策) 참오인운수(參伍人運數) 일도불괴진(一道不壞眞) 이변무명우(二邊無明偶)

태극(太極) 속에 음양이 들어 있고, 이것이 쪼개져 하나, 둘이 되었다는 것은 말이 안 됩니다. 하늘나라에서 하늘이 둘로 쪼개졌다는 것은 망발입니다. 하나, 둘은 본디를 말합니다. 여기서 우리 사람의 생각이 거기에 들어가지 못합니다. 하나, 둘이라는 것은 우리가 알지 못하는 것입니다. 공자도 이 분수를 가지고만 나왔지 알지는 못했습니다. 그냥 신(神)이라고 맡겨 둘 수밖에 없는 것입니다.

하나, 둘은 신의 일이지 우리가 알 일은 아닙니다. 셋, 넷, 다섯, …… 한없이 숫자를 지어내는데 하나, 둘은 신이 만든 것이고, 참오(參伍)에는 사람이 참관(參觀)합니다. '오(伍)'는 항오(行伍)입니다. 옆 사람과의 줄을 말합니다. 낙오(落伍)는 행렬(行列)에 뒤떨어진 것을 말합니다. 여기서 '오(伍)'는 옆(橫) 사람 또는 모든(從) 사람에게 뒤떨어지지 말라는 뜻의 '오'입니다. '참(參)'은 음미(吟味)한다는 말에도 쓰입니다. 사람은 말끔히 음미하는 거기에 참여하는 것입니다. 참오(參伍)는 사람의 운수(運數)입니다. 사주팔자의 작년 운수, 금년 운수 따위의 말이 아닙니다. 수를 세는 것, 곧 계산(計算)과 같은 말입니다.

일도(一道), 하나는 무엇인지 모르나 '참'입니다. 하나만은 참입니다. 우주에는 참이 있는지 없는지 모른다고 합니다. 그러나 참이 있다고 믿습니다. 하나이기 때문에 그렇습니다. 하나야말로 정말 조물주(造物主)입니다. 우리가 참하나를 알지 못하면서도 버리지 못하고 하나를 꼭 얻자는 것은, 참된 길을 가자는 그것이 아니겠습니까? 하나는 참길입니다. 하나는 무너지지 않는(不壞) 자유(自由)입니다. 진리(眞理)입니다.

이변(二邊), 왼쪽과 바른쪽이 있습니다. 상대 세계에서는 곧잘 이쪽저쪽 하면서 갑니다. 하나인데 둘이 있습니다. 좌우(左右)는 우연(偶然)입니다. 우상(偶像)과 같은 것입니다.

일이신공책(一二神工策) 참오인운수(參伍人運數) 일도불괴진(一道不壞眞) 이변무명우(二邊無明偶), 다시 한 번 생각해보십시오. 이런 생각을 하여 시원한 것은 없습니다. 안 했으면 좋겠지만 해야만 합니다. 이따금 해야 합니다.

다음은 〈인자(人子)〉를 보겠습니다.

대아무아일유일(大我無我一唯一)

대아(大我)는 우리말로 '큰 나'를 말합니다. 그 큰 나에는 내가 없습니다. '나'라는 것은 나의 성질(性質)입니다. 내 바탈이 다른 사람의 바탈과 다르고, 내 성미(性味)가 다른 사람의 성미와 다르다고 해서 나를 작정하게 되는데, 그 성미라는 것이 무엇입니까? 재미나 맛에 들러붙는 것을 말하는 것이 아닙니까? 떡을 무척 좋아한다, 술을 무척 좋아한다, 짜게 먹는다, 싱겁게 먹는다, 이런 것을 가지고 개성(個性)이라고 해서야 한이 있겠습니까? 변덕십변(變德十變), 오늘 다르고 내일 다른 그러한 것이 '나'가 아닙니다. 대아(大我)에는 그렇게 조그만 것이 없습니다.

흔히 무아(無我)라는 말을 합니다. 공자는 사물을 공평하게 판단하려면 내가 있어서는 안 된다고 하였습니다. 의(意)·필(必)·고(固)가 있어

서는 안 된다고 하였습니다(《논어》 자한편). 매사에 나의 의견이 있어서
는 안 되고, 더구나 '기필(期必)'하는 일은 안 된다고 하였습니다. 그렇다
고 고집하는 일이 있어서도 안 된다고 하였습니다. 나라는 성미가 이런
것입니다. 이 말을 다시 하면 하늘의 아버지가 온전한 것같이 온전해져
야 한다는 말과 같습니다. 상대 세계에서 공평하려면 어쨌든 무아(無我)
해야 합니다. 무아일유일(無我一唯一)은 '하나는 나 없다, 하나는 하나다'
라는 말입니다.

진신불신항시항(眞神不神恒是恒)

참신(神)은 신 노릇을 하지 않습니다. 영원한 하느님이 잠깐 보이는
이적(異蹟) 같은 신통변화(神通變化)를 한군데서 부릴 까닭이 없습니다.
이런 뜻에서 참신은 우리가 바라는 것과 같은 신이 아닙니다. '시(是)'는
'늘'입니다. 참신은 없는 것 같습니다. 없는 것 같은 것이 참신입니다. 신
통변화는 참신이 하는 것이 아닙니다. 큰 늘, '한 늘'입니다. 우주라는 것
은 무한한 공간에 영원한 시간입니다. 우리 머리 '위'에 있으니까 '한 웋'
입니다. 시간은 '늘'이므로 '한늘'입니다. 하늘이라는 말이 이 뜻을 포함
합니다. 이것이야말로 중요합니다. 이것이 참신입니다. 한량없는 '한'입
니다. 한량없는 시간이 '늘'입니다. 항(恒)입니다. 늘 이 '늘'입니다.

항일유시절대정(恒一唯是絶對定)

늘 '한아(하나)'만이 절대(絶對)를 정(定)할 수 있습니다. 늘 하나만을
우리가 인정할 것 같으면 절대가 정해집니다.

불기무구자유랑(不伎無求自由郎)

기(伎)는 '사나울 기'입니다. 성미가 사나우면 해(害)하기 쉽습니다. 구

(求)하는 것이 없으면 남을 해하는 것도 없습니다. 남에게 요구하는 것이 없습니다. 이렇게 되면 자유(自由)입니다. 진리(眞理)뿐인 하늘의 아들 노릇을 할 수 있습니다. 대아(大我)가 되면 남을 해할 것도 없고 남에게 요구할 것도 없어집니다. 그야말로 자유입니다. 자유랑(自由郎)은 자유하는 대장부(大丈夫)라는 뜻입니다.

이번에는 〈몸이[씻은이]〉를 보겠습니다.

쌍시옷(ㅆ)은 깨끗할 시옷(ㅅ)입니다. 생기가 있다는 뜻이 담겨 있습니다. '씻'이라는 글자에는 'ㅅ'이 셋이나 붙었는데, 씻고 씻어서 생기 있게 된다는 뜻입니다. '몸이[씻은이]'는 '마음을 맑게 씻은 이'라는 말과 같습니다. 이 사람이 늘 말합니다만, 마지막 먼지 하나까지 없도록 닦아내야 마음이 새로워짐을 느끼게 됩니다. 이는 마음이 깨끗해질 것을 요구하기 때문입니다. 쥐가 자라나는 이빨 때문에 자꾸 딱딱한 것을 쏠 듯이, 사람은 자꾸 먼지를 떼어내야 합니다. 씻어야 합니다. 먼지를 털어내야 새롭게 살 수 있는 것입니다.

물에 닦어 신은 신발은 돌만 묻고 걷고지고
요새는 비가 온 뒤라 이 사람 사는 곳 아래에는 더욱 깨끗한 물이 흐릅니다. 늘 하는 일입니다만, 어디 돌아다니고 오는 길이면 매번 흰 고무신을 닦습니다. 웬일인지 자꾸 닦고 싶습니다. 영혼을 담을 몸뚱이를 깨끗하게 하고 싶은 것처럼, 신도 자꾸 닦고 싶습니다. 귀공족(貴公族)들이 이런 마음에서 신에 흙을 묻히지 않으려고 하는 것인지, 그것은 모르겠습니다.

모래 흙을 묻힐서라 몬지 때(찌)를 밟을서라

새로 닦은 신발은 어떻게 귀여운지 꼭 이런 마음이 생깁니다. 먼지나 흙을 밟을까 하여 돌만 골라 딛습니다.

짓궂인 가죽·살·피·몸(국물·먹이·땀)에서 솟나 씻은이

우리 몸뚱이를 보면 겉에는 가죽, 가죽 밑에는 살, 그 아래는 피가 있습니다. 이런 것들은 다 먼지나 찌꺼기가 될 것들입니다. 죽을 때까지 궂은(더러운) 먼지를 털고 사는 것같이, 마음이 짓궂을 때 신발을 닦듯이 마음을 한번 깨끗하게 하면 어떤 느낌이 들겠습니까? 아마 이런 마음이 날 것입니다. 그런데 이 가죽과 살과 피 때문에 방해가 많습니다. 개울에서 잠깐이면 집에 들어갈 것을 그래도 흙이 묻을까 겁이 나듯이, 한 번 닦은 몸을 영원히 그대로 갖고 가고 싶은 마음이 날 것입니다. 그러니 솟나 씻어보고 싶은 마음이 안 나겠습니까? 그래서 제목도 '씻은이'입니다. 날마다 이렇게 사는 사람은 올라가는 길에 거의 넘어지지 않을 것입니다.

여기에 덧붙여 '가죽·살·피'를 가진 사람은 '국물·먹이·땀과 관계가 많습니다. 땀도 알맞게 처리할 줄 알아야 합니다. 상대 세계에 있는 사람으로서는 가죽·살·피·국물·먹이·땀이 불가분의 관계를 갖습니다. 궂은 일이 아닙니까? 여기서 우리는 솟아나야 합니다. 온전히 몸을 보존하려면 이 관계를 알고 알맞게 땀을 흘려야 합니다. 과하게 진땀을 낼 정도로 운동선수가 될 필요는 없습니다.

이번에 남쪽(광주 동광원)에 가서 꼭 한 달 동안 다녀보았습니다. 한 달을 지내는 동안 이 사람이 마음에 얻은 것은, 참으로 이 세상에서 하느님이 주신 것을 마음으로 받아먹었다는 생각이었습니다. 내 자신이 무슨 일을 한 것은 아니나 집에서 지어준 밥보다 더 깨끗이 먹었습니다.

이 사람으로서는 먹을 자격이 없었으나, 평생 가장 달갑게 먹어보았습니다.

이번에 돌아다니며 만난 사람들은 보통 사람들과는 다른 이들입니다. 될 수 있으면 장가도 안 가려는 사람들이었습니다. 먹기 위해 일하며 기도하고 살자는 사람들인 것입니다. 전라남도에 가면 이런 동네(동광원 분원)가 많습니다. 그저 열 명 또는 스무 명 정도가 모인 곳이 군데군데 있습니다. 몇 달 있다가 다시 가보아도 늘 그들이 그들입니다. 자작(自作), 자강(自強), 자급(自給)하여 먹고살면서 기도하는 생활을 꾸준히 합니다. 대여섯 군데의 이들 마을은 수백 리 또는 수십 리씩 서로 떨어져 있지만, 서로 찾아보는 것은 마치 친척을 찾아다니는 것이나 다름없었습니다. 현재의 우리나라를 보면 도무지 살 희망이 없다가도, 이들과 같이 있으면 살려는 희망이 절로 생깁니다.

이 사람들의 생활이라야 도와줄 수 있으면 있는 대로 도와주고 싶은 형편입니다. 그런데도 그 사람들이 이 사람을 무척이나 대접하려고 애쓰는 것을 보았습니다. 보리쌀, 감자, 고구마, 이런 것들을 사발에 수북히 담아 대접해주었습니다. 이 사람이 감자를 좋아하는 것을 알고 될 수 있는 대로 많이 주었습니다. 바다가 있는 데서는 물고기도 먹는 모양이었습니다. 전에는 배, 대추, 호두, 잣, 복숭아 같은 것들이 모두 풍부했는데, 언제부터인지는 몰라도 이런 것들이 점점 없어지는 것 같았습니다. 지방에서도 보기가 흔치 않습니다.

애호박나물은 전에는 간사한 서울 사람들만 먹었습니다. 지방에서는 호박이나 오이는 늙히어 먹는 것으로 알았던 것입니다. 그런데 지금은 바뀌어 애호박나물이 지방에도 흔합니다. 가지나물과 산나물은 어디를 가나 흔히 있었습니다. 식혜도 내놓았습니다. 서울 사람은 빛을 좋아하니까 하얀 찹쌀로 식혜를 만드는데, 거기서는 보리쌀로 하는지 찌꺼기가 있고 색깔도 거무스레했습니다. 보기에는 나쁘지만 먹어보니 구수한 맛과 단맛이 아주 훌륭했습니다. 이들의 생활을 보니 우리가 속히 자급 자족해야겠다는 이 마당에 참고할 일이 많았습니다.

단 한 가지 모기와 벼룩이 많은 게 불편했습니다. 낮에 일을 마치고 밤이나 되어야 서로 만나보는데, 모깃불을 피워도 모기에게 물립니다. 입쌀밥만 먹는 이를 대접해야겠는데, 자기들처럼 먹을 수 있을지 모르니 쌀밥을 다시 해야겠다는 소리도 들었습니다. 누구인지는 알 까닭이 없지만, 그런 이가 오는 것은 참 딱한 일이라 아니할 수 없습니다. 우리 생활은 너무나 눈이 높아서는 안 됩니다. 입이 높아서는 안 됩니다. 체면과 거만에 우리가 살 수 있습니까? 아무리 양반 나라라 해도 겸손할 줄 알아야 합니다. 간이 생활 운동(簡易生活運動)을 하여야 합니다.

마지막으로 〈제삼독이후수행(除三毒而後修行)〉을 풀이해보겠습니다.

일일일시탐(一日一試貪) 일대기도치(一代幾度痴) 모자척제진(眸子滌除瞋) 인생정어시(人生正語時)

정견(正見), 정사(正思), 정어(正語), 정업(正業), 정명(正命), 정정진(正精進), 정념(正念), 정정(正定)을 일컬어 팔정도(八正道)라고 합니다. 불도(佛道)를 닦는 데 사고(四苦)라는 것이 있습니다. 우리가 괴로워하는 원인(原因)이 네 개 있는데, 그 원인을 알고 벗어버려야 나갈 길이 보인다는 말입니다. 그 나갈 길에 팔정도가 있습니다.

요새는 거짓을 몰라볼 정도로 전부 눈이 먼 소경이 되었습니다만, 우선 정견(正見), 곧 바로 볼 줄 알아야 합니다. 바르게 사물을 보지 못하면 바른 생각을 갖지 못합니다. 다음은 정어(正語)할 줄 알아야 합니다. 불교에는 십악(十惡)이 있는데 그중 못쓰는 말 네 가지를 듭니다. 욕, 거

짓말, 망령된 말, 비난하는 말, 이것들은 바로 된 말이 아닙니다. '정어'
가 아닙니다. 다음은 정업(正業)입니다. 업(業)은 행위라는 말입니다. 바
른 행위를 할 줄 알아야 한다는 뜻입니다. 정명(正命)은 바른 직업을 가
지고 산다는 것입니다. 정정진(正精進), 깨끗한 신발로 골라 딛는 것같이
끝까지 곧게 가야 한다는 것입니다. 바로 나갈 줄 알아야 합니다. 정념
(正念), 염(念)은 사상(思想)이나 관념(觀念)을 말합니다. 정정(正定), 바로
정(定)함이 있어야 합니다. 자기 앉을 자리를 바로 찾아야 합니다. 이상
을 팔정도라고 합니다.

　　그리스도교에서는 이 세상이 괴로운 까닭을 원죄(原罪) 때문으로 돌
립니다. 죄라는 것을 모르면 예수를 들여다볼 까닭이 없습니다. 이 사람
이 늘 하는 얘기지만, 원죄라는 것은 딴게 아니라 삼독(三毒)을 말합니
다. 세 가지 독(毒)이 있습니다. 이것이 원죄이므로 피하여야 합니다. 아
담과 하와가 무엇을 따 먹어서 세상이 이렇게 되었다고 자손들에게도
그 죄를 죄다 뒤집어씌우는데, 그따위 말이 어디 있습니까? 원죄는 일종
의 신학적 요구 때문에 생긴 것입니다. 당장 우리 자신을 생각해보면 알
수 있습니다. 못된 뿌리가 세 개 있습니다. 누구도 부인하지 못하는 이
삼독을 지워버리는 데 힘써야 합니다.

　　〈요한복음〉17장에 거듭나야 한다는 말이 나옵니다. 자기의 십자가
를 지고 자꾸 '위'를 좇아가게 되어 있는 우리 인간을 통절히 느끼고 알
아야 하는 것입니다. 삼독이라는 벌레와 매일 이 싸움을 해야 하는 것입
니다. 그 유래는 이 사람도 모릅니다. 알 까닭이 없습니다. 이 사람이 철
났을 때부터 삼독이라는 벌레와 싸움한 것을 말하면 이렇습니다. 이 사
람은 하루에 한 끼를 먹으니까 하루에 한 번씩은 탐(貪)합니다. 이 시험
은 매일 한 번은 당합니다. 한 끼 먹기 전에는 두 끼만 먹어보았습니다.
그리고 될 수 있는 대로 뒤를 적게 보겠다고 하였습니다. 처음에는 안

되었지만 하루 한 번 뒤를 보게 되었습니다. 그리고 한 끼를 먹은 후에는 이치상으로는 이틀에 한 번 뒤를 보아야 할 것이라고 생각하여 무리를 했는데, 여간해서 안 되었습니다. 조금만 분에 넘치게 먹으면 고만 정(定)한 일이 틀어지고 맙니다. 암만해도 삼독의 하나인 탐(貪)이라는 원죄는 부인하지 못합니다. 탐(貪)·진(瞋)·치(痴), 이것이 삼독입니다. 이것을 의업(意業)이라고도 합니다. 이렇게 하루에 한 번 탐(貪)이 시험을 합니다. 이 사람이 이 땅에 있을 동안은 이것이 문제입니다.

다음은 남녀관계에서 시험을 몇 번 당했다(痴)는 것은 본인과 하느님만 아는 사실이니까 발표할 수 없습니다만, 일대(一代)에 몇 번 당해서 자식(子息)이 나왔습니다. 진(瞋)은 '눈 부라림'을 한다는 뜻입니다. 노여움의 대표로 쓰는 말입니다. 노여우니까 눈을 부라립니다. 눈의 노기(怒氣)를 버리고 노여움을 말끔히 씻어버려야 합니다. 이러한 삼독의 시험에서 벗어나야 인생은 정어(正語)를 하게 됩니다. 그런 후에야 옳은 일을 하겠다는 목적에 이르기 위한 과정을 수행할 수 있습니다. 이것은 다 스스로 결정할 문제입니다. 훨씬 일찌감치 삼독을 벗어버리고 깨끗이 사는 사람도 있고, 웬만큼 이겨 나가는 사람도 있고, 끝까지 가지고 가는 사람도 있습니다. 삼독과는 날마다 싸워야 하고, 하루라도 방심하면 안 됩니다.

다시 금요일이 되어 여러분을 만나보니 감개가 아주 없는 것은 아닙니다. 그러나 이 사람은 이번에 지방에 가서 아주 있을 자리가 있으면 그냥 주저앉으려고 하였습니다. 게다가 사람들이 이 사람보고 서울에서 뭐 할 일도 없고 서울도 싫어하니 그냥 있는 게 좋지 않느냐고 했습니다. 그러나 이 사람이 정말 좋아해서 앉을 만한 자리가 아직은 없음을 압니다. 아직은 자식이 함께 있어서 해다주는 밥을 먹을 수 있는 집이 편한 것 같습니다. 후일은 모르겠습니다. 정말을 말하면 이번에도 그냥 몇 달 더 지방에 앉아 있으려고 하였습니다.

어디를 가더라도 여비가 넉넉하고 배웅을 받아 가며 다니는 지도자가 아직껏 있어서 이 세상이 잘될 것 같지는 않습니다. 이번에도 집을 나설 때 책 몇 권, 입을 옷 몇 벌 그리고 다른 것 좀 집어넣어서 줄곧 직접 지고 다녔습니다. 대전에서 내려 차를 기다리다가 중간에 다니러 온 사람과 동행하여 4km 떨어진 어떤 곳을 가게 되었습니다. 거기 있는 동안 비를 만나 불가불 맡긴 짐을 가져오게 하였는데, 짐 맡은 이가 찾아온다고 하였습니다. 그이는 이 사람보다 젊은 분인데 내 짐을 지고는 '아휴! 이 무거운 것을 어떻게 지고 다닙니까?' 말했습니다. 보기에는 별것 아닌 것 같은데 상당히 무겁다고 했습니다. 안 하면 모르겠으나, 소위 선생이나 지도자 중에서 누가 마중이나 나오고 넉넉한 여비라도 타 가지고 다니겠다는 그런 정신을 갖는다면, 그것은 자신이 앉은 자리가 어떤 자리인지를 모르는 것입니다.* (1957. 9. 6.)

---

* 류영모는 진도(珍島)가 개간에 적지라는 것을 강조하고, 다녀온 전라남도 근방에 있는 마을 사람들의 교육, 특히 아동교육에 도움을 줄 수 있는 길이 없겠느냐고 부언하며 강의를 끝마쳤다.

제43강

알몸보다 얼맘으로 살다

맞임내　　　　안 겠다

　못 쉬는 숨을 쉬노라니 한숨

　않 쉬는 숨을 쉬가지란 말슴 (다석일지 1957. 9. 3.)

　월김(神靈) 「고후 4:16 外敝内新 히2:14~15」

　월김은 새록새롭 무슨 걸림에서고 새어 솟남.

　사롬남은 나남이오 나냄남은 솟아솟남.

　월김에 껄리운 목숨 묵을 줄이 있으랴. (다석일지 1957. 9. 22.)

　밀어 믿음으로 밀으리

　밀어 드러 트려는 것이 우리 숨 사롬이거늘

　눈이 맞우치거나 입을 맞히거나 보이는 판의 셈만 맞히랴믄

　외기도 퍽은 외었다 아조 틀려먹었다

　하늘나라를 힘써 치는 이가 빼앗나니라 (《마태복음》 11:12)

　이는 우리가 믿음으로 行ᄒᆞ고 보는 것으로 ᄒᆞ지 아니홈이로다 (《고린도

후서〉5:7)

(다석일지 1957. 8. 30.)

맨올 꼭대기는(絶對는)

붙엇잖고 싸대기와 나듦없이 꾹백혔음
잘났노라 가로뛰고 얌젆게도 괴임보나
그러나 맨꼭대기는 너나없이 대야흐 (다석일지 1957. 9. 2.)

뜰 때 뜸을 얻기

잠 잘자는 어린이가 잘 자라나 어룬되고
몸잘맞인 얼김(神靈)찬 이 늘 삶으로 읜뜸가리
섯블리 잠귀 밝거나 긴삶 자랑 삼을가 (다석일지 1957. 9. 12.)

쉰 좋 일 본 날

내 나 예순 여덟재히 딸의 딸 본 여덟달재.
잠투세끝 닭 잠들낮 파리 셋넷 도라든다.
붙잡아 창밖에 놓니 파리 냈다 좋아라. (다석일지 1957. 9. 13.)

숨을 쉬는 우리

맨드르신 한늘이오 버러 두신 땅인듸
부닯힌 몸 들린 머리 바라나니 얼 김 숨 삶

쳐드러 사로는 목숨 저버릴 줄 있으랴.

가멸은 땅에 버려둔 채 가리(眞理)만 타서 날로 쓸터
이몸이 늘 가븨얍고 묨 또 좋아 맑을세라
맨드신 맨웋 꼭대길 아니댈 줄 있으랴.

웋로 오름 삶의 오름 올(早·當年)사리가 올바른 삶
알몸 맺여 버리는 날 월묨 돼서 뵈오리
거룩다 그리스도록 이에 숨을 쉬는 이. (다석일지 1957. 8. 27.)

이것은 전에 여기 한 번 쓴 것으로, 대부분 말씀드린 것입니다. 특별한 것은 없습니다. 다른 것이 없는 말씀입니다. 세상에는 모든 것이 있는 것 같은데, 말씀으로 생각하면 없는 것 같습니다. 말씀이라는 것은 참 이상합니다. 증거가 없습니다. 본디 없는 것이니 중간에도 있을 리 없습니다. 종단에는 없어지기 마련입니다. 그러한 있는 것이 '나'라는 존재로 생각됩니다. 하여 생각을 자꾸 그쪽에 두게 됩니다.

그런데 더구나 말씀이란 있는 것이냐 없는 것이냐고 물으면 대답하기가 매우 어렵습니다. 다른 것은 다 본디 없다고 해도, 말씀만은 아무리 생각해보아도 모르겠습니다만 없어질 것 같지 않습니다. 언제 말씀이 생겼는지를 알고자 하나, 대단히 갑갑하지만 모릅니다. 그러나 이러한 말씀이 없어지리라고는 생각지 않습니다. 언뜻 생각하면 말씀이라는 것은 사람이 생각해서 입으로 하는 것이니까 사람이 죽으면 말씀도 없어질 것 같습니다. 그런 생각을 하는 것은, 자기라는 것과 말하는 입을 있는 것으로만 생각하고 사람이라는 게 확실히 있다고 지나치게 자신하기 때문입니다. 그렇게 처리할 수 없는 것이 말씀입니다. 말씀만은 그렇게 쉽게 없어질 것 같지 않습니다. 문제는 말씀입니다. 말씀 하나 있는 것이 문제입니다.

우리가 묻는 말에는 대답하는 말이 있는데, 대체 누가 묻고 누가 대답하는 것입니까? 종단은 누가 그 물음에 대답하는 것입니까? 이 사람은 여전히 '물음, 불음, 풀음'을 주장합니다. 문제가 있으면 묻습니다. 말이라는 것이 벌써 문제입니다. 그러면 대답은 어떻게 합니까. 대답은 말씀이 대답을 하고 가는 것입니다. 자문자답(自問自答), 곧 자기가 묻고 자기가 대답합니다. 물어서 불려서 종단에는 풉니다. 말씀의 성질은 분명히 '무름'입니다. 'ㅁ'이 파(破)해서 'ㅂ'이 됩니다. '부름'입니다. 여기서 더 올라가면 'ㅍ'이 되고, '푸름'이 됩니다. 이것은 또한 생각을 자꾸 불려서 종단에는 풀어진다는 것처럼 보이기도 합니다. 말 자체가 이런 성질을 갖습니다.

묻게 됩니다. 그러면 붇게 됩니다. 자꾸 생각이 붇습니다. 그리고 종단은 풀어헤치게 됩니다. 자꾸 묻고 붇고 풀고, '므름, 브름, 프름'입니다. 말씀 자체가 불어서 풀어지는 것이 있으리라고 생각합니다. 우리 인간은 말하는 동안 별구경을 다합니다. 이러한 구경도 별구경입니다. 말이라는 것은 소리 없이는 할 수 없습니다. 소리라는 것은 기운이 목구멍을 통해서 나오는 것입니다. 대기를 진동시켜서 소리가 나옵니다. 대기의 진동이라는 것은 바람입니다. 바람 소리가 곧 말입니다. 요새 불던 태풍 같은 것을 말하는 게 아닙니다. 바람이라고 보는 것도 역시 큰 기운*이 움직여서 나가는 끄트머리에서 무엇이 된다고 생각하는 까닭인지 모릅니다. 말을 자꾸 하고 자꾸 듣겠다고 합니다. 그것은 거기에 소망이 있기 때문에 그렇습니다. 밤낮 말씀해야 별것이 없고 시원한 것이 없는

---

* 큰 기운이란 대성령 하느님을 말한다. (박영호)

데도 '므름, 브름, 프름'을 되풀이합니다. 이것이 어쩌면 고동(鼓動) 소리가 아닌가 생각됩니다. 사람의 말씀은 목숨을 쉬는 동안 있습니다. 말씀 문제도 언뜻 보면 목숨 문제 같기도 합니다. 문제는 아닌 게 아니라 목숨 문제에 도달하게 됩니다. 숨이 문제입니다.

먼저 9월 3일자 시를 보겠습니다.

못 쉬는 숨을 쉬노라니 한숨 맞임내 쉬는 숨을 안 쉬겠다니 한숨
아주 이 세상을 그만두고 '쉬'겠다고 하면 모르겠는데, 그만둔다고 하면 사람은 아주 견딜 수 없다고 합니다. 숨을 아주 쉴 때까지 쉬려고 바짝 좇아갑니다. 숨이라는 것은 모아서 한꺼번에 쉬는 것이 아닙니다. 다른 것은 떨쳐버릴 마음이 있어도 '숨'만큼은 꼭 붙들고 가려고 합니다. 못 쉰다고 하면 아주 그만두라는 것 같아서 좋아하는 사람이 없습니다. '쉬'어라 하면 숨을 쉬는 것 같아 좋고, 그만 '쉬'어라 하면 세상을 그만두라고 하는 것같이 생각되어 싫어합니다. 숨'쉬'는 것이 '쉬'운 것 같아도 이렇게 어렵습니다. 여기서 '쉬'라는 글자는 '쉬다', 곧 이(易), 휴(休), 지(止)등 여러 뜻을 포함합니다. '못 쉬는 숨'이라면 '쉽지 않은 숨', '쉬려고 해도 쉬어지지 않은 숨', '죽을 수도 살 수도 없는 숨'을 말합니다. 이런 숨을 쉬노라 호흡하려니 세상 문제는 말끔히 이 목숨의 괴로운 문제뿐입니다.

숨쉬는 것은 풍구질을 하는 것과 같습니다. 무슨 말을 하고 싶을 때는 숨을 들이마시고 말을 합니다. 이것을 풍구질하는 것 같다고 하는 것은 적절한 비유인 것 같습니다. 대장간 풍구가 풍구질하기 싫어하면 안 되는 것같이, 우리도 말씀하지 않고서는 견딜 수 없습니다. 우리의 풍구는 한량없이 할 수 있는 풍구가 아닙니다. 그칠 때가 있는 것입니다. 그렇다고 자기 스스로 그칠 수 있느냐 하면 그렇지 못합니다. 숨쉴 때까지 거부할 수 없는 숨, 이것을 쉬노라니 종단에는 될 때 가서 쉬어야 합니다. 그때까지 숨을 붙잡고 쉬지 않겠다, 그치지 않겠다고 하니, '맞임내(마침내)' 쉬는 숨을 안 쉬(止)겠다 하니 한숨밖에 나오지 않습니다.

큰 숨을 태식(太息)이라고 합니다. '허' 하고 숨 한번 크게 쉽니다. 큰 숨이라고 하지 않고, 탄식 또는 한탄한다고 해서 숨을 몰아쉰다고 합니다. 답답할 때에, 갑갑할 때에 한숨 쉰다고 합니다. 이 사람이 말하는 큰 숨이란 이 말씀인데, 어지간한 일이면 통속적인 한숨은 쉬지 않고 견뎌 나가는 무엇이 있어야 합니다. 한숨만 쉬는 버릇도 못쓰나, 그렇다고 큰 숨을 쉬어야 할 때 한숨을 쉬지 말라는 세상이 되어서도 안 됩니다. 큰 숨 쉴 때 크게 쉴 수 있는 그러한 세상이 어느 면에서나 좋은 것입니다. 한숨 쉴 때에 땅이 꺼질 때까지 쉴 수 있는 세상이 옳은 세상입니다. 이것을 막거나 하지 말라고 하는 세상은 옳은 곳에 올라갈 수 없는 세상입니다.

만물(萬物)을 낸 우주요, 시간과 공간 덩어리인 이 우주를 '한숨'이라고 할 수 있습니다. 시간과 공간을 알지 못하니까 한숨 덩어리일 수밖에 없습니다. 이것은 직감적으로 느끼는 것입니다.

물부득기평즉명(物不得其平則鳴), 이것은 한퇴지라는 사람이 말한 것입니다. 물건이 편치 않은 것을 얻으면 곧 운다고 합니다. 소리 난다는 뜻의 '명(鳴)'입니다. 이 세상은 말끔히 말씀입니다. 말씀은 소리입니다. 이 세상은 말끔히 우는 소리가 나는 곳입니다. 온갖 소리가 나는 것은 필연코 우주 자체가 편치 못해서입니다. 그러면 소리가 많이 납니다. 만물은 평안(平安)함을 잃게 생겨먹은 것 같습니다.

(창밖에서 YMCA 학생들이 뛰어 놀며 웃는 소리가 들리다)

하하 희희 하면서 노는 저 소리도 어디가 편치 않아서 저러는 것입니다. 보통 평안하면 저런 소리가 나올 리 없습니다. 누가 옆에서 자꾸 무슨 시험을 합니다. 시험에 들어 평안치 못하니까 소리가 나옵니다. '허!', 이렇게 나오는 한숨을 헛된 한숨으로 알아서는 안 됩니다. 우주가 한숨일진대, 인생은 더 작은 한숨입니다. 한숨 쉬다 영 쉬고 마는 것이 인생입니다. 인생은 일체 한숨입니다. 이 세상 사람들이 괴로움이 없고 한숨이 없는 곳을 만들기 위해 오래전부터 그침 없이 애써 온 역사이지만, 몇천 년이 된 오늘도 요 모양 요 꼴입니다. 이 다음에 잘될 것이라는 그런 말을 이 사람은 믿지 않습니다. '므름, 브름, 프름'으로 다 풀어놓은 것인데 무엇을 더 바랍니까.

사도 바울은 눈에 안 보이는 것을 바라지, 눈에 보이는 것을 누가 바라겠느냐고 하였습니다. 이 세상의 보이는 것을 누가 바라겠습니까? 보이는 것에서 바랄 것이 무엇이 있습니까? 우리 눈에 보이는 것 중에 바랄 것이란 아무것도 없습니다. 툭 하면 이상 세계(유토피아)를 외치는데, 이상 세계가 나오면 어떻단 말입니까? 이상 세계도 상대 세계일 것이고, 나고 죽고 하는 세계일 것입니다. 우주 자체가 한숨인데 이상 세계인들 우는 소리가 없겠습니까? 평안치 못한 데서 소리가 납니다. 한숨은 이상 세계에서도 나옵니다. 그놈의 이상 세계가 어떠한 세상이기에, 그 세상을 갖고 사람을 심판할 만한 게 되겠습니까?

'못 쉬는 숨을 쉬노라니 한숨'과는 반대로 '맞임(맏힌)내 쉬는 숨을 안 쉬겠다니 한숨'은 '마침 내가 쉬는 숨을 마칠 때 그만둘 숨'이라는 뜻이 됩니다. 또는 괄호 속의 '맏힘'처럼 상대 세계가 우리에게 와서 마주 서게 하는 복수(複數)의 세계를 말합니다. 그러면 서로 말이 됩니다. 말씀을 하게 됩니다. 이것을 맞게 하는 '맏힘'입니다. 서로 마주 서면 힘이 생깁니다. 그 힘이 종단은 맞게 그치게 되는 세상사에 참여하는 인(仁)의 근원이 됩니다. 힘이 생겨 일의 끝을 마치면 '맏힘'이 됩니다. '맞임내 쉬는 숨을' 모두 그친다는 말인데, 안 그치겠다고 합니다. 죽인다 하면 죄다 싫어합니다. 죽기는 어렵고 살기는 쉬운 줄 알고 살기를 쉽게 아나, 그것도 종단에는 '쉬'는 것입니다. 싫은 것, 쉬운 것이 어디 있습니까? 다 미혹입니다.

'주충신사의(主忠信徙義)', 공자가 숭덕(崇德)의 근본을 말한 것입니다. 옳은 것은 옳은 쪽으로 옮겨야 덕(德)을 높이(崇)는 것이 된다는 말입니다. 혹(惑)이 있어서 이러한 말씀을 한 것입니다.

애지욕기생(愛之欲其生) 오지욕기사(惡之欲其死) 기욕기생(旣欲其生) 우욕기사 시혹야(又欲其死 是惑也), 사람이 살고자 하는 것처럼 애착하는 것은 없습니다. 죽음처럼 증오하는 것 또한 없습니다. 죽인다 하면 살고자 하고, 살리고자 하면 빨리 죽었으면 합니다. 이것이 혹(惑)이 아니고 무엇이냐는 말입니다. 죽는 게 나쁘고 사는 것이 좋고, 오니 좋고 가니 나쁘다는 것은 인생이 혹해서 그렇습니다. 여기에는 언짢고 좋고가 없습니다. 그런데 말끔히 이 시험에서 헤어날 줄을 모릅니다. '살기'는 좋고 '죽기'는 생각도 하지 않겠다는 것은 두 번 '혹'하는 것입니다. 먼저 죽으려고 하는 '혹'은 더구나 어림없는 '혹'입니다. 이 지경이 마침내 쉬는 숨을 안 쉬겠다는 것입니다. 그러니 나오는 것은 '어휴!' 하는 '한숨' 뿐입니다. 그칠 숨을 자기만 안 그치겠다니 그런 '혹'이 어디 있으며, 사니까 답답하고 갑갑하니 어찌 한숨이 아니 나오겠습니까? 답답할 수밖에 없지 않습니까?

않 쉬는 숨을 쉬가지란 말슴

이런 말씀이 어떻게 해서 나오느냐 하면 '않 쉬는 숨을 쉬가지란 말슴'입니다. 그래서 이것이 말씀입니다. 애초부터 그러한 숨을 아니 쉬면 몰라도 영 그칠 수 없는 숨을 쉬 가지라니까, 할 수 없이 말씀이 나옵니다. 애초부터 코가 풍구질을 그치기란 생각할 수 없는 것입니다. 그친다면 풍구(風具)는 필요 없습니다. 풍구는 생긴 후부터 풍구질하기 마련입니다. 그러니 풍구질을 다하여야 하지 않겠습니까? 이렇게 하여 소리가 나옵니다. 이같이 생각해야 정말 숨과 말씀을 어지간히 알게 됩니다.

이번에는 〈얼김(神靈)〉을 풀이해보겠습니다.

얼김은 새록새롭 무슨 걸림에서고 새어 솟남
사룸남은 나남이오 나냄남은 솟아솟남
얼김에 쩔리운 목숨 묵을 줄이 있으랴.

이 사람은 '얼', '김'이라는 말을 많이 씁니다. 신(神)을 '얼'로, 영(靈)을 '김'으로 쓰자는 말입니다. '신'하면 참정신(精神) 같은 무슨 존재가 있는 것같이 생각되고, '영'하면 무슨 김이나 한데의 바람과 같은 뜻이 있는 것 같습니다. 그래서 '얼'과 '김'이라는 말을 쓰자는 것입니다. 코로 안 쉬는 숨이 있다면, 영원히 안 쉬는 숨이 있다면, 산소와 탄산가스가 나오지 않는 숨이 있다면, 그것은 '얼·김·숨'입니다. 우리 주변에 있는 대기(大氣)로 쉬는 숨은 마치는 숨입니다. 그것은 한숨밖에 더 쉴 것이 없는 숨입니다. 그렇다면 '안 쉬는 숨'이란 목구멍과 콧구멍으로 대기나 물질의 배설을 볼 필요가 없는 정신의 '얼·김·숨'이라야 할 것입니다. '안 쉬는 숨'이 무엇이냐 하면 '얼·김·숨'입니다. 그것을 쉬 가지란 뜻은 머지않아 가지라는 뜻입니다. 적어도 이 목숨이 그치기 전에 가지라는 말입니다. 이 말씀은 다른 말씀이 아닙니다. '얼·김·숨'을 가지라는 말씀입니다.

"그러므로 우리는 언제나 마음이 든든합니다. 우리가 육체의 몸을 입고 살고 있는 동안에는, 주님에게서 떠나 살고 있음을 압니다."(《고린도

후서〉 5:6)

이것은 혹(惑)하지 않는 지경을 말합니다. 담대(膽大)하라고 사도 바울이 한 말입니다. 예수도 주(主)의 이름으로 두세 사람만 모이면 하느님이 우리 안에 계시다고 하였습니다. 예수를 믿는 사람이면 자기가 사는 것이 아니라 주 예수 그리스도를 모시고 살려고 합니다. 오늘 여기서 보는 것으로, 바울은 우리에게 항상 담대하여 몸에 거할 때는 주님에게서 떠나 거하는 줄 알라고 하였습니다. 그리스도와 한데 거하지 못하는 것입니다. 그리스도 밖에 있는 것입니다. 암만 해도 이것을(류영모가 몸을 가리킨다) 둘러쓸 때에는 '얼·김·숨'과는 멉니다. '얼·김·숨'을 꼭 알아내자면 자꾸 벗어버려야 한다는 생각이 들고, 그러면 담대할 수 있습니다.

"우리는 믿음으로 살아가지, 보는 것으로 살아가지 아니합니다." (〈고린도후서〉 5:7)

믿음으로 권하는 것이지, 보이는 것으로 하는 게 아니라는 말입니다. 이 말씀을 이 대목에서 하려고 합니다. 우리는 믿음으로 행하지, 보이는 것으로 행하지 않습니다. 만져보고 눈에 보여서 소유한다는 식으로 사는 것이 아니라는 뜻입니다. 믿음으로 산다는 말입니다. 바울도 보이는 것을 바라지 않고 보이지 않는 영원한 것을 바란다고 하였습니다. 보이는 것이란 얼마만큼 보이는 것입니까? 한숨 세계에서 바랄 것이 무엇이 있습니까? 한숨 밖으로 나가야 합니다. 여기서 담대하여야 합니다. 그러면 미혹되지 않습니다. 믿음으로 행하고, 보이는 것으로 살아가는 게 아니라는 것을 굳게 믿고 가야 합니다. 그런데 믿음이라는 것은 무엇입니까?

요새 백일장(白日場)을 한다고 신문에 광고가 나옵니다. 오다 보니깐 누가 부흥회의 백일장을 한다고 흰 광목으로 휘장을 쳐놓고, 무슨 기도를 하고 신유(神癒)를 한다고 굉장히 크게 써 붙였습니다. 환자를 위해서 특별기도를 하고 부흥을 한다고 법석입니다. 꼭 백일장을 하는 것 같습니다. 이렇게 밤낮 없이 굉장히 떠들며 부흥을 일으키고 구원을 받는다고 합니다. 기도해서 병이 낫는 것이 부흥이고 구원이라고 그것을 쫓아가는 데 열심입니다. 병이 나면 약을 찾고 의원을 찾을 일이지, 쉽게 낫는 수가 있다고 해서 그렇게들 야단입니다. 믿음으로 할 것을 그렇게 보이는 것으로 해야 합니까? 그것은 미혹이고 미신이 아닐 수 없습니다. 〈고린도후서〉의 이 구절을 잘 몰라서 하는 것들입니다. 사도 바울은 이것을 분명히 분간해놓았습니다.

다음은 시 〈밀어 믿음으로 밀으리〉입니다.

정신에 사는 사람은 보이는 존재에 결코 만족하지 않습니다. 그 이상을 요구합니다. 그런데 믿음이라는 것은 밑바탕에서 밀어 올리는 것을 말합니다. 추리(推理)라는 말이 있습니다. 밀어서 자꾸 올라간다는 뜻입니다. 밀어 나가는 것이 아는 것입니다. 아는 것으로 밀어 나가는 것이 아는 것입니다. 아는 것을 더 밝게 하는 것이 추리입니다. '밀어 믿음으로', 밀어서 들어 나가야 합니다. 설음(舌音)으로 된 이 받침들도 아주 묘합니다. 반설음(半舌音, ㄹ) 다음에 설음(舌音, ㄷ), 그 다음에 된설음(ㅌ)을 붙인 이 순서도 글 자체가 이 뜻을 말하는 것같이 보입니다. '미'라는 글자는 'ㄴ'와 'ㅣ'가 합해서 된 것입니다. 밀어 가는 것은 '이겨(니기)'가는 것과 다름없습니다. 밀어 믿음으로 '니기'가 들어서 들어 올라가는 것이 믿음입니다. 결국은 '이겨(니기)'가 터져야 나갈 때로 나가게 됩니다. 그래서 '밀으리'가 되었습니다. 하늘 밑을 이 밑바닥에서 밀어 들어서 하늘에 닿을 만큼 올라가자는 것입니다. 이것이 믿음입니다.

"세례자 요한 때로부터 지금까지, 하늘 나라는 힘을 떨치고 있다. 그리고 힘을 쓰는 사람들이 그것을 차지한다."(《마태복음》 11:12)

이렇게 밀고 들어가는 것이 아니겠습니까!

밀어 드러 트려는 것이 우리 숨 사름이거늘

'사름'은 살린다는 말입니다. 말씀 사뢴다는 뜻입니다. 밀어 들어 터지도록 터버리는 것이 우리의 숨을 '사름', 곧 사뢰는 것입니다. 이것이 신앙이요 믿음입니다. 결코 보이는 것으로 살아서는 안 됩니다. 부흥회 같은 것을 할 필요가 없습니다. 우리 동네에 시집온 지 얼마 안 되는 아낙네가 실성을 했는데, 그리스도교를 믿게 되었습니다. 친정에서는 굿이 좋다고 굿을 했는데, 굿을 하게 되니 그리스도교는 자연히 그만두게 되었습니다. 양약이 듣지 않으면 한약을 쓰듯이, 점쳐서 안 되면 장님 굿을 하는 식입니다. 이렇게 해서 무슨 일이 되겠습니까?

눈이 맞우치거나 입을 맞히거나 보이는 판의 셈만 맞히랴믄

밀어 믿음으로 해서 위로 가지 않고 옆으로만 가려고 합니다. 보이는 것만 좇아가려고 합니다. '눈이 맞우치거나', '입을 맞히거나', 옆으로 가는 세상이 말끔히 그렇습니다. 무슨 남녀관계를 말하는 것만이 아닙니다. 밤낮 남을 보고 좇아갑니다. 거죽만 좇아갑니다. 마주 서 있는 것을 좇아갑니다. 무엇을 두고 쑤군쑤군거립니다. 입을 맞대는 것이나 다름없습니다. 도둑놈일수록 신사인 척합니다. 거짓 탈을 쓰고 입을 맞대고 눈을 맞춥니다. 눈을 맞추려니까 거죽의 탈을 굉장히 차립니다. 무슨 상담비를 얼마 내놓아야 한다는 따위의 말이 나오곤 합니다. 말끔히 보이는 것을 좇아가는 부작용입니다. 이런 놈이 보이는 판은 전부 셈을 맞추려는 것뿐입니다.

외기도 퍽은 외었다 아조 틀려먹었다

옳은 쪽은 우측(右側), 그른 쪽은 좌측(左側)이라고 합니다. 그래서 외었다고 하면 왼편의 나쁜 쪽을 말합니다. 손도 바른쪽을 써야지 왼손을 쓰면 못쓴다고 합니다. 요새 외국 사람들은 흔히 양손을 쓴다고 합니다. '외기도 퍽은 외었다', '퍽 외었다'는 것은 동(東)으로 갈 것이 서(西)로 갔다는 뜻입니다. 아주 틀렸다고 할 수밖에 없습니다.

다음은 〈맨웋 꼭대기는(絶對)〉을 풀이하겠습니다.

　붙엇잖고 싸대기와 나듦없이 꾹백혔음
　잘났노라 가로뛰고 얌젆게도 괴임보나
　그러나 맨꼭대기는 너나없이 대야ᅙ

우리는 절대(絶對)라는 생각을 알지 못합니다. 모르면 모르는 대로 절대라는 생각을 해야 합니다. '맨웋 꼭대기', 이것을 생각하지 않을 수 없습니다. '잘났노라 가로뛰고→얌젆게도 괴임보나, 붙엇잖고 싸대기와→나듦없이 꾹백혔음', 한군데 붙어 있지 않고 미친개가 여기저기를 싸다니는 것처럼 나듦 없이, 곧 나고 들고 하는 것 없이 한군데 꾹 박혀 있는 것에서 전자(前者)는 잘났노라 가로 뛰는 꼴이고 후자(後者)는 얌전하게 귀공자처럼 보이는 꼴이라는 뜻입니다. 인생은 말끔히 이 모양 이 꼴입니다.

'그러나 맨꼭대기는 너나없이 대야ᅙ', 그같이 정신없이 헤매지 말고 맨 꼭대기는 너나 할 것 없이 거기에 갖다대어야 한다는 뜻입니다. '밀어드러 트려는 것이 우리 숨 사름이거늘', 어찌 맨 꼭대기까지 갖다대지 않을 수 있겠습니까?

다음은 〈뜰 때 뜸을 얻기〉라는 시입니다.

떠날 때 되면 떠날 수 있는 준비를 해야 합니다. 준비가 없으면 떠날 수 없습니다. 어떻게 그 준비를 합니까?

잠 잘자는 어린이가 잘 자라나 어른되고
이것은 사실입니다.

몸잘맞인 월김(神靈)찬 이 늘 삶으로 월뜸가리
타고난 이 몸을 마칠 때 잘 마쳐야 합니다. 알맞을 때에 마쳐야 합니다. 땅에서 나서 땅으로 돌아갑니다. '월김'을 찾아 늘 사는 것, 곧 영원히 갖고 가는 것을 얻어서 떠나갈 수 있게 하여야 합니다. '월뜸(으뜸)'이라는 것은 맨 처음과 우연히 그 뜻이 같지만, 얻을 것을 얻고 떨어진다는 뜻도 포함됩니다.

섯블리 잠귀 밝거나 긴삶 자랑 삼을가
섣불리 총명한 것같이 하지 말라는 말입니다. 잠귀 밝은 것을 총명하다고 하나, 그러면 무엇합니까? 잠을 못 자는 불면증이지 아무것도 아닙니다. 그리고 한 십 년 더 살았다고 늙은이 행세를 하고 길게 산 것을 자랑하는데, 얼마를 더 산 것이 길게 산 것입니까? 어림없는 수작입니다. 뜰 때 뜸을 얻어야 합니다. 준비가 있어야 합니다. 남들은 준비를 다 하고 떠나는데, 자기만 남아서 무엇을 자랑한다는 말입니까? 늙으면 주책만 남습니다.

이번에는 웃을 수 있는 재미있는 시 〈쉰 줆 일 본 날〉을 보겠습니다.

날도 더운데 답답한 소리만 하는 것 같아서 이번에는 웃기는 소리를 하나 하겠습니다. 이것은 세상에서 좋은 일은 보기 어려운데 '쉽게 좋은 일을 본 날'이라는 뜻입니다.

내 나 예순 여덟재히 딸의 딸 본 여덟달재

딸의 딸인 외손녀를 예순여덟 살에 보았습니다. 그 손녀가 8개월 되던 달입니다. 이렇게 보면 손녀를 구경하기도 힘든 일입니다. 이 사람에겐 아직 친손주가 없습니다.

잠투세끌 닭 잠들낮 파리 셋넷 도라든다

잘 때가 되면 아이는 응석을 부립니다. 그러면 아이를 재우느라 애를 씁니다. 겨우 잠투정이 끝나고 막 잠이 든 아이의 얼굴에 파리가 서너 마리 덤벼들어 아이를 기어이 깨워놓고 맙니다.

불잡아 창밖에 놓니 파리 뵀다 좋아라

이 파리를 잡아 창밖으로 놓아주니 파리는 좋다고 날아가버립니다. 물론 고맙다는 소리는 한마디도 하지 않습니다. 어떤 사람은 잔치 때 일부러 비둘기를 사서 방조(放鳥)를 한답니다. 새를 살려준다는 표시로 말입니다. 남생이를 잡아먹으려고 하는 것을 살려주니까 은공을 갚았다는 옛날 얘기도 있습니다. 오늘 생긴 일이지만 자세한 얘기는 하지 않겠습니다.

오늘은 여러분과 만나는 날이라 아침부터 조용히 있으려고 했습니다. 그런데 아이를 덜컥 이 사람에게 맡기는 바람에 이 아이를 재워보겠다고 무진 애를 썼습니다. 마침 아이가 겨우 잠이 들었는데 파리가 달려들어 아이를 깨우려고 했습니다. 파리채가 없는 것도 아니고 무슨 살생을 싫어해서도 아닌데, 손 한번 씻어버리면 그만이라는 뜻으로 파리를 손으로 잡아 창가 밝은 데다 내어놓으니, 그냥 좋다고 날아가버렸습니다. 그런 놈 죽이지 않고 놔주었다고 시비(是非)가 일지 모르나, 파리는 그냥 좋다고 날아갔습니다. 물론 파리가 달아난 것이 아니고 이 사람이 놓아준 것이긴 합니다만, 그 관계에는 무척 많은 문제가 있습니다.

마지막으로 볼 시는 〈숨을 쉬는 우리〉입니다.
'숨을 쉬는 우리', 이것이 이 문제의 제목입니다. '한늘'의 '한'은 무한한 공간이고, '늘'은 영원의 뜻입니다. 우주라는 뜻으로 쓰고 싶습니다.

> 맨드르신 한늘이오 버려 두신 땅인딕
> 부닫힌 몸 들린 머리 바라나니 얼 김 숨 삶
> 쳐드러 사로는 목숨 저버릴 줄 있으랴.

'맨드르신', 맨손으로 들어놓았다는 뜻입니다. 손으로 만들었다는 것은 사람의 수작(手作)이고, 맨손으로 들어놓은 것은 진작 만들었다는 뜻입니다. 사람이 한 것은 창(創)입니다. 한쪽에 칼질을 해서 상처를 낸 것입니다. 한데 없이 맨으로 들어내신 것이 이 우주입니다. 이 땅이 보이는 것은 하느님이 내버리신 것입니다. 하느님은 이것을 버려두고 모른 척합니다. 그저 버려두신 것은 우리에게 위임한 것입니다. 그러한 '땅인딕'의 '딕'는 이 사람이 즐겨 쓰는 말입니다.

'부닫힌 몸 들린 머리 바라나니 얼 김 숨 삶', 이것은 늘 이 사람이 하는 소리입니다. '부닫힌'은 들이받아서 부닥쳤다, 곧 다쳤다는 뜻입니다. 부닥친 몸입니다. 여기에 머리가 하나 위로 들려 있습니다. '들린 머리'는 무엇을 바라려고 들려 있는 것입니까? 머리가 위로 들린 것은 오직 '얼ㆍ김ㆍ숨'을 바라는 것이고, 이것을 잡고 살아야 합니다.

'쳐드러 사로는 목숨 저버릴 줄 있으랴', 사리는 것은 목숨이나 말씀이나 같습니다. 사람 노릇 하는 것이 '사룸'입니다. '저버릴 줄 있으랴'는 배반할 수 있겠느냐는 말입니다. 배반(背反)은 등을 댄다는 말입니다. 목숨을 내던질 수 있느냐는 뜻입니다. 언제든지 이 느낌을 갖고 가야 한다는 말입니다.

가멸은 땅에 버려둔 채 가리(眞理)만 타서 날로 쓸터
이몸이 늘 가븨얍고 몸 또 좋아 맑을세라
맨드신 맨웋 꼭대길 아니낼 줄 있으랴.

가멸은 재산을 말합니다. 재산을 오래 쓰려면 제발 넓은 땅에 버려두십시오. 자기 집에 들여놓으면 일찍 무슨 일이 생깁니다. 있다가 없어지면 바뀐 환경에 미치는 경우가 있습니다. 재물은 결코 잡아 두지 말아야 몸과 마음이 편합니다. '부(富)'라는 글자는 광에 자꾸 무엇을 싸놓은 것을 말합니다. '복(福)'이라는 글자에서 시(示)는 위에서 무엇을 보여준다는 뜻이 있습니다. 천하가 다 같이 쓸 것을 보여주는 것이 복(福)입니다. 천하가 쓸 것이니까 천하에 그냥 놔두어야 합니다.

'가리(眞理)만 타서'에서 '가리'는 이(理)입니다. 가리를 못 잡는다는 말이 있습니다. 가릴 줄 알아야, 곧 분간할 줄 알아야 합니다. 가릴 줄 모르면 분간을 하지 못합니다. 가리는 곧 이치가 됩니다. 가리를 이치(理致)라고 쓰자는 말입니다. 진리를 '참가리'라고 해도 좋습니다. '가리(眞理)만 타서 날로 쓸터', 날마다 써야 합니다. 두었다가 한꺼번에 쓰는 것은 안 됩니다. 이 세상은 물질로 사는 것이 아닙니다. 그것은 땅에 그냥 놔두고 '가리'만 타서 써야 합니다. 이치를 타면 안 되는 일이 없습니다. 비행기가 그렇고 잠수함이 그렇습니다. 도저히 안 될 것 같은 것도 이치만 타면 되는 수가 있습니다.

콩나무, 팥나무가 어떻게 생긴 줄 모르는 것을 숙맥(菽麥)이라고 합니다. 뭘 모르는 도회지 사람이 농사꾼의 아들을 보고 숙맥이라고 합니다. 누가 숙맥인지는 모를 노릇입니다. 하나도 모르는 사람이 많이 아는 사람 보고 숙맥이라고 하는 이 세상입니다. 함부로 숙맥이라는 말을 할 수 없음을 느낍니다. 요새도 지방에 갔다가 해가 저물면 하룻밤 묵기를 청합니다. 시골에서는 날이 저물고 잘 곳이 없으면 으레 재워 보내는 것이려니 하고 웬만하면 청을 받아들입니다. 그리고 먼 길 온 손이라고 저녁 전이면 식사 대접도 합니다. 그것도 조밥일망정 수북이 담습니다. 시골만 해도 올해 먹을 것 먹고, 내년이면 또 비가 올 테고 씨를 뿌리면 하늘이 해주시려니 하고 턱 맡기고 대범합니다.

　서울은 고사하고 다른 도회지에서 과연 그럴 수 있습니까? 거지만 하더라도 그믐날 오라고 합니다. 그믐날도 일 전이 아니라 오 리를 줍니다. 거지도 그것을 알고 오 리짜리 없는 집에 갈 경우를 대비해 오 리짜리 거스름돈을 준비해서 일 전을 받고 오 리를 놓고 옵니다. 오 리짜리 거스름이 없으면 둘이 가서 일 전을 받습니다. 밥 대접을 그같이 하는 시골 사람이 돈 오 리를 다투는 서울 사람보다 부자냐 하면 그렇지 않습니다. 농사짓는 사람은 어지간히 대범하고 내버려 둘 것을 내버릴 줄 알아서 그렇습니다. 그러면 숙맥은 누가 숙맥입니까.

　'가멸은 땅에 버려둔 채 가리(眞理)만 타서 날로 쓸터', 이래야만 합니다. 기계 중에서 가장 간단한 것이 바퀴라고 합니다. 우리나라가 동양에서도 기계가 발달하지 않은 것은 바퀴를 쓸 줄 몰라서 그렇다고 합니다. 중국은 일적부터 바퀴를 사용했습니다. 길이 나쁘면 외바퀴를 쓰기도 한답니다. 지금도 그렇습니다. 우리는 오늘날까지 지게를 지거나 머리에 이는 신세를 면치 못합니다. 바퀴 신세를 지는 것을 보면 어지간히 땅에 내버려 두겠다는 마음이 보입니다. 우리같이 송두리째 그냥 등에 지거나 머리에 이고 가겠다는 정신이 아닙니다. 살살 땅에 대서 굴려 가지고 가는 그 정신은 자연(自然)을 거스르지 않습니다. 땅에서 난 것으로 땅을 무시하지 않는 무엇을 볼 수 있습니다.

'이몸이 늘 가븨얍고 몸 또 좋아 맑을세라', 몸이 맑고 깨끗해야 마음도 또한 밝아집니다.

'맨드신 맨웋 꼭대길 아니댈 줄 있으랴', 맨 꼭대기에 저절로 갖다대게 됩니다.

> 웋로 오름 삶의 오름 올(早·當年)사리가 올바른 삶
> 알몸 맺여 버리는 날 월몸 돼서 뵈오리
> 거룩다 그리스도록 이에 숨을 쉬는 이

'웋로 오름 삶의 오름 올(부·當年)사리가 올바른 삶', '웋'로 오르는 삶이 오른 사람의 삶 노릇이고 일찌감치 하는 사리가 올바른 삶이라는 뜻입니다.

'알몸 맺여 버리는 날 월몸 돼서 뵈오리', 알몸을 맡겨버리는 날이 옵니다. 알몸뚱이는 흙으로 되어 있습니다. 도로 흙으로 갑니다. 도로 보내어 이 다음 쓸 때가 있으면 도로 달라고 합니다. 그날이 오면 얼, 마음, 정신의 마음이 되어서 볼 수 있습니다.

'거룩다 그리스도록 이에 숨을 쉬는 이', 우리 숨쉬는 존재가 그리스도록(그리 서도록) 거룩하게 되어야 합니다.

'알몸 맺여 버리는 날 월몸 돼서 뵈오리', 이것은 우리가 살면서 경험할 수 있는 일입니다. 알몸을 맡겨버리는 날은 큰 날이라 합니다. 이는 장사 지내는 날이나 혼인날과 비슷합니다.* 옛날에 새색시가 타고 갔

---

* 장사 지내는 날은 몸을 땅에 맡기는 것이고, 혼인하는 날은 몸을 배우자에게 맡기는 날이다.(박영호)

던 가마를 지금은 볼 수 없습니다만, 모양이 장사 때의 상여와 비슷합니다. 요새 꽃다발을 드리는 것과 같다고 할 수 있습니다. 나이가 되면 몸을 맡기게 됩니다. 껍데기인 몸만 맡기고 서로 좋다고들 하는데, 젊은이들은 이 점을 많이 생각해야 합니다. 옛날에는 '장가간다' 하면 장인 집에 가는 것을 말했습니다. 남녀가 같이 장인 집에서 잠을 잡니다. 어쨌든 일생에 한 번 서로 알몸을 맡기는데, 이때 껍데기 살만이 아니라 사람의 속이 문제입니다. 도무지 껍데기만 맡기면 낭패입니다. 20년, 30년, 40년을 지내도 자꾸 얼과 몸이 새로 나와 서로 뵈이면 그것 또한 새로운 삶이 될 것입니다. 깊은 얼몸의 샘물을 주고받는 부부 생활은 한이 없고 끝없는 무엇을 서로 나눌 수 있습니다. 영원히 살 수 있는 것을 발견할 수 있으리라고 봅니다.

'알몸 맺어 버리는 날 얼몸 돼서 뵈오리', 젊은 사람, 특히 혼기를 앞둔 사람은 많이 참고하여야 합니다. 이것 하나를 가지면 늘 새로운 아내, 새로운 남편을 볼 수 있습니다. (1957. 9. 13.)

나의 스승 류영모*

정양모 선생과 김원호 선생의 공덕으로 류영모 선생의 속기록이 출판되게 되어 감사한 마음을 금할 길이 없다.

지금까지 류영모 선생에 대한 많은 책이 나왔지만 모두 선생의 말씀을 풀이한 책이었는데, 이번에 선생의 말씀이 직접 출판되게 되어 선생의 수무족도(手舞足蹈)하던 풍채와 독특한 제소리가 우리의 마음을 더욱 흐뭇하게 할 것 같다.

류영모 선생은 1890년에 나서 1981년까지 92세를 사셨다. 32세에 오산학교 교장이 되어 함석헌을 가르쳤고, 40대에는 서울 YMCA에서 《성경》을 가르쳤으며, 50대에는 광주 동광원에서 이현필을 가르쳤다. 나는 선생의 60대에 가르침을 받았다.

류영모 선생은 한마디로 참사람이었다. 16세에 세례를 받고 믿음이 생기지 않아서 고민하고 고민하다가 52세 때 하나님의 계시를 받고 믿

---

* 김흥호(金興浩, 1919~2012) 목사. 이화여대 기독교학과 교수. 다석학회 고문을 지냄.

음에 들어가게 되었다. 나는 하나님 안에 있고 하나님은 내 안에 있다는 확신을 가지게 되어 처음으로 빛의 의미를 알게 되었다.

그 후 류영모 선생은 '내가 그리스도와 함께 십자가에 못 박혀 죽었으니 이제는 내가 사는 것이 아니라 그리스도가 내 안에서 산다'는 확신을 가지고 자기를 이길 수 있는 힘을 얻게 되어 탐진치위(貪瞋痴僞)의 죄악을 벗어나 일식(一食)·일좌(一坐)·일언(一言)·일인(一仁)을 실천하였다. 66세 때에는 말씀으로 살 결심을 하고, 67세가 되는 1956년 4월 26일을 자기가 죽는 날로 정하였다. 그리고 일 년 동안 자신을 완전히 하나님께 드리는 제물로 삼아 여러 번에 걸쳐 금식기도를 하며 참말씀을 다시 찾기 시작하였다. 15일간을 금식하고 YMCA에 나올 때는 몸이 많이 수척해서 사모님이 뒤따라오기도 하였다. 그때 앵두가 한창 익을 철인데 앵두를 보기만 해도 먹은 것과 다름이 없다고 하시고는, 하나님을 알고 그리스도를 아는 것이 영원한 생명이라고 하며 〈요한복음〉 17장을 여러 번 풀이하였다.

류영모 선생은 죽음은 인생의 시작이지 끝이 아니라는 것을 역설하였다. '죽어서 사는 것이 진짜 사는 것이지, 살아서 사는 것은 진짜 사는 것이 아니다' 하며, 장면 부통령이 지은 《젬마 갈가니》라는 책을 사서 우리들에게 나누어주었다. 젬마는 가끔 탈혼하여 하늘나라에 갔고 예수님이 십자가에 못 박힌 자국을 손에 가지게 된 성녀다.

그때 류영모 선생은 심신탈락진 유유일진실(心身脫落盡 唯有一眞實), 곧 몸과 마음을 벗어버리고 천사처럼 영광의 몸으로 사는 것이 참 사는 것이라고 하며 환빛(榮光)이라는 말씀을 많이 하였다. 사람은 났다 죽는 나가 참나가 아니고 왔다 가는 나가 참나라는 말씀도 하였다.

류영모 선생은 '내가 십자가로 아버지를 환빛나게 하였으니 아버지께서도 나를 부활로 환빛나게 해 달라'는 주님의 말씀이 참말씀임을 강조

하였다. 부활의 몸이 참나지 세상의 몸은 참나가 아니라고 하여, 선생 자신도 4월 26일에 죽어서 참나로 살 것이라고 하였다. 그래서 나는 선생이 돌아가시기 전에 선생의 말씀을 기록으로 남기려고 속기사에게 1년 동안 속기를 시켰다. 비용은 인천에서 사업하는 이상기 장로가 기꺼이 부담해주었다.

1956년 4월 26일은 목요일이었다. 나는 선생의 죽음을 생각하고 한없는 슬픔에 잠겨, 그동안 내가 선생에게 받은 것이 무엇인가 적어보았다. 일식(一食)·일좌(一坐)·일언(一言)·일인(一仁)이 떠올랐다. 내가 선생의 뒤를 이어 하나로 꿰뚫기(一以貫之)를 하고 내 식으로 할 일이 있다면 한때 먹을 일(統一), 싸움이 있다면 한곳이 싸움(獨立), 말씀이 있다면 한참 잘 말 숨(自由)이라고 적어서 선생 영전에 바치기로 했다.

그 다음 날 자하문 언덕을 올라가던 중 내 앞에 누군가 다가오는 이가 있었다. 고개를 들고 쳐다보니 류영모 선생이었다. 나는 마치 부활하신 주님을 보고 '주님!' 하고 부르던 막달라 마리아의 심정으로 '선생님' 하고 소리를 쳤지만, 그 소리는 내 입안에서만 맴돌 뿐이었다. 죽은 것은 선생이 아니고 다만 나였구나 하는 마음이 꽉 찼다.

나는 아무 말 없이 내가 적은 글월을 선생에게 바쳤고, 그날 선생은 YMCA에서 내 글을 칠판에 적어놓고 두 시간가량 설명을 하며 이 글은 영원히 썩지 않을 말이라고 하였다.

나는 류영모 선생의 사상이 한국의 통일과 독립과 자유를 기원하는 조국에 대한 사랑이 뭉쳐 생각으로 나온 것이라고 본다. 이 사랑을 몸으로 실천할 때 말없는 기도가 되고 일식·일좌·일언·일인으로 나타난다. 조국에 대한 사랑이 생각의 뿌리가 되어 말씀으로 피어난 것이 선생의 사상이라 하겠다.

류영모 선생은 특히 우리글을 사랑하여, 한글은 하나님이 세종대왕을 통하여 우리에게 보내신 계시라고 생각하였다. 한글의 핵심은 가온찍기(無極而太極)라고 못 박고, 한글의 ㅅ·ㅈ·ㅊ로 되는 삼층 구조를 '삶'이 '젊'이 되고 '참'이 되는 진리탐구의 방법으로 여겼다. 선생에게는 한글 그대로가 진리의 구현이며, 한국말은 하나님의 진리가 담긴 도구였다.

류영모 선생은 '꼭대기' 하면 하나님 나라인 꼭대기를 가리키며, 동시에 하나님 나라에 내 머리를 꼭 갖다대는 것, 곧 수출고고령현외(首出高高領懸外)라고 하였다. 그리고 '꼭문이(꽁무니)'는 이 세상에 대해서 꼭 문을 닫고 열어주지 말라는 요긴심심리황중(要緊深深理黃中)이라고 하였다. 햇빛은 물 위에 오르고 달 힘은 나무 가운데를 잡았다고도 풀이하였다. 꼭대기와 꽁무니, 이 두 마디만 가지면 구원이 완성된다고 생각하여 부활은 꼭대기이고 십자가는 꼭문이라고 말씀하기도 하였다.

류영모 선생은 10, 20, 30, 40, 50, 60, 70을 '열렀슴을 설어 마라 쉬여 이 여쉬어 일우리라' 하며 웃기도 하였다. 한국말에는 진리의 빛이 언제나 빛나니 금강석을 다른 데서 찾지 말고 우리말에서 찾는 것이 조국 사랑이라고도 하였다. 조국을 사랑하여 한국말을 품에 안고 깨워 가는 것이 선생의 사상이요, 한국말을 풀어 가는 것이 선생의 말씀이었다.

류영모 선생은 숫자의 신비도 느끼고 살았다. 매일매일 자기가 산 날짜를 세면서 살아갔다. 영원을 영원에서 찾지 말고 찰나에서 찾으라고 하였다. 영원한 생명은 오래 사는 것이 아니라 참되게 사는 것이요, 하나님을 알고 그리스도를 아는 것이 참을 알고 사는 것이요, 참을 알고 참되게 사는 것이 영원히 사는 것이라고 말씀하였다. 선생은 언제나 영원을 하루 속에서 살았다. 그리하여 하루하루 선생의 산 날짜와 깬 생각을 적어 간 것이 다석일지(多夕日誌)이다. 매일매일 생각하고 생각하여 자기 속에서 나오는 말숨이 제소리이다.

제소리는 독특한 창작이다. 류영모 선생에게는 모든 만물이 생각의 자료였다. 선생은 특히 0, 1, 2에 대해 한없는 신비를 느꼈다. 0을 마음의 모습이라고 하며 특별히 애착을 가졌다.

없이 계신 하나님, 빈탕한데, 류영모 선생이 가장 많이 생각한 것이 빈탕이다. 진공묘유(眞空妙有), 무위자연(無爲自然) 사상은 선생이 가장 좋아한 사상이다. 선생이 행한 죽음의 앞당김도 빈탕한데라는 생각의 구체적 표현이며, 선생의 죽는 날은 무위자연의 구현이라 하겠다.

류영모 선생은 그날 나에게 죽음을 넘겨주고, 자신은 성령과 하나가 되어 성령의 말숨을 숨쉬는 숨의 삶을 다시 살기 시작한 것이다.

류영모 선생의 일기(다석일지)는 1955년 4월 26일부터 시작한다. 선생은 67세가 되던 1956년 4월 26일부터 새로운 삶을 시작하였다. 그것은 말숨 쉬는 생명의 삶이었다. 선생은 이때부터 병아리 시기를 넘어서 독수리의 삶을 시작한 것이다. 자유롭게 말숨 쉬며 매일매일 말씀의 알을 낳기 시작하였다. 12세에 빛의 세계에 들어가서는 66세에 힘의 세계를 끝내고, 67세부터는 숨의 세계, 생명의 세계, 말숨의 세계를 살기 시작한 것이다. 그 후 20년 동안 계속해서 낳은 알(智慧)이 시조형(時調形), 한시형(漢詩形)이 되어 삼천 알가량을 낳았다. 누구든지 이 알을 깊이 생각하여 깨워만 놓으면, 자기도 모르게 깨달은 사람, 믿음의 사람이 될 수 있다. 그 알의 예를 들어보면 다음과 같다.

이때 이터 이람은 날마지 날냄 때믄 이람을 알 터면 쏜살같이 빠른 빛의 알(十白千万千億兆) 어지러이 흩어진 빛의 알속에 이내몸은 빨아 대린 헌 입성 빨고 빨고 몇 물이고 빨고 대리고 대리고 몇 불이라고 대리어 다 낡아지도록 빨아 대리어 맑고 밝게 피게스리 아멘.

류영모 선생의 말숨은 빛과 힘과 숨의 구현이다. 눈을 뜨고 일어서고 날아가는 통일·독립·자유의 세계이다. 또한 선생의 세계는 형이상(形而上)의 세계이다. 이 세계는 너무도 신비하고 오묘하여 하나로 같이 통하는 세계이지 분석하고 따지는 세계가 아니다. 그것은 이성으로만 알수 있는 세계가 아니고 실천 이성으로 알 수 있는 세계이다. 그것은 분석하는 세계가 아니라 같이 기뻐하고 같이 즐거워하는 생명의 세계이다.

4월 26일은 힘의 류영모가 죽고 생명의 류영모가 시작한 순간이다. 생명의 샘이 강같이 흐르는 성령의 세계이다. 몸나가 끝나고 마음나가 끝나고 얼의 나가 시작하는 시기이다. 창작의 시기, 제소리의 시기이다.

류영모 선생은 10시에 자서 새벽 2시에 깨면 하나님의 말씀을 생각하였다. 생각하고 또 생각하여 자기 마음에 와 닿도록 다시 번역하였다. 그러고는 한시나 시조로 다시 빚어냈다. 그렇게 되어 나온 것이 말씀이다.

우리는 지금 다석일지에 적힌 삼천 수나 되는 시나 시조를 읽으면서, 그 근거가 되었던 하나님의 말씀이 무엇이었는지 알지 못한다. 안타까운 것은 이 시조들이 《성경》 어느 말씀과 연관되는지를 알 수 없다는 사실이다. 참으로 한이 된다. 《성경》 말씀을 읽고 한 말들이니 다시 이 말을 생각하여 《성경》 말씀까지 찾아 들어갈 수 있으면 얼마나 행복할까? 《성경》 말씀의 변형이 선생의 시와 시조라고 생각할 수 있다. 《성경》 말씀의 한국화(韓國化)가 다석일지이다. 선생의 말씀은 오래 두고 한국 사람들의 마음에 생기를 불어넣어줄 것이다.

번뇌에 시달려 불안과 절망과 공포에 사로잡혀 위병, 폐병, 간병, 심장병의 모든 병을 앓던 내가 류영모 선생의 말씀을 듣고 희망과 사랑을 갖고 살게 된 것은 선생의 조국애에 대한 감격 때문이다.

한국의 자유(自由)를 기원하여 걸어다니고, 한국의 독립(獨立)을 기원하여 곧이 곧장 앉고, 한국의 통일(統一)을 기원하여 한 끼 먹던 류영모 선생! 선생의 사랑이 말씀이 되어 우리의 양식이 되었으니 고마운 마음 끝이 없다.

류영모 선생은 또한 인생은 죽음으로부터라고 하였다. 났다가 죽는 것이 아니라 왔다가 간다고 하였으니, 선생은 하늘나라에서 그 얼굴이 해와 같이 빛날 것을 의심하지 않는다.

다석 류영모의 YMCA 연경반 35년*

류영모 선생은 그리스도 예수를 본받아 하느님을 아버지로 섬기기에 충효를 다한 믿음의 사람이다. 그리하여 거룩한 향내가 복욱(馥郁)하는 하느님 사랑의 신앙사상을 남겼다. 지금 그 향내가 서서히 사람들의 마음속으로 스며들어 사람이 지닌 삼독(三毒, 貪·瞋·痴)을 정화시켜준다. 선생이 인생은 죽어서부터라고 말하였는데, 이제야 그 말뜻을 알 것 같다.

부모를 팔아 친구를 사라는 속담이 있다. 부모보다 친구가 더 소중하다는 표현이다. 그런데 류영모 선생은 나라를 잃고서 믿음을 얻었다. 그 믿음의 무게는 얼마이며 값어치는 얼마일까? 선생이 믿음의 싹을 틔운 곳은 바로 서울 종로에 있는 YMCA이다. 1905년 일제의 강압으로 을사늑약을 맺은 조선조는 사실상 주권을 상실하였다. 소년 류영모는 이 겨레의 앞날이 어떻게 되는지 알고 싶어 종로 YMCA를 찾았다. 그때 이

---

* 박영호(朴永浩) 다석사상연구회 회원, 다석학회 고문.

나라의 최고 지성인들이 YMCA에 나와서 일제의 불의를 규탄하고 조정의 무능을 질책하며 민중의 우매를 각성시키려고 목이 터져라 외치고 또 외쳤다. 열여섯 살의 소년 류영모는 우국지사들의 강연을 듣다가 자진하여 예수를 믿기로 결심하였다. 그리하여 서울 연동교회에 나가게 되었고, 경신학교를 다니게 되었다.

소년 류영모가 스스로 예수를 믿기로 한 것은 놀라운 일이었다. 그런데 더욱 놀라운 일이 스물세 살의 청년 류영모에게 일어났다. 교회를 다닌 지 8년째에 스스로 교회 나가기를 그만두었다. 그것은 신앙을 버린 것이 아니라 신앙의 혁명이었다. 예수를 신앙의 대상으로 하는 교리신앙을 버리고 예수의 신앙을 본받자는 뜻이었다. 다시 말하면 신격의 예수를 예배하며 믿는 것이 아니라 스승 예수를 본받으며 좇는 것이다.

류영모 선생의 이러한 예수 그리스도관은 교회신자들에게는 경천동지할 불경스런 일로 이단시되었다. 그리하여 선생은 교회신자들로부터 배척을 받고 지탄을 받았다. 선생 스스로 밝히기를 "나는 스물세 살 때부터 정통신앙을 버리고 비정통신앙을 갖게 되었다. 그리하여 교회주의 신자들이 이 사람을 대단히 싫어하는 줄 안다." 하였다. 선생은 스스로 먼저 "이 사람의 말은 마귀의 말로 알고 들으시오!" 하였다.

미국의 사상가 소로(1817~1862)는 "이 세상의 지혜는 한때는 받아들이기 어려웠던 현인(賢人)들의 이단 사상이다."라고 하였다. 그러나 소로처럼 혜안(慧眼)을 가지고 정견(正見)을 하는 이가 드물어 인류 역사는 위대한 사상가들의 수난으로 이어져 왔다. 참된 사상은 슬픔(悲哀)과 아픔(苦痛)과 외롬(孤獨)을 먹고 자란다.

예수가 교회신자(바리새인)로부터 미움을 사서 설자리가 없었듯이, 류영모 선생도 교회신자로부터 미움을 받아 설자리가 없었다. 예수는 고향 교회의 강단에 한 번 설 수 있었지만, 선생에게는 일생 동안 한 번도 그런 기회가 없었다. 예수는 사람들이 있는 곳 어디서든 하느님의 말씀을 사람들에게 전하였다. 선생은 자기가 사는 집 대문에 '참을 찾고자 하는 이는 들어오시오!' 하고 써 붙였다. 그러나 찾아오는 이는 아주 드물었다.

그런데 1928년에 뜻밖에 류영모 선생에게 설자리를 마련해준 이가 나타났다. 바로 서울 종로 YMCA 간사 현동완(玄東完, 1899~1963)이다. 현동완이 적선동에 있는 선생 댁으로 찾아와 YMCA 연경반의 강의를 맡아 달라고 청한 것이다. 선생은 처음에는 사양하였으나, 현동완의 진지한 구도 정신이 마음에 들어 승낙을 하였다. 현동완은 남다른 생각을 가졌는데, 이 나라에 성자가 나와야 한다는 것이었다.

그때 류영모 선생은 불혹(不惑)의 나이에 다다른 서른아홉 살이었다. 당시 선생은 오산학교 교장직을 물러난 뒤 집에서 아버지 류명근(柳明根)이 벌여놓은 사업을 도우면서, 문우(文友)인 최남선(崔南善)과 이광수(李光洙)가 함께 발행하는 잡지《청춘(靑春)》에 여러 번 글을 기고하였다. 어쩌면 현동완이 이 잡지에 실린 선생의 글을 읽고서 선생의 심성에서 성자(聖者)의 자질을 보았는지도 모른다. 선생에게 현동완이 찾아온 것이야말로 "멀리서 찾아오는 벗이 있다면 또한 기쁘지 아니한가(有朋自遠方來不亦樂乎)."(《논어》)에 해당하는 일일 것이다.

그리하여 류영모 선생에게 든든한 두 제자가 생겼으니 한 사람은 오산학교 교장 때 만난 북의 함석헌(咸錫憲, 1901~1989)이요, 또 한 사람은 YMCA 연경반으로 만난 남의 현동완이다. 두 사람 모두 지(智)·인(仁)·용(勇)을 갖춘 인물로 나라와 겨레에 크게 이바지하였다. 함석헌이 행동하는 언론인이었다면, 현동완은 실천하는 자선가였다.

이렇게 현동완의 요청으로 1928년부터 시작한 류영모 선생의 YMCA 연경반 강의는 1963년 현동완이 세상을 떠날 때까지 35년 동안 이어졌다. 이 시기는 배달겨레가 콘스탄틴 게오르규의 《25시》적인 극한 상황에 놓인 위기의 시대였다. 일제의 노예상태에서 겨우 놓이는가 하였더니 처절한 동족상잔의 분쟁이 일어났다. 전쟁의 상처는 그대로인데, 4·19 의거와 5·16쿠데타가 일어났다. 날마다 전쟁을 방불케 하는 민주화운동의 시위가 벌어졌다. 그런 가운데서 YMCA 연경반 모임이 중단과 속개를 반복하면서 35년간 이어져 온 것은 기적 같은 일이라 아니할 수 없다. 겉으로 보면 연경반 모임이지만, 속으로 보면 현동완의 류영모 사사(師事)였다. 경사애제(敬師愛弟)로 하나가 된 진리파지(眞理把持) 정신이 없었다면 불가능한 일이었다. 그런데 선생보다 9년 뒤에 난 현동완이 선생보다 18년 앞서 세상을 떠났다. 현동완의 장례식(YMCA) 때 조사(弔辭)를 하던 선생의 두 눈에 눈물이 고였다. 제자 안연이 먼저 세상을 떠나자 공자가 운 것처럼 말이다. 현동완이 세상을 떠나자 후임 총무는 선생을 멀리하였다.

35년 동안 계속된 류영모 선생의 연경반 모임을 이 나라의 시국 변동에 따라 토막 지어 특별한 점을 살펴보고자 한다.

1. 일제 하 : 류영모 선생이 YMCA 연경반 강좌를 맡은 해는 1928년부터이다. 일제에 나라를 빼앗긴 지 18년째가 되고, 거족적인 3·1운동이 지축을 뒤흔든 지 9년이 지난 후였다. 속으로는 일제에 대한 증오심을 불태울지언정, 겉으로는 일제가 시키는 대로 순응할 수밖에 없는 시대였다. 적극적 친일을 하였는가 미온적 친일을 하였는가의 차이가 있지만, 지식인이 친일을 하지 않고 살아가기는 어려운 상황이었다. 하지만 류영모는 끝내 창씨개명을 하지 않았다.

그런 때에 류영모 선생은 YMCA에서 연경반을 맡아 《성경》을 비롯한 동서양의 고전을 교재로 하여 강의를 시작하였다. 수강생들은 주로 현동완을 따르는 YMCA의 젊은이들이었다. 사회인도 있고 어린 학생도 있었다. 수강생은 30명 내지 50명에 이르렀다. 현동완이 연경반의 활성화를 위해 신문과 잡지에 광고를 하고 교회로 초청장을 보낸 덕분에 200명쯤이 YMCA 대강당을 꼭 채우기도 하였다. 그리하여 서울 장안에 선생의 〈요한복음〉 강의가 화제가 되기도 하였다. 그러나 선생은 현동완에게 돈이 많이 드니 광고를 하지 말라고 하였다.

우여곡절을 겪으면서 이어지던 연경반 강의는 1941년 태평양전쟁이 벌어지자 중단되고 말았다. 일제가 전시 체제를 강화한다면서 YMCA의 활동을 통제하더니 급기야는 YMCA를 폐쇄시키고 말았기 때문이다. 그런데 현동완은 시국이 험난할수록 류영모 선생의 《성경》 말씀을 더 듣고 싶어 했다. 그래서 비밀리에 선생을 모시고 《성경》 말씀을 들었다. 귀한 말씀을 혼자 듣기가 송구하여 가까운 이들을 몇 사람 불러 자리를 같이 했다. 규모가 적다고 YMCA 연경반 활동이 아니라고 누가 말할 수 있겠는가?

2. 광복 후 : 1948년 현동완은 YMCA 총무가 되었다. 이제는 일제 관헌의 감시를 받지 않고 마음 놓고 《성경》 공부를 할 수 있게 되었다. 현동완은 광복 후 곧 YMCA의 기능을 살리고, 이와 동시에 류영모 선생의 연경반 강의를 부활시켰다. 그러나 해방의 감격은 잠시였다. 이념의 대립과 사상의 갈등으로 온 나라가 혼란에 빠져들기 시작했기 때문이다. 그런 사회 분위기 속에서 선생의 YMCA 연경반 강의가 사람들의 관심을 끌기는 어려웠다.

그런데 1947년에 함석헌이 북한을 탈출하여 류영모 선생 앞에 나타났다. 평안북도 교육부장(교육감)으로 있던 함석헌은 신의주학생사건의 주모자로 지목되어 소련군에게 총살을 당할 뻔하였다. 함석헌은 선생의 연경반 강의에 꼬박꼬박 출석하는 고정 수강생이 되었다. 함석헌은 속의 생각은 물론이고 겉모습까지 스승 류영모를 닮고자 했다. 류영모 선생은 쉰두 살 때 이미 중생(重生) 체험을 한 바 있다. 이순(耳順)을 바라보는 선생의 폭발적인 영성에서 나오는 완숙된 사상 강의는 함석헌을 사로잡았다. 함석헌은 일본의 우치무라 간조(內村鑑三)가 펼친 무교회신앙을 벗어던졌다. 그러자 무교회주의 쪽에서는 함석헌이 왜 류영모를 닮아 가느냐고 비난하였다.

3. 한국전쟁 피란기 : 일제 하에서는 나라가 없어서 서러웠는데, 해방이 되고서는 좁은 땅에 갑자기 나라가 두 개나 생겨 서로 다투니 통분할 일이었다. 결국 한국전쟁이 발발하고, 류영모 선생의 연경반 강의는 다시 중단될 수밖에 없었다. 그러나 1·4후퇴 때 피란지 부산에서 선생은 현동완을 만났고, 현동완은 셋방에서 선생을 모시고《성경》말씀을 들었다. 현동완의 주선으로 부산 YMCA 강당에서 선생의 대중집회가 열렸고, 선생의 강의는 피란민들에게 진리 의식을 불러일으켰다. 선생은 참된 삶은 몸의 살고 죽음이 문제가 아니라고 하였다. 많은 피란민이 선생의 강연을 듣고 새로운 힘을 얻었다. 몸의 배가 고픈 것은 단식 삼아 참을 수 있지만, 마음의 배가 고프면 삶의 의욕을 잃어 살아갈 수 없기 때문이다.

4. 서울 수복 후 : 1953년 휴전이 성립되자 류영모 선생은 서울로 돌아왔다. 전쟁으로 인해 서울은 폐허가 되었고 유령의 도시처럼 되었다. 종로의 YMCA 건물도 온데간데없이 사라져버렸다. 현동완은 자기 집 일을 뒤로 미룬 채 YMCA의 복구에 열성을 다했다. 그리하여 비록 판자로 지었지만 임시 가건물을 몇 동 세울 수 있었다. 현동완은 다시 류영모 선생을 연경반 지도 선생으로 모셨다.

류영모 선생이 연경반 강의실로 쓴 건물은 넓이가 서른 평 남짓하였는데, 일자로 된 긴 책상과 의자가 놓여 있었다. 맨바닥에 앉지 않는 것만도 다행이었다. 앞에는 교탁이 있었고 중형 칠판도 걸려 있었다. 물론 마이크 장치는 없었다. 그러나 공간이 작고 선생의 음성이 힘차서 강의를 듣는 데는 지장이 없었다. 단지 선생의 난삽한 말을 알아듣기가 쉽지 않았을 뿐이다. 김흥호가 한 3년을 듣고 나니 귀가 열리더라고 한 말은 과장이 아니다. 선생의 연경반 강의에 사람이 많지 않은 이유 가운데 하나가 강의 내용이 어렵다는 것이었다.

연경반에 나오는 사람의 수는 평균 20명에서 30명 이내였다. 여자도 몇 사람 나왔다. 주소록을 만든 적이 없기 때문에 정확한 숫자는 알 길이 없다. 30명이 넘을 때도 있었고, 20명이 안 될 때도 있었다. 그러나 류영모 선생은 수강하러 오는 사람 숫자에 대해서는 전혀 관심을 보이지 않았다. 수강생 가운데 눈빛을 반짝이며 귀 기울여 듣는 젊은이가 한 사람만 있어도 시간 가는 줄 모르고 열강을 했다.

강의 교재는 류영모 선생이 일기장에 적어놓은 자작 시조나 한시가 주를 이루었다. 아니면 동양 고전의 원문을 다루었다. 강의 방식은 가르칠 내용을 모조지에 손수 붓글씨로 써 와서 칠판에 붙여놓고 읽으며 설명하는 식이었다. 강의에서는 선생의 해박한 지식과 독창적인 생각, 그리고 오랫동안 쌓은 경험이 조화를 이루어 폭포수처럼 쏟아졌다. 영감이 샘솟아 신명이 나면 자작한 시조나 한시에 가락을 붙여서 노래처럼 읊었다. 때로는 맹자(孟子)의 말처럼 수지무지족지도지(手之舞之足之蹈之)하여 덩실덩실 어깨춤을 추기도 하였다. 어떤 어려움에 놓여도 하느님 생각만 하면 기쁨이 샘솟아야 참믿음이라고 할 수 있다. 예수가 보여준 믿음이 바로 그런 믿음이었다. 삶은 기쁨이라고 한 선생의 말은 고달픈 인생을 사는 우리에게 기쁨의 눈물을 흘리게 하였다.

류영모 선생은 스스로 말하기를 신사복을 입은 귀족 차림으로는 밖에 나갈 수 없다 하였다. 여름에는 베나 모시로 된 바지저고리를 입고 흰 고무신을 신고 다녔다. 가을과 봄에는 광목 바지저고리에 흰 고무신을 신었다. 겨울에는 솜 바지저고리에 단추를 단 두루마기를 걸치고 구두 (단화)를 신었다. 몹시 추울 때만 털모자를 했다. 그리고 집에서 만든 천 가방을 늘 들고 다녔다. 가방 속에는 교재로 쓸 모조지와 《성경》, 그리고 일기를 쓴 노트를 넣고 다녔다. 《성경》 외에 다른 책은 가지고 온 적이 거의 없었다. 시작하는 시간을 어긴 법이 없었으나, 마치는 시간은 예정한 두 시간을 지킨 적이 거의 없었다. 약속을 어긴 것은 낙상(落傷)으로 중상을 입고 병원에 입원한 때뿐이었다. 사소한 일에 약속을 어긴다면 그 사람이 하느님 얘기를 한다고 믿겠는가?

류달영(柳達永, 1911~2004)은 사람은 만남으로 자란다고 자주 말하였다. 그러나 참을 지닌 참사람을 만나야 정신(진리 의식)이 자란다. 아무나 만난다고 정신이 자라는 것은 아니다. 장자(莊子)는 "사람들이 함께 하면 서로 싸우거나 서로 문드러진다(與物相刃相摩)."(《장자》 재물론) 하였다. 이 세상이 바로 그런 세상이 아닌가? 서로 속이고 싸우며 서로 썩고 떨어진다. 그러므로 세상을 구하는 길은 참사람을 통해 나오는 하느님 말씀뿐이다. 20세기의 이 나라에 태어나 참사람 류영모 선생을 만나 정신이 아주 크게 자란 이로는 함석헌, 김홍호, 류달영, 류승국 등 여러 사람이 있다. 그 맨 꼴지에 가장 작은 이 사람도 들어 있다. 참을 찾고자 하는 사람에게 류영모 선생과 현동완은 잊을 수 없는 이름이며 잊어서도 안 될 이름이다.

다석 강의

2016년 9월 30일 초판 1쇄 발행
2017년 10월 27일 초판 2쇄 발행

- 엮은이 ─────── 다석학회
- 펴낸이 ─────── 한예원
- 편집 ──────── 이승희, 윤슬기
- 본문 조판 ───── 성인기획
- 펴낸곳   교양인
        우 04020 서울 마포구 포은로 29 신성빌딩 202호
        전화 : 02)2266-2776 팩스 : 02)2266-2771
        e-mail : gyoyangin@naver.com
        출판등록 : 2003년 10월 13일 제2003-0060

ⓒ 다석학회, 2016
ISBN 979-11-87064-03-9 03100

이 도서의 국립중앙도서관 출판예정도서목록(CIP)은 서지정보유통지원시스
템 홈페이지(http://seoji.nl.go.kr)와 국가자료공동목록시스템(http://www.
nl.go.kr/kolisnet)에서 이용하실 수 있습니다.(CIP제어번호: CIP2016020994)